普通高等教育"十一五"國家級規劃教材

簡明漢語史

（修訂本）

上

向熹　著

商務印書館

2017年·北京

圖書在版編目(CIP)數據

簡明漢語史. 上/向熹著.—修訂本.—北京:商務印書館,2010 (2017.11 重印)
ISBN 978-7-100-05642-7

I.簡… II.向… III.漢語史 IV.H1-09

中國版本圖書館 CIP 數據核字(2007)第 154795 號

簡明漢語史
(修訂本)
上
向熹 著

商務印書館出版
(北京王府井大街36號 郵政編碼 100710)
商務印書館發行
北京冠中印刷廠印刷
ISBN 978-7-100-05642-7

2010年5月第1版　　開本 787×960 1/16
2017年11月北京第3次印刷　　印張 49¾

定價:90.00圓

目　　録

中編　漢語詞滙史

緒　　論

第一節　研究漢語史的目的、意義和觀點方法

漢語是漢藏語系中使用人口最多的語言，也是世界上最發達、使用人口最多的語言之一。漢語有非常悠久的歷史，它爲漢族人民和中華民族的統一進步、爲漢族文化和中華民族文化的發展繁榮建立了不朽的功勳，也對世界文化寶庫作出了巨大的貢獻。漢族人民爲自己有這樣一種優秀的交際工具而感到自豪。

對於漢語，我們應當有比較全面深入的瞭解。不僅要懂得它的今天，還應當懂得它的昨天和前天，從而預見它的將來。研究漢語史，就要弄清漢語在不同歷史時期語音、詞滙、語法的基本面貌，瞭解漢語在不同歷史時期的發展變化，探索這些發展變化的特點和原因，揭示出漢語發展的内部規律。漢語史就是研究漢語發展規律的歷史。

當前我國社會主義文化建設的重要内容之一是研究我國悠久的歷史，發掘並且整理我國古代文化遺産，使中華民族的優秀文化傳統得以繼承和發揚光大，從而提高我們的民族自尊心和自豪感，深化我們的愛國主義思想。漢語不但是漢族人民的交際工具，也是漢族歷史文化的重要載體，是深入認識漢族歷史文化的珍貴源泉，從中我們可以聽到漢族發展的脚步聲，體會漢族人民的生活、性格和精神。研究漢語發展史，首先就是爲我國社會主義文化建設服務。在漢族發展的歷史長河中，中華大地的政治、經濟、思想、哲學、文化、文學、風俗、習慣等方面都發生了巨大而深刻的變化，而且不可避免地要在漢語裏留下痕跡。在中國政治史、經濟史、思想史、哲學史、文化史、文學史、風俗史的研究中，一定會出現這樣或那樣的語言問題。科學的漢語史有助於這些問題的解決，也就是對我國社會主義文化建設作出了實際貢獻。反過來，上述學科的研究成果，對於漢語史研究也會起很好的促進作

用。建立科學的漢語史本身,是我國社會主義文化建設的一個部分。

研究漢語史,對於深入瞭解和正確使用現代漢語具有十分重要的意義。現代漢語是古代漢語發展的結果。現代漢語語音、詞滙、語法的規範必須建立在漢語發展規律的基礎之上。不瞭解現代漢語,很難瞭解漢語發展的歷史,不瞭解漢語發展的歷史同樣不容易深入瞭解現代漢語。

研究漢語史對於理解現代漢語方言尤爲重要。現代漢語方言差别很大,表現在語音、詞滙、語法各個方面。尤其是語音,有的達到無法交談的程度。通過漢語史的研究,可以看出方言之間有共同的來源,對漢語方言之所以會産生差别也會比較容易理解。

漢語史對於普通語言學理論的發展也是很有意義的。普通語言學是在總結各種具體語言規律的基礎上建立起來的。而普通語言學理論建立以後,又可以指導各種具體語言的研究。西方傳統語言學理論主要是在印歐語系比較研究的基礎上建立起來的。漢藏語系是世界各語系中最龐大的語系之一,漢語在漢藏語系裏又佔有舉足輕重的地位。如果漢語史能够科學地闡明漢語發展的特點和規律,無疑會豐富普通語言學的内容或者改變其中某些結論,從而建立起更爲完善的語言學理論體系。

一、研究漢語史應注意的幾個問題

1.注意語言的時代特點。語言是一個歷史範疇,在不同的時代裏往往帶有不同的時代特點。語言裏有的成分(語音、詞滙、語法)古代有,後代可能有,也可能没有;有的成分古代没有,後代纔有;有的成分古今形式相同,而内容上有差别,甚至大相徑庭。究竟各種語言成分産生於什麽時代,歷史上發生了什麽變化,應當深入探索,細加分辨。例如商代人稱代詞可能有格的區别。陳夢家先生指出:“卜辭中‘余’可以是主格、賓格而不能是領格,‘朕’是領格;主格、賓格用‘女’,領格用‘乃’。”(《殷虚卜辭綜述》96頁)秦漢以後這種區别就不清楚了。“偷”先秦是“苟且”的意思,《論語・泰伯》:“故舊不遺,則民不偷。”這裏的“偷”不能解作“盜竊”、“偷竊”。“作家”,中古有“内行”、“高手”的意思,宋释道原《景德傳燈録》卷十二《興化和尚示衆》:“若是作家戰將,便請單刀直入,更莫如何如何。”這裏的“作家”不是指从事文学创作的人。“青春”古代可作“春天”讲。如唐杜甫《聞官軍收河南河北》詩：“白日放歌須縱酒，青春結伴好還鄉。”這裏的“青春”不是“年紀輕”、“青春時期”的意思。

有一點必須明確，語言（包括語音、詞滙、語法）發生變異不會是偶然的，總有這樣那樣的原因。有内部原因，也有外部原因。内部原因指語言自身存在着引起變化的條件。中古重唇音變爲輕唇音，是因爲受三等合口韻母的影響；詞由一個意義引申爲另一個意義，往往因爲兩個意義所反映的事物存在着相似的特徵或一定的聯繫；某些實詞虚化爲虚詞或某一類虚詞轉化爲另一類虚詞，往往和它們在句中所處位置密切相關。例如“也”上古漢語裏只是句中和句末的語氣助詞，句中語氣詞“也”往往處於謂語之前，與副詞“亦”相當，於是魏晉以後逐漸有副詞的用法，表示情況相同，與“亦”相當。如南朝陳叔寶（後主）《戲贈沈后》詩：“留人不留人，不留人也去。此處不留人，自有人留處。”句中的“也”已是情態副詞而不是句中語氣詞了。外部原因指某種社會條件引起的語言變化。例如第一人稱代詞“朕”，先秦本爲上下通稱，自秦始皇規定“皇帝自稱曰‘朕’”以後，這個詞就變成皇帝的專稱。“雉”是野雞，古人認爲有耿介之德，特用作士相見的禮品。《儀禮·士相見禮》：“士相見之禮……贄冬用雉。”鄭玄注：“士贄用雉者，取其耿介，交有時，别有倫也。”中古以後，人們的觀念起了變化，“雉”也就失去了這一特殊的含義。“癌”，《中華大字典》（1915）讀若“嵒”（yán），注云：“臟腑所生毒瘤也。”1953年出版的《新華字典》以及以後兩次修訂本仍然音 yán。1961年《新華字典》修訂本，纔改音 ái，使惡性腫瘤“癌”（cancer）跟肌體因受到强烈刺激而出現紅、熱、腫、痛等現象的“炎症”（inflammation）有所區别。這些變化都不是語言的内部原因引起的。

2. 區分通例和特例。語言是社會的産物，爲社會所制約，具有社會性。個人不能創造語言，也不能違背語言的規則去使用語言。古書裏的詞語通常都會多次出現，而不會只出現一次，這也是社會性的體現。《論語》裏動詞“問”的間接賓語前面一定要用介詞“於”。如“葉公問孔子於子路”（《述而》），“季康子問政於孔子”（《顔淵》），“子問公叔文子於公明賈”（《憲問》），“以能問於不能，以多問於寡”（《泰伯》）。《左傳》裏“問”的用法也是這樣。這不是哪幾個人的規定，而是社會約定俗成的結果。如果某一個詞、詞義或語法成分只在一部書的一個地方出現，而在别的地方都不出現，那就往往是不可靠的。黎錦熙先生説得好：“例不十，法不立。"[①]例如《孟子·滕文公上》："舍皆取諸其宫中而用之。"有的學者認爲"舍"是現在的"啥"（什麽），這就很可疑，因爲中古以前没有"啥"字，也没有"舍"作"啥"講的其他例子。有時通例之外，也可能出現少數特例而否定通例。王力先生説："例外不十，法不破。"[②]例如全濁上聲字絶大多數變成去聲，是漢語從中古到近代聲調發展的一條規律，"殍、唪、艇、挺、袒、窘、狠"等少數字仍讀上聲，不讀去聲，並不否定"濁上變去"這條規律。另一方面，對於少數特例也要仔細考察，不可忽視。有些在某一時期看來是罕見或特殊的現象，在另一時期却可能十分常見或者暗示着某種語言變化的規律。用"見……於"表示被動，在春秋以前還只是個别的例子，如《沈子簋》："乃沈子妹克蔑，見猒於公。"（容庚《善齋彝器圖録》八十四圖）春秋以後就變成了十分常見的形式。"屯（純）"作總括詞"皆"講，在先秦典籍裏也只有個别例子。如《韓非子·外儲説右下》："訾其里正與伍老屯二甲。"《周禮·考工記·玉人》："諸侯純九，大夫純五。"鄭玄注："純猶皆也。"朱德熙先生却從1957年河南信陽長台關戰國楚墓的竹簡裏，發現這類用法的"屯"字達21個之多。六朝以後寫作"鎮"，也很常見。如唐元稹《和樂天秋題曲江詩》："十載定交契，七年鎮相隨。"[③]

3. 注意語音、詞滙、語法各方面的聯繫。構成事物的各個方面總是互相聯繫而不是彼此孤立的。語言也不例外。詞滙是語言的建築材料，語法是用詞造句的規則，語音是詞滙語法的物質外殼，三者有機地聯繫在一起，不可分割。語音的聯繫往往意味着詞義的關聯。清代學者戴震、王念孫、段玉裁看到了這一點，提出"因聲而知義"[④]、"就古音以求古義"[⑤]，"小學有形、有音、有義，三者互相求"[⑥]，在詞義訓釋中取得了很大的成績。例如《説文·冓部》："冓，交積材也。""構、遘、覯、講、購、溝、媾"從"冓"得聲，都有"交接相通"的意思。《説文·木部》："構，蓋也。"也寫作"搆"。《淮南子·本經》："大構駕，興宫室。"《説文·辵部》："遘，遇也。"《見部》："覯，遇見也。"《言部》："講，和解也。"《貝部》："購，以財有所求也。"《女部》："媾，重

---

①② 王力《漢語史稿》上册，19頁。

③ 朱德熙《説"屯（純）、鎮、衠"》，載《中國語文》1988年，3期。

④ 戴震《論韻書中字義答秦尚書蕙田》。

⑤ 王念孫《廣雅疏證序》。

⑥ 段玉裁《廣雅疏證序》。

婚(交互結爲婚姻)也。"漢劉熙《釋名・釋地》:"溝,搆也,縱橫相交搆也。""四聲別義"是利用聲調的變化來表示詞義和詞性的不同。虛詞是漢語的重要語法手段,許多虛詞是從實詞虛化來的,而實詞的虛化往往引起語音的分化。例如動詞"了"虛化爲時體助詞後,讀音即分化爲 liǎo 和 le;動詞"着"虛化爲時體助詞後,語音即分化爲 zháo 和 zhe。這些都説明,在漢語史的研究中重視語音、詞滙、語法各方面的聯繫是十分必要的。

二、研究漢語史的方法

科學研究總要有一定的方法,才能達到事半功倍的效果。漢語史也是這樣。前輩學者在自己的著作中往往談到方法問題。例如王力先生在《漢語史稿》中談到上古代詞的研究時指出:"上古人稱代詞的形態問題是一個很複雜的問題,至今還没有人做深入的研究,作出全面可靠的結論。研究的方法應該是:第一,捨棄少數例外,尋求主要根據;第二,以同時代、同地域的語言作爲分析對象,使其不相雜亂;第三,排除僞書;第四,不拘泥於西洋的形態,也不拘泥於和現代漢語的對比。"王先生的意見對整個漢語史的研究都是有指導意義的。語音史、詞滙史、語法史的研究方法不一定完全相同,但是有的方法似乎可以普遍適用。

1. 歸納。就是從許多語言事實中概括出一般的原理。這是漢語研究中應用最廣又比較可靠的方法。它的特點是"因其自然,無所矯拂。"王國維説:"(古韻之學)其方法則皆因乎古韻之自然,而不容以後説私意參乎其間。"①就漢語史研究説就是從語言事實中概括出語言規律,而不是憑語言學家的主觀願望去制定語言規律。明陳第《毛詩古音考》論證古音"取《詩》之同類者而臚列之爲本證,又取《老》、《易》、《太玄》、《騷》、《賦》、《參同》、《急就》、古詩謠之類,臚列之爲旁證"(焦竑序),就是應用歸納法。清段玉裁所定古音十七部,王力先生脂、微分部,都是歸納《詩經》用韻的結果。丁聲樹先生歸納先秦典籍中"弗"字的用法,確認上古"弗"字只用在省去賓語的外動詞或省去賓語的介詞之上(偶有例外),似乎是一個含有代詞性賓語的否定詞,略與"不之"二字相當。

---

① 王國維《觀堂集林・金石文韻讀序》。

2. 比較。就是比較某些語言現象，從而得出一定的結論。吕叔湘先生説："要明白一種語言的文法，只有運用比較的方法。"[①]比較的方面很廣，可以是古代漢語與現代漢語的比較，這一時期語言和那一時期語言的比較，古代漢語與現代方言的比較，古代漢語與兄弟民族語言的比較，古代漢語與外語的比較，兩種作品語言的比較。比較的結果有同有異。從相同的方面可以看到兩者的因襲繼承，從相異的方面可以看到兩者的發展演變。異同之中又不一致，或大同而小異，或小同而大異，或同中有異，或異中有同，都值得認真探討。另外，歷史語言學應用的方法是歷史比較法，就是通過有計劃地比較兩種或幾種具體語言内彼此對應的較晚事實來研究語言間的親屬關係，並對未經文字記載證實的過去的語言面貌進行構擬。西方學者應用這種方法對印歐語言進行研究，取得了很大的成績。有的學者也用歷史比較法對漢語和漢藏語系其他語言作了一些研究，取得了一些成績[②]。但是漢語和漢藏語系之間的親屬關係不像印歐語系那樣密切，要通過漢藏語系的歷史比較來重建原始漢語，還是相當遥遠的事。

3. 統計。就是對研究對象進行搜集、整理、計算，求得具體的數據，在定性的基礎上進行定量的分析。通過具體的資料分析，可以增加論述的説服力。統計的内容可以是多方面的，有專書統計，若干部書的專題統計，也有某一專題的歷史統計。例如楊伯峻先生的《論語詞典》、《孟子詞典》分别統計了每一個詞在這兩部書裏出現的次數；高本漢在《明清白話小説裏的語言》一文裏統計了近代漢語若干虚詞在《水滸傳》、《西遊記》、《紅樓夢》、《儒林外史》、《鏡花緣》五部書裏出現的情況[③]；何樂士的《〈左傳〉、〈史記〉介賓短語位置的比較》統計了《左傳》、《史記》兩書中介詞及其賓語出現於動詞前和動詞後的次數和所佔比例，使讀者對於這兩部書中介詞和介詞結構的消長情況及位置變化，有了比較清楚而具體的認識[④]。

---

① 吕叔湘《中國文法要略・例言》。

② 比較重要的有李方桂《漢語和台語》(《民族語文研究情報資料》王均譯，1984)、邢公畹《論漢藏語系的比較語法學》(《南開大學學報》，1979)、嚴學宭《談漢藏語系同源詞和借詞》(《江漢語言學叢刊》第一輯，1959)、俞敏《漢藏同源字譜稿》(《民族語文》，1989)、陳其光《漢藏語聲調探源》(《民族語文》，1994)、馬學良《漢藏語概論》(北京大學出版社，1991)、李永燧《漢藏緬語人稱代詞探源》(《中國語言學報》二期，1985)、包擬古《原始漢語與漢藏語》(潘悟雲、馮蒸譯，中華書局，1995)等等。

③ 參看《語言研究通訊》第四、五期，勞寧譯，1956年。

④ 參看《語言研究》，1986年。

4. 證實。就是滙集大量實例以證明某種語言現象的存在。包括典籍原文和訓詁材料互相印證。例不十,法不立。憑想象提出這樣那樣的觀點,没有足够的例子加以證實,是難以令人信服的。清代學者王念孫父子和其他許多著名學者在古代語文研究中取得巨大成績,原因在於他們不僅提出了許多新見解,而且能舉出大量實例加以證明。張相《詩詞曲語詞滙釋》是一部成功的著作,作者對於每一詞義的解釋,"采掇所及,往往有列證至十餘或更以上者"(《敘言》),所以結論大都精確可信。有二重證實,還可以多重證實。如不同傳世文獻相互證實,傳世文獻與字書、地下文獻、甲骨金文相互證實。王国維《古史新證》提出"二重證據法",是以地下出土的實物資料来印證传世的文献資料。張相説:"因其分流,則詩證詩,詞證詞,曲證曲,是爲自彙;因其同源,則三者或二者互證,是爲互彙。綜合各證,得其解釋,則假定爲一義;一義不足概括,則别求解釋,復假定爲他義。"(《詩詞曲語詞滙释·敘言》)張氏所謂"三者或二者互證",就是多重證實。應用證實的方法,首先要求廣泛地搜求並且正確地理解例證,没有艱苦的努力和比較扎實的基礎是難於做到的。

5. 探源。就是探求事物得名的理據或探明某種語言事實的起源及其演變,以便瞭解它的發展綫索和規律。前人在語義研究中所用的聲訓、語轉、因聲求義等方法,其實也是探源[①]。可以抓住現代漢語某一現象向古代一直追上去,也可以抓住中古漢語的某一現象既向上追溯,又向下推求。例如林燾先生的《北京官話溯源》是從現代北京話出發探求它的起源[②]。而朱德熙先生的《説"屯(純)、鎮、衠"》從河南戰國楚墓竹簡中的"屯"字,上推甲骨文,下推現代方言,探索了總括詞"屯(純)"的整個發展歷史。

6. 轉换。轉换方法主要用於語法研究,就是通過句型的變换來解釋某一語言現象,包括同時代不同句型的轉换,古今句型的轉换以及可轉换與不可轉换的比較等。我國學者楊樹達先生 1920 年寫的《所字之研究》,已經用轉换的方法分析了 6

---

① 聲訓,也叫"音訓",是用音同或音近的字來解釋詞的語源義。音近義通,因聲求義是聲訓法的進一步發展。右文法認爲諧聲字聲符相同則意義相通。如"在金曰堅,在草木曰緊,在人曰賢"(《藝文類聚》引晉楊全《物理論》)。宋王聖美撰《字解》,是廣泛應用右文以解釋字義的書。轉語,也叫"語轉""聲之轉""一聲之轉"。指因地域、時代不同,聲母、韻母發生變化而產生的不同的詞。如"庸謂之倯,轉語也。"(《方言》卷三)"鰥、寡、孤,一聲之轉,皆與獨同義,因事而異名耳。"(《廣雅疏證》卷三上)

② 林燾《北京官話溯源》,載《中國語文》1987 年,3 期,161—169 頁。

組例句，論證了古代漢語中的“所”是表被動之詞①。吕叔湘先生《中國文法要略》最早運用轉换法来區分和論證各类句式。上卷“詞句論”裏討論到句子與詞組之間的變换關係，例如指出敘述句一般都能轉换爲名詞性詞組，而存在句、領屬句、判斷句則不能轉换成名詞性詞組。吕先生的觀察是非常深入而細緻的。

7. 推演。就是利用一般存在的語言事實，推論出某種語言現象可能存在。“因其所已知而及其所未知，因其所已達而及其所未達。”朱熹説的是“窮理”，其實就是推演。現代學者對中古漢語語音系統的構擬，往往就是由現代漢語方言讀音向上推演的結果；上古語音系統的構擬更是由中古音向上推演的結果。現代泰語裏有[꜀ma-lɛ：ŋ]（昆蟲）和[mɛ：ŋ]（昆蟲），上古漢語有螟蛉[mieŋ-lieŋ]和蝱[meaŋ]②。邢公畹先生據此推斷原始漢台語有複輔音[ml]。泰語[꜀ma-lɛ：ŋ]，原始讀音當爲[mlɛ：ŋ]，後來或變爲[ma-lɛ：ŋ]或失落第二個輔音讀爲[mɛ：ŋ]。漢語的“螟蛉”原始讀音爲[mlieŋ]，後來讀爲[mieŋ-lieŋ]（螟蛉）或失落第二個輔音變爲[meaŋ]（蝱）③。採用推演法只能推論語言中可能存在某種現象，是否果真如此，有待於用確鑿的事實去證明。

8. 系聯。此法首創于清代學者陳澧《切韻考》，主要用於聲、韻系統的研究。用反切注音時，反切上字與被切字雙聲，反切下字與被切字叠韻。因此，凡反切上字同用、互用、遞用的，必屬同一聲類；反切下字同用、互用、遞用的，必屬同一韻類。有的反切不能系聯，可從又音、互見的反切加以考察。研究詩人用韻系統，可以系聯詩中韻字。甲字與乙字押韻，乙字與丙、丁等字押韻，則甲、乙、丙、丁等字屬於同一韻部。系聯法也可用於詞滙研究。如“枯、渴、涸、歇、竭”等字語音相近，都有“缺乏”的意義，草木缺水爲“枯”，江河缺水爲“涸”、爲“竭”、爲“歇”，人畜缺水爲“渴”。

---

① 該文見《馬氏文通刊誤》卷二。文中用轉换方法分析了六組例句。例如“衛太子爲江充所敗”是被動式，動詞“敗”前面用“所”，“衛太子”是主語；轉换成主動句“江充敗衛太子”，“衛太子”就成爲外動詞“敗”的賓語。又(甲)“衛太子爲江充所敗”，(乙)“衛太子見敗于江充”，(丙)“衛太子爲江充所敗之人”，(丁)“衛太子者，江充所敗之人也”，這四個句子中，(甲)轉换成(乙)意思相同，都是敘述衛太子被江充打敗的事實；(丙)轉换成(丁)意思也相同，都是表明衛太子是怎樣的人。但是(乙)與(丁)不相等，(甲)與(丙)也不相等，句子的意思起了變化。

② 《説文·䖵(kūn)部》：“蝱，齧人飛蟲，从䖵，亡聲。”

③ 邢公畹《語言論集》，商務印書館，1983年，25頁。

如此類推。

以上是研究漢語發展史常用的幾種方法,學者在研究中都會自覺或不自覺地加以應用,並且通常不會只用一種方法,而是同時使用幾種方法。至於如何應用得當,使研究取得更好的成績,那就取決於各人的天分和實際努力了。進一步採用新的研究方法,使漢語史的研究開創出新的局面,語言學者做了不少努力,也還有進一步努力的必要。

第二節　研究漢語史的依據

科學是實事求是的學問,科學研究要有客觀依據,不能憑主觀想象。那麽研究漢語史的依據是什麽呢?主要有以下幾個方面:

一、歷代保存下來的書面語言

古代漢語都是通過書面語言的形式保留下來的。書面語言可以分爲韻文和散文兩部分。研究漢語語音史,韻文最爲重要。先秦古音的韻部主要就是根據《詩經》、《楚辭》、兩周彝器銘文和石刻以及其他散文中有韻的部分歸納出來的。《詩經》是我國第一部詩歌總集,包括《風》、《雅》、《頌》305首詩。它的地域東起山東,西至陝西,南達江漢,北抵河北。因爲經過"雅言"的加工,所以用韻是統一的。先秦其他韻文亦莫不如此。王國維説:"惟昔人於有周一代韻文,除群經、諸子、《楚辭》外,所見無多。余更蒐其見於金石刻者得四十餘篇,其時代則自宗周以訖戰國之初。其國別如杞、鄫、邾、婁、徐、許等,並出《國風》十五之外。然求其用韻,與三百篇無乎不合。"①郭沫若亦指出:"證諸彝銘,則北自燕晉,南迄徐吴,東自齊邾,西迄秦鄀,構思既見從同,用韻亦復一致,是足徵周末之中州確已有'書同文,行同倫'之實際,未幾至嬴秦而一統,勢所必然也。"②在《石鼓文研究》中,郭先生又考察石鼓文之用韻與《詩經》有一致的地方。《楚辭》爲楚人屈原、宋玉等所作,反映了楚方言

① 王國維《觀堂集林·周代金石文韻讀序》。

② 郭沫若《兩周金文辭大系圖録考釋(六)》,科學出版社,1957年,4—5頁。

的一些語音特點，如之幽通韻、魚侯通韻、東陽通韻等。《老子》也用韻語，特點與《楚辭》同。研究漢魏語音，離不開漢魏時期的詩歌辭賦。研究唐宋語音，除韻書、韻圖外，離不開唐詩宋詞和變文俗曲。研究近代語音，離不開元明戲曲。元曲作品的用韻相當真實地反映了當時中原語音韻部系統的真實面貌。周德清的《中原音韻》十九部，主要就是根據北曲的用韻歸納出來的。

研究古代詞滙語法，則歷代文學、政治、哲學、科學等方面的著作，包括韻文和散文，都非常重要。甲骨卜辭是研究殷商語言最爲可靠的材料。依靠這些材料，我們能窺見三千年前漢語的基本面貌。① 詞滙、語法如此，探求商代語音，離開甲骨文也別無其他途徑。

春秋戰國，學術昌盛，典籍大大豐富。儒家經典有《易》、《書》、《詩》、《禮》、《春秋左傳》，諸子散文有《老子》、《莊子》、《孟子》、《墨子》、《管子》、《晏子春秋》、《荀子》、《韓非子》，還有《國語》、《戰國策》、《楚辭》等，蔚然大觀。這些作品有的不免帶有某種方言色彩，但詞滙、語法基本上是統一的。它們對於當時語言的研究具有非常重要的價值。

研究秦漢語言主要依據《吕氏春秋》、《淮南子》、《史記》、《漢書》、《論衡》以及漢樂府等。其中《史記》是漢代文學語言的最高典範。《論衡》非常注意通俗淺顯。《自紀篇》説："夫口言以明志，言恐滅遺，故著之文字。文字與言同趨，何爲猶當隱閉指意？……深覆典雅，指意難覩，唯賦頌耳。經傳之文，賢聖之語，古今言殊，四方談異也。當言事時，非務難知使指閉隱也。"所以這兩部書對漢語史的研究尤爲重要。此外從地下發掘出來的秦漢簡帛文書，真實地保存了當時語言文字的原貌，值得我們重視。比較重要的作品有羅振玉、王國維合著的《流沙墜簡》(1914 年)，中國社會科學院考古研究所編的《居延漢簡甲乙編》(1980 年，中華書局)，謝桂華等的《居延漢簡釋文合校》(1987 年，文物出版社)，《睡虎地秦墓竹簡》(1978 年平裝本、1990 年精裝本，文物出版社)，《馬王堆漢墓帛書》(1985 年，文物出版社)等。

---

① "漢語"、"漢族"都是漢代以後才有的名稱。"漢語"最初見於六朝《世説新語・言語》："高坐道人不作漢語。"南朝梁釋慧皎《高僧傳・康僧會傳附支謙傳》："謙以大教雖行，而經多梵文，雖未翻譯，已妙善方言，乃收集衆本，譯爲漢語。"北周庾信《奉和法筵應詔》詩："佛影胡之記，經文漢語譯。"我們爲了方便，把商周時代的語言也叫"漢語"，下同。

魏晉以後，書面語和口語的距離日益加大。六朝駢文講究駢偶、對仗、辭藻和用典，遠離了口語實際。唐宋古文模仿先秦兩漢語言，成爲後來的文言。古文反對駢文，但與當時口語也有很大的距離。六朝開始出現一種比較接近口語的書面語——古白話。南北朝《世説新語》、《齊民要術》、唐代變文、宋人語録、宋元話本、元代雜劇，以及明清小説如《水滸傳》、《金瓶梅》、《西遊記》、《三言》、《兩拍》、《紅樓夢》、《儒林外史》等，都用白話寫成，它們是研究中古和近代漢語的主要依據。六朝樂府、民歌、唐詩、宋詞，許多也很通俗，應用了大量口語，無疑也是研究中古的近代漢語的重要依據。我們原則上不是根據駢文和古文來研究中古語言，但古文中也可能吸收當時若干口語成分。例如文起八代之衰的韓愈，雖然聲稱“非三代兩漢之書不敢觀，非聖人之志不敢存”(《答李翊書》)，其實他的作品裏還是吸收了不少口語成分。韓愈作品中的單音詞有“店”(積貨物之處)、“怕”(害怕)、“僅”(差不多)、“爬”(搔)、“漫”(滿、全)、“捩”(轉動)、“尖”(末端細小)等；複音詞有“帕首”(頭巾)、“泊步”(碼頭)、“奔波”(奔走)、“落寞”(寂寞)、“道理”(理由、情理)、“意思”(意義、思想内容)等；還有一些成語，如“青天白日”、“無理取鬧”、“俯首帖耳”、“垂頭喪氣”、“摇尾乞憐”、“牢不可破”、“百孔千瘡”、“少安無躁”、“落井下石”等，至今還活在人民口裏。至於用文言寫的史書以及野史、傳奇、小説之類(如《太平廣記》)，其中口語材料更爲豐富，值得認真研究。

討論研究漢語史的依據，不能忽略大量的佛、道文獻。佛教是外來宗教，在中國影響很大。自東漢以至隋唐，上千種佛教典籍被譯成漢文。如東漢安世高譯《人本欲生經》等 20 部，支讖譯《道行般若經》等 9 部，三國支謙譯《維摩詰經》等 25 部，康僧會譯《六度集經》，西晉竺法護譯《生經》等 75 部，東晉法顯譯《涅槃經》，後秦鳩摩羅什譯《金剛經》、《阿彌陀經》，求那毗地譯《百喻經》等等，大都收集在佛家典籍彙編《大藏經》裏①。漢譯佛經，爲了便於廣大信徒接受，語言一般比較通俗，用了不少口語成分，爲漢語史研究提供了大量新鮮語料。與佛教相關的作品也相當多。如北魏楊衒之的《洛陽伽藍記》，南朝梁釋慧皎的《高僧傳》，五代南唐静、筠二禪師

① 《大藏經》也稱《一切經》，分經、律、論三藏，據唐釋智昇《開元釋教録》所載，共計 1076 部，5048 卷；現在通行的主要有兩種版本，一是以《高麗藏》爲底本的日本《大正新修大藏經》，二是主要以《金藏》爲底本的《中華大藏經》。

的《祖堂集》,北宋釋道原的《景德傳燈録》,南宋普濟禪師的《五燈會元》等等。道教始創於東漢,是中國本土的宗教。兩千年來,對中國人民的思想生活同樣産生過巨大影響。道教典籍也很豐富,收集在道家典籍彙編《道藏》裏①。其中如東漢的《太平經》、晉葛洪的《抱朴子》,南朝梁陶弘景的《真誥》等,也都是研究漢語史有必要參考的作品。當代學者利用上述佛、道兩家語言材料進行研究,取得了不少成果。

二、前人的研究成果

從漢代開始,我國學者即對漢語言文字進行研究,歷六朝、唐宋、元、明,到清代臻于極盛,取得了大量研究成果,叫做"小學"。這類成果對於漢語史的研究很有價值,應當認真閱讀學習,批判地加以繼承。主要分爲三大類:

1. 屬於詞滙詞義研究的,有《爾雅》類、《方言》類、《釋名》類等。

《爾雅》成于西漢初年②。全書按義類分爲《釋詁》、《釋言》、《釋訓》、《釋親》、《釋宫》、《釋器》、《釋樂》、《釋天》、《釋地》、《釋丘》、《釋山》、《釋水》、《釋草》、《釋木》、《釋蟲》、《釋魚》、《釋鳥》、《釋獸》、《釋畜》等 19 篇,彙集詞語 4300 多個,2000 餘條,很大部分是對"五經"的解釋③。《爾雅》保存和解釋了大量先秦古詞義,是閱讀儒家經典和其他先秦古籍的鑰匙,也爲漢語詞滙史的研究提供了第一部比較完整的資料。三國魏張揖説:"《爾雅》之爲書也,文約而義固;其陳道也,精研而無誤。真七經之檢度,學問之階路,儒林之楷素也。"④晉郭璞説:"若乃可以博物不惑,多識於鳥獸草木之名者,莫近於《爾雅》。"⑤前人對《爾雅》一書的評價是非常高的。《廣雅》是三國魏人張揖所撰,也分 19 篇,體例與《爾雅》同,但作了許多補充。王念孫評價這部書説:"其自《易》、《書》、《詩》、三《禮》、三《傳》經師之訓,《論語》、《孟子》、《鴻烈》、《法言》之注,《楚辭》、漢賦之解,讖緯之記,《倉頡》、《訓纂》、《滂喜》、《方

---

① 明代道士白雲霽《道藏目録》分洞真、洞玄、洞神、太玄、太平、太清、正一等 7 部,計 5486 卷。

② 張揖《上廣雅表》:"周公……六年制禮,以導天下,著《爾雅》一篇。"鄭玄《駁五經異義》:"玄之聞也,《爾雅》者,孔子門人所作。"歐陽修《詩本義》:"考其(《爾雅》)文理,乃是秦漢之間學《詩》者纂集説《詩》博士解詁之言爾。"郭沫若《甲骨文字研究》:"《爾雅》雖號稱周公所作,然實秦漢之際之所纂集,其中且多秦漢人語。"

③ 王充《論衡·是應》:"《爾雅》之書,五經之訓詁。"

④ 張揖《上廣雅表》。

⑤ 郭璞《爾雅注序》。

言》、《説文》之説，靡不兼采。蓋周秦兩漢古義之存者，可據以正其得失，其散逸不傳者，可藉以闚其端緒，則其書之爲功於訓詁也大矣。”(《廣雅疏證序》)受《爾雅》影響而編寫的書主要還有《小爾雅》，已見《漢書·藝文志》，大約成書於西漢末年。今本《小爾雅》爲《孔叢子》第十一篇，分 13 章，374 條，後人有所增補，不完全是《小爾雅》原貌[①]。宋陸佃(公元 1042—1102 年)的《埤雅》，20 卷，專門解釋名物。羅願(公元 1136—1184 年)的《爾雅翼》，32 卷，407 條，也是專門解釋草木鳥獸蟲魚名稱的。明朱謀㙔的《駢雅》7 卷，解釋古書裏深奥難懂的複音詞，分爲 13 類。明方以智(公元 1611—1671 年)的《通雅》，52 卷，内容是辨證古書詞義訓詁，每條注明出處和前人訓解辨析，甚爲賅博。

《方言》，全名是《輶軒使者絶代語釋别國方言》，西漢成都人揚雄(公元前 53—公元 18 年)作。《隋書·經籍志》著録 13 卷，與今本《方言》同。這是我國也是世界上第一部記録方言詞語的專書，内容包括古語、今方言(漢代方言)和共同語(通語，凡語)。《方言》既對“絶代語”進行歷時詮釋，又對漢代方言進行共時詮釋。“初别國不相往來之言也，今或同，而舊書雅記故俗語不失其方，而後人不知，故爲之作釋也。”(卷一“大也”下)從時間和空間兩個方面觀察語言的變化，注明詞的方言來源，是本書的最大特點。《方言》是一部極富開創性的書，它研究活的語言，方法正確，並得出了若干科學的結論。不僅有助於瞭解古代詞義，而且有助於瞭解漢代方言的面貌。羅常培先生稱讚《方言》“真是中國語言學史上一部‘懸日月不刊’的奇書”[②]是合乎實際的科學論斷。受《方言》影響的著作，現存而常見的有清杭世駿(公元 1696—1773 年)的《續方言》2 卷，是從古書中搜尋材料來補充《方言》的；還有翟灝《通俗編》38 卷、梁同書《直語補正》1 卷，錢大昕《恒言録》6 卷，郝懿行《證俗文》19 卷、錢大昭《邇言》6 卷、張慎言《續方言新校補》2 卷、《方言别録》2 卷等，主要是從古籍中掇拾材料以印證當代俗語。明末李實(公元 1598—1676 年)《蜀語》1

---

① 世以《孔叢子》爲僞書，《小爾雅》自然也被看作僞書。其實《隋書·經籍志》、新舊《唐書》、《宋史·藝文志》中，都是《小爾雅》一卷、《孔叢子》七卷，兩書並存。《小爾雅》並非僞書。到了宋代，《小爾雅》開始併入《孔叢子》，不再單行。陳振孫《直齋書録解題》謂《小爾雅》一卷，“蓋即《孔叢子》第十一卷也。當時好事者抄出别行。”恰恰把事情説顛倒了。

② 羅常培《方言校箋及通檢序》。

卷,清張慎言《蜀方言》2卷,專門記録蜀地方言詞語。于漢語詞滙史的研究有一定的參考價值。

《釋名》,東漢劉熙撰,按義類分27篇。這部書用聲訓方式解釋事物得名的緣由,是我國第一部詞源學專著。劉氏在自序中說:"夫名之於實,各有義類。百姓日稱而不知其所以之意。故撰天地、陰陽、四時、邦國、都鄙、車服、喪紀下及民庶應用之器,論敘指歸,謂之《釋名》,凡二十七篇。"訓釋詞語的範圍包括天、地、山、水、丘、道、州國、形體、姿容、長幼、親屬、言語、飲食、采帛、首飾、衣服、宫室、床帳、書契、典藝、用器、樂器、兵、車、船、疾病、喪制等27個方面。它的優點是注意到語音和語義的聯繫,正確地解釋了一些詞的内部形式。如"山旁隴間曰涌,涌猶桶,桶狹而長也"。(《釋山》)"涌"是因事物形狀而得名。"春曰蒼天,陽氣始發,色蒼蒼也。"(《釋天》)"蒼天"是因事物顔色而得名。"火,化也,消化物也。亦言毁也。物入火中皆毁壞也。"(《釋天》)"火"是因事物作用而得名。"碑,被也,此本葬時所設也,施其轆轤以繩被其上,以引棺也。"(《釋典藝》)"碑"是因事物的用途而得名。但是從整體上看,聲訓的隨意性很大,《釋名》的許多解釋牽强附會,並不可靠。語音上由於《釋名》大量使用聲訓,我們可以利用它來研究漢代語音。清王先謙《釋名疏證補》彙集總結了前人研究《釋名》的成果,最爲完備。

關於詞義方面的研究成果,重要的還有古書註疏。《詩經》的《毛傳》、《鄭箋》、《尚書》孔安國傳、《三禮》鄭玄注、《左傳》杜預注、《論語》何晏注、《孟子》趙岐注、《國語》韋昭注、《公羊傳》何休注、《穀梁傳》范甯注、《爾雅》郭璞注、唐孔穎達《五經正義》、陸德明《經典釋文》、宋朱熹《詩集傳》、《四書集注》等等,都有許多精彩的内容。近人的詞義研究專書亦復不少。重要的如張相《詩詞曲語詞滙釋》6卷,彙集解釋了唐、宋、金、元間流行於詩、詞、曲中的特殊詞語600餘個,全書以詩證詩,以詞證詞,以曲證曲,或三者互證。用例1萬多條,十分豐富。蔣禮鴻《敦煌變文字義通釋》6篇,取敦煌變文中現在已不易理解的難詞412條(1988年第四次修訂本)加以考證訓釋,頗爲精當。

2. 屬於字形字義研究的,有《説文》、《玉篇》等書。

《説文解字》是中國第一部字書,15卷,是揭示漢字系統性的一部科學巨著。作者東漢許慎(約公元58—147年)是漢代"五經無雙"的大學者。他"博問通人",

“遵修舊文”，從和帝永元十二年（公元 100 年）到安帝建光元年（公元 121 年），歷時 21 年才寫成這部巨著。本書收集了 9353 個單字，1163 個重文，分別部居，不相雜廁。歸入 540 個部首進行解釋。[①] 體例是先解字義，次講字形與字音。釋義方面，《説文》着重解釋字的本義。本義是一切引申義的出發點，解釋了本義，就能使詞義引申脈絡清楚。上古漢語以單音詞爲主，一個字代表一個詞，字的本義一般就是詞的本義。因此《説文》對於漢語詞滙史的研究是十分重要的。[②] 段玉裁説：“許書多宗《爾雅》、《毛傳》。”（《冥部》“冥”字注）但他並無門户之見，而是博採衆長，兼容諸家。取材以古文經學爲主，兼收今文、讖緯之説；收詞以書面語言爲主，兼及方言俗語；釋義以本義爲主，兼列别義歧義；字形以小篆爲主，兼收重文、異體；讀音以本音爲主，兼具異音變讀；説解以己見爲主，兼采前修時賢之説。“至於小大，信而有證……其於所不知，蓋闕如也。”（《説文敘》）正因爲如此，《説文》能够成爲中國學術史上的巨大豐碑，博大精深，歷兩千年而愈顯輝煌。人們分析字形，辨析本義，大都以《説文》爲依據，它實際上起到了規範字典的作用。歷代研究《説文》的專書和文章成百上千，成爲一種專門的學問。

《字林》，晉吕忱著。《隋書・經籍志》著録 7 卷，《魏書・江式傳》作 6 卷。是書以《説文》爲藍本，規模擴大，其説解多依《説文》，可以説集《説文》之成，而收字 12824 個。南北朝以至唐代廣泛應用。唐朝科舉考試，《字林》與《説文》並重。《新唐書・選舉志》：“凡書學，先口試，通，乃墨試《説文》、《字林》二十條，通十八爲第。”唐張參《五經文字・序例》：“今制國子監置書學博士，立《説文》、《石經》、《字林》之學，舉其文義，歲登下之，亦古之小學也。”宋章如愚《山堂考索前集》説：“唐取士之科有明字科，學館諸生試書，書學《石經》、《説文》、《字林》，先口試，通，乃墨試《説文》、《字林》二十條，通十八爲第。”元程端禮《讀書分年日程》説：“欲考字，看《説文》、《字林》、《六書略》、《切韻指掌圖》等書，以求音義、偏旁、點畫、六書之正。”惜

① 《説文解字》經過 1800 年的流傳，字數頗有參差。許慎《説文敘》稱收字 9353，重文 1163。段玉裁依大徐本所載字數覆之，爲正文 9431，重文 1279；朱駿聲《説文六書爻例》統計爲 9475 字；今人蔣述尤考證，今本《説文解字》實收正文 9420，重文 1280。見蔣氏《〈説文解字〉收字知多少》，載《文史知識》1989 年 10 期。

② 例如“阿”，《詩・小雅・菁菁者莪》：“在彼中阿”傳、《爾雅・釋地》、《説文・阜部》並曰：“大陵曰阿。”“惄”，《周南・汝墳》：“惄如調飢”傳：“惄，飢意也。”《爾難・釋言》：“惄，飢也。”《説文・心部》：“惄，飢餓也。”比較接近。

《字林》元末失傳。清任大椿《字林考逸》八卷，共收 1500 字，雖僅存原書之一二，但可從中窺見吕氏原書體例。

《玉篇》，梁顧野王（公元 519—581 年）撰，收字 22824 個，以楷書爲字體，30 卷，分 542 部。與《説文》不同，本書重點在於注音和釋義。清人黎庶昌《書原本玉篇後》説："《玉篇》與《説文》並重。《説文》討篆籀之原，《玉篇》疏隸變之流。"每字先注反切，然後釋義。《玉篇》是我國第一部解釋多義詞的字書，既釋本義，也釋引申義，並詳細引證文獻材料，類似後世的詳解詞典。例如：

> 阻　側於反。《尚書》："黎民阻飢。"王肅曰："阻，難也。"《爾雅》亦云，郭璞曰："謂險難也。"《韓詩》："阻，憂也。"又曰："道阻且險也。"《左氏傳》："阻兵而案（安）忍，阻兵無衆，安忍無親。"杜預曰："恃兵即民殘，民殘即衆叛也。"又曰："是服也，狂夫阻之。"杜預曰："阻，疑。"《廣雅》："阻，難也。"

可以看出，對於漢語詞滙史研究，這是一部很有用的書。可惜原書僅存零卷。現在看到的是宋陳彭年、丘雍、吴鋭等人重修的《大廣益會玉篇》，幾乎删去了原書的全部引證。例如：

> 阻　壯舉切。險也，疑也。

跟顧氏《玉篇》原本相比，已經面目全非。

3. 屬於字音研究的，有《切韻》、《廣韻》、《中原音韻》等韻書。

我國魏晉南北朝已有不少韻書問世。如李登《聲類》、吕静《韻集》、陽休之《韻略》、李概（李季節）《音譜》、夏侯詠《四聲韻略》、杜台卿《韻略》，都已佚亡。最著名而且影響最大的是成書于隋文帝仁壽元年（公元 601 年）的《切韻》五卷。《切韻》是陸法言（《舊唐書》叫陸慈，也叫陸詞）①根據劉臻、顏之推、蕭該、魏彦淵、盧思道、李若、辛德源、薛道衡八人的討論而編寫的。收字 12158 個，分韻 193②。陸氏在序言中説："欲廣文路，自可清濁皆通；若賞知音，即須輕重有異。""因論南北是非，古今

---

① 陸法言事跡略見於《隋書·陸爽傳》。《舊唐書·經籍志》、《新唐書·藝文志》有陸慈《切韻》五卷，丁度《集韻》、韓道昭《五音集韻》常引陸詞《切韻》，清毛奇齡以爲即法言書。王國維據日本源順《倭名類聚鈔》及僧瑞信《浄土三部經音義》所引陸詞《切韻》，參校《切韻》殘卷，斷定法言即陸詞，亦即新舊《唐志》之陸慈。（見《觀堂集林》卷八《書巴黎國民圖書館所藏唐寫本〈切韻〉後》）

② 宋濂跋本王仁昫《刊謬補缺切韻》分韻 195，平聲 54，上聲 52，去聲 57，入聲 32。上聲五十一"廣"下小注："陸無此韻目，失。"去聲五十六"嚴"下小注："陸無此韻目，失。"可見陸氏《切韻》原本實只有 193 韻。

通塞,更欲捃選精切,除削疏緩。”可見《切韻》的編寫具有明顯的正音目的。它所依據的是五六世紀漢語文學語言的語音即讀書音。這種讀書音以洛陽一帶的語音爲基礎,自魏晉以來爲大家所承用。陳寅恪《從史實論〈切韻〉》説:“《切韻》内所列之字音,實以東漢、曹魏、西晉時代洛陽京畿之舊音爲主要因素。”“諸賢於討論音韻之時,其心目中實以洛陽舊音爲標準音。”“《切韻》寫定之標準,乃用洛陽之舊音。”王力先生説:“《切韻》的語音系統是以一個方言的語音系統爲基礎(可能是洛陽話),同時照顧古音系統的混合物。”(《中國語言學史》)①當然作者在審音時也參考了六朝韻書和其他方言。例如有的音在當時洛陽一帶已經不細分,而六朝韻書或别的方言裏還有區别,就加以分開。《切韻》的分韻顯得比較繁細大約就是這個原因。

《切韻》一問世,先前的韻書就被淘汰,“惟陸生《切韻》盛行于世”(孫愐《唐韻序》)。唐代出現了許多增訂《切韻》的韻書,如李舟《切韻》、孫愐《唐韻》、王仁昫《刊謬補缺切韻》。隨着宋修《廣韻》的出現。它們也都亡佚了。20 世紀初先後在甘肅敦煌、新疆等地發現唐寫本和五代刻本《切韻》30 種,都殘缺不全,有的只剩殘頁。1947 年故宫博物院發現宋濂跋唐寫本王仁昫《刊謬補缺切韻》也不是全璧②。現在保存完整的是宋代重修的《廣韻》。

《廣韻》全名《大宋重修廣韻》,北宋真宗年間陳彭年、丘雍等人奉敕撰。全書 206 韻,按平、上、去、入,分爲 5 卷。平聲字多,分爲上平,下平 2 卷,上、去、入各 1 卷。上平 28 韻,下平 29 韻,上聲 55 韻,去聲 60 韻,入聲 34 韻。《廣韻》收字 26194,注文 191692,比《切韻》多一倍以上。但在語音體系上兩者一脈相承,並無不同,所以學者通常都以《廣韻》作爲《切韻》系統韻書的代表。《廣韻》對於研究漢語發展史非常重要。首先,確定中古文學語言的聲、韻、調系統,《廣韻》是主要的依

① 關於《切韻》音系的性質,諸家説法不一。唐李涪《刊误》以爲“《切韻》多用吴音,涪改《切韻》,全刊吴音”(宋孫光憲《北夢瑣言》卷 9)。清閻若璩以爲《切韻》“合南北而後定之,故韻非南音也”。戴震認爲 206 韻過多,陸氏“强生輕重,定爲音切,不足憑也”(《聲類表》)。陳澧以爲陸氏分二百六韻,“非好爲繁密也,當時之音實有分别也”(《切韻考》)。章炳麟以爲“《廣韻》所包,兼有古今方國之音”(《國故論衡》上)。周祖謨先生以爲“《切韻》着重保持了當時傳統書音的音位系統,並參照河北與江東語音辨析分合,而不以一地方音爲准”(《唐五代韻書集存·總述》)。此外,高本漢認爲《切韻》“實質上就是陝西長安方言”(見高本漢《中上古漢話音韻綱要》,聶鴻音譯)。

② 參看周祖謨先生編《唐五代韻書集存》,中華書局,1983 年。

據。由《廣韻》可以上推古音，下推今音。黄侃的古韻 28 部，實際上是從《廣韻》推導出來的。現代漢語方言調查字表也按《廣韻》的韻部系統排列。現代漢語方音的分歧，大都可以從《廣韻》音系得到適當的解釋。其次，《廣韻》徵引了魏晉六朝大量辭書的内容，記録了不少魏晉六朝的新詞新義，對於閱讀這一時期的著作很有幫助，也爲中古漢語詞滙史的研究提供了一定的依據。例如去聲梵韻："欠，欠伸。《説文》：張口氣悟也。今借爲欠少字。"欠缺的"欠"是中古新義。顔師古《匡謬正俗》卷六："今人謂物少不充爲欠。"韓愈《喜侯喜至贈張籍張徹》詩："今者誠自幸，所懷無一欠。"

《切韻》系統的韻書還有宋丁度等人奉敕撰修的《集韻》(公元 1039 年)、金韓道昭的《五音集韻》(公元 1208 年)等。《集韻》10 卷，與《廣韻》相比，在收字、定音、辨形、釋義、書證等多方面多所更革。"今所撰集，務從該廣，經史諸子及小學書，更相參定。凡字訓悉本許慎《説文》，慎所不載，則引它書爲解。"(卷首韻例)全書共收 32381 字(把同音異體算在一起，共 53525 字)；增加又音，更訂反切，如輕唇、重唇音分開；"凡字之翻切，舊以'武'代'某'，以'亡'代'茫'，謂之類隔，今皆用本字。"(卷首韻例)這顯然是當時實際語音的反映。修訂《廣韻》注釋，側重文字形體和訓詁，釋義通常以《説文解字》爲本，這是《集韻》訓詁的一個特點。《五音集韻》分韻 160，是根據實際語音合併《廣韻》韻目的第一部韻書，對研究漢語語音史是有幫助的。

與《切韻》系統不同的是《中原音韻》等北音系統的韻書。《中原音韻》，元江西高安周德清撰①。書成於元泰定帝泰定元年(公元 1324 年)，元順帝至順癸酉(公元 1333 年)改寫，至正辛巳(公元 1341 年)在吉安刊行。這是根據北曲歸納而又服務于北曲的一部韻書。周氏在序言中説：

> 言語一科，欲作樂府，必正言語；欲正言語，必宗中原之音。樂府之盛、之備、之難，莫如今時。其盛，則自搢紳及閭閻歌詠者衆；其備，則自關、鄭、白、馬

① 周德清(公元 1277—1365 年)，號挺齋，江西高安暇堂人。宋代理學家周敦頤之後。34 歲外出遊學，開始創作；48 歲完成《中原音韻》，1365 年元順帝至正乙未逝於故鄉，享年 89 歲。

一新製作，韻共守自然之聲，字能通天下之語……

又在《正語作詞起例》中說：

> 惟我聖朝，興自北方，五十餘年，言語之間，必以中原之音爲正。……予生當混一之盛世，恥爲亡國搬演之呼吸，以中原爲則，而又取四海同音而編之。實天下之公論也。

“以中原爲則，而又取四海同音”是《中原音韻》的審音標準，它完全打破了《切韻》系統的語音體系。所謂“中原之音”是指河南洛陽一帶的語音，所以這部書是研究近代以洛陽語音爲中心的北方話語音系統的主要依據。《中原音韻》問世後，産生了巨大的影響。一方面，它成爲北曲用韻的標準。明代詞曲家王驥德（伯良）説：“作曲則用周德清《中原音韻》。古樂府悉系古韻，宋詞尚沿用詩韻，入金未能盡變。至元人譜曲，用韻始嚴。德清生最晚，始輯爲此韻，作北曲者守之，兢兢無敢出入。”（《曲律·論韻第七》）另一方面，《中原音韻》以後，突破《切韻》系統的韻書大量涌現出來。如元燕山卓從之編的《中州樂府音韻類編》①，明洪武時樂韶鳳、宋濂等 11 人編的《洪武正韻》（公元 1375 年）②，明寧獻王朱權編的《瓊林雅韻》（公元 1398 年）③，雲南蘭茂（廷秀）編的《韻略易通》（公元 1442 年）④，山東掖縣畢拱宸編的《韻略彙通》（公元 1642 年）⑤，清初河北唐山樊騰鳳編的《五方元音》（公元 1624—1627 年）⑥。這些書雖然内容上各有特點；但在打破舊韻書限制，反映語音實際上是一致的。

---

① 簡稱《中州音韻》，又稱《中州音韻類編》，分 19 韻。作于元至正辛卯（公元 1351 年）。《朝野新聲太平樂府》收有此書。中華書局 1964 年影印訥庵本《中原音韻》附有《中州樂府音韻類編》以及陸志韋、楊耐思的校刊記。

② 《洪武正韻》“壹以中原雅音爲準”，分 76 韻，平、上、去各 22，入聲 10。如不分聲調，則平、上、去共 22 韻，爲曲韻南派創始之作。

③ 《瓊林雅韻》分 19 韻，平聲不分陰陽，爲增删卓氏《中州音韻》而成。

④ 《韻略易通》分 20 韻，平聲不分陰陽，有入聲，是以當時雲南的實際語音爲準。

⑤ 《韻略彙通》分 16 韻，聲調分上平、下平、上、去、入 5 類，是分合删補《韻略易通》而成。

⑥ 《五方元音》分 12 韻，聲母 20，聲調 5，也是分合删補《韻略易通》而成。

談到前人的研究成果，清代和現代學者的許多著作是值得我們重視的。文字字義方面專著有段玉裁的《説文解字注》，桂馥的《説文解字義證》，朱駿聲的《説文通訓定聲》，王筠的《説文釋例》、《説文句讀》；音韻方面，專著有顧炎武的《音學五書》(《音論》、《詩本音》、《易音》、《唐韻正》、《古音表》)，江永的《古韻標準》、《四聲切韻表》，戴震的《聲韻考》、《聲類表》，段玉裁的《六書音均表》，孔廣森的《詩聲類》、《詩聲分例》，江有誥的《音學十書》(現在流傳的有《詩經韻讀》、《群經韻讀》、《楚辭韻讀》、《先秦韻讀》、《唐韻四聲正》、《諧聲表》、《入聲表》、《等韻叢説》8 種)；訓詁方面，專著有王念孫的《廣雅疏證》，王引之的《經義述聞》、《經傳釋詞》，郝懿行的《爾雅義疏》，錢繹《方言箋疏》，俞樾的《群經平議》、《諸子平議》、《古書疑義舉例》；綜合方面，有錢大昕的《十駕齋養新録》，王國維的《觀堂集林》等。他們對於古書的爬梳發明，古韻的分部研究，都取得了很好的成績。其中尤以段玉裁、王念孫最爲突出。他們大膽提出形、音、義“三者互相求”①和“以古音求古義，引申觸類，不限形體”②的原則，列舉了大量的材料或强有力的證據，所以得出的結論大都精確不移，世稱“段王之學”。古籍的注箋疏證，清以來學者同樣達到了新的高度，如閻若璩的《古文尚書疏證》、孫星衍的《尚書今古文註疏》、陳奂的《詩毛氏傳疏》、胡承珙的《毛詩後箋》、馬瑞辰的《毛詩傳箋通釋》、王先謙的《詩三家義集疏》、劉寶楠的《論語正義》、焦循的《孟子正義》、孫詒讓的《周禮正義》，近人郭慶藩的《莊子集釋》、陳奇猷的《吕氏春秋校釋》、朱謙之的《老子校釋》、吴則虞的《晏子春秋集釋》、汪榮寶的《法言義疏》、蘇輿的《春秋繁露義證》、楊伯峻的《春秋左傳注》《列子集釋》、王利器的《顔氏家訓集解》、何寧的《淮南子集釋》等等，都很有功底，是研究漢語史不可不讀的重要資料。

在應用前人研究成果時，必須堅持一分爲二的原則。古人著作中有許多精華的東西，值得我們認真學習。但由於時代和認識上的限制，也免不了有某些封建性的糟粕，我們不能盲目崇拜，兼收並蓄；而應當剔除其糟粕，吸取其精華，才能達到繼承利用的目的。

---

① 段玉裁《王懷祖廣雅注序》：“小學有形、有音、有義，三者互相求，舉一可得其二。有古形、有今形，有古音、有今音，有古義、有今義，六者互相求，舉一可得其五。”

② 王念孫《廣雅疏證·序》。

三、外語借詞和親屬語言

外語借詞，包括外語裏借漢語的詞和漢語裏借外語的詞兩種情況。古代朝鮮語、日語、越南語都曾從漢語裏借去大量詞語，現在還保存着當時的一些讀法，可以作爲漢語古音構擬的旁證。漢語裏的古奉母，現代日語吴音都讀 b(バba 行)，如"肥"[bi]、"婦"[bu]、"飯"[bon]、"房"[bō]、"伐"[bochi]、"佛"(仏)[buchi]，古微母日語吴音都讀[m](マma 行)，如"武"[mu]、"微"[mi]、"韈"[matsu]、"萬"[man]、"文"[mon]、"亡"[mō]，可以旁證錢大昕"古無輕唇音"的説法。古漢語也從外語裏借來過一些詞，從這些詞的不同譯名裏，同樣可以窺探出某些古音的痕跡。例如"印度"，梵語原音爲 Sindu，中國人似乎早在先秦已經知道這個名稱。《山海經・海内經》："東海之内，北海之隅，有國名曰朝鮮，天毒，其人水居，偎人愛之。"郭璞注："天毒即天竺國，貴道德，有文書、金銀、錢貨，浮屠出此國中也。"不過有人認爲"天竺"即今印度，在我國西南，此"天毒"則在東北，方位迥異，疑别有所指。漢代張騫通西域，譯作"身毒"。伊朗語音轉爲 Hindu，六朝時我國譯爲"天竺"，後[h]音弱化，轉爲[indu]，唐人譯作"印度"①。"竺"和"毒"、"度"音相近，"竺"知母，"毒"、"度"定母，可以證實錢大昕"古無舌上音"的説法。又《釋名・釋天》："天，豫司兖冀以舌腹言之。天，顯也。在上高顯也。"Hindu 譯作"天竺"，可能反映了古代豫司兖冀一帶的方音。

就印歐語説，現代親屬語言的比較研究是構擬古印歐語的重要依據。漢語和漢藏語系其他語言雖有親屬關係，却不密切，很難依靠漢藏語系諸語言的比較研究來重建原始漢語。但是通過親屬語言的比較研究以旁證漢語歷史上的某些事實却是可能的。例如自商周以來，漢語句子大都是"主—動—賓"的語序，衹有上古漢語的否定句，当賓語是代詞時，必須置於動詞前面。而藏緬語里，除了克倫語和浪速語之外，動詞句都是"主—賓—動"的語序，賓語一律放在動詞前面。可能這正是原始漢語的語序特點，絶大多數藏緬語一直保存這種語序，衹有漢語在發展中把賓語

① 《史記・大宛列傳》："大夏……其東南有身毒國。"《藝文類聚》76 引晉司馬彪《續漢書》："天竺國一名身毒，在大月氏東南數千里。"唐玄奘口述辨機撰《西域記・濫波國》："詳夫天竺之稱，異議糾紛，舊云身毒或賢豆，今從正音，宜云印度。"

移到了動詞後面。又漢語偏正式複合詞的構成,通常是“小名冠大名”,如“松樹”、“楠木”、“荇菜”、“蒲草”、“蝗蟲”、“鱔魚”、“鳥鳥”。俞樾指出上古漢語有一種“大名冠小名”的構詞法,如“魚鮪”、“鳥烏”、“草芥”、“禽犢”、“蟲蝗”(《古書疑義舉例》卷三)。漢台語裏恰恰有類似的構詞法。如雲南羅平儂語的[ma^{5}man^3](李子)、[ma^{5}t'a:u^2](桃子)、[ma^{5}sa:n^1](石榴),其中[ma^5]是果類大類名;暹羅話的[pla^{1}nai^1](鯉魚)、[pla^{1}lai^1](鱔魚)、[pla^{1}d) :ŋ^1](鮑魚),其中[pla^1]是魚類大類名。莫家話的[nok^{8}man^4](鵪鶉)、[nok^{8}ʔe:n^5](燕子)、[nok^{8}wa:ŋ^{4}mai^2](畫眉鳥)、[nok^{8}si:k^7](喜鵲)、[nok^{8}le^3](麻雀)、[nok^{8}kau^2](斑鳩)、[nok^{8}ko^2](鴿子)、[nok^{8}kuk^7](野雞),其中[nok^8]是鳥類大類名①。這就給俞氏的説法提供了有力的旁證。

四、現代漢語方言

方言是移植在地圖上的語言的歷史,世界上任何一種方言的差别都不會没有歷史的意義。現代漢語方言就是移植在地圖上的漢語史,現代漢語方言的差别,對於漢語史的研究具有非常重要的意義。漢語歷史上有過的許多語言事實在現代漢語方言裏大都可以得到印證。例如現代厦門話“方、飛、夫、分”等字聲母念[p],正是上古漢語没有輕唇音的證明;厦門話“知、誅、豬、張”等字聲母念[t],正是上古漢語没有舌上音的證明;雙峰話“皮、裴、平、婆”聲母念[b],“啼、團、塘、亭”聲母念[d],“才、蠶、從、存”聲母念[dz],正是古漢語有全濁聲母的證明。廣東話“急”念[kɐp$_5$],“汁”念[tsɐp$_5$],“日”念[jɐt$_1$],“月”念[jyt$_1$],“握”念[ak$_5$],“白”念[pa:k$_1$],正是古漢語入聲有輔音韻尾[-p]、[-t]、[-k]的證明。在漢藏語系歷史比較研究尚未深入開展的情況下,方言是漢語古音重建的主要依據。

對於漢語詞滙史的研究,現代漢語方言也有重要的意義。有些古詞古義,現代普通話已經不用了,却往往在方言裏保存下來。例如用黏土放在模型裏製成的長方形土塊,古代叫做“墼(jī)”,《説文·土部》:“墼,未燒也。”現代普通話只叫“土

① 參看邢公畹《漢台語構詞法的一個比較研究——大名冠小名》,載《語言論集》,商務印書館,1983年,189—199頁。

坯”，河北張家口一帶方言仍然叫“墼”。用水澆灌，上古叫做“沃”。《説文·水部》：“沃，溉灌也。”段玉裁注：“自上澆下曰沃。”《左傳·僖公二十三年》：“奉匜沃盥。”孔穎達疏：“沃謂澆水也。”現代福建龍岩方言裏還保存着“沃”的古義，如“沃菜、沃水、沃肥”，念[ak_{55}]。古代竹席叫“簟”。《説文·竹部》：“簟，竹席也。”《詩·齊風·載驅》：“載驅薄薄，簟茀朱鞹。”《毛傳》：“簟，方文席也。”唐杜甫《陪鄭廣文遊何將軍山林》詩：“酒醒思卧簟，衣冷欲裝綿。”元王禎《農書》卷十五：“各舉稻把摜之，子粒隨落，積於簟上。”今湘方言保存着這個詞，曬稻穀用的粗竹席叫“曬簟”或“簟子”。如沈從文《從文自傳》：“便把新穀傾倒到大曬穀簟上來，與佃户平分。”略微斜着眼睛看，上古叫做“睇(dì)”。《説文·目部》：“睇，小衺視也。”①段玉裁注：“言小衺視者，以别於睨眄爲衺視也。”《楚辭·九歌·山鬼》：“既含睇兮又宜笑，子慕予兮善窈窕。”現在廣東話還保存着這個詞，如“我咁樣睇”(我這樣看)，念[$t'ai_{35}$]，詞義有所擴大。

古代地名和人名也往往保存了一些古音古義。如地名“費縣”的“費”舊讀 bì，“吐蕃”(古代藏族地方政權)，今西藏音轉爲“土伯特”，人名“孟賁”的“賁”讀 bēn，都保存重唇音。孔子學生卜商字子夏。夏，大也；商與章通，亦大也。春秋吴太宰伯嚭字子餘。嚭，丕也，大也，小則不足，大則有餘。通過古人名和字的關係，我們可以更清楚地瞭解“商”和“嚭”的意義。

第三節　漢語的發展和漢族社會

語言是一種社會現象，它隨着社會的産生而産生，隨着社會的發展而發展，也將隨着社會的滅亡而滅亡。要瞭解某種語言及其發展規律，只有密切聯繫創造和使用這種語言的人民的歷史，纔有可能。同樣，我們只有聯繫漢族人民的歷史去進行研究，纔能深入瞭解漢語發展的歷史。

漢語和漢族社會處在這樣一種關係之中：一方面，漢族社會是漢語存在和發展的基礎，漢語現在能够成爲世界上最發達的語言之一，正是漢族文化高度發達的結果；另一方面，漢語對漢族人民的統一和發展，對漢族文化的不斷更新提高，起了巨

① 此段注本，大徐本《説文解字》作“睇，目小視也”，徐鍇《説文解字繫傳》作“睇，目小衺視也”。

大的促進作用。漢語語音、詞滙、語法三部分跟社會聯繫的程度不完全一致。詞滙反映社會的變化最直接、最迅速,與社會的聯繫最爲密切;語音、語法同社會的聯繫不那麽直接,但社會的變化總會影響語音、語法的變化;同詞滙、語法相比,語音變化又有自己的特點。

公元 1929 年,考古學家在北京周口店發現了 50 萬年前的"北京猿人"。他們已經懂得使用石製工具,知道用火燒烤食物,自然已經有了語言。如果北京猿人是漢族人民的祖先,漢語就該有 50 萬年的歷史了。但我們還無法作出確鑿的論斷。我國歷史上有所謂"三皇五帝",司馬遷《史記》敍述中國歷史從黄帝開始,離開現在大約五六千年,當時的語言可能已具有後世漢語的某些要素。詳情如何,世遠年遐,無文獻可征,莫得而知①。

夏是中國歷史上第一個比較可靠的朝代(約公元前 2070—前 1600 年),也是漢語有文字記載的最早的朝代。《史記・封禪書》"三代之君,皆在河洛之間"張守節正義引《世本》:"夏禹都陽城,辟商均也。"《夏本紀》裴駰集解引皇甫謐説:"都平陽,或在安邑,或在晉陽。"1977 年以來在河南登封王城岡發掘夏代文化遺址並發現了刻在陶器上的文字。夏王朝的統治範圍包括河南、山西等黄河中游一帶。漢語的發祥地也應當在河南一帶,即中原地區。

商朝(公元前 1600—前 1046 年)是一個奴隸社會,已進入銅器時代,有比較成熟的甲骨文字。商代初期以畜牧業爲主,中期以後農業和手工業相當發展,出現了以王室及其都邑爲中心的社會,商人稱爲"天邑商"。起先在亳(今河南商丘北 40 里),經過六次遷徙,大約公元前 1300 年盤庚定都于殷虚(今河南安陽小屯一帶)。從地下發掘的情況看,商代統治的範圍甚廣,但中心仍在今河南一帶。商代語言隨着社會的發展而逐漸發展,商王定都殷虚後,形成了以殷虚話爲中心的共同語,並且影響日益擴大。商代甲骨文是這個共同語的書面語,雖然不及後代豐富完備,但是現代漢語的基本要素在這個時期就已經奠定了。

周起源於中國西北部,跟商屬於不同的部族,但早有接觸。公元前 1046 年甲子,周武王滅商,接受了商的文化傳統。周公旦東征勝利,大力開發東部地區。建

① 參看向熹《漢語探源》,載《紀念王力先生百年誕辰學術論文集》,商務印書館,2002 年,387—394 頁。

立東都(洛陽);封康叔于衛以統治商的故都;封伯禽于魯,統治黄河下游。把商的大部分"頑民"遷于成周,一部分遷於衛,一部分遷於魯。商、周兩族人民雜居,語言開始融合。周平王東遷洛邑以後,商、周兩族的關係尤爲密切。商族人口多,生産水平和文化水準較高,而且在黄河流域有着牢固的統治基礎,結果周族語言和商族語言相融合,周人還接受了商人創造的文字。現在我們看到,陝西省岐山縣周原出土的周代甲骨文、周代金文和商代甲骨文在結構上極其相近,詞滙上也相差無幾。

周王朝實行封建制度,周初先後分封諸侯國130多個。春秋以後各諸侯國互相攻戰,大諸侯國逐漸吞併小諸侯國,例如晉國先後併吞周圍20幾個小國,統一了汾河流域。西方的秦國,東方的齊國,南方的楚國也都如此。與這種政治形勢相適應,原來各小國用的小方言逐漸融合成幾個相對穩定的大方言。與此同時,周王朝爲天下宗主,擁有制禮作樂、統一標準的大權。《禮記·中庸》:"非天子不議禮,不制度,不考文。今天下車同軌,書同文,行同倫。雖有其位,苟無其德,不敢作禮樂焉;雖有其德,苟無其位,亦不敢作禮樂焉。"各諸侯國定期要去王廷朝覲;諸侯國之間交往頻繁;商業發展,都市出現,這就要求有一種各地都能通行的共同語。這種共同語果然出現了,就是"雅言"。《荀子·正名》:"刑名從商,爵名從周,文名從禮,散名加之於萬物者,則從諸夏之成俗曲期(共同的約定),遠方異俗之鄉,則因之而爲通。"《詩經》305篇,采自15個國家,用韻基本一致,各國參加外交宴會的人都能賦詩言志。兩周金石文的用韻也基本一致。王國維説:"昔人於有周一代韻文,除群經諸子《楚辭》外,所見無多。余更蒐其見於金石刻者,得四十餘篇。其時代則自宗周以訖戰國之初,其國别如杞、鄁、邾、婁、徐、許等,並出《國風》十五之外。然求其用韻,與三百篇無乎不合。"(《周代金石文韻讀·序》)可見周代的確存在一種能够通行各地的共同語(雅言)。《論語·述而》:"子所雅言,《詩》《書》執《禮》皆雅言也。"劉台拱解釋説:"夫子生長于魯,不能不魯語,惟誦《詩》、讀《書》、執《禮》必正其音,所以重先王之訓典,謹末學之流失。"孔夫子平常在家裏説的是魯國方言,但在正式隆重的場合得説官話,就是雅言。這個雅言的基礎方言是什麽呢?清劉寶楠《論語正義》説:"周室西都,當以西都音爲正。"我認爲"雅言"的基礎不是西周王都鎬京,而是東都洛陽一帶的語言。洛陽自周公營建以後,發展迅速。"此天下之中,四方入貢道里均。"(《史記·周本紀》)周初遷居成周的殷之"頑民",大都是富商巨賈和有文化修養的人。由於他們的傳播,加上這裏是殷的舊地,語言上逐漸變得很有勢力。東周時洛陽爲全國政治文化中心,它的方言很自然地變成了雅言。雅者,正也。雅言就是全國通行的標準音。“雅”又通“夏”。《説文》:“夏,中國之人也。”中國就是指中原地區即河南一帶。這裏是商王朝統治的中心,也是夏王朝統治的中心,所以叫做夏。“雅言”就是夏言,就是諸夏通行的語言。它在各諸侯國和各地人民之間發揮着共同的交際作用。

平王東遷洛邑,雖然周王名義上還是各諸侯國的宗主,但勢衰力微,尾大不掉。諸侯勢力强大,互相兼併,由春秋“五霸”變爲戰國“七雄”,封建割據更趨牢固。這一時期的語言呈現着兩種趨勢。一方面,各諸侯國之間的方言差别仍極顯著。孟子稱楚人爲“南蠻鴃舌之人”,楚人學齊語,要“引而置之莊嶽之間數年”,否則“雖日撻而求其齊也,不可得矣”(《孟子·滕文公下》)。可見差别很大。《左傳》稱吴語爲“夷言”,與中原語言不同。《左傳·哀公十二年》記載衛侯會吴於鄖,被吴扣留,後來回到衛國,“效夷言”,就是模仿吴地方言。這種方言的差别主要表現在語音上。至於華夏與周邊少數民族之間,語言不通,往往要通過翻譯纔能進行交際。《禮記·王制》:“五方之民,言語不通,嗜欲不同,達其志,通其意,東方曰寄,南方曰象,西方曰狄鞮,北方曰譯。”寄、象、狄鞮、譯是負責翻譯夷、蠻、戎、狄語言的專職人員。另一方面,各諸侯國之間戰争和外交活動頻繁,人民遷徙,民族雜居,學術發達,百家争鳴,都促進了共同語(雅言)的傳播和發展。春秋242年間,諸侯朝聘盟會等外交活動多達450次,在這些外交場合中,各國代表要賦《詩》言志,他們共同使用的語言只能是雅言。儒、道、墨、法、名、兵、農各學派的著作,語言上基本一致,甚至代表南方文化的《楚辭》也相差無幾。可見當時的雅言的確具有廣泛的影響。李亞農説:“當時各族間統治階層的混血已經變成了司空見慣的平常事;則夏、殷、周以及其他諸古老民族,由於雜居的結果,民間的大混血,自不必説了。甚至中原内部的戎狄,在春秋末期,亦已和諸夏各族雜居。……入戰國以後,我們既不見周人、殷人、夏人的區别,也不見中原内部還有戎狄的存在。各族通婚的結果,許許多多的民族的血統溶而爲一了。……至於語言,我們在前面已經看到,春秋時代還有不同於華語的越語,有些稍不同於華語的楚語,甚至有言語衣服都不與華同的羌戎;但在進入戰國以後,我們已經找不到列國語言不同的痕跡。讀者不妨把《戰國策》翻開來讀一讀中山的歷史，誰能從中發現異族的氣味呢？然而中山是鮮虞的別名，原屬白狄的別種。由此可見，從北而南，中華民族的共同的語言形成了。”①

秦始皇統一中國，實行中央集權制和郡縣制，“分天下以爲三十六郡，郡置守尉監……法度衡石丈尺，車同軌，書同文字。”(《史記・秦始皇本紀》)採取大規模的移民和戍邊措施，如徙天下豪富 20 萬户於咸陽，徙黔首 3 萬户於琅琊台下，徙 3 萬家於麗邑，5 萬家於雲陽，遷吕不韋等 4 千家於蜀地；派屠睢、任囂率軍 50 萬平南粤，戍守五嶺；發民工數十萬築長城等。這些措施往往給人民帶來巨大的痛苦，但是秦王朝統一了中國，客觀上促進了共同語的傳播和使用。雖然《禮記・中庸》裏講述“今天下車同軌，書同文”，實際上春秋戰國諸侯各自爲政，從來就没有實現過“書同文”。秦始皇命李斯創制小篆，實行“書同文字”的政策，罷其不與秦文合者，書面語言才真正得到統一。而書面語的統一也會在一定程度上促進口語的統一。

秦朝享國不長，漢王朝統一中國後，社會生活逐漸安定，經濟逐漸發展，商業、交通日益發達。《史記・貨殖列傳》：“漢興，海内爲一，開關梁，弛山澤之禁，是以富商大賈，周流天下，交易之物，莫不通得其所欲。”國内出現了長安、洛陽、邯鄲、臨緇、成都等大商業城市。在這種情況下，方言在一定程度上向共同語集中。所以揚雄在《方言》卷一説：“初别國不相往來之言也，今或同。”漢朝初年，採用“霸王道雜用”的治國方略。自武帝起，罷黜百家，獨尊儒術，京師大學設《易》、《書》、《詩》、《禮》、《春秋公羊傳》五經博士，通一經者即可爲官。此風一開，許多學者聚徒講學，傳授和注釋儒家經典，有的收集生徒多達數千人。儒家經典的傳習和書面語言的規範化，不可避免地會促進共同語的傳播。漢代佛教傳入中國，大量佛教經典先後譯成漢語。魏晉以後，信佛的人愈多，佛教傳播愈廣泛，對漢語的發展産生了巨大的影響。

漢代共同語的基礎是什麼呢？仍然是中原河洛一帶的語言。長安是西漢首都，但劉氏朝廷成員大都不是關中人。開頭幾十年内，天下很不安定，吴楚七國之亂相繼發生，地方割據嚴重。長安方言並没有成爲共同語的基礎。東漢遷都洛陽，洛陽成爲政治和經濟中心，洛陽語音也就保持着共同語標準音的地位。曹魏上承東漢，下啓西晉，也是以洛陽一帶的語音爲共同語的標準音的。

① 李亞農《欣然齋史論集・東周與西周》，上海人民出版社，1962 年，834、836 頁。

與此同時，漢代仍然嚴重地存在着方言分歧。揚雄《方言》提到的漢代方言地區就有齊、楚、南楚、秦、晉、梁、益、周、鄭、衛、宋、魯、陳、趙、魏、荆揚、吴、越、燕代、北燕、朝鮮等，大體上可以劃分爲秦晉、周鄭韓、趙魏、衛宋、齊魯、東齊海越、燕代、北燕朝鮮、楚、南楚、吴越、南越等十二個方言區，相當複雜。在封建社會裏，這種情況是不可避免的。

魏晉南北朝，中國經歷了一個長期分裂的局面。西晉惠帝時，接連發生"八王之亂"和"五胡亂華"。戰禍頻仍，社會動蕩，北方人民不得安居。"永嘉之亂"以後，西晉爲前趙所滅。晉元帝司馬睿建都建業（今南京市），成爲東晉。公卿貴戚，世家大族和一部分士庶移居江南。北方成爲少數民族統治的地區，歷北魏、北齊、北周，統稱北朝。這種形勢對漢語發展起了兩方面的重要影響。一方面，中原漢族人民和少數民族雜居，促使民族之間發生大規模的融合，許多少數民族的人漢化了。如唐代大詩人元稹、元結，唐太宗的長孫皇后、宰相王珪都是鮮卑族的後裔。這種情況也使漢語得到大規模的推廣。其中洛陽爲北方許多王朝的首都，洛陽話一直保存着共同語標準音的地位，而且得到進一步的推廣。高尚志、馮君實《秦漢魏晉南北朝史》說：這一時期"氐族多數已與漢人雜居，從事農耕，不少人改爲漢姓，使用漢語，已與漢人無大差别"。其他如羌、羯等族也大致如此。少數民族的統治者有的推行漢化，提倡着漢服，講漢語。例如北魏孝文帝"斷胡語"、"用正音"，改鮮卑諸部九十九姓爲漢姓，影響最爲顯著。《魏書·咸陽王禧傳》："高祖（指魏孝文帝）曰：'自上古以來及諸經籍，焉有不先正名，而得行禮乎？今欲斷諸北語（指鮮卑語），一從正音。年三十以上，習性已久，容或不可卒革；三十以下，見在朝廷之人，語音不聽仍舊。若有故爲，當降爵黜官，各宜深戒。如此漸習，風化可新。若仍舊俗，恐數世之後，伊洛之下復成被髮之人。'"北魏以洛陽爲首都，孝文帝所要遵從的"正音"，正是洛陽一帶的語音。

另一方面，以洛陽一帶語言爲代表的共同語大量傳播到東南一帶。陳寅恪《從史實論〈切韻〉》說："洎乎永嘉亂起，人士南流，則東晉南朝之士族階級，無分僑舊，悉用北音。"①這個"北音"，正是中原之音，即洛陽及其附近的音。清人汪烜《詩韻

① 陳寅恪《從史實論〈切韻〉》，載《嶺南學報》1949年，9卷2期，1—18頁。

析》説："昔晉室當五胡之亂，中原成墟，故東晉之世嘗僑立州郡于江淮之間以處南渡之民，則江左之民皆南渡之民，江左之音皆中原之音而非鴂舌之音矣。"陳寅恪又説："洛陽者，東漢、曹魏、西晉三朝政治文化之中心，而東晉南朝之僑姓高門，又源出此數百年來一脈綿延之士族，則南方冠冕君子所操之北音，自宜以洛陽及其近旁者爲標準矣。"①現代的客家話就是晉代從北方傳過來的。楊恭《客家話本事》説："客之先，居豐、鎬、河、洛、齊、魯之交，或爲衣冠世族，或爲耕鑿遺民，皆涵濡於二帝三王之化。自東晉元嘉五胡蹂躪，冠帶數千里之地，戎羶污染，靡有寧居。於是衣冠之族，豪傑之徒，如逖（祖逖）、侃（陶侃）、嶠（和嶠）、琨（劉琨）之輩，相與挈家渡江，共圖恢復。王（坦之）、謝（謝安）之家，尤爲卓著。王、謝，舊河東太原人也。其餘入閩著姓，則有杜、邵、何、胡等八家。其他流民避亂江南，流離轉徙，有南徐、南司等州郡，謂之僑軍州。軍州即今之州縣，所謂僑者，即客耳。"

南方諸朝，以金陵（今南京）爲首都，於是金陵話成爲南方另一種共同語的基礎。《顏氏家訓・音辭篇》："自兹厥後，音韻鋒出，各有土風，遞相非笑，指馬之諭，未知孰是。共以帝王都邑，參校方俗，考核古今，爲之折衷。權而量之，獨金陵與洛下耳。"金陵話與洛陽話本有密切的繼承關係。不過受南北不同社會環境的影響，彼此産生了差别。北方話受外族語言的影響，南方話受吴語的影響。明陳第《讀詩拙言》："自五胡亂華，驅中原之人入於江左，而河淮南北，間雜夷言，聲音之變，或自此始。"陳寅恪《從史實論〈切韻〉》説："東漢伊始，以迄於西晉，文化政治之中心均在洛陽，則洛陽及其近旁之舊音，即顏氏所視爲雅正明晰之古音，固可推見也。至金陵士族與洛下士庶所操之語言，雖同屬古昔洛陽之音系，而一染吴越，一糅夷虜，其駁雜不純，又極相似。然顏黄門特謂冠冕君子，南方爲優者，宜亦有故。……洛陽舊音，爲金陵士族所保存沿用，自東晉歷宋、齊以至顏黄門時，已達二百數十年之久，則沾染吴音，自所難免也。"

此外，這一時期中外文化交流發展，朝鮮、日本等國相繼派人到中國來，並帶回去一些中國典籍，中國也派使者到這些國家去。朝鮮、日本等國的語言受到漢語的强烈影響，漢語的大量詞語被借入這些語言，有的一直保存到現在。

---

① 陳寅恪《從史實論〈切韻〉》，載《嶺南學報》1949年，9卷2期，1—18頁。

隋唐時期,中國又形成了大一統的局面。唐代經過“貞觀之治”和“開元之治”,社會政治、經濟、文化都有很大的發展。史載“開元天寶之中,耕者益力。四海之内,高山絶壑,耒耜亦滿,人家儲糧,皆及數載”。文化上,唐詩達到了中國詩歌發展的頂峰,數量之多,品質之高,都是空前的。韓愈、柳宗元提倡和堅持的古文運動,繼承和發展了先秦延續以來的共同書面語。唐時出現的許多韻書和音義之書,對於漢語共同語的規範化和傳播都有非常重要的作用。唐代語音的標準還是洛陽一帶的語音。隋煬帝以洛陽爲東都,天下富商大賈數萬家徙居於此。唐初以洛陽爲“神都”,高宗、武后、中宗、玄宗、昭宗都以洛陽爲東都,這裏是文人薈萃的地方,繁榮的文化事業和重要的政治地位,使洛陽語音仍然保持着共同語的標準音的地位。唐李涪《刊誤》説:“凡中華音切,莫過東都,蓋居天地之中,稟氣特正。”在唐代學者的心目中洛陽語音乃是天下的“正音”。

宋代學術思想活躍,宋詞興盛,可以媲美唐詩。宋代語言和唐代一樣,也是以洛陽語音爲標準。北宋以汴梁(今河南開封市)爲首都,與洛陽鄰近,洛陽則仍然擁有文化古城的地位。周祖謨先生《宋代汴洛語音考》説:“夫有宋一代,洛陽文教最盛,風流儒雅,並世無有。”因此,宋代漢語共同語的標準音仍然是洛陽、開封一帶的語音,叫做“中原雅音”。南宋政治中心移到杭州,洛陽語音還被認爲是天下正音。陸游《老學庵筆記》卷六説:“中原惟洛陽得天下之中,語音最正。”①

六朝時候,白話開始興起。晚唐以後,變文、俗講、語録、話本、筆記等廣泛應用白話,改變了六朝駢文和唐代古文脱離口語的情況,文學語言與口語開始統一,大大促進了漢語的發展。

元、明、清三代,中國又形成了大一統的局面。自元代建都北京,北京成爲全國政治文化的中心。這三個朝代文學上各有輝煌的成就。元代戲曲,明清小説都用白話寫成,受到全國人民的喜愛,擴大了白話的影響。但元明時代共同語的標準音仍然是中原語音。元周德清的《中原音韻》,“以中原爲則,而又取四海同音而編之”。明初樂韶鳳、宋濂等人奉敕編撰的《洪武正韻》,也“壹以中原雅音爲準”。所謂“中原之音”,就是河洛一帶的語音。元孔齊《至正直記》説:“北方語音端正,謂之

① 參看張啓焕《略論汴洛語音的歷史地位》,載《古漢語研究》1991年,1期。

中原雅音，今汴、洛、中山等處是也。"爲什麼要以中原語音爲標準音呢？元范德機《木天禁語》説："東夷、西戎、南蠻、北狄，四方偏氣之語，不相通曉，互相憎惡。惟中原漢音，四方可以通行，四方之人皆喜於習説。"明吕坤《交泰韻》也説："中原當南北之間，際清濁之會，故宋制中原雅音，會南北之儒，酌五方之聲，而一折衷于中原。謂河洛不南不北，當天地之中，爲聲氣之萃。我朝《正韻》，皆取裁焉。周氏德清，高安人也，力詆沈約，極服中原。"直到清初，這種情況也没有改變。朴隱子《詩詞通韻·序》(公元 1685 年)説："余究心聲韻，遠歷諸方，考校三十餘載，斯知天下固有通音。其能播達九區、象譯外國者，實惟中州。"清初學者把北京音叫做"北音"，與中原"正音"相對。清莎彝尊在《正音切韻指掌·十問》中説："何爲正音？答曰：遵依欽定《字典》、《音韻闡微》之字音，即正音也。……何爲北音？答曰：今在北燕建都，即以北京城話爲北音。"當時的北京音還不是漢族共同語的標準音。

隨着清王朝統治的鞏固和發展，北京作爲首都，政治地位越來越重要，經濟文化也日益發達，北京音也就逐漸接替中原音而成爲漢民族共同語的標準音，直到現在。

元朝的統治者是蒙古族，清朝的統治者是滿族，在這兩個朝代裏，漢蒙、漢滿人民在北京和其他許多地方共同生活，接觸密切，語言上不可避免地互相產生影響。我們看到，元曲裏雜有不少蒙語詞，而清代作品裏也往往雜有一些滿語詞。隨着元、清兩個朝代先後滅亡，漢語裏雜有的蒙語詞和滿語詞大都消失，但也有極少數一直保留到現在。

明代末年，中國資本主義經濟開始萌芽，對漢語產生了一定的影響。清代前期一度閉關自守，中葉以後資本主義成分逐漸增長。19 世紀 40 年代以後，帝國主義大肆入侵中國，强迫中國政府割地賠款，簽訂不平等條約，受盡屈辱。與此同時，中國社會起了極大的變化，中西往來增加，中國學生到外國留學，西方文明傳人中國，促進了中國社會的變革，也促進了漢語的發展。新詞和借詞大量產生，漢語詞滙大大豐富，語法日益嚴密，表達力大大加强了。自"五四"運動到中華人民共和國成立，漢語空前繁榮，漢民族共同語發展到了一個新階段。

總之，自周秦開始，中國絶大多數時期是統一的。中央政府大體上可以在全國範圍内行使政令。但這種統一頗有限制，"在某種程度上仍舊保留着封建割據的狀態"(毛澤東《中國革命和中國共産黨》)。這就决定了漢語發展存在着兩種情況：一方面,漢語要求統一。從周秦開始,即有一種以中原話爲基礎、可以通行各地的共同語(雅言)存在,歷漢、魏、六朝、隋、唐、宋、元、明、清,逐漸擴大發展。這種共同語是在政治、經濟、文化、歷史傳統等條件下自然形成和傳播的,不是官方的硬性規定,没有一套爲全社會公認的明確規範,也没有真正"唯一正確"的標準音系。到了現代,以北京語音爲標準音,以北方話爲基礎方言,以典範的現代白話文著作爲語法規範的現代漢民族共同語(普通話)終於形成,並且大大發展。另一方面,漢語方言差别長期存在,有的甚至達到"言語不通"的程度。隨着人民的遷徙流動,方言的通行範圍也可能發生變動。某一方言範圍内往往還保存着别的方言島。現在漢民族共同語的使用範圍日益擴大,漢族人民大都可以用普通話進行交際,普通話已成爲全國各族人民共同的交際工具。而在不同地區内,方言仍然有很强的生命力,長久不會消失。這大約就是漢語發展的總趨勢。

第四節　漢字發展和漢語發展史

文字是語言和社會經濟文化發展到一定階段的産物。文字的産生遠在語言之後,而文字一經産生,就大大推動了語言以及整個社會文化的發展。漢字跟漢語以及漢族社會的關係也是如此。漢字是一種語素文字(logogram),它是漢語和漢族文化的載體(carrier)。没有漢語,不會有漢字。同樣,没有漢字,漢語和漢族文化也很難健康地發展。漢語的歷史面貌依靠漢字得以瞭解,中國的文化遺産依靠漢字得以保存,漢字對於漢語和漢族文化發展的功勞是不可磨滅的。研究漢語發展史有必要談一談漢字的發展。

漢字是怎樣産生的?歷史上有不同的傳説。《易·繫辭下》:"上古結繩而治,後世聖人易之以書契。"《荀子·解蔽》:"故好書者衆矣,而倉頡獨傳者一也。"到了漢代,漢字的創造變得神奇起來。《淮南子·本經》:"昔者倉頡作書,而天雨粟,鬼夜哭。"倉頡的樣子也不同一般。《論衡·骨相》:"倉頡四目,爲黄帝史。"漢代畫像中的倉頡正是長着四隻眼睛[①]。其實漢字未必是某一傑出人物創造的。魯迅先生

① 陝西白水縣有倉頡廟,規模頗大。

説:"但在社會裏,倉頡也不只一個。有的在刀柄上刻一點圖,有的在門户上畫一些畫,心心相印,口耳相傳,文字就多起來,史官一採集,便可敷衍記事了。中國文字的由來,恐怕也逃不出這個例子的。"①歷史上也可能有某位傑出人物(如倉頡),對漢字做過一番採集和整理的工作,但他不是漢字的唯一創造者。

按照唐蘭先生的看法,"中國象形文字至少已有 1 萬年以上的歷史。"②西安半坡村仰韶文化(約公元前 5000—前 3000 年)遺址出土的陶器上刻着 113 個符號,似乎表示了一定的意義,已開始具備漢字的雛形③。山西襄汾縣陶寺村文化遺址有城市、宫殿、大型墓葬、禮制、玉器、青銅器,還有文字,具備許多文明的因素,時間約在公元前 2600—前 2100 年堯舜時代。1977 年在河南登封王城岡夏代文化遺址發現了[illegible](共)、丯、文幾個刻在陶器上的夏代文字,距今已 4000 年。清代末年(1899 年)河南安陽小屯村發現大批公元前 15 世紀左右的殷商甲骨文,距今已 3500 年。

從甲骨文到現在,漢字經歷了篆、隸、草、楷等發展階段。甲骨文、金文、大篆、小篆都是用刀刻畫的,可以叫做刀筆文字,筆畫圓轉,粗細如一,没有波磔。隸書、草書、楷書是用毛筆寫的,筆畫平直,粗細不一,有波磔。

甲骨文刻在龜甲獸骨上,内容大都是記録殷商統治者占卜的結果,所以也叫"殷契卜辭"。也有不是記載商王生活的。如殷墟以南花園莊、山東濟南大辛莊出土的甲骨文就都是記載商代貴族的生活,與商王並無關係。一般認爲河南安陽小屯村一帶是殷王朝的故都(盤庚遷殷後的王都),所以甲骨文也叫"殷墟文字"。掌握殷代文字的,"就是殷王朝龐大的貞人集團"④。據于省吾先生統計,截至現在爲止,已發現的甲骨文字,其不重復者總數約 4500 個,其中已被確認的不到 1/3。⑤甲骨卜辭的内容非常廣泛,包括天象、農事、田漁、征戰、疾病、祭事、社會生活等各個方面,因此甲骨卜辭不僅是研究商代語言文字的唯一依據,也是研究商代歷史和社會政治、經濟、文化的重要資料。

---

① 《魯迅全集》卷六《門外文談》。

② 唐蘭《古文字學導論》,齊魯書社,1981 年,28 頁。

③ 作家李喬根據彝族的出土文物和史料分析對比,認爲半坡出土的這些符號,乃是 6000 年前的彝族文字。

④ 徐中舒《漢語古文字字形表序》,四川辞書出版社,1981 年。

⑤ 于省吾《甲骨文字釋林·序》,中華書局,1979 年。

金文是古代鑄造在銅器上的文字。廣義的金文包括從殷商到漢代的銅器銘文,狹義的金文指周代的銅器銘文。出土的銅器大都是鐘鼎(樂器和禮器)之屬,所以金文也叫“鐘鼎文”。金文內容主要有祀典、錫命、征伐、政令等,是研究周代語言文字和歷史的重要資料。周初金文跟甲骨文頗相近;西周中葉以後,字體變得渾厚雄偉。戰國時期的金文綫條纖細,勻圓修長,大小也較爲整齊。總的說來,金文和甲骨文結構上没有大的差别,但保存了較多的圖畫文字。如:

(戊) (集) (涉)

甲骨文是用刀直接刻在龜甲、獸骨上,甲骨硬而脆,只能刻下細細的綫條;金文大都先在模型上刻字,再行澆鑄,能够從容修飾並運用肥筆,所以兩者字體上略有區别。也有少數金文是直接刻在銅器上的。甲骨卜辭每塊不過數字或數十字,金文却有幾百字的長文,如周宣王時期的毛公鼎,銘文長 497 字;中山王方壺,銘文也長達 400 多字。另外,金文中多有韻語,是研究周代語音的重要依據之一。

春秋戰國時期,周王室衰落,諸侯各自爲政。各國文字往往帶有區域性的特點。除秦以外,統稱“六國古文”。六國古文在《說文解字》和魏正始時期的三體石經中都有保存;從出土的銅器、陶器、印璽、錢幣和竹簡上,也可以看到六國古文的原貌。跟甲骨文、金文相比,六國古文字體很不統一,有的簡化,有的繁複。有些古文字是用漆寫在竹帛上,字形頭粗尾細,形似科斗,叫做科斗文。漢代科斗文已不通行,所以唐孔穎達《尚書·序》說:“至魯共王好治宫室,壞孔子舊宅,以廣其居,於壁中得先人所藏古文虞夏商周之書及傳、《論語》、《孝經》,皆科斗文字……科斗書廢已久,時人無能知者。”

戰國時期秦國地區的文字,結構上大體保存了西周文字的面貌,叫做“大篆”。秦文公(一說秦穆公、一說秦襄公、一說秦靈公)時期的石鼓文可以作爲“大篆”的代表①。秦始皇統一中國後,實行書同文字,“罷其不與秦文合者”。丞相李斯簡化大篆,使之通行全國,叫做“小篆”。漢許慎《說文解字·敘》說:“其後諸侯力政,不統于王。……言語異聲,文字異形。秦始皇帝初兼天下,丞相李斯乃奏同之,罷其不

① 石鼓文刻在十塊鼓形石上,每塊刻籀文(大篆)四言詩十首,敘述當時貴族的田獵遊樂生活。唐初出土於天興三時原。文字已殘缺不全。宋歐陽修所見僅 485 字,後人所見字數愈少。原石現藏北京故宫博物院。參看郭沫若《石鼓文研究》。

與秦文合者。斯作《倉頡篇》，中車府令趙高作《爰歷篇》，太史令胡毋敬作《博學篇》，皆取史籀大篆，或頗省改，所謂小篆者也。"《說文解字》所收 9353 字，都是小篆。與秦刻石相較，少數字略有出入。

隸書通常認爲産生於秦代，是在小篆的基礎上形成的。由於普遍用毛筆書寫，改變了篆文的圓轉筆畫，增加了波磔，也打破了篆文的結構，跟篆文很不相同。《說文解字・敘》說："是時秦燒滅經書，滌除舊典，大發隸卒，興役戍，官獄職務繁，初有隸書，以趣約易，而古文由此絶矣。"相傳隸書是秦始皇時曾獲罪入獄的徒隸程邈創造的。其實早在戰國時期隸書已開始出現。1980 年四川省青川縣郝家坪出土的戰國木牘就是證明。由於隸書體勢簡便，行筆自由，便於書寫，迅速得到廣泛的使用。秦代隸書叫做古隸，是小篆的省改。1976 年湖北雲夢睡虎地出土的秦墓竹簡是這種字體的典型。到了漢代，隸書成爲正式的字體，打破了小篆的結構，叫做今隸。漢代石刻和出土漢簡上大量保存着漢隸的原貌。

楷書也叫"真書"或"正書"，就是標準字樣。産生於東漢，傳說書法家王次仲正式書寫楷書。楷書把隸書的波磔挑法變成平直，把隸書的慢彎變成硬勾，字體端正工整，易認易寫，大大促進了漢字的定型化。魏晉以後楷書一直是手寫和印刷的標準字體。

在漢隸盛行的同時又産生了草書。南朝梁庾肩吾《書品》說："草勢起於漢時，解散隸法，用以赴急。"可見草書是一種簡易草率的字體。漢代的草書，在出土的東漢簡牘裏可以看到。一字自爲起訖，各字之間不相連屬，叫做章草。魏晉以後，草書盤繞連綿，以數字爲起訖，叫做今草。到了唐代，草書發展到極端，奇詭放縱，運筆隨意，叫做狂草。唐張旭、懷素，宋米芾，元鮮于樞，明傅山、王鐸皆以狂草著名。狂草難寫難認，有藝術欣賞的價值，没有實際的用途。

行書是介於楷書和草書之間的一種字體。它没有一定的準則，寫得接近楷書的，叫做"行楷"或"真行"；寫得接近草書的，叫做"行草"。晉王羲之的《蘭亭集序》帖被奉爲行書的楷模。行書既保持楷書端正的形體，又具備草書的書寫方便，直到現在，人們手頭仍然廣泛應用。

漢字形體變化的一個重要内容是簡體字大量産生。要求簡化是漢字發展古今一致的傾向，甲骨文裏已有若干簡化字。《說文・示部》："礼，古文禮。"其實"礼"就是"禮"的簡體。大篆變小篆，小篆變隸書，是漢字形體簡化的兩個過程。漢魏六朝，産生了不少新的簡化字，如“断”（斷）、“夹”（夾）、“来”（來）、“累”（纍）、“乱”（亂）、“弃”（棄）、“随”（隨）、“闻”（聞）、“问”（問）、“吴”（吳）、“携”（攜）、“争”（爭）、“庄”（莊）、“壮”（壯）、“状”（狀）等；唐宋以後民間俗字大量涌現，也大都是簡化字，如“国”（國）、“宝”（寶）、“声”（聲）、“体”（體）等。統治階級不許簡化字登大雅之堂，清代科舉考試就禁寫簡化字。但人們要求寫簡化字的强烈願望無法阻擋。簡化字在通俗文學的印刷和抄寫中廣泛流行。中華人民共和國成立後，肯定了簡化字的地位，經國家收集、篩選、統一、整理，於 1964 年 5 月公佈《簡化字總表》，在報紙、雜誌、書籍、課本的印刷中正式使用，既適應廣大人民學習文化的迫切需要，也符合漢字發展的規律。

從漢字構造上看，傳統上有所謂“六書”。許慎説：

> 周禮八歲入小學，保氏教國子，先以六書。一曰指事。指事者，視而可識，察而見意，上下是也。二曰象形。象形者，畫成其物，隨體詰詘，日月是也。三曰形聲。形聲者，以事爲名，取譬相成，江河是也。四曰會意。會意者，比類合誼，以見指撝，武信是也。五曰轉注。轉注者，建類一首，同意相受，考老是也。六曰假借。假借者，本無其字，依聲託事，令長是也。（《説文解字・敘》）

在發展中，“六書”的情況並不平衡。象形、指事、會意三種造字方式起源較早。它們共同的特點是利用繪形來記録詞的具體意義，字形與字義直接相聯，通過字形的分析可以瞭解字義。如《説文》：

> 齒，口齗骨也，象口齒之形。
>
> 眉，目上毛也，象眉之形，上象額理也。
>
> 二（上），高也，此古文上，指事也。
>
> 信，誠也。從人從言，會意。
>
> 朱，赤心木，一在木中。
>
> 祭，祭祀也。從示，以手持肉。

“齒”是單體象形，“眉”是合體象形，從目，〜象眉形；“上”是純粹指事，“朱”是合體指事;"信"是二字會意,"祭"是三字會意。抽象的意義無法繪形,同類的事物也無法用字形一一加以區别,所以這三種造字方式受到很大限制,能産性不强,發展不快,在漢字中所佔比例甚小。形聲字是在象形、指事、會意的基礎上發展起來的,出現較晚。義符和聲符各有所司,分工合作,互相限定,既表義,又表音,有較强的區别性能,方式簡便靈活,能以有限的構形手段表達無限的内容,所以能産性極强,發展極快。甲骨文中形聲字佔27%,小篆已佔80%,宋代楷書中更佔90%以上,成爲漢字系統中無可争辯的主體①。黄侃先生説:"《説文》例字九千,而形聲者居八九。夫獨體爲文,合體爲字。獨體多爲象形、指事,而合體會意之外概爲形聲。蓋古今有聲之字十倍於無聲者也。故文字者,言語之轉變,而形聲者,文字之淵海。"②這是十分正確的。

關於"轉注"的説法很多,主要有形義説③、音義説④、互訓説⑤、引申説⑥、同源説⑦、

---

① 據朱駿聲《説文通訓定聲》卷首《説文六書爻例》統計,《説文》9475字中,象形364,指事125,會意1167,形聲7697,轉注7,假借115。形聲字佔總數的80%强。宋鄭樵《通志・六書略》統計,所收24235字中,象形608,指事107,會意740,轉注372,假借598,諧聲21810,形聲字佔總數的90%。

② 黄焯《文字聲韻訓詁筆記》,上海古籍出版社,1983年。

③ 南唐徐鍇,清江聲、許宗彦,近人徐中舒主此説。徐鍇《説文解字繫傳》卷三十九:"屬類成字,而復於偏旁加訓,博喻近譬,故爲轉注。人、毛、匕(音化)爲老,壽、耆、耋亦老,故以老字注之。受意于老,轉相傳注,故謂之轉注。"江氏《六書説》:"《説文解字》一書,凡分五百四十部,其始'一'終'亥',五百四十部之首,即所謂'一首'也。下云'凡某之屬皆從某',即'同意相受'也。此皆'轉注'之説也。"許氏《轉注説》:"轉注者,由一字爲數位,由數位爲數十百字,從偏旁轉相注,亦言體也。"徐中舒先生《怎樣研究中國古代文字》:"假借字多了,一字賅多義,使用時容易發生問題,於是增加偏旁,以分别其義,這就是'轉注',即加偏旁以轉相注明也。"

④ 宋張有,明楊慎,清顧炎武、魏茂林等主此説。張氏《復古編》:"轉注者,轉其聲,注其義。"楊氏《轉注古音略》:"轉注者,轉音而注義。如'敦'本敦大之敦,既轉音頓,而爲《爾雅》敦丘之敦,又轉音對,而爲《周禮》至敦之敦,所謂一字數音也。"顧氏《音論》:"凡上、去、入之字,各有二聲或三聲四聲,可遞轉變而上同,以至於平,古人謂之轉注。"魏氏《讀駢雅識語》:"今之雙聲,即古之所謂轉注也。"

⑤ 清人段玉裁,近人劉師培主此説。段氏《説文解字注》卷十五:"轉注者猶言互訓也。注者灌也,數字輾轉相互爲訓,如諸水之相爲灌注,交輸互受也。"劉氏《轉注説》:"許書所謂'轉注',指同部互訓言,不該異部互言也。……然擴而充之,則一義數字,一物數名,均近轉注,如'及、逮'、'邦、國'之屬,互相訓釋,字非同部,其爲轉注則同。若《方言》一書,均系互訓。"

⑥ 清江永、朱駿聲等主此説。江氏《與戴東原論小學書》:"本義外,輾轉引申爲他義,或變音,或不變音,皆爲轉注。"朱氏《説文通訓定聲》:"轉注者,體不改造,引意相受,令、長是也。……就本字本訓而因以輾轉引申爲他訓者曰轉注。……轉注,一字具數字之用,而不煩造字。轉者,旋也,如發軔之後,愈轉而愈遠。"

⑦ 近人章炳麟、陸宗達等主此説。章氏《小學略論》:"所謂'同義相受'者,義相近也;所謂'建類一首'者,同一語源之謂也。"陸氏《説文解字通論》:"爲從某一語源派生的新詞制新字,這是漢字發展的一條重要法則,也就是'轉注'。"

語用説[①]等幾種。同一説法裏，又往往有這樣那樣的差别，聚訟紛紜，莫衷一是。假借是借用同音(或音近)的字來表達新詞新義。唐張參已經指出，上古字數少，"經典音字，多有假借。"[②]清代王引之説："許氏《説文》論六書假借曰：'本無其字，依聲託事，令長是也。'蓋無本字而後假借他字，此謂造作文字之始也。至於經典古字，聲近而通，則有不限於無字之假借者。往往本字見存，而古本則不用本字而用同聲之字。學者改本字讀之，則怡然理順；依借字解之，則以文害辭。"[③]可見瞭解假借字對於閲讀古典文獻是十分重要的。由於許多假借義後來寫成了不同的字，假借字在發展中逐漸減少。"説"的本義是喜悦，又是講述、談説。《説文·言部》："説，説釋也。一曰談説。"喜悦字，後來寫作"悦"；"辟"的本義是法。《説文·辟部》："辟，法也。"借用爲躲避、開闢、邪僻字，後來分别寫作"避"、"闢"、"僻"。這樣，許多假借字爲形聲字所代替了。

研究漢字對於漢語史尤其是對詞義的研究有着重要的意義。上古漢語中，一個字大都代表一個單音詞。字的本義，往往就是詞的本義。如"永"是象形字，本義是水流長。《説文·永部》："永，水長也，象水巠理之長。《詩》曰：江之永矣。""戍"是會意字，本義爲防守邊疆。《説文·戈部》："戍，守邊也。從人持戈。"《左傳·莊公八年》："齊侯使連稱、管至父戍葵丘。"

形聲字的義符表示詞義的類别或詞的特徵標志，有助於詞義的瞭解。如"禍"字從示，本義是神鬼降害，《説文·示部》："禍，害也，神不福也。""羣"字從羊，本義是聚集成類。《説文·羊部》："羣，輩也，從羊，君聲。"徐鉉等注："羊性好羣，故從羊。"義符爲"斤"的形聲字，大都與刀斧有關。"斧"是一般的斧子，"斨"是方孔的斧，從斤，爿聲。《詩·豳風·東山》："既破我斧，又缺我斨。""斫"是斧刃。《墨子·備穴》："斧以金爲斫。"又爲用刀斧砍削。《説文·斤部》："斫，擊也。"段玉裁注："擊者攴也，凡斫木、斫地、斫人皆爲斫矣。""斮"、"斲"是用刀斧砍，《書·泰誓下》："斮

---

① 近人胡韞玉等主此説。胡氏《六書淺説·轉注釋例》："轉注爲用字之法，自不與四書相混。蓋上古之時，有語言而無文字。而四方之語言，各自不同。迨至由語言變爲文字，則各取其地之方言而制以文字。所以同一事物，而文字不同。有轉注以會通之，則義同形不同之文字，悉歸於同。此轉注之功用也。"

② 張參《五經文字序》。

③ 王引之《經義述聞》卷三十。

朝涉之脛。"《孟子・梁惠王下》:"匠人斵而小之。""斯"是用刀斧劈開,《詩・陳風・墓門》:"墓門有棘,斧以斯之。""所"是伐木聲,《説文・戈部》引《詩》云:"伐木所所。"形聲字的聲符對於研究上古音十分重要,清段玉裁指出,"同聲必同部"。同聲符的字韻部相同,聲類也大體相同。同時許多聲符有指示語源的作用。如"戔"有"小"義,"水之小者曰淺,金之小者曰錢,歺而小者曰殘,貝之小者曰賤,如此之類,皆以戔爲義也。"(沈括《夢溪筆談》卷十四)"盧"有"黑"義,"盧"聲的字,也都有"黑"義。"壚"是黑土,"獹"是黑犬,"鸕"是黑鳥(魚鷹),"櫨"是黑橘,"矑"是瞳仁。"巠"有"直而長"的意思,"巠"聲的字,"經"是織布的經綫,"莖"是草木的主幹,"徑"是小路,"脛"是小腿,"牼"是牛的小腿,都有"直而長"的意思。當然不是所有同一聲符的字都有相同的意義。聲符和形聲字之間,没有同一關係,"踐、餞、棧"没有"小"的意思,"蘆、廬、顱"也没有"黑"的意思。

有的字形所顯示的意義,對於理解古代社會現實很有啓發性。"焚"從火從林,或加雙手,像以手舉火焚林,可能反映了古代燒山種地的原始耕作方式。《春秋・桓公七年》:"焚咸丘。"杜預注:"焚,火田也。"這種燒山播種的耕作方式,現在某些山區仍然保存着。"爲"甲骨文作,像以手牽象,反映了古代中國一度以象服役的事實。《吕氏春秋・古樂》:"商人服象,爲虐於東夷。"從"爲"的字形可以得到證明。現在泰國、印度等東南亞、南亞國家都還有服象的習俗。"父",《説文》:"矩也,家長率教者,從又舉杖。"這個解釋從甲骨文和小篆裏得到了證實。表明"父"字是男權社會的産物,具有家長的權威。女旁的字,"姓"從女生。《説文・女部》:"姓,人所生也。古之神聖,母感天而生子,故稱天子。從女從生,生亦聲。《春秋傳》曰:'天子因生以賜姓。'"相傳神農居姜水,因姓姜,黄帝居姬水,因姓姬,黄帝後裔伯鯈姓姞,少皞氏姓嬴,舜姓姚,舜的後裔姓嬀,祝融氏的後裔姓妘,夏後氏姓姒,"姜"、"姬"、"姞"、"嬴"、"姚"、"嬀"、"妘"、"姒"都從"女",可能反映了母系社會知有母不知有父的現實。《吕氏春秋・恃君》:"昔太古嘗無君矣,其民聚生群處,知母不知父,無親戚、兄弟、夫妻、男女之别,無上下、長幼之道。"史傳堯母慶都感神龍而生堯,禹母吞薏苡而生禹,有娀氏女簡狄吞燕卵而生契(商始祖),姜嫄履大人跡而生稷(周始祖),其實只是以神話的外衣掩蓋着原始社會異族群婚制的歷史真相。另一方面,"嫉、妒、娒(wǔ)、妨、娨、奸、妄、姘、婪、媟、嬻、嫚、嬾、嬖、姡、娸、媸"等帶貶義的字從“女”，又反映了男權社會重男輕女，婦女地位低下的現實。這是我們在研究漢字發展時很容易感覺到的。

第五節 漢語發展史的分期

任何社會現象總是經歷過不同的歷史階段而發展成的。人們可以根據這些現象在各個發展階段中顯示出來的不同特點進行歷史分期。分期的工作做得好，可以突出事物發展的階段性特點，從而有利於人們深入瞭解事物的歷史全貌及其發展規律。語言的發展離不開社會。但語言是一種特殊的社會現象，它的發展也有階段性，也可以進行歷史分期。語言史應當根據語言本身的發展特點和規律去分期，不能與社會史的分期等同起來。不同的語言有不同的歷史，也有各不相同的分期，漢語史的分期應當根據漢語歷史的特點來確定。

最早爲漢語史進行分期的學者是瑞典漢學家高本漢（B. karlgren）。他認爲《詩經》以前是太古漢語（le proto-chinois），《詩經》以後到東漢是上古漢語（le chinois archaique），六朝至唐是中古漢語（l'ancien chinois），宋代是近古漢語（le chinois moyen），元明是老官話（le vieux mandarin）[①]。

吕叔湘先生根據“文言”和“白話”兩種書面語言，將漢語發展史分爲古代和近代兩大階段。他説：

> 秦以前的書面語和口語的距離估計不至於太大，但漢魏以後逐漸形成一種相當固定的書面語，即後來所説的“文言”。雖然在某些類型的文章中會出現少量口語成分，但是以口語爲主體的“白話”篇章，如敦煌文獻和禪宗語録，却要到晚唐五代才開始出現，並且一直要到不久之前才取代“文言”的書面漢語的地位。根據這個情況，以晚唐五代爲界，把漢語的歷史分成古代漢語和近代漢語兩個大的階段是比較合適的。至於現代漢語，那只是近代漢語内部的一個分期，不能跟古代漢語和近代漢語鼎足三分。（《近代漢語指代詞·序》）

---

① 参看高本漢《中國音韻學研究》，趙元任、李方桂、羅常培譯，商務印書館，1995年。

吕先生又説：

> 以語法和詞滙而論，秦漢以前的是古代漢語，宋元以後的是近代漢語，這是没有問題的。從三國到唐末，這七百年該怎麽劃分？這個時期的口語肯定是跟秦漢以前有很大差别，但是由於書面語的保守性，口語成分只能在這裏那裏露個一鱗半爪，要到晚唐五代才在傳統文字之外另有口語成分佔上風的文字出現。(《魏晉南北朝小説詞語滙釋·序》)

從魏晉到唐末，有一些比較接近口語的作品，如宋劉義慶的《世説新語》，齊求那毗地譯的《百喻經》，北魏賈思勰的《齊民要術》等。至於《子夜歌》、《讀曲歌》等六朝民歌，唐王梵志、寒山、拾得等人的詩，更可以説相當口語化。五代以後，白話主要限於禪宗或儒家語録以及小説等通俗文學作品，史書、書信、公文等文體仍用文言。正如吕先生所指出的，白話完全取代文言，一直要到不久以前才實現。所以根據"文言"和"白話"兩種書面語言的應用情況來給漢語史分期，不是没有困難的。

王力先生原則上不同意以文體的轉變作爲漢語史分期的標準。因爲"文體的轉變不等於全民語言的轉變。這上頭不表現語言從舊質到新質的過渡。"王先生認爲，"必須從語言發展的内部規律去定出語言的歷史分期。"就語音、詞滙、語法三個方面看，"應該以語法作爲主要的根據"。"語法結構和基本詞滙是語言的基礎，是語言特點的本質。而語法結構比基本詞滙變化得更慢。如果語法結構發生了顯著的變化，就可以證明語言的質變了。語音和語法有密切關係(在西洋傳統的語法裏，語法是包括語音的)，都是整個系統，所以語音的演變也可以作爲分期的標準。一般詞滙的發展，也可以作爲分期的一個標準，但它不是主要的標準。"(《漢語史稿》上册，33—34 頁)王力先生分漢語史爲四期：公元三世紀五胡亂華以前爲上古期(三、四世紀爲過渡階段)，公元四世紀到十二世紀(南宋前半)爲中古期(十二、十三世紀爲過渡階段)，公元十三世紀到十九世紀(鴉片戰争)爲近代期(自 1840 年鴉片戰争到 1919 年五四運動爲過渡階段)，二十世紀(五四運動以後)爲現代期。

另外胡明揚教授認爲，近代漢語分期，"上限不晚于隋末唐初，下限不晚於《紅樓夢》以前"。他的理由是，按照"説有易"的原則，如果在某個時期出現了證據確鑿的典型的近代漢語成分，那麼儘管數量不多，也應該承認在這個時期近代漢語已經露頭了。新興的口語成分只要有一個可靠的實例，即可證明其“有”，不應該因書面例證數量偏少而懷疑其“無”。(胡明揚《語言學論文選・近代漢語的上下限和分期問題》，中國人民大學出版社，1991)胡氏的觀點不無道理，王力先生的《中國現代語法》，絶大多數例句就都採自《紅樓夢》。

參照王、吕二先生的觀點，本書將漢語史分爲以下四個時期：

1. 上古期　從公元前 18 世紀到公元 3 世紀，即商、周、秦、漢時期。其中商是上古前期，周秦是上古中期，兩漢是上古後期。這一時期的漢語有以下幾個重要的特點：

(1)語音上，没有輕唇音；没有舌上音；前期和中期没有莊組聲母；陰、陽、入三類韻母配合整齊；聲調分平、入兩大類，兩類之中，又各按音高和音長分爲兩類，没有去聲。

(2)詞滙上，以單音詞爲主，也有一定數量的複音詞。

(3)語法上，判斷句一般不用繫詞；否定句和疑問句的代詞賓語通常要放在動詞前面；被動句通常用“於”“見”等虚詞表示；實詞缺乏一定的詞類標志。

其中前、中、後期又各有特點。前期以甲骨卜辭爲代表，詞滙數量不大，複音詞不多；語法比較單純，虚詞也少；語音系統還不十分清楚。中期《詩經》等韻文材料豐富，上古韻部系統得以建立；詞滙數量大大增加，並有 20%左右的複音詞；產生了一個完整的虚詞系統。後期齒頭音精組聲母逐漸分化爲精、莊兩組聲母；複音詞數量增加；繫詞“是”開始出現。

2. 中古期　從公元 4 世紀到公元 12 世紀左右，即六朝、唐、宋時期。其中六朝爲中古前期，在這一時期裏，少數民族統治中國北方，中原士族遷居江左，引起漢語和北方民族語言的融合以及漢語方言的變化。唐代是中古中期，宋代是中古後期。這兩個時期，經濟、文化達到了較高的發展水準，促進了以中原語言爲基礎的漢族共同語的廣泛傳播和發展。但到了南宋，漢語又開始醞釀着新的巨大變化。中古漢語有以下幾個特點：

(1)語音上，以《切韻》音系爲代表的中古語音系統形成；平、上、去、入四聲形成；輕唇音產生；舌上音產生；莊組聲母和章組聲母合併；大量古入聲字(長入)變爲陰聲(去聲)。

(2)詞滙上,四聲别義現象普遍加强;複音詞大量增加;由於對外文化交流和佛教在中國廣泛傳播,漢語詞滙中增加了相當數量的外語借詞和有關新詞。

(3)語法上,第三人稱代詞"他"産生;動詞時體系統開始出現;結構助詞"底"、"地"、"箇"出現;繫詞"是"和新的判斷句廣泛應用;否定句、疑問句的代詞賓語普遍移到動詞後面;用"被"表示的被動句出現;用"將"和"把"表示的處置式産生;帶"得"的補語結構有了多種形式的發展。

(4)出現文言和白話兩種書面語言。模仿上古漢語的文言佔有統治地位,同時,反映口語的白話開始形成,並在變文、語録中廣泛應用。

3.近代期　　從公元13世紀到公元20世紀初,即元、明、清時期。元代是近代前期,明清是近代中期,鴉片戰争至"五四"運動是近代後期。這一時期漢語的特點是:

(1)語音上,濁音聲母清化;舌上音和正齒音合併,並變爲卷舌聲母;後期尖團音逐漸相混;韻部系統簡化,[-m]尾消失,並入[-n]尾;入聲消失,併入平、上、去三聲;平聲分陰、陽兩類。

(2)詞滙上,由於白話文學普遍傳播,口語詞滙(包括方言詞滙)大量進入文學語言;前期書面語言裏出現了不少蒙語借詞;中期以後受西方文化的影響,吸收了大量外來詞,並根據外來的概念創造了大量新詞。

(3)語法上,時體助詞系統進一步完善。"着"、"了"的用法分工明確;開始貌、繼續貌、短時貌先後産生;結構助詞"的"普遍使用;新的語氣詞系統形成。

4.現代期　　從"五四"運動到現在。以北京音爲標準音,以北方方言爲基礎方言,以典範的現代白話文著作爲語法規範的現代漢民族共同語(普通話)最後形成並且進一步發展。

漢語在上述各個發展階段中,語音、詞滙、語法都有自己的特點。但是語言的變化不是通過突變,而是通過新質要素的逐漸積累和舊質要素的逐漸消亡而實現的;同時一種語言現象從開始出現到普遍應用,往往要經歷一個很長的發展過程。因此漢語史的分期不是絶對的,很難確定出一個分期明確的日期。每一階段形成前都有一個相當長的過渡時期,有的過渡期可以長達二三百年甚至更久。某一階段普遍存在的語言現象,可能在上一階段已經出現。例如精、莊兩組聲母並存是中古《切韻》音系的聲母特徵之一,而它們在上古後期就開始分離了。“濁上變去”是近代漢語聲調特點之一,也早在八九世紀就開始出現了。與此同時,在某一階段已經基本消失的語言形式,也可能在以後某個階段裏偶然出現,書面語言尤其如此。例如“以……爲……”、“爲……而……”是文言裏常用的格式,早期白話裏很少出現。可是像“以毛主席爲首的黨中央……”“爲實現四個現代化而努力奮鬥”一類的話,不僅書面語裏可以看到,口語裏也經常可以聽到。漢語史應當根據各個發展階段的總體特點來確定它的分期。

上 編

漢語語音史

第一章　上古漢語語音系統

漢語從商代起有了文字記載，研究漢語詞滙、語法的歷史，通常都從商代開始。從理論上説，研究漢語語音史也应当从商代开始。郭沫若先生早在 1931 年已提出了這個問題。他説："今人之所謂古音實僅依據周、秦、漢人文之韻讀以爲説者。周以前之音，茫無可考。周、秦以後音有變，則周以前之音，至周亦必有變。余謂其變且必甚劇烈，蓋殷周之際禮制之因革頗彰，而文字之損益亦甚著，則如'土'字蓋古本讀魚部音而轉入之部者未可知也。"①不過甲骨文中没有韻語，諧聲和同音通假的資料也不太多，所以對於殷商語音的研究極少有人問津；偶有人作過探索，也所獲無多。1988 年郭錫良教授另闢蹊徑，將殷商時代已識的一千多個甲骨金文擺進周秦音系中，觀察其分佈特點，從而上推殷商音系。得出的初步結論是，殷商音系共有 19 個聲母，即幫、滂、並、明、端、透、定、泥、來、精、清、從、心、見、溪、群、疑、曉、影；有陰、陽、入三大類 29 個韻部，即之、職、蒸、幽、覺、宵、藥、侯、屋、東、魚、鐸、陽、支、錫、耕、歌、月、元、脂、質、真、微、物、文、緝、侵、葉、談。每個韻部可分開口、合口各二等，最多 4 個韻母。有聲調區別，可能與周秦相同。②

郭氏的研究很有啓發意義。不過正如他自己説的，"殷商音系的探索剛剛開始，材料有限，問題複雜，目前提出的任何看法，都難以作爲結論，也許只能算是一種蠡測。"所以本書講漢語語音史，只從《詩經》時代開始。

---

① 郭沫若《甲骨文字研究・釋祖妣》。

② 參看郭錫良《殷商時代音系初探》，載《北京大學學報（哲學社會科學版）》，1988 年，6 期，103　121 頁。又郭氏《漢語史論集》（增補本），345—386 頁。

第一節　上古漢語聲母系統

一、上古聲母分類的依據

研究上古聲母系統，主要根據以下幾個方面的材料：

1. 中古韻書、韻圖中所歸納出來的聲類。上古聲母系統實際上是通過考究上古各種語音材料同中古三十六字母以及韻書、韻圖中的聲類（聲母）的分合異同而得出來的。

2. 形聲字。聲符相同的形聲字，聲母不一定相同，所屬聲類（指發音部位相同的音類，即五音）却大致相同。例如"高"屬見母，"敲"屬溪母，"蒿"屬曉母，都是牙喉音；"單"屬端母，"嘽"屬透母，"彈"屬定母，都是舌頭音。漢字 80％ 以上是形聲字，這就爲我們研究上古聲母系統提供了有利的條件。

3. 異文。上古没有發明印刷術，書籍流傳，主要靠手工抄寫。同一個詞，或因師承不同，或因記憶有誤，經過輾轉傳抄，往往寫成了不同的字。這些字原來代表同一個詞，讀音理應相同或很相近，聲母自然相同。根據這些異文，可以考見上古漢語聲母分合的情況。例如《詩經・邶風・谷風》："凡民有喪，匍匐救之。"《禮記・檀弓下》"《詩》云：'凡民有喪，扶服救之。'"《左傳・昭公二十一年》："扶伏而擊之。"《戰國策・秦策三》："〔伍子胥〕坐行蒲伏，乞食於吴市。""匍匐""扶服""扶伏""蒲伏"都是同一個詞的不同寫法，古代聲母應當相同。

4. 讀若或讀如。在反切没有發明的時候，古人用一個音同或音近的常用字來比擬某一個難字的讀音，叫做"讀若"。這類例子我們也可以用來研究上古聲母。例如《説文・水部》："沖，涌摇也，讀若動。"《周禮・秋官・司寇》："壺涿氏"鄭玄注："故書涿爲獨。鄭司農云：'獨讀爲濁其源之濁，音與涿相近。'""動""獨"爲定母字，"沖""濁"爲澄母字。可見上古舌頭音、舌上音是不分的。

5. 聲訓。古人常取音同或音近的字來解釋詞義，探求事物得名之由，叫做聲訓。其中一些材料可以作爲我們研究古代聲母的依據。如《釋名》："邦，封也。""馬，武也。""封"與"邦"，"馬"與"武"聲母相同，它們古代都讀重唇音。

此外，現代方言、古代外語借詞（包括漢語中的外語借詞和外語中的漢語借詞）都是研究、重建上古聲母系統的重要參考材料。

我國研究上古漢語聲母的學者，清代有徐用錫、江永、錢大昕、李元[①]、夏燮、陳澧、鄒漢勳[②]等，近代有章太炎、黄侃、曾運乾等。他們就上古漢語聲母系統的一些方面進行了研究，不乏精彩的見解和新的發現。至於全面研究上古漢語聲母系統，主要有江永、章炳麟（太炎）、黄侃、王力先生等學者。江永以爲“三十六字母不可增減”[③]，于上古音並不適當。章炳麟提出“古聲二十一紐”[④]，黄侃主張“古本聲十九紐”[⑤]，有了很大進步。王力先生定上古聲母爲六類三十二紐[⑥]，使上古漢語聲母系統的研究提升到了一個新的科學高度。

二、上古聲母的分類

根據古音學家的研究，我們認爲上古漢語共有 6 類 28 個聲母。它們是：

1. 唇音

(1)幫　[p]　中古幫、非

巴波播剥伯跛迫别逼彼比鄙筆閉禆碧卜布圃譜百杯悲北包保報表般板半編貶奔本彬邦幫冰丙

發法夫福幅府甫付傅富腹非飛匪誹沸否缶藩蕃反返分奮噴方坊舫放風封葑諷

(2)滂　[p‘]　中古滂，敷

① 參看李葆嘉《徐用錫舌上古讀舌頭説述論》，載《杭州教育學院學報》1990 年，3 期。

② 參看李葆嘉《新化鄒氏古聲二十紐説研究》，《古漢語研究》1991 年，1 期。

③ 清江永《四聲切韻表・凡例》：“昔人傳三十六字母，總括一切有字之音，不可增減，不可移易，凡欲增減移易者皆妄也。”

④ 章炳麟《國故論衡》卷一：“古聲二十一紐。喉音：見、溪、群、疑。牙音：曉、匣、影（喻）。舌音：端（知）、透（徹）、定（澄）、泥（娘、日）、來。齒音：照（精）、穿（清）、床（從）、審（心）、禪（邪）。唇音：幫（非）、滂（敷）、並（奉）、明（微）。”注：“右紐目，其旁注者，古音所無。”

⑤ 黄侃《音韻略説》：“聲類數目，古今有異也。古聲之數，十有九，曰影、曉、匣、見、溪、疑、端、透、定、泥、來、精、清、從、心、幫、滂、並、明。”又《音略・韻例》：“古無舌上輕唇，錢大昕所證明；無半舌日及舌上娘，本師章氏所證明；定爲十九，侃之説也，前無所因；然基於陳澧之所考，始得有此。”

⑥ 王力先生《漢語史稿》上册載上古三十二聲母：“喉音：見、溪、群、疑、曉、匣、影。舌頭音：端、透、餘、定、泥、來。舌上音：章、昌、船、書、禪、日。齒頭音：精、清、從、心、邪。正齒音：莊、初、崇、山。唇音：幫、滂、並、明。”

葩怕頗叵魄瞥坯披丕匹怖鋪樸僕普溥浦拍湃派胚沛配泡漂攀潘盼判篇偏片繽姘品聘滂烹澎

敷孵郛俘孚鄜拂佛撫拊赴訃副覆妃菲斐肺汎泛氾芬紛氛芳妨仿訪豐峰蜂鋒

(3)並 [b] 中古並、奉

拔罷勃泊婆鼻敝陛婢避弼愎皮部步蒲脯白敗排倍悖被裴佩雹袍辦弁卞駢貧頻牝傍朋彭病並平

乏伐佛符扶浮涪服伏釜腐輔父附婦負阜複肥腓吠凡煩繁燔樊范犯梵焚汾房鳳奉

(4)明 [m] 中古明、微

麻馬末没莫貉滅糜米密母牡木目牧麥梅枚媒眉美毛矛卯滿曼綿免丏面門民旻皿忙蒙明鳴名命

巫誣無毋武鵡舞憮侮務霧勿物微薇尾娓未味晚挽萬文紋聞刎問亡忘罔網妄望

2. 舌頭音

(5)端 [t] 中古端、知

答打德多朵的抵帝都篤戴帶堆刀禱到刁雕吊鬥陡斗丹單膽旦顛典端短鍛敦頓當登等丁東冬凍

劄輒哲謫卓涿琢斀知蜘智致質(物相贅)置豬誅竹築貯著駐追罩肘晝沾饘展轉珍貞鎮張帳徵中忠

(6)透 [tʻ] 中古透、徹

他它獺榻撻拖脱托妥槖帖鐵梯體替惕禿土兔胎太泰推退蜕滔討偷貪坦探炭歎天吞湯聽通統痛

詫徹螭絺癡笞恥敕楮黜怵畜蠆超抽瘳醜偵諂琛趁疢椿倀暢虙瞠檉赬逞騁忡寵

(7)定 [d] 中古定、澄

達大特鐸沱惰跌垤迪敵弟棣地荑題杜徒度圖待殆代逮道稻盜濤桃調頭投豆田段豚唐堂定同動

澤轍濁濯池馳踟遲持逐舳杼住除廚縋椎趙召兆朝軸紂綢籌綻傳沉朕陳丈長澄仲

(8)余　[dj]　中古喻(四)

也野夜葉曳悦移夷怡遺以裔易異佚佾亦譯予余與豫裕籲鷸育欲維摇舀藥攸由游猶莠延引羊揚庸用

(9)泥　[n]　中古泥、娘

那納訥挪儺懦諾泥埿奴帑駑努怒乃耐内猱鐃惱淖嫋㬮耨男南難赧暖念嫩囊能寧濘佞農膿

拏搦尼柅怩旎匿昵暱膩女狃忸紐恧呶碾娘孃釀濃穠襛

(10)來　[l]　中古來

勒羅裸絡劣離李裏戾吏力盧魯吕來耒老料了流六藍廉連煉亂林鄰倫郎涼良量兩亮淩靈弄令

3. 舌面音

(11)章　[ȶ]　中古照(三)

遮者灼斫支卮之汁隻執只旨止制至志質(樸也)炙諸朱主注祝隹昭周舟州帚呪佔戰專針真枕振章正終

(12)昌　[ȶʻ]　中古穿(三)

車扯綽啜鴟蚩侈尺齒熾叱赤斥出處觸樞姝吹炊弨醜臭襜川穿喘舛串嗔稱春蠢昌敞唱秤充沖銃

(13)船　[ȡ]　中古床(三)

蛇舌射麝實食蝕示謚秫贖術述船神葚唇漘盾吮順乘塍繩澠剩

(14)書　[ɕ]　中古審(三)

奢赦設説翅施屍詩失識豕矢始世勢式室適釋書舒叔暑鼠庶恕倏水燒少收手守狩扇深申身商升

(15)禪　[ʑ][1]　中古禪(三)

社涉匙時十拾石逝氏是視市恃殳孰淑蜀樹誰瑞韶仇受壽售蟾禪贍善辰臣腎慎

---

① 禪母上古音,黄侃《音略》歸定母,高本漢《分析字典》定爲 d̂,與定母相近。周祖謨先生《禪母古讀考》謂:"經籍異文中,禪母與定母之關係最密,足證前人所謂禪母古音近於定母之説確鑿有據。然其中亦必有少數字讀如端母者,則當分别觀之。"

純醇常上尚承成

(16)日 [ȵ] 中古日

惹熱若弱日而爾耳二貳如儒汝乳入辱蕊芮饒柔肉然染冉軟壬任人仁忍妊刃仞閏攘讓仍戎絨茸

4.齒音

(17)精 [ts] 中古精、照(二)

則左接捷節姐借資茲孜子梓濟即祭跡租卒足祖災哉再最遭早澡焦尖剪津進晉尊俊臧曾精井宗

札扎鲊詐眨抓爪責幘仄昃側捉齜菑滓櫛齋窄債騶縐斬譖臻蓁溱莊壯裝

(18)清 [ts'] 中古清、穿(二)

磋挫措切且雌此刺次妻七漆戚緝粗簇促取猜蔡崔脆毳翠操草秋參餐燦僉千淺清竄親村倉青匆

栅叉差插察岔惻策册齪廁初芻楚釵揣抄攙鏟剗懺篡拴讖櫬齔瘡窗闖創

(19)從 [dz] 中古從、床(二)

昨鑿坐痤捷藉漬自字慈集疾寂齊族聚在才裁賊罪摧皂造曹樵就蠶漸薦潛前泉全盡秦藏墻情從

鬧鍘乍鐲士仕事柿鋤雛豺儕柴巢驟愁棧饞孱潺撰岑狀床崇

(20)心 [s] 中古心、審(二)

塞娑梭索些寫卸雪斯私思司死四西息悉昔洗徙細蘇素速肅夙胥須雖歲嫂肖小笑秀三心辛信孫

沙杉殺煞刷瑟嗇色所朔數師史梳漱衰帥率梢搜收産摻衫芟山删森霜生

(21)邪 [z] 中古邪

邪詞祠辭兕似巳祀姒寺嗣夕襲席俗徐敘緒隋遂穗囚袖岫涎羨旋尋旬循巡馴詳祥翔庠象誦頌訟

5.牙音

(22)見 [k] 中古見

加家佳甲瓜寡哥戈割隔革各個郭國過果結解介戒覺幾基几己該高告交九久甘幹肩見官光工弓

(23)溪　[k‘]　中古溪

誇科可克客廓缺溪欺啓企起乞器氣枯庫驅屈去開快考靠巧口寇丘堪看侃謙欠肯欽坤困康空孔

(24)群　[g]　中古群

其期岐伎祇祁祈頎奇騎忌悸屐暨極姞及桀傑竭茄伽巨具跪喬臼求仇乾儉件拳近狂鯨共瓊

(25)疑　[ŋ]　中古疑

牙瓦我訛愕卧業虐獄嶽霓疑逆宜義藝詣屹吴午魚御禦玉艾外危敖堯咬岸嚴言妍眼驗彦啱吟銀卬

6. 喉音

(26)曉　[x]　中古曉

化呵喝赫火夥脅血羲熙希吸喜呼虎吁訏酗旭咍海黑灰揮悔毁賄諱卉蒿好曉孝休罕漢險憲昏

(27)匣　[ɣ]　中古匣、喻(三)

霞匣下華何禾曷核禍獲奚系胡狐乎户怙害淮懷回惠號浩肴效侯后含寒旱咸弦限幻丸環行紅

曰越粤于雨禹羽宇域爲帷韋圍偉衛位胃謂尤有友右佑祐宥囿又炎員圓袁園轅爰院媛云雲隕韻運王往旺瑩

(28)影　[ø]　中古影

阿鴉鴨壓亞遏惡厄倭握沃伊衣猗醫一壹意邑烏汙屋於鬱哀埃愛畏威夭要憂幽安暗淹焉燕宴彎冤怨音因殷汪英影雍

三、關於上古聲母,有下面八個問題需要討論

1. 古無輕唇音問題

所謂"古無輕脣音",意思是説上古没有中古"非、敷、奉、微"這一組脣齒音聲母。首先提出這個問題的是錢大昕①。他説:"凡輕脣之音,古皆讀爲重脣。"又説:

① 錢大昕《十駕齋養新録》卷五《古無輕脣音第一》。明方以智已看到古音輕脣音和重脣音相通的事實,但未能作出正確的解釋。他説:"'俯伏'輕脣,'匍匐'重脣,故古人之字通轉。"(《通雅・釋詁・謰語》)

“凡今人所謂輕唇者，漢魏以前，皆讀重唇，知輕唇之非古矣。”[①]錢氏根據以下幾方面的材料來證明這一論點：

(1)異文。如“匍匐”又作“扶服”、“扶伏”、“蒲伏”、“蒲服”；“伏羲”又作“庖羲”；“馮(píng)琴”又作“伏琴”；“扶木”又作“榑木”；“汾水”又作“盆水”；“文水”又作“門水”。

(2)聲訓。如“負，背也”；“房，旁也”；“法，逼也”；“匪，彼也”；“邦，封也”；“望，茫也”。

(3)讀若。如《説文》：“奞，大也。讀若予違汝弼。”“娓，順也，讀若媚。”《周禮・巾車》注：“樊，讀如鞶帶之鞶。”《周禮・司几筵》注引鄭司農云：“紛，讀若豳。”

(4)直音。如“負音佩”，“苻音蒲”，“閩音文飾之文”，“蔓音萬”，“繁音婆”。

(5)反切。如“馮，皮兵反”，“茀，步内反”，“方，蒲郎反”，“繁，步干反”，“卑，府移切”，“便，方連切”，“披，敷羈切”，“眉，武悲切”。

錢氏概括地説：“輕唇之音，何以知古人必讀重唇也？曰：《廣韻》平聲五十七部，有輕唇者九部，去其無字者二十餘組，證以經典，皆可讀重唇。”

錢氏“古無輕唇音”的結論是可信的。我們還可以從諧聲字、方言、古代外語借詞中得到大量證明。

(6)諧聲字。“甫”聲的字，“浦、匍、鋪、捕”爲重唇，“輔、黻”爲輕唇；“畐”聲的字，“逼”爲重唇，“福、輻”爲輕唇；“非”聲的字，“排、俳”爲重唇，“誹、菲、匪、腓”爲輕唇；等等。

(7)方言。錢氏在“無又轉如毛”條下説：“今江西、湖南方音讀如冒，即毛之去聲。”在厦門方言的白話音裏，許多輕唇音字仍然讀爲重唇音：

非母：方、風、飛、斧、分、反——p

敷母：芳、藩、蜂、訃、紡——p‘

奉母：飯、房、馮、父、吠、婦、佛、伏——p

帆、浮、縫——p‘

微母：尾、未、無、微、文、物——b

① 錢大昕《潛研堂文集・音韻答問》。

問、物、晚——m①

(8)外語借詞。從古代借自梵文的音譯詞裹我們可以看到不少輕唇音讀爲重唇的例子。例如 Buddha 譯爲“浮屠、佛”，piṇḍa-pāta 譯爲“分越/分衛”（意譯爲“乞食”），puṇḍarika 譯爲“芬陀利、芬利”（意譯爲“白蓮花”），pūrva-videha 譯爲“弗于逮”或“弗婆提”（意譯爲“東勝身洲”，明吴承恩《西遊記》作“東勝神洲”）。“浮、佛、分、芬、弗”都是輕唇音字，古人用它們來翻譯原文中的重唇音，是因爲它們在古代都讀重唇音。

2. 古無舌上音問題

這個問題是清康熙年間的李光地、徐用錫首先提出來的②。錢大昕在《舌音類隔之説不可信》一文中詳細論證了這個問題。他説：“古無舌頭、舌上之分，知、徹、澄三母，以今音讀之，與照、穿、床無別也；求之古音，則與端、透、定無異。”錢氏所舉的例證，有異文、反切、讀若、聲訓等方面。例如：

> 《説文》：“沖，讀若動。”《書》：“惟予沖人。”《釋文》：直忠反。古讀直如特，沖子猶童子也。字母家不識古音，讀沖爲蟲，不知古讀蟲亦如同也。《詩》“藴隆蟲蟲”，《釋文》：直忠反，徐徒冬反。《爾雅》作“爞爞”，郭徒冬反。《韓詩》作“烔”，音徒冬反，是“蟲”與“同”音不異。
>
> 古音陟如得。《周禮·太卜》“掌三夢之灋，三曰咸陟”注：“陟之言得也。讀如‘王德翟人’之德。”《詩》“陟其高山”箋：“陟，登也。”登、得聲相近。

錢氏對於“古無舌上音”的論證是可信的。諧聲字和現代方言裹可以提供更多的證明：

(1)諧聲字。“都、豬”並從“者”聲，“掇、輟”並從“叕”聲，“迪、抽”並從“由”聲，

① 參看袁家驊《漢語方言概要》（二版）第十章，254—255 頁。

② 李光地《等韻辨疑》：“知彻澄娘四母，今音惟娘字入舌音泥字内，知彻澄三字俱混在照穿床齿音内。據等韻诸書，俱当作舌音。但端透定泥在舌头，知彻澄娘收在舌上耳。今闽广人知彻澄犹作舌音也。”劉賾《聲韻学表解》引徐用锡《字学音韻辨》：“等韻古音端透定泥是矣。……今惟娘字尚有古音，然亦有顺知彻澄而讀若瓤者。知，古讀若低，今讀若支。彻，古讀若铁，今讀若赤析切。澄，古讀若登之下平，今讀若惩。故曰舌上音。”

“鄧、澄”並從“登”聲,“他、池”並從“也”聲。後世“都、掇、迪、鄧、他”讀舌頭音,而“豬、輟、抽、澄、池”讀舌上音。

(2)現代方言。在厦門話裏,許多舌上音字讀舌頭音:

知、遮、陟、竹、張——知母,念[t]

徹、詫、癡、抽、赬——徹母,念[t‘]

澄、直、召、丈、佇——澄母,念[t]

池、馳、遲、場、程——澄母,念[t‘]

在潮州話裏,舌上音“豬、趙、宙、除、茶、箸、池、潮、綢、場”等字聲母都念[t]。

在臨川話裏,舌上音“知、遮、者、蔗、豬”等字聲母都念[t],“癡、滯、潮、抽”等字聲母都念[t‘]。

在湘方言的雙峰話裏,舌上音知母“豬、株、蛛、誅、拄、注、駐、追、張、帳”等字念[t],徹母“闖、暢、悵、黜”等字念[t‘],澄母“除、苧、住、廚、長、丈”等字念[d]。

3. 娘、日歸泥問題

這個問題是清代湖南人鄒漢勳在《五均論·二十八·論泥娘日一聲》中首先提出來的,惜《五均論》此節内容已佚,僅存標題。章炳麟進一步加以論證。章氏説:“古音有舌頭泥紐,其後支别,則舌上有娘紐,半舌半齒有日紐,於古皆泥紐也。”①他的主要根據是諧聲,異文、聲訓等:

> 涅從日聲,《廣雅·釋詁》:“涅,泥也。”“涅而不緇”亦作“泥而不滓”,是日、泥音同也。
>
> 人、仁之聲今在日紐,人聲之年爲奴顛切,仁聲之佞爲乃定切。此則人、仁本音如佞,在泥紐也。
>
> 今音泥昵在泥紐,尼昵在娘紐。仲尼,《三蒼》作仲昵。《夏堪碑》曰:“仲泥何侘。”足明尼聲之字古音皆如昵、泥,有泥紐,無娘紐也。今武昌言尼如泥,此古音也。
>
> 今音男女在娘紐,爾女在日紐,古音女本如帑。妻帑、鳥帑其字則一。《天

① 章炳麟《娘、日二母歸泥説》,見《國故論衡》上。

文志》顔師古説:"帑,雌也。"是則帑即女矣。爾女之音輾轉爲乃。有泥紐,無娘紐也。

鄒、章二氏認爲上古娘母歸泥是可信的。兩母都屬鼻音,發音部位接近,娘母很容易從泥母分化出來。中古音,泥母只出現在一、四等韻,娘母只出現在二、三等韻,泥、娘正好互補,它們的分化是有條件的。上古不少泥、娘相通的例子,更提供了泥、娘本爲一母的有力旁證。

至於日母歸泥的説法,却值得進一步研究。聲母的分化總有一定的條件。泥母三等已經分化成爲娘母,再分化出日母,似乎缺乏充分的理由。如章氏所列舉的,上古日母和泥、娘二母的確有一些相通的例子。但是上古日母字也常常單獨出現,如"柔茹"、"儒弱"、"柔弱"、"荏苒"、"荏染"、"荏弱"等;泥、日混用的例子比較少見。《釋名》中的聲訓,日母獨用 13 例,如"人,仁也","褥,辱也","肉,柔也","壬,妊也";泥母獨用 3 例,如"弩,怒也";泥、日通用的也是 3 例,如"男,任也","溺,弱也"。日、泥分用的例子仍然要多得多。章氏又舉方言爲證:"今閩廣人亦不能作日紐也。"現代廣州話把日母字念成舌面前音[j],如"日"念[jat]、"人"念[jan];把泥母字念成[n],如"南"念[nam]。閩南話泥、娘、來三母字念[l],如"弩、娘、來"(在鼻化音前仍念[n],如"泥")。日母字一部分念[dz],如"惹";一部分念[l],如"人"念[laŋ]。其中日、泥有一部分相混,但都歸來母,不歸泥母。現代閩廣人日母字不念捲舌音[ʐ],不能作爲上古日母歸泥的證據。

我們同意王力先生的看法,上古泥母和日母是兩個不同的聲母。泥母是[n],日母是[ȵ]。它們都是鼻音聲母,發音方法相同,發音部位相近,所以上古有時可以相通,但不一定合而爲一①。

4. 余母問題

曾運乾在《喻母古讀考》中提出,中古三十六字母中的喻母,上古應分爲兩類。喻母三等上古歸匣母,四等歸定母②。曾氏根據異文、聲訓、古讀、諧聲、反切等材

① 參看王力先生《漢語史稿》上册,75—76 頁。

② 參看曾運乾《喻母古讀考》,載《東北大學季刊》1927 年,二期。

料,詳細論證了這個問題。喻三入匣的例子:

古讀營(余傾切)如環。《韓非子》:"自營爲私。"《説文》引作"自環"①。按:環,户關切,匣母。

古讀圍(雨非切)又如淮。《釋名》:"淮,圍也。圍繞揚州北界,東至海也。"按:淮亦户乖切,匣母。

古萑、葦聲相近,即雙聲物名也。葦,于鬼切,於母;萑,胡官切,匣母。匣、于一類,故萑、葦雙聲。

古讀域(雨逼切)如或。《説文》:"或,邦也。從口、從戈,以守一。""域,或又從土。"按:或,胡國切,匣母。域、或本一字,聲讀當同。

喻四入定的例子:

古讀夷如陳,實如田。《左》僖元年:"邢遷於夷儀。"《公羊》作"陳儀"。按:陳從申聲,古音如田。《史記》齊田氏即陳氏也。申本古文電字。《淮南子·天文訓》:"庚子干,丙子夷。"注云:"夷,或爲電。"夷之讀爲電,猶夷之讀爲陳矣。按:田,徒年切;電,堂練切。均定母。陳,直珍切,澄母。

古讀姨如弟。《釋名·釋親屬》:"妻之姊妹曰姨。姨,弟也,言與己妻相長弟也。"

古渝、墮雙聲。《左氏》隱六年:"鄭人來渝平,更成也。"渝,《公》《穀》同作輸。《穀梁傳》云:"輸者,墮也。"按:墮,徒果切,定母,以雙聲爲訓。

曾氏的考證是基本可信的。喻母三等字上古應歸匣母。喻母四等上古也是舌頭音,但不一定就是定母。上古舌頭音到中古分爲舌頭、舌上兩組。條件是韻母不同,二三等字變爲舌上音,一四等字仍讀舌頭音。如果定母再分化出一個喻母四等,要有别的條件。我們認爲喻母四等字在上古應是一個獨立的聲母,就是余母。

---

① 《説文》:"厶,姦衺也。韓非曰:'倉頡作字,自營爲厶。'"《韩非子·五蠹》:"自環者謂之厶"。

余母的讀音，高本漢擬爲[d]、[z]兩類，[d]類不送氣，跟送氣的定母[dʻ]有所區别。王力先生在《漢語史稿》中接受了[d]的擬音。但是因爲唇音、齒音、牙音都没有送氣不送氣兩個對立的濁聲母，所以先生改擬爲[ʎ]。[ʎ]是與[ȶ] [ȶʻ] [ȡ]發音部位相同的邊音，即古代法語所謂軟化的 l(lmouillé)①。如果余母是邊音（即軟化的 l），應該與來母有較密切的關係。事實上在異文、聲訓、讀若與諧聲偏旁裏，余母與定母關係非常密切，却很少與來母發生關係②。我們把余母擬爲[dj]。它是帶有腭化色彩的[d]，兩者發音接近，所以通用的例子很多。

5. 舌音和齒音問題

錢大昕在《舌音類隔之説不可信》中説："古人多舌音，後代多變爲齒音，不獨知、徹、澄三母爲然也。"錢氏的意思是中古照組字有的上古讀爲端組。例如《左傳・昭公三年》"余髪如此種種"，徐仙民作"董董"。"種"照母，"董"端母。鄒漢勳《五均論》定古聲二十紐，將端知照、透徹穿、定澄神禪分别合爲一組。黄侃古聲十九紐以知、照歸端母，徹、穿、審歸透母，澄、船、禪歸定母，娘、日歸泥母。他們都認爲上古照組三等字讀同端組。現代方言中同樣有章、昌、船母讀爲端、透、定的。例如雙峰話中章母字"遮、者、蔗、諸、煮、朱、珠、主、注、鑄、贅、錐、專、磚、拙、准、章、掌、障、酌"聲母念[t]，昌母字"車、扯、處、吹、出、炊、川、穿、喘、串、春、蠢、昌、廠、唱、倡"聲母念[tʻ]，船母字"船"聲母念[d]，它們可以作爲上古章組聲母讀爲舌頭音的旁證。但在雙峰話裏，並非所有章組字都讀成[t][tʻ][d]。另外，一些牙音字也讀成[t][tʻ][d]，如見母字"覺、脚、居、舉、據、拘、駒、句、涓、决、訣、捲、眷、君、軍、均、鈞"念[t]，溪母字"去、區、驅、軀、袪、屈、犬、缺、圈、勸"念[tʻ]，群母字"巨、距、拒、詎、渠、劬、懼、拳、權、倦、群、裙、郡、菌"念[d]。可見根據方言中的材料定上古端組和章組聲母不分，並不一定是完全可靠的。

我們認爲上古章組（即照三）是一組獨立的聲母。上古端組二、三等到中古已經分化成知組，就没有足够的條件同時分化出章組聲母來。可能上古章組聲母與端組發音比較接近，所以諧聲字中端、章兩組往往有相通的例子。我們把章、昌、船

---

① 參看王力先生《漢語語音史》，23 頁。

② 諧聲字也有相通的，如"贏、嬴、瀛"，從𣎆聲，余母；"羸、蠃、臝"，從𣎆聲，來母。

分别擬爲舌面前塞音[ȶ][ȶ'][ȡ]。當然,在比《詩經》時代更古的漢語裏,像鄒、黄二氏所説的那樣端、章兩組聲母不分是完全可能的。

6. 照二歸精問題

所謂"照二歸精",意思是指中古三十六字母中的照組二等(莊、初、崇、生)字,上古應歸精組(精、清、從、心)。清代學者李元首先提出這個問題,他在《音切譜》中引例140個,證明古音中正齒二等(除床母)與齒頭互通,三等(除禪母)與舌頭互通。夏燮《述韻》也認爲"惟正齒之字半與齒頭合,半與舌上合。"鄒漢勳《五均論》定古聲二十紐,將精甾(莊)、清初、從床(崇)、心所(生)分别定爲一組。黄侃從研究《廣韻》出發,得出了同樣的結論。他認爲上古漢語齒音只有古本聲精、清、從、心,没有變聲莊(照二)、初(穿二)、床(即崇、床二)、疏(即生、審二)。莊母歸精,初母歸清,床(崇)母歸從,疏(生)母歸心①。這個結論是可信的。從諧聲偏旁看,同聲符的形聲字精、莊兩組往往相混。例如:"宰"精母,"滓"莊母;"宗"精母,"崇"崇母:"籤"清母,"讖、懺"初母:"蓑、胥"心母,"衰、疏"生母。從一字兩讀看,有的一讀精組音,一讀莊組音。例如"參",蘇甘切,音 sān,心母;又所今切,音 shēn,生母;又倉含切,音 cān,清母;又楚簪切,音 cēn,初母。"畟",子力切,音 jí,精母;又初力切,音 cè,初母。從雙聲字看,精、莊兩組往往構成雙聲關係。例如"蟋蟀"、"肅爽"、"灑掃"等。從方言看,現代閩南、雙峰等方言裏,莊組字都讀同精組。如莊母字"阻、齋、輜"念[ts],初母字"初、差、廁"念[ts'],生母字"沙、所、帥"念[s]。總之,上古時代,照組二等聲母莊、初、崇、生應分别歸入精、清、從、心。

7. 全濁聲母吐氣不吐氣問題

上古漢語"並、定、群、從"等全濁聲母,高本漢《中國音韻學研究》擬爲吐氣音。李方桂《上古音研究》、陸志韋《古音説略》不同意高本漢,擬爲不吐氣音。陸先生説:"上古方言混合起來所産生的諧聲字,明明顯出濁音近乎不送氣的清音,最不近乎送氣的清音,至少在大多數古方言裏,那些濁音是不送氣的。在少數方言裏,它們可能是送氣的……假若爲上古音選擇符號,也像推定《切韻》一樣,必得爲濁音選擇一套最有代表性的符號,就不得不採取不送氣,斷不能採取送氣。"(249頁)王力

① 參看黄侃《音略》。

先生最初同意高本漢的觀點,《漢語史稿》將全濁聲母擬爲吐氣。先生晚年修正了自己的觀點。郭錫良在《漢字古音手册・例言》中說:"全濁聲母没有吐氣不吐氣的對立,依王力先生新近的意見,一律改爲不吐氣。"本書贊同李方桂、陸志韋以及王力先生晚年的觀點,同樣將上古漢語全濁聲母擬爲不吐氣。

8. 關於複輔音問題

上古漢語有没有複輔音?這是一個尚待解決的問題。首先提出漢語有複輔音的是英國人伊特金斯(Edkins)。高本漢也認爲上古漢語有複輔音。他在《漢語詞類》裏説:

> 關於起首的複合輔音,……有一種 k:l 和 p:l 的轉换。例如"各"古音 kak,"洛"lak;"變"古音 pian,"戀"liwan。這時似乎要疑惑這種複合的輔音,還是存在於 k (p)音的字,還是存於 l 音的字,或是兩者當中都有存在。這樣的三種解釋,由因推果,似乎都是有可能性的。
>
> A."各"klak:"洛"lak
>
> B."各"kak:"洛"klak
>
> C."各"klak:"洛"glak
>
> ……在許多事例裏,這三種説法當中,有一種决定是最可取的:C 的説法。

後來高本漢在《中日漢字形聲論》裏,大量應用 C 式來擬音。高氏晚年的觀點有所發展,認爲"上述的數個可能,我們不能一成不變地只循這一個"①。高氏根據諧聲偏旁構擬的上古漢語複輔音聲母有以下 19 種②:

(1)gl-　吕侣閭旅婁摟樓屢縷闌蘭練爛倮裸羸濫藍覽攬獫斂廉鐮倞亮諒涼掠洛烙絡酪雒駱路賂露鬲翏鏐飂戮僇勠蓼寥醪樂轢櫟礫林琳婪惏立苙粒笠拉隆癃

① 高本漢《中國聲韻學大綱》,張洪年中譯本,103 頁。

② 转引自王力先生《漢語語音史》,24 頁。

(2)k1- 莒管屨柬諫揀果裹祼監鑒劍兼京景憬各賂閣格骼觡隔膠樛斛禁襟窌

(3)g'1- 嫌鬑儉劾鯨黥絡狢翮璆噤

(4)k'1- 課嗛慊歉謙恪客泣

(5)ŋl- 驗頷樂

(6)xl- 險嶮嘐

(7)t'l 瘳離魑螭攄寵

(8)sl- 數學率達蟀帥釃纚灑史使

(9)ɕl- 爍鑠

(10)bl- 巒欒鑾鸞欒孌戀攣廩懍臨

(11)pl- 變筆稟

(12)p'l- 品

(13)ml- 埋藐霾繆謬卯茆昴貿蠻滅

(14)xm- 昏惛婚闇忽笏惚巟肓衁荒黑悔晦誨海麾幠膴耗威

(15)t'n- 歎媗匿聃丑

(16)sn- 襄纕絮需璽獮隼羞

(17)ȶn- 准

(18)ɕn- 饟攝恕淰諗燒

(19)k's- 僉憸譣

林語堂也主張上古漢語有複輔音。他說：

“古有複輔音説”有兩種證據，直接的與間接的。直接的如暹羅語之klong，kluang，kuang可謂保存中國古語複輔音最明白無疑的憑據。又如古今俗語中“窟郎”“突欒”“屈攣”“勃蘭”“矻落”（代“螳”、“團”、“圈”、“槃”、“角”）也可以説是直接的憑據。我們要注意的就是如宋景文所記等成語之第一字皆入聲字，且發音極速，與tl-，kl-，pl-之p、t、k發音最近，此等“窟窿”“突欒”之字或爲“孔寵”“團欒”之所自出，或與“孔寵”“團欒”爲同系異級之轉語。"孔"、"團"等字在古俗語中確有 klung,tluan 之讀法,春秋地名"公次於滑",或者也只是"滑 郎"之省文……klung 變爲"孔"與并"不可"爲"叵",并"蒺藜"爲"刺"之原理略同。"貍"当有 bli(blai)讀法(據鄭康成説),風當有 blam 讀法。此居中之 l 音爲本字韻母所吸收則爲 bam……間接之憑據就是"各"諧"路","兼"諧"廉","果"諧"裸","柬"諧"蘭"等諧聲字。倘是"各"古讀爲 kok,不應會諧出一個 lok(路)音。倘是以 kok 諧 klok,或以 klok 諧 lok,皆比較説得過去。或兩字俱讀 klok,諧聲上當無問題,然今日讀音不應不同,"各"ko"路"lu,若"格""恪"等字古讀音必近"各","賂"讀音必近"路",此不同所在,一時不易證明複輔音或在"各""格",由 kl→k ,或在"路",由 kl→l。兩種音變皆西洋語史中所有的事。但是 k→l 可謂亙古所未聞,所以非古有複輔音説,"各—路""果—裸"之諧聲可以説無法解明。因此之故,我們可以假定,此"各—路"兩字中必有一個含着複輔音。①

董同龢也贊成上古漢語可能有複輔音。跟高本漢不同的是主張 A 式的演變。而且他認爲,"事實上古代帶複聲母的型式如何,他們出現的範圍是怎樣的,又必待日後有了新材料才能决定。"②

吴其昌也主張古有複輔音,並撰有《來紐明紐古複輔音通轉考》,他認爲"在古時,則字形既非完全獨立,字音亦不純粹單音。二音可合爲一字,一字可讀成複音。此類複音之輔音,雖今已衍化俱盡,然其遺骸殘存於方言中、古經典中、冷僻字中者,尚在在可尋。"並從"形聲"、"校勘"、"訓诂"、"方言"、"聯詞"、"複後"等六個方面,以 384 條例證,論證古來、明二紐之複輔音③。

主張上古漢語有複輔音的學者,大都以形聲字作爲證據。形聲字主諧字和被諧字的聲母往往不同。如:

勿—忽　亡—肓　每—悔　尾—娓

瞢—薨　微—徽　墨—黑　威—滅

① 林語堂《語言學論叢・古有複輔音説》。

② 董同龢《上古音韻表稿・緒論》。

③ 參看《清華大學學報》1932 年,第七卷第一期。

主諧字和被諧字都有明[m]母和曉[x]母的關係。這種情況過去中國學者通常用聲母通轉説明,有時不容易説清楚。現在用複輔音進行解釋,的確要方便得多。有的學者根據漢語親屬語言的情況給上古漢語擬定了成百個複輔音聲母。例如嚴學宭教授擬定的上古漢語複輔音多達 208 個,其中二合複輔音 140 個,三合複輔音 64 個,四合複輔音 4 個,出現了 hkt、xmk、xknd、xsdt 這樣一些奇怪的複輔音,令人莫名其妙。①

複輔音的説法遭到许多學者的反對。第一,諧聲字變化多端,情況複杂,难作擬測複輔音的主要依據,一個主諧字往往可以構成好幾個聲母不同的被諧字,究竟以其中的哪一個爲主,不容易確定。例如"䜌(luán)"聲的字有"變"[p-](彼眷切)"戀"[l-](力卷切)、"蠻"[m-](莫還切)、"孿"[s-](生患切)、"桊"[k-](居願切)、"彎"[ø](烏關切)等,它們該屬於哪幾個複輔音呢?王力先生批評高本漢説:"他在上古聲母系統中擬測出一系列的複輔音,那也是根據諧聲來揣測的。例如'各'聲有'路',他就猜想上古有複輔音 kl-和 gl-,由此類推,他擬定了 xm-、xl-、fl-、sl-、sn-等。他不知道諧聲偏旁在聲母方面變化多端,這樣去發現,複輔音就太多了。"②第二,某些漢語親屬語言有複輔音(如羌語有 24 個複輔音),可以作爲上古漢語複輔音的旁證。但这些亲属語言与漢語分道扬镳的年代實在太久远了。判定上古漢語有無複輔音,主要應該從漢語内部找證據。如果把這些親屬語言中的複輔音加在一起,認爲上古漢語都有,那是值得懷疑的③。

我們認爲,上古漢語裏有幾個複輔音是可能的。現代普通話詞滙裏似乎還留有某些複輔音的痕跡。例如④:

角[tɕiau]—旮旯[kala]	孔[k'uŋ]—窟窿[k'uluŋ]
巷[ɕiaŋ]—胡同[xut'uŋ]	茨[ts'ɿ]—蒺藜[tɕili]
哄[xuŋ]—糊弄[xunuŋ]	扒[pa]—扒拉[pala]

① 參看嚴學宭《上古聲母系統研究》,載《江漢學報》,1962 年,7 期。

② 王力先生《漢語史稿》上册,68 頁。

③ 參看劉又辛《上古漢語複輔音説質疑》,載《音韻學研究》第一輯,175—181 頁。

④ 以下例子録自尚玉河《"風曰孛纜"和上古漢語複輔音聲母的存在》,載北大中文系《語言學論叢》第八輯,67—84 頁。

劃[xuɑ]—劃拉[xuɑla]　　　莽[maŋ]—孟浪[məŋlaŋ]

精[tɕiŋ]—機靈[tɕiliŋ]　　　渾[xuən]—囫圇[xuluən]

河北南部方言裏還保存着一些略似複輔音的詞。例如：

埂[kələŋ]	圈[k'ulia]	罅[xələ]
攪[kəlɑu]	拌[pəla]	箍[kulu]
捲[kulia](捲曲)	活[xuoluo](不牢固)	懵[mələŋ]

湖南雙峰話的"爬",文讀爲 bo_{23},白讀爲 lo_{23},也可以用上古複輔音[bl]的分化來解釋。

但是確定上古漢語裏有無複輔音,應當根據形聲字、雙聲叠韻、聯綿字、現代漢語方言、親屬語言等各種材料進行全面的、綜合的研究。現在這種研究還做得很不够,許多還只是霧裏看花,並没有真正弄清楚。所以我們在構擬上古漢語聲母系統的時候,没有擬定複輔音。

第二節　上古漢語韻部系統(一)

上古漢語韻部系統,經過明清以來古音學家的研究,已經取得巨大的成績。韻部的劃分已很細緻,韻字的歸部大體可以確定,古音的擬測也取得了相當好的成果。

上古韻部劃分,創始于宋代鄭庠和吴棫(約公元 1100—1154 年)。鄭庠著《古音辨》,合併《廣韻》韻目,分古韻爲陽、支、先、虞、尤、覃 6 部①。吴棫著《韻補》五卷、《〈詩經〉叶韻補音》十卷和《楚辭釋音》。《韻補》按《廣韻》206 部韻分古音九類。未立新的韻部,篳路藍縷,尚見粗疏②。清初顧炎武著《音學五書》,離析《廣韻》,分古

① 《古音辨》已亡佚,鄭氏的古音學説見於宋末熊朋來的《熊先生經説》,清戴震《聲韻考》、段玉裁《六書音均表》、夏炘《詩古韻表二十二部集説》、鄒漢勛《五均論·十五類論中》。戴震《六書音均表·序》:"鄭庠作《古音辨》,僅分陽、支、先、虞、尤、覃六部。"

② 吴棫(約公元 1100—1154 年),字才老,福建武炎人,著《韻補》五卷,取古代韻文以求古音,據古人用韻以求《廣韻》206 韻的分合。顧炎武稱"考古之功始于宋吴才老。"依吴氏所定古音相通的關係,平聲有九類,上去聲略與平聲相應,入聲六類,未另立韻目。此書第一個應用諧聲偏旁以求古音。所用材料下及唐宋,斷代不嚴,學者多以爲病。吴棫古音九類見《韻補》卷 1—2。《〈詩經〉叶韻補音》、《楚辭釋音》已佚亡。

韻爲 10 部，奠定了我國古音研究的基礎①。江永著《古韻標準》，分古韻爲 13 部②。段玉裁著《六書音均表》，分古韻爲 17 部③。孔廣森著《詩聲類》，分古韻爲 18 部④。戴震著《聲類表》，分古韻爲九類 25 部，以陰，陽、入相配；如果不算入聲，就只有 16 部。戴氏的最大貢獻是把入聲獨立起來，以陰陽二者相配，異平而同入。⑤ 王念孫在《與李方伯書》中分古韻爲 21 部⑥。江有誥著《音學十書》，亦分 21 部⑦。章炳麟《國故論衡》(上)有《成均圖》，分古韻爲 23 部。黄侃在《音略》中分古韻爲 28 部。王力先生認爲《詩經》時代的古韻是 29 部，戰國時代侵、冬分開，則爲 30 部。在古韻分部上總的趨勢是，前修未密，後出轉精。現在古韻分部工作可以説已經基本完成了。

一、上古韻部劃分的依據

古音學家研究上古韻部，清代學者總結出八種方法或依據。許瀚《求古音説》："求古韻之道有八：一曰諧聲。《説文》某字某聲之類是也。二曰重文。《説文》所載古文、籀文、奇文、篆文或從某者是也。三曰異文。經傳文同字異，漢儒注某讀爲某者是也。四曰音讀。漢儒注某讀如某，某讀若某者是也。五曰音訓。如'仁，人'、'義，宜'、'庠，養'、'序，射'、'天神引出萬物，地祇提出萬物'者是也。六曰叠韻。如崔嵬、虺隤、傴僂、汙邪是也。七曰方言。子雲所録是其專書，故書雅記亦多存者，流變實繁，宜幸擇矣。八曰韻語。九經、楚辭、周秦諸子、兩漢有韻之文是也。凡此八者，古韻之條理秩如也。"我們可以把許氏所述概括爲三個方面：

1.《切韻》系統。古音學家在劃分上古韻部時雖然打亂了《切韻》系統，其實仍

---

① 顧氏古音十部：1. 東冬鍾江；2. 脂之微齊佳皆灰咍；3. 魚虞模侯；4. 真諄臻文殷元魂痕寒桓删山先仙；5. 蕭宵肴豪幽；6. 歌戈；7. 陽唐；8. 耕清青；9. 蒸登；10. 侵覃談鹽添咸銜嚴凡。(《音學五書·音論中》)

② 江氏《古韻標準》分真諄臻文殷魂痕與寒桓删山元仙先爲兩部；蕭宵肴豪爲一部，尤侯幽爲一部；自侵至凡九韻分爲兩部。

③ 段氏分之、脂、支爲三部，侯、尤幽爲兩部，真臻先、諄文欣魂痕爲兩部，比江永多四部。

④ 孔廣森十八部的特點是將冬從東鍾江獨立出來另爲一部。

⑤ 王國維《觀堂集林》卷八《五聲説》："嘗謂自明以來，古韻學之發明有三：一爲連江陳(第)氏古本音不同今韻之説，二爲戴(震)氏陰陽二聲相配之説，三爲段(玉裁)氏古四聲不同今韻之説，而部目之分析其小者也。"

⑥ 《與李方伯書》收在其子王引之《經義述聞》卷二十九裏。

⑦ 江氏二十一部韻目爲：之、幽、宵、侯、魚、歌、支、脂、祭、元、文、真、耕、陽、東、中、蒸、侵、談、葉、緝。

然以《切韻》系統作爲分析比較的依據。黄侃定古本韻 28 部，實際上就是《廣韻》一、四等韻部的歸併①。

2. 先秦韻文。主要是《詩經》、《楚辭》的用韻。《周易》、《老子》、《左傳》等書中也有若干韻語。古音學家分析《詩經》用韻，用系聯的辦法歸納韻字，進一步確定它的韻部系統。例如《詩經》裏以下一些詩的韻脚是：

《關雎》四章：采、友

《芣苢》一章：苢、采、苢、有

《葛藟》二章：涘、母、母、有

《將仲子》一章：子、里、杞、母

《氓》一章：蚩、絲、絲、謀、淇、丘、期、媒、期

《風雨》三章：晦、已、子、喜

《載馳》四章：子、尤、思、之

《泉水》一章：淇、思、姬、謀

《頍弁》二章：期、時、來

《既醉》五章：時、子

《緑衣》三章：絲、治、訧

以上詩篇裏，"采"與"友"押，又與"有"、"苢"押，"有"與"涘"、"母"押，"母"又與"子"、"杞"、"里"押；"子"又與"晦"、"已"、"喜"、"尤"、"思"、"之"、"時"押，"思"又與"淇"、"姬"、"謀"押，"謀"、"淇"又與"蚩"、"絲"、"丘"、"期"、"媒"押，"絲"又與"治"、"訧"押，"期"又與"時"、"來"押。這樣系聯的結果，"采、友、苢、有、涘、母、子、裏、杞、蚩、絲、謀、淇、丘、期、媒、晦、已、喜、尤、思、之、姬、時、來、治、訧"等字都屬於同一個韻部。利用這種系聯的方法，參照諧聲偏旁，就可以歸納出《詩經》的韻部系統來②。

3. 形聲偏旁。漢字 80％以上是形聲字，古音學家發現形聲偏旁和《詩經》押韻

---

① 黄氏二十八部韻目爲：歌、灰、齊、模、侯、蕭、豪、咍、寒、痕、先、青、唐、東、冬、登、覃、添、曷、没、屑、錫、屋、鐸、沃、德、合、帖。都取自《廣韻》的一、四等韻韻目。參看王力先生《黄侃古音學述評》，載《龍蟲並雕齋文集》第三册，363—398 頁。

② 金文和石鼓文也有不少韻文。王國維和郭沫若都進行過研究，發現其中用韻和《詩經》相差無幾。王氏著有《周代金石文韻讀》，郭沫若著有《金文韻讀補遺》。郭錫良著有《兩周金文音系初探》，見其所著《漢語史論集》，387—410 頁。

有很大的一致性。段玉裁説:“一聲可諧萬字,萬字而必同部,同聲必同部。”(《六書音均表·古諧聲説》)意思是同一形聲偏旁的字,一定屬同一個韻部。例如《詩·豳風·七月》六章:“七月食瓜,八月斷壺。九月叔苴,采荼薪樗,食我農夫。”其中“瓜、壺、苴、樗、夫”押韻。“瓜”聲的字有“呱、孤、狐、弧”,“苴”從“且”聲,“且”聲的字還有“詛、祖、阻、徂、殂、助、疽”等,它們都屬魚部。《唐風·綢繆》三章:“綢繆束楚,三星在户。今夕何夕?見此粲者,子兮子兮,如此粲者何!”其中“楚、户、者、者”押韻。“者”聲的字有“諸、豬、睹、煮、翥、都、瘏、屠、赭”等,“户”聲的字有“所、扈、雇、顧”等,它們也都屬魚部。《詩經》入韻的字有 1797 個,根據“同聲必同部”的原則加以歸併,上古絶大多數的字都可以歸入一定的韻部。當然形聲字的産生早於《詩經》時代。段玉裁説:“諧聲偏旁分别部居……間有不合。……裘字求聲而在第一部(之部),朝字舟聲而在第二部(宵部),牡字土聲而在第三部(幽部),侮字每聲而在第四部(侯部),股、羖字殳聲而在第五部(魚部),仍、孕字乃聲而在第六部(蒸部),參字㐱聲而在第七部(侵部),枼字世聲而在第八部(談部),送字佚(yìng)聲而在第九部(東部),彭字彡聲而在第十部(陽部),贏字羸(luó)聲而在第十一部(耕部),矜字今聲而在第十二部(真部),存字才聲而在第十三部(文部)①,憲字害省聲而在第十四部(寒部),截字雀聲而在第十五部(月部),狄字亦省聲而在第十六部(錫部),那字冄聲而在第十七部(歌部)。此類甚多,即合韻之理也。”②也有同聲符而本不在一韻的。戴震指出:“音有流變,一系乎地,一系乎時。系乎地者,在古音即非一讀。如‘隅、愚、齵’並從禺得聲,《廣韻》入十虞,與侯幽通爲一部,‘顒’亦從禺得聲,《廣韻》入三鍾,古與東冬通爲一韻。”③但是大體上説,“同聲必同部”的原則是符合上古漢語的實際情況的。

二、上古韻部的分類

我們根據前人研究的結果,將先秦古韻分爲之、職、蒸,幽、覺、冬,宵、藥,侯、

① 《説文·子部》:“存,恤問也。”大徐本作“從子,才聲”,小徐本作“從子,在聲”,段玉裁據《韻會》則作“從子,在省。”“在”亦才聲。

② 段玉裁《六書音均表·古諧聲偏旁分部互用説》。

③ 戴震《聲韻考》卷三。

屋、東,魚、鐸、陽,支、錫、耕,歌、月、寒,脂、質、真,微、物、文,緝、侵,葉、談 30 部,並將每部所屬主要諧聲偏旁及其在《詩經》中入韻的情况,列舉於下:

1. 之部[ə]

上古之部韻值爲[ə],主要包括以下諧聲偏旁的字:

不聲	咅聲①	啚聲	佩聲	負聲	婦聲
母聲②	每聲③	某聲	㠯(以)聲		台聲
里聲	𠩺聲	乃聲④	能聲	甾聲	来聲
𡿧聲	茲聲	子聲	在聲	再聲	采聲
士聲	才聲	宰聲	思聲	絲聲	辭聲
司聲	事聲	寺聲⑤	史聲	巳聲	蚩聲
之聲	止聲	齒聲	市聲	而聲⑥	耳聲
己聲	久聲	怪聲	龜聲	丘聲	其聲⑦
牛聲	疑聲⑧	𦣝聲	尤聲	喜聲	亥聲⑨
友聲	有聲⑩	郵聲	𢦏聲	矣聲	右聲

《詩經》裏之部入韻 109 字,例如:

江有汜,之子歸,不我以:不我以,其後也悔。(《召南·江有汜》一章)
　　△　　　　　△　　△　　　△

氓之蚩蚩,抱布貿絲。匪來貿絲,来即我謀。送子涉淇,至於頓丘。匪我
　　△　　　△　　　△　　　△　　　　△　　　△

---

① "咅"聲的"踣、菩、𧼮"在職部。

② "母"聲的"坶"在職部。

③ "每"聲的"侮"在侯部。

④ "乃"聲的"仍、孕、艿、扔、訒"在蒸部。

⑤ "寺"聲的"特"在職部,"等"在蒸部。

⑥ "而"聲的"恧"在職部,"陾"在蒸部,"耎"在寒部,"需"在侯部。

⑦ "其"聲的"斯"在支部。

⑧ "疑"聲的"嶷、㘈"在職部。"凝"在蒸部。

⑨ "亥"聲的"劾、核、刻"在職部。

⑩ "有"聲的"囿、郁"在職部。

愆期,子無良媒。將子无怒,秋以爲期。(《衛風·氓》一章)

君子于役,不知其期,曷至哉?雞棲於塒,日之夕矣,羊牛下來。君子于役,如之何勿思?(《王風·君子于役》一章)

維曰于仕,孔棘且殆。云不可使,得罪于天子。亦云可使,怨及朋友。(《小雅·雨無正》六章)

曾孫來止,以其婦子,饁彼南畝。田畯至喜。攘其左右,嘗其旨否。禾易長畝,終善且有。曾孫不怒,農夫克敏。(《小雅·甫田》三章)

以上“汜、以、悔、蚩、絲、謀、淇、丘、期、媒、哉、塒、矣、來、思、仕、殆、使、子、友、止、畝、喜、右、否、有、敏”等入韻的字,都屬之部①。

2. 職部[ək]

上古職部韻值爲[ək],主要包括以下諧聲偏旁的字:

北聲　畐聲　𠬝聲　伏聲　𦭝聲　麥聲
㝵聲　悳聲　直聲　弍聲　弋聲　異聲
畟聲　匿聲　力聲　仄聲　則聲　塞聲
色聲　嗇聲　息聲　戠聲　式聲　食聲
棘聲　亟聲　革聲　戒聲　克聲　黑聲
或聲　意聲②　昱聲

---

① 《逸周書·周祝解》:“天爲古,地爲久。察彼萬物名於始。左名左,右名右,視彼萬物數爲紀。紀之行也,行而無止,以觀人情利有等。維彼大道,成而弗改。”此亦韻語。“久、始、右、紀、止、等、改”爲韻,均之部字。

② “意”聲的“噫”在之部。

《詩經》裏職部入韻 60 字,例如:

丘中有麥,彼留子國。彼留子國,將其來食。(《王風·丘中有麻》二章)

△　△　△　△

析薪如之何?匪斧不克。取妻如之何,匪媒不得。既曰得止,曷又極止。

△　△　△　△

(《齊風·南山》四章)

坎坎伐輻兮,寘之河之側兮,河水清且直猗。不稼不穡,胡取禾三百億兮。不

△　△　△　△　△

狩不獵,胡瞻爾庭有懸特兮。彼君子兮,不素食兮。(《魏風·伐檀》二章)

△　△

肅肅鴇翼,集于苞棘。王事靡盬,不能蓺黍稷,父母何食?悠悠蒼天,曷其

△　△　△　△

有極?(《唐風·鴇羽》二章)

△

我行其野,言采其葍。不思舊姻,求爾新特。成不以富,亦祇以異。(《小

△　△　△　△

雅·我行其野》三章)

以上"麥、國、食、克、得、極、輻、側、直、穡、億、特、翼、棘、稷、葍、富、異"等入韻的字都屬職部。

3. 蒸部[əŋ]

上古蒸部韻值爲[əŋ],主要包括以下諧聲偏旁的字:

仌聲[1]	朋聲	馮聲	憑聲	瞢聲	夢聲
登聲	徵聲[2]	夌聲	曾聲	爯聲	乘聲

---

① "仌"聲的字有"冰、馮"等。

② "徵"又在之部,古五音之一。

蠅聲①　　升聲　　丞聲　　承聲　　亙聲　　兢聲

弓聲　　厷聲②　興聲　　弘聲　　熊聲　　雁聲

《詩經》裏蒸部入韻 32 字。例如：

蟲飛薨薨，甘與子同夢。會且歸矣，無庶予子憎。（《齊風・雞鳴》三章）
　　△　　　△　　　　　　　△

天保定爾，以莫不興。如山如阜，如岡如陵。如川之方至，以莫不增。
　　　　　△　　　　　　△　　　　　　　　△
（《小雅・天保》三章）

菁菁者莪，在彼中陵。既見君子，錫我百朋。（《小雅・菁菁者莪》三章）
　　　　　△　　　　　△

鴥彼飛隼，率彼中陵。民之訛言，寧莫之懲。我友敬矣，讒言其興。（《小雅・
　　　　　△　　　　　△　　　　　　△
沔水》三章）

爾牧來思，以薪以蒸，以雌以雄。爾羊來思，矜矜兢兢，不騫不崩。麾之以肱，
　　　　　　△　　△　　　　　　△　　△　　　△
畢來既升。（《小雅・無羊》三章）
　△

以上"薨、夢、僧、興、陵、增、朋、懲、蒸、雄、兢、崩、肱、升"等入韻字都屬蒸部。

4. 幽部[u]

上古幽部韻值爲[u]，主要包括以下諧聲偏旁的字：

勹（包）聲③　　呆（保）聲　　彪聲　　裒聲

𠤏聲　　缶聲　　孚聲　　阜聲　　卯聲　　矛聲

① 《説文》："蠅，蟲之大腹者，從黽從蟲。""繩、澠、譝"都從"蠅省聲"。

② "厷"聲的字有"肱、雄、宏、閎、紘"等。

③ "包"聲的"雹、鞄、鮑"在覺部。

牟聲　冃(冒)聲[1]　鳥聲　討聲　肘聲

丑聲[2]　由聲[3]　攸聲[4]　舀聲　丣聲　翏聲[5]

斿聲　酉聲　匋聲　條聲　流聲　留聲

早聲　考聲　艸聲　秋聲　曹聲　叟聲

修聲　羞聲　老聲　秀聲　囚聲　舟聲[6]

周聲[7]　帚聲　臭聲　戊聲　收聲　手聲

守聲　首聲　雔聲　受聲　壽聲　柔聲

咎聲　丩聲　九聲[8]　韭聲　丂聲　求聲[9]

臼聲[10]　好聲　休聲　昊聲　憂(忧)聲　幽聲

幼聲　媼聲　州聲[11]

《詩經》裏幽部入韻 135 字,例如:

汎彼柏舟,亦汎其流。耿耿不寐,如有隱憂。微我無酒,以敖以遊。(《邶風·柏舟》一章)

山有栲,隰有杻。子有廷內,弗洒弗埽。子有鐘鼓,弗鼓弗考。宛其死矣,他人是保。(《唐風·山有樞》二章)

---

[1] "冒"聲的"勖"在覺部。
[2] "丑"聲的"衄"在覺部。
[3] "由"聲的"軸、迪、笛"在覺部。
[4] "攸"聲的"焂、儵、筱"在覺部。
[5] "翏"聲的"穋、勠、戮"在覺部。"蓼"在幽部,又在覺部。
[6] "舟"聲的"朝"在宵部。
[7] "周"聲的"倜"又在覺部。
[8] "九"聲的"旭"在覺部。
[9] "求"聲的"裘"在之部。
[10] "臼"聲的"舊"在之部。
[11] "州"聲的"㓷"在幽部,又在覺部。

田車既好,四牡孔阜。東有甫草,駕言行狩。(《小雅·車攻》二章)

△ △ △ △

踧踧周道,鞫爲茂草。我心憂傷,惄焉如擣。假寐永歎,維憂用老。心之

△ △ △ △

憂矣,疢如疾首。(《小雅·小弁》二章)

△

誕后稷之穡,有相之道。茀厥豐草,種之黄茂。實方實苞,實種實褎,實發

△ △ △ △ △

實秀,實堅實好。(《大雅·生民》五章)

△ △

以上"舟、流、憂、酒、遊、栲、杻、埽、考、保、好、阜、草、狩、道、擣、老、首、茂、苞、褎、秀"等入韻的字都屬幽部。

5. 覺部[uk]

上古覺部韻值爲[uk],主要包括以下諧聲偏旁的字:

复聲	目聲	㚒聲	竹聲	畜聲	逐聲
毒聲	育聲	六聲	坴聲①	戚聲	就聲②
夙聲	肅聲③	宿聲	祝聲	叔聲④	粥聲
肉聲	告聲⑤	學聲	匊聲	奥聲	

《詩經》裏覺部入韻35字。例如:

昔育恐育鞫,及爾顛覆。既生既育,比予于毒。(《邶風·谷風》五章)

△ △ △ △

① "坴"聲的"逵"在幽部。

② "就"聲郭錫良《漢字古音手册》入幽部。

③ "肅"聲的"蕭、瀟、蠨、嘯、繡"在幽部,"肅、潚、謯、蟰、鱐"在覺部。

④ "叔"聲的"椒"在幽部。

⑤ "告"聲的字,"告、誥、郜、窖、酷、嚳"在覺部,"晧、浩、皓、造"在幽部。

考槃在陸，碩人之軸。獨寐寤宿，永矢弗告。(《衛風·考槃》三章)

△ △ △ △

我行其野，言采其蓫。婚姻之故，言就爾宿。爾不我畜，言歸斯復。(《小雅·我行其野》二章)

△ △ △ △

昔我往矣，日月方奥。曷云其還，政事愈蹙。歲聿云莫，采蕭穫菽。心之憂矣，自詒伊戚。念彼共人，興言出宿。豈不懷歸，畏此反覆。(《小雅·小明》三章)

△ △ △ △ △ △

維此良人，弗求弗迪。維彼忍心，是顧是復。民之貪亂，寧爲荼毒。(《大雅·桑柔》十一章)

△ △ △

以上"鞫、覆、育、毒、陸、軸、宿、告、蓫、畜、復、奥、蹙、菽、戚、迪"等入韻字，都屬覺部。

6. 冬部[uŋ]

上古冬部韻值爲[uŋ]，主要包括以下諧聲偏旁的字：

冬聲　中聲　彤聲　蟲聲[①]　農聲[②]　隆聲

宗聲　宋聲　衆聲　戎聲　宫聲　躬聲　夅聲

冬部是一個窄韻，《詩經》裏入韻 19 字，例如：

于以采蘩，于澗之中。于以用之，公侯之宫。(《召南·采蘩》二章)

△ △

喓喓草蟲，趯趯阜螽。未見君子，憂心忡忡。既見君子，我心則降。赫赫

△ △ △ △

① "蟲"聲的字有"融"。《説文·鬲部》："融，炊气上也。从鬲，蟲省聲。"

② "農"聲的"嶩"在幽部。

南仲，薄伐西戎。(《小雅・出車》五章)

△　△

瑟彼玉瓚，黄流在中。豈弟君子，福禄攸降。(《大雅・旱麓》二章)

△　△

鳧鷖在潨，公尸來燕來宗。既燕于宗，福禄攸降。公尸燕飲，福禄來崇。

△　△　△　△　△

(《大雅・鳧鷖》四章)

以上"中、宫、蟲、螽、忡、降、仲、戎、潨、宗、崇"等入韻字，都屬冬部。《詩經》時代冬、侵兩部關係密切，合韻的情况有7處。例如《豳風・七月》八章："二之日鑿冰沖沖，

△

三之日納于凌陰。""沖"冬部，"陰"侵部。《大雅・公劉》四章："食之飲之，君之宗之。"

△　△　△

"飲"侵部，"宗"冬部。《大雅・蕩》一章："天生烝民，其命匪諶。靡不有初，鮮克有終。"

△　△

"諶"侵部，"終"冬部。嚴可均併冬入侵，王力先生認爲冬部字本屬侵部合口，戰國時代才從侵部分立出來。

7. 宵部[o]

上古宵部韻值爲[o]，主要包括以下諧聲偏旁的字：

猋聲	表聲	麃聲	票聲	毛聲①	苗聲	
刀聲	盜聲	䍃聲	朝聲	鼂聲	勞聲②	
料聲	了聲	尞聲	喿聲	巢聲	焦聲	
肖聲③	笑聲	召聲	兆聲	小聲	少聲	高聲④

① "毛"聲的"眊"，在宵部，又在藥部。

② "勞"聲的"犖(luò)"在藥部。《説文》："犖，駁牛也。從牛，勞省聲。"

③ "肖"聲的"削、箾、揱"在藥部。

④ "高"聲的"塙、熇、翯"在藥部。

羔聲[1]　交聲[2]　喬聲[3]　敖聲　堯聲　幺聲

豪聲　號聲　爻聲[4]　梟聲　夭聲[5]　要聲　杳聲

《詩經》裏宵部入韻77字，例如：

憂心悄悄，愠于群小。覯閔既多，受侮不少。静言思之，寤辟有摽。（《邶風・柏舟》四章）

碩人敖敖，説于農郊。四牡有驕，朱幩鑣鑣，翟茀以朝。大夫夙退，無使君勞。（《衛風・碩人》三章）

防有鵲巢，邛有旨苕。誰侜予美，心焉忉忉。（《陳風・防有鵲巢》一章）

芃芃黍苗，陰雨膏之。悠悠南行，召伯勞之。（《小雅・黍苗》一章）

呦呦鹿鳴，食野之蒿。我有嘉賓，德音孔昭。視民不恌，君子是則是傚。我有旨酒，嘉賓式燕以敖。（《小雅・鹿鳴》二章）

以上"悄、小、少、摽、敖、郊、驕、鑣、朝、勞、巢、苕、忉、苗、膏、蒿、昭、恌、傚"等入韻字，都屬宵部。

8. 藥部[ok]

上古藥部韻值爲[ok]，主要包括以下諧聲偏旁的字：

---

① "羔"聲的"糕(zhuó)"在藥部。

② "交"聲的"駮、㬵、較"在藥部。

③ "喬"聲的"蹻"，宵、藥兩部重出；"屩"在藥部。

④ "爻"聲的"駁、較"在藥部。

⑤ "夭"聲的"沃、鋈"在藥部。

暴聲　貌聲　卓聲　弔聲[①]　的聲　翟聲[②]
龠聲　樂聲　敫聲[③]　爵聲　雀聲[④]　鑿聲
勺聲　弱聲　虐聲　隺聲　約聲

《詩經》裹藥部入韻 26 字，例如：

左手執籥，右手秉翟。赫如渥赭，公言錫爵。(《邶風・簡兮》三章)
△　△　△

揚之水，白石鑿鑿。素衣朱襮，從子于沃。既見君子，云何不樂。(《唐風・揚之水》一章)
△　△　△　△

山有苞櫟，隰有六駮。未見君子，憂心靡樂。(《秦風・晨風》二章)
△　△　△

天之方虐，無然謔謔。老夫灌灌，小子蹻蹻。匪我言耄，爾用憂謔。多將熇熇，不可救藥。(《大雅・板》四章)
△　△　△　△　△　△

爲謀爲毖，亂況斯削。告爾憂恤，誨爾序爵。誰能執熱，逝不以濯。其何能淑？載胥及溺。(《大雅・桑柔》五章)
△　△　△　△

以上"籥、翟、爵、鑿、襮、沃、樂、櫟、駮、虐、謔、蹻、熇、藥、削、濯、溺"等入韻字，都屬藥部。

9. 侯部[ɔ]

上古侯部韻值爲[ɔ]，主要包括以下諧聲偏旁的字：

---

① 《詩經・檜風・匪風》二章"飄、嘌、弔"韻，"弔"又入宵部。
② "翟"，王力先生《詩經韻讀》又入錫部。《鄘風・君子偕老》二章："翟、髢、揥、晳、帝"韻。
③ 敫"(jiào)"聲的字，"激、鶩、擎、竅、檄"在藥部，"憿、繳、噭"在宵部。"徼"在宵部，又在藥部。
④ "雀"聲的"截"在月部。

付聲　敄聲[①]　鬥聲　壴聲　俞聲　臾聲
豆聲　婁聲　扇聲　走聲　取聲　芻聲
須聲　需聲　朱聲　主聲　殳聲[②]　句聲
冓聲[③]　口聲　區聲　具聲　禺聲[④]　侯聲
后聲　後聲　厚聲　尌聲　侮聲

《詩經》裏侯部入韻 53 字。例如：

靜女其姝，俟我於城隅。愛而不見，搔首踟躕。（《邶風·静女》一章）
△　△　△

羔裘如濡，洵直且侯。彼其之子，舍命不渝。（《鄭風·羔裘》一章）
△　△　△

山有樞，隰有榆。子有衣裳，弗曳弗婁。子有車馬，弗馳弗驅。宛其死矣，
△　△　△　△
他人是愉。（《唐風·山有樞》一章）
△

我馬維駒，六轡如濡。載馳載驅，周爰咨諏。（《小雅·皇皇者華》二章）
△　△　△　△

父母生我，胡俾我瘉？不自我先，不自我後。好言自口，莠言自口。憂心愈
△　△　△　△
愈，是以有侮。（《小雅·正月》二章）
△　△

荏染柔木，君子樹之。往來行言，心焉數之。蛇蛇碩言，出自口矣。巧言如
△　△　△
簧，顏之厚矣。（《小雅·巧言》五章）
△

---

① “敄”聲侯部有“務、嵍、霧、蝥、鶩、騖、婺、䓮”，屋部有“楘、鞪、瞀”，幽部有“瞀、鍪”。
② “殳”聲的“股、羖”在魚部。
③ “冓”聲的“講”在東部。
④ “禺”聲的“喁、顒”在東部。“鰅”在侯部，又在東部。

以上"姝、隅、蹰、濡、侯、渝、樞、榆、婁、驅、愉、駒、諏、瘉、後、口、愈、侮、树、數、厚"等入韻的字，都屬侯部。

10. 屋部[ɔk]

上古屋部韻值爲[ɔk]，主要包括以下諧聲偏旁的字：

卜聲	菐聲	木聲	豖聲	谷聲	賣聲
录聲	鹿聲	足聲	奏聲①	族聲	束聲
蜀聲	辱聲	角聲	曲聲	局聲	玉聲
岳聲	獄聲	屋聲	㱿聲		

《詩經》裏屋部入韻 36 字。例如：

誰謂雀無角，何以穿我屋。誰謂女無家，何以速我獄。雖速我獄，室家不足。
△ △ △ △ △
（《召南・行露》二章）

林有樸樕，野有死鹿。白茅純束，有女如玉。（《召南・野有死麕》二章）
△ △ △ △

彼汾一曲，言采其藚。彼其之子，美如玉。美如玉，殊異乎公族。（《魏風・
△ △ △ △ △
汾沮洳》三章）

天保定爾，俾爾戩穀。罄無不宜，受天百禄。降爾遐福，維日不足。（《小
△ △ △
雅・天保》二章）

佌佌彼有屋，蔌蔌方有穀。民今之無禄，天夭是椓。哿矣富人，哀此惸獨。
△ △ △ △ △
（《小雅・正月》十三章）

以上"角、屋、獄、足、樕、鹿、束、玉、曲、藚、族、穀、禄、穀、椓、獨"等入韻字，都屬屋部。

---

① 《小雅・楚茨》六章"樂具入奏，以綏後禄。""奏"與屋部"禄"字韻。《大雅・緜》九章："予曰有奔奏，予曰有禦侮。"奏"與侯部"侮"字韻。郭錫良《漢字古音手册》入侯部。

11. 東部[ɔŋ]

上古東部韻值爲[ɔŋ]，主要包括以下諧聲偏旁的字：

封聲	丰聲	豐聲	夆聲	冢聲	尨聲
東聲	用聲	容聲	同聲	重聲	童聲
龍聲	弄聲	叜聲	從聲	囪聲	送聲
充聲	舂聲	工聲	公聲	共聲	孔聲
凶聲	邕聲	雍聲	冡聲		

《詩經》裏東部入韻 61 字。例如：

羔羊之縫，素絲五總。委蛇委蛇，退食自公。（《召南・羔羊》三章）
△　△　△

自伯之東，首如飛蓬。豈無膏沐，誰適爲容？（《衛風・伯兮》二章）
△　△　△

有兔爰爰，雉離于罿。我生之初，尚無庸：我生之後，逢此百凶。尚寐無聰。
△　△　△　△

（《王風・兔爰》三章）

我車既攻，我馬既同。四牡龐龐，駕言徂東。（《小雅・車攻》一章）
△　△　△　△

受小共大共，爲下國駿厖。何天之龍。敷奏其勇，不震不動，不戁不竦，百
△　△　△　△　△　△

祿是總。（《商頌・長發》五章）
△

以上"縫、總、公、東、蓬、容、罿、庸、凶、聰、攻、同、龐、共、厖、龍、勇、動、竦"等入韻字，都屬東部。

12. 魚部[a]

上古魚部韻值爲[a]，主要包括以下諧聲偏旁的字：

布聲　夫聲　甫聲　尃聲①　巴聲　普聲
步聲　父聲　無聲　毋聲　巫聲　武聲
馬聲　土聲②　兔聲　余聲　舁聲　與聲
予聲　瓜聲　徒聲　荼聲　宁聲　奴聲③
女聲　盧聲　魯聲　鹵聲　吕聲　且聲
素聲　疋聲　穌聲　者聲　車聲　古聲
賈聲　叚聲　瓜聲　鼓聲　瞿聲　巫聲
去聲④　夸聲　巨聲　五聲　午聲　魚聲
牙聲　乎聲　虍聲　虚聲　華聲　户聲
互聲　下聲　于聲　羽聲　禹聲　烏聲
於聲　亞聲⑤　鼠聲　处聲　雨聲　旅聲
豦聲

《詩經》裏魚部入韻 166 字。例如：

陟彼砠矣，我馬瘏矣，我僕痡矣，云何吁矣。（《周南・卷耳》四章）
△　△　△　△

彼茁者葭，壹發五豝。于嗟乎騶虞！（《召南・騶虞》一章）
△　△　△　△

叔于田，乘乘馬。執轡如組，兩驂如舞。叔在藪，火烈具舉。襢裼暴虎，獻
△　△　△　△　△
于公所。將叔無狃，戒其傷女。（《鄭風・大叔于田》一章）
△　△

① “尃”聲的字有平、入兩讀。“傅、賻、溥”魚部；“博、搏、鎛、縛”鐸部。
② “土”聲的“牡”在幽部。
③ “奴”聲的“呶、怓”在宵部。《小雅・賓之初筵》四章：“載號載呶”，“號”與“呶”韻。
④ “去”聲魚部有“去、祛、胠”，葉部有“怯、劫”，甲骨文本不同字。
⑤ “亞”聲的“惡、啞”在魚、鐸兩部。“堊、蝁”在鐸部。

五月斯螽動股，十月莎雞振羽。七月在野，八月在宇，九月在户，十月蟋蟀
△　△　△　△　△
入我床下。穹窒熏鼠，塞向墐户。嗟我婦子，曰爲改歲，入此室處。（《豳風·七
△　△　△　△
月》五章）

明明上天，照臨下土。我征徂西，至于艽野。二月初吉，載離寒暑。心之憂
△　△　△
矣，其毒大苦。念彼共人，涕零如雨。豈不懷歸，畏此罪罟。（《小雅·小明》一
△　△　△
章）

撻彼殷武，奮伐荆楚。罙入其阻，裒荆之旅。有截其所，湯孫之緒。（《商
△　△　△　△　△　△
頌·殷武》一章）

以上“砠、瘏、痡、吁、葭、豝、乎、虞、馬、組、舞、舉、虎、所、女、股、羽、野、宇、户、下、鼠、處、土、暑、苦、雨、罟、武、楚、阻、旅、緒”等入韻字，都屬魚部。

13. 鐸部[ak]

上古職部韻值爲[ak]，主要包括以下諧聲偏旁的字：

百聲　白聲　乇聲　莫聲①　睪聲　亦聲
射聲　度聲②　舄聲③　乍聲　昔聲　夕聲
炙聲　赤聲　尺聲　石聲　若聲　各聲
戟聲　𩫏(郭)聲　㕡聲　谷聲④　咢聲　霍聲
蒦聲　屰聲

---

① “莫”聲的“漠、瘼、鏌、幕、貘、驀、嗼、寞、嘆、慕、募”在鐸部，“模、嫫、謨、蟆”在魚部，“膜、摹(摸)”在魚、鐸兩部。

② “度”聲鐸部有“渡、剫”，魚部有“敷”。

③ “舄”聲的“寫”在魚部。

④ 谷(juè)，同“臄”。《説文·谷部》：“谷，口上阿也。或從肉，᠎豦聲。”

《詩經》裏鐸部入韻61字。例如：

載驅薄薄，簟茀朱鞹。魯道有蕩，齊子發夕。(《齊風·載驅》一章)

△ △ △

我馬維駱，六轡沃若。載馳載驅，周爰咨度。(《小雅·皇皇者華》四章)

△ △ △

駕彼四牡，四牡奕奕。赤芾金舄，會同有繹。(《小雅·車攻》四章)

△ △ △

鴻雁于飛，集于中澤。之子于垣，百堵皆作。雖則劬勞，其究安宅。(《小

△ △ △

雅·鴻雁》二章)

徂來之松，新甫之柏。是斷是度。是尋是尺。松桷有舄，路寢孔碩。新廟

△ △ △ △ △

奕奕，奚斯所作。孔曼且碩，萬民是若。(《魯頌·閟宮》九章)

△ △ △ △

以上“薄、鞹、夕、駱、若、度、奕、舄、繹、澤、作、宅、柏、尺、碩”等入韻字，都屬鐸部。

14. 陽部[aŋ]

上古陽部韻值爲[aŋ]，主要包括以下諧聲偏旁的字：

兵聲 丙聲 方聲 彭聲 明聲 黽聲[①]

皿聲 亡聲 長聲 昜聲 羊聲 丈聲

良聲 兩聲 量聲 倉聲 刅(創)聲

匠聲 爿聲 爽聲 襄聲 相聲 桑聲

章聲 昌聲 商聲 向聲 尚聲 上聲

亢聲 岡聲 庚聲 更聲 京聲 光聲

① “黽”聲的字有“僶、鄳、鼆”。“澠”(澠池)在寒部。

慶聲　羌聲　弜聲　印聲　亢聲　亨聲
香聲　皀聲①　兄聲　行聲　黃聲②　象聲
永聲　王聲　央聲　亯(享)聲

《詩經》裏陽部入韻138字。例如：

陟彼高岡，我馬玄黃。我姑酌彼兕觥，維以不永傷。（《周南・卷耳》三章）
△　△　△　△

猗嗟昌兮，頎而長兮。抑若揚兮，美目揚兮。巧趨蹌兮，射則臧兮。（《齊
△　△　△　△　△　△
風・猗嗟》一章）

乃生男子，載寢之牀。載衣之裳，載弄之璋，其泣喤喤。朱芾斯皇，室家君
△　△　△　△　△
王。（《小雅・斯干》八章）
△

濟濟蹌蹌，絜爾牛羊，以往烝嘗。或剝或亨，或肆或將。祝祭于祊，祀事孔
△　△　△　△　△　△
明。先祖是皇，神保是饗。孝孫有慶，報以介福，萬壽無疆。（《小雅・楚茨》二章）
△　△　△　△　△

秋而載嘗，夏而楅衡。白牡騂剛，犧尊將將。毛炰胾羹，籩豆大房。萬舞
△　△　△　△　△　△
洋洋，孝孫有慶。俾爾熾而昌，俾爾壽而臧。保彼東方，魯邦是常。（《魯頌・
△　△　△　△　△　△
閟宮》四章）

以上"岡、黃、觥、傷、昌、長、揚、蹌、臧、牀、裳、璋、喤、皇、王、羊、嘗、亨、將、祊、

① "皀"聲的字有"卿、鄉、饗、響"等。
② "黃"聲的"彍、礦"在鐸部。

明、饗、慶、疆、衡、剛、羹、房、洋、方、常"等入韻字,都屬陽部。

第三節 上古漢語韻部系統(二)

15. 支部[e]

上古支部韻值爲[e],主要包括以下諧聲偏旁的字:

卑聲①	知聲	虒聲	麗聲	此聲	斯聲
徙聲	支聲	只聲	豸聲	是聲	氏聲
兒聲②	圭聲	規聲	兮聲	奚聲	巂聲
系聲	買聲	賣聲			

《詩經》裏支部是窄韻,入韻16字。例如:

芄蘭之支,童子佩觿。雖則佩觿,能不我知?(《衛風·芄蘭》一章)
△ △ △ △

鹿斯之奔,維足伎伎。雉之朝雊,尚求其雌。譬彼壞木,疾用無枝。心之憂矣,寧莫之知。(《小雅·小弁》五章)
△ △ △ △

伯氏吹壎,仲氏吹篪。及爾如貫,諒不我知。出此三物,以詛爾斯。(《小雅·何人斯》七章)
△ △ △

有扁斯石,履之卑兮。之子之遠,俾我疷兮。(《小雅·白華》八章)
△ △

以上"支、觿、知、伎、雌、枝、篪、斯、卑、疷"等入韻的字,都屬支部。

---

① "卑"聲的字"鞞、綼"在錫部。"椑"支、錫兩部並出。

② "兒"聲的字"鬩、鶃、屄"在錫部。

16. 錫部[ek]

上古錫部韻值爲[ek]，包括以下諧聲偏旁的字：

辟聲　　厎聲　　汨聲　　帝聲　　易聲　　覭聲
狄聲　　厤聲　　鬲聲　　責聲　　脊聲　　朿聲
册聲　　析聲　　狊聲　　解聲①　　启聲　　益聲②
鬩聲　　役聲　　毄聲

《詩經》裏錫部入韻 27 字。例如：

中唐有甓，邛有旨鷊。誰侜予美，心焉惕惕。（《陳風・防有鵲巢》二章）
　　　△　　　△　　　　　　　　△

謂地蓋厚，不敢不蹐。維號斯言，有倫有脊。哀今之人，胡爲虺蜴。（《小雅・正月》六章）
　　　　　　　△　　　　　　　△　　　　　　　　△

蕩蕩上帝，下民之辟。疾威上帝，其命多辟。（《大雅・蕩》一章）
　　　△　　　△　　　△　　　△

天命多辟，設都于禹之績。歲事來辟，勿予禍適，稼穡匪解。（《商頌・殷武》三章）
　　　△　　　　△　　　△　　　△　　　△

以上"甓、鷊、惕、蹐、脊、蜴、帝、辟、績、適、解"等入韻字，都屬錫部。

17. 耕部[eŋ]

上古耕部韻值爲[eŋ]，主要包括以下諧聲偏旁的字：

并聲　　屏聲　　甹聲　　平聲　　竝(並)聲　　定聲

---

①　"解"聲的字入錫部。《詩經》中只與錫部字押韻，如《魯頌・閟宮》三章"解、帝"韻，《商頌・殷武》三章"辟、績、辟、適、解"韻。"解"又在支部。《廣韻・蟹韻》："解，講也，說也，脫也，散也。佳買切。"

②　"益"聲的"蠲"在寒部。《說文・虫部》："蠲，馬蠲也，從虫目，益聲，勹象形。《明堂・月令》曰：'腐艸爲蠲。'"

名聲	鳴聲	冥聲①	丁聲	貞聲	壬聲②
呈聲	盈聲	亭聲	寍聲	令聲③	㗊聲④
争聲	瞏聲⑤	井聲	青聲⑥	生聲	省聲
正聲	殸聲	奠聲	成聲	耿聲	敬聲
巠聲	冋聲	頃聲	騂聲	幸聲	敻聲⑦
熒聲⑧	貺聲	轟聲			

《詩經》裏耕部入韻 58 字。例如：

雞既鳴矣，朝既盈矣。匪雞則鳴，蒼蠅之聲。（《齊風·雞鳴》一章）

猗嗟名兮，美目清兮。儀既成兮，終日射侯，不出正兮，展我甥兮。（《齊風·猗嗟》二章）

喪亂既平，既安且寧。雖有兄弟，不如友生。（《小雅·常棣》五章）

蕭蕭馬鳴，悠悠旆旌。徒御不驚，大庖不盈。之子于征，有聞無聲。允矣君子，展也大成。（《小雅·車攻》七、八章）

---

① "冥"聲的"幎、冪"在錫部。"蓂"在耕、錫兩部。

② "壬"聲的字有"廷、庭、鋌"。

③ "令"聲的字《詩經》裏與耕部字押韻 4 處，如《小雅·節南山》七章"領、騁"韻，《小宛》四章"令、鳴、征、生"韻，《周頌·賚》"定、命"韻；與真部字押韻 17 處，如《邶風·簡兮》四章"榛、苓、人"韻，《鄘風·定之方中》三章"零、人、田、人、淵、千"韻，《小雅·何草不黄》二章"玄、矜、民"韻，《大雅·假樂》一章"人、天、命、申"韻。故王力先生以"令"聲歸真部。

④ 㗊聲的字有"霝、靈"。

⑤ 《説文·目部》："瞏，目驚視也。從目，袁聲。《詩》曰：'獨行瞏瞏。'"從"瞏"得聲的字，多在寒部。

⑥ "猜"古音在耕部。《説文·犬部》："猜，恨賊也。從犬，青聲。"西晉惠帝永平元年（公元 291 年）二月十九日《徐啓妻管洛墓碑》："皇靈誕育，惟嶽降猜。猗與夫人，秉德淑清。聰朗内識，接物以誠。曰仁者壽，當享百齡，昊天不吊，不命中傾。卜兹宅兆，永即幽冥。遺孤號咷，姻族涕零。千秋萬歲，何時復形。""猜、清、誠、齡、傾、冥、零、形"押韻，並耕部字。《廣韻》"猜"爲咍韻字，倉才切。是特例。

⑦ "敻"聲的"藑、瓊、瞏"在耕部，"觼"在質部。

⑧ "勞"，《説文》："勮也，從力，熒省。"非形聲字。

不弔昊天，亂靡有定。式月斯生，俾民不寧。憂心如酲，誰秉國成。不自爲
　　　　　　　　△　　　△　　　△　　　　△　　　△
政，卒勞百姓。（《小雅·節南山》六章）
△　　△

以上"鳴、盈、聲、名、清、成、正、甥、平、寧、生、旌、驚、征、定、酲、政、姓"等入韻的字，都屬耕部。

18. 歌部[ai]

上古歌部韻值爲[ai]，主要包括以下諧聲偏旁的字：

皮聲	罷聲	麻聲	多聲	朶聲	也聲
它聲	妥聲①	隋聲	那聲	羅聲	离聲
詈聲	𣎆聲②	左聲	坐聲	沙聲	奇聲
吹聲	垂聲	戈聲	加聲	果聲③	咼聲
可聲	我聲	宜聲	瓦聲	化聲	禾聲
爲聲	戲聲④	委聲	差聲	貟聲	惢聲
罹聲					

《詩經》裏歌部入韻69字。例如：

羔羊之皮，素絲五紽。退食自公，委蛇委蛇。（《召南·羔羊》一章）
　　　△　　△　　　　　△

有兔爰爰，雉離于羅。我生之初，尚無爲；我生之後，逢此百罹。尚寐無吪。
　　　　　　　△　　　　　△　　　　　　　△　　　△
（《王風·兔爰》一章）

乃生女子，載寢之地，載衣之裼，載弄之瓦。無非無儀，唯酒食是議，無父母
　　　　　　　△　　　　　△　　　△　　　△

① "妥"聲的"綏、挼"在微部。

② "𣎆"聲的"蠃、羸、臝、驘"在歌部，"贏、嬴"在耕部。

③ "果"聲的"裸"在寒部。

④ "戲"又在魚部。

詒罹。(《小雅·斯干》九章)
△

節彼南山,有實其猗。赫赫師尹,不平謂何?天方薦瘥,喪亂弘多。民言無
△　△　△　△

嘉,憯莫懲嗟。(《小雅·節南山》二章)
△　△

鳧鷖在沙,公尸來燕來宜。爾酒既多,爾殽既嘉。公尸燕飲,福禄來爲。(《大
△　△　△　△　△

雅·鳧鷖》二章)

以上"皮、紽、蛇、羅、爲、罹、吪、地、瓦、儀、議、猗、何、瘥、多、嘉、嗟、沙、宜"等入韻字,都屬歌部。

19. 月部[at]

上古月部韻值爲[at],包括以下諧聲偏旁的字:

貝聲　拜聲　癶聲　市聲①　㡀聲　伐聲
罰聲　犮聲　別聲　末聲　蔑聲　帶聲
曷聲　泰聲　徹聲　羍聲②　戾聲　屮聲
曳聲　裔聲　大聲　兑聲　奪聲　厲聲
列聲　劣聲　祭聲　最聲　毳聲　截聲
殺聲　歲聲　雪聲　制聲　折聲　舌聲
世聲③　設聲　介聲　匃(丐)聲　夬聲
會聲　厥聲　犗聲　桀聲　剈聲　埶聲
乂聲　外聲　曰聲　月聲　岜聲　櫱聲
喙聲　彗聲　害聲④　戉聲　乞聲　睿聲⑤

---

① "市(fú)"聲的字有"芾、沛"等。
② "羍"聲的字有"達、撻"等。
③ "世"聲的"枼"在葉部。
④ "憲(宪)"從害省聲而在寒部。
⑤ "睿(ruì)"聲月部有"叡",寒部有"璿",真部有"濬"。

《詩經》裏月部入韻 85 字。例如：

蔽芾甘棠，勿翦勿伐，召伯所茇。蔽芾甘棠，勿翦勿敗，召伯所憩。蔽芾甘棠，勿翦勿拜，召伯所說。（《召南·甘棠》一、二、三章）

河水洋洋，北流活活。施罛濊濊，鱣鮪發發。葭菼揭揭，庶姜孽孽，庶士有朅。（《衛風·碩人》四章）

君子于役，不日不月，曷其有佸？雞棲于桀，日之夕矣，羊牛下括。君子于役，苟無飢渴。（《王風·君子于役》二章）

夜如何其？夜未艾。庭燎晣晣。君子至止，鸞聲噦噦。（《小雅·庭燎》二章）

玄王桓撥，受小國是達，受大國是達。率履不越，遂視既發。相土烈烈，海外有截。（《商頌·長發》二章）

以上"伐、茇、敗、憩、拜、説、活、濊、發、揭、孽、朅、月、佸、桀、括、渴、艾、晣、噦、撥、達、越、烈、截"等入韻的字，都屬月部。

20. 寒部[an]

上古寒部韻值爲[an]，主要包括以下諧聲偏旁的字：

班聲　半聲　反聲　片聲　釆聲[1]　弁聲

---

① "釆(biàn)"聲的字有"番、弄"等。

般聲　便聲　卞聲　辡聲　番聲①　樊聲
面聲　丏聲　㒼聲②　曼聲　萬聲③　丹聲
單聲　旦聲④　亶聲　展聲　耑聲　彖聲
段聲　㕣(台)聲　廛聲　延聲　難聲⑤
連聲　䜌聲　𤔔聲　奴聲　睘聲　戔聲
全聲　泉聲　雋聲⑥　巺聲　前聲　散聲
鮮聲　山聲　删聲⑦　産聲　㳄聲　孨聲
孱聲　專聲　扇聲　善聲　然聲　耎聲
干聲　倝聲⑧　間聲　姦聲　肩聲　𢆶聲
卷聲　幵聲⑨　見聲　建聲　官聲　毌聲
旹聲　犬聲　虔聲　彦聲　言聲　元聲
厂聲⑩　吅(喧)聲　雚聲　憲聲　獻聲⑪
奐聲　睘聲⑫　㬎聲⑬　袁聲　完聲　丸聲
萑聲　亘聲　安聲　焉聲　㫃聲　燕聲
肙聲　夗聲　匽聲⑭　宴聲　閑聲　柬聲

《詩經》裏寒部入韻 123 字。例如：

---

① "番"聲的"鄱、播、皤"在歌部。

② "㒼"聲的"璊"又在文部。

③ "萬"聲的"邁、譪、勱"在月部。

④ "旦"聲的"怛、妲、笪"在月部。

⑤ "難"聲的"儺"在歌部。

⑥ "雋"聲的字，寒部有"雋、鐫"，文部有"儁"，微部有"檇"(郭錫良《漢字古音手册》入支部)。

⑦ "珊、姍、跚"並從"删省聲"。

⑧ "倝"聲的"斡"在月部。

⑨ "幵"聲寒部有"趼、訮、研、豣、妍"等字，耕部有"刑、形、邢、鈃"，朱駿聲謂"刑"從"并省聲"。

⑩ "厂(hǎn)"聲的字有"雁、彦"等。

⑪ "獻"聲的"讞"在月部。段玉裁説："(讞)十五部，獻聲在十四部，合音也。"

⑫ "睘、嬛"又在耕部。《詩·唐風·杕杜》二章"菁、睘、姓"韻，《周頌·閔予小子》"嬛嬛在疚"，《説文》"宊"下引作"煢煢在宊"。

⑬ "㬎"聲，"顯、韅"在寒部，"隰、濕"在緝部。

⑭ "匽"聲的"揠(yà)"在月部。

雝雝鳴雁，旭日始旦。士如歸妻，迨冰未泮。（《邶風·匏有苦葉》三章）

△　△　△

及爾偕老，老使我怨。淇則有岸，隰則有泮。總角之宴，言笑晏晏。信誓

△　△　△　△　△

旦旦，不思其反。（《衛風·氓》六章）

△　△

坎坎伐檀兮，寘之河之干兮，河水清且漣猗。不稼不穡，胡取禾三百廛兮。

△　△　△　△

不狩不猎，胡瞻爾庭有縣貆兮。彼君子兮，不素餐兮。（《魏風·伐檀》一章）

△　△

戎車既安，如輊如軒。四牡既佶，既佶且閑。薄伐玁狁，至于大原。文武

△　△　△　△

吉甫，萬邦爲憲。（《小雅·六月》五章）

△

上帝板板，下民卒癉。出話不然，爲猶不遠。靡聖管管，不實於亶。猶之未

△　△　△　△　△　△

遠，是用大諫。（《大雅·板》一章）

△　△

以上“雁、旦、泮、怨、岸、宴、晏、反、檀、干、漣、廛、貆、餐、安、軒、閑、原、憲、板、癉、然、遠、管、亶、諫”等入韻的字，都屬寒部。

21. 脂部[ei]

上古脂部韻值爲［ei］，主要包括以下諧聲偏旁的字：

匕聲①	比聲	眉聲	美聲	米聲	氐聲
夷聲	弟聲	尼聲	秭聲	㸚(爾)聲	
豊聲	𠂔聲	次聲	妻聲	齊聲	師聲

① “匕”聲的“牝”又在真部。

厶聲　　死聲　　兕聲　　細聲　　屖(犀)聲

旨聲　　示聲　　尸聲　　矢聲　　豕聲　　二聲

皆聲　　几聲　　履聲　　癸聲　　医聲　　启聲

伊聲

《詩經》裏脂部入韻 78 字。例如：

出宿于泲,飲餞于禰。女子有行,遠父母兄弟。問我諸姑,遂及伯姊。

△　△　△　△

(《邶風・泉水》二章)

相鼠有體,人而無禮。人而無禮,胡不遄死。(《鄘風・相鼠》三章)

△　△　△　△

風雨淒淒,雞鳴喈喈。既見君子,云胡不夷。(《鄭風・風雨》一章)

△　△　△

有饛簋飧,有捄棘匕。周道如砥 其直如矢。君子所履,小人所視。睠言顧

△　△　△　△　△

之,潸焉出涕。(《小雅・大東》一章)

△

天之方懠,無爲夸毗。威儀卒迷,善人載尸。民之方殿屎,則莫我敢葵。喪

△　△　△　△　△　△

亂蔑資,曾莫惠我師。(《大雅・板》五章)

△　△

以上"泲、禰、弟、姊、體、禮、死、淒、喈、夷、匕、砥、矢、履、視、涕、懠、毗、迷、尸、屎、葵、資、師"等入韻的字,都屬脂部。

22. 質部[et]

上古質部韻值爲[et],主要包括以下諧聲偏旁的字：

必聲　　轡聲　　畀聲　　華(畢)聲　　奰聲

匹聲　疐聲　替聲　𨽸聲　㣇聲①　戜聲
隶聲　屑聲　栗聲　戾聲　利聲　卩聲
七聲　桼聲　自聲　四聲　肆聲　悉聲
彗聲　質聲　至聲　失聲　日聲　吉聲
𢇍聲②　季聲　計聲　繼聲　戛聲　由聲③
棄聲　器聲　肸聲　血聲　穴聲　惠聲
一聲　壹聲　乙聲　抑聲　實聲

《詩經》裏質部入韻 59 字。例如：

桃之夭夭，有蕡其實。之子于歸，宜其家室。（《周南·桃夭》二章）
△　△

終風且曀，不日有曀。寤言不寐，願言則嚏。（《邶風·終風》三章）
△　△　△

其雨其雨，杲杲出日。願言思伯，甘心首疾。（《衛風·伯兮》三章）
△　△

山有漆，隰有栗。子有酒食，何不日鼓瑟。且以喜樂，且以永日。宛其死矣，他人入室。（《唐風·山有樞》三章）
△　△　△　△　△

緜緜瓜瓞。民之初生，自土沮漆。古公亶父，陶復陶穴，未有家室。（《大雅·緜》一章）
△　△　△　△

以上"實、室、曀、嚏、日、疾、漆、栗、瑟、瓞、穴"等入韻的字，都屬質部。

① "㣇"，《說文》："脩豪獸，一曰河內名豕也。從彑，下象毛足。讀若弟。"《廣韻》至韻：羊至切。霽韻：特計切。

② 《說文·木部》"欚，枸杞也。从木、繼省聲。"段注："此云𢇍聲足矣。"

③ "由"聲的字有"屆"。

23. 真部[en]

上古真部韻值爲[en],主要包括以下諧聲偏旁的字:

扁聲　賓聲　頻聲　民聲　天聲　寅聲
引聲　匀聲　陳聲　田聲　年聲　令聲[1]
粦聲　晉聲　進聲　千聲　秦聲　隶聲
辛聲　卂聲　信聲　旬聲　真聲　申聲
身聲　臣聲　人聲　矜聲　玄聲　因聲
印聲　淵聲　囟聲　胤聲

《詩經》裏真部入韻 56 字。例如:

桃之夭夭,其葉蓁蓁。之子于歸,宜其家人。(《周南·桃夭》三章)
△　△

仲氏任只,其心塞淵。終温且惠,淑慎其身。先君之思,以勖寡人。(《邶風·燕燕》四章)
△　△　△

靈雨既零,命彼倌人。星言夙駕,説于桑田。匪直也人,秉心塞淵,騋牝三千。(《鄘風·定之方中》三章)
△　△　△　△　△　△

我馬維駰,六轡既均。載馳載驅,周爰咨詢。(《小雅·皇皇者華》五章)
△　△　△

如何昊天,辟言不信。如彼行邁,則靡所臻。凡百君子,各敬爾身。胡不相畏,不畏于天。(《小雅·雨無正》三章)
△　△　△　△　△

以上"蓁、人、淵、身、零、田、千、駰、均、詢、天、信、臻"等入韻的字,都屬真

---

① "令"聲的字,《詩經》中与真部字韻,或与耕部字韻,似有收[-n]尾与收[-ŋ]尾兩種讀音。今北方話收[-ŋ]尾,南方話收[-n]尾,亦自不同。

部。

24. 微部[əi]

上古微部韻值爲[əi]，主要包括以下諧聲偏旁的字：

非聲	飛聲	肥聲	枚聲	𢼸聲	尾聲
雷聲	畾聲	厶聲	累聲	辠(罪)聲	
衰聲	隹聲	水聲	幾聲	鬼聲	乖聲
危聲	希聲	虫聲①	卉聲	火聲	毀聲
回聲	褱聲	韋聲	哀聲	衣聲	威聲
畏聲	歸聲	綏聲	枚聲	頹聲	遺聲
冀聲	豈聲	崔聲	豨聲	夊聲	

《詩經》裏微部入韻 52 字。例如：

陟彼崔嵬，我馬虺隤。我姑酌彼金罍，維以不永懷。(《周南・卷耳》二章)
　　　△　　△　　　　　　△　　　　△

南山崔崔，雄狐綏綏。魯道有蕩，齊子由歸。既曰歸止，曷又懷止。(《齊風・南山》一章)
　　　△　　△　　　　　　　△　　△　　△

習習谷風，維風及頹。將恐將懼，寘予于懷。將安將樂，棄予如遺。(《小雅・谷風》二章)
　　　　　　△　　　　　△　　　　　△

莫莫葛藟，施于條枚　豈弟君子，求福不回。(《大雅・旱麓》六章)
　　　△　　△　　　　　　△

旱既大甚，則不可推。兢兢業業，如霆如雷。周餘黎民，靡有孑遺。昊天上帝，則不我遺。胡不相畏，先祖于摧。(《大雅・雲漢》三章)
　　　　　　△　　　　　△　　　　　△
　　　△　　△　　△

① "虫(huǐ)"聲的字有"虺"。

以上“嵬、隤、罍、懷、崔、綏、歸、頹、遺、藟、枚、回、推、雷、畏、摧”等入韻的字，都屬微部。

微部是從脂部劃分出來的，19世紀《五均論》首倡脂、灰兩部分立，脂部標目爲脂皆，注：“古讀脂與皆同。”灰部包括灰、微、蒸、登，注：“古讀微與灰同。”日本國語調查委員會編大矢透《周代古音考》(1914年)分古韻爲21部，中有類(微)部和爾(脂)部，並排列了周代群書中的韻字。王力先生《上古韻母系統研究》經過深入系統的研究，進一步確定了脂、微兩部的劃分和韻的歸類。董同龢《上古音韻表稿》又有所發展。脂、微兩部讀音接近，關係密切，《詩經》裏兩部合韻的例子甚多。有的古音學家不同意脂、微分部。但是在許多詩裏，兩部分别甚嚴，互不參雜。所以我們認爲脂、微兩部分立是正確的。

25. 物部[ət]

上古物部韻值爲[ət]，主要包括以下諧聲偏旁的字：

八聲　筆聲　弗聲　配聲　孛聲　弼聲
勿聲　未聲　没聲　對聲　退聲　出聲
聿聲　矞聲　突聲　術聲　内聲①　類聲
卒聲　率聲　帥聲　遂聲　骨聲　貴聲
乞聲　氣聲　豙聲②　兀聲　胃聲　位聲③
尉聲　旡聲④　鬱聲

《詩經》裏物部入韻36字。例如：

日居月諸，東方自出。父兮母兮，畜我不卒。胡能有定，報我不述。(《邶風·日月》四章)
(△ 出、卒、述)

① “内”聲的字，物部有“訥、肭、㕯、抐”，月部有“芮、汭、枘、蜹”，緝部有纳、衲、軜、魶。段玉裁“内”在十五部(月部)。

② “豙”(yi)聲的字有“毅、顡(wài)、藙(yì)”。

③ “位”聲的“莅、涖”在質部。

④ “旡”聲的字有“既、炁(愛)”等。

蓼蓼者莪,匪莪伊蔚。哀哀父母,生我勞瘁。南山律律,飄風弗弗。民莫不

△　△　△　△

穀,我獨不卒。(《小雅·蓼莪》二、六章)

△

漸漸之石,維其卒矣。山川悠遠,曷其没矣。武人東征,不遑出矣。(《小

△　△　△

雅·漸漸之石》二章)

臨衝茀茀,崇墉仡仡。是伐是肆,是絶是忽,四方以無拂。(《大雅·皇矣》八章)

△　△　△　△　△

大風有隧,貪人敗類。聽言則對,誦言如醉。匪用其良,覆俾我悖。(《大

△　△　△　△　△

雅·桑柔》十三章)

以上"出、卒、述、蔚、瘁、律、弗、没、茀、仡、肆、忽、拂、隧、類、對、醉、悖"等入韻的字,都屬物部。

26. 文部[ən]

上古文部韻值爲[ən],主要包括以下諧聲偏旁的字:

本聲　奔聲　賁聲　豩聲①　分聲　彬聲

奮聲　糞聲　焚聲　門聲　文聲　免聲

釁聲　典聲　辜(享)聲②　㽷聲　屯聲

㐱聲　尹聲　允聲　盾聲③　侖聲　辰聲

薦聲　夋聲④　尊聲　寸聲　存聲　先聲

西聲　孫聲　飧聲　隼聲　春聲　川聲

① "豩"聲的字有"豳、燹"。

② "享"聲的字,"惇、弴、諄、暾、噋"在文部;"錞、憝"在物部,又在文部;"敦"在文部(都昆切),又在微部(都回切)。

③ "盾"聲的"腯"(tú)在物部。

④ "夋"聲的字,文部有"俊、浚、竣、踆、陖、逡、悛",寒部有"酸、狻",微部有"朘",段玉裁入十四部。

舛聲　　刃聲　　艮聲　　巾聲　　斤聲①　　堇聲
昆聲　　君聲　　軍聲②　　坤聲　　困聲　　壼聲
熏聲　　昏聲　　云聲　　員聲　　殷聲　　爭聲
垔聲　　昷聲③　　囷聲

《詩經》裏文部入韻 63 字。例如：

螽斯羽，詵詵兮。宜爾子孫，振振兮。（《周南·螽斯》一章）
△　△　△

新臺有洒，河水浼浼。燕婉之求，籧篨不殄。（《邶風·新臺》二章）
△　△　△

緜緜葛藟，在河之漘。終遠兄弟，謂他人昆。謂他人昆，亦莫我聞。（《王風·葛藟》三章）
△　△　△　△

出其東門，有女如雲。雖則如雲，匪我思存。縞衣綦巾，聊樂我員。（《鄭風·出其東門》一章）
△　△　△　△　△　△

坎坎伐輪兮，寘之河之漘兮。河水清且淪猗。不稼不穡，胡取禾三百囷兮。
△　△　△　△
不狩不獵，胡瞻爾庭有縣鶉兮。彼君子兮，不素飧兮。（《魏風·伐檀》三章）
△　△

相彼投兔，尚或先之。行有死人，尚或墐之。君子秉心，維其忍之。心之憂矣，涕既隕之。（《小雅·小弁》六章）
△　△　△　△

以上"詵、孫、振、洒、浼、殄、漘、昆、聞、門、雲、存、巾、員、輪、淪、囷、鶉、飧、先、

① "斤"聲的字"頎、祈、蚚、旂"在微部。

② "軍"聲的"翬、煇"在微部。

③ "昷"聲的"媼"在幽部。

墐、忍、隕”等入韻的字，都屬文部。

27. 緝部[əp]

上古緝部韻值爲[əp]，主要包括以下諧聲偏旁的字：

邑聲　沓聲　立聲①　咠聲　集聲　拾聲

㬎聲　習聲　執聲②　汁聲　㚔聲　十聲

入聲　及聲　合聲　翕聲　襲聲　㬎聲

濕聲　隰聲　雜聲

《詩經》裏緝部是一個窄韻，入韻 18 字。例如：

螽斯羽，揖揖兮。宜爾子孫，蟄蟄兮。(《周南·螽斯》三章)
△　△

中谷有蓷，嘆其濕矣。有女仳離，啜其泣矣。啜其泣矣，何嗟及矣。(《王風·中谷有蓷》三章)
△　△　△　△

爾羊來思，其角濈濈。爾牛來思，其耳濕濕。(《小雅·無羊》一章)
△　△

天監在下，有命既集。文王初載，天作之合。(《大雅·大明》四章)
△　△

以上“揖、蟄、濕、泣、及、濈、集、合”等入韻字，都屬緝部。

28. 侵部[əm]

上古侵部韻值爲[əm]，主要包括以下諧聲偏旁的字：

風聲　凡聲　品聲　亯聲　忝聲　冘聲

覃聲　貪聲　朕聲③　至聲　南聲　男聲

① 段玉裁説：“古者立、位同字。”但“位”在物部。

② “執”聲的字“縶、霸，蟄、執、慹”在緝部，“摯、鷙、贄、婺、鷙”在質部。

③ “朕”聲本在侵部，《廣韻·寢韻》直稔切，猶收[-m]尾，但“朕”聲的“勝、滕、騰、縢”等字在蒸部。“賸”在蒸部，又在職部。

林聲　臨聲　亩聲　朁聲①　禁聲　金聲

㑴聲　參聲　心聲　三聲　彡聲②　占聲

尋聲　罙聲　審聲　壬聲　今聲③　禽聲

咸聲④　臽聲　弇聲　音聲⑤　飲聲　甚聲

《詩經》裏侵部入韻 38 字。例如：

絺兮綌兮，淒其以風。我思古人，實獲我心。（《邶風・緑衣》四章）
△　△

呦呦鹿鳴，食野之芩。我有嘉賓，鼓瑟鼓琴。鼓瑟鼓琴，和樂且湛。我有旨酒，以燕樂嘉賓之心。（《小雅・鹿鳴》三章）
△　△　△　△　△

彼何人斯，其爲飄風。胡不自北，胡不自南。胡逝我梁，祇攪我心。（《小雅・何人斯》四章）
△　△　△

以上"風、心、芩、琴、湛、南"等入韻的字，都屬侵部。

29. 葉部[ap]

上古葉部韻值爲[ap]，主要包括以下諧聲偏旁的字：

法聲　乏聲　耴聲　曷聲　枼聲　聶聲

巤聲　妾聲　臿聲　疌聲　涉聲　甲聲

夾聲　劫聲　業聲　曄聲　劦聲⑥　盍聲⑦

---

① "朁"聲的"噆"在緝郎。

② "彡"聲的"彡(chēn)"在侵部，"彭"在陽部。

③ "今"聲的"矜"在真部，段玉裁改爲"令"聲。又同"鰥"，在文部。

④ "咸"聲侵部有"咸、鍼、緘、箴"，緝部有"瞰、鹹"。

⑤ "音"聲的"湆(qì)"在緝部。

⑥ "劦"聲的字有"协、脅、協"，又"珕、荔"在脂部。

⑦ "盍(盇)"聲的字，葉部有歲"嗑、饁、闔"，月部有"磕、溘、蓋"。《説文》："蓋，苫也。從艸盇聲。"段玉裁注："[蓋]在十五部，盇在八部，此合音也。"

葉部是一個很窄的韻,《詩經》裏入韻僅 6 字。例如:

匏有苦葉,濟有深涉。(《邶風·匏有苦葉》一章)
　　△　　　△

芄蘭之葉,童子佩韘。雖則佩韘,能不我甲?(《衛風·芄蘭》二章)
　　△　　　△　　　　△　　　△

昔在中葉,有震且業。(《商頌·長發》七章)
　　△　　　△

以上"葉、涉、韘、甲、業"等入韻的字,都屬葉部。

30. 談部[am]

上古談部韻值爲[am],主要包括以下諧聲偏旁的字:

氾聲　甜聲　㲋聲　斬聲　僉聲　詹聲
芟聲　閃聲　陜聲　冉聲　染聲　甘聲
韱聲　敢聲　監聲　广聲　兼聲　坎聲
欠聲　函聲　炎聲　奄聲　嚴聲　豔聲
猒聲　厭聲①

《詩經》裏談部入韻 22 字。例如:

大車檻檻,毳衣如菼。豈不爾思,畏子不敢。(《王風·大車》一章)
　　△　　　△　　　　　　　△

節彼南山,維石巖巖。赫赫師尹,民具爾瞻。憂心如惔,不敢戲談。國既卒
　　　　　　　△　　　　　　　△　　　△　　　△
斬,何用不監?(《小雅·節南山》一章)
△　　△

終朝采藍,不盈一襜。五日爲期,六日不詹。(《小雅·采綠》二章)
　　△　　　△　　　　　　　△

① "厭",葉部有"壓",談部有"饜、黶","厭、擪、嬮、魘"葉、談兩部重出,有陰、入兩讀。

以上"檻、菼、敢、嚴、瞻、惔、談、斬、監、藍、襜、詹"等入韻的字,都屬談部。

上述上古 30 個韻部,按照韻尾不同,可分爲陰、陽、入 3 類 11 組。它們是:

	陰聲	入聲	陽聲
1.	之部[ə]	職部[ək]	蒸部[əŋ]
2.	幽部[u]	覺部[uk]	冬部[uŋ]
3.	宵部[o]	藥部[ok]	
4.	侯部[ɔ]	屋部[ɔk]	東部[ɔŋ]
5.	魚部[a]	鐸部[ak]	陽部[aŋ]
6.	支部[e]	錫部[ek]	耕部[eŋ]
7.	歌部[ai]	月部[at]	寒部[an]
8.	脂部[ei]	質部[et]	真部[en]
9.	微部[əi]	物部[ət]	文部[ən]
10.		緝部[əp]	侵部[əm]
11.		葉部[ap]	談部[am]

以上陰聲韻 9 部,入聲韻 11 部,陽聲韻 10 部。除了宵、藥兩部没有相配的陽聲韻,緝、侵兩部和葉、談兩部没有相配的陰聲韻以外,其餘八類都是陰、陽、入三聲相配。收[-ŋ]尾的陽聲韻跟收[-k]尾的入聲韻以及收[Ø]尾的陰聲韻相配;收[-n]尾的陽聲韻跟收[-t]尾的入聲韻以及收[-i]尾的陰聲韻相配;收[-m]尾的陽聲韻跟收[-p]尾的入聲韻相配。各韻部之間的關係,可以從《詩經》和先秦其他韻文裏找到證據,也可以從諧聲字裏看出痕跡。

三、需要討論的三個問題

1. 韻部的含義。前人主要有兩種看法。一種看法認爲上古的韻部有些類似中古的韻攝。每一韻部可以包含幾個不同的主要元音,只是具有相同的韻尾。高本漢、陸志韋等先生持這種看法。高氏認爲,主要元音由洪到細,四個等不同。一等元音是 â,二等是 a,三等是 ä,四等是 e。另一種看法認爲,韻部不僅韻尾相同,主要元音也相同。王力先生持這種看法。我們同意王力先生的觀點。《詩經》時代没有韻書,詩歌押韻全憑直觀的語音感覺,許多詩現在讀起來還非常整齊和諧,因爲它們有相同的元音。如果一個韻部包含了幾個不同的元音，就談不上用韻和諧了。從韻部相配的情況看，同類的陰、陽、入三類韻部主要元音相同，韻尾發音部位相當，所以能够産生對轉；不同類的韻部，主要元音相近，韻尾相同，所以能够産生旁轉。如果一個韻部本身已包含幾個不同的主要元音，那麼所謂對轉和旁轉也就失去了條件。當然這不是説一個韻部只能有一個韻母。一個韻部裏可以包含幾種不同的介音，也就可以包含幾個不同的韻母，少則三個，多達七八個。上古漢語 30 個韻部總計包含 212 個韻母，其中陰聲和陽聲韻母共 108 個，入聲韻母分長短音，共 104 個（其中短入 61 個韻母，長入 43 個韻母）。

2. 關於上古音的音值及其構擬。上古音各部的音值如何，清以來學者做過一些描述。章炳麟説：

> 自戴君《聲類表》分九類二十五部，歌魚鐸曰阿烏堊，蒸之職曰膺噫億，東侯屋曰翁謳屋，陽宵藥曰央夭約，青支錫曰嬰娃戹，諄脂質曰殷衣乙，寒泰曷曰安靄遏，侵緝曰音邑，……（戴君收喉收鼻收舌收脣之説未諦，陰陽相配亦未精密，今但取其喉音表韻爾。）若以其例以表二十三部，魚陽曰烏姎（《廣韻》烏郎切），支青曰烓（《廣韻》烏攜切）賏（青部今韻無可表音之字，賏今音嬰，依古當作一開切），至真曰乙因，脂隊諄曰媁（《廣韻》於非切）尉（《廣韻》於胃切，又纖物切）昷，歌泰寒曰阿遏安，侯東曰謳翁，幽冬侵緝曰幽雝（邕聲近人皆説在東部，《詩》以“襛、雝”爲韻，“沖、雝”爲韻，則亦轉入冬韻，故舉以表冬韻）揞邑，之蒸曰埃膺……可以准音而視戴氏聲氣精仉冥合矣。（章氏《國故論衡・上卷・音理論》）

因爲漢字並不表音，用漢字（或加上反切）來描寫上古音值，往往費力而不得要領。20 世紀，國際音標傳入中國，語音描寫有了科學的方法，無論對於上古音的構擬，對於瞭解上古音系和語音演變，對於研究漢語語音史，都是非常重要的。但是迄今爲止，學者們構擬的古音系統，多少帶有一些主觀性，誰也無法肯定他所構擬的古音系統絶對正確。舉例來説，高本漢、陸志韋等先生認爲上古陰聲韻部都是帶[-b]、[-d]、[-g]韻尾的閉音節。從諧聲偏旁通轉的情況看，這是有道理的。但在現代方言裏找不到足够的根據,也破壞了"古音韻至和諧"的傳統看法。用高、陸等先生所擬的古音系統去讀《詩經》,不免詰屈聱牙,很不順耳,恐怕很難反映當時的實際語言。所以我們堅持根據一個韻部主要元音和韻尾相同的原則去構擬古音。

3. 通韻和合韻。同一類陰、陽、入三個韻部的字在一起押韻,叫做通韻;不同類韻部的字在一起押韻,叫做合韻。應當承認《詩經》裏存在着通韻和合韻兩種現象。例如《邶風·静女》三章:"自牧歸荑,洵美且異。匪女之爲美,美人之貽。""異"職部,"貽"之部,職、之通韻。《鄘風·蝃蝀》二章:"朝隮于西,崇朝其雨。女子有行,遠兄弟父母。""雨"魚部,"母"之部,魚、之合韻。產生合韻的原因,有的是詩人用韻較寬,把相近的韻放在一起相押。段玉裁説:"合韻以十七部分爲六類求之,同類爲近,異類爲遠,非同類而次第相附爲近,次第相隔爲遠。"①合韻不是漫無限制。江有誥説得好:"近者可合,而遠者不可合也。"②有的是方言的反映。戴震説:"凡五方之音不同,古猶今也,故有合韻。"③顧炎武説:"今吴讀耕清青皆作真音,以此知五方之音,雖聖人不能改者。"④例如《禮記·檀弓下》"咏斯猶"鄭玄注:"秦人猶、摇聲相近。""猶"幽部,"摇"宵部。可見幽、宵兩部讀音相近是秦地方言的特點。《詩·豳風·七月》四章:"四月秀葽,五月鳴蜩。""葽、蜩"宵、幽合韻,可能正是秦地方音的反映。造成合韻可能還有别的原因,此不贅⑤。不過通韻、合韻的現象在《詩經》裏只佔少數,並不妨礙整個《詩經》韻部系統的劃分。

第四節　上古漢語聲調系統

聲調是漢語語音系統中一個重要的組成部分,具有明顯的辨義作用。現代漢

① 段玉裁《六書音均表》。
② 江有誥《寄段茂堂先生書》。
③ 戴震《戴東原集》卷四《答段若膺論韻》。
④ 顧炎武《音學五書·易音二》。
⑤ 參看向熹《詩經語文論集·詩經的通韻和合韻》。

語如此，古代漢語也如此。中古漢語有平、上、去、入四個聲調，《切韻》系統的韻書都是按四聲韻目的次序排列的。

一、關於上古聲調的各家之説

上古漢語有無聲調？上古聲調系統究竟如何？前人有種種不同的看法：

1. 古無四聲説。這是明陳第的主張，江有诰早期亦持此论。陈氏説：

> 四聲之辨，古人未有。中原音韻，此類實多。舊説必以平叶平、仄叶仄也，亦無以今而泥古乎？（《讀詩拙言》）

他又説：

> 四聲之説，起於後世。古人之詩，取其可歌可咏，豈屑屑毫釐若經生爲耶？且上、去二音，亦輕重之間耳。（《毛詩古音考》卷一"怒"字注）

江有誥説：

> 古無四聲，確不可移矣。然以今音讀之，則聱牙而不協。（《音學十書・古韻凡例》）

陳、江二氏這種説法不能成立。四聲是六朝人發現的，並非六朝人所創造。《詩經》押韻，絶大多數是平押平，上押上，入押入，並非"以今泥古"。從《切韻》系統看，《詩經》去、入相押的例子很多，這是因爲這些去聲字上古本讀入聲。陳氏自己也有矛盾。他在《毛詩古音考》中注出了 103 個字的古聲調，或平，或上，或去（没有入聲），而且常常注出古今聲調的變化。例如"享讀鄉，今讀上聲，古讀平聲"；"叟，古讀平，今讀上"，可見陳氏實際上認爲上古漢語是有四聲的。

2. 四聲一貫説。這是清初學者顧炎武的主張。所謂"四聲一貫"，包含兩層意思。一是字無定調。一個字可以根據需要讀成幾個聲調。顧氏説：

一字之中，自有平、上、去、入。

一字而可以三聲四聲，若《易》爻之上下無常，而唯變所適也。(《音學五書·音論》)

一是四聲可以通轉。他説：

上或轉爲平，去或轉爲平、上，入或轉爲平、上、去。

《詩》三百篇中，亦往往用入聲之字。其入與入爲韻者什之七，入與平、上、去爲韻者什之三。以其什之七，而知古人未嘗無入聲也；以其什之三，而知入聲可轉爲三者也。(同上)

事實上，《詩經》裏同調押韻的佔絶大多數，異調押韻的只佔少數，舒、入通押的例子更少。據史存直先生統計，《詩經》305 篇 1141 章 1679 個押韻單位，平、上、去、入各自相押的有 1380 個單位，佔總數的 82% 强；舒入通押的只有 45 個單位，不到總數的 4%①。林序達先生對先秦幾種韻文資料也進行過統計②：

	押韻總次數	同調相押次數及百分比		異調相押次數及百分比	
金石	291	163	56%强	128	44% 弱
詩書	1791	1419	79%强	378	21% 弱
竹帛	362	273	75%强	89	25% 弱
屈宋	561	485	86%强	76	14% 弱
其他	1132	898	79%强	234	21% 弱
總計	4137	3238	78%强	905	22% 弱

無論總的統計或分項統計，同調相押的次數都佔絶對優勢。所以籠統地認爲四聲可以通押是不確切的。

3. 古無入聲説。這是清代學者孔廣森的學説。他説：

① 參看史存直《漢語語音史參考資料》，232 頁。

② 參看林序達《詩騷時代的聲調》，載《西南師範大學學報》1985 年增刊。

> 至於入聲，則自緝、合等閉口音外，悉當分隸，自支至之七部，而轉爲去聲。蓋入聲創自江左，非中原舊讀。(《詩聲類自序》)

入聲是怎麽來的呢？孔氏説：

> 緝、合諸韻爲談、鹽、咸、嚴之陰聲，皆閉口急讀之，故不能備三聲。《唐韻》所配入聲，惟此部爲近古。其餘部古悉無入聲。但去聲之中，自有長言、短言兩種讀法，每同用而稍别畛域。後世韻書遂取諸陰部去聲之短言者，一改爲陽部之入聲。(同上卷十二)

孔氏"古無入聲"的説法是錯誤的，而且自相矛盾。他的古韻十八部裏即以陽聲"談"類(談、鹽、添、咸、銜、嚴)與入聲"合"類(合、盍、緝、葉、帖、洽、狎、業、乏)爲對轉。所以章太炎批評他説："孔氏云無入聲，而談與緝、盍乃爲對轉，……皆若自亂其例。"(《二十三部音準》)孔氏是山東曲阜人，他的方言裏没有入聲，就推想上古漢語也不會有入聲，中古入聲是由上古"短言之"的去聲變來的。但是許多方言裏現代都還保存着入聲，很難想象本來没有輔音韻尾的去聲字會憑空生出[-p]、[-t]、[-k]三種輔音韻尾來。

4. 古有四聲説。江永、王念孫、後期江有誥、夏燮主此説，又各有特點。江永强調《詩經》押韻以四聲自押爲常規，也承認有四聲通押的現象。他説：

> 四聲雖起江左，按之實有其聲，不容增減。此後人補前人未備之一端。平自韻平，上、去、入自韻上、去、入者，恒也。亦有一章兩聲或三四聲者，隨其聲諷誦詠歌，亦自諧適，不必皆出一聲。(《古韻標準・例言》)

王念孫認爲古韻各部四聲出現的情況不同。他在《與李方伯書》中分古韻爲二十一部，其中東、蒸、侵、談、陽、耕、真、諄、元、歌十部有平、上、去三聲，支、脂、之、魚、豪、幽、宵七部有平、上、去、入四聲，至、祭兩部只有去聲，盍(葉)、緝兩部只有入聲。至於古四聲和今四聲有何區别，王氏没有説。

江有誥最初主張古無四聲，後來却認爲上古不僅有四聲，而且《詩經》用韻都是同調相押，没有異調通押的情況。他説：

> 有誥初見，亦謂古無四聲，説載初刻凡例。至今反復紬繹，始知古人實有四聲。特古人所讀之聲與後人不同。陸氏編韻時，不能審明古訓，特就當時之聲誤爲分析。有古平而誤收入上聲者，如"享、饗、頸、顙"等字是也。有古平而誤收入去聲者，如"訟、化、震、患"等字是也。有古上而誤收入平聲者，如"偕"字是也。有古上而誤收入去聲者，如"狩"字是也。有一字平、上兩音而僅收入上聲者，如"怠"字是也。有一字平、上兩音而僅收入平聲者，如"愆"字是也。有一字平、去兩音而僅收入去聲者，如"信"字是也。有一字平、去兩音而僅收入平聲者，如"居"字是也。有一字上、去兩音而僅收入上聲者，如"喜"字是也。有一字上、去兩音而僅收入去聲者，如"顧"字是也。有一字去、入兩音而僅收入去聲者，如"意"字是也。有一字去、入兩音而僅收入入聲者，如"得"字是也。有一字平、上、去三音而遺其上、去者，如"時"字是也。有一字平、去、入三音而遺其去、入者，如"來"字是也。有一字上、去、入三音而遺其上、入者，如"至"字是也。有一字平、上、去三音而遺其平聲者，如"上"字是也。有一字平、上、去三音而遺其平、去者，如"静"字是也。偶舉一以見例，其餘不可枚數。有誥因此撰成《唐韻四聲正》一書，仿《唐韻正》之例，每一字大書其上，博采三代兩漢之文，分注其下，便知四聲之説非創于周沈。(《再寄王石臞先生書》)

江氏指出有些字的聲調古今不同是正確的。但他指責陸法言"誤爲分析"，却不免過分。陸氏《切韻》以"江東取韻與河北復殊，因論南北是非，古今通塞，更欲捃選精切，除削疏緩"，主要目的是辨析今音，不能要求它處處符合古韻。江氏認爲上古韻文一定同調相押，如果不合，該字就一定另有讀音。例如他認爲"至"有上聲一讀，因爲《詩・小雅・賓之初筵》"以洽百禮，百禮既至"，"至"與上聲字"禮"押韻。"喜"有去聲一讀，因爲《小雅・彤弓》"彤弓弨兮，受言載之。我有嘉賓，中心喜之。鐘鼓既設，一朝右之"，"喜"與去聲字"載、右"押韻。"來"有入聲一讀，因爲《大雅・靈臺》"經始勿亟，庶民子來"。"來"與入聲字"亟"押韻。這樣下去，勢必導致一字多調大量存在，走上字無定調的老路。

夏燮也主張古有四聲。他説：

> 四聲出於天籟，豈有古無四聲之理？即如後世反切，自謂能得定音。其實古人"終葵"爲"椎"，"不聿"爲"筆"，"邾婁"爲"鄒"之屬已兆其端。反切必原于字母，古人之雙聲與今等韻之字母悉合，可見今人所有，古人無所不有。豈有明白確切之四聲，古人反不知之？覩"三百篇"中平自韻平，仄自韻仄，劃然不紊；其不合者，古人所讀之四聲有與今人不同也。(《古韻表二十二部集説綴言》)

夏氏的觀點與江有誥略同。他認爲"今人所有，古人無所不有"，似乎古今聲調没有什麽變化。

5. 古無去聲説。這是段玉裁的主張。他説：

> 古四聲不同今韻，猶古本音不同今韻也。考周秦漢初之文，有平、上、入而無去。洎乎魏晉，上、入聲多轉而爲去聲，平聲多轉爲仄聲，於是乎四聲大備而與古不侔。有古平而今仄者，有古上、入而今去者。……古平、上爲一類，去、入爲一類。上與平一也，去與入一也。上聲備於"三百篇"，去聲備于魏晉。(《六書音均表・古四聲説》)

段氏認爲中古的去聲是魏晉時候才具備的，具有相當的説服力。中古去聲字上古大部分本讀入聲，小部分本讀平、上聲。但是古入聲字爲什麽會變成去聲，促聲字爲什麽會變成舒聲，段氏没有説明。

6. 古有平、入兩聲，無上、去兩聲説。這是明代朱簡①和近代學者黄侃的主張。黄氏説：

---

① 朱簡字修能，明萬曆中人，著《韻總持》三卷。其三卷前例謂古人有上平、入、下平三聲而無上、去，舉《詩》、《離騷》上、去之讀爲平聲者爲證。見《四庫全書總目提要・經部四十四・小學類存目二(韻書)》。

> 四聲,古無去聲,段君所說。今更知古無上聲,唯有平,入而已。(《音略》)

黄氏把上古聲調分爲平、入兩大類,前者是舒聲,没有[-p]、[-t]、[-k]韻尾;後者是促聲,有[-p]、[-t]、[-k]韻尾,這是正確的。但是黄氏没有解釋上古的平聲和入聲爲什麽中古會變成平、上、去、入四個聲調。

7. 五聲説。這是近代學者王國維的主張。他説:

> 古音有五聲,陽類一,與陰類之平、上、去、入四聲是也。説以世俗之語,則平聲有二(實則陽類自爲一聲,謂之平聲,語不甚切),上、去、入各一,是爲五聲。自"三百篇"以至漢初,此五聲者大抵自相通押,罕有出入。漢中葉以後,陽類之聲,一部譌變而爲上、去,於是陽聲三,陰聲四,而古之五聲增而爲七矣。(《觀堂集林》卷八《五聲説》)

陽聲和陰聲是韻類不同,平、上、去、入是調類不同。王氏認爲陽類一,陰類有平、上、去、入四,把韻類和調類混爲一談了。王氏提出五聲説是有原因的。原來在段玉裁《〈詩經〉韻分十七部表》中,蒸、東、陽、耕、文、元六部只有平聲,侵、談、真三部只有平、入兩聲。如果把這三部的入聲緝、盍、質獨立出來,侵、談、真也只有平聲。王國維把陽聲韻的平聲和陰聲韻的平、上、去、入四聲加在一起就是五聲。其實陽聲韻並非只有平聲。例如《詩·邶風·新臺》二章"洒、浼、殄"韻,《二子乘舟》一章"景、養"韻,《小雅·節南山》七章"領、騁"韻,《角弓》一章"反、遠"韻,都是上聲相押。王念孫所定古韻二十一部中,陽聲九部都有平、上、去三聲。

8. 長去短去説。這是陸志韋先生的主張。陸先生説:

> 嚴格地説,上古有兩個去聲,一個是長的,跟平上聲通轉;又一個是短的,跟入聲通轉。不論長短,他們的調子都是可升可降,有方言的差别。……上古的短去聲通入聲,因爲音量的相像;後來混入長去聲,因爲調子的相像。上古長去聲通平上聲,那另是一回事。這可升可降的短去聲,可以叫做上古的第五聲。(《古音説略》)

陸先生長去、短去説的根據有三：唐《封氏聞見記》載，“魏時有李登者，撰《聲類》十卷……以五聲命字”；《魏書・江式傳》載“吕忱弟静别放故左校令李登《聲類》之法，作《韻集》五卷，宫、商、角、徵、羽各爲一篇”；《切韻序》有“秦隴則去聲爲入”的話，中原話的去聲字在西北話裏有的還讀入聲，很像永明以前的去入通押。陸先生説：“我承認這五聲未免參雜私見，不過是一種假設，然而這假設可以用來説明去、入聲的所以通轉。”但是，李登《聲類》“以五聲命字”，吕静《韻集》“宫、商、角、徵、羽各爲一篇”是不是足以充分證明上古有五種聲調或上古有長短兩種去聲，還值得研究。陸先生的長去、短去説和孔廣森的長去、短去説不同。孔氏認爲上古無入聲，中古入聲由短去聲變來；陸先生認爲上古有入聲，短去和入聲相通，實際上有五個聲調。

9.長入短入説。這是王力先生的主張。王先生説：

> 我認爲上古有四個聲調，分爲舒、促兩類，即：
>
> 舒聲：平聲，高長調；上聲，低短調
>
> 促聲：長入，高長調；短入，低短調
>
> 上古四聲不但有音高的分别，而且有音長（音量）的分别。必須是有音高的分别的，否則後代聲調以音高爲主要特徵無從而來；又必須是有音長分别的，因爲長入聲的字正是由於讀音較長，然後把韻尾塞音丢失，變爲第三種舒聲（去聲）了。（《漢語語音史》73頁）

王先生是在總結前人研究成果的基礎上得出新的結論的。按照王先生的看法，上古也有四個調類，但和中古的平、上、去、入四聲很不相同。

二、我們的看法

我們認爲王力先生的看法是正確的。這種看法能够解釋上古韻文用韻的各種情況，也便於説明漢語聲調演變的規律。上古聲調分爲舒、促兩類。舒聲没有[-p]、[-t]、[-k]韻尾，它們又因元音長短高低不同，分爲平聲和上聲。促聲有[-p]、[-t]、[-k]韻尾，也因元音長短高低不同，分爲長入和短入。長入、短入元音音值和韻尾相同，所以互相通押。因爲長入的元音較長，漢魏以後失去[-p]、[-t]、[-k]韻尾，成爲中古的去聲；短入的元音較短，仍保存[-p]、[-t]、[-k]韻尾，成爲中古的入聲。

在上古韻文裏，平、上、入聲獨自押韻的例子佔絶大多數。

1. 平聲自韻。《詩經》裏有 714 個平聲自押的單位。如：

毖彼泉水，亦流于淇。有懷于衛，靡日不思。孌彼諸姬，聊與之謀。
△ △ △ △
（《邶風・泉水》一章）——之部平聲

受小球大球，爲下國綴旒，何天之休。不競不絿，不剛不柔。敷政優優，百
△ △ △ △ △ △
禄是遒。（《商頌・長發》四章）——幽部平聲
△

碩人敖敖，説于農郊。四牡有驕，朱幩鑣鑣，翟茀以朝，大夫夙退。無使君
△ △ △ △ △
勞。（《衛風・碩人》三章）——宵部平聲
△

山有樞，隰有榆。子有衣裳，弗曳弗婁。子有車馬，弗馳弗驅。宛其死矣，
△ △ △ △
他人是愉。（《唐風・山有樞》一章）——侯部平聲
△

陟彼砠矣，我馬瘏矣，我僕痡矣，云何吁矣。（《周南・卷耳》四章）——魚部
△ △ △ △
平聲

芄蘭之支，童子佩觿。雖則佩觿，能不我知。（《衛風・芄蘭》一章）——支
△ △ △ △

部平聲

君子偕老,副笄六珈。委委佗佗,如山如河。象服是宜。子之不淑,云如

△ △ △ △

之何。(《鄘風・君子偕老》一章)——歌部平聲

△

手如柔荑,膚如凝脂,領如蝤蠐,齒如瓠犀,螓首蛾眉。

△ △ △ △ △

(《衛風・碩人》二章)——脂部平聲

習習谷風,維風及頹。將恐將懼,寘予于懷。將安將樂,棄予如遺。

△ △ △

(《小雅・谷風》一章)——微部平聲

捄之陾陾,度之薨薨。築之登登,削屢馮馮。百堵皆興,鼛鼓弗勝。

△ △ △ △ △ △

(《大雅・緜》六章)——蒸部平聲①

旱既大甚,蘊隆蟲蟲。不殄禋祀,自郊徂宮。上下奠瘞,靡神不宗。后稷不

△ △ △ △

克,上帝不臨。耗斁下土,寧丁我躬。(《大雅・雲漢》二章)——冬部平聲("甚、

△ △

臨"侵部,冬侵合韻)②

奄有龜蒙,遂荒大東,至于海邦,淮夷來同。莫不率從,魯侯之功。

△ △ △ △ △ △

(《魯頌・閟宮》六章)——東部平聲

篤公劉,匪居匪康。迺埸迺疆,迺積迺倉。迺裹餱糧,于槖于囊,思輯用光。

△ △ △ △ △ △

① 勝,中古有平、去兩聲。《廣韻・蒸韻》識蒸切,《證韻》書證切。

② 甚,中古爲上聲。《廣韻・寑韻》常枕切。

弓矢斯張,干戈戚揚,爰方啓行。(《大雅・公劉》一章)——陽部平聲

△　△　△

伐木丁丁,鳥鳴嚶嚶。……嚶其鳴矣,求其友聲。相彼鳥矣,猶求友聲;矧

△　△　△　△　△

伊人矣,不求友生,神之聽之,終和且平。(《小雅・伐木》一章)——耕部平聲

△　△　△

陟彼景山,松柏丸丸。是斷是遷,方斲是虔。松桷有梴。旅楹有閑,寢成

△　△　△　△　△　△

孔安。(《商頌・殷武》六章)——寒部平聲

△

率土之濱,莫非王臣。大夫不均,我從事獨賢。(《小雅・北山》二章)——

△　△　△　△

真部平聲

緜緜葛藟,在河之漘。終遠兄弟,謂他人昆。謂他人昆,亦莫我聞。

△　△　△　△

(《王風・葛藟》三章)——文部平聲

翩彼飛鴞,集于泮林。食我桑黮,懷我好音。憬彼淮夷,來獻其琛。元龜

△　△　△　△

象齒,大賂南金。(《魯頌・泮水》八章)——侵部平聲

△

節彼南山,維石巖巖。赫赫師尹,民具爾瞻。憂心如惔,不敢戲談,國既卒

△　△　△　△

斬,何用不監。(《小雅・節南山》一章)——談部平聲①

△　△

有的詩從中古四聲看,似乎是異調相押,其實往往是聲調演變的結果。例如:

① 斬,中古以後變爲上聲。

青青子佩，悠悠我思。縱我不往，子寧不來？（《鄭風·子衿》二章）

△　△　△

《廣韻·隊韻》："佩，蒲昧切。"去聲。上古"佩"是平聲，"佩、思、來"是之部平聲相押。

2. 上聲自韻。《詩經》裏有284個上聲自韻的單位。例如：

采采芣苢，薄言采之。采采芣苢，薄言有之。（《周南·芣苢》一章）——

△　△　△　△

之部上聲

牆有茨，不可埽也。中冓之言，不可道也。所可道也，言之醜也。

△　△　△　△

（《鄘風·牆有茨》一章）——幽部上聲

月出皎兮，佼人僚兮。舒窈糾兮，勞心悄兮。（《陳風·月出》一章）——

△　△　△　△

宵部上聲①

爾土宇昄章，亦孔之厚矣。豈弟君子，俾爾彌爾性，百神爾主矣。

△　△

（《大雅·卷阿》三章）——侯部上聲

王謂尹氏，命程伯休父：左右陳行，戒我師旅。率彼淮浦，省此徐土。不留

△　△　△　△

不處，三事就緒。（《大雅·常武》二章）——魚部上聲

△　△

出宿于泲，飲餞于禰。女子有行，遠父母兄弟。問我諸姑，遂及伯姊。

△　△　△

（《邶風·泉水》二章）——脂部上聲

① 《釋文》："僚，本亦作嫽，同音了。"《集韻·小韻》："糾，窈糾，舒貌。巨夭切。"

魴魚赬尾,王室如燬。雖則如燬,父母孔邇。(《周南・汝墳》三章)——

△　△　△　△

微部上聲

敷奏其勇,不震不動,不戁不竦,百禄是總。(《商頌・長發》五章)——

△　△　△　△

東部上聲

二子乘舟,汎汎其景。願言思子,中心養養。(《邶風・二子乘舟》一章)——

△　△

陽部上聲

駕彼四牡,四牡項領。我瞻四方,蹙蹙靡所騁。(《小雅・節南山》七章)——

△　△

耕部上聲

我心匪石,不可轉也。我心匪席,不可卷也。威儀棣棣,不可選也。

△　△　△

(《邶風・柏舟》三章)——寒部上聲

孔惠孔時,維其盡之。子子孫孫,勿替引之。(《小雅・楚茨》六章)——

△　△

真部上聲

新臺有洒,河水浼浼。燕婉之求,籧篨不殄。(《邶風・新臺》二章)——

△　△　△

文部上聲

大車檻檻,毳衣如菼。豈不爾思,畏子不敢。(《王風・大車》一章)——

△　△　△

談部上聲

3. 入聲自韻。《詩經》裏有 350 個入聲自韻的單位。其中短入獨押的佔多數。例如:

有馮有翼，有孝有德。以引以翼。豈弟君子，四方爲則。（《大雅・卷阿》

△　△　△　△

五章）——職部短入

鴻飛遵陸，公歸不復。於女信宿。（《豳風・九罭》三章）——覺部短入

△　△　△

洧之外，洵訏且樂。維士與女，伊其相謔，贈之以勺藥。（《鄭風・溱洧》

△　△　△

一章）——藥部短入

佌佌彼有屋，蔌蔌方有穀。民今之無禄，天夭是椓。哿矣富人，哀此惸獨。

△　△　△　△　△

（《小雅・正月》十三章）——屋部短入

裳裳者華，或黄或白。我覯之子，乘其四駱。乘其四駱，六轡沃若。

△　△　△　△

（《小雅・裳裳者華》三章）——鐸部短入

瞻彼淇奥，緑竹如簀。有匪君子，如金如錫，如圭如璧。（《衛風・淇奥》

△　△　△

三章）——錫部短入

玄王桓撥，受小國是達，受大國是達。率履不越，遂視既發。相土烈烈，海

△　△　△　△　△　△

外有截。（《商頌・長發》二章）——月部短入

△

揆之以日，作于楚室。樹之榛栗，椅桐梓漆，爰伐琴瑟。（《鄘風・定之方中》

△　△　△　△　△

一章）——質部短入

南山律律，飄風弗弗。民莫不穀，我獨不卒。（《小雅・蓼莪》六章）——

△　△　△

物部短入

中谷有蓷，暵其濕矣。有女仳離，啜其泣矣。啜其泣矣，何嗟及矣。

△　△　△　△

(《王風・中谷有蓷》三章)——緝部短入

長入獨押的要少一些。例如：

俾爾昌而熾，俾爾壽而富。黄髮台背，壽胥與試。俾爾昌而大，俾爾耆而
△ △ △ △ △
艾。萬有千歲，眉壽無有害。(《魯頌・閟宫》五章)——"熾、富、背、試"職部長
△ △ △
入；"大、艾、歲、害"，月部長入，中古爲去聲。

厭浥行露，豈不夙夜，謂行多露。(《召南・行露》一章)——鐸部長入，中古
△ △ △
爲去聲。

遵彼汝墳，伐其條肄。既見君子，不我遐棄。(《周南・汝墳》二章)——
△ △
質部長入，中古爲去聲。

大風有隧，貪人敗類。聽言則對，誦言如醉。匪用其良，覆俾我悖。
△ △ △ △ △
(《大雅・桑柔》十三章)——物部長入，中古爲去聲。

在同一個入聲韻部裏，長入和短入有相同的主要元音和韻尾，只是長短高低有所不同。它們在一起押韻的情況是很自然的。例如：

我行其野，言采其葍。不思舊姻，求爾新特。成不以富。亦祇以異。
△ △ △ △
(《小雅・我行其野》三章)——"葍、特"是職部短入，"富、異"是職部長入。

南有嘉魚，烝然罩罩。君子有酒，嘉賓式燕以樂。(《小雅・南有嘉魚》
△ △
一章)——"樂"是宵部短入，"罩"是宵部長入。

執爨踖踖，爲俎孔碩，或燔或炙。君婦莫莫，爲豆孔庶。爲賓爲客，獻酬交
△　△　△　△　△　△
錯。禮儀卒度，笑語卒獲。神保是格。報以介福，萬壽攸酢。(《小雅·楚茨》
△　△　△　△　△
三章)——“踖、碩、炙、莫、客、錯、獲、格、酢”是鐸部短入，“庶、度”是鐸部長入。

鸛鳴于垤，婦歎于室。洒掃穹窒，我征聿至。(《豳風·東山》三章)——
△　△　△　△
“垤、室、窒”是質部短入，“至”是質部長入。

載脂載舝，還車言邁。遄臻于衛，不瑕有害。(《邶風·泉水》三章)——
△　△　△　△
“舝”是月部短入，“邁、衛、害”是月部長入。

漢字絶大多數是諧聲字，聲符表音。就入聲説，主諧字和被諧字往往可以互爲短入或長入。有的主諧字是短入，被諧字是長入，中古變爲去聲。例如(括號裏是《廣韻》韻目)：

北(職)：背邶(隊)

戠(職)：幟識熾(志)

直(職)：值置(志)

式(職)：試弑(志)

乇(陌)：吒奼咤侘詫(禡)

昔(昔)：蜡[①]借(禡)

責(麥)：漬(寘)債(卦)

壹(質)：殪噎豷(霽)

吉(質)：髻(霽)

卒(術)：綷焠悴倅碎(隊)萃翠瘁悴粹誶(至)

---

① 蜡(zhà)：祭名。“蜡”又音 qū，爲蠅的幼蟲。《説文·虫部》：“蠟，蠅胆(蛆)也。”《廣韻·御韻》七慮切。

折(薛):誓逝(祭)

列(薛):例栵洌(祭)

執(緝):摯贄鷙勢(志)

有的主諧字是長入,中古變成去聲:而被諧字是短入,中古仍爲入聲。例如:

意(志):億憶臆繶薏檍癔(職)

異(志):翼廙潩(職)

乍(禡):作柞怍酢阼胙昨(鐸)

赦(禡):螫(昔)

夜(禡):液掖腋(昔)

庶(遇):摭蹠蔗(昔)

兑(泰):脱棁挩倪(末)説悦閲(薛)

祭(祭):察祭(黠)嚓(薛)

曳(祭):拽洩(薛)

世(祭):泄绁渫緤媟齛(薛)

至(至):垤姪窒挃銍桎蛭郅室(質)

内(隊):納軜(合)枘芮汭蜹(祭)

此外,漢語在發展中,長入[-p]、[-t]、[-k]韻尾消失,變成去聲;一部分平、上聲也變成去聲。這些,我們將在第二章第七節裏詳細討論。

第二章　上古到中古漢語語音系統的發展

第一節　中古漢語聲母系統

一、研究中古漢語聲母系統的主要根據

1.《廣韻》、《集韻》等韻書的反切。

2. 宋人韻圖。比較重要的有無名氏《韻鏡》①、鄭樵《七音略》、僞託司馬光《切韻指掌圖》②、邵雍《天聲地音圖》③等。

3. 六朝至唐代所存的直音和反切材料。有古代作品的音釋，如曹憲《博雅音》(即《廣雅音》)、陸德明《經典釋文》；有字書的音切，如梁顧野王《玉篇》的反切、大徐本《説文》的反切；有識字課本中的注音(包括直音和反切)，如敦煌石室中發現的《開蒙要訓》、《字寶碎金》、《俗務要名林》等。

4. 外語對音材料。日語、朝鮮語、越南語中的漢語借詞，梵文和藏文的對音材料，對於中古語音的構擬都有重要的參考價值。舉例來説，現代漢語方言中喻母三、四等的讀音已無區別，漢越語裏却分别得很清楚。喻三念[v]，如"雨"[vu]、

---

① 《韻鏡》是我國現存最古的切韻圖，作者無考。書前有南宋張麟之寫的兩篇序(作於 1161 年)，則此書的出現當不晚於北宋。南宋時傳入日本，國内久已失傳，直到清末，才又從日本傳回來。正文前有三十六字母圖和凡例數條。正文分 43 轉，是收《廣韻》系統的 206 韻按一定的音理歸納出來的。本書的宗旨是既要闡明韻書的聲、韻、調、等、呼的系統和各韻音值的遠近關係，又不泯滅韻書中原有反切所代表的音節；其所列之字大體上包括了《廣韻》系韻書的每一個小韻，這對於瞭解漢語中古音系統，具有非常重要的意義。

② 《四庫全書提要》："《切韻指掌圖》，宋司馬光撰。其檢例一卷，則明邵光祖所補也。"近人鄒特夫據宋人孫覿(公元 1081—？年)所作《切韻類例・序》考證，《切韻指掌圖》是楊中修的作品。

③ 《天聲地音圖》在邵氏《皇極經世》7 至 10 卷内。《皇極經世》是講數理的書，全書 12 卷。7 至 10 卷講律吕聲音，每卷 4 篇，凡 16 篇。每篇上列聲圖(韻類)，下列音圖(聲母)，全書 32 圖。《天聲地音圖》在韻類和聲母的分類和排列上都在一定程度上打破了《切韻》系統的限制，反映了宋代洛陽語音的實際情況。

“矣”[vi];喻四念[z],如“逾”[zu]、“以”[zi]。二者截然不混①。

二、三十六字母與中古漢語聲母系統

關於中古聲母系統,隋唐和唐末宋初有所不同。隋唐時有 36 個聲母,以《切韻》(《廣韻》)的聲母系統爲代表,唐末宋初有 35 個聲母,以傳統的三十六字母爲代表。三十六字母是唐末沙門守温所創,經宋人增訂而成。宋王應麟《玉海》以及鄭樵《通志・藝文略》中,都著録有“守温三十六字母圖”一卷。

不過守温所創字母,其實只有 30 個。法國巴黎國家圖書館藏伯希和所盜敦煌石室寫本 2011 號殘卷,載有守温三十字母,按五音排列,題“南梁漢比丘守温述”。北大劉復教授把三十字母抄録回國,收在《敦煌綴瑣》下輯裏(又見《唐五代韻書集存》下册 796 頁)。它們是:

脣音　　不、芳、並、明
舌音　　端、透、定、泥是舌頭音
　　　　知、徹、澄、日是舌上音
牙音　　見(君)、溪、群、來、疑等字是也
齒音　　精、清、從是齒頭音
　　　　審、穿、禪、照是正齒音
喉音　　心、邪、曉是喉中音清
　　　　匣、喻、影亦是喉音濁

三十字母以心、邪屬喉,以來屬牙,以影爲濁,與後來的看法不同,顯然不大科學②。

---

① 參看王力先生《漢越語研究》,見《龍蟲並雕齋文集》第二册,704—814 頁。

② 周祖謨先生所編《唐五代韻書集存》下册 795 頁載《歸三十字母例》(斯 0512 號):

端:丁當顛战　透:汀湯天添　定:亭唐田甜　泥:寧囊年拈
精:煎將尖津　清:千槍僉親　從:前墻晉秦　喻:延羊鹽寅
知:張衷貞珍　徹:倀忡檉縝　澄:長蟲呈陳　來:良隆泠隣
審:昇傷申深　穿:稱昌瞋覗　禪:乘常神諶　日:仍穰忎任
見:今京犍居　磎:欽卿褰祛　羣:琴擎蹇渠　疑:吟迎言斂
不:邊逋賓夫　芳:偏鋪繽敷　並:便蒲頻符　明:綿莫民無
心:修相星宣　邪:囚祥餳旋　照:周章征專
曉:馨呼歡祆　匣:刑胡桓賢　影:纓烏剜煙

把三十字母增訂爲三十六字母，不知出自何人之手。在宋人的等韻圖（如《韻鏡》、《切韻指掌圖》）裏，三十六字母已經廣泛應用。除了"娘"母在現代方言中找不到和泥母對音的證據，可能實際上並不存在以外，三十六字母代表了唐末宋初中原語音的三十五個聲母。下面是三十六字母以及它們的擬音：

1. 唇音

重唇　幫[p]　滂[p']　並[b]　明[m]

輕唇　非[f]　敷[f']　奉[v]　微[ɱ]

2. 舌音

舌頭　端[t]　透[t']　定[d]　泥[n]

舌上　知[ȶ]　徹[ȶ']　澄[ȡ]　娘[n]

3. 齒音

齒頭　精[ts]　清[ts']　從[dz]　心[s]　邪[z]

正齒　照[tʃ]　穿[tʃ']　床[dʒ]　審[ʃ]　禪[ʒ]

4. 牙喉音

牙音　見[k]　溪[k']　群[g]　疑[ŋ]

喉音　影[ø]　曉[x]　匣[ɣ]　喻[j]

5. 半舌半齒音

半舌音　來[l]

半齒音　日[ȵʑ]

三十六字母跟三十字母相比，唇音增加了"非敷奉微"四母，並改"不芳"兩字爲"幫滂"；舌音增加"娘"母；齒音（正齒音）增加"床"母。聲母的歸類有所改進，排列次序也有所不同。

三、《切韻》聲母系統

《切韻》的聲母系統，是由《廣韻》的反切上字並參照其他情況歸納出來的。《廣韻》每一小韻都有反切注音。原則上反切下字跟被切字同韻母同聲調，而反切上字跟被切字同聲母。例如"東，德紅切"，"德、東"都是端母，"紅、東"都是東韻一等合口平聲。據反切下字可以歸納出《廣韻》的韻類，而根據反切上字可以歸納出《廣韻》的聲類。清代學者江永《音學辨微》將三十六字母中的照、穿、床、審各分爲兩組，注明"二三等不通用"，第一個認識《廣韻》聲類與三十六字母不同。古音學家陳澧《切韻考》用系聯的方法求出了《廣韻》的 40 個聲類。跟三十六字母相比較，照、穿、床、審各分爲二類，喻母分爲于、余二類，而明、微二母合爲一類。近人錢玄同、黄侃將明、微二母分開，得 41 聲類①。白滌洲、黄粹伯又將見、溪、疑、曉、影、來六母各分爲二類，得 47 聲類②。曾運乾、陸志韋、周祖謨先生又將精、清、從、心各分爲二，得 51 聲類③。李榮又從禪母中分出俟母，得 52 聲類④。

不過《廣韻》52 個聲類並不就是 52 個聲母。聲類是由反切上字系聯、歸納出來的，而反切上字的運用要受反切下字的制約。一般地説，反切下字是洪音時，反切上字也要求是洪音；反切下字是細音時，反切上字也要求是細音。因此有的一個聲母可以分成兩個聲類，聲類的數目要比聲母多。據陸志韋、周祖謨、李榮等先生的研究，唇音幫、滂、並、明，牙音見、溪、疑，喉音曉、影以及半舌音來母的反切上字各分爲兩類，主要是韻母有洪細的區别。三等有韻頭 i，一、二、四等没有，其實聲母只是一個。舌音中的反切上字"泥"類和"娘"類，依據又音可以系聯，實際上只有一個泥母，舌上音娘母並不存在。這樣我們進一步歸併上列 52 聲類，就可以得出《切韻》系統的 36 個聲母。它們是：

1. 唇音

聲母（三十六字母）	擬音	主要反切上字
幫（幫、非）	[p]	博北布補；方甫府飛
滂（滂、敷）	[p‘]	普匹滂鋪；芳妃撫孚
並（並、奉）	[b]	蒲薄傍步；符扶房帆
明（明、微）	[m]	莫滿忙明；武亡無文

① 參看錢玄同《文字學音篇》。

② 參看白滌洲《廣韻聲紐韻類之統計》，載北京女師大《學術季刊》第二卷，第一期。

③ 參看曾運乾《切韻五十一紐考》，載《東北大學季刊》第一期；陸志韋《證廣韻五十一聲類》，載《燕京學報》第二十五期；周祖謨《漢語音韻論文集・陳澧切韻考辨誤》。董同龢《漢語音韻學》也主張五十一聲類。

④ 參看李榮《切韻音系》。

2. 舌音

端（端）	[t]	都丁多當
透（透）	[tʻ]	他吐土
定（定）	[d]	徒杜
泥（泥、娘）	[n]	奴乃；女尼
知（知）	[ȶ]	陟竹知張
徹（徹）	[ȶʻ]	丑敕
澄（澄）	[ȡ]	直除丈宅

3. 齒音

精（精）	[ts]	作則祖臧；子即將
清（清）	[tsʻ]	倉千；七此
從（從）	[dz]	昨徂才在藏；疾慈秦
心（心）	[s]	蘇先桑素；息相私思
邪（邪）	[z]	徐似祥
莊（照二）	[tʃ]	側莊祖
初（穿二）	[tʃʻ]	初楚測
崇（床二）	[dʒ]	士仕鋤鉏
生（審二）	[ʃ]	所山疎色
章（照三）	[tɕ]	之職章諸旨
昌（穿三）	[tɕʻ]	昌尺充赤
船（床三）	[dʑ]	食神
書（審三）	[ɕ]	式書失舒
禪（禪三）	[ʑ]	時常市是承

4. 牙喉音

見（見）	[k]	古公干官，居舉九俱
溪（溪）	[kʻ]	苦口康枯：去丘區欽
群（群）	[g]	渠其巨求

疑(疑)	[ŋ]	五吾;魚語牛宜
影(影)	[ø]	烏安;於乙衣伊
曉(曉)	[x]	呼火荒虎;許虛香況
匣(匣)	[ɣ]	胡户下侯
云(喻三)	[ɣj]	于王雨爲羽
以(喻四)	[j]	以羊余餘與

5. 半舌半齒音

來(來)	[l]	盧郎落魯;力良吕流
日(日)	[ȵʑ]	而如人汝

以上《切韻》系統的36聲母,大約代表隋唐時期的聲母系統。到唐末宋初變成三十六字母(泥、娘無别,實際是35個聲母),發生了以下四點變化:

(1)《切韻》系統36聲母中唇音不分輕重,輕唇音非、敷、奉、微尚未産生,《廣韻》52聲類只是根據元音的洪細不同而將唇音的反切上字分爲兩類,和輕唇、重唇音的劃分不是一回事。到三十六字母裏,輕唇音才從重唇音中劃分出來,它們只在東、鍾、微、虞、廢、文、元、陽、尤、凡10個韻的三等合口音裏出現。

(2)《切韻》系統的36聲母裏,齒音分爲莊、章兩組,莊組聲母出現在二、三等韻裏,章組聲母只出現在三等韻裏,不在二等韻裏出現,是不同的兩組聲母。到三十六字母,莊、章兩組聲母合成爲照[tʃ]、穿[tʃʻ]、床[dʒ]、審[ʃ]、禪[ʒ]一組聲母。

(3)舌音分爲舌头、舌上兩組,《切韻》系統和三十六字母是一致的。只是三十六字母中的"泥"和"娘",實際上只是一個聲母。

(4)《廣韻》52聲類裏的"于"、"以"兩類,代表《切韻》36聲母裏的兩個聲母,三等是云[ɣj],四等是以[j]。它們在歷史上有不同的來源。到三十六字母裏合併成爲喻[j]母。

現在我們把中古聲母系統綜合表述於下:

		全清	次清	全濁	次濁	清	濁	
唇音	重唇 輕唇	幫[p] < 幫[p] 非[f]	滂[p‘] < 滂[p‘] 敷[f‘]	並[b] < 並[b] 奉[v]	明[m] < 明[m] 微[ɱ]			《切韻》時期輕唇、重唇不分
舌音	舌頭	端[t]	透[t‘]	定[d]	泥(娘)[n]			
	舌上	知[ȶ]	徹[ȶ‘]	澄[ȡ]				
齒音	齒頭	精[ts]	清[ts‘]	從[dz]		心[s]	邪[z]	
	正齒	莊[tʃ] 章[tɕ] > 照[tʃ]	初[tʃ‘] 昌[tɕ‘] > 穿[tʃ‘]	崇[dʒ‘] 船[dʑ] > 床[dʒ]		生[ʃ] 書[ɕ] > 審[ɕ]	禪[ʑ] [ʒ]	唐末宋初莊章兩組合而爲一
牙喉音	牙音	見[k]	溪[k‘]	群[g]	疑[ŋ]			
	喉音	影[ø]			云[ɣj] 以[j] > 喻[j]	曉[x]	匣[ɣ]	
半舌半齒音	半舌音				來[l]			
	半齒音				日[ȵʑ]			

第二節　中古漢語韻母系統和聲調系統

一、中古漢語韻母系統

研究中古韻母系統，主要根據有兩個：一是《切韻》(《廣韻》)的韻部和韻類，一是詩人的用韻。

《切韻》原書早已不存，唐人增訂的本子如王仁昫《刊謬補缺切韻》，也非全璧①。現在保存完整的只有《大宋重修廣韻》，跟《切韻》原書有很大不同。韻目從193個增加到206個，訓釋内容增加了許多。但是從語音系統看，兩部書是一致的。通常都用《廣韻》作爲《切韻》系統韻書的代表。

下面根據戴震《聲韻考》卷二《考訂廣韻四聲獨用同用表》，把《廣韻》206韻列表如下：

上平聲	上聲	去聲	入聲
東獨用	董獨用	送獨用	屋獨用
冬鍾同用		宋用同用	沃燭同用
鍾	腫獨用②	用	燭
江獨用	講獨用	絳獨用	覺獨用
支脂之同用	紙旨止同用	寘至志同用	
脂	旨	至	
之	止	志	
微獨用	尾獨用	未獨用	
魚獨用	語獨用	御獨用	

① 周祖謨先生編《唐五代韻書集存》(1983)，收唐五代韻書30種，包括陸法言《切韻》寫本殘卷、箋注本《切韻》殘卷、增訓加字本《切韻》殘卷、王仁昫《刊謬補缺切韻》、《唐韻》寫本、五代本韻書等。

② 冬韻上聲字"湩、鳩"附腫韻。

虞模同用	麌姥同用	遇暮同用	
模	姥	暮	
齊獨用	薺獨用	霽祭同用	
		祭	
		泰獨用	
佳皆同用	蟹駭同用	卦怪夬同用	
皆	駭	怪	
		夬	
灰咍同用	賄海同用	隊代同用	
咍	海	代	
		廢獨用①	
真諄臻同用	軫准同用	震稕同用	質術櫛同用
諄	准	稕	術
臻②			櫛
文獨用③	吻獨用	問獨用	物獨用
欣獨用	隱獨用	焮獨用	迄獨用
元魂痕同用	阮混很同用	願慁恨同用	月沒同用
魂	混	慁	沒

① 《廣韻》廢"獨用",《集韻》改爲"隊,與代廢通"。

② 臻韻上聲"鱶、齔"字附見隱韻。去聲"齔"字附見焮韻。

③ 此依戴震《獨用同用四聲表》,今本《廣韻》作:

文欣同用	吻隱同用	問獨用	物獨用
欣	隱	焮獨用	迄獨用

四聲不一致,《集韻》都作"同用"。

痕[1]	很	恨	
寒桓同用	旱緩同用	翰換同用	曷末同用
桓	緩	換	末
删山同用	潸產同用	諫襉同用	黠鎋同用
山	產	襉	鎋

下平聲	上聲	去聲	入聲
先仙同用	銑獮同用	霰線同用	屑薛同用
仙	獮	線	薛
蕭宵同用	篠小同用	嘯笑同用	
宵	小	笑	
肴獨用	巧獨用	效獨用	
豪獨用	晧獨用	号獨用	
歌戈同用	哿果同用	箇過同用	
戈	果	過	
麻獨用	馬獨用	禡獨用	
陽唐同用	養蕩同用	漾宕同用	藥鐸同用
唐	蕩	宕	鐸
庚耕清同用	梗耿静同用	映諍勁同用	陌麥昔同用
耕	耿	諍	麥
清	静	勁	昔
青獨用	迥獨用	徑獨用	錫獨用

① 痕韻入聲“麧”字附見没韻。

蒸登同用	拯等同用	證嶝同用	職德同用
登	等	嶝	德
尤侯幽同用	有厚黝同用	宥候幼同用	
侯	厚	候	
幽	黝	幼	
侵獨用	寑獨用	沁獨用	緝獨用
覃談同用	感敢同用	勘闞同用	合盍同用
談	敢	闞	盍
鹽添同用①	琰忝同用	豔㮇同用	葉帖同用
添	忝	㮇	帖
咸銜同用	豏檻同用	陷鑑同用	洽狎同用
銜	檻	鑑	狎
嚴凡同用	儼范同用②	釅梵同用③	業乏同用
凡	范	梵	乏

這 206 韻如何看待？清陳澧認爲，“陸氏分二百六韻，每韻又有二類、三類、四類者，非好爲繁密也，當時之音實有分别也。”④其實 206 韻中有的只是開合口不

① 鹽、添以下六韻，《廣韻》作：

鹽添同用	琰忝儼同用	豔㮇釅同用	葉帖同用
添	忝	㮇	帖
咸銜同用	儼	釅	洽狎同用
銜	豏檻范同用	陷鑑梵同用	狎
嚴凡同用	檻	鑑	業乏同用
凡	范	梵	乏

次第凌亂，此依戴震考定重排。

② 王仁昫《刊謬補缺切韻》作“广”；注云：“陸無此韻目，失。”

③ 王仁昫《刊謬補缺切韻》作“嚴”，注云：“陸無此韻目，失。”

④ 陳澧《切韻考》卷六。

同，例如真軫震質、諄准稕術，寒旱翰曷、桓緩換末，歌哿箇、戈果過22韻，王仁昫《刊謬補缺切韻》作“真軫震質、寒旱翰末、歌哿箇”，開合同韻，只有十一韻。灰賄隊和咍海代，魂混慁和痕很恨，也是開合口不同。有的只是有無[i]介音的區別，例如虞麌遇和模姥暮，陽養漾藥和唐蕩宕鐸，蒸拯證職和登等嶝德，尤有宥和侯厚候，都是前一組韻有[i]介音，後一組韻没有[i]介音。有的韻在當時的共同語裏也許已經没有區别，《切韻》爲了保存古音或方言，分立爲不同的韻部。例如支脂之三韻，唐詩往往同用，元音可能都已經變成[i]。但六朝詩歌裏，這三個韻基本上還是分用的：

支韻獨用，如謝靈運《山居賦》押“猗知枝疵，披施崖宜斯池，規奇崖迤”；王融《阻雪連句》押“池枝離澌馳垂知池虧岐儀移巵疲差”；謝朓《將遊湘水》詩押“螭垂漪岐離移枝縻斯”；昭明太子《和武帝遊鍾山》詩押“池岐爲垂羈知羲儀奇虧池枝吹麾垂斯隨施窺移”；沈約《三月三日》詩押“斯枝兒陂垂離池巵萎炊儀爲”；邢邵《新宫賦》押“奇離差垂施披螭曦疲衹宜施支危”；庾信《楊柳歌》押“枝垂危吹兒離池隨枝皮陂馳支騎螭碑吹窺璃披爲儀池羅移知垂吹”；江總《陳宣帝哀策文》押“垂危差枝篪知”；盧思道《聽鳴蟬篇》押“宜知枝離垂”。

脂韻獨用，如謝朓《詠邯鄲才人》詩押“墀眉悲姿私”；沈約《郊居賦》押“地嗜肆庛，檖器肆祟地至淚”；《彌勒贊》押“二地轡器位墜至貳媚秘邃備懿”；任昉《答劉居士》詩押“四類肆至”；隋闕名《范安貴墓誌》押“姿師龜”。

之韻獨用，如顔延之《秋胡行》押“辭基之時持，起始已齒汜”；鮑照《答客》詩押“詞思疑之基持期詩滋絲時嗤”；謝朓《在郡卧病》詩押“兹時菑辭颸持絲期朞嗤”；沈約《郊居賦》押“期時辭基司持，怡基芝栭持嬉兹時，熾記餌菽值”；盧思道《採蓮曲》押“姬持絲滋時”；李播《天文大象賦》押“箕兹慈嬉祠”，等等。

其中一些長的詩賦入韻10幾個甚至20幾個字，而支、脂、之三韻互不相雜，如果没有口語作爲依據是很難想象的。

不過《切韻》“剖析毫釐，分别黍累”的做法，不一定符合實用的需要。韻部劃分過細，詩人苦難遵守，於是産生了“同用”、“獨用”的變通辦法。“獨用”是指某些韻的字單獨押韻，不跟其他韻的字通押；“同用”是指某幾個鄰近的韻，因爲元音相同或相近，可以在一起押韻。“同用”、“獨用”的辦法唐代就有了。唐封演《聞見記》説：“隋朝陸法言與顔、魏諸公，定南北音，撰爲《切韻》，凡一萬二千一百五十八字，以爲文楷式，而先仙、删山之類，分爲别韻，屬文之士苦其苛細。國初許敬宗等詳議，以其韻窄，奏合而用之。法言所謂欲廣文路，自可清濁皆通者也。”不過到《廣韻》裏“同用”、“獨用”才有了明確的規定。宋仁宗景祐四年詔令丁度刊定窄韻十三，許鄰近韻通用，“同用”、“獨用”的範圍又在《集韻》裏明文規定下來，但兩者並不完全相同。

到了 13 世紀，江北平水劉淵著《壬子新刊禮部韻略》（公元 1252 年），在《集韻》的基礎上把通用的韻加以合併，得 107 韻；後來又有人併“拯”於“迥”，得 106 韻，就是所謂“平水韻”[①]。《平水韻》爲元明以來近體詩押韻的依據，沿用至今。下面是“平水韻”的韻目：

東董送屋	冬腫宋沃	江講絳覺
支紙寘	微尾未	魚語御
虞麌遇	齊薺霽	泰
佳蟹卦	灰賄隊	真軫震質
文吻問物	元阮願月	寒旱翰曷
删潸諫黠	先銑霰屑	蕭篠嘯
肴巧效	豪皓號	歌哿箇
麻馬禡	陽養漾藥	庚梗映陌
青迥徑錫	蒸　職	尤有宥
侵寑沁緝	覃感勘合	鹽琰豔葉
咸豏陷洽		

宋代等韻學者爲了研究方便，又根據韻尾相同，主要元音相近的原則，將 206 韻歸納成若干較大的類，叫做“攝”。《四聲等子》分爲 16 攝[②]，它們是：

① 錢大昕謂《平水韻》106 韻實金人王文郁所併。《十駕齋養新録》卷五：“予嘗于吴門黄孝廉丕烈齋見元槧本《平水韻略》，卷首河間許古序，乃知爲平水書籍王文郁所撰。後題正大六年己丑季夏中旬，則金人，非宋人也。……王氏《平水韻》並上下平聲各爲十五，上聲廿九，去聲三十，入聲十七，皆與今韻同。文郁在劉淵之前，則謂併韻始于劉淵者非也。論者又謂平水韻併四聲爲一百七韻，陰時夫又併上聲拯韻入迥韻。今考文郁韻，上聲拯韻已併於迥韻，則亦不始于時夫矣。”

② 《切韻指掌圖》分 20 圖，未標攝名。徐孝《重訂司馬温公等韻圖經》分 13 攝，併江入宕，併假入果，併曾入梗。明袁子讓《字學元元》又擴充爲 22 攝。

1. 通攝：東、冬、鍾[1][-ŋ]、[-k]

2. 江攝：江[-ŋ]、[-k]

3. 止攝：支、脂、之、微[-ø]

4. 遇攝：魚、虞、模[-ø]

5. 蟹攝：齊、佳、皆、灰、咍、祭、泰、夬、廢 [-i]

6. 臻攝：真、諄、臻、文、欣、魂、痕[-n]、[-t]

7. 山攝：元、寒、桓、刪、山、先、仙[-n]、[-t]

8. 效攝：蕭、宵、肴、豪[-u]

9. 果攝：歌、戈[-ø]

10. 假攝：麻[-ø]

11. 宕攝：陽、唐[-ŋ]、[-k]

12. 梗攝：庚、耕、清、青[-ŋ]、[-k]

13. 曾攝：蒸、登[-ŋ]、[-k]

14. 流攝：尤、侯、幽[-u]

15. 深攝：侵[-m]、[-p]

16. 咸攝：覃、談、鹽、添、咸、銜、嚴、凡[-m]、[-p]

韻攝的歸併，把複雜的韻母系統變成比較簡單的韻類大系，以簡馭繁，便於人們認識和掌握。

《廣韻》206 韻，舉平以賅上去，共得 61 個陰聲和陽聲韻部。入聲韻有 [-p]、[-t]、[-k]韻尾，與平、上、去三聲不同。《廣韻》34 個入聲韻就是 34 個韻部。61 個陰聲和陽聲韻部，加上 34 個入聲韻部，《廣韻》共有 95 個韻部。

至於《廣韻》的韻母系統，應當從分析《廣韻》韻類去探求。陳澧《切韻考》根據同用、互用、遞用的原則，系聯《廣韻》1200 多個反切下字，求得《廣韻》311 個韻類。周祖謨先生訂正爲 324 類[2]。有的一個韻只有一個韻類，有的一個韻有兩個韻類，有的一個韻有三個甚至四個韻類的字，同一韻類的字韻母和聲調都相同。舉平以

---

① 舉平以賅上、去、入。

② 參看周祖謨《陳澧〈切韻考〉辨誤》，見《漢語音韻論文集》，89—129 頁。

賅上去，入聲另立，《廣韻》共有 140 個韻母。它們是：

平上去聲	入聲
1. 東董送[uŋ]、[ǐuŋ]	1. 屋[uk]、[ǐuk]
2. 冬宋[uoŋ]	2. 沃[uok]
3. 鍾腫用[ǐwoŋ]	3. 燭[ǐwok]
4. 江講絳[ɔŋ]	4. 覺[ɔk]
5. 支紙寘[ǐe]、[ǐwe]	
6. 脂旨至[i]、[wi]	
7. 之止志[ǐə]	
8. 微尾未[ǐəi]、[ǐwəi]	
9. 魚語御[ǐo]	
10. 虞麌遇[ǐu]	
11. 模姥暮[u]	
12. 齊薺霽[iei]、[iwei]	
13. 祭[ǐɛi]、[ǐwɛi]	
14. 泰[ɑi]、[uɑi]	
15. 佳蟹卦[ai]、[wai]	
16. 皆駭怪[ɐi]、[wɐi]	
17. 夬[æi]、[wæi]	
18. 灰賄隊[uɒi]	
19. 咍海代[ɒi]	
20. 廢[ǐɐi]、[ǐwɐi]	
21. 真軫震[ǐěn]，[ǐwěn]	5. 質[ǐět]，[ǐwět]
22. 諄準稕[ǐwěn]	6. 術[ǐwět]
23. 臻[ǐen]	7. 櫛[ǐet]
24. 文吻問[ǐwən]	8. 物[ǐwət]
25. 欣隱焮[ǐən]	9. 迄[ǐət]
26. 元阮願[ǐɐn]，[ǐwɐn]	10. 月[ǐɐt]、[ǐwɐt]

27.魂混[uən]　　11.没[uət]

28.痕很恨[ən]

29.寒旱翰[ɑn]　　12.曷[ɑt]

30.桓緩换[uɑn]　　13.末[uɑt]

31.删潸諫[an]、[wan]　　14.鎋①[at]、[wat]

32.山産襇[æn]、[wæn]　　15.黠[æt],[wæt]

33.先銑霰[ien]、[iwen]　　16.屑[iet]、[iwet]

34.仙獮線[ĭɛn],[ĭwɛn]　　17.薛[ĭɛt]、[ĭwɛt]

35.蕭篠嘯[ieu]

36.宵小笑[ĭɛu]

37.肴巧效[au]

38.豪皓号[ɑu]

39.歌哿箇[ɑ]

40.戈果過[uɑ]、[ĭɑ]、[ĭuɑ]

41.麻馬禡[a]、[wa]、[ĭa]

42.陽養漾[ĭaŋ]、[ĭwaŋ]　　18.藥[ĭak]、[ĭwak]

43.唐蕩宕[aŋ]、[uaŋ]　　19.鐸[ak]、[uak]

44.庚梗映[ɐŋ]、[wɐŋ]、[ĭɐŋ]、[ĭwɐŋ]　　20.陌[ɐk]、[wɐk]、[ĭɐk]

45.耕耿諍[æŋ]、[wæŋ]　　21.麥[æk]、[wæk]

46.清静勁[ĭɛŋ]、[iwɛŋ]　　22.昔[ĭɛk]、[iwɛk]

47.青迥徑[ieŋ]、[iweŋ]　　23.錫[iek]、[iwek]

48.蒸拯證[ĭəŋ]　　24.職[ĭək]、[ĭwək]

49.登等嶝[əŋ][uəŋ]　　25.德[ək]、[uək]

50.尤有宥[ĭəu]

51.侯厚候[əu]

---

① 《廣韻》原作14黠,15鎋,此依董同龢改。"删"與"鎋"平入相承,"山"與"黠"平入相承。見董氏《上古音韻表稿》,102页。

52. 幽黝幼[iəu]	
53. 侵寑沁[ĭĕm]	26. 緝[ĭĕp]
54. 覃感勘[ɒm]	27. 合[ɒp]
55. 談敢闞[ɑm]	28. 盍[ɑp]
56. 鹽琰豔[ĭɛm]	29. 葉[ĭɛp]
57. 添忝㮇[iem]	30. 帖[iep]
58. 咸豏陷[ɐm]	31. 洽[ɐp]
59. 銜檻鑑[am]	32. 狎[ap]
60. 嚴儼釅[ĭɐm]	33. 業[ĭɐp]
61. 凡范梵[ĭwɐm]	34. 乏[ĭwɐp]

《廣韻》(《切韻》同)上述 140 個韻母,就是五六世紀漢語文學語言的韻母系統,也在相當大的程度上反映了當時共同語的語音實際。

早在唐代,漢語韻部系統簡化,一些原來不同的音變得同音了。於是詩人按"同用"、"獨用"的變通辦法押韻。例如:

積雨空林煙火遲(脂),蒸藜炊黍餉東菑(之)。漠漠水田飛白鷺,陰陰夏木囀黃鸝(支)。山中習靜觀朝槿,松下清齋折露葵(脂)。野老與人爭席罷,海鷗何事更相疑(之)。(唐王維《積雨輞川莊作》詩)——支、脂、之同用。

蒼蒼丁零塞,今古緬荒途(模)。亭堠何摧兀,暴骨無全軀(虞)。黃沙幕南起,白日隱西隅(虞)。漢甲三十萬,曾以事匈奴(模)。但見沙場死,誰憐塞上孤(模)。(唐陳子昂《感遇》詩)——虞、模同用。

遥遥去巫峡,望望下章臺(咍)。巴國山川盡,荆門煙霧開(咍)。城分蒼野外,樹斷白雲隈(灰)。今日狂歌客,誰知入楚來(咍)。(唐陳子昂《度荆門望楚》詩)——咍、灰同用。

白日依山盡,黄河入海流(尤)。欲窮千里目,更上一層樓(侯)。(唐王之涣《登鸛雀樓》詩)——尤、侯同用。

斜光照墟落,窮巷牛羊歸(微)。野老念牧童,倚杖候荆扉(微)。雉雊麥苗秀,蠶眠桑葉稀(微)。田夫荷鋤至,相見語依依(微)。即此羨閑逸,悵然吟式微(微)。(唐王維《渭川田家》詩)——微韻獨用。

吾愛孟夫子,風流天下聞(文)。紅顔棄軒冕,白首卧松雲(文)。醉月頻中聖,迷花不事君(文)。高山安可仰? 徒此揖清芬(文)。(唐李白《贈孟浩然》詩)——文韻獨用。

寒山轉蒼翠,秋水日潺湲(仙)。倚杖柴門外,臨風聽暮蟬(仙)。渡頭餘落日,墟裏上孤煙(先)。復值接輿醉,狂歌五柳前(先)。(唐王維《輞川閑居贈裴秀才迪》詩)——仙、先同用。

好雨知時節,當春乃發生(庚)。隨風潛入夜,潤物細無聲(清)。野徑雲俱黑,江船火獨明(庚)。曉看紅濕處,花重錦官城(清)。(唐杜甫《春夜喜雨》詩)——庚、清同用。

國破山河在，城春草木深(侵)。感時花濺淚，恨別鳥驚心(侵)。烽火連三月，家書抵萬金(侵)。白頭搔更短，渾欲不勝簪(侵)。(唐杜甫《春望》詩)——侵韻獨用。

唐代詩人用韻與《廣韻》"同用"、"獨用"的規定是大體一致的，只有少數超出了《廣韻》"同用"的範圍。但是入聲韻的應用要自由一些。如王維《苦熱》詩"嶽、涸、薄、濯、廓、濁、覺、樂"韻，鐸、覺兩韻同用；《留別山中溫古上人兄并示舍弟縉》詩"哲、月、末、没、渴、物、髮、拂"韻，月、薛、末、物、没、曷六五韻同用。杜牧《偶遊石盎僧舍》詩"脈、坼、力、羃、陌、釋、客、畫、適、織、息"韻，陌、麥、昔、錫、職五韻同用；《池州送孟遲先輩》詩"熱、折、豁、没、月、戛、折、汎、軋、活、歇、抹、血、越、節、咽、闊、渴、轍、髮、刖、喝、褐、缽、節、別、説、窟、笏、骨、掇、發、達、鶻、闥、纈、紲、劄、襪、雪、悦"韻，月、薛、末、曷、黠、屑、没七韻同用。它們不僅超出了《廣韻》"同用"的規定，而且超出了"攝"的範圍。

另外，在孟郊、杜牧、趙嘏等人的詩裏，蟹攝佳韻的"涯、崖、話、娃、佳"等字與假攝麻韻同用。如孟郊《遊子》詩"涯、花"韻，《招文士飲》詩"華、花、誇、嗟、斜、家、鴉、霞、涯"韻；杜牧《正初奉酬歙州刺史邢群》詩"斜、家、花、涯、賒"韻，《贈宣州元處士》詩"者、下、話、寡"韻；趙嘏《送剡客》詩"斜、家、霞、花、崖"韻，《送友人鄭州歸覲》詩"賒、沙、斜、花、麻、佳"韻；韋莊《陪金陵府相中堂夜宴》詩"花、娃、家、霞、斜"韻；等等。這些都是唐代漢語韻母系統簡化的表現。

二、中古漢語聲調系統

《切韻》和《切韻》系統韻書都有平、上、去、入四個聲調。其中平、上、去三聲韻母相同，只是音高不一，入聲則韻母和音高都不相同。這是中古漢族共同語聲調系統的特點。通過《切韻》的記載和整理，漢語四聲得到普遍的重視，詩人用韻也嚴格注意四聲的區别。

齊梁以前,漢語没有"四聲"的名稱。相傳齊周顒、梁沈約首先發現"四聲",顒著《四聲切韻》,約撰《四聲譜》,均已亡佚。《南齊書・陸厥傳》:"汝南周顒,善識聲韻。約等爲文皆用宫商,以平、上、去、入爲四聲。以此制韻,不可增減,世呼爲永明體。"又《梁書・沈約傳》:"〔約〕又撰《四聲譜》,以爲在昔詞人,纍千載而不寤,而獨得胸衿,窮其妙旨,自謂入神之作,高祖(蕭衍)雅不好焉。帝問周捨曰:'何謂四聲?'捨曰:'天子聖哲是也。'然帝竟不遵用。""天"是平聲,"子"是上聲,"聖"是去聲,"哲"是入聲,"四聲"正是根據當時的實際語音確定的。

陳寅恪先生認爲"四聲"的名稱是受印度文化的影響。他在《四聲三問》中説:

> 所以適定爲四聲,而不爲其他數之聲者,以除去本易分别,自爲一類之入聲,復分别其餘之聲爲三聲,綜合通計之,適爲四聲也。但其所以分别其餘之聲爲三者,實依據及摹擬中國當日轉讀佛經之三聲,而中國當日轉讀佛經之三聲又出於印度古時聲明論之三聲也。據天竺圍陀之聲明論……依其聲之高低,分别爲三:一曰 udatta,二曰 svarita,三曰 anudatta。佛教輸入中國,其教徒轉讀經典時,此三聲之分别當亦隨之輸入。至當日佛教徒轉讀其經典所分别之三聲,是否即與中國之平、上、去三聲切合,今日固難詳知,然二者俱依聲之高下分爲三階,則相同無疑也。中國語之入聲皆附有[k]、[p]、[t]等輔音之綴尾,可視爲一特殊種類,而最易與其他之聲分别。平、上、去則其聲響高低相互距離之間雖有分别,但應分别之爲若干數之聲,殊不易定。故中國文士依據及摹擬當日轉讀佛經之聲,分别定爲平、上、去三聲。合入聲計之,適成四聲。

我們認爲,齊梁學者發現漢語四聲,受到轉讀佛經的啓發是可能的。但是"四聲"應是當時漢族共同語固有的語音特點,齊梁之前即已存在。周顒、沈約只是發現四聲,而不是依據摹擬轉讀佛經創造了四聲。劉臻、蕭該、顔之推、陸法言等九人在討論音韻時批評各地方言聲調不合規範,認爲"以今聲調既自有别,諸家取捨亦復不同。吴楚則時傷輕淺,燕趙則多傷重濁,秦隴則去聲爲入,梁益則平聲似去。"(陸法言《切韻序》)如果當時漢語共同語没有四聲,他們的批評就没有根據。此外,現代方言的聲調雖然複雜,大都可以從中古四聲的變化中得到解釋,這也是一個有力的證明。

中古四聲的調值如何,前人有過一些描述。《大廣益會玉篇》所載沙門神珙《四聲五音九弄反紐圖序》引唐陽寧公和南陽處忠《元和韻譜》(即《元和新聲韻譜》)說:

> 平聲者哀而安,上聲者厲而舉,去聲者清而遠,入聲者直而促。

唐日僧遍照金剛(弘法大師)《文鏡秘府論·天卷·四聲論》説:

> 春爲陽中,德澤不偏,即平聲之象;夏草木茂盛,炎熾如火,即上聲之象;秋霜凝木落,去根離本,即去聲之象;冬天地閉藏,萬物盡收,即入聲之象,以其四聲之中合有其義。

元了尊《悉曇輪略圖抄》(公元 1287 年)卷一《四聲事》説:

> 《元和新韻譜》云:"平聲者哀而安,上聲厲而舉,去聲清而遠,入聲直而促。"謂春天氣平和,夏温氣上騰,秋果葉落去,冬草木歸入。仍約春夏秋冬歸平上去入也。

明釋真空《鑰匙歌訣》:

> 平聲平道莫低昂,上聲高呼猛烈强,去聲分明哀遠道,入聲短促急收藏。

我們從《元和韻譜》和《鑰匙歌訣》的描寫裏,對中古四聲調值可以得到一種模糊的認識。平聲大約是一種長的中平或低平調,所以説"哀而安","安"是平聲的特點。上聲是一種較短的升調,用力較强,響度較大,調值上升,所以説"厲而舉"。去聲"清而遠"不大好懂,大約是一種長的高降調,"遠"是長的表現。入聲以[-p]、[-t]、[-k]收尾,發音短促,没有曲折,當是一種短低調,所以説"直而促"。至於了尊等人以春夏秋冬四時比附四聲,用語含糊,對於我們瞭解中古四聲的調值,並没有提供更多的幫助。

第三節　上古到中古漢語聲母系統的發展

從上古二十八聲母到中古三十六聲母或三十五聲母，漢語聲母系統起了很大變化。主要表現在四個方面：輕唇音產生；舌上音產生；齒頭音精組和莊組分化以及莊組和章組合流；匣母分化和云、余合流。“見、溪、群、疑、曉、影、來”七個聲母從上古到中古没有發生變化，“日”母的音值由[ȵ]變成了[ȵʑ]。現在分别討論如下：

一、輕唇音的產生

上古漢語没有輕唇音“非、敷、奉、微”四個聲母，守温三十字母中唇音也只有一類，到三十六字母裏才明確地分爲輕唇音、重唇音兩類。分化的情况是：

上古	等呼	中古	例字
幫[p]	（一二四、開三）	幫[p]	巴八霸波伯迫彼比布
	（合三）	非[f]	法福幅府斧甫付賦非
滂[p‘]	（一二四、開三）	滂[p‘]	帕坡叵破批丕判胖品
	（合三）	敷[f‘]	俘孚拂柎訃副斐泛芬
並[b]	（一二四、開三）	並[b]	拔跋把勃泊帛婆别皮
	（合三）	奉[v]	乏伐夫扶浮伏腐輔婦
明[m]	（一二三、開三）	明[m]	麻馬莫默没彌米母目
	（合三）	微[ɱ]	巫武舞物尾未萬文聞

上述重唇音、輕唇音聲母的分化起於什麽時候呢？唐以前輕唇音、重唇音還只是一類，從初唐到中唐有了分化的趨勢，晚唐以後才徹底分化。

在《切韻》(殘卷)裏，重唇音切重唇音、輕唇音切輕唇音的約佔75%，例如：

布～反：杯頒板蝙萹邊籩本

匹～反：璞抛泡紕髈抨

方～反：甫斧府俯黼福倣粉

但是我們不能説：在隋朝時候重脣音和輕脣音聲母已經基本上分化了。因爲在《切韻》裏還有 25% 是重脣音和輕脣音混切的。混切有兩種情況：

(1)重脣切輕脣，即被切字是輕脣音而反切上字是重脣音。例如：

薄謀反：浮烰罦涪稃罘䍖呼芣蜉(《切韻》)

"薄"字古今都讀重脣音，却能給輕脣音字切音，可見"浮呼"等字在當時還是重脣音，到後來才變成輕脣。

(2)輕脣切重脣，即被切字是重脣音而反切上字是輕脣音。例如：

房脂反：毗比枇(《切韻》)

武～反：明盟鳴繆母岷黽眉湄麋每苗(《切韻》)

"房"、"武"是輕脣音字，却能給重脣音"毗"、"明"等字切音，説明"房"、"武"等字當時還讀重脣。在輕脣重脣音互切中這種情況佔大多數。《廣韻》繼承《切韻》的體系，輕脣、重脣音也有互切，但都是以輕脣切重脣音，而且限於三等開口字。① 例如：

非切幫：卑，府移切　　標飆猋，甫遥切

並，府盈切　　儦瀌鑣，甫嬌切

鄙，方美切　　斌彬豳，府巾切

敷切滂：鈹帔披，敷羈切

丕秠，敷悲切

篇偏翩，芳連切

胚坯抔醅，芳杯切

奉切並：皮，符羈切　　陴脾埤，符支切

便，房連切　　毗琵貔膍，房脂切

貧，扶巾切　　凭憑，扶冰切

微切明：彌，武移切　　綿棉櫋，武延切

① 例外："瞢，武登切。"

眉,武悲切　　岷瑉閩旻,武巾切

名,武並切　　免勉娩冕,亡辨切

《玉篇》反切,輕唇、重唇音互切的約佔10%,主要也是輕唇切重唇:

(1)非切幫:

方～切:絣褄

(2)敷切滂:

敷羈切:披

(3)奉切並:

防～切:芘菩

(4)微切明:

亡～切:摸幕茅冃(帽)幂幔绵霡墨芒

隋曹憲《博雅音》重唇、輕唇音也往往混切:

(1)幫切非:

祓紱,不勿切

(2)非切幫:

賥,方寄切　　帲,福郢切

(3)奉切並:

便:房連切　　裨,浮夷切　　埤,符彌切

(4)微切明:

揢,無巾切　　眄,亡見切　　槾,亡旦切

厖,亡江切　　媢,亡罵切

陸德明的《經典釋文》輕唇、重唇音基本不分,輕唇可切重唇:

(1)非切幫:

邶,方代反　　轐,方木反　　敗,甫邁反

瀌,方苗反　　貶,方犯反　　臂,方紙反

(2)敷切滂:

穮,芳老反　　撲,敷卜反　　板,敷間反

漂,敷妙反　　摽,敷蕭反　　秠,孚悲反

(3)奉切並：

倍,扶來反　　暴,扶沃反　　拔,房末反

庖,扶交反　　排,扶拜反　　阪,扶板反

(4)微切明：

媒,亡回反　　蠓,無孔反　　莫,武博反

蒙,武邦反　　茅,亡交反　　縵,武諫反

唐玄應《一切經音義》中也是輕脣、重脣音互切：

(1)幫非互切：

諷,不風反　　伾,父美反　　匾,方殄反

邠,府貧反

(2)滂敷互切：

潘,敷袁反　　孚,匹於反　　蜂,匹凶反

泛,匹劍反、敷劍反、孚梵反

(3)並奉互切：

髕,扶忍反　　邲,扶必反　　伾,父美反

(4)明微互切：

昴,亡飽反　　眇,亡紹反

蜜,亡一反　　俛,無辯反

牧,莫禄反、亡福反

玄應是唐初和尚,他的反切輕脣、重脣音不分,當是當時語音實際的反映。

上述輕脣、重脣音互切的情況告訴我們,在唐以前輕脣音並沒有産生。但是爲什麼在《切韻》、《玉篇》、《博雅音》、《經典釋文》以及玄應《一切經音義》中有 75% 乃至 90% 以上的字是輕脣、重脣音各自爲切呢？原來輕脣音只出現在東、鍾、微、虞、廢、文、元、陽、尤、凡等 10 個韻的三等合口呼裏,它們在脣音字裏本佔少數,大多數反切上字用重脣音是很自然的。再則反切上字雖然原則上只要聲母跟被切字相同就行,事實上跟韻母也不無關係。一、二、四等字通常總是以不帶介音[i]的字爲反切上字,三等字總是以帶介音[i]的字爲反切上字。被切字和反切上字有相同的韻頭,切起音來比較和諧自然。輕脣重脣音互切大多在三等韻裏,字數自然更少一些。這就是唐以前雖然輕脣重脣音並未分化，而《切韻》、《玉篇》等書裏輕脣、重脣音各自相切的比例却很大的緣故。

六朝一些雙聲字的語言材料也證明當時輕脣、重脣音尚未分化。例如：

官家恨狹，更廣八分。(《南史・羊戎傳》)

凡婢雙聲、儜奴謾駡。(《洛陽伽藍記》卷五)

“八分”“凡婢”是雙聲，可見“分”“凡”在當時尚未變成輕脣音。

唐初顏師古《漢書注》中，輕脣、重脣音似乎有了分化的趨勢，基本上有兩套反切上字。

重脣音：

幫紐　必彼布補不避

滂紐　普匹丕疋披

並紐　步蒲頻皮平薄疲

明紐　莫彌末

輕脣音：

非紐　方甫府斧發

敷紐　芳敷妨

奉紐　扶房防符伏

微紐　武文亡舞

全書 387 個脣音反切中，輕脣、重脣互切的 10 個，佔全書 2.5%。《廣韻》有些用輕脣音切出的重脣音字，《漢書注》都用重脣音作反切上字：

例字	《廣韻》	《顏注》	例字	《廣韻》	《顏注》
砭	府廉	彼廉	麃	甫嬌	彼嬌
彬	府巾	彼旻	玢	府巾	彼旻
標	甫遥	必遥	票	撫招	匹昭
漂	撫昭	匹遥	亨	撫庚	普庚
坯	芳杯	普回	扁	方連	匹延
便	房連	步千	軿	房丁	步丁

裨	符支	頻移	否	符鄙	皮鄙
瓢	符宵	平遥	辟	房益	頻亦
緜	武延	莫連	麽	亡果	莫可
茆	武道	莫保	眇	亡沼	莫小
秒	亡沼	莫小	黽	武盡	莫忍

但是顏氏《漢書注》裏也有一些與《廣韻》相反的例子：

例字	《廣韻》	《顏注》	例字	《廣韻》	《顏注》
榜	北孟	方孟	繁	附袁	蒲元
彌	母婢	亡俾			
靡	忙皮	武皮	藐	莫角	武卓
緡	眉貧	武巾	貿	莫侯	武又

“榜”、“彌”等是重唇音字，顏氏用輕唇字切音；“繁”是輕唇字，顏氏用重唇字切音。顏氏是京兆萬年（今陝西西安）人，祖父顏之推是著名的音韻學家，參加過《切韻》的討論。師古“少傳家業，博覽群書，尤精訓詁”，奉命考定“五經”，多所厘正。他的切音當有可靠的根據。上述輕唇、重唇音互切的例子，不會是因爲審音失誤或偶然疏忽，而是表明在當時的實際語音中重唇音和輕唇音尤其是明、微二母還没有徹底分化。

張參《五經文字》（書成于唐代宗大曆十一年，即公元 776 年）中，重唇、輕唇音也基本上分成兩套反切。重唇切重唇的如：

柏，巴格	柲，彼利	楅，彼力	搏，補各
膊，普各	偏，匹先	撲，普卜	標，匹遥
拔，皮八	宓，步必	杯，步侯	杷，皮巴
杪，名小	麋，蒙皮	眉，忙悲	眄，莫見

輕唇切輕唇的如：

髴，方米	弗，粉勿	柎，方于	瀵，方問
敷，妨于	菲，芳尾	紑，副流	幡，孚袁
枌，扶文	吠，扶肺	符，防夫	黼，扶雨
憮，亡否	襪，亡伐		

《五經文字》中同樣有少數輕脣、重脣音互切的例子：

例字	《五經文字》	《廣韻》
捊	負溝反	薄侯切、薄交切
匐	蒲比反	房六切、蒲北切

"捊"、"負"是輕脣切重脣，"匐"、"蒲"是重脣切輕脣。可見在張參的音系中輕脣、重脣音也還没有徹底分開。

但是在敦煌發現的晚唐《開蒙要訓》、《俗務要名林》等通俗作品的反切或直音裏，輕脣、重脣音就有了顯明的區分。《開蒙要訓》中有下面一些直音材料：

	本文	本文聲母	注音字	注音字聲母
重脣注重脣：	屏	幫[p]	平	並[b]
	跛	幫[p]	婆	並[b]
	鈚	並[b]	兵	幫[p]
	瓢	並[b]	標	幫[p]
	鋪	滂[p‘]	補	幫[p]
	怕	滂[p‘]	把	幫[p]
	縹	滂[p‘]	標	幫[p]
	膊	滂[p‘]	博	幫[p]
輕脣注輕脣：	紡	敷[f‘]	方	非[f]
	芳	敷[f‘]	方	非[f]
	肺	敷[f‘]	匪	非[f]
	芬	敷[f‘]	分	非[f]
	蜂	敷[f‘]	風	非[f]
重脣注重脣：	幕	明[m]	莫	明[m]
	拇	明[m]	母	明[m]
	鏝	明[m]	漫	明[m]
	蟆	明[m]	麻	明[m]
輕脣注輕脣：	霧	微[ɱ]	武	微[ɱ]
	儛	微[ɱ]	武	微[ɱ]

蚉	微[ɱ]	文	微[ɱ]
紋	微[ɱ]	文	微[ɱ]
輞	微[ɱ]	罔	微[ɱ]

以上例子清楚地表明輕唇、重唇音已經分化了。輕、重唇音混注的只有一個“綦”(幫母)字,以“奉”字注音。但這很可能是由“封”字讀音類推的結果。《開蒙要訓》是童蒙識字的課本,它的注音當是當時口語的實際讀音。

再拿藏、漢對音的材料看,在《千字文》、《大乘中宗見解》、《阿彌陀經》、《金剛經》四種材料中,藏文都以 p 對譯漢語中的幫母字,以 p‘對譯滂、非、敷、奉四母。①如:

藏文聲母	《切韻》聲類	千字文	大乘中宗見解	阿彌陀經	金剛經
p	幫 p	兵秉并碑 杯本伯百	波悲布寶 邊八畢	彼鞞不寶 邊徧北補	百布不邊 八
p‘	滂 p‘	頗烹飄	破		
	非 f	飛夫富 法弗	非否分風 法發不	非發法弗 福方	非分發法
	敷 f‘	紡	覆	覆	
	奉 v	扶阜	夫煩佛		

這也是輕唇音已經産生的明顯旁證。如果輕唇音尚未産生,非就應當與幫爲一類。現在非母字反而與滂、敷、奉等母爲類,可見這一類字的聲母已經不再是[p]了。至於藏文用[p‘]來對譯非、敷、奉三母,那是因爲藏文中没有輔音[f];用[p‘]對譯,這就跟滂母的譯音相同了。

重唇、輕唇音的分化,並非同步發生。大約幫非、滂敷、並奉分化較早,明微分化較晚。唐人所作音切裏,輕唇、重唇音相混的,明、微二母更多一些,也許就是這個緣故。

從重唇音到輕唇音,中間可能有一個過渡階段。陸志韋先生説:“就是等韻的非敷奉微,也許還可以是 pf、pf‘、bv、ɱ。”(《古音説略》)

現在我們來談談非、敷兩母的讀音問題。在《切韻》、《玉篇》的反切裏,非、敷兩母分别很清楚。《玉篇》中非與非相切者 6 次,敷與敷相切者 9 次,奉與奉相切者

① 轉引自羅常培先生《唐五代西北方音》。

11 次,没有相混的。《切韻》中非、敷、奉三母各自相切者 36 次,混切者 6 次。當時重唇、輕唇音尚未分化,非、敷、奉三母的實際讀音還是[p]、[p‘]、[b],自然是有分别的。輕唇音産生以後,非、敷兩母變成[f]、[f‘],當是反映了當時實際的語音。但是没有經歷太長的時間,兩者就逐漸合併了。《開蒙要訓》中出現非、敷兩母的注音字 10 對,其中非母自注的 5 對,非、敷兩母混注的也有 5 對,敷母字完全用非母字注音(見前表)。可見非、敷兩母已經没有明顯的界限。在宋初邵雍(公元 1011—1077 年)的《天聲地音圖》裏,輕唇音的排列如下表(原圖直排):

音四	清	夫	法	□	飛
	濁	父	凡	□	吠
	清	武	晚	□	尾
	濁	文	萬	□	微

第一行“夫、法、飛”是非母字,第二行是奉母字,三四行是微母字,敷母字没有出現。明袁子讓①、清熊士伯②以及今人周祖謨先生都認爲敷母實與非母相同③。這是可信的。如果非、敷有别,邵氏音圖就不應遺漏敷母。

總之,早在唐末宋初,非、敷兩母已開始在一些方言裏合併了。當然有的方言(如閩方言)裏,輕唇音一直没有産生,非、敷二母也就没有合併,這是没有問題的。

二、舌上音的産生

上古没有舌上音知、徹、澄,到了唐代,舌上音從舌頭音分化出來。分化的情況是:

端[t] ⎧(一四)端[t]　　答打多低嫡帝都堵篤妬
　　　⎩(二三)知[ȶ]　　折卓知質置株竺朝中張

① 袁子讓,明湖南郴州人,著《字學元元》10 卷,傳於世。

② 熊士伯,清南昌人,著《等切母音》10 卷,傳於世。

③ 周祖謨《宋代汴洛語音考》:“音四爲等韻非敷奉微四母,敷母雖未出字,實與非母相同,袁子讓熊士伯之説是也。考非敷之讀同一類,原不是宋始,唐五代之際已然。至其讀音,或擬爲 pf,或擬爲 f,均無不可,然以前後圖例考之,當已讀爲摩擦音 f。”

透[t‘]——(一四)透[t‘]　他拖貼鐵替胎泰叨貪坦
　　　——(二三)徹[ʈ‘]　詫螭絺癡恥畜拆抽醜暢

定[d]——(一四)定[d]　達奪度駝笛第地毒兑田
　　　——(二三)澄[ɖ]　擇鄭住除朕場呈重仲仗

至於三十六字母中的“娘”母，雖然《切韻》和《漢書注》等書的反切系統裏，反切上字也可以分爲泥、娘兩類。但現代漢語方言裏找不到泥、娘對立的根據，《中原音韻》裏也没有泥、娘兩母，娘母實際並不存在，我們在前面已經討論過了。

六朝時期，舌上音還没有從舌頭音分化出來。日本的吴音是六朝時候從中國借出去的，知組字大都還念舌頭音。如：

知：哲[techi]　展[ten]　追[te]

徹：詫[ta]

澄：篆[den]　趙[t‘eu]　鄭[t‘ei]　纏[den]

六朝其他一些材料也證明端、知兩組聲母尚未分化。例如：

銅池揺颺。(《南史・羊戎傳》)

是誰第宅，過佳。(《洛陽伽藍記》卷五)

著孔嘲玎。(《北史・魏收傳》)

上面三句話裏，“銅池”、“第宅”、“嘲玎”各爲雙聲，但“銅”、“第”屬定母，“玎”屬端母，都是舌頭音。“池”、“宅”屬澄母，“嘲”屬知母，都是舌上音。知、端兩組聲母能互爲雙聲，説明它們尚未分化。

《切韻》裏端、知兩組聲母90％以上各不相混，相混的不到10％。混切情況有兩種：

(1)舌頭音切舌上音，即反切上字是舌頭音，被切字是舌上音。這種情況佔多數，因爲舌頭音的字本來就比舌上音多，選用舌頭音做反切上字的機會自然也多一些。如《切韻》殘卷：

貯褚—丁吕反

椿—都江反

斲涿諑椓斶卓琢啄—丁角反

窒—丁結反、陟栗反(“結”、“栗”不同韻)

瑒—徒杏反

姪昳眣—徒昊反①

湛—徒減反

“斲涿”等字《廣韻》改爲“竹角切”,變成音和。“窒”字兩個反切可能反映了舌上音分化的過渡情況。

(2)舌上音切舌頭音,即反切上字是舌上音而被切字是舌頭音。這種情況只有個别例子。如《切韻》殘卷:

宊踷荼鄌—宅加反

王仁昫《刊謬補缺切韻》(《王三》)端、知兩組聲母基本有别,也有少數類隔現象。統計如下:

聲母	小韻總數	類隔數
端知	156	11
透徹	138	2
定澄	151	5

類隔的平均比例約佔全部反切的4%。可以認爲,在《切韻》音系裏舌上音已基本上從舌頭音中分化出來了。《顔氏家訓·音辭篇》:

> 《左傳》音切“椽”爲徒緣反,不可依信。

“椽”在上古是舌頭音,徒緣切,正屬音和。而在顔氏口語裏“椽”也許已變爲舌上音(《廣韻》直攣切),所以他認爲徐邈音徒緣切“不可依信”。

顔師古《漢書注》端、知兩組共有反切444個,各有反切上字,絶不相混。舌頭

① “昊”是“昃”的異體字。

音如：

端：丁都鳥

透：吐它他土佗讬

定：徒大待唐

舌上音如：

知：竹張知陟貞

徹：醜敕

澄：直丈治持

在《開蒙要訓》裏，端知兩組更是截然分爲兩類。端組字給端組字注音，知組字給知組字注音，没有端、知兩組互注的例子。如：

端組　燈（端）：登（端）

雕（端）：彫（端）

搭（端）：答（端）

襠（端）：當（端）

鍛（端）：段（定）

蹬（定）：等（端）

闐（定）：殿（定）

塌（透）：答（端）

泰（透）：太（透）

知組　築（知）：竹（知）

帳（知）：長（知）

酲（澄）：程（澄）

袟（澄）：姪（澄）

軸（澄）：逐（澄）

尤其值得注意的是知組字與照組字互注，表明知、照兩組讀音接近，而端、知兩組徹底分家了，因爲端、照兩組字音相差很遠，没有互注的道理。例如：

知組　　　照組

張（陟良切）：　麞（諸良切）

鎮（陟刃切）：　震（章刃切）

貯（知呂切）：　至（脂利切）

鎮（陟刃切）：　疹（章刃切）

在日語漢音和漢越語的借音裏，我們也可以看出知組字已從端組分出。在日語漢音裏，端組字都念[t]、[tʻ]、[d]，而知組字大都念[tʃ]、[tʃʻ]、[dʒ]。在漢越語裏，舌頭音端、定念[d]，透念[tʻ]，而舌上音知、澄兩母念[tʂ]，徹母念[ʂ]。漢音是唐代從中國借出去的語音，那麼這個時期北方話中的端、知兩組聲母也應分爲兩類。

總之，在唐代，舌上音知、徹、澄已從舌頭音端、透、定中分化出來了。分化的條件是韻母的不同。一、四等字保持舌頭音不變，二、三等字受介音影響分化成舌上音。例如：

舌頭一等：都刀擔當他吐湯徒大堂

　　四等：底刁雕丁天體聽狄甜庭

舌上二等：剳摘濁宅坼赬

　　三等：豬知招醜徹除池召綢丈

當然這種分化並不平衡。在陸德明《經典釋文》及玄應《一切經音義》的反切裏，舌頭音和舌上音都還没有分開①。這一方面可能因爲所據方言不同，另一方面也可能它們保存了傳統的音切。

三、莊組聲母的産生及其與章組聲母的合流

上古没有《切韻》音系中的莊、初、崇、生四母，莊、初、崇、生是從齒頭音精、清、從、心分化出來的，並進一步與章、昌、船、書合併，加上禪母，即成爲三十六字母中的照、穿、床、審、禪五個聲母②。分化的情況是：

---

① 參看王力先生《龍蟲並雕齋文集》第三册，124頁、140—142頁。

② 《廣韻·止韻》："俟，床史切"，併入床母。王仁昫《刊謬補缺切韻》"俟，漦史反"；"漦，俟淄反"。李榮《切韻音系》據此另立俟母。

精[ts] —{ 精[ts] — 精[ts] 則作睫姿祭卒組後
　　　　 莊[tʃ] }
照[tʃ] { 緅抓側齋鄒斬臻諍
　　　 遮者支之朱專真章
章[ȶ] — 章[tɕ] }

清[ts‘] —{ 清[ts‘] — 清[ts‘] 擦剉錯切妾此粗采
　　　　 初[tʃ‘] }
穿[tʃ‘] { 柵岔策抄吵剗拴參
　　　　 車蚩出吹川春昌充
昌[ȶ‘] — 昌[tɕ‘] }

從[dz] —{ 從[dz] — 從[dz] 雜昨柞絶自集齊才
　　　　 崇[dʒ] }
床[dʒ] { 閘事鋤儕愁棧岑狀
　　　 蛇舌食神唇盾順繩
船[ȡ] — 船[dʑ] }

心[s] —{ 心[s] — 心[s] 颯梭索寫雪死西肖
　　　　 生[ʃ] }
審[ʃ] { 沙殺色所史梳帥山
　　　 奢尸豕式書少水商
書[ɕ] — 書[ɕ] }

邪[z] — 邪[z] — 邪[z] 斜詞辭寺徐隨尋旬

禪[ʑ] — 禪[ʑ] — 禪[ʒ] 社時十是樹臣甚上

精、莊兩組聲母的分化開始於漢代。劉熙《釋名》裏精、莊兩組大部分獨用，小部分混用。例如：

精組獨用：　子，孳也。秋，緧也。

　　　　　　星，散也。辛，新也。

莊組獨用：　山，産也，産生物也。

精莊混用：　霜，喪也，其氣慘毒皆喪也。

　　　　　　朔，蘇也，月死復蘇也。

《釋名》精、莊兩組獨用、混用的次數如下表：

精組獨用	莊組獨用	兩組混用
精 20	莊 7	2
清 8	初 2	3
從 10	崇 3	2
心 40	生 9	4

精、莊兩母獨用27次，混用2次，佔總數7%；心、生兩母獨用49次，混用4次，佔總數7.5%。其他兩母混用的比例大些，約佔20%强。《釋名》是用聲訓的辦法來釋義的，被釋字和解釋字聲音相同或相近（雙聲叠韻）。這一點正有利於我們去研究當時聲母分合的情況。當然光靠這一材料是不够的，因爲其中也有一些聲母相距較遠而能用於聲訓的例子。

到了六朝，精、莊兩組分化的面貌就十分明朗了。在《切韻》、《玉篇》、《博雅音》、《經典釋文》以及顔師古《漢書注》裏，絶大部分都是精組切精組，莊組切莊組。至於有少數兩組混切的例子，那是因爲它們來源相同，保存了某些古音的痕跡。

精、莊兩組分化的條件是韻母不同。一、四等韻只出現精組聲母，二等韻（江、皆、佳、山、删、肴、麻、庚、耕、咸、銜）只出現莊組聲母。只有三等韻精、莊兩組聲母都出現①。例如：

止攝開三精組：　姿兹子紫雌此次疵斯死思四息

　　　　莊組：　輜緇廁事士篩師史使

深攝開三精組：　浸侵寢蕈心

　　　　莊組：　簪岑森滲

宕攝開三精組：　將槳醬槍搶牆戕匠相箱襄想削詳祥象

　　　　莊組：　裝莊壯瘡創床狀霜爽

莊組聲母和章組聲母並存了幾百年，它們的合併從唐代開始，《晉書音義》和《史記索隱》《史記正義》的反切注音裏偶有莊、章混用的例子，但没有完全相混。《開蒙要訓》裏，莊、章兩組字絶無直音的情況。但在三十字母和三十六字母中兩組聲母已經合而爲一了。在宋邵雍《天聲地音圖》中，兩組聲母合排在一個圖裏（原圖直排）：

音十一	清	○	莊	震	○
	濁	○	乍	○	○
	清	○	叉	赤	○
	濁	○	崇	辰	

① 三等韻共有麻、魚、虞、祭、支、脂、之、宵、尤、鹽、侵、仙、真、諄、陽、蒸、清、東、鍾19個（帶黑點的韻没有莊組字）。

第二排“莊、乍、叉、崇”是照二即莊組字，第三排“震、赤、辰”是照三即章組字，一如其他音图格式，但“庄、震”“叉、赤”“崇、辰”各在同一直行里，按邵氏图例，它们的聲母是相同的，即莊、章兩組聲母已合而爲一了。

另外，在邵氏圖裏，知組聲母緊緊排在照組（音十一）後面，一反其他韻圖之例，可以證明知、照兩組聲母已經非常接近甚至開始合併了。

四、云、以的合流

上古匣母從漢以後分爲匣、云兩類，從晚唐開始，云又和上古的余（以）母合併爲喻母，即：

匣[ɣ]{ (一二四等) —— 匣[ɣ]
　　　 (三等) —— 云[ɣj] }
　　　　　　　　　　　　　 } 喻[j]
余[dj]— (四等) —— 以[j] }

在《釋名》裏，云母（喻三）已開始從匣母分出，但並未與余（以）母合併，兩個聲母的分別十分清楚。其中以母與以母相訓的 22 次，云母與云母相訓的 10 次，而云、以兩母互訓的一個也沒有。

例如：

以與以：　曜，耀也　　寅，演也　　勇，踴也
　　　　　籥，躍也　　覃，延也　　墉，容也
云與云：　雨，羽也　　雲，運也　　宇，羽也
　　　　　帷，圍也　　淮，圍也　　榮，熒也

在《切韻》裏，云（喻三）、以（喻四）清楚地分爲兩類而不相混。云紐的反切上字是“于、王、羽、爲、雨”，以紐的反切上字是“以、羊、余、與、餘”。如：

于～切：　矣煒葦謂胃位爲渭緯偉遠隕碩
王～切：　雨宇禹羽瑀芋員圓院媛雲芸韻
以～切：　夷姨彝遺易餘輿予與愈惟維孕
羊～切：　已以異亦奕譯繹驛肄俞喻逾匀

顏師古《漢書注》裏，云紐以“於、羽”爲反切上字，以紐以“弋、羊、亦、尹、以、餘”爲反切上字，界限也非常清楚。到了晚唐，云、以逐漸沒有區別，到宋代就完全合而爲一了。《開蒙要訓》中以母字"牖"用云母字"又"注音，邵雍《天聲地音圖》"音三"圖(原圖直排)：

清	安	亞	乙	一
濁	□	爻	王	寅

"爻、王、寅"一行列爲濁聲。"爻"在《廣韻》"何交切"，屬匣母，本不該與"王、寅"列爲一類，但今北方話讀"爻"如"遥"音，却與邵氏所列正同。"王"是云紐(喻三)字，"寅"是以紐(喻四)字，它們都已變爲同一聲母而没有什麽區别了①。

總上所述，我們可以把上古到中古漢語聲母系統的發展列爲下表：

上古　　　　中古

幫[p]
- (一二四等、開三等)——幫[p]
- (合三等)——非[f]

滂[p‘]
- (一二四等、開三等)——滂[p‘]
- (合三等)——敷[f‘]

並[b]
- (一二四等、開三等)——並[b]
- (合三等)——奉[v]

明[m]
- (一二四等、開三等)——明[m]
- (合三等)——微[ɱ]

① 周祖謨《宋代汴洛語音考》："圖中喻母一類之肴字《廣韻》何交切，屬匣母，邵氏列入喻母，與今日北方讀爻如遥正同。喻母三等之王字本爲匣母之細音，與四等之寅字有别，至唐代漸讀爲一類，沿及宋代皆變爲無聲母之一類矣。"

端[t]（一四等）——端[t]
端[t]（二三等）——知[ȶ]

透[t‘]（一四等）——透[t‘]
透[t‘]（二三等）——徹[ȶ‘]

定[d]（一四等）——定[d]
定[d]（二三等）——澄[ȡ]

泥[n]——泥[n]
來[l]——來[l]

精[ts]（一三四等）——精[ts]
精[ts]（二三等）——莊[tʃ]｝照[tʃ]
章[ȶ]（三等）——章[tɕ]｝照[tʃ]

清[ts‘]（一三四等）——清[ts‘]
清[ts‘]（二三等）——初[tʃ‘]｝穿[tʃ‘]
昌[ȶ‘]（三等）——昌[tɕ‘]｝穿[tʃ‘]

從[dz]（一三四等）——從[dz]
從[dz]（二三等）——崇[dʒ]｝牀[dʒ]
船[ȡ]（三等）——船[dʑ]｝牀[dʒ]

心[s]（一三四等）——心[s]
心[s]（二三等）——生[ʃ]｝審[ʃ]
書[ɕ]（三等）——書[ɕ]｝審[ʃ]

上古聲母	等		中古聲母	
邪[z]	（四等）	——	邪[z]	
禪[ʑ]	（三等）	——	禪[ʑ]-禪[ʒ]	
日[ȵ]	（三等）	——	日[ȵʑ]	
見[k]	（一二三四等）	——	見[k]	
溪[k‘]	（一二三四等）	——	溪[k‘]	
群[g]	（三等）	——	群[g]	
疑[ŋ]	（一二三四等）	——	疑[ŋ]	
影[ø]	（一二三四等）	——	影[ø]	
曉[x]	（一二三四等）	——	曉[x]	
匣[ɣ]	(一三四等)	——	匣[ɣ]	
	(三等)	——	云[ɣj]	喻[j]
余[dj]	(四等)	——	以[j]	

除此以外，從唐代起濁音聲母開始清化，宋代濁音清化的現象更爲顯著。但是當時濁音聲母並没有完全消失，我們把這個問題留到下一章裏詳細討論。

第四節　上古到中古漢語韻母系統的發展（一）

漢語從上古發展到中古，韻母系統發生了很大的變化。韻部的分合，聲調的轉移，都顯得十分複雜。具體的表現之一是：諧聲系統徹底破壞。上古漢語裏，“同聲必同部”的原則雖不是絶對可靠，但 90％ 以上的諧聲字還是符合這一原則的。“自五胡亂華、驅中原之人入于江左，而河淮南北，間雜夷言，聲音之變，或自此始”（陳第《讀詩拙言》）。諧聲系統完全被打亂了。例如同是“台”聲，而“怡、飴、眙”在之韻，“咍、胎、鮐”在咍韻；同是“宣”聲，而“揎、愃、瑄”在仙韻，“喧、暄、萱”在元韻；同是“皮”聲，而“疲、陂、披”在支韻，“被、彼、紴”在紙韻，“髲、佊、詖”在寘韻，“波、坡、駊”，在戈韻，“跛、簸、頗”在果韻，“破”在過韻。諧聲字不能再作爲韻部劃分的一個依據。

語音的變化是逐漸進行的。從先秦到兩漢以至魏晉南北朝，韻部都有變化。有的學者根據詩文用韻，分别劃分了不同時期的韻部系統。因爲所據材料和處理材料的方法不同，結論也不一樣。

王力先生《漢語語音史》將兩漢語音分爲29個韻部。其中陰聲韻之、支、歌、魚、宵、幽、脂、微8部；入聲韻職、錫、鐸、藥、屋、覺、物、質、月、緝、盍11部；陽聲韻蒸、耕、陽、東、冬、文、真、元、侵、談10部①。將魏晉南北朝語言分爲42個韻部。其中陰聲韻之、支、歌、魚、模、宵、幽、微、脂、灰、泰、祭12部；入聲韻職、德、錫、鐸、屋、沃、物、質、没、曷、薛、緝、業、合、葉15部；陽聲韻蒸、登、耕、陽、東、冬、文、真、魂、寒、仙、侵、嚴、覃、鹽15部。②

周祖謨先生分期更細緻些。東漢分爲27部。其中陰聲韻之、幽、宵、魚、歌、支、脂、祭8部；入聲職、屋、沃、藥、鐸、錫、質、月、盍、緝10部；陽聲蒸、東、冬、陽、耕、真、元、談、侵9部③。三國時期分爲33個韻部，其中陰聲韻之、咍、侯、宵、魚、歌、支、脂、祭、泰10部，陽聲韻東、冬、陽、庚、蒸、登、真、寒、侵、談10部，入聲韻屋、沃、藥、錫、職、德、質、屑、易、緝、合、盍、葉13部④。晉宋時期分爲39部，其中陰聲韻之、咍、脂、皆、祭、泰、支、歌、魚、侯、宵11部；陽聲韻東（晉時東、冬分兩部）、陽、庚、蒸、登、真、文（晉時真文爲一部）、魂、先、寒、侵、覃、談、鹽14部；入聲韻屋、藥、錫、職、德、質、物、没、屑、曷、緝、合、盍、葉14部⑤；齊梁陳隋時期分爲55部，其中陰聲韻脂（之、脂）、微、咍、皆、齊、泰、祭、支、佳、歌、麻、魚、模、尤、豪、肴、蕭17部；陽聲韻東、鍾、江、陽、庚、蒸、登、真、文、元、先、山、删、寒、侵、覃、談、鹽、嚴19部；入聲韻屋、燭、覺、藥、陌、職、德、質、物、月、屑、黠、鎋、曷、緝、合、盍、葉、業19部⑥。

漢代還没有韻書出現，魏晉以後雖有韻書出現，各家分韻不同，並没有統一的標準。詩人用韻，大都根據自己的方言或者根據一種籠統的"雅言"，所以往往各有特點。舉例來説，郭璞（公元276—324年）是河東聞喜（今山西）人，陶潛（公

① 參看王力《漢語語音史》82—83頁。

② 參看王力《漢語語音史》113頁。

③ 參看《周祖謨語言文史論集·魏晉音與齊梁音》。

④ 參看《周祖謨語言文史論集·魏晉宋時期詩文韻部的演變》。

⑤ 同上。

⑥ 參看《周祖謨語言文史論集·齊梁陳隋時期詩文韻部研究》。

元 365—427 年)是尋陽(今江西)人,都生活在東晉時期,前者比後者要早 100 多年。但在郭璞的詩文用韻裏,歌、麻兩部畛域分明,各不相混;而陶潛用韻,歌、麻兩部相混,無一例外。這可能就是南北方言特點的反映,給東晉韻部的劃分帶來了困難。所以本書以《切韻》系統作爲中古語音的代表,不爲兩漢以及魏晉南北朝的漢語語音一一劃分韻部。只在必要的時候指出其某些語音變化的特點。

我們在第一章第二節裏談過,上古漢語三十韻部按照主要元音和韻尾的不同可以分爲陰、陽、入三類十一組。每一組韻部裏陰、陽、入三聲相配,在發展中顯示出很强的系統性。下面我們分組討論從上古到中古漢語韻母系統的發展變化。例字按《切韻》系統聲母幫[p]、滂[p‘]、並[b]、明[m]、端[t]、透[t‘]、定[d]、以[j]、泥[n]、來[l]、知[ȶ]、徹[ȶ‘]、澄[ȡ]、章[tɕ]、昌[tɕ‘]、船[dʑ]、書[ɕ]、禪[ʑ]、日[ȵʑ]、精[ts]、清[ts‘]、從[dz]、心[s]、邪[z]、莊[tʃ]、初[tʃ‘]、崇[dʒ]、生[ʃ]、見[k]、溪[k‘]、群[g]、疑[ŋ]、曉[x]、匣[ɣ]、云[ɣj]、影[ø]的次序排列。每韻同一聲母的陰聲字和陽聲字,依聲調平、上、去的次序排列,並在例字後的括弧内標明。無字即闕。

一、之、職、蒸三部的發展

上古之、職、蒸三部主要元音是[ə],韻尾分别爲[-ø][-k][-ŋ]。三部陰、陽、入對轉。《詩經》裏可以通韻。例如《邶風・静女》三章"異、貽",《小雅・正月》十章"輻、載、意",《大雅・靈臺》一章"亟、來"是之、職通韻;《鄭風・女曰雞鳴》三章"來、贈"是之、蒸通韻(有黑點的是之部字)。諧聲字也多相通。例如"亥"聲的"該、荄"在之部,"核、刻"在職部;"有"聲的"宥"在之部,"郁"在職部;"乃"聲的"鼐"在之部,"仍、孕、扔、訒"在蒸部;"寺"聲的"時、侍"在之部,"特"在職部,"等"在蒸部;等等。它們在發展中互相對應。

1. 之部的發展

上古之部包括開合一、二、三等 6 個韻母。三國時期開始分化,中古分别變入《切韻》咍、侯、灰、皆、之、脂、尤 7 韻。就是:

一開[ə](舌齒喉)→[ɒi](咍):[t]等(上)、戴(去),[t‘]台胎邰鮐(平)、態(去),[d]駘炱苔箈臺嬯(平)、待殆怠迨詒紿(上),[n]能(平)、乃鼐迺(上)、耐(耏)鼐(去),[l]來萊徠淶騋崍鶆犛(平)、賚勑萊睞(去)，[ts]戋哉栽烖災灾巛甾菑(平)、載宰(上)、再載(去)，[tsʻ]偲(平)采採彩綵(上)、菜(去)，[dz]才材財纔裁(平)、在(上)、載裁在栽(去)，[s]鰓(平)，[k]荄該垓賅晐陔(平)、改絠(上)，[kʻ]侅(平)、欬(去)，[ŋ]礙儗閡(去)，[x]咍(平)、海醢(上)、儗(去)，[ɣ]咳孩頦(平)、亥侅(上)、恢(去)，[ø]埃唉欸毐(平)、挨欸毐(上)

一開[ə](脣)→[əu](侯)：[p]掊(上)①，[pʻ]剖娝蔀棓(上)②，[b]抔掊腤䳊箁髻(平)、部培犗腤娝瓿䳊(上)、腤(去)，[m]母某拇畝(上)

一合[uə]→[uɒi](灰)：[p]杯桮(平)[pʻ]肧(胚)醅衃坯(平)，[b]培陪棓(平)、倍菩(上)、佩珮(去)，[m]媒腜禖梅脢鋂(平)、每挴(上)、每痗莓脢(去)，[kʻ]悝恢詼(平)，[x]灰(平)、賄悔(上)、悔誨晦痗(去)，[ɣ]蚘蛕(平)

二開[eə]→[ɐi](皆)：[m]埋薶霾(平)，[tsʻ]赼(平)，[dʒ]豺(平)，[k]荄痎(平)，[ŋ]騃(上)，[x]欸(去)，[ɣ]骸(平)、駭絯(上)，[ø]挨(平)、挨唉(上)

特例：[eə]→[ɔŋ](江)：[b]棓(上)

二合[oə]→[wɐi](皆去)：[k]怪(去)

三開[ĭə](舌齒喉)→[ĭə](之)：[j]台异怡飴貽詒圯眙匜宧頤(平)、已以苡苢佁(上)、異(去)，[l]梩瘇嫠犛氂斄貍狸(平)、李里俚理裏悝鯉(上)、吏(去)，[ȶ]徵(五音之一)(上)，[ȶʻ]癡笞(平)、祉恥(上)、眙(去)，[ȡ]持治(平)、峙峙跱痔畤庤(上)、治(去)，[tɕ]之芝(平)、畤止沚趾址芷茝(上)、志誌(去)，[tɕʻ]蚩嗤媸(平)、齒(上)、饎糦(去)，[ɕ]詩邿(平)、始(上)，[ʑ]時旹蒔塒(平)、市恃畤(上)、侍蒔(去)，[ȵʑ]而胹栭陑鴯(平)、耳駬(上)、珥餌刵咡佴(去)，[ts]孜仔茲滋鶿嵫孳鼒(平)、子仔秄耔梓(上)，[tsʻ]蛓(去)，[dz]茲慈鶿(平)、字孳牸(去)，[s]司伺絲思偲緦罳(平)、諰葸枲(上)、伺笥思(去)，[z]祠詞辭(平)、巳祀汜姒似耜(上)、寺嗣飼(去)，[tʃ]茬甾菑緇輜錙(平)、滓(上)、事傳胾(去)，[tʃʻ]輜(平)，[dʒ]茬漦(平)③、士仕柿俟涘(上)、事(去)，[ʃ]史駛使(上)、使(去)，[k]箕姬丌其箕萁期朞基錤(平)、己紀(上)、記迈(去)，[kʻ]欺魌娸僛(平)、芑起杞屺(上)，[g]畁其綦琪祺萁旗期騏

① 《廣韻·厚韻》："掊，方垢切，擊也。"《莊子·胠篋》："掊擊聖人。"成玄英疏："掊，打也。"

② "棓"，《集韻》普後切。

③ 《廣韻·之韻》："漦，俟甾切。"《切韻》殘卷和王仁昫《刊謬補缺切韻》作"俟，漦史切。"據此李榮先生另立俟母。但字太少。我們仍依《廣韻》，以"漦、涘"入崇母(床二)。

麒淇錤(平)、畁忌跽①朞惎(去)，[ŋ]疑嶷觺(平)、薿譺儗擬(上)、嶷譺儗(去)，[x]苿熙誒娭嬉僖禧嘻熹(平)、喜憙蟢(上)、喜憙(去)，[ɣj]矣(上)，[ø]醫毉癥噫(平)

三開[ĭə](唇)→[i](脂)：[p]啚鄙痞(上)，[pʻ]丕秠伾駓(平)、秠嚭(上)，[b]邳鉟(平)、否痞圮(上)

三合[ĭwə]→[ĭəu](尤)：[p]不紑(平)、不否痞(上)，[pʻ]秠胚紑醅(平)、紑秠(上)，[b]芣罘棓掊涪錇(平)、婦負萯菩(上)，[m]謀(平)，莓(去)，[j]羑突(上)，[k]龜鬮(平)、久灸玖(上)、疚灸(去)，[kʻ]丘邱蚯(平)，[g]裘(平)、舊柩(去)，[ŋ]牛(平)，[ɣj]郵尤訧疣肬(平)、友右有(上)、又右佑祐侑宥姷囿忧(去)

特例：三合[ĭwə]→[wi](脂)：[k]龜(平)，[ɣj]洧鮪痏(上)

之部"久玖疚丘邱舊龜牛郵尤"等字在兩漢時最先分離，轉入幽部。如班昭《大雀賦》"丘、求、遊、遊"相押，張衡《西京賦》"紬、牛、秋"相押(有黑點的是之部字)。魏晉以後隨着介音的不同，之部也就全面地向着不同的方向發展變化了。

2. 職部的發展

上古入聲主要元音有長短之分，元音短的叫短入；元音長的叫長入，中古變爲陰聲韻中的去聲。職部包括短入一、二、三等 6 個韻母，中古分別入《切韻》德、麥、職、屋 4 韻；長入一、三等 4 個韻母，中古分別變入《切韻》去聲代、隊、志、至、宥 5 韻。職部的發展是：

一開[ə̆k]→[ək](德)：[p]北，[b]菔匐蔔䈏僰踣菩趥，[m]默墨纆，[t]德导得，[tʻ]忒貣慝，[d]特螣樴貣，[l]勒仂肋泐，[ts]則，[dz]賊鰂，[s]塞寨，[k]祴，[kʻ]刻克剋，[x]黑，[ɣ]劾

一合[uə̆k]→[uək](德)：[k]國，[ɣ]或惑蜮

二開[eə̆k]→[æk](麥)：[m]麥，[ȶ]榯，[k]革鞠，[ɣ]核

二合[oə̆k]→[wæk](麥)：[k]聝馘蟈膕幗

三開[ĭə̆k]→[ĭək](職)：[p]逼偪幅楅皕，[pʻ]畐愊副，[b]愊，[j]廙翼弋杙翊翌，[n]匿匿，[l]力朸仂，[ȶ]陟稙，[ȶʻ]敕飭勅栻，[ȡ]直犆，[tɕ]戠樴職織脜，[dʑ]食蝕，[ɕ]識式軾拭飾，[ʑ]殖植埴，[ts]畟稷，[s]息熄瘜，[tʃ]側萴仄昃，[tʃʻ]惻測畟，

① "跽"在《廣韻·旨韻》。

[dʒ]萴,[ʃ]色嗇薔穡濇轖,[k]棘蕀亟殛悈,[k‘]䩯,[g]極,[ŋ]薿嶷嶷䨺,[x]奭衋,[ø]億薏憶臆檍繶癔

特例:[ĭə̆k]—[ĭĕt](質):[n]暱

[ĭə̆k]—[ĭɛk](昔)[ɕ]奭

三合[ĭwə̆k]—[ĭwək](職):[x]閾淢緎魊,[ɣj]域蜮罭棫緎魊魊

三合[ĭwə̆k]—[ĭuk](屋):[p]偪福葍楅幅蝠輻,[p‘]副副,[b]𠬝服菔箙鵩伏茯絥畐匐,[m]堥牧,[j]昱煜,[n]恧,[ʃ]謖,[ɣj]囿,[ø]郁彧栯魊

特例:[ĭwə̆k]—[ĭĕp](緝):[ɣj]煜

以上都是職部短入的發展,中古仍爲入聲。

一開[ə̄k]—[ɒi](代):[t‘]貸態,[d]代岱黛佮袋黱,[s]塞賽

一合[uə̄k]—[uɒi](隊):[p]背,[b]背邶,[k]幗梱

三開[ĭə̄k](舌齒喉)—[ĭə](志):[j]異异廙潩食,[ȶ]置,[ȡ]值植,[tɕ]識織,[tɕ‘]幟熾埴,[ɕ]試弑,[tʃ‘]廁,[k’]亟,[ø]意

三開[ĭə̄k](唇)—[i](至):[b]犕備犕糒犕絥

三合[ĭwə̄k]—[ĭəu](宥):[p]富葍輻,[p‘]副,[b]伏,[ɣj]囿

以上是職部長入的發展,中古輔音韻尾[-k]消失,變爲去聲。

3. 蒸部的發展

陽聲蒸部包括:一、二、三等6個韻母,東漢開始分爲登、蒸兩部,中古分别變入《切韻》登、蒸兩韻及耕、東兩韻各一部分。就是:

一開[əŋ]→[əŋ](登):[p]崩(平),堋倗(去),[p‘]漰堋(平),蒯倗(上),[b]朋棚堋鵬(平),[m]瞢(平),懵懜(去),[t]登燈簦(平),等(上),嶝鐙(去),[d]謄滕縢騰縢螣(平),滕鄧蹬(去),[n]能(平),[l]棱楞(平),[ts]曾增矰罾憎(平),增(去),[ts‘]蹭(去),[dz]曾層(平),贈(去),[k]縆絙(平),恒絙縆(去),[k‘]肯(上),[ɣ]恒峘(平)。

一合[uəŋ]→[uəŋ](登):[k]厷肱(平),[x]薨(平),[ɣ]弘鞃(平)

二开[eəŋ]→[æŋ](耕):[p]繃(平),[p‘]弸(平),[b]棚弸輣(平),[m]甍(平),[ȶ]憕(平),[ȡ]橙(平)

二合[oəŋ]→[wæŋ](耕):[ɣ]宏紘閎竑紭(平),[Ø]泓弦(平)

三開[ĭəŋ]→[ĭəŋ](蒸)：[p]仌冰掤(平)，[p‘]砯(平)，[b]凴凭憑淜(平)，[j]蠅(平)、媵賸孕(去)，[l]夌淩凌掕綾陵鯪菱(平)、掕餕(去)，[ȶ]徵(平)，[ȡ]懲澂澄瞪(平)，[tɕ]烝蒸(平)、拯(上)、證烝(去)，[tɕ‘]爯稱偁(平)、稱(去)，[dʑ]乘騬塍繩澠(平)、乘剩賸(去)，[ɕ]勝升陞昇(平)、勝(去)，[ʑ]丞承氶(平)，[ȵʑ]艿訒仍扔陑陾(平)，[ts]甑(去)，[dz]鄫繒(平)，[k]兢(平)，[ŋ]凝(平)，[x]興鄦(平)、興嬹(去)，[ø]鷹膺應(平)、應譍(去)

特例：[ĭəŋ]→[ĭən](隱)：[k]巹(上)

三合[ĭwəŋ]→[ĭuŋ](東)：[b]凴(平)，[m]瞢夢懜(平)、瞢夢寢(去)，[k]弓(平)，[k‘]穹(平)，[ɣ]熊雄(平)

*　　*　　*　　*　　*

總上所述，之、職、蒸三部的發展及其關係可以表示如下表：

之　部	職　部		蒸　部
	短　入	长　入	
一：開[ə]（舌齒喉）—[ɒi](咍) 開[ə]（唇）—[əu](侯) 合[uə]—[uɒi](灰)	開[ə̆k]—[ək](德) 合[uə̆k]—[uək](德)	開[āk]—[ɒi](代) 合[uāk]—[uɒi](隊)	開[əŋ]—[əŋ](登) 合[uəŋ]—[uəŋ](登)
二：開[eə]—[ɐi](皆) 合[oə]—[wɐi](怪)	開[eə̆k]—[æk](麥) 合[oə̆k]—[wæk](麥)		開[eəŋ]—[æŋ](耕) 合[oəŋ]—[wæŋ](耕)
三：開[ĭə]（舌齒喉）—[ĭə](之) 開[ĭə]（唇）—[i](脂) 合[ĭwə]—[ĭəu](尤)	開[ĭə̆k]—[ĭək](職) 合[ĭwə̆k]—[ĭwək](職) 合[ĭuə̆k]—[ĭuk](屋)	開[ĭāk]（舌齒喉）—[ĭə](志) 開[ĭāk]（唇）—[i](至) 合[ĭwāk]—[ĭəu](宥)	開[ĭəŋ]—[ĭəŋ](蒸) 合[ĭwəŋ]—[ĭuŋ](東)

職部一等短入變爲中古德韻，與陽聲一等登韻相配；長入[-k]尾消失，變入去聲代、隊兩韻，與陰聲一等咍、灰兩韻的去聲合流。二等短入變爲中古《切韻》麥韻，與陽聲二等耕韻相配。没有長入。三等短入變爲中古《切韻》職、屋兩韻，職與陽聲三等蒸韻相配，屋與陽聲東韻三等相配。長入[-k]尾消失，開口字依聲母分别入志、至兩韻，與陰聲三等之、脂兩韻的去聲合流，合口字變入宥韻，與陰聲三等尤韻的去聲合流。

二、幽、覺、冬三部的發展

上古幽、覺、冬三部主要元音是[u]，只有合口，没有開口。韻尾分别爲[ø]、[-k]、

[-ŋ]。三部陰、陽、入對轉。《詩經》幽、覺可以通韻。例如《王風·兔爰》二章“罦、造、憂、覺”韻，《大雅·蕩》三章“祝、究”韻，《周頌·維天之命》“收、篤”韻（有黑點的是覺部字）。諧聲字也多相通。例如“由”聲的“油、抽”在幽部，“軸、迪、笛”在覺部；“翏”聲的“膠、樛”在幽部，“戮、穋”在覺部；“農”聲的“穠、濃”在冬部，“巎”在幽部；等等。它們在發展中互相对应。

4. 幽部的發展

幽部包括一、二、三、四四等 4 個韻母，中古分別變入《切韻》豪、肴、蕭、尤、幽 5 韻，由合口變成了開口。就是：

一合[u]→[ɑu]（豪）：[p]褒(平)、寶保葆緥褓缶鴇(上)、報(去)，[p‘]橐藨(平)，[b]袍(裦)(平)、抱(上)、菢(去)，[m]楙(平)、媢(上)、冃冒媢瑁(去)，[t]裯(平)、檮擣禱瘍裯島(上)、禱(去)，[t‘]絛滔韜槄慆縚綢犦(平)、討(上)，[d]匋綯萄陶騊檮燾濤翿(平)、道稻(上)、幬儔燾翿導蹈(去)，[n]獶巎獿猱猱(平)，[l]嫪醪牢(平)、老(上)、嫪(去)，[ts]遭糟槽(平)、蚤早棗(上)，[ts‘]慅草艸(上)、造慥(去)，[dz]曹槽嘈漕螬(平)、皁造艁(上)、漕(去)，[s]艘騷慅搔(平)、埽掃嫂嫂嫂(上)、埽掃(去)，[k]咎鼛臯(平)、棔(上)，[k‘]尻尻(平)、丂考栲祰(上)、靠(去)，[ŋ]翱(平)，[x]薅茠(平)、好(上)、好(去)，[ɣ]嗥(平)、暤昊晧浩(上)，[ø]爊鏖(平)、媪(上)

特例：[u]→[əu]（侯）：[b]裒捊(平)，[m]牡(上)、茂貿懋袤(去)，[s]叟寠瞍(上)

二合[ou]→[au]（肴）：[p]勹包胞枹苞(平)、飽(上)，[p‘]脬罞泡(平)、皰炮窌(去)，[b]庖匏咆炮炰麃泡鞄捊(平)、鮑鞄(上)、鞄(去)，[m]茅罞(平)、卯茆昴(上)，[n]獶(平)、獿(上)，[ȶ]啁(平)，[tʃ]抓(平)、爪叉瑵(上)，[k]艽嘐膠漻摎(平)、疛(上)、膠(去)，[k‘]膠(平)、巧(上)，[x]虓哮(平)、孝(去)，[ɣ]猣(上)，[ø]坳(平)、拗(上)、坳(去)[①]

三合[ĭu]→[ĭəu]（尤）：[p]呼(平)、缶(上)，[b]蜉桴烰浮枹罦罦(平)、阜(上)，[m]繆牟麰侔蛑眸矛蝨鍪雺(平)，[j]攸悠儵由油郵鼬卣逌瘉猶猷輶斿游遊蝣臽(平)、丣酉卣槱輶牖莠誘琇(上)、鼬柚褎槱猶輶狖貁(去)，[n]狃杻紐鈕(上)、糅猱狃(去)，[l]駵留鶹榴餾瘤騮鎦劉瀏流旒瑬摎飂嚠鏐(平)、柳珋茆罶瀏懰綹(上)、留餾瘤塯溜霤翏廖飂(去)，[ȶ]譸侜輈啁調(平)、肘疛(上)，[ȶ‘]妯抽惆瘳(平)、丑杻(上)，[ȡ]怞紬幬疇檮籌稠裯綢

① 《集韻·效韻》：“坳，土窒。于教切。”

儵(平)、紂(上)冑宙伷酎疛籒籀(去)，[tɕ]舟周賙輈州洲矪(平)、帚(上)、椆(去)，[tɕ‘]犨(平)、醜(上)、臭殠(去)，[ɕ]收(平)、守手首(上)、守狩獸(去)，[ʑ]䌷魗醻酬雔讎(平)、壽受綬(上)、壽售授綬(去)，[ȵʑ]柔蹂揉腬鞣蝚(平)、粈蹂煣鞣(上)、蹂鞣煣鞣(去)，[ts]遒蝤揫湫啾(平)、酒(上)、媨(去)，[ts‘]趙緧秋萩楸湫鶖鰍鞦(平)，[dz]酋遒鰌(平)，[s]脩修羞(平)、滫(上)、秀琇繡(去)，[z]囚泅慒(平)、岫袖褎褏(去)，[tʃ]甃(去)，[tʃ‘]簉(去)，[dʒ]愁(平)，[ʃ]溲搜廋蒐(平)、溲(上)、瘦(去)，[k]丩朻鳩(平)、九韭(上)、救究㱿廄(廐)(去)，[k‘]觩(平)、糗(去)，[g]求逑捄銶賕俅絿球璆艽厹觩仇朹(平)、臼舅咎(上)，[x]休鵂貅庥髤髹咻(平)、朽殠(上)、齅嗅獸(去)，[Ø]幽怮麀憂優瀀(平)、黝懮(上)

特例：[ǐu]→[wi](脂)：[k]宄氿軌簋匭晷(上)，[g]馗逵犼頯(平)

[ǐu]→[ǐu](虞)：[p‘]孚莩殍桴俘稃罦(平)

四合[iu](舌齒)→[ieu](蕭)：[t]雕彫鵰凋(平)，鳥蔦(上)、蔦(去)，[t‘]蓨(平)、寱(上)，[d]條鰷篠鋚蜩調(平)、莜調(去)，[l]翏漻廖寥憀聊(平)、蓼(上)，[s]蕭簫蟰瀟橚翛(平)、篠(上)、嘯(去)，[k]叫(去)，[Ø]怮(平)、窈鴢(上)

四合[iu](唇喉)→[iəu](幽)：[p]彪髟(平)，[b]滮淲(平)，[m]鷚繆(平)、繆謬(去)，[l]鏐(平)，[k]朻疝樛(平)、赳糾(上)，[k‘]䠓(去)，[g]觓觩璆蟉鷚(平)、蟉(上)，[x]烋(平)，[Ø]幽幽呦(平)、蚴黝(上)、幼(去)

幽部在兩漢時候開始分成兩部分，大部分保存[u]的讀音，“褎、包、琱”等字轉入宵部(即《切韻》豪、肴、蕭三韻中的部分字)。六朝以後開始全面分化。一等入豪韻，二等入肴韻，三等大部分入尤韻，部分牙音字入脂韻，少數滂母字入虞韻(與尤韻字重出)，我們還找不出其中的條件。

5. 覺部的發展

覺部包括短入一、二、三、四等 4 個韻母，中古分別變入《切韻》沃、覺、屋、錫 4 韻；長入包括一、二、三等 3 個韻母，中古分別變入《切韻》號、效、宥 3 韻。就是：

一合[ŭk]→[uok](沃)：[m]瑁萺楣娼，[t]督竺篤，[d]毒瑇纛，[s]褻，[k]告祰梏部，[k‘]酷嚳，[ɣ]鵠

二合[oŭk]→[ɔk](覺)：[p‘]靶颮，[b]雹鮑鰒，[k]覺，[k‘]硞，[ŋ]礐，[ɣ]學礐

三合[ǐŭk]→[ǐuk](屋)：[p]腹複輹鍑，[p‘]蝮覆覆，[b]复復鰒輹馥，[m]萺目𥄳穆睦，[j]鬻育毓遒淯，[n]忸衄，[l]六蓼僇勠戮穋坴稑陸，[ʈ]竹筑茿竺築，[ʈ‘]蓄

蓫蠹，[ȡ]筑柚舳妯軸逐蓫，[tɕ]粥鬻粥祝柷，[tɕʻ]琡俶柷，[ɕ]倏儵尗叔菽篴，[ʑ]淑孰熟塾，[ȵʑ]肉衄，[ts]蹴啾踧蹙顣，[tsʻ]蹴，[s]夙宿蓿肅鷫潚蟰，[tʃʻ]蓄，[ʃ]縮莤，[k]匊掬踘趜鞠菊鞠臼，[kʻ]麴鞠，[g]趜鞠，[x]畜蓄慉嫱瞐，[Ø]噢澳燠墺隩懊

特例：[ĭŭk]→[ĭək]（職）：[b]愎

[ĭŭk]→[ĭwok]（燭）：[x]旭勖

四合[iŭk]→[iek]（錫）：[tʻ]倜蓨，[d]蓧滌迪笛邮踧覿，[n]惄，[tsʻ]戚慼慽，[dz]寂

以上是覺部短入的發展，中古仍爲入聲。

一合[ūk]→[ɑu]（号）：[d]纛，[ts]竈，[k]告誥郜窖，[kʻ]靠，[Ø]奥隩澳墺燠懊

二合[oūk]→[au]（效）：[k]窖覺，[ɤ]斆

三合[ĭūk]→[ĭəu]（宥）：[p]鍑，[pʻ]覆，[b]復複覆椱，[ȶʻ]畜，[tɕ]祝呪（咒），[ts]僦，[dz]就鷲

以上是覺部長入的發展。中古輔音韻尾[-k]消失，變爲去聲。

6. 冬部的發展

冬部是從侵部合口分化出來的，包括一、二、三等 3 個韻母，中古分別變入《切韻》冬、江、東 3 個韻。就是：

一合[uŋ]→[uoŋ]（冬）：[t]冬苳(平)，[tʻ]炵(平)，統(上)，[d]彤疼佟憹爞(平)，[n]農膿噥獿(平)，[ts]宗(平)、綜(去)，[dz]潨琮賨淙悰鬃(平)，[s]宋(去)，[ɤ]洚(平)

二合[ouŋ]→[ɔŋ]（江）：[dʒ]淙鬃(平)，[k]洚絳降(去)，[ɤ]夅栙洚降(平)

三合[ĭuŋ]→[ĭuŋ]（東）：[j]融彤(平)，[l]隆癃窿(平)，[ȶ]中忠衷(平)、中衷(去)，[ȶʻ]忡盅(平)，[ȡ]蟲爞沖种盅翀(平)、仲(去)，[tɕ]終蔠螽衆螽潨(平)、衆(去)，[tɕʻ]充茺(平)，[ȵʑ]戎絨茙(平)，[dz]潨(平)，[dʒ]崇(平)，[ʃ]娀崧(平)，[k]躳(躬)宫(平)，[kʻ]穹芎(平)，[g]窮藭(平)，[x]齅趜(去)

特例：[ĭuŋ]→[ĭwoŋ]（鍾）：[n]襛穠濃醲(平)，[ȵʑ]襛(平)

*　　*　　*　　*

總上所述，幽、覺、冬三部的發展及其關係可以表示如下表：

幽　部	覺　部		冬　部
	短　入	長　入	
一合[u]-[ɑu](豪)	[ŭk]-[uok](沃)	[ūk]-[ɑu](號)	[uŋ]-[uoŋ](冬)
二合[ou]-[au](肴)	[oŭk]-[ɔk](覺)	[oūk]-[au](效)	[ouŋ]-[ɔŋ](江)
三合[ǐu]-[ǐəu](尤)	[ǐŭk]-[ǐuk](屋)	[ǐūk]-[ǐəu](宥)	[ǐuŋ]-[ǐuŋ](東)
四合[iu]{(舌齒)→[ieu](蕭) (脣喉)→[iəu](幽)	[iŭk]-[iek](錫)		

三、宵、藥兩部的發展

上古宵、藥兩部主要元音是[o],只有開口,没有合口。宵部無韻尾,藥部有韻尾[-k],没有相配的陽聲韻。兩部陰、入對轉,《詩經》裏可以通韻,如《周南·關雎》五章"芼、樂"韻,《小雅·正月》十一章"沼、樂、炤、虐"韻,《大雅·抑》十一章"昭、樂、懆、藐、教、虐、耄"韻(有黑點的是藥部字)。諧聲字也多相通。例如"肖"聲"宵、消"在宵部,"削"在藥部;"高"聲的"蒿"在宵部,"熇、翯"在藥部;等等。在發展中兩部也互相對應。

7. 宵部的發展

宵部包括一、二、三、四等4個韻母,中古分别變入《切韻》豪、肴、宵、蕭4韻。就是:

一開[o]→[ɑu](豪):[p‘]藨(醋莓)(平),[m]毛芼旄髦氂(平)、毛眊芼耄(去),[t]刀忉(平)、倒(上)、到菿倒(去),[t‘]叨饕弢洮挑(平),[d]鞀鼗鞉咷逃桃駣(平)、駣(上)、盜(上),[n]腦惱嫐(上),[l]勞涝簩(平)、潦橑獠簝轑(上)、勞癆涝潦(去),[ts]澡璪繰藻璅繅(上)、躁(去),[ts‘]操(平)、懆(上)、操(去),[s]繅繰臊(平)、燥(上)、喿譟噪(去),[k]羔高膏(平)、杲菒(乾草)槀稾稾(稿)縞(上)、縞膏(去),[k‘]槁薧(上)、犒稾(去),[ŋ]敖遨嗷嶅獒螯熬嫯囂(平)、傲謷嫯奡(去),[x]蒿薧(平)、秏耗(去),[ɣ]號豪毫濠壕(平)、顥灝滈鎬(上)、號(去),[ø]麃鏕爊(平)、夭芺(上)

二開[eo]→[au](肴):[b]麃(平)、[m]媌貓(平)、緢(去),[n]呶怓橈譊鐃撓(平),[ȶ]嘲(平),[ȡ]秭(平),[tʃ]摷(平),[tʃ‘]抄鈔(平)、炒吵(上)、耖抄鈔(去),[dʒ]巢橾勦(平),[ʃ]梢捎綃蛸筲(平)、稍潲(去),[k]教交茭鵁郊佼鮫蛟(平)、佼姣狡絞(上)、教校挍較(去),[k‘]敲磽墝(平)、敲(去),[ŋ]聱謷(平)、齩(上)、磽(去),[x]嗃(平)、嗃詨(去),[ɣ]爻肴餚殽淆

崤(平)、佼(上)、校效効傚(去)

三開[ǐo]→[ǐɛu](宵):[p]標熛幖猋飆杓(甫遥切)臕藨穮瀌儦鑣(甫嬌切)(平)、表(陂矯切)標(方小切)(上)、驃(去),[p‘]票僄嘌瞟嫖摽漂飄鏢犥杓(平)、縹瞟醥犥(敷沼切)麃(滂表切)(上)、僄剽漂嫖慓驃勡(去),[b]瓢剽飄螵(平)、摽膘鰾(符小切)藨(平表切)(上)、驃(去),[m]苗貓(平)、眇渺杪秒淼(上)、妙廟(去),[j]摇猺謠窯遥瑶嗂愮傜繇鷂颻姚珧銚恌軺(平)、鷂摇(去),[l]燎(平)、璙僚燎憭繚(上)、尞燎鷯瘵(去),[ȶ]朝鼂(平),[ȶ‘]超怊(平),[ȡ]朝鼂潮(平),肁肇肈趙兆旐狣(上),召(去),[tɕ]釗昭招鉊(平)、沼菬(上)、詔炤照(去),[tɕ‘]怊弨(平),[ɕ]燒(平)、少(上)、少燒(去),[ʑ]韶軺(平)、紹袑(上)、召劭邵(去),[ȵʑ]蕘饒橈蟯(平)、嬈繞遶(上)、饒繞(去),[ts]焦蕉噍鷦燋醮(平)、勦勦剿灂(上)、醮樵潐(去),[ts‘]悄(上)、俏峭陗哨(去),[dz]樵憔譙顦劁鐎(平)、誚噍劁(去),[s]消宵霄逍綃捎銷蛸魈(平)、小(上)、笑肖鞘(去),[k]喬鷮嬌驕(平)、矯嬌蟜蹻(上),[k‘]蹻蹺趬(去遥切)橇趫(起囂切)(平)、趬(去),[g]喬嶠橋僑鷮(去嬌切)翹(渠遥切)(平)、翹(去),[x]囂枵呺獢(平),[ɣ]鴞鄗(平),[ø]要腰喓葽蟯(於霄切)夭祆妖(於喬切)(平)、要葽(去)

四開[io]→[ieu](蕭):[t]貂蛁刁芀(平),[t‘]佻祧恌朓挑越銚(平)、朓(上)、跳眺越咷覜芀(去),[d]芀苕迢髫齠佻越跳(平)、窕誂挑(上)、銚(去),[n]嬈裹梟嫋(上),[l]遼僚撩寮鐐簝蟟嘹繚鷯嫽獠橑憭膫膋料(平)、瞭了繚憭撩(上)、料嫽嘹鐐(去),[k]釗澆驍梟邀徼(平)、皎皦佼皦繳璬儌(上)、敫徼噭激(去),[k‘]墽鄡(平)、磽(上)、竅撽(去),[ŋ]垚堯僥嶢(平),獟澆(去),[x]嘵膮(平)、曉皢(上)、嬈(去),[ɣ]皛(上),[ø]幺葽(平)、杳窅葽(上)、窔(去)

宵部在兩漢時期元音没有變化,但範圍擴大,一部分幽部字轉入宵部,宋齊開始進一步分化。

8. 藥部的發展

藥部包括短入一、二、三、四等 4 個韻母,中古變入《切韻》鐸、覺、藥、錫 4 韻,還有少數位入沃、屋兩韻;長入也是 4 個韻母,中古長入韻尾[-k]消失,變入號、效、笑、嘯 4 韻,與宵部去聲合而爲一。就是:

一開[ŏk]→[ak](鐸):[p]襮爆,[l]樂瓅濼轢蹀,[ts]鑿鑿,[dz]鑿,[x]熇嗃鄗脽,[ɣ]鶴騅

特例:[ŏk]→[uok](沃):[p]襮爆,[l]濼,[k]秏,[x]熇臛,[ɣ]翯隺睢熢,[ø]沃鋈渋

[ŏk]→[uk](屋):[p]瀑,[p‘]濼,[b]暴曝瀑,[l]濼,[ts]鑿,[x]熇膗

其中"熇、膗、濼"等字在屋、沃、鐸三韻重出,可見它們的讀音不太穩定。

二開[eŏk]→[ɔk](覺):[p]駮駁爆瀑曝,[p‘]瞀撲,[b]瞀犦瀑撲,[m]眊皃貌邈藐懇,[n]掉搦觸(屋角),[l]犖,[ȶ]菿卓倬晫,[ȶ‘]晫趠逴踔,[ȡ]濯擢嬥,[tʃ]穛穱篧,[dʒ]篧汋灂,[ʃ]箾㪿,[k]較較榷推傕,[k‘]敲墧碻確推,[ŋ]樂犨,[x]翯滈,[ɣ]翯皠,[Ø]箹葯

三開[ĭŏk]→[ĭak](藥):[j]藥櫟(櫟陽,縣名)礿龠籥蘥禴爚瀹鑰躍,[l]擽,[ȶ]芍,[tɕ]勺妁灼酌繳焯糕,[tɕ‘]婥綽,[ɕ]鑠爍,[ʑ]勺妁杓芍汋,[ȵʑ]弱蒻溺,[ts]雀爵爝燋皭,[dz]嚼爝皭,[s]削,[k]蹻屩,[ŋ]虐瘧,[x]謔,[ø]約葯

四開[iŏk]→[iek](錫):[t]弔逷的芍馰杓扚皭,[t‘]趯籊,[d]翟糴耀籊,[n]溺休惄,[l]櫟礫濼轢躒,[k]敫激獥竅,[k‘]擊燩,[ɣ]檄獥薂鷩

以上是藥部短入的發展。中古仍是入聲。

一開[ōk]→[ɑu](號):[b]暴曝瀑虣,[d]悼

二開[eōk]→[au](效):[b]爆豹皭,[m]皃貌,[n]淖,[ȶ]罩鵫罹,[ȶ‘]趠踔,[ȡ]棹櫂濯,[s]㪿,[ŋ]樂,[Ø]箹

三開[ĭōk]→[ĭɛu](笑):[j]燿曜耀,[ts]爝嚼釂,[ø]約

特例:[ĭōk]→[ĭu](遇):[j]籲

四開[iōk]→[ieu](嘯):[t]釣弔逷,[t‘]糶,[d]掉嬥藋,[n]溺尿,[l]尥,[k]激

以上是藥部長入的發展。中古輔音韻尾消失,變爲去聲。

* * * *

總上所述,宵、藥兩部的發展及其關係可以表示如下表:

宵　部	藥　部	
	短　入	長　入
一開[o]—[ɑu](豪)	[ŏk]—[ak](鐸)	[ōk]—[ɑu](号)
二開[eo]—[au](肴)	[eŏk]—[ɔk](覺)	[eōk]—[au](效)
三開[ĭo]—[ĭɛu](宵)	[ĭŏk]—[ĭak](藥)	[ĭōk]—[ĭɛu](笑)
四開[io]—[ieu](蕭)	[iŏk]—[iek](錫)	[iōk]—[ieu](嘯)

藥部一等短入中古變爲《切韻》鐸韻,長入[-k]尾消失,變入去聲号韻,與陰聲一等豪韻去聲合流。二等短入中古變爲《切韻》覺韻,長入[-k]尾消失,變入去聲效

韻，與陰聲二等肴韻的去聲合流。三等短入中古變爲《切韻》藥韻，長入尾[-k]消失，變入去聲笑韻，與陰聲三等宵韻的去聲合流。四等短入中古變爲《切韻》錫韻，長入[-k]尾消失，變入去聲嘯韻，與陰聲四等蕭韻的去聲合流。

四、侯、屋、東三部的發展

上古侯、屋、東三部主要元音是[ɔ]，只有開口，没有合口。韻尾分别爲[Ø][-k][-ŋ]。三部陰、陽、入對轉。《詩經》可以通韻。如《小雅・角弓》六章"木、附、屬"、《大雅・桑柔》十二章"谷、穀、垢"是侯、屋通韻，《大雅・瞻卬》七章"後、鞏、後"是侯、東通韻（有黑點的是侯部字）。諧聲字也有相通的。如"敄"聲侯部有"務、霧、婺"，屋部有"楘、鶩"；"冓"聲侯部有"溝、構"，東部有"講"；"禺"聲侯部有"遇、隅、偶"，東部有"喁、顒"等等。它們在發展中互相對應。

9. 侯部的發展

侯部包括一、二、三等 3 個韻母，中古分别變爲《切韻》中的侯、尤、虞 3 韻。就是：

一開[ɔ]→[əu]（侯）：[b]䞤(平)，[m]瞀蓩(去)，[t]兜篼(平)、斗枓抖陡(上)、鬥逗(去)，[t']媮偷(平)、妵鳿黈(上)，[d]頭投殶揄窬緰(平)、揄鳿(上)、豆梪餖荳逗脰窬竇(去)，[n]獳䰭(平)、溇(上)，[l]謱婁蔞樓僂褸瞜螻摟艛剅(平)、塿簍謱嶁(上)、鏤僂瘻(去)，[ts]陬掫緅棷(平)、走(上)、走(去)，[ts']取趣棷(上)，[dz]鯫(平)、鯫(上)，[s]涑(平)、藪籔擻棷駷(上)，[k]句鉤鴝枸軥冓溝篝韝緱(平)、苟笱耇狗岣枸(上)、句雊軥冓構搆遘購覯媾姤詬垢(去)，[k']摳彄韝(平)、口叩扣(上)、扣(叩)訽宼簆(去)，[ŋ]齵(平)、偶耦藕(上)、偶(去)，[x]齁(平)、吼(呼后切)、詬(呼侯切)(上)、訽佝(去)，[ɣ]侯猴喉糇餱篌猴鍭骺(平)、厚後郈后(上)、候鍭堠後厚后逅(去)，[Ø]區謳蓲歐嘔漚甌福軀鷗(平)、歐毆嘔塸福(上)、福漚(去)

特例：[ɔ]→[uɑ]（過）：[n]懦(去)

二開[eɔ]→[ĭəu]（尤）：[m]蝥鍪髳(平)，[ȶ]咮(平)、晝(去)，[tʃ]鄒騶菆陬鄹緅(平)、掫(上)、皺縐(去)，[dʒ]驟(去)

三開[ĭɔ]→[ĭu]（虞）：[p]柎跗(平)、府俯腑(上)、付駙(去)，[p']泭紨(平)、拊弣(上)，[b]鳧符泭坿(平)、腐(上)、跗駙鮒坿附(去)，[m]蝥(平)、敄侮(上)、敄務婺蝥霧鶩鶩嵍(去)，[j]俞渝逾踰榆羭窬愉褕揄婾瑜覦臾腴諛萸(平)、庾楰瘉愈貐(上)、諭喻(去)，[l]婁膢瘻艛摟鏤(平)、嶁簍謱僂褸溇縷(上)、屢(去)，[ȶ]誅株邾蛛鼄(平)、柱拄(上)、壴咮住駐註鉒(去),[ʈʻ]貙(平),[ɖ]廚躕(平)、柱(上)、住逗(去),[tɕ]朱侏珠咮硃(平)、主炷麈枓(上)、注註炷蛀澍羿(去),[tɕʻ]姝袾婌樞(平),[ɕ]輸隃(平)、輸戍(去),[ʑ]茱殊洙銖殳杸(平)、豎裋樹(上)、尌樹澍(去),[ȵʑ]儒襦嚅臑濡懦嬬繻(平)、乳擩(上)、孺擩(去),[ts]諏娵掫陬(平)、緅(去),[tsʻ]趨趍䱟(平)、取(上)、娶趣(去),[dz]聚(上)、冣聚(去),[s]須鬚嬃頾需繻隃綸娶(平)、須(上),[tʃ]傷搊(平)、縐(去),[tʃʻ]芻犓(平)、菆(去),[dʒ]雛鶵(平)、騶驟(去),[ʃ]樕(平)、數籔(上)、數(去),[k]拘峋痀駒眗俱(平)、枸椇蒟(上)、屨句絇蒟(去),[kʻ]區軀驅毆嶇摳(平)、竘(上)、驅(去),[g]句雊鴝劬朐姁絇(平)、窶貗(上)、具埧(去),[ŋ]禺嵎愚湡鰅娛隅齵(平)、禺遇寓嵎(去),[x]姁(平)、煦姁(上)、昫姁煦呴酗酗(去),[ø]蓲樞(平)、傴(上)、饇嫗蓲(去)

侯部的分化兩漢時期已比較明顯。一部分侯部字與幽部相合,如《茅山父老歌》"流、頭、周、憂、遊"韻,張衡《歸田賦》"丘、流、鉤、鰡"韻(有黑點的是侯部字,下同),《釋名》"洲,注也""丘,聚也"侯、幽兩部字構成聲訓。一部分侯部字與魚部相合。如漢靈帝劉宏《招商歌》"渠、舒、餘、嵬、踰"韻,辛延年《羽林郎》"奴、都、胡、壚、襦、珠、無、餘、廬、躕、壺、魚、裾、軀、夫、踰、區"韻,古詩《陌上桑》"隅、樓、敷、隅、鉤、珠、襦、鬚、頭、鋤、敷"韻,傅亮《喜雨賦》"娛、余、濡、巫、雩、烏、隅、區、塗、蔬、衢、魚、虞、疎"韻,等等①。

10. 屋部的發展

上古屋部包括短入一、二、三等 3 韻母,中古分別變爲《切韻》中的屋、覺、燭 3 韻,長入一三等兩個韻母,中古[-k]尾消失,變爲去聲與侯、虞兩韻的去聲合流。就是:

一開[ɔk]→[uk](屋):[p]卜樸𦣝轐蹼纀襆濮,[pʻ]攴撲醭撲墣,[b]菐僕樸,[m]木沐霂楘鞏鶩帑務,[t]啄,[tʻ]禿,[d]犢讀讟櫝殰牘黷瀆嬻匵獨襩髑韣,[l]録祿簶睩淥娽碌鹿摝漉麓簏谷,[ts]鏃,[tsʻ]梀蔟簇磃瘯,[dz]族,[s]速遫梀涑蔌楝嗽,[k]谷䐗穀縠轂玨嗀,[kʻ]哭嗀殼,[x]嗀瀫,[ɣ]斛槲觳縠,[ø]屋剭

二開[eɔk]→[ɔk](覺):[p]剥,[pʻ]攴璞墣樸,[b]樸撲,[m]瞀,[ʈ]琢啄椓涿諑斲噣斀,[ɖ]濁鐲,[tʃ]捉,[tʃʻ]娕娖擉,[dʒ]浞籗,[ʃ]數欶嗽,[k]角桷斠玨瑴,

① 《睡虎地秦墓竹簡·日書甲種》:"月生五日曰杵,九日曰舉,十二日曰見莫取,十四日曰奊(謑)訽,十五日曰臣代主。代主及奊(謑)訽,不可取妻。"其中"杵、舉、取、訽、主"爲韻,"杵、舉"是魚部字,"取、訽、主"是侯部字。可見早在戰國後期,侯部一些字已轉入魚部。漢代這一趨勢更明顯。

[k‘]殼觳慤確埆，[ŋ]嶽岳鸑，[x]設，[ɣ]確，[Ø]渥握喔幄偓

三開[ĭɔk]→[ĭwok](燭)：[j]谷欲鵒慾浴，[l]菉淥綠錄醁籙娽碌，[ȶ]孎斸钃欘瘃，[ȶ‘]楝豕亍，[ȡ]蠋躅蠾，[tɕ]燭蠋囑屬，[tɕ‘]觸犅，[dʑ]贖，[ɕ]束，[ʑ]蜀韣鐲蠋屬襡躅，[ȵʑ]辱蓐溽縟褥，[ts]足哫，[ts‘]促娖誎，[s]粟涑，[z]俗續藚，[k]梮挶鞏拲棊，[k‘]曲，[g]局跼侷，[ŋ]玉獄頊，[x]頊

以上是屋部短入的發展，中古仍爲入聲。

一开[ɔk]→[əu](侯)：[t]襡噣，[d]竇，[n]耨槈鎒，[ts]奏，[ts‘]蔟嗾腠湊輳楱，[dz]楱，[s]欶嗽漱嗾，[k]彀，[k‘]觳彀

三開[ĭɔk]→[ĭu](遇)：[p‘]赴仆訃，[j]裕籲，[ts]足，[ʃ]捒

特例：[ĭɔk]→[ĭəu](宥)：[ʃ]漱

以上是屋部長入的發展，中古輔音韻尾-k 消失，變爲去聲。

11. 東部的發展

上古東部包括一、二、三等 3 個韻母，中古分別變爲《切韻》中的東、江、鍾 3 韻。就是：

一開[ɔŋ]→[uŋ](東)：[p]琫菶俸綦(小兒皮屨)(上)，[b]蓬篷蜂稀(平)、菶唪(上)，[m]冡蒙幪醂曚朦饛濛蠓罞髳雺霿(平)、濛蠓鸏曚朦(上)、幏霿艨(去)，[t]東涷湅蝀(平)、董蝀(上)、棟凍湅湩(去)，[t‘]通俑侗恫曈(平)、桶侗曈(上)、痛(去)，[d]童橦董穜罿僮潼曈瞳同衕筒桐侗洞銅箽(平)、動姛桶(上)、筒恫洞衕慟(去)，[l]瓏蘢嚨朧襱礱瀧聾豅(平)、籠襱攏嚨(上)、弄梇(去)，[ts]翪葼嵕鬷椶艐緵豵(平)、鬷猣熜總捴傯(上)、翪緵糉傯(去)，[ts‘]囪悤(怱)蔥(葱)驄(騘)聰(平)，[dz]叢藂(平)，[s]送(去)，[k]工功攻釭公蚣(平)、貢虹贛(去)，[k‘]空悾倥箜(平)、孔倥(上)、空控悾倥(去)，[x]烘(平)，[ɣ]訌紅葒虹鴻洪(平)、澒鴻(上)、鬨哄烘(去)，[Ø]翁蓊螉(平)、滃塕蓊(上)、瓮甕(去)

特例[ɔŋ]→[uoŋ](冬)：[t‘]統(上)

二開[eɔŋ]→[ɔŋ](江)：[p]邦梆(平)、紺綦(上)，[p‘]胮髈(平)，[b]龐逄(平)、玤蚌蜯棒(上)，[m]尨厖駹(平)，[l]瀧(平)，[ȶ]椿(平)，戇(去)，[ȶ‘]惷(平)，[ȡ]噇幢橦撞(平)、幢憧撞(去)，[tʃ‘]囪窗(平)，[dʒ]淙鬃(平)，[ʃ]雙僕(平)，[k]江杠矼扛肛釭(平)、講耩(上)、虹(去)，[k‘]腔控涳悾跫(平)，[x]舡肛(平)，[ɣ]缸(平)、項銗(上)、鬨巷(去)，[Ø]傖(上)

三開[ĭɔŋ]→[ĭwoŋ](鍾)：[p]封葑(平)、封葑(去)，[p‘]丰峰徭桻烽蠭蜂妦鋒(平)、

捧(上)，[b]夆捀逢縫襚(平)、奉唪(上)、俸縫摓(去)，[j]庸鄘傭墉滽鏞容蓉鎔溶(平)、甬踴俑逿勇涌蛹傛(上)、用(去)，[l]龍蘢籠(平)、壠壟隴(上)，[ȶ]冢塚(上)，湩(去)，[ȶ']蹱傭(平)、寵(上)、惷蹱(去)，[ȡ]重緟穜(平)、重緟(去)，[tɕ]鐘鍾橦伀蚣舡(平)、腫種喠踵(上)、種(去)，[tɕ']罿憧潼幢(平)，[ɕ]舂惷(平)，[ʑ]鏞慵(平)、瘇尰(上)，[ȵʑ]茸(平)、冗氄鼠(上)、鞲(去)，[ts]樅蹤縱豵(平)、縱瘲(去)，[ts']從樅鏦鬆(平)，[dz]从從(平)、從(去)，[s]蜙淞凇鬆(平)、慫聳㥲(㥲)竦悚(上)，[z]松淞訟(平)、訟頌誦(去)，[k]廾共供恭珙龔(平)、廾拱珙栱輁拲蛬蛬拜䂬碧巩(上)、供龏(去)，[k']銎(平)、恐(上)、恐(去)，[g]邛蛩蛬(平)、共(去)，[ŋ]喁顒鰅(平)，[x]凶匈胸訩汹兇銎(平)、凶洶詾(上)，[ø]邕雝廱癰雍壅饔饔(平)、擁壅(上)、雍壅灉(去)

特例：[ĭɔŋ]→[ĭuŋ](東)：[p']豐酆灃(上)，[tɕ']充茺(平)

漢代東部基本上保存先秦的面貌。宋齊以後，開始發生變化，二等字主要元音仍然是[ɔ]，一、三等字元音的開口度變小了。

*　　*　　*　　*

總上所述，侯、屋、東三部的發展及其關係可以表示如下表：

侯　部	屋　部		東　部
	短　入	長　入	
一開[ɔ]—[əu](侯)	[ɔk]—[uk](屋)	[ɔk]—[əu](侯)	[ɔŋ]—[uŋ](東)
二開[eɔ]—[ĭəu](尤)	[eɔk]—[ɔk](覺)		[eɔŋ]—[ɔŋ](江)
三開[ĭɔ]—[ĭu](虞)	[ĭɔk]—[ĭwok](燭)	[ĭɔk]—[ĭu](遇)	[ĭɔŋ]—[ĭwoŋ](鍾)

屋部一等短入中古爲《切韻》屋韻，與陽聲東韻相配；一等長入[-k]尾消失，變入去聲侯韻，與陰聲一等侯韻的去聲字合流。二等短入中古變爲《切韻》覺韻，與陽聲二等江韻相配，没有長入。三等短入中古變爲《切韻》燭韻，與陽聲三等鍾韻相配；長入[-k]尾消失，變入去聲遇韻，與陰聲三等虞韻的去聲合流。上古侯部有一些明母、知母和莊組字中古變入《切韻》尤韻，它們可能本是二等字，受介音影響變成三等。這樣侯、屋、東三部的對應關係是十分整齊的。

第五節　上古到中古漢語韻母系統的發展(二)

五、魚、鐸、陽三部的發展

上古魚、鐸、陽三部主要元音是[a]，韻尾分别爲[ø]、[-k]、[-ŋ]。開口、合口都全。三部陰、陽、入對轉。《詩經》裏魚鐸通韻的甚多，如《邶風・柏舟》二章"茹、據、愬、怒"韻，《小雅・六月》四章"茹、穫"韻，《大雅・皇矣》二章"椐、柘、路、固"韻，《周頌・載芟》"伯、旅"（有黑點的是鐸部字）。諧聲偏旁也有相通的，"尃"聲"溥、傅"在魚部，"博、搏"在鐸部；"豦"聲"據"在魚部，"噱、臄"在鐸部；茻聲的"莽"在魚部，又在陽部；等等。這三部在發展中也互相對應。

12. 魚部的發展

陰聲魚部包括一、二、三、四等 7 個韻母，中古分别變入《切韻》模、麻、魚、虞 4 韻。就是：

一開[a]→[u]（模）：[t]都闍(平)、肚睹覩晵堵帾賭(上)、妒(去)，[t']瘀稌(平)、土吐稌(上)、吐兔菟(去)，[d]畗圖徒菟瘏屠鄌荼塗涂途駼郐駼捈梌酴(平)、土杜肚(上)，[n]奴駑笯孥帑砮(平)、怒弩砮努(上)、怒笯(去)，[l]盧蘆櫨獹瀘矑鸕鱸籚廬艫顱黸旅攎纑壚鑪爐(平)、虜擄膚鏀鹵魯櫓(上)，[ts]租葅(平)、祖組葅(上)，[ts']粗麁麤(平)，[dz]徂退殂(平)、粗駔(上)，[s]穌蘇酥(平)、素嗉(去)，[k]沽姑蛄酤鴣辜橭鹽(平)、古詁罟估沽盬牯蠱賈(上)、故酤沽固菌痼棝錮雇顧(去)，[k']枯(平)、苦(上)、庫苦(去)，[ŋ]吾梧郚浯菩齬齬(平)、五伍午仵(上)、晤寤悟锫捂忤迕(去)，[x]呼評虖謼嘑滹葫(平)、滸虎琥戽(上)、謼戽(去)，[ɣ]乎虖胡瑚醐蝴湖葫鶘鬍(平)、户雇戽扈滬嵢雇祜岵怙酤楛婟(上)、互枑沍笠婟(去)，[Ø]於烏嗚瑦隖鄔惡(平)、隖鄔塢(上)、恶(去)

特例：[a]→[ɑ]（箇）：[k]个箇個(去)

一合[ua]→[u]（模）：[p]逋誧晡庯餔抪(平)、圃補譜(上)、布佈圃(去)，[p']痡鋪誧鬴(鯆)(平)、普浦溥誧(上)、怖悑鋪誧(去)，[b]蒲匍酺蒱(平)、薄(上)、哺餔捕步(去)，[m]謨膜模嫫摹摸(平)、莽(上)、暮(去)，[k]苽呱觚軱罛孤箛菰(平)、羖股鼓瞽(上)，[k']挎刳(平)、跨胯袴絝(去)，[ŋ]吴蜈鋘麌梧齬(平)、誤悞娱(去)，[x]幠膴(平)，[ɣ]瓠狐弧壺(平)、鄠洿(上)、瓠(去)，[Ø]汙洿杇(平)、汙(去)

二開[ea]→[a]（麻）：[p]巴豝芭鈀(平)、把(上)靶(去)，[p']皅葩鈀(平)、帊(去)，[b]杷(平)、杷耙跁皅(去)，[m]蟆(平)、馬罵(上)、禡罵(去)，[n]絮笯拏袈(平)、絮(上)，[ȶ]觰(平)、觰(上)，[ȡ]荼(茶)鄌蹗(平)，[tʃ]葅艫齟柤担(平)，[dʒ]苴(平)，[k]家葭豭瘕(平)、賈檟叚瘕瑕椵假斝(上)、賈價嫁稼假瘕(去)，[ŋ]吾衙牙芽枒(平)、雅庌疋(上)、訝犽迓枒齖(去)，

[x]煆(平)、襾①(上)、罅墉唬(去),[ɣ]瑕霞遐騢蝦蝦鰕(平)下夏厦(上)、下夏暇(去),[0]鴉鋞椏(平)、啞(上)、亞啞婭襾(覆也)(去)

二合[oa]→[wa](麻):[k]瓜(平)、寡(上),[k‘]夸姱誇胯跨(平)、跨骻(上)、跨胯(去),[x]華譁(平),[ɣ]華驊樺鏵譔(平)、華樺(去),[0]窊(平)

三開[ĭa]→[ĭo](魚):[j]舁輿與璵譽旟鸒予妤伃余餘畬艅騟狳(平)、歟予與与萸(上)、與輿穥萸譽歟鸒豫預蕷澦(去),[n]帤挐袽(平)、女(上)、女絮(姓也)(去),[l]閭櫚藘臚蘆廬驢(平)、吕侣梠梠旅膂簇(上)、慮鑢櫖(去),[ţ]豬潴藸櫫(平)、貯褚著(上)、著箸(去),[ţ‘]攄樗摴(平)、楮(杼)褚(上)、絮(和調食也)(去),[ȡ]宁儲藸除涂滁篨篨躇屠(平)、苧杼宁眝佇竚芧紵(上)、箸筯除(去),[tɕ]諸藷櫧(平)、煮鬻渚陼(上)、翥(去),[tɕ‘]杵處(相處)(上)、處(處所)(去),[dʑ]抒杼紓(平),[ɕ]書舒紓(平)、黍鼠暑(上)、恕(去),[ʑ]蜍(平)、野墅(上)、署曙薯藷(去),[ȵʑ]如茹洳駕(平)、汝(上)、如茹洳(去),[ts]且苴沮蛆(平)、苴咀(上)、怚沮(去),[ts‘]趄苴雎鴡疽伹岨砠狙沮蛆葙(平)、覰(去),[dz]咀怚沮祖(上),[s]胥諝楈蝑揟湑萸(平)、胥惰楈稰糈諝湑(上)、絮(去),[z]徐郤俆(平)、序抒敘漵緒萸嶼鱮(上),[tʃ]柤担沮菹(平)、組阻(上)、詛阻(去),[tʃ‘]初(平)、楚礎(上),[dʒ]鋤耡鉏(平)、鉏齟(上)、助(去),[ʃ]疋疏疎蔬梳(平)、所糈疋盨(上)、疏(去),[k]居琚腒椐裾据車凥(平)、舉柜莒筥簴(上)、踞椐倨鋸豦據鐻(去),[k‘]虚墟椐胠袪(平)、去(上)、去胠(去),[g]渠蕖磲腒豦簴蘧籧蘧璩醵鐻(平)、巨詎苣距拒秬炬鉅虡鐻蘧(上)、詎遽勮醵(去),[ŋ]魚漁鋙齬衙(平)、語敔圄衙齬鋙圉禦(上)、御馭語(去),[x]虚嘘歔(平)、許鄦(上)、嘘(去),[0]於淤(平)、扵(上)、淤菸瘀郻(去)

特例:[ĭa]→[iei](霽):[s]壻(去)

三合[ĭwa]→[ĭu](虞):[p]夫袪趺玞鈇肤膚簠(平)、父斧甫莆脯簠俌(上)、傅搏賦(去),[p‘]専敷痡鋪敹(平)、撫俌(上)、簠(去),[b]夫芙枎扶蚨榑(平)、父釜鬴(上)、賻(去),[m]无無蕪膴羆憮毋巫誣莁(平)、武鵡娬珷(碔)舞儛廡憮潕嫵膴羆(上),[j]瓜窳(上),[k]眲奭枓(平)、萬踽楀矩榘(上)、眲瞿(去),[k‘]踽齲(上),[g]瞿鸜衢臞蘧(平)、懼臞(去),

① “襾,覆也。”“覆、覈、覂、賈”從此。

[ŋ]虞娱(平)、俣噳麌(上),[x]吁盱訏盱忏扜雩昋虖(平)、詡栩昋冔(上),[ɣj]于玗芋汙迂竽盂杅邘雩(平)、雨宇羽禹萬楀栩(上)、芋吁雨羽(去),[Ø]迂扜紆(平)

四開[ia]→[ĭa](麻):[j]邪耶釾鎁(平)、冶①野埜壄(上),[tɕ]遮(平)、者赭(上),[tɕʻ]車(平)、捨撦(上),[ɕ]奢賒畬(平)、舍捨(上)、舍騇(去),[ʑ]闍(平)、社(上),[ts]罝嫭怚袓(平)、姐抯(上),[tsʻ]且(上),[dz]査(平),[s]些(平)、寫瀉(上)、卸瀉蝑(去),[z]斜邪衺(平)、抯(上)

上古魚部的分化,漢代即開始。一、三等元音逐漸高化,二、四等"麻家華瓜耶車奢"等字轉入歌部,例如酈炎《見志詩》(之二)"波、柯、阿、嘉、華、沙、和、科"韻,古樂府《孤兒行》"芽、瓜、車、家、多"韻,蔡琰《胡笳十八拍》第二拍"家、涯、遐、沙、蛇、奢、嗟"韻(有黑點的是魚部字)。這些字六朝以后成爲《切韻》中的麻韻。

13. 鐸部的發展

上古鐸部短入包括一、二、三、四等 7 個韻母,中古分别變入《切韻》鐸、陌、藥、昔、錫 5 韻。長入包括一、二、四等 5 個韻母,中古[-k]尾消失,變爲去聲,與《切韻》模、麻韻的去聲合一。就是:

一開[ăk]→[ak](鐸):[p]博搏轉欂髆溥鎛簙,[pʻ]粕膊搏簙,[b]泊箔薄礴簿亳,[m]摸膜莫嘆寞瘼漠鏌幕,[tʻ]託侂拓橐柝蘀籜魄,[d]度剫踱仛鐸,[n]諾,[l]洛雒鵅駱落鮥絡銘烙酪,[ts]作柞迮鑿糳,[tsʻ]厝錯遣剒,[dz]昨飵柞怍秨酢筰笮鑿,[s]索,[k]各胳格閣袼,[kʻ]恪,[ŋ]噩咢蕚諤鶚鱷愕鄂㓵鍔,[x]壑郝蘈(火酷切),[ɣ]涸貉狢,[Ø]惡堊

一合[uăk]→[uak](鐸):[k]郭椁槨崞彉彍,[kʻ]廓鞹漷,[x]霍藿彉彍,[ɣ]穫鑊,[Ø]雘蠖臒

二開[eăk]→[ɐk](陌):[p]伯迫百柏,[pʻ]怕拍珀魄,[b]白帛,[m]伯陌洦貊貘貉嘆驀蓦,[ȶ]乇虴,[ȶʻ]坼,[ȡ]宅擇澤襗,[tʃ]迮笮窄浩譗蚱,[tʃʻ]柵籗,[dʒ]齚齰咋,[ʃ]索,[k]格茖骼鵅,[kʻ]客喀,[ŋ]額頟諮,[x]赫嚇,[ɣ]垎輅,[Ø]啞

① 《説文·仌部》:"冶,銷也,從仌,台聲。"段玉裁注:"聲蓋衍,台者悦也,仌台悦而化,會意。……或曰台,雙聲也,故以爲訓。"

特例:[eăk]→[æk](麥):[tʃʻ]矠

二合[oăk]→[wɐk](陌):[k]虢唬,[x]砉湱,[ɣ]嚄,[ø]擭韄

特例:[oăk]→[ɔk](覺):[ʃ]朔槊

三開 [ĭăk]→[ĭak](藥):[l]略掠路,[ȶ]著,[ȶʻ]婼蠚辵,[ȡ]著,[tɕ]斫,[ɕ]猲,[ȵʑ]若箬都惹叒,[tsʻ]舄鵲踖碏,[tʃ]斮,[k]郤(節也)脚,[kʻ]郤,[g]噱臄醵谷

三合[ĭwăk]→[ĭwak](藥):[b]縛,[k]矍躩玃攫彏钁,[kʻ]躩,[g]戄,[x]矆戄蠖彏,[ɣj]籆,[ø]彠臒嫕

四開[iăk](舌齒)→[ĭɛk](昔):[p]碧,[j]射亦弈奕腋液掖睪譯圛斁嶧驛懌繹襗,[ȶʻ]彳,[tɕ]隻炙摭拓蹠跖,[tɕʻ]尺斥赤郝,[dʑ]麝射,[ɕ]奭釋郝螫,[ʑ]石袥碩鼫祏,[ts]借踖跡迹,[tsʻ]皵,[dz]踖耤藉籍籍,[s]昔惜腊舄潟蕮,[z]席蓆夕穸汐

四開[iăk](牙喉)→[ĭɐk](陌):[k]戟撠丮,[kʻ]郤綌肣隙,[g]劇,[ŋ]屰逆,[x]虩

四開[iăk](唇)→[iek](錫):[m]冪

以上是鐸部短入的發展,中古仍是入聲。

一開[āk]→[u](暮):[m]莫暮慕墓募,[t]妬妒蠹蠹斁殬,[d]度渡斁,[l]路賂輅璐鷺潞露,[ts]作,[tsʻ]厝措錯醋,[dz]胙祚阼飵秨,[s]訴愬泝遡

一合[uāk]→[u](暮):[ɣ]護濩擭鑊,[ø]惡

二開[eāk]→[a](禡):[p]霸,[pʻ]怕,[m]鬞,[ȶ]吒妊咤,[ȶʻ]詫侘,[tʃ]詐笮咋,[dʒ]乍褯蜡,[kʻ]髂,[x]嚇

二合[oāk]→[wa](禡):[ɣ]樺鱯

四開[iāk]→[ĭa](禡):[j]夜射(僕射),[tɕ]炙柘蔗鷓,[dʑ]射麝,[ɕ]赦,[ts]借唶,[dz]藉褯,[z]謝榭

以上是鐸部長入的發展。没有三等字,四等没有合口字。中古輔音韻尾-k 消失,變爲去聲。

14. 陽部的發展

上古陽部包括一、二、三、四等 8 個韻母，中古分別變入《切韻》唐、庚、陽 3 韻。就是：

一開[aŋ]→[aŋ](唐)：[p]榜螃蒡(上)、艕謗搒螃(去)，[p‘]滂雱(平)，[b]旁傍膀蒡騯彷(平)、傍徬(去)，[m]芒邙萠忙茫(平)、莽蟒漭(上)、漭(去)，[t]當鐺(平)、黨讜(上)、當儅(去)，[t‘]湯蹋薚簜盪蝪闛鏜(平)、攩曭儻簜帑(上)、儻湯蕩盪(去)，[d]堂棠螳闛唐塘溏螗鎕磄(平)、蕩崵像潒盪逷踼(上)、宕碭蕩盪(去)，[n]囊(平)、曩(上)，[l]郎稂硠琅莨桹筤狼蜋鋃廊浪閬(平)、朗崀筤榔(上)、浪閬(去)，[ts]牂戕臧贓(平)、駔(上)、葬(去)，[ts‘]倉蒼滄滄(平)、蒼(上)，[dz]藏(平)、奘(上)、藏奘(去)，[s]桑喪(平)、顙(上)、喪(去)，[k]岡崗剛鋼綱犅亢迒(平)、吭骯(上)、鋼(去)，[k‘]康穅糠歋(平)、慷忼康骯(上)、亢頏伉犺炕抗閌(去)，[ŋ]卬昂枊駠(平)、駠(上)、枊駠(去)，[x]炕忼(平)，[ɣ]行桁胻杭頏吭航迒沆抗(平)、沆(上)、行吭(去)，[ø]鴦妜(平)、盎醠妜泱(上)、盎醠(去)

一合[uaŋ]→[uaŋ](唐)：[k]光侊洸桄(平)、广(廣)(上)、光桄(去)，[k‘]爌廣(上)、曠爌壙纊絖(去)，[x]巟荒流謊肓㠩(平)、慌爌謊(上)、荒(去)，[ɣ]黄璜簧潢蟥皇惶遑凰湟蝗煌篁鍠(平)、晃滉(上)、攩潢暀(去)，[ø]汪尪洸(平)、洼(上)、汪(去)

二開[eaŋ]→[ɐŋ](庚)：[p]騯祊鬃(平)、榜(去)，[p‘]烹亨澎(平)，[b]榜騯搒蒡彭澎蟚(平)、膨(去)，[m]盲蝱莔(平)、猛蜢艋(上)、孟盟萠(去)，[ȶ]趟(平)、倀趟(去)，[ȶ‘]倀瞠橖撐(平)、牚(去)，[ȡ]棖堂(平)、瑒(上)、瞕(去)，[tʃ‘]鎗槍鐺(平)，[k]更埂梗庚賡秔羹(平)、哽梗骾鯁綆埂(上)、更(去)，[k‘]阬坑(平)，[x]亨(平)，[ɣ]行珩桁胻衡蘅(平)、杏荇莕(上)、行胻(去)

二合[oaŋ]→[wɐŋ](庚)：[k]侊觵觥(平)、獷礦鑛(上)，[x]喤(平)，[ɣ]喤蝗瑝鍠横黌(平)

三開[ĭaŋ]→[ĭaŋ](陽)：[j]楊暘崵瘍煬揚陽鍚颺羊佯洋徉样(平)、養痒癢蛘(上)、恙羕漾煬瀁(去)，[n]娘孃瓤(平)、釀(去)，[l]良粮蜋踉糧量梁粱涼輬(平)、兩緉蜽魎(上)、量踉兩緉諒掠亮(去)，[ȶ]張粻餦漲(平)、長(上)、帳張脹漲(去)，[ȶ‘]倀(平)、昶(上)、帳鬯悵韔昶(去)，[ȡ]長萇場腸(平)、丈仗杖(上)、仗(去)，[tɕ]章樟璋彰漳鄣墇獐麞(平)、掌仉(上)、墇障嶂瘴(去)，[tɕʻ]昌菖倡猖閶(平)、僘敞(上)、唱倡(去)，[ɕ]傷殤湯饟螪商蔏(平)、賞饟鬺(上)、向鬺餉蠰饟螪傷殤(去)，[ʑ]常裳嘗甞償鱨尚徜(平)、上(上)、尚償(去)，[ȵʑ]穰蘘瀼禳攘孃鑲瓤(平)、壤穰攘(上)、讓攘(去)，[ts]將漿蔣螿牂(平)、獎蔣(上)、將醬(去)，[tsʻ]斨牄鏘蹡瑲鎗鶬搶槍蹌(平)、搶(上)、蹡(去)，[dz]爿牆嬙薔檣佯戕奘(平)、趞匠(去)，[s]襄驤纕鑲相箱葙湘緗(平)、想鮝(上)、相(去)，[z]祥洋(水名)詳翔庠痒(平)、象像潒蟓橡(去)，[tʃ]妝裝莊(平)、壯裝(去)，[tʃʻ]創瘡(平)、搶傖(上)、創刱愴滄(去)，[dʒ]牀床(平)、狀(去)，[ʃ]霜孀(平)、爽鷞(上)，[k]薑畕畺疆僵韁繮姜(平)、繦襁(上)、彊(去)，[kʻ]羌(平)、唴(去)，[g]强勥(平)、彊强勥弜誩(上)、弶(去)，[ŋ]卬(平)、仰卬(上)，[x]香皀鄉薌(平)、饗響鬺嚮享亯(上)、向嚮蠁鬺(去)，[ø]央鴦殃泱秧鉠霙(平)、鞅秧怏詇(上)、怏詇(去)

三合[ĭwaŋ]→[ĭwaŋ](陽)：[p]匚方坊肪枋邡(平)、昉放倣(上)、放舫(去)，[pʻ]芳妨(平)、仿紡髣彷(上)、訪妨邡(去)，[b]方坊魴防房肪(平)、防(去)，[m]亡芒邙蝱忘鋩望(平)、网罔蛧魍惘網輞(上)、忘妄望(去)，[k]獷(上)、誑(去)，[kʻ]匡筐眶恇(平)，[g]狂軖(平)、迋迂(上)、狂誆(去)，[x]怳詤(上)、貺況况(去)，[ɣj]王(平)、往暀(上)、旺暀王迋(去)，[ø]汪(平)、汪枉(上)

四開[iaŋ]→[ĭɐŋ](庚)：[p]兵(平)、丙怲(上)、柄怲(去)，[b]病(去)，[m]明盟(平)、皿(上)，[k]京(平)、景境(上)、竟鏡獍(去)，[kʻ]卿(平)、慶(去)，[g]鯨黥剠勍(平)、倞競誩(去)，[ŋ]迎(平)，[ø]英霙瑛(平)、影璟(上)、映詇(去)

四合[iwaŋ]→[ĭwɐŋ](庚)：[k]冏憬暻璟(上)，[x]兄(平)，[j]永(上)、泳咏詠(去)

陽部在漢代開始分化，“兵明盟萌彭病庚羹觵秔競卿慶迎兄亨衡横行英”等字轉入耕部，主要元音逐漸高化，其餘仍然保持低元音的狀態。

* * * *

總上所述，魚、鐸、陽三部的發展及其關係可以表示如下表：

魚部	鐸部		陽部
	短入	長入	
一 開[a]—[u](模) 合[ua]→[u](模)	[ăk]—[ak](鐸) [uăk]—[uak](鐸)	[āk]—[u](暮) [uāk]—[u](暮)	[aŋ]—[aŋ](唐) [uaŋ]—[uaŋ](唐)
二 開[ea]—[a](麻) 合[oa]—[wa](麻)	[eăk]—[ɐk](陌) [oăk]—[wɐk](陌)	[eāk]—[a](禡) [oāk]—[wa](禡)	[eaŋ]—[ɐŋ](庚) [oaŋ]—[wɐŋ](庚)
三 開[ĭa]—[ĭo](魚) 合[ĭwa]—[ĭu](虞)	[ĭăk]—[ĭak](藥) [ĭwăk]—[ĭwak](藥)		[ĭaŋ]—[ĭaŋ](陽) [ĭwaŋ]—[ĭwaŋ](陽)
四 開[ia]—[ĭa](麻) 合(缺)	[iăk] (舌齒)—[ĭɛk](昔) (牙喉)—[ĭɐk](陌) (脣)—[iek](錫)	[iāk]—[ĭa](禡)	[iaŋ]—[ĭɐŋ](庚) [iwaŋ]—[ĭwɐŋ](庚)

魚部一等元音逐漸高化，至中古都變成[u]，開口和合口合而爲一。鐸部一等短入中古變爲《切韻》鐸韻，與陽聲一等唐韻相配；長入[-k]尾消失，變入去聲暮韻，與陰聲一等模韻的去聲合流。二等短入中古變爲《切韻》陌韻，與陽聲庚韻二等相配；長入開口[-k]尾消失，變入去聲禡韻，與陰聲麻韻二等去聲合流。三等没有長入，短入中古變爲《切韻》藥韻，與陽部三等陽韻相配。四等短入按聲母的不同分别變入中古《切韻》三等陌韻、三等昔韻、四等錫韻。其中三等陌韻與陽聲三等庚韻相配。長入[-k]尾消失，變入去聲禡韻，與陰聲三等麻韻的去聲合流。

六、支、錫、耕三部的發展

上古支、錫、耕三部主要元音是[e]，韻尾分别爲[-ø]、[-k]、[-ŋ]。三部陰、陽、入對轉。《詩經》裏支、錫可通韻，如《魏風·葛屨》二章“提、辟、揥、刺”韻，《小雅·何人斯》六章“易、知、祇”韻（有黑點的是支部字）。諧聲字也有相通的，如“卑”聲支部有“俾、婢、裨”，錫部有“綼、椑（大棺）”；“兒”聲支部有“倪、霓、麑”，錫部有“鬩、鶂”；“冥”聲“溟、螟、瞑”在耕部，“蓂、慏”在錫部；“敻”聲，“瓊”在耕部，“觼”在錫部；等等。三部在發展中也互相對應。

15. 支部的發展

上古支部包括二、三、四等 6 個韻母，中古分别變入《切韻》佳、支、齊 3 韻。就是：

二開[e]→[ai]（佳）：[p]捭(上)，[pʻ]澼(去)，[b]牌郫郫澼(平)、猈(上)、稗粺(去)，[m]買(平)、買(上)、賣(去)，[n]誽(平)，[ȡ]廌豸(上)，[tʃ]批(上)，[dʒ]柴祡茈龇(平)、眥(去)，[ʃ]簁(平)、灑躧(上)、曬(去)，[k]佳街(平)、解薢(上)、解懈廨薢(去)，[ŋ]厓崖涯啀(平)、睚(去)，[x]謑(去)，[ɣ]鮭鞵膎(平)、解蟹澥(上)、解邂(去)，[ø]哇洼娃(平)

二合[oe]→[wai]（佳）：[k]䳏(上)、註卦挂罣(去)，[kʻ]絓(平)，[ɣ]蛙鼃(平)、觟(上)、註絓(去)，[ø]蛙鼃(平)

特例：[oe]→[wa]（麻）：[ø]洼窪娃(平)

三開[ǐe]→[ǐe]（支）：[p]卑椑鞞箄裨碑(平)、鞞髀箄俾(上)，[pʻ]諀(上)，[b]脾郫裨埤陴(平)、婢痺(上)，[m]弭渳(上)，[j]㔸(平)、孈㔸(上)、伿(去)，[l]麗酈驪纚鸝蠡劙(平)、邐(上)、癰(去)，[ȶ]知蜘(平)、智(去)，[ȶʻ]褫(上)，[ȡ]篪褫踟(平)、豸廌徥踶禔褫(上)[tɕ]支枝肢雉鳷氏衹巵只疻禔(平)、只咫軹紙坻抵砥(上)、忮伎寘(去)，[tɕʻ]豕(上)，[dʑ]舓(上)，[ɕ]豕(上)、翅雉翨(去)，[ʑ]禔堤匙提堤眂忯(平)，是媞禔氏跃(上)、豉鯷(去)，[ȵʑ]兒(平)，[ts]訾觜貲髭欪(平)、呰玼呰訿訾紫批(上)、欪(去)，[tsʻ]雌姕(平)、此佌跐泚(上)，[dz]玼疵疵(平)、眥胔髊(去)，[s]斯廝凘澌謕㴲褫(平)、徙葰(上)、澌(去)，[tʃ]齜(平)、批跐(上)，[ʃ]釃簁(平)、簁屣鞾灑躧纚釃(上)、灑曬屣(去)，[k]枳(上)、馶(去)，[kʻ]攱(平)、跂頍企(上)、跂吱蚑企(去)，[g]岐跂趍歧敊伎蚑馶衹芪疧蚔軝(平)、伎妓技(上)、芰䗁汥(去)，[ŋ]崖涯(平)、敲(上)

三合[ĭwe]→[ĭwe](支)：[j]欈蠵(平)、瘺(上)、瓗纗(去)，[ts]䐰(平)、觜粊(上)、欈(去)，[s]嶲(上)，[ʃ]韉(平)，[k]規(平)、庋庪(上)，[kʻ]窺闚(平)、跬趌頍(上)，[x]眭觿鑴(平)、孈(去)，[ø]媯(平)、恚(去)

特例：[ĭwe]→[wi](至)：[ts]欈(去)

四開[ie]→[iei](齊)：[p]箄(平)、鞞(上)，[pʻ]錍(平)、頼(上)、睥(去)，[b]椑鼙鞞(平)、萆髀(上)，[m]䌕(平)，[t]隄堤鞮(平)、堤(上)、蝭(去)，[tʻ]謕(平)、緹醍(上)，[d]提醍題媞緹隄虒嗁蹏蹄綈謕(平)、遞媞(上)、遞題踶(去)，[l]驪(平)、欐蠡蠡劙(上)、麗蘺儷欐酈劙(去)，[ts]呰(平)，[tsʻ]泚玼(上)，[dz]呰(上)、眥(去)，[s]嘶撕(平)，[k]雞鷄(平)，[kʻ]谿溪螇蹊(平)、啓棨晵綮(上)、肾啓(去)，[ŋ]兒倪霓齯猊蜺輗麑鯢婗(平)、掜䙋堄(上)、睨堄霓盻(去)，[x]醯(平)，[ɣ]兮奚蹊徯(平)、謑徯(上)、盻(去)

四合[iwe]→[iwei](齊)：[k]圭珪閨鮭窐(平)、桂罣(去)，[kʻ]刲奎鼃(平)，[ɣ]嶲觿攜懏纗蠵鑴窐畦眭鼃(平)，[ø]烓(平)

上古支部三等韻母爲[ĭe]，[ĭwe]，脂部三等韻母爲[ĭei]、[ĭwei]，之部三等韻母爲[ĭə]，[ĭwə]。直到六朝，支部還是嚴格地不與脂、之相混。但到了唐代，它們的主要元音受介音[i]的影響，逐漸變得一致起來，在詩人用韻中完全可以通用了。

16. 錫部的發展

上古錫部包括短入二、三、四等 6 個韻母，中古分別變入《切韻》麥、昔、錫 3 韻；長入包括二、三、四等 4 個韻母，中古[-k]尾消失，與佳、支、齊 3 韻的去聲合流。就是：

二開[ĕk]→[æk]（麥）：[p]擘檗薜檗，[pʻ]檗，[b]檗，[m]脈脈脉霢霡，[ȶ]謫摘謫，[ȡ]謫謫，[tʃ]責嘖幘簀，[tʃʻ]策筴册栅，[dʒ]嘖賾，[ʃ]loc捒，[k]鬲槅隔膈，[kʻ]礊礊，[ŋ]鷊，[ɣ]覈翮蒚，[ø]搤戹（厄）扼掟呝軶阸

特例：[ĕk]→[ɐk]（陌）：[tʃ]嘖，[kʻ]礊

二合[oĕk]→[wæk]（麥）：[k]譪，[x]礊繣劃，[ɣ]畫劃嫿

三開[ĭĕk]→[ĭɛk]（昔）：[p]辟璧襞躄，[pʻ]辟僻癖，[b]辟擗闢椑鼙，[j]易埸蜴，[ȡ]擿擲躑蹢，[tɕ]適，[ɕ]適，[ts]迹跡蹟積脊蹐鰿，[tsʻ]涑刺媜磧，[dz]瘠，[ø]益嗌謚

特例：[ĭĕk]→[ĭɐk]（陌）：[g]屐

[ĭĕk]→[ĭĕt]（質）：[j]溢鎰

[ĭĕk]→[ĭək]（職）：[ʑ]寔湜

三合[ĭwĕk]→[ĭwɛk]（昔）：[ø]役疫

四開[iĕk]→[iek]（錫）：[p]壁鼜綼，[pʻ]劈霹癖僻，[b]甓，[m]覓汩覛潰系幦冂幎冪塓鼏，[t]滴嫡鏑適蹢樀甋，[tʻ]逖逷惄惕踢剔，[d]狄荻敵樀，[l]厤曆歷瀝磿櫪靂鬲蒚，[ts]績勣，[s]錫裼緆析晳淅蜥菥，[k]擊墼，[kʻ]毄，[ŋ]鶂鷁艗鷊，[x]閲，[ɣ]覡

四合[iwĕk]→[iwek]（錫）：[k]鵙狊湨鶪椇，[kʻ]闃，[x]砉狊

以上是錫部短入的發展，中古仍爲入聲。

二開[ēk]→[ai]（卦）：[p]崥，[pʻ]派，[tʃ]債，[kʻ]嫛，[ɣ]解邂，[ø]隘阸

二合[oēk]→[wai]（卦）：[ɣ]畫繣澅

三開[ĭēk]→[ĭe]（寘）：[p]臂，[pʻ]譬，[b]避，[j]易傷，[tɕ]寘，[ɕ]啻，[ts]積，[tsʻ]朿刺莿，[dz]漬，[s]賜蕮，[ø]縊

特例：[ĭēk]→[ĭɛi]（祭）[ȶʻ]揥

四開[lēk]→[iei]（霽）：[p]擘，[b]薜，[t]帝諦，[tʻ]楴，[d]禘締，[k]係繫檕，[kʻ]盩墼罄，[ɣ]系繫，[ø]縊

以上是錫部長入的發展，三、四等没有合口字。中古輔音韻尾[-k]消失，變爲去聲。

17. 耕部的發展

上古耕部包括二、三、四等 6 個韻母，中古分别變入《切韻》耕、庚、清、青 4 韻。就是：

二開[eŋ]→[æŋ]（耕）：[p]絣拼（平）、迸（去），[pʻ]抨怦砰姘（平），[b]鼆（上），[m]娦（平），[n]儜嬣（平），[ȶ]丁玎朾（平），[ȡ]朾（平），[tʃ]争箏綪狰綪（平）、諍（去），[tʃʻ]錚琤（平），[dʒ]莘峥崝（平），[k]耕（平）、耿（上），[kʻ]殸硜誙牼鏗（平），[ŋ]侱娙（平），[ɣ]莖牼（平）、幸倖（上），[ø]鶯罃嫈褮甖罌嚶櫻鸚（平）

二開[eŋ]→[ɐŋ]（庚）：[p]絣（上），[t]打（上），[l]冷（上），[tʃʻ]琤（平），[dʒ]崢（平），[ʃ]生牲笙甥狌猩（平）、省渻媘（上），[ø]䁝（上）

特例：[eŋ]→[ai]（咍）[tsʻ]（猜）（平）

二合[oeŋ]→[wæŋ]（耕）：[x]訇輷轟（平）、轟輷（去），[ɣ]嶸（平），[ø]甇（平）

三開[ĭeŋ]→[ĭɛŋ]（清）：[p]并屏（平）、屏併鉼鉼（上）、并併摒（去），[pʻ]僒娉聘（去），[b]偋（平），[m]名（平）、慏（上），[j]盈楹嬴瀛贏籯（平）、梬浧郢（上），[l]令（平）、領嶺袊（上）、令（去），[ȶ]貞禎楨（平），[ȶʻ]偵赬經檉蟶（平）、騁逞裎（上）、偵（去），[ȡ]呈程酲珵（平）、鄭呈（去），[tɕ]正征怔鉦鯖（平）、整（上）、正証政（去），[ɕ]聲（平）、聖（去），[ʑ]成誠城盛（平）、盛晟（去），[ts]菁精睛婧蜻鶄晶旌（平）、井邢（上）、精（去），[tsʻ]清（平）、請（上）、倩清（去），[dz]情晴請（平）、靖婧静竫狰阱穽（上）、靚浄瀞婧請穽（去），[s]觪騂（平）、省渻（上）、姓性（去），[k]頸（上）、勁（去），[kʻ]輕（平）、輕（去），[g]頸（平）、痙涇（上），[ø]眲嬰纓瓔攖（平）、癭（上）

三開[ĭeŋ]→[ĭɐŋ]（庚）[b]平評苹坪（平）、坪評（去），[m]鳴（平）、命（去），[tʃʻ]瀞（去），[ʃ]生（平），[k]驚荆（平）、警儆檠（檠）（上）、敬（去），[g]擎檠檠（平）、檠檠儆（去）

三合[ĭweŋ]→[ĭwɛŋ]（清）：[j]營塋謍鎣（平）、穎潁（上），[kʻ]頃傾（平）、檾頃（上），

[ɡ]瞏嬛瓊蔓惸娉䓨(平)，[x]夐矎詗(去)，[ø]褮縈嫈(平)

三合[ĭweŋ]→[ĭwɐŋ](庚)：[ɣj]瑩滎嵘禜蠑(平)

四開[ieŋ]→[ieŋ](青)：[p]鞞(上)、併(去)，[p‘]娦甹俜(平)，[b]荓萍蓱缾瓶屏駢輧倂蛢(平)、併(上)，[m]冥蓂暝溟嫇螟瞑銘(平)、茗酩嫇溟(上)、暝(去)，[t]丁仃釘(平)，頂打鼎(上)，定錠訂釘飣奠(去)，[t‘]汀訂町聽桯綎鞓綎(平)、町珽脡頲(上)、聽汀(去)，[d]亭停廷庭霆挺綎蜓(平)、訂町梃挺鋌蜓艇霆(上)、定錠廷(去)，[n]寧寧嚀(平)、濘(上)、佞甯濘(去)，[l]靈靁蘦櫺酃醽令囹鴒蛉鈴苓伶泠瓴玲聆零翎軨笭舲岭(平)、泠笭(上)、令零(去)，[ts‘]青蜻艵(平)、艵(去)，[s]星胜腥猩惺醒(平)、醒(上)、腥醒(去)，[k]巠涇經鵛(平)、剄烴(上)、徑逕經(去)，[k‘]謦(上)，殸磬罄(去)，[x]馨(平)，[ɣ]荆刑型侀鉶硎邢形鈃娙陘桯(平)、婞涬脛鋞(上)、脛(去)，[ø]巊濙(上)

特例：[ieŋ]→[ien](先)：[b]駢胼骿(平)，[d]奠(去)

四合：[iweŋ]→[iweŋ](青)：[k]冋坰駉扃絅(平)、熲炯炅(上)，[k‘]檾苘褧絅顈(上)，[x]詗(上)，[ɣ]熒螢誉褮滎(平)、迥炯泂迴(上)，[ø]濴(上)、瑩瀯鎣(去)

特例：[iweŋ]→[iwen](霰)[k]讂(去)

《廣韻》庚、耕兩韻是重韻，都屬梗攝二等，庚韻來自上古陽部，耕韻來自上古耕部。但是耕部二等開口字，也有少數在《廣韻》庚韻裏出現。耕部三等主要在清韻出現，也有少數位在庚韻(三等)出現。這是當時共同語的實際情況，還是反映了某些方音的特點，有待于進一步的研究。

*　　*　　*　　*

總上所述，支、錫、耕三部的發展可以表述如下表：

支部	錫部		耕部
	短入	長入	
二 開[e]—[ai](佳) 二 合[oe]—[wai](佳)	[ĕk]—[æk](麥) [oĕk]—[wæk](麥)	[ēk]—[ai](卦) [oēk]—[wai](卦)	[eŋ]—[æŋ](耕) [eŋ]—[ɐŋ](庚二) [oeŋ]—[wæŋ](耕)
三 開[ĭe]—[ĭe](支) 三 合[ĭwe]—[ĭwe](支)	[ĭĕk]—[ĭɛk](昔) [ĭwĕk]—[ĭwɛk](昔)	[ĭēk]—[ĭe](寘)	[ĭeŋ]—[ĭɛŋ](清) [ĭeŋ]—[ĭɐŋ](庚三) [ĭweŋ]—[ĭwɛŋ](清) [ĭweŋ]—[ĭwɐŋ](庚三)
四 開[ie]—[iei](齊) 四 合[iwe]—[iwei](齊)	[ĭĕk]—[iek](錫) [iwĕk]—[iwek](錫)	[iēk]—[iei](霽)	[ieŋ]—[ieŋ](青) [iweŋ]—[iweŋ](青)

錫部二等短入中古變爲《切韻》麥韻，與陽聲二等耕韻相配；二等長入[-k]尾消失，變入去聲卦韻，與陰聲二等佳韻去聲合一。三等短入中古變爲《切韻》昔韻，與陽聲三等清韻相配；三等長入[-k]尾消失，變入去聲寘韻，與陰聲三等支韻去聲合一。陽聲耕部二三等都有部分字同時變入《廣韻》庚韻，可以算是特例。四等短入中古變爲《切韻》錫韻，與陽聲四等青韻相配；四等長入[-k]尾消失，變入去聲霽韻，與陰聲四等齊韻的去聲合流。

七、歌、月、寒三部的發展

上古歌、月、寒三部主要元音是[a]，韻尾分别爲[-i]、[-t]、[-n]，三部陰、陽、入對轉。《詩經》裏歌、寒通韻，《陳風·東門之枌》二章"差、原、麻、娑"韻，《小雅·桑扈》三章"翰、憲、難、那"韻(有黑點的是歌部字)。諧聲字也有相通的。"果"聲歌部有"蜾、裹、稞"，寒部有"祼"；"害"聲月部有"愘"，寒部有"憲"；"旦"聲寒部有"坦、但、袒"，月部有"怛、妲"；"番"聲寒部有"翻、蕃"，歌部有"播、皤"；等等。它們在發展中互相對應。

18. 歌部的發展

上古歌部包括一、二、三、四等 8 個韻母，分别變爲中古《切韻》歌、戈、麻、支 4 韻。就是：

一開[ai]→[ɑ](歌)：[t]多(平)、彈癉(上)、癉痑哆(去)，[t‘]它蛇佗他拖痑(平)、袉(上)、拖(去)，[d]馱駝佗沱紽陀跎詑酡鼉驒池(虖池，水名)(平)、柁舵沱詑拕(上)、馱(去)，[n]那挪儺(平)、那娜(上)、奈那(去)，[l]羅蘿(平)、砢(上)、邏(去)，[ts]ナ左(上)、左佐(去)，[ts‘]瑳磋傞蹉搓溠(平)、瑳(上)，[dz]瘥嵯嵯莝(平)，[s]娑挲傞獻(平)、娑縒(上)、些(去)，[k]哥歌柯滒(平)、哿舸笴(上)，[k‘]珂軻(平)、可岢坷軻(上)、坷軻(去)，[ŋ]莪哦娥峨鵝俄蛾硪(平)、我硪(上)、餓(去)，[x]呵訶(平)、欱吷(上)、呵欱(去)，[ɣ]何河荷苛(平)、荷何(上)、賀(去)，[ø]阿妸婀痾(屙)(平)、婐妸(婀)(上)

一合[uai]→[ua](戈)：[p]波碆番嶓皤(平)、簸跛彼駊(上)、番播譒簸(去)，[p‘]坡頗(平)、叵頗駊(上)、破頗(去)，[b]婆媻鄱皤碆繁額(平)，[m]摩磨魔(平)、麽(上)、磨摩(去)，[t]隖(埰)(平)、朵朶鬌埵揣(上)、媣桗(去)，[t‘]詑涶(平)、妥崣媠隋墮橢(上)、唾(涶)(去)，[d]紽(平)、垜惰惰鬌墮隓(上)、惰媠袉(去)，[n]捼(挼)(平)、姫(上)，[l]摞羸

(螺)臝(騾)(平)、裸臝瘰蓏卵(上)、摞(去)，[ts]侳(平)、砦(上)、侳挫(去)，[ts‘]脞(平)、剉莝銼(矗卧切)磋(去)，[dz]梐矬痤銼(平)、坐(上)、坐座(去)，[s]莎梭(平)、瑣湏鎖惢(上)、膹(去)，[k]戈過(平)、果裹蜾(上)、過裹(去)，[k‘]科蝌課薖髁窠(平)、顆堁(上)、課堁髁科(去)，[ŋ]吪訛譌囮鈋(平)、卮姬(上)、卧(去)，[x]貨(去)，[ɣ]禾和龢盉(平)、禍夥(上)、和盉(去)，[ø]倭渦(平)、婐(上)

特例：[uai]→[uɒi](灰)：[n] 捼挼(平)、餧餒(上)

二開[eai] →[a](麻)：[m]麻(平)，[ȶ]奓(平)、奓哆(去)，[ȶ‘]哆(平)，[tʃ]溠(平)、箸(上)、溠(去)，[tʃ‘] 叉杈舣差瑳(平)，[dʒ]槎(平)、槎(上)，[ʃ]沙鯊纱裟(平)，[k]加笳茄嘉枷珈痂迦(平)、駕架(去)，[k‘]齣(平)、痾(去)

特例：[eai]→[ai](佳)：[b]罷(去)

二合[oai]→[wa](麻)：[ȶ]檛(平)，[tʃ]髽(平)，[ʃ]傻(上)，[k]婐媧蝸騧(平)、冎傦剮(上)，[k‘]髁𠂤(上)、𠂤(去)，[ŋ]瓦(上)，[x]匕化(去)，[ɣ]划(平)、踝稞(上)

特例：[oai]→[wai](佳)：[k]媧腡蝸騧(平)，[k‘] 咼咼(平)

三開[ĭai]→[ĭe](支)：[p]陂詖羆罷(平)、彼柀(上)、詖貱跛陂(去)，[p‘] 披鈹帔(平)、披紴(上)、帔(去)，[b]皮疲罷(平)、被罷(上)、髮被(去)，[m]糜縻穈蘼(平)、靡蘼(上)，[j]移栘誃訑迤迆杝施蛇虵詑匜酏(平)、迆迤胣匜酏(上)、貤(去)，[l] 離籬褵縭醨漓灕蘺罹(平)、詈離(去)，[ȶ‘]离螭魑摛(平)、杝扡(拸)胣(上)，[ȡ]池馳趍(平)、杝阤陊(上)，[tɕ] 觶(去)，[tɕ‘]眵(平)、侈哆誃袳恀庨庈(上)、卶(去)，[ɕ]施鉈(平)、弛阤(上)、施(去)，[ʑ] 姼(平)、恀姼(上)，[tʃ]厜惢(平)，[tʃ‘]差嵯(平)，[k]奇掎畸羈(平)、踦剞掎(上)、寄(去)，[k‘]崎觭(平)、綺碕觭(上)、掎(去)，[g]奇騎錡碕(平)、錡徛(上)、騎輢(去)，[ŋ]宜儀鸃轙(平)、蟻轙錡齮(上)、義議誼(去)，[x]羲犧曦戲巇(許羈切)詑(香支切)(平)、戲(去)，[ø]椅旖猗漪欹(平)、椅倚猗輢(上)、倚輢(去)

三合[ĭwai]→[ĭwe](支)：[j]蓶(平)、𤣥蓶(上)，[n]諉(去)，[l]羸(平)，[ȶ]箠腄(平)、娷諈(去)，[ȡ]鬌甀鎚(平)、甀腄硾錘(去)，[tɕ]騒(平)、捶箠(上)、惴(去)，[tɕ‘] 吹炊(平)、吹(去)，[ʑ]垂倕陲(平)、菙(上)、睡瑞(去)，[ȵʑ]痿(平)、蕊蘂(上)，[ts]騒(平)，[dz]惢(上)，[s]髓(上)，[z]隋隨(平)，[tʃ‘]揣(上)，[k]嫣潙(平)、蝺(上)、賜(去)，[k‘]虧(平)，[ŋ]屪(平)、僞(去)，[x]隳墮麾㧑(平)、毀(上)，[ɣj]爲潙(平)、蔿(上)、爲(去)，[ø]委倭萎殘逶痿(平)，委蝼矮(上)、萎殘矮餧(去)

四開[iai](舌齒)→[ĭa](麻)：[j]也(上)，[tɕ‘]哆(上)，[dʑ]蛇(平)，[ts]嗟瘥(平)，

[s] 些(平),[z]灺(上)

四開[iai](喉)→[ĭɑ](戈):[k] 迦(平),[g]伽茄(平)

四合[iwai] →[ĭwa](戈):[g]瘸(平),[x]鞾(平)

特例:[iwai] →[wĭ](旨):[ȵʑ]捼桵綏(平)、蕊縈(上)

戰國時期,一部分歌部字開始與支部合用。例如《楚辭·九歌·少司命》:“悲莫悲兮生别離,樂莫樂兮新相知。”“離、知”爲韻。到了漢代歌部三等字“皮疲靡披施池馳宜奇倚迤移侈爲離螭儀吹罷麾隨”等字轉入支部,和支部來的一些字合成爲中古《切韻》中的支韻。唐宋時期,這些字進一步與脂、之兩韻合而爲一。

“委”聲的字要討論一下。《説文·女部》:“委,委隨也。從女禾聲。”段玉裁以“委”聲入十七部(歌部)是正確的。段氏説:“《詩》之‘委蛇’即‘委隨’,皆叠韻也。”“委”聲的字,“倭捼踒”中古入《切韻》(《廣韻》)戈韻,“委萎逶矮痿羫”等入支韻,與歌部的發展合。《詩·小雅·谷風》三章:“習習谷風,維山崔嵬。無草不死,無木不萎。忘我大德,思我小怨。”王力先生以“委”聲歸微部,“嵬、萎、怨”爲旁對轉。但是“萎”入歌部,“萎、怨”爲陰陽對轉,“嵬、萎”爲微、歌旁轉,同樣是講得通的。

19. 月部的發展

上古月部短入一、二、三、四等 8 個韻母,中古分别變爲《切韻》曷、末、鎋、黠、月、薛、屑等 7 韻;長入一、二、三、四等 8 個韻母,中古分别變爲去聲泰、夬、祭、廢 4 韻和怪、霽兩韻的一部分。就是:

一開[ăt]→[ɑt](曷):[t]怛妲笪觛,[t‘]羍達撻闥汏獺,[d]達,[l]剌瘌藾癩糲,[s]撥薩蘧,[k]匄(丐)割葛,[k‘]渴磕,[ŋ]辥櫱櫹轙枿蘖哻,[x]喝猲,[ɣ]曷鶡褐蠍餲楬,[ø]遏餲靄閼頞

一合[uăt]→[uat](末):[p]癶撥鱍帗盋袯茇鮁筏,[p‘]抪鏺醱,[b]登犮茇跋魃废拔胈妭,[m]末昧沬妹靺韎苜,[t]掇剟敠裰祋,[t‘]脱侻捝棁,[d]奪脱捝莌,[l]捋,[ts]撮,[ts‘]撮,[k]檜劊括适苦鴰栝佸活聒銛,[k‘]适闊,[ŋ]枂,[x]豁濊濊泧,[ɣ]活佸姡趏,[ø]斡捾晵嬒

特例:[uăt]→[uət](没):[t‘] 棁

二開[eăt]→[at](鎋):[p]捌,[ȶ]哳,[ȶ‘]獺,[tʃ‘]刹,[k]擖,[k‘]楬鶷,[ŋ]齾,[ɣ] 鎋轄

二合[oăt] → [wat](鎋):[t]窡鵽,[ʃ]刷,[k]刮鴰姡趏,[k‘]趏,[ŋ]刖 ,[ɣ]舌姡

二開[eăt]→[æt](黠):[tʃ]劄紮紥,[tʃ‘]察督瞭,[ʃ]殺菝鎩,[k]楔契价,[k‘]擖,[ø]猰猰軋乫揠

二合[oăt] →[wæt](黠):[b] 拔菝,[t]窡婠,[ø]婠乫

三開[ĭăt] →[ĭɛt] (薛):[p]鼈鱉鷩(並列切)别莂(方别切),[p‘]瞥憋,[b]别(離别), [m]滅,[j]抴,[l]列𡿪栵迾冽洌烈裂蛚㛃鴷,[ȶ]哲,[ȶ‘]屮徹撤,[ȡ]徹轍撤澈,[tɕ]浙哲晣折,[tɕ‘]掣,[dʑ]舌,[ɕ]設蔎,[ʑ]折,[ȵʑ]熱,[s]泄紲渫緤絏暬褻薛契卨,[ʃ]椴,[k]孑訐桀揭,[k‘]朅愒揭,[g] 碣竭渴偈揭桀傑,[ŋ]孼蘖櫱闑讞旹,[x]娎

三合[ĭwăt] →[ĭwɛt](薛): [j]悅説閲娧蜕,[l]劣埒鋝脟,[ȶ]叕啜掇輟綴剟惙,[tɕ]蝃棁,[tɕ‘]啜歠,[ɕ]説,[ȵʑ]爇蜹,[ts]蕝,[ts‘]膬,[dz]絶,[s]雪㡜,[ʃ]刷,[k]蹶罬,[k‘] 缺,[x]吷威,[ø]妜

三開[ĭăt]→[ĭɐt](月):[k]訐揭羯,[g]碣竭揭,[ŋ]钀,[x]歇蠍,[ø]謁𩣡閼

三合[ĭwăt]→[ĭwɐt](月):[p]發髮泼,[p‘]怖,[b]伐筏閥垡栰罰坺瞂橃,[m]韈韤韤,[k]孒厥蕨蹶橜撅鱖,[k‘]闕,[g]蹶撅鱖,[ŋ]月刖抈軏,[x]狘跋泧,[ɣj]戉越跋鉞樾娍曰粤,[ø]噦𩣡

特例:[ĭwăt]→[ĭwət](物):[p]巿芾韍紱黻泼,[p‘]祓

四開[iăt]→[iet]屑:[p]彇(彎),[p‘]擎瞥,[b]蹩蛂,[m]蔑蠛幭篾蠛,[d]嵽墆,[ts]鬣,[ts‘]晉,[dʒ]截巀,[s]楔偰,[k]絜潔鍥,[k‘]挈契(契闊)猰鍥,[ŋ]齧嶭陧臬嵲闑,[x]覞,[ɣ]絜,[ø]窫

四合[iwăt]→[iwet](屑):[t]啲,[k]决訣玦抉駃袂鴂,[k‘]缺决,[ŋ]疦,[x]决,[ø]抉炔

以上是月部短入的發展,中古仍爲入聲。

一開[āt] →[ɑi](泰):[p]貝狽沛芾茷,[p‘]浿沛霈,[b]跟軷旆(斾),[t]帶,[t‘]太忕汰泰,[d]大忕汰軑釱,[n]柰奈,[l]糲犡糲賴瀨癩籟,[ts‘]蔡,[k]蓋匄丐,[k‘]磕愒轄溘,[ŋ]艾,[x]餀,[ɣ]害㤲妎,[ø]藹靄

一合[uāt] →[uɑi](泰):[t]祋,[t‘]娧蜕駾裞,[d]兑鋭,[l]酹,[ts]最,[ts‘]

襶,[dz]蕞,[k]會劊檜獪儈膾鱠襘澮鄶髍,[k‘]稽,[ŋ]外,[x]噦翽濊,[ɣ]會襘繪,[ø]薈嬒黵濊

二開[eāt]→[ɐi](怪):[p]拜,[p‘]湃,[tʃ]祭瘵,[ʃ]殺鎩,[k]介芥价玠疥界,[ŋ]忦,[x]忿,[ɣ]瀣薤

二合[oāt]→[wɐi](怪):[x]黌

二開[eāt]→[æi](夬):[p]敗(破他曰敗),[b]敗(自破曰敗),[m]邁勱,[ʈ‘]蠆蠆,[k]犗,[x]譪,[ɣ]叡,[ø]喝餲

二合[oāt]→[wæi](夬):[tʃ‘]嘬,[k]夬獪,[k‘]快駃噲,[ɣ]話,[ø]黵懀

三開[ĭāt]→[ĭɛi](祭):[p]蔽鷩彆,[p‘]潎,[b]㡀敝幣獘斃,[m]袂,[j]曳洩裔詍呭泄抴跇勩,[l]厲礪犡濿蠣糲勵癘砯例栵洌,[ʈ‘]蠆傺,[ɖ]滯,[tɕ]制製晢狾箈,[tɕ‘]掣瘈痸瘴,[ɕ]世貰勢,[ʑ]筮噬逝誓銴忕,[ts]祭際穄,[ʃ]幓蔱鎩,[k]彑(彐)訐蹷蘮繝,[k‘]憩愒揭,[ŋ]埶藝藝囈(魚祭切)剿劓(牛例切),[ø]餲譪

三合[ĭwāt]→[ĭwɛi](祭):[j]鋭睿叡蜹,[ʈ]啜輟綴餟醊笍,[tɕ]贅,[tɕ‘]喙,[ɕ]説税蜕帨祱,[ȵʑ]芮汭枘蜹,[ts]蕝揰,[ts‘]毳臎脆帨,[s]歲,[z]彗篲槥軎轊,[k]劌蹶鱖,[ɣj]衛彗槥䝗軎轊

三開[ĭāt]→[ĭɐi](廢):[ŋ]乂刈艾

三合[ĭwāt]→[ĭwɐi](廢):[p]廢癈祓,[p‘]肺柿怖,[b]吠茷,[g]犫,[x]喙豙,[ø] 薉濊鐬

特例:[ĭwāt]→[ĭwəi](未):[p]芾

四開[iɑ̄t]→[iei](霽):[t]蝃蝷,[t‘]达(足滑)殢屄(輜車),[d]杕釱軑捸,[ts‘]瞭,[k]薊,[k‘]契挈,[ŋ]甈,[x]殢,[ɣ]褉妎,[ø]瘱寱

特例:[iɑ̄t] →[wi](至):[z]彗篲

四合[iwāt]→[iwei](霽):[x]嘒暳,[ɣ]慧

以上是月部長入的發展。中古[-t]尾消失,變爲去聲。這一部分長入字在先秦往往就已單獨在一起押韻。例如《楚辭・九辯(八)》:"帶介慨邁穢敗昧"韻,宋玉《高唐賦》"會磑磕厲潰霈邁喙,蓋會藹沛薵籟會,旆蓋逝會逮滯歲"韻(其中"磑"是短入字,《廣韻》入薛、月兩韻)。有的學者把《廣韻》去聲祭、泰、夬、廢四韻的字從

月部獨立出來成爲上古漢語的祭部。①

20. 寒部的發展

上古寒部包括一、二、三、四等 8 個韻母。南朝宋齊開始分化，分别變爲《切韻》中的寒桓、删、山、元、仙、先 7 韻。就是：

一開[an]→[ɑn](寒)：[t]丹單殫簞癉襌鄲(平)、亶癉嬗疸笪(上)、旦疸笪(去)，[t‘]歎灘嘽嬗(平)、坦(上)、炭歎(去)，[d]壇檀彈驒癉但(語辭，亦姓)(平)、但袒禮膻誕僤(上)、但憚彈僤(去)，[n]難(平)、難攤灘(去)，[l]闌欄蘭瀾讕(平)、嬾懶讕(上)、瀾讕爛(去)，[ts]贊賛讚鄼嬍趲(去)，[ts‘]餐湌(飡)(平)、粲燦璨(去)，[dz]戔殘帴(平)、瓚趲(上)、囋(去)，[s]珊姍(平)、散饊(上)、散帴(去)，[k]乾干玕肝竿奸汗(餘汗、縣名)(平)、秆稈簳䯎(上)、幹骭榦旰盰杆骭(去)，[k‘]看刊栞(平)、衎侃(上)、看侃衎(去)，[ŋ]豻犴(平)、岸犴豻頇(去)，[x]鼾頇(平)、厂罕暵熯(上)、漢暵熯厂罕(去)，[ɣ]寒韓翰鶾榦邗汗(平)、旱(上)、翰瀚鶾榦鼾豻汗矸閈釬扞捍悍睅(去)，[ø]安鞌(平)、案按晏洝(去)

一合[uan]→[uɑn](桓)：[p]般(平)、眅(上)、半絆姅(去)，[p‘] 潘番拌(平)、判胖泮姅(去)，[b]般槃盤鞶磐媻幋瘢磻緐(平)、伴拌(上)、叛畔伴(去)，[m]莔瞞顢曼蔓謾槾墁鰻鏝(平)、滿懣(上)、謾縵漫墁幔(去)，[t]耑端剬褍(平)、短斷(斷絶)(上)、鍛碫瑖斷(決斷)(去)，[t‘]湍貒黗(平)、疃(畽)(上)、彖褖湪貒(去)，[d]團慱漙摶剸篿(平)、斷鍛(上)、段椴(去)，[n]暖煖煗(上)、偄愞(去)，[l]䜌巒鸞欒鑾欒灤(平)、卵(上)、亂亂(去)，[ts]鑽(平)、鄼儹儧纘篹(上)、鑽(去)，[ts‘]竄爨(去)，[dz]欑(平)、攢(去)，[s]酸狻(平)、算匴篹(上)、筭算祘蒜(去)，[k]觀冠莞官倌棺毌貫(平)、管痯輨筦盥(古滿切)館(古緩切)(上)、祼雚鸛觀灌懽爟棺館痯涫毌貫樌冠盥(去)，[k‘]寬髖(平)、款(上)，[ŋ]刓蚖黿(平)、玩(翫)䵅(去)，[x]歡驩懽讙䴋貆貛(平)、奐渙煥喚(嚾)(去)，[ɣ]桓洹絙貆狟完莞垸丸紈芄萑瓛貆獂(平)、緩暖睆浣澣(上)、换垸輐(去)，[ø]智蜿剜婠(平)、盌椀瓮(上)、惋腕琬(去)

特例：[uan] →[uən](恩)：[n]嫩嫰(去)，[ɣ]倱(去)

二開[ean]→[an](删)：[p]班斑般扳(平)、昄板版鈑(上)，[p‘]攀扳眅(平)、眅(上)，[b]阪眅(上)，[m]蠻謾(平)、慢嫚謾縵(去)，[n]赧戁(上)，[tʃ‘]㹁(上)、羼(去)，[dʒ]虥(上)、

---

① 戴震《答段若膺論韻》書："仆更分祭泰夬廢及月曷末黠鎋薛，而後彼此相配，四聲一貫，則仆所以補前人而整之就敘者。"王念孫《古韻二十一部》中有祭部，也是把去聲"祭泰夬廢"四韻和入聲"月曷末黠鎋薛"六韻從脂部獨立出來。

棧輚虥(去)，[ʃ]訕刪潸(平)、潸(上)、訕汕疝栅(去)，[k]姦菅(平)、諫澗鐧(去)，[k‘]豻(可顏切)豜(丘姦切)(平)，[ŋ]顏(平)、齴(上)、雁鴈贗豣(去)，[ɣ]僩憪捍(上)、娨骭(去)，[ø]晏晏鷃(去)

二合[oan] → [wan](刪)：[tʃ]跧(平)，[tʃ‘]羺(上)、篡(去)，[dʒ]撰饌(上)、[ʃ]孿涮(去)，[k]鈐關擐(平)、慣摜串丱倌(去)，[ŋ]頑(平)、薍(去)，[ɣ]還環寰圜鐶睘鍰(平)、睆睅皖皖莞(上)、患宦擐轘繯豢(去)，[ø]彎灣(平)、綰(上)、綰(去)

二開[ean]→[æn](山)：[b]瓣辨辦釆(去)，[ȡ]袒(綻)組(去)，[n]攣(平)，[tʃ]醆盞琖(上)，[tʃ‘]剗剷鏟羼(上)，[dʒ]孱僝潺(平)、棧輚孱轏僝戲(上)，[ʃ]山疝(平)、産滻(上)，[k]間蕑(平)、簡僩柬揀(上)、間襇(去)，[k‘]龤(平)，[ŋ]訮虤(平)，[x]羴(平)，[ɣ]閑鷳嫻癇(平)、莧(去)

二合[oan]→[wæn](山)：[ɣ]湲(平)、幻(去)

三開[ĭan] → [ĭɛn](仙)：[p]鞭箯鯾(平)、變(去)，[b]便箯緶(平)、辯辨辯(上)、便(皮面切)卞抃汴弁拚昪(皮變切)(去)，[m]緜綿矏宀(平)、緬愐沔偭(上)、面偭(去)，[j]延埏筵綖(平)、衍(上)、衍延涎羨(去)，[n]反碾(上)、輾碾(去)，[l]連漣鏈槤鏈謰聯(平)、璉蓮輦(上)，[ȶ]饘邅(平)、展輾搌襢(上)，[ȶ‘]延梴脡鋋(平)、延脠蒇(上)，[ȡ]廛躔纏(平)、邅(上)、邅纏(去)，[tɕ]栴旃旜饘鸇氈(平)、饘燀嫸(上)、顫戰(去)，[tɕ‘]燀闡嘽幝(上)、硟(去)，[ɕ]羶埏挻脠梴扇煽(平)、僊燃(上)、扇傓煽(去)，[ʑ]單禪蟬撣僤(儃)嬋澶鋋(平)、善僐鱓單墠(上)、繕鄯膳僐擅嬗單(單父縣、亦姓)禪(去)，[ȵʑ]然蘸(平)、熯戁僁(上)，[ts]煎湔(平)、俴錢帴翦剪媊(上)、箭煎湔濺(去)，[ts‘]譽遷郡(平)、淺(上)，[dz]錢(平)、踐諓餞後俴(上)、賤諓餞(去)，[s]仙僊躚鱻鮮硟(平)、獮尟鮮蘚癬(上)、線綫鮮(去)，[z]涎唌(平)、遂(上)、羨綫(去)，[dʒ]棧(上)，[k]蹇謇(平)、搴(上)，[k‘]愆僁褰騫攓(平)、譴遣繾(上)、遣譴繾(去)，[g]乾虔犍鍵(平)、件鍵(上)，[ŋ]甗巘钀讞(上)、彥諺喭唁甗這(去)，[x]仙企(平)，[ɣj]焉(平)，[ø]焉蔫嫣鄢閼(平)、放嫣(上)、堰(去)

三合[ĭwan]→[ĭwɛn](仙)：[j]沿鉛緣蝝捐(平)、兗(上)、緣掾(去)，[l]䜌攣(平)、臠孌孌(上)、䜌戀孌(去)，[ȶ]轉(上)，傳轉(去)，[ȶ‘]猭(去)，[ȡ]傳椽(平)、瑑篆摶䊵(上)、傳䊵(去)，[tɕ]专(專)磚嫥䏝篿顓湍(平)、孨(上)、剸(去)，[tɕ‘]穿(平)、舛荈喘(上)、穿釧(去)，[dʑ]船(舩)(平)，[ʑ]遄篅輲(輇)(平)、䏝(上)、叀摶(去)，[ȵʑ]堧瞑褑緛(平)、耎軟蝡愞緛腝(上)、瞑(去)，[ts]朘鐫(鋑)(平)、臇(上)，[ts‘]悛詮銓痊筌荃佺絟譔縓謜(平)、縓(去)，

[dz]全牷泉(平)、雋(雋)(上),[s]宣愃瑄(平)、選(上)、渲選繏(去)、[z]旋嫙鏇璇璿還檈(平)、旋鏇(去),[tʃ]恮跧(平)、孨(去),[dʒ]撰僎譔(上)、篹饌僎譔汜(去),[ʃ]孿(去),[k]勬(平)、卷捲桊(上)、卷眷睠捲弮棬桊帣(居倦切)絹狷(吉掾切)(去),[k‘]弮棬鬈(平),[g]卷拳婘捲惓鬈權顴蠸(平)、圈(渠篆切)蜎(狂兗切)(上)、倦淃桊(去),[x]弲儇蠉嬛(平)、蠉(上),[ɣj]圓湲(平)、院援媛瑗(去),[ø]蜎悁娟嬛(平)

三開[ĭan]→[ĭɐn](元):[k]靬鞬犍劇(平)、蹇湕揵(上)、建(去),[k‘]褰(平),[g]赶(平)、楗鍵(上)、健腱(去),[ŋ]言甗(平)、㫃巘(上)、甗(去),[x]軒(平)、幰(上)、憲瀗獻(去),[ø]焉蔫(平)、匽偃郾堰鼴放鄢(上)、堰鄢(郾)嫣(去)

三合[ĭwan]→[ĭw ɐn](元):[p]蕃藩轓(平)、反返阪坂(上)、販(去),[p‘]番翻旛幡繙(平),[b]袢番蕃幡蹯璠旛蟠燔膰緐繁蘩煩棥樊蠜(平)、飯(上)、飯(去),[m]萬曼蔓獌鰻(去),[k]桊孿(去),[k‘]綣棬(上)、券桊綣桊勸(去),[g]卷圈(上)、圈(去),[ŋ]元芫沅蚖黿阮原源嫄(平)、阮邧(上)、願愿(去),[x]吅讙貆喧暄諠萱蕿諼藼煖(平)、咺烜愃諼(上)、楥(楦)(去),[ɣj]袁園轅榬爰援媛蝯猨垣洹(平)、遠(上)、遠(去),[ø]冤蒬宛怨眢鴛鵷(平)、夗苑宛婉畹(上)、怨(去)

特例:[ĭwan]→[ĭwĕn](諄):[ʑ]蓴(平)、濬(去)

四開[ian]→[ien](先):[p]邊籩(平),[p‘]片(去),[b]辮(上),[m]矈(平),[t‘]靦(上),[n]撚(上)、晛燃(去),[l]蓮(平)、練鍊楝煉(去),[ts]箋牋帴淺濺湔(平),[dz]前湔(平),[s]霰(去),[k]肩肩幵豣鳽(平)、趼繭襺(上)、見(去),[k‘]汧雃岍(平)、俔蜆汧(去),[ŋ]妍鳽研揅趼(平)、豣趼(上)、硯研(去),[x]訮(平)、㬎顯蜆(上),[ɣ]峴晛俔蜆睍(上)、見現(去),[ø]燕鬜(平)、蝘匽宴嬿(上)、宴醼讌嚥燕嬿(去)

四合[iwan]→[iwen](先):[k]涓焆(平)、ㄑ甽巜罥(上)、狷罥懁獧(去),[k‘]犬(上),[x]駽(平)、駽(去),[ɣ]縣懸(平)、繯琄(上)、縣(去),[ø]蜎弲(平)、肙鋗(去)

《切韻》裏刪韻和山韻都是二等,都有開口和合口;仙韻和元韻都是三等韻,也都有開口和合口。上古寒部二等字既在刪韻出現,又在山韻出現;三等字既在仙韻出現,又在元韻出現,其中仙韻有舌齒音,元韻没有,但兩者都有牙喉音。它們分化的條件如何,有待進一步研究。

*　　*　　*　　*

總上所述,歌、月、寒三部的發展及其關係可以表示如下表:

	歌部	月部		寒部
		短入	長入	
一	開[ai]-[ɑ](歌) 合[uai]-[uɑ](戈)	[ăt]-[ɑt](曷) [uăt]-[uɑt](末)	[āt]-[ɑi](泰) [uāt]-[uɑi](泰)	[an]-[an](寒) [uan]-[uɑn](桓)
二	開[eai]-[a](麻) 合[oai]-[wa](麻)	eăt -[at](鎋)、-[æt](黠) oăt -[wat](鎋)、-[wæt](黠)	[eāt] -[ɐi](怪)、-[æi](夬) [oāt] -[wɐi](怪)、-[wæi](夬)	[ean] -[an](删)、-[æn](山) [oan] -[wan](删)、-[wæn](山)
三	開[ĭai]-[ĭe](支) 合[ĭwai]-[ĭwe](支)	ĭăt -[ĭɐt](月)、-[ĭɛt](薛) ĭwăt -[ĭwɐt](月)、-[ĭwɛt](薛)	[ĭāt] -[ĭɐi](廢)、-[ĭɛi](祭) [ĭwāt] -[ĭwɐi](廢)、-[ĭwɛi](祭)	[ĭan] -[ĭɐn](元)、-[ĭɛn](仙) [ĭwan] -[ĭwɐn](元)、-[ĭwɛn](仙)
四	開[iai] (舌齒)-[ĭa](麻)、(喉)-[ĭɑ](戈) 合[iwai]-[ĭwɑ](戈)	[iăt]-[iet](屑) [iwăt]-[iwet](屑)	[iāt]-[iei](霽) [iwāt]-[iwei](霽)	[ian]-[ien](先) [iwan]-[iwen](先)

月部一等短入中古變爲《切韻》曷、末兩韻；一等長入變爲去聲泰韻，與陽聲寒、桓，陰聲歌、戈相配。二等短入中古變爲《切韻》鎋、黠兩韻，二等長入變爲夬韻，一部分變入怪韻，與陽聲删、山，陰聲麻韻相配。三等短入中古變爲《切韻》月、薛兩韻；三等長入變爲廢、祭兩韻，與陽聲元、仙相配。陰聲支韻也與入聲月、薛，陽聲元、仙相配。四等短入中古變爲《切韻》屑韻；四等長入變爲霽韻，與陽聲先韻相配。歌部四等字數量很少，中古變入《切韻》戈、麻兩韻的三等。

第六節　上古到中古漢語韻母系統的發展(三)

八、脂、質、真三部的發展

上古脂、質、真三部主要元音是[e]；韻尾分别爲[-i][-t][-n]。這三部陰、陽、入對轉。《詩經》裏脂、質可以通韻，如《鄘風・干旄》一章“紕、四、畀”韻，《載馳》二章“濟、閟”韻，《小雅・賓之初筵》二章“禮、至”韻(有黑點的是脂部字)。“比”字既入脂部，又入質部。三部在發展中也互相對應。

21.脂部的發展

上古脂部包括二、三、四等5個韻母，中古分別變爲《切韻》皆、脂、齊韻，少數三等開口字變入支韻和之韻。就是：

二開[ei]→[ɐi](皆)：[tʃ]齋(平)，[dʒ]儕(平)，[k]皆喈蝔階堦稭偕楷鍇(平)，[k‘]揩緒(平)、楷鍇(上)，[ɣ]諧湝(平)

三開[ĭei]→[i](脂)：[p]棍(平)、匕比妣秕枇祉(上)、祉庇比(必至切)柒毖(兵媚切)(去)，[p‘]紕(平)、仳歧(上)，[b]比仳芘毗枇琵鈚貔(平)、仳歧(符鄙切)牝(扶履切)(上)、比芘坒祉枇(篦)(去)，[m]眉湄郿麋楣(平)、美媄(上)、媚郿(去)，[j]夷荑痍羠姨桋彝(平)，[n]尼柅怩(平)、柅(屎)(上)、膩(去)，[l]梨犁棃藜秜(平)、履(上)，[ȶ]氐胝(疷)秪(平)、黹夂(後至)(上)，[ȶ‘]屎(去)，[ȡ]遲(遅)墀(𡍼)坻詆阺蚳(平)、雉薙(上)、遲稚稺樲(去)，[tɕ]脂楷祇砥詆(平)、旨指恉砥厎(上)、鴲(去)，[tɕ‘]鴟(䳢)(平)，[dʑ]示(去)，[ɕ]尸屍鳲蓍(平)、矢屎菌(上)，[ʑ]視眎眡(上)、視嗜(去)，[ȵʑ]二弍貳(去)，[ts]咨姿資粢諮齍齎齋(平)、姊(上)、恣(去)，[ts‘]趑趀(平)、次佽(去)，[dz]茨餈資濱薺齏(平)，[s]厶私莉(平)、死(上)，[z]兕薙羠(上)，[ʃ]師獅(平)，[k]肌飢机(平)、几机屼麂(上)，[g]祁耆鬐鰭(平)，[ŋ]狋(平)，[x]咦屎(平)、屄(去)，[ø]伊蛜(平)

特例：[ĭei]→[ĭe](支)：[m]彌瀰獼罙宷(武移切)麋(靡爲切)(平)、敉瀰瀰(上)，[n]旎(上)，[l]叕(上)，[tɕ]楮(平)，[tɕ‘]纚(平)，[ɕ]纚(平)、豕(上)，[ȵʑ]尒爾邇(上)，[s]纚(平)、璽(上)

[ĭei]→[ĭə](之)：[ts]𣏂(止也)笫胏(上)，[dz]柹(上)

[ĭei]→[ĭen](真)：[b]牝(上)

三合[ĭwei]→[wi](脂)：[k]癸湀(上)，[g]葵楑倏戣鍨騤夔(平)、揆楑湀(上)、倏(去)

四開[iei]→[iei](齊)：[p]狴梐性螕篦蓖(平)，[p‘]批(平)、媲(去)，[b]膍(平)、陛梐(上)，[m]迷(平)、米眯(上)，[t]氐低栖衹眡紙羝(平)、邸底抵牴柢詆弤牴觝軧砥(上)、柢(去)，[t‘]梯睇(平)、體涕(上)、涕洟薙(去)，[d]桋荑銕稊苐綈銻蕛詆徲(平)、弟娣悌(上)、弟悌第睇娣(去)，[n]泥秜(平)、苨坭泥禰薾妳檷瀰(上)、泥(去)，[l]犂黎藜黧(平)、豊禮鱧澧醴(上)、珕荔叕沴(去)，[ts]躋隮擠齎穧齎齏齋擠(平)、濟(上)、霽濟穧擠隮躋(去)，[ts‘]妻萋淒霋悽緀齎(平)、緀(上)、妻(去)，[dz]齊臍蠐懠齌鉶(平)，薺(上)、齊懠劑齌(去)，[s]棲犀屖(平)、細(去)，[k]枅笄禾稽(平)，[k‘]稽(上)，[ŋ]詣羿(去)，[ø]鷖翳緊嫛

黳堅(平)、醫殹翳堅緊(去)

四合[iwei]→[iwei](齊):[k‘] 湀睽(平),[ɣ]盺(平)

脂部二等没有合口字,開口也只有牙喉音以及“齋、儕”兩個齒音字。四等合口只有少數牙喉音字。三等絶大部分字變爲《切韻》脂韻。少數字變入支韻和之韻,我們把這些字當作“特例”處理。

22.質部的發展

上古質部包括短入二、三、四等6個韻母,中古分别變入《切韻》黠、櫛、質、術、屑5韻;長入二、三、四等5個韻母,中古分别變入《切韻》去聲怪、至、霽3韻。就是:

二開[ĕt](牙喉)→[æt](黠):[k]秸稭袺頡戛,[k‘]劼,[x]齸,[ɣ]黠

二開[ĕt](齒)→[iet](櫛):[tʃ]櫛(楖),[ʃ]蝨瑟璱蟋

三開[ĭĕt]→[ĭĕt](質):[p]必珌畢滭澤熚韠理觱,[p‘]匹,[b]比坒佖苾怭柲泌飶駜,[m]宓蜜监謐(彌畢切)密宓(美畢切),[j]佚泆軼逸佾,[n]暱昵衵,[l]栗溧凓慄,[ȶ]蛭(丁悉切)窒挃秷銍(陟栗切),[ȶ‘]咥跮抶,[ȡ]姪妷秩帙紩载趃,[tɕ]侄桎郅蛭銍質懫騭,[tɕ‘]叱,[dʑ]實,[ɕ]失室,[ȵʑ]日衵馹oe,[ts]垐,[ts‘]七桼漆㓼,[dz]疾、嫉蒺,[s]悉蟋膝厀,[k]吉拮,[k‘]詰蛣,[g]姞佶,[x]咭咭,[ɣj]汩颲,[ø]一弌壹(於悉切)乙鳦(於筆切)

特例:[ĭĕt]→[ĭək](職):[ts]即喞蝍楖垐鶂揤

三合[ĭwĕt]→[ĭwĕt](術):[s]邺恤賉

四開[iĕt]→[iet](屑):[p]閉,[b]柲飶苾,[m]覕,[t]咥蛭窒,[t‘]驖鐵,[d]戴驖荎姪垤恎耋咥絰跌迭瓞泆軼,[n]涅涅,[ts]卩(卪)巪節岊,[ts‘]切竊栚,[s]屑榍偰,[k]結袺拮桔,[ŋ]霓,[ɣ]頁頡襭擷纈,[ø]噎

四合[iwĕt]→[iwet](屑):[k]駃觼,[k‘]闋湀,[x]血泬,[ɣ]穴絘

以上是質部短入的發展,中古仍爲入聲。

二開[ēt]→[ɐi](怪):[k]屆,[x]眉隸

特例:[ēt]→[ɒi](代):[d]逮埭

[ēt]→[uɒi](隊):[t‘]棣

三開[ĭēt]→[i](至):[p]祕秘柲毖泌閟鉍轡(兵媚切)畀痹(必至切),[p‘]濞淠,[b]鼻(毗至切)奰贔(平祕切),[j]肄希隸,[l]利痢莅涖,[ȶ]致輊摯質懫躓疐懥

蹕鷙，[ȶ‘] 呬跮，[ȡ]緻，[tɕ]至摯贄鷙礩懥，[dz]自，[s]四泗牭駟肆，[k]洎，[k‘]棄弃(詰利切)器(去冀切)，[g]洎垍，[ŋ]劓，[x]呬殈屓(眉)，[ø]懿饐壹

三合[ĭwēt]→[wi](至)：[l]淚逮，[z]穗采，[k]季，[g]悸痵，[x]豷

特例：[ĭwēt]→[ĭwɛi](祭)：[s]繐

四開[iēt]→[iei] (霽)：[p]閉箅，[b]鼈，[t]疐嚏，[t‘]替，[d]棣逮希，[l]戾唳綟隸涖盭，[ts‘]切砌，[k]計髻髻繼，[ŋ]羿，[ø]曀壇殪

四合[iwēt]→[iwei](霽)：[ɣ]惠蕙蟪繐

以上是質部長入的發展。中古入聲[-t]尾消失，變爲去聲。

23. 真部的發展

上古真部包括二、三、四等 5 個韻母，中古分別變爲《切韻》山、仙、臻、真、諄、先 6 韻。就是：

二開[en](牙喉)→[æn](山)：[k’]臤(収)慳掔(平)，[ɣ]贒(平)、掔(上)，[ø]黰(平)

特例：[en]→[ən](痕)：[t‘]呑(平)，[ø]恩(平)

[en]→[æŋ](耕)：[k‘]鏗(平)

二開[en](唇)→[ĭɛn](仙)：[p]編鯿(平)、褊(上)、徧遍(去)，[p‘]扁(小舟)偏篇翩萹(平)、偏(去)，[b]諞(平)、諞扁(上)，[m]蝒(平)、沔(上)，[j]演縯黄(上)，[ts]戩(上)、榗(去)，[k’]掔(上)

二開[en](齒)→[ĭen](臻)：[tʃ]榛(亲)蓁臻溱轃(平)，[tʃ‘]櫬齓齓(去)①，[ʃ]甡兟莘燊(平)

三開[ĭen]→[ĭĕn](真)：[p]賓濱儐(平)、殯鬢儐擯(去)，[p‘]繽(平)，[b]頻瀕蘋顰嬪蕒玭(平)、牝臏牑(上)，[m]民泯(彌鄰切)瑉岷緡痻搢(武巾切)(平)、泯笢(武盡切)湣暋(眉殞切)(上)，[j]寅夤黄螾(平)、潫螾縯引蚓靷朄(上)、胤潫引靷朄(去)，[l]粦燐粼潾鄰鱗獜麟(平)、嶙僯(上)、粦燐遴轔藺(去)，[ȶ]鎮填(平)、鎮填瑱(去)，[ȶ‘]縝胂(平)，[ȡ]塵陳(平)、紖朄(上)、陳(陣)(去)，[tɕ]真稹(平)、稹縝鬒黰(上)、抻(去)，[tɕ‘]嗔瞋縝瞋(平)，[dʑ]神(平)，[ɕ]申伸呻紳身(平)、矧(上)，阠(去)，[ʑ]臣茞(平)、腎(上)、慎(去)，[ȵʑ]人仁(平)，[ts]津璡(平)、盡(上)、進璡晉搢縉(去)，[ts‘]親(平)，[dz]秦螓(平)、盡賮(去)，[s]辛新薪騂(平)、囟信卂汛訊迅(去)，[z]𦙍燼賮濜藎(去)，[k]緊(上)，[k‘]臤菣(去)，[g]矜(平)，

① 《廣韻》臻韻去聲字少，放在震韻裏。

[ŋ]嚚憖(平)，[ɣj]䈥茐(平)，[ø]因茵姻(婣)駰氤(平)、印親(去)

三合[ĭwen]→[ĭwĕn](諄)：[j]匀昀(平)、尹(上)，[tɕʻ]胊(上)，[ȵʑ]眴瞤(平)、閏潤(去)，[s]荀詢洵恂郇珣栒峋昀(平)、筍(上)、迅(去)，[z]旬洵昀(平)、徇狥(上)、殉(去)，[k]均鈞沟袀(平)

四開[ien]→[ien](先)：[p]萹蝙編(平)、扁匾編萹(上)、遍徧(去)，[b]蠙玭(平)、扁(姓)(上)，[m]眠(平)、丏眄(上)、眄麪麵(去)，[t]顛滇巔瘨(平)，[tʻ]天吞(姓)(平)、瑱滇(去)，[d]田佃畋畇(地名)填闐寘嗔滇(平)、填(上)、電甸佃畋鈿闐填寘(去)，[n]年秊(平)，[l]憐(平)，[ts]蓁(平)，[tsʻ]千芊阡(平)，[k]堅(平)，[kʻ]掔牽(平)、菣牽(縴)(去)，[ɣ]臤賢弦蚿肱(平)，[ø]煙咽(咽喉)(平)、咽(吞咽)(去)

特例：[ien]→[ieŋ](徑)：[n] 佞(去)

四合[iwen]→[iwen](先)：[x]絢拘(去)，[ɣ]玄眩兹玹駭昀(平)，泫鉉(上)、炫眩玹眴(去)，[ø]淵鼘(平)

*　　*　　*　　*

總上所述，脂、質、真三部的發展及其關係可以表示如下表：

脂部	質部 短入	質部 長入	真部
二開[ei]-[ɐi](皆)	[ĕt] (牙喉)-[æt](黠) (齒)-[iet](櫛)	[ēt]-[ɐi](怪)	[en] (牙喉)-[æn](山) (脣)-[ĭɛn](仙) (齒)-[ĭen](臻)
三 開[ĭei]-[i](脂)	[ĭĕt]-[ĭĕt](質)	[ĭēt]-[i](至)	[ĭen]-[ĭĕn](真)
三 合[ĭwei]-[wi](脂)	[ĭwĕt]-[ĭwĕt](術)	[ĭwēt]-[wi](至)	[ĭwen]-[ĭwĕn](諄)
四 開[iei]-[iei](齊)	[iĕt]-[iet](屑)	[iēt]-[iet](霽)	[ien]-[ien](先)
四 合[iwei]-[iwei](齊)	[iwĕt]-[iwet](屑)	[iwēt]-[iwei](霽)	[iwen]-[iwen](先)

脂、質、真三部二等都只有開口，沒有合口。質部二等短入中古按照不同的聲母，分别變爲《切韻》黠、櫛兩韻，牙喉音入二等黠韻，少數莊組字入三等櫛韻。真部二等中古也按聲母不同變入《切韻》分山、仙、臻三韻。大體上牙喉音字入二等山韻，唇音字入仙韻①，莊組字入三等臻韻。入聲黠與陽聲山韻相配。櫛韻與陽聲臻

① 仙韻精母有“戩、揃”，以母有“演縯蔩”，算是例外。

韻相配。二等長入[-t]尾消失，變入怪韻，與陰聲皆韻去聲合流。三等短入開口中古變爲《切韻》質韻，合口變爲術韻，分別與陽聲真、諄二韻相配。三等長入中古[-t]尾消失，變入《切韻》至韻，與陰聲脂韻去聲合流。四等短入中古變爲《切韻》屑韻，與陽聲先韻相配；四等長入[-t]尾消失，變入《切韻》霽韻，與陰聲齊韻去聲合流。

九、微、物、文三部的發展

上古微、物、文三部主要元音是[ə]，韻尾分别爲[-i]，[-t]，[-n]。三部陰、陽、入對轉。《詩經》裏微、文可以通韻，如《邶風・北門》三章“敦、遺、摧”韻，《小雅・采芑》四章“焞、雷、威”韻（有黑點的是文部字）。諧聲字也有相通的。“享”聲“惇、諄、暾”在文部，“錞”在物部；“斤”聲“芹”在文部，“頎、祈”在微部；“軍”聲“渾、運”在文部，“翬”在微部；等等。三部在發展中互相對應。

24. 微部的發展

上古微部包括一、二、三、四等 8 個韻母，中古分别變入《切韻》咍、灰、皆、微、支，脂 6 韻。就是：

一開[əi]→[ɒi]（咍）：[k]剴殪(平)，[k‘]開闓(平)、豈凱愷塏鎧闓(上)、鎧闓(去)，[ŋ]皚剴(平)，[ø]哀(平)

一合[uəi]→[uɒi]（灰）：[p]輩(去)，[b]裴徘(平)、琲痱(上)、韭（琲）(去)，[m]枚玫(平)、浼（潣）(上)、黴(去)，[t]自磓堆敦(平)，錞(上)，[t‘]推蓷(平)、債(上)，[d]頹積隤尵魋(平)、錞蓷(上)、憝譈鐓錞(去)，[l]畾雷櫑罍儡(平)、蕾儡櫑磊(上)、儽耒莱(去)，[ts]脧峻(平)，[ts‘]崔催縗(平)、漼璀(上)，[dz]崔摧(平)、罪辠(上)，[s]蓑挼(平)、繀(去)，[k]傀瑰瓌(平)，[k‘]魁(平)、傀磈(上)、塊凷(去)，[ŋ] 桅嵬嵬(平)、頠嵬嵬隗(上)、磑(去)、[x]虺(平)，[ɣ]回迴徊洄蛔槐瑰(平)、瘣滙(上)、潰繢僓迴蒉蜰(去)，[ø]隈偎渨煨(平)、猥嵔（嵔）(上)、隈(去)

特例：[uəi]→[ua]（戈）：[l]摞騾蜾贏螺(平)、瘰(上)、摞(去)，[s]蓑(平)，[x]火(上)

二開[eəi]→[ɐi]（皆）：[b]俳排(平)，[x]稀(平)，[ø] 崴碨(平)

二合[oəi]→[wɐi]（皆）：[k]乖(平)、壞(去)，[k‘]滙(平)、塊蒯(去)，[x]虺(平)，[ɣ]褢懷櫰淮槐褢(平)、壞(去)

三開[ĭəi]→[ĭəi]（微）：[k]磯機譏饑嘰璣蘄(平)、幾蟣(上)、機(去)，[k‘]豈萓(上)，[g]幾畿蟣祈頎旂圻(平)、幾(去)，[ŋ]溰沂(平)、螘(上)，[x]希晞睎唏悕欷豨稀郗(平)、俙

唏豨(上)、唏欷(去)，[ø]衣依(平)、扆扆(上)、衣(去)

三合[ĭwəi]→[ĭwəi](微)：[p]非扉緋誹騑飛(平)、匪篚蜚棐韭(上)、誹鯡(去)，[p‘]菲霏騑妃(平)、斐菲悱(上)，[b]肥蜰腓痱裴(平)、陫(上)，腓菲蜚翡痱萉(去)，[m]溦微薇(平)、尾娓浘亹(上)，[k]歸(平)、鬼(上)，[k‘]蘬(平)，[ŋ]巍犩(平)、魏犩(去)，[x]徽幃褘煇輝揮暉(平)、虫虺烜卉(上)、諱卉(去)，[ɣj]韋違圍幃闈(平)、葦椲偉煒韙瑋暐(上)、圍緯(去)，[ø]威葳㙁媁(平)、㙁磈(上)、畏(去)

三開[ĭəi]→[ĭe](支)：[p]賁(去)，[ŋ]螘(上)，[ø]褘(平)

三合[ĭwəi]→[ĭwe](支)：[l]厽垒絫累(上)、累(去)，[ȡ]槌縋(去)，[ȵʑ]甤(上)，[tʃ‘]衰夊(平)，[ʃ]衰(平)，[k]桅垝姽佹洈蛫詭(上)、垝攱(去)，[k‘]跪(上)，[g]跪(上)，[ŋ]危峗(平)、姽硊頠(上)，[x]毀燬(上)、毀(去)

四開[iəi]→[i](脂)：[p‘]㟪(崩也)(上)，[m]薇黴溦(平)、媺(上)、娓魅(去)，[ȶ‘]絺郗脪(平)，[k]覬冀驥(去)

四合[iwəi]→[wi](脂)：[j]唯惟維濰遺(平)、唯鷕(上)、遺蜼(去)，[l]傫纍樏嫘虆儽虆灅(平)、藟壘蘽灅誄耒(上)，[ȡ]椎槌(平)，[tɕ]隹萑錐鵻騅(平)，[tɕ‘]推蓷(平)，[ɕ]水(上)，[ʑ]誰(平)，[ȵʑ]捼桵甤蕤(平)、甤(上)，[ts]趡(上)，[s]睢奞雖綏稜荾夊(平)，[ʃ]衰榱(平)，[k]螝騩(平)、媿愧騩(去)，[k‘]巋蘬(平)、巋蘬(上)，[g]餽(去)，[ɣj]帷(平)

我們在第一章第三節裏曾經談到，先秦時期脂、微兩部關係密切。《詩經》脂部用韻 80 處，微部用韻 98 處，而兩部合韻的有 34 處。到了兩漢，兩部合韻的情況更爲普遍，如司馬相如《美人賦》"依悲遲衰私衣"韻，《琴賦》"妻妃諧誰飛悲"韻，《古詩十九首》之五"齊階悲妻徊哀稀飛"韻，李陵《録别詩》之第二十一："歸悲飛遲薇誰依追衣希"韻，等等(有黑點的是脂部字)。但是在漢代的一部分韻文材料中也有脂、微二部分别比較明顯的。六朝以後，兩部二等字都入《切韻》皆韻(舉平以賅上去，下同)，脂部三等字、微部四等字都入《切韻》脂韻，此外兩部都有部分三等字入《切韻》支韻。但脂部四等字入《切韻》齊韻，微部没有；微部一等字入《切韻》咍、灰兩韻，三等大部分字入《切韻》微韻，脂部没有。可見脂、微兩部还是有區别的。

25. 物部的發展

上古物部包括短入一、二、三、四等 8 個韻母，中古分别變爲《切韻》没、黠、迄、物、質、術 6 韻；長入一、二、三、四等 8 個韻母，中古分别變爲《切韻》代、隊、怪、未、至 5 韻。就是：

一開[ə̆t]→[ət]（痕入聲）：[ɣ]麧矻齕紇[1]。

一合[uə̆t]→[uət]（没）：[b]孛勃浡渤誖悖艴，[m]殳没歿殁，[t]咄柮，[t']𠫓[2]㨶，[d]腯突，[n]訥肭抐，[ts]卒倅，[ts']卒猝，[dz] 崒捽椊 [s]窣 [k]骨滑鶻汩淈扢，[k']朏堀窟猾矻圣，[ŋ]兀杌扤軏，[x]忽昒曶惚颮笏桒，[ɣ]滑猾鶻扢，[ø]搵嗢膃溫

二開[eə̆t]→[æt]（黠）：[p]八馯，[p']扒

二合[oə̆t]→[wæt]（黠）：[t]聉，[n]貀肭朏，[tʃ]茁，[k]劀鱊，[ŋ] 聉，[ɣ]滑猾鶻螖

三開[ĭə̆t]→[ĭət]（迄）：[k]吃訖曁，[k']乞，[g]趫，[ŋ]仡屹圪，[x]迄仡汔肸

三合[ĭwə̆t]→[ĭwət]（物）：[p]弗紼柫畚鬅甶綍，[p']拂茀艴刜髴彿，[b]佛怫刜怫，[m]勿物芴歾，[k]屈剧，[k']屈詘，[g] 倔崛堀，[ŋ] 崛，[ø]尉蔚熨鬱

四開[iə̆t]→[ĭĕt]（質）：[p]筆，[b] 弼，[m] 沕，[ȶ]茁，[dʒ]𪘏，[ʃ]帥率蟀，[k]曁

四合[iwə̆t]→[ĭwĕt]（術）：[j]聿矞繘遹鷸驈燏潏鴪（䳎），[l]繂律寽，[ȶ]怞窋絀，[ȶ']怵黜，[ȡ]术茮，[tɕ']出，[dʑ]術秫述术沭潏袕，[ts]卒啐，[dz]崒誶捽，[s]訹戌，[ʃ]率蟀帥蟀衛[3]，[k]橘繘

特例：[iwə̆t]→[ĭwɛt]（薛）：[tʃ]茁

[iwə̆t]→[iwet]（屑）：[k]憰譎潏觼鐍

以上是物部短入的發展，中古仍是入聲。

一開[ə̄t]→[ɒi]（代）：[k]概槩溉，[k']愾嘅慨，[ø]炁愍愛薆僾曖

一合[uə̄t]→[uɒi]（隊）：[p']配妃朏，[b]孛誖悖，[m]妹昧韎，[t]對碓，[t']退，[d] 隊磓憝錞鐓，[n]内，[l]類藾，[ts]晬綷崪，[ts']倅啐焠淬，[s]碎啐誶，[k]憒，[x]靧詯，[ɣ]潰繢讀

二開[eə̄t]→[ɐi]（怪）[p]扒，[m] 韎昒，[ŋ]聧，[x]齂

① 因爲只有 1 個小韻，《切韻》附在没韻裏。

② 𠫓（tū），《説文・𠫓部》："𠫓，不順忽出也。從到子……不孝子突出，不容於内也。"

③ 這一組字《廣韻》所律切，在質韻。

二合[oə̄t]→[wɐi](怪):[ȶ]顡,[k‘]喟簣蕢,[ŋ]聵顡

三開[ĭə̄t]→[ĭəi](未):[k] 旡既蔇暨漑,[k‘]氣气炁,[ŋ] 豙毅顡藙,[x]氣餼愾憠塈摡

三合[ĭwə̄t]→[ĭwəi](未):[p]沸茀鬻,[p‘]費髴,[b]佛狒費濆樻,[m]未味沬,[k]貴聵,[k‘]襀,[ɣj]胃謂渭媦蝟緭彙,[ɣj]尉熨蔚慰

四開[iə̄t]→[i](至):[p]費,[p‘]樻,[m]寐(彌二切)彪魅(明祕切),[k]穊,[ɡ]塈暨

四合[iwə̄t]→[wi](至):[ȶ]轛,[ȡ]懟墜,[l]類禷,[tɕ]出,[ts]醉,[ts‘]翠濢,[dz]萃顇瘁悴,[s]誶粹祟邃,[z]遂隧襚旞璲檖燧穟,[ʃ]率帥,[k‘]樻簣襀喟,[ɡ]匱簣蕢饋櫃,[ɣj]位

以上是物部長入的發展,中古[-t]尾消失,變爲去聲。

26. 文部的發展

上古文部包括一、二、三、四等8個韻母,中古分别變爲痕、魂、山、臻、真、諄、欣、文、仙、先等10韻。就是:

一開[ən]→[ən](痕):[ȶ‘] 吞(平),[k]根跟(平),詪(上)、艮珢(去),[k‘]墾懇齦豤(上),[ŋ]垠(平),[ɣ]痕(平)、很豤(上)、恨(去),[ø]恩(平)

一合[uən]→[uən](魂):[p]奔犇賁(平)、本笨畚(上)、奔(去),[p‘]噴濆歕(平)、噴歕(去),[b]盆(平)、笨本(上),[m]門捫璊亹(平)、懣(上)、懣悶(去),[t]敦惇弴(平)、頓敦(去),[t‘]暾噋蘋(平)、黗(上),[d]屯芚邨哼臀豚(平),盾遁遯庉(上)、鈍遁遯(去),[l]論淪崙(平)、惀(上)、論(去),[ts]尊樽繜(平)、噂剸僔撙(上)、焌(去),[ts‘]村邨(平)、忖刌(上)、寸(去),[dz]存鐏蹲(平)、鱒(上)、鱒鐏栫(去),[s]孫蓀飧(平),損(上)、巽遜顨(去),[k]幝褌蚰昆(翼)崐琨蜫鯤錕鵾(平)、鯀緄輥丨衮袞(上),[k‘]髡坤巛(平)、梱稇悃閫壼(上)、困(去),[ŋ]梱(平),[x]昏婚閽惛(平),[ɣ]魂渾煇餛掍棞(平)、混棍渾煇緷棞(上)、圂慁溷(去),[ø]昷温殟緼轀薀(平)、穩(上)、揾(去)

特例:[uən]→[uɒi](賄):[m]浼(上)

二開[eən](唇牙喉)→[æn](山):[p]彪(平)、扮(去),[p‘]盼(去),[k]艱囏(平),[k‘]齦(上),[ŋ]眼(上),[ɣ]蝦(平)、限(上),[ø]殷羥(平)

二開[eən]（齒）→[ĭen]（臻）：[ʃ]駪詵姺(上)

特例[eən]→[ai]（蟹）：[ʃ]灑(上)

[eən]→[an]（删）：[p]頒(平)

二合[oən]→[wæn]（山）：[ȶ]窀(平)，[k]鰥綸（綸巾）(平)、鰥(去)

三開[ĭən]→[ĭən]（欣）：[k]斤筋(平)、堇謹菫槿(上)、斤靳(去)，[k‘]赾(上)，[g]芹勤懃瘽(平)、近(上)、近(去)，[ŋ]垠圻齦斷旂所犾(平)、听(上)、垽(去)，[x]欣忻昕炘訢(平)、炘焮(去)，[ø]殷慇(平)、㥯隱檃䡣乚月(上)、𢡟㥯僫隱穩(去)

三合[ĭwən]→[ĭwən]（文）：[p]分扮饙餴(平)、粉枌(上)、粪瀵奮偾(去)，[p‘]芬紛帉棻氛雰(平)、忿(上)、忿湓瀵(去)，[b]汾氛扮棼棻頒賁幩墳轒蕡轒濆豶蕡焚(平)、扮鼢蚡魵憤慍(上)、分癀(去)，[m]文蚊汶紋閿聞閺(平)、抆吻刎(上)、問聞璺汶紊抆娩脕(去)，[k]君軍皸(平)、捃皸(去)，[k‘]趣(上)，[g]羣帬裙(平)、郡(去)，[ŋ]齳啴(上)，[x]熏燻曛薰纁勳醺臐葷焄(平)、訓(去)，[ɣj]云雲芸沄妘紜耘員鄖愪涢(平)，抎殞(上)，員殞運鶤鄆暈緷韗韗(去)，[ø]煴緼(平)，緼醞揾蕰惲(上)、愠醞緼蕰(去)

三開[ĭən]→[ĭɛn]（仙）：[m]免娩勉俛挽冕（絻）(上)，[k]甄(平)

三合[ĭwən]→[ĭwɛn]（仙）：[tɕ‘]川(平)，舛(上)、釧(去)，[ts]朘(平)，[ts‘]悛(平)，[ɣj]員圓(平)

特例：[ĭwən]→[ĭwɐn]（元）：[p‘]娩(去)，[m]娩晚挽輓(上)、娩輓(去)，[x]韗(去)

四開[iən]→[ien]（先）：[t]典錪(上)、殿(去)，[t‘]腆淟錪(上)，[d]殄(上)，殿澱(去)，[n]汈(去)，[ts]薦(去)，[ts‘]茜(去)，[dz]荐栫洊(去)，[s]先(平)、銑跣洗毨姺毨(上)、先(去)，[ø]湮煙(平)

特例[iən]→[iei]（齊）：[s]西栖(平)、洒洗(上)、栖(去)

四開[iən]→[ĭĕn]（真）：[p]豳邠份攽彬（斌）(平)，[b]貧(平)，[m]旻汶玟閩忞(平)、閔憫潣(上)，[l]麐(平)、吝麐(去)，[ȶ]珍(平)，[ȶ‘]辴(上)、趁疢(去)，[ȡ]趁(平)、診(去)，[tɕ]振脣畛甄(平)、賑㐱診眕胗紾軫疹袗畛(上)、震振賑娠袗(去)，[dʑ]晨(平)，[ɕ]娠(平)、哂(上)，[ʑ]辰晨宸鷐(平)、裖蜃(上)、蜃(去)，[ȵʑ]忍(上)、刃牣軔仞認韌(去)，[k]巾(平)、胗(上)，[k‘]螼(去)，[g]堇墐搓穜(平)，僅墐瑾殣饉覲(去)，[ŋ]狺圻鄞垠銀狺誾(平)，听齗(上)、垽(去)，[x]衅釁(去)，[ø]垔堙禋湮闉(平)

四合[iwən]→[ĭwĕn]（諄）：[j]允狁尹(上)，[l]侖倫掄淪輪綸論(平)，[ȶ]屯窀迍㡒(平)，[ʈʻ]椿楯輴杶(平)，偆(上)，[ɖ]䞐(平)，[tɕ]肫諄惇(平)，准準純(上)、諄吨稕訰(去)，[tɕʻ]春(平)、惷蠢(上)，[dʑ]脣漘(平)、吮盾楯揗(上)、揗順(去)，[ɕ]舜蕣瞬(去)，[ʑ]純醇蒓醇淳焞錞鶉(平)，[ȵʑ]犉(平)，[ts]遵(平)、俊駿焌畯儁(去)，[tsʻ]夋逡竣(平)，[s]隼(上)、峻浚逡(去)，[z]巡馴紃循楯(平)，[k]麏麇磨(平)①，[kʻ]囷箘輑(平)②，[g]窘莙菌(上)③，[ɣj]隕殞愪霣(上)④

文部二等唇牙喉音變爲《切韻》二等山韻，齒音變爲《切韻》三等臻韻。三等開口變爲《切韻》三等欣韻和仙韻，合口變爲《切韻》三等文韻和仙韻，其中文韻只有合口唇牙喉音，仙韻字數少，有舌齒音，也有牙喉音。四等開口絶大部分變爲《切韻》三等真韻，明、見兩母部分字變爲《切韻》四等先韻（影母“垔”聲的字）；四等合口變爲《切韻》三等諄韻。

*　　*　　*　　*

總上所述，微、物、文三部的發展及其關係可以表示如下表：

<table>
<tr><th rowspan="2" colspan="2">微　部</th><th colspan="2">物　部</th><th rowspan="2">文　部</th></tr>
<tr><th>短　入</th><th>長　入</th></tr>
<tr><td rowspan="2">一</td><td>開[əi]-[ɒi]（咍）</td><td>[ə̆t]-[ət]（痕入聲）</td><td>[ə̄t]-[ɒi]（代）</td><td>[ən]-[ən]（痕）</td></tr>
<tr><td>合[uəi]-[uɒi]（灰）</td><td>[uə̆t]-[uət]（没）</td><td>[uə̄t]-[uɒi]（隊）</td><td>[uən]-[uən]（魂）</td></tr>
<tr><td rowspan="2">二</td><td>開[eəi]-[ɐi]（皆）</td><td>[eə̆t]-[æt]（黠）</td><td>[eə̄t]-[ɐi]（怪）</td><td>[eən]{（脣牙喉）-[æn]（山）
（齒）-[ĭen]（臻）}</td></tr>
<tr><td>合[oəi]-[wɐi]（皆）</td><td>[oə̆t]-[wæt]（黠）</td><td>[oə̄t]-[wɐi]（怪）</td><td>[oən]-[wæn]（山）</td></tr>
<tr><td rowspan="2">三</td><td>開[ĭəi]{-[ĭəi]（微）
-[ĭe]（支）}</td><td>[ĭə̆t]-[iət]（迄）</td><td>[ĭə̄t]-[ĭəi]（未）</td><td>[ĭən]{-[ĭən]（欣）
-[ĭɛn]（仙）}</td></tr>
<tr><td>合[ĭwəi]{-[iwəi]（微）
-[ĭwe]（支）}</td><td>[ĭwə̆t]-[ĭwət]（物）</td><td>[ĭwə̄t]-[ĭwəi]（未）</td><td>[ĭwən]{-[ĭwən]（文）
-[ĭwɛn]（仙）}</td></tr>
<tr><td rowspan="2">四</td><td>開[iəi]-[i]（脂）</td><td>[iə̆t]-[ĭět]（質）</td><td>[iə̄t]-[i]（至）</td><td>[iən]{-[ĭə̆n]（真）
-[ien]（先）}</td></tr>
<tr><td>合[iwəi]-[wi]（脂）</td><td>[iwə̆t]-[ĭwět]（術）</td><td>[iwə̄t]-[wi]（至）</td><td>[iwən]-[ĭwə̆n]（諄）</td></tr>
</table>

①②③④　《切韻》真、諄本爲一韻，《廣韻》分爲兩韻，真開口，諄合口。此四組字爲合口，應在諄韻，《廣韻》誤歸真韻。

物部一等短入開口中古變爲《切韻》痕韻入聲(字少,附在没韻内),與陽聲痕韻相配;合口變爲《切韻》没韻,與陽聲魂韻相配。一等長入[-t]尾消失,開口變入《切韻》代韻,合口變入隊韻,與陰聲咍、灰兩韻的去聲合流。二等短入中古變爲黠韻,與陽聲山韻相配;二等長入[-t]尾消失,變入去聲怪韻,與陰聲皆韻的去聲合流。三等短入開口變爲《切韻》迄韻;合口變爲物韻,與陽聲文韻相配;三等長入[-t]尾消失,變入《切韻》未韻,與陰聲微韻去聲合流。四等短入開口變爲《切韻》三等質韻,合口變爲三等術韻,與陽聲諄韻相配;四等長入[-t]尾消失變人去聲三等至韻,與陰聲脂韻的去聲合流。

十、緝、侵兩部的發展

上古緝、侵兩部都是閉口韻,主要元音爲[ə],韻尾分别爲[-p],[-m],没有相配的陰聲韻。兩部陽、入對轉。例如“占”聲“沾、苫”在侵部,“帖、貼”在緝部;“音”聲“暗、闇、諳、瘖”在侵部,“湆”在緝部;“朁”聲“簪、譖、僭”在侵部,“噆”在緝部;等等。兩部在發展中互相對應。

27. 緝部的發展

上古入聲緝部收[-p]尾,包括一、二、三、四等 4 個韻母,中古分别變爲《切韻》合、洽、緝、葉、帖 5 韻,仍爲入聲。就是:

一開[ə̆p]→[ɒp](合):[t]答荅踏搭,[t‘]踏佮,[d]沓誻涾眔遝譶,[n]納妠軜衲,[l]拉搚擸,[ts]帀噆,[dz]褋雜,[s]卅卌雭趿颯,[k]合鴿佮郃韐蛤閤㭘庈,[k‘]匌溘庈,[ŋ]㬎,[x]欱,[ɣ]合郃盒,[ø]佮姶媕(烏合切)唈(烏荅切)

特例:[ə̆p]→[ɑp](盍):[t‘]塔搭,[ø]盫

二開[eə̆p]→[ɐp](洽):[tʃ‘]笈扱,[k]袷韐跲,[k‘]恰掐,[x]欱,[ɣ]袷洽,[ø]凹浥

三開[ĭə̆p]→[ĭĕp](緝):[p]皀鵖,[j]熠,[l]立粒笠,[ȶ]縶霵㬎,[ȶ‘]湁,[ȡ]蟄譶,[tɕ]執慹汁,[ɕ]濕溼䁯,[ʑ]十什拾褶,[ȵʑ]入廿,[ts]咠葺緝,[dz]集鏶輯檝,[s]卌靸,[z]習襲隰,[tʃ]戢濈咠,[tʃ‘]䌥扱,[ʃ]蹝澀,[k]急給芨級汲伋皀,[k‘]㬎泣湆,[g]及笈,[ŋ]岌,[x]吸翕潝噏歙闟,[ɣj]熠,[ø]邑悒浥唈(於汲切)挹揖(伊入切)

三開[ĭəp]→[ĭɛp](葉):[n]㚔,[tɕ]慹慴摺霅,[tɕ']讇詀,[ɕ]歙,[ts]楫檝,[ts']鏶,[dz]緁,[k]鵖,[g]极笈

特例:[ĭəp]→[ĭɐp](業):[k]衱袷跲,[g]跲极笈,[ø]浥

四開[iəp]→[iep](帖):[t]笘,[t']帖怗貼,[d]慴褶墊褺,[n]暬慹捻

緝部三等字中古大部分入《切韻》緝韻,小部分入葉韻,其中"歙緁鏶慹檝笈"等字在兩韻重出,反映這些字在中古方言中可能有不同讀音。

28. 侵部的發展

上古侵部收[-m]尾,包括一、二、三、四等 5 個韻母,中古分變別爲《切韻》覃、咸、侵、鹽、凡,添 6 韻。就是:

一開[əm]→[ɒm](覃):[n]南男枏楠(平)、湳(上),[t]耽眈妉黕媅湛(平)、抌耽(上),[t']探貪撢(平)、監噆黮(上)、撢(去),[d]覃潭蟫鐔譚耽蕁(平)、譚髧黮(上)、醰瞫賵萻(去),[l]婪惏嵐(平),[ts]簪篸(平)、篸(去),[ts']參驂(平),慘黲傪朁憯噆(上)、參(去),[dz]蠶(平),劕(上),[s]毿摻蔘(平)、糝槮糂(上),[k]淦弇(平)、感贛(上)、淦贛(去),[k']堪戡嵁戧龕(平),顑轗埳惂(上)、勘(去),[ŋ]嵁媕(平),[x]顑(去)[ɣ]含肣頜(平),頜撼(上)、憾浛欿(去),[ø]喑諳腤盦鵪媕(平)、揞黭(上)、暗闇(去)

特例:[əm]→[ɑm](談):[t]紞芜(上),[s]三參(平),[x]喊(上),[ø]揜(上)

二開[eəm]→[ɐm](咸):[n]淰(上),[ȡ]湛(上),[ʃ]杉摻(平)、摻(上),[k]緘鰔玪(平)、減(上),[k']嵁(平),[ŋ]黬嵒碞(平)、顑(去),[x]妗(平)、欦(火斬切)喊(呼豏切)(上),[ɣ]咸鹹椷(平)、喊減(上)、臽陷(去),[ø]揞黯(平)、黯(上)、揞揞(去)

特例:[eəm]→[am](銜):[ʃ]彡衫(平)

三開[ĭəm]→[ĭĕm](侵):[p]稟(上),[p']品(上),[j]冘淫婬霪鱏蟫鐔(平)、潭(上),[n]紝鵀誑(平)、拰(上)、賃(去),[l]林琳淋霖臨(平)、亩廩凜懍瘮菻(上)、臨(去),[ȶ]坫砧椹碪(平)、抌(上)、揕(去),[ȶ']琛郴綝(平)、闖(去),[ȡ]沈沉湛(平)、朕膸(上)、鴆沈(去),[tɕ]斟針鍼箴(平)、枕(上)、枕針(去),[tɕ']瀋(上),[dʑ]葚黮(上),[ɕ]深(平),審瀋沈諗淰(上)、深(去),[ʑ]訦忱愖諶煁(平),甚訦(上)、甚(去),[ȵʑ]壬任紝恁鵀(平)、荏栠飪餁袵恁稔(上)、任衽妊紝鵀(去),[ts]祲綅(平)、醋寖(上),祲浸寖(去),[ts']侵浸綅駸(平)、寑梫鋟(上)、沁(去),[dz]鬵灊埐(平)、蕈(上),[s]心(平)、罧(上),[z]尋潯鬵灊鐔鱏(平),[tʃ]簪(平)、譖(去),[tʃ']參槮篸梫駸(平)、讖(去),[dʒ]岑涔(平),[ʃ]森參蔘槮棽(平)、滲罧(去),

[k]今衿金裣黔禁襟(平)、錦(上)、禁(去)，[k‘]衾欽嵚(平)，[g]琴黔芩捦庈禽檎凜(平)、噤(上)、噤(去)，[ŋ]吟唫廞碞(平)、趛(上)、吟(去)，[x]歆廞(平)、廞(上)，[ø]音喑瘖陰(平)、飲歓(上)、暗稖窨蔭飲(去)

三開[ĭəm]→[ĭɛm](鹽)：[j]閻(平)、焰(去)，[n]黏粘(平)，[ȶ]沾霑(平)、占(去)，[ȶ‘]覘(平)、諂(上)、覘(去)，[tɕ]占蛅(平)、占(去)，[tɕ‘]姑怗姈(平)，[ɕ]苫痁蔱(平)、苫(去)，[ʑ]撏棎(平)，[ȵʑ]蛅(平)，[ts]鋟熸(平)，[dz]潛鬵灊燂(平)、潛(去)，[s]彡綅(平)，[z]燖鐰(平)，[g]鍼鈷(平)，[ø]稖(平)、弇揜渰媕(上)、悇(去)

三合[ĭwəm]→[ĭwɐm]（凡）[p‘]釩(上)、汎(去)，[b]凡帆颿(平)、軓(上)、梵帆颿(去)

特例：[ĭwəm]→[ĭuəŋ]（東）：[p]風楓(平)、風諷(去)，[b]芃汎(平)、凤(去)

四開 [iəm]→[iem]（添）：[t]佔(平)、玷刮點(上)、沾坫店唸墊(去)，[t‘]添沾黇(平)、忝(上)、忝黇(去)，[d]驔(平)、橝(上)，[n]鮎鮎拈(平)、念(去)，[ts]僭(去)、[x]妗(平)，[ø]酓(去)

*　　　*　　　*　　　*

總上所述，上古緝、侵兩部的發展及其關係可以表示如下表：

緝　部	侵　部
一開[ə̆p]—[ɒp](合)	[əm]—[ɒm](覃)
二開[eə̆p]—[ɐp]（洽）	[eəm]—[ɐm](咸)
三開[ĭə̆p]{—[ĭĕp](緝) —[ĭɛp](葉)}	[ĭəm]{—[ĭĕm](侵) —[ĭɛm](鹽)}
三合	[ĭwəm]—[ĭwɐm](凡)
四開[iə̆p]—[iep](帖)	[iəm]—[iem](添)

緝部只有短入，没有長入。緝部與陽聲侵部相配，没有相配的陰聲韻。緝部一等中古變爲《切韻》合韻，與《切韻》覃韻相配。二等中古變爲《切韻》洽韻，與《切韻》咸韻相配。三等大部分變爲《切韻》緝韻，小部分變爲葉韻。緝韻與陽聲侵韻相配，葉韻與陽聲鹽韻相配。侵部三等唇音合口字，中古一部分入《切韻》凡韻，一部分韻尾因爲異化作用而變成[ŋ]，變入《切韻》東韻。緝部四等中古變入《切韻》帖韻，與陽聲添韻相配。

十一、葉、談兩部的發展

上古葉、談兩部也都是閉口韻。主要元音是[a]，韻尾分別爲[-p]、[-m]。兩部陽、入對轉。例如“乏”聲的字，“貶、窆、芝”在談部，“泛、姂”既在談部，又在葉部；“厭”聲的字，“壓”在葉部，“饜、黶”在談部，“懕、擪、魘”既在葉部，又在談部。兩部的字在發展中也互相對應。

29. 葉部的發展

上古葉部收[-p]尾，包括一、二、三、四等5個韻母，中古分別變爲《切韻》盍、狎、業3韻以及洽、葉、乏、帖4韻的一部分，仍爲入聲。就是：

一開[ap]→[ɑp](盍)：[t]耷，[t‘]匒榻狧，[d]譶蹋闒，[l]臘邋擸擠，[k]嗑蓋閘，[k‘]榼磕，[ɣ]盍闔嗑蓋

二開[eap]→[ap]（狎）：[ȡ]喋霅，[ʃ]翜唼，[k]甲胛押，[ŋ]鴨壓閘，[x]呷，[ɣ]狎柙匣霅，[ø]鴨閘壓

二開[eap]→[ɐp](洽)：[n]婖，[tʃ]眨，[tʃ‘]臿插鍤，[ʃ]歃霎萐箑，[k]夾郟筴，[ɣ]狹陜峽

三開[ĭap]→[ĭɛp]（葉）：[j]枼葉擛鍱偞，[n]聶躡鑷，[l]鬣獵鬣躐，[ȶ]耴輒，[ȶ‘]鍤煠，[ȡ]堞，[tɕ]讋囁慴，[tɕ‘]褋，[ɕ]攝葉(縣名)緤韘，[ʑ]涉，[ȵʑ]囁，[ts]接睫婕，[ts‘]妾緁，[dz]疌捷倢寁，[ʃ]霎箑歃，[ɡ]鬝，[ɣj]饁曄爗皣，[ø]厌厭魘懕擪

三開[ĭap]→[ĭɐp]（業）：[k]劫鉣，[k‘]怯胠，[ŋ]業鄴，[x]脅協，[ø]醃罨

特例：[ĭap]→[ĭɛi]（祭）：[ø]瘞

三合[ĭwap]→[ĭwɐp]（乏）：[p]法灋，[b]乏泛姂，[k‘]姂

四開[iap]→[iep]（帖）：[t]喋，[t‘]蝶帖，[d]牒喋蹀諜堞揲蝶疊(疊)，[n]茶攝，[ts]浹，[s]燮躞韘屧婕，[k]頰莢鋏蛺，[k‘]莢婡愜愜篋，[ɣ]劦協(葉)勰俠浹挾綊

葉部二等在《切韻》狎、洽兩韻重出，三等在葉、業兩韻重出。但一等字不入合韻，三等字不入緝韻，這是和緝部的發展不同的。

30. 談部的發展

上古談部收[-m]尾，包括一、二、三、四等5個韻母，中古分別變爲《切韻》談、銜、咸、鹽、嚴、添、凡7韻。就是：

一開[am]→[ɑm](談)：[t]擔儋(平)、膽(上)、擔(去)，[t‘]聃(平)、菼剡(上)、賧(去)，[d]郯倓惔淡錟澹(平)、澹憺惔淡啖噉(上)、惔淡啖憺澹(去)，[l]藍襤籃(平)、擥覽攬欖(上)、濫(去)，[ts‘]黲(上)，[dz]慙慚鏨擊(平)、槧鏨嵌(上)、暫鏨(去)，[k]甘泔(平)，敢橄(上)，[k‘]闞瞰(去)，[x]呥憨(平)、監喊(上)、憨譀(去)，[ɣ]酣邯(平)、憨(去)，[ø]埯(上)

特例：[am]→[ɒm](覃)：[k]紺(去)，[k‘]坎(上)，[ɣ]函涵顄(平)，菡(上)，[ø]庵菴(平)、崦黤(上)

二開[eam]→[am](銜)：[tʃ‘]攙(平)、懺儳(去)，[dʒ]毚嚵巉劖鑱讒(平)、巉(上)、鑱讒(去)，[ʃ]芟纔(平)，[k]監鑑(平)、監鑑鑒(去)，[ŋ]巖嚵(平)，[x]獥(上)、闞譀(去)，[ɣ]銜(平)、檻濫艦(上)、覽(去)，[ø]黤黝(上)、黝(去)

二開[eam]→[ɐm](咸)：[tʃ]斬(上)、蘸(去)，[dʒ]毚讒攙獑鏨獑嶃(平)、瀺嶄(上)，儳(去)，[ʃ]櫼(平)，[k]尲(平)、鹼(上)，[k‘]坎歉顲(上)、歉顲(去)，[x]闞(去)，[ɣ]函稴(平)、獫(上)

三開[ĭam]→[ĭɛm](鹽)：[p]砭(平)、貶(上)、窆砭(去)，[j] 檐簷詹鹽琰剡焰(平)、豔灩焱鹽(去)，[l]慊鬑鐮亷鎌簾磏薟獫蘞薟(平)、斂獫撿薟蘞謙鎌(上)、殮獫斂(去)，[ȡ]沾(平)，詹瞻蟾噡(去)，[tɕ]詹瞻蟾噡(平)，[tɕ‘]襜裧(平)、幨襜(去)，[ɕ]閃陝睒(上)、閃掞(去)，[ʑ]蟾(平)、剡(上)、贍(去)，[ȵʑ]冉髯蚺(平)、冉苒柟染(上)、染髯(去)，[ts]殲瀸漸(平)，[ts‘]籤孅僉磏憸槧(平)、憸(上)、槧塹(去)，[dz]螹(平)，漸蔪槧鏨(上)，[s]銛鐵纖孅憸(平)，[z]棪(平)，[k]檢瞼(上)，[g]鉗拑箝黚(平)、儉芡(上)，[ŋ]䶩(平)、广嶮噞隒驗(上)，[x]險獫玁嶮(上)，[ɣj]炎(平)，[ø]淹崦醃閹(央炎切)懨猒壓饜(一鹽切)(平)，厭黶魇擪檿(於琰切)奄掩郁閹裺(衣儉切)(上)、猒厭饜壓(於豔切)淹(於驗切)(去)

三開[ĭam]→[iɐm](嚴)：[k]劍①(去)，[k‘]㰹(平)、欠②(去)，[ŋ]嚴(平)、儼广(上)、釅(去)，[x]杴薟(平)，[ø]醃醃(平)、埯(上)

三合[ĭwam]→[ĭwɐm](凡)：[p‘]芝(平)、芝(上)、氾泛(去)，[b]氾(平)、犯范(上)、範笵(去)

四開[iam]→[iem](添)：[t‘]銛(上)、磹(去)，[d]甜恬湉(平)，[l]蘼鬑熑溓濂(平)、稴(上)、稴(去)，[k]兼縑鶼鰜(平)，[k‘]謙(平)、嗛歉慊(上)、傔(去)，[ɣ]嫌稴(平)、獫(上)

*　　*　　*　　*

①② 《廣韻》"劍、欠"兩字在梵韻，依王仁昫《刊謬補缺切韻》改歸釅韻。

總上所述，葉、談兩部的發展及其關係可以表示如下表：

葉　部	談　部
一開[ap]—[ɑp]（盍）	[am]—[ɑm]（談）
二開[eap]—[ap]（狎） 二開[eap]—[ɐp]（洽）	[eam]—[am]（銜） [eam]—[ɐm]（咸）
三開[ĭap]—[ĭɛp]（葉） 三開[ĭap]—[ĭɐp]（業） 三合[ĭwap]—[ĭwɐp]（乏）	[ĭam]—[ĭɛm]（鹽） [ĭam]—[ĭɐm]（嚴） [ĭwam]—[ĭwɐm]（凡）
四開[iap]—[iep]（帖）	[iam]—[iem]（添）

入聲葉部一等中古變爲《切韻》盍韻，陽聲談部一等變爲《切韻》談韻，盍、談兩韻相配。葉部二等字中古分别變入《切韻》狎韻和洽韻，談部二等字中古分别變入《切韻》銜韻和咸韻，狎與銜相配，洽與咸相配。葉部三等開口大部分中古變爲《切韻》葉韻，小部分變爲業韻。談部三等開口大部分變爲《切韻》鹽韻，小部分變爲嚴韻。葉與鹽相配，業與嚴相配。葉部三等合口中古變爲《切韻》乏韻，與談部三等合口變來的凡韻相配。葉部四等中古變爲《切韻》帖韻，與談部四等變來的添韻相配。

上古侵、緝兩部三等，葉，談兩部二、三等在發展中都一分爲二。侵部一、二等也有少數字中古變入《切韻》談、銜兩韻的。這是因爲元音的發展往往要受介音和韻尾的影響。緝、侵、葉、談四部都是閉口韻，緝、葉兩部都有韻尾[-p]，侵、談兩部都有韻尾[-m]，二等和二等、三等和三等介音也相同，它們在發展中出現某些交叉的現象也就不足爲奇了。

第七節　上古到中古漢語聲調系統的發展

漢語聲調由上古的兩聲四類，到中古的平、上、去、入四聲，發生了很大的變化。一部分入聲變成了去聲，平、上聲也不完全是原來的樣子。下面分别加以討論。

一、入聲的變化

上古長入在發展中失落[-p][-t][-k]韻尾，變成了去聲，由促聲變成了舒聲。

1. 從《詩經》以及先秦韻文的入韻字看，長入字常常和短入字相押，到了中古《切韻》系統，這些長入字都已經變成去聲。例如：

備　上古職部長入，與短入字相押。如《詩・大雅・旱麓》四章"備、福"韻，《韓非子・愛臣》"備、側、國"韻。中古變爲去聲，《廣韻》去聲六至："備，平秘切。"

背　上古職部長入，與短入字相押。如《詩・大雅・行葦》八章"背、翼、福"韻，《大雅・桑柔》十五章"極、背、克、力"韻，《大雅・瞻卬》四章"忒、背、極、慝、識、織"韻。中古變爲去聲。《廣韻》去聲十八隊："背，補妹切。"

戒　上古職部長入，與短入字相押。如《詩・小雅・采薇》五章："翼、服、戒、棘"韻，《大雅・常武》一章"戒、國"韻，《楚辭・九章・惜往日》"戒、得"韻，《管子・樞言》"戒、敕、麥、伏、稷、得"韻。中古變爲去聲。《廣韻》去聲十六怪："戒，古拜切。"

意　上古職部長入，與短入字相押。如《詩・小雅・正月》十章"輻、載、意"韻（"載"之部，之職通韻）。中古變爲去聲，《廣韻》去聲七志："意，於記切。"

告　上古覺部長入，與短入字相押。如《詩・鄘風・干旄》三章"祝、六、告"韻，《衛風・考槃》三章"陸，軸、宿、告"韻，《大雅・既醉》三章"俶、告"韻，《抑》二章"告、則"韻（職、覺合韻），《易・蒙》"告、瀆①、告"韻。中古變爲去、入兩聲。《廣韻》去聲三十七號："告，古到切。"入聲二沃："告，古沃切。"

罩　上古覺部長入，與短入字相押。如《詩・小雅・南有嘉魚》一章"罩、樂"韻。中古變爲去聲。《廣韻》去聲三十六效："罩，都教切。"《集韻》："陟教切。"

奏　上古屋部長入，與短入字相押。如《詩・小雅・楚茨》六章"奏、禄"韻。中古變爲去聲。《廣韻》去聲五十候："奏，則候切。"

庶　上古鐸部長入，與短入字相押。如《詩・小雅・楚茨》三章"踖、碩、炙、莫、庶、客、錯、度、獲、格、酢"韻。中古變爲去聲。《廣韻》去聲九御："庶，商署切。"

射　上古鐸部長入，與短入字相押。如《易・説卦傳》"薄、射、錯、逆"韻，《大戴禮・投壺篇》"射、莫"韻，《楚辭・天問》"射、若"韻。中古變爲去聲。《廣韻》去聲四十禡："射，神夜切。"

帝　上古錫部長入，與短入字相押。如《詩・大雅・蕩》一章"帝、辟、帝、辟"

① "瀆"屋部，覺、屋合韻。

韻。中古變爲去聲。《廣韻》去聲十二霽:“帝,都計切。”

揥　上古錫部長入,與短入字相押。如《詩・鄘風・君子偕老》二章“翟、髢、揥、晳、帝”韻。中古變爲去聲。《廣韻》去聲十三祭:“揥,醜例切。”

祭　上古月部長入。與短入字相押。如《管子・弟子職》“徹、祭”韻。中古變爲去聲。《廣韻》去聲十三祭:“祭,子例切。”

歲　上古月部長入。與短入字相押。如《詩・豳風・七月》一章“發、烈、褐、歲”韻,《大雅・生民》七章“軷、烈、歲”韻。中古變爲去聲。《廣韻》去聲十三祭:“歲,相鋭切。”

逝　上古月部長入。與短入字相押。如《詩・大雅・抑》六章“舌、逝”韻,《小雅・車舝》一章“舝、逝、渴、括”韻,《楚辭・九章・抽思》“歲、逝”韻。中古變爲去聲。《廣韻》去聲十三祭:“逝,時制切。”

蜕　上古月部長入。與短入字相押。如《詩・召南・野有死麕》三章“脱、帨、吠”韻(上古“吠”也是月部入聲字)。中古變爲去聲。《廣韻》去聲十三祭:“蜕,舒鋭切。”

厲　上古月部長入。與短入字相押。如《詩・邶風・匏有苦葉》一章“厲、揭”韻,《小雅・正月》八章“結、厲、滅、威”韻。中古變爲去聲。《廣韻》去聲十三祭:“厲,力制切。”

害　上古月部長入,與短入字相押。如《詩・小雅・蓼莪》五章“烈、發、害”韻,《大雅・生民》二章“月、達、害”韻,《易・坤》“發、大、害”韻,《易・咸象下》“害、大、末、説”韻(上古“大”也是月部長入字)。中古變爲去聲。《廣韻》去聲十四泰:“害,胡蓋切。”

噦　上古月部長入,與短入字相押。如《詩・小雅・庭燎》二章“艾、晣、噦”韻(上古“艾”也是月部長入字)。中古變爲去聲。《廣韻》去聲十四泰:“噦,呼會切。”

毖　上古質部長入,與短入字相押。如《詩・大雅・桑柔》五章“毖、恤”韻,中古變爲去聲。《廣韻》去聲六至:“毖,兵媚切。”

2. 從反切看,上古有的入聲字,中古韻書裏有入、去聲兩讀,其中去聲是後起的音。《廣韻》裏兼有去、入兩讀的字共430餘個。

下面例子裏的字,前一反切是入聲,後一反切是去聲:

福,方六切、敷救切　　輻,方六切、方副切

副，芳福切、敷救切　　伏，房六切、扶富切
潩，與職切、羊吏切　　塞，蘇則切、先代切
織，之翼切、職吏切　　埴，常職切、昌志切
植，常職切、直吏切　　食，乘力切、羊吏切
幗，古獲切、古對切　　亟，紀力切，去吏切
劾，胡得切、胡概切　　嶷，魚力切、魚記切
（以上職部）
勠，力竹切、力救切　　宿，息逐切、息救切
畜，許竹切、許救切　　祝，之六切、職救切
復，房六切、扶富切　　複，方六切、扶富切
澳，於六切、烏到切　　瑁，莫沃切、莫佩切
告，古沃切、古到切　　纛，徒沃切、徒到切
璹，徒沃切、徒耐切　　覺，古岳切、古孝切
（以上覺部）
暴，薄木切、薄報切　　爆，北角切、北教切
貌，莫角切、莫教切　　較，古岳切、古孝切
樂，盧各切、五教切　　濯，直角切、直教切
眊，莫角切、莫報切　　菿，竹角切、都導切
約，於略切、於笑切　　爝，即略切、子肖切
皭，在爵切、子肖切　　彴，之若切、北教切
（以上藥部）
轂，空谷切、苦候切　　鶩，莫卜切、亡遇切
蔟，千木切、倉奏切　　嗽，桑谷切、蘇奏切
足，即玉切、子句切　　亍，醜玉切、中句切
褐，市玉切、都豆切　　瞀，莫角切、莫候切
噣，竹角切、陟救切　　僕，蒲北切、匹候切
（以上屋部）
醵，其虐切，其據切　　縛，符鑁切、符臥切

度，徒落切、徒故切　　作，則落切、臧柞切
厝，倉各切、倉故切　　酢，在各切、昨誤切
濩，胡郭切、胡誤切　　惡，烏各切、烏路切
搏，補各切、方遇切　　笮，在各切、側駕切
怕，普伯切、普駕切　　咋，鋤陌切，側駕切
嚇，呼格切、呼訝切
（以上鐸部）
畫，胡麥切、胡卦切　　債，側革切、側賣切
呃，於革切、烏界切　　阸，於革切、烏懈切
易，羊益切、以豉切　　積，資昔切、子智切
刺，七跡切、七賜切　　謚，伊昔切、神至切
（以上錫部）
茷，房越切、符廢切　　蹶，居月切、居衛切
匄，古達切、古太切　　癩，盧達切、落蓋切
汰，他達切、他蓋切　　靄，烏葛切、於蓋切
軷，蒲撥切、蒲蓋切　　劊，古活切、古外切
殺，所八切、所拜切　　愒，丘竭切、去例切
轄，胡瞎切、苦蓋切　　駃，古穴切、苦夬切
綴，陟劣切、陟衛切　　掣，昌劣切、七制切
（以上月部）
柲，鄙密切、兵媚切　　泌，毗必切、兵媚切
質，之日切、陟利切　　礩，之日切、脂利切
乿，於筆切、於記切　　閉，方結切、博計切
戾，練結切、郎計切　　切，千結切、七計切
扒，博拔切、博怪切　　侐，況逼切、火季切
（以上質部）
出，赤律切、尺類切　　誶，慈邮切、雖遂切
茀，敷勿切、方味切　　髴，敷勿切、方味切

尉，紆物切、於胃切　　乞，去訖切、去既切

孛，蒲設切、蒲昧切　　倅，臧没切、七内切

（以上物部）

以上入、去兩讀的字，上古都是入聲，到了中古，可能某些方言裏已讀成去聲，某些方言裏仍然保存入聲的讀法，或者在同一方言裏兼有入、去兩種讀法，韻書裏把兩種音都保存下來。它們中的大部分字入聲和去聲詞性、意義不同。例如（見《廣韻》）：

織　入職：之翼切，組織。

　　去志：職吏切，織文，錦綺屬。

亟　入職：紀力切，急也，疾也，趣也。

　　去志：去吏切，數也，遽也。

覺　入覺：古嶽切，曉也，大也，明也，悟也。

　　去效：古效切，睡覺。

濯　入覺：直角切，澣濯。

　　去效：直教切，浣衣。

足　入燭：即玉切，《爾雅》云：趾足也。又滿也，止也。

　　去遇：子句切，足添物也，本音入聲。

畜　入屋：許竹切，養也。《説文》曰：田畜也

　　去宥：醜救切，六畜。

祓　入物：敷勿切，除災求福，亦絜也。

　　去廢：方肺切，除惡祭也。

悖　入没：蒲没切，逆也。

　　去隊：蒲昧切，心亂。

殺　入黠：所八切，殺命，《説文》：戮也。

　　去怪：所拜切，殺害，又疾也，猛也。

洌　入薛：良薛切，水清也，潔也。

　　去祭：力制切，清水。

厝　入鐸：倉各切，礪石。

去暮：倉故切，置也。

積　入昔：資昔切，聚也。

去寘：子智切，委積也。

吊　入錫：都暦切，至也。

去嘯：多嘯切，吊生曰唁，吊死日吊。

有的入聲和去聲詞性、意義相同。例如：

複　入屋：方六切，重衣。

去宥：扶富切，重衣。

囿　入屋：於六切，園囿。

去宥：于救切，《説文》曰：苑有垣。一曰：禽獸曰囿。

纛　入沃：徒沃切，左纛。

去號：徒到切，左纛，以犛牛尾爲之。大如斗，系于左騑馬軛上。

眊　入覺：莫角切，目少精。

去號：莫報切，目少精。

髴　入物：敷勿切，髣髴。

去未：芳未切，髣髴。

匄　入曷：古達切，乞也，亦作丐。

去泰：古太切，乞也。

劊　入末：古活切，斷也。

去泰：古外切，《説文》曰：斷也。

檜　入末：古活切，木名，柏葉松身。

去泰：古外切，柏葉松身。

繣　入麥：呼麥切，徽繣，乖違。

去卦：呼卦切，徽繣，乖違。

幗　入麥：古獲切，婦人喪冠。

去隊：古對切，婦人喪冠。

炙　入昔：之石切。《説文》曰：炮肉也。

去禡：之夜切，炙肉。

埴　入職:常職切,黏土。

　　去志:昌志切,黏土。

蕝　入薛:子悦切,束茅表位。

　　去祭:子芮切,束茅表位。

有的字,中古有三個乃至四個入聲和去聲讀音,都應看成上古入聲分化的結果。例如:

糲　入曷:盧達切,粗糲。

　　去泰:落蓋切,粗米。

　　去祭:力制切,粗也。

蜕　入薛:弋雪切,蟬去皮也。

　　去祭:舒芮切,蜕皮。

　　去泰:他外切,蛇易皮。

　　去過:湯卧切,蛇去皮。

作　入鐸:則落切,爲也,起也。

　　去暮:臧祚切,造也。

　　去箇:則箇切,造也。

搏　入鐸:匹各切,擊也。

　　又:補各切,擊也。

　　去遇:方遇切,擊也。

獥　入錫:古曆切,狼子。

　　又:胡狄切,狼子。

　　去嘯:古吊切,狼子。

僕　入德:蒲北切,倒也。

　　去候:匹候切,倒也。

　　去宥:敷救切,前倒。

　　去遇:芳遇切,僵僕。

娼　入沃:莫沃切,夫妬婦。

　　去至:彌二切,夫妬婦。

去號：莫報切，夫妬婦。

上皓：武道切，夫妬婦。

覆 入屋：芳福切，敗也。

入德：匹北切。

去宥：敷救切，蓋也。

又：扶富切，伏兵曰覆。

有的字，中古既有入聲和去聲的讀音，又有平聲或上聲的讀音，可能它們上古就有陰聲和入聲兩讀。例如：

勠 入屋：力竹切，勠力，並力也。

去宥：力救切，並力。

平尤：力求切，並力也。

"勠"從"翏"聲。"翏"聲的字，覺部有"戮、僇"，幽部有"樛、飉、醪、膠"。"蓼"盧鳥切，一種水生植物，幽部，《詩・周頌・小毖》"鳥、蓼"韻；又力竹切，長大的樣子，覺部。

摍 入屋：所六切，擊聲。

又：息逐切，擊也。

平蕭：蘇雕切，擊也，又把也。

上篠：先鳥切，打名。

去嘯：蘇吊切，打也。

橚 入屋：息逐切，木長貌。

平蕭：蘇雕切，橚槮，樹長貌。

蟰 入屋：息逐切，蟰蛸，俗呼喜子。《詩》曰："蟰蛸在户。"

平蕭：蘇雕切，蟰蛸蟲，一名長蟲。

"肅"聲的字，《廣韻》下平三蕭有"蕭、簫"，上古在幽部；入聲一屋有"肅，鷫"，上古在覺部。"摍、橚、蟰、潚、飀"既在《廣韻》平聲蕭韻出現，又在入聲屋韻出現，上古當屬幽、覺兩部。

蜺 入屑：五結切，寒蟬。

平齊：五稽切，似蟬而小。

入屑：五結切，䙚䘿。

平齊：五稽切，衣䙚謂之䘿。

上薺：研啓切，䙚䘿，袿衣飾也。

霓　入屑：五結切，虹。

去霽：五計切，虹。

平齊：五稽切，雌虹。

“兒”聲的字;《廣韻》上平十二齊有“兒、倪、婗、輗、鯢、麑”，上古在支部；入聲二十三錫有“鬩、鶂、鬩”，上古在錫部。“蜺、䘿、霓”《廣韻》有平、入兩讀，上古當屬支、錫兩部。

醵　入藥：其虐切，合錢飲酒。

去御：其據切，斂錢飲酒。

平魚：强魚切，合錢飲酒。

“醵”從“豦”聲。“豦”聲的字，《廣韻》去聲九御有“據”，上古屬魚部，《詩·邶風·柏舟》二章“茹、據、怒”韻；入聲十九鐸有“噱、臄”，二十陌有“劇”，上古屬鐸部。“醵”《廣韻》有平、去、入三讀，上古當屬魚、鐸兩部。

二、平聲的變化

上古平聲分爲長平和短平。長平中古爲平聲，短平中古爲上聲。從上古到中古，它們也發生了變化。一部分長平聲和短平聲變成去聲，一部分長平聲變成上聲、少數短平聲變成平聲。

1. **平聲變去聲**。這一部分上古平聲字，在中古《切韻》系統裏有的只有去聲一讀，有的有平、去兩讀。例如：

佩　上古之部平聲，與平聲字相押。如《詩·鄭風·子衿》二章“佩、思、來”韻，《秦風·渭陽》二章“思、佩”韻，《楚辭·離騷》“能、佩”、“佩、詒”韻。中古變成去聲。《廣韻》去聲十八隊：“佩，玉之帶也。蒲昧切。”

疚　上古之部平聲，與平聲字相押。如《詩·小雅·采薇》三章“疚、來”韻，《小雅·大東》二章“來、疚”韻，《大雅·召旻》五章“富、時、疚，兹”韻(富，職部，之職通韻)。中古變爲去聲。《廣韻》去聲四十九宥：“疚，病也。居祐切。”

傚　上古宵部平聲，與平聲字相押。如《詩·小雅·鹿鳴》二章"蒿、昭、恌、傚、敖"韻。中古變爲去聲。《廣韻》去聲三十六效："傚，教也。《詩》曰：'是則是傚。'毛萇云：'言可法傚也。'胡教切。"

笑　上古宵部平聲，與平聲字相押。如《詩·大雅·板》三章"寮、囂、笑、蕘"韻，《易·旅》"巢、笑、眺"韻。中古變爲去聲。《廣韻》去聲三十五笑："笑，欣也，喜也，私妙切。"

迓　上古魚部平聲，與平聲字相押。如《詩·召南·鵲巢》一章"居、迓"韻。中古變爲去聲。《廣韻》去聲四十禡："迓，迎也。吾駕切。"

戲　上古魚部平聲，與平聲字①相押。如《楚辭·遠遊》"居、戲，霞、除"韻。中古變爲去聲。《廣韻》去聲五寘："戲，戲弄也，施也，謔也，歑也。香義切。"

義　上古歌部平聲，與平聲字相押。如《易·鼎》"義、何"韻，《書·洪範》"頗、義"韻。中古變爲去聲。《廣韻》去聲五寘："義，仁義，《釋名》曰：義者宜也，制裁事物使合宜也。宜寄切。"

化　上古歌部平聲，與平聲字相押。如《易·繫辭下》"神而化之，使民宜之"，"化、宜"韻，《楚辭·離騷》"他、化"韻，"化、離"韻，《楚辭·天問》"爲、化"韻，《楚辭·九章·思美人》"化、爲"韻。中古變爲去聲。《廣韻》去聲四十禡："化，德化，變化。呼霸切。"

僞　上古歌部平聲，與平聲字相押。如《莊子·知北遊》："仁可爲也，義可虧也，禮相僞也。""爲、虧，僞"韻。中古變爲去聲。《廣韻》去聲五寘："僞，假也，欺也，詐也。危睡切。"

畏　上古微部平聲，與平聲字相押。如《詩·鄭風·將仲子》"懷、畏"韻，《豳風·東山》二章"畏、懷"韻，《大雅·雲漢》三章"推、雷、遺、遺、畏、摧"韻。中古變爲去聲。《廣韻》去聲八未："畏，畏懼。於胃切。"

壞　上古微部平聲，與平聲字相押。如《詩·大雅·板》七章"壞、畏"韻，《禮記·檀弓上》孔子歌"頽、壞、萎"韻。中古變爲去聲。《廣韻》去聲十六怪："壞，毁也。胡怪切。"

---

① 上古"戲"屬魚、歌兩部。

贈　上古蒸部平聲,與平聲字相押。如《詩・鄭風・女曰雞鳴》三章"來、贈"韻。中古變爲去聲。《廣韻》去聲四十嶝:"贈,玩也,好也,相送也。昨亘切。"

仲　上古冬部平聲,與平聲字相押。如《詩・邶風・擊鼓》二章"仲、宋、忡"韻("宋"古亦平聲),《小雅・出車》五章"蟲、螽、忡、降、仲、戎"韻。中古變爲去聲。《廣韻》去聲一送:"仲,中也。直衆切。"

誦　上古東部平聲,與平聲字相押。如《詩・小雅・節南山》十章"誦、訩、邦"韻,《楚辭・九辯》"通、從、誦、容、同"韻。中古變爲去聲。《廣韻》去聲三用:"誦,讀誦。似用切。"

用　上古東部平聲,與平聲字相押。如《詩・小雅・小旻》一章"從、用、邛"韻,《易・乾(初九)》"龍、用"韻。中古變爲去聲。《廣韻》去聲三用:"用,使也,貨也,通也,以也,庸也。余頌切。"

慶　上古陽部平聲,與平聲字相押。如《詩・小雅・楚茨》六章"將、慶"韻,《小雅・甫田》二章"明、羊、方、臧、慶"韻,《大雅・皇矣》三章"兄、慶、光、喪、方"韻。中古變爲去聲。《廣韻》去聲四十三映:"慶,賀也,福也,丘敬切。"

伉　上古陽部平聲,與平聲字相押。如《詩・大雅・綿》七章"伉、將,行"韻,張衡《思玄賦》"霜、伉"韻,《西京賦》"眶、伉"韻,中古變爲去聲。《廣韻》去聲四十二宕:"伉,伉儷,敵也。苦浪切。"

讓　上古陽部平聲,與平聲字相押。如《詩・小雅・角弓》四章"良、方,讓、亡"韻,《楚辭・大招》"明、堂、卿、張、讓、王"韻。中古變爲去聲。《廣韻》去聲四十一漾:"讓,退讓,責讓,人漾切。"

貺　上古陽部平聲。與平聲字相押。如《詩・小雅・彤弓》一章"藏、貺、饗"韻("饗",上古也是平聲字),《左傳・僖公十五年》"羊、衁、筐、貺、償、相"韻。中古讀爲去聲。《廣韻》去聲四十一漾:"貺,賜也,與也,許放切。"

姓　上古耕部平聲,與平聲字相押。如《詩・周南・麟之趾》二章"定、姓"韻("定"上古亦平聲字),《唐風・杕杜》二章"菁、睘、姓"韻,《小雅・節南山》六章"定、生、寧、酲、成、政、姓"韻。中古變爲去聲。《廣韻》去聲四十五勁:"姓,姓氏,息正切。"

憲　上古寒部平聲,與平聲字相押。如《詩・小雅・六月》五章"安、軒、閑、原、憲”韻,《小雅・桑扈》三章“翰、憲、難、那”韻(“翰”上古也是平聲),《大雅・板》二章“難、憲”韻,《大雅・崧高》七章“番、嘽、翰、憲”韻。中古變爲去聲。《廣韻》去聲二十五願:“憲,法也,許建切。”

信　上古真部平聲,與平聲字相押。如《詩・邶風・擊鼓》五章“洵、信”韻,《鄘風・蝃蝀》三章“人、姻、信、命”韻(“命”上古也是平聲),《鄭風・揚之水》二章“薪、人、信”韻,《唐風・采苓》一章“苓、巔、信”韻,《小雅・節南山》四章“親、信”韻,《小雅・雨無正》三章“天、信、臻、身、天”韻,《小雅・巷伯》三章“翩、人、信”韻,《易・雜卦傳》“親、新、信”韻。中古變爲去聲。《廣韻》去聲二十一震:“信,忠信,息晉切。”

甸　上古真部平聲,與平聲字相押。如《詩・小雅・信南山》一章“甸、田”韻,《大雅・韓奕》一章“甸、命”韻(“命”上古也是平聲)。中古變爲去聲。《廣韻》去聲三十二霰:“甸,郊甸,《書》曰:五百里甸服。堂練切。”

譖　上古侵部平聲,與平聲字相押。如《詩・大雅・桑柔》九章“林、譖”韻。中古變爲去聲。《廣韻》去聲五十二沁:“譖,讒也,毀也,莊蔭切。”

上面的例子是上古平聲字,中古變成去聲後不再保存平聲的讀音。以下是上古平聲字,中古有平、去兩讀。有的表示同一意義,有的分别表示不同的意義。例如:

治　上古之部平聲,與平聲字相押。如《詩・邶風・緑衣》三章“絲、治、訧”韻,《楚辭・九章・惜往日》“時、疑、娭、治、之、否、欺、思、之、尤、之”韻。中古有平、去兩讀。《廣韻》上平七之:“治,水名,出東萊,亦理也,直之切。”去聲七志:“治,理也。直吏切。”去聲音後起。

過　上古歌部平聲,與平聲字相押。如《詩・召南・江有汜》三章“沱、過、過、歌”韻,《衛風・考槃》二章“阿、薖、歌、過”韻,《易・小過》“過、離”韻。中古有平、去兩讀。《廣韻》下平八戈:“過,經也,人過所也。古禾切。”去聲三十九過:“過,誤也,越也,責也,度也。古卧切。”去聲音後起。

勝　上古蒸部平聲,與平聲字相押。如《詩・小雅・正月》四章“蒸、夢、勝、憎”韻(“夢”上古也是平聲),《大雅・綿》六章“薨、登、馮、興、勝”韻,《商頌・玄鳥》“勝、乘、承”韻,《易・漸》“陵、孕、勝”韻(“孕”上古也是平聲)。中古有平、去兩讀。《廣韻》下平十六蒸:"勝,任也,舉也。識蒸切。"去聲四十七證:"勝,勝負,又加也,克也。詩證切。"去聲音後起。

撞　上古東部平聲,與平聲字相押。如《戰國策·秦策一》:"寬則兩軍相攻,迫則杖戟相撞,然後可建大功。""攻、撞、功"韻。中古有平、去兩讀。《廣韻》上平四江:"撞,撞突也,《學記》曰:'善待問者如撞鐘。'撞,擊也。宅江切。"去聲四絳:"撞,撞鐘,直絳切。"去聲音後起。

相　上古陽部平聲,與平聲字相押。如《詩·大雅·棫樸》五章"章、相、王、方"韻,《大雅·桑柔》八章"相、臧、腸、狂"韻。中古有平、去兩讀。《廣韻》下平十陽:"相,共供也,瞻視也。息良切。"去聲四十一漾:"相,視也,助也,扶也。息亮切。"現代漢語相互的"相"念平聲,輔相的"相"念去聲。

正　上古耕部平聲,與平聲字相押。如《詩·齊風·猗嗟》二章"名、清、成、正、甥"韻,《小雅·斯干》五章"庭、楹、正、冥、寧"韻,《大雅·雲漢》八章"星、嬴、成、正、寧"韻,《易·乾卦》"正、精、晴、平"韻,《荀子·樂論》"情、經、刑、正、身、聽、成、營"韻。中古有平,去兩讀。《廣韻》下平十四清:"正,正朔,本音政,諸盈切。"去聲四十五勁:"正,正當也,長也,定也,平也。……之盛切。"去聲音後起。

歎　上古寒部平聲,與平聲字相押。如《詩·邶風·泉水》四章"泉、歎"韻,《王風·中谷有蓷》一章"乾、嘆、嘆、難"韻,《小雅·常棣》三章"原、難、歎"韻,《大雅·公劉》二章"原、繁、宣、歎、巘、原"韻。中古有平、去兩讀。《廣韻》上平二十五寒:"歎,長息,他干切。"去聲二十八翰:"歎,歎息,他旦切。"去聲音後起。

振　上古文部平聲,與平聲字相押。如《詩·周南·螽斯》一章"詵、孫、振"韻,《左傳·僖公五年》童謠"晨、辰、振、旂、賁、焞、軍、奔"韻。中古有平、去兩讀。《廣韻》上平十七真:"振,側鄰切,又之刃切。"去聲二十一震:"振,奮也,裂也,舉也。章刃切,又之人切。"去聲音後起。

監　上古談部平聲,與平聲字相押。如《詩·小雅·節南山》一章"巖、瞻、惔、談、斬、監"韻,《商頌·殷武》四章"監、嚴、濫(濫,上古有平、去兩聲)"韻。中古有平、去兩讀。《廣韻》下平二十七銜:"監,領也,察也,古銜切。"去聲五十九鑒:"監,領也,格懺切。"去聲音後起。

2.**上聲(短平)變去聲**。一部分上古短平聲字,中古變成了去聲。這些字在

《詩經》和先秦其他韻文裏只與上聲字押韻。《廣韻》裏有的只讀去聲，有的有上、去兩讀。

事　上古之部上聲，與上聲字相押。如《詩・召南・采蘩》一章"沚、事"韻，《小雅・北山》一章"杞、子、事、母"韻，《大雅・綿》四章"止、右、理、畝、事"韻（右，上古也是上聲，見下文），《大雅・抑》十章"子、否、事、耳、子"韻。中古變爲去聲。《廣韻》去聲七志："事，使也，立也，由也，鉏吏切。"

晦　上古之部上聲，與上聲字相押。如《詩・鄭風・風雨》三章"晦、已、子、喜"韻。《大雅・蕩》五章"式、止、晦"韻（式職部，之職通韻）。中古變爲去聲。《廣韻》去聲十八隊："晦，冥也，又月盡也，荒内切。"

狩　上古幽部上聲，與上聲字相押。如《詩・鄭風・叔于田》二章"狩、酒、酒、好"韻，《秦風・駟驖》一章"阜、手、狩"韻，《小雅・車攻》二章"好、阜、草、狩"韻。中古變爲去聲。《廣韻》去聲四十九宥："狩，冬獵，舒救切。"

秀　上古幽部上聲，與上聲字相押。如《詩・大雅・生民》五章"道、草、茂、苞、褎、秀、好"韻（"苞"平聲，平、上通押）。中古變爲去聲。《廣韻》去聲四十九宥："秀，出也，榮也，息救切。"

廟　上古宵部上聲，與上聲字相押。如《詩・大雅・思齊》三章"廟、保"韻（宵幽合韻）。中古變爲去聲。《廣韻》去聲三十五笑："廟，貌也，眉召切。"

樹　上古侯部上聲，與上聲字相押。如《詩・小雅・巧言》五章"樹、數、口、厚"韻，《大雅・行葦》六章"樹、侮"韻，《易・繫辭下》"不封不樹，喪期無數"，"樹、數"韻。中古變爲去聲。《廣韻》去聲十遇："樹，木總名也，立也，常句切。"

趣　上古侯部上聲，與上聲字相押。如《詩・大雅・棫樸》一章"槱、趣"韻。中古變爲去聲。《廣韻》去聲十遇："趣，趣向，七句切。"

顧　上古魚部上聲，與上聲字相押。如《詩・邶風・日月》一章"土、處、顧"韻，《王風・葛藟》一章"滸、父、父、顧"韻，《魏風・碩鼠》一章"鼠、黍、女、顧、女、土、所"韻，《陳風・墓門》二章"顧、予"韻，《小雅・伐木》二章"許、藇、羜、父、顧"韻，《大雅・雲漢》四章"沮、所、顧、助、祖、予"韻。中古變爲去聲。《廣韻》去聲十一暮："顧，迴視也，眷也。古暮切。"

助　上古魚部上聲，與上聲字相押。如《詩・大雅・雲漢》四章"沮、所、顧、助、祖、予"韻,《大雅・烝民》六章"舉、圖、舉、助、補"韻。中古變爲去聲。《廣韻》去聲九御:"助,佐也,益也,床據切。"

粲　上古寒部上聲,與上聲字相押。如《詩・鄭風・緇衣》一、二、三章"館、粲"韻,《鄭風・羔裘》三章"晏、粲、彥"韻("晏、彥"上古也是上聲),中古變爲去聲。《廣韻》去聲二十八翰:"粲,鮮好貌,又優也,察也,明也。蒼案切。"

諫　上古寒部上聲,與上聲字相押。如《詩・大雅・民勞》五章"綣、反、諫"韻,《大雅・板》一章"板、癉、然、遠、管、亶、遠、諫"韻。中古變爲去聲。《廣韻》去聲三十諫:"諫,諫諍,直言以悟人也,古晏切。"

墐　上古文部上聲,與上聲字相押。如《詩・小雅・小弁》六章"先、墐、忍、隕"韻("先"平聲,平上通押)。中古變爲去聲。《廣韻》去聲二十一震:"墐,塗也。渠遴切。"

上面的例子是上古上聲字,中古變爲去聲,以下則是上古上聲,中古有上、去兩讀。

右　上古之部上聲,與上聲字相押。如《詩・衛風・竹竿》二章"右、母"韻,《秦風・蒹葭》三章"采、已、涘、右、沚"韻,《小雅・吉日》三章,"有、俟、友、右、子"韻,《小雅・彤弓》二章"載、喜、右"韻,《小雅・裳裳者華》四章"右、有、有、似"韻,《大雅・綿》四章"止、右、理、畝、事"韻,《左傳・閔公二年》卜辭"其名曰友,在公之右","友、右"韻。中古有上、去兩讀。《廣韻》上聲四十四有:"右,左右也,云久切。"去聲四十九宥:"右,左右,於救切。"去聲音後起。

苦　上古魚部上聲,與上字相押。如《詩・唐風・采苓》二章"苦、下"韻,《邶風・凱風》三章"下、苦"韻,《小雅・小明》一章"土、野、暑、苦、雨、罟"韻。中古有上、去兩聲。《广韻》上聲十姥:"苦,麤也,勤也,患也。《説文》曰:'大苦,苓也。'康杜切。"去聲十一暮:"苦,困也,今之苦辛是,苦故切。"

怒　上古魚部上聲,與上聲字相押。如《詩・邶風・谷風》一章"雨、怒"韻,《大雅・皇矣》五章"怒、旅、旅、祜、下"韻,《大雅・常武》四章"武、怒、虎、虜、浦、所"韻,宋玉《風賦》"口、下、怒、迕、舞"韻。中古有上、去兩讀。《廣韻》上聲十姥:"怒,恚也,奴古切。"又去聲十一暮:"怒,恚也,乃故切。"去聲音後起。

視　上古脂部上聲,與上聲字相押。如《詩・小雅・大東》一章"匕、砥、矢、履、視、涕"韻("涕"上古也是上聲)。中古有上、去兩讀。《廣韻》上聲五旨:"視,比也,瞻也,效也,承矢切。"去聲六至:"視,看視,常利切。"去聲音後起。

憺　上古談部上聲,與上聲字相押。如《楚辭·九章·抽思》"敢、憺"韻。中古有上、去兩讀。《廣韻》上聲四十九敢:"憺,安緩,徒敢切。"去聲五十四闞:"憺,恬静,徒濫切。"去聲音後起。

3. **平聲變上聲**。上古有一些長平聲字中古變成了上聲,或者有平、上兩種讀音。

叟　古幽部平聲,與平聲字相押。如《詩·大雅·生民》七章"揄、蹂、叟、浮"韻。中古變爲上聲。《廣韻》上聲四十五厚:"叟,老叟,蘇後切。"

靡　上古歌部平聲,與平聲字相押。如《詩·王風·黍離》"離、靡"韻,《易·中孚》九二"和、靡"韻。中古變爲上聲。《廣韻》上聲四紙:"靡,無也,偃也,又靡曼美色也。文彼切。"

饗　上古陽部平聲,與平聲字相押。如《詩·豳風·七月》八章"霜、場、饗、羊、堂、觥、疆"韻,《小雅·彤弓》一章"藏、貺、饗"韻,《小雅·楚茨》二章"蹌、羊、嘗、亨、將、祊、明、皇、饗、慶、疆"韻,《周頌·我將》"方、王、饗"韻,《商頌·烈祖》"疆、衡、鶬、享、將、康、穰、饗、疆、嘗、將"韻。中古變爲上聲。《廣韻》上聲三十六養:"饗,歆饗,許兩切。"

享　上古陽部平聲,與平聲字相押。如《詩·小雅·天保》四章"享、嘗、王、疆"韻,《小雅·信南山》六章"享、明、皇、疆"韻,《周頌·載見》"王、章、陽、央、鶬、光、享"韻,《商頌·殷武》二章"鄉、湯、羌、享、王、常"韻。中古變爲上聲。《廣韻》上聲三十六養:"享,獻也,祭也,臨也,向也,歆也。毛傳云:奉上謂之享。許兩切。"

爽　上古陽部平聲,與平聲字相押。如《詩·衛風·氓》四章"湯、裳、爽、行"韻,《小雅·蓼蕭》二章"瀼、光、爽、忘"韻,《老子》十二章"盲、聾、爽、狂、妨"韻,中古變爲上聲。《廣韻》上聲三十六養:"爽,明也,差也……踈兩切。"

往　上古陽部平聲,與平聲字相押。如《詩·大雅·桑柔》三章"將、往"韻,《易·損卦》"往、享"韻,《小畜》"行、亨、往、行"韻,《書·湯誓》"喪、亡、往"韻。中古變爲上聲,《廣韻》上聲三十六養:"往,之也,去也,行也,至也。於兩切。"

上面的例子是上古平聲字(長平)中古變爲上聲,以下則是上古平聲字中古有上、去或平、上兩讀。

灑　上古支部平聲，與平聲字相押。如枚乘《七發》“戲、池、罷、灑”韻，劉向《九歎》“離、灑”韻，揚雄《太玄》“灑、私”韻。中古變爲上、去兩讀。《廣韻》上聲四紙：“灑，灑掃，所綺切。”又十二蟹：“灑，灑水，所蟹切。”去聲五寘：“灑，灑埽，所寄切。”

紑　上古之部平聲，與平聲字相押。如《詩・周頌・絲衣》“紑、俅、基、牛、鼒”韻。中古有平、上兩聲。《廣韻》下平十八尤：“紑，《説文》云：白鮮衣貌，匹尤切。”上聲四十四有：“紑，鮮也，芳否切。”

煖　上古寒部平聲，與平聲字相押。如《楚辭・天問》：“何所冬煖？何所夏寒？焉有石林？何獸能言？”“煖、寒、言”韻。中古有平、上兩讀。《廣韻》上平二十二元：“煖，温也，況袁切。”上聲二十四緩：“煖，火氣，亦同煗，温也。乃管切，又音暄。”

畛　上古文部平聲，與平聲字相押。如《詩・周頌・載芟》“耘、畛”韻。中古有平、上讀。《廣韻》上平十七真：“畛，田界。側鄰切。”上聲十六軫：“畛，田間道。章忍切。”

4.上聲變平聲

偕　上古脂部上聲，與上聲字相押。如《詩・魏風・陟岵》三章“弟、偕、死”韻，《小雅・杕杜》四章“偕、邇”韻，《小雅・魚麗》五章“旨、偕”韻，《小雅・賓之初筵》一章“旨、偕”韻，《楚辭・九辯》七章“偕、毀、弛”韻。中古衹讀平聲。《廣韻》上平十四皆：“偕，俱也。古諧切。”

予　上古予我的“予”和給與的“予”一樣，都讀上聲。與上聲字相押。如《詩・陳風・墓門》二章“顧、予”韻，《豳風・鴟鴞》二章“雨、土、户、予”韻，《小雅・正月》九章“雨、輔、予”韻，《小雅・谷風》一章“雨、懼、女、予”韻（“懼”上古也是上聲）。《小雅・四月》一章“夏、暑、予”韻，《大雅・雲漢》四章“沮、所、顧、助、祖、予”韻。中古給與的“予”仍讀上聲，予我的“予”變爲平聲。《廣韻》上聲八語：“予，郭璞云：‘予，猶與也。’余吕切。”又上平九魚：“予，我也，以諸切。”

*　*　*　*

總的説來，從舒入兩聲四類到平、上、去、入四聲，是上古到中古漢族共同語聲調發展的總特點。至于方言則情況各有不同。例如陸法言《切韻序》説：“秦隴則去聲爲入。"就表明當時秦隴一帶方言裏，長入可能仍帶有[-p]、[-t]、[-k]韻尾，没有變成去聲①。到了唐代，漢語聲調又開始了新的變化，進行了新的組合。這，我們留到第三章第六節討論。

① 江永《音學辨微》説："去聲逢濁位，方音或有似入者，非入也。"似亦推斷之辭，並無實際的佐證。

第三章　從中古到近代漢語語音系統的發展

第一節　近代漢語語音系統

近代漢語語音系統，是指14世紀漢族共同語的語音系統。這個共同語是我國先秦以來"雅言"的繼承和發展。它的語音系統大體以中原(河南一帶)語音爲基礎，可以通行於整個北方以及全國許多地區。當時還沒有一套爲官方所制定並爲全社會所公認的明確規範，不存在一種"唯一正確"的標準語音。

研究近代漢語語音系統的主要依據是元周德清的《中原音韻》以及元曲的用韻。一些蒙漢對音材料如八思巴字①、《蒙古字韻》②等也很有參考價值。下面分別敘述《中原音韻》的聲母系統、韻母系統和聲調系統。

一、《中原音韻》的聲母系統

《中原音韻》收字5876個(一説5877個)，分爲19個韻部。每個韻部下面分爲陰平、陽平、上聲、去聲四個聲調。同一聲調的字分成若干同音字組。每個同音字組用一個常用字打頭，中間用圓圈隔開，不注反切。周氏在《正語作詞起例》中說："音韻每空是一音，以易識字爲頭，止依頭一字呼吸(發音)，更不別立切脚(反切)。"

---

① 八思巴是西藏喇嘛教薩迦派首領。公元1253年元太祖忽必烈召置左右，從受佛戒。中統元年(公元1260年)八思巴被封爲帝師，奉命制定蒙古新字，俗稱"八思巴字"。這是一種拼音文字，脱胎於藏文字母。主要用於官方文書，也用於轉寫漢文、藏文等，後逐漸被廢棄。用"八思巴字"拼寫漢語的文物保存下來的有碑刻、牌符、官印、錢鈔、花押、秤權等多種。

② 《蒙古字韻》是用八思巴字譯寫漢語的一種工具書。分15個韻部，每一韻部分爲若干韻類，再按聲類順序排列小韻，每個小韻以平、上、去、入四聲相承。上面標有八思巴字字頭，下面列舉所拼寫的漢字。共計八思巴字字頭856個，對譯的漢字9420個。通過八思巴字與漢語對音來瞭解當時的漢語語音系統，相當方便。

每個同音字組的字，聲母、韻母完全相同。分析、歸納所有同音字組，就可以求得《中原音韻》的聲類；參照有關對音材料和現代北方方言，就可以求得《中原音韻》每一個聲母的音值。如果一個同音字組裏包含有中古三十六字母中兩個以上字母的字，這就表明中古這些字母在《中原音韻》裏已經合併成一個聲母。舉齊微韻去聲爲例。齊微韻去聲共有三十五個同音字組，其中二十五組含有三十六字母中兩個以上字母。如：

○胃蝟渭謂䲁(喻三)尉慰(影三)緯(喻三)穢(影三)衛(喻三)魏(疑三)畏餧(影三)位(喻三)飫(影三)——[ø]

○異(喻三)裔(喻四)義議誼毅(疑三)藝(疑四)易(喻三)翳瘞(影四)勩枻曳(喻四)瞖(影三)詣(疑四)饐(影三)刈乂(疑三)意(影三)劓(疑三)懿(影三)——[ø]

○貴(見三)櫃(群三)餽(群三)愧(見三)悸(群四)桂(見四)檜膾(見一)跪(群三)獪繪(見一)——[k]

○計(見四)記寄(見三)繫繼(見四)妓忮技(群三)髻(見四)偈(群三)忌(群三)季(見三)縊(影四)騎(群三)既(見三)驥冀(見三)薊(見四)鱖(讀如桂，見四)——[k]

○會(匣一)悔誨(曉一)諱(曉三)惠蕙慧(匣三)潰闠(匣一)——[x]

○戲(曉三)系係(匣四)——[x]

○帝諦締(端四)弟娣第睇地遞(定四)蒂(端四)棣(定四)——[d]

○對(端一)隊(定一)碓(端一)兑(定一)——[t]

○霽濟(精四)祭際(精三)劑(從四)——[ts]

○罪(從一)醉(精四)最(精一)——[ts]

○歲(心四)碎粹(心一)祟邃(心四)繸穗燧隧彗(邪四)——[s]

○制製(照三)置(知三)滯雉稚(澄三)致(知三)彘治(澄三)智(知三)幟(照三)熾(穿三)質(知三)——[tʃ]

○墜(澄三)贅(照三)綴(知三)縋懟(澄三)——[tʃ]

○世勢(審三)逝誓(禪三)——[ʃ]

○睡(禪三)稅說(審三)瑞(禪三)——[ʃ]

○背貝狽(幫一)焙(並一)倍(幫一)婢(並四)備(並二)避(並四)輩(幫一)被(並三)臂(幫四)幣(並四)譬(滂四)髲(並三)詖帔(幫三)——[p]

○閉蔽畀(幫四)篦斃(並四)嬖庇比秘(幫四)陛(並四)賁(幫三)——[p]

從中我們可以看出:在去聲裏,影、喻、疑相混;見、群相混;端、定相混;曉、匣相混;精、從相混;心、邪相混;知、照、澄相混;審、禪相混;幫、並相混。音韻學家就是應用這樣的方法並參考其他材料,考訂出了《中原音韻》的聲母系統。考訂工作開始於本世紀30年代。各家的看法不完全一致。羅常培先生認爲《中原音韻》是20聲母①;趙蔭棠、忌浮先生認爲25聲母②;陸志韋先生認爲24聲母③;王力先生早期認爲是20聲母,50年代後認爲是24聲母④;楊耐思認爲21聲母⑤。分歧的焦點是中古知、莊、照組聲母是分成兩套還是合成一套。我們認爲《中原音韻》有25個聲母。它们是:

聲母	所含中古聲母及例字
幫[p]	(幫)崩邦榜比庇杯悲彼補賓本班
	(並仄)傍蚌棒斃陛倍婢捕步稗臏辦
滂[p‘]	(滂)烹滂胖匹披配普品噴盤頗怕
	(並平)棚朋疲皮裴培蒲貧盆判婆爬
明[m]	(明)迷米梅美媚模母埋買門蠻民
非[f]	(非)風封諷方坊放非飛沸廢夫斧
	(敷)豐鋒峰芳妨訪霏菲妃費敷拂
	(奉)馮逢鳳奉縫房防肥吠浮佛婦
微[v]	(微)忘網妄微尾未無武務文吻問

① 參看羅常培《中原音韻聲類考》,見《羅常培語言學論文選集》,65—79頁。

② 趙先生的觀點見《中原音韻研究》100—102頁;忌浮的觀點見《中原音韻二十五聲母集説》,載《中國語文》,1964年,5期。

③ 參看陸志韋《釋中原音韻》,載《燕京學報》31期,35—70頁。

④ 分別參看《漢語音韻學》、《漢語史稿》上册和《漢語語音史》第七章。

⑤ 參看楊耐思《中原音韻音系》24頁。

端[t]　(端)東冬當黨擋低堆對都堵戴刀
　　(定仄)洞動盪宕弟地隊兑杜度大道
透[t‘]　(透)通桶痛湯梯體退土兔他太滔
　　(定平)同桐堂唐啼題頹圖徒抬團桃
泥[n]　(泥)農膿囊娘釀尼你努怒惱撓鬧
　　(疑少數)讞嚙臬孽
來[l]　(來)龍隆郎良離利雷淚盧路連戀
照[tʃ]　(知)中忠張帳知智追豬珍邅轉罩
　　(澄仄)仲澄杖丈直擲置住柱宅豸陣
　　(照二)莊裝壯阻俎齋責側仄債榛盞
　　(照三)鐘終種章掌之支脂朱諸真振
　　(床二仄)狀寨毗棧譔饌閘乍褙㑳驟
穿[tʃ‘]　(徹)忡暢悵螭恥楮褚畜趁超騁逞
　　(澄平)沖重長場池持除陳塵纏朝茶
　　(穿二)牕瘡創笞癡初楚釵差測鏟抄
　　(穿三)充昌敞唱蚩吹杵處春蠢闡川
　　(床二平)崇床雛鋤柴豺儕潺巢楂愁岑
　　(床三平)脣船乘塍
　　(禪平)裳常嘗垂蜍辰晨臣純醇蟬韶
　　(審二)産槊
　　(審三)舂椿娠
審[ʃ]　(審二)雙霜爽疏蔬所數色釃莘山沙
　　(審三)商賞餉失世水稅書鼠恕哂奢
　　(禪)上尚拾十逝誰瑞睡屬署慎社
　　(床三)實食蝕贖述術神楯順蛇舌射
日[ʒ]　(日)戎冗壤讓如汝入人忍然弱熱
支[tʂ]　(照三)支枝肢卮之芝脂紙旨止志至
　　(知)胝徵

	(徹)祉
哆[tʂ‘]	(穿三)哆嗤齒
詩[ʂ‘]	(審三)施詩尸屍鳲蓍矢始屎試弑
	(審二)師獅史使駛瑟澀弛豕
	(禪)時塒匙是氏市侍恃蒔嗜豉視
	(床二)柿士仕事
	(床三)示謚
兒[ʐ]	(日)兒而爾邇耳餌珥駬二貳
精[ts]	(精)擠濟祭最醉租祖卒沮哉剪左
	(從仄)疾集寂劑罪族祚胙聚在賤坐
清[ts‘]	(清)妻七戚崔翠粗簇錯取猜千磋
	(從平)齊臍摧殂徂才材秦存蹲前矬
心[s]	(心)西洗細雖歲蘇素須宿新先些
	(邪)夕席習襲隨遂徐俗續燼羨邪
見[k]	(見)工公剛光幾記歸姑古君堅嬌
	(群仄)共及極技忌劇悸具巨郡件轎
溪[k‘]	(溪)空孔康匡欺起虧枯苦坤牽窺
	(群平)强狂奇其祈畿葵渠瞿群乾喬
曉[x]	(曉)轟哄荒謊希喜灰呼虎軒獻囂
	(匣)紅横黄皇畦系回胡户賢現學
疑[ŋ]	(疑部分)昂印仰我餓虐
影[ø]	(影)翁勇央汪衣倚一威畏嗚於哀
	(喻)容永揚王移矣易圍胃與育引
	(疑)霓疑儀議危桅魏吾五悟魚遇

中古知、照兩組聲母在《中原音韻》裏已經合併,並處在由舌面前音[tʃ]、[tʃ‘]、[ʃ]向捲舌音[tʂ]、[tʂ‘]、[ʂ]轉化的過程中。一部分仍讀[tʃ](照)、[tʃ‘](穿)、[ʃ](審),一部分變成[tʂ](支)、[tʂ‘](眵)、[ʂ](詩);中古日母一部分仍讀[ʒ](日),一部分變成[ʐ](兒)。與聲母相應,韻母由[i]變成[ɿ、ʅ],就是支思韻。[tʃ]、[tʃ‘]、 [ʃ]、[ʒ]和[tʂ]、[tʂ‘]、[ʂ]、[ʐ]，兩組聲母是互補的，支思韻裏只有[tʂ]、[tʂ‘]、[ʂ]、[ʐ]，其他各韻裏只有[tʃ]、[tʃ‘]、[ʃ]、[ʒ]①。基於這種情況，有的學者把兩者合成一組，《中原音韻》就只有 21 個聲母。另外疑母大部分已變成零聲母，少部分字還保存着[ŋ]的讀法。

《中原音韻》25 聲母的格局並没有保持多久。大約過了 100 年，[tʃ]、[tʃ‘]、[ʃ]、[ʒ]就全部變成了[tʂ]、[tʂ‘]、[ʂ]、[ʐ]，[ŋ]母全部變成了零聲母。這樣 15 世紀就只有 20 個聲母。明蘭茂（廷秀）《韻略易通》（公元 1442 年）有一首字母歌，叫做《早梅詩》，道是：

東[t]　風[f]　破[p‘]　早[ts]　梅[m]
向[x]　暖[n]　一[ø]　枝[tʂ]　開[k‘]
冰[p]　雪[s]　無[v]　人[ʐ]　見[k]
春[tʂ‘]　從[ts‘]　天[t‘]　上[ʂ]　來[l]

按發音部位排列，這 20 個聲母就是[p]、[p‘]、[m]、[f]、[v]、[t]、[t‘]、[n]、[l]、[tʂ]、[tʂ‘]、[ʂ]、[ʐ]、[ts]、[ts‘]、[s]、[k]、[k‘]、[x]、[ø]。這樣，15 世紀時期漢語北方話的聲母系統就跟現代普通話十分接近了。

二、《中原音韻》的韻母系統

《中原音韻》有 19 個韻部。即東鐘、江陽、支思、齊微、魚模、皆來、真文、寒山、桓歡、先天、蕭豪、歌戈、家麻、車遮、庚青、尤侯、侵尋、監咸、廉纖。分析各韻部中的同音字組，我們可以看出，有的韻部只有一個韻母，有的有兩個甚至三、四個韻母。19 部共有 46 個韻母。它們是：

1. **東鐘**　[uŋ]　風萌夢東冬通動蔥籠送宫紅
　　　　　[iuŋ]　龍從蹤松頌中鐘窮洶兄永涌

元曲例證：

元李好古《張生煮海》第一折（選曲）

[仙吕點絳唇]海水洶洶，晚風微送，兼天涌，不辨西東，把淩波步輕那動。

① 陸志韋、趙蔭棠、忌浮先生認爲其他韻部中也有一些字已讀成捲舌聲母[tʂ]、[tʂ‘]、[ʂ]。

[混江龍]清宵無夢，引着這小精靈，閒伴我遊蹤。恰離了澄澄碧海，遥望那耿耿長空。你看那萬朵彩雲生海上，一輪浩月映波中、覷了那人間鳳闕，怎比我水國龍宫。清湛湛、洞天福地任逍遥，碧悠悠、那愁他浴鳧飛雁争喧哄。似俺這閨情深遠，直恁般好信難通。

[油葫蘆]海上神仙年壽永，這蓬萊在眼界中。風飄仙袂絳綃紅，則我這雲鬟高挽金釵重。蛾眉輕展花鈿動；袖兒籠，指十葱，裙兒簌，鞋半弓。只待學吹簫同跨丹山鳳，那其間，登碧落，趁天風。

[天下樂]不比那人世繁華掃地空，塵中，似轉蓬，則他這春過夏來秋又冬。聽一聲報曉雞，聽一聲定夜鐘，斷送的他世間人猶未懂。

[那吒令]聽疎剌剌晚風，風聲落萬松：明朗朗月容，容光照半空；響潺潺水沖，沖流絶澗中。又不是採蓮女撥棹聲，又不是捕魚叟鳴榔動，驚的那夜眠人睡眼矇矓。

[鵲踏枝]又不是拖環珮，韻玎玲；又不是戰鐵馬，響錚縱；又不是佛院僧房，擊磬敲鐘，一聲聲諕的我心中怕恐。原來是廝琅琅，誰撫絲桐。

2. **江陽**　[aŋ]　綱當湯蒼行廊裝壯霜窗望

[uaŋ]　光匡荒謊晃黄皇汪王往旺

[iaŋ]　腸場長良涼糧量牆翔揚羊

元曲例證：

元馬致遠《漢宫秋》第三折(選録)

[川撥棹]怕不待放絲繮，咱可甚鞭敲金鐙響。你管燮理陰陽，掌握朝綱，治國安邦，展土開疆。假若俺高皇，差你個梅香，背井離鄉，卧雪眠霜，若是他不戀恁春風畫堂，我便官封你一字王。

[七弟兄]説甚麽大王，不當，戀王嬙，兀良，怎禁他臨去也回頭望，那堪這散風雪旌節影悠揚，動關山鼓角聲悲壯。

[梅花酒]呀，俺向着這迥野悲涼。草已添黄，色早迎霜，犬褪得毛蒼，人搠起纓槍，馬負著行裝，車運著餱糧，打獵起圍場。他他他，傷心辭漢主；我我我，攜手上河梁。他部從入窮荒，我鑾輿返咸陽。返咸陽，過宫牆；過宫牆，遶回廊；遶回廊，近椒房；近椒房，月昏黄；月昏黄，夜生涼；夜生涼，泣寒螿；泣寒螿，緑紗窗；

緑紗窗，不思量。

［收江南］呀！不思量，除是鐵心腸，鐵心腸，也愁滴淚千行。美人圖今夜掛昭陽，我那裏供養，便是我高燒銀燭照紅妝。

［鴛鴦煞］我煞大臣行説一個推辭謊，又則怕筆尖兒那夥編修講，不見他花朵兒精神，怎趁那草地裏風光，唱道竚立多時，徘徊半晌，猛聽的塞雁南翔，呀呀的聲嘹亮，却原來滿目牛羊，是兀那載離恨的氈車半坡裏響。

3. **支思**　ï［ʅ］　資漬字此慈詞斯思絲死四

ï［ʅ］　之至脂持齒詩師時史視兒

元曲例證：

元王實甫《西廂記》第五本第二折（選録）

［中吕粉蝶兒］從到京師，思量心旦夕如是，向心頭横躺着俺那鶯兒。諸醫師，看診罷，一星星説是。本意待推辭，則被他察虚實不須看視。

［醉春風］他道是醫雜症有方術，治相思無藥餌。鶯鶯呵，你若是知我害相思，我甘心兒死、死。四海無家，一身客寄，半年將至。

［迎仙客］疑怪這噪花枝靈鵲兒，垂簾幙喜蛛兒，正應着短檠上夜來燈爆時。若不是斷腸詞，決定是斷腸詩。寫時管情淚如絲，既不呵，怎生淚點兒封皮上漬。

［上小樓］這的堪爲字史，當爲款識。有柳骨顔筋，張旭張顛，羲之獻之。此一時，彼一時，佳人才思，俺鶯鶯世間無二。

［么篇］俺做經咒般持，符籙般使。高似金章，重似金帛，貴似金貲。這上面若僉個押字，使個令史，差個勾使，則是一張忙不及印赴期的咨示。

［滿庭芳］怎不教張生愛爾，堪鍼工出色，女教爲師。幾千般用意鍼鍼是，可索尋思。長共短又没個樣子。窄和寬想象着腰肢，好共歹無人試。想當初做時，用煞那小心兒。

4. **齊微**　［ei］　杯悲醅胚裴梅飛黑得德肋

［uei］　堆推吹翠醉隨歸灰徊類淚

［i］　壁避低地利離裏疾知遲池

元曲例證：

元王實甫《西廂記》第四本第三折（選録）

[正宫端正好]碧雲天，黄花地，西風緊，北雁南飛。曉來誰染霜林醉？總是離人淚。

[滚繡毬]恨相見得遲，怨歸去得疾。柳絲長玉驄難系，恨不得倩疏林掛住斜暉。馬兒迍迍的行，車兒快快的隨。却告了相思回避，破題兒又早别離。聽得一聲去也，松了金釧，遥望見十裏長亭，减了玉肌，此恨誰知？

[快活三]將來的酒共食，嘗著似土和泥。假若便是土和泥，也有些土氣息，泥滋味。

[滿庭芳]供食太急，須臾對面，頃刻别離。若不是酒席間子母每當回避，有心待與他舉案齊眉。雖然是廝守得一時半刻，也合着俺夫妻每共桌而食。眼底空留意，尋思起就裏，險化做望夫石。

[朝天子]暖溶溶玉醅，白冷冷似水，多半是相思淚。眼面前茶飯怕不待要吃，恨塞滿愁腸胃。蝸角虚名，蠅頭微利，拆鴛鴦在兩下裏。一個這壁，一個那壁，一遞一聲長吁氣。

[四邊静]霎時間杯盤狼藉，車兒投東，馬兒向西。兩意徘徊，落日山横翠。知他今宵宿在那裏？有夢也難尋覓。

[耍孩兒]淋漓襟袖啼紅淚，比司馬青衫更濕，伯勞東去燕西飛，未登程先問歸期。雖然眼底人千里，且盡生前酒一杯。未飲心先醉，眼中流血，心裏成灰。

支思韻和齊微韻都來源於《廣韻》支、脂、之等韻。分化成爲兩部以後，仍然有一些瓜葛。元曲裏支思、齊微共用韻 333 處，其中支思韻獨用 46 處，齊微韻獨用 263 處，支思、齊微合韻 24 處。合韻中有的是支思韻雜有少數齊微韻字，例如元王實甫《西廂記》五本二折《四煞》"詩、使、裏、時、視、差"韻，元關漢卿《包待制三勘蝴蝶夢》一折《混江龍》"事、賊、而、私、司、市、耳、眵"韻（有横綫的是齊微韻）；有的是齊微韻裏雜有少數支思韻字，例如元關漢卿《詐妮子調風月》二折《小上樓》"子、碎、持、你、你、底、碎"韻，元馬致遠《陳摶高卧》三折《滚繡球》"衣、食、地、起、裏、曆、題、事、知、眉"韻（有横綫的是支思韻）。這些例子説明元曲裏支思韻和齊微韻絶大多數分别清楚，只有少數合用的情況，它們還將進一步分化和重新組合。

5. **魚模**　[u]　夫服都途爐路初故袴户

[iu]　沮除住去處暑書舒虚雨

元曲例證：

元孟漢卿《魔合羅》第一折(選録)

[仙吕點絳唇]七月才初，孟秋時序，猶存暑。穿着這單布衣服，怎避這懸麻雨。

[混江龍]連陰不住，荒郊一望水模糊。我則見雨迷了山岫，雲鎖了青虛。雲氣深如倒懸着東大海，雨勢大似翻合了洞庭湖，好叫我滿眼兒没處尋歸路，黑暗暗雲迷四野，白茫茫水滂長途。

[油葫蘆]恰便是畫出瀟湘水墨圖，淋的我濕渌渌。更那堪吉丢古堆波浪渲成渠，你看他吸留忽刺水流乞留曲律路更和這失留疏剌風擺希留急了樹。怎當他乞紐忽濃的泥，更和他疋丢撲搭的淤。我與你便急章拘諸慢行的赤留出律去，我則索滴羞跌屑整身軀。

[天下樂]百忙裏鞋兒斷了乳，好着我難行也，是我窮對付，扯將這蒲包上綠麻且系住。淋的我頭怎抬，走的我脚怎舒，好着我眼巴巴無是處。

[醉中天]折供卓撑着門户，野荒草遍階除。我這裏撚土焚香畫地爐。我拜罷也忙瞻顧，多謝神靈祐護。望爺爺金鞭指路，則願無災殃早到鄉閭。

[醉扶歸]我這裏扭我這單布袴，曬我這濕衣服。我則怕蓋行李的油單有漏處。我與你須索從頭覷。奇怪這兩三番揩不乾我這額顱。可忘了將我這濕渌渌頭巾去。

6. **皆來**　[ai]　白派台胎來哉海摘澤客

[uai] 怪乖蒯快淮壞畫歪外

[iai]　界皆揩矮額厄解諧涯崖

元曲例證：

元李好古《張生煮海》第二折

[南吕一枝花]黑瀰漫水容滄海寬，高崒嵂山勢昆侖大。明滴溜冰輪出海角，光燦爛紅日轉山崖。這日月往來，只山海依然在。彌八方，遍九垓，問甚麽河漢江淮，是水呵，都歸大海。

[梁州第七]你看那縹緲間十洲三島，微茫處閬苑蓬萊，望黄河一股兒渾流派。高沖九曜，遠映三台，上連銀漢，下接黄埃。勢汪洋無岸無涯，出許多異寶奇哉。看看看，波濤涌，光隱隱無價珠璣：是是是，草木長，香噴噴長生藥材；有有有，蛟龍偃，

鬱沉沉精怪靈胎。常則是雲昏氣靄，碧油油隔斷黄塵界，恍疑在九天外，平吞了八九區雲夢澤，問甚麽翠島蒼崖。

［牧羊關］猛地裏難回避，可叫人怎離摘，則見他叉手前來。多管是迷了路的行人，多管是失了船的過客。比及你來相問，先對俺説明白。且將個采芝女，權休怪；只問那可意人，安在哉？

［罵玉郎］可知道龍宫美女多嬌態，想當時因有約，則今日獨尋來。拼的個舍殘生，做下風流債。那龍也青臉兒長左猜，惡性兒無可解，狠勢兒將人害。

［感皇恩］呀，他把那爪牙張開，頭角輕抬。一會兒起波濤，一會兒摧山嶽，一會兒捲江淮。變大呵，乾坤中較窄；變小呵，芥子裏藏埋。他可便能英勇，顯神通，放狂乖。

［採茶歌］他興雲霧，片時來。動風雨，滿塵埃，則怕驚急烈一命喪屍骸。休爲那約雨期雲龍氏女，送了你個攀蟾折桂俊多才。

7. **真文**　［ən］　臻榛根跟肯懇狠恨痕恩

［uən］敦褪尊寸孫困昏魂奔問

［iən］　賓民親盡陣塵人神信印

［iuən］君軍群困遵春准純倫勳

元曲例證：

元李直夫《虎頭牌》第一折（選録）

［仙吕點絳唇］一來是祖父的家門，二來是自家的福分；懸牌印，掃蕩征塵，將勇力施呈盡。

［混江龍］幾回家開旗臨陣，戰番兵累次建功勳。怕不的資財足備，孳畜成群。長養着百十槽衝鋒的慣戰馬，掌管着一千户屯田的鎮番軍。我如今欲待去消愁悶，則除是飛鷹走犬逐逝追奔。

［油葫蘆］疑怪這靈鵲兒坐在枝上穩，暢好是有定準。則見他左來右去，再説不出甚親人。爲甚麽叨叨絮絮佔着是迷丢没鄧的混，爲甚麽獐獐狂狂便待要急張拒遂的褪。眼腦又剔抽禿揣的慌，口角又劈丢摸搭的噴。只見他喳喳忽忽身子兒無些分寸，覷不的那轟轟詐詐没精神。

［天下樂］只見他越尋思越着昏，敢三魂，失了二魂。莫不是鐵哥鎮撫家遠探親？

莫不是達魯家老太君？莫不是普察家小舍人？莫不是叔叔嬸子兩口兒來訪問？

[醉中天]叔叔，你鞍馬上多勞困；嬸子，你程途上受艱辛。一自别來五六春，數載家無音信。則這個山壽馬别無甚痛親，我一言難盡，來探你這歹孩兒，索是遠路風塵。

[金盞兒]我自小化了雙親，成孤貧。謝叔叔嬸子把我來似親兒般訓，演習的武和文。我如今鎮邊關，爲元帥，把隘口，統三軍。我當初成人不自在，我若是自在不成人。

8.**寒山** [an] 丹歎難闌殘散綻山漢寒

[uan] 斑班盼[1]饌關寰鬟患彎頑

[ian] 間艱簡諫慳閑限顔眼雁

元曲例證：

元白樸《梧桐雨》第二折(選録)

[中吕粉蝶兒]天淡雲閑，列長空數行征雁。御園中夏景初殘，柳添黄，荷減翠，秋蓮脱瓣。坐近幽闌，噴清香玉簪花綻。

[叫聲]共妃子喜開顔，等閒等閑，御園中列肴饌；酒注嫩鵝黄，茶點鷓鴣斑。

[醉春風]酒光泛紫金鐘，茶香浮碧玉盞。沉香亭畔晚涼多，把一搭兒親自揀、揀。粉黛濃妝，管弦齊列，綺羅相間。

[紅芍藥]腰鼓聲乾，羅襪弓彎，玉犖丁東響珊珊；即漸裏舞軃雲鬟，施呈你蜂腰細，燕體翻，作兩袖香風拂散。寡人親捧盃玉露甘寒，你可也莫得留殘，拚着個醉醺醺直吃到夜盡更闌。

[滿庭芳]你文武兩班，空列些烏靴象簡，金紫羅襴；内中没一個英雄漢，掃蕩塵寰。慣縱的個無徒禄山，没揣的撞過潼關，先敗了哥舒翰。疑怪昨宵向晚，不見烽火報平安。

[普天樂]恨無窮，愁無限，争奈倉卒之際，避不得驀嶺登山。鑾駕遷[2]，成都盼，更那堪滻水西飛雁，一聲聲送上雕鞍。傷心故園[3]，西風渭水，落日長安。

---

① "斑班盼"等唇音字，楊耐思《中原音韻音系》歸開口。

②③ "遷"、"園"是先天字，與寒山合韻。

［啄木兒尾］端詳了你上馬嬌，怎支吾蜀道難。替你愁那嵯峨峻嶺連雲棧，自來驅馳可慣。幾程兒捱得過劍門關。

9. **桓歡**　［uɔn］　半伴判滿慢端短團緩亂官歡

桓歡韻來自《廣韻》桓韻，本是寒韻合口，但是在《中原音韻》裏，桓歡韻和寒山韻語音上有了區别。明沈寵綏《度曲須知》説："寒山一韻，類桓歡者過半，類先天者十二三，但桓歡半含脣，寒山半開口，即如'班'之有'搬'，'攀'之有'潘'，'粲'之有'竄'，'慣'之有'貫'，明者自能剖剖，無須贅列。"大約到了元代，桓韻的主要元音受介音 u 的影響，開口度變得小了一些，所以我們擬爲［uɔn］。

元曲例證：

元賈仲名《蕭淑蘭》第四折（選録）

［黄鐘醉花陰］離恨閒愁早填滿，俺主人非長是短。謝兄嫂得團圞，陪羔雁花紅，下正禮三千貫。度量闊，眼皮寬，把斷送房奩全盡管。

［喜遷鶯］納幣帛綾段，不斷頭花擔盒盤。堪觀，披掛的遍身紅滿，來往官媒一剗地錦繡攢。人亂竄，親屬交錯，羅綺彌漫。

［出隊子］這都是姻緣前判，幸今生得聚完。玉肩同並赴雲端，素手相攜跨綵鸞，清韻雙吹鳴鳳管。

［刮地風］剗地亂講歪談一萬端，尚古自苦澀寒酸。聽笙簧一派聲撩亂。翠擁珠攢，舞態輕盈，歌聲紓緩。香篆靄，絳蠟明，低垂簾幔。端的個畫堂深，和氣暖，受用千般。

［四門子］香馥馥合巹杯交换，正良宵勝事攢，碧天邊燦燦寒星换，冰輪皓月團團。樂意的酬，盡興的拚，貪歡娱自然嫌漏短。樂意的酬，盡興的拚，索强似鳳亭月館。

［古寨兒令］我這裏偷看，不由人心歡。没包彈，忒丰韻，表正形端。趁着這風和月圓春夜暖。逢天喜，值紅鸞，配宿緣，成仙伴。

［神仗兒］荔枝漿乳酪蜜團，甘蔗汁酥油餹拌。薔薇露秋菊春蘭，紫蘇鹽薑醋薦款。碧芥芽葱針寸段。細端詳俊沈嬌潘，可不道尊瞻視，正衣冠。

［尾聲］錦片前程今美滿，舞菱花一對青鸞，早不入鳳臺閒玉管。

元曲裏，桓歡韻獨用 10 處，入韻 37 字。桓歡與寒山、先天合韻較多，往往是寒山、先天韻中雜有桓歡韻的字或桓歡韻中雜有寒山、先天韻的字。其中桓歡韻中雜寒山、先天韻字的 2 次，寒山韻中雜桓歡韻字的 6 次，先天韻中雜桓歡韻字的 14 次。如元楊景賢《西遊記》廿折[黄鐘醉花陰]“滿、轉、漫、官、管、桓、暖”韻，“轉”是先天韻，其餘是桓歡韻。元王實甫《西廂記》三本二折《三煞》“看、案、暖、寒、看、安”韻，“暖”是桓歡韻，其餘是寒山韻。元楊梓《霍光鬼諫》一折《煞尾》“官、宣、顯、淺”韻，“官”是桓歡韻，其餘是先天韻。混押的字有“官、斷、盤、畔、亂、慢、冠、歡、暖”等 20 個，在整個入韻字中只是少數，桓歡、寒山、先天三韻的分立是有根據的。

10. **先天**　[iɛn]　邊偏面天漣前牽先戰然

　　[iuɛn] 全拳倦卷穿犬川言願怨

元曲例證：

元楊顯之《瀟湘雨》第四折（選録）

[正宫端正好]雨如傾，敢則是風如扇，半空裏風雨相纏。兩般兒不顧行人怨，偏打着我頭和面。

[滾繡毬]當日箇近水邊，到岸前，怎當那風高浪捲。則俺這兩般兒景物淒然，風刮的似箭穿，雨下的似甕瀽，看了這風雨呵，委實的不善，也是我命兒裏惹罪招愆。我只見雨淋淋寫出瀟湘景，更和這雲淡淡妝成水墨天，只落的兩淚漣漣。

[伴讀書]我這裏告解子且消遣，我肚裏饑，難分辨。只他這風風雨雨强將程途來踐，走的我筋舒力盡渾身戰，一身疼痛十分倦，我我我立盹行眠。

[笑和尚]我我我捱一夜似一年，我我我埋怨天。我我我敢前生罰盡了凄涼願，我我我哭乾了淚眼①，我我我叫破了喉咽。來來來哥哥，我怎把這燒餅來嚥。

[快活三]我揪將來似死狗牽，兀的不夫乃婦之天。任憑你心能機變口能言，到俺老相公行說方便。

[醉太平]不争你虧心的解元，又打着我薄命的嬋娟。險些兒做樂昌鏡破不重圓，乾受了這場罪譴。爹爹呵另巍巍穩掌着森羅殿。崔通呵喜孜孜還歸去秦川縣。我翠鸞呵，生刺刺硬踹入武陵源，也都是蒼天可憐。

① “眼”屬寒山韻。

11. **蕭豪**　[au]　薄袍暴刀條道盜牢告拷

[iau]　交敲絞巧肴爻角覺學脚

[iɛu]　標刁條了交小笑超着爍

元曲例證：

元岳伯川《鐵拐李》第一折(選録)

[仙吕點絳唇]名分輕薄，俸錢些小。家私暴，又不會耕種鋤刨，倚仗着筈杖徒流絞。

[混江龍]想前日解來强盜，都只爲昧心錢買轉了這管紫霜毫。減一筆教當刑的責斷，添一筆教爲從的該敲。這一管扭曲作直取狀筆，更狠似圖財致命殺人刀。出來的都關來節去，私多公少，可曾有一件兒合天道？他每都指山賣磨，將百姓畫地爲牢。

[油葫蘆]你欺侮俺孩兒年紀小，出家人廝扇搖，吃的來滴滴鄧鄧醉陶陶。門前哭罷門前笑，街頭指定街頭鬧，孩兒他娘引着，你駡他爺死了。也不索官中插狀衙中告，只消得二指闊紙提條。

[天下樂]敢把你拖到官司便下牢，我先教你，省會了，你和那打家賊並排壓定脚。衹從人解了你條，首領每剥了你袍，我着你似生驢般吃頓拷。

[金盞兒]你道是新官正決難逃，俺這舊吏富易通交。眼見得一官二吏三年了。家私休想落分毫。他這新官倚俸禄，俺這舊吏靠窠巢；他這官清司吏瘦，俺這家富小兒嬌。

[後庭花]怕不初來時妝會幺，看他問深裏採會爪。我見先，他見後①，他臨行，我放刁，笑裏暗藏刀。代官來到，不道咱輕放了。

12. **歌戈**　[o]　哥閣個科娥我何鑿濯鐸

[uo]　多奪羅破婆磨過火和鎖

[io]　着略掠若弱虐學岳樂約

元曲例證：

元無名氏《貨郎擔》第一折(選録)

---

①　“後”是尤侯韻。

[仙吕點絳唇]你把解庫存活,草堂工課,都耽閣,終日波波白日休空過。

[混江龍]到晚來早些來箇,直至那玉壺傳點二更過。你教我可憐見,你待敢是無奈之何。你比着東晉謝安才藝淺,比着江州司馬淚痕多。也只爲婚姻事成抛趓,勸不醒癡迷楚子,直要娶薄倖巫娥。

[油葫蘆]氣的我粉臉兒三閭投汨羅,只他那情越多,把雲期雨約枉争奪。你望着巫山廟,滿門兒燒香火。怎知高陽臺,一路上排鍬钁。休這般枕上説,都是他栽下的科。他是箇萬人欺千人貨,你只待娶做小家婆。

[後庭花]你踏踏的我忒太過,這妮子欺負的我没奈何。支使的大媳婦都隨順,偏不着小渾家先拜我。他那裹鬧鏤鐸,我去那窗兒前瞧破。那賤人俏聲兒訴一和,俺這廝側身兒摟抱着,將衫兒腮上抹,指尖兒彈淚顆。

[柳葉兒]你道他爲甚來眉峰暗鎖,則要我慶新親茶飯張羅。都是些胡姑姑、假姨姨,廳堂上坐。待着我供玉饌,飲金波,可不道誰扶侍你姐姐哥哥。

[金盞兒]俺這廝偏意信調唆,這弟子業口没遭磨,有情人惹起無明火。他那裹精神一掇顯僂儸?他那裹尖着舌語剌剌,我這裹掩着面笑呵呵。你道我嘲撥着你箇花奶奶,我也不是箇善婆婆。

13. **家麻** [a] 巴怕罷馬發乏達踏沙灑

[ua] 瓜寡誇花滑華畫詳窪瓦

[ia] 家加嫁蝦暇下峽鴉啞亞

元曲例證:

元鄭德輝《倩女離魂》第二折(選録)

[越調鬥鵪鶉]人去陽臺,雲歸楚峽。不争他江渚停舟,幾時得門庭過馬。悄悄冥冥,瀟瀟灑灑,我這裹踏岸沙,步月華。我覷這萬水千山,都只在一時半霎。

[紫花兒序]想倩女心間離恨,趕王生柳外蘭舟,似盼張騫天上浮槎。汗溶溶瓊珠瑩臉,亂松松雲髻堆鴉,走的我筋力疲乏。你莫不夜泊秦淮賣酒家,向斷橋西下,疎剌剌秋水菰蒲,冷清清明月蘆花。

[小紅桃]驀聽得馬嘶人語鬧喧譁,掩映在垂楊下。諕的我心頭丕丕那驚怕,原來是響噹噹鳴榔板捕魚蝦。我這裹順西風悄悄聽沉罷,趁着這厭厭露華,對着這澄澄月下,驚的那呀呀呀寒雁起平沙。

[調笑令]向沙堤款踏，莎草帶霜滑。掠濕湘裙翡翠紗，抵多少蒼台露冷淩波襪。看江上晚來堪畫，玩冰壺瀲灩天上下，似一片碧玉無瑕。

[禿厮兒]你覷遠浦孤鶩落霞，枯藤老樹昏鴉。聽長笛一聲何處發，歌欸乃櫓咿啞。

[聖藥王]近蓼窪，纜釣槎，有折蒲衰柳老蒹葭。近水凹，折藕芽，見煙籠寒水月籠沙，茅舍兩三家。

14. **車遮**　[iɛ]　别鐵者車烈嗟謝舍也夜

[iuɛ]　絶决闕缺雪説月拙輟劣

元曲例證：

元白樸《墻頭馬上》第三折（選録）

[雙調新水令]數年一枕夢莊蝶，過了些不明白好天良夜，想父母關山路途遠，魚雁信音絶。爲甚感歎咨嗟，甚日得離書舍。

[駐馬聽]憑男子豪傑，平步上萬里龍庭雙鳳闕，妻兒真烈。合該得五花官誥七香車，也强如帶滿頭花向午門左右把狀元接，也强如掛拖地紅兩頭來往交媒謝。今日箇改换别，成就了一天錦繡佳風月。

[掛玉鉤]小業種把櫳門掩上些，道不的跳天撅地十分劣，被老相公親向園中撞見者，諕的我死臨侵地難分説。氳氳的臉上羞，撲撲的心頭怯，喘似雷轟，烈似風車。

[沽美酒]本是好人家女豔冶，便待要興詞訟發文牒，送到官司遭痛决。人心非鐵，逢赦不該赦。

[雁兒落]似陷人坑千丈穴，勝滚浪千堆雪。恰才石頭上損玉簪，又叫我水底撈明月。

[沉醉東風]夢驚破情緣萬結，路迢遥煙水千叠。常言道有親娘有後爺，無親娘無疼熱。他要送我到官司逞盡豪傑，多謝你把一雙幼女癡兒好覷者，我待信拖拖去也。

《中原音韻》車遮韻 188 字中，由麻韻變來的只有 56 字，由入聲變來的有 132 字，可見車遮韻主要由中古入聲字變來。

15. **庚青**　[əŋ]　登蹬疼騰能争增羹生省

[uəŋ]　肱觥礦轟薨宏横閎泓嶸

[iəŋ] 兵並名命頂定廷情刑應

[iuəŋ] 扃瓊縈兄熒迴永詠榮頃

元曲例證：

元無名氏《陳州糶米》第一折（選録）

[仙吕點絳唇]則這官吏知情，外合裏應，將窮民併。點紙連名，我可便直告到中書省。

[混江龍]做的個上樑不正，只待要損人利己惹人憎。他若是將哨刁蹬，休道我不敢掀騰。柔軟莫過溪澗水，到了不平地上也高聲。他也故違了皇帝命，都是些吃倉廒的鼠耗，咂膿血的蒼蠅。

[金盞兒]你道你奉官行，我道你奉私行。俺看承的一合米，關着八九個人的命，又不比山麋野鹿衆人争。你正是餓狼口裏奪脆骨，乞兒碗底覓殘羹。我能可折升不折斗，你怎也圖利不圖名？

[村里迓鼓]只見他金鎚落處，恰便是轟雷着頂。打的來滿身血迸，教我呵怎生扎掙。也不知打着的是脊樑，是腦袋，是肩井；但覺的刺牙般酸，剜心般痛，剔骨般疼。哎喲，天那，兀的不送了我也這條老命。

[勝葫蘆]都只待遥指空中雁做羹，那個肯爲朝廷？有一日受法餐刀正典刑，恁時節，錢財使罄，人亡家破，方悔道不廉能。

[青哥兒]雖然是輸贏輸贏無定，也須知報應報應分明。難道紫金鎚就好活打殺人性命，我便死在幽冥，決不忘情，待告神靈，拏到階庭，取下招承，償俺殘生，苦恨才平。若不沙，則我這雙兒鶻鴒也似眼中睛應不瞑。

16. **尤侯** [ou] 謀頭透樓漏口叩寇侯奏

[iou] 舊秋洲究晝流休憂由遊

元曲例證：

元范子安《竹葉舟》第二折（選録）

[雙調新水令]五湖四海自遨遊，則俺這拂天風雨枚袍袖。喚靈童採瑞草，同仙子下瀛洲。似這等蕩蕩悠悠。歎塵世幾昏晝。

[駐馬聽]仙苑優遊，物换星移幾度秋，將玄觀參透，經了些夕陽西下水東流。一生空抱一生愁，千年可有千年壽，則合的早回頭，和着那閑雲野鶴常相守。

[得勝令]呀,你不道經史習如流,青紫不須憂,怎不將連城璧丹墀奏,博一個取淩陽萬户侯。今日個啾啾,這是你爲官的偏生受,倒不如休也波休,早隨我出家兒得自由。

[掛玉鉤]你道我不是知音話不投,只去把九域志閑窮究,翻惹動你一點鄉心淚闇流,滴滿了征衫袖。現如今路又迷,途難叩,你則認那畫裏家山,怎知是夢裏神遊。

[川撥棹]我笑你這呆頭,便奪個狀元來應了口,受用着後擁前騶,畫閣朱樓,舞袖歌喉,也做不得功施宇宙。怎如俺這馭清風列禦寇。

[七兄弟]怎如俺這運籌,訣謀,漢留侯,怎如俺這煉丹砂葛令辭句漏,你則看王溪邊煙水不停流,翠岩前風月長依舊。

17. **侵尋** [əm] 啽簪譖岑讖森參滲罧怎

[iəm] 今金侵心音枕沉深音尋

元曲例證:

元王實甫《西廂記》第三本第四折(選録)

[越調鬥鵪鶉]則爲你彩筆題詩,迴文織錦,送得人卧枕着床,忘餐廢寢。折倒得鬢似愁潘,腰如病沈。恨已深,病已沉,昨夜箇熱臉兒對面搶白,今日箇冷句兒將人厮侵。

[天净沙]心不存學海文林,夢不離柳影花陰,則去那竊玉偷香上用心。又不曾得甚,自從海棠開想到如今。

[調笑令]我這裏自審,這病爲邪淫,屍骨嵓嵓鬼病侵。更做道秀才每從來恁。似這般乾相思的好撒呑[①],功名上早則不遂心,婚姻上更返吟復吟。

[禿厮兒]身卧着一條布衾,頭枕着三尺瑶琴,他來時怎生和你一處寢?凍得來戰戰兢兢,説甚知音。

[聖藥王]若果你有心,他有心,昨日鞦韆院宇夜深沉。花有陰,月有陰,春宵一刻抵千金。何須詩對會家吟。

[東原樂]俺那鴛鴦枕,翡翠衾,便遂殺了人心,如何肯賃?至如你不脱解和衣兒更怕甚?不强如手執定指尖兒恁。倘或成親,到大來福廕。

---

① 呑(tùn),痴呆。撒呑,痴心妄想。

[綿搭絮]他眉彎遠山不翠,眼橫秋水無塵[1],體若凝酥,腰如嫩柳,俊的是龐兒俏的是心。體態温柔性格兒沉。雖不會法灸神鍼,更勝似救苦難觀世音。

[么篇]口兒裏漫沉吟,夢兒裏苦追尋。往事已沉,只言目今,今夜相逢管教恁。不圖你白璧黃金,則要你滿頭花,拖地錦。

18. **監咸** [am] 擔淡貪談男婪斬讒三衫俺

[iam] 監鎺減嵌咸銜陷檻岩

元曲例證:

元高文秀《遇上皇》第四折(選録)

[雙調新水令]要甚麼兩行祗從鬧交參,怎如馬頭前酒缾十擔。這紗幞頭,直紫襴,怎如白纏帶舊紬衫?又不會闊論高談,休想我做官濫。

[喬牌兒]這言語没掂三,可知水深把杖兒探。對君王休把平人陷,趙元酒性淹[2]。

[折桂令]我怕的是鬧垓垓虎窟龍潭,原來這龍有風雲,虎有山岩。玉殿金階,龍争虎鬥,惹起奸讒。朝野裏誰人似俺,衡瞢懂愚濁癡憨。語語喃喃,峥峥巉巉。早難道宰相王侯,倒不如李四張三?

[七弟兄]微臣怎敢把大官參,我則知苦澀酸渾淡,清光滑辣任迷貪,下民易虐何曾濫?

[梅花酒]呀,微臣最小膽,則待逐日醺酣,聖主台鑒。休兩兩三三,也不做明廉共按察,伯子共公男。自羞慚,官高後不心甘,禄重也自貪婪。

[收江南]我汴梁城則做酒都監,自斟自飲自清談,無煩無惱口勞藍。是非處没俺,這玉堂食怎如我甕頭甘。

[雁兒落]姜太公顛倒敢,魯義姑心中鑑。倚官府要了手模,你今日遭坑陷。

[得勝令]却不道風月擔兒擔,早難道蜻蜓把太山撼。你往日忒餘濫,今番刀下斬。忍不住揪撏,鳳雪裏將人賺。諕得臉如藍,索休書却大膽。

19. **廉纖** [iɛm] 點添漸尖廉臉儉欠厭染

元曲例證:

---

① "塵"屬真文韻。真文、侵尋合韻。

② "淹"屬廉纖韻。

元賈仲名《蕭淑蘭》第一折（選録）

［仙吕八聲甘州］傷春病染，鬱悶沉沉，鬼病懨懨。相思即漸，碧窗唾漬稠粘。幾縷遊絲空系情，滿院楊花不捲簾，髩髆楚雲鬆，懶對妝奩。

［混江龍］曉來情厭，收拾心事上眉尖。把金錢暗卜，龜卦時占，杏臉胭消嬌淡淡，柳腰香褪弱纖纖，料應也是前生欠。因無兄嫂，有失拘鈐。

［天下樂］我如今絍得金針却倒拈，牙尖，抵玉纖，羅帕上淚痕千萬點。恐梅香冷句兒劖，怕嬭娘閒話兒簽。我則索强支吾陪笑臉。

［那吒令］向湖山緊覘，惹遊絲滿臉；惹遊絲滿臉，驚飛花亂颭；驚飛花亂颭，蕩殘紅數點。我禮忙迎情欲親，他頭不抬身微欠。真所謂君子謙謙。

［鵲踏枝］則見他氣炎炎，那裏也笑掀髯。顯出些外貌威嚴，内性清廉。他避我遮遮掩掩，抵多少等等潛潛。

［寄生草］你惱怎麼陶學士蘇子瞻，改不了强文撇醋饑寒臉，斷不了詩云子曰酸風欠，離不了之乎者也腌窮儉。想你也夢不到翔龍飛鳳五雲樓，心則在鳴雞吠犬三家店。

［金盞兒］這生不忺（xiān），倒憎嫌。早則騰騰烈火飛紅焰，將姻緣簿親檢自撕撏，若得咱香腮容並貼，玉體肯相沾，怕甚麼當家尊嫂惡，恩養劣兄嚴。

［後庭花］你道女孩兒家休弄險，你讀書人不會諂。爲非事無行止，見家兄有甚臉。不索你話兒㕸，你須惡厭，不由我腮斗兒上添笑靨。

［醉中天］怕甚麼嬭母舌兒塹，梅香嘴兒尖，恐早晚根前冷句兒添，便知道也難憑驗。家醜事必然羞掩，放心波風流雙漸。早則麼懶折腰歸去陶潛。

《中原音韻》只有陰聲韻和陽聲韻，没有入聲韻。中古入聲字分别併入陰聲各韻。具體的情況我們將在本章第五節裏詳細討論。

三、《中原音韻》的聲調系統

《中原音韻》有四個聲調。它們是：

陰平——幫當莊希香央非堆偷之斯

陽平——朋堂藏奇紅王肥頹頭白奪

上聲——捧董總好享養尾餒甲法帖

去聲——謗凍葬笑向映未内透覓力

這四個調類和中古平、上、去、入四聲很不相同。平聲分爲陰陽兩類，這是周德清《中原音韻》的創舉。周氏説："陰陽字平聲有之，上去各止一聲，俱無陰陽之别。"至於中古入聲，《中原音韻》已分别併入平、上、去三聲。周氏説："平、上、去、入四聲，《音韻》無入聲，派入平、上、去三聲。前輩佳作中備載明白，但未有以集之者。"周氏又説："入聲派入平、上、去三聲者，以廣其押韻，爲作詞而設耳。然呼吸言語之間，還有入聲之别。"在具體安排中，周氏並没有把入聲字和陰聲字混雜起來，而是以"入聲作平聲"，"入聲作上聲"、"入聲作去聲"的方式，分别列在各韻平、上、去三聲之後。王力先生認爲，這是因爲"他怕人家攻擊他不用詩詞平仄用韻的舊法，所以説'呼吸言語之間還有入聲之别'來爲自己辯護了"①。《中原音韻》的四聲跟現代大多數北方方言是一致的。現代漢民族共同語（普通話）的聲調系統在《中原音韻》時期就開始形成了。

第二節　中古到近代漢語聲母系統的發展

從唐末宋初的 35 個聲母到元代《中原音韻》的 25 個聲母，漢語聲母系統的發展很不平衡。明[m]、來[l]兩母非常穩定，音值和收字範圍都没有變化；幫[p]、滂[p‘]、非[f]、端[t]、透[t‘]、泥[n]、精[ts]、清[ts‘]、心[s]、見[k]、溪[k‘]、曉[x]、影[ø]十三母音值上没有變化，但收字範圍有所擴大，同部位的濁音清化後分别併入了這些聲母；敷[f‘]母從宋代起已逐漸和非[f]母合併；微母收字範圍没有變化，但音值由[ɱ]變成了[v]。這 17 個聲母從中古到近代的變化情況是：

幫[p]⟶[p]　篦比妣閉庇杯悲彼鄙背貝逋補圃布賓鬢奔本班板邊崩迸

滂[p‘]⟶[p‘]　批圮披佩普鋪拍派噴品攀盼篇片抛泡漂坡頗怕烹捧滂胖

明[m]⟶[m]　迷米謎梅美妹模母埋買邁民敏悶眠免面明皿命蒙猛夢忙

非[f]⟶[f]　非扉緋飛沸廢夫膚甫斧府付賦富分粉奮蕃返販缶否鳳封

① 王力先生《漢語語音史》387 頁。陸志韋、楊耐思先生認爲《中原音韻》尚有入聲。

敷[f‘]——>[f]　非霏腓妃費肺敷孚桴撫赴仆訃拊紛芬氛忿番翻反泛豐鋒
微[ɱ]——>[v]　微薇尾亹未味文紋聞刎吻問紊晚挽萬
端[t]——>[t]　低底帝堆對都堵妬敦頓丹旦端短斷顛典多朵刀到東董凍
透[t‘]——>[t‘]　梯體替涕推腿退土吐兔胎太吞灘坦炭滔討廳聽偷透通痛
泥(娘)[n]——>[n]　泥娘你禰膩餒内奴駑努怒女乃奶奈嫩難赧暖年腦耨農囊
來[l]——>[l]　梨離裏李利戾雷磊淚盧魯路吕慮來賴論闌爛亂連勞牢弄
精[ts]——>[ts]　擠濟祭租祖沮咀哉宰再精进尊撙俊贊纂鑽遭早井宗綜
清[ts‘]——>[ts‘]　妻棲砌粗醋蛆取猜采菜親村忖寸逡餐粲竄操草青請倉搶
心[s]——>[s]　西洗細蘇素需絮腮賽新信孫損遜詢筍傘散酸騷嫂星省性
見[k]——>[k]　肌幾計孤古故居舉據該改蓋巾謹根幹趕官高縞哥京景
溪[k‘]——>[k‘]　欺起氣枯苦區去開凱慨坤閫困刊艱簡看寬款考珂可輕慶磬
曉[x]——>[x]　希喜戲呼虎虚許海欣釁昏葷勳訓罕漢歡唤蒿好訶興兄轟
影[ø]——>[ø]　伊倚意委畏汗於愛隘鏖阿窩窪憂恩穩因安彎嫣燕盎央翁

中古到近代漢語聲母系統有三個大的變化：一是全濁聲母清化；二是知、照組合流和捲舌聲母的産生；三是影、喻、疑(絶大部分)歸併和零聲母範圍擴大。这些變化有先有後，并非同步发生。下面分别進行討論：

一、全濁聲母的清化

中古35個聲母中有10個全濁聲母，它們是並[b]、奉[v]、定[d]、澄[ȡ]、從[dz]、床[dʒ]、群[g]、邪[z]、禪[ʒ]、匣[ɣ]。到了近代，這些全濁聲母都消失了，變成同部位的清音聲母。濁音清化，早在唐代已見端倪。顔師古《漢書(張敬傳)注》："把，步馬反，執持也。"以並母"步"切幫母"把"。敦煌變文裏，"輩"寫成"倍"，"到"寫成"道"，"瀉"寫成"謝"，都是清濁不分。《開蒙要訓》裏也有清濁互注的例子，如以"婆"注"跛"，以"標"注"瓢"是幫並互注；以"沸"注"腓"，以"父"注"腐"是非奉互注；以"段"注"鍛"，以"等"注"蹬"是端定互注；以"長"注"障"，以"至"注"雉"是照澄互注；以"從"注"蹤"，以"導"注"鱒"是精從互注；以"鬼"注"氍"，以"甘"注"拑"是見群互注。但在《開蒙要訓》242對互注材料中，清濁互注的例子只有十來對，只佔全數的5%，不能據此認爲當時全濁聲母已經清化。宋代的《集韻》、《韻鏡》等韻書、韻圖中，三十六字母廣泛應用，"五音各有自然清濁"，全濁聲母保存完整，没有消失。但是有些宋代作品的反切系統中，全濁聲母却明顯地消失了。如朱熹的反切系統只有見、溪、疑、喻、曉、端、透、泥、知、徹、審、精、清、心、幫、滂、明、非、微、來、日等二十一個聲母①；吴棫《韻補》的反切和直音系統只有[p]（幫並非奉）、[p']（滂敷）、[m]（明微）、[f]（非敷奉）、[v]（微）、[t]（端定知）、[t']（透徹）、[n]（泥娘日）、[ts]（精知莊章從澄崇邪）、[ts']（清徹初昌）、[s]（心邪生書常船崇[止攝]）、[k]（見群）、[k']（溪）、[ŋ]（疑）、[x]（曉匣）、[Ø]（影疑雲以）等十六個聲母②，全濁聲母都清化了。到了《中原音韻》，濁音清化的特點表現得更加明顯而全面。清化的規律是：中古全濁聲母的塞音（並、定、群）和塞擦音（澄、從、床），平聲變成同部位的吐氣清音，仄聲變成同部位的不吐氣清音；擦音無吐氣與不吐氣之分，一律變爲同部位的清擦音。只有床母和禪母的變化有些特殊。

1. 濁音平聲變成同部位吐氣的清音陽平。

宋代聲調仍和《切韻》系統一樣，爲平、上、去、入四聲，平聲不分陰陽。《集韻》、《韻鏡》等韻書裏，平聲都只一個。在反切裏，陰平聲字和陽平聲字可以互爲反切。如朱熹《詩集傳》"來，叶陵之反"（《終風》）、"梅，叶莫悲反"（《終南》）、"濡，叶而朱反"（《羔裘》）、"湝，叶賢雞反"（《鼓鍾》）、"難，叶乃多反"（《桑扈》）、"翰，叶胡千反"（《崧高》）、"芹，其斤反"（《泮水》）、"旂，巨依反，叶巨斤反"（《采菽》），都以陰平字爲陽平字的反切下字，"宫，叶諸王反"（《桑中》）、"萎，叶於回反"（《谷風》）、"差，初宜反"（《燕燕》）、"敦，叶都回反"（《北門》）、"孫，叶須倫反"（《何彼襛矣》）、"氐，叶都黎反"（《節南山》）、"租，子胡反"（《鴟鴞》）、"熏，叶眉貧反"（《鳧鷖》）都以陽平字爲陰平字的反切下字，這些都表明宋代平聲尚未分陰陽兩類。③

在《中原音韻》裏，全濁平聲字都是在陽平裏單獨成組，不容易看出它們是否吐氣，甚至也無法斷定它們是否已經清化。但是卓從之《中州音韻》④的陰陽類材料

① 參看王力先生《朱熹反切考》，見《龍蟲並雕齋文集》第三册，336—337 頁。

② 參看邵榮芬先生《吴棫〈韻補〉和宋代閩北建甌方言》，載《中國語文》，1995 年，5 期。

③ 參看王力先生《朱熹反切考》，見《龍蟲並雕齋文集》第三册，336—337 頁、338 頁。

④ 卓從之，元燕山（今屬北京）人，生平無考。《中州音韻》全名《中州樂府音韻類編》，也叫《中州韻》、《中原音韻類編》、《北腔韻類》，分韻 19 部，與《中原音韻》同。比《中原音韻》少收 1700 餘字，只有 40 多字是《中原音韻》未收的。

裏，却給我們提供了比較滿意的回答。《中州音韻》裏平聲分爲陰、陽、陰陽三類。陰類都是清聲母字，陽類都是濁聲母字，陰陽類清濁兩類聲母都有。陰陽類中的清聲母和濁聲母字，有的列爲一組，有的分列兩組。同一組的字，聲母固然相同，分爲兩組排列的字，聲母也都相同。我們考察一下《中州音韻》平聲陰陽類中與濁聲母同組或分列的清聲母字，就可以看出它們都是吐氣的音。下面是清濁聲母同組的例子：

東鐘　蓬篷（並）烹（滂）彭棚鵬（並）

江陽　湯（透）唐塘堂棠（定）

魚模　初雛（初）鋤（床）

庚青　青清（清）情繒晴（從）

下面是清濁聲母分列的例子：

東鐘　通蓪（透）

　　　同童銅桐峒筒瞳潼鼕（定）

江陽　鎊雱（滂）

　　　傍龐逢（並）

齊微　妻淒萋棲（清）

　　　齊臍（從）

真文　嗔瞋（昌）

　　　陳塵（澄）臣（禪）

天先　牽愆騫褰（溪）

　　　乾虔（群）

既然同組或分列兩組的字聲母相同，而與全濁聲母同組或並列的平聲字恰恰都是吐氣的清聲母字，我們就可以得出結論：在元代中原音裏，全濁塞音和塞擦音的平聲字已經變成了吐氣的清聲母。

2. 全濁塞音、塞擦音上聲、去聲變成同部位不吐氣的清音去聲。

在《中原音韻》裏，浊上變去得到全面肯定。全濁塞音、塞擦音的上聲、去聲字絶大部分與同部位不吐氣的清音去聲字同組。它們明显地是被看作同音字而排列在一起的。以並母字爲例，上聲和去聲併入幫母去聲的共有 9 組，即（字下没有符號的是古去聲字，有“＿”的是古上聲字）：

江陽 〇謗(幫)傍蚌棒(並)

齊微 〇閉蔽畀(幫)笓斃(並)嬖庇比秘(幫)陛(並)賁(幫)

〇背貝狽(幫)焙倍婢備避(並)輩(幫)被(並)臂(幫)弊幣髲(並)詖帔(幫)

寒山 〇辦瓣(並)扮絆(幫)

先天 〇變(幫)便(並)遍徧(幫)辨辯卞汴弁(並)

宵豪 〇豹暴(幫)瀑(並)

〇抱(並)報(幫)暴鮑鞄泡(並)

家麻 〇罷(並)霸欛靶壩鈀弝(幫)

庚青 〇病並(並)柄(幫)憑(並)

並母併入滂母去聲的有一組,即:

宵豪 〇砲(滂)泡(並)

幫、滂、並三母混合有五組,即:

齊微 〇配(滂)佩珮(並)轡(幫)霈沛(滂)悖誖(並)

皆來 〇拜(幫)湃(滂)敗憊粺(並)

魚模 〇布(幫)怖(滂)佈(幫)部簿哺捕步(並)

桓歡 〇半(幫)伴(並)泮(滂)畔(並)絆(幫)

宵豪 〇俵(幫)鰾(並)驃(滂)

以上 15 組去聲字中,共有 49 個並母字。其中 16 個是中古上聲字,30 個中古去聲字,另外"笓便憑"三字,中古兼有平、去兩聲①。從吐氣不吐氣看,有 9 組聲母是不吐氣的幫[p];1 組是吐氣的滂[p‘],而"泡"字中古本有平、去兩讀,去聲爲並母②。其他 5 組幫、滂相混,按《中原音韻》"每空是一音"的原則,聲母只能是一個,不是幫[p],就是滂[p‘]。這 5 組字本身無法證明它們清化後是送氣還是不送氣③。但

---

① "笓",《廣韻》上平十二齊:部迷切,取蝦竹器。《集韻》去聲六至:毗至切,櫛屬。"便",《廣韻》下平二仙:房連切,便佞。去聲三十三線:婢面切,利也。"憑",《廣韻》下平十六蒸:扶冰切,依几也。去聲四十七證:皮證切,義同。

② 《廣韻》下平五肴:"泡,水上浮漚,匹交切。"《集韻》去聲三十六效:"泡,水泉,皮教切。"

③ 現代北京話,"泮湃配沛霈"聲母爲[p‘],"避"有[p]、[p‘]兩讀,"怖"爲[p]。

是，考察全濁上、去聲字在現代北京話的讀音，我們還是可以肯定，它們在元代當讀爲不吐氣的[p][①]。

3. 全濁入聲變成不吐氣的清音陽平。

在《中原音韻》裏，186 個中古全濁入聲字中有 173 個變爲陽平，只有 13 個變爲上聲，不到總數的 7%。全濁聲母在陽平裏大都獨立成組，只有兩組是清聲母和濁聲母並列，就是：

蕭豪　薄箔泊（並）博（幫）

家麻　達（定）撻（透）踏遝（定）

蕭豪韻中並母字與幫母字同音，當爲不吐氣。家麻韻中定母字與透母字同音，當爲吐氣。僅從這兩組例子裏無法確定中古全濁入聲清化後究竟吐氣還是不吐氣。我們有必要另想辦法。在現代北京話裏，中古入聲絶大多數讀成不吐氣的清塞音或塞擦音。例如：

並母　拔別（別離）跋勃渤僕白帛舶薄泊箔

定母　疊牒渫蝶達跌敵狄笛獨毒鐸奪

澄母　直蛭秩蟄（zhé）轍宅澤擇濁擢擢著軸逐

從母　疾嫉集寂族鑿絶雜捷截

由此我們可以推想，中古全濁塞音和塞擦音在元代基本上變成同部位不吐氣的清塞音和清塞擦音。

現在我們把中古到元代全濁塞音和塞擦音變化的情況表示如下：

並（平）[b]—[p‘]　　裴陪皮蒲排爬貧牝盤蟠便駢平屏蓬彭朋棚傍龐

並（仄）[b]—[p]　　畀斃陛倍備弊部步罷辦伴畔卞辨抱鮑病並棒蚌

定（平）[d]—[t‘]　　提啼徒圖台抬桃逃條調豚屯田填團停同童唐堂

定（仄）[d]—[t]　　弟第地杜度待代道盜舵惰豆遁鈍段電殿定動盪

群（平）[g]—[k‘]　　奇其期葵逵渠喬橋求球勤群乾虔擎鯨狂强窮邛

群（仄）[g]—[k]　　妓忌巨櫃懼具轎嶠臼舅舊咎柩近郡件倦圈競共

① 明桑紹良《青郊雜著》（公元 1543 年）中，古全濁聲母字一律歸同部位的吐氣清音，不歸不吐氣清音。紹良河南濮州（今範縣）人，學者以爲反映了當時河南方音的特點。今湖北江陵縣善濟鎮（江漢平原西部）方言也保存了這一特點，古全濁聲母都讀爲同部位吐氣清音。

澄(平) [ȡ]—[tʃ‘] 遲池持鎚除廚儲綢惆陳纏傳橙澄呈懲重蟲長場

澄(仄) [ȡ]—[tʃ] 稚雉致治墜住柱紵紂宙陣篆鄭朕鴆仲重撞丈杖

從(平) [dz]—[ts‘] 慈齊徂才摧樵囚泅秦前蠶慚潛情晴繒叢從藏墻

從(仄) [dz]—[ts] 字自漬劑罪聚祚在坐就鷲盡賤暫漸鑿浄静靖匠

塞擦音床(崇、船)母的情況比較特殊,我們留到下面討論。

4. 全濁擦音變成同部位的清擦音。

全濁擦音奉、邪、匣三母變成同部位的清擦音。聲調上也是平聲變成陽平,上、去聲變成去聲,與塞音、塞擦音同。以曉、匣兩母去聲爲例:

齊微 ○會(匣)悔誨諱(曉)惠蕙慧潰(匣)

○戲(曉)系係(匣)

寒山 ○旱悍銲(匣)漢(曉)翰瀚汗鼾肝(匣)

桓歡 ○唤(曉)换(匣)焕涣(曉)緩逭(匣)奂(曉)

先天 ○獻(曉)現(匣)憲(曉)縣(匣)

蕭豪 ○號皓(匣)好(曉)昊皞(匣)耗(曉)浩顥灝(匣)

○孝(曉)效傚校(匣)

歌戈 ○禍(匣)貨(曉)和(匣)

家麻 ○下夏(匣)嚇罅(曉)暇厦(匣)

○化(曉)畫華蠖樺話(匣)

庚青 ○迥(匣)詗敻(曉)

○杏幸悻脛(匣)興(曉)行(匣)

以上12組同音字中,中古上聲、去聲曉、匣兩母相混,都讀去聲。匣母平聲都入陽平,曉母平聲都入陰平,没有曉、匣同組的例子。但是我們根據卓從之《中州音韻》中陰陽類的材料,同樣可以證明它們都讀曉母。

《中原音韻》中奉、邪兩母的情況,也都如此。這樣,從中古到近代全濁擦音清化的情況可以表示如下:

奉[v]—[f] 馮逢鳳防肥吠扶符浮父婦阜負墳焚煩繁凡犯縫奉

匣[ɣ]—[x] 紅洪横行杭兮攜系胡户害霞下魂渾寒汗閑限賢現横

邪[z]—[s] 訟詞辭似巳寺夕席隨遂敘邪謝巡旬涎羨松訟詳祥象

5. 床(崇、船)①、禪兩母的變化。

中古床(崇、船)、禪兩母在《中原音韻》裏有着和其他全濁聲母不同的變化。它們不像其他全濁聲母那樣一律變成同部位的清塞擦音或擦音,而是同一聲母既變塞擦音,又變擦音。前面談過,唐宋三十五聲母中的床母,包括了隋唐時期的崇、船兩母。它們在變化中仍然顯示了各自的特點。床母分別變爲[tʃ]、[tʃʻ]、[ʃ]、[ʂ]四母,即:

床[dʒ]			
	[tʃʻ]	[平聲崇]	崇床錐鋤柴豺儕潺槎愁岑
		[平聲船]	船唇乘塍㲯讒饞
	[tʃ]	[仄聲崇]	助寨眦棧譔饌閘乍褚㑳驟
	[ʃ]	[平聲船]	神蛇繩
		[仄聲船]	實食蝕贖述秫術蜃腎慎楯射麝貰賜乘剩
	[ʂ]	[仄聲崇]	柿仕事
		[仄聲船]	示謚

禪母分別變爲[tʃʻ]、[ʃ]、[ʂ]三母:

禪[ʒ]			
	[tʃʻ]	[平聲]	慵常嘗裳償匙垂陲蜍臣辰晨純淳鶉禪蟬成城誠承酬蟾
	[ʃ]	[平聲]	誰殊茱銖洙
		[仄聲]	上尚十什石拾逝誓睡瑞屬淑蜀孰熟樹豎署善鱔鐥墠蟺紹邵舌涉社盛受授壽售甚椹贍
	[ʂ]	[平聲]	時塒鰣
		[仄聲]	是氏市侍恃蒔嗜筮噬視

從上表可以看出,中古床二(崇)平聲都變成吐氣的塞擦音[tʃʻ];仄聲絶大部分變成不吐氣的塞擦音[tʃ],少數字變成擦音[ʂ]。床三(船)平聲絶大部分變成吐氣的塞擦音[tʃʻ],少數字變成擦音[ʃ];仄聲都變成擦音[ʃ]或[ʂ]。禪母平聲大部分變成塞擦音[tʃʻ],小部分變成擦音[ʃ]或[ʂ];仄聲都變成擦音[ʃ]或[ʂ]。[ʃ]和[ʂ]的劃分是由於韻母不同,支思韻裏是[ʂ],其他韻裏是[ʃ]。

---

① "崇"即"床二","船"即"床三"。

二、知、照組合流和捲舌聲母的産生

唐末宋初三十五聲母中的照[tʃ]、穿[tʃ‘]、床[dʒ]、審[ʃ]、禪[ʒ]，唐以前本分莊[tʃ]、初[tʃ‘]、崇[dʒ]、生[ʃ]（即照組二等）和章[tɕ]、昌[tɕ‘]、船[dʑ]、書[ɕ]、禪[ʑ]（即照組三等）兩組。它們來源不同，隋唐時期分别很嚴格。但到唐末宋初兩組就合併了。另外在敦煌文獻裏，有的把“知”字寫成“支”（章母），“諸”（章母）字寫成“誅”（知母）。邵雍《天聲地音圖》裏，知組聲母次於照組聲母之後。而在《切韻指掌圖》裏，知、照二組的字有的互相錯位，如“圖一”穿下有“怊”（徹母），床下有“肇”（澄母），知下有“芍”（照母）。可見自唐末以來，知、照兩系的字已開始相混。到了《中原音韻》，知（二）與照（二）相混，知（三）與照（三）相混，知（二）、知（三）、照（二）、照（三）又相混，知，照兩組聲母完全合而爲一了。下面是知（二）與照（二）相混的例子：

江陽（陰平）　○莊妝裝（照二）樁（知二）
皆來（入作上）　○責幘（照二）摘謫（知二）測窄仄昃簀迮（照二）
（去聲）　○寨（床二）豸（澄二）瘵債（照二）蠆（徹二）眥（床二）
寒山（去聲）　○棧（床二）綻組（澄二）
蕭豪（陰平）　○嘲（知二）抓（照二）啁（知二）
（入作上）　○捉（照二）卓琢（知二）
家麻（陰平）　○查楂蹅（床二）吒（知二）
（入作上）　○劄（知二）札（照二）
庚青（陰平）　○鐺錚棦琤（穿二）撐（徹二）瞠（穿二）

下面是知（三）與照（三）相混的例子：

東鐘（陰平）　○鍾鐘（照三）中衷忠（知三）終（照三）
江陽（陽平）　○章漳樟璋獐麞（照三）張（知三）
（去聲）　○帳脹漲（知三）丈仗杖（澄三）障瑋瘴（照三）
支思（上聲）　○紙砥底旨指止沚芷趾祉阯址（照三）徵（知三）咫（照三）
先天（陰平）　○氈鸇（照三）鱣（知三）饘（照三）邅（知三）旃栴（照三）
齊微（陰平）　○笞癡郗（徹三）蚩媸（穿三）螭（徹三）鴟（穿三）絺（徹三）
魚模（上聲）　○杵（穿三）楮褚（徹三）處（昌三）杼（澄三）出（昌三）黜畜（徹三）

真文(陽平)　　〇陳(澄三)臣(禪三)塵(澄三)娠(書三)辰晨宸(禪三)

蕭豪(去聲)　　〇趙兆(澄三)照(照三)旐(澄三)召(澄三)肇(澄三)

尤侯(去聲)　　〇晝(知三)呪(章三)冑紂宙籀(澄三)咮(知三)

下面是知、照兩組二、三等相混的例子：

東鍾(陽平)　　〇重蟲(澄三)傭(徹三)鱅(禪三)崇(床二)

支思(上聲)　　〇眵瞝(穿三)差(穿二)

　　(陰平)　　〇施詩(審三)師獅螄(審三)尸屍鳲蓍(審三)

家麻(去聲)　　〇汊(穿二)咤(知二)姹詫(徹二)䰷(穿二)

尤侯(上聲)　　〇肘(知三)箒(照二)酎(澄三)

侵尋(陽平)　　〇岑(床二)鵗椹(知三)涔𩅧(床二)

監咸(去聲)　　〇蘸(照二)站(知二)賺(澄二)湛(澄三)

上面的例子清楚地表明知(二)、照(二)、知(三)、照(三)完全合流，二等和三等聲母沒有區別。至於照組中的審母，因爲知組中沒有相當的聲母，不存在與知組合併的問題。濁聲母澄和床已分別併入相應的清聲母，不獨立存在。在《中原音韻》裏大部分知、照兩組的二等和三等字仍然分別成組，這是因爲它們的韻母不同。三等有[i]介音，二等沒有，自然不能列在一起。

知、照兩系聲母在現代北京話裏都讀成捲舌聲母[tʂ]、[tʂʻ]、[ʂ]，這是15世紀以後發生的事情。《中原音韻》裏開始有了捲舌聲母，但還處在演變的過渡階段，捲舌聲母還只限於部分照組字、部分日母字，以及知組中的“胝、徵、祉”三字。當時[tʃ]、[tʃʻ]、[ʃ]和[tʂ]、[tʂʻ]、[ʂ]兩組聲母同時存在，但不在同一韻裏出現。支思韻和齊微韻分開，實際上表明支思韻中的知、照組聲母已由[tʃ]、[tʃʻ]、[ʃ]變成捲舌音[tʂ]、[tʂʻ]、[ʂ]，其他韻的知、照組字仍然讀[tʃ]、[tʃʻ]、[ʃ]。按照現代北京話的規律，捲舌聲母不與[i]相拼。元代知、照組一部分字變成捲舌音，韻母隨之變成[ï]（精組變成[ɿ]）；知、照組大部分字仍然讀爲[tʃ]、[tʃʻ]、[ʃ]，韻母仍然是[i]。因此，周德清把支思、齊微分爲兩韻。有人認爲元代知、照兩系聲母已全部變爲捲舌音[tʂ]、[tʂʻ]、[ʂ]了，如果這樣，支思、齊微兩韻中都有知、照兩系的開口三等字，而且來源一致，它們爲什麼要分成兩個不同的韻呢？

有的學者認爲中古知、莊、章三組聲母在《中原音韻》裏可以分爲兩類，知(二)

莊(照二)組爲一類,不跟韻母[i]或帶介音[i]的韻母相拼,可擬作[tʂ]、[tʂʻ]、[ʂ];知(三)章(照三)爲一類,只跟韻母[i]或帶介音[i]的韻母相拼,可擬作[tʃ]、[tʃʻ]、[ʃ]。事實上支思韻裏恰恰只出現知(三)和章組聲母,而韻母不是[i];其他韻裏,莊(照二)、章(照三)、知(二)、知(三)也有相混的。知(二)莊(照二)和知(三)章(照三)大體分爲兩類,未必不是由於韻母不同的關係。從音位看,[tʂ]、[tʂʻ]、[ʂ]和[tʃ]、[tʃʻ]、[ʃ]只在不同的條件下出現,兩者互補,屬於同一個音位。把知、莊、章三組看作同一類聲母,像羅常培、楊耐思先生那樣擬作[tʃ]、[tʃʻ]、[ʃ],或者像趙蔭棠、甯繼福先生那樣擬作[tʂ]、[tʂʻ]、[ʂ],都是可以的。我們把支思韻的知、照組聲母擬作[tʂ]、[tʂʻ]、[ʂ],其他韻的知、照組聲母擬作[tʃ]、[tʃʻ]、[ʃ],以表示區别。

下面我們把知、照兩組聲母從中古到《中原音韻》的變化列表如下:

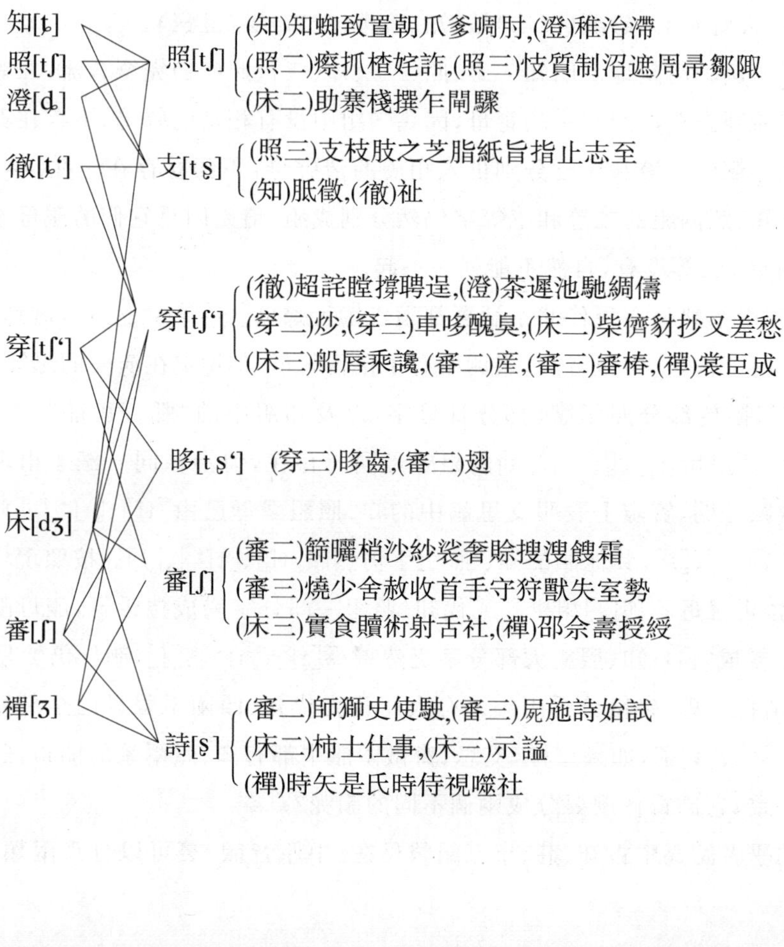

中古半齒音日母到元代也分化成爲兩個聲母，支思韻裏是捲舌濁擦音[ʐ]，其他韻裏是舌面前濁擦音[ʒ]。就是：

日[ȵʑ]＜[ʑ]兒而爾邇耳餌珥二貳（支思韻）
　　　　[ʒ]戎絨茸日入如儒汝人忍然饒仍柔任染（非支思韻）

三、影、喻、疑合流和零聲母的擴大

中古影母讀零聲母[ø]，是清音；疑母讀[ŋ]，是次濁音；隋唐時云[ɣj]、以[j]兩個聲母①，唐末合併成喻[j]，也是次濁音。宋代邵雍、吴棫、朱熹的語音系統裏，喻、影又合而爲一。到了14世紀，影、喻和絶大部分疑母字都合併了。下面舉《中原音韻》齊微、先天兩韻的例子：

齊微（陽平）　○移庨（喻）兒鯢霓倪猊輗（疑）姨夷荑（喻）疑嶷（疑）鷖（影）沂宜儀艤（疑）彝貽怡眙飴圯頤遺蛇（喻）

（上聲）　○倚椅（影）錡（疑）扆偯（影）蟻（疑）矣已以苡（喻）顗擬艤（疑）一（影）

（去聲）　○異裔（喻）義議誼毅藝（疑）易（喻）翳瘞（影）勩枻曳（喻）瞖（影）詣（疑）饐（影）刈乂（疑）意（影）劓（疑）懿（影）逸易埸譯驛（喻）益（影）溢鎰（喻）鷁（疑）液腋掖疫役（喻）一（影）佾泆（喻）逆（疑）乙邑憶揖（影）射翊翼（喻）

先天（陽平）　○元黿（疑）圓員捐園圜袁猿轅（喻）原嫄源（疑）垣鉛鳶湲援（喻）

（上聲）　○遠（喻）阮（疑）苑畹（影）

（去聲）　○院（喻）愿願（疑）怨（影）遠援（喻）

在邵雍《天聲地音圖》裏，它們的排列是：

三音				二音			
濁	清	濁	清	濁	清	濁	清
目	母	□	安	吾	五	黄	黑
皃	馬	爻	亞	牙	瓦	華	花
眉	美	王	乙	月	仰	雄	香
民	米	寅	一	堯	□	賢	血
明	明	喻	影	疑	疑	匣	曉

① “云”即“喻三”，“以”即“喻四”。

邵氏把聲母相同、聲調不同的字排成清、濁兩行。明、疑各分兩行是平聲和上聲的區别,匣母已經清化,曉、匣兩行也只是聲調不同。以此相推,影和喻音值也應相同。

影、喻、疑合併後的音值是什麼呢?現代北京話裏,這三母的字都讀零聲母;廣大北方方言裏屬於影、喻兩母的字也都讀零聲母。唐宋漢藏對音中喻母字都標爲"j",可見元代影、喻二母已變成零聲母了。疑母既然絶大部分與影、喻相混,無疑也應讀爲零聲母。

喻、疑變成零聲母的規律是:

1. 平聲變成零聲母以後都歸陽平。如:

東鐘(陽平)　○容溶蓉瑢鎔庸傭鄘鏞墉融榮(喻)

齊微(陽平)　○圍闈韋幃違(喻)嵬巍危桅爲(喻)

蕭豪(陽平)　○遥摇謡瑶飄飖窑(喻)堯(疑)陶姚(喻)嶢(疑)

喻、疑是次濁音,平聲歸陽平;影母是清音,平聲都歸陰平。只有幾個例外。"鷖"平聲齊韻影母,在齊微韻陰平、陽平重出;"呀"平聲麻韻疑母,在家麻韻陰平;"窐"平聲麻韻影母,變入家麻韻陽平;"醃"平聲覃韻影母,變入監咸韻上聲。

2. 上聲、去聲變成零聲母後聲調不變,上聲仍爲上聲,去聲仍爲去聲。上聲的例子:

真文　○隱(影)引蚓尹(喻)

先天　○兖(喻)偃(影)演(喻)堰(影)衍(喻)鼴(影)

蕭豪　○杳夭妖(影)舀(喻)

庚青　○影(影)郢穎(喻)癭(影)

去聲的例子:

皆來　○艾(疑)愛噫餲(影)

蕭豪　○奥懊澳(影)蓴鶚鰐(疑)惡(影)愕(疑)

庚青　○哄應膺(影)凝硬(疑)

尤侯　○又右佑祐狖宥柚(喻)幼(影)囿侑(喻)

有幾個例外,"藴惲"上聲吻韻影母,變入真文韻去聲;"拗"上聲巧韻影母,變入蕭豪韻去聲;"忤"去聲暮韻疑母,變入魚模韻上聲;"靄藹"去聲泰韻影母,變入皆來韻上聲;"俺"去聲豔韻影母,變入監咸韻上聲。

3. 入聲變成零聲母後,都變成去聲。如:

魚模　○玉獄(疑)欲浴(喻)郁(影)昱鵒(喻)

蕭豪　○岳嶽(疑)藥(喻)約(影)躍鑰瀹(喻)

歌戈　○萼鶚鰐(疑)惡堊(影)鄂(疑)

車遮　○月(疑)悦説閲(喻)軏(疑)越鉞樾蠘(喻)刖(疑)

中古疑母在14世紀的北方話裏絶大部分變成零聲母,但並没有完全消失。有幾個韻裏仍然保存着[ŋ]的讀音,它們和影、喻兩母在相同的條件下同時出現,互相對立。例如:

江陽(上聲)　○仰(疑)　○養癢(喻)鞅(影)

　　(去聲)　○仰(疑)　○瀁恙煬養樣(喻)

蕭豪(去聲)　○傲奡鏊(疑)　○奥懊澳(影)萼鶚鰐(疑)惡(影)愕(疑)

　　(入作去)　○虐瘧(疑)　○岳樂(疑)藥(喻)約(影)躍鑰瀹(喻)①

歌戈(上聲)　○我(疑)　○婀(影)

車遮(入作去)　○業鄴額(疑)　○拽(喻)噎謁(影)葉燁(喻)

以上左邊的六組疑母獨立,仍然保存[ŋ]的讀法;右邊六組影、喻、疑三母相混,疑母變成了零聲母。《蒙古字韻》裏,疑母一等和三等字,也都音爲[ŋ]。可見元代大都話中疑母[ŋ]仍然部分地保存着。

此外,還有少數中古疑母三、四等字在元代轉入泥母。如:

先天(上聲)　○撚輾碾(泥)讞(疑)

車遮(入作去)　○捏聶躡鑷(泥)囓臬蘖(疑)

“讞、囓、臬、蘖”聲母都是[n]。

這樣,疑母從中古到近代的發展可以表示如下:

[ŋ] ─ [ŋ] (小部分) 昂印仰嗷敖聱獒鷔遨奡鏊虐瘧哦蛾娥俄峩鵝我餓訛
[ŋ] ─ [ø] (大部分) 霓倪猊疑沂宜儀擬義誼藝詣刈義嵬危吾吴五午魚隅語禦艾外銀眼頑妍言嶽牙瓦月牛②
[ŋ] ─ [n] (少數字) 讞囓臬蘖

到了15世紀,漢語北方話的聲母系統又發生了變化。在《早梅詩》裏,中古知、

① 這一組又在歌戈韻(入作去)重出。

② “牛”現代普通話讀niu24,與《中原音韻》不同;但在一些方言裏讀零聲母(如湖南新化、大庸),與《中原音韻》是一致的。

照兩組聲母已全部變爲捲舌音，不再分爲兩套。疑母[ŋ]消失。北方話的聲母系統進一步簡化了。

總上所述，我們把中古到近代漢語聲母系統的發展列爲下表：

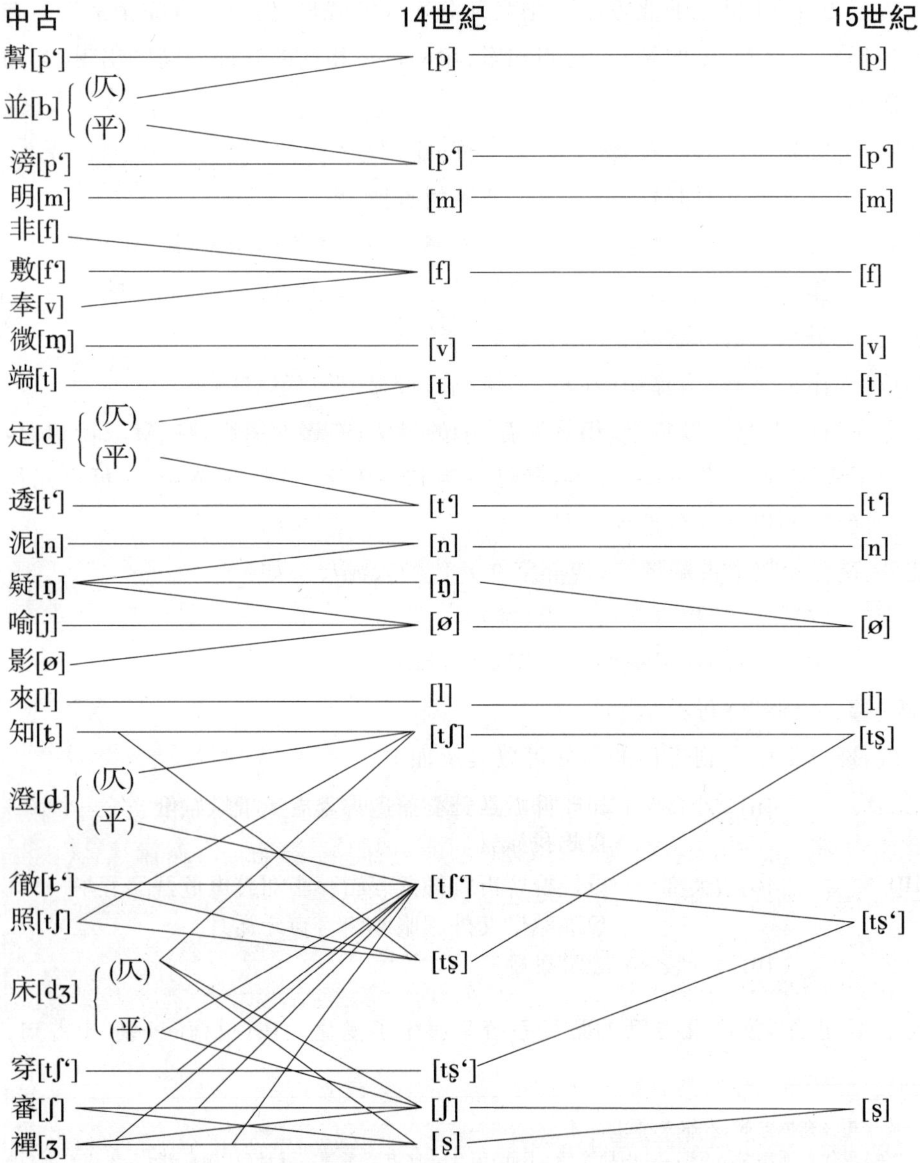

（續表）

日[ȵʑ]	[ʒ]	[ʑ]
日[ȵʑ]	[ʐ]	[ər]
精[ts]、從[dz](仄)	[ts]	[ts]
從[dz](平)、清[tsʻ]	[tsʻ]	[tsʻ]
心[s]、邪[z]	[s]	[s]
見[k]、群[g](仄)	[k]	[k]
群[g](平)、溪[kʻ]	[kʻ]	[kʻ]
曉[x]、匣[ɣ]	[x]	[x]

從上表可以看出，十四五世紀漢語聲母系統跟現代普通話已經相當接近了。

第三節　中古到近代漢語陰聲韻的發展

從中古到近代，漢語韻母系統發生了很大的變化。《廣韻》繼承《切韻》的語音系統，將《切韻》的韻目增加爲 206 個，可分爲陰、陽、入 3 大韻類 95 部，140 個韻母。舉平以賅上去，其中有陰聲 26 部，40 個韻母；陽聲 35 部，50 個韻母；入聲 34 部，50 個韻母。我們在第二章已經談過《廣韻》韻部劃分較細，有的可能是綜合了某些方言和古音的特點，有的其實只是韻頭不同。在唐代詩歌用韻中這些韻大都可以合用。宋人歸納爲十六攝，並不是當時的韻部和韻母，詩人用韻更各有出入。《中原音韻》分爲 19 個韻部，46 個韻母。入聲消失，陰聲韻和陽聲韻也多有合併，總的發展趨勢是整個韻部系統大大簡化。

《中原音韻》有支思、齊微、魚模、皆來、蕭豪、歌戈、家麻、車遮、尤侯 9 個陰聲韻部，22 個韻母，分别由《廣韻》支、脂、之、微、魚、虞、模、齊、灰、咍、佳、皆、祭、泰、夬、廢、蕭、宵、肴、豪、歌、戈、麻、尤、侯、幽 26 個韻部，40 個韻母變來。下面分別討論從《廣韻》到《中原音韻》陰聲韻部和韻母的變化。每個韻母下面的例字按《中原音韻》25 聲母幫[p]、滂[p‘]、明[m]、非[f]、微[v]、端[t]、透[t‘]、泥[n]、來[l]、照[tʃ]、穿[tʃ‘]、審[ʃ]、日[ʒ]、支[tʂ]、眵[tʂ‘]、詩[ʂ]、兒[ʐ]、精[ts]、清[ts‘]、心[s]、見[k]、溪[k‘]、曉[x]、疑[ŋ]、影[ø]的次序排列，用圓括號注明所屬中古聲母，無字即闕。

一、支思[ï(ɿ、ʅ)]

《中原音韻》支思韻的韻母是[ï]，包括兩個變體：精組聲母後面是[ɿ]，支組聲母後面是[ʅ]。它們分別由《廣韻》支、脂、之三韻中的精、章組（照三）以及日母的部分開口三等字變來，個別的字來自祭韻三等：

支（開三）[ĭe]→[i]→[ï]：[tʂ]支枝肢卮氏梔榰（章）、紙坻咫（章），[tʂ‘]眵（昌）、差（初）、翅（書），[ʂ]施（書）、匙（禪）、弛豕（生）、是禪（禪）、施（書）、豉（禪），[ʐ]兒（日）、爾邇（日），[ts]髭貲觜（精）、紫（精）、漬骴胔（從），[ts‘]雌（清）、疵玼茈（從）、此呰玼泚（清）、刺莿（清），[s]斯廝澌（心）、賜（心）

脂（開三）[i]→[ï]：[tʂ]脂（章）、胝（知）、厎旨指（章）、至（章），[ʂ]師獅螄（生）、屍鳲蓍（書）、矢屎菌（書）、示謚（船）、嗜視（禪），[ʐ]二貳（日），[ts]資咨諮姿（精）、姊（精）、自（從）、恣（精），[ts‘]餈茨（從）、次（清），[s]私（心）、死（心）、兕（邪）、四泗肆駟（心）

之（開三）[ĭə]→[i]→[ï]：[tʂ]之芝（章）、止沚芷趾阯址（章）、徵（知）、祉（徹）、志誌（章），[tʂ‘]䶵（昌）、齒（昌），[ʂ]詩（書）、時塒鰣（禪）、史駛使始（生）、市恃蒔侍（禪）、柿士仕事（崇）、使（生）、試弒（書），[ʐ]而洏（日）、耳餌珥駬（日）、餌（日），[ts]茲孳孜滋耔（精）、淄（莊）、子梓（精）、字牸（從），[ts‘]慈鶿磁茲（從）、廁（初），[s]颸（初）、鷥思司絲偲罳（心）、詞祠辭辤（邪）、似姒巳汜祀耜嗣飼耜寺食（邪）、涘俟（崇）、笥思（心）

祭（開三）[ĭɛi]→[i]→[ï]：[ʂ]筮噬（禪）

二、齊微[ei]、[i]、[uei]

《中原音韻》中的齊微韻包括[ei]、[i]、[uei]三個韻母。分別由《廣韻》支、脂、之、微、齊、祭、廢、灰、泰九韻變來。

1. 韻母[ei]來自《廣韻》灰、泰、支、脂、祭五韻的開口重唇音及微、廢兩韻的合口輕唇音。

灰(合一)[uɒi] →[ei]:[p]杯(幫)、輩背(幫)、倍焙(並)①,[p‘]胚醅(滂)、裴陪培(並)、配(滂)、佩珮悖誖(並),[m]梅莓枚媒煤(明)、浼(明)、妹昧瑁(明)

泰(開一) [ɑi]→[ei]:[p]貝狽(幫),[p‘]沛霈(滂)

支(開三) [ĭe]→[ei]:[p]卑碑陂(幫)、彼(幫)、婢避被髲(並)、詖臂(幫)、帔(滂),[p‘]披(滂)、皮(並),[m]縻醾(明)

脂(開三) [i]→[ei]:[p]悲(幫)、鄙(幫)、備(並),[p‘]邳(並)、丕(滂)、轡(幫),[m]眉湄楣帽麋(明)、美(明)、媚魅寐(明)

微(合三) [ĭwəi]→[ei]:[f]非(非)、扉緋騑飛(非)、霏騑菲妃(敷)、肥淝(奉)、沸芾(非)、費(敷),[v]微薇(微)、亹尾(微)、未味(微)

祭(開三) [ĭɛi]→[ei]:[p]幣弊(並),[m]袂(明)

廢(合三) [ĭwɐi]→[ei]:[f]廢(非)、肺(敷)、吠(奉)

2. 韻母[i]來自《廣韻》支、脂、之、微、齊、祭、廢七韻的開口字。

支(開三) [ĭe]→[i]→[i]:[p]賁(幫)、[p‘]脾疲(並)、羆(幫),[m]彌瀰(明)、弭(明),[n]旎(泥),[l]離璃籬醨羅鸝驪麗漓(來)、詈(來),[tʃ]知蜘(知)、只(章)、智(知),[tʃ‘]螭(徹)、池馳篪(澄)、侈(昌),[ʃ]壐徙(心)、屣(生),[k]奇羈羇(見)、寄(見)、妓技騎(群)、忮(章)、縊(影),[k‘]攲(影)、奇騎琦碕芪岐(群)、綺(溪),[x]羲犧曦(曉)、戲(曉),[ø]猗漪(影)、移扅虵(以)、宜儀艤(疑)、迤(以)、婍(溪)、綺椅(影)、錡蟻艤(疑)、易(以)、義議誼(疑)

脂(開三) [i]→[i]:[p]鼻(並)、妣比匕(幫)、庇秘(幫)、比畀(韭),[p‘]紕(滂)、比毗(並)、痞否圮(並)、嚭(滂)、秕(幫),[t]地(定),[n]尼(泥)、膩(泥),[l]梨(來)、履(來)、利痢(來),[tʃ]雉稚致(澄)、質(知),[tʃ‘]郗絺(徹)、鴟(昌)、遲墀(澄),[k]肌饑(見)、几麂(見)、季驥冀(見)、[k‘]祁耆鬐(群)、器棄(溪),[ø]伊(影)、姨夷痍彝遺(以)、饐懿(影)劓(疑)

---

① 《廣韻》:倍,子本等也,薄亥切,在海韻;《集韻》部浼切,在賄韻。《集韻》:焙,浦昧切,在隊韻。

之(開三) [ĭə]→[i]→[i]:[n]你(泥),[l]狸嫠(來)、里裏理鯉娌李(來),[tʃ]置(知)治(澄)幟熾(昌),[tʃʻ]笞癡(初)蚩媸(昌)、持(澄)、恥(徹),[s]枲(心),[k]朞箕基姬(見)、己紀(見)、記(見)、忌(群),[kʻ]欺(溪)、萁期旗綦其祇麒琪蘄(群)、起杞(溪),[x]熹嘻僖熙(曉)、喜蟢(曉),[ø]醫噫(影)、疑嶷(疑)、貽怡眙飴圯頤(以)、矣已以苡(以)擬(疑)、異(以)、意(影)

微(開三) [ĭəi]→[i]:[k]機幾磯譏(見)、蟣幾(見)、既(見),[kʻ]旂祈畿(群)、豈(溪)、氣(溪),[x]希稀豨(曉),[ø]衣依(影)、沂(疑)、扆偯(影)顗(疑)、毅(疑)

祭(開三) [iɛi]→[i]:[p]蔽(幫)斃(明),[m]袂(明),[l]例癘礪厲(來),[tʃ]制(章)、滯彘(澄),[ʃ]世勢(書)、逝誓(禪),[ts]祭際(精),[k]偈(群),[kʻ]憩(溪),[ø]裔勩栧曳(以)、瘞(影)、藝(疑)

齊(開四) [iei]→[i]:[p]篦鎞(幫)、閉嬖(幫)、芘陛(並),[pʻ]批鈚(滂),[m]迷(明)、米眯(明)、謎(明),[t]低堤磾眡氐羝(端)、底邸詆抵觝(端)、帝諦蒂(端)、締弟娣悌第遞棣(定),[tʻ]梯(透)、啼蹄提題醍綈梯(定)、體(透)、剃替涕(透)、嚏(端),[n]泥臡(泥)、禰(泥)、殢(透)、泥(泥),[l]黎黧犁藜瓈(來)、禮醴蠡(來)、莉唳戾沴離隸沴荔劙麗(來),[ts]齏賫擠躋(精)、濟擠(精)、霽濟(精)、劑(從),[tsʻ]妻淒萋悽棲(清)、齊臍(從)、砌妻(清),[s]西犀嘶(心)、洗(心)、細壻(心),[k]笄雞稽(見)、計繫繼髻薊(見),[kʻ]溪(溪)、啓棨綮(溪)、契(溪)、禊(匣),[x]醯(曉)、奚兮畦攜蹊(匣)、系係(匣),[ø]鷖(影)、兒鯢霓倪猊輗(疑)、鷖(影)、翳瞖(影)、詣(疑)

例外:祭(合三) [ĭwɛi]→[i]:[k]鱖(見)①

廢(開三) [ĭɐi]→ [i]:[ø]乂刈(疑)

3. 韻母[uei]來自《廣韻》灰、泰、支、脂、微、祭、廢、齊八韻合口字。

灰(合一)[uɒi]→[uei]:[t]堆(端)、對碓(端)、隊(定),[tʻ] 頹魋(定)、腿(透)、退(透)、[n]餒(泥)、内(泥),[l]雷櫑罍(來)、磊儡蕾(來)、酹擂類耒(來)、磓(疑),[ts]罪(從),[tsʻ]崔催(清)、摧(從)、倅淬焠(清),[s]碎(心),[k]魁盔(溪)、

① 《广韻·祭韻》:"鱖,鱼名,大口细鳞,有斑文。居卫切。"現代漢語音 guì,都是合口。《中原音韻》歸入开口,甚奇。

瑰(見),[x]灰虺(曉)、回佪迴(匣)、悔賄(曉)、晦誨潰(曉),[ø]偎隈煨(影)、嵬桅(疑)、猥(影)、隗(疑)

泰(合一)[uai]→[uei]:[t]兑(定),[t']蜕(透),[ts]最(精),[k]檜膾鱠獪(見)、繪(匣),[x]會(匣)

支(合三)[ĭwe]→[uei]:[l]羸(來)、累(來),[tʃ]縋(澄),[tʃ']吹炊(昌)、垂陲(禪)、捶箠(章)、吹(昌),[ʃ]水(書)、睡瑞(禪),[ʒ]蕊(日),[ts]觜(精),[s]隋隨(邪)、髓(心),[k]規(見)、詭(見)、跪(群),[k']虧窺(溪),[x]麾(曉)、毁譭燬(曉),[ø]爲(云)、危(疑)、委(影)、餧(影)

脂(合三)[wi]→[uei]:[v]維惟①(以),[l]纍(來)、壘(來)、誄淚類(來),[tʃ]追(知)、騅錐(章)、墜懟(澄),[tʃ']捶(昌)、鎚(澄),[ʃ]誰(禪),[ts]醉(精),[ts']衰榱(生)、翠(清)、顇萃悴(從),[s]雖荾綏睢(心)、粹祟邃(心)、燧穗繸隧遂彗(邪),[k]龜(見)、簋癸軌晷宄(見)、愧(見)、櫃餽悸(群),[k']葵馗夔逵(群)、揆簣蕢(群),[ø]唯(以)、位(云)

微(合三)[ĭwəi]→[uei]:[k]歸(見)、鬼(見)、貴(見),[x]揮暉輝翬徽(曉)、卉虺(曉)、諱(曉),[ø]威(影)、巍(疑)、魏(疑)、韋圍闈幃違(云)、葦偉(云)、胃蝟渭謂緯(云)、尉慰畏(影)

祭(合三)[ĭwɛi]→[uei]:[tʃ]綴(知)、贅(章),[tʃ']喙(昌),[ʃ]税説(書),[ʒ]蚋芮蜹(日)、鋭(以),[ts']脆(清),[s]歲(心),[ø]衛(云)

廢(合三)[ĭwɐi]→[uei]:[ø]穢(影)

齊(合四)[iwei]→[uei]:[k]圭邽閨(見)、桂(見),[k']奎(溪),[x]惠蕙慧(匣)

三、魚模[u]、[iu]

《中原音韻》中的魚模韻包括[u]、[iu]兩個韻母,除由中古入聲變來的字外,分

① 《中原音韻》齊微韻陽平"微薇維惟"同音。羅常培先生《中原音韻聲類考》小注:"《中原音韻》微母字,惟齊微部'微薇'紐下混入喻母'惟維'二字。按利瑪竇標音亦注'惟'爲 üui,與其他喻母字不同。且今安南譯音、客家、山西及閩語亦皆讀爲微母。故此二字乃喻母轉微之例外,不足妨礙微母獨立也。"按今河南、山西、陝西等廣大北方地區,"惟維"都讀同微母。

别來自《廣韻》魚、虞、模三韻以及少數尤、侯韻的字。

1. 韻母[u]由《廣韻》模、魚、虞三韻中的唇音和照組字、尤侯兩韻中少數唇音字變來。

模(合一)[u]→[u]:[p]逋鋪晡(幫)、補圃鵏(幫)、浦(滂)、布佈(幫)、怖(滂)、部簿哺捕步(並),[p‘]蒲脯酺蒱(並)、普溥(滂)、譜(幫)、鋪(滂),[m]模漠摸(明)、姥(明)、暮慕墓募(明),[t]都(端)、覩堵賭(端)、妬蠹(端)、杜肚渡度鍍斁(定),[t‘]徒圖菟屠荼途瘏駼塗(定)、土吐(透)、兔吐(透),[n]奴孥砮駑(泥)、弩努(泥)、怒(泥),[l]盧蘆顱鱸轤櫨瀘鑪爐(來)、魯櫓虜鹵滷(來)、路潞鷺輅露賂(來),[ts]租(精)、祖組(精)、祚昨(從),[ts‘]粗(清)、殂徂(從)、醋措錯(清),[s]蘇穌麻甦(心)、素訴塑遡泝嗉(心),[k]孤姑辜鴣酤沽蛄菰觚(見)、古罟詁沽牯蠱估鹽鼓瞽股羖賈(見)、故固錮顧雇(見),[k‘]枯刳(溪)、苦(溪),[x]呼(曉)、胡糊湖醐瑚鶘壺狐弧乎(匣)、虎滸(曉)、戽(曉)户扈岵怙頀瓠互護(匣),[ø]嗚汙烏(影)、吾浯蜈峿吴梧鼯(疑)、五伍午仵忤(疑)、塢鄔(影)、誤悮悟寤(疑)、惡汙(影)

侯(開一)[əu]→[u]:[m]母某牡畝(明),[v]戊(明)

魚(開三)[ĭo]→[u]:[tʃ]阻俎(莊)、詛(莊)、助(崇),[tʃ‘]初(初)、鋤(崇)、楚礎憷(初),[ʃ]梳蔬疏踈(生)、所(生)、疏(生),[ø]鋙(疑)

虞(合三)[ĭu]→[u]:[f]膚夫鈇玞趺(非)、敷麩孚鄜莩稃郛(敷)、枹(奉)、扶芙蚨符芙鳧(奉)、甫斧黼脯府俯腑父(非)、撫(敷)、付賦傅(非)、拊赴仆訃(敷)、父釜輔紛膊附(奉),[v]無蕪巫誣(微)、武舞鵡侮廡(微)、務霧鶩(微),[tʃ‘]雛(崇),[ʃ]數(生),[tʂ‘]芻(初),[ø]娱(疑)

尤(開三)[ĭəu]→[u]:[m]謀(明),[f]浮(奉)、否(非)、富(非)、婦阜負(奉)

2. 韻母[iu]來源於《廣韻》中的魚、虞兩韻。

魚(開三)[ĭo]→[iu]:[n]女(泥),[l]吕侣旅膂(來)、慮濾(來),[tʃ]豬瀦(知)、諸(章)、煮渚翥(章)、墅(禪)、著(知)、紵苧貯貯(澄),[tʃ‘]樗攄(徹)、除滁篨儲(澄)、蜍(禪)、杵處(昌)、楮褚(徹)、杼(澄)、處(昌),[ʃ]書舒紓(書)、鼠黍署(書)、恕庶(書)、署曙(禪),[ts]沮苴(精)、疽趄狙雎(清)、咀(精),[ts‘]蛆(清)、覷(清),[s]胥醑(心)、徐(邪)、嶼(邪)、絮(心)、序敘緒(邪),[k]居裾琚鶋車(見)、舉莒櫸

（見）、鋸踞據（見）、詎巨拒秬距炬苣（群），[k‘]渠蕖磲籧（群）、去（溪），[x]墟嘘[①]（溪）、虚嘘歔（曉）、許（曉），[ø]於（影）、魚漁（疑）、餘余與輿旟璵舁妤歟譽（以）、語籞圄圉齬敔（疑）、與（以）、御馭（疑）、譽預豫（以）

虞（合三）[ǐu]→[iu]：[l]蔞（來）、縷僂（來）、濾屢（來），[tʃ]株蛛誅邾（知）、朱珠侏（章）、姝（昌）、拄（知）、主麈（章）、註駐（知）、柱住（澄）、注澍炷鑄（章），[tʃ‘]樞（昌）、廚櫥蹰（澄），[ʃ]輸（書）、殊茱銖洙（禪）、戍（書）、豎樹（禪），[ʒ]儒襦繻嚅濡（日）、乳（日）、孺（日），[ts]聚（從），[ts‘]趍（清）、取（清）、娶趣（清），[s]須鬚需繻（心），[k]拘駒俱（見）、矩（見）、懼（群）、句（見），[k‘]區軀驅嶇（溪）、貙（徹）[②]、劬瞿衢臞（群）、傴（影）[③]，[x]吁（曉）、詡（曉），[ø]迂紆（影）、虞愚禺隅（疑）、於竽雩盂（云）、臾榆愉俞覦瑜窬逾渝腴諛萸（以）、毹（生）[④]、雨羽宇禹（云）、愈庾（以）、遇（疑）、嫗（影）、裕諭（以）、芋（云）

四、皆來[ai]、[uai]、[iai]

《中原音韻》中的皆來韻包括[ai]、[uai]、[iai]三個韻母，除來自中古入聲的字以外，分别由《廣韻》咍、皆、佳、夬四韻、泰韻部分字以及支、脂兩韻的個别字變來。

1. 韻母[ai]來自《廣韻》咍、泰、皆、佳、夬等韻的開口字。

咍（開一）[ɒi]→[ai]：[t]殆紿（定）、戴（端）、怠迨待代袋岱黛（定），[t‘]台胎邰（透）、駘（定）、咍（曉）[⑤]、台臺抬儓苔炱（定）、態（透），[n]能（泥）、乃（泥）、耐鼐（泥），[l]來萊騋（來）、賚（來），[ts]哉栽災（精）、宰載（精）、在（從）、再載（精），[ts‘]猜（清）、才材財裁纔（從）、采彩採寀綵（清）、菜（清），[s]腮（心）、賽塞（心），[k]該垓荄陔（見）、改（見），[k‘]開（溪）、凱鎧塏（溪）、慨（溪），[x]孩頦（匣）、海醢（曉）、亥（匣），[ø]哀埃唉（影）、皚（疑）、乃[⑥]毐（影）、愛（影）

---

① “墟嘘”二字中古本溪母。

② “貙”，《廣韻》上平十虞，敕俱切。

③ “傴”，《廣韻》上聲九麌，於武切。

④ “毹”，《廣韻》上平十虞，山芻切。

⑤ “咍”，《廣韻》上平十六咍，呼來切。

⑥ “乃”，《廣韻》上聲十五海，奴亥切。此爲另一字，《正語作詞起例》第二十四條“略舉揮疑字樣”：“疑乃，音襖靄，漁歌。”

泰(開一)[ɑi]→[ai]:[t]帶大(定),[t‘]泰太汰(透),[n]柰奈(泥),[l]賴籟瀨癩(來),[ts‘]蔡(清),[k]蓋丐(見),[k]害(匣),[ø]靄藹(影)、艾(疑)

佳(開二)[ai]→[ai]:[p]擺(幫)、稗(並),[p‘]牌箄(並)、派(滂),[m]買(明)、賣(明),[n]奶(泥),[tʃ]債(莊)、豸(澄)、眦(崇),[tʃ‘]釵差(初)、柴柴(崇),[ʃ]灑矖(生)

皆(開二)[ɐi]→[ai]:[p]拜(幫)、湃(滂)、憊(並),[p‘]排俳(並),[m]埋霾(明),[tʃ]齋(莊)、瘵(莊),[tʃ‘]豺儕(崇),[ʃ]鎩煞[①](生),[ø]騃(疑)、噫(影)

夬(開二)[æi]→[ai]:[p]敗(並),[m]邁(明),[tʃ]蠆(徹)、寨(崇),[ø]餲(影)

支(開三)[ǐe]→[ai]篩(生)[②]

2. 韻母[uai]來自《廣韻》泰、佳、皆、夬、支、脂等韻的部分合口字。

泰(合一)[uɑi]→[uai]:[ø]外(疑)

佳(合二)[wai]→[uai]:[x]歪(曉)

皆(合二)[wɐi]→[uai]:[k]乖(見)、怪(見),[k‘]蒯(溪)、塊(溪),[x]懷淮槐櫰瀤(匣)、壞(匣),[ø]聵(疑)

夬(合二)[wæi]→[uai]:[k]拐[③]夬(見),[k‘]快噲(溪)

支(合三)[ǐwe]→[uai]:[tʃ‘]揣(初)[④]

脂(合三)[wi]→[uai]:[ʃ]衰(生)、帥率(生)

3. 韻母[iai]來自《廣韻》佳、皆、夬三韻的開口牙喉音。

佳(開二)[ai]→[iai]:[k]街(見)、解(見)、廨解(見),[x]鞋(匣)、蟹(匣)、懈(見)解獬(匣),[ø]崖厓捱[⑤](疑)、矮(影)、捱(疑)、隘阸搤[⑥](影)

皆(開二)[ɐi]→[iai]:[k]皆堦階喈偕楷稭(見)、戒誡介界芥疥届蚧(見),[k‘]

---

① 《集韻》去聲十六怪:"煞,所介切,疾也,削也。"

② 《玉篇·竹部》:"篩,所街切。"

③ "拐",《廣韻》求蟹切,非此音。《韻學集成》卷七"騙"字注:"《中原雅音》云:拐騙,拐音拐。"《廣韻》:"拐,乖買切。"

④ 《廣韻》上聲四紙:"揣,初委切,度也,試也,量也,除也。"

⑤ 《集韻》上平十三佳:"捱,宜佳切,拒也。"

⑥ 《集韻》去聲十五卦:"搤,扼也,烏懈切。"《廣韻》入聲二十一麥:"搤,持也,握也,提也,於革切。"與此異。

揩(溪)、楷(溪),[x]諧骸(匣)、駭(匣)、械薤瀣(匣),[ø]挨(影)

夬(開二)[æi]→[iai]:[k]犗(見)

五、蕭豪[au]、[iau]、[iɛu]

《中原音韻》中的蕭豪韻包括[au]、[iau]、[iɛu]三個韻母,分別由《廣韻》豪、肴、宵、蕭四韻變來。

1. 韻母[au]大多數來自《廣韻》豪韻,少數來自肴韻,個別唇音字來自侯、尤兩韻。

豪(開一)[au]→[au]:[p]褒(幫)、寶保堡褓葆(幫)、報(幫)、抱暴(並)、鮑(幫)、詯(定)①,[p‘]袍(並),[m]毛芼旄髦(明)、冒帽耄眊(明),[t]刀舠魛(端)、叨(透)、倒島搗禱(端)、到倒(端)、道稻翿纛翿盜導悼蹈(定),[t‘]絛饕叨滔韜慆(透)、掏(定)、桃逃咷鼗陶萄綯陶淘濤檮(定)、討(透),[n]猱獶(泥)、腦惱碯(泥),[l]牢勞澇撈醪轑(來)、老栳獠潦橑(來)、澇勞嫪(來),[ts]遭糟(精)、早棗澡藻蚤璪(精)、漕皁造(從)、燥(清)、躁灶(精),[ts‘]操(清)、曹漕槽嘈螬(從)、草(清)、糙操造慥(清),[s]騷搔艘臊繅颾(心)、掃嫂(心)、噪譟掃(心),[k]高篙膏羔糕皋槔(見)、杲縞(見)、槁(溪)、鎬鄗(匣)、告誥郜(見),[k‘]考栲(溪),[x]蒿薅(曉)、豪毫號濠嗥(匣)、好(曉)、好耗(曉)、皓昊皞浩顥灝號(匣)、[ŋ]嗷敖厫璈聱獒鷔嚻遨燉(疑)、傲奡鼇(疑),[ø]鏖爊鏕(影)、襖懊媼(影)、奥懊澳(影)

肴(開二)[au]→[au]:[p]鮑鞄(並),[p‘]炮跑鞄匏咆庖(並),[m]茅蝥貓(明)、貌(明),[n]鐃呶怓譊撓(泥)

侯(開一)[əu]→[au]:[p‘]剖(滂),[m]茂(明)

尤(開三)[ĭəu]→[au]:[f‘]缶(非)、覆(奉)

2. 韻母[iau]來自《廣韻》肴韻,個別的字來自豪韻和蕭韻。

肴(開二)[au]→[iau]:[p]包胞苞(幫)、飽(幫)、豹爆(幫),[p‘]拋脬胞(滂)、泡砲(滂),[m]卯昴(明),[n]撓(泥)、鬧淖(泥),[tʃ]嘲啁(知)、抓(莊)、爪(莊)、罩(知)、笊(莊)、棹(澄),[tʃ‘]抄訬(初)、巢(崇)、漅(精)、炒(初)、鈔(初),[ʃ]梢捎陗

---

① “詯”《廣韻》下平六豪:同“謟”,徒刀切。

筲旓髾鞘颵(生)、稍(生)、哨(心)[1],[k]交蛟咬郊茭鮫膠教(見)、狡攪鉸姣茭絞(見)、窖校教覺珓鉸較酵(見)、[k‘]敲磽(溪)、巧(溪),[x]哮虓烋嗃詨(曉)、爻肴淆殽(匣)、孝(曉)、効傚校(匣),[ŋ]鮫(疑),[ø]坳凹[2](影)、拗靿凹(影)、樂(疑)

豪(開一去聲)[ɑu]→[iau]:[p]瀑(並)

蕭(開四去聲)[ieu]→[iau]:[k]徼(見)

3. 韻母[iɛu]來自《廣韻》中的宵、蕭兩韻。

宵(開三)[ĭɛu]→[iɛu]:[p]標膘臕幖杓飈(幫)、表(幫)、俵(幫)、鰾(並)、幖(滂),[p‘]飄漂(滂)、瓢薸(並)、漂僄剽勡(滂)、殍(並),[m]苗描緢(明)、眇渺杪藐淼(明)、妙廟(明),[l]燎(來)、療(來),[tʃ]朝(知)、昭招(章)、沼(章)、趙兆旐肇召(澄)、照詔(章),[tʃ‘]超(徹)、朝潮鼂(澄)、韶(禪),[ʃ]燒(書)、少(書)、少燒(書)、紹邵(禪),[ʒ]饒橈蕘(日)、遶繞嬈擾(日),[ts]蕉焦椒燋膲(精)、醮(精)、噍(從),[ts‘]鍬(清)、樵譙(從)、悄愀(清)、俏峭(清)、誚(從),[s]綃消銷宵霄硝蛸痟魈(心)、小(心)、笑肖鞘(心),[k]嬌驕(見)、矯撟(見)、轎嶠(群),[k‘]趫橇(溪)、喬蕎橋僑翹(群),[x]囂枵歊(曉)、鴞(云),[ø]邀夭沃喓腰妖要葽(影)、遥摇謡瑶飄窑陶姚(以)、夭殀(影)、舀(喻)、要(影)、鷂曜耀矅(以)

蕭(開四)[ieu]→[iɛu]:[t]刁貂碉彫鵰凋(端)、釣弔寫(端)、調掉(定),[t‘]挑(透)、迢髫蜩調條佻跳(定)、挑窕(定)、糶眺(透)、跳(定),[n]鳥(端)[3]、袅[4]嫋裊(泥)、溺(泥)[5]、[l]寮遼僚鷯憀聊(來)、了瞭蓼(來)、廖料鐐寮(來),[s]蕭簫瀟驌飀翛(心)、篠謏(心)、嘯(心),[k]皎繳(見)、叫(見),[k‘]竅(溪),[x]梟驍(見)、曉(曉),[ø]幺(影)、堯嶢(疑)、杳(影)

六、歌戈[o]、[uo]、[io]

《中原音韻》中的歌戈韻包括 o、uo、io 三個韻母,除由中古入聲變來的字以外,

---

① 《廣韻》下平四宵:"哨,相邀切,口不正也。"又去聲三十五笑:"哨,七肖切,壺口黯者名也。"

② 《集韻》下平五肴:"凹,于交切,窊也。"

③ 《廣韻》上聲二十九篠:"鳥,都了切,《説文》曰:長尾禽總名也。"

④ 此字《廣韻》、《集韻》未收,見《字彙》,尼了切。

⑤ 《廣韻》去聲三十四嘯:"尿,或作溺,奴弔切。"

分別由《廣韻》歌、戈兩韻變來。

1. 韻母[o]來自《廣韻》歌韻牙喉音。

歌(開一)[ɑ]→[o]:[s]些(心),[k]歌哥柯牁(見)、舸哿(見)、箇個(見),[k‘]軻坷(溪)、可坷軻(溪),[x]呵訶(曉)、何河荷苛菏(匣)、荷(匣)、吹(曉)、荷賀襶(匣),[ŋ]哦蛾娥峨䳘莪俄(疑)、我(疑)、餓(疑),[ø]阿痾(影)、妸(影)

2. 韻母[uo]來自《廣韻》戈韻以及歌韻舌齒音。

戈(合一)[ua]→[uo]:[p]波嶓番(幫)、玻(滂)、跛簸(幫)、播譒簸(幫),[p‘]坡頗(滂)、婆皤鄱膰[①](並)、頗叵(滂)、破(滂),[m]麽(明),摩磨魔劘廅(明)、嬤(明)、麽磨(明),[t]朵鬌(端)、墮鬌惰垛(定)、剁(端),[t‘]妥(透)、唾(透),[n]挼(泥)、糯懦(泥),[l]螺騾蠡鑹(來)、裸臝攞(來)、夥(匣)[②]、摞(來),[ts]坐座(從),[ts‘]矬(從)、脞(清)、挫(精)、銼剉莝(清),[s]莎簑唆梭(心)、睃(精)[③]、鎖瑣䕶(心),[k]戈過鍋(見)、果裹蜾(見)、過(見),[k‘]科蝌窠(溪)、顆(溪)、課(溪),[x]禾和(匣)、火(曉)、貨(曉)、禍和(匣),[ŋ]訛鈋(疑),[ø]窩[④]渦倭踒(影)、臥(疑)涴(影)

歌[ɑ]→[uo]:[t]多(端)、跢嚲(端)、癉(端)、馱大舵(定),[t‘]他佗拖(透)、詑(定)、駝紽陀迱跎鮀酡沱馱鼉(定),[n]那挪儺(泥)、娜那(泥)、柰那(泥),[l]羅蘿籮儸囉鑼灑欏(來)、儸攞(來)、邏囉(來),[ts]左(精)、佐左(精),[ts‘]磋瑳蹉搓(清)、瘥艖(從)、搓(從)、磋(清),[s]娑挲(心)

歌戈韻中的韻母[io]全部來自中古入聲,放到本章第五節討論。

七、家麻[a]、[ua]、[ia]

《中原音韻》中的家麻韻包括[a]、[ua]、[ia]三個韻母,除由中古入聲變來的字以外,主要來自《廣韻》麻韻,個別的字由箇、泰、卦、夬四韻變來。

1. 韻母[a]主要來自《廣韻》麻韻開口二等唇音和舌齒音。

麻(開二)[a]→[a]:[p]巴疤笆豝芭(幫)、把(幫)、覊欛靶壩弝(幫)、鈀(滂),[p‘]

---

① 《集韻》下平七歌:“膰,大腹也。蒲波切。”又上平二十六桓:“蒲官切。”

② 《廣韻》上聲三十四果:“夥,胡果切,楚人云多也。”

③ 《集韻》去聲二十二稕:“睃,祖峻切,視也。”

④ “窩”本作“窽”,《集韻》下平八戈:“窽,烏禾切,穴居也。”

葩(滂)、琶杷爬(並)、帕[1]怕(滂),[m]麻蟆痲(明)、馬(明)、罵(明),[n]拏(泥),[tʃ]查楂(崇)、吒(知)、鮓(莊)、詐榨(莊)、乍褿[2](崇),[tʃʻ]叉杈靫差艖槎(初)、茶(澄)、槎(崇)、奼詫(徹)、吒(知)、姹[3]詫(徹)、䰞(昌),[ʃ]沙砂紗鯊裟(生)、灑傻[4](生)

歌(開一去聲)[ɑ]→[a]:[n]那(泥)

泰(開一)[ɑi]→[a]:[t]大(定)

模(合一上聲)[u]→[a]:[m]媽(明)

佳(開二去聲)[ai]→[a]:[p]罷(並),[tʃʻ]汊(初)

2. 韻母[ua]主要來自《廣韻》麻韻合口二等舌齒音和牙喉音。

麻(合二)[wa]→[ua]:[tʃ] 撾(知)[5]、髽(莊),[k]瓜(見)、寡咼剮(見),[kʻ]夸誇(溪)、髁跨胯(溪),[x]花(曉)、譁(曉)、劃華驊(匣)、化(曉)、華樺艧(匣),[ø]蛙洼窪哇(影)、媧蝸(見)、瓦(疑)、瓦(疑)[6]

佳(合二去聲)[wai]→[ua]:[k]卦掛(見)、畫(匣)

夬(合二)[wæi]→[ua]:[x]話(匣)

肴(開二)[au]→[ua]:[tʃ]抓(莊)

3. 韻母[ia]來自《廣韻》麻韻開口二等牙喉音以及佳韻中的個別字。

麻(開二)[a]→[ia]:[k]家加跏珈笳枷袈迦痂葭豭麚嘉(見)、賈假斝(見)、駕嫁稼價架假(見),[x]蝦(匣)、霞遐瑕(匣)、嚇罅(曉)下苄夏厦暇,[ø]鴉丫(影)、呀(疑)、牙芽衙(疑)、谺(曉)、窒(影)、雅(疑)、瘂(影)、迓訝砑(疑)、亞婭(影)

佳(開二)[ai]→[ia]:[k]佳(見),[ø]涯(疑)

《廣韻》佳韻"涯、話、佳、娃、崖"等字從唐代開始轉入麻韻,我們在討論中古韻系統時已經談過。直到《中原音韻》,這種語音變化的事實方在韻書裏得到全面肯定[7]。

---

① 《集韻》去聲四十禡:"帕,普駕切。"

② "褿",諸本作"褿",此依《中州音韻》改。

③ 《集韻》上聲三十五馬:"姹,醜下切,《說文》少女也。"

④ 《廣韻》上聲三十五馬:"傻,傻俏不仁,沙瓦切。"合口字。

⑤ 《集韻》下平九麻:"撾,張瓜切,擊也。"

⑥ 《集韻》去聲四十禡:"瓦,吾化切,施瓦于屋也。"

⑦ 《集韻》麻韻已收"涯"字。

八、車遮[iɛ]、[iuɛ]

《中原音韻》中的車遮韻包括[iɛ]、[iuɛ]兩個韻母，大部分來自中古入聲，只有一小部分由《廣韻》麻、戈兩韻變來。

1. 韻母[iɛ]來自《廣韻》麻韻開口三等。

麻(開三)[ĭa]→[iɛ]:[t]爹(知),[tʃ]遮(章)、者赭(章)、柘鷓炙蔗(章),[tʃʻ]車(昌)、撦哆(昌),[ʃ]奢賖(書)、蛇(船)、佘(禪)、舍捨(書)、舍赦(書)、射麝貰(船)、社(禪),[ʒ]若惹喏(日),[ts]嗟罝(精)、姐(精)、借(精)、藉(從),[tsʻ]且(清),[s]些(心)、斜邪(邪)、寫瀉(心)、卸瀉(心)、謝榭(邪),[ø]爺[1]耶玡鎁(以)、野也冶(以)、夜射(以)

魚(開三)[ĭo]→[iɛ]:[tsʻ]趄(清)

2. 韻母[iuɛ]絕大多數由中古入聲變來，有兩個字來自《廣韻》戈韻合口三等。

戈(合三)[ĭua]→[iuɛ]:[kʻ]瘸,[x]鞾(曉)

中古麻韻分化爲家麻、車遮兩韻，自宋代已經開始。宋毛晃在《增修互注禮部韻略》微韻下所作按語云:"蓋麻、馬、禡等字皆喉音，奢、寫、藉等字皆齒音，以中原雅音求之，迥然不同矣。"

九、尤侯[ou]、[iou]

《中原音韻》中的尤侯韻包括[ou]、[iou]兩個韻母，除由中古入聲變來以外，分別來自《廣韻》尤、侯、幽三韻。

1. 韻母[ou]來自《廣韻》侯韻以及尤韻中的唇音和齒音。

侯(開一)[əu]→[ou]:[pʻ]抔裒(並)、剖(滂),[m]貿懋(明),[t]兜篼(端)、斗抖枓蚪陡(端)、鬭(端)、豆脰逗竇(定),[tʻ]偷婾鍮(透)、頭投骰(定)、透(透),[n]耨(泥),[l]樓婁艛摟髏慺(來)、摟塿簍(來)、漏陋鏤瘻(來),[ts]鯫(從)、走(精)、奏(精),[tsʻ]湊輳(清),[s]叟瞍藪(心)、嗽漱(心),[k]鉤句篝溝韝緱(見)、狗垢苟

① "爺",本作"耶",《玉篇・父部》:"爺，俗爲父爺家。"《古文苑》卷九《木蘭詩》"軍書十二卷，卷卷有耶名。"注:"今作爺，俗呼父爲爺。"

耇枸（見）、詬搆遘媾眗姤彀句（見），[k‘]摳（溪）、口（溪）、扣寇（溪）、蔻（曉），[x]齁（曉）、侯猴喉餱篌（匣）、吼（曉）、後厚后逅候喉（匣），[ø]謳鷗漚甌歐區（影）、耦偶藕（疑）、嘔毆（影）

尤（開三）[ĭəu]→[ou]：[m]繆矛眸鍪蝨牟麰侔（明），[f]否（非），[tʃ]鄒陬騶緅（莊）、傷（崇）、皺（莊）、驟（崇），[tʃ‘]篘搊（初）、愁瞅（崇）、僽（崇），[ʃ]搜颼（生）、瘦（生），[ts‘]甃（莊），[s]溲鎪餿（生）

虞（合三）[ĭu]→ [ou]：[tʃ]諏（精）

2. 韻母[iou]來自《廣韻》中的尤、幽兩韻。

尤（開三）[ĭəu]→[iou]：[n]扭狃紐鈕忸[①]（泥），[l]劉留遛瘤榴鶹騮流旒（來）、柳罶飀（來）、瀏溜霤留餾鎦瘤窌（來）、[tʃ]啁輈（知）、周賙週[②]洲州舟（章）、肘（知）、酎（澄）、帚（章）、咮晝（知）、紂胄宙籀（澄）、呪（章），[tʃ‘]抽瘳（徹）、惆（徹）、紬稠綢籌儔躊疇（澄）、犨（昌）、讎酬（禪）、丑（徹）、醜（昌）、臭（昌），[ʃ]收（書）、首手守（書）、獸首狩（書）、受授綬壽售（禪），[ts]啾揫湫（精）、酒（精）、就鷲（從），[ts‘]秋鰍鞧楸鶖鞦（清）、酋遒（從），[s]脩修羞饈[③]（心）、囚泅（邪）、秀琇宿繡（心）、岫袖（邪），[k]鳩鬮（見）、九韭久玖灸疚（見）、救廄究（見）、臼舅咎舊柩（群），[k‘]丘坵（溪）、求賕銶毬逑球俅仇裘（群），[x]休咻貅庥（曉）、朽（曉）、嗅（曉），[ø]憂優耰麀（影）、尤蚰疣訧遊遊蝣由油郵庮猷蕕輶猶繇蕕楢悠攸（以）、牛（疑）、有友（云）、酉牖羑莠誘（以）、又右佑佑狖宥囿侑（云）、柚（以）

幽（開四）[iəu]→[iou]：[p]彪（幫），[m]謬繆（明），[k]糾（見），[k‘]樛（見）虯（群），[ø]幽（影）、黝（影）、幼（影）

現在，我們把從《廣韻》26 個陰聲韻部到《中原音韻》9 個陰聲韻部的發展變化，列成下表。爲了方便，韻目次序略加變動：

① 《廣韻》入聲一屋："忸，忸怩，女六切。"《集韻》上聲四十四有："忸，愧也，女九切。"

② 《玉篇》："週，職由切。"與"周"同。

③ 《集韻》下平十八尤："饈，思留切，《説文》：'進獻也。'"與"羞"同。

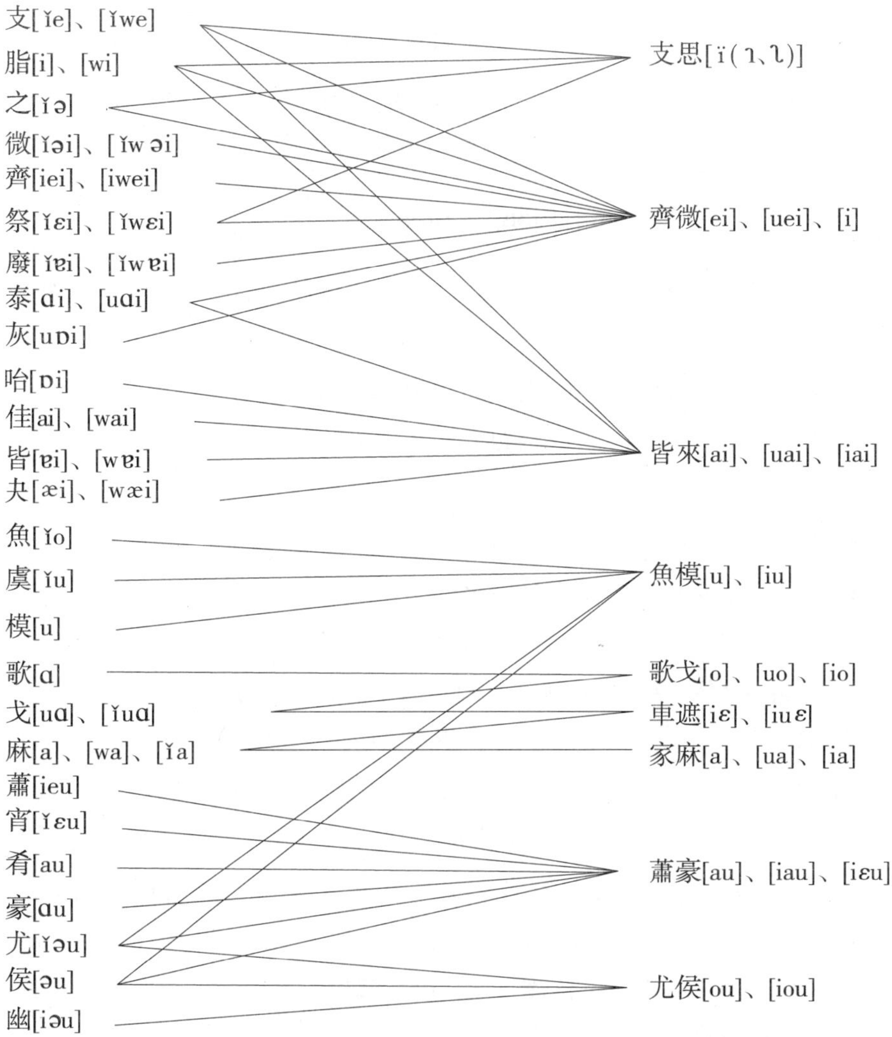

第四節　中古到近代漢語陽聲韻的發展

《中原音韻》有東鐘、江陽、真文、寒山、桓歡、先天、庚青、侵尋、監咸、廉纖 10 個陽聲韻部 24 個韻母，分別由《廣韻》東、冬、鐘、江、真、諄、臻、文、欣、魂、痕、元、寒、桓、刪、山、先、仙、陽、唐、庚、耕、清、青、蒸、登、侵、覃、談、鹽、添、咸、銜、嚴、凡等 35

個陽聲韻部，51個韻母（舉平以賅上去）變來。這些陽聲韻，按韻尾可以分爲[-m]、[-n]、[-ŋ]三類。下面分别討論這三類韻部和韻母從《廣韻》到《中原音韻》的變化情況。爲了方便，有必要變更一下《廣韻》和《中原音韻》的韻部次序。例字仍然按《中原音韻》二十五聲母的次序排列，用圓括號標明例字所屬中古聲母，無字即闕。

一、真文[ən]、[uən]、[iən]、[iuən]

《中原音韻》中的真文韻包括[ən]、[uən]、[iən]、[iuən]四個韻母，分别由《廣韻》真、諄、臻、文、欣、魂、痕七韻變來。

1. 韻母[ən]來自《廣韻》痕韻及真、臻兩韻的莊組（照二）字。

痕（開一）[ən]→[ən]：[k]根跟（見），[k']懇墾齦（溪），[x]痕（匣）、狠（匣）、恨（匣），[ø]恩（影）

臻（開三）[ĭen]→[ən]：[tʃ]榛臻（莊）

真（開三）[ĭĕn]→[ən]：[tʃ']櫬齔（初），[ʃ]莘詵（生）

登（開一上聲）[əŋ]→[ən]：[k']肯（溪）

2. 韻母[uən]來自《廣韻》魂韻以及文韻中的輕唇音字。

魂（合一）[uən]→[uən]：[p]奔賁犇（幫）、本畚（幫）、逩[①]奔（幫），[p']噴（滂）、盆湓（並）、噴（滂），[m]門捫（明）、悶懣（明），[t]敦墩（端）、燉（透）、頓（端）、囤鈍盾沌遁（定），[t']暾（透）、豚屯飩臀（定），[n]嫩（泥），[ts]尊樽（精），[ts']村（清）、存蹲（從）、忖（清）、寸（清），[s]孫飧蓀搎（心）、損（心）、遜巽（心），[k]鯤鵾裩[②]昆（見）、衮（見），[k']坤髡（溪）、閫壼悃（溪）、困（溪），[x]昏惛婚閽（曉）、魂渾（匣）、混（匣），[ø]温瘟（影）、穩（影）、揾（影）、諢（疑）

痕（開一）[ən]→[uən]：[t']吞（透）

文（合三）[ĭwən]→[uən]：[f]分（非）、紛芬氛（敷）、汾（奉）、墳焚棼（奉）、粉（非）、糞奮（非）、忿（敷）、分（奉），[v]文紋聞蚊（微）、刎吻（微）、問紊（微），[x]葷（曉）

① “逩”，“奔”去聲。

② 《集韻》上平二十三魂：“裩，公渾切。”與“幝、褌、帍”同。

3. 韻母[iən]來自《廣韻》中的真、欣兩韻，個別的字來自侵韻。

真(開三)[ĭěn]→[iən]：[p]賓濱鑌彬(幫)、鬢殯(幫)、臏(並)，[p']貧瀕頻蘋顰嚬(並)、牝(並)，[m]民瑉緡旻(明)、閔憫泯湣敏(明)，[n]紉(泥)，[l]鄰燐鱗磷麟粼轔(來)、吝悋藺磷(來)，[tʃ]珍(知)、真振甄(章)、軫疹診稹(章)、鎮(知)、陣(澄)、震振賑(章)，[tʃ']嗔瞋(昌)、陳塵(澄)、娠(書)、臣辰晨宸(禪)、趁疢(徹)，[ʃ]申紳伸身(書)、神(船)、哂(書)、蜃(禪)、腎慎(禪)，[ʒ]人仁、忍(日)、刃訒仞認(日)，[ts]津(精)、盡(從)、晉進璡(精)，[ts']親(清)、秦(從)，[s]新薪辛(心)、信訊迅(心)、贐燼(邪)，[k]巾(見)、緊(見)、瑾(群)、覲(群)，[x]釁(曉)，[ø]因姻茵湮闉(影)、銀誾垠(疑)、寅夤(以)、引蚓(以)、印(影)

欣(開三)[ĭən]→[iən]：[k]斤筋(見)、謹槿巹(見)、近(群)，[k']勤懃芹(群)，[x]欣忻昕(曉)，[ø]殷(影)、齦鄞(疑)、隱(影)

諄(合三上聲)[ĭuěn]→[iən]：[ø]尹(以)

蒸(開三去聲)[ĭəŋ]→[iən]：[ø]孕(以)

侵(開三上聲)[ĭěm]→[iən]：[p']品(滂)

4. 韻母[iuən]來源於《廣韻》諄、文兩韻和真韻合口。

諄(合三)[ĭwěn]→[iuən]：[l]論綸掄輪淪(來)，[tʃ]諄(章)、迍(知)、准準(章)，[tʃ']春(昌)、椿(徹)、脣(船)、純蓴淳醇錞鶉(禪)、蠢(昌)，[ʃ]瞬(書)、楯(船)、舜(書)、順(船)，[ʒ]閏潤(日)，[ts]遵(精)、俊駿(精)，[ts']逡皴(清)，[s]詢荀(心)、巡旬馴循(邪)、筍隼(心)、峻浚噀①(心)、殉(邪)，[k]均鈞(見)，[ø]勻(以)、允狁(以)

真(合三)[ĭwěn]→[iuən]：[k]麏(見)、囷窘(群)，[ø]筠(云)、殞隕(云)

文(合三)[ĭwən]→[iuən]：[k]君軍皸(見)、郡(群)，[k']裙群(群)，[x]薰醺勳曛燻(曉)、訓(曉)，[ø]氳煴(影)、云芸雲紜耘員(云)、蘊惲醞慍(影)、運暈韻(云)

二、寒山[an]、[uan]、[ian]

《中原音韻》的寒山韻包括[an]、[uan]、[ian]三個韻母，分別由《廣韻》寒、删、

① 《龍龕手鑑》："噀，蘇困反。"

山、元、凡五韻變來。

1. 韻母[an]來自《廣韻》寒韻和删、山兩韻開口的唇音、舌齒音，元、凡兩韻的輕唇音字。

寒（開一）[ɑn]→[an]：[t]丹單殫鄲簞（端），癉直（端）、旦（端）、嘽（透）、誕彈憚但（定），[t‘]灘攤（透）、壇檀彈（定）、坦（透）、袒（定）、歎炭（透），[n]難（泥）、難（泥），[l]闌蘭欄襴攔（來）、懶（來）、爛（來），[ts]趲（從）、贊讚濽酇（精）、瓚（從），[ts‘]餐（清）、殘戔（從）、粲燦璨（清），[s]珊跚（心）、散傘繖（心）、散（心），[k]干竿肝矸乾（見）、趕稈簳（見）、幹榦（見），[k‘]刊看（溪）、侃（溪）、看（溪），[x]寒邯韓汗翰（匣）、罕（曉）、漢（曉）、旱悍銲翰瀚汗骭（匣），[ø]安鞍（影）、岸犴喭（疑）、案按（影）、旰（見）、閈（匣）

删（開二）[an]→[an]：[p]斑班般扳頒（幫）、板鈑（幫），[p‘]攀（滂）、襻（滂），[m]蠻（明）、慢嫚謾（明），[n]赧（泥），[tʃ]棧（崇），[ʃ]删潸（生）、訕疝汕（生），[x]骭（匣）

山（開二）[æn]→[an]：[p]扮（幫）、辦瓣（並），[p‘]盼（滂），[l]斕（來），[tʃ]盞琖（莊）、綻組（澄），[tʃ‘]潺（崇）、産（生）、鏟剗（初）

元（合三）[ĭwɐn]→[uan]：[f]蕃藩（非）、番翻幡旛反（敷）、煩繁膰礬蠜樊（奉）、反返阪（非）、販畈（非）飯（奉），[v]晚挽（微）、萬蔓曼（微）

凡（合三）[ĭwɐn]→[an]：[f]凡帆（奉）、泛（敷）、範範犯（奉）

2. 韻母[uan]來自删、山兩韻合口以及仙、桓韻個别字。

删（合二）[wan]→[uan]：[tʃ]跧（莊）、饌（崇），[tʃ‘]篡（初），[ʃ]櫦①（生），[k]關擐（見）、慣丱摜（見），[x]還環鬟寰闤圜鐶（匣）、患宦擐豢（匣），[ø]彎灣（影）、頑（疑）、綰（影）

山（合二）[wæn]→[uan]：[k]綸鰥（見），[x]幻（匣）

仙（合三）[ĭwɛn]→[uan]：[tʃ]饌（崇），[ʃ]渲（心）

桓（合一）[uan]→[uan]：[p]絆（幫），[ø]腕（影）

3. 韻母[ian]來自删、山韻的開口牙喉音字以及寒韻的個别字。

寒（開一）[ɑn]→[ian]：[k]奸（見）

① 櫦，同“閂”。《集韻・删韻》：“櫦，関門機。”

刪(開二)[an]→[ian]:[k]姦菅(見)、澗諫(見),[ø]顔(疑)、雁贗(疑)、晏鷃(影)

山(開二)[æn]→[ian]:[k]間艱(見)、簡揀(見)、間覸(見),[k']慳(溪),[x]閑鷴癇(匣),閬(痕)限莧(匣),[ø]殷(影)、眼(疑)

三、桓歡[uɔn]

《中原音韻》的韻母[uɔn]來自《廣韻》桓韻、《廣韻》寒、桓、刪、山四韻,《中原音韻》裏寒韻與刪、山等合口爲寒山韻,桓韻則單獨成爲桓歡韻。它們的演變如下:

桓[uɑn]→[uɔn]:[p]般搬①(幫)、半絆(幫)、泮泮(滂)、伴畔(並),[p']潘拚(滂)、槃瘢磐鞶盤蹣媻蟠弁鞶幋(並)、胖(滂)、判(滂)、拚(並),[m]瞞謾鞔饅鏝縵漫(明)、滿懣(明)、鏝幔漫墁(明),[t]端耑(端)、短(端)、斷鍛(端)、段(定),[t']湍(透)、團摶漙慱(定)、疃(透)、彖(透),[n]暖餪(泥)、愞(泥),[l]鸞鑾巒欒灤(來)、卵(來)、亂(來),[ts]鑽(精)、纂纘穳酇(精)、鑽(精),[ts']攛(清)②、攢穳(從)、竄爨攛(清),[s]酸狻(心)、筭蒜(心),[k]官冠棺觀(見)、管痯琯脘盥館(見)、貫冠觀灌祼鑵鸛(見),[k']寬(溪)、款(溪),[x]歡讙驩貛獾(曉)、桓綄(匣)、澣(匣)、喚焕渙奐(曉)、緩换逭(匣),[ø]剜豌蜿(影)、刓蚖岏(疑)、丸綄紈完瓛(匣)、椀(影)、玩翫(疑)、腕惋(影)

四、先天[iɛn]、[iuɛn]

《中原音韻》中的先天韻包括[iɛn]、[iuɛn]兩個韻母,分别由《廣韻》仙、元、先三韻變來。

1. 韻母[iɛn]主要來自《廣韻》仙、元、先韻的開口字。

仙(開三)[ǐɛn]→[iɛn]:[p]編鯿鞭(幫)、變遍徧(幫)、辨便卞汴弁(並),[p']篇扁偏翩(滂)、便(並)、諞(並)、騙(滂),[m]綿(明),沔湎黽免冕勉俛(明)、面(明),[n]輾碾讞(泥),[l]連(泥)、輦璉(來),[tʃ]鱣邅(知)、氈鸇嬗旃栴(章)、展(知)、戰

① “搬”與“般”同音,不見於《廣韻》、《集韻》。

② “攛”,《集韻》上平二十六桓:“七丸切”;去聲二十九换:“取亂切。”

顫(章)、纏(澄),[tʃ‘]廛躔纏(澄)、禪蟬(禪)、闡(昌)、蕆(徹),[ʃ]羶扇煽(書)、扇煽(書)、善鱔墠禪膳擅單(禪),[ʒ]然燃(日),[ts]煎湔(精)、剪翦(精)、箭煎濺(精)、踐賤餞(從),[ts‘]遷韆(清)、錢(從)、淺(清),[s]仙躚鮮(心)、涎(邪)、鮮獮蘚癬(心)、線(心)、羨(邪),[k]甄(見)、蹇驤(見)、件(群),[k‘]愆褰騫(溪)、乾虔(群)、遣(溪)、譴(溪),[ø]嫣(影)、延筵綖埏蜒(以)、演衍(以)、諺彥(疑)

仙(合三)[ĭwɛn]→[iɛn]:[k]絹(見),[ø]沿緣(以)、兗(以)、緣掾(以)

元(開三)[ĭɐn]→[iɛn]:[k]建(見),[x]軒掀(曉)、獻憲(曉),[ø]言(疑)、偃堰鼴(影)、堰(影)

先(開四)[ien]→[iɛn]:[p]邊籩(幫)、扁匾(幫)、鯿(並)、辮(並),[p‘]蹁(並),胼駢軿(並)、片(滂),[m]眠(明)、眄(明)、面(明),[t]顛瘨巔(端)、典(端)、電殿甸佃鈿填闐靛奠(定),[t‘]天(透)、田畋闐填鈿(定)、腆(透)、殄沴(定),[n]年(泥)、撚(泥),[l]蓮憐(來)、練煉楝(來),[ts]箋韉濺籛(精)、薦(精),[ts‘]千阡芊(清)、前(從),[s]先(心)、跣洗銑毨筅(心)、霰(心),[k]堅肩(見)、繭筧梘[①]襺鹼(見)、見(見),[k‘]牽(溪平)、牽(溪去),[x]祆(曉)、賢絃弦舷(匣)、顯(曉)、現(匣),[ø]煙燕胭咽(影)、妍研(疑)、硯(疑)燕嚥讌嬿宴(影)

先(合四)[iwen]→[iɛn]:[x]懸(匣)、縣(匣)

2. 韻母[iuɛn]主要來自仙、元、先韻的合口字。

仙(合三)[ĭwɛn]→[iuɛn]:[l]孿(來)、臠孌(來)、戀(來),[tʃ]專磚(章)、轉囀(知)、轉囀(知)、篆傳(澄),[tʃ‘]川穿(昌)、傳椽(澄)、船(船)、喘舛(昌)、釧穿串(昌),[ʒ]軟(日),[ts]鐫(精)、吮(從),[ts‘]痊詮筌銓悛荃(清)、朘(精)、全泉(從),[s]宣揎瑄(心)、旋還璇(邪)、選(心)、選(心)、旋漩鏇(邪),[k]娟(見)[②]、卷捲(見)、眷絹狷(見)、倦(群),[k‘]圈(溪)、拳顴權鬈(群),[ø]圓員圜湲(云)、捐鉛鳶(以)、院援(匣)

仙(開三)[ĭɛn]→[iuɛn]:[l]聯(來)[③]

元(合三)[ĭwɐn]→[iuɛn]:[k]圈(群)、綣(溪),[k‘]勸券(溪),[x] 喧暄萱煊

① “梘”,一本作“梘”。

② 《廣韻》下平二仙:“娟,於緣切。”影母。

③ 《廣韻》下平二仙:“聯,力延切。”三等開口,今音與《中原音韻》不同。

塤（曉）、鞼（曉），[ø]宛宛鵷鴛蜿（影）、元黿原螈源（疑）、園袁猿轅垣援（匣）、阮（疑）、遠（云）、苑畹（影）、愿願（疑）、遠（匣）、怨（影）

先（合四）[iwen]→[iuɛn]：[k]涓鵑蠲（見）、罥（見），[x]玄（匣）、眩（匣）、絢（曉），[ø]淵（影）

五、侵尋[əm]、[iəm]

《中原音韻》中的侵尋韻包括[əm]、[iəm]兩個韻母，由《廣韻》侵韻變來。

1. 韻母[əm]來自《廣韻》侵韻莊組（照二）聲母。

侵（開三）[ĭĕm]→[əm]：[tʃ]簪（莊）、鈐（從）①、譖（莊），[tʃʻ]岑涔霫鵀（崇）、踸（徹）②，磣墋（初）、瘮（生）、讖（初），[ʃ]森摻参（生）、滲罧（生）

2. 韻母[iəm]來自《廣韻》侵韻開口三等字，除莊組（照二）聲母以外。

侵（開三）[ĭĕm]→[iəm]：[n]恁賃（泥），[l]林淋琳痳臨綝箖（來）、廩懍凜（來）、臨淋（來），[tʃ]砧椹（知）、針斟箴㴨鱵（章）、枕（章）、朕沈鴆（澄）、枕（章），[tʃʻ]琛瞅郴（徹）、沉霃鈂湛（澄），[ʃ]深葠（書）、諗（書）、忱愖（禪）、審嬸沈瞫（書）、甚（禪）、黮（船），[ʒ]壬任衽鵀（日）、稔飪袵荏（日）、任衽紝妊（日），[ts]鋟祲（精）、浸駸（清）、浸祲（精），[tsʻ]侵（清）、寢（清），[s]心杺（心）、尋潯鱘鐔燖鬵（邪）、沁（清）③、伈（心），[k]金今衿襟禁（見）、錦（見）、噤（群）、禁（見）、噤襟衿（群），[kʻ]欽衾鈙（溪）、琴芩禽擒檎噙（群），[x]歆（曉），[ø]音窨陰喑（影）、吟崟（疑）、淫婬霪蟫（以）、飲（影）、蔭窨飲（影）、恁（日）

六、監咸[am]、[iam]

《中原音韻》中的監咸韻包括[am]、[iam]兩個韻母，分別由《廣韻》覃、談、咸、銜等韻變來。

1. 韻母[am]來自《廣韻》覃、談以及咸、銜兩韻的知、莊（照二）組聲母。

覃（開一）[ɒm]→[am]：[t]耽湛酖眈（端），[tʻ]貪探（透）、覃潭譚燂藫曇（定）、

---

① 《廣韻》下平二十一侵："鈐，昨淫切。"從母。

② 《廣韻》上聲四十七寢："踸，醜甚切。"徹母。

③ 《廣韻》去聲五十二沁："沁，七鴆切。"清母。

禫倓菬窞(定)、探(透),[n]南楠男(泥)、腩(泥),[l]婪燷嵐(來),[ts]簪篸噆鐕(精)、噆(精)[1]、昝(精)、歜(從)、撍(精)、毶(心)[2],[ts']參驂(清)、蠶(從)、慘黲(清)、慘(清),[s]毶(心)、槮(心),[k]感鱤噉[3](見)、贛淦紺(見),[k']堪龕戡(溪)、弇(見)、坎(溪)、勘磡(溪),[x]含涵(匣)、撼頷憾琀莟唅(匣),[ø]庵菴鵪醃唵諳(影)、揞醃晻(影)、暗闇(影)

談(開一)[ɑm]→[am]:[t]擔儋(端)、聃(透)、膽礵抌(端)、擔(端)、淡啖惔(定),[t']談錟痰(定)、毯(透),[l]藍籃爁(來)、覽攬欖爦(來)、濫醂纜(來),[ts]暫鏨(從),[ts']漸(從),[s]三鬖(心)、三(心),[k]甘柑疳[4]泔(見)、敢(見),[x]憨(曉)、酣(匣)、邯(匣)、喊(曉)

咸(開二)[ɐm]→[am]:[tʃ]詀(知)、斬(莊),站(知)、蘸(莊)、湛賺(澄),[tʃ']讒饞(崇),[ʃ]杉(生),[x]獇(匣)

銜(開二)[am]→[am]:[tʃ']攙(初)、鑱劖毚(初)、懺(初),[ʃ]衫(生)

2. 韻母[iam]來自咸、銜兩韻牙喉音及談、鹽部分牙喉音。

談(開一)[ɑm]→[iam]:[k']瞰闞(溪)

咸(開二)[ɐm]→[iam]:[k]緘(見)、械(匣)、減鰜(見),[k']鵮(溪),[x]咸醎諴(匣)、陷(匣),[ø]黯(影)

銜(開二)[am]→[iam]:[k]監(見)、鑒監(見),[k']嵌(溪),[x]銜(匣)、轞檻艦(匣),[ø]巖岩(疑)

鹽(開三)[ǐɛm]→[iam]:[ø]渰(影)、俺(影)、渰(影)

七、廉纖[iɛm]

《中原音韻》中的廉纖韻韻母爲[iɛm],來自《廣韻》鹽、嚴、添三韻,個别字來自咸韻上聲:

咸(開二上聲)[ɐm]→[iɛm]:[l]臉(來)

---

① 《集韻》上聲四十八感:"噆,子感切。"

② 《廣韻》下平二十二覃:"毶,蘇含切,毶毿,垂貌。"音 sān。

③ 《集韻》上聲四十八感:"噉,古禫切。"鳥聲。

④ 《集韻》下平二十三談:"疳,病也。沽三切。"

鹽(開三)[ĭɛm]→[iɛm]:[n]黏(泥),[l]廉簾奩帘(來)、斂(來)、瀲斂殮(來),[tʃ]沾霑(知)、粘(泥)①、瞻詹占(章)、颭(章),[tʃ']覘(徹)、襜韂(昌)、幨(昌)②、蟾(禪)、諂(徹)、韂(昌),[ʃ]苫(書)、閃陜(書)、苫(書)、贍(禪),[ʒ]髯(日)、染苒冉(日)、染(日),[ts]尖漸殲(精)、漸(從),[ts']僉槧簽(清)、潛(從)、塹壍(清),[s]纖銛憸暹(心)、嬱(精)、燖(邪)、撏(禪),[k]撿(見)、臉(見)③、儉(見),[k']鈐鉗黔(群)、芡(群),[x]險譣(曉),[ø]淹稖閹猒懨(影)、炎(云)、鹽閻簷(以)、掩魘靨奄晻崦(影)、琰剡(以)、驗(疑)、豔灩焰(以)、厭饜(影)

嚴(開三)[ĭɐm]→[iɛm]:[k]劍(見),[k']欠(溪),[x]杴(曉),[ø]腌醃(影)、嚴(疑)、埯(影)、釅(疑)

添(開四)[iem]→[iɛm]:[t]掂(端)、點(端)、玷店墊(端)、墊(定)④,[t']添(透)、甜恬(定)、忝(透),[n]鲇拈(泥)、念(泥),[ts]僭(精),[k]兼縑鶼鰜(見),[k']謙(溪)、歉(溪),[x]嫌(匣)

先(開四)[ien]→[iɛm]:[ts']茜(清)

《廣韻》凡韻的字,在《中原音韻》裏已轉入寒山韻,侵韻中的"品"字已轉入真文韻。這種[-m]尾轉向[-n]尾的趨勢,在唐代某些方言中已開始了。唐胡曾《戲妻族語不正》詩(《全唐詩》卷三十二):

呼十却爲石,喚針將作真。

忽然雲雨至,總道是天因。

"針"讀作"真","天陰"讀作"天因",意味着韻尾[-m]已讀成[-n]。但就整個語音系統看,[-m]尾在《中原音韻》裏還明顯地保存着。"茜"字恰恰相反,由[-n]尾轉向了[-m]尾。

八、江陽[aŋ]、[uaŋ]、[iaŋ]

《中原音韻》中的江陽韻包括[aŋ]、[uaŋ]、[iaŋ]三個韻母,分别由《廣韻》江、

---

① 《廣韻》下平二十四鹽:"粘,女廉切。"泥母。

② "幨",各本誤作"憺",依《中原音韻》改。《廣韻》下平二十四鹽:"幨,幨幃,《釋名》曰:'床前帷曰幨。'處占切。"

③ 《正語作詞起例》第24條:"桃腮杏臉則呼爲檢,若呼美臉兒當呼爲斂字音。"

④ 墊,用東西墊在器物下面使之平穩。後寫作"墊"。《廣韻》五十六㮇:"墊,支也。"

陽、唐三韻變來(舉平以賅上去)。江韻字上古屬東部,中古韻母爲[ɔŋ],《廣韻》次於東、冬、鐘韻之末,與陽、唐韻相去甚遠。但在唐人反切裏,江韻字也有與陽唐相混的痕跡。例如《史記·天官書》"三月生天棓"張守節《正義》:"棓音蒲講反。"講韻。又"右五星曰天棓"《正義》:"棓,厖掌反。"養韻開口。兩處"棓"是一個意義,讀音自應相同。發展到近代,江韻主要元音開口度變大,就與陽、唐兩韻合而爲一了。

1. 韻母[aŋ]來自《廣韻》唐、江兩韻以及陽韻開口莊組(照二)、合口唇音字。

唐(開一)[aŋ]→[aŋ]:[p]幫(幫)、榜(幫)、挷(滂)[①]、謗 (幫)、傍(並),[p']滂鎊霶(滂)、旁傍房(並),[m]忙茫邙芒(明)、蟒莽漭(明),[t]當璫簹襠膛(端)、黨讜(端)、當擋(端)、蕩宕碭 (定),[t']湯鏜(透)、唐搪塘糖堂棠(定)、倘帑(透)、湯盪(透),[n]囊(泥),[l]郎廊榔螂稂浪琅狼(來)、朗(來)、浪閬(來),[ts]臧贓(精)、髒(精)、葬(精)、藏(從),[ts']倉蒼(清)、藏(從),[s]桑喪 (心)、顙磉嗓(心)、喪(心),[k]岡剛鋼綱亢(見)、鋼(見),[k']康糠(溪)、炕亢抗(溪),[x]杭行頏航(匣)、沆(匣)、行(匣),[ŋ]昂卬(疑),[ø]盎(影)

江(開二)[ɔŋ]→[aŋ]:[p]邦梆(幫)、蚌棒(並),[p']龐逄(並)、胖(滂),[m]厖牻尨(明),[tʃ]樁(知)、撞(澄),[tʃ']牕(初)、幢撞(澄),[ʃ]雙艭(生),[tʂ]戇(知),[k]扛玒(見)、缸(匣)[②]

陽(開三)[ĭaŋ]→[aŋ]:[tʃ]莊粧裝(莊)、壯(莊)、狀(崇),[tʃ']瘡(初)、牀(崇)、創刱(初),[ʃ]霜孀驦鷞(生)、爽漺(生),[tʂ']傖(初)

陽(合三)[ĭwaŋ]→[aŋ]:[m]鋩(微),[f]方坊枋肪(非)、芳妨(敷)、房防(奉)、倣放昉訪舫(非)、放(非)、訪(敷),[v]亡忘 (微)、罔網輞(微)、望忘妄(微)

2. 韻母[uaŋ]來自陽、唐兩韻的牙喉音合口字。

唐(合一)[uaŋ]→[uaŋ]:[k]光胱(見)、廣(見),[k']曠壙纊(溪),[x]荒慌肓(曉)、黃潢簧皇蝗篁凰惶艎遑隍鰉(匣)、恍(見) 、謊(曉)、晃幌(匣),[ø]汪尪(影)

陽(合三)[ĭwaŋ]→[uaŋ]:[k]誑(群),[k']匡筐眶(溪)、狂(群),[x]況貺

---

① 《正字通》:"挷,搒,俗字。"《廣韻》下平十二庚:"搒,笞打,薄庚切。"並母。

② 《廣韻》上平四江:"缸,下江切。"匣母。

（曉），[ø]王（云）、枉（影）、往（云）、旺王（云）

3. 韻母[iaŋ]來自《廣韻》陽韻開口及江韻開口牙喉音字。

江（開二）[ɔŋ]→[iaŋ]：[k]江杠釭（見）、講港（見）、絳降洚虹（見），[k']腔涳（溪），[x]降（匣）、項巷（匣）

陽（開三）[ĭaŋ]→[iaŋ]：[n]娘（泥）、釀（泥），[l]良糧涼綡輬梁粱量（來）、兩魎（來）、亮諒量緉輛（來），[tʃ]張（知）、章漳獐樟璋彰麞（章）、長（知）、掌（章）、帳脹漲（知）、丈杖（澄）、障墇瘴（章），[tʃ']昌猖娼菖閶（昌）、長萇腸場（澄）、常裳嚐償（禪）、昶（徹）、敞氅（昌）、暢悵鬯（徹）、唱倡（昌），[ʃ]商傷殤觴湯（書）、賞（書）、餉（書）、上尚（禪），[ts]將漿螿（精）、蔣奬槳（精）、將醬（精）、匠（從），[ts']搶鏘（清）、墻檣嬙戕（從）、搶（清），[s]相湘廂箱襄驤（心）、詳祥翔（邪）、想鯗（心）、相（心）、象像（邪），[k]姜畺疆薑殭僵（見）、鏹（見）、强（彊）（見），[k']羌蜣（溪）、强（群）、强（群），[ŋ]仰（疑）、仰（疑），[x]香鄉（曉）、響蠁享饗（曉）、向（曉），[ø]央鴦殃秧泱（影）、陽揚楊暘昜颺羊徉洋佯（以）、養癢（以）、鞅（影）、瀁恙煬養樣漾恙（以）、怏鞅（影）

九、東鐘[uŋ]、[iuŋ]

《中原音韻》中的東鐘韻包括[uŋ]、[iuŋ]兩個韻母，分别由《廣韻》東、冬、鐘三韻以及庚、耕、登三韻中的少數字變來。

1. 韻母[uŋ]來源於《廣韻》東、冬韻一等，鐘韻唇牙喉音，東韻三等以及庚、耕、登三韻的唇牙音字。

東（合一）[uŋ]→[uŋ]：[p']蓬篷芃鬔（並），[m]蒙濛朦矇（明）、蠓懵（明）、夢（明），[t]東（端）、董懂（端）、蝀棟凍（端）、動洞（定），[t']通蓪（透）、同筒桐銅峒童僮曈瞳膧潼（定）、桶（透）、痛（透）、慟（定），[n]農儂膿（泥），[l]籠嚨朧櫳瓏襱礱聾嚨（來）、篢（見）①、攏（來）、弄哢礱（來），[ts]椶騣（精）、總（精），[ts']匆蔥聰驄囪（清）、叢（從），[s]惚（清）、送（心），[k]工功攻公蚣（見）、貢（見），[k']空悾（溪）、孔（溪）、控空鞚（溪），[x]烘叿（曉）、紅䲨虹洪鴻（匣）、哄（曉）汞（匣）、哄閧（匣），[ø]翁

① 《廣韻》上平一東："篢，古紅切。"

鎓(影)、饔雝鞰[①](影)

冬(合一)[uoŋ]→[uŋ]:[t]冬(端),[t‘]鼟(透)、統(透),[n]噥(泥),[ts]宗(精)、綜(精),[ts‘]琮(從),[s]松(心)、宋(心)

登(開一)[əŋ]→[uŋ]:[p]崩(幫),[p‘]鵬(並),[m]瞢(明)

登(合一)[uəŋ]→[uŋ]:[k]肱(見),[x]薨(曉)、弘(匣)

庚(開二)[ɐŋ]→[uŋ]:[p‘]烹(滂)、彭(並),[m]盲(明)、猛艋蜢(明)、孟(明)

庚(合二)[wɐŋ]→[uŋ]:[k]觥(見),[x]横(匣)、横(匣)

耕(開二)[æŋ]→[uŋ]:[p]繃(幫)、迸(幫),[p‘]棚(並),[m]甍萌(明)

耕(合二)[wæŋ]→[uŋ]:[x]轟(曉)、宏紘嶸(匣),[ø]泓(影)

東(合三)[ĭuŋ]→[uŋ]:[f]風楓(非)、豐(敷)、馮(奉)、諷(非)、鳳(奉),[k]弓躬宫(見)

鍾(合三)[ĭwoŋ]→[uŋ]:[f]封葑(非)、峯鋒烽丰蜂(敷)、逢縫(奉)、唪(奉)、奉縫(奉),[k]恭龔供(見)、拱鞏珙(見)、供(見)、共(群),[k‘]恐(溪),[ø]壅癰雝(影)

2. 韻母[iuŋ]來源於《廣韻》東三等和鍾兩韻以及庚、清、青三韻的個别合口字。

東(合三)[ĭuŋ]→[iuŋ]:[l]隆癃窿(來),[tʃ]中衷忠(知)、終(章)、中(知)、仲(澄)、衆(章),[tʃ‘]忡衝沖種翀(澄)、充(昌)、蟲(澄)、崇(崇)、銃(昌),[ʒ]戎茙絨駥(日),[ts]粽(精)[②],[s]嵩(心),[k‘]穹芎(溪)、窮藭(群),[x]熊雄(匣),[ø]融(以)

鍾(合三)[ĭwoŋ]→[iuŋ]:[n]濃穠醲(泥),[l]龍(來)、隴壟(來),[tʃ]鍾鐘(章)、塚(知)、腫種踵(章)、重(澄)、種(章),[tʃ‘]沖艟穜(昌)、舂揰(書)、重(澄)、慵鏞(禪)、寵(徹),[ʒ]茸毴(日)、冗(日),[ts]縱蹤樅(從)、縱(精)、從(從),[ts‘]從(從),[s]松(邪)、聳竦(心)、訟誦頌(邪),[k‘]邛蛩笻(群),[x]凶兇胷詾(曉)、洶訩(曉),[ø]邕噰雍(影)、容溶蓉鎔瑢庸傭鄘鏞墉(以)、勇涌踊悀俑(以)、擁(影)、用(以)

---

① 《廣韻》上平三鐘:"鞰,於容切。"又去聲三用:"鞰,於用切。"

② 《廣韻》去聲一送,"粽"爲"糉"俗體,作弄切,一等字。

庚(合三)[ǐwɐŋ]→[iuŋ]:[x]兄(曉),[ø]榮(云)、永(云)、詠(云)

清(合三)[ǐwɛŋ]→[iuŋ]:[k']傾(溪)

青(合四)[iweŋ]→[iuŋ]瑩(影)

宋代以前,通攝跟梗、曾兩攝界綫清楚,絶不相混。《中原音韻》裏,通攝變爲東鐘,梗、曾兩攝變爲庚青,也各自爲韻,兩相分立。但《廣韻》梗攝、曾攝的字有少數轉到東鐘韻來了,這些字往往在《中原音韻》的東鐘和庚青韻裏重出。

十、庚青[əŋ]、[uəŋ]、[iəŋ]、[iuəŋ]

《中原音韻》中的庚青韻包括[əŋ]、[uəŋ]、[iəŋ]、[iuəŋ]四個韻母,分别由《廣韻》庚、耕、清、青、蒸、登六韻變來(舉平以賅上去)。梗、曾兩攝唐詩和唐人音切中界綫清楚,宋以後逐漸相混,到《中原音韻》就合而爲一了。

1. 韻母[əŋ]來自《廣韻》登、庚、耕三韻開口以及冬韻的個别字。

登(開一)[əŋ]→[əŋ]:[p]崩(幫),[p']朋鵬(並),[t]登簦氈甄燈(端)、等(端)、凳嶝隥鐙磴(端)、鄧(定),[t']滕藤騰縢膯(定),[n]能(泥),[l]楞棱(來),[ts]曾憎矰罾增(精)、贈(從),[ts']層曾(從),[s]心(心),[k]亙(見),[x]恒(匣)

冬(合一)[uoŋ]→[əŋ]:[t']疼(定)

庚(開二)[ɐŋ]→[əŋ]:[p']烹(滂),[m]盲(明),蝱艋(明)、孟(明),[n]獰(泥),[l]冷(來),[tʃ']撐①瞠(徹)、鐺(初)、棖堂(澄)、撐(徹),[ʃ]生甥笙牲猩(生)、省眚(生),[x]亨(曉)

耕(開二)[æŋ]→[əŋ]:[p]繃(幫)、迸(幫),[p']棚(並),[m]氓甍萌(明),[tʃ]争箏(莊)、諍掙(莊),[tʃ']狰(莊)、錚埩(初)、橙(澄),[x]莖(匣)、[ø]罌(影)

2. 韻母[uəŋ]來自登、庚、耕三韻的合口牙喉音。

登(合一)[uəŋ]→[uəŋ]:[k]肱(見),[x]薨(曉)、弘(匣)

庚(合二)[wɐŋ]→[uəŋ]:[k]觥(見)、礦鑛懭(見)②,[x]横(匣)、横(匣)

① 《廣韻》下平十二庚作"橕",丑庚切,字從"木"。

② 《集韻》上聲三十八梗:"懭,悍也,古猛切。"

耕(合二)[wæŋ]→[uəŋ]:[x]轟(曉)、宏紘閎嶸鋐(匣),[ø]泓(影)

3. 韻母[iəŋ]來自《廣韻》庚(二),耕韻開口牙喉音,庚(三),清、蒸、青開口以及庚(三)、清、青三韻的個别合口字。

庚(開二)[ɐŋ]→[iəŋ]:[k]庚鶊賡更粳羹(見)、骾鯁綆梗哽(見)、更(見),[k‘]坑(溪),[x]行珩桁衡(匣)、杏行(匣)

耕(開二)[æŋ]→[iəŋ]:[k]畊(見)、耿(見),[k‘]誙硜鏗(溪),[x]幸倖(匣),[ø]櫻嚶鸚(影)、硬(疑)

庚(開三)[ĭɐŋ]→[iəŋ]:[p]兵(幫)、丙炳邴秉(幫)、柄(幫)、病(並),[p‘]平評枰(並),[m]明盟鳴(明)、皿(明)、命(明),[s]瘠(心),[k]京麖驚荆(見)、景儆檠警境(見)、鏡獍竟(見)、競(群),[k‘]卿(溪)、慶(溪),[ø]英瑛(影)、迎(疑)、影璟(影)、暎(影)

庚(合三)[ĭwɐŋ]→[iəŋ]:[k]璟(見)

清(開三)[ĭɛŋ]→[iəŋ]:[p]并(幫)、餅屏(幫),[p‘]娉、俜聘①(滂),[m]名(明),[l]領嶺(來)、令(來),[tʃ]貞禎(知)、征正(章)、整(章)、鄭(澄)、正政(章),[tʃ‘]赬檉蟶(徹)、呈程酲(澄)成城誠宬盛(禪)、騁逞(徹),[ʃ]聲(書)、聖(書)、盛(禪),[ts]精睛晶旌鶄菁(精)、井(精)、清圊(清)、静穽靖净(從),[ts‘]清鯖(清)、情晴睛(從)、請(清)、倩(清)、請(從),[s]騂(心)、餳(邪)、惺省(心)、性姓(心),[k]頸(見)、勁(見),[k‘]輕甖(溪),[ø]纓瓔(影)、盈贏攍瀛嬴(以)、郢(以)、癭(影)

清(合三)[ĭwɛŋ]→[iəŋ]:[k‘]傾(溪),[ø]縈(影)、塋營(以)、穎(以)

蒸(開三)[ĭəŋ]→[iəŋ]:[p]冰(幫)、凴(並),[p‘]凴馮(並),[l]陵淩菱綾凌(來)、淩(來),[tʃ]徵(知)、蒸烝(章)、拯(章)、證(章),[tʃ‘]稱(昌)、澄懲(澄)、丞承(禪)、乘塍(船)、稱秤(昌),[ʃ]升勝昇陞(書)、繩(船)、勝(書)、賸乘剩(船),[ʒ]仍(日),[ts]甑(精),[ts‘]繒(從),[k]兢矜(見),[x]興(曉)、興(曉),[ø]膺(影)、凝(疑)、蠅(以)、應膺(影)、凝(疑)

青(開四)[ieŋ]→[iəŋ]:[p]並(並),[p‘]俜(滂)、萍屏瓶(並),[m]銘冥溟暝螟

① 《廣韻》去聲四十五勁:“聘,匹正切,聘問也,訪也。”又《字彙》:“披經切。”

蓂(明)、茗酩(明)、暝(明),[t]丁釘玎仃(端)、鼎酊頂(端)、定錠(定)、矴釘訂飣(端),[t‘]汀斤聽鞓鞓(透)、亭停婷廷庭蜓霆(定)、屶(端)、町(透)、挺艇誔(定)、聽(透),[n]寧(泥)、佞濘甯(泥),[l]靈檑醽麢令零苓伶聆鈴齡蛉泠瓴翎鴒(來),[ts‘]青鯖(清),[s]星醒惺鯹腥(心)、醒(心),[k]經涇(見)、徑俓經(見),[k‘]謦磬罄(溪),[x]馨(曉)、形刑邢鉶硎(匣)、涬(匣)、脛(匣)

青(合四)[iweŋ]→[iəŋ]:[ø]螢(云)

4. 韻母[iuəŋ]來自《廣韻》庚(三)、清、青合口牙喉音字。

庚(合三)[ĭwɐŋ]→[iuəŋ]:[k]冏(見),[x]兄(曉),[ø]榮(云)、永(云)、詠(云)

清(合三)[ĭwɛŋ]→[iuəŋ]:[k‘]瓊惸惸(群)、頃檾(溪),[x]詗敻(曉)

青(合四)[iweŋ]→[iuəŋ]:[k]扃坰(見),[x]熒詧(匣)、迥(匣),[ø]瑩(影)

唐代梗攝和曾攝的界綫十分清楚,宋代開始合併。邵雍《天聲地音圖》把兩攝的字混排在一個聲圖裏:

二聲			
翕	闢	翕	闢
兄	丁	光	良
永	井	廣	兩
瑩	亙	況	向
○	○	○	○

第三直行“丁、井”是梗攝字,“亙”是曾攝字,它們在宋代汴洛語音裏已分不清楚,到《中原音韻》就完全合併成庚青一個韻部。

現在我們把從《廣韻》35個陽聲韻部到《中原音韻》10個陽聲韻部的發展變化列成下表,以見梗概。爲了方便,韻目次序略有變動:

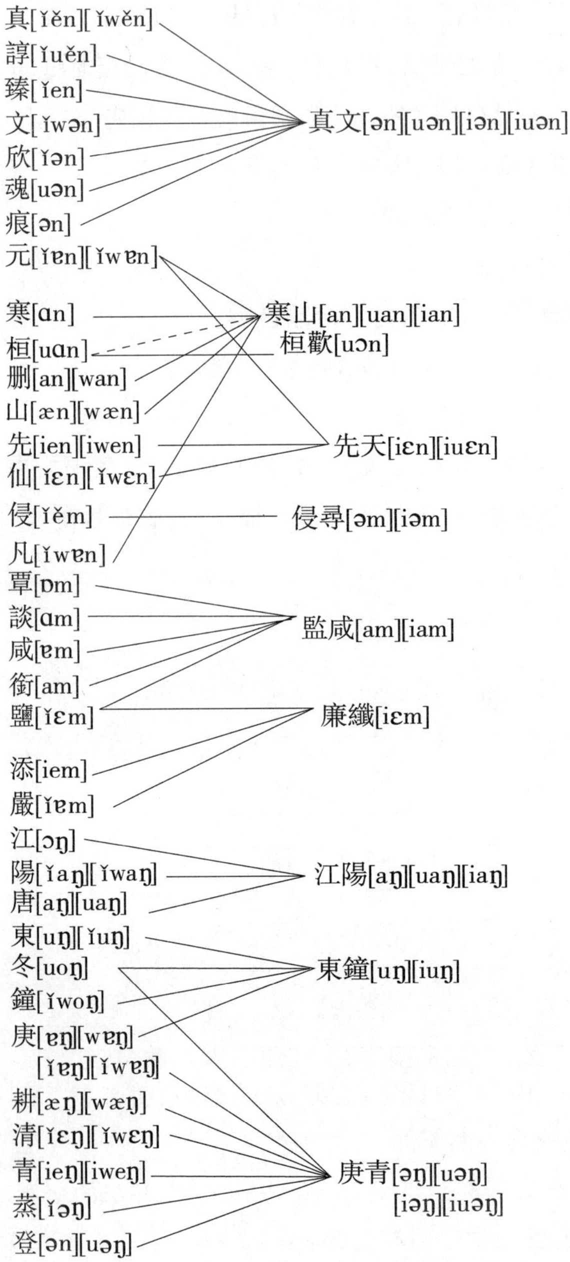
真[ĭĕn][ĭwĕn]
諄[ĭuĕn]
臻[ĭen]
文[ĭwən]
欣[ĭən]
魂[uən]
痕[ən]
真文[ən][uən][iən][iuən]
元[ĭɐn][ĭwɐn]
寒[ɑn]
桓[uɑn]
删[an][wan]
山[æn][wæn]
先[ien][iwen]
仙[ĭɛn][ĭwɛn]
侵[ĭĕm]
凡[ĭwɐn]
寒山[an][uan][ian]
桓歡[uɔn]
先天[iɛn][iuɛn]
侵尋[əm][iəm]
覃[ɒm]
談[ɑm]
咸[ɐm]
銜[am]
鹽[ĭɛm]
添[iem]
嚴[ĭɐm]
監咸[am][iam]
廉纖[iɛm]
江[ɔŋ]
陽[ĭaŋ][ĭwaŋ]
唐[aŋ][uaŋ]
江陽[aŋ][uaŋ][iaŋ]
東[uŋ][ĭuŋ]
冬[uoŋ]
鍾[ĭwoŋ]
東鍾[uŋ][iuŋ]
庚[ɐŋ][wɐŋ]
[ĭɐŋ][ĭwɐŋ]
耕[æŋ][wæŋ]
清[ĭɛŋ][ĭwɛŋ]
青[ieŋ][iweŋ]
蒸[ĭəŋ]
登[əŋ][uəŋ]
庚青[əŋ][uəŋ]
[iəŋ][iuəŋ]

第五節　中古到近代漢語入聲韻的發展

從中古到近代，漢語韻母系統最大的變化是入聲的[-p]、[-t]、[-k]韻尾消失，變成了陰聲韻母。

《廣韻》入聲韻有屋、沃、燭、覺、質、術、櫛、物、迄、月、没、曷、末、黠、鎋、屑、薛、藥、鐸、陌、麥、昔、錫、職、德、緝、合、盍、葉、帖、洽、狎、業、乏34個韻部，50個韻母。其中痕韻入聲韻母[ət]因爲字少，附在没韻裏面。早在唐代甚至更早一些，這些入聲韻的韻尾就有相混的跡象。唐胡曾《戲妻族語不正》詩"呼十却爲石"，"十"是緝部，"石"是鐸部，表明入聲韻尾[-p]和[-k]在唐代某些方言口語裏已經不分了。宋代入聲進一步發生變化，[-p]、[-t]、[-k]韻尾在宋詞裏往往可以互押。例如蘇軾《念奴嬌・赤壁懷古》：

> 大江東去，浪淘盡、千古風流人物(物)。故壘西邊，人道是三國周郎赤壁(錫)。亂石穿空，驚濤拍岸，捲起千堆雪(薛)。江山如畫，一時多少豪傑(薛)。
>
> 遥想公瑾當年，小喬初嫁了，雄姿英發(月)。羽扇綸巾，談笑間，檣櫓灰飛煙滅(薛)。故國神遊，多情應笑我，早生華髮(月)。人生如夢，一尊還酹江月(月)。

其中"物、雪、傑、發、滅、月"收[-t]尾，"壁"收[-k]尾。宋朱敦儒《念奴嬌・垂虹亭》詞：

> 放船縱棹，趁吴江風露，平分秋色(職)。帆捲垂虹波面冷，初落蕭蕭楓葉(葉)。萬頃琉璃，一輪金鑑，與我成三客(陌)。碧空寥廓，瑞星銀漢争白(陌)。

深夜悄悄魚龍，靈旗收暮靄，天光相接（葉）。瑩澈乾坤，全放出，叠玉層冰
　　　　　　　　　　　　　　　　　　　　　△
宫闕（月）。洗盡凡心，相忘塵世，夢想都銷歇（月）。胸中雲海，浩然猶浸明月（月）。
　△　　　　　　　　　　　　　　　　　　△　　　　　　　　　　　　　　　△

其中“葉、接”收[-p]尾，“闕、歇、月”收[-t]尾，“色、客、白”收[-k]尾。宋劉克莊《滿江紅・送宋惠父入江西幕》詞：

滿腹詩書，餘事到，穰苴兵法（乏）。新受了，烏公書幣，著鞭垂發（月）。黄
　　　　　　　　　　　　　　△　　　　　　　　　　　　　　　△
紙紅旗喧道路，黑風青草空巢穴（屑）。向幼安，宣子頂頭行，方奇特（德）。谿
　　　　　　　　　　　　　　△　　　　　　　　　　　　　　　△
峒事，聽儂説（薛）。龔遂外，無長策（麥）。便獻俘非勇，納降非怯（業）。帳下健
　　　　　△　　　　　　　△　　　　　　　　　　　　　△
兒休盡鋭，草間赤子俱求活（末）。到崆峒、快寄凱歌來，寬離别（薛）。
　　　　　　　　　　　　　△　　　　　　　　　　　　　△

其中“法、怯”收[-p]尾，“發、穴、説、活、别”收[-t]尾，“特、策”收[-k]尾。

不過宋代入聲韻尾[-p]、[-t]、[-k]並没有消失，清戈載《詞林正韻》分宋詞韻爲19部，内有入聲5部，即：

1. 屋沃燭；

2. 覺藥鐸；

3. 質術櫛陌麥昔錫職德緝；

4. 物迄月没曷末黠鎋屑薛葉帖；

5. 合盍業洽狎乏

王力先生歸納朱熹反切系統，共得32個韻部，其中入聲有10個韻部[①]。即：

1. 屋燭（《廣韻》屋、沃、燭）

---

① 參看王力先生《朱熹反切考》，見《龍蟲並雕齋文集》第三册，257—338頁。

2. 質職(《廣韻》質、術、櫛、物、迄、陌、昔、錫、職[三四等])

3. 物没(《廣韻》物[唇]、没)

4. 曷黠(《廣韻》曷、末、黠、鎋、月[唇音])

5. 月薛(《廣韻》月[牙喉]、屑、薛)

6. 藥覺(《廣韻》藥、鐸、覺)

7. 麥德(《廣韻》陌[二等]、麥、職[二等]、德)

8. 緝立(《廣韻》緝)

9. 合洽(《廣韻》合、盍、洽、狎)

10. 葉業(《廣韻》葉、帖、業)

唐作藩研究,宋代蘇軾古體詩用韻有 22 個韻部,其中入聲韻有屋(沃燭)、鐸(藥覺)、曷(末黠鎋月薛屑合盍洽狎業葉乏帖)、職(德陌麥昔錫質術櫛物迄没緝)等四部①。

魯國堯分宋代蘇軾、辛弃疾等人的詞韻爲 17 部,其中入聲韻有屋曲、鐸覺、德業三部②。

他們的研究都表明宋代文學語言裏入聲是存在的,儘管入聲分部各有不同。但是金代董解元的《西廂記諸宫調》裏,入聲已經派入陰聲。《董西廂》八卷,共有套數 196 個,其中入聲韻脚 117 個。大都在陰聲韻中間夾雜一些中古入聲字。如卷一《仙吕・醉落魄纏令》的韻脚是"化、暇、甲、洽。幄、價、咱、涯。花、罷、家、刹。下、他、捺、馬。雅、花、話",其中"甲、洽、幄、刹"是中古入聲字;同卷《般涉調・哨遍》的韻脚是"谷、縷、渚、雛、主、土。住、觽、素、奴、暑、去。樹、絮、浦、蒲、枯、暮、圖、路、壚、疏。續、度、古、露、區、負、古、遇、束、曲。數、楚、餘、虎、狐、夫、女、護、書。府、宇、儒、女、户、句、侣、度、付、做、雨。作、付、處、許",其中"谷、續、束、曲、作"是中古入聲字。少數是韻脚以中古入聲字爲主,雜有一些陰聲字。例如卷七

① 參看唐作藩《蘇軾詩韻考》,載《王力先生紀念論文集》,91—113 頁。

② 參看魯國堯《宋代蘇軾等四川詞人用韻考》,載北京大學中文系《語言學論叢》第八輯,1981 年。《宋代辛棄疾等山東詞人用韻考》,載《南京大學學報》1979 年,2 期。

《雙調・文如錦》曲的韻脚是“斜、熱、姐、拙、捨、呆、業、迭、別、捻[①]、帖、徹、些、烈”，其中只有“斜、姐、捨、呆、些”是陰聲字，其馀都是中古入聲字[②]。到了周德清的《中原音韻》裹，“入派三聲”的事實就在韻書裹完全肯定下來了。

北方話的入聲不是[-p]、[-t]、[-k]韻尾同步消失，而是有一個漸進的過程。這過程大約是：

[-p]、[-t]、[-k]→[-t]、[-k]→[k]→[-ʔ]→[-ø]

根據歷史上的材料和現代方言的情況，可能[-p]尾最先消失，變成[-k]或[ʔ]。黄公紹《古今韻會》只有收[-t]尾和[-k]尾的韻，没有收[-p]尾的韻。[-t]尾和[-k]尾又都變成[ʔ]。進一步弱化，入聲韻就只剩下聲調上的區别，輔音韻尾不復存在。現代閩南澄海方言裹，[-p]尾和[-t]尾都變成了[-k]或[ʔ]，現代吴語的入聲都收[ʔ]尾，長沙話的入聲没有輔音韻尾，證明上述入聲消失的過程是合乎漢語發展的實際情況的。南宋時期，北方話入聲韻尾處在合併和消失的過程中，大部分[-p]、[-t]、[-k]韻尾已變成[ʔ]，入聲韻部重新進行組合，於是原來屬於[-p]、[-t]、[-k]不同韻尾的入聲字，在宋詞中往往可以通用。

到了元代，入聲韻完全消失，分别併入《中原音韻》支思、齊微、魚模、皆來、蕭豪、歌戈、家麻、車遮、尤侯等 9 個陰聲韻部。當[-p]、[-t]、[-k]韻尾存在的時候，韻尾是入聲韻部劃分的重要依據之一。等到[-p]、[-t]、[-k]韻尾消失，元音就成爲韻部劃分的唯一標準。一些中古不同的入聲字往往變成同韻或同韻母，在《中原音韻》裹派入了同一陰聲韻部，例如派入家麻韻的就有《廣韻》曷、末、鎋、黠、陌、薛、月、屑、盍、合、洽、狎、乏、帖等 14 個韻的字，整個韻部系統大大簡化了。下面分别討論：

一、支思[ï(ɿ、ʅ)]

《中原音韻》支思韻只有三個中古入聲字，分别來自《廣韻》緝、櫛、德三韻。

---

① 捻(niē)，《廣韻》入聲三十怗：奴協切，指捻。

② 參看周大璞《〈董西廂〉用韻考》，載《武漢大學學報》，1963 年，2 期，84—100 頁。

緝(開三)[ĭĕp]→[ʅ]:[ʃ]澀(生)

櫛(開三)[ĭet]→[ʅ]:[ʃ]瑟(生)

德(開一)[ək]→[ɿ]:[s]塞(心)

二、齊微[ei]、[i]、[uei]

《中原音韻》齊微韻中的字,一部分是由《廣韻》質、迄、緝、職、德、陌、昔、錫等八個中古入聲韻變來的。

1. 韻母[ei]一部分來自《廣韻》德韻開口一等及少數質韻三等唇音字。

德(開一)[ək]→[ei]:[p]北(幫),[m]墨(明),[t]德得(端),[l]勒肋(來),[ts]賊(從),[x]劾(匣)、黑(曉)

質(開三)[ĭĕt] →[ei]:[p]筆(幫),[m]密(明)

2. 韻母[i]一部分來自《廣韻》陌(三)及職、昔、質、迄、緝、錫 6 個入聲韻的開口字。

質(開三)[ĭĕt]→[i]:[p]必畢蹕篳(幫),[pʻ]匹(滂),[m]蜜(明),[l]栗(來),[tʃ]姪秩(澄)、質隲(章),[tʃʻ]叱(昌),[ʃ]實(船)、失室(書),[ʒ]日(日),[ts]疾嫉(從),[tsʻ]七漆 (清),[ø]一(影)、逸溢鎰佾泆(以)、一乙(影)

迄(開三)[ĭət]→[i]:[kʻ]乞(溪)、訖(見)

緝(開三)[ĭĕp]→[i]:[l]立粒笠(來),[tʃ]汁(章),[ʃ]十什拾(禪)、濕(書),[ʒ]入(日),[ts]葺(精)、集(從),[s]習襲 (邪),[k]及(群)、急汲給(見),[kʻ]泣(溪),[x]吸翕(曉),[ø]邑揖(影)

陌(開三)[ĭɐk]→[i]:[p]碧(幫),[k]戟(陌)、劇(群),[x]隙(曉),[ø]逆(疑)

昔(開三)[ĭɛk]→[i]:[p]璧(幫),[pʻ]僻(滂)、闢(並),[tʃ]擲(澄)、隻炙(章),[tʃʻ]尺赤(昌),[ʃ]射(船)、石(禪)、適釋奭(書),[ts]積跡脊(精),[tsʻ]刺(清),[s]夕席(邪)、昔惜(心),[ø]易埸譯驛液腋掖疫役射(以)

職(開三)[ĭək]→[i]:[p]逼(幫),[n]匿(泥),[l]力(來),[tʃ]直值(澄)[①]、織

---

① 《廣韻》去聲七志:"值,持也,直吏切。"《集韻》入聲二十四職:"值,措置也,逐力切。"澄母,又"措置也,丞職切。"禪母。

（章），[tʃʻ]勑鶒（徹），[ʃ]食蝕（船）、識拭軾飾（書），[ts]唧鯽稷（精），[s]息（心），[k]極（群）、謳棘（見），[ø]翊翼（以）、憶（影）

錫（開四）[iek]→[i]：[p]壁（幫）、甓（並），[pʻ]劈（滂），[m]覓（明），[t]逖（透）、荻敵狄笛糴（定）、的靮嫡滴（端），[tʻ]剔踢（透）、滌（定），[l]曆歷櫪瀝靂皪（來），[tʃʻ]喫（溪）①，[ts]寂（從）、績（精），[tsʻ]戚（清），[s]錫淅（心），[k]擊激（見），[x]檄覡（匣），[ø]鷁（疑）

3. 韻母[uei]，絕大多數來自陰聲韻，少數來自《廣韻》德韻一等合口。

德（合一）[uək]→[uei]：[k]國（見），[x]惑（匣）

三、魚模[u]、[iu]

《中原音韻》魚模韻中的字，一部分來自《廣韻》屋、沃、燭、術、物、没等6個中古入聲韻。

1. 韻母[u]，一部分來自屋（一）、沃、没以及屋（三）、物兩韻唇音，燭、術兩韻的莊組（照二）字。

屋（合一）[uk]→[u]：[p] 卜（幫），[pʻ]僕（並）、撲（滂）、暴（並），[m]木沐鶩（明），[t]獨讀牘瀆犢（定），[tʻ]禿（透），[l]禄鹿漉麓（來），[ts]鏃（精）族（從），[tsʻ]簇（清），[s]速蔌（心），[k]谷轂穀（見），[kʻ]哭（溪），[x]斛槲（匣），[ø]屋（影）

沃（合一）[uok]→[u]：[t]毒纛（定）、篤督（端），[x]鵠（匣），[ø]沃（影）

没（合一）[uət]→[u]：[m]没（明），[n]訥（泥），[ts]卒（精），[k]骨（見），[kʻ]窟（溪），[x]鶻（匣）、笏忽（曉），[ø]兀（疑）

屋（合三）[ĭuk]→[u]：[m]目牧穆睦（明），[f] 复伏鵩服（奉）、復福幅蝠腹（非）、覆（敷），[s]縮謖（生）

燭（合三）[ĭwok]→[u]：[tʃʻ]觸（昌）、束（書），[ʃ]贖（船）、屬（禪）

物（合三） [ĭwət]→[u]：[p]不（幫），[f]佛（奉）、拂（敷），[ø]物勿（微）

術（合三）[ĭuĕt]→[u]：[ʃ]术述秫術（船）

① 《廣韻》入聲二十三錫："喫，喫食，苦擊切。"

2. 韻母[iu]一部分來自《廣韻》屋(三)、燭、術、物四個入聲韻的三等合口以及緝韻個别字。

屋(合三)[ǐuk]→[iu]:[l]陸戮(來),[tʃ]逐軸(澄)、竹築(知)粥(奉),[tʃ‘]畜(徹),[ʃ]淑孰熟塾(禪)、叔菽(書),[ts]蹙(精),[s]宿(心),[k]菊踘(見),[k‘]麯(溪)①,[ø]育(以)、郁(影)

燭(合三)[ǐwok]→[iu]:[l]緑録籙醁(來),[tʃ]燭(章),[ʃ]蜀(禪),[ʒ]辱褥(日),[ts]足(精),[ts‘]促(清),[s]俗續(邪)、粟(心),[k]局(群)、局(群),[k‘]曲(溪),[ø]玉獄(疑)、欲浴鵒(以)

術(合三)[ǐuět]→[iu]:[l]律(來),[tʃ‘]黜(徹)、出(昌)

物(合三)[ǐwət]→[iu]:[k]屈(見)②,[k‘]屈(溪)

緝(開三)[ǐěp]→[iu]:[ʒ]入(日)

四、皆來[ai]、[uai]、[iai]

《中原音韻》皆來韻中的字,一部分由《廣韻》陌、麥、職、德四個入聲韻變來。

1. 韻母[ai]一部分來自《廣韻》陌、麥開口二等,職韻開口三等莊組(照二)和個别德韻開口一等字。

德(開一)[ək]→[ai]:[ts]則(精)

陌(開二)[ɐk]→[ai]:[p]白帛舶(並)、伯百柏迫(幫),[p‘]拍珀魄(滂),[m]陌貊驀(明),[n]搦(泥),[tʃ]宅澤擇(澄)、窄迮(莊),[ʃ]索(生)

麥(開二)[æk]→[ai]:[p]擘檗(幫),[m]麥脈(明),[tʃ]摘謫(知)、責幘簀(莊),[tʃ‘]册策栅(初)

職(開三)[ǐək]→[ai]:[tʃ]側仄昃(莊),[tʃ‘]測(初),[ʃ]色穡(生)

2. 韻母[uai]一部分來自《廣韻》入聲麥韻合口牙喉音。

麥(合二)[wæk]→[uai]:[k]摑(見),[x]畫劃(匣)

---

① 《集韻》入聲一屋:"麯,《説文》:'酒母也。'丘六切。又作'鞠麴蘜鞫'。"

② 此從槜李卜氏本補。《正語作詞起例》第八條:"世之有呼屈原之屈爲屈伸之屈字同音,非也,因注其韻。"可見當有"屈"字。《廣韻》入聲八物:"屈,屈産,地名,出良馬;亦姓,楚有屈平。九勿切。"

3. 韻母[iai]一部分來自《廣韻》入聲陌(二)、麥開口牙喉音、德韻個别字。

德(開一)[ək]→[iai]:[k‘]刻(溪)

陌(開二)[ɐk]→[iai]:[k]格骼(見),[k‘]客(溪),[x]嚇(曉),[ø]額客(疑)

麥(開二)[æk]→[iai]:[k]革隔(見),[ø]厄鞷(疑)

五、蕭豪[au]、[iau]、[iɛu]

《中原音韻》蕭豪韻中的字,一部分由《廣韻》鐸、末、覺、藥四個入聲韻變來。

1. 韻母[au]一部分來自《廣韻》入聲鐸韻開口和末、藥兩韻的個别唇音字。

鐸(開一)[ɑk]→[au]:[p]博(幫)、薄箔泊(並),[m]莫漠寞(明),[t]鐸度踱(定),[t‘]託拓橐魄飥柝(透),[n]諾掿(泥)①,[l]落絡烙洛酪珞樂(快樂)(來),[ts]鑿(從)、作柞鑿(精),[ts‘]錯逪(清),[s]索擦(心),[k]各閣(見),[x]鶴涸(匣)、熇壑(曉),[ø]愕萼鶚鰐(疑)、惡(影)

末(合一)[uɑt]→[au]:[m]沫末(明)

藥(開三)[ĭak]→[au]:[f]縛(奉)

2. 韻母[iau]一部分來自《廣韻》入聲覺韻和鐸韻合口牙喉音。

鐸(合一)[uɑk]→[iau]:[k]郭(見),[k‘]廓(溪),[x]鑊(匣)

覺(開二)[ɔk]→[iau]:[p]剥駁(幫),[tʃ]濁濯鐲擢(澄)、卓琢(知),[tʃ‘]戳(徹)、槊(生),[ʃ]朔稍(生)

3. 韻母[iɛu]一部分來自《廣韻》入聲藥韻開口和覺韻開口牙喉音。

覺(開二)[ɔk]→[iɛu]:[k]角桷覺(見),[x]學鷽(匣),[ø]岳樂(音樂)(疑)

藥(開三)[ĭak]→[iɛu]:[l]略掠(來),[tʃ]著(澄)、斫酌灼繳(章),[tʃ‘]綽婥(昌),[ʃ]芍杓(禪)、爍鑠(書),[ʒ]弱篛箬(日),[ts]爵(精),[ts‘]雀(精)、鵲趞(清),[s]削(心),[k]脚(見),[ŋ]虐瘧(疑),[x]謔(曉),[ø]約(影)、藥躍鑰瀹(以)

六、歌戈[o]、[uo]、[io]

《中原音韻》歌戈韻中的字,一部分由《廣韻》覺、物、没、曷、末、藥、鐸、合、盍九

① 《廣韻》無“掿”字。明梅膺祚《字彙》:“掿,如閣切。”又歌戈韻重出。

個入聲韻變來。

1. 韻母[o]一部分來自《廣韻》入聲鐸、没、曷、合、盍、覺六韻。

鐸(開一)[ak]→[o]:[p]泊薄箔(並),[t]鐸度(定),[ts]鑿(從),[x]鶴(匣),[ø]鄂萼鶚鰐(疑)、惡堊(影)

没(合一)[uət]→[o]:[p]勃渤(並)

曷(開一)[at]→[o]:[k]葛割(見),[k‘]渴屙(溪)

合(開一)[ɒp]→[o]:[k]鴿閤蛤(見),[x]合盒(匣)

盍(開一)[ɑp]→[o]:[k‘]嗑(見),[x]盍(匣)

覺(開二)[ɔk]→[o]:[tʃ]濁濯鐲(澄)

2. 韻母[uo]一部分來自《廣韻》入聲鐸、末兩韻以及物、藥兩韻中的個别輕唇音字。

鐸(開一)[ak]→[uo]:[p‘]粕(滂),[m]莫寞幕(明),[n]諾掿(泥),[l]洛落絡酪烙樂(來) 鐸(合一)[uak]→[uo]:[x]鑊(匣)

末(合一)[uat]→[uo]:[p]跋魃(並)、鉢撥跋[①](幫),[p‘]潑鈸(滂),[m]抹(明)、末沫(明),[t]奪(定)、掇(端),[t‘]脱(透),[ts‘]撮(清),[k]括聒(見),[k‘]闊(溪),[x]活(匣)

物(合三)[ĭwət]→[uo]:[f]佛(奉)

藥(合三)[ĭwak]→[uo]:[f]縛(奉)

3. 韻母[io]來自《廣韻》入聲覺、藥兩韻開口。

覺(開二)[ɔk]→[io]:[x]學(匣),[ø]樂嶽(疑)

藥(開三)[ĭak]→[io]:[l]略掠(來),[tʃ]著(澄),[ʃ]杓(禪),[ʒ]若弱蒻(日),[ŋ]虐瘧(疑),[ø]藥躍鑰(以)、約(影)

七、家麻[a]、[ua]、[ia]

《中原音韻》家麻韻中的字,一部分由《廣韻》曷、末、黠、鎋、月、合、盍、洽、狎、乏十個入聲韻變來。

---

① 《集韻》入聲十三末:“跋,《説文》:‘蹎,跋也。’北末切。”《廣韻》無。

1. 韻母[a]一部分來自《廣韻》入聲曷、合、盍三韻以及黠、洽兩韻莊組(照二),月、乏兩韻輕唇音,末韻個別唇音字。

曷(開一)[at]→[a]:[t]達(定)、撻(透),[t‘]獺(透),[l]辣糲(來),[s]薩撒(心)

末(合一)[uɑt]→[a]:[m]抹(明)

合(開一)[ɒp]→[a]:[t]沓(定)、踏(透)、答搭嗒踏(端),[n]納衲(泥),[l]拉(來),[ts]雜(從)、匝咂(精),[s]颯靸(心)

盍(開一)[ɑp]→[a]:[t‘]塔榻塌[1](透)

黠(開二)[æt]→[a]:[p]拔(並)、八(幫),[tʃ]紮(莊),[tʃ‘]察(初),[ʃ]殺(生)

洽(開二)[ɐp]→[a]:[tʃ]閘(崇)、劄(知),[tʃ‘]插鍤笈(初),[ʃ]霎(生)

月(合三)[ǐwɐt]→[a]:[f]伐筏罰(奉)、發髮(非),[v]襪(微)

乏(合三)[ǐwɐp]→[a]:[f]乏(奉)、法(非)

2. 韻母[ua]一部分來自《廣韻》入聲鎋、黠兩韻的合口牙喉音。

鎋(合二)[wat]→[ua]:[ʃ]刷(生),[k]刮(見)

黠(合二)[wæt]→[ua]:[x]滑猾(匣)

洽(開二)[ɐp]→[ua]:[ø]凹(影)[2]

3. 韻母[ia]一部分來自《廣韻》入聲鎋、洽、狎、帖四韻的開口牙喉音。

鎋(開二)[at]→[ia]:[x]轄鎋(匣)、瞎(曉)

洽(開二)[ɐp]→[ia]:[k]夾(見),[k‘]恰掐(溪),[x]峽洽祫(匣)

狎(開二)[ap]→[ia]:[k]甲胛(見),[x]狎匣(匣),[ø]壓押鴨(影)

帖[iep]→[ia]:[x]俠(匣)

八、車遮[iɛ]、[iuɛ]

《中原音韻》車遮韻中的字,大部分由《廣韻》陌、薛、月、屑、葉、業、帖七個入聲韻變來。

---

① 《集韻》入聲二十八盍:"塌,地下也,託盍切。"

② 《廣韻》入聲三十一洽:"凹,烏洽切,下也。"又見《集韻》下平五肴。

1. 韻母[iɛ]來自《廣韻》入聲陌、薛、月、葉、業、屑、帖七韻的開口字(個別例外)。

陌(開二)[ɐk]→[iɛ]:[k‘]客(溪),[x]嚇(曉),[ø]額(疑)

薛(開三)[ĭɛt]→[iɛ]:[p]別(並)、鼈別憋(幫),[m]滅(明),[n]蘖(疑),[l]列裂冽(來),[tʃ]哲(知)、折浙(章),[tʃ‘]撤轍澈(澄)、掣(昌),[ʃ]舌(船)、折(禪)、設(書),[ʒ]熱(日),[s]薛泄紲媟褻疶(心),[k]傑(群),[ø]拽(以)

月(開三)[ĭɐt]→[iɛ]:[k]竭碣(群),[x]歇蝎(曉),[ø]謁(影)

葉(開三)[iɛp]→[iɛ]:[n]聶躡鑷(泥),[l]獵鬣(來),[tʃ]折(章),[ʃ]涉(禪)、攝灄(書),[ts]捷(從)、睫(精)、接楫(精),[ts‘]妾(清),[ø]葉(以)、燁(云)

業(開三)[ĭɐp]→[iɛ]:[k]劫(見),[ø]業鄴(疑)

屑(開四)[iet]→[iɛ]:[p‘]瞥撇(滂),[m]蔑篾(明),[t]迭跌垤絰凸(定),[t‘]鐵餮(透),[n]臬囓(疑),[ts]截(從)、節癤(精),[ts‘]切竊沏(清),[s]屑(心),[k]結潔(見),[k‘]挈(溪),[x]穴纈(匣),[ø]噎(影)

屑(合四)[iwet]→[iɛ]:[x]血(曉)①

帖(開四)[iep]→[iɛ]:[t]疊牘揲喋諜蝶(定),[t‘]帖貼(透),[tʃ]褶(定),[s]燮屧(心),[k]頰梜莢(見),[k‘]篋(溪),[x]協俠挾(匣)

2. 韻母[iuɛ]大都來自《廣韻》入聲薛、月、屑三韻的合口字。

薛(合三)[ĭwɛt]→[iuɛ]:[l]劣(來),[tʃ]輟(知)、拙(章),[tʃ‘]啜(昌),[ʃ]説(書),[ts]絶(從),[s]踅(邪)、雪(心),[k‘]缺(溪),[ø]悦説閲(以)

月(合三)[ĭwɐt]→[iuɛ]:[k]撅鐝(群)、蕨(見),[k‘]闕(溪),[ø]月刖軏(疑)、越鉞樾鉞(云)

屑(合四)[iwet]→[iuɛ]:[k]决玦訣譎鴂(見),[k‘]闋(溪)

九、尤侯[ou]、[iou]

《中原音韻》尤侯韻中的字,一部分來自《廣韻》屋、燭兩個入聲韻,韻母都是[iou]。韻母[ou]來自中古陰聲韻,没有中古入聲字。

屋(合三)[ĭuk]→[iou]:[l]六(來),[tʃ]軸逐(澄)、竹(知)、粥(章),[ʃ]熟(禪),[ʒ]肉(日),[s]宿(心)

---

① “血”現代普通話有 xie^{214}、xue^{51} 兩音,吴語念[$ɛyəʔ^{5}$],湘語雙峰話念[$ɕyɛ^{24}$]。

燭（合三）[ĭwok]→[iou]：[tʃ]燭（章），[ʒ]褥（日）

現在我們把中古入聲派入陰聲各韻的情況列表如下：

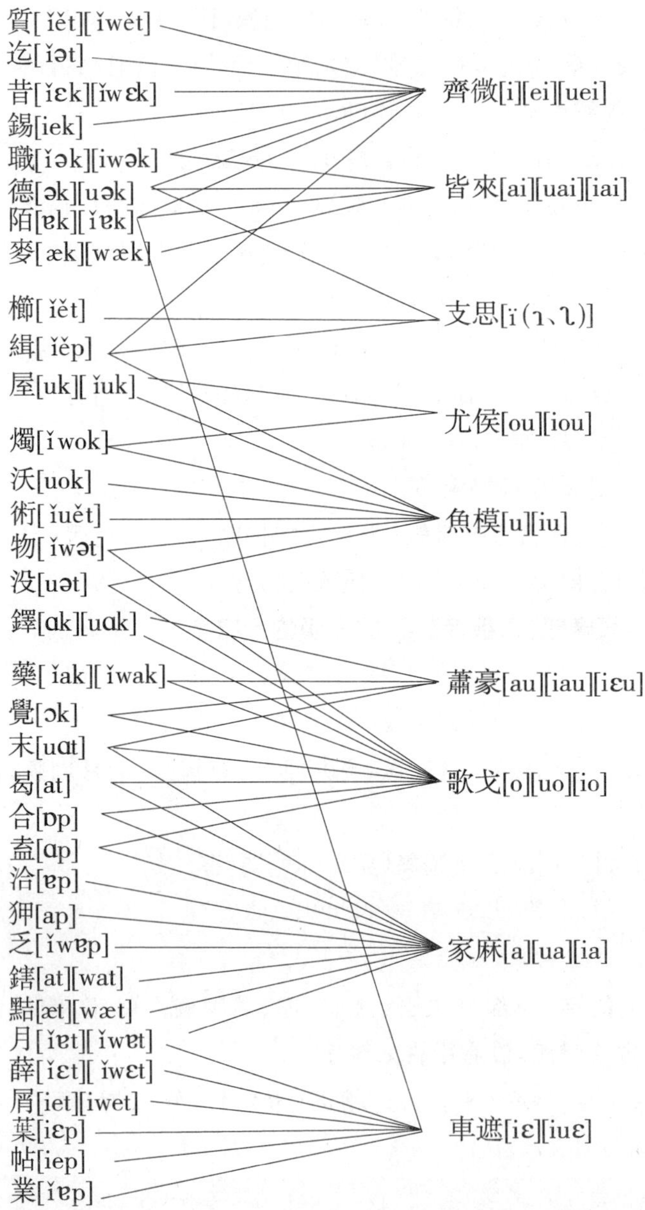

這裏我們附帶談一談《中原音韻》中的重出字問題。有 93 個字,《廣韻》、《集韻》都只有一個反切,却在《中原音韻》兩個不同的韻裏重出。其中中古入聲字重出的 58 個,佔大多數。即:

褥　《廣韻》屋韻:而蜀切,魚模、尤侯重出

逐、軸　《廣韻》屋韻:張六切,魚模、尤侯重出

竹　《廣韻》屋韻:張六切,魚模、尤侯重出

燭　《廣韻》燭韻:之欲切,魚模、尤侯重出

粥　《廣韻》屋韻:之六切,魚模、尤侯重出

熟　《廣韻》屋韻:殊六切,魚模、尤侯重出

宿　《廣韻》屋韻:息逐切,魚模、尤侯重出

薄、泊、箔　《廣韻》鐸韻:傍各切,蕭豪、歌戈重出

末、沫　《廣韻》末韻:莫撥切,蕭豪、歌戈重出

幕、寞、莫　《廣韻》鐸韻:慕各切,蕭豪、歌戈重出

縛　《廣韻》藥韻:符钁切,蕭豪、歌戈重出

鐸、度　《廣韻》鐸韻:徒落切,蕭豪、歌戈重出

諾　《廣韻》鐸韻:奴各切,蕭豪、歌戈重出

捔　《廣韻》無,在各切,蕭豪、歌戈重出

落、洛、烙、絡、酪、樂　《廣韻》鐸韻:盧各切,蕭豪、歌戈重出

鑿　《廣韻》鐸韻:在各切,蕭豪、歌戈重出

鶴　《廣韻》鐸韻:下各切,蕭豪、歌戈重出

萼、鶚、鰐　《廣韻》鐸韻:五各切,蕭豪、歌戈重出

惡　《廣韻》鐸韻:烏各切,蕭豪、歌戈重出

浊、濯、鐲　《廣韻》覺韻:直角切,蕭豪、歌戈重出

鑊　《廣韻》鐸韻:胡郭切,蕭豪、歌戈重出

略、掠　《廣韻》藥韻:離灼切,蕭豪、歌戈重出

弱、蒻　《廣韻》藥韻:而灼切,蕭豪、歌戈重出

着　《廣韻》藥韻:直略切,蕭豪、歌戈重出

杓　《廣韻》藥韻:市若切,蕭豪、歌戈重出

學 《廣韻》覺韻：胡覺切，蕭豪、歌戈重出

虐、瘧 《廣韻》藥韻：魚約切，蕭豪、歌戈重出

岳、樂 《廣韻》覺韻：五角切，蕭豪、歌戈重出

約 《廣韻》藥韻：於略切，蕭豪、歌戈重出

跃、鈅 《廣韻》藥韻：以灼切，蕭豪、歌戈重出

客 《廣韻》陌韻：苦格切，皆來、車遮重出

嚇 《廣韻》陌韻：呼格切，皆來、車遮重出

額 《廣韻》陌韻：五陌切，皆來、車遮重出

入 《廣韻》緝韻：人執切，齊微、魚模重出

佛 《廣韻》物韻：符弗切，魚模、歌戈重出

抹 《廣韻》末韻：莫撥切，歌戈、家麻重出

俠 《廣韻》帖韻：胡頰切，家麻、車遮重出

陽聲字在《中原音韻》裏重出的有 30 個，即：

崩 《廣韻》登韻：北滕切，東鐘、庚青陰平重出

繃 《廣韻》耕韻：北萌切，東鐘、庚青陰平重出

迸 《廣韻》諍韻：北諍切，東鐘、庚青去聲重出

烹 《廣韻》庚韻：撫庚切，東鐘、庚青陰平重出

鵬 《廣韻》登韻：步崩切，東鐘、庚青陽平重出

棚 《廣韻》耕韻：薄萌切，東鐘、庚青陽平重出

甍、萌 《廣韻》耕韻：莫耕切，東鐘、庚青陽平重出

盲 《廣韻》庚韻：武康切，東鐘、庚青陽平重出

艋、蜢 《廣韻》梗韻：莫幸切，東鐘、庚青上聲重出

孟 《廣韻》映韻：莫更切，東鐘、庚青去聲重出

肱 《廣韻》登韻：古弘切，東鐘、庚青陰平重出

觥 《廣韻》庚韻：古模切，東鐘、庚青陰平重出

轟 《廣韻》耕韻：呼宏切，東鐘、庚青陰平重出

薨 《廣韻》登韻：呼肱切，東鐘、庚青陰平重出

宏、紘、嶸 《廣韻》耕韻：户萌切，東鐘、庚青陽平重出

橫　《廣韻》庚韻：户盲切，東鐘、庚青陽平、去聲重出

弘　《廣韻》登韻：胡肱切，東鐘、庚青陽平重出

泓　《廣韻》耕韻：烏宏切，東鐘、庚青陰平重出

傾　《廣韻》清韻：去營切，東鐘、庚青陰平重出

兄　《廣韻》庚韻：許榮切，東鐘、庚青陰平重出

榮　《廣韻》庚韻：永兵切，東鐘、庚青陽平重出

永　《廣韻》梗韻：于憬切，東鐘、庚青上聲重出

詠　《廣韻》映韻：爲命切，東鐘、庚青去聲重出

瑩　《廣韻》庚韻：烏定切，東鐘、庚青去聲重出

腕　《廣韻》换韻：烏貫切，寒山、桓歡去聲重出

膰　《廣韻》元韻：附袁切，寒山、歌戈陽平重出

陰聲字在《中原音韻》中重出的只有 5 個，即：

抓　《廣韻》肴韻：側交切，蕭豪、家麻陰平重出

那　《廣韻》箇韻：奴箇切，歌戈、家麻去聲重出

否　《廣韻》有韻：方九切，魚模、尤侯上聲重出

剖　《廣韻》厚韻：普後切，蕭豪、尤侯上聲重出

大　《廣韻》泰韻：徒蓋切，皆來、家麻去聲重出

上述重出字中，中古入聲字佔大多數。其中又以歌戈和蕭豪、魚模和尤侯重出爲主。中古入聲字[-p]、[-t]、[-k]韻尾消失後，元音可能隨之分化。大多數帶有[-u]韻尾，分别入蕭豪或尤侯韻；少數帶[-i]韻尾，則在皆來韻或齊微韻重出。陽聲字絕大多數在東鐘和庚青兩韻重出。這兩韻的字，中古以前相去甚遠，但是相同的韻尾，在發展中一部分字元音逐漸合而爲一，《中原音韻》可能處在這種合一的過渡階段。發展到現代，有的不再有兩讀，有的仍然保存着兩種不同的讀音。

第六節　中古到近代漢語聲調系統的發展

中古漢語平、上、去、入四聲中，每一聲調内部包含清、濁兩類聲母，它們發音方法不同，音調高低也就不會完全一致。不過在當時的共同語裏，清、濁聲母的音高差别

還不太顯著，可以歸入同一調類。這一點我們從唐詩的押韻中可以得到證明。例如：

太乙近天都，連山接海隅。白雲迴望合，青靄入看無。分野中峰變，陰晴衆壑殊。欲投人處宿，隔水問樵夫。（唐王維《終南山》詩）

胡馬大宛名，鋒稜瘦骨成。竹批雙耳峻，風入四蹄輕。所向無空闊，真堪託死生。驍騰有如此，萬里可横行。（唐杜甫《房兵曹胡馬詩》）

以上兩詩押平聲韻。第一首有五字入韻，“都、夫”是清音，“殊”是全濁音，“隅、無”是次濁音；第二首有五字入韻，“輕、生”是清音，“成、行”是全濁音，“名”是次濁音。

楚山有高士，梁國有遺老。築室既相鄰，向田復同道。糗糒常共飯，兒孫每更抱。忘此耕耨勞，愧彼風雨好。蟪蛄鳴空澤，鶗鴂傷秋草。日夕寒風來，衣裳苦不早。（唐儲光羲《田家雜興》）

空山不見人，但聞人語響。返景入深林，復照青苔上。（唐王維《鹿柴》）

以上兩詩押上聲韻。第一首有六字入韻，“好、草、早”是清音，“道、抱”是全濁音，“老”是次濁音；第二首有兩字入韻，“響”是清音，“上”，是全濁音。

客自長安來，還歸長安去。狂風吹我心，西掛咸陽樹。此情不可道，此別何

時遇，望望不見君，連山起煙霧。（唐李白《金鄉送韋八之西京》）

△　△

峥嶸赤雲西，日脚下平地。柴門鳥雀噪，歸客千里至。妻孥怪我在，驚定還

△　△

拭淚。世亂遭飄蕩，生還偶然遂。鄰人滿墻頭，感歎亦歔欷①。夜闌更秉燭，

△　△　△

相對如夢寐。（唐杜甫《羌村三首》之一）

△

以上兩詩押去聲韻。第一首有四字入韻，“去”是清音，“樹”是全濁音，“遇、霧”是次濁音；第二首有六字入韻，“至、欷”是清音，“地、遂”是全濁音，“淚、寐”是次濁音。

漢上有遊女，求思安可得，袖中一劄書，欲寄雙飛翼。冥冥愁不見，耿耿徒

△　△

緘憶。紫蘭秀空蹊，皓露奪幽色。馨香歲欲晚，感歎情何極，白雲在南山，日暮

△　△　△

長太息。（唐張九齡《感遇》十二首之三）

△

大車揚飛塵，亭午暗阡陌。中貴多黄金，連雲開甲宅。路逢鬥雞者，冠蓋何

△　△

輝赫。鼻息干虹蜺，行人皆怵惕。世無洗耳翁，誰知堯與跖。（唐李白《古風》五十

△　△　△

九首之二十四）

以上兩詩押入聲韻。第一首有六字入韻，“得、憶、色、息”是清音，“極”是全濁音，“翼”是次濁音；第二首有五字入韻，“赫、惕、跖”是清音，“宅”是全濁音，“陌”是次濁音。

---

① “欷”，《廣韻》有平、去兩讀。上平八微：香衣切。去聲八未：許既切。

隨着語音的發展，濁音和清音的音高差别逐漸增大，於是産生了調類的分化。這種分化的趨勢早在唐代就開始了。

公元880年(唐僖宗廣明二年)日本人安然著《悉曇藏》八卷①，其中卷五記述了表(表信)、金(金禮信)、正(惟正)、聰(智聰)四位佛教學者所傳吴音和漢音的聲調②，從中可以窺見唐代漢語四聲分化的一斑：

我日本國元傳二音，表則平聲直低，有輕有重；上聲直昂，有輕無重；去聲稍引，無輕無重；入聲徑止，無内無外。平中怒聲與重無别，上中重音與去不分。金則聲勢低昂與表不殊，但以上聲之重稍似相合，平聲輕重，始重終輕，呼之爲異；唇舌之間亦有差升。承和之末正法師來，初習洛陽，中聽太原，終學長安，聲勢大奇。四聲之中，各有輕重：平有輕重，輕亦輕重，輕之重者，金怒聲也；上有輕[重]，輕似相合。金聲平輕上輕，始平終上呼之，重似金聲上重不突呼之；去有輕重，重長輕短；入有輕重，重低輕昂。元慶之初，聰法師來，久住長安，委搜進士，亦游南北，熟知方音。四聲皆有輕重著力：平入輕重同正和上，上聲之輕似正和上上聲之重，上聲之重似正和上平輕之重。平輕之重，金怒聲也，但呼著力爲今别也；去之輕重，似自上重，但以角引爲去聲也。音響之終，妙有輕重，直止爲輕，稍昂爲重。此中著力，亦怒聲也。此兩法師共説吴音、漢音……但聰和上説云，前三家音亙唐無矣。以評曰：時世改變，人俗轉换，職今呼昔，乖實違體。

上面的引文告訴我們，表信所傳漢音共有五聲：平分輕重，上、去、入各一聲。

① “悉曇”爲梵文 siddham 的音譯，意爲“成就”。“悉曇藏”本梵文字母表，是兒童的發蒙課本，排比14摩多(matā，即元音)和32體文(vyanjanam，即輔音)，相配成爲18章。因文前首列 siddham 字樣而得名。

② 日釋浄嚴《悉曇三密鈔》(公元1682年)卷上説：“我日本國元傳吴、漢二音。初金禮信來留對馬國，傳于吴音，舉國學之，因名曰對馬音；次表信公來築博多，傳於漢音，是曰唐音。承和之末正法師來，元慶之初聰法師來。此二法師俱説吴、漢兩音，或曰吴尼法明始來誦吴音也。”金禮信于史無考，當比表信略早。據《漢字三音考》(公元1785年)，表信是袁晉卿的誤寫。晉卿唐人，玄宗開元二十四年(公元736年，日天平八年)到達日本。正法師即惟正，日人，於日承和十四年(公元847年)由唐返日。聰法師即智聰，日人，于日元慶元年(公元877年)由唐返日。

金禮信所傳吴音，共有六聲：平、上都分輕重，去、入各一聲。惟正和智聰所傳吴音和漢音都有八聲：平、上、去、入各分輕重。“輕”指清音，“重”指濁音，“怒聲”指鼻音和邊音。“内外”指元音的長短高低，“角引”似指聲調曲折而長。日本唐音和漢音來自中土，它們的聲調未必和中土漢語的聲調完全一致。但當時漢語四聲已按聲母清濁産生分化，恐怕也是明顯不過的事實。

14 世紀日本僧人了尊著《悉曇輪略圖抄》[①]卷一“論四聲八事”説：

> 先明四聲輕重者，私頌云：平聲重初後俱低，平聲輕初昂後低；上聲重初低後昂，上聲輕初後俱昂；去聲重初低後偃，去聲輕初昂後偃；入聲重初後俱低，入聲輕初後俱昂。……四聲各輕重八聲。……一音低昂名平上，低昂前後互成八，是故八音各相通。[②]

這樣漢語四聲就分化成爲八聲。丁邦新《平仄新考》[③]根據了尊的記載，歸納出八聲的調型是：

平 { 陰平（平聲輕）：降調
　　 陽平（平聲重）：低平調

上 { 陰上（上聲輕）：高平調
　　 陽上（上聲重）：升調

去 { 陰去（去聲輕）：高降調
　　 陽去（去聲重）：低降調（或中降調）

入 { 陰入（入聲輕）：高平調
　　 陽入（入聲重）：低平調

---

① 了尊於序言中説：“于時弘安滿數之歲，仲吕半闌之日。”即弘安十年，當元世祖至元二十四年，公元 1287 年。

② 《大正新修大藏經》卷二七〇九，據羅常培《漢語音韻學導論》80 頁，1956 年。

③ 丁邦新《平仄新考》，載《歷史語言研究所集刊》47 本，1 分册，1975 年。

如果用五級聲調符號表示，就是：

平：陰平˥˧53　陽平˨˨22　　上：陰上˥˥55　陽上˧˥35

去：陰去˥˩51　陽去˧˩31　　入：陰入˥˥55（促）　陽入˨˨22（促）

有的學者認爲去聲"初低後偃"或"初昂後偃"的"偃"是一種曲折調①，有的學者認爲"偃"是一種速降調②，都可供參考。

不過了尊所描述的八聲不一定反映了元代北方話的聲調系統。周德清《中原音韻》中的陰平、陽平、上聲、去聲却是14世紀以中原（河南一帶）語音爲基礎的廣大北方話聲調系統的實際面貌。跟中古漢語平、上、去、入四聲相比，它的特點表現在平分陰陽、入派三聲、濁上變去、去聲不變四個方面。現在分別討論：

一、平分陰陽

《中原音韻》裏平聲分爲陰平、陽平兩類，19部無一例外。周氏在序言中說：

> 字別陰陽者，陰陽字平聲有之，上去俱无。上去各止一聲，平聲獨有二聲：有上平聲，有下平聲。上平聲非指一東至二十八山而言，下平聲非指自一先至二十七咸而言。

周氏所謂上平聲即指陽平，所謂下平聲即指陰平。陰平字絶大多數是中古平聲中的清聲母，陽平字絶大多數是中古平聲中的濁聲母。舉東鐘韻爲例，全部陰平字84個，它們是：

〇東冬（端）

〇鍾鐘終（照二）中忠衷（知三）

〇通蓪（透一）

---

① 參看尉遲治平《日本悉曇家所傳古漢語調值》，載《語言研究》1986年，2期，17—35頁。

② 參看邢公畹《説四聲》，載《音韻學研究》第一輯，448頁。

○松(邪四)嵩(心四)

○充衝艟穜(穿三)舂搑(審三)忡(徹三)沖翀種(澄三)

○邕噰雍(影三)

○空悾(溪一)

○宗椶騣(精一)

○風楓封葑(非三)豐峰鋒烽丰蜂(敷三)

○鬆憽(心一)

○匆蔥聰驄囪(清一)

○蹤縱樅(精四)

○穹芎(溪三)傾(溪四)

○工功攻公蚣(見一)弓躬恭宮龔供(見三) 肱(見一)觥(見二)

○烘叿(曉一)轟薨(曉二)

○凶兇胸洶兄(曉三)

○翁鎓(影一)癰廱壅泓(影三)

○崩繃(幫一)

○烹(滂二)

以上 19 組 84 個陰平字,除“沖翀種”三字爲澄母(直弓切)、“松”爲邪母(祥容切),古屬全濁聲母以外,其他都是清聲母字。東鐘韻共有 93 個陽平字,它們是:

○同筒銅桐峒童僮橦瞳曈潼犝(定一)

○戎茙駥絨毦茸(日三)

○龍隆癃窿(來三)

○窮藭蛩邛笻(群三)

○籠曨朧櫳瓏礲礱聾嚨(來一)

○膿農儂(泥一)

○濃穠醲(娘三)

○重蟲(澄三)慵(徹三)鱅(禪三)崇(床二)

○馮逢縫(奉三)

○叢藂琮(從一)

〇熊雄(匣三)

〇容溶蓉瑢鎔庸傭鄘鏞墉融(喻四)榮(喻三)

〇蒙濛朦矇瞢(明一)甍盲萌(明二)

〇紅䜪虹洪鴻(匣一)宏紘横嶸弘(匣三)

〇蓬篷芃鬔鵬(並一)彭棚(並二)

〇從(從四)

以上 93 字全是濁聲母字。《中原音韻》19 部也都如此。全書只有 39 字是例外。其中有 24 個中古平聲濁音字讀成陰平,就是"沖、翀、種"(澄)、"松"(邪)、"缸"(匣)、"邳"(並)、"枹"(奉)、"駘"(定)、"汾"(奉)、"蹁"(並)、"掏"(定)、"鴞"(喻三)、"詑"(定)、"瘥、醝"(從)、"麽"(明)、"查、楂、踷"(床三)、"呀"(疑)"、"鮓"(從)、"酣"(匣)、"械"(匣)、"粘"(泥)。15 個非平聲濁音字讀成陽平,其中"罷"(幫)、"娠"(審)、"谺"(曉)、"譁"(曉)、"俜"(滂)、"犨"(照)、"惆"(徹)、"樛"(見)、"鑱、劖、巉"(初)、"幨"(昌)是中古平聲清音字讀陽平,"橥"(精)、"諶"(徹)是中古上聲清音讀陽平,"胖"(並)是中古去聲濁音讀陽平。

總的看來,中古平聲按聲母清濁分成陰陽兩類,確實是近代聲調發展的重要規律之一。至於《中原音韻》中陰平、陽平的調值如何,迄今難於斷定。在現代漢語方言裏,有少數地區(如遼寧莊河,河北蔚縣、張家口,山西太原、寧武,甘肅康樂、莊浪)平聲只有一類,而且都是平調。絶大多數地區平聲都分陰陽。其中陰平多數是平調,但高低不一,如北京、厦門、廣州、雙峰等地爲 55,成都、昆明、梅縣、蘇州、温州、福州等地爲 44,瀋陽、長沙、陽江、潮州等地爲 33;少數是降調或曲折調,如南昌是 42,揚州是 31,西安是 21,濟南是 213,合肥是 212。陽平多數是升調,如北京、瀋陽是 35,揚州是 34,蘇州、厦門、南昌、西安是 24,雙峰是 23,長沙是 12;少數是降調,如成都、昆明、温州是 31,福州是 52,濟南是 42。只有關中方言比較特别,陰平大都是升調,平調極少①。根據上述情況,我們推想《中原音韻》陰平爲平調,陽平爲升調,也許不會離事實太遠。

---

① 白滌洲《關中方言調查報告》記録關中 39 個方言點,其中陰平爲升調或降調的共 38 個點,只有一個點是平調。

二、入派三聲

漢語發展到元代，入聲[-p]、[-t]、[-k]韻尾消失，韻母結構發生了變化。《中原音韻》把中古入聲字分别派入陽平、上聲、去聲，陰平没有入聲字。周氏説，入派三聲的事實，"前輩佳作中間，備載明白，但未有以集之者"(《正語作詞起例》)。元代詞曲的用韻裏，入聲不僅與陰聲押韻，而且有平有仄，證明周氏的話是實在的。例如《西廂記》一本四折《駐馬聽》曲"鐃、角、號、梢、敲、報、飽"韻，同上二本四折《甜水令》曲"那、多、過、合"韻，關漢卿《謝天香》第三折《正宫端正好》曲"妓、席、鬼、内"韻，賈仲明《山神廟裴度還帶》第一折《仙吕點絳唇》曲"埋、蓋、載、白、債"韻(有黑點的是入聲字)。

分析《中原音韻》中的入聲字，我們可以看出"入派三聲"有以下三條規律：

1. 全濁入聲歸陽平。《中原音韻》裏屬於中古並、定、群、從、邪、澄、床、禪、奉、匣 10 個全濁聲母的入聲字 176 個，其中有 166 個派入陽平。例如：

並　僕白帛舶泊箔薄勃渤跋魃拔别

奉　復伏鵩服佛縛伐筏罰乏

定　狄荻敵笛糴獨讀瀆牘犢毒纛突度踱鐸奪達遝叠牒喋蝶迭垤絰跌

澄　直姪擲秩逐軸澤擇宅濁濯鐲擢著

床　閘(床二)實食蝕射贖術秫述舌(床三)

禪　石十什拾屬淑蜀孰熟塾芍杓涉折

從　疾嫉集寂族鑿雜捷截絶

邪　夕席習襲俗續

群　及極局傑竭碣鐝撅

匣　斛槲鵠鶻畫劃鶴涸學鴬合盒盍活狎轄俠峽洽祫匣滑猾協穴

有少數例外，"甓闢暴(並)、滌(定)、檄覡(匣)、轍撤澈(澄)"9 字派入上聲，"劇(群)"字派入去聲。

2. 次濁入聲歸去聲。《中原音韻》裏屬於中古明、微、泥(娘)、來、日、疑、喻 7 個次濁入聲字 188 個，其中有 187 字派入去聲。例如：

明　蜜覓密墨木沐穆睦牧鶩目没麥脈陌貊驀末沫莫幕漠寞滅篾蔑

微　勿物襪

泥(娘)　匿訥搦諾納衲捏聶躡鑷

來　立粒笠力栗曆歷瀝櫪肋勒鹿漉麓祿律陸戮録緑醁略掠落洛絡酪烙樂臘蠟拉糲辣裂列冽獵鬣劣

日　入日辱褥弱蒻箬若肉熱爇

疑　逆兀玉獄額客鞨愕萼鶚鰐鄂岳樂虐瘧嚙臬蘖業鄴軏月刖

喻　逸易埸譯驛溢鎰腋掖液役疫翼射欲育藥躍鑰瀹葉燁悦閲越鉞

次濁入聲字中只有一個"抹"字派入上聲,没有派入陽平的字。

3.清音入聲歸上聲。《中原音韻》裏屬於中古幫、滂、非、敷、端、透、知、徹、照、穿、審、精、清、心、見、溪、曉、影等 18 個清音聲母的入聲字 357 個,其中有 331 字派入上聲。例如:

幫　必畢蹕碧壁璧筆北卜佰白百柏迫擘檗剥駁撥跋鉢八别鱉憋

滂　匹僻闢劈撲拍珀魄潑粕鈸瞥撇

非　不復福幅蝠腹法發髮

敷　覆拂

端　的嫡滴德得篤督掇答搭嗒

透　踢剔禿託拓柝橐飥魄脱塔榻獺鐵餮帖貼

知　劄竹築卓琢摘謫輟哲

徹　勅鶒畜黜戳

照　札責幘簀側仄昃窄迮捉(以上照二)質騭炙只織汁燭粥斫酌繳灼折浙摺拙(以上照三)

穿　察插策栅册測鍤笈(以上穿二)尺赤叱觸出綽婥掣啜(以上穿三)

審　瑟澀縮色穡索朔稍槊殺霎(以上審二)失室識拭軾飾釋適奭濕束叔淑設攝説(以上審三)

精　積績跡唧鯽稷脊卒足蹙則作柞爵雀咂匝節席接楫

清　七漆刺戚簇促錯鵲趞撮切竊沏妾

心　塞昔惜息錫淅析速蔌縮謖宿粟索捺削颯靸撒薩屑薛泄紲燮雪

見　吉激擊棘戟汲給急國谷轂骨菊踘局格骼革隔摑閣各郭角覺脚葛割鴿蛤聒

括甲胛夾結潔頰鋏劫決訣玦譎蕨

溪 乞訖喫泣隙哭酷窟屈曲麯客刻廓渴闊恰掐刮挈怯篋缺闕闋

曉 吸翕隙黑忽笏嚇壑熇謔瞎歇蝎

影 一

有少數例外,"逼博(幫)、逖撻踏(透)、譁(曉)、葺鏃睫潗(精)"10字派入陽平,"刷(生)、惡堊鴨謁噎約藥决屋鬱厄益一乙邑憶揖(影)"18字派入去聲。其中影母字比較特别。按照規律,影母是清聲,入聲應派入上聲,可是在《中原音韻》裏,影母入聲派入上聲的只有一個"一"字,而且在去聲中重出;派入去聲却有17字,與次濁聲母喻、疑兩母相同。大約因爲影、喻、疑三個聲母在元代都已變成零聲母,所以它們的入聲有共同的變化規律。

三、濁上變去

在《中原音韻》裏,古代清音上聲字仍讀上聲。濁上變去,是指古代全濁上聲字變入去聲。這種變化,從8世紀就開始了。唐李涪《刊誤》批評《切韻》"字同一聲,分爲兩韻"。"恨怨之恨則在去聲,佷戾之佷,則在上聲;又言辯之辯則在上聲,冠弁之弁則在去聲;又舅甥之舅則在上聲,故舊之舊則在去聲;又皓白之皓則在上聲,號令之號則在去聲。""佷辯舅皓"是全濁上聲字,"恨弁舊號"是全濁去聲字,李氏以爲這四對字分别同音,表明全濁上聲字"佷辯舅皓"已讀成去聲①。韓愈《諱辨》説:"周之時有騏期,漢之時有杜度,此其子宜如何諱?"韓愈認爲"杜度"同音,"杜"是全濁上聲,"度"是全濁去聲。《韻鏡》卷首"上聲去音字"條明確提出"今逐韻上聲濁位並當呼爲去聲",如"動、道、禱、士、上、父"等。严粲《詩缉·条例》:"凡上聲浊音,讀如去聲,俗讀作上聲清者非。"同書《音图》:"四聲惟上聲全浊者讀如去聲,謂之重道。如'同、動、洞、独','動、洞'是重道,盖四聲皆全浊也。'動'字虽是上聲,以其爲上聲浊音,只讀如'洞'字。"

宋詞用韻中全濁上聲常與去聲押韻,例如辛棄疾《尋芳草》詞"淚、被、睡、戲、意、字"韻,同上《玉樓春》詞"住、路、絮、誤、負、處"韻,同上《生查子》詞"困、信、盡、

① 參看李榮《論李涪對〈切韻〉的批評及其相關問題》,載《中國語文》1985年,1期,1—9頁。

近”韻(有黑點的是上聲字)。這些都表明全濁上聲已讀成去聲。

不過在宋人韻圖裏,全濁上聲字仍然列爲上聲,並没有列入去聲韻。宋詩中也有全浊上聲仍押上聲韻的。如陸游《長木夜行抵金堆市》詩“雨、塢、堵、杼、處、虎、旅、古”韻,其中“雨、塢、堵、處、虎、古”是清聲母,“旅”是次濁聲母,“杼”是全濁聲母;又《翌日早晴》詩“潦、浩、島、老、掃、草、討、道”韻,其中“島、掃、草、討”是清聲母,“潦、老”是次濁聲母,“浩、道”是全濁聲母。

到《中原音韻》才打破傳統韻書的限制,正式把中古全濁上聲字歸入去聲。例如:

並　倍被婢陛罷部簿鰾抱鮑辨辯伴牝笨蚌棒並

奉　奉父釜輔婦負阜範犯範

定　動盪弟娣悌杜肚怠待盾沌囤誕道稻舵惰墮淡斷

澄　重杖雉柱紵苧豸篆兆趙旐肇朕湛

床　仕柿涘俟饌譔䰃

禪　是氏市恃豎腎善鱔墠紹社甚

從　罪聚在盡瓚踐皁造静靖穽漸

邪　象像似姒巳汜耜兕祀序敘緒

群　技跪揆巨詎拒距秬近件咎臼舅儉芡

匣　項晃幌户扈岵怙亥解混旱限緩昊皓浩顥荷禍廈杏幸倖迥后後厚撼頷

全濁上聲變去聲的規律在現代漢語普通話和大多數方言裏也都一致。上面所舉全濁上聲字在現代普通話、湘語、客家話(如梅縣、大埔)裏大都讀成去聲。可見全濁上聲變去聲是從中古到近代乃至現代漢語的聲調發展的規律之一。有少數例外,“殍諞(並)、唪(奉)、詒紿艇挺袒誕萏(定)、盾(床三)、趲吮(從)、噤窘(群)、汞沆狠獷澣(匣)”中古都是全濁上聲字,《中原音韻》仍讀上聲。這少數字並不影響全濁上聲變去聲的規律。至於次濁音上聲,《中原音韻》仍讀上聲,與清音上聲字同調。例如:

明　蠓懵猛蜢莽蟒米弭浼美母某牡畝敏閔

微　罔網輞尾亹武舞鵡侮廡刎吻晚挽

泥(娘)　噥你旎禰餒努弩女乃奶赧暖碾撚腦惱

日　壤穰爾邇耳餌蕤汝乳忍軟繞嬈擾稔荏

來　攏隴壟兩魎禮里理李磊壘蕾魯呂懶輦

疑　仰錡蟻擬艤顗隗五伍午仵忤語圄讞阮

喻　勇涌踴俑永養癢往矣已以唯偉雨羽宇

只有兩個例外。"誄(來)"本旨韻,讀去聲;"麽(明)"本果韻,讀平、去兩聲。

四、去聲不變

中古去聲字,無論聲母清濁或有無變化,近代仍讀去聲,調類上不發生變化。中古漢語有1285個去聲字,在《中原音韻》裏都歸入去聲。如:

《中原音韻》聲母	中古去聲聲母和例字
幫[p]	謗閟蔽秘貝具備布拜豹播霸(幫)蚌棒斃陛步捕並病瀑 憑(並仄)
滂[p‘]	胖配沛霈怖鋪湃派怕砲破(滂)
明[m]	夢孟妹媚暮墓邁悶謬繆帽(明)
非[f]	諷放沸廢販(非)訪費肺泛(敷)鳳縫吠分飯(奉)
微[v]	未味問紊妄志蔓萬(微)
端[t]	凍棟帝諦對隊帶戴(端)洞宕弟地度渡遁鈍(定仄)
透[t‘]	剃吐兔太態歎炭(透)
泥[n]	膩内怒奈耐鼐嫩鬧耨賃(泥、娘)弄礱諒亮利例麗淚爛 賃(來)
照[tʃ]	帳脹註著駐貯鎮罩晝咮(知)仲丈杖墜住柱綻棹鄭(澄仄) 壯瘵債詐榨諍皺譖蘸(照二)狀事助寨眥棧乍驟 僽(床二仄)障瘴志至注鑄柘蔗正政(照)
穿[tʃ‘]	暢帳悵趁齔疢姹詫(徹)創厠櫬蠆篡鈔讖儭(穿二)銃倡唱 喙處釧臭稱秤(穿三)
審[ʃ]	數曬鎩帥率汕訕疝瘦滲(審二)晌世勢税説恕庶舍聖 勝(審三)上尚誓逝睡瑞樹署慎贍(禪)

	順射麝貰乘剩(床仄)
日[ʐ]	讓日入芮孺茹刃認閏任(日)
支[tʂ]	至志誌(照三)
詩[ʂ]	生(審二)試弑(審三)是氏市侍蒔嗜豉視筮噬(禪)事(床二)
兒[ʐ]	二貳餌(日)
精[ts]	綜縱粽葬醬將濟霽祭最再進(精)匠劑祚胙賤餞坐座藉贈静(從仄)
清[ts‘]	次刺砌翠脆醋措娶趣菜寸粲(清)
心[s]	宋送喪相四肆細碎素塞信散(心)訟誦頌象巳似寺穗燼殉羨謝(邪)
見[k]	貢降見貴檜踞戒介幹貫告叫(見)共忌劇櫃跪具郡倦圈轎競舊(群仄)
溪[k‘]	抗曠器棄去困看竅課跨慶磡(溪)
曉[x]	向況戲晦戽釁訓漢喚獻化興(曉)閧巷系會護互害壞恨汗現號(匣)
影[ø]	盎意慰印按要應幼(影)用樣旺異易刈胃位夜又(喻)義議劓毅藝馭遇岸卧硬驗(疑)

除此以外,《中原音韻》去聲還有從中古入聲變來的 219 字,濁上聲變來的 164 字,濁平聲變來的 9 字,清上聲變來的 17 字,清平聲變來的 6 字,其他 42 字,總計 1742 字,範圍擴大了。

總上所述,從中古到《中原音韻》,漢語聲調的發展可以列表如下:

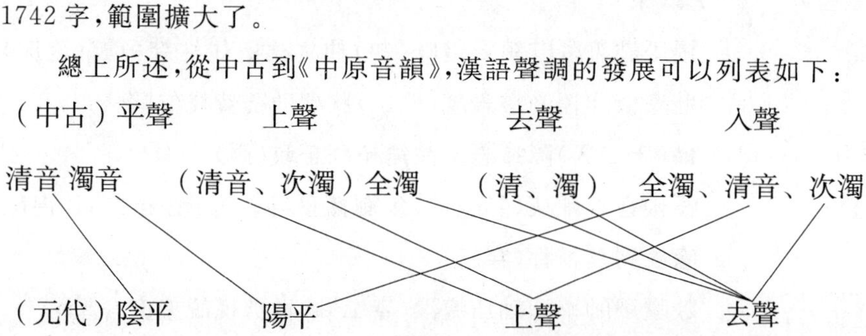

從《中原音韻》到現代漢語普通話仍然保持四個聲調的格局,只是内容有了

變化，下節裏我們就會詳細討論。

第七節　現代漢民族共同語標準音的形成

現代漢民族共同語標準音（北京音）系統從元代起就開始形成了。從上面幾節裏可以看出，14 世紀《中原音韻》所反映的以中原語音爲基礎的北方話語音系統，跟現代漢語普通話標準音已比較接近。但是由於時代的變移，居民的遷徙，方言的相互影響，它們之間也還存在不少差異。下面我們將分聲、韻、調三方面進行討論：

一、聲母的變化

《中原音韻》有 25 個聲母，現代普通話有 22 個聲母。從《中原音韻》到現代普通話，聲母系統發生了以下三個方面的變化：

1. 舌面音[tɕ]、[tɕʻ]、[ɕ]產生

現代漢語聲母中的[tɕ]、[tɕʻ]、[ɕ]有兩個來源。一是來源於中古齒頭音精[ts]、清[tsʻ]、從[dz]、心[s]、邪[z]，一是來源於中古牙喉音見[k]、溪[kʻ]、群[g]、曉[x]、匣[ɣ]。元代濁音清化，齒頭音已合併成精[ts]、清[tsʻ]、心[s]，還沒有分化成[ts]、[tsʻ]、[s]和[tɕ]、[tɕʻ]、[ɕ]兩組；牙喉音已合併成見[k]、溪[kʻ]、曉[x]，也還沒有分化成[k]、[kʻ]、[x]和[tɕ]、[tɕʻ]、[ɕ]兩組。精、見兩組聲母截然不混。

精[ts]、清[tsʻ]、心[s]的三四等字以及見[k]、溪[kʻ]、曉[x]的二等開口和三四等字變成[tɕ]、[tɕʻ]、[ɕ]是什麼時候開始的呢？《中原音韻》沒有分化的痕跡。元劉鑒《切韻指南》（公元 1336 年）以"古賢"切"堅"爲音和，《早梅詩》以"早、從、雪"代表[ts]、[tsʻ]、[s]，以"見、開、向"代表[k]、[kʻ]、[x]，也都沒有分化。由精、見兩組聲母分化出舌面音[tɕ]、[tɕʻ]、[ɕ]是 17 世紀以後的事。

清乾隆癸亥年（公元 1743 年）存之堂编《圓音正考》對團音和尖音作了區分①。該書序言中說：

---

① 此書共收 1600 字，分 96 組 48 對，團音在前，尖音在後。每組首標滿文，下列與該字滿文音節相對應的漢字。它標示出團音和尖音的對立情況，指明尖團兩類字音的來源。現存有道光庚寅年刻本和 1929 年印本。

> 試取三十六字母審之，隸見、溪、群、曉、匣五母者屬團，隸精、清、從、心、邪五母者屬尖，判若涇渭。

“尖音”指精組聲母的細音，即[ts]、[ts‘]、[s]跟[i]、[y]相拼的音；“團音”指[k]、[k‘]、[x]的腭化音，即舌面音[tɕ]、[tɕ‘]、[ɕ]。

乾隆年間，[ts]、[ts‘]、[s]跟[i]、[y]相拼已變成[tɕ]、[tɕ‘]、[ɕ]，跟[k]、[k‘]、[x]的腭化音[tɕ]、[tɕ‘]、[ɕ]合而爲一，尖團音不分了，所以《圓音正考》的作者要從字母來源加以考正。這就表明，至遲不晚于 18 世紀初，聲母[tɕ]、[tɕ‘]、[ɕ]已經産生了。變化的情況如下：

[ts] {(開口、合口)→[ts]：臧遭贊增宗租尊鑽
　　 {(齊齒、撮口)→[tɕ]：將擠尖精沮聚雋俊

[ts‘] {(開口、合口)→[ts‘]：倉操餐層匆粗攛村
　　　{(齊齒、撮口)→[tɕ‘]：槍親前情蛆取詮逡

[s] {(開口、合口)→[s]：桑騷散僧酸蘇孫松
　　{(齊齒、撮口)→[ɕ]：湘線蕭星須序宣洵

[k] {(開口、合口)→[k]：剛高該歌姑官鯤光
　　{(齊齒、撮口)→[tɕ]：姜肌斤嬌居涓君扃

[k‘] {(開口、合口)→[k‘]：康開可堪枯寬坤空
　　 {(齊齒、撮口)→[tɕ‘]：羌欺牽輕區群圈瓊

[x] {(開口、合口)→[x]：航海何憨呼昏歡轟
　　{(齊齒、撮口)→[ɕ]：香欣賢興虛勳喧兄

以下各組的兩個字，前一字是尖音，屬精組；後一字是團音，屬見組。它們在現代普通話裏已没有區别。

齎機　妻欺　西希　疽居　蛆區　需吁　津斤　秦勤
新欣　箋堅　遷愆　先掀　鐫涓　悛圈　宣喧　醮叫

俏竅　小曉　精京　青輕　星興　啾鳩　秋丘　修休

津金　侵欽　心歆　殲兼　塹欠　纖鍁

在吴語等方言區以及石家莊、青島、鄭州、洛陽、柳州、桂林等官話區裏，尖團音不混，這些字還是有區别的①。

除了三、四等字，江、蟹、山、效、假、咸 6 攝的二等開口牙喉音絶大部分也讀成舌面音[tɕ]、[tɕʻ]、[ɕ]。如：

江攝　江講繈絳降洚腔巷項

蟹攝　皆階偕佳街解戒介界屆鞋嚇蟹懈械薤澥

山攝　姦間艱菅簡揀間澗諫慳閑癇限莧

效攝　交蛟郊狡姣絞攪校教較敲巧哮爻孝

假攝　家加嘉賈假駕嫁架價蝦霞瑕下夏暇

咸攝　監緘減鑒嵌咸銜艦轞陷餡

有一些二等開口牙喉音字没有腭化，仍讀舌根音[k]、[kʻ]、[x]。例如：

江攝　缸扛釭(江韻)

蟹攝　揩楷骸駭(皆韻)

梗攝　亨(庚韻)

此外，《中原音韻》裏“庚鶊賡更粳(秔)羹”與“京荆”等字同音，“骾綆緪梗哽耿”與“警頸”同音，聲母是[k]；“桁珩衡”與“形硎”等字同音，聲母是[x]，現代普通話“庚”“骾”兩組字聲母爲[k]，而“京”“警”等字聲母爲[tɕ]；“桁珩衡”聲母爲[x]，而“刑硎”聲母爲[ɕ]。“三更”、“打更”的“更”，普通話讀 $geng^{55}$，北京口語念 $jing^{55}$，“粳”(秔)字普通話裏亦念 $jing^{55}$，聲母是[tɕ]。

三等合口牙喉音絶大多數變爲[tɕ]、[tɕʻ]、[ɕ]，但是止攝三四等(包括重紐)合口牙喉音全部，蟹攝四等，通、宕兩攝部分以及個别臻攝字仍讀[k]、[kʻ]、[x]。通攝三等合口念[k]的有“弓躬宫貢”(東合三)、“恭供龔拱珙共供”(鍾合三)，念[kʻ]的有“恐”(腫合三)；宕攝三等合口念[kʻ]的有“匡筐眶狂”(陽合三)；止攝三等合口念[k]的有“規詭跪”(支合三)、“龜簋癸軌晷宄櫃餽”(脂合三)、“歸鬼貴”(微合

① 参看袁家驊《漢語方言概要》(第二版)，31、60 頁。

三),念[k‘]的有“虧窺”(支合三)、“葵馗夔逵簣蕢揆”(脂合三),念[x]的有“麾毁譭燬”(支合三)、“徽卉虺諱”(微合三);蟹攝四等合口念[k]的有“閨圭邽桂”(齊合四),念[k‘]的有“奎”(齊合四),念[x]的有“惠蕙慧”(齊合四);臻攝三等合口念[x]的有“葷”(文合三);等等。

2. 捲舌聲母進一步發展

從《中原音韻》看,元代已有捲舌聲母,但還處在過渡階段。支思韻中的章組字、個别知組字、日母字是[ts]、[ts‘]、[ʂ]、[ʐ],其他韻中的知、莊、章組和日母字是[tʃ]、[tʃ‘]、[ʃ]、[ʒ]。到 15 世紀蘭茂《韻略易通》,莊、章、知組和日母字都變成[tʂ]、[tʂ‘]、[ʂ]、[ʐ],捲舌聲母的範圍大大擴大了。捲舌聲母通常不與[i]、[y]相拼,它的後面齊齒變成開口,撮口變成合口,少數齊齒音也變成合口。

(1)齊齒變開口:

[tʃi]——→[tʂʅ]:知蜘質鷙炙汁織只智質置制

[tʃiɛ]——→[tʂə]:遮者赭哲摺浙折柘鷓炙蔗

[tʃiau]——→[tʂau]:昭招朝沼照詔

[tʃiou]——→[tʂou]:啁輈周賙州洲舟肘帚竹燭粥晝咮呪

[tʃiam]——→[tʂan]:瞻詹占粘沾霑颭

[tʃiəm]——→[tʂəm]:砧椹針斟箴枕

[tʃiɛn]——→[tʂan]:鱣邅氈鸇旃饘栴展戰顫

[tʃiən]——→[tʂən]:珍真振甄軫疹診稹鎮震振賑

[tʃiaŋ]——→[tʂaŋ]:張章漳獐樟璋麞長掌帳脹漲障墇瘴

[tʃiəŋ]——→[tʂəŋ]:徵征烝蒸拯整正政證

[tʃ‘i]——→[tʂ‘ʅ]:笞癡郗螭絺鴟蚩池馳遲持篪恥侈尺赤叱吃

[tʃ‘iɛ]——→[tʂ‘ə]:車哆撦轍撤澈掣

[tʃ‘iau]——→[tʂ‘au]:超朝潮鼂

[tʃ‘iou]——→[tʂ‘ou]:搊篘愁瞅僽

[tʃ‘iɛm]——→[tʂ‘an]:襜覘蟾幨諂韂

[tʃ‘iəm]——→[tʂ‘ən]:琛郴沈湛

[tʃ‘iɛn]——→[tʂ‘an]:廛躔纏禪蟬闡蕆

[tʃʻiən]⟶[tʂʻən]：嗔瞋陳臣塵辰晨宸趁疢

[tʃʻiaŋ]⟶[tʂʻaŋ]：昌猖菖閶長萇場腸常裳嘗敞鼜昶唱倡暢悵鬯

[tʃʻiəŋ]⟶[tʂʻəŋ]：稱檉蟶赬澄呈程酲成城誠承丞懲乘塍騁逞秤

[ʃi]⟶[ʃʅ]：實十什拾石射食蝕失室識適拭釋濕世勢逝誓

[ʃiɛ]⟶[ʂə]：奢賒蛇佘舌涉舍設攝社射赦貰

[ʃiau]⟶[ʂau]：燒杓芍少爍鑠紹邵

[ʃiou]⟶[ʂou]：收熟手首守受授綬壽獸狩售

[ʃiɛm]⟶[ʂan]：苫閃陝贍

[ʃiəm]⟶[ʂəm]：深審嬸甚

[ʃiɛn]⟶[ʂən]：羶煽扇善禪饍擅單

[ʃiən]⟶[ʂən]：申紳伸身神哂蜃慎腎

[ʃiaŋ]⟶[ʂaŋ]：商傷殤觴湯賞晌上尚餉

[ʃiəŋ]⟶[ʂəŋ]：聲升勝繩聖乘剩盛

[ʒi]⟶[ʐʅ]：日入

[ʒiɛ]⟶[ʐə]：惹若喏熱

[ʒiau]⟶[ʐao]：饒橈遶繞嬈擾

[ʒiou]⟶[ʐou]：柔揉蹂肉

[ʒiɛm]⟶[ʐan]：髯冉苒染

[ʒiəm]⟶[ʐən]：壬任紝恁稔衽荏姙

[ʒiən]⟶[ʐən]：人仁忍刃訒仞認

[ʒiaŋ]⟶[ʐaŋ]：穰禳瀼瓤壤讓饟

(2)撮口變合口：

[tʃiuɛ]⟶[tʂuo]：拙輟

[tʃiu]⟶[tʂu]：豬瀦邾株蛛誅珠朱拄主煮諸翥麈著拄注澍炷鑄

[tʃuɛn]⟶[tʂuan]：專磚轉囀

[tʃiuən]⟶[tʂuən]：迍諄准

[tʃiuŋ]⟶[tʂuŋ]：中衷忠鍾鐘終塚腫踵種衆

[tʃʻiuɛ]⟶[tʂʻuo]：啜

[tʃʻiu]——→[tʂʻu]：樞除篨廚櫥躕儲蜍楮褚杵處杼出黜畜

[tʃʻiuɛn]——→[tʂʻuan]：川穿船傳椽喘舛串釧

[tʃʻiuən]——→[tʂʻuən]：春椿脣純淳醇鶉蠢

[tʃʻiuŋ]——→[tʂʻuŋ]：沖忡翀種充舂重蟲崇寵銃

[ʃiuɛ]——→[ʂuo]：説

[ʃiu]——→[ʂu]：書舒輸殊塾淑蜀孰熟茱鼠黍暑恕庶樹戍豎署曙

[ʃiuən]——→[ʂun]：瞬舜順

[ʒiu]——→[ʐu]：如茹儒襦繻嚅濡乳汝孺入辱褥

[ʒiuɛn]——→[ʐuan]：軟

[ʒiuən]——→[ʐun]：閏潤

[ʒiuŋ]——→[ʐuŋ]：戎絨茸冗

(3)齊齒變合口：

[tʃio]——→[tʂuo]：著

[tʃiau]——→[tʂuo]：著斫酌繳灼

[tʃiou]——→[tʂu]：竹燭逐

[tʃiau]——→[tʂuo]：綽婥

[ʃio]——→[ʂuo]：杓

[ʒio]——→[ʐuo]：若弱蒻

[ʒiou]——→[ʐu]：褥

現代漢語某些方言裹，這些字仍然保存齊齒或撮口的讀法。例如廣州話“者”念[tʃiɛ^{35}]，“抄”念[tʃiau^{55}]，“少”念[ʃiu^{35}]（多少）或[ʃiu^{33}]（老少）；長沙話“豬”念[tɕy^{33}]，“處”念[tɕʻy^{44}]，“書”念[ɕy^{33}]；等等。

3. 疑、微兩母完全消失

《中原音韻》裹，中古疑母有小部分字保存[ŋ]的讀音。15世紀以後完全消失，變成零聲母，只有少數例外。“钀臬蘖齧”讀[n]，“牛”在《中原音韻》裹與“尤猶”同音，“倪鯢霓猊輗”與“移宜”同音，“凝”與“盈營”同音，都讀零聲母，現代普通話裹“牛倪鯢霓猊輗凝”等字聲母都是[n]。

關於微母，元代還保存[v]的讀音，15世紀也没有消失。《早梅詩》裹“一”（影、喻、疑)和“無”(微母)有區别。但是到了 17 世紀,微母就消失了。徐孝《重訂司馬温公等韻圖經》(公元 1602 年)①裏微母“問”“文”二字與影母“温”“穩”二字同韻同聲母。徐孝又説:“吴、無、晚、玩、悟、勿之類,母雖二三,音實爲一味,不當分别而分别也,……今並於影母領率。”所謂“母雖二三”,是説“吴、玩、悟”屬於中古疑母,“無、晚、勿”屬於中古微母;所謂“音實爲一味”,是説它們當時都變成了零聲母,讀音相同,所以徐孝《等韻圖經》一並歸入影母。現代普通話裏,中古微母字都讀成了帶半元音[w]的合口呼,如“無毋巫誣武舞侮務微尾未味晚挽萬襪文蚊聞吻問物勿亡忘罔網望妄”等等。

總上所述,現代北京音(普通話)聲母系統早在 17 世紀,至遲不晚于 18 世紀初,已最終形成了。王力先生寫過一首 22 個字的《太平歌》,道是:

子(z)夜(ø)久(j)難(n)明(m),喜(x)報(b)東(d)方(f)亮(l)。此(c)日(r)笙(sh)歌(g)頌(s)太(t)平(p),衆(zh)口(k)齊(q)歡(h)唱(ch)。

這 22 個字代表了普通話的 22 個聲母,我們記憶起來是十分方便的。

二、韻母的變化

從《中原音韻》到現代,漢語韻母起了若干變化,主要有以下五點:

1. 鼻音韻尾歸併

韻尾[-m]消失和陽聲韻歸併是元代以來漢語韻母系統一個重要的變化②。元代收[-m]韻尾的侵尋[əm]、[iəm],監咸[am]、[iam],廉纖[iɛm]三個陽聲韻部,共收 417 字,唇音字“品帆凡範犯範泛”等元以前就轉到收[-n]尾的韻部去了。

15 世紀蘭茂《韻略易通》(公元 1442 年)分 19 韻,其中侵尋、緘咸、廉纖三韻,

---

① 《重訂司馬温公等韻圖經》(簡稱《等韻圖經》)成書于明萬曆三十年(公元 1602 年),收集在《合併字學篇韻便覽》内。《等韻圖經》形式上有 22 個聲母,其中三個是虚設的,實際上是 19 個聲母,韻母系統分十三攝即十三個韻部,大約反映了明末的北京語音。

② 方言中[-m] 尾與[-n]尾相混的情況由來已久。唐胡曾《戲妻族語不正》詩:“呼十却爲石,喚針將作真。忽然雲雨至,總道是天因。”(《全唐詩》卷 870)“針”、“陰”是侵韻字,屬[-m]尾,“真”、“因”是真韻字,屬[-n]。胡曾,唐湖南邵陽人,曾爲漢南節度使從事,其妻爲蜀人。這首詩證明唐代蜀方言[-m]尾已消失。

收[-m]尾。16 世紀桑紹良的《青郊雜著》(公元 1543 年) 分爲東、江、侵、覃、庚、陽、真、元、歌、麻、遮、皆、灰、支、模、魚、尤、蕭 18 个韻部,其中侵([əm]、[iəm]),覃([am]、[iam])兩韻收[-m]尾。

但當時[-m]尾已開始醞釀着變化。在明代民歌中,侵韻的"針、深、禁、金、心",監咸韻的"慚、賺、三",廉纖韻的"嫌、添、念、點、臉、廉"等字,往往與收[-n]尾和[-ŋ]尾的字通押。例如:

水路難行,是等來人好問音。若有姻緣分,勝似權州印。嗏,來到豫章城,日西沈,玉兔東升,慢把船兒趁,彩鳳求鸞何處尋?(《賽賽駐雲飛》)

十一月天寒,瑞雪飄飄樵鬢斑。山嶺梅初綻,惟有青松伴。嗏,西江月兒彎,好難擔。(《十二月駐雲飛》)

扯碎花箋,跌脚捶胸珠淚漣,白把青天怨,似此無靈驗。嗏,翻作歹姻緣。廟堂前,訴盡衷腸,神目明如電光,應辜義不全。(《王魁負桂英》)

第一首入韻 9 字"音、沉、尋"屬侵尋韻,"分、印、趁"屬真文韻,"行、城、升"屬庚青韻。第二首 6 字入韻,"寒、斑、綻、彎"屬寒山韻,"伴"屬桓歡韻,"擔"屬監咸韻。第三首 7 字入韻,"箋"屬先天韻,"驗"屬廉纖韻,"漣、怨、緣、前、全"屬先天韻。也許當時不僅 [-m]尾開始變成[-n]尾,一些方言裏收[-ŋ]尾的字也變成了[-n]尾。

到了 16 世紀,[-m]尾就完全消失而與[-n]尾合併了。依照元音,侵尋併入真文,監咸併入寒山,廉纖併入先天:

[əm]——→[ən]:潛岑鍖讖森參槮滲罧

[iəm]——→[in]:林淋臨浸綅祲侵寢心沁金今錦禁欽琴禽歆音陰吟淫飲蔭

[am]——→[an]:擔耽膽紞淡貪探談潭毯南婪斬讒杉簪蠶三甘感堪含庵暗

[iɛm]——→[ian]:掂點添甜拈念廉臉尖漸纖塹謙欠嫌淹炎豔厭

李登《書文音義便考私編》(公元 1587 年)說:

七真　兼舊韻侵,内自有辨;

十二寒　兼舊韻删覃咸,内自有辨;

一先兼舊韻鹽，内自有辨。

李氏説明了[-m]尾和[-n]尾合併的事實。所謂“内自有辨”，其實只是音韻學家和戲曲家的事，在一般人民的口語中，它們已經没有什麽分别了。

17 世紀王荔《正音捃言》（公元 1628 年刊行）分 22 韻，收[-m]尾的韻都歸入收[-n]尾的韻。例如該書卷二第九“吟韻下”對句韻語之二：

蓮對菊，鳳對麟，麻冕對葛巾。渚清對沙白，霞重對嵐深。荒邱夢，故園心，吹笛對鳴琴。草迎金埒馬，花伴玉樓人。風細窗前横夏簟，月明門外急秋砧。清夜詞成，煬帝那思玉樹曲；長門獻賦，相如不記白頭吟。

其中 8 字入韻，“深、心、琴、砧、吟”原收[-m]尾，“麟、巾、人”原收[-n]尾[①]。

明崇禎年間畢拱宸《韻略滙通》（書成於公元 1642 年）韻分東洪、江陽、真尋、庚晴、先全、山寒、支辭、灰微、居魚、呼模、皆來、蕭豪、家麻、遮蛇、幽樓十六部，已没有《中原音韻》中收[-m]尾的侵尋、監咸、廉纖等韻部。

清順治（公元 1644—1661 年）或康熙（公元 1662—1722 年）年間樊騰鳳《五方元音》和徐孝《等韻圖經》（公元 1602 年）十三攝裏也没有深攝和咸攝，深聶併入臻攝，咸攝併入山攝，證明當時北方話裏[-m]、[-n]的分别已經消失。

再早一點是朝鮮中宗朝（公元 1506—1543 年）崔世珍的《四聲通解》（公元 1517 年）[②]，該書《凡例》説：

諸韻終聲ㄴ、ㅇ、ㅁ（-n、-ŋ、-m）之呼，初不相混，而直以侵、覃、鹽合口終聲，漢俗皆呼爲ㄴ（-n），故真與侵，删與覃，先與鹽之音多相混矣。

所謂“漢俗”即漢語的俗音，其實是指當時的“官話”。這就是説，在 16 世紀初

① 參看唐作藩《〈正音捃言〉的韻母系統》，載《中國語文》，1980 年，1 期。參看楊耐思《近代漢語[-m]的轉化》，載北大中文系《語言學論叢》第七輯。

② 《四聲通解》是據朝鮮世宗朝申叔舟（公元 1417—1475 年）所撰《四聲通考》（公元 1449 年）加以增注的。

葉，漢語"官話"裏已經把[-m]尾字念成[-n]尾。

2. 寒山、桓歡、先天三韻合併

《中原音韻》中寒山、桓歡與先天分成獨立的三部，它們的韻母不同。寒山是[an]、[uan]、[ian]，桓歡是[uɔn]，先天是[iɛn]、[iuɛn]。明代蘭茂的《韻略易通》裏，仍然有獨立的"端桓"部。但是畢拱宸的《韻略滙通》已把《韻略易通》裏的"端桓"部併入"山寒"部。徐孝《等韻圖經》進一步把寒山、桓歡、先天合併成一個山攝（相當于韻部），現代普通話裏，原屬《中原音韻》桓歡韻的字，唇音讀爲[an]，其他音讀爲[uan]，與寒山韻没有區别：

[uɔn]→[an]：般搬半伴泮畔絆潘盤磐槃蟠胖判拼瞞謾漫縵鏝饅滿懣幔墁

[uɔn]→[uan]：端短段湍團疃彖暖鸞卵亂鑽竄酸官觀管寬款歡桓唤换

《中原音韻》先天韻的字現代普通話分别讀爲[ian]、[an]、[yan]、[uan]：

[iɛn]→[ian]：邊扁變篇偏片眠顛天田年煎千先堅牽掀煙燕演宴硯

[iɛn]（捲舌音）→[an]：氈旃展戰纏扇善然

[iuɛn]→[yan]：臠孌全泉宣選涓拳喧元冤

[iuɛn]（捲舌音）→[uan]：專磚轉川穿舛串軟

這樣《中原音韻》裏的寒山、桓歡、先天三部在現代普通話裏合併成了一個韻部，包括四个韻母，漢語拼音方案分别寫作 an、uan、ian、üan。

3. 兒化韻産生

《中原音韻》支思韻的"兒、而、爾、邇、耳、駬、餌、珥、二、貳"等日母字念[ʐʅ]。到了明代，變成了捲舌元音[ər]，徐孝《等韻圖經》把日母字"而爾二"列在止攝開口影母下，表明它們没有輔音聲母。法国传教士金尼閣《西儒耳目資》（公元 1626 年）標音爲[ul]，不標輔音聲母。方以智《切韻聲原》（公元 1641 年）①說："兒爲獨字，姑以人誰切附此。"當時"兒"已讀爲[ər]，與其他日母字不同，所以稱爲"獨字"。總之，到 17 世紀，捲舌元音[ər]就開始形成了。

現在談談兒化韻的産生與發展。捲舌元音[ər]不和别的聲母相結合，但它常常寫作"兒"放在别的詞後面，構成兒化詞。14 世紀以前這類兒化詞已經大量出現

① 此書收入方氏《通雅》卷 50，書成于明崇禎 14 年（公元 1641 年）。

了。舉元王實甫《西廂記》四本三折《叨叨令》曲爲例：

> 見安排着車兒、馬兒，不由人熬熬煎煎的氣。有甚麽心情將花兒、靨兒，打扮的嬌嬌滴滴的媚。準備着被兒、枕兒，則索昏昏沉沉的睡。從今後衫兒、袖兒，都揾濕做重重叠叠的淚。兀的不悶殺人也麽哥！兀的不悶殺人也麽哥！久已後書兒、信兒，索與我恓恓惶惶的寄。

在這首曲子裏，出現了“車兒、馬兒、花兒、靨兒、被兒、枕兒、衫兒、袖兒、書兒、信兒”10個兒化詞。明代蘭陵笑笑生的小説《金瓶梅》裏，這類兒化詞出現頻率很高，數量很大①。例如：

> 半中腰裏有個發放巡捕的廳兒，對門有個石橋兒，轉過石橋兒，緊靠着個姑姑庵兒，傍邊有個小胡同兒，進小胡同往西走，第三家豆腐鋪隔壁上坡兒，有雙扇紅對門兒的就是他家。（六十八回）

在詩歌押韻裏，“兒”最初只是黏附在別的韻字後面作爲一種附屬音節出現的。例如明萬曆年間（公元1573—1620年）趙南星《芳茹園樂府》所載俗曲《一口氣·有感于梁別駕之事》之二：

> 只怕房先兒△，全輕府判兒△，勉强相留没個笑臉兒△，陪着咱坐似針尖兒△。只合先兒們△，那們昝兒張三兒△。饒你有伶俐聰明，彈唱聰明，瀝丁拉丁，也還差點兒張三兒△。

① 參看李思敬《從〈金瓶梅〉考察十六世紀中葉北方話中的兒化現象》，載北大中文系《語言學論叢》十二輯，97—108頁。

這裏主要的韻脚不是“兒”，而是“兒”前面的“先、判、臉、尖、先、三、三”。因爲“兒”不是主要的韻脚，發音可能逐漸變輕變短，並跟它前面的音節相融合，於是兒化韻就産生了。這一轉化過程，至遲在17世紀已經完成。清康熙年間趙紹箕《拙菴韻悟》（公元1674年）所分六奇韻（單元音）中有“姑[u]”、“格[ɤ]”兩韻，而十四通韻（相當於十四攝）中又有“姑兒[ur]”、“閣兒[ɤr]”兩韻，明顯地肯定了當時兒化韻已經存在的事實。

到了現代，北京話的自然兒化詞有1500個以上，範圍廣泛，包括了幾乎所有詞類。名詞如“大褂兒”、“人緣兒”，動詞如“玩兒”、“耐悶兒”，形容詞如“味兒[極了]”、“乾净兒的”，數詞如“一半兒”、“千兒八百”，量詞如“[一]盒兒”、“[一]份兒”，副詞如“倍兒[好]”、“噴兒[香]”，擬聲詞如“咯兒咯兒[地笑]”、“咳兒咳兒[地咳嗽]”，擬態詞如“崩兒崩兒[地蹦]”、“針兒針兒[地疼]”，等等。從語音上説，幾乎所有的韻母都可以變成兒化韻了。

4. 元音[o]發生變化，元音[ɤ]形成

《中原音韻》裏，歌戈韻的韻母爲[o]、[uo]、[io]，尤侯韻的韻母爲[ou]、[iou]，主要元音都是[o]。到現代普通話裏，它們起了很大的變化。

(1)歌戈韻的開口音[o]分化爲[o]、[uo]、[ɤ]三個：

[o]→[o]（唇音）：薄泊箔勃渤

[o]→[uo]（舌齒音）：鐸度濁濯鐲鑿

[o]→[ɤ]（牙喉音）：哥歌柯舸笴葛割鴿閣箇個軻珂可渴嗑呵訶何河荷合盒鶴盍賀俄蛾餓阿蕚鰐鄂惡

(2)歌戈韻的合口音[uo]分化爲[o]、[uo]、[a]、[u]、[ɤ]五個音：

[uo]→[o]（唇音）：波玻皤跛簸播坡頗婆叵潑粕破磨摩魔抹末沫莫寞佛

[uo]→[u]（唇音）：幕縛

[uo]→[uo]（舌齒、部分牙喉音）：多奪朵掇舵墮惰剁馱拖駝妥唾儺糯羅裸洛落絡左佐坐磋搓莎蓑鎖過果闊活火貨禍窩倭卧

[uo]→[a]：跋魃他那

[uo]→[ɤ]（部分牙喉音）：戈科蝌窠顆課禾和訛

(3)歌戈韻中的齊齒音[io]分化爲[yɛ]、[uo]：

[io]→[yɛ]:略掠學虐謔岳樂藥約躍鑰

[io]→[uo]:若弱蒻

由[io]變爲[yɛ]是很晚的事,19 世紀中葉裕恩的《音韻逢源》(公元 1840 年)還是念[yə],大約到 19 世紀末才念成[yɛ]。

(4)尤侯韻的開口音[ou]現代北京話分化爲二。大多數字仍念[ou],少數唇音字念[au]。

[ou]→[ou]:牟侔兜斗偷透樓漏走湊搜勾狗摳口侯歐

[ou]→[au]:矛貿懋

(5)尤侯韻的齊齒音[iou]現代北京話分別念成[iou]、[ou]、[iau]、[u]四個音:

[iou]→[iou]:劉柳酒就秋修秀鳩九丘求休憂尤有又牛

[iou]→[ou]:周洲舟肘晝抽稠醜臭收手首獸柔揉肉

[iou]→[iau]:彪

[iou]→[u]:逐竹燭褥宿

從上面可以看出,從元代到現代普通話,元音[o]的變化顯示了以下幾種不同的趨勢:

(1)單元音變成複元音。《中原音韻》歌戈韻的韻母[o],在舌齒音後面讀成[uo],它們都來自中古入聲,如"鐸濁鑿"等。

(2)複元音變成單元音。《中原音韻》歌戈韻的韻母[uo],在唇音後面脱落介音[u]而變成單元音[o],如"波坡磨";尤侯韻中的韻母[iou],在知、照組聲母後面,變成[u],如"竹逐燭"。它們都來自中古入聲,並在魚模韻中重出。

(3)圓唇元音變爲不圓唇元音。《中原音韻》歌戈韻的韻母[o],在牙喉音後面變成相應的不圓唇元音[ɤ],如"哥科何"。韻母[ət]的一部分中古入聲字,18 世紀以後變成撮口呼[yɛ],[o]變成前半高不圓唇元音[ɛ]。如"略掠學虐"等。

(4)元音低化。《中原音韻》歌戈韻的韻母[uo],一部分現代變成[a],如"跋他那";尤侯韻的韻母[ou],少數字現代讀成[au],如"矛貿懋";韻母[iou],個别字現代變成[iau],如"彪"。它們的主要元音都由半高後元音變成了低元音[a]。

再談元音[ɤ]的形成。現代漢語普通話中的[ɤ],一部分由歌戈韻[o]的牙喉音變來,已如上述。此外還有三個來源:一是來自《中原音韻》車遮韻韻母[iɛ]的知照組字,如“遮者折哲柘蔗車掣撤轍澈奢舍蛇社射麝貰赦”等。二是來自《中原音韻》皆來韻韻母［ai］的莊組字如“澤擇責幘簀仄則側測册策色穡”,以及韻母［iai］的牙喉音字如“革隔格骼客刻額厄阨搤”。三是來自齊微韻韻母［ei］如“德得勒肋劾”。它們都是古入聲字。當它們的［-p］、［-t］、［-k］韻尾消失而派入陰聲各部時,其實元音並不一定完全相同。隨着漢語的進一步發展,它們又起了不同的變化。

元代［o］、［iɛ］、［ai］、［ei］四部分的字是什麼時候變爲［ɤ］的呢?《中原音韻》有歌戈(［o］、［io］、［uo］)、家麻 (［a］、［ia］、［ua］)、車遮(［iɛ］、［iuɛ］)三韻。蘭茂《韻略易通》(公元 1442 年)的戈何、家麻、遮蛇三部,徐孝《等韻圖經》(公元 1602 年)的果攝、假攝、拙攝,金尼阁《西儒耳目資》(公元 1626 年)的［a］、［o］、［e］,直到樊騰鳳《五方元音》(公元 1664 年)的馬、駝、蛇三部,都與《中原音韻》的歌戈、家麻、車遮三部相當,没有［ɤ］韻母的痕跡。但是康熙年間趙紹箕《拙菴韻悟》(公元 1674 年)的昆、官、公、光、規、乖、鈎、高、格、迦、戈、瓜、姑兒、閣兒十四通韻中,把“格”［ɤ］、“迦”［iɛ］、戈［o］、瓜［a］四部並列,表明 17 世紀,韻母［ɤ］已經産生並且獨立成部。

5. 開、齊、合、撮四呼發生變化

從元代到現代普通話,由於捲舌聲母的發展,陽聲韻尾［-m］的消失,元音的變化,四呼也就有了不同。捲舌聲母的産生和發展,使一些齊齒音變成了開口,一些撮口音變成了合口。前面討論捲舌聲母的時候已經列舉,這裏從略。

聲母和韻母的變化,使四呼的多少發生變化。《中原音韻》共有 46 個韻母。其中開口呼 13 個,合口呼 11 個,齊齒呼 16 個,撮口呼 6 個①。現代普通話有 37 個韻母,其中開口呼 14 個,合口呼 9 個,齊齒呼 10 個,撮口呼 4 個。兩相比較,開口呼增加了［ɤ］、［ər］,減少了［əm］、［am］;現代漢語拼音方案中的 ong 實際讀音爲［uŋ］。合口呼［uən］和［uan］合而爲一。齊齒呼減少了［io］、［iai］、［iɛu］、［iɛn］、［iəm］、［iam］、［iɛm］。撮口呼［iuŋ］、［iuəŋ］合併爲［yŋ］(拼音方案寫作 iong)。［iuŋ］的舌齒音現代念成 ong［uŋ］,如“濃穠醲龍隴戎冗中鍾腫重沖樅從松嵩”;牙喉音現代念 iong［yŋ］,如“穹芎窮邛凶胸洶熊雄”;［iuəŋ］現代念成 iong ［yŋ］,如

① 《中原音韻》這 6 個撮口呼韻母是［iu］、［iuɛ］、［iuɛn］、［iuən］、［iuəŋ］、［iuŋ］。介音是［iu］,和現代漢語的介音［y］不同。朴隱子《詩經通韻》(公元 1685 年)將《中原音韻》裏的魚模韻分爲烏［u］音和紆［y］音兩韻,撮口音正式由［iu］變成了［y］。這裏權把［iu］當撮口看待。

"扃瓊煢悍兄頃迥榮永詠"。至於個别字在四呼之間發生轉化，幾乎開齊合撮都有，這裏不列舉了。

三、聲調的變化

陰平、陽平、上聲、去聲四個調類，現代普通話跟《中原音韻》完全一致。但是經過明、清兩代的發展，各調類的内容以及哪個字歸入哪種調類却有所不同。這主要表現在兩個方面：

1. 入派三聲重新調整

《中原音韻》入聲字没有歸陰平的。《中原音韻》721 個中古入聲字中，全濁歸陽平，佔 24%；次濁歸去聲，佔 28%；清音歸上聲，佔 48%。到了現代漢語普通話裏，入派三聲的這個格局被打破了。

（1）清音入聲字大量向陰平、陽平、去聲轉化。《中原音韻》收古清音入聲字 360 個，派入上聲 334 字，約佔總數的 93%；派入陽平 8 字，派入去聲 18 字，兩項合佔 7%。

到了現代普通話裏，中古清音入聲"逼劈剔踢隻織汁吃失濕積跡七漆戚昔惜息淅擊激吸翕一揖黑撲督禿哭窟忽屋粥出叔菽屈曲麯擘拍摘割葛鴿約撥缽鏺潑脱撮聒答搭踏插鍤剳雜匝咂夾掐恰瞎八發鴨壓押刮鱉瞥撇帖貼接切薛歇蝎噎拙説缺闕託飥剥捉卓戳郭削"等 96 字轉入陰平，佔中古清音入聲總數的 27%。

"的嫡滴靮識唧鯽錫吉殛棘急汲覡檄國得福幅蝠拂卒竹燭足菊踘局責幘簀謫迮則革隔格骼摑閣蛤跋掇達劄察笈别憋哲折摺褶轍節癤楫結①潔劫頰鋏莢决玦訣鴂蕨譎博閣駁琢酌灼斫繳爵覺角脚桷"②等 82 字轉入陽平，佔中古清音入聲總數 24%。

"塞瑟澁（澀）必畢蹕篳壁璧辟僻逖質炙鷺赤勅叱鶒室適拭軾釋奭葺稷績刺泣訖隙益邑憶不復腹覆觸束簇蔌謖縮速酷沃兀笏築黜畜蹙促粟宿郁迫檗魄珀側昃仄册栅策測色穡客刻嚇厄阨隘惡堊粕括闊撻踏塌榻霎颯靸薩髮浙澈撤掣設攝灄竊妾

① "結"又讀陰平。

② "脚"通"角"念陽平（jue^{35}），一般念上聲（$jiao^{214}$）。

沏屑紲泄媟褻燮屧瘞怯挈篋謁輟啜闋拓橐魄柝作柞鑿錯遣各熇壑搠朔矟廓綽婥爍鑠皪鵲雀趞謔藥躍鑰瀹”等 145 字轉入去聲，佔中古清音入聲總數的 40％，數量最多。

只有“尺脊戟給乞乙卜篤谷穀轂骨伯百栢窄渴瘍獺塔嗒撒甲胛法撇鐵餮帖血雪索搽綷”等 34 字仍派入上聲，僅佔中古清音入聲字總數的 9％。

中古清音入聲字，現代漢語普通話大量轉入陰平、陽平和去聲，看不出有什麽規律可循。一些《中原音韻》裏完全同音的中古入聲字，現代普通話往往不同調。例如“督篤”，《廣韻》都是冬毒切，《中原音韻》都屬魚模上聲，現代“督”念 du^{55}，陰平，“篤”念 du^{214}，上聲。“忽笏”，《廣韻》都是呼骨切，《中原音韻》都屬魚模上聲，現代“忽”念 hu^{55}，陰平，“笏”念 hu^{51}，去聲。“摘謫”，《廣韻》都是陟革切，《中原音韻》都屬皆來上聲，現代“摘”念 $zhai^{55}$，陰平，“謫”念 zhe^{35}，陽平。有的字《中原音韻》只有一個讀音，現代普通話念成幾個讀音。例如“答”，《廣韻》都合切，《中原音韻》家麻上聲，現代普通話答應的“答”念 da^{55}，陰平；回答的“答”念 da^{35}，陽平。“帖”，《廣韻》他協切，《中原音韻》車遮上聲，現代普通話妥帖的“帖”念 tie^{55}，陰平；請帖、庚帖的“帖”念 tie^{214}，上聲；碑帖、法帖的“帖”念 tie^{51}，去聲。這些暫時都只能用“約定俗成”加以解釋。

(2)少數中古全濁入聲字轉入陰平、上聲和去聲。《中原音韻》收中古全濁入聲字 176 個，只有 8 字派入上聲，一個“劇”字派入去聲，其他都在陽平。現代普通話派入陽平的中古全濁入聲字仍佔絶大多數，但也有少數字入其他三聲。“夕突淑跌凸”5 字轉入陰平，“屬蜀”兩字轉入上聲，“擲秩射寂惑术術述續畫劃①鑿鶴縛鑊撻踏遝閘洽涉穴”等 22 字轉入去聲。《中原音韻》派入上聲的 9 個全濁字中，“闢甓暴撤澈”等 5 字今入去聲，“滌轍覡檄”4 字今入陽平，反而不再讀上聲了。

(3)個別中古次濁入聲字轉入陰平、陽平和上聲。中古次濁入聲字《中原音韻》讀去聲，現在普通話仍然如此，如“密覓匿立曆力栗日入木睦目没訥鹿禄兀玉獄欲浴育”等。但有少數字起了變化，如“拉摸揑曰”今讀陰平，“額”今讀陽平，“辱抹”今讀上聲。

① 《廣韻》卦韻：“畫，胡卦切，又胡麥切。”入聲二十一麥韻：“畫，胡麥切，又胡卦切。劃，錐刀刻。胡麥切。”《中原音韻》在皆來韻陽平。

2. 次濁、全濁陰平字出現

《中原音韻》裏平分陰陽，没有次濁陰平字。"麽"讀陰平是一個例外。明代法国耶穌會士金尼閣《西儒耳目資》（公元1626年）把"麽"字改作陽平，一個例外也没有了。清李汝珍《李氏音鑒》（公元1805年）有"捫、顢、摸、媽"幾個明母字讀陰平。到了現代漢語普通話裏，[m]、[n]、[l]、[ʐ]4個次濁聲母都有讀陰平的字。如：

[m]　媽麽摸摩（摩挲）嬷（嬷嬷）抹（抹布）貓顢（顢頇）悶（悶熱）蒙（蒙騙）眯（眯縫）

[n]　囔（囔囔）妮（妮子）拈（拈鬮）蔫（植物失水萎縮）捏妞（妞兒）

[l]　拉垃（垃圾）捞（捞摸）勒（勒根繩子）擂（擂了一拳）撩（把東西下垂的部分掀起來）拎（拎着籃子）溜（溜冰）熘（醋熘白菜）摟（摟柴火）瞜（瞜一眼）掄（掄刀）捋（捋虎鬚）

[ʐ]　扔

中古全濁平聲字《中原音韻》歸陽平，現代普通話仍就大都如此，也有少數讀爲陰平的。如：

並　瘢滮邳

喻　庸傭墉鄘镛鳶

定　涛焘佻苔

从　摧澌戕繒鄫嶕鰂戔疵

禅　殊茱洙銖

群　畿矜期鯨

匣　莖鰕兮奚蹊嶲攜鑴嵇鶟酣

這些全濁平聲字中，"繒"今普通話讀 zēng，"鯨、莖"普通話讀 jīng，"嵇"普通話念 jī。不僅聲調改變，聲母也不同，大約是因爲聲符關係讀了半邊字。

總上所述，我們可以看出，《中原音韻》所代表的元代語音系統已爲現代普通話的語音系統打下了堅實的基礎。從《中原音韻》到現在，漢語在聲、韻、調三方面都有不少變化，但基本面貌是一致的。經過600年的傳播，北京話的影響日益擴大，全國大多數地區的人都能聽得懂，説得出。因此，中華人民共和國成立後，把北京音確定爲現代漢民族共同語（普通話）的標準音是完全正確的。

中编

漢語詞滙史

詞滙對社會的變化極爲敏感，生産的發展，新事物的出現，制度的因革，風習的改變，無一不在詞滙中迅速反映出來。即使社會事物没有大的變動，詞滙本身也會産生新陳代謝的變化。詞滙是一個系統，不同的詞在詞滙系統中各有自己的位置，並且互相聯繫。其中一些詞如果因爲某種原因發生變動，其他一些詞往往會跟着發生變化，有的發展，有的死亡。總的趨向是從上古到中古，到近代，到現代，漢語詞滙越來越豐富，構詞方式也日益多樣化了。

第一章　上古漢語詞滙的發展

第一節　從甲骨文看商代詞滙

漢語詞滙的開始形成，早在殷商以前。我們現在看到的商代語言材料是甲骨刻辭，它幾乎是研究商代詞滙的唯一根據。《尚書》中的《商書》部分，經過周代學者的加工，一般只能作爲研究商代詞滙的旁證。由於内容和書寫形式的限制，甲骨刻辭不一定能反映商代語言的全貌。但是我們至少可以從中看到漢語詞滙早期發展的大體情況。

到目前爲止，已經出土的甲骨文字約 4500 個，人們能够辨認確定的 1000 多個，不到整個甲骨文字的三分之一。

甲骨刻辭所反映的商代詞滙特點是内容相當廣泛，但是數量有限；絶大多數是單音詞，複音詞很少；多數詞只有一個意義，一部分詞有幾個意義；也有一個意義用幾個不同的字來表現的。就詞性説，名詞最多，動詞次之，形容詞較少，虚詞更少些。兼類的現象相當多。

一、名詞

已經辨認確定的甲骨文字中，有名詞約 800 個。名詞的意義範疇包括天象、地理、時間、方位、動植物名稱、物質生活、武器和生産工具、官制等級、祭祀迷信、人體、親屬稱謂等許多方面。下面分别進行討論：

1. 有關天象、地理的名稱

天象名稱有“日、月、星、火、雲、雷、雨、霝（霖）、霎、雪、霾、雺（霧）、虹、蜺、鳳（風）、暈、晦、啓”等。“火”也叫“大火”，是二十八宿中東方心宿第二星，西方學者稱爲天蝎座(Scorpioα)。商人把火星的升高當作一年開始的起點,要對它進行祭祀[①]。如"丙寅卜,𣪊貞:其侑火?"(《甲》3083)"霝",《説文》:"霖,雨三日已往。""霖"字在甲骨文中用作地名。"䨺"爲天陰。如"辛丑卜,貞:今夕䨺"(《續 4・20・12》)。"霾"是空氣中浮懸着大量塵埃而形成的混濁現象。如"貞:兹雨不隹霾"(《甲》2840)。"蜺"是雌虹。商代已有虹飲水的傳説,如"亦有出蜺自北,飲于河"(《通》426)。"風"卜辭作"鳳",如"于帝史鳳,二犬"(《通》398)。郭沫若解釋説:"卜辭以鳳爲風。……古人蓋以鳳爲風神。《淮南子・本經》云:'堯之時,大風爲民害,堯乃使羿繳大風于青丘之澤。'大風與封豨、脩蛇等並列而言繳,則即大風若大鵬矣。風或爲神鳥,或爲鷙鳥者(《文選・劉孝標・辨命論》注引高誘注云:'大風,鷙鳥。')乃傳説之變異性如是。蓋風可以爲利,可以爲害也。此言'于帝史風'者,蓋視風爲天帝之使,而祀之以二犬。"商代還有四方風名。"東方曰析,風曰劦;南方曰夾,風曰凱;西方曰韋,風曰彝;北方曰勹,風曰𠬝。"(《京》520)這從《山海經》裏可以得到印證。"晦"卜辭借"每"爲之,如"至……弗每(晦)不雨"(《甲》641)。"啓"是雨止天晴,如"不啓,其雨"(《續》4・23・9)。也寫作"攺",如"貞:翌辛丑不其攺,王占曰:今夕其雨,翌辛丑雨,攺!之夕允雨,辛丑攺"(《通》388)。王國維説:"攺字從又持户,義當爲啓,疑即啓之假借字。"(《戩壽堂殷虚書籍考釋》)甲骨文雖有"天"字,却不作"上天"講,以"天"表上天,是周代方有的概念。

關於地理方面的名稱有"土、山、丘、岩、嶽、阜、陵、陸、谷、石、野、川、州、沚、汜、泉、淵、澗"等。卜辭裏還没有"地、海、湖、洋、泊"等詞。

這裏附帶談一下"巛"、"災"兩字。《説文・川部》:"巛,害也,從一雝川。《春秋傳》曰:'川雝爲澤,凶。'"王筠《句讀》:"巛,謂水害也。""巛"的本義是水害。古代中國北方雨量豐富,往往泛濫成災。甲骨文或作(《合》28434)、或作(《甲》1651),象洪水泛濫之狀,這是古代一種常見的自然災害。《説文・火部》:"烖,天火曰烖,從火𢦏聲;災,或從宀、火;扻,古文從才;災,籀文從巛。"甲骨文作(《乙》959)或

① 《書・堯典》:"曆象日月星辰,敬授人時。"河南商丘發現 4000 年前的觀星臺(火星臺),登封縣告成鎮(古陽城)有 3000 年前相傳爲周公所建的觀星臺。上古時期人與自然關係密切,早在商以前人們就很注意觀察天象的變化。

(《後》8・1)。徐鍇《繫傳》:"宀,室屋也。"段玉裁注:"火起於下,焚其上也。""灾"是火災,上古多爲茅草房,於室中燃柴生火,發生火災是常見的事。"烖、扷、災"是比較後起的異體字。"巛"、"災"引申爲一般災禍的意思,字形上統一寫作"災",新中國成立後,簡化漢字,又統一作"灾"。

2. 時間、方位名稱

甲骨卜辭中的時間詞有"日、月、年、歲、春、秋、旬、昱(翌)、晨、時、莫、夕、昏、朝、旦、明、昃、昔"等,還有"甲子、乙丑、丙寅……"整套干支紀年的名稱。"年"甲骨文作(鐵24・3)、(《前》7・1・5・3)、(《後》上31・10),從禾人聲,是穀熟的意思[①]。"求年"就是"求禾"。如"貞:求年于夔"(《前》1・30・1,《鐵》45・2)。收穫禾穀叫"受年",也叫"受禾"。如"辛卯貞:受禾"(《後》下6・16),"我受年"(《續》2・28・6),"我受黍年"(《前》4・40・2)。古代北方農作物一年一熟,"年"在商代已引申爲"一年"的意思,如"……戌卜,出貞:自今十年有五,王豐……"(《續》1・44・5)。"歲",《説文・止部》:"歲,木星也。"甲骨文作(《甲》2961)、(《餘》1・1)。或象鉞形,或從戉從步。郭沫若説:"歲星之運行約十有二歲而周天,古人即于黄道附近設十二標準點以觀察之,由子至亥之十二辰是也。歲徙一辰而成歲,故歲星之歲孳乳爲年歲之歲。"(《甲骨文字研究・釋歲》)如"癸丑卜,貞:今歲受禾,弘吉"(《粹》896)。又爲祭名,如"丙戌卜,翌丁亥父丁歲,其勺(犁)牛"(《粹》301)。"春"甲骨文作(《前》6・39・3)、(《前》7・28・4)。春天草木生長,百花盛開,是農民開始耕種的季節。"于春叀今秋"(《粹》1151),是問所卜的事發生在今春還是今秋。"秋",《説文》:"禾穀熟也。從禾,𪚲省聲。"甲骨文作(《甲》2・18・3)、(《卜》592)等形,象龜而有兩角,假借爲秋天字。秋天是百穀成熟的季節。"秋"的本義略當於"年"。卜辭"今秋"連用,是時間詞。如"今秋其有降隻"(《甲》226)。商代似乎還没有四季的劃分。卜辭有"冬"字,形作,只作"終"講,"冬日"(《通》大東3)等於"終日","冬夕"(《通》431)等於"終夕",没有作"冬天"講的。

甲骨卜辭中的方位詞有"東、南、西、北、中、外、上、下"等。"東"的本義是没有

---

① 《説文・禾部》:"年,穀孰也。從禾,千聲。"此從章太炎先生説。

底的袋子，即橐；“南”的本義是古代一種瓦製的樂器（唐蘭《殷虛文字記》），“北”的本義是二人相背，商代均假借爲方位詞；“西”字甲骨文作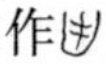，象鳥窩之形。《説文·西部》：“日在西方而鳥棲，故因以爲東西之西。”商代的方位似乎不是簡單的空間概念，而是能够吃牛羊，可以呼風唤雨的神衹。前面已經講到，四方都有自己的專名（析、夾、韋、勹），並各有自己的風（砉、凱、彝、殴）。“風”是帝之使（《乙》2452，3094，《通》398），“析”、“夾”、“韋”、“勹”乃是四方之帝。

3. 植物名稱

卜辭中的植物名稱不多，可分兩類：

1）樹木名稱有“木、林、森、竹、柳、栗、桑、枚”等。

2）農作物名稱有“禾、麥、來、黍、秫、稻、穆、粟”等。

甲骨文中没有桃、梅、李、梨等果木名稱，“木”、“林”、“森”、“柳”、“栗”、“桑”、“枚”也不用本義。又“柏”、“朱”二字，用作地名，“杏”用作人名，“杞”用作方國名。“桑”字出現，標志着商代養蠶業有了發展，有“蠶”字可以證明。這兩個字卜辭用作地名或人名。我國先民早已發明種植糧食作物。1985 年在甘肅省民樂縣東灰山遺址發現新石器時期小麥、大麥、高粱、粟、稷等農作物的炭化籽粒，經碳 14 測定，距今已 5000±159 年。它們都是我國古代北方人民的主要糧食品種。在黄河流域的一些遺址中，如甘肅秦安大地灣①和仰韶文化②的一些遺址中發現有黍，但它的分布遠不如粟那麽廣泛。我國南方是水稻的最早産地。史前人類很早就掌握了水稻的栽培技術。在浙江余姚河姆渡遺址發現了距今約 7000 年的大量稻穀和穀殼的遺存，有的堆積厚達一米左右③。在湖南洞庭湖區域發現了距今 8000 年到 9000 年前的人工水稻。“來”是小麥。《説文·來部》：“周所受瑞麥來麰也。”卜辭用作往來的“來”。“穆”，《説文·禾部》：“禾也。”甲骨文作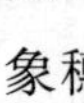，象穗上生長有鋒芒之形。卜辭用爲地名。周以後假爲“㣎”，細文也。引申爲美好、和睦、恭敬的意思。本義不再用。甲骨文没有草名。但“芻”，《説文·艸部》：“刈艸也。”甲骨文作，象以手取草之形。“折”，《説文·艸部》：“斷也。”甲骨文作（《新》1565），象以斤斷草之形，

① 參看《甘肅秦安大地灣新石器時代早期遺存》，載《文物》，1981 年，4 期。

② 參看《鄭州大河村遺址發掘報告》，載《考古學報》，1979 年，3 期。

③ 參看《河姆渡遺址第一期發掘報告》，載《考古學報》，1978 年，1 期。

卜辭用作地名。“莫”,《説文・茻部》:“日且冥也。”甲骨文作，象日在草中。“萑”、“蒿”、“蓐”等字,只作地名或方國名,也都從草。可見商代實有草名,甲骨文缺乏記録。此外,西安半坡村原始村落遺址中發現的陶罐裏,貯藏着炭化了的芥菜和白菜一類植物的種子,距今已六七千年①。很難説商代反而没有種蔬菜和吃蔬菜的習慣。但是甲骨刻辭裏没有瓜菜的名稱。

4. 動物名稱

鳥獸蟲蛇,給古代人民帶來危害,也帶來好處,肉可以吃,皮毛可以穿,骨角可以製器和裝飾,有的動物馴化後可供役使。人和動物的關係非常密切。甲骨刻辭裏,動物名稱頗多,獸類有“虎、兕、象、狼、鹿、麑、麛、麇、麐(麟)、廌、彘、猴、兔、狐、狽”等。“廌”(zhì),解廌,獸名。漢司馬相如《上林賦》“弄解廌”注引張揖:“解廌似鹿而一角,人君刑罰得中則生于朝廷,主觸不直者。”“兕”是犀牛一類的獸,一説即雌犀。現在中國除西雙版納外已没有象,商代中國北方顯然還是象的棲息之地。甲骨文“象”作(《前》3・31・3),(《後》下5・11),正是象的象形。《説文・象部》:“象,南越大獸。”那是周秦以後的情況。“彘”是野豬。甲骨文作。羅振玉説:“彘殆野豕,非射不可得,亦猶雉之不可生得。”②鳥類有“鳥、隹、雚、鳳、燕、雉、雊、雀、鷹、鷸”等。“隹”是短尾鳥。《説文・隹部》:“隹,鳥之短尾總名也。”卜辭借用爲語氣副詞“惟”。“鳳”,《説文・鳥部》:“鳳,神鳥也。天老曰:鳳之象也,鴻前麐後,蛇頸魚尾,鸛顙鴛思,龍文虎背,燕頜雞喙,五色備舉,出於東方君子之國,翱翔四海之外,過崐崘,飲砥柱,濯羽弱水,莫宿風穴,見則天下大安寧。”這是古人想象中的一種神鳥,甲骨刻辭借作“風”。“雊”是雉的一種,《説文》:“雊,雉肥雊音者也。”卜辭“雀”、“雊”、“鷸”都不用本義。

蟲類名稱有“虫(huǐ)、它(蛇)、蚰(kūn)、蠶、蠹、萬、蜀、黿、蠱”等。《説文・虫部》:“虫,一名蝮,博三寸,首大如擘指,象其卧形。”又《它部》:“它,蟲也,從蟲而長,象冤曲垂尾形。上古草居患它,故相問無它乎。蛇、它或從虫。”“虫”、“它”最初可能是一字,後來音義分化,《説文》定爲兩字。卜辭作“災害”講,如“……亡它”(《前》

① 參看《西安半坡》,文物出版社,1963年。

② 羅振玉《增訂殷虚書契考釋》中。

1·16·6),"隹它"(《鐵》46·2)。又爲代詞。"它示"指旁系先王,如"辛酉卜,賓貞:勿于它示禱"(《續》3·1·1)。"䖵",《説文·䖵部》:"蟲之總名也,從二虫,讀若昆。"卜辭用爲神祇名或方國名,不用本義。"蠶",甲文作(《鐵》1853),象形。商代對養蠶和蠶絲的生産非常重視,每年要祭祀蠶神,如"□宰,□五宰,蠶示三宰,八月"(《後》上28·6),"蠶示"就是蠶神,"蠶示三宰"就是用三宰祭祀蠶神。"萬"《説文·内部》:"蟲也。"甲文作(《前》3·30·5)、(《乙》1215),是蝎子的象形。卜辭假用爲數名,如"癸卯卜□隻(獲)□□其三萬不⊠"(《粹》1171)。"蜀"是葵中蟲,後來寫作"蠋"。"黿"是蜘蛛。"蠱"是腹中蟲。卜辭用於"禍祟"的意思,如"貞:母丙亡蠱"(《乙》1926)。

水族有"魚、黽、龜、鼉、龍"等。"黽"是青蛙,"鼉"是鰐魚的一種。商代卜卦用龜甲,所以龜是一種重要的動物。如"丙午卜,其用龜"(《前》4·54·7)。"龍"本是一種爬蟲類動物,可以畜養。虞舜時期曾有豢龍之國。《左傳·昭公二十九年》:"古者畜龍,故國有豢龍氏,有御龍氏。"但早在商代,龍已變成一種想象中的神物,綜合了幾種動物的形象。卜辭"龍"爲神祇名,又"龍甲"爲殷先祖謚號,"龍方"爲方國名。

家畜是從馴化野生動物開始的。《淮南子·本經》:"拘獸以爲畜。"甲骨文中的家畜名稱有"雞、雛、犬、芍(狗)、豕、豭、豚、豩、羊、羔、羖、馬、牛、牢、宰"等。"豕"是猪的通稱,"豭"是公豬,"豩(bīn)",是兩頭豬,"豚"是小豬。"馬"是商代重要的家畜,名稱達15個之多,不僅可供祭祀和食用,還可駕車以供役使,通常是兩匹馬拉一輛車。"牛"有黄牛和水牛兩種,用於祭祀和食用,也用於駕車或耕種。傳説"黄帝作車,引重致遠。少昊時駕牛,禹時奚仲駕馬。仲又作車,更廣其制度也"①。可見用牛駕車的歷史是很早的。"牢"是牛圈,卜辭用爲圈養以供祭祀用的牛。"宰"是羊圈,卜辭用爲圈養以供祭祀用的羊②。

5. 武器、生産工具名稱

甲骨文有關武器名稱的有"兵、戈、弓、弜(bì)、弦、矢、箙、函、医、干、殳、刀、斧、

---

① 《太平御覽》卷七十三引蜀漢譙周《古史考》。

② 參看姚孝遂《牢、宰考辨》,載《古文字研究》九輯,25—36頁。

戉、我”等。“兵”是兵器的總稱。卜辭也有作“兵士”講的，如“甲子卜，貞：出兵若”(《佚》729)。“弜”是弓檠。王國維説：“弜者，柲之本字。……柲所以輔弓，形略如弓，故從二弓，其音當讀如弼。”①“箙”“函”都是裝矢的器具，矢倒置於器內。但“箙”爲射時所用，矢括與箭一半外露，以便抽取，字形作；“函”是藏矢用的器具，矢全部隱於器内，字形作。“医(yì)”大約是一種擋箭的武器，有點像盾牌。《玉篇·匸部》：“医，所以蔽矢也。”“干”是盾牌。“殳”是一種有稜無刃的長兵器。“戉”《説文·戈部》：“斧也。”甲骨文作，象鉞之形。借用爲方國名。“我”字形，是獨體象形。王國維説：“我字疑象兵器形，訓余爲借義。”②卜辭大都用爲複數第一人稱代詞，多爲殷商自稱，也用爲方國名或人名。

生產工具裏，有“斤、耒、枱、臿、芣(huá)、柄”等。“斤”是砍刀。“耒”是一種直向安柄的雙齒刃耕具。甲文“耒”没有單獨出現，但“耤”字作(《前》6·17·5)，象手持耒以耕。“枱”(耜)是一種像鍬的農具。卜辭用作人名。“臿”是一種起土的農具，就是鍬。“芣”是兩刃的臿，《説文》：“芣，兩刃臿也。”後來寫作“鏵”。

新石器時代，人們已知道用網捕魚，半坡遺址中出土的彩陶中就有繪出漁網的裝飾圖案。甲骨文漁具名稱有“網、畢、罝(罝)、麗(罜)”等；“畢”甲骨文作(《周原卜甲》45)，是捕鳥的長柄網。“罝(罝)”是捕兔的網。卜辭借用作人名或地名。“麗”是捕麋的網。

這裏附帶談一談有關農田的名稱。甲骨文有“田、疇、畺”等字。卜辭“田”主要作“田獵”講，如“王田于遊”(《前》2·9·7)；少數作“農田”講，如“大令衆人曰：劦田，其受年”(《合》1)。在7部甲骨文著作中，“田”字出現458次，其中作“田獵”講的453次，作“田地”講的只有5次。大約“田”字初造時，主要指用於打獵或放牧的方塊場所，四周有封疆爲界。農業發展以後，土地用來種莊稼，纔有“田地”的意思。《説文·田部》：“田，陳也，樹穀曰田。”標志着後起義佔了主導地位。“疇”是耕治過的田。“畺”(疆)是田界，甲骨文作，從弓從畕。《説文·田部》：“畺，界也，從畕，三其界畫也。或從彊土作疆。”古代用弓丈量距離，田地經過丈量才定田界，所以“疆”字從弓。

① 王國維《觀堂集林》卷六《釋弜》。

② 转引自李孝定《甲骨文字集释》卷十二，3797页。

6. 有關物質生活方面的名稱

所謂物質生活，包括服飾、飲食、宫室、器用幾個方面。

服飾是和紡織技術的發展分不開的。我國先民大約在7000年前已開始掌握紡織技術[1]。商代更有發展。衣着名稱有"衣、裘、弁、巾、絲"等。"衣"卜辭用爲祭名和地名，不用本義。"裘"是皮衣，古人穿裘，毛在外邊，字作[illegible]（《後》下8・8)，即象皮毛外露之形。"弁"是一種圓形的帽子。徐中舒説："《儀禮・士冠禮》鄭玄注：'弁名出於槃。'槃、盤古今字，盤、弁古音同，就是把盤旋于頭上的圜形冕叫做弁。"[2]甲骨文作[illegible]（《續》5・5・3)，象兩手捧弁之形。殷墟婦好墓出土的石人有頭戴圜形束髮之弁的[3]。"弁"字上作方形，是爲了便於契刻。"絲"是蠶絲，卜辭用爲職官名。卜辭還有"帛、黹(黻)"等字，"帛"用於地名，"黹"義不詳。

原始人類已懂得用玉石等物來裝飾和美化自己[4]。商代甲骨文中裝飾品的名稱有"玉、玨、玦、璜、貝、朋"等。"玉"甲骨文作丰(《佚》783)，表示連在一起的三塊玉。"玦"是環形而有缺口的玉璧，"玨"是白玉一雙，"璜"是璧的一半。"貝"是貝殼，古人用作貨幣或裝飾品。"朋"是連在一起的兩串貝。王國維説："殷時玉與貝皆貨幣也……其用爲貨幣及服御者，皆小玉小貝而有物焉以繫之。所繫之貝玉，於玉則謂之玨，於貝則謂之朋，然二者於古實爲一字。"[5]

飲食方面的名稱，甲骨文有"肉、胾、羹、酒、醴、鬯"等。"胾"是大塊的肉，"羹"是用肉調和五味做成的帶汁的食物。"酒"是一般的酒，"醴"是甜酒，"鬯"是以鬱金香合黍釀造的酒，供祭祀用。

宫室方面的名稱有"宫、室、宗、宣、寢、官、家、庭、户、門、向"等。"宫"是房屋的通稱。據西安半坡房屋遺址復原，當時的房屋是在圓形基址上建立圍墻，上面覆以

---

① 1972年到1973年，在江蘇吴縣草鞋山一處新石器時代遺址中(距今6275±205年)發現了三塊炭化了的紡織物殘片，這是我國目前發現的最早的紡織物。見《江蘇吴縣草鞋山遺址》，《文物資料叢刊》，1980年，三輯。

② 徐中舒《甲骨文字典序》，四川辭書出版社，1990年。

③ 參看《殷虚婦好墓圖版》29。

④ 我國最早的一件玉器是山西峙峪遺址中發現的一件用水晶製成的小石刀。(《山西峙峪舊石器時代遺址發掘報告》，載《賈蘭坡舊石器時代考古論文選》，文物出版社，1984年)

⑤ 王國維《觀堂集林・説玨朋》。

圓錐形屋頂，斜面開通氣孔，圍墻中部有門，兩者呈“吕”形①。這種房屋似穹隆，環形而中空，所以叫“宫”。“室”是房舍。“宗”是祖廟。“宣”是殷代宫室名。《説文·宀部》：“宣，天子宣室也。”郭沫若説：“以宣名宫室，固其本義。”②“寢”是卧室，“官”是客舍，爲“館”的初文。“家”是住所，古代豬是重要的家畜，家必養豬，往往人與豬同在一室，故“家”字從豕。現在中國南方一些地方，屋分兩層，上層住人，下層養豬，猶存古之遺風③。“庭”是堂前空地，“户”是單扇的門。“向”是向北開的窗子，卜辭用作地名。

器用方面，交通工具的名稱有“車”和“舟”④。《説文·車部》：“車，輿輪之總名，夏后時奚仲所造，象形。”又《舟部》：“舟，船也。古者共鼓，貨狄刳木爲舟，剡木爲楫，以濟不通，象形。”可見車和舟都是商代以前就發明了的。車、舟的部件如輪、輿、轅、軛、衡、楫、篙等，商代肯定各有名稱，但卜辭缺乏記載。

盛器的名稱有“鼎、鑊、鬲(lì)、甗、皀(簋)、皿、缶、盂、槃、豆、尊、斝、爵、壺、卣、酉、斗、豊、升”等。“鼎”，三足兩耳，是烹煮食物的器皿。“鑊”是無足的大鍋，卜辭用作人名。“鬲”是三足都空的鼎。“甗”是蒸食物的炊具。“皀”是盛黍稷的食器，後代寫作“簋”。

“皿”是碗碟杯盤的總稱。“豆”是高脚盤。“尊”是盛酒器，卜辭用爲祭名。“斝”是圓口三足兩柱一鋬的酒器，“爵”也是三足的酒器。“斗”是有柄的酒器，北斗星形狀象斗，卜辭似以“斗”爲星名，如“庚午卜，夕辛未从斗”(《乙》174)。“酉”是弇口大腹有提梁的酒器。卜辭和金文借爲“酒”，又爲地支第十位的稱呼。“豊”是盛玉帛的高脚器皿。

樂器名稱有“鼓、鼖、磬、庸(鏞)、龠”。“鼖”是大鼓。“磬”爲曲尺形的石制打擊樂器，卜辭用爲方國名或地名，如“其宜于磬京”(《掇》2·111)。“庸(鏞)”爲大鐘。“龠”是竹制的編管樂器，爲笙的初形。卜辭用爲祭名，大約是用龠以祭。如“戊戌

---

① 參看《西安半坡》，文物出版社，1963年。

② 郭沫若《兩周金文辭大系圖録考釋》。

③ 《説文·宀部》：“家，居也。從宀，豭省聲。”以爲形聲字。段玉裁注：“此篆本義乃豕之居也，引申假借爲人之居。”

④ 安陽小屯、後岡等地都發現過殷代車的痕跡，雙輪單轅，已開始用青銅飾件裝飾車子。參看《1958—1959年殷墟發掘報告》，載《考古》，1961年，2期。

卜,王貞:王其賓中丁彤龠,亡蚩”(《存》2・611)。

7. 等級官制名稱

商代是奴隸社會,有奴隸主和奴隸兩大對立的階級,每一階級裏面又包括若干階層。甲骨文中屬於奴隸主階級的名稱有“王、君、尹、后、公、侯、伯、子、史”等。“王”是商代最高統治者,也是最大的奴隸主。“君”和“尹”都是殷王朝的大臣和部落酋長。如“辛未王卜,曰余告多君曰般,卜有祟”(《通》760),“甲午貞:其令多尹作王寢”(《戩》25・13),“多君”與“多尹”同義。“后”卜辭每與“育”同字。母系氏族的酋長就是一族的始祖母,她有繁育子孫的功績,所以尊稱爲“育”,後世尊稱君也叫“育”。典籍都寫作“后”,以别於生育之“育”。王國維以爲“后”字本象人形,厂當即𠂉之訛變,㠯則倒子形之訛變也①。“公”本象甕口之形,卜辭借爲王公的公,如“辛亥貞:壬子又多公歲”(《粹》405)。“侯”“伯”是貴族爵位名,卜辭中有“蒙侯虎”、“攸侯”、“丁侯”、“先侯”、“侯光”、“沚伯㦰”,他們都是有侯、伯爵位的奴隸主貴族。“子”是殷王的王子、王孫,也是爵位名,“子漁”、“子央”、“子春”、“子亦”、“子美”、“子弓”、“子效”、“畢子㞱”等以“子”相稱的人,經常出現在祭祀和征伐一類的卜辭中,大約他們都是當時的軍事首領。

屬於奴隸階級的名稱有:“臣、宰、衆、僕、奴、妾、婢、嬖、臧、奚”等。“臣”甲骨文作𠀘(《鐵》1・1)、𠀘(《前》4・27・4),是一個豎着的眼睛。郭沫若説:“人首俯則目豎,所以‘象屈服之形’者,殆以此也。古人造字,于人形之象徵,目頗重要,如頁字、首字等,均以一目代表一人或一頭首,此以一目爲一臣,不足爲異。”②大約“臣”這種奴隸態度恭順,逐漸得到奴隸主的信任,用來充當兵士,如“貞:乎(呼)多臣伐𢀛方”(《戩》12・11)。有時臣可以代替奴隸主管理其他奴隸。“小臣”是宫中管事的人,“耤臣”是管理農業奴隸的人,“牧臣”是管理放牧奴隸的人,“州臣”就是州長,管理一個地方的行政事務。他們都變成了奴隸主階級的成員。“宰”是從事手工業和家務勞動的奴隸。《説文・宀部》:“宰,辠人在屋下執事者。”吴其昌説:“蓋宰本示于屋下操辛以屠殺切割牛羊牲牷者,故引申之又爲宰夫,職主烹魚也。”③“宰”後來

① 參看王國維《戩壽堂甲骨文字考釋》。

② 郭沫若《甲骨文字研究・釋臣宰》。

③ 吴其昌《金文名象疏證》。

地位同樣起了變化，“冢宰”、“宰相”是一人之下，萬人之上的大官。“衆”是從事勞動的奴隸或自由民。“僕”是在奴隸主家中服役的男奴隸，“妾”是奴隸主家中服役的女奴隸，爲奴隸主所收用，也會爲商代統治者生兒育女。卜辭中“妾”有三義：(1)殷王的配偶，與“妻”同，如“……牢示癸妾妣甲”(《拾》1・8)；(2)同“母”，如“于妾(母)庚”(《前》1・29・4)；(3)人牲，商代以人作祭牲，有男奴隸，也有女奴隸，如“㞢(侑)妾于妣己”(《乙》2729)。“婢”也是女奴隸，商代貴族常殺婢以殉葬，或用爲人牲。“嬖”是用作人牲的女奴隸。如“丁巳卜，其尞于河牢，沈嬖”(《後》上23・4)。《說文・女部》：“嬖，便嬖，愛也。”是後起義。“臧”与“臣”、“民”相同，本指奴隸。“奚”，也是商代奴隸的一種。甲骨文作(《甲》783)，象以手牽拉奴隸髮辮之形。有的學者認爲是用繩子牽着的奴隸。羅振玉說：“予意罪隸爲奚之本誼，故從手執索以拘罪人。”①郭沫若考釋：“案以字形而言，乃所拘者跪地反剪二手之形，實非從女，然謂當以罪隸爲本義，則固明白如畫也。”②

8. 有關祭祀迷信的名稱

商代統治者迷信鬼神，除每事必須卜卦以外，一年中還要舉行多種祭祀。《禮記・表記》：“殷人尊神，先鬼而後禮。”所祭對象有先公、先王、上帝、神祇。卜辭裏出現了“帝、上帝、示、祈、鬼、彪(魅)、巫”等名稱。“帝”是主宰自然和人類的最高天神，也叫“上帝”。如“今二月帝令雨”(《鐵》123・1)。又爲殷先王的稱號，如“乙卯卜，其又歲于帝丁一牢”(《南輔》62)。“示”的本義是神主。甲骨文作丅(《甲》743)，象立木表或石柱爲神主之形。丁山說：“示所以從二或一，是上帝的象徵；其所以從丨，正象祭天杆，杆旁之八蓋象所掛之彩帛，示字本義就是設杆祭天(圖騰祭)的象征。”③胡光煒說：“丅蓋象木表，所以代神，與帝同意。”④卜辭中“示”爲天神、地祇、先公、先王的神主。如：“㱿貞：示若王”(《乙》8092)，“癸未貞：辛卯其禱禾于示”(《粹》195)。又爲祭名。如“戊戌卜，其示于妣己王賓”(《寧》1・218)。“鬼”，甲骨文作(《合》13751)、(《合》14292)，象人身而巨首的鬼物。又爲方國名，“鬼方”是

① 羅振玉《增訂殷虚書契考釋》中，23頁。

② 郭沫若《卜辭通纂》458片考釋。

③ 丁山《甲骨文所見氏族及其制度》。

④ 胡光煒《說文古文考》。

殷周時期西北的一個部族。“彪(魅)”是老了的東西變成的精怪。卜辭中“鬼魅”連用。如“王占曰:茲鬼魅,戊貞”(《乙》5397)。“巫”,卜辭用爲神祇名,如“辛亥卜,帝北巫”(《鄴》3·46·5),“壬午卜,巫帝”(《人》3221)。又指以占卜、祈禱、降神爲職業的人,相傳巫咸是商代的神巫。《楚辭·離騷》:“巫咸將夕降兮。”王逸注:“巫咸,古神巫也,當殷中宗之世。”

卜辭裏的祭祀名稱有“祠、祡、沈、禘、福、丁、方、剛、告(祰)、祭、烄、尞、吕、魯、薶、肜、祀、祏、熹、燚、衣、宜、祐、雩、禦、礿(yuè)、烝、祉、帮、祝”等100多個。“祠”爲獻食於先公先妣或鬼神的祭祀。甲骨文寫作“司”,如“王廿司(祠)”(《前》2·14·3)。《爾雅·釋天》:“春祭曰祠。”這是周制,商代並不如此。“祡”是燒柴祭天。如“貞,王賓祡亡尤”(《遺》374)。《説文·示部》:“祡,燒祡焚燎以祭天神。”“沈”是沉牛羊于水的祭祀,《周禮·大宗伯》:“以貍沈祭山林川澤。”乃是殷商的遺制。“禘”最初是殷人祭祀天、自然或四方之神,後爲合祭先公先王,甲骨文借用“帝”字。如“癸酉貞,帝五玉,其三小牢”(《後》上26·15),“貞:帝于王亥”(《後》上19·1)。吴楚《説文染指》:“禘爲祭帝,即從示帝爲會意。”“福”是報神賜福或向神求福的祭祀。如“辛酉卜,寧貞:王賓夕福亡尤”(《合》49)。羅振玉説:“(福)在商代則爲祭名,‘祭’象持肉,‘福’象奉尊。”①“丁”爲陳列祭品之祭。如“丙子卜貞武丁丁其牢茲用”(《前》1·21·3)。“方”是四方之祭,如“貞方帝一羌二犬卯一牛”(《乙》2639)。“剛”是斬肉以祭,“祰”是以言辭告祭祖先。“祭”,《説文》:“祀也,從示,以手持肉。”殷代爲五種重要祭祀(肜、翌、祭、𠭯、劦)之一,“烄”是焚人牲以祈雨之祭,如“貞勿烄亡其雨”(《前》5·33·2)。《左傳·僖公二十一年》:“夏大旱,公欲焚巫尫。”大約即烄祭的遺風。“尞”是燔柴以祭。“吕”、“魯”是在宗廟外陳列祭品的祭祀。“薶”是埋牲之祭。“肜”,祭祀後的第二日又祭,是殷代五種重要祭禮之一。《書·高宗肜日》孔傳:“祭之明日又祭,殷曰肜,周曰繹。”甲文作彡。“祀”是一般的祭祀。“祏”、“熹”、“劦(𦎫)”、“燚”、“祐”、“祉”、“祝”都是祭名。“衣”是合祭,王國維説:“案衣祀疑即殷祀,殷本𠂣聲,讀與衣同。……卜辭與大丰敦之衣,殆皆借爲殷。惟

① 羅振玉《增訂殷虚書契考釋》。

卜辭爲合祭之名，大丰敦爲專祭之名，此其異也。”①“宜”是祭祀土地之神。如“己丑卜，㱿貞庚寅其宜不其？”（《簠典》10）“雩”是以樂舞求雨的祭祀。“禦”是祈求免灾的祭祀，甲骨文多借用“御”字，如“貞：御叀牛三百”（《前》4·8·4）。“礿”，夏商春祭爲礿，周代夏祭爲礿。《禮記·王制》：“天子諸侯宗廟之祭，春曰礿，夏曰禘，秋曰嘗，冬曰烝。”鄭玄注：“此蓋夏殷之祭名，周則改之，春曰祠，夏曰礿。”“烝”爲以新稻進獻祖先的祭祀。漢董仲舒《春秋繁露·四祭》：“烝者，以十月進初稻也。”“帣”是以帛獻神的祭祀。

此外，“禍、咎、蚩、㫃（祟）、卜、貞”等也都與祭祀迷信活動有關。“禍”是鬼神不降福。“咎”是降禍。“蚩”，從虫從止，象蛇啮足趾之形，引申爲灾禍或降灾。如“貞：隹帝蚩我年”（《合》10124）。“祟”是鬼神爲禍。甲骨文作“㫃”。“卜”是用火燒灼龜甲，看其裂紋，以預測吉凶的行爲。商代統治者迷信，每事必卜。如“甲辰卜，商受年”（《前》3·30·6）。“貞”是卜問，卜辭裏用在命辭（卜問的內容）前面。如“庚辛卜，貞：我受黍年三月”（《前》3·30·3）。

9. 關於人體的名稱

卜辭中的人體名稱有“首、頁、天、眉、目、面、耳、舌、齒、自、身、亦（腋）、肱、叉（爪）、肘、腹、足、疋、止、骨、肉”等。有幾個詞需要討論一下。“首”和“頁”是同義詞，都指人的頭。《説文·首部》：“首，古文百也。”“百，頭也。”又《頁部》：“頁，頭也”。卜辭用例，如“甲辰卜，出貞：王疾首，亡延”（《合》24956），“己巳卜，雀以頁十二月”（《乙》4786）。“天”是頭頂，《説文·一部》：“天，顛也，至高無上。”王國維説：“古文天字，本象人形，殷虚卜辭或作𠑹，《盂鼎》、《大豐簋》作𠀘，其首獨巨。……天本謂人顛頂，故象人形，卜辭，《盂鼎》之𠑹𠀘二字所以獨墳其首者，正特著其所象之處也。”②卜辭“天”有用本義的，如“庚辰王弗疒朕天”（《乙》9067），多數讀爲大小的“大”，如“貞辛天（大）雨”（《甲》3916），也用爲方國名和人名。没有作上天講的例子。“自”的本義是鼻子，卜辭又爲自己，或爲介詞，作“從、由”講。“身”，甲骨文作𠂤（《乙》7797）、𠂤（《乙》687），本義是婦女懷孕，如“丙申卜，㱿貞：婦好身，弗以婦葬”

① 王國維《殷禮徵文》。

② 王國維《觀堂集休》卷六《釋天》。

(《乙》6691)。引申爲肚子或身體,如“貞:王疒身隹妣己蚩”(《乙》7797)。“亦”,指腋下,卜辭作“又、再”講,如“旬壬寅雨,甲辰亦雨”(《乙》2691),不用本義。“叉”是手指甲和脚趾甲,後來寫作“爪”。《説文·又部》:“叉,手足甲也。”段玉裁注:“叉、爪古今字,古作叉,今用爪。”卜辭用作地名。“疋”和“足”實即一字,都是人的脚。這些名稱大都有長久的生命力,直到現代,仍然作爲詞或詞素而存在。

10. 稱謂詞

卜辭中的稱謂詞有“祖、父、母、妣、妃、奭、妾、兄、弟、夫、妻、婦、子、侄、孫、友、賓”等。絶大多數一直應用到現在没有變化。有幾個詞需要討論一下。甲骨文“母”和“女”本爲一字,作(《乙》1378)、(《後》上 237),象屈膝交手之形,或加兩點表示乳房,後來才分爲“母”、“女”兩字。“妻”,甲骨文作(《人》2995),從女從又,象擄掠婦女之形。上古男權社會往往擄掠婦女作爲配偶。《説文·女部》:“妻,婦與夫齊者也。”這是後起的解釋。卜辭“妻”指先王的配偶,也用爲方國名,不作一般的妻子講。“妣”,《説文》:“殁母也。”卜辭通用“”。“奭”讀爲仇匹之“仇”,專祭先妣時特指祖某的配偶。陳夢家説:卜辭中先公先王配偶的稱謂有母、妾、妻、奭四種,如:

示壬母妣庚

示壬妾妣庚

示壬妻妣庚　　　(《後》上 1·6)

示壬奭妣庚

示癸妾妣甲

示癸奭妣甲　　　(《後》上 1·8)①

它們出現在相同的句式裏,但時代有所不同。“母”可通用於各個時期,“妻”、“妾”多用於武丁卜辭,“奭”限於武庚和乙辛的周祭卜辭。卜辭有“娘”,是女子之字,如“婦娘示三”(《丙》62),與後世爺娘的“娘”無涉。“妹”是地名,或用爲昧爽的“昧”,不作女弟講。

11. 複音詞

商代詞滙系統絶大多數是單音詞,也有少數複音名詞。“大采、小采、大食、小

① 陳夢家《殷虚卜辭綜述》。

食、善日、中日、昃日、湄日、旦湄、生月”等是時間名詞。日初出時爲“大采”、日將落時爲“小采”、晌午時爲“善日”。如“之日大采雨王不步”(《合》12814)“壬戌卜，雨？今日小采允大雨，延伐善日隹啓”(《佚》276)。“大采”、“小采”之名，春秋猶存。《國語·魯語下》:“天子大采朝日，小采夕月。”上午九、十點鐘爲“大食”，下午四五點鐘爲“小食”。中午時間爲“中日”。如“癸亥卜，貞:旬甲寅大食雨，乙卯小食大啓，中日大雨自南。”(《合》78)古人一日兩餐，“大食”、“小食”就是吃早餐和晚餐的時候。太陽偏西時爲“昃日”，天亮時爲“湄日”或“旦湄”，如“湄日不雨”(《前》2·45·5)。“東寢、東室、西寢、大室、中室、血室”等是宫室名稱。“東寢、東室、西寢”是殷王所住的寢宫。如“于東寢，辛丑于西寢”(《合》34067)，“戊戌卜，賓貞:其爰東室”(《乙》4699)。“大室”、“中室”、“血室”都是宗廟中進行祭祀的地方。如“乙巳卜，惠小臣剌以匄於中室”(《甲》624)，“貞:翌辛未其侑於血室三大宰九月”(《鐵》176·4)。“帝日、劦日、賓夕”等爲祭祀名稱。“帝日、劦日”爲有關日的祭祀，如“乙巳卜，帝日惠丁”(《庫》985)，“癸亥卜，貞:王賓示癸劦日亡尤”(《後》上1·9)。“賓夕”可能是有關月的祭祀，如“甲寅卜，史貞:王賓夕，亡禍”(《六》211)。“上帝”、“東母”、“西母”爲神名，如“……上帝……降……熯”(《存》1·168)，“壬申卜，貞:侑於東母、西母若”(《後》上28·5)。“多老、多馬、多宁(zhù)、多犬、小耤臣”等爲職官名。“多老”可能是元老大臣，如“貞:勿乎多老舞”(《前》7·35·2)。“多馬”當是掌馬匹的官，如“乎多馬逐鹿隻”(《乙》4615)。“多宁”當是掌積貯物資的官，如“貞:佑多宁以鬯自上甲”(《粹》237)。“小耤臣”當是掌農功的官，如“己亥卜貞令𠂤小耤臣”(《前》6·17·6)。“東方、南方、西方、北方”是方位詞。如“西方受禾，北方受禾”(《戩》26·4)，“貞:帝於東方曰析，風曰協”(《合》14295)，“于丁卯飲南方”(《合》30173)。“大示、小示、它示、下示”是稱謂詞。“大示”爲直系先王統稱，“小示”、“它示”、“下示”爲旁系先王的統稱。如“貞:不惟大示蚩王”(《粹》1261)，“……它示三宰八月”(《後》上28·6)。甲骨刻辭還有一些别的複音詞，表明漢語詞滙的複音化源遠流長，我們不一一討論了。

二、動詞

甲骨文已經認識的動詞約300個，涉及面也很廣泛。有些詞的意義和字形反映了當時社會的某些情況。略舉數端如下：

有關農業生産的動詞有：農、埶(藝)、耤、嗇、蓐、乂、芻、采、爲"等。"農"，《説文·晨部》："耕也。籀文農从林"甲骨文作(《前》5·47·5)、(《後》上7·11)，從林(或森)、從辰。楊樹達説："甲文農字從辰從林，從林者，初民之世，森林遍布，營耕者於播種之先，必先斬伐其樹木也。辰者蜃也，《淮南》所謂磨蜃而耨也，金文從田，或又增從臼。"①"耤"，《説文·耒部》："帝耤千畝也。古者使民如借，故謂之耤。"這是後起的意思，商代指一般的耕作。甲骨文作(《乙》8151)，象人側立舉足踏耒以刺地之形。商代有小耤臣，是掌管農業的官。"埶(藝)"是種植，卜辭用爲祭名，可能是種植前舉行的祭祀。"嗇"是收割穀物，如"貞：今其雨，不隹嗇"(《後》下7·2)。後來寫作"穡"。"蓐"是"薅"的初文，從艸，從又持辰(農具)，是芸去田間雜草的意思。卜辭用爲方國名。"乂"是除草，《説文·丿部》："乂，芟草也。"卜辭用爲地名。"芻"是刈草，如"戊戌卜，雀芻于教"(《甲》206)。刈草所以飼養牲畜，又引申爲"牲畜"之義，如"……旬有二日乙卯，允有來自光，以羌芻五十"(《遺》602)。"采"是采摘，采集果實以供食用，也是古時農事活動之一。"爲"是一個很有啓發性的字。甲骨文作(《前》5·30·4)，象以手牽象之形。《吕氏春秋·古樂》："商人服象，爲虐於東夷，周公遂以師逐之，至于江南。"大約商代黄河流域多象，商人以象從事勞作，跟現代緬甸、印度、斯里蘭卡的情況相似。"犁"，《説文·牛部》："耕也。"甲骨文作，從刀，其點象起土之形，後來從牛，作，商代有無牛耕，迄今争論未定②。但用於起土的犁是有的。郭沫若説："耕具、耕事、耕牛之黑者均謂之，耕具犀鋭謂之㓟(利)，耕事有獲謂之利，耕民面黑則謂之黎，均由勹之一字所引申轉化者也。"③

有關畜牧漁獵的動詞有"牧、豢、漁、田、禽、狩、獸、隻(獲)"等。"牧"是放養牲畜，"豢"是圈養牲口，卜辭似爲祭名。"漁"是捕魚。甲骨文異體甚多，或從水從魚，魚的數目有單數也有複數，或象垂釣形，或象以手捉魚，或象張網捕魚，或省作"魚"。"禽"，甲骨文作(《甲》1167)，隸定爲"毕"，象長柄有網可捕鳥獸的狩獵工具。卜辭用爲捕獲鳥獸，後世寫作"擒"。"獸"是田獵的意思。如"貞：王往獸"

① 楊樹達《積微居甲文説》。

② 參看許進雄《甲骨文所表現的牛耕》，載《古文字研究》第九輯，53—72頁。

③ 郭沫若《甲骨文字研究·釋勹、勿》。

(《乙》2352)。又爲祭名。如"辛卯卜,夬貞:我獸下乙弗若。"(《續》1·46·3)當是進獻獵物之祭。没有作野獸講的例子。隻"(獲)"是獵得禽獸。獵獲的對象有象、虎、鹿、麛、犷、兕、豕、兔、雉、魚等,"隻"引申爲俘虜,如"光不其隻羌"(《通》528);又爲獲得,如"貞:我其隻征土方"(《戬》12·14)。周代以後,"隻"字一分爲三。《説文·隹部》:"隻,鳥一枚也。"《犬部》:"獲,獵所獲也。"《禾部》"穫,刈禾也。"並且讀成了不同的音。"畜"是把田獵所得的禽獸餵養起來。《説文·田部》:"畜,田畜也。《淮南子》曰:'玄田爲畜。'"

有關戰争方面的動詞有"征、伐、戔(戰)、殺、俘、聝、侵、鬥、敗"等。"伐"象人持戈,會殺伐之意。卜辭特指殺人作牲,如"甲辰貞:又祖乙伐十羌"(《粹》246),又殺一人牲稱一伐。如"五伐五宰"(《後》上21·12)。引申爲征伐,如"呼多臣伐𢀛方"(《前》4·31·3)。"戔"是征伐。羅振玉説:"卜辭以二戈相向,當爲戰争之戰,乃戰之初字,兵刃相接,戰之意昭然可見。訓賊者乃由戰誼引申之,黷武無厭,斯爲戔矣。"①"侵"是進犯。"聝",《説文·耳部》:"聝,軍戰斷耳也。"卜辭用爲人名,不用本義。

有關日常生活的動詞有"宿、盥、沫、浴、湔、洒、飲、食、饗、鄉、卿、掃"等。"盥"是洗手,"沫"是洗面,"浴"是洗澡,"湔"是洗足。"洒"是洗滌,適用於人體各個部分。《説文·水部》:"洒,滌也。"段玉裁注:"下文云:'沫,洒面也','浴,洒身也','澡,洒手也','洗,洒足也'。今人假洗爲洒,非古字。"卜辭"洒"用爲地名,如"癸酉卜,在洒貞:王旬亡禍"(《後》上11·8)。"饗"、"鄉"、"卿"卜辭都作𩛩(《合》16043),象二人相向共食。卜辭有"宴饗"義,有"相嚮"義。後來音義分化,宴饗字作"饗",鄉背字作"鄉(嚮)",又陪君共饗的大臣作"卿"。

有關人的行動的動詞有"立、跽、來、往、出、入、辵、延、辻(徒)、行、進、登、陟、降、還、歸、遘、遇、逆、追、逐、從"等。"跽"是雙膝着地,上身挺直。商人席地而坐,"跽"是坐的一種姿式。甲骨文没有"坐"、"跪"兩字。"步"是步行,如"丙午卜,𡧊貞:翌丁未王步"(《乙》4693)。"辵"、"延"、"延"甲骨文都是行走的意思。後來分化爲三。"辵(chuò)"是或行或止,"延(chān)"是緩步而行,"延"是長行。"辻"是步

① 羅振玉《殷虚書契考釋》中。

行，隸變作“徒”。“行”，甲骨文作𠁩(《後》下 2・21)，羅振玉以爲“象四達之道，人所行也……許君釋行爲人之步趨，謂其字從彳從亍，蓋由字形傳寫失其初狀然。”①卜辭作“行走”講，如“己丑王不行自雀”(《乙》947)。“逆”是迎接。如“王于宗門逆羌”(《甲》896)。甲骨卜辭中又作方國名或人名。

有關疾病的詞有“疒、疾、疫(役)、疛、𤘍(齲)”等。“疒(nè)”的本義是生病卧床。《説文・疒部》:“疒，倚也。人有疾病，象倚箸之形。”卜辭作“疾病”講，如“貞：王疒不御”(《甲》3826)。“疫”是流行性的傳染病，卜辭多借用“役”字，如“甲子卜㱿貞：疒役不延”(《乙》7301)。“疛”是小腹痛。如“丙辰卜㱿貞：婦好疛延”(《甲》2040)。《説文・疒部》:“疛，小腹病，從疒，肘省聲。”“𤘍(齲)”是牙病。《説文・牙部》:“𤘍，齒蠹也。從牙，禹聲，齲，𤘍或從齒。”牙痛是常見病，古人認爲是蠹蟲所致。

有關言語的動詞有“言、曰、呼(乎)、告、問、令(命)、占”等。卜辭“呼”、“乎”同義，“命、令”爲一字。“召”卜辭用爲地名。

表示存在或變化的動詞有“在、有(㞢)、亡(無)、同、生、死、成”等，“有”卜辭作㞢，有的學者以爲“牛”的異體，古人以畜牛多爲富有，即借爲有無的“有”，周代開始寫作“有”，從又持肉。卜辭有三義：(1)有無的有。如“之夕月有食”(《丙》56 反)。(2)侑，祭名。如“有于南庚，惠小宰”(《前》1・14・1)。(3)又。如“有伐于上甲，十有五卯，十宰有五”(《乙》3411)。有無的“無”，卜辭只作“亡”，“亡巛(災)”、“亡尤”、“亡禍”均卜辭常用語。“無”是“舞”的初文，周代才用作“有無”字。

表示視和聽的動詞有“見、望、相、省、監、觀(雈、雚)，聞、聽、聖”等。“見”是平視，“望”是舉目遠視，“相”是省視，“省”是視察。“監”是照看。“觀”是察看，卜辭借用“雈(小雀)”和“雚(小雀)”。甲骨文“聖”和“聽”本爲一字。有“聽聞”的意思，如“有聖”(《合》261)，“癸亥卜，歸其有聽”(《鐵》2・3)。後來分爲二字，“聖”表示聽覺鋭敏，引申爲通達事理，才智非凡。《説文・耳部》:“聖，通也。”“聽”爲用耳朵接受聲音。《説文・耳部》:“聽，聆也。從耳悳。壬聲。”段玉裁注：“耳悳者，耳有所得也。”

① 羅振玉《增訂殷虛書契考釋》中。

卜辭裏的動詞我們還可以舉出許多，並從意義上進行不同的分類，這裏不一一討論。

三、形容詞及其他

形容詞表示事物的性質或狀態。卜辭形容詞較少，不過幾十個。其中表示事物性質的有"吉、利、良、善、文、武、新、舊、濕、熯，安、宓、寧"等。"利"，卜辭作"吉利"講，是引申義；《説文・刀部》："利，銛也，從刀。和然後利。"是本義。"良"，卜辭作地名和人名。表示味道和氣味的有"甘、旨、香、飶"等。"甘"、"旨"指味美，"香"、"飶"指氣味香。卜辭都不用本義。表示狀態形貌的有"大、小、長、幼、老、耋、弘、齊、高、美、敏"等。卜辭"美"作（《京》2854），象人頭上加羽毛或羊首等飾物，指外貌美。《説文・羊部》："美，甘也，從羊從大，羊在六畜主給饍也，美與善同意。"這是引申義。表示顏色的有"白、赤、黄、緑、幽"。"幽"是黑色。如"叀幽牛有（又）黄牛"（《乙》7121）。

卜辭已有從"一"到"萬"一整套數詞，表明殷代的人已有明晰的數量觀念。從字形看，"一、二、三、四、十、廿、卅"是象意字，"五、六、七、八、九、萬"是假借字。"五"是"午"的初文，象束絲交午之形。"六"，象兩壁架有一板兩宇的廬舍。"七"是"切"的初文，在横畫中加一小竪，表示切斷。"八"是"别"的初文，《説文・八部》："八，别也，象分别相背之形。""九"是"勾"的初文，象曲鉤之形。"萬"是"蠆"的初文，象蝎子之形。它們因音同或音近借爲數詞。"百、千"是形聲字，"百"從一，白聲；"千"從一，人聲[①]。卜辭中有"多"、"少"二字，但不相配。"多"表示數量大，如"丙戌卜，夬貞：今三月多雨"（《鐵》249・2）。"少"不表示數量小，而是"細微"的意思，與"小"爲一字，如"壬戌卜，甲子少（小）雨"（《人》2389）。

從詞義看，卜辭有用本義的，有用引申義的。"京"的本義是人爲的高丘。《説文・京部》："人所爲絶高丘也。"卜辭用本義，如"貞：翌辛亥乎婦妍宜于磬京"（《餘》12・1）。"彗"的本義是掃帚，《説文・又部》："彗，掃竹也。""彗"用於掃除，引申爲祓除。卜辭用引申義，如"庚戌卜，貞：彗不乍艱"（《粹》1245）。又爲祓除的祭祀。

① 《説文》："百，十十也，從一白。""千，十百也，從十從人。"認爲"百、千"是會意字。

如“己卯卜貞:今夕小子侑彗”(《文》794)。從文字看,有時用通假義。如“辟”的本義是法。《説文・辟部》:“辟,法也。從卩從辛,節制其辠也;從口,用法者也。”有時用假借義,讀如“嬖”,指時王親近的褻臣,如“其辟臣叀亞”(《京》4144)。

有的詞幾種詞義都用,有多至四五個意義的。如“見”有“看見”義,如“乙酉卜,王貞:自不余其見,二月”(《後》上 31・3);有“巡視”義,如“見于河,允亡來”(《京》602);有“謁見”義,如“己未卜,殼貞:缶其來見王”(《合》1027 正);有“展閲”義,如“庚申卜,見豶”(《乙》8817)。“來”的本義是麥子。卜辭有“由彼至此”義,如“壬寅卜,貞:王田雝,往來亡災”(《前》2・35・6);有“將來”義,如“甲辰卜,殼貞:來辛亥尞于王亥卅牛,十二月”(《後》上 23・16)。不用本義。有的詞僅用爲專名。“角”的本義是獸角,卜辭用爲人名,如“甲戌卜,王余令角婦協朕事”(《佚》15)。“反”的本義是以手攀厓。卜辭用爲地名,如“癸巳王卜,貞:旬亡禍,在反”(《續》6・1・7)。“雀”的本義是小鳥,卜辭用爲方國名或人名,如“癸丑卜,賓貞:于雀墉”(《乙》8935),“貞:雀其葬”(《甲》2996)。

綜上所述,我們可以看出以下幾點:

(1)商代詞滙的範圍非常廣泛,足以滿足當時的社會交際需要。它有相當數量的基本詞,有的基本詞一直活到現在,如“日、月、山、水、人、口、大、小”等;有的單詞已被别的詞所代替,仍然作爲詞素活在人們口語裏,而且往往有很大的構詞能力。如“首、目、足”等,顯示了巨大的穩固性。

(2)詞滙的發展表現在新詞産生和舊詞死亡兩個方面。後世漢語的許多詞在商代還没有産生,也有許多商代的詞到周秦以後逐漸消亡。卜辭三分之二以上的字不見於《説文》,主要原因就在這裏。

(3)商代詞滙絶大多數是單音詞,也有極少數複音詞,如“上帝”、“小食”、“小示”、“大室”、“血室”等,大都是名詞。這表明漢語詞滙的複音化趨勢,早在商代就萌芽了。

(4)卜辭裏已有相當數量的多義詞,有的多達五六個義項。但總的看來,商代詞義系統還比較簡單。卜辭裏出現的詞義有的可以從字形分析中看出;一部分詞義和字義存在很大的差别,這是因爲假借字和專名應用的結果。

附本節所引甲骨文書目：

《鐵》，劉鶚《鐵雲藏龜》

《前》，羅振玉《殷虚書契前編》

《後》，羅振玉《殷虚書契後編》

《續》，羅振玉《殷虚書契續編》

《餘》，羅振玉《鐵雲藏龜之餘》

《戩》，王國維《戩壽堂所藏殷虚文字》

《甲》，董作賓《小屯・殷虚文字甲編》

《乙》，董作賓《小屯・殷虚文字乙編》

《丙》，張秉權《小屯・殷虚文字丙編》

《拾》，葉玉森《鐵雲藏龜拾遺》

《遺》，金祖同《殷契遺珠》

《佚》，商承祚《殷契佚存》

《文》，孫海波《甲骨文録》

《存》，胡厚宣《甲骨續存》

《京》，胡厚宣《戰後京津新獲甲骨集》

《六》，胡厚宣《甲骨六録》

《寧》，胡厚宣《戰後寧滬新獲甲骨集》

《通》，郭沫若《卜辭通纂》

《粹》，郭沫若《殷契粹編》

《合》，郭沫若等《甲骨文合集》

《卜》，容庚《殷契卜辭》

《鄴》，黄濬《鄴中片羽初集》

《掇》，郭若愚《殷契拾掇》

《人》，《京都大學人文科學研究所藏甲骨文字》

《補》，郭沫若等《甲骨文合集補編》

《屯南》，中國社科院考古所《小屯南地甲骨》

《英》，《英國所藏甲骨集》

《金》，方法斂《金璋所藏甲骨集》

《庫》，方法斂《庫方二氏藏甲骨卜辭》

第二節　上古漢語單音詞的發展

我國社會發展到春秋戰國，産生了巨大的變革。鐵器的發明及其在農業生産中的普遍使用，大大提高了生産力；奴隸制度崩潰，封建制度確立，在一定程度上調整了人際關係；諸子並起，百家争鳴，成爲中國學術史上的黄金時代。秦始皇統一中國，隨後漢朝興起，在較長時期内社會比較安定，政治、經濟、文化、科學都有新的發展。爲適應社會發展的需要，漢語詞滙也迅速發展起來，産生了大量新詞，詞義大大豐富，一些舊詞死亡了。

上古漢語詞滙發展的主要特點是單音詞佔絶對優勢，一個詞一個音節，書面上就是一個字，詞和字基本統一。許慎《説文解字》收字 9353 個，絶大多數是單音詞，加上《説文》未收的字①以及大量周秦産生的同形詞，上古單音詞總數達一萬數千個之多。這些詞，小部分是從商代繼承下來的，可以從商代甲骨文裏找到根據；大部分産生於周秦，是商代甲骨文所没有的。試比較《説文解字》和甲骨文的某些部首：

部首	《説文》字數	甲骨文已識字數	未識字數
王部	126	4	5
艸部	445	9	2
口部	180	18	37
走部	118	0	0
辵部	85	16	8
彳部	37	9	31
言部	245	3	5
鳥部	116	5	16
肉部	140	4	1

① 宋初徐鉉《説文新附》收録經典相承傳寫，時俗正在使用而《説文解字》未收的字 402 個，實際遠遠不止此數。

竹部	144	2	1
木部	421	25	19
邑部	184	5	0
人部	245	22	37
心部	263	0	0
水部	468	44	35
手部	265	8	0
女部	238	35	86
糸部	248	9	7
虫部	153	4	0
金部	197	0	0

以上 20 個部首裏,《説文解字》共收 4318 字,甲骨文已辨識確實的只有 222 字,不到《説文解字》字數的 5%;加上未識的 290 字,也只佔 12%。其中"走"、"心"、"金"三部《説文》共收 545 字,甲骨文完全没有。這種情況固然表明甲骨文反映商代詞滙很不全面,一個字也不一定代表一個詞,但也表明從商代到周秦兩漢,漢語詞滙有了極大的發展。

下面就天象、農作物、飲食、布帛衣服、旗幟、玉和玉器、意識形態、有關思想感情的動詞、顏色詞等 9 個方面的詞略加討論,以見一斑。

一、有關天象的名稱

周代對於天象的觀測有不少新發展。例如古人把黄道(古人想象的太陽周年運行的軌道)附近的 28 個恒星星座分爲東方蒼龍、北方玄武、西方白虎、南方朱雀四宫,每宫七宿,合起來就是通常所説的二十八宿,甲骨刻辭還没有明確的記載,周秦就逐漸形成了。現在看到的"二十八宿"全名始見於秦漢時。《睡虎地秦墓竹簡·日書甲種》有星名"角、亢、氐、房、心、尾、箕、斗、牽牛、須女、虚、危、營室、東辟(壁)、奎、婁、胃、卯(昴)、畢、此(觜)、参、東井、輿鬼、柳、七星、張、翼、軫"。《淮南子·天文》:"星分度:角十二,亢九,氐十五,房五,心五,尾十八,箕十一四分一,斗二十六,牽牛八,須女十二,虚十、危十七、營室十六,東壁九,奎十六,婁十二,胃十四，昴十一，畢十六，觜觿二，參九，東井三十三，輿鬼四，柳十五，星七，張、翼各十八，軫十七，凡二十八宿也。”後來“牽牛”省爲“牛”，“須女”省爲“女”，“營室”省爲“室”，“東壁”省爲“壁”，“觜觿”省爲“觜”，“東井”省爲“井”，“輿鬼”省爲“鬼”，統一用單音詞表示，都是借用原有的詞的形式來表達天文學上的新内容，都是再生詞。

東方蒼龍七宿有“角”、“亢”、“氐”、“房”、“心”、“尾”、“箕”。“角”指龍角，“亢”指龍頸，“氐”指龍足，“房”指龍腹，“心”指龍心，“尾”指龍尾。以上六宿合起來象蒼龍奮躍之狀。“箕”本簸箕，箕宿四星象簸箕形。

北方玄武七宿有“斗”、“牛”、“女”、“虚”、“危”、“室”、“壁”。“斗”本酒器，斗宿六星象酒斗之形，也稱南斗。“牛”本動物名，“牽牛”則源于上古的浪漫傳説，借用爲北方玄武第二宿，有星六顆。“女”指北方玄武第三宿，有星四顆。“虚”、“危”、“室”、“壁”四宿，象房屋建築之形，“虚”宿四星象屋基。“危”宿三星，一高兩垂，象屋頂。“室”宿四星，東西各二，象居室。“壁”宿也叫“定”或“營室”。《詩・鄘風・定之方中》：“定之方中，作于楚宫。”毛傳：“定，營室也。”“壁”本室的一壁，後獨立爲一宿，象墙壁。

西方白虎七宿有“奎”、“婁”、“胃”、“昴”、“畢”、“觜”、“參”。《説文・大部》：“奎，兩髀之間。”“奎”本指胯，段玉裁注：“奎與胯雙聲，奎宿十六星以像似得名。”“婁”有“聚集”的意思，婁宿三星團聚，故名。“胃”本人或動物的肚子，胃宿鼎足三星，與谷藏的胃形相似。“昴”是一個聚集一起的小星團，肉眼可見六七顆星，大型望遠鏡可以看到六七百甚至二千餘顆星。“卯”聲的字往往有“團聚”的意思，昴宿即因星形團聚而得名。“畢”本長柄的網，畢宿八星，象畢網之形。“觜”本貓頭鷹之類頭上的毛角，觜宿三星成鋭角形，似鳥觜角，故名。“參”宿七星，中三星横列，外四星長方形，象其畛域。古參宿只三星，《詩・唐風・綢繆》：“三星在天。”毛傳：“三星，參也。”參宿即得名于三星。

南方朱雀七宿有“井”、“鬼”、“柳”、“星”、“張”、“翼”、“軫”。“井”本水井，井宿八星，象水井之形。“鬼”本指人死後的精氣，鬼宿四星，中有一團白氣（無數小星，西方叫巨蟹星雲），古人以爲屍氣，所以叫“鬼”。“柳”、“星”、“張”、“翼”四宿象朱雀展翅飛翔之形。“柳”宿八星，象垂柳；又名“咮”，象朱雀之口。“星”宿七星，象朱雀之頸。“張”宿六星，象朱雀之嗉。“翼”宿二十二星，象朱雀之翼。“軫”本車軫，即古代車箱前面和左右兩側的圍欄，軫宿四星象車軫，故名。

《詩經》裏除了出現“火(心)”、“箕”，“斗”、“定(室、壁)”、“昴”、“畢”、“参”、“牽牛”、“織女”等星宿名稱，還有銀河的記載。《小雅·大東》：“維天有漢，監亦有光。”毛傳：“漢，天河也。”古人常常能把天文學知識運用到實際中去。《左傳·僖公五年》載晉獻公問卜偃，何時可以攻破上陽，卜偃回答說：“童謡云：‘丙之晨，龍尾伏辰，均服振振，取虢之旂。鶉之賁賁，天策焞焞，火中成軍，虢公其奔。’其九、十月之交乎？丙子旦，日在尾，月在策，鶉火中，必是時也。”其中，“龍尾”就是二十八宿中的尾宿，“辰”指日月交會的位置。就是夏曆每月的朔日，太陽到了尾星的位置，星辰看不到了，所以説“龍尾伏辰”。“鶉”、“火”都指二十八宿中的柳宿。“策”即“天策”，也叫“傅説”，是尾宿第二星東面的一顆星。這些星宿現代一般人不容易瞭解，古人却是相當熟悉的。

二、農作物名稱

周秦農業已發展成爲社會經濟中最重要的生産部門。生産工具改進，尤其是鐵工具的普遍應用，大大提高了生産力。《詩·周頌·臣工》：“命我衆人，庤乃錢鎛，奄觀銍艾。”“錢”是鍬類，“鎛”是鋤類，“銍”是收割工具。字都從金，可見是金屬農具。《孟子·滕文公上》：“以鐵耕乎？”進一步指出當時是用鐵器耕種。栽培技術提高，農作物品種大大增加。例如商代甲骨文裏農作物名稱只有“禾、麥、來、黍、秫、稻、粟、穆”等 8 個。到了周秦，穀物名稱多達 40 個，大部分是周以後産生的。穀物總稱有“穀”、“粢”，豆類有“荅”、“豆”、“菽”，稻類有“秉”、“稻”、“穳(fèi)”、“秔(稉)”、“秜”、“稬(糯)”、“稌”、“秈”、“稰”，黍類有“秬”、“穈”、“秠”、“穄”，粟類有“粱”、“糜”、“芑”，早熟或晚熟作物有“穜”、“穋(稑)”、“稙”、“穉”、“穛(zhuō)”，等等。其中有些是當時培育的良種。如：

亟其乘屋，其始播百穀。(《詩·豳風·七月》)

黍稷重穋，稙穉菽麥。(《詩·魯頌·閟宫》)

誕降嘉種，維秬維秠，維穈維芑。(《詩·大雅·生民》)

王事靡盬，不能蓺稻粱。(《詩·唐風·鴇羽》)

乃命大酋，秫稻必齊。(《禮記·月令》)

此外，在田中的農作物叫“稼”，成熟了的農作物叫“穡”，長穗而不結實的禾叫“稂”，穀類開花叫“秀”，中空而不飽滿的穀叫“秕”，穀殼叫“稃”，稻麥等的花果聚生莖端叫“穗”，帶芒的穀穗叫“穎”，禾穗上的粟粒叫“穖”，這些都是甲骨文所没有的。

甲骨文裏没有蔬菜名稱。到了周秦，這類名稱有幾十個之多。“菜”是蔬菜和肴饌的總稱，“蔬”、“茹”、“蔌”是蔬菜的通稱，“葱”是一種調料蔬菜，“菲”是葸菜，“葑”即蔓菁，大頭菜一類的蔬菜，“菔”是蘿卜，“瓜”是葫蘆科植物所結的果實，“瓠”是葫蘆，“薺”是薺菜，“芥”是芥菜，“薑”是生薑，“菁”是蔓菁，“韭”是韭菜，“苦”、“蘪”是苦蕒菜，“蕢(kuài)”是赤莧菜，“葵”是冬莧菜，“薤”是藠頭，“芋”是芋頭，“芸”是香菜，等等。有人統計《詩經》裏出現的蔬菜就有50種之多①。多數是野菜，也有不少是人工栽培的。周代人不僅懂得種菜，而且懂得充分利用菜地。《詩·豳風·七月》：“九月築場圃，十月納禾稼。”鄭箋：“場圃同地，自物生之時耕治之以種菜茹，至物盡成熟，築堅以爲場。”同一塊地，春夏種菜，秋冬築場，這種經驗一直流傳到現在。周代還有專門的菜農。《論語·子路》：“樊遲……請學爲圃，子曰：‘吾不如老圃。’”“老圃”就是菜農，他們的經驗連孔子也覺得比不上。我國北方冬天寒冷，周人已懂得製作多種醃菜過冬。《説文·艸部》：“菹，酢菜也。”《周禮·天官·醢人》有“韭、菁、茆、葵、芹、菭(箈)、筍”七菹。《詩·邶風·谷風》：“我有旨蓄，亦以禦冬。”夏秋準備好大量醃菜，就不怕冬天没有菜吃了。

三、有關飲食的名稱

食物名詞甲骨刻辭只有少數幾個，到了周、秦、兩漢，人們的物質生活水準提高，食物的品種增多，烹調技術講究，有關這方面的名稱也就大大繁複起來。首先穀物有各種程度的加工，糧食也有粗細之别。例如：“粻”是糧米的通稱，“粗”是脱

① 參看齊思和《中國史探研·毛詩穀名考》注引曹詩成《〈詩經〉中蔬菜植物考》。

殼未舂或舂得不細的糙米，“糲(糲)”是舂得不細的糙米，“粺”是一石糙米舂爲九斗的熟米，“糳”是一石糙米舂爲八斗的熟米，“粲”是上等白米，“粹”是純净無雜質的米，“精”是優質純净的米。

糧米加工製成的飯食名稱，甲骨文幾乎没有，周秦則已多種多樣。如：“糒”是乾糧，“糪”(bò)是半熟的飯，“餈”是米粉蒸熟後做成的餅，“餌”是糕餅，“飯”是煮熟的穀類食品，“糧”、“餱(糇)”是乾糧，“餬”是糜粥，“糗”(qiǔ)是炒熟的米麥等乾糧，“糂”、“糁”是以米和羹，也指用米摻和其他食物製成的食品，“膳”是精美的飯食，“糜”、“饘”是稠的粥，“粥”是稀飯的通稱。“飴”、“餳”是麥芽等製成的飴糖，“餅”是麵粉製成的扁圓形食品，“饎”是酒食。古人一日兩餐，“饔”是早餐，“飧”是晚餐，“餔”也是晚餐。《孟子・滕文公上》：“饔飧而治。”趙岐注：“朝曰饔，夕曰飧。”《説文・食部》：“餔，日中申時食也。”

肉食的習慣，原始社會就有了。商代甲骨文有“肉”、“胾”二字。到了周代，肉類製品品種繁多，燒、烤、乾、醬、腌等等應有盡有。《禮記・内則》排列人君燕食所用的庶羞有幾十種，可見其品種的豐富。值得注意的是“蝸”、“蚳”和“爵、鷃、蜩、范”，鄭玄注：“蚳，蚍蜉子也。蜩，蟬也；范，蜂也。”就是蝸牛、蚂蚁卵、麻雀、蟬子和蜂子，古人用作菜肴，現代人已經不吃了。帶汁的肉有“羹”、“膹”(fèn)、“臛”(huò)、“臇”(juǎn)等，“膷”(xiāng)是牛肉羹，“膮”(xiāo)是豬肉羹，“臐”是羊肉羹。

乾肉的名稱有“脯”(fǔ)、“臘”、“腒”、“脩”、“膴”(hū，無骨的乾肉)、“腒”(jū，乾鳥肉)、“膊”(pò，切成塊的乾肉)、“朐”(qú，屈曲的乾肉)、“脡”(tǐng，條狀的乾肉)、“膱”(zhí，乾肉條)等。肉醬的名稱有“醢”(hǎi)、“醬”、“臡”(ní，帶骨的肉醬)、“脠”(shān，生肉醬)、“醓”(多汁的肉醬)、“胥”(xū，蟹醬)等。肉食品的名稱還有“膰”、“燔”(祭祀用的熟肉)、“膚”(切細的肉)、“膾”(切細的魚肉)、“臠”(切成塊狀的肉)、“肴”(熟的肉類食物)、“脤”(shèn，帝王祭祀社稷用的生肉)、“炙”(烤熟的肉)、“膞(zhuǎn，切成塊的肉)。此外，精美的肉叫“腥”，夾脊肉叫“胏”、“脢”(méi)，牛百葉叫“膍”(pí)，牛舌及其相連部分的肉叫“臄”(jué)，等等。

隨着糧食生産的發展，酒的釀製也多起來。傳説商人好酒，紂王曾經“以酒爲池，縣肉爲林，令男女倮，相逐其間，爲長夜之飲。”(《史記・殷本紀》)不過甲骨刻辭裏,酒的名稱只有“酒、醴、鬯”3 個。到了周秦,飲酒成爲人們生活的嗜好,酒的花色品種大大增多起來。“醠”是濁酒,“酎”是兩次釀成的酒,“酤”是一夜釀成的酒,“醪”是帶滓的濁酒(即醪糟),“醨”是味薄的酒,“醲”是濃烈的酒,“醙”是白酒,“醍”是較清的紅色酒,“醑”、“湑”是濾去滓汁的清酒,“酏”(yí)是一種用黍米釀成的酒,“糟”是帶滓的酒,“酎”(zhòu)是經過多次反復釀成的醇酒。此外,“麴”、“酴”是酒母,“醭”是酒母生衣,“酞”、“酟”是酒的顏色,“醇”、“醹”是酒味醇厚,“酓”(yǎn)是酒味苦,“酣”是飲酒暢快,“醉”是飲酒過量,“酲”是飲酒後神志不清,“酡”是酒後臉紅,等等。這些名稱的産生都與酒的大量釀製和飲用有關。我國古代的酒都是没有經過蒸餾的水酒,度數一般不高,所以古人飲酒,通常是一口氣喝乾一杯,叫做“釂”。《説文·酉部》:“釂,飲酒盡也。”“酒過三巡”就是宴會上每人輪流喝完三杯,通過蒸餾生産的白酒是元代纔有的。

四、有關布帛服飾的名稱

相傳我國在黄帝時期就發明了養蠶繅絲①。商代文化有了很高的發展,服飾也當有所考究。但甲骨刻辭中只有“絲、糸、系、衣、裘”少數幾個名稱。到了周秦,社會物質文化生活水準提高,紡織業也發展起來。《周禮》記載,周王朝專門設立了典絲、典枲,典婦功和掌畫繢之事的官吏,説明當時紡織品生産的組織和分工已經逐漸健全。當時的紡織業以麻紡、絲紡爲主。《禮記·禮運》:“治其麻絲,以爲布帛。”也有少量毛紡。反映在語言裏,有關布帛服飾方面的名稱大量增加。上古中國還没有棉花棉布,人們的穿着主要是麻織品和絲織品。麻織品有十幾種。“布”是麻、葛等織物的通稱,“絣(bēng)”是古代氐族人用雜色絲織成的布,“絺(chī)”是細葛布,“絟(quán)”是細布,“緦”是作喪服用的細麻布,“繕(suì)”是古代蜀地出産的一種白細布,“繐(suì)”是細而疏的麻布,古代多用作喪服,“綌(xì)”是粗葛布,“緆(xī)”是細麻布,“縐(zhòu)”是極細的葛布,“紵(zhù)”是用苧麻織成的布。

絲織品更爲豐富,達 40 種之多。“繒”、“帛”是絲織品的總稱。從色彩看,“純”

① 20 世紀 50 年代末,在浙江吴興縣錢山漾遺址出土了一些絹片和絲帶、絲綫,原料都是家蠶絲。這是我國最早的絲織物,距今已 4000—5000 年。參看《吴興錢山漾遺址第一二次發掘報告》,載《考古學報》,1960 年,2 期。

是同一顔色的絲織品，“繱（cōng）”是淺藍色的帛，“紡”是素色紗絹，“縞（gǎo）”是白色精細的絲織品，“錦”是用彩色經緯絲織成圖案花紋的絲織品，“縉（jìn）”是淺紅色的帛，“絹”是麥青色的絲織品，“縳（juàn）”是白色的細絹，“練”是白色熟絹，“縹”是青白色的絹，“綪”是赤色的繒，“素”是本色的生帛，“緹（tí）”是橘紅色的絲織品，“紈（wán）”是白色細絹，“繡”是有彩色花紋的絲織品，“繻（xū 又 rú）”是彩色的絲織品，“緊（yì）”是黑紅色的繒，“綸（yù）”是用青色經綫和白色緯綫織成的帛，“繰（zǎo）”是微帶紅色的黑帛，“緇（zī）”是黑色的帛，“緅（zōu）”是青赤色的帛。從質地和工藝看，“紬（chóu）”、“紨（fù）”是質地較粗的綢，“縠”是縐紗類的絲織品，“縑”是雙絲織成的細絹，“綾”是細薄而有花紋的絲織品，“羅”是質地輕軟，經緯組織呈現眼紋的絲織品，“縵”是没有花紋的絲織品，“綺”是平紋底起花的絲織品，“綮（qǐ）”是質地細緻的帛，“紗”是輕而細的絲麻織品，“纚（shī）”是一種粗疏的絲織品。“纖（xiān）”是細紋的絲織品，“綃”是輕紗或生絲織成的絲織品，等等。各色各類絲織品洋洋大觀，琳琅滿目。

特别要提到的是漢代蜀地的手工業非常發達，成都生産了多種多樣的絲織品，叫做“蜀錦”。漢揚雄《蜀都賦》説：“爾乃其人，自造奇錦，紌繏緋緳，縿緣廬中。”宋章樵注：“蜀錦名件不一，此其尤奇者。”“紌（qiú）”、“繏（xuàn）”、“緋（fěi）”、“緳（xié）”、“縿（xiāo）”都是色彩花紋不同的蜀錦品名。

上述布帛的質地如何？《禮記・雜記上》：“朝服十五升。”布 80 縷爲升（《儀禮・喪服》鄭注），15 升共 1200 縷。上古布幅 2.2 尺，合今 50.6 厘米，共經綫 1200 根，每厘米約 23 根。1973 年長沙馬王堆漢墓一號出土多種麻布，其中最細的每厘米有經綫 28 根，合 17 升，與現在的細麻布相同。一説布的最細者爲三十升。《論語・子罕》：“麻冕，禮也。”何晏《集解》引孔安國傳“冕，緇布冠也。古者績麻三十升布以爲之”。30 升布，每厘米合經綫 43 根，遠比現代麻布細密。所以有的學者表示懷疑①。至於絲織品，長沙馬王堆漢墓一號出土一件絲綢上衣，重不過一兩，薄如蟬翼，可以見其細密。當時的紡織工藝的確已達到很高的水準。在這種條件下，上古

① 清江永《鄉黨圖考・冕考》：“古布幅二尺二寸，當今一尺三寸七分半。若容三十升之縷二千四百，則今尺一分之地幾容一十八縷，此必不能爲者也。”

人們的服飾也多樣化起來，貴族統治階級尤其講究。我們從20世紀70年代長沙馬王堆漢墓出土的大量隨葬衣物可以清楚地看出貴族服飾的奢侈以及絲麻織品的精美。上古漢語裹從形製、質地、色彩、用途上劃分的各種服飾名稱在50個以上。上裝包括："裎(chéng)"，指對襟單衣；"襌(dān)"、"袗"、"䘹(zuì)"，都是單衣；"褶"、"褺(dié)"、"複"、"袷"、"裌"，都是夾衣；"袢(fán)"，指暑天穿的白色細葛内衣；"袿(guī)"，婦女穿的長袍；"衮"、"裷(gǔn)"，天子祭祀時所穿的繡有龍形的禮服；"褐(hè)"，用獸毛或粗麻布製成的衣服；"褘(huī)"，有野雞圖案的王后祭服；"襽(jiǎn)"，絲棉衣；"褧(jiǒng)"，輕紗做的單罩衣；"袀(jūn)"，戎服；"袍(páo)"，有夾層，中着綿絮的長衣；"裨(pí)"，祭祀時穿的次等禮服；"袡(rán)"，女子出嫁時所穿的盛裝；"襦(rú)"，短衣；"衫(襂)"，短袖單衣；"褖(tuàn)"，王后的便服；"裼(xī)"，加在裘上面的無袖衣；"褻(xiè)"平日家居時穿的衣服；"袨(xuàn)"，士兵所穿的黑色衣服；"衵(rì)"、"衷"、"襗(zé)"，都是貼身内衣；"褕(yú)"、"揄狄"，畫有雉尾的王后祭服；"展"，紅色的細紗衣服；"袾(zhū)"，大紅色的衣服。下裝有"裳"(如今之裙)、韠、蔽膝(遮蔽前身的皮製服飾)、"袴"(套褲)、"褌(幝)"(連襠褲)、"褰"(套褲)、"裙"，等。衣裳相連的有"深衣"(貴族燕居之服)、"中衣"(穿在裹面)、"長衣"(用白繒緣邊)等。頭上戴的有"冕"、"弁"、"冠"。"冕"最高貴，有旒玉(天子十二，諸侯九，卿、上大夫七，大夫五)。"弁"又分"爵弁"(用赤而微黑的革製成)、"皮弁"(用白鹿皮製成)、"韎弁"(用赤色革製成)。"冠"爲成年男子之常服，又有"白布冠"(後世以爲喪服)、"緇布冠"(庶人常服)、"玄冠"(又稱"章甫"、"毋追"，爲常用的禮冠，用黑繒製成)。古人留髮，男女都用"笄"(簪子)。婦女又有"副"(步摇)、"編"(假髮)、"次"(亦假髮)、"衡"(所以懸瑱)等。脚上穿的有"襪、韈(襪)"、"屨"、"舃"等。《説文·韋部》："韈，足衣也。""屨"是單底的鞋，"舃"是複底的鞋。把頭上戴的，身上佩的，脚上穿的，還有不少别的東西，都加在一起，服飾名稱達幾百個之多，舉不勝舉。

五、有關旗幟的名稱

旗幟是表示不同氏族、國家、團體、等級、身份或用途的徽識。旗幟顔色不一，有的畫有某種圖形，它們大都由原始社會的圖騰衍化而來，具有不同的含義。甲骨文中没有“旗”字，但商代有旗幟。“中”的本義即旗。唐蘭《殷虚文字記》：“‘中’本爲氏族社會之徽幟，古時有大事，聚衆於曠地，先立中焉，群衆望見中而趨赴。群衆來自四方，則建中之地爲中央矣。”甲骨刻辭已有“立中”之語，就是立旗，可以聚衆，也可以觀測風向。如“己亥卜，央貞：王勿立中”（《粹》1218），“丙子，其立中。亡風，八月”（《存》2・88）。甲骨文“㫃（yǎn）、旋、旅、族”等字，其本義都與旗幟有關。“㫃”象旌旗游㫃之形，“旋”表示人在旌旗下轉動之意。《説文・㫃部》：“旋，周旋，旌旗之指麾也。”“旅”表示以旗幟招集人，因有“衆”義。“族”從㫃從矢，㫃所以聚衆，矢所以殺敵，古代同一個家族或氏族就是一個戰鬥集體，所以㫃、矢會意爲“族”。

到了周代，旗幟的種類和用途都複雜起來。《周禮》有“常、旂、旃（旜）、物、旗、旟、旐、旞、旌”等九旗之稱。“常”也叫“大常”、“太常”，上面畫日月圖形，爲天子所建之旗。“旂”也叫“大旂”、“龍旂”，上面畫二龍相依倚的圖形，爲諸侯所建之旗。“旃（旜）”没有畫飾，赤色，曲柄，爲孤卿所建之旗，也是一種軍旗。“物”用雜帛製成，爲將帥所建之旗。“旗”上面畫熊和虎的圖形，象徵威猛如熊虎，爲軍將所建的軍旗。“旟”上面畫鳥隼的圖形，象徵勇捷如鷹隼。“旐”是上面畫有龜蛇圖形的旗，軍中諸帥所建，也是一種軍旗。“旞”是旗杆上繫有完整的彩色鳥羽作裝飾的旗幟，用以開道。“旌”是旗杆上綴旄牛尾，下有五彩析羽的旗幟，用以指揮或開道。《周禮・春官・司常》：“司常掌九旗之物名，各有屬，以待國事。日月爲常，交龍爲旂，通帛爲旜，雜帛爲物，熊虎爲旗，鳥隼爲旟，龜蛇爲旐，全羽爲旞，析羽爲旌。及國之大閲，贊司馬頒旗物：王建大常，諸侯建旂，孤卿建旜，大夫士建物，師都建旗，州里建旟，縣鄙建旐，道車載旞，斿車載旌。皆畫（書）其象焉，官府各象其事，州里各象其名，家各象其號。”近代學者認爲《周禮》所載“九旗”其實只有五旗。孫詒讓《九旗古誼述》：“綜而論之，其正旗唯五：曰常、曰旂、曰旗、曰旟、曰旐，五路之所建也。五者隨章異物，其曰旜（旃）、曰物，爲縿斿之異名；曰旞、曰旌，爲注羽之異名。四者即就正旗爲之别異，乃旗物之通制，非於五旗之外别爲章物也。”其中“旗”也是旗幟的總稱。如《左傳・隱公十一年》：“潁考叔取鄭伯之旗蝥弧以先登。”“幢、旝、旄、旛、旆”也是旗幟名。“幢”是用作儀仗的一種旗幟。如《韓非子・大體》：“雄駿不創壽於旗幢。”“旝”是用於作戰指揮的令旗。《左傳・桓公五年》：“旝動而鼓。”杜預注：

"蓋今大將之麾也,執以爲號令。""旄"是旗杆頭上有犛牛尾做裝飾的旗子,也可用于指揮。如《書・牧誓》:"王左仗黄鉞,右秉白旄以麾。""旛"是長幅下垂的旗。《釋名・釋兵》:"旛,幡也,其旄幡幡然也。"也寫作"幡"。如《史記・司馬相如列傳》:"垂絳幡之素蜺兮,載雲氣而上浮。""旆(斾)"本是旐末所鑲帛製燕尾形的垂旒,也是旗幟的泛稱。《爾雅・釋天》:"繼旐曰旆。"《詩・商頌・長髮》:"武王載旆,有虔秉鉞。""縿"(shān)是旗幟的正幅,"斿、旒"是旌旗下垂的飄帶之類的飾物,都與旗幟有關。此外,一些有特定含義的單音旗名往往連用爲複音詞,泛稱旗幟。"旆旌"、"旌旗"、"旌旂"、"旌旐"、"旂旐"、"旗旂"、"旗幟"、"旟旐"等均已見於上古典籍。如《詩・小雅・車攻》:"蕭蕭馬鳴,悠悠旆旌。"《出車》:"彼旟旐斯,胡不旆旆。""出車彭彭,旂旐央央。"《周禮・春官・司常》:"凡軍事,建旌旗。"《禮記・月令》:"載旌旐,授車以級。"《史記・留侯世家》:"益爲張旗幟諸山上,爲疑兵。"等等。

六、有關玉和玉器的名稱

玉和石本是兩種不同的物質。玉的產量少,質地細緻而堅硬,温潤而有光澤。中華民族的祖先不僅把玉看作一種美麗的石頭,而且認爲玉有君子的美德,充滿着特别喜愛的感情。《禮記・聘義》引孔子的話説:"夫昔者君子比德於玉焉,温潤而澤,仁也;縝密以栗,知也;廉而不劌,義也;垂之如隊,禮也;叩之其聲清越以長,其終詘然,樂也;瑕不揜瑜,瑜不揜瑕,忠也;孚尹(色彩)旁達,信也;氣如白虹,天也;精神見於山川,地也;圭璋特達,德也;天下莫不貴者,道也。《詩》云:'言念君子,温其如玉。'故君子貴之也。"《説文・玉部》也説:"玉,石之美〔者〕。有五德:潤澤以温,仁之方也;䚡理自外,可以知中,義之方也;其聲舒揚,專以遠聞,智之方也;不撓而折,勇之方也;鋭廉而不忮,絜之方也。"不同的玉製品被人們用作身上的佩飾,祭祀天地鬼神的祭器,象徵權力任務的符信等而特别貴重。《禮記・玉藻》:"古之君子必佩玉……君子無故玉不去身,君子於玉比德焉。"

早在仰韶、河姆渡、三星堆等新石器時代的文化遺址中我們已經可以看到大量玉器。1976 年河南安陽發現的婦好(商王武丁的諸婦之一)墓,出土各種玉器多達 755 件。不過商代甲骨文裏有關玉的名稱只有"玉、玦、璞、玨"等幾個詞。到了周代,情況大不一樣。玉名多達幾十個,"玉、瓘、玒、瓛、瑿(瑕)、璙、瓏①、璐、瓔(náo)、琦②、球③、璆④、璵、珚"等都是玉名;"瑾、瑜、琰、瑤⑤、琳、璇(琁、璿)、珣玗琪⑥、璵璠⑦"等都是美玉名,"瓊⑧、璭(jùn)"是赤色的玉,"瑕"是有瑕玼的玉,"璑、瓚"⑨是質地較差的玉。玉的製品更是種類繁多。

這裏着重談談有關禮器中的玉名。《周禮·春官》有"典瑞"之官,"掌玉瑞,玉器之藏,辨其名物與其用事,設其服飾。""玉瑞"就是行禮時用的玉器,可分圭、璧、璋、琮、琥、璜六類,叫做"六瑞"。每類之中又有多個名稱。

"圭"也寫作"珪"。長條形,上端作三角形,下端作方形,是古代貴族朝聘、祭祀、喪葬時用的禮器。按其形製、大小、用途的不同,又分"鎮圭(珍圭)、桓圭(瓛)、信圭、躬圭、介圭(玠珪)、珽(大圭)、穀圭、裸圭、瑒圭、琰圭、琬圭、土圭"等類。"鎮圭"也作"珍圭"⑩,是天子所持的圭,長一尺二寸,以四鎮之山爲雕飾,象徵四方安定。"桓圭"又名"瓛"⑪,是公爵諸侯所持的圭,長九寸,以兩根直立的木柱爲雕飾,象徵宫室之形,足以安上。"信圭"是侯爵諸侯所持的圭,長七寸,"信"與"身"通,刻人形爲飾,取慎行以保身之意。"躬圭"是伯爵諸侯所持的圭,長七寸,亦刻人形爲飾,取意與信圭同,只是二者刻紋有粗細之分。《周禮·春官·大宗伯》:"以玉作六瑞,以等邦國。王執鎮圭,公執桓圭,侯執信圭,伯執躬圭。"《考工記·玉人》:"玉人之事,鎮圭尺有二寸,天子守之;命圭九寸,謂之桓圭,公守之;命圭七寸,謂之信圭,侯守之;命圭七寸,謂之躬圭,伯守之。""介圭"也作"玠珪",長一尺二寸,大約是"鎮

---

① 《説文·玉部》:"瓏,禱旱玉,龍文。"

② 《楚辭·招魂》:"纂組綺縞,結琦璜些。"洪興祖補注:"琦,玉名。"

③ 《説文·玉部》:"球,玉聲也。"徐鍇繫傳作:"球,玉也。"《詩·商頌·長發》:"受小球大球。"《毛傳》:"球,玉。"

④ 《爾雅·釋器》:"璆,玉也。"《書·禹貢》:"厥貢璆、鐵、銀、鏤。"孔傳:"璆,玉名。"

⑤ 《説文·玉部》:"瑤,玉之美者。"或以爲美石。《詩·衛風·木瓜》:"報之以瓊瑤。"《毛傳》:"瓊瑤,美玉。"陸德明《釋文》引《説文》:"瑤,美石。"

⑥ 《爾雅·釋地》:"東方之美者,有醫無閭之珣玗琪焉。"

⑦ 《左傳·定公五年》:"陽虎將以璵璠斂,仲梁懷弗與。"杜預注:"璵璠,美玉,君所佩。"

⑧ 《説文·玉部》:"瓊,赤玉也。"《詩·衛風·木瓜》:"報之以瓊琚。"《毛傳》:"瓊,玉之美者。"

⑨ 《説文·玉部》:"瓚,三玉二石也。"徐鍇繫傳:"謂五分之中二分是石。"瓚,又是以鬯酒灌祭的禮器。

⑩ 《周禮·天官·典瑞》:"珍圭以徵守,以恤凶荒。"杜子春云:"珍當爲鎮,書亦或爲鎮。"

⑪ 《説文·玉部》:"瓛,桓圭,公所執。"

圭"别稱。《書・顧命》:"太保承介圭。"《孔傳》:"大圭尺二寸,天子守之。"《爾雅・釋器》:"珪大尺有二寸謂之玠。"郭璞注:"《詩》曰'錫爾玠珪。'""珽"是天子插在腰間的玉笏,長三尺,頂端作椎形,也叫"大圭"。《説文・玉部》:"珽,大圭,長三尺,抒上,終葵首。"《考工記・玉人》:"大圭長三尺,杼上,終葵首,天子服之。"鄭玄注:"王所搢大圭也,或謂之珽。""穀圭"是刻有粟紋的圭,諸侯用以講和或聘女。《周禮・春官・典瑞》:"穀圭以和難,以聘女。""祼圭"是祼祭中酌鬯酒器上的玉柄。《考工記・玉人》:"祼圭尺有二寸,有瓚,以祀廟。""瑒(chàng)圭"就是祼圭。《説文・玉部》:"瑒,圭尺二寸,有瓚,以祠宗廟者也。""琰圭"頂端尖鋭,長九寸,是用以征討不義的符信。《周禮・春官・典瑞》:"琰圭以易行以除慝。"鄭玄注引鄭司農云:"琰圭有鋒芒,傷害、征伐、誅討之象者。""琬圭"上端呈圓形,長九寸,是賜給有德諸侯或天子使臣的符信。《周禮・春官・典瑞》:"琬圭以治德,以結好。"鄭玄注:"琬圭亦王使之瑞節。諸侯有德,王命賜之。""土圭"是用以測日影、正四時和度量土地的器具。《周禮・地官・大司徒》:"以土圭之法,測土深,正日影,以求地中。"賈公彦疏:"土圭尺有五寸……度土之深。深,謂日影長短之深也。"還有"瑁",方形,邊長四寸,頂端凹入爲三角形,天子執以合諸侯之圭。覆於圭上,故稱"瑁"。《説文・玉部》:"瑁,諸侯執圭以朝天子,天子執玉以冒之,似犂冠。《周禮》曰:'天子執瑁,四寸。'"

"璧"是古代貴族朝聘、祭祀、喪葬時用的玉製禮器,也用作裝飾品。平圓形,正中有孔,邊寬爲孔内直徑的兩倍。《爾雅・釋器》:"肉倍好謂之璧。"《周禮・春官・大宗伯》:"以蒼璧禮天。"鄭玄注:"璧圓象天。"又有"瑄"、"穀璧"、"蒲璧"、"瑗"、"環"等。"瑄"是祭天用的大璧。《史記・孝武本紀》:"有司奉瑄玉嘉牲薦饗。"裴駰《集解》引孟康曰:"璧大六寸謂之瑄。""穀璧"、"蒲璧"是朝覲、祭祀時子爵男爵諸侯所持的玉器。《周禮・春官・大宗伯》:"子執穀璧,男執蒲璧。"鄭玄注:"穀所以養人;蒲爲席,所以安人。二玉蓋或以穀爲飾,或以蒲爲瑑飾,璧皆徑五寸。""瑗"是孔大邊小的璧。《説文・玉部》:"瑗,大孔璧,人君除陛以相引。《爾雅》曰:'好倍肉謂之瑗,肉倍好謂之璧。'"《荀子・大略》:"問士以璧,召人以瑗。""環"是邊寬與孔内直徑相等的璧類玉器。用作符信或裝飾品。《爾雅・釋器》:"肉好若一謂之環。"《荀子・大略》:"絶人以玦,反絶以環。"楊倞注:"古者臣有罪,待放於境,三年不敢去。與之環則還,與之玦則絶,皆所以見意也。"

"璋"是一種半圭形玉器,古代貴族用作符信或禮器。《詩·大雅·棫樸》:"濟濟辟玉,左右奉璋。"《毛傳》:"半圭曰璋。"又有"大璋"、"中璋"、"邊璋"、"牙璋"等不同名稱。《考工記·玉人》:"大璋、中璋九寸,邊璋七寸……天子以巡狩,宗祝以前馬。大璋亦如之,諸侯以聘女。……牙璋、中璋七寸,射二寸,厚寸,以起軍旅,以治兵守。"漢班固《白虎通義·文質》:"璋以發兵何?璋半珪,位在南方,陽極而陰始起,兵亦陰也,故以發兵也。"依《周禮》大璋長不過九寸,而四川廣漢三星堆出土大批玉璋,多有長六、七十厘米者,其中一件邊璋殘長159.2厘米,與《周禮》所載迥異。

"琮"是一種方形或長方形玉製禮器。中有圓孔,有人認爲象徵天圓地方。《周禮·春官·大宗伯》:"以玉作六器,以禮天地四方:以蒼璧禮天,以黄琮禮地。"《秋官·小行人》:"琮以錦。"鄭玄注:"五等之諸侯享天子用璧,享后用琮。"《考工記·玉人》:"大琮十有二寸,射四寸,厚寸。"各地出土玉琮甚多,大小不等。江蘇武進寺墩遺址出土一件黄琮,高36.1厘米,分十三節。成都金沙遺址出土一件青玉琮,高達30厘米以上。江蘇吴縣草鞋山出土的小琮,高僅1.8厘米,寬1.2厘米,孔徑0.45厘米。又有"駔琮",古代用作秤錘。《考工記·玉人》:"駔琮五寸,宗後以爲權。……駔琮七寸,鼻寸有半寸,天子以爲權。"鄭玄注:"駔讀爲組,以組系之,因名焉。"

"琥"是一種雕成虎形的玉製禮器,又是發兵的符信。《周禮·春官·大宗伯》:"以白琥禮西方。"鄭玄注:"琥,猛,象秋嚴。"《説文·玉部》:"琥,發兵瑞玉。爲虎文。《春秋傳》曰:賜子家雙琥。"孫詒讓《書〈説文·玉部〉後》:"《御覽·珍寶部》引《吕氏春秋》云:'戰鬥用琥。……蓋據六國時制,與《禮經》瑞玉自不相應也。'"

"璜"是一種形似半璧的玉器,用於朝聘、祭祀、喪葬,也用作裝飾品。《説文·玉部》:"璜,半璧也。"《周禮·春官·大宗伯》:"以玄璜禮北方。"鄭玄注:"璧圓象天……半璧曰璜,象冬閉藏,地上無物,唯天半見。"漢班固《白虎通義·文質》:"璜以徵召。"《詩·鄭風·女曰雞鳴》:"雜佩以贈之。"《毛傳》:"雜佩者,珩、璜、琚、瑀、衝牙之類。"還有"玦",是一種環形有缺口的佩玉。甲骨文只作貞人名。《楚辭·九歌·湘君》:"捐余玦兮江中。"王逸注:"玦,玉佩也。"又爲符信,表示决斷或斷絶。

《左傳·閔公二年》:"公與石祁子玦。"《荀子·大略》:"絶人以玦。"

還有别的玉器名稱,這裏從略。

七、有關意識形態的名稱

隨着商代奴隸制度的解體和封建制度的確立,社會意識也産生了巨大的變化。儒家思想反對奴隸主的殘暴,代表了封建地主階級的利益。孔孟不得意於當時,却被尊榮於後世。反映封建倫理和儒家思想的一些詞語隨之産生,而且得到廣泛的傳播。例如:

慈　慈愛,仁愛。《國語·周語下》:"惠,文之慈也。"《禮記·曲禮上》:"兄弟親戚稱其慈也。"《韓非子·五蠹》:"故罰薄不爲慈,誅嚴不爲厲。"

誠　真心實意。《易·乾》:"修辭立其誠,所以居業也。"《禮記·中庸》:"誠者,天之道也。誠之者,人之道也。"《孟子·盡心上》:"反身而誠,樂莫大焉。"

道　道德,道義。《左傳·桓公六年》:"所謂道,忠於民而信於神也。"又指政治主張或思想體系。《論語·衛靈公》:"道不同,不相爲謀。"又《里仁》:"夫子之道,忠恕而已矣。"又指好的政治措施。《左傳·成公十二年》:"天下有道,則公侯能爲民干城而制其腹心,亂則反之。"

德　道德,品行,節操。《易·乾》:"君子進德修業。"《論語·述而》:"德之不修,學之不講,聞義不能徙,不善不能改,是吾憂也。"又指好的政教。《吕氏春秋·孟春紀》:"命相布德和令,行慶施惠,下及兆民。"

和　适中;和諧。《论語·学而》:"礼之用,和爲贵;先王之道,斯爲美。"《礼記·中庸》:"发而皆中节,謂之和。"

禮　古代奴隶社會和封建社會的等級制度以及與此相應的行爲準則和道德規範。"禮"的主要作用是限制被剥削階級的犯上作亂,對剥削階級内部也起一定的調節作用。這個詞在儒家典籍裏出現最爲頻繁。《論語》出現 67 次,《春秋》三傳出現 600 次以上。如《論語·顔淵》:"非禮勿視,非禮勿聽,非禮勿言,非禮勿動。"《荀子·富国》:"礼者,贵贱有等,长幼有差,贫富轻重,皆有称者也。"

弟(悌)　作爲儒家倫理道德之一,指敬愛兄長,這個意義是周代産生的。《論語·學而》:"君子務本,本立而道生。孝弟也者,其爲仁之本與?"

仁 一種含義極廣的道德範疇，它的核心是愛人，與人相親。《禮記·禮運》："仁者，義之本也。"《孟子·盡心下》："仁者，以其所愛及其所不愛。"

恕 以仁愛待人，推己及人。《論語·里仁》："夫子之道，忠恕而已矣。"朱熹注："推己之謂恕。"《孟子·盡心下》："强恕而行，求仁莫近焉。"

孝 子女順從父母並盡心奉養。《論語·學而》："弟子入則孝，出則弟。"《韓非子·難二》："孝子愛親，百數之一也。"

信 誠實不欺。《論語·學而》："信近於義，言可復也。"《禮記·禮運》："選賢與能，講信修睦。"

義 正義，合理的行爲或事情。《論語·爲政》："見義不爲，無勇也。"《孟子·離婁上》："義，人之正路也。"

知(智) 智慧，明智。《禮記·中庸》："好學近乎知(zhì)，力行近乎仁，知耻近乎勇。"《孟子·公孫丑上》："是非之心，智之端也。"

忠 對人尤其是對上級盡心竭力，忠誠無私。《左傳·僖公九年》："公家之利，知無不爲，忠也。"《禮記·禮器》："忠信，禮之本也。"

有些詞是反映老莊哲學思想的。如：

仙(僊) 神仙，修煉得道，長生不死的人。《莊子·天地》："千歲厭世，去而上僊，乘彼白雲，至於帝鄉。"《釋名·釋長幼》："老而不死曰仙。"

真 道家稱修真得道或成仙的人。《説文·匕部》："真，仙人變形而登天也。"儒家五經中没有"真"字。《莊子·列禦寇》："夫免乎外内之刑者，唯真人能之。"

當然，少數字已見於甲骨文，但意義迥然不同。"弟"甲骨文只作"兄弟"講，"義"甲骨文只作地名。其他的詞是甲骨文所没有的。

八、動詞

甲骨刻辭中出現的動詞不過300個，而《説文解字》所收9353個字裹，表示行爲動作的有1600餘個。如果把周秦兩漢典籍中出現的動詞加在一起，上古動詞當在3000個以上，爲甲骨刻辭的10倍。舉例來説，甲骨刻辭裹没有從"心"的字，《説文解字》裹"心"旁的字有263個，其中動詞有170個。表示喜悦快樂的有"悰(cóng)"、"懽"、"愷"、"快"、"憙"、"愜"、"慆(tāo)"、"忻"、"怡"、"懌(yì)"、"愉"、

“悦(説 yuè)”等十幾個。另外“喜”、“樂”二字已見於甲骨文,但不作“喜歡、快樂”講。表示憂愁、憂傷的詞有“悲”、“慘”、“憯(cǎn)”、“慅(cǎo)”、“懆(cǎo)”、“惻(cè)”、“怊 (chāo)”、“怞(chóu)”、“愁”、“愴(chàng)”、“惙(chuò)”、“悴 (cuì)”、“怛”、“怫(fú)”、“悈(hài)”、“患”、“慁(hùn)”、“悝(lǐ 又 kuī)”、“悶”、“懣(mèn)”、“愍(mǐn)”、“惄”、“悽”、“感”、“恫 (tōng)”、“慟(tòng)”、“悕(xī)”、“忏(吁 xū)”、“悒(yì)”、“憂”等等30幾個。表示驚恐、害怕的詞有“懝(ài)”、“怖”、“怵(chù)”、“憚”、“愕”、“惶”、“悸”、“惴(zhuì)”、“懼”、“恐”、“恇(kuāng)”、“慄”、“戁 (nǎn)”、“怯(qiè)”、“懾(shè)”、“慴(shè,舊 zhé)”、“悚(sǒng)”等 20 餘個。表示憤恨心情的有“憤”、“憝(duì)”、“恨”、“憾”、“恚 (huì)”、“憎”、“惎(jī)”、“忌”、“悁”、“愾”、“惱(恼)”、“怒”、“ 慿”、“懠(qí)”、“慊(qiǎn)”、“惡(wù)”、“忿”、“怨”、“慍(yùn)”、“懥 (zhì)”等十幾個。表示親愛、愛憐的單音詞有“愛(炁)”、“恩”、“憐”、“忯(qí)”、“煤(wǔ)”、“憮(wǔ)”、“惜”、“俺(yān)”,表示慚愧、羞愧的有“慚(慙)”、“恥”、“愧(媿)”、“恧(nǜ)”、“怍”,表示懊悔的有“悔”,等等。有了如此豐富的動詞,足以把任何細緻複雜的思想感情活動準確生動地表達出來。

九、形容詞

甲骨刻辭裏形容詞總共只有 30 多個。到了周秦,漢語形容詞增加到千個以上,數量增長了幾十倍。有的本義就是形容詞,有的由别類詞義引申而來。這裏討論一下顏色詞。商代甲骨文只有“白、赤、黄、緑、幽”幾個表示基本顏色的形容詞,周秦增加到 70 多個,通常把不同顏色跟東南西北中五個方位詞配合起來。

“白”代表西方的顏色。《説文・白部》:“白,西方色也。陰用事,物色白。”商代甲骨文只有一個“白”字,到了周秦,表示這一組顏色的單音詞有十來個。如:

的　《易・説卦》:“其於馬也……爲的顙。”虞翻注:“的,白;顙,額也。”《廣雅・釋器》:“的,白也。”

縞(gǎo)　《山海經・海内北經》:“有文馬,縞身朱鬣。”《小爾雅・廣詁》:“縞,白也。”

皓　《吕氏春秋・本生》:“靡曼皓齒。”《廣雅・釋器》:“皓,白也。”

顥(hào)　《吕氏春秋・有始》:“西方曰顥天。”高誘注:“金色白,故曰顥天。”

皬(hé)、皠　《説文·白部》:“皬,鳥之白也。”《太玄·内》:“皬頭内其稚婦。”《史記·司馬相如列傳》:“吾乃今日睹西王母皬然白首。”

翯(hè)　《詩·大雅·靈臺》:“麀鹿濯濯,白鳥翯翯。”朱熹《集傳》:“翯翯,潔白貌。”《史記·司馬相如列傳》:“翯乎滈滈,東注太湖。”

皎　《詩·小雅·白駒》:“皎皎白駒,食我場苗。”《釋文》:“皎,潔白也。”《廣雅·釋器》:“皎,白也。”

皏(pěng)　《素問·風論》:“肺風之狀,多汗惡風,色皏然白。”王冰注:“皏,謂薄白色也。”

皤(pó)　《易·賁》:“賁如皤如,白馬翰如。”孔穎達疏:“皤是素白之色。”《廣雅·釋器》:“皤,白也。”

素　《詩·召南·羔羊》:“素絲五紽。”毛傳:“素,白也。”

皙　《左傳·定公九年》:“皙幘而衣貍製。”杜預注:“皙,白也。”

“赤”代表南方的顔色。《説文·赤部》:“赤,南方色也。”甲骨文只有一個“赤”字。到了周秦,表示這一組顔色的單音詞有近20個。如:

赬、經(chēng)　《詩·周南·汝墳》:“魴魚赬尾。”毛傳:“赬,赤也。”《説文·赤部》:“經,赤色也。《詩》曰:‘魴魚經尾。’赬,經或從貞。”

丹　《國語·吴語》:“皆赤裳、赤旟、丹甲。”韋昭注:“丹,彤也。”

䞶(gàn)　《説文·赤部》:“䞶,赤色也。”

赫(hè)　《詩·邶風·簡兮》:“赫如渥赭。”毛傳:“赫,赤貌。”《説文·赤部》:“赫,火赤貌。”

紅　《楚辭·招魂》:“紅壁沙版,玄玉梁些。”王逸注:“紅,赤白色。”《史記·司馬相如列傳》:“紅杳渺以眩湣兮。”司馬貞索隱引晉灼曰:“紅,赤色貌。”

絳(jiàng)　《墨子·公孟》:“絳衣博袍,以治其國。”《説文·糸部》:“絳,大赤也。”《廣雅·釋器》:“絳,赤也。”

縉(jìn)　《急就篇》第二章:“烝栗絹紺縉紅燃。”顔師古注:“縉,淺紅色也。”《説文·糸部》:“縉,帛赤色也。”

綪(qiàn)　《左傳·定公四年》:“分康叔以大路、少帛、綪茷。”賈逵注:“綪,大赤也。”

縓(quán) 《禮記・檀弓上》:“練衣黄裏,縓緣。”《釋文》:“縓,淺赤色,今之紅也。”

緹(tí) 《史記・滑稽列傳》:“張緹絳帷。”正義引顧野王曰:“緹,黄赤色。”《廣雅・釋器》:“緹,赤也。”

彤(tóng) 《詩・邶風・静女》:“静女其孌,貽我彤管。”鄭箋:“彤管,赤筆管也。”《釋文》:“彤,赤也。”

赨(tóng) 《管子・地員》:“其種大苗,細苗赨莖。”尹知章注:“赨,即赤也。”《説文・赤部》:“赨,赤色也。”

煒(wěi) 《詩・邶風・静女》:“彤管有煒。”毛傳:“煒,赤貌。”《説文・火部》:“煒,盛赤也。”

騂 《論語・雍也》:“犂牛之子騂且角。”何晏注:“騂,赤色也。”《詩・小雅・信南山》:“從以騂牡。”朱熹《集傳》:“騂,赤色。”

朱 《詩・小雅・采芑》:“朱芾斯皇,有瑲葱珩。”《孟子・盡心下》:“惡紫,恐其亂朱也。”趙岐注:“朱,赤也。”

紫 《論語・鄉黨》:“紅紫不以爲褻服。”漢揚雄《法言・吾子》:“或問蒼蠅紅紫。”李軌注:“紫,似朱而非朱也。”

“黄”代表中央的顏色。《説文・黄部》:“黄,地之色也。”《詩・邶風・綠衣》:“綠衣黄裏。”朱熹《集傳》:“黄,中央土之正色。”

商代甲骨文只有一個“黄”字。到了周秦,表示這一組顏色的單音詞有10餘個。如:

䒢(chōng) 《爾雅・釋器》:“䒢,黄也。”

華 《禮記・玉藻》:“雜帶:君朱綠,大夫玄華。”鄭玄注:“華,黄色也。”

皇 《詩・豳風・東山》:“皇駁其馬。”《毛傳》:“黄白曰皇。”

黊(huī 又 huà) 《説文・黄部》:“黊,鮮明黄也。”

䵱(huì) 《説文・黄部》:“䵱,青黄色也。”

金 《詩・小雅・車攻》:“赤芾金舄,會同有繹。”鄭箋:“金舄,朱黄色也。”

黅(jīn) 《素問・五常政大論》:“其穀黅秬。”王冰注:“黅,黄也。”

黇(tiān) 《説文・黄部》:“黇,白黄色也。”

黈(tǒu)　《穀梁傳・莊公二十三年》:"大夫倉,士黈。"范寧注:"黈,黄也。"

黇(tuān)　《説文・黄部》:"黇,黑黄色也。"

"青"代表東方的顔色。《説文・青部》:"青,東方色也。"商代甲骨文只有一個"緑"字。到了周秦,代表這一組顔色的單音詞有近10個。如:

碧　《廣雅・釋器》:"碧,青也。"唐玄應《一切經音義》卷五"碧緑"注引《廣雅》:"碧,青白色也。"

蒼(倉)　青緑色。《説文・艸部》:"蒼,艸色也"段玉裁注:"引申爲凡青黑色之稱。"《戰國策・魏策四》:"倉鷹擊於殿上。"吴師道校注:"倉即蒼。"

蔥　《爾雅・釋器》:"青謂之蔥。"郭璞注:"淺青。"《詩・小雅・采芑》:"有瑲蔥珩。"《毛傳》:"蔥,蒼也。"

藍　《論衡・本性》:"至惡之物,不受藍朱之變也。"

緑　《詩・邶風・緑衣》:"緑兮衣兮,緑衣黄裏。"毛傳:"緑,間色;黄,正色。"孔穎達正義:"緑,蒼黄之間色。"

録　《説文・金部》:"録,金色也。"段玉裁注:"録與緑同音,金色,在青黄之間。"

綦(qí)　《書・顧命》:"四人綦弁。"孔穎達疏引鄭玄曰:"青黑曰綦。"《詩・鄭風・出其東門》:"縞衣綦巾。"陸德明釋文:"綦,蒼艾色。"

騏　《詩・曹風・鳲鳩》:"其弁伊騏。"毛傳:"騏,騏文也。"《書・顧命》:"四人騏弁。"陸德明《釋文》引馬(融)云:"騏,青黑色。"

青　《荀子・勸學》:"青取之於藍而青於藍。"《漢書・王莽傳上》:"九命青玉珪二。"顔師古注:"青者,春色,東方生而長育萬物也。"

絞(xiáo)　《禮記・玉藻》:"絞衣以裼之。"鄭玄注:"絞,蒼黄之色也。"

"黑"代表北方的顔色。《周禮・考工記・畫繢》:"北方謂之黑。"甲骨文只有一個"幽"字。到了周秦,表示這種顔色的有20多個單音詞。如:

黯(àn)　《説文・黑部》:"黯,深黑也。"《楚辭・九辯》:"彼日月之昭明兮,尚黯黮而有瑕。"洪興祖補注:"黯黮,雲黑。"

黲(cǎn)　《説文・黑部》:"黲,淺青黑也。"《廣雅・釋器》:"黲,黑也。"

黮(dǎn)　《淮南子・主術》:"問瞽師曰:'白素何如?'曰:'縞然。'曰:'黑何若?’曰:‘黮然。’援白黑而示之,則處焉。”

紺(gàn) 《説文·糸部》:“帛深青揚赤色。”段玉裁注:“按此今之天青,亦謂之紅青。”《墨子·節用中》:“冬服紺緅之衣。”

黑 《詩·邶風·北風》:“莫赤匪狐,莫黑匪烏。”《説文·黑部》:“黑,火所熏之色也。”

黅(jīn) 《説文·黑部》:“黅,黄黑也。”

黧 王褒《九懷·蓄英》:“菸蘊兮黴黧。”洪興祖補注:“黧,黑黄。”

黎 《書·禹貢》:“厥土青黎。”僞孔傳:“色青黑而沃壤。”

驪 《爾雅·釋畜》:“驪馬白跨。”郭璞注:“驪,黑色也。”《漢書·匈奴傳上》:“北方盡驪。”顔師古注:“驪,深黑。”

盧(卢) 《書·文侯之命》:“盧弓一,盧矢百。”僞孔傳:“盧,黑也。”

黸(lú) 《説文·黑部》:“齊謂黑爲黸。”《廣雅·釋器》:“黸,黑也。”王念孫疏證:“黸,字通作盧,黑土謂之壚,黑犬謂之盧,目童子謂之盧,黑弓謂之玈弓,黑矢謂之玈矢,黑水謂之瀘水,黑橘謂之盧橘,義並同也。”

黴(méi) 《説文·黑部》:“黴,中久雨青黑。從黑,微省聲。”漢劉向《九歎·逢紛》:“顔黴黧以沮敗兮。”

墨 《左傳·僖公三十二年》:“遂墨以葬文公,晉於是始墨。”《孟子·滕文公上》:“面深墨。”趙岐注:“墨,黑也。”

涅(niè) 《淮南子·説山》:“流言雪汙,譬猶以涅拭素也。”高誘注:“涅,黑也。”

黔(qián) 《易·説卦》:“爲黔喙之屬。”馬融注:“黔,黑也。”鄭玄本作“黚”。

黗(tún) 《説文·黑部》:“黗,黄濁黑。”段玉裁注:“謂黄濁之黑也。”

玄 《詩·豳風·七月》:“載玄載黄,我朱孔陽。”毛傳:“玄,黑而有赤也。”《説文·玄部》:“玄,黑而有赤色者爲玄。”

兹(xuán) 《説文·玄部》:“兹,黑也。”

殷(yān) 赤黑色。《左傳·成公二年》:“左輪朱殷。”杜預注:“今人謂赤黑爲殷色。”

黤(yǎn) 《説文·黑部》:“黤,青黑也。”

黖(yàng) 《説文·黑部》:“黖,赤黑也。”

幽 《詩·小雅·隰桑》："其葉有幽。"毛傳："幽，黑也。"《禮記·玉藻》："一命緼韍幽衡。"鄭玄注："幽讀爲黝，黑也。"

黝(yǒu) 微青黑色。《周禮·地官·牧人》："陰祀用黝牲毛之。"鄭玄注："黝讀爲幽，幽，黑也。"

緇 《詩·鄭風·緇衣》："緇衣之宜兮。"《毛傳》："緇，黑也。"

以上所舉九個方面，遠不是上古單音詞的全貌。但從中可以略見上古單音詞發展的一般。總起來看，上古單音詞的產生，大體可以分爲以下三種情況：

1.完全創新的詞。就是用新的語音形式反映新的事物或概念，並寫成新字。這是上古新詞產生的主要方式。王國維説：造詞之始，"有取諸其物之形者，有取諸其物之色者，有取諸其物之聲者，有取諸性習者，有取諸功用者，有取諸相似之他物者。"①"豸"，《説文·豸部》："獸長脊，行豸豸然，欲有所司殺形。""綿"，《説文·糸部》："聯微也。"段玉裁注："其相連者甚微眇，是曰綿。"這是"取諸其物之形。"《廣雅·釋魚》："鱺，鮦也。"王念孫疏證："今人謂之烏魚，首有斑文，鱗細而黑，故名鱺魚，鱺之言驪也。""騏"，《説文·馬部》："馬青驪文如博棊也。"這是"取諸其物之色也"。"鼃"、"蛤"，段玉裁注："鼃者，《周禮》所謂蟈，今南人所謂水雞，亦曰田雞，鼃、蛤皆其聲也。""虻"，明李時珍《本草綱目·蟲部》："虻以翼名，其聲䖟䖟，故名。"這是"取諸其物之聲"。"蝯(猨)"，《爾雅·釋獸》："蝯，善援。""鷙"，《説文·鳥部》："擊殺鳥也。"《楚辭·離騷》："鷙鳥之不群兮"王逸注："謂能執服衆鳥，鷹鸇之類也。"這是"取諸習性者"。"駙"，《説文·馬部》："副馬也。"《漢書·百官公卿表上》："駙馬都尉"顔師古注："非正駕之車，皆爲副馬。""牸"，《廣雅·釋畜》："雌也。"王念孫疏證："牸之言字，生子之名，牛母謂之牸，猶麻母謂之荸矣。"這是"取諸功用者"。如此等等，不一而足。

2.在舊詞的基礎上構成新詞。可分爲三種情況。一是同音同形。前面所舉"二十八宿"的名稱，大都屬於這一類。二是同音異形。例如"才"已見於甲骨文，到了周秦，一分爲三：(1)人有用爲"才"，《列子·仲尼》："東里多才。"陸德明《釋文》："才，有治能而參國政者。"(2)木有用爲"材"，《説文·木部》："材，木梃也。"徐鍇《説文解字繫傳》："木之勁直堪入於用者。故曰入山掄材，掄可爲材者也。"(3)物有用

① 王國維《觀堂集林》卷五，220頁。

爲“財”,《説文·貝部》:“財,人所寶也。”《周禮·天官·宰夫》:“乘其財用之出入。”鄭玄注:“財,泉穀也。”“句(gōu)”已見於甲骨文。《説文·句部》:“句,曲也。”是彎曲或彎曲的東西。分化爲不同的詞。鈎子爲“鉤”,《説文·句部》:“鉤,曲也。”曲木爲“枸”,《荀子·性惡》:“故枸木必將待檃栝烝矯然後直。”向下曲的軛爲“軥”,《説文·車部》:“軥,軛下曲者。”“曲脊”(駝子)爲“痀”。《莊子·達生》:“見痀僂者承蜩。”成玄英疏:“痀僂,老人曲腰之貌。”屈曲的乾肉爲朐(qú),《儀禮·士虞禮》:“朐在南。”鄭玄注:“朐,脯及乾肉之屈也。”等等。三是異音異形。如甲骨文獵獲、俘獲都寫作“隻”。周秦一分爲二。獵得野獸寫作“獲”,《説文·犬部》:“獲,獵所獲也。”《廣韻》胡麥切。上古鐸部匣母二等。收穫莊稼寫作“穫”,《書·金縢》:“秋,大熟,未穫,天大雷電以風,禾盡偃。”《廣韻》胡郭切。上古鐸部匣母一等。又如甲骨文有“㐭”,就是穀倉。《説文·㐭部》:“㐭,穀所振入,宗廟粢盛,倉黄㐭而取之,故謂之㐭。”後來穀倉寫作“廩”,也指收藏寶物的地方。《詩·周頌·豐年》:“亦有高廩。”毛傳:“廩,所以藏粢盛之穗也。”《廣韻》力稔切。上古侵部來母。官府從穀倉拿出穀來賜人寫作“稟”,《説文·㐭部》:“稟,賜穀也。”段玉裁注:“凡賜穀曰稟,受賜亦曰稟。”《廣韻》筆錦切。上古侵部幫母。這些詞分化以後又可以各自引申出不同的意義來。

3.借用舊形構成新詞。跟前一類不同的是,這類詞只是形式上與舊詞相同,意義上兩者毫無瓜葛。例如“而”本頰毛。《説文·而部》:“而,頰毛也。”段玉裁注:“頰毛者,《須部》所謂髯須之類耳……蓋而爲口上口下之總名,分之則口上爲頾,口下爲須。須本頤下之專稱,頾與承漿與頰髯皆得稱須。”上古漢語裏,“而”又爲第二人稱代詞。《詩·大雅·桑柔》:“嗟爾朋友,予豈不知而作。”鄭箋:“而,猶女也。”又爲副詞。《孟子·告子下》:“舜其至孝矣,五十而慕。”朱熹《集傳》:“言舜猶怨慕。”又爲連詞。《墨子·尚同》:“聞善而不善,皆以告其上。”代詞、副詞、連詞的“而”都與“頰毛”的意義無關。“宫”的本義是宫室,《説文·宀部》:“宫,室也。”古代借用爲五聲音階的第一音,相當於現代簡譜的“1”。“商”的本義是估量,《説文·㕯部》:“商,由外知内也。”古代借用爲五聲音階的第二音,相當於現代簡譜的“2”。“角”的本義是獸角。《説文·角部》:“角,獸角也。”古代借用爲五聲音階的第三音,相當於現代簡譜的“3”。“徵”的本義是徵召,《説文·壬部》:“徵,召也。”古代借爲五聲音階第四音(念 zhǐ),相當於現代簡譜的“5”。“羽”的本義是羽毛。《説文·羽部》:

“羽，鳥長毛也。”古代借用爲五聲音階第五音，相當於現代簡譜的“6”。五聲音階只是借用“宫、商、角、徵、羽”五個漢字來表示，跟這些字的本義毫無關係。

第三節　上古漢語複音詞的發展

由單音走向複音，這是漢語詞滙發展的内部規律之一。這一規律在上古漢語詞滙中已經開始表現出來。

甲骨卜辭只有少數名詞是複音詞。周秦漢語仍然以單音詞爲主，但複音詞已佔有相當的比例。以《論語》爲例，全書共出現 1700 多個詞，除去人名、地名和虚詞，複音詞有 200 多個，約佔總數的 15%。《詩經》一共出現 3400 多個詞，其中複音詞 900 餘個，佔總詞數的 25% 。《吕氏春秋》有複音詞 2017 個①。到了漢代，漢語複音詞有了更大的發展。《論衡》裏複音詞達 2300 個之多②。許慎《説文解字》是字書，其中出現的複音詞有 1690 個。上古産生的新詞大多數是單音詞，多義詞的發展以單音詞爲主。但是單音詞的發展要受語音形式的限制。單音詞太多，會産生過多的同音詞，或者詞義過於複雜，不便於人們的社會交際。在這種情況下，上古新詞的産生自然地向着複音化的方向發展。正如《荀子・正名》説的：“單足以喻則單，單不足以喻則兼。單與兼無所相避則共。”漢語語音節奏要求成雙作對，所以複音詞以雙音爲主。其中用語音造詞方式構成的單純詞較少，以兩個單音詞爲詞素，按一定語法關繫詞滙化而成的複合詞佔絶大多數。複音化爲漢語詞滙的發展開闢了廣闊的道路。試看下面幾段文章：

> 子曰：“爲命，裨諶草創之，世叔討論之，行人子羽脩飾之，東里子産潤色之。(《論語・憲問》)
>
> 〔秦穆公〕奸絶我好，伐我保城，殄滅我費滑，散離我兄弟，撓亂我同盟，傾覆我國家……康公，我之自出，又欲闕翦我公室，傾覆我社稷，帥我蝥賊，以來

---

① 參看張雙棣《〈吕氏春秋〉辭滙研究》，山東教育出版社，1989 年。

② 參看程湘清《〈論衡〉複音詞研究》，山東教育出版社，1992 年。

蕩摇我邊疆，我是以有令狐之役。(《左傳·成公十三年》)

國之將亡，其君貪冒辟邪淫佚荒怠，麤穢暴虐；其政腥臊，馨香不登；其刑矯誣，百姓攜貳；明神不蠲，而民有遠志。民神怨痛，無所依懷，故神亦往焉。(《國語·周語上》)

第一段文章共計18個詞，其中有"裨諶、草創、世叔、討論、行人、子羽、修飾、東里、子產、潤色"等10個複音詞。第二段文章45個詞，其中有"奸絶、保城、殄滅、費滑、散離、兄弟、撓亂、同盟、傾覆、國家、康公、闕翦、公室、傾覆、社稷、蝥賊、蕩摇、邊疆、是以、令狐"20個複音詞；第三段文章43個詞，其中有"貪冒、辟邪、淫佚、荒怠、麤穢、暴虐、腥臊、馨香、矯誣、百姓、攜貳、明神、怨痛、依懷"等14個複音詞。當然，這三段文章是有典型性的，一般的句子裏並没有這麽多複音詞。但是上古漢語詞滙已有複音化的趨向，却是没有問題的。

上古漢語中的複音詞不僅數量多，内容也很廣泛，包括各個詞類。如：

(1)名詞：

百姓　兵車　倉庚　蒼天　仇讎　道路　夫子　故舊　國家　瑚璉　疆土　黎民　囹圄　朋友　匹夫　天子　有司　鴛鴦

(2)動詞：

跋涉　保障　奔走　沈湎　馳驅　出納　顛覆　教誨　經營　聚斂　刻鏤　勠力　遷延　討論　修飾　喧嘩　征伐　竚立

(3)形容詞：

聰明　踧踖　單厚　恭敬　荒唐　勞苦　栗烈　丕顯　劬勞　碩大　懦弱　婉約　厭浥　窈窕　有赫　昭明　正直　恣睢

從結構上看，上古複音詞可分單純複音詞、重言詞、合成詞三大類。

一、單純複音詞

單純複音詞包括絶大部分聯綿詞[①]，是由兩個音節構成一個語素，即前人所謂

① 學者大多認爲聯綿詞即單純複音詞。王力先生《中國語法理論》："所謂聯綿字就是聲音相通或相近的兩字叠起來成爲一個詞。"吕叔湘先生《中國文法要略》："單純性的複音綴詞，也就是前人所説的聯綿字。這類詞……就是合兩個音綴(寫成兩個字)成一個詞。"

“合二字之音，以成一字之意”。它們一般不能拆開來解釋。商代甲骨刻辭中似乎還没有單純複音詞。先秦典籍中這類複音詞有幾百個，又可分爲雙聲叠韻和非雙聲叠韻兩類。往往一個詞有幾種不同的書面形式。

1. 雙聲叠韻的單純複音詞

這類詞兩個音節之間有雙聲、叠韻或雙聲兼叠韻的關係。

（1）雙聲。如：

觱發　又作“滭泼”，幫母雙聲。寒風冷冽。《詩·豳風·七月》：“一之日觱發。”毛傳：“觱發，風寒也。”《説文·仌部》：“滭，風寒也。泼，一之日滭泼。”

踟躕　又作“躊躇”、“躑躅”。定母雙聲。走來走去，徘徊。《詩·邶風·静女》：“愛而不見，搔首踟躕。”《韓詩》作“躊躇”，《説文》作“峙躇”。

恍惚　又作“荒忽”、“慌忽”。曉母雙聲。隱約，難於辨認。《韓非子·忠孝》：“恍惚之言，恬淡之學，天下之惑術也。”《楚辭·九歌·湘夫人》：“荒忽兮遠望，觀流兮潺湲。”《文選》作“慌忽”。

靡曼　明母雙聲。華麗、柔美。《吕氏春秋·本色》：“靡曼皓齒。”高誘注：“靡曼，細理弱肌美色也。”漢枚乘《七發》：“今太子膚色靡曼，四支委隨，筋骨挺解。”

（2）叠韻。如：

綢繆　幽部叠韻。纏綿，緊密纏繞。《詩·唐風·綢繆》：“綢繆束薪，三星在天。”毛傳：“綢繆，猶纏綿也。”

扶疏（踈）　魚部叠韻。枝葉四布的樣子。《韓非子·揚權》：“爲人君者，數披其木，毋使木枝扶疏；木枝扶疏，將塞公閭。”《漢書·劉向傳》：“其梓柱生枝葉，扶疏上出屋。”

消摇　也作“逍遥”。宵部叠韻。安閑自得的樣子。《禮記·檀弓上》：“孔子蚤作，負手曳杖，消摇於門。”陸德明《釋文》：“消摇本又作逍遥。”《楚辭·離騷》：“欲遠集而無所止兮，聊浮遊以逍遥。”

侏儒　也作“朱儒”。侯部叠韻。身材特别矮小的人。《國語·晉語四》：“侏儒不可使援。”《左傳·襄公四年》：“我君小子，朱儒是使，朱儒朱儒，使我敗於邾。”杜預注：“臧紇短小，故曰侏儒。”

（3）雙聲兼叠韻。如：

繾綣　溪母雙聲，寒部叠韻。反復，固結不離散。《詩・大雅・民勞》："無縱詭隨，以謹繾綣。"毛傳："繾綣，反復也。"《左傳・昭公二十五年》："繾綣從公，無通外内。"

蠨蛸　也作"蟏蛸"。心母雙聲，宵部叠韻。長脚蜘蛛。《爾雅・釋蟲》："蠨蛸，長踦。"《詩・豳風・東山》："蠨蛸在户。"毛傳："蠨蛸，長踦也。"

優游　影母雙聲，幽部叠韻。從容自得的樣子。《詩・大雅・卷阿》："優游爾休矣。"《禮記・儒行》："忠信之美，優游之法。"《漢書・杜欽傳》："優游不仕以壽終。"

輾轉　也作"展轉"。端母雙聲，寒部叠韻。翻來覆去。《詩・周南・關雎》："悠哉悠哉，輾轉反側。"《楚辭・九歎・惜賢》："憂心展轉，愁怫鬱兮。"王逸注："展轉，不寐貌。"

2. 非雙聲叠韻的單純複音詞

這類複音詞只有一個詞素，兩個音節没有雙聲、叠韻關係。例如：

萇楚　也叫羊桃，即獼猴桃。《説文・艸部》："萇，萇楚，跳弋。一曰羊桃。"《詩・檜風・隰有萇楚》："隰有萇楚，猗儺其枝。"

科斗　也作"蝌斗"。青蛙或蟾蜍的幼蟲。《爾雅・釋魚》："科斗，活東。"郭璞注："蝦蟆子。"《莊子・秋水》："還虷蟹與科斗，莫吾能若也。"

滂沱　大雨。《詩・小雅・漸漸之石》："月離於畢，俾滂沱矣。"又爲涕淚交流。《詩・陳風・澤陂》："寤寐無爲，涕泗滂沱。"

權輿　開始。《爾雅・釋詁》："權輿，始也。"《詩・秦風・權輿》："今也每食無餘，於嗟乎，不承權輿。"《大戴禮・誥志》："虞夏之曆，正建于孟春，於時冰泮發蟄，百草權輿。"

前人有時忽略了單純詞的特點，從字面上去解釋，不免出現望文生義的毛病。如：

望洋　陽部叠韻，"仰視"的意思。《莊子・秋水》："河伯始旋其面目望洋向若而歎。"後來把"望洋"解釋爲"望着海洋"，於是産生"望洋興嘆"這個成語。

猶豫　余母雙聲。拿不定主意。清黄生《義府》説："猶豫，猶容與也。容與者，閒適之貌；猶豫者，遲疑之情。字本無義，以聲取之爾。"前人有將"猶"、"豫"分開解釋的。北齊顔之推《顔氏家訓・書證》:"《尸子》曰:'五尺犬爲猶。'《説文》云:'隴西謂犬子爲猶。'吾以爲人將犬行,犬好豫在人前,待人不得,又來迎候,此乃豫之所以爲未定也。故謂不决曰猶豫。或以《爾雅》曰:猶如麂,善登木。猶,獸名也。既聞人聲,乃豫緣木,如此上下,故稱猶豫。"依字面把"猶豫"解釋爲複合詞。《楚辭・離騷》:"心猶豫而狐疑兮。"洪興祖補注解釋"猶豫"引用了《顔氏家訓》的説法。《漢書・高后紀》:"計猶豫,未有决。"顔師古注也用了《顔氏家訓》的説法。

不過有的聯綿詞在一定條件下兩字是可以分用,或可以分别解釋的。例如:

果蠃、果蠃 "果蠃"是一種多年生草本植物,橙黄色果實圓而下垂。"果蠃"是細腰蜂,腹部亦圓而下垂。這兩個聯綿詞歌部叠韻,都有圓而下垂的意思,蓋源於單音詞"果"、"蓏"。《爾雅・釋草》:"果蠃之實栝樓。"《釋蟲》:"果蠃蒲盧。"王國維説:"果蠃、果蠃者,圓而下垂之意。即《易・雜卦》之果蓏。凡在樹之果與在地之蓏其實無不圓而垂者,故物之下垂者皆以果蓏名之。蜂之細腰者,其腹亦下垂如果蓏,故謂之果蠃矣。"①是聯綿詞的得義與兩個單音音节有關。

阿儺(難) 又作"猗儺"。歌部叠韻。美盛的樣子。《詩・小雅・隰桑》:"隰桑有阿,其葉有難。"毛傳:"阿然美貌,難然盛貌。"又《檜風・隰有萇楚》:"隰有萇楚,猗儺其枝。"《詩・商頌・那》:"猗與那與,置我鞉鼓。"馬瑞辰《通釋》:"猗、那二字叠韻,皆美盛之貌。通作猗儺,阿難。草木之美盛曰猗儺,樂之美盛曰猗那,其義一也。"

窈窕 幽宵准叠韻。文静美好的樣子。《詩・周南・關雎》:"窈窕淑女,君子好逑。"毛傳:"窈窕,幽閒也。"古人也有分開進行解釋的。漢揚雄《方言》卷二:"秦晉之間,美心爲窈,美狀曰窕。"是"窈"、"窕"二字同義而各有自己的特點。

聯綿詞的産生看來主要是語音變化的結果。或單音詞音分而成複音詞,或複音詞音合而爲單音詞,或此一複音詞音轉爲另一複音詞。前人所謂"合聲"、"疾讀"、"長言"、"語轉"、"轉語"、"音轉"、"聲轉"、"轉聲"、"一聲之轉",往往與聯綿詞的形成與轉化有關。如:

《爾雅・釋天》:"扶摇謂之猋。"《廣雅・釋詁四》:"飆,風也。"王念孫疏證:"飆

① 王國維《觀堂集林》卷四,222頁。

者,扶摇之合聲也。”

《爾雅·釋草》:“果贏之實栝樓。”程瑶田《果贏轉語記》:“栝樓,果贏轉聲,疾讀之則瓜也。”

《爾雅·釋詁》:“權輿,始也。”王國維《爾雅草木蟲魚鳥獸名釋例下》:“凡色黄者謂之權,長言之則爲權輿矣。”

漢揚雄《方言》卷十二:“蠲蝓者,侏儒,語之轉也。”

《説文·隹部》:“雃,石鳥,一名雝鶆,一曰精列。”段玉裁注:“精列者,脊令之轉語。”

《爾雅·釋蟲》:“蠓,蠛蠓也。”王國維《爾雅草木蟲魚鳥獸名釋例下》:“蟲之小者亦曰蠛蠓,鳥之小者亦曰綿蠻,殆皆微字之音轉。”

《爾雅·釋鳥》:“鼯鼠,夷由。”《釋蟲》:“螾衝,入耳。”《釋魚》:“蚹贏,螔蝓。”劉師培《爾雅蟲名今釋》:“夷由(鼯鼠)、螾衝,螔蝓皆聲轉,皆狀其形。夷由之言夷猶,鼠鳥之間,飛而又走,夷猶之謂與?”

《爾雅·釋蟲》:“果贏,蒲盧。”程瑶田《果贏轉語記》:“蒲盧亦果贏之轉聲也。”

《左傳·文公十八年》:“謂之饕餮。”服虔、賈逵、杜預注並云:“貪財爲饕,貪食爲餮。”王念孫《廣雅疏證》卷二上:“貪財貪食總謂饕餮,饕、餮一聲之轉,不得分貪財爲饕,貪食爲餮。”

總上可見,聯綿詞主要由語音造詞方式産生,這是與合成詞不同的。

二、重言詞

重言詞是由兩個相同的音節構成的複音詞,有的書裏叫叠音詞。上古漢語裏,重言詞相當豐富。《爾雅·釋訓》收集重言詞 145 個。《詩經》出現的重言詞有 359 個,比先秦其他典籍要多。上古漢語詞滙中的重言詞總數在 650 個以上。

重言詞包括兩種情況,有的兩個字純粹表音,書面上寫成哪幾個字,只是同音借用,與這些字的本義並無關係,只有兩字重叠時纔表示某種意義。例如《詩·周南·關雎》:“關關雎鳩,在河之洲。”“關關”是鳥鳴聲。與“關門”的“關”無關。《小雅·大東》:“契契寤歎,哀我憚人。”“契契”是憂苦的樣子,與“契約”的“契”無關。

有的重言詞是兩個相同的單音詞素的重叠,與單音詞意義基本相同,但重言詞更富於描寫性,通常在句中作狀語或謂語。例如“黄”與“黄黄”都指黄色。《詩・邶風・緑衣》:“緑兮衣兮,緑衣黄裳。”《詩・小雅・都人士》:“彼都人士,狐裘黄黄。”“皎”和“皎皎”都是明亮潔白的意思。《詩・陳風・月出》:“月出皎兮。”漢焦贛《易林・乾之泰》:“不風不雨,白日皎皎。”“萋”與“萋萋”都是茂盛的樣子。《詩・小雅・杕杜》:“卉木萋止。”陳奂傳疏:“萋,猶萋萋也。”《詩・秦風・蒹葭》:“蒹葭萋萋。”毛傳“萋萋,茂盛貌”。

從詞類看,上古漢語中的重言詞絶大多數是形容詞。它所表達的内容,主要是繪景和象聲。“繪景”是描述事物的形狀,“象聲”是描寫事物的聲音。南朝梁劉勰《文心雕龍・物色》:“灼灼狀桃花之鮮,依依盡楊柳之貌,杲杲爲日出之容,瀌瀌擬雨雪之狀。喈喈逐黄鳥之聲,喓喓學草蟲之韻。”“灼灼、依依、杲杲、瀌瀌”是繪景,而“喈喈、喓喓”是象聲。下面再舉一些例子:

佖佖　態度輕慢的樣子。《詩・小雅・賓之初筵》:“曰既醉止,威儀佖佖。”毛傳:“佖佖,媟慢也。”

驕驕　草高而茂盛的樣子。《詩・齊風・甫田》:“無田甫田,維莠驕驕。”

乾乾(qiánqián)　自强不息的樣子。《易・乾》:“君子終日乾乾,夕惕若厲,無咎。”《漢書・王莽傳上》:“終日乾乾。”顔師古注:“乾乾,自强之意。”

巍巍　高大的樣子。《論語・泰伯》:“巍巍乎舜禹之有天下也而不與焉。”何晏集解:“巍巍,高大之稱。”

登登　用力築墻聲。《詩・大雅・綿》:“築之登登。”毛傳:“登登,用力也。”

呱呱　小兒哭泣聲。《書・皋陶謨》:“啓呱呱而泣。”《法言・寡見》:“呱呱之子,各識其親。”蔡忱集解:“呱呱,泣聲也。”

瑲瑲、鏘鏘、鶬鶬　鈴聲。《詩・小雅・采芑》:“八鸞瑲瑲。”毛傳:“瑲瑲,聲也。”《大雅・烝民》:“八鸞鏘鏘。”《商頌・烈祖》:“八鸞鶬鶬。”鄭箋:“其鸞鶬鶬然聲和。”

雝雝　也作“噰噰”,雁叫的和諧聲。《詩・邶風・匏有苦葉》:“雝雝鳴雁,旭日始旦。”毛傳:“雝雝,雁聲和也。”战国宋玉《九辯》:“雁噰噰而南遊兮,鵾雞啁哳而悲鳴。”

重言詞可以帶詞尾,也可以放在别的形容詞後面。例如:

斷斷兮　專誠守一的樣子。《書·泰誓》:“如有一介臣,斷斷兮無他技。”孔穎達疏引王肅曰:“斷斷,守善之貌。無他技能,徒守善而已。”

侃侃如　和樂或剛直的樣子。《論語·鄉黨》:“朝,與下大夫言,侃侃如也。”何晏集解引孔曰:“侃侃,和樂之貌。”

硜硜然　固執的樣子。《論語·子路》:“言必信,行必果,硜硜然,小人哉。”皇侃疏:“硜硜,堅正難移之貌也。”

郁郁乎　文采美盛的樣子。《論語·八佾》:“周監於二代,郁郁乎文哉,吾從周。”

芒芒然　疲倦的樣子。《孟子·公孫丑上》:“宋人有閔其苗之不長而揠之者,芒芒然歸。”趙岐注:“芒芒,罷倦之貌。”

盻盻然　勤苦得不到休息的樣子。《孟子·滕文公上》:“爲民父母,使民盻盻然。”趙岐注:“盻盻然,勤苦不休息之貌。”

芳菲菲　香氣濃盛的樣子。《楚辭·離騷》:“芳菲菲其難虧兮,芬至今猶未沬。”

紛總總　衆多的樣子。《楚辭·九歌·大司命》:“紛總總兮九州,何壽夭兮在予。”

杳冥冥　昏暗不明的樣子。《楚辭·九歌·山鬼》:“雲容容兮而在下,杳冥冥兮羌晝晦。”

重言詞的這種用法不見於《詩經》,《楚辭》裏則比較多,其他散文作品也有,這是因爲《詩經》受四字句法限制的關係。

三、合成詞

合成詞由兩個或幾個詞素合成,包括派生詞和複合詞兩類。派生詞由詞根和詞綴合成,複合詞由詞根和詞根合成。漢語複合詞成分之間的關係跟句法關係基本一致,有聯合、偏正、述賓、表述等關係。分別討論如下:

1. 派生詞

派生詞也叫附加式合成詞。上古漢語裏,這類合成詞數量不多,主要是名詞、形容詞或副詞。構成附加式合成詞的詞綴有“有”“然”“如”“若”“焉”“爾”

等。例如：

有夏　指夏王朝。《書·湯誓》："有夏多罪，天命殛之。"

有殷　指商王朝。《書·召誥》："我不可不監于有夏，亦不可不監于有殷。"

有周　指周王朝。《詩·大雅·文王》："有周不顯，帝命不時。"毛傳："有周，周也。"孔穎達《正義》："以'周'文單，故言'有'以助之。"

有梅　梅子，一種酸果。《詩·召南·摽有梅》："摽有梅，其實七兮。"毛傳："極盛則隋落者梅也。"孔穎達《正義》："毛以爲墮落者是有梅。"

有衆　指商周時期從事農業生産的奴隸或士兵。僞《書·胤征》："今予以爾有衆奉將天罰。"

以上是名詞。這類合成詞的意義和單音詞没有什麽不同。

反而　花葉翻動的樣子。《論語·子罕》："棠棣之華，偏其反而。"朱熹《集注》："反，亦當與翻同。"

莞爾　微笑的樣子。《論語·陽貨》："子之武城，聞弦歌之聲。夫子莞爾而笑曰：'割雞焉用牛刀？'"何晏集解："莞爾，小笑貌也。"

翕如　樂聲興盛的樣子。《論語·八佾》："〔其樂〕始作，翕如也。"邢昺疏："翕，盛貌。"

沃若　潤澤的樣子。《詩·衛風·氓》："桑之未落，其葉沃若。"毛傳："沃若，猶沃沃然。"

勃然　突然興起的樣子。《孟子·梁惠王上》："天油然作雲，沛然下雨，則苗勃然興之矣。"

忽焉　突然，情況發展迅速而又出人意料的樣子。《論語·子罕》："瞻之在前，忽焉在後。"何晏《集解》："言恍惚不可爲形象。"

以上是形容詞或副詞。

2. 聯合式複合詞

聯合式複合詞又稱"並列式複合詞"或"並立式複合詞"，由兩個地位平等的詞素構成。上古漢語裏，這類複合詞非常發達。《詩經》裏 900 個複音詞中有 200 多個聯合式複合詞；《論衡》2000 多個複音詞中，聯合式複合詞有 1400 多個，佔整個複音詞的 60%。其中包括名詞、動詞、形容詞等各個詞類。如果説其他複合詞的産生大都是爲了記録千變萬化的新事物和新概念，那麽，聯合式複合詞主要是爲了提高漢語表達的明晰度和精確度而産生的。構成聯合式複合詞的各個詞素本來都是可以獨立運用的單音詞，各有表達某一概念或某一語法意義的功能。由它們構成聯合式複合詞，則是把兩個詞素的意義固定在某一共同的義位上，從而加强詞義的單一性、明確性或概括性；兩個詞素彼此也可以起一種互相注釋的作用。

聯合式複合詞主要有三種情況：

(1)由兩個同義的詞素構成。

所謂同義的詞素絶大多數只是基本意義相同，完全同義的很少。它們所表達的事物表象、意義輕重、行爲情態，感情色彩往往有這樣那樣的差别。當它們構成複合詞時，一般只强調其共同的一面(共性)，不同的一面(個性)可以略而不計，如：

財賄　財貨，財産。《左傳・隱公十一年》："凡而器用財賄無寘於許。"《周禮・天官・太宰》："以九賦斂財賄。"

庖廚　廚房。《孟子・梁惠王上》："是以君子遠庖廚也。"

供給　把必需的東西給人使用。《國語・周語中》："足以供給神祇而已。"《史記・封禪書》："使者存問供給，相屬於道。"

休息　暫時停止工作或活動。《韓詩外傳》卷一："於是詩人見召伯之所休息樹下。"《淮南子・人間》："是用民不得休息也。"

便利　靈活，敏捷。《史記・范雎蔡澤列傳》："夫人生百體堅强，手足便利，耳目聰明而心聖智，豈非士之願與？"

和睦　相處得好，不争吵。《左傳・成公十六年》："上下和睦，周旋不逆。"

(2)由兩個同類而不同義的詞素組成。

這類複合詞中兩個詞素的基本意義各不相同，但是它們所反映的事物大都屬於同一類别，某些義素是相同的。兩者組成複合詞以後，融合成一個義位，代表一個更概括的意義，有的含有比喻的意義。如：

干戈　泛指武器，比喻戰争。《禮記・檀弓下》："能執干戈，以衛社稷。"《論語・季氏》："而謀動干戈於邦内。"

社稷　土神或穀神，古代爲國家政權的標志。《孟子・盡心下》："民爲貴，社稷次之，君爲輕。”

威武　武力，權勢。《孟子·滕文公下》：“富貴不能淫，貧賤不能移，威武不能屈。”《爾雅·釋天》：“出爲治兵，尚威武也。”

稼穡　泛指農事活動。《書·無逸》：“厥父母勤勞稼穡，厥子乃不知稼穡之艱難。”《史記·周本紀》：“相地之宜，宜穀者稼穡焉。”

刻薄　冷酷無情。《史記·商君列傳贊》：“商君，其天資刻薄人也。”

衰老　年老精力衰弱。《史記·貨殖列傳》：“後年衰老，而聽子孫。”

這類複合詞，有的偏用其中一個詞素的意義，另一個詞素只作陪襯，起音節的作用。這就是所謂的偏義複詞①。如：

市井　“市”是市集，“井”是水井，“市井”偏用“市”義，指古代城邑中集中買賣貨物的場所或市場、街市。《詩·陳風·東門之枌·序》：“男女棄其歸業，亟會于道路，歌舞於市井爾。”《尉繚子·攻權》：“兵有勝於朝廷，有勝於原野，有勝於市井。”

車馬　車和馬是古代重要的交通工具。《詩·小雅·十月之交》：“擇有車馬，以居徂向。”朱熹《集傳》：“有車馬者，亦富民也。”有時偏指“車”義，則是偏義複詞。《禮記·玉藻》：“大夫不得造車馬。”“車”可以造，“馬”不能造，只是陪襯。

(3)由兩個反義的詞素組成。

這類複合詞不是兩個意義的簡單相加，而是表示一個新的概括意義，形成一個新的整體。上古這類詞不多。如：

出入　“出”是出去，“入”是進來，複合詞“出入”有“進出”的意思，如《詩·小雅·北山》：“或出入風議，或靡事不爲。”有“往來”的意思，如《左傳·昭公元年》：“若君身，則亦出入、飲食、哀樂之事也。”又有“差不多”的意思，如《論語·子張》：“大德不逾閑，小德出入可也。”《韓非子·十過》：“獻公不幸離群臣，出入十年矣。”

是非　“是”是正確、肯定。“非”是錯誤、非難。複合詞“是非”有“糾紛”、“口舌”的意思。如《莊子·盜跖》：“摇脣鼓舌，擅生是非，以迷天下之主。”《史記·太史公自序》：“是非二百四十二年之中，以爲天下儀表。”

---

①　清代顧炎武討論過偏義複詞。《日知録》卷二十七：“古人之辭，寬緩不迫。如得失，失也；緩急，急也；成敗，敗也；異同，異也；赢縮，縮也；禍福，禍也。皆此類。”

俯仰　“俯”和“仰”是低頭和擡頭兩種動作，構成複合詞“俯仰”表示人的一舉一動。如《史記・范雎蔡澤列傳》：“范雎恐，未敢言內，先言外事，以觀秦王之俯仰。”又表示周旋、應付的意思。如《史記・貨殖列傳》：“與時俯仰，獲其贏利。”又表示沉思默想的樣子。如《墨子・魯問》：“大王俯仰而思之。”

依違　“依”是依從，“違”是違背。構成複合詞“依違”，表示遲疑不決。如劉向《九歎・離世》：“余思歸邦，心依違兮。”《漢書・韋玄成傳》：“於是上重其事，依違者一年。”顔師古注：“依違者，不決也。”

這類複合詞也有用於偏義複詞的。如：

緩急　“緩”是寬緩，“急”是急迫。如《漢書・食貨志下》：“歲有凶穰，故穀有貴賤；令有緩急，故物有輕重。”有的偏用“急”義，指危急的情況是偏義複詞。如《史記・周勃世家》：“即有緩急，周亞夫真可任將兵。”

妖祥　指凶兆和吉兆。《周禮・春官・眡祲》：“掌十煇之法，以觀妖祥，辨吉凶。”鄭玄注：“妖祥，善惡之徵。”賈公彦疏：“祥是善之徵，妖是惡之徵。”又偏用“妖”義，指凶兆。《淮南子・繆稱》：“國有妖祥，不勝善政。”《漢書・武五子傳》：“謀事不成，妖祥數見。”

得失　得與失，指成敗或利弊。《管子・七臣七主》：“天下得失，道一人出。”有時偏用“失”義，指失誤。《史記・刺客列傳》：“多人不能無生得失，生得失則語泄。”

上古聯合式複合詞的形成大都經過一個連用的過程，有相當大的靈活性。往往可以顛倒兩個詞素的詞序而組成不同的詞或詞組。如：

窮困　艱難窘迫。《楚辭・離騷》：“吾獨窮困乎此時也。”

困窮　艱難窘迫。《易・需》：“剛健而不陷，其義不困窮矣。”

人民　百姓、平民。《孟子・盡心下》：“諸侯之寶三：土地、人民、政事。”

民人　百姓、平民。《詩・大雅・瞻卬》：“人有民人，女覆奪之。”

離散　分散不能團聚。《孟子・梁惠王上》：“兄弟妻子離散。”

散離　離間。《左傳・成公十三年》：“殄滅我費滑，散離我兄弟。”

土壤　泥土。李斯《諫逐客書》：“是以太山不讓土壤，故能成其大。”

壤土　國土。《戰國策・秦策四》：“夫以壤土之博，人徒之衆，兵革之强，一舉事而注地於楚。”

詞素相同，詞序顛倒的兩個複合詞，有的同義（如“困窮”、“窮困”，“人民”、“民人”），有的不同義（如“離散”、“散離”，“土壤”、“壤土”）；在歷史發展中有的保存下來，有的逐漸被淘汰而消失了。

3. 偏正式複合詞

偏正式複合詞又稱“主從式複合詞”或“向心格複合詞”。前後兩個詞素有偏正關係，偏詞素制約正詞素，從而表示一個新的概念。上古漢語裏，偏正式複合詞也很發達。《詩經》裏偏正式複合詞有 400 個，比聯合式複合詞多出一倍。但《論衡》裏偏正式複合詞只有 500 多個，佔全書複合詞總數的 22%。就其內部形式看，偏詞素的範圍十分廣泛，主要有以下 11 種情況：

(1)修飾部分説明中心部分的數量。如：

九天　天空的最高處。《孫子・形》：“善攻者，動於九天之上。”

四海　泛指全國各處，天下。《史記・高祖本紀》：“大王起細微，誅暴逆，平定四海，有功者輒裂地而封爲王侯。”

萬幾　指帝王紛繁的政務。《書・臯陶謨》：“兢兢業業，一日二日萬幾。”

(2)修飾部分説明中心部分的地域或方位。如：

東風　春風。《禮記・月令》：“〔孟春之月〕東風解凍，蟄蟲始振。”

内子　卿大夫的嫡妻。《左傳・昭公二十四年》：“〔趙姬〕以叔隗爲内子，而己下之。”

雲漢　天河。《詩・大雅・雲漢》：“倬彼雲漢，昭回於天。”

(3)修飾部分説明中心部分的時間。例如：

晨風　鷂鷹一類的猛禽。《詩・秦風・晨風》：“鴥彼晨風，鬱彼北林。”毛傳：“晨風，鸇也。”

後生　後輩，後一代。《論語・子罕》：“後生可畏，焉知來者之不如今也。”

朝陽　山的東面。《爾雅・釋山》：“山西曰夕陽，山東曰朝陽。”《詩・大雅・卷阿》：“梧桐生矣，於彼朝陽。”

(4)修飾部分和中心部分有種屬關係。大多數中心部分是種，修飾部分是屬。如：

羝羊　公羊。《易・大壯》：“上六，羝羊觸藩，不能退，不能遂，无攸利，艱則吉。”

鮒魚　即鯽魚。《莊子・外物》:“周昨來,顧視車轍中有鮒魚焉。”

飄風　旋風。《楚辭・離騷》:“飄風屯其相離兮,帥雲霓而來御。”

有的中心部分是屬,修飾部分是種。前人叫做“大名冠小名”。如:

草芥　小草。《孟子・離婁上》:“視天下悦而歸己猶草芥也,惟舜爲然。”

草茅　茅草,即雜草。《楚辭・卜居》:“寧誅鋤草茅以力耕乎,將遊大人以成名乎?”

蟲螟　螟蟲。《禮記・月令》:“〔仲春之月〕行夏令,則國乃大旱,煖氣早來,蟲螟爲害。”

鳥烏　烏鴉。《左傳・襄公十八年》:“鳥烏之聲樂,齊師其遁。”

禽犢　小牛。《荀子・勸學》:“君子之學也,以美其身;小人之學也,以爲禽犢。”楊倞注:“禽犢,餽獻之物也。”

魚鮪　鮪魚,即鯉魚。《禮記・禮運》:“故龍以爲畜,故魚鮪不淰(shěn)。”孔穎達疏:“淰,水中驚走也。”

(5)修飾部分和中心部分有領屬關係。如:

地理　山川陵谷的環境態勢。《易・繫辭上》:“仰以觀於天文,俯以察於地理。”

骨節　骨的關節。《莊子・達生》:“夫醉者之墜車,雖疾不死。骨節與人同,而犯害與人異。”

天子　古人以爲君主秉承天意以統治人民,是天的兒子,故稱“天子”。《詩・小雅・雨無正》:“云不可使,得罪于天子。”《禮記・大學》:“自天子以至於庶人,壹是皆以修身爲本。”

(6)修飾部分説明中心部分所指事物的原料。如:

布衣　布製衣服,古代爲平民所著,因而用作平民的代稱。《戰國策・趙策二》:“天下之卿相人臣,乃至布衣之士,莫不高賢大王之行義。”《吕氏春秋・行論》:“人主之行與布衣異。”

木鳶　形狀像鳶的木製飛行物。《韓非子・外儲説左上》:“墨子爲木鳶,三年而成,蜚一日而敗。”

玉版　刊刻文字的白石板。《韓非子・喻老》:“周有玉版,紂令膠鬲索之,文王不予。”

(7)修飾部分説明中心部分所指事物的顔色、性質或大小。如：

黄金　金子。《爾雅·釋器》："黄金謂之璗，其美者謂之鏐。"《戰國策·秦策一》："黑貂之裘敝，黄金百鎰盡。"

女蘿　也作"女羅"。地衣類植物，即松蘿。《楚辭·九歌·山鬼》："若有人兮山之阿，被薜荔兮帶女羅。"

青蠅　蒼蠅的一種。《詩·小雅·青蠅》："營營青蠅，止于樊，豈弟君子，無信讒言。"後以"青蠅"比喻進讒言的人。《論衡·商蟲》："讒言傷善，青蠅汙白，同一禍敗，詩以爲興。"

(8)修飾部分説明中心部分所指事物的形狀特點。如：

飛蓬　蓬草飄蕩無定，叫"飛蓬"。《詩·衛風·伯兮》："自伯之東，首如飛蓬。"

角弓　用角裝飾的弓。《詩·小雅·角弓》："騂騂角弓，翩其反矣。"朱熹《集傳》："角弓，以角飾弓也。"

龍旂　上畫交龍圖案的旗。《詩·商頌·玄鳥》："龍旂十乘，大糦是承。"《史記·禮書》："龍旂九斿，所以養信也。"

(9)修飾部分説明中心部分所指人物的職業和地位。如：

法官　掌管法律刑獄的官。《商君書·定分》："吏民〔欲〕知法令者，皆問法官。"

農夫　農奴、農民。《詩·豳風·七月》："采荼薪樗，食我農夫。"《左傳·隱公六年》："爲國家者，見惡如農夫之務去草焉。"

舟子　船夫。《詩·邶風·匏有苦葉》："招招舟子，人涉卬否。"毛傳："舟子，舟人主濟渡者。"

(10)修飾部分説明中心部分所屬事物的功能或作用。例如：

户籍　登記居民户口用的簿册。《管子·禁藏》："户籍田結者，所以知貧富之不訾也。"

食邑　卿大夫的封地。收其賦税而食，故稱"食邑"。《史記·樊噲列傳》："賜食邑杜之樊鄉。"《漢書·高帝紀下》："其有功者，上致之王，次爲列侯，下乃食邑。"

田車　古代田獵用的車。《詩·小雅·吉日》："田車既好，四牡孔阜。"《周禮·考工記》："田車之輪六尺有三寸。"

(11)修飾部分説明中心部分所表示的行爲的方式。如：

假寐　不脱衣服打瞌睡。《左傳・宣公二年》:"盛服將朝,尚早,坐而假寐。"杜預注:"不解衣冠而睡。"

毛炮　連毛放在火裏煨熟。《周禮・地官・封人》:"凡祭祀,飾其牛牲,設其楅衡……歌舞牲及毛炮之豚。"鄭玄注:"毛炮者,爓去其毛而炰之。"

瓦合　比喻勉强湊合。《漢書・酈食其傳》:"足下起瓦合之卒,收散亂之兵,不滿萬人,欲以徑入彊秦,此所謂探虎口者也。"

上古漢語裏的偏正式複合詞絶大多數是名詞,極少數是動詞,形容詞或副詞幾乎没有。

4. 支配式複合詞

支配式複合詞也叫動賓式複合詞。上古漢語裏,支配式複合詞數量不多,主要限於名詞或動詞。名詞如:

將軍　春秋時諸侯以卿統軍,稱爲將軍。戰國時爲武官名。《史記・淮陰侯列傳》:"丞相數言將軍,將軍何以教寡人?"

屏風　放在室内用來擋風或隔斷視綫的用具。《釋名・釋床帳》:"屏風,言可以屏障風也。"《史記・孟嘗君列傳》:"孟嘗君待客坐語,而屏風後常有侍史。"

司南　我國古代一種辨别方向的儀器,用磁鐵石做成,是指南針的雛形。《韓非子・有度》:"夫人臣之侵其主也,如地形焉,即漸以往,使人主失端,東西易面而不自知,故先王立司南以端朝夕。"

司寇　古代管刑獄、糾察的官。《左傳・莊公二十年》:"夫司寇行戮,君爲之不举。"《孟子・告子下》:"孔子爲魯司寇。"

主書　古代主管文書的官吏。《吕氏春秋・樂成》:"文侯知之,命主書曰:'群臣賓客所獻書者,操以進之!'"

動詞如:

從事　辦事,做。《詩・小雅・十月之交》:"黽勉從事,不敢告勞。"《論語・泰伯》:"昔者吾友嘗從事於斯矣。"

當路　掌握政權。《孟子・公孫丑上》:"夫子當路于齊,管仲晏子之功可復許乎?"

折中　取其正中,無所偏頗。《史記・孔子世家贊》:"自天子王侯,中國言六藝者,折中于夫子,可謂至聖矣。"

主名　確定名稱、名分。《書・吕刑》："禹平水土，主名山川。"《禮記・大傳》："異姓主名，治際會。"孔穎達疏："異姓，謂他姓之女來爲己姓之妻，繫夫之親，主爲母婦之名。夫若爲父行，則主母名；夫若子行，則主婦名。"

5. 表述式複合詞

上古漢語裏，表述式複合詞數量更少。如：

公主　帝王諸侯的女兒。周稱"王姬"，戰國開始稱"公主"。漢制，皇帝女稱"公主"，皇帝姊妹稱"長公主"，皇帝姑稱"大長公主"。《史記・吴起列傳》："公叔爲相，尚魏公主。"《漢書・王吉傳》："又漢家列侯尚公主。"

屋漏　古代屋的西北角開有天窗，日光由此射人，故稱屋的西北角爲"屋漏"。《詩・大雅・抑》："相在爾室，尚不愧於屋漏。"孔穎達《正義》："屋漏者，室内處所之名，可以施小帳而漏隱之處，正謂西北隅也。"

肢解　也作"支解"。分裂四肢，是古代一種酷刑。《韓詩外傳》卷八："齊有得罪于景公者，景公大怒，縛置之殿下，召左右肢解之。"《戰國策・秦策三》："〔吴起〕功已成矣，卒支解。"

心儀　心中向往，傾向於。《漢書・外戚傳・孝宣許皇后》："公卿議更立皇后，皆心儀霍將軍女。"

齒衰　老年人牙齒往往衰敗脱落，因以"齒衰"表示年老。《漢書・趙充國傳》："臣充國材下，犬馬齒衰。"

自殺　自己殺死自己。《左傳・莊公十九年》："鬻拳葬諸夕室，亦自殺也。"《史記・衛康叔世家》："共伯入，釐侯羨自殺。"

單音詞詞素化是構成複合詞的基礎，上古漢語大量單音詞素具有相當强的構詞能力。同一單音詞素可以構成許多複合詞。例如上古漢語中用"明"作詞素構成的複合詞有"明白"（清楚，確鑿）、"明發"（平明、黎明）、"明火"（占卜和祭祀時用陽燧取的火）、"明明"（明察的樣子）、"明上"（對君主的尊稱，等於説"聖上"）、"明神"（對神的尊稱）、"明星"（金星，太白星）、"明昭"（光明顯著）、"明哲"（明智，洞察事理）、"聰明"（聽覺、視覺靈敏，明智）、"光明"（明亮，照耀）、"高明"（上天，高爽明亮，顯貴、高尚明智的人）、"精明"（光明，精細明察）、"清明"（清静明朗，政治有法度）、"文明"（文采光明）、"昭明"（光明），等等。

此外上古單音的多義詞非常豐富，這對複合詞的發展有很大的作用。同一單音詞素的不同意義往往可以跟不同的詞素構成不同的複合詞。例如："布"有"麻苧葛棉織物、貨幣、施予、宣布、傳揚"等義，都可以構成相應的複合詞：

布帛 《孟子・滕文公上》："布帛長短同，則賈相若。"此用"麻苧葛棉織物"義。

布貨 《漢書・食貨志下》："大布……長二寸四分，重一兩，而直千錢矣。是爲布貨十品。"此用"貨幣"義。

布施 《韓非子・顯學》："今上徵斂於富人，以布施於貧家。"此用"施予"義。

布告 《史記・吕后本紀》："劉氏所立九王，吕氏所立三王，皆大臣之議，事已布告諸侯。"此用"宣布"義。

布揚 《史記・貨殖列傳》："夫使孔子名布揚於天下者，子貢先後之也。"此用"傳揚"義。

"服"有"服裝、從事、思念、順從、習慣"等義，也分别構成了相應的複合詞：

衣服 《詩・小雅・大東》："西人之子，粲粲衣服。"此用"服裝"義。

服役 《韓非子・五蠹》："故以天下之大，而爲服役者七十人。"此用"從事"義。

服膺 《禮記・中庸》："得一善則拳拳服膺而弗失之矣。"此用"思念"義。

服從 《禮記・内則》："四十始仕，方物出謀發慮，道合則服從，不可則去。"此用"順從"義。

服習 《左傳・僖公十五年》："安其教訓，而服習其道。"《漢書・鼂錯傳》："士不選練，卒不服習。"此用"習慣"義。

總起來説，上古漢語複音詞的發展可以歸納爲以下幾點：(1)上古詞滙以單音詞爲主，但複音詞已有明顯的發展趨勢，上古後期(兩漢)這種趨勢尤爲顯著；(2)上古複音詞已有多種結構形式，其中以聯合式和偏正式爲最多，其他形式較少，這與漢語詞滙發展的總趨勢是一致的；(3)不少單音語素已有較强的構詞能力，多義詞的不同意義可以跟不同的語素構成不同的複合詞。

第四節 上古漢語詞義的發展

詞義發展是詞滙發展的一個重要方面。漢語詞滙發展到周秦兩漢，已經有了一個很複雜的詞義系統。常用單音詞大都變成了多義詞。詞義中有本義，有引申義，就書面語説還有通假義①。有的幾種意義在一個詞裏同時出現，關係相當複雜。

一、單義和多義

上古漢語的單音詞裏，有單義詞，也有多義詞。單義詞只有一個意義。如："頀(hù)"（石青之類的顔料）、"虻(méng)"（一種比蒼蠅稍大的灰黑色昆蟲，雌蟲吸人畜血液）、"旞(suì)"（古代繫在導車旗杆上，用完整的五色鳥羽做成的裝飾物）、"覡(xí)"（男巫，以事奉鬼神爲職業的男子）、"擉(chuò)"（刺、戳）、"皸(jūn)"（皮膚受凍而破裂）、"犒(kào)"（用酒肉宴餉軍士）、"誷(wǎng)"（欺騙、誣罔）、"斐(fěi)"（五色相錯，文采）、"旰(gàn)"（眼睛鼓出的樣子）、"錈(juǎn)"（刀劍鋒刃錈屈）、"烑(yáo)"（光，明亮）等等。這類單義詞在發展中始終只有一個意義，没有引申出新的意義來。其中以事物名稱爲最多。在發展中，有的隨着事物的消失而消失，有的逐漸被别的詞所代替。有時詞在某一部書裏以單義的形式出現，其實並不是單義詞。如"讓"在《詩經》裏作"謙讓"講。《詩・小雅・角弓》："受爵不讓，至於已斯亡。"而在上古漢語裏，"讓"還有"責備"、"拒絶"等意義，是個多義詞。"功"在《論語》裏只作"功績"講。《陽貨》："敏則有功，惠則足以使人。"是個單義詞。而上古漢語裏，"功"又有"事情"、"成效"、"工夫"、"堅固"等意義，是個多義詞。這類情況甚多。

常用詞絶大多數是多義詞。有本義和引申義並存的，有本義和通假義並存的，有幾種意義同時並存的。少的兩三個意義，多的六七個甚至十幾個意義。例如：

瞽　上古有3個意義。①眼瞎。《莊子・逍遥遊》："瞽者無以與乎文章之觀。"成玄英疏："瞽者，謂眼無眹縫，冥冥如鼓皮也。"②樂師。古代樂師多以瞎子擔任，故樂師稱瞽。僞《書・胤征》："瞽奏鼓，嗇夫馳，庶人走。"僞孔傳："瞽，樂官。"③不懂事理，没有見識。《荀子・勸學》："故未可與言而言謂之傲，可與言而不言謂之隱，不觀氣色而言謂之瞽。"

---

①　嚴格説"通假義"是一字記多詞而不是一詞多義的問題。但通假義在古代書面語言裏廣泛存在，研究漢語詞滙史離不開書面語，所以討論通假義是有必要的。

股　上古至少有6個義項。①大腿。自胯至膝蓋部分。《易・説》:"乾爲首,坤爲腹,震爲足,巽爲股。"孔穎達疏:"股隨於足,則巽順之謂,故爲股也。"②脚。從胯至足踵的通稱。《淮南子・地形》:"凡海外三十六國,自西北至西南方,有修股民。"高誘注:"股,脚也。"③車輻近轂的部分。《周禮・考工記・輪人》:"参分其股圍,去一以爲骹圍。"戴震《考工記圖・釋車》:"輻近轂謂之股,近牙謂之骹。"④磬的寬而短的一端。《周禮・考工記・磬氏》:"股爲二,鼓爲三。"鄭玄注引鄭司農云:"股,磬之上大者;鼓,其下小者。"⑤事物的分支。《漢書・溝洫志》:"其西因山足高地,諸渠皆往往股引取之。"顔師古注引如淳曰:"股,支别也。"⑥直角三角形構成直角較長的一邊。《周髀算經》卷上:"故折矩,以爲句(勾)廣三,股脩四,徑隅(弦)五。"

力　上古至少有9個義項。①體力,氣力。《詩・邶風・簡兮》:"有力如虎,執轡如組。"②能力。《左傳・隱公十一年》:"度德而處之,量力而行之。"③權勢。《孟子・公孫丑上》:"以力服人者,非心服也。"④努力,致力。《詩・大雅・烝民》:"古訓是式,威儀是力。"鄭箋:"力,猶勤也。"⑤盡力,竭力。《史記・衛將軍列傳》:"軍大捷,皆諸校尉力戰之功也。"⑥功勞。《玉篇・力部》:"力,勳也"《周禮・夏官・司勳》:"治功曰力,戰功曰多。"⑦徭役。《國語・魯語下》:"任力以夫,而議其老幼。"韋昭注:"力謂繇役。"⑧勞動,勞力。《韓非子・五蠹》:"不事力而衣食則謂之能。"⑨(病得)厲害。《漢書・汲黯傳》:"今病力,不能任郡事。"

上古多義詞的大量發展是很自然的。我國社會發展到東周以後,經濟、思想、文化各方面都有了巨大的提高,社會交際日益頻繁。適應於社會交際的需要,漢語詞滙産生了大量新詞。但是上古漢語以單音爲主,音節數量有限,如果限於一詞一義,單詞就會數量激增,不符合符號省簡的原則。於是多義詞應運而生。多義詞的意義之間往往有這樣那樣的聯繫,而且大都由一個意義引申而來。在語言交際過程中,由於有上下文和具體語言環境的制約,多義詞總是以單義的形式出現,一般不會引起交際上的困難。因此,利用同一個詞的形式表示多個不同而有關的意義,是語言裏一種經濟而有效的辦法。

二、上古詞義中的本義

詞的本義指詞最初被創造出來時所表示的意義,是派生其他詞義的根源。研究詞的本義可以幫助我們精確地掌握詞義，瞭解詞義的演變規律。詞的本義大都保存在上古典籍裏。詞的本義和字的本義不完全相同。詞是語言單位，是語音和意義的結合；字是書寫單位，是形、音、義的結合。但是上古漢語以單音詞爲主，一個字大都代表一個詞，字的本義往往就是詞的本義。許慎《説文解字》通過字形分析系統地探求了9000多個漢字的本義。在這個基礎上，充分利用先秦語言材料，互相印證，就可以對上古詞義系統中的本義進行比較全面的研究。例如：

表　本義是外衣。《説文・衣部》："表，上衣也。從衣，從毛，古者衣裘，以毛爲表。"《莊子・讓王》："子貢乘大馬，中紺而表素，軒車不容巷，往見原憲。"陸德明《釋文》："紺爲中衣，加素爲表。"

姑　本義是丈夫的母親。《爾雅・釋親》："婦稱夫之父曰舅，稱夫之母曰姑。姑舅在則曰君舅君姑，没則曰先舅先姑。"《禮記・檀弓下》："婦人不飾，不敢見舅姑。"

賄　本義是財物。《説文・貝部》："賄，財也。"《詩・衛風・氓》："以爾車來，以我賄遷。"毛傳："賄，財。"

宇　本義是屋檐。《説文・宀部》："宇，屋邊也。"《易・繫辭下》："後世聖人易之以宫室，上棟下宇，以待風雨。"虞翻注："宇，謂屋邊也。"

質　本義是抵押。《説文・貝部》："質，以物相贅。"朱駿聲《説文通訓定聲》："以錢受物曰贅，以物受錢曰質。"《戰國策・趙策四》："必以長安君爲質，兵乃出。"

上古漢語以單音爲主，一個字就是一個詞。許慎《説文解字》解釋了字的本義，也就是解釋了詞的本義。不過有時《説文》所解釋的並不是詞的本義，我們可以從上古典籍中找到例證來糾正《説文》的某些誤解。例如：

乳　本義當是哺乳。甲骨文作（《合集》22246），象母抱子以哺乳之形。《左傳・宣公四年》："邧夫人使棄諸夢中，虎乳之。"《史記・大宛列傳》："昆莫生，棄於野，烏嗛肉蜚其上，狼往乳之。"《説文・乙部》："乳，人及鳥生子曰乳，獸曰産。"以"生子"爲"乳"的本義，與甲骨文不合。

物　本義當是雜色牛。《詩・小雅・無羊》："三十維物，爾牲則具。"毛傳："異毛色者三十也。"王國維説："古者謂雜帛爲物，蓋由物本雜色牛之名，後推之以名雜帛。……'三十維物'與'三百爲群'、'九十其犉'句法正同，謂雜色牛三十也。"（《觀堂集林》卷六,287 頁)《説文・牛部》:"物,萬物也。牛爲大物,天地之數起於牽牛,故從牛,勿聲。""萬物"只是引申義。

三、上古詞義中的引申義

引申義是從本義派生出來的意義。詞義引申是豐富詞滙表達力的重要手段。通過詞義引申,可以使同一個詞傳遞更多的信息内容。上古詞義系統中,本義和引申義之間存在着種種關係。從詞性上看,詞義引申有詞性不變和詞性變化兩種情况:

1. 詞義引申,詞性不變

本義和引申義詞性一致,即本義是名詞,引申義也是名詞;本義是動詞,引申義也是動詞;本義是形容詞,引申義也是形容詞。本義和引申義之間又有種種不同的情况,導致詞義引申的原因相當複雜。有的是幾個意義所反映的事物之間有類似的形狀和特徵。例如:

距(jù)　名詞。本義是雞、雉等的腿後面突出像脚趾的部分。《説文・足部》:"距,雞距也。"《左傳・昭公二十五年》:"季氏介其雞,郈氏爲之金距。"引申爲釣鉤等的倒刺,如《淮南子・原道》:"夫臨江而釣,曠日而不能盈羅,雖有鉤箴芒距,微綸芳餌,加之以詹何、娟嬛之數,猶不能與網罟争得也"。

叩　動詞。本義是擊、敲。《禮記・學記》:"善待問者如撞鐘,叩之以小者則小鳴,叩之以大者則大鳴。"引申爲叩頭,即俯首觸地。如《史記・田叔列傳》:"叔叩頭對曰:'是乃孟舒所以爲長者也。'"

墉(yōng)　名詞。本義是城墻,城。《説文・土部》:"墉,城垣也。"《詩・大雅・皇矣》:"以爾鉤援,與爾臨衝,以伐崇墉。"毛傳:"墉,城也。"引申爲高墻,如《詩・召南・行露》:"誰謂雀無牙,何以穿我墉。"毛傳:"墉,墻也。"

有的是幾個意義所反映的事物之間有某種類似的性質和作用。例如:

報　動詞。本義是按律定罪(犯了什麽罪就定爲什麽罪)。《説文・㚔部》:"報,當辠(罪)人也。"《史記・酷吏列傳》:"是日皆報,殺四百餘人。"引申爲報答或報復,如《詩・大雅・抑》:"投我以桃,報之以李。"

毀　動詞。本義是破壞,損壞。《説文・土部》:"毀,缺也。"段玉裁注:"缺者,器破也。因爲凡破之稱。"《易・繫辭上》:"乾坤毁,則無以見《易》。"引申爲毁謗,説别人的壞話,因爲毁謗的作用在於破壞别人。如《莊子・盜跖》:"好面譽人者,亦好背而毁之。"《韓非子・五蠹》:"譽輔其賞,毁隨其罪。"

瘠　形容詞。本義是瘦。《玉篇・疒部》:"瘠,瘦也。"《禮記・曲禮上》:"居喪之禮,毁瘠不形,視聽不衰。"陸德明《釋文》:"瘠,瘦也。"引申爲土質不肥沃。如《國語・魯語下》:"昔聖王之處民也,擇瘠土而處之。"韋昭注:"磽確爲瘠。"

有的幾個意義所反映的事物本身之間有某種聯繫,連类而及,産生新義。例如:

牘　名詞。本義是古時寫字的木片、木簡。《説文・片部》:"牘,書版也。"《漢書・武五子傳》:"佩玉環,簪筆持牘趨謁。"顏師古注:"牘,木簡也。"木簡可以用來寫信,寫書,所以"牘"後世引申爲書信、書籍。如《後漢書・荀悦傳》:"所見篇牘,一覽多能誦記。"

葛　名詞。本義是一種豆科藤本植物。《説文・艸部》:"葛,絺綌草也。"葛的纖維可以織布,於是引申爲葛布,葛布衣服。如《莊子・讓王》:"余立於宇宙之中,冬日衣皮衣,夏日衣葛絺。"

躋　動詞。本義是登上,升高。《易・震》:"躋於九陵。"孔穎達疏:"躋,升也。"上升太高,往往容易墜落。於是引申爲墜,墜落。如《史記・宋微子世家》:"今女無故告予,顛躋,如之何其?"裴駰《集解》引馬融曰:"躋,猶墜也。"

有的詞義引申後擴大了使用範圍。例如:

積　動詞。本義是積聚穀物。《詩・周頌・載芟》:"有實其積,萬億及秭。"朱熹《集傳》:"積,露積也。"引申爲凡積累、堆叠之稱。如《易・升・象辭》:"君子以順德,積小以高大。"《荀子・勸學》:"積土成山,風雨興焉;積水成淵,蛟龍生焉;積善成德,而神明自得,聖心備焉。"

匠　名詞。本義是木工。《孟子・盡心上》:"大匠不爲拙工改廢繩墨。"引申爲工匠,有某種專門技術的手藝工人。如《論衡・量知》:"能斷削柱梁,謂之木匠;能穿鑿穴埳,謂之土匠。"

驚　動詞。本義是馬受刺激而狂奔或行動失常。《説文・馬部》:"驚,馬駭也。"引申爲人或動物吃驚,驚恐。《左傳・成公十二年》:"金奏作於下,驚而出走。"《史記・項羽本紀》:"沛公大驚,曰:'爲之奈何?'"

有的是因複音詞單音化而産生新義。在漢語應用中，爲求句式整齊，韻律和諧，往往用構成複合詞的某一語素代表整個複合詞。這個語素於是以詞的身份出現，並産生了該複合詞原有的意義。如：

先、生　上古“先生”已是複合詞。《論語・爲政》：“有酒食，先生饌。”何晏集解引馬融曰：“先生，謂父兄。”《禮記・玉藻》：“見先生，從人而入。”孔穎達疏：“先生，師也。”《孟子・告子下》：“先生將何之？”趙岐注：“學士年長者，故謂之先生。”“先生”省稱爲“先”爲“生”，因而“先”、“生”都有“先生”的意義。《史記・晁錯列傳》：“學申商刑名於軹張恢先所。”裴駰集解引徐廣曰：“先即先生。”《漢書・梅福傳》：“夫叔孫先非不忠也。”顔師古注：“先，猶先生也。”《史記・儒林列傳》：“言《尚書》自濟南伏生，言《禮》自魯高堂生。”司馬貞索隱：“云‘生’者，自漢以來儒生皆號‘生’，亦‘先生’，省字呼之耳。”《漢書・高帝紀》：“以魏地萬户封生。”顔師古注：“生，猶言先生。”清趙翼《二十二史劄記・先生或只稱一字》：“古時‘先生’二字，或稱‘先’，或稱‘生’。”

象、牙　“象”是獸名，“牙”是牙齒。“象牙”是大象上腭的大門牙。如漢王褒《洞簫賦》：“帶以象牙，掍其會合。”“象牙”省稱爲“象”爲“牙”，因而“象”、“牙”都有“象牙”的意義。如《楚辭・離騷》：“雜瑶象以爲車。”王逸注：“象，象牙也。”《淮南子・原道》：“傅旄象。”高誘注：“象，以象牙爲飾也。”“牙”的“象牙”義較晚起，六朝典籍裏可以見到。如南朝宋鮑照《代淮南王》詩：“琉璃作盌牙作盤，金鼎玉匕合神丹。”

有的是由比喻用法固定而産生新的意義。如：

金　本義是金屬，又專指黄金。《説文・金部》：“金，五色金也。黄爲之長，久薶不生衣，百鍊不輕，從革不違。”黄金極珍貴，金屬很堅固。因而産生“貴重”、“堅固”的比喻義。如漢揚雄《劇秦美新》：“胤殷周之失業，紹唐虞之絶風，懿律嘉量，金科玉條。”李善注：“金科玉條，謂法令也。言金玉，貴之也。”《漢書・蒯通傳》：“皆爲金城湯池，不可攻也。”顔師古注：“金以喻堅，湯喻沸熱不可近。”

爪、爪牙　“爪”是鳥獸趾端的尖甲或有尖甲的脚。“牙”是牙齒。元戴侗《六書故・動物三十二》：“爪，鳥爪也，獸亦有爪。”《説文・牙部》：“牙，牡齒也。”段玉裁注：“牙，統言之，皆稱齒、稱牙。”《荀子・勸學》：“螾無爪牙之利，筋骨之强，上食埃土，下飲黄泉，用心一也。”爪和牙是禽獸覓食和搏擊自衛的武器，因用以喻國家的護衛者和武臣。《墨子·七患》:"食者,國之寶也;兵者,國之爪牙也。"《詩·小雅·祈父》:"祈父,予王之爪牙。"孔穎達《正義》:"鳥用爪,獸用牙,以防衛己身。此人自謂王之爪牙,以鳥獸爲喻也。"

斗筲　"斗"和"筲"都是容量不大的家用容器。"斗"容十升,"筲"容十二升。"斗筲"連用,可以仍指斗和筲。漢桓寬《鹽鐵論·通有》:"家無斗筲,鳴琴在室。"又用於比喻義,表示器量狹小、見识短淺(的人)。《論語·子路》:"子曰:'噫!斗筲之人,何足算也!'"《漢書·公孫劉田楊王蔡陳鄭傳贊》:"斗筲之人,何足選也!"

有的是因專門用以指稱總體概念中的某一個對象而產生的特指義,有的詞可以不止一個特指義。如:

穴　本義是土室、洞窟。《易·繫辭下》:"上古穴居而野處。"《孟子·滕文公上》:"鑽穴隙相窺。"中醫學中"穴"特指人體可以進行針灸的部位,多爲神經末梢密集或較粗的神經纖維經過的地方。《素問·氣穴論》:"凡三百六十五穴,針之所由行也。"同上《氣府論》:"足太陽脉氣所發者七十八穴。"漢張機《傷寒論·傷寒例第三》:"凡治温病,可刺五十九穴。"

邪　上古有"不正"、"邪僻"等意義。漢賈誼《新書·道術》:"方直不曲謂之正,反正爲邪。"《論語·爲政》:"《詩》三百,一言以蔽之,曰:'思無邪。'"中醫學中"邪"特指一切致病的因素,包括風寒水濕饑飽勞逸等在內。《素問·陰陽應象大論》:"其有邪者漬形以爲汗。"王冰注:"邪,謂風邪之氣。"史遊《急就篇》卷四:"灸刺和藥逐去邪。"

墨　本義是寫字繪畫用的顔料。《説文·土部》:"墨,書墨也。"特指墨刑,古代五刑之一,在面部刺字,染以黑色,即秦漢的黥刑。《周禮·周官·司刑》:"墨罪五百。"鄭玄注:"墨,黥也,先刻其面,以墨窒之。"《漢書·刑法志》:"墨者使守門。"又特指春秋戰國時期魯國墨翟和他所創的墨家學派。《孟子·滕文公上》:"墨之治喪也,以薄爲其道也。"《韓非子·顯學》:"故孔墨之後,儒分爲八,墨離爲三。"

2. 詞義引申,詞性變化

本義和引申義不屬同一詞類,在先秦兩漢古籍裏可以找到成百上千個例子。其中又有以下幾種情況。

(1)本義是名詞,引申義屬動詞、形容詞或其他詞類。由名詞義引申出動詞義的，數量最多。有的本義表示行爲的對象，引申義表示行爲。例如：

俘　本義是俘虜，作戰時俘獲的敵人。名詞。《説文・人部》："俘，軍所獲也。"引申爲俘獲，繳獲。動詞。如《左傳・成公十二年》："俘我王官，翦我羈馬。"《書・湯誓》："遂伐三朡，俘厥寶玉。"

梁　本義是橋梁。名詞。《説文・木部》："梁，水橋也。"《孟子・離婁下》："十二月輿梁成。"引申爲架橋。動詞。如《楚辭・離騷》："麾蛟龍使梁津兮，詔西皇使涉予。"

有的本義表示行爲的主體，引申義表示行爲。例如：

牧　本義是放養牲畜的人。名詞。《説文・牛部》："牧，養牛人也。"《詩・小雅・無羊》："爾牧來思，何蓑何笠，或負其餱。"引申爲放養牲畜。動詞。如《孟子・公孫丑下》："今有受人之牛羊而爲之牧之者。"《漢書・蘇武傳》："乃徙武北海上無人處，使牧羝。"

醫　本義是治病的人，醫生。《説文・酉部》："醫，治病工也。"《孟子・公孫丑下》："王使人問疾，醫來。"引申爲治療，醫治。動詞。如《墨子・號令》："傷甚者令歸治，病家善養，予醫給藥。"

有的本義表示實行某種行爲的工具，引申義表示行爲。例如：

被　本義是被子。《説文・衣部》："被，寢衣。"《楚辭・招魂》："翡翠珠被，爛齊光些。"引申爲覆蓋。動詞。如《楚辭・招魂》："皋蘭被徑兮斯路漸。"王逸注："被，覆也。"

觴　本義是盛滿酒的酒杯，也泛指酒。《韓非子・十過》："平公提觴而起，爲師曠壽。"引申爲舉觴向人敬酒或自飲。動詞。如《左傳・襄公二十三年》："〔胥午〕許諾，伏之而觴曲沃人。"《吕氏春秋・達鬱》："管仲觴桓公。"

有的本義表示行爲所發生的處所，引申義表示行爲。例如：

瀕　本義是水濱。名詞。《説文・水部》："瀕，水厓，人所賓附，頻蹙不前而止。"引申爲靠近，迫近。動詞。如《漢書・地理志下》："故秦地于《禹貢》時跨雍、涼二州……瀕南山，近夏陽。"

徑　本義是步行的小路。名詞。《論語・雍也》："有澹台滅明者，行不由徑。"引申爲走小路，走近路。動詞。如《老子》五十三章："大道甚夷，而民好徑。"《禮記・

祭義》:“壹舉足而不敢忘父母,是故道而不徑。”鄭玄注:“徑,步邪趨疾也。”

由名詞義引申出形容詞義。本義表示事物,引申義表示該類事物的性質或特徵。例如:

匱(guì)　本義是收藏衣物的傢具。名詞。《書・金縢》:“〔周〕公歸,乃納册于金縢之匱中。”此義後作“櫃”。引申爲形容詞,音 kuì,缺乏,竭盡。段玉裁《説文解字注》:“凡物深藏之則有若無,實若虚,故匱引申爲竭爲乏。”如《詩・大雅・既醉》:“孝子不匱,永錫爾類。”毛傳:“匱,竭。”又爲虚假,如《國語・晉語五》:“今陽子之貌濟,其言匱,非其實也。”

駑　本義是劣馬,形質性能低劣的馬。名詞。漢東方朔《七諫・謬諫》:“駑駿雜而不分兮,服罷牛而驂驥。”王逸注:“駑,鈍馬也。”引申爲才能低下。形容詞。如《史記・廉頗藺相如列傳》:“夫以秦王之威而相如廷叱之,辱其群臣。相如雖駑,獨畏廉將軍哉!”

素　本義是白色的生絹。名詞。《禮記・雜記下》:“純以素。”鄭玄注:“素,生帛絲也。”引申爲白色。形容詞。如《左傳・僖公三十三年》:“秦伯素服郊次。”

(2)本義是動詞,引申義是其他詞類。

本義是動詞,引申義是名詞。有的本義表示行爲,引申義表示行爲所支配的對象。例如:

貢　本義是把物品獻給天子。《爾雅・釋言》:“貢,獻也。”《史記・五帝本紀》:“各以其職來貢,不失厥宜。”引申爲貢品,進獻給君主或朝廷的東西。名詞。如《書・禹貢》:“禹别九州,隨山濬川,任土作貢。”孔傳:“任其土地所有,定其貢賦之差。”

洎(jì)　本義是往鍋裏添水。動詞。《説文・水部》:“洎,灌釜也。”《吕氏春秋・應言》:“市邱之鼎以烹雞,多洎之則淡而不可食,少洎之則焦而不熟。”引申爲湯汁。名詞。如《左傳・襄公二十八年》:“公膳日雙雞,饔人竊更之以鶩,御者知之,則去其肉,而以其洎饋。”

有的本義表示行爲,引申義表示行爲的主體。例如:

舂　本義是用杵臼搗去穀物皮殼。動詞。《詩・大雅・生民》:“或舂或揄,或簸或蹂。”引申爲擔任舂米的奴隸。名詞。如《墨子・天志下》:“丈夫以爲僕圉,胥靡,婦人以爲舂酋。”

媵(yìng) 本義是陪送出嫁。《爾雅·釋言》:“媵,送也。”《左傳·僖公五年》:“執虞公及其大夫井伯,以媵秦穆姬。”杜預注:“送女曰媵。”引申爲隨嫁的人。名詞。如《吕氏春秋·本味》:“有侁氏喜,以伊尹爲媵送女。”

有的本義表示行爲,引申義表示實行此種行爲的物質或工具。例如:

堊(è) 本義是用白色的塗料粉刷墻壁。《説文·土部》:“堊,白塗也。”《韓非子·説林下》:“宫有堊,器有漆,則潔矣。”引申爲可以粉刷墻壁的白色或其他顔色的土。如《莊子·徐無鬼》:“匠石運斤成風,聽而斲之,盡堊而鼻不傷。”成玄英疏:“堊者,白善土也。”

斫 本義是用刀斧砍削。《説文·斤部》:“斫,擊也。”漢枚乘《七發》:“龍門之桐,高百尺而無枝……使琴摯斫斬以爲琴。”引申爲斧刃或刀斧的通名。如《墨子·備穴》:“以斧斤爲斫。”王筠《説文句讀》:“斫爲刀斧之通名。”

本義是動詞,引申義是形容詞。例如:

測 本義是測量深度。動詞。《周禮·地官·大司徒》:“以土圭之法測土深。”鄭玄注:“測猶度也。”引申爲深。形容詞。如《周禮·考工記·弓人》:“漆欲測,絲欲沈。”

(3)本義是形容詞,引申義是其他詞類。

本義是形容詞,引申義是名詞,大都是本義代表某種性質特點或顔色,引申義代表具有這種性質特點或顔色的人或事物。例如:

隘(ài) 本義是狹窄,狹小。形容詞。《詩·大雅·生民》:“誕寘之隘巷,牛羊腓字之。”孔穎達疏:“置之於狹隘巷中。”引申爲險要的地方。名詞。如《左傳·僖公二十二年》:“勍敵之人,隘而不列,天贊我也。”杜預注:“楚在險隘,不得陳列。”

枉 本義是彎曲,邪曲。形容詞。《説文·木部》:“枉,衺曲也。”《荀子·王霸》:“辟之是猶立直木而求其景之枉也。”《孟子·滕文公下》:“枉尺而直尋,宜若可爲也。”引申爲邪曲的人。名詞。如《論語·爲政》:“舉直錯諸枉,則民服;舉枉錯諸直,則民不服。”

本義是形容詞,引申義是動詞,大都是本義表示某種特徵,引申義表示帶有此種特徵的行爲。例如:

青 本義是深緑色或藍色。《説文·青部》:“青,東方色也。”《莊子·田子方》:

“夫至人者，上闚青田，下潛黄泉。”《吕氏春秋·孟春》：“載青旂，衣青衣，服青玉。”引申爲青色的東西。《詩·齊風·著》：“充耳以青乎而。”（青指青玉）《荀子·勸學》：“青取之于藍而青于藍。”（青指靛青）《禮記·曲禮上》：“前有水，則載青旌。”（青指青雀）漢揚雄《解嘲》：“紆青拖紫，朱丹其轂。”（青指繫印的青色絲帶）

肅　本義是恭敬，莊重。形容詞。《説文·聿部》：“肅，持事振敬也。從聿在𣶏上，戰戰兢兢也。”《左傳·僖公二十三年》：“其從者肅而寬，忠而能力。”杜預注：“肅，敬也。”引申爲恭敬地引進或拜揖。動詞。如《禮記·曲禮上》：“主人肅客而入”鄭玄注：“肅，進也。”

整　本義是整齊。《左傳·隱公九年》：“戎輕而不整，貧而無親。”引申爲整理，整頓。動詞。如《詩·大雅·常武》：“整我六師，以脩我戎。”

四、多個引申義的引申方式

上古詞義系統中，許多詞往往有兩個或多個的引申義，形成複雜的詞義引申關係。從引申方式看，主要有連鎖式、輻射式、綜合式三種情況。

1. 連鎖式引申

甲義引申出乙義，乙義引申出丙義，丙義又引申出丁義，一個接一個，形成一種連瑣的關係，叫做連鎖式引申。上古詞義系統中這類引申義很多。例如：

秉　本義是禾束，禾把。《説文·又部》：“秉，禾束也。”《詩·小雅·大田》：“彼有遺秉，此有滯穗。”毛傳：“秉，把也。”引申爲拿，持。《爾雅·釋詁》：“秉，執也。”《楚辭·天問》：“伯昌號衰，秉鞭作牧。”又引申爲操持，掌握。《詩·鄘風·定之方中》：“彼直也人，秉心塞淵。”毛傳：“秉，操也。”又引申爲權柄，權力。《漢書·周亞夫傳》：“君後三歲而侯，侯八歲爲將相，持國秉。”“秉”的上述詞義引申關係可以表示如下：

秉（本義，禾把）→拿，持→操持，掌握→權柄，權力。

過　本義是經過。《孟子·梁惠王上》：“有牽牛而過堂下者。”引申爲超過，勝過。《左傳·隱公元年》：“大都不過參國之一。”又引申爲過分。《荀子·修身》：“怒不過奪，喜不過予。”又引申爲過失，錯誤。《左傳·宣公二年》：“過而能改，善莫大焉。”又引申爲責備。《楚辭·九章·惜往日》：“信讒諛之溷濁兮，盛氣志而過之。”

蔣驥注："過，督責也。""過"的上述詞義引申關係，可以表示如下：

過（本義，經過）→超過→過分→錯誤→責備。

約　本義是纏束。《説文・糸部》："約，纏束也。"《詩・小雅・斯干》："約之閣閣，椓之橐橐。"毛傳："約，束也。"引申爲約束，節制。《論語・子罕》："博我以文，約我以禮。"又引申爲約定，互相商定。《史記・項羽本紀》："懷王與諸侯約，曰：'先破秦入咸陽者王之。'"又爲約定的事，盟約。《戰國策・秦策二》："齊與大國救魏而背約。""約"的上述詞義引申關係，可以表示如下：

約（本義，纏束）→約束，節制→約定，互相商定→約定的事，盟約。

2. 輻射式引申

由本義直接向不同方向引申出幾個不同的意義，引申義與引申義之間的關係是平列的，形如車輻，叫做輻射式引申。上古漢語詞義系統中，這類引申義也不少。例如：

齒　本義是牙齒。《説文・齒部》："齒，口齗骨也。"《詩・鄘風・相鼠》："相鼠有齒，人而無止。"特指象牙。《荀子・王制》："南海則有羽翮、齒革、曾青、丹干焉。"引申爲年齡。《左傳・昭公二十年》："子之齒長矣。"又爲並列。《左傳・隱公十一年》："寡人若朝于薛，不敢與諸任齒。"又爲録用。僞《書・蔡仲之命》："降霍叔于庶人，三年不齒。"僞孔傳："三年之後乃齒録。""齒"的詞義引申關係可以表示如下：

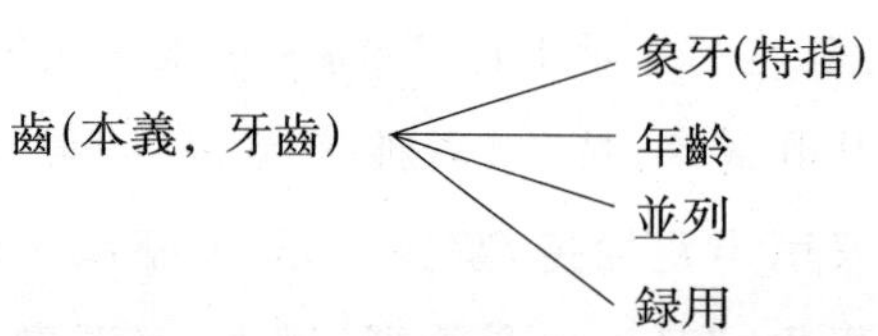

禁　本義是禁忌。《説文・示部》："禁，吉凶之忌也。"《禮記・曲禮上》："入竟而問禁，入國而問俗。"引申爲禁止。《禮記・王制》："林麓川澤以時入而不禁。"又爲約束。《禮記・緇衣》："君子道人以言而禁人以行。"又爲禁令。《韓非子・五蠹》："儒以文亂法，而俠以武犯禁。"又爲宮禁，古代帝王居住的地方。《史記・秦始皇本紀》："二世常居禁中，與高決諸事。"又爲圈養禽獸的地方。《周禮・地官・囿人》："囿人掌囿遊之獸禁。"鄭玄注："禁者，其蕃衛也。""禁"的詞義引申關係可以表示如下：

禁(本義,禁忌)
- 禁止
- 約束
- 禁令
- 宫禁,帝王居住的地方
- 圈養禽獸的地方

收　本義是逮捕,拘捕。《説文·攴部》:“收,捕也。”《詩·大雅·瞻卬》:“此宜無罪,女反收之。”毛傳:“收,拘收也。”引申爲收集,聚集。《史記·封禪書》:“禹收九牧之金,鑄九鼎。”又爲收取。《左傳·隱公元年》:“太叔又收貳以爲己邑。”又爲收穫。《墨子·七患》:“一穀不收謂之饉。”又爲收留,收容。《左傳·僖公四年》:“辱收寡君,寡君之願也。”又爲收斂,收縮。僞《書·畢命》:“雖收放心,閑之惟艱。”又爲收殮,收埋。《左傳·僖公三十二年》:“必死是間,余收爾骨焉。”“收”的詞義引申關係可以表示如下:

收(本義,逮捕,拘捕)
- 收集,聚集
- 收取
- 收穫
- 收留,收容
- 收斂,收縮
- 收殮,收埋

3. 綜合式引申

連鎖式和輻射式是上古漢語詞義系統中的兩種基本引申方式,往往在一個詞的意義裏同時出現,而且有的出現多個層次,表現了相當複雜的詞義引申關係。例如:

抗　本義是對抗。《説文·手部》:“抗,扞也。”《荀子·臣道》:“有能抗君之命,竊君之重,反君之事,以安國之危,除君之辱,功伐足以成國之大利,謂之拂。”楊倞注:“抗,拒也。”引申爲匹敵,對等。漢賈誼《過秦論》:“謫戍之衆,非抗於九國之師也。”又引申爲剛强。《史記·鄒陽列傳》:“亦可謂抗直不撓矣。”由本義又引申爲舉起。《詩·小雅·賓之初筵》:“大侯既抗,弓矢斯張。”毛傳:“抗,舉也。”又引申爲高,高尚。《淮南子·説山》:“申徒狄負石自沈於淵,而溺者不可以爲抗。”高誘注:“抗,高也。”“抗”的詞義引申關係可以表示如下:

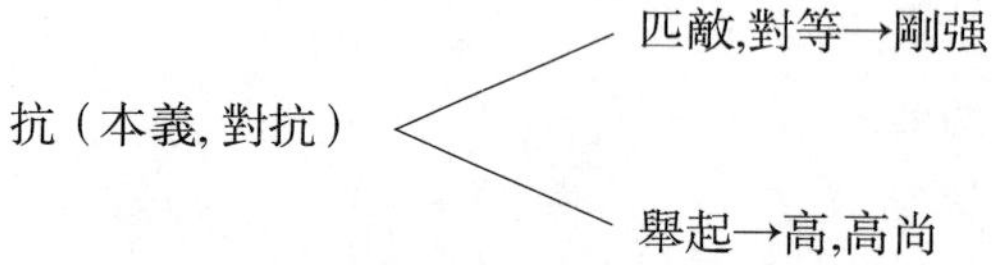

流　本義是水移動。《説文·水部》:"流,水行也。"《易·乾》:"水流濕,火就燥。"引申爲漂流。《詩·小雅·小弁》:"譬彼舟流,不知所届。"又引申爲移動。《管子·侈靡》:"鄉殊俗,國異禮,則民不流矣。"又引申爲邊遠的地方。《書·禹貢》:"五百里荒服,三百里蠻,二百里流。"孔傳:"流,移也,言政教隨其俗。""漂流"義又引申爲流放,把犯人放逐到遠方。《國語·周語中》:"三年,乃流王於彘。"韋昭注:"流,放也。"又爲流傳,傳布。《孟子·公孫丑上》:"德之流行,速於置郵而傳命。""流傳"義又引申爲虚浮,無根據。《荀子·致仕》:"凡流言、流説、流事、流謀、流譽、流愬,不官而衡至者,君子慎之。"楊倞注:"流者,無根源之謂。""漂流"義又引申爲放蕩,放縱。《國語·晉語一》:"肆侈不違,流志而行,無所不疚,是以及亡而不獲追鑒。"韋昭注:"流,放也。"由本義又引申爲河流。《楚辭·漁父》:"寧赴湘流,葬身于江魚之腹中。"特指河的下游部分。《論語·子張》:"是以君子惡居下流,天下之惡皆歸焉。"又引申爲部分。《大戴禮記·曾子立事》:"觀説之流,可以知其術也。"盧辯注:"流,謂部分。"又由"河流"義引申爲流派、品類。《漢書·藝文志》:"儒家者流,蓋出於司徒之官。""流"的詞義引申關係可以表示如下:

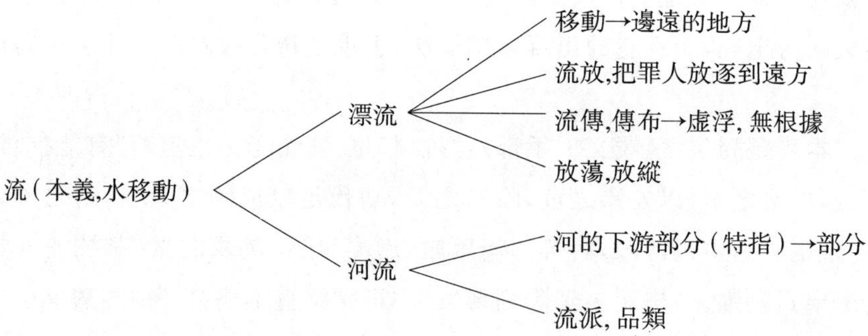

長　本義是兩端之間距離大。《楚辭·九歌·國殤》:"帶長劍兮挾秦弓,首雖離兮心不懲。"又爲長度。《論語·鄉黨》:"必有寢衣,長一身有半。"又爲久,長久。《老子》七章:"天長地久。"又爲動詞,延長。《左傳·宣公十二年》:"實其言,必長晉國。”“延長”義又引申爲生長，生育，音 zhǎng。《孟子・公孫丑上》：“宋人有憫其苗之不長而揠之者。”又引申爲撫育，養育，音 zhǎng。《左傳・昭公十四年》：“長孤幼，養老疾。”又爲增長，音 zhǎng。《易・泰》：“君子道長，小人道消也。”又爲擅長。《孫臏兵法・奇正》：“故善戰者，見敵之所長，則知其所短。”又引申爲長處，優點。《晏子春秋・内篇問上二十四》：“任人之長，不强其短；任人之工，不强其拙。”由本義又引申爲年紀大，輩分高，音 zhǎng。《論語・先進》：“以吾一日長乎爾，毋吾以也。”又引申爲成年，音 zhǎng。《史記・孔子世家》：“孔子貧且賤，及長，嘗爲季氏史。”又爲年紀大，輩分高的人，音 zhǎng。《孟子・萬章下》：“不挾長，不挾貴，不挾兄弟而友。”又引申爲尊敬，尊重，音 zhǎng。《禮記・大學》：“上老老而民興孝，上長長而民興弟。”又爲排行第一，音 zhǎng。《莊子・盜跖》：“堯殺長子，舜流母弟。”又爲居首位，音 zhǎng。《易・乾》：“元者，善之長也。”又引申爲首領，長官，音 zhǎng。《孟子・梁惠王下》：“君行仁政，斯民親其上，死其長矣。”又爲做長官，主管，音 zhǎng。《戰國策・楚策一》：“天帝使我長百獸，今子食我，是逆天帝命也。”

“長”的詞義引申關係可以表示如下：

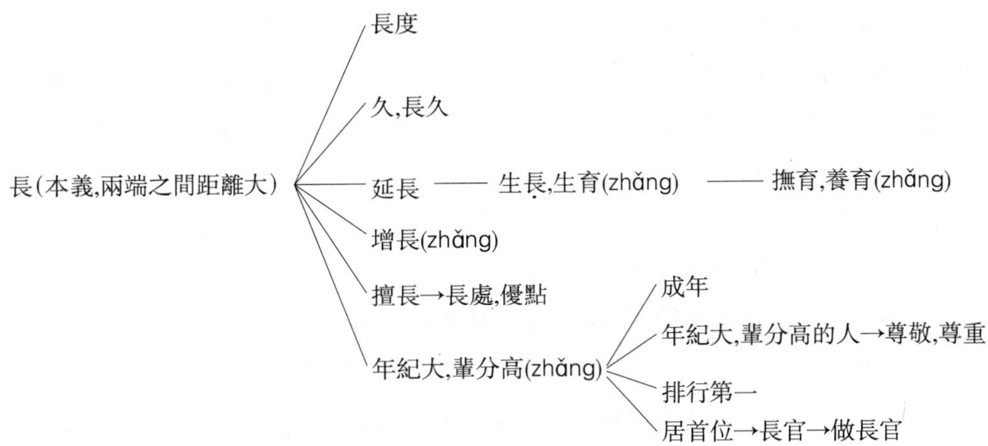

五、通假義

通假義是由文字通假而産生的意義，它與本義没有聯繫。甲字借用爲乙字時，甲字是通假字，乙字是本字。與此同時，甲字取得乙字的意義爲自己的通假義。通假義是字的意義而不是詞的意義，所以研究現代漢語詞義的著作一般不必討論通假義。古代漢語是用漢字記録下來的書面語,單音詞詞義和字義交織在一起,通假義的應用十分廣泛。清代學者王引之説:"經典古字,聲近而通用……往往本字見存而古本則不用本字而用同聲之字。學者改本字讀之,則怡然理順;依借字讀之,則以文害辭。"①因此研究上古漢語詞義系統,不討論通假義,是忽視上古漢語的實際情況。構成通假義的條件是兩字語音必須相同或相近。所謂相近,有的是雙聲而韻母比較接近,有的是叠韻而聲母比較接近,有的不是雙聲叠韻,但聲母韻母比較接近。從字形看,通假字和本字大約有以下幾種關係:

1. 本字是形聲字,借字爲本字的聲符。例如:

方　通"謗",指責議論别人的過失。《論語・憲問》:"子貢方人。"陸德明《釋文》:"鄭本作謗,謂言人之過失。"

匿　通"慝",邪惡。《逸周書・五權》:"人庶則匱,匱則匿。"清俞樾《諸子平議》:"匿當讀爲慝,言人衆則必匱乏,匱乏則必爲姦慝矣。"《荀子・樂論》:"其文章匿而采。"王先謙集解:"匿,讀爲慝,邪也。"

2. 借字是形聲字,本字爲借字的聲符。例如:

忘　通"亡",遺失,丢失。《詩・大雅・假樂》:"不愆不忘,率由舊章。"漢劉向《説苑・建本》引作"不愆不亡"。又《鄭風・緑衣》:"心之憂矣,曷維其亡。"鄭箋:"亡之言忘也。"《楚辭・九章・抽思》:"豈不至今而庸亡。"蔣驥注:"亡,忘同。"

衷　通"中",中間。《國語・晉語四》:"謀而無正,衷而思始。"又爲中斷,插入中間。《左傳・隱公九年》:"戎人之前遇覆者奔,祝聃逐之,衷戎師。"又爲適當。《左傳・僖公二十四年》:"服之不衷,身之災也。"

3. 本字和借字都是形聲字,兩者聲符相同。例如:

剛　通"犅",公牛。《詩・魯頌・閟宫》:"白牡騂剛。"王先謙集疏:"剛者,犅之借字。"《禮記・明堂位》:"周騂剛。"孔穎達疏:"剛,牡也。"

墨　通"默",沈默。《荀子・解蔽》:"故口可劫而使墨雲。"王先謙集解引郝懿行曰:"墨與默同。"《史記・商君列傳》:"武王諤諤以昌,殷紂墨墨以亡。"漢王符《潛夫論・釋難》:"豈能墨乎哉?"汪繼培箋:"墨,讀作默。"

---

① 王引之《經義述聞》卷三十。

4. 本字和借字字形上没有關係，語音相同或相近。例如：

播　通"簸"，摇動，簸物。《論語・微子》："播鼗武，入於漢。"《莊子・人間世》："鼓筴播精，足以食十人。"朱駿聲《説文通訓定聲・乾部》："播，假借爲簸。"

萌　通"氓"，民衆，百姓。《管子・山國軌》："謂高田之萌曰：'吾所寄幣於子者若干。'"尹知章注："萌，田民也。"《墨子・尚賢》："國中之衆，四鄙之萌人，聞之皆競爲義。"《戰國策・燕策二》："施及萌隸。"鮑照注："萌，與氓同。"

一個字可以同時假借爲幾個不同的字，因而可以不只一個通假義。如：

厝　《説文・厂部》："厝，厲石也。"至少有兩個通假義：

①通"措"，放置。《周禮・考工記・梓人》："則必如將廢厝。"鄭玄注引杜子春云："厝，當爲措。"漢賈誼《治安策》："抱火厝之積薪之下而寢其上。"《列子・湯問》："命誇娥氏二子負二山，一厝朔東，一厝雍南。"

②通"錯"，錯雜，交錯。《漢書・地理志下》："是故五方雜厝，風俗不純。"顔師古注引晉灼曰："厝，古錯字。"《穆天子傳》卷六："内史賓侯，北向而立，大哭九，邢侯厝踴，三而止。"

亶　《説文・㐭部》："亶，多穀也。"至少有 4 個通假義：

①通"癉"，疲憊，病。《詩・大雅・板》："上帝板板，下民卒癉。"陸德明《釋文》："沈本作癉。"《禮記・緇衣》引作"下民卒亶。"陸德明《釋文》："亶，本亦作癉。"

②通"袒"，袒露，裸露。《荀子・議兵》："彼可詐者，怠慢者也，路亶者也。"楊倞注："路，暴露也。亶，讀爲袒。露袒，謂上下不相覆蓋。"

③通"殫"，盡。《墨子・非樂上》："士君子竭股肱之力，亶其思慮之智。"

④通"但"，只，僅。漢賈誼《治安策》："非亶倒懸而已，又類辟，且病痱。"《漢書・武五子傳》："武帝使中郎將蘇武使匈奴，見留二十年不降，還亶爲典屬國。"

常　《説文・巾部》："常，下帬也。"至少也有 4 個通假義：

①通"長"，長久，長遠。《管子・七發》："官無常，下怨上，而器械不功。"丁士涵注："常，讀爲長。"《史記・屈原賈生列傳》："寧赴常流而葬乎江魚腹中耳。"司馬貞《索隱》："常流，猶長流也。"

②通"嘗"，曾經。《荀子・天論》："夫日月之有蝕，風雨之不時，怪星之黨見，是無世而不常有之。"王先謙集解："《群書治要》常作長，是也。"漢劉向《新序・雜事

四》:"梁大夫有宋就者,常爲邊縣令。"

③通"尚",保佑,愛好。《墨子·非命下》:"上帝不常,九有以亡。"孫詒讓《閒詁》:"常當讀爲尚。"《管子·七臣七主》:"芒主目伸五色,耳常五聲。"許維遹按:"常當讀爲尚。"《國語·晉語》韋注:"尚,好也。"

④通"祥",古代喪祭名。父母喪後十三個月而祭,叫小祥;二十五個月而祭,叫大祥。《儀禮·士虞禮》:"朞而小祥,曰薦此常事。又朞而大祥,曰薦此祥事。"鄭玄注:"言常者,朞而祭禮也。古文常爲祥。"王引之《經義述聞》:"常,當依古文作祥。"

踐 《説文·足部》:"踐,履也。"至少有6個通假義:

①通"翦",滅除。僞《書·蔡仲之命》:"成王東伐淮夷,遂踐奄。"僞孔傳:"遂滅奄而徙之。"孔穎達疏:"鄭玄讀踐爲翦。"《吕氏春秋·古樂》:"成王立,殷民反,王命周公踐伐之。"

②通"淺",淺陋。《詩·鄭風·東門之墠》:"東門之栗,有踐家室。"毛傳:"踐,淺也。"陳奐傳疏:"淺即淺陋之意。"

③通"餞",餞送。《周禮·春官·司尊彝》:"其朝踐用兩獻尊,其再獻用兩象尊。"鄭玄注:"故書踐作餞。"

④通"跣(xiǎn)",赤脚。《史記·孝文本紀》:"毋禁取婦、嫁女、祠祀飲酒食肉者,自當給喪事服臨者,皆無踐。"裴駰集解引晉灼曰:"《漢書》作跣。跣,徒足也。"

⑤通"善",美好。《禮記·曲禮上》:"疑而筮之,則弗非也。日而行事,則必踐之。"鄭玄注:"踐,讀曰善,聲之誤也。"孔穎達疏:"踐,善也。"

⑥通"纘"。繼續。《左傳·文公二年》:"踐脩舊好,要結外援。"俞樾《群經平議》:"踐,當讀爲纘。"《禮記·中庸》:"踐其位,行其禮。"鄭玄注:"踐,或爲纘。"

上述通假義有的應用廣泛,得到社會的普遍承認。有的應用範圍狹小,中古以後不再存在。在具體的語言環境裏,某一個字究竟用本義還是通假義,學者的看法有時並不一致。例如《詩·小雅·小弁》:"我心憂傷,惄焉如擣。"毛傳:"擣,心疾也。"陸德明《釋文》:"擣,本或作㿒,《韓詩》作疛。"馬瑞辰《通釋》:"疛、㿒一字,擣乃疛及㿒之假借。"毛傳和三家詩都用"擣"的通假義。孔穎達却説:"我心爲之憂傷,惄焉悲悶,有如物之擣心也。"認爲"擣"在這裏是用本義,就是用棍棒的一頭舂。這樣的例子很多,在考察上古漢語的通假義時,應當特别注意。

上面我們討論了上古漢語詞(字)義發展的幾種情況。事實上,詞(字)的本義、引申義、通假義往往在一個詞(字)裏出現,而且引申義、通假義不只一個,顯得十分複雜。迄今爲止,我國學者在上古漢語詞義研究方面已經取得了很大的成績,但是要全面深入地瞭解上古漢語詞義系統及其發展,還有許多工作要做,有待於進一步努力。

第五節　上古漢語同義詞的發展

同義詞是指有一個或幾個意義相同的一組詞。上古漢語詞滙發展的表現之一是有了非常豐富的同義詞。粗略地統計,上古漢語同義詞不下 1000 多組。《爾雅》之《釋詁》、《釋言》、《釋訓》等三篇大都是羅列漢以前的同義詞,用一個較爲通行的詞加以解釋。3 篇共計 625 組,絶大多數是同義詞。每組之中,少的二、三字,多的十幾、幾十字。例如:

初、哉、首、基、肇、祖、元、胎、俶、落、權輿,始也。(《釋詁》)

還、復,返也。(《釋言》)

明明、斤斤,察也。(《釋訓》)

漢許慎《説文解字》有 354 對互訓的例子,即用甲字訓釋乙字,又用乙字訓釋甲字①。它們絶大多數也是同義詞。

(1)名詞。如:

顛,頂也(頁部)　　頂,顛也(頁部)——頭頂

盾,瞂也(盾部)　　瞂,盾也(盾部)——盾牌

菲,芴也(艸部)　　芴,菲也(艸部)——葸菜

穀,楮也(木部)　　楮,穀也(木部)——构樹

蝗,螽也(虫部)　　螽,蝗也(䖵部)——蝗蟲

欃,楔也(木部)　　楔,欃也(木部)——楔子

稻,稌也(禾部)　　稌,稻也(禾部)——稻子

① 有的訓釋語稍有加字。如《手部》:"拾,掇也。掇,拾取也。"《門部》:"闞,閃也。閃,闞頭門中也。"

舟，船也（舟部）　船，舟也（舟部）——船

（2）動詞。如：

吹，嘘也（口部）　嘘，吹也（口部）——用口吹氣

蹲，踞也（足部）　踞，蹲也（足部）——坐

逢，遇也（辵部）　遇，逢也（辵部）——碰上

更，改也（攴部）　改，更也（攴部）——改變

讙，譁也（言部）　譁，讙也（言部）——喧嘩

託，寄也（言部）　寄，託也（宀部）——寄託

逃，亡也（辵部）　亡，逃也（亡部）——逃跑

依，倚也（人部）　倚，依也（人部）——靠着

（3）形容詞 。如：

誠，信也（言部）　信，誠也（言部）——真實

綽，緩也（糸部）　緩，綽也（糸部）——寬裕

吉，善也（口部）　善，吉也（羊部）——吉祥，美好

老，考也（老部）　考，老也（老部）——高壽

遼，遠也（辵部）　遠，遼也（辵部）——遼遠

美，甘也（羊部）　甘，美也（甘部）——味道好

蕪，薉也（艸部）　薉，蕪也（艸部）——荒蕪草多

儇，慧也（人部）　慧，儇也（心部）——聰明

《説文》還有 5 組三、四字遞訓的例子，也是同義詞。如：恚，恨也（心部）　恨，怨也（心部）　怨，恚也（心部）——怨恨

楣，秦名屋櫋聯也。齊謂之檐，楚謂之梠（木部）　檐，梍也（木部）　梍，梠也（木部）　梠，楣也（木部）——屋檐

《詩經》裏保存的同義詞有 250 組[①]。名詞如“岸、濱、頻（瀕）、漘、濆、干、滸、湄、麋、泮（畔）、浦、涘”等都有“水岸”的意義。《衛風・氓》：“淇則有岸，隰則有泮。”鄭箋：“泮，讀爲畔，畔，涯也。”《魏風・伐檀》：“寘之河之干兮”，“寘之河之漘兮。”毛

① 參看清陳奂《毛詩傳義類》，附《詩毛氏傳疏》後。

傳："干，厓也。厓，嵩也。"陳奂《傳疏》："口嵩謂之脣，水厓謂之漘，其義一也。"《秦風·兼葭》："在水之湄。"毛傳："湄，水隒也。"《小雅·巧言》："居河之麋。"毛傳："水草交謂之麋。"《王風·葛藟》："在河之滸。"毛傳："水厓曰滸。"《大雅·常武》："鋪敦淮濆。"毛傳："濆，涯。"又"率彼淮浦。"毛傳："浦，涯也。"《秦風·蒹葭》："在水之涘。"毛傳："涘，厓也。"《大雅·召旻》："池之竭矣，不云自頻。"毛傳："頻，厓也。"鄭箋："頻當作濱。"《小雅·北山》："率土之濱，莫非王臣。"毛傳："濱，涯也。"孔穎達《正義》："滸、濱、涯、浦，皆水畔之地，同物而異名也。"動詞如"畀、卜、賚、釐、予、與"等都有"給予"的意義。《鄘風·干旄》："彼姝者子，何以畀之?"毛傳："畀，與也。"《小雅·楚茨》："卜爾百福，如幾如式。"鄭箋："卜，予也。"《大雅·既醉》："其卜維何? 釐爾女士。"毛傳："釐，予也。"《小雅·楚茨》："工祝致告，徂賚孝孫。"毛傳："賚，予也。"《大雅·皇矣》："乃眷西顧，此維與宅。"朱熹《集傳》："以此岐周之地與大王爲居宅也。"《鄘風·干旄》："彼姝者子，何以予之?""給予"是"予"的常見義，《説文·予部》："予，推予也。"段玉裁注："予、與古今字。"

形容詞如"膚、好、俟、皇、皇皇、徽、嘉、將、佼、僚、孌、茂、美、穆、穆穆、姝、鑠、休、豔、懿、抑、抑抑、烝、旨"等都有"美"的意義。《豳風·狼跋》："公孫碩膚。"毛傳："膚，美也。"《魏風·葛屨》："要之襋之，好人服之。"姚際恒《詩經通論》："好人，猶美人，指夫人也。"《鄭風·羔裘》："羔裘如濡，洵直且俟。"陸德明《釋文》引《韓詩》説："俟，美也。"《大雅·文王》："思皇多士。"朱熹《集傳》："皇，美。"《魯頌·泮水》："烝烝皇皇，不吴不揚。"毛傳："皇皇，美也。"《小雅·角弓》："君子有徽猷。"毛傳："徽，美也。"《大雅·烝民》："仲山甫之德，柔嘉維則。"鄭箋："嘉，美。"《豳風·破斧》："亦孔之將。"毛傳："將，美也。"《陳風·月出》："月出皎兮，佼人僚兮。"毛傳："僚，好貌。"朱熹《集傳》："佼人，美人也。"《小雅·車舝》："思孌季女逝兮。"毛傳："孌，美貌。"《齊風·還》："子之茂兮。"毛傳："茂，美也。"《邶風·静女》："匪女之爲美，美人之貽。"毛傳："非爲其徒悦美色而已，美其人能貽我法則。"《周頌·清廟》："於穆清廟。"毛傳："穆，美也。"《大雅·文王》："穆穆文王。"毛傳："穆穆，美也。"《邶風·静女》："静女其姝。"毛傳："姝，美色也。"《周頌·酌》："於鑠王師。"毛傳："鑠，美也。"《豳風·破斧》："亦孔之休。"毛傳："休，美也。"《小雅·十月之交》："豔妻煽方處。"毛傳："豔妻，褒姒，美色曰豔。"《大雅·烝民》："好是懿德。"毛傳："懿，美也。"《齊風·猗嗟》："抑若揚兮。"毛傳："抑，美色。"《大雅・假樂》："威儀抑抑。"毛傳："抑抑，美也。"《大雅・文王有聲》："文王烝哉。"陸德明《釋文》引《韓詩》："烝，美也。"《邶風・谷風》："我有旨蓄，亦以御冬。"毛傳："旨，美也。"這些詞的基本意義都是"美"，但有的指事物的性質，有的指顏色或形態，並不完全相同。

就意義説，上古漢語同義詞可以分爲兩大類。

一個大類是絶對同義詞。這類同義詞大都是同一類事物的不同名稱，意義上完全相同。例如：

葍——蔔　都指旋花。一種多年生草本植物，花似蕹菜而小，生田野，蔓延，根莖多流粉，古用以救荒。《説文・艸部》："葍，蔔也。""蔔，葍也。"兩字互訓。《詩・小雅・我行其野》："言采其葍。"毛傳："葍，惡菜也。"清朱駿聲《説文通訓定聲》："按，蔔即葍之或體，方言稱謂或異耳。"

殳(shū)——祋(duì)　古代同一種兵器，用竹木製成，一端有棱。《釋名・釋兵》："殳，殊也，長丈二尺而無刃，有所撞挃於車上，使殊離也。"《説文・殳部》："祋，殳也。"《詩・衛風・伯兮》："伯也執殳，爲王前驅。"《曹風・候人》："彼候人兮，何戈與祋。"毛傳："祋，殳也。"《後漢書・馬融傳》："祋殳狂擊，頭陷顱碎。"李賢注："祋，亦殳也。"

燕——燕燕——玄鳥——鳦　都指燕子。《説文・燕部》："燕，玄鳥也。"《爾雅・釋鳥》："燕燕，鳦。"郭璞注："一名玄鳥，齊人呼鳦。"邢昺疏："此燕燕即今之燕，古人重言之，以其玄色，故謂之玄鳥。"《詩・邶風・燕燕》："燕燕于飛，差池其羽。"毛傳："燕燕，鳦也。"《詩・商頌・玄鳥》："天命玄鳥，降而生商。"毛傳："玄鳥，鳦也。春分玄鳥至。"清毛奇齡《續詩傳鳥名》："玄鳥，燕名，以玄羽見稱，與黄鳥同。或曰：'燕名玄鳥，雁名朱鳥，以來去之候名分陰陽，燕以從陰稱玄鳥，猶之雁以從陽稱朱鳥，不惟色也。'"

另一個大類是相對同義詞。這類同義詞基本意義相同，但又各有詞義或色彩的特點。基本意義相同，反映了同類事物的共性：各有詞義或色彩的特點，反映了事物的不同個性。上古漢語裏這類同義詞數量最多，也最重要。有以下幾種情況：

(1)形製不同。例如：

鐙——錠　泛言都指油燈。古代銅製的照明用具。《説文・金部》："鐙，錠也。""錠，鐙也。"析言之，"鐙"有脚，"錠"無脚。《急就篇》第十二章："鍛鑄鉛錫鐙錠鐎。"顔師古注："鐙，所以盛膏夜然燎者也。其形若杅而中施釭。有柎者曰鐙，無柎者曰錠。柎，謂下施足也。"一説，無脚爲鐙，有脚爲錠。宋葉昌熾《釋鐙》："然膏之器所以名爲鐙者，以其形似禮器之豆。……若夫鐙、錠之分，玄應《衆經音義》引《聲類》：'有足曰錠，無足曰鐙。'"

囊——橐　泛言都指口袋。《説文・㯻部》："囊，橐也。""橐，囊也。"段玉裁注："囊者，言實其中如瓜瓤也；橐者，言虚其中以待如木欜也。"析言之，有大小和有底無底之别。説法不一。《詩・大雅・公劉》："迺裹餱糧，于橐于囊。"毛傳："小曰橐，大曰囊。"《史記・陸賈列傳》："賜陸生橐中裝直千金。"司馬貞《索隱》引《詩傳》："大曰橐，小曰囊。"《漢書・刑法志》："豪傑擅私，爲之橐囊。"顔師古注："有底曰囊，無底曰橐。"《戰國策・秦策一》："負書擔橐。"高誘注："橐，囊也。無底曰囊，有底曰橐。"

(2)大小不同。如：

邦——國　泛言都指諸侯的封地，國家。《説文・邑部》："邦，國也。"《口部》："國，邦也。"僞《書・五子之歌》："民惟邦本，本固邦寧。"《論語・學而》："導千乘之國，敬事而信，節用而愛人，使民以時。"兩者的區别是"邦"大於"國"。《周禮・天官・大宰》："掌建邦之六典，以佐王治邦國。"鄭玄注："大曰邦，小曰國，邦之所居亦曰國。"段玉裁《説文解字注》："《周禮》注曰'大曰邦，小曰國'，析言之也；許云'邦，國也'，'國，邦也'，統言之也。"

犬——狗　指同一種哺乳動物。是人類最早馴化的家畜之一。《論語・爲政》："至於犬馬，皆能有養。"《孟子・梁惠王上》："雞豚狗彘之畜，無失其時。"《莊子・天下》："狗非犬。"陸德明《釋文》引司馬云："狗、犬同實異名。"析言之，大的叫"犬"，小的叫"狗"。《禮記・曲禮上》："效犬者左牽之。"孔穎達疏："然通而言之，狗犬通名；若分而言之，則大者爲犬，小者爲狗。"《爾雅・釋畜》："未成豪，狗。"郝懿行義疏："狗，犬通名。若時文，則大者名犬，小者名狗。"一説：狗和犬脚趾不同。《説文・犬部》："犬，狗之有縣蹏者也。"清徐灝《説文段注箋》："犬爲凡犬、獵犬之通名，小者謂之狗。渾言則狗亦爲通名矣。懸蹏，蓋指獵犬言，惟獵犬足上有一趾不履地。"

(3)質地不同。如：

楮——穀　泛言都指构樹，皮可以造紙。《説文・木部》："楮，穀也。""穀，楮也。"《詩・小雅・鶴鳴》："爰有樹檀，其下維穀。"《韓非子・喻老》："宋人有爲其君以象爲楮葉者，三年而成。"《山海經・西山經》："〔鳥危之山〕其陰多檀楮。"郭璞注："楮，即穀木。"對言則二者有别。清徐灝《説文段注箋》："楮、穀兩種：一種高大，皮駁，實如楓，實熟則紅。《書》所謂桑穀並生者是也。一種皮白葉長，實小如覆盆子。其木不能高大，俗謂扁穀，所謂楮也。楮皮漚之宜爲紙，穀皮粗，宜爲茵帳。"

劄——牒——簡——牘　泛言都指書寫用的竹片或木片。《説文・木部》："劄，牒也。"《片部》："牒，劄也。""牘，書版也。"《竹部》："簡，牒也。"《史記・司馬相如列傳》："上許，令尚書給筆劄。"顔師古注："劄，木簡之薄小者。"《左傳・昭公二十五年》："右師不敢對，受牒而退。"孔穎達疏："宋之所出入粟之數，書之於牒，受牒而退，言服從也。"《詩・小雅・出車》："豈不懷歸，畏此簡書。"孔穎達疏："古者無紙，有事書之於簡，謂之簡書。"漢董仲舒《春秋繁露・玉杯》："今趙盾弑君，四年之後别牘復見，非《春秋》之常辭也。"析言之，四者有竹木、大小、厚薄的不同。"簡"和"牒"用竹制，"牘"和"劄"用木制，"簡"、"牘"大厚而"劄"、"牒"薄小。但木制亦可以稱"簡"稱"牒"。《戰國策・燕策一》："身自削甲札。"鮑注："札，木簡，牒之薄者。"《漢書・武五子傳》："佩玉環，簪筆持牘趨謁。"顔師古注："牘，木簡也。"漢王充《論衡・量知》："截竹爲簡，破以爲牒，加筆墨之跡，乃成文字，大者爲經，小者爲傳。"黄暉校釋："牒，小簡也。"清朱駿聲《説文通訓定聲》："竹謂之簡，木謂之牘。"段玉裁《説文解字注》："厚者爲牘，薄者爲牒。牒之言枼也、葉也。"

(4)範圍不同。例如：

髀——股　泛言都指大腿，從胯到膝蓋部分。《説文・骨部》："髀，股也。"《肉部》："股，髀也。"李斯《諫逐客書》："夫擊甕叩缶，彈箏搏髀，而歌呼烏烏，快耳目者，真秦之聲也。"《韓非子・五蠹》："股無胈，脛不生毛。"但"股"又指從大腿到脚後跟。《廣雅・釋親》："股，脛也。"王念孫疏證："凡對文則膝以上爲股，膝以下爲脛；《小雅・采菽》箋云'脛本曰股'是也。散文則通謂之脛，……或通謂之股，經言股肱是也。"

柱——楹　泛言都指柱子，支撑屋頂的直立木頭。《説文・木部》："柱，楹也。""楹，柱也。"《莊子・人間世》："以爲柱則蠹，是不材之木也。"《史記・刺客列傳》：

“荆軻逐秦王，秦王還柱而走。”《春秋·莊公二十三年》：“秋，丹桓宫楹。”杜預注：“楹，柱也。”《晏子春秋·雜下》：“晏子病，將死，鑿楹納書焉。”對言則“楹”指廳堂前面的大柱，範圍小。徐鍇《説文繫傳》：“楹之言盈，盈盈對立之狀。”

（5）行爲方式不同。例如：

排——擠　都有“推擠”的意思。《説文·手部》：“排，擠也。”“擠，排也。”《禮記·少儀》：“排闔説（脱）屨於户内者，一人而已矣。”孔穎達疏：“闔謂門扇，謂排擠門扇脱屨於户内者一人而已矣。”《史記·項羽本紀》：“漢軍却，爲楚所擠。”裴駰《集解》：“瓚曰：‘排，擠也。’”析言之，“排”是向兩邊推開。《漢書·樊噲傳》：“噲乃排闥直入。”“排闥”就是把門推開。“擠”是向前推之使墜。《正字通·手部》：“擠，推之使墜也。”《左傳·昭公十三年》：“小人老而無子，知擠於溝壑矣。”杜預注：“擠，隊（墜）也。”

踴——躍——跳　都是兩腿用力，使身離開所站立的地方。《説文·足部》：“踴，跳也。”“跳，躍也。”《廣雅·釋詁一》：“躍，跳也。”《左傳·襄公二十五年》：“門啓而入，枕尸股而哭，興，三踴而出。”《易·乾》：“九四曰，或躍在淵，無咎。”孔穎達疏：“躍，跳躍也。”刘向《説苑·辨物》：“其後，齊有飛鳥一足來下，止於殿前，舒翅而跳。”析言之，“踴”是原地向上，没有位移；“躍”是向前跳，有位移。元戴侗《六書故·人九》：“躍，跳也，大爲躍，小爲踴；躍去其所，踴不離其所。”《左傳·僖公二十八年》：“距躍三百，曲踴三百。”杜預注：“距躍，超越也；曲踴，跳踴也。”孔穎達疏：“躍以疾生名，故以距躍爲超越，言距地向前跳而越物過也。曲踴以曲爲言，則謂向上跳而折復下，故以曲踴爲跳踴耳，言直上向下而已。”“跳”本秦晉方言（見《方言》二），漢以後逐漸代替了“踴”和“躍”的用法。

（6）用途不同。例如：

倉——廩　兩字同義，都指儲存糧食的建築物。《説文·倉部》：“倉，穀藏也。倉黄取而藏之，故謂之倉。”《國語·周語下》：“府倉實。”韋昭注：“米粟曰倉。”《希麟音義》卷二“篅”下注引《切韻》：“倉，廩也。”《詩·周頌·豐年》：“亦有高廩。”陸德明《釋文》：“廩，倉也。”對文則“倉”用於藏穀，“廩”用於藏米，二者不同。《荀子·富國》：“垣窌倉廩者，財之末也。”唐楊倞注：“穀藏曰倉，米藏曰廩。”《文選·潘安仁·藉田賦》：“致倉廩於盈溢。”李善注引《月令章句》曰：“穀藏曰倉，米藏曰廩。”

府——庫　兩字同義，都指儲藏東西的地方。《爾雅·釋地》：“九府”陸德明

《釋文》:“府,猶庫藏也。”《周禮·天官·序官》:“府六人。”孫詒讓《正義》:“府與庫,亦通稱。”對文則兩者有别。“府”是用以藏文書財物的地方,“庫”是藏兵車的地方。《禮記·檀弓下》:“在府言府,在庫言庫。”鄭玄注:“府,謂寶藏貨賄之處也;庫,謂車馬兵甲之處也。”《戰國策·秦策一》:“今天下府庫不盈。”鮑照注:“府,文書藏也,庫,兵車藏也,今凡有藏者皆得稱也。”

父——考　母——妣　“父”和“考”同義,都指父親。“母”和“妣”同義,都指母親。“考”可以指活着的父親,“妣”可以指活着的母親。《爾雅·釋親》:“父爲考,母爲妣。”《書·金縢》:“予仁若考。”孔穎達疏:“考是父也。”《舜典》:“百姓如喪考妣。”陸德明《釋文》:“父曰考,母曰妣。”班固《幽通賦》:“妣聆呱而劾石兮。”吕延濟注:“妣,母也。”但在多數情況下,活着的稱“父”稱“母”,死去的稱“考”稱“妣”,用在不同的場合。《公羊傳·隱公元年》:“惠公者何?隱之考也。”何休注:“生稱父,死稱考。”同篇:“仲子者何?桓之母也。”何休注:“生稱母,死稱妣。”《禮記·曲禮下》:“生曰父,曰母,曰妻;死曰考,曰妣,曰嬪。”

(7)行爲对象不同。例如:

洒——滌——濯——洗　四字都是用水去掉髒東西。《説文·水部》:“洒,滌也。”“滌,洒也。”《廣雅·釋詁二》:“濯,洒也。”《玉篇·水部》:“洗,今以爲洒字。”它們的特點是“洒”主要用於洗人體。《左傳·襄公二十一年》:“在上位者洒濯其心……而後可以治人。”“滌”主要用於洗物。《儀禮·少牢饋食禮》:“乃官戒宗人命滌,宰命爲酒,乃退。”鄭玄注:“滌,溉濯祭器。”“濯”可用於洗物,不可用於洗人體。《詩·大雅·泂酌》:“挹彼注兹,可以濯罍。”毛傳:“濯,滌也。”《孟子·滕文公上》:“江漢以濯之,秋陽以暴之。”“洗”本是洗脚。後來取代“洒”字,可用於物或人。《詩·大雅·行葦》:“或獻或酢,洗爵奠斝。”《史記·高祖本紀》:“沛公方踞床,使兩女子洗足。”清段玉裁《説文解字注》:“下文云:‘沫,洒面也。’‘浴,洒身也。’‘澡,洒手也。’‘洗,洒足也。’今人假洗爲洒,非古也。”

畬(飲)——歠(chuò)　都有“喝”的意義。《説文·欠部》:“畬,歠也。”“歠,畬也。”《左傳·昭公二十年》:“齊侯將飲酒。”《孟子·告子上》:“冬日則飲湯,夏日則飲水。”《楚辭·漁父》:“衆人皆醉,何不餔其糟而歠其釃?”朱熹注:“歠,飲也。”又都有“給……飲”的意思。《詩·小雅·緜蠻》:“飲之食之,教之誨之。”《楚辭·大招》:

“清馨凍歆(一作飲),不歠役只。”朱熹注:“舊注謂不以飲賤役之人,言酒醇美,役人飲之,易醉僕失禮,故不以飲之也。”兩者略有差别。喝粥可以用“歠”,不能用“飲”。《穀梁傳・昭公十九年》:“哭泣,歠飦粥,嗌不容粒。”《禮記・檀弓下》:“歠主人,主婦,室老,爲其病也。”鄭玄注:“歠,歠粥也。”

(8)輕重不同。例如:

飢——餓　散文都指挨餓。《説文・食部》:“飢,餓也”“餓,飢也。”《孟子・離婁下》:“稷思天下有飢者由己飢之也。”《漢書・敘傳》:“〔韓〕信惟餓隸,〔黥〕布實黥徒。”對言則兩者程度不同。“飢”只是一般的吃不飽。《詩・陳風・衡門》:“泌之洋洋,可以樂飢。”鄭箋:“飢者,不足於食也。”“餓”是嚴重地挨餓。《韓非子・飾邪》:“語曰:‘家有常業,雖飢不餓;國有常法,雖危不亡。’”《淮南子・説山》:“寧一月飢,無一旬餓。”高誘注:“飢,食不足;餓,困乏也。”“飢”、“餓”對用,可以看出它們的不同。

疾——病　兩者都有“患病,疾病”的意思。《説文・疒部》:“疾,病也。”《荀子・天論》:“寒暑不能使之疾。”《周禮・天官・疾醫》:“以五味、五穀、五藥養其病。”對言則“疾”是輕病,“病”是病重。《論語・子罕》:“子疾病,子路使門人爲臣。”何晏集解:“包曰:疾甚曰病。”《説文・疒部》:“病,疾加也。”段玉裁注:“析言之則病爲疾加,渾言之則疾亦病也。”不過這種分别不是絶對的,“疾”也可以指重病。如《吕氏春秋・異寶》:“孫叔敖疾,將死。”漢劉向《説苑・辨物》:“王太子暴疾而死。”中的“疾”都指重病。

(9)詞義色彩不同。例如:

賜——予　兩者都是“給予,把東西給人”。《説文・貝部》:“賜,予也。”《爾雅・釋詁》:“予,賜也。”郝懿行義疏:“若單文,則賜亦予,予亦爲賜,賜、予互訓,其義俱通。”《墨子・號令》:“傷甚者令歸治病,予醫給藥,賜酒日二升,肉二斤。”兩字對用,則“予”不分上下。《墨子・貴義》:“予子冠履而斷子之手足,子爲之乎?”《史記・廉頗藺相如列傳》:“秦亦不以城予趙,趙亦終不予秦璧。”“賜”是地位、輩分、年壽高的人給予地位、輩分、年壽低的人。《禮記・曲禮上》:“長者賜,少者賤者不敢辭。”

聽——聆　都是用耳朵接受聲音。《説文・耳部》:“聽,聆也。”“聆,聽也。”析言之,“聽”是一般的聽。《論語・公冶長》:“始吾於人也,聽其言而信其行;今吾於人也,聽其言而觀其行。”“聆”是傾耳細聽。漢揚雄《劇秦美新》:“鏡精粹之至精,聆清和之正聲。”漢張衡《思玄賦》:“聆廣樂之九奏兮,展洩洩以彤彤。”

必須强調的是,所謂同義,並不包括詞的所有意義。多義詞在某一意義上同義,其他則不一定同義。例如:

池——沼　在“水塘”的意義上同義。《詩・小雅・無羊》:“或降于阿,或飲于池。”《吕氏春秋・重己》:“昔先聖王之爲苑囿園池也,足以觀望勞形而已矣。”高誘注:“有水曰池。”《詩・召南・采蘩》:“于以采蘩,于沼于沚。”毛傳:“沼,池。”《孟子・梁惠王上》:“王立於沼上,顧鴻雁麋鹿。”趙岐注:“沼,池也。”但“池”又指護城河。《左傳・僖公四年》:“楚國方城以爲城,漢水以爲池。”“沼”没有這個意義。

緄(gǔn)——縢　在“繩索”的意義上同義。《玉篇・糸部》:“緄,繩也。”“縢,繩也。”《詩・秦風・小戎》:“交韔二弓,竹閉緄縢。”毛傳:“緄,繩;縢,約也。”孔穎達疏:“以竹爲閉,置於弓隈,然後以繩約之。”《魯頌・閟宫》:“公車千乘,朱英緑縢。”毛傳:“縢,繩也。”但“緄”的本義是編織的帶子。《説文・糸部》:“緄,織帶也。”“縢”的本義是封閉,纏束。《書・金縢序》:“武王有疾,周公作《金縢》。”僞孔傳:“爲請命之書,藏之於匱,緘之以金,不欲人開之。”兩者並不同義。

上古漢語同義詞的來源是多方面的。

第一,方言詞的大量運用並進入普通詞滙。先秦雖有“雅言”存在,方言的分歧仍然很大。《禮記・王制》説:“五方之民,言語不通,嗜欲不同。”漢許慎《説文解字序》也説春秋戰國是“言語異聲,文字異形”。諸子著書立説,一般使用“雅言”,不可避免地也要用一些本地方言。《楚辭》裏就用了“汩(yù)、搴、莽、馮、羌、諑、侘傺、閶闔、蓴、軑、邅、靈、壇、褋、咍、悼、篕、詑、娃、閈、爽、蔽、瀛、夢”等楚國方言詞①。有關事物的許多異名,往往是各地方言詞與雅言詞並存。如:

榱——桷——椽　三字同義,都指椽子,即架在檁條上承受屋面板和瓦的木條。它們來自不同的方言。《説文・木部》:“榱,秦名爲屋椽,周謂之榱,齊魯謂之桷。”“椽,榱也。”“桷,榱也。椽方曰桷。”它們都見於《左傳》。《襄公三十一年》:“棟折榱崩,僑將壓焉。”《莊公二十四年》:“春,刻其桷,皆非禮也。”《桓公十四年》:“以

① 參看郭沫若《郭沫若文集》卷十二《屈原研究》。

大宫之椽歸,爲廬門之椽。"陸德明《釋文》:"椽,榱也。圓曰椽,方曰桷。"可見先秦這三個字都已進入雅言而成爲同義詞。

虎——於菟 都指老虎。"於菟"是方言詞。《左傳·宣公四年》:"楚人謂乳穀,謂虎於菟。"漢扬雄《方言》卷八:"虎,陳楚宋衛之間或謂之李父,江淮南楚之間謂之李耳,或謂之於䖘。"《方言》的"於䖘"就是《左傳》的"於菟"。

火——燬——焜 都指物質燃燒時發出的光和熱。"燬"、"焜"是方言詞。《説文·火部》:"火,燬也。""燬,火也。"《詩·周南·汝墳》"魴魚赬尾,王室如燬。"毛傳:"燬,火也。"陸德明《釋文》:"燬,音毁。齊人謂火曰燬,字書作焜,音毁。《説文》同。一音火尾反。或云:楚人名曰燥,齊人曰燬,吴人曰焜,此方俗訛語也。"孔穎達《正義》引孫炎曰:"方言有輕重,故謂火爲燬也。"

潘——泔 都指淘米水。古人用來洗頭。"泔"是方言詞。《説文·水部》:"潘,淅米汁也。"《水部》:"泔,周謂潘曰泔。"《左傳·哀公十四年》:"陳氏方睦,使疾,而遺之潘沐,備酒肉焉。"杜預注:"潘,米汁,可以沐頭。"《管子·水地》:"秦之水泔冣(聚)而稽,淤滯而雜。"俞樾《諸子平議》:"此二句之義,蓋謂泔汁會聚而停留,淤泥沈滯而混雜也。"

儒家經典及諸子著作的廣泛傳播,對方言詞起了"融化"的作用。一些方言詞逐漸進入了普通話詞滙,時間一久,人們很難分出哪些是方言詞,哪些是雅言詞了。

第二,古今詞的並存。新詞對於舊詞的替代並不是那麽直截了當。有些古代的詞在口語裏已被别的詞所代替,書面語言裏仍然活着。如果新詞也進入書面語,新詞和舊詞就以同義詞的面貌出現。所謂古今,是相對的。就上古而論,西周是古,東周是今;商周是古,兩漢是今。《尚書》、《詩經》中的大部分,《易經》裏的爻辭,時間較早;《論語》、《左傳》較晚,《孟子》、《荀子》、《莊子》、《韓非子》更晚。再到漢代,歷時千年以上。以《詩經》一書而論,《周頌》是西周早期的作品,《大雅》大部分和《小雅》是西周後期的作品,《國風》(大部分)、《魯頌》、《商頌》是東周的作品,其中就應用了一些不分時代的詞語。有的方言詞實際上也是在不同方言中保存古漢語的結果。如:

甲——鎧 都指古代戰士的護身衣服,用皮革或金屬製成。"甲"古語,"鎧"今語。《釋名·釋兵》:"甲,似物有孚甲以自御也……亦曰鎧,皆堅重之名也。"《説文·

金部》:"鎧,甲也。"僞《書·説命中》:"惟甲胄起戎。"僞孔傳:"甲,鎧;胄,兜鍪也。"孔穎達疏"經傳文無鎧與兜鍪,蓋秦漢以來始有此名,傳以今曉古也。"《周禮·夏官·司甲》:"司甲下大夫二人。"鄭玄注:"甲,今之鎧也。"賈公彦疏:"古用皮,謂之甲;今用金,謂之鎧。"兩字亦連用。《韓非子·五蠹》:"鎧甲不堅者傷乎體。"

涕——淚　都指眼淚。"涕",古語;"淚",今語。《玉篇·水部》:"涕,目汁出曰涕。""淚,涕淚也。"《詩·陳風·澤陂》:"寤寐無爲,涕泗滂沱。"《毛傳》:"自目曰涕,自鼻曰泗。""淚"始見於戰國。《戰國策·燕策三》:"高漸離擊築,荆軻和而歌,爲變徵之聲,士皆垂淚涕泣。"戰国宋玉《高唐賦》:"愁思無已,歎息垂淚。"中古以後,"淚"逐漸代替了"涕"的位置。口語中,"涕"只作"鼻涕"講。

第三,同源詞並存。同源詞是由同一個語源派生出來的一組詞。同源詞在上古讀音相同或相近,許多同源詞往往就是同義詞。如:

愁——慅、騷　三字同源同義。"愁"上古幽部床母,"慅"上古幽部清母,"慅、騷"上古幽部心母。都有"憂愁"的意思。《説文·心部》:"愁,憂也。"《左傳·襄公二十九年》:"哀而不愁,樂而不荒。"《詩·陳風·月出》:"勞心慅兮。"陸德明《釋文》:"慅,憂也。"《國語·楚語上》:"邇者騷離。"韋昭注:"騷,愁也。"

民——氓、甿、萌　四字同源同義。"民"真部明母,"氓、甿、萌"陽部明母。雙聲旁轉。都指庶民、農民。《説文·民部》:"民,衆萌也。"《田部》:"甿,田民也。"段玉裁注:"萌,古本皆不誤,毛本作氓,非。古謂民曰萌,漢人所用不可枚數。"《方言》卷三:"氓,民也。"郭璞注:"氓,民之總名。"《書·盤庚上》:"民不適有居。"《詩·衛風·氓》:"氓之蚩蚩,抱布貿絲。"毛傳:"氓,民也。"《韓非子·和氏》:"官行法,則浮萌趨於耕農。"《漢書·陳勝項籍傳》:"甿隸之人。"王先謙集注引如淳曰:"甿,古文萌字。萌,民也。"

第四,詞義引申的交叉。有些詞本來没有同義關係。由於詞義引申的結果,變成了同義詞。有的是甲詞本義和乙詞引申義同義,有的是甲、乙兩詞的引申義同義。如:

辟(bì)——戾　"辟"的本義是"法,法度"。《説文·辟部》:"辟,法也。"《詩·小雅·雨無正》:"辟言不信,如彼行邁,則靡所臻。""戾"的本義是"彎曲"。《説文·犬部》:"戾,曲也。"《吕氏春秋·盡數》:"飲必小咽,端直無戾。"兩者都引申出"罪行、罪惡”的意義來。《爾雅・釋詁》:“辟、戾,辠也。”《國語・周語上》:“土不備墾,辟在司寇。”韋昭注:“辟,辠也。”《左傳・文公四年》:“君辱貺之,其敢干大禮以自取戾?”杜預注:“戾,罪也。”於是“辟”、“戾”兩字成爲同義詞。

道——説　“説”的本義是談説,講述。《説文・言部》:“説,説釋也。一曰談説。”《釋名・釋言語》:“説,述也,宣述人意也。”楊樹達《釋説》:“談説者,説之始義也。”《易・咸》:“象曰:咸其輔頬舌,滕口説也。”《論語・八佾》:“成事不説,遂事不諫,既往不咎。”“道”的本義是道路。《史記・陳涉世家》:“會天大雨,道不通。”引申出“談説、講述”義。《詩・鄘風・墻有茨》:“墻有茨,不可道也。”漢司馬遷《報任安書》:“然此可爲智者道,難爲俗人言也。”於是兩字在“談説,講述”的意義上同義。

第五,語音的分合和變化。上古漢語的詞,有的急讀時是一個音節,書面上寫成一個字;緩讀時是兩個音節,書面上寫成兩個字。它們之間構成同義關係。例如:

猋——扶摇　都指旋風、暴風。合音爲“猋”,也作“飆”、“飈”。分音爲“扶摇”。《爾雅・釋天》:“扶摇謂之猋。”《説文・風部》:“飆,扶摇,風也。”《禮記・月令》:“〔孟春三月〕猋風暴雨總至。”鄭玄注:“回風爲猋。”漢司馬相如《上林賦》:“陵驚風,曆駭飈。”漢揚雄《河東賦》:“風發飆拂,神騰鬼趡。”《莊子・逍遥遊》:“鵬之徙于南冥也,水擊三千里,摶扶摇而上者九萬里。”《淮南子・原道》:“扶摇抮(zhěn 轉)抱羊角而上。”

鉦——丁寧　合音爲“鉦”,分音爲“丁寧”。指古代一種軍用樂器。形似鐘而狹長,有長柄,擊之發聲。《詩・小雅・采芑》:“鉦人伐鼓,陳師鞠旅。”毛傳:“伐,擊也。鉦以静之,鼓以動之。”《左傳・宣公四年》:“伯棼射王,汰輈及鼓跗,著於丁寧。”杜預注:“丁寧,鉦也。”《國語・吴語》:“昧明,王乃秉枹,親就鳴鐘鼓,丁甯、錞于振鐸,勇怯盡應。”韋昭注:“丁寧,謂鉦也。行軍鳴之,與鼓相應。”

椎——終葵　合音爲“椎”,分音爲“終葵”。捶擊,也指槌。《説文・木部》:“椎,擊也。齊謂之終葵。”徐灝注箋:“終葵之合聲爲椎,杼上漸殺而上也。”《戰國策・齊策六》:“君王後引椎,椎破之。”《周禮・考工記・玉人》:“大圭長三尺,杼上終葵首,天子服之。”鄭玄注:“終葵,椎也;爲椎於其杼上。”

漢語詞滙中這種分合的現象,前人早已注意到,宋沈括《夢溪筆談》卷十五:“然古語已有二聲合爲一字者,如‘不可’爲‘叵”,‘何不’爲‘盍’,‘如是’爲‘爾’,‘而已’

爲‘耳’,‘之乎’爲‘諸’之類,如西域二合之音,蓋切字之源也。”沈氏是從語音分合上進行考察的。清代學者進一步用來解釋古書上某些難懂的詞語。如清錢大昕認爲《春秋經·襄公二十年》的吴王乘即《史記·吴太伯世家》的吴王壽夢(《十駕齋養新録》卷六);清王念孫認爲“單言之則爲虎,重言之則爲於䖘耳”,“訓侯之轉聲爲訓狐,其合聲則爲鵂矣”(《廣雅疏證》卷十下),等等。這對於漢語詞滙史和訓詁學的研究頗有啓發意義。

第六,由複音詞構成。上古漢語已有相當數量的複合詞。由意義相同或相近的單音詞作爲詞素構成的複合詞之間以及單音詞和複合詞之間,往往有同義關係。又可分爲兩種情況:

(1)單音詞和複合詞同義,如:

粲(燦)——爛——粲粲——爛爛——粲爛　都有“光明、鮮明”的意思。《廣雅·釋詁四》:“粲,明也。”《廣韻·翰韻》:“爛,明也。”《説文新附·火部》:“燦,燦爛也。”《詩·唐風·葛生》:“角枕粲兮,錦衾爛兮。”朱熹《集傳》:“粲,爛,華美鮮明之貌。”曹植《贈徐幹》詩:“圓景光以高,衆星粲以繁。”《漢書·禮樂志》:“靈殷殷,爛揚光,延壽命,永未央。”《詩·小雅·大東》:“西人之子,粲粲衣服。”毛傳:“粲粲,鮮盛貌。”漢司馬相如《上林賦》:“磷磷爛爛,彩色澔旰。”戰国宋玉《風賦》:“眴煥粲爛,離散轉移。”漢司馬相如《上林賦》:“皓齒粲爛,宜笑的皪。”

艱——難——艱難　都有“困難,不容易”的意思。《爾雅·釋詁》:“艱,難也。”僞《書·説命》:“非知之艱,行之惟艱。”《玉篇·隹部》:“難,不易之稱。”《莊子·説劍》:“瞋目而語難。”陸德明《釋文》:“難,如字,艱難也。”《詩·王風·中谷有蓷》:“遇人之艱難矣。”《左傳·僖公二十八年》:“險阻艱難,備嘗之矣。”

(2)雙音詞和雙音詞同義

狼戾——狼藉　都是“縱横散亂”的意思。《孟子·滕文公上》:“樂歲粒米狼戾,多取之而不爲虐,則寡取之。”趙岐注:“狼戾,猶狼藉也。”《史記·滑稽列傳》:“履舄交錯,杯盤狼藉。”

壅塞——壅遏　都有“阻塞”義。《左傳·昭公元年》:“距違君命,而有所壅塞不行是懼。”《禮記·月令》:“〔孟秋之月〕完堤防,謹壅塞,以備水潦。”《管子·立政九敗解》:“且奸人在上,則壅遏賢者而不進也。”《穀梁傳·成公五年》:“梁山崩,壅遏河三日不流。”

以上雙音詞的前一詞素相同。

敗壞——毀壞　都是“損壞、破壞”的意思。《史記·酷吏列傳》：“縱必以氣凌之，敗壞其功。”《漢書·溝洫志》：“敗壞城郭、田廬、塚墓以萬數。”《史記·宋世家》：“感宫室毀壞，生禾黍。”漢劉向《説苑·敬慎》：“毀壞辟法。”《漢書·孝成皇后傳》：“毀壞檻屋。”

東風——谷風　都指從東方吹來的風。《爾雅·釋天》：“東風謂之谷風。”《禮記·月令》：“東風解凍，蟄蟲始振。”《詩·邶風·谷風》：“習習谷風，以陰以雨。”毛傳：“東風謂之谷風。”

以上雙音詞的第二個詞素相同。

浸灌——灌溉　都指把水輸送到田裏。《莊子·逍遥遊》：“時雨降矣，而猶浸灌，其於澤也，不亦勞乎？”《漢書·溝洫志》：“可各順從其性，毋復灌溉。”

解(xiè)怠——怠惰　都有“懶惰疏散”的意思。《管子·地圖》：“使百吏肅敬，不敢解怠行邪。”《漢書·元帝紀》：“兢兢業業，匪敢解怠。”顔師古注：“解讀爲懈。”《荀子·禮論》：“苟怠惰偷懦之爲安，若者必危。”《漢書·韓信傳》：“衆庶莫不輟作怠惰。”

以上甲詞的後一詞素和乙詞的前一詞素相同。

聲名——名聲　都指人在社會上流傳的評價。《莊子·天道》：“世人以形色名聲爲足以得彼之情。”《韓詩外傳》卷八：“然其名聲馳於後世。”《莊子·天運》：“夫三王五帝之治天下不同，其係聲名一也。”《禮記·中庸》：“是以聲名洋溢乎中國。”

威權——權威　都指使人信從的力量和威望。《國語·晉語八》：“圖在明訓，明訓在威權，威權在君。”《漢書·藝文志》：“當世君臣，有威權勢力。”《吕氏春秋·審分》：“萬邪並起，權威分移。”

以上是兩個雙音詞詞素相同，字序顛倒。

黎民——黔首　都指民衆，老百姓。《書·堯典》：“黎民於變時雍。”《漢書·左雄傳》：“安民則惠，黎民懷之。”《説文·黑部》：“黔，黎也。從黑今聲，秦謂民爲黔首，謂黑色。周謂之黎民。”《禮記·祭義》：“明命鬼神，以爲黔首。”鄭玄注：“黔首，謂民也。”孔穎達疏：“黔謂黑也。凡人以黑巾覆頭，故謂之黔首。”《吕氏春秋·大樂》：“樂君臣，和遠近，悦黔首，合宗親。”高誘注：“秦謂民爲黔首。”

造次——倉卒(猝)　都是“倉促,急速”的意思。《論語·里仁》:“造次必於是,顛沛必於是。”馬融注:“造次,急遽。”《史記·五宗世家·河間獻王德》:“好儒學,被服造次必於儒者。”《漢書·王嘉傳》:“臨事倉卒迺求,非所以明朝廷也。”《論衡·逢遇》:“倉猝之業,須臾之名。”

以上複合詞的兩個詞素都不同。

由於上古漢語詞滙中有着豐富的同義詞,人們可以適當地進行選擇,把不同的事物和思想感情準確而細緻地表達出來。例如《論語·學而》:“學而時習之,不亦説乎?有朋自遠方來,不亦樂乎?”“説(悦)”與“樂”都是“歡喜、高興”的意思,但不完全相同。孔穎達疏:“譙周云:‘悦深而樂淺也。’一曰:在内曰悦,在外曰樂。”學而時習,所得必多,内心感到滿足,所以用“説(悦)”;朋友久别,猝然相聚,握手言歡,情緒熱烈而高興,所以用“樂”。“朋”與“友”都指彼此有交情的人。上古也不完全相同。孔穎達疏:“鄭玄注《大司徒》云:‘同師曰朋,同志曰友。’然則同門者,同在師門以授學者也……同志,謂同其心意所趨鄉(向)也。朋疏而友親,朋來既樂,友即可知。”可見“説(悦)”和“樂”,“朋”和“友”是不可以隨意互换的。在韻文裏,選用不同的同義詞,可以使語言變化,音韻和諧,避免重復。例如《詩·王風·中谷有蓷》:

中谷有蓷,暵其乾矣。有女仳離,嘅其歎矣。嘅其歎矣,遇人之艱難矣。

中谷有蓷,暵其脩矣。有女仳離,條其歗矣。條其歗矣,遇人之不淑矣。

中谷有蓷,暵其濕矣。有女仳離,啜其泣矣。啜其泣矣,何嗟及矣。

二章“脩”,三章“濕”,都是“且乾”的意思,與一章的“乾”近義[1],三章同義反復,而意漸深。但一章“乾、歎、歎、難”用寒部韻;二章“脩、歗、歗、淑”幽、覺通韻;三章“濕、泣、泣、及”用緝部韻。用了不同形式的同義詞,押韻有了變化,全詩就顯得生動活潑了。

第六節　上古漢語成語和諺語的發展

成語是人們在長期的語言應用中壓縮凝練而成的固定詞組。一個成語包含兩

---

① 參看王引之《經義述聞》卷五“暵其濕矣”條。

個以上的詞，這些詞結合在一起，表達某一固定的意義；在句子裏充當一個句子成分，起詞組的作用。成語形式簡短，意義豐富，有的概括地説明一個道理，有的形象地描寫或比喻某一事物。可以説成語是人民智慧的結晶，成語的豐富和發展是語言和詞滙發展的重要標志。

漢語成語大都是四字的格式。這種格式的基礎在先秦已經奠定。它的内部結構可以多種多樣。有聯合結構，前後兩部分是並列關係；有偏正結構，前後兩部分是修飾和被修飾的關係；有表述結構，前後兩部分是主語和謂語的關係；有支配結構，前後兩部分是動詞和賓語的關係；有緊縮結構，前後兩部分是有因果、假設、轉折等關係的緊縮複句；等等。

總起來説，成語有兩個共同的特點：一是結構上的固定性，成語的構成成分一般不能隨意更换；二是意義上的完整性，一個成語表示某一特定的意義，概括性强，有的不能完全從字面上去理解。

商代卜辭裏我們没有看到四字格的成語，到了春秋戰國以及兩漢，成語逐漸多起來。從來源上看，可以分爲兩類。一類來自人民口語。這類成語在上古典籍中已多引用。例如：

脣亡齒寒　也作"輔車相依，脣亡齒寒"。這個成語用輔（車輪外旁的直木，一説頰骨）和車（車子，一説牙床）、脣和齒的不可分割來比喻事物之間的相互依賴。"脣亡"和"齒寒"之間是條件關係，《左傳・僖公五年》："晉侯復假道于虞以伐虢。宫之奇諫曰：'虢，虞之表也。虢亡，虞必從之。晉不可啓，寇不可翫，一之謂甚，其可再乎？諺所謂輔車相依，脣亡齒寒者，其虞虢之謂也。'"又《哀公八年》："夫魯，齊晉之脣，脣亡齒寒，君所知也。"《韓非子・存韓》："且臣聞之，脣亡則齒寒，夫秦韓不得無同憂，其形可見。"

多錢善賈　錢多好做買賣，比喻具備充分的條件，事情就容易辦成。《韓非子・五蠹》："鄙諺曰：'長袖善舞，多錢善賈。'此言多資之易爲工也。"後世也作"多財善賈"。《朱子語類》卷三十五："多財善賈，須多蓄得在這裏，看我要買也得，要賣也得；若只有十文錢在這裏，如何處置得去。"

狼子野心　"狼子"和"野心"由兩個有條件關係的詞組構成，是狼子必具野心，比喻惡人必有壞心腸，表現了憎惡奸邪的感情。《左傳・宣公四年》："初，楚司馬子良生子越椒，子文曰：‘必殺之，是子也，熊虎之狀，而豺狼之聲，弗殺，必滅若敖氏矣。諺曰：“狼子野心。”是乃狼也，其可畜乎！’”又《左傳・昭公二十八年》：“伯石始生，子容之母走謁諸姑，曰：‘長叔姒生男。’姑視之，及堂，聞其聲而還。曰：‘是豺狼之聲也。狼子野心，非是，莫喪羊舌氏矣。’遂弗視。”

利令智昏　貪圖私利會使頭腦發昏，喪失理智。這個成語是表述結構，具有明顯的警戒意思。《史記・平原君虞卿列傳》：“鄙語曰：‘利令智昏。’平原君貪馮亭邪説，使趙陷長平兵四十餘萬衆，邯鄲幾亡。”

莫衆而迷　意思是有事能和群衆商量，就會想出好的解决辦法，不會迷失方向。“衆”和“迷”是轉折關係。《韓非子・内儲説上》：“魯哀公問於孔子曰：鄙諺曰：‘莫衆而迷。’今寡人舉事與群臣慮之，而國愈亂，其故何也？”

畏首畏尾　由兩個動賓詞組聯合組成。形容膽小怕事，顧忌衆多，不敢有所作爲。《左傳・文公十七年》：“古人有言曰：‘畏首畏尾，身其餘幾？’又曰：‘鹿死不擇音。’小國之事大國也，德，則其人也；不德，則其鹿也。鋌而走險，急何能擇？”《淮南子・説林》：“畏首畏尾，身凡有幾？”高誘注：“畏始畏終，中身不畏，凡有幾何，言常畏也。”

以管(筦)窺天　由一個動賓詞組加介賓狀語構成。從竹管眼裏看天，比喻見識狹窄。最初大約是書面語言，後來成爲民間流傳的口語。《莊子・秋水》：“是直用管窺天，用錐指地也，不亦小乎？”《史記・扁鵲倉公列傳》：“扁鵲仰天歎曰：‘夫子之爲方也，若以管窺天，以郄視文。’”漢東方朔《答客難》：“語曰：‘以管窺天，以蠡測海，以筳撞鐘。’豈能通其條貫，考其文理，發其音聲哉？”

衆口鑠金　衆人的口可以熔化金屬。比喻輿論力量强大，大家誹謗，足以混淆是非。這個成語是表述結構，先秦典籍中應用廣泛。《國語・周語下》：“故諺曰：衆心成城，衆口鑠金。”韋昭注：“鑠，銷也。衆口所毁，雖金石猶可銷也。”《鬼谷子・權篇》：“古人有言曰：口可以食，不可以言，言者有諱忌也。衆口鑠金，言有曲故也。”《晏子春秋・内篇諫上》：“衆口鑠金，今自聊攝以東，姑尤以西者，此其人民衆矣。百姓之咎怨誹謗，詛君於上帝者多矣。一國詛，兩人祝，雖善祝者不能勝也。”《鄧析子・轉辭》：“古人有言：衆口鑠金，三人成虎，不可不察也。”《戰國策・魏策一》：“臣聞積羽沈舟，群輕折軸，衆口鑠金。故願大王之熟計之也。”

上述成語標明“諺”、“鄙諺”、“古人有言”等，表明它們來自人民口語。統而稱之爲“諺”，是因爲上古還没有“成語”這個名稱。它們經過書面語言的引用，形式日益固定，流傳更爲廣泛。

另一類來自書面作品。這類成語數量更多。《易經》、《尚書》、《詩經》等書，戰國以後成爲儒家經典，爲大家所熟悉，諸子百家的著作也逐漸得到廣泛的傳播。其中一些形式精練，比喻生動，含義豐富深刻的語句，在文學語言中普遍引用，逐漸凝固成爲成語。按其産生的時代，這類成語又可分爲三種情況。一是先秦已經作爲成語流傳，漢以後更廣泛應用。例如：

百戰百勝　由兩個有承接關係的偏正詞組構成，意思是每戰必勝，所向無敵。語出《孫子·謀攻》：“百戰百勝，非善之善者也；不戰而屈人之兵，善之善者也。”《鄧析子·無厚》：“廟算千里，帷幄之奇，百戰百勝，黄帝之師。”《史記·魏世家》：“臣有百戰百勝之術……此臣百戰百勝之術也。”

暴虎馮河　由兩個動賓詞組聯合而成。語本《詩·小雅·小旻》：“不敢暴虎，不敢馮河。人知其一，莫知其他。”“暴虎”是徒手打虎，一説徒步以戈擊虎。“馮河”是徒步趟過黄河。組合爲成語，比喻有勇無謀，冒險蠻幹。《論語·述而》：“暴虎馮河，死而無悔者，吾不與也。必也臨事而懼，好謀而成者也。”

不教而誅　由“不教”和“誅”對舉構成，表示事先不進行教育，就進行誅殺，帶有批評的意思。語本《論語·堯曰》：“不教而殺謂之虐，不戒視成謂之暴。”在流傳中改爲“不教而誅”。《荀子·富國》：“故不教而誅，則刑繁而邪不勝。”《韓詩外傳》卷五：“不教而誅，則民不識勸也。”《漢書·董仲舒傳》：“孔子曰：‘不教而誅，謂之虐。’”

不遠千里　由一個否定的意動結構形成，表示不辭辛苦，不顧路途遥遠。語出《孟子·梁惠王上》：“王曰：‘叟，不遠千里而來，亦將有以利吾國乎？’”《管子·小問》：“公曰：‘來工若何？’管子對曰：‘三倍，不遠千里。’”《史記·刺客列傳》：“聶政曰：‘嗟乎，政乃市井之人，鼓刀以屠，而嚴仲子乃諸侯之卿相也，不遠千里，枉車騎而交臣。’”

聰明睿智　由兩個並列詞組組成，形容人見識卓越，洞察力强。《易·繫辭上》：“古之聰明睿智，神武而不殺者夫。”《禮記·中庸》：“唯天下至聖爲能聰明睿知,足以有臨也。"《韓詩外傳》卷八:"聰明睿智而守之以愚者哲。"

道不拾遺　由一個表述式結構構成,表示政治清明,民風廉直,路上丢了東西也没有人撿去。在封建社會裏雖然只是一句空話,却反映了人民的良好生活願望。《韓非子・内儲説下》:"仲尼爲政於魯,道不拾遺,齊景公患之。"《戰國策・秦策一》:"道不拾遺,民不妄取,兵革大强,諸侯畏懼。"三國魏王肅《孔子家語・相魯》:"男女行者别其途,道不拾遺。"

高山仰止　由一個表述式詞組構成,主語表示行爲的對象。仰望着高山,表示對德高望重者的敬仰。語出《詩・小雅・車舝》:"高山仰止,景行行止。"《管子・九守》:"高山仰之(止),不可極也。"《史記・孔子世家》:"太史公曰:'高山仰止,景行行止。雖不能至,而心嚮往之。'"

冠蓋相望　由一個表述詞組構成。形容官員或使者絡繹不絶。《戰國策・魏策四》:"齊、楚約而欲攻魏,魏使人求救于秦,冠蓋相望,秦救不出。"《韓非子・十過》:"宜陽益急,韓君令使趣卒於楚,冠蓋相望,而卒無至者。"《史記・平準書》:"使者分部護之,冠蓋相望。"同書《韓世家》:"夫冠蓋相望,告敝邑甚急,公言未急,何也?"漢晁錯《論貴粟疏》:"千里游敖,冠蓋相望。"

華而不實　由"華"與"不實"正反對舉,表示虚有外表而無實際,帶有明顯的批判意義,在先秦文學語言中廣泛應用。如《左傳・文公五年》:"且華而不實,怨之所聚也。"《國語・晉語十一》:"陽子華而不實,主言而無謀,是以難及其身。"同書《楚語下》:"其爲人也,展而不信,愛而不仁,詐而不智,毅而不勇,直而不衷,周而不淑,……是六德者,皆有其華而不實者也。"《韓非子・難言》:"所以難言者,言順比滑澤,洋洋纚纚然,則見以爲華而不實。"

兢兢業業　由兩個重言詞組成,形容小心恐懼,不敢放肆的樣子。上古廣泛運用。如《書・皋陶謨》:"兢兢業業,一日二日萬幾。"《詩・大雅・雲漢》:"旱既太甚,則不可推。兢兢業業,如霆如雷。"《漢書・元帝紀》:"今朕獲保宗廟,兢兢業業,匪敢解怠。"

困獸猶鬥　由一個表述詞組構成。比喻即使處在絶境中也會極力掙扎。《左傳・宣公十二年》:"困獸猶鬥,況國相乎?"又《定公四年》:"夫槩王曰:困獸猶鬥,況人乎?"這個成語比喻生動,漢語裏一直流傳。如《舊唐書・張孝忠傳》:"然恒州宿將尚多,迫之則困獸猶鬥,緩之必翻然改圖。”

廉而不劌　由“廉”和“不劌”對舉組成。“廉”是有棱角,“不劌”是不會刺傷。雖有棱角,但不會刺傷人。比喻一個人品行端正,堅持原則,又能講求方式,不傷害别人。先秦已經廣泛通行。《老子》五十八章:“是以聖人有方而不割,廉而不劌。”《荀子·不苟》:“君子寬而不僈,廉而不劌。”《禮記·聘義》:“君子比德于玉焉……廉而不劌,義也。”

勞而無功　由“勞”和“無功”對舉組成,表示費了力氣却没有成效。《管子·形勢》:“與不可,强不能,告不知,謂之勞而無功。”《墨子·號令》:“地不得其任,則勞而無功。”《莊子·天運》:“今蘄行周於魯,是猶推舟於陸也! 勞而無功,身必有殃。”漢焦贛《易林·明易之革》:“掘井得石,勞而無功。”

令行禁止　由“令行”和“禁止”兩個有條件關係的緊縮結構聯合而成。命令一下立即執行,禁令一下立即停止。形容法紀嚴明,能够認真貫徹執行。《管子·明法》:“故明主操必勝之數,以治必用之民;處必尊之勢,以制必服之臣,故令行禁止,主尊而臣卑。”《荀子·王制》:“令行禁止,王者之事畢矣。”《逸周書·文傳》:“令行禁止,王之始也。”《韓非子·八經》:“君執柄以處勢,故令行禁止。”《淮南子·主術》:“抱質效誠,感動天地,神諭方外,令行禁止,豈足爲哉?”

匹夫之勇　由一個偏正詞組構成,表示不用智謀,只憑個人的勇氣蠻幹。《國語·越語上》:“吾不欲匹夫之勇也,欲其旅進旅退也。”《孟子·梁惠王下》:“此匹夫之勇,敵一人者也。”《史記·淮陰侯列傳》:“項王暗噁叱吒,千人皆廢,然不能任屬賢將,此特匹夫之勇耳。”

巧言令色　由兩個偏正詞組聯合組成,表示用花言巧語和好看的臉色去討好他人。對於那些阿諛奉承之徒,是一幅很能抓住特徵的畫像。《書·皋陶謨》:“何憂乎驩兜,……何畏乎巧言令色孔壬?”又《論語·陽貨》:“巧言令色,鮮矣仁。”《公冶長》:“巧言令色,足恭,左丘明恥之,丘亦恥之。”

任重道遠　由兩個表述詞組聯合而成。負擔沉重,道路又遥遠。也比喻任務重大,要經過長久的努力方能完成。語出《論語·泰伯》:“曾子曰:士不可以不弘毅,任重而道遠。仁以爲己任,不亦重乎? 死而後已,不亦遠乎?”《商君書·弱民》:“背法而治,此任重道遠而無馬牛,濟大川而無舡楫也。”《韓詩外傳》卷一:“任重道遠者，不擇地而息。”

小心翼翼　由一個動補詞組構成，表示恭敬謹慎，唯恐出錯。語出《詩・大雅・大明》：“維此文王，小心翼翼。昭事上帝，聿懷多福。”鄭箋：“小心翼翼，恭慎貌。”又《大雅・烝民》：“令儀令色，小心翼翼。古訓是式，威儀是力。”《管子・弟子職》：“先生施教，弟子是則……朝益暮習，小心翼翼。”

循名責實　意思是依照名稱、名義來考察實際，要求名實相符。《鄧析子・無厚》：“循名責實，察法立威，是明主也。”《尸子・上仁》：“循名責實，使有司任而弗治，責而弗教。”

夜以繼日　由一個動賓詞組加介賓狀語組成。晚上接着白天，形容人勤奮刻苦地思考問題，進行工作。《孟子・離婁下》：“周公思兼三王，以施四事，其有不合者，仰而思之，夜以繼日。”《莊子・至樂》：“夫貴者，夜以繼日，思慮善否。”《史記・吴王濞列傳》：“敝國雖貧，寡人節衣食之用，積金錢，脩兵革，聚穀食，夜以繼日，三十餘年矣。”

移風易俗　由兩個並列的動賓詞組構成。意思是改變舊的社會風氣和不好的習慣。《禮記・樂記》：“移風易俗，天下皆寧。”《孝經・廣要道章》：“移風易俗，莫善於樂。”《荀子・樂論》：“樂者，聖人之所樂也，而可以善民心，其感人深，其移風易俗。故先王導之以禮樂，而民和睦。”《淮南子・原道》：“未發號施令而移風易俗者，其唯心行者乎。”同書《主術》：“縣法設賞，而不能移風易俗者，其誠心弗施也。”《史記・李斯列傳》：“孝公用商鞅之法，移風易俗，民以殷盛。”

以卵投石　由一個動賓詞組加介賓狀語構成。用雞蛋碰石頭，比喻不自量力，必然遭致失敗。内容生動而富於説服力。《墨子・貴義》：“以其言非吾言者，是若以卵投石也。盡天下之卵，其不猶是也？不可毀也。”《荀子・議兵》：“以桀詐堯，譬之若以卵投石，以指撓湯，若赴水火，入焉焦没耳。”《淮南子・主術》：“使人主執正持平，如從繩准高下，則群臣以邪來者，猶以卵投石，以火投水。”

戰戰兢兢　語出《詩・小雅・小旻》：“戰戰兢兢，如臨深淵，如履薄冰。”又《小宛》：“惴惴小心，如臨於穀。戰戰兢兢，如履薄冰。”形容人心情恐懼，十分形象生動。《左傳・僖公二十二年》《左傳・宣公十六年》《論語・八佾》《泰伯》《孝經・諸侯》《荀子・臣道》等都加引用，“戰戰兢兢”成爲描寫人的心理狀態的成語。《漢書・李尋傳》:"朕甚懼焉,戰戰兢兢,唯恐陵夷。"

二是先秦典籍中已經出現,到漢代凝固爲成語,廣泛流傳。例如:

抱薪救火　抱着柴草去救火,火燃更甚。比喻方法不對,反而會使禍害擴大。語本《戰國策·魏策三》:"以地事秦,譬猶抱薪而救火也,薪不盡則火不止。"《史記·魏世家》爲"抱薪救火"。《漢書·董仲舒傳》:"如以湯止沸,抱薪救火,愈甚亡益也。"又作"負薪救火",《韓非子·有度》:"其國亂弱矣,又皆釋國法而私其外,則是負薪而救火也,亂弱甚矣。"

吹毛求疵　由兩個有承接關係的動賓詞組構成。意思是故意挑毛病,找差錯。語出《韓非子·大體》:"古之全大體者,……不吹毛而求小疵,不洗垢而察難知。"漢代凝固爲成語。《漢書·中山靖王劉勝傳》:"有司吹毛求疵,笞服其臣,使證其君。"漢王褒《四子講德論》:"其所莅臨,莫不肌栗慴服,吹毛求疵。"

道聽途説　語出《論語·陽貨》:"道聽而途説,德之棄也。"漢代凝固爲成語,指没有根據的傳説。《漢書·藝文志》:"小説家者流,蓋出於稗官,街談巷語,道聽途説者之所造也。"

發號施令　由兩個動賓詞組聯合而成。意思是發佈號令,下達指示。語出僞《書·冏命》:"發號施令,罔有不臧。"漢代作爲成語使用。《淮南子·原道》:"夫未發號施令而移風易俗者,其唯心行者乎。"又《本經》:"發號施令,天下莫不從風。"

富國强兵　由兩個使動結構聯合組成。使國家富裕,兵力强盛。這是古代有爲的政治家治國的理想。《商君書·壹言》:"故國者,其摶力也,以富國强兵也。"《史記·孟子荀卿列傳》:"當是之時,秦用商君,富國强兵。"

鰥寡孤獨　語本《孟子·梁惠王下》:"老而無妻曰鰥,老而無夫曰寡,老而無子曰獨,幼而無父曰孤。此四者,天下之窮民而無告者。"漢代組合爲成語,泛指年老而又貧苦無依的人。漢劉向《説苑·政理》:"是日也,發其倉府,以賑鰥寡孤獨。"《漢書·黄霸傳》:"鰥寡孤獨有死無以葬者,鄉部書言,霸具爲區處。"

狐死首丘　語出《楚辭·九章·哀郢》:"鳥飛反故鄉兮,狐死必首丘。"傳説狐狸死的時候總把頭朝向自己生長過的山丘,比喻人永遠懷念故鄉。漢代固定爲成語。《淮南子·説林》:"鳥飛反鄉,兔走歸窟,狐死首丘,寒將翔水,各哀其所生。"

寢不安席　形容人心情憂慮,晚上睡不安穩。語出《戰國策·齊策五》:"秦王恐之，寢不安席，食不甘味。”漢代習用。《史記・司馬穰苴列傳》：“今敵國深侵，邦內騷動，士卒暴露於境，君寢不安席，食不甘味，百姓之命皆懸於君。”漢荀悅《漢紀・高祖紀一》：“國兵新破，王寢不安席。”

善始善終　有好的開頭，也有好的終結。從始至終都很完善。語出《莊子・大宗師》：“故聖人將遊於物之所不得遯而皆存，善夭善老，善始善終。”漢代廣泛運用。司馬相如《封禪文》：“文王改制，爰周郅隆，大行越成，而後陵遲衰微，千載亡聲，豈不善始善終哉？”《史記・陳丞相世家》：“以榮名終，稱賢相，豈不善始善終哉。”

守株待兔　語本《韓非子・五蠹》：“宋人有耕者，田中有株，兔走觸株，折頸而死。因釋其耒而守株，冀復得兔。兔不可復得，而身爲宋國笑。”這個寓言很有諷刺意義，漢代概括爲成語“守株待兔”，比喻死守狹隘經驗，不知變通。漢王充《論衡・宣漢》：“以已至之瑞，效方來之應，猶守株待兔之蹊，藏身破罝之路也。”

似是而非　語本《孟子・盡心下》：“孔子曰：惡似而非者；惡莠，恐其亂苗也。”漢代略加改造爲“似是而非”，表示形似正確而實錯誤。漢王充《論衡・死僞》：“世多似是而非，虛僞類真，故杜伯、莊子義之語，往往而存。”後世也表示形似真實而實虛假。晉葛洪《抱朴子・吴失》：“夫魚質龍文，似是而非，遭水而喜，見獺即悲。”

數米而炊　比喻處理事情方法瑣碎，勞而少功。語出《莊子・庚桑楚》：“簡髮而櫛，數米而炊，竊竊乎又何足以濟世哉？”成玄英疏：“譬如擇簡毛髮，梳以爲髻；格量米數，炊以供餐，利益蓋微，爲損更甚。”漢代已加引用，如《淮南子・泰族》：“稱薪而爨，數米而炊，可以治小而未可以治大也。”

以湯止沸　比喻處理方法不對，不僅不能制止事態的發展，而且會助長已成的氣勢。語出《吕氏春秋・盡數》：“夫以湯止沸，沸愈不止，去其火則止矣。”漢代常用這個比喻，成爲成語。如《淮南子・精神》：“故以湯止沸乃不止，誠知其本，則去火而已矣。”《漢書・董仲舒傳》：“法出而奸生，令下而詐起，如以湯止沸，抱薪救火，愈甚亡(wú)益也。”

作威作福　語出《書・洪範》：“惟辟作福，惟辟作威。”意思是只有君主能獨攬刑罰和賞賜。漢代概括爲“作威作福”，偏用“作威”義，形容統治者濫用權勢，專横跋扈。《漢書・王商傳》：“竊見丞相商，作威作福，從外制中，取必於上。”

三是漢代才出現的成語。其中個别成分也有來自先秦的。例如：

改過自新 由動賓詞組“改過”和表述詞組“自新”組成。表示改正錯誤，重新做人。《史記·孝文本紀》：“妾傷夫死者不可復生，刑者不可復屬，雖復欲改過自新，其道無由也。”同書《吴王濞列傳》：“于古法當誅，文帝弗忍，因賜幾杖。德至厚，當改過自新。”

苟合取容 由偏正詞組“苟合”和動賓詞組“取容”承接而成，表示苟且迎合時勢以求容身。《史記·酈生陸賈列傳》：“行不苟合，義不取容。”漢司馬遷《報任安書》：“四者無一遂，苟合取容，無所短長之效，可見於此矣。”《漢書·諸葛豐傳》：“率盡苟合取容，阿黨相爲，念私門之利，忘國家之政。”

雞鳴狗盜 語本《史記·孟嘗君列傳》。孟嘗君出使秦國，爲秦昭王所囚。門客裝狗，偷出宫中的狐白裘獻給昭王寵姬，有她説好話，孟嘗君才得獲釋。到了函谷關，關門未開，追兵將至。又一門客裝雞叫，引起群雞齊鳴，賺開關門，孟嘗君才得逃出關去。漢代概括爲成語“雞鳴狗盜”，指卑微的技能，或有卑微技能的人。以後一直應用。《漢書·遊俠傳》：“皆借王公之勢，竟爲遊俠，雞鳴狗盜，莫不賓禮。”宋王安石《讀孟嘗君傳》：“孟嘗君特雞鳴狗盜之雄耳，豈足以言得士?”

尸位素餐 由兩個偏正詞組合成。意思是貴族官僚空佔着職位，白吃俸禄而不做事。《漢書·朱雲傳》：“今朝廷大臣，上不能匡主，下亡(wú)以益民，皆尸位素餐。”漢王充《論衡·量知》：“文吏空胸，無仁義之學，居位食禄，終無以效，所謂尸位素餐者也。素者空也，空虚無德，餐人之禄，故曰素餐。無道藝之業，不曉治事，默坐朝廷，不能言事，與尸無異，故曰尸位。然則文吏所謂尸位素餐者也。”三国魏曹植《上親親表》：“尸位素餐，難以成名。”也作“竊位素餐”。《漢書·楊敞傳附楊惲》：“曾不能以此時有所建明，以宣德化；又不能與群僚同心並力，陪輔朝廷之遺忘。已負竊位素飡之責久矣。”顔師古注：“素，空也。不稱其職，空食禄也。”

使羊將狼 由一個兼語結構形成。比喻弱者統帥强者，不能使大家心服。《史記·留侯世家》：“且太子所與俱諸將，皆嘗與上定天下梟將也，今使太子將之，此無異使羊將狼也。”《漢書·張良傳》：“今迺使太子將之，此無異使羊將狼，皆不肯爲用。”漢桓寬《鹽鐵論·除狹》：“弱者，猶使羊將狼也，其亂必矣；强者，則是妄予狂夫利劍也，必妄殺生也。”

從形式上看，上古成語有兩點需要説明。

第一,上古漢語成語以四字爲主,但也有不限於四字的。如。

鹿死不擇音　由五個字的表述詞組構成。《左傳・文公十七年》:"又曰:鹿死不擇音。小國之事大國也,德,則其人也;不德,則其鹿也。鋌而走險,急何能擇!"鹿要死的時候,來不及選擇庇蔭的地方,比喻在緊急情況下,只求暫時安身,後果如何,在所不顧。

無置錐之地　由五個字的動賓詞組構成,形容極端貧窮,連放錐子的地方都没有。《荀子・非十二子》:"無置錐之地,而王公不能與之争名。"又《儒效》:"彼大儒者,雖隱於窮閻漏屋,無置錐之地,而王公不能與之争名。"《韓非子・安危》:"堯無膠漆之約於當世而道行,舜無置錐之地於後世而德結。"

第二,成語結構一般是固定的,也有一定的靈活性。有的成語在口語中廣泛流傳,在不改變基本意義和基本形式的前提下,個别的字往往可以變動。例如:

博聞强志　又作"博聞强識(zhì)"、"博聞强記"。都表示見聞廣博,記憶力强,由兩個偏正詞組聯合組成。《荀子・解蔽》:"博聞强志,不合王制,君子賤之。"《史記・屈原賈生列傳》:"博聞强志,明於治亂,嫻於辭令。"《禮記・曲禮上》:"博聞强識而讓,敦善行而不怠,謂之君子。"漢王充《論衡・超奇》:"好學勤力,博聞强識,世間多有。"《韓詩外傳》卷八:"人衆兵强而守之以畏者勝,聰明睿智而守之以愚者哲,博聞强記而守之以淺者不溢(隘)。"

絶長補短　也作"絶長續短"、"絶長繼短"。由兩個有承接關係的動賓詞組合成。本是上古計算土地面積的方法,截去長的部分,補足短的部分。引申爲移多補少。《孟子・滕文公上》:"今滕,絶長補短,將五十里也,猶可以爲善國。"《史記・楚世家》:"西周之地,絶長補短,不過萬里。"《荀子・禮論》:"禮者,絶長續短,損有餘,補不足。"《戰國策・秦策一》:"今秦地形絶長續短,方數千里。"同書《楚策》:"今楚雖小,絶長續短,猶以數千里。"《墨子・非命上》:"古者湯封於亳,絶長繼短,方地百里。"

諺語是在人民口語中廣泛流傳的現成語句。跟成語一樣,諺語也富於概括性和啓示意義,有的生動形象,是語言運用成熟的表現。不同的是成語有的來自書面作品,諺語通常只來自民間;成語以四字爲主(也有不只四字的),在句中起詞或詞組的作用;諺語通常是一個句子,表示一個固定而完整的意思,在流傳中,形式變化上有較大的靈活性。下面是上古諺語的一些例子：

不瘖不聾，不成姑公　意思是在對待兒媳的態度上，要寬宏大量，如果不故作痴呆，不裝聾作啞，就不能當好婆婆公公。漢劉熙《釋名·釋首飾》："或曰：充耳，塞耳也。塞耳亦所以止聽也。故里語曰：'不瘖不聾，不成姑公。'"《太平御覽》卷四百九十六引《慎子》遺文："不聰不明，不能爲王；不瞽不聾，不能爲公。"六朝以後又有改變。《北史·長孫嵩傳附長孫平》："平進諫曰：諺云'不痴不聾，不作大家翁。'此言雖小，可以喻大。"唐趙璘《因話録》卷一："郭曖嘗與升平公主琴瑟不和……尚父拘曖，自詣朝堂待罪。上召而慰之曰'諺云：不痴不聾，不作阿家阿翁。小兒女子閨幃之言，大臣安用聽？'"

不躓於山，而躓於垤　攀登高山時，不容易跌倒；走上小土丘，却容易摔跟頭。這個古諺告誡人們在任何時候都要小心謹慎，不能麻痺大意。《韓非子·六反》："故先聖有諺曰：'不躓於山，而躓於垤。'山者大，故人順之；垤微小，故人易之也。"

察見淵魚者不祥　《列子·説符》："周諺有言：察見淵魚者不祥，知料隱匿者有殃。"這個諺語告訴人們，明察太過，一味打探瞭解别人隱私的人，不會給自己帶來好處，反而會招致凶險。

尺有所短，寸有所長　《楚辭·卜居》："夫尺有所短，寸有所長，物有所不足，智有所不明，數有所不逮，神有所不通。用君之心，行君之意，龜策誠不能知事。"《史記·白起王翦列傳贊》："鄙語云：'尺有所短，寸有所長。'白起料敵合變，出奇無窮，聲震天下，然不能救患於應侯；王翦爲秦將，夷六國……始皇師之，然不能輔秦建德。"這個諺語告訴人們，尺比寸長，但和更長的東西相比就顯得短；寸比尺短，但和更短的東西相比就顯得長。事物各有短處，也各有長處，長處和短處都是相對的，不能絶對化。

從善如登，從惡如崩　《國語·周語下》："諺曰：'從善如登，從惡如崩。'昔孔甲亂夏，四世而隕，玄王勤商，十有四世而興。"韋昭注："如登，言難；如崩，言易。""登"是往高處走，要費力氣一步一步前進；"崩"是山崩，向下面垮去，非常迅速。這個諺語比喻學好困難，要時時留意，持之以恒。學壞容易，不慎於始，就一發不可收拾。兩相對比，含有深刻勸勉和儆戒的意義。

流言止于智者　《荀子·大略》："語曰：流丸止於甌臾，流言止於知者。此家言邪學之所以惡儒者也。”滾動的圓球到了低窪的地方就會停止，傳播的謠言到了有見識的人那裏不會再傳下去。説明謠言並没有長久的生命力，真正明智的人是不會相信和傳播的。

寧爲雞口，無爲牛後　《戰國策·韓策一》：“臣聞鄙語曰：‘寧爲雞口，無爲牛後。’今大王西面交臂而臣事秦，何以異於牛後乎？夫以大王之賢，挾强韓之兵而有牛後之名，臣竊爲大王羞之。”雞口雖小，位於全身之首，是進食的；牛後雖大，位於全身之末，是出糞的。比喻必須處在操持主權的地位，不能任人支配。一説作“寧爲雞尸，無爲牛從”。唐司馬貞《史記索隱》：“《戰國策》云：‘寧爲雞尸，不爲牛從。’延篤注云：‘尸，雞中主也；從，謂牛子也。言寧爲雞中之主，不爲牛之從後也。’”北齊顔之推《顔氏家訓·書證》引作“寧爲雞尸，不爲牛從。”並云：“口當爲尸，後當爲從，俗寫誤也。”宋羅願《爾雅翼·釋豵篇》：“寧爲雞尸，無爲牛從。尸，主也。一群之主，所以將衆者。從，從物者也。隨群而往，制不在我也。”“尸（主）”和“從”遠不及“口”和“後”意思清楚，對比鮮明。

匹夫無罪，懷璧其罪　《左傳·桓公十年》：“初，虞叔有玉，虞公求旃，弗獻。既而悔之，曰：‘周諺有之：“匹夫無罪，懷璧其罪。”吾焉用此。’”這個諺語包括兩個分句，一正一反相對比，着重點在第二分句。一個人本來没有罪，懷中有璧却可能招致禍害，頗能揭示出現實生活中的某些真理。

千人所指，無病而死　《漢書·王嘉傳》：“里諺曰：‘千人所指，無病而死。’臣常爲之寒心。”一個人如果被所有的人指責，没有病也會死去。

人而無恒，不可以作巫醫　《論語·子路》：“子曰：南人有言：‘人而無恒，不可以作巫醫。’善夫。”這個諺語説明不論做什麽事都要有恒心。以祈禱替人治病算是比較容易的事，没有恒心就做不了，何況其他。

獸惡其網，民惡其上　《國語·周語中》：“且諺曰：‘獸惡其網，民惡其上。’……是則聖人知民之不可加也。”韋昭注：“獸惡其網，爲其害己；民惡其上，爲其病己。”野獸討厭網子，因爲獵人用網子捕捉它們；老百姓討厭做官的，因爲統治者迫害他們。這個諺語説明統治者跟被統治者的嚴重對立，根本原因在於前者對後者的殘酷壓迫。

桃李不言，下自成蹊　《史記·李將軍列傳贊》：“諺曰：‘桃李不言，下自成蹊。’

此言雖小,可以喻大也。"桃李不會説話,憑着花和果實,自能吸引人們在樹下行走,形成一條小路。比喻人只要忠誠努力,做出成果,就能感動人,爲大家所景仰。

上述諺語都來自人民口語。隨着歷史的發展,有的内容顯得陳舊,逐漸消失了;有的基本結構不變,個别的字有所變化;有的形式和内容都没有變化,一直流傳到現在,顯示了强大的生命力。

第二章　中古漢語詞滙的發展

我國從魏晉到唐宋，社會政治、經濟、文化都有很大的變化，與此相應，漢語詞滙也有很大的發展。這一發展趨勢，早在東漢即已開始。由於中西文化的交流和佛教的傳入，漢語裏增加了大批外來詞和意译詞。特別是六朝以後，一種比較接近口語的文學語言(白話文)逐漸興起，這對於漢語詞滙的發展無疑產生了巨大的影響。新詞大量出現，特別是複音詞大量産生，成爲中古詞滙發展的重要特點；許多詞的意義發生了變化；同義詞進一步豐富；成語和諺語大量增加。

第一節　中古漢語單音詞的發展

中古産生的新詞大多數是雙音詞，但也有一部分是單音詞。單音詞詞滙進一步豐富。

一、由上古舊詞派生的新詞

中古新産生的單音詞裏，有一部分是由上古舊詞派生出來的。它們與原有的詞存在着某種意義上的聯繫。例如：

步　停船的碼頭。産生於六朝。南朝梁任昉《述異記》卷下："瓜步在吴中，吴人賣瓜于江畔，用以名焉。吴中又有魚步，龜步；湘中有靈飛步。昉案：吴楚謂浦爲步，語之訛耳。"唐柳宗元《永州鐵爐步志》："江之滸，凡舟可縻而上下者曰步，永州北郭有步曰鐵爐步。"唐韓愈《柳州羅池廟碑》："宅有新屋，步有新船。"宋吴處厚《青箱雜記》卷三："蓋嶺南謂水津爲步，言步之所及。故有罾步，即漁者施罾者；有船步，即人渡船處。"宋元以後寫作"埠"。清翟灝《通俗編·地理》："俗謂問渡處曰埠頭，據諸書當作步字，而《宋史》皆從俗作埠。"作碼頭講的"步"可能來源於步行的"步"，這是變義造詞，或以爲"浦"的假借，是變形造詞。後來寫成"埠"一般人就不大理解它的來源了。

襯　内衣；裏衣。《玉篇·衣部》："襯，近身衣。"引申爲貼身。唐李商隱《燕臺》詩四首之一："夾羅委篋單綃起，香肌冷襯琤琤珮。"又爲襯墊。唐李匡乂《資暇集·花托子》："建始中，蜀相崔寧之女，以茶盃無襯，病其熨指，取楪子承之。"又爲映襯。唐司空圖《楊柳枝壽盃詞》："大堤時節近清明，霞襯煙籠遶郡城。"按："襯"來源於"親"，與"櫬"同源。《説文·木部》："櫬，棺也。《春秋傳》曰：'士輿櫬。'"清王筠《説文句讀》："櫬，附身棺也。……天子之棺四重，諸公三重，諸侯再重，大夫一重，士不重，其親身一重謂之櫬，亦謂之椑（bì）。"《左傳·襄公四年》："秋，定姒薨，不殯於廟，無櫬，不虞。"杜預注："櫬，親身棺。""櫬"是親身的棺材，"襯"是親身的衣服，都由"親"得義。

村　村莊，村子。産生於六朝。晉葛洪《抱朴子·内篇·道意》："於是村里聞之，因共爲起屋立廟。"晉陶潛《桃花源記》："村中聞有此人，咸來問訊。"引申爲粗俗，土氣。宋戴復古《望江南》："賈島形模元自瘦，杜陵言語不妨村。"六朝又有複音詞"村落"、"村塢"、"村墟"等詞，如《三國志·魏書·鄭渾傳》："入魏郡界，村落整齊如一。"北周庾信《杏花》詩："依稀映村塢，爛熳開山城。"唐王維《山中與裴迪秀才書》："村墟夜舂，復與疏鐘相間。"按："村"本作"邨"，與"屯"同源，都由"聚集"取義。《廣雅·釋詁三》："屯，聚也。"《楚辭·離騷》："屯余車其千乘兮，齊玉軑而並馳。"洪興祖補注引五臣云："屯，聚也。"人所聚居的地方也叫屯。晉桓玄《沙汰衆僧教》："乃至一縣數千，猥成屯落。"《説文·邑部》："邨，地名。"大徐本《説文解字》："臣鉉等曰，今俗作村。"段玉裁注："此尊切，十二部。按本音豚，屯聚之意也。俗讀此尊切，又變字爲村。"

等　等候，等待。這是六朝産生的新詞。《字彙·竹部》："等，候待也。"唐路德延《小兒詩》："等鵲潛離畔，聽蛩伏砌邊。"宋釋道原《景德傳燈録》二十七《布袋和尚》："師在階衢立，有僧問：'和尚在遮裏做什麽？'師曰：'等個人。'"按《説文·竹部》："等，齊簡也。""等"的本義是"整齊竹簡"引申爲"等同、等級"等義。等待爲了與某人一起，與"等同"也許有意義上的聯繫。

店　商店的"店"來源於"坫"。《爾雅·釋宫》："垝謂之坫。"本是室内放東西的土墩。"店"與"坫"同音，是放置商品的土墩。晉崔豹《古今注·都邑》："店，所以置貨鬻之物也。”引申爲商店,鋪子。南朝宋劉義慶《世説新語·任誕》:“阮宣子常步行,以百錢掛杖頭,至酒店,便獨酣暢。”《南齊書·劉林傳》:“明帝令休於宅後開小店,使王氏親賣掃帚、皂莢以辱之。”又引申爲住人的旅店,客棧。唐元稹《連昌宮詞》:“初過寒食一百六,店舍無煙宮樹緑。”唐岑參《漢川山行呈成少尹》詩:“山店雲迎客,江村犬吠船。”複音詞“店肆”“店鋪”也産生於中古,都是商店的意思。《樂府詩集·讀曲歌》:“家貧近店肆,出入引長事。”唐封演《封氏聞見記》卷六:“多開店鋪,煎茶賣之。”

歡　上古是歡樂,動詞。《説文·欠部》:“歡,喜樂也。”六朝時“歡”是對情人的愛稱。《舊唐書·音樂志》:“江南謂情人爲歡。”《樂府詩集·莫愁樂》:“聞歡下揚州,相送楚山頭。”《子夜歌》:“儂作北辰星,千年無轉移,歡行白日心,朝東暮還西。”唐劉禹錫《踏歌詞》:“唱盡新詞歡不見,紅霞映樹鷓鴣鳴。”南朝民歌中“歡”常與“儂”對言,“儂”是女子自稱,“歡”當指男子。

棉　木棉,也叫攀枝花。落葉喬木,種子多白色纖維,可以織布,也可用作墊褥或枕芯。《廣韻·仙韻》:“棉,木棉,樹名。《吴録》云:‘其實如酒杯,中有綿如蠶綿,可作布,又名曰緤。’《羅浮山記》曰:‘正月花如芙蓉,結子方生葉,子内綿至蠶成即熟。’《廣州記》云:‘枝似桐枝,葉如胡桃葉而稍大也。’”唐元稹《送嶺南崔侍御》詩:“火布垢塵須火浣,木綿温軟當綿衣。”“棉”的得名,是因爲果實中有綿如蠶綿。人工種植的草棉,出現較晚。明李時珍《本草綱目拾遺·草部下·草棉》:“〔棉〕似草者曰古終,今俗呼棉花,乃草棉也。”

囤　用竹篾、荆條等編成的盛糧食的圓形器具。元戴侗《六書故·工事》:“囤,囷類,織竹規以貯穀也。”《魏書·高祖紀上》:“〔延興三年〕三月壬午,詔諸倉囤穀麥充積者,出賜貧民。”唐貫休《山居詩二十四首》之十七:“且爲小囤盛紅粟,别有珍禽勝白鷗。”“囤”來源於“屯”。“屯”是聚集,蓄積。“囤”是聚積穀物的圓形器具,故字從“囗”。

添　增加;在原有的以外增加同類的。首見於六朝。《玉篇·水部》:“添,益也。”《三國志·吴書·吕蒙傳》:“權親征皖,引見諸將。”裴松之注引《吴書》:“諸將皆勸作土山,添工具。”唐杜甫《奉先劉少府新畫山水障歌》:“大兒聰明到,能添老樹巔崖裏。”唐韓愈《寄盧仝》詩:“去歲生兒名添丁,意令與國充耘耔。”按:“添”來源於

“沾”。《説文・水部》:“沾,益也。”段玉裁注:“沾,添古今字,俗制‘添’爲增益字,而‘沾’之本義廢矣。”但兩者形、音、義都已分化,應當認爲是兩個詞。

灣　水流彎曲的地方。《廣韻・删韻》:“灣,水曲。”晉干寶《搜神記》卷十一:“往視之,槎乃移去,沿流下數里,駐灣中。”北周庾信《望渭水》詩:“樹似新亭岸,沙如龍尾灣。”唐陸龜蒙《銷夏灣》詩:“蕭條千里灣,獨自清如秋。”“灣”來源於“彎”。“彎”的本義是持弓搭箭。《説文・弓部》:“彎,持弓關矢也。”開弓則弓身曲,故引申爲彎曲。《字彙・弓部》:“彎,曲也。”也指彎曲的地方。北周庾信《應令》詩:“望别非新館,開舟即舊彎。”後專造“灣”字以指水流彎曲的地方。

椅、桌　我國在六朝以前,都是席地而坐,没有桌子,椅子。設几以便倚靠,設案以放食具。几和案都很矮小,所以漢代孟光能够“舉案齊眉”。到了唐代,中國人有了坐椅子和凳子的習慣,矮脚的案相應地變成高脚的桌。漢語詞滙裏也就出現了“椅”、“桌(棹)”等詞。唐日本圓仁《入唐求法巡禮行記》:“相公看僧事畢,即於寺裏蹲踞大椅上,被擔而去。”又:“到刺史前,著椅子合坐。”“椅”本作“倚”,取其可以倚靠;“桌”本作“卓”,就是高案。宋史繩祖《學齋佔畢》卷二:“蓋其席地而坐,不設倚卓,即古之敷筵設席也。”宋黄朝英《靖康緗素雜記》:“倚卓之字,雖不經見,以鄙意測之,蓋人之所倚者爲倚,卓之在前者爲卓。”宋孔平仲《珩璜新論》:“古字通用,後人草則加草,木則加木,遂相承而不知也,如倚卓遂作椅桐之椅,棹舡之棹。”明方以智《通雅》引北宋楊億《談苑》:“咸平,景德中(公元998—1008年),主家造檀香倚、卓,俗以爲椅子,桌子。”直到明代,還以“棹”、“椅”爲俗字。明陸容《菽園雜記》卷三:“今俗吏于移文中,如價直之直作值,槍刀之槍作鎗,案卓作案棹,交倚作交椅。”“桌”、“椅”都是引申變形造成的新詞。

二、與上古舊詞無關的新詞

中古新詞大部分和舊詞没有意義上的聯繫。從構成方式看,這類新詞又有兩種情況:

1. 新詞舊形

這類詞中有的讀音和字形跟舊詞相同,但意義上跟舊詞没有關係。

(1)名詞。如:

坊　城鎮街道里巷的通稱。這是六朝産生的詞。《北史·魏諸宗室傳·拓拔禎》:“淮南人相率投附者三千餘家,置之城東汝水之側,名曰歸義坊。”北魏楊衒之《洛陽伽藍記·城西》:“其間東西二里,南北十五里,並名爲壽丘里,皇宗所居也。民間號爲王子坊。”又指作坊,小手工業的工作場所。如《隋書·食貨志》:“先是尚依周末之弊,官置酒坊收利;鹽池鹽井,皆禁百姓採用。”又指店鋪。宋孟元老《東京夢華録·潘樓東街巷》:“茶坊每五更點燈,博易買賣衣服、圖畫、花環領襪之類。”按:上古“坊”與“防”同,指堤坊。《禮記·郊特牲》:“祭坊與水庸,事也。”孔穎達疏:“坊者所以蓄水,亦以障水;庸者所以受水,亦以泄水。”又爲防範。《禮記·坊記》:“故君子禮以坊德,刑以坊淫,命以坊欲。”街坊、作坊的“坊(fāng)”與此没有關係。

春　本指一年四季的第一季。《公羊傳·隱公元年》:“春者何,歲之始也。”何休注:“春者,天地開闢之端,養生之首,法象所出,四時本名也。”唐代稱酒爲“春”,乃是新詞。《正字通·日部》:“春,唐人名酒爲春。”唐李肇《國史補》下:“酒則有郢州之富水,烏程之若下,滎陽之窟春,富平之石凍春,劍南之燒春。”唐王績《田家》詩:“琴伴前庭月,酒勸後園春。”唐司空圖《詩品·典雅》:“玉壺買春,賞雨茅屋。”

哥　本義是歌聲、歌唱。《説文·可部》:“哥,聲也。從二可。古文以爲謌字。”段玉裁注:“《漢書》多用哥爲歌。”徐灝注箋:“哥、歌古今字。”唐代開始稱同父母或同族同輩而年紀比自己大的男子爲“哥”或“歌”。可能是受北方少數民族語言影響而産生的新詞。《廣韻·歌韻》:“哥,今呼爲兄也。”唐白居易《祭浮梁大兄文》:“再拜跪奠大哥於座前,伏惟哥孝友慈惠,和易謙恭。”唐趙璘《因話録》卷四:“上(玄宗)又與諸王會食,寧王對御坐噴一口飯,直及龍顔。上曰:‘寧哥何故錯喉?’幡綽笑曰:‘此非錯喉,是噴嚏。’”宋莊季裕《雞肋編上》:“至呼父爲爹,謂母爲媽,以兄爲哥,舉世皆然。問其義,則無説,而莫知以爲愧。”清翟灝《通俗編·稱謂》:“《廣韻》始云‘今呼兄爲哥’,則此稱自唐始也。”《晉書·西戎傳》:“吐谷渾與弟分異,弟追思之,作《阿干之歌》。阿干,鮮卑謂兄也。阿哥當即‘阿干’之轉。”唐時又稱父爲“哥”。《舊唐書·王琚傳》:“玄宗泣曰:‘四哥仁孝。’”“四哥”指玄宗之父睿宗,睿宗行四,故稱“四哥”。又《棣王琰傳》:“惟三哥辯其罪人。”此李琰答玄宗語,“三哥”即李琰之父玄宗,排行第三,故稱“三哥”。《敦煌變文集·搜神記》:“其田章年始五歲,乃於家啼哭,唤歌歌娘娘。”此種稱呼,似亦與我國北方某些民族由長子繼承亡父妻妾(除生母外)的風俗有關。

漢　“漢”本水名，發源於陝西。劉邦曾爲漢中王。公元前 206 年劉邦滅秦，建立漢朝。北方少數民族稱華夏男子爲“漢”，六朝後成爲男子的通稱，也叫“漢子”。宋陸游《老學庵筆記》卷三：“何慮無人作官職，苦用此漢何爲？放其還家，永不收採。”《古小説鈎沈録・幽明録》：“明朝起，自不覺，而人悉驚走藏，云：‘那漢何處來？’”唐王梵志《貪暴無用漢》詩：“貪暴無用漢，盗財爲他守。”五代王定保《唐摭言》卷十二：“公屢賞歐陽琳文學，衮睨之曰：‘明公何勞再三稱一複姓漢？’”唐寒山《詩》之二百五十三：“碌碌群漢子，萬事由天公。”

獠(𤢑)　上古“獠”是晚上打獵，也泛指打獵。《爾雅・釋天》：“宵田爲獠，火田爲狩。”《説文・犬部》：“獠，獵也。”魏晉以後的史籍中稱分布在今川、陝、滇、桂、湘、粵等省的一些少數民族爲“𤢑”，帶有誣蔑的性質，乃是新詞，後來寫作“獠”，“𤢑”字廢。《魏書・獠傳》：“獠者，蓋南蠻之别種，自漢中達於邛笮川洞之間，所在皆有。”唐段成式《酉陽雜俎・境異》：“獠在牂牁，其婦人七月生子死，則豎棺葬之。”《晉書・李壽載記》：“初蜀土無獠，至此始從山而出。”又唐代駡南方人爲“獠”。《新唐書・褚遂良傳》：“武氏從幄後呼曰：‘何不撲殺此獠！’”這與“宵田”的“獠”無關。

麻　上古指大麻，其莖皮纖維可以織布。《詩・陳風・東門之枌》：“不績其麻，市也婆娑。”東漢以後又用麻造紙。唐宋時，用黄麻、白麻紙頒詔，故稱詔書爲“麻”。有關將相任免的詔書用白麻紙謄寫，即稱“白麻”；慰問軍旅的詔書用黄麻紙謄寫，即稱“黄麻”。《舊唐書・韋弘景傳》：“普潤鎮使蘇光榮爲涇原節度使，弘景草麻，漏敘光榮之功，罷學士。”《新唐書・李棲筠傳》：“始，棲筠見帝，敷奏明辯，不阿附，帝心善之，故制麻自中以授，朝廷莫知也，中外竦眙。”《舊唐書・憲宗紀下》：“將相出入，翰林草制，謂之白麻。”唐白居易《見於給事暇日上直寄南省諸郎官詩因以戲贈》詩：“黄麻敕勝長生籙，白紵詞嫌内景篇。”

弄　上古是玩弄。《説文・廾部》：“弄，玩也。”《詩・小雅・斯干》：“乃生男子，載弄之璋。”六朝以後，“弄”作“巷子、胡同”講，乃是新詞。《南史・齊郁林王紀》：“蕭諶領兵先入宫……〔帝〕出西弄，遇弒。”這與玩弄的“弄”無關。今玩弄的“弄”音 nòng，里弄的“弄”音 lòng，兩者不同音。

婆　上古“婆娑”是舞蹈的樣子。《詩・陳風・東門之枌》：“子仲之子，婆娑其下。"毛傳:"婆娑,舞也。"六朝時,"婆"指母親,乃是新詞。《樂府詩集·折楊柳歌辭》:"阿婆不嫁女,那得孫兒抱?"父母合稱爲"郎婆"或"耶婆",《魏書·汲固傳》:"憲爲固長育,至十餘歲,恒呼固夫婦爲郎婆。"《樂府詩集·歡聞變歌》:"歡來不徐徐,陽窗都鋭户。耶婆尚未眠,肝心如推櫓。"又爲丈夫的母親。《玉篇·女部》:"婆,婆母也。"唐佚名《休洗紅》詩:"人壽百年能幾何? 後來新婦今爲婆。"唐代又稱祖母爲"婆"。唐權德輿《祭孫男法延師文》:"翁翁婆婆以乳果之奠,致祭於九歲孫男法延師之靈。"又泛指老年婦女。《廣韻·戈韻》:"婆,老母稱也。"宋范正敏《遯齋閑覽·皤然一翁公然一婆》:"進士李居仁摘白髮(鬚),其友驚曰:'昔日皤然一翁,今則公然一婆。'"這些都與"婆娑"的"婆"没有關係。

耶(爺) 上古漢語是疑問語氣詞。《戰國策·趙策三》:"十人而從一人者,寧力不勝,智不若耶?""耶"作"父親"講,起於六朝,乃是新詞,也寫作"爺"。《木蘭詩》:"軍書十二卷,卷卷有爺名。"《古文苑》作"耶",章樵注:"耶,俗呼父爲爺,通作耶。"《玉篇·父部》"爺,俗爲父爺字。"唐杜甫《兵車行》:"耶娘妻子走相送,塵埃不見咸陽橋。"唐王梵志《父母是冤家》:"阿耶替役身,阿孃氣病死。"引申爲對尊貴者的稱呼。清趙翼《陔餘叢考·爺》:"爺,今不特呼父,凡奴僕之稱主及僚屬之呼上官皆用之……今通用爲尊貴之稱,蓋起于唐世。按《通鑒》,高力士承恩久,中外畏之,太子亦呼爲兄,諸王諸公呼爲翁,駙馬直呼爲爺。可見從前但呼父,未有以呼貴官者。自此以後,遂相沿爲尊貴之稱。今世俗所稱王爺、公爺、老爺所自來矣。"這與上古語氣詞"耶"没有關係。

齋 房舍、屋子。始見於六朝。《南史·徐陵傳》:"宣帝亦優禮之,詔將作爲造大齋,令陵就第攝事。"晉干寶《搜神記》卷十二:"聞齋内床下有犬聲,求而不得。"特指書房、學舍。南朝宋劉義慶《世説新語·言語》:"齋前種一株松,桓手自壅治之。"《宋史·選舉志》:"大學置八十齋,齋各五楹,容三十人。"按:上古"齋"的意思是齋戒,即在祭祀或舉行典禮前潔身清心,以示誠敬。如《韓非子·外儲説左上》:"必三月齋然後能觀之。"作"房舍,學舍"講的"齋"與此没有關係。

(2)動詞。如:

波 逃跑,逃散。中古新詞。明李翊《俗呼小録》(鄭志鴻《常語尋源》引):"跑謂之波,立謂之站。"《樂府詩集·企喻歌》:"鷂子經天飛,群雀兩向波。"《敦煌變文集·韓擒虎話本》:"遂乃波逃入一枯井。"《太平廣記》卷二百六十三引唐張鷟《朝野僉載》:"商旅驚波,行綱側膽。"上古"波"的本義是起伏的水面、波浪。作"逃跑"講的"波"與此没有關係。

泊　船靠岸,停泊。中古新詞。《玉篇·水部》:"泊,止舟也。"南朝宋劉義慶《世説新語·德行》:"周鎮罷臨川郡還都,未及上住,泊青溪渚。"唐杜甫《絶句四首》詩之三:"窗含西嶺千秋雪,門泊東吴萬里船。"宋蘇舜欽《淮中晚泊犢頭》:"晚泊孤舟古祠下,滿川風雨看潮生。"引申爲止息,停留。北魏酈道元《水經注·贛水》:"西有鸞岡,洪崖先生乘鸞所憩泊也。"唐陳子昂《古意題徐令壁》:"聞君太平世,棲泊靈台側。"上古"泊"是淡泊,恬静。《老子》二十章:"我獨泊兮其未兆。"停泊的"泊"與此没有關係。

垛、墮　"垛"上古指門堂兩側的房間。音 duǒ。《説文·土部》:"垛,堂塾也。"段玉裁注:"謂之垛者何也? 門堂伸出於門之前後,略取其意。"中古"垛"又有"堆積"義,音 duò,乃是新詞,與"堂塾"之"垛"似無關係。唐玄應《一切經音義》卷七引南朝宋何承天《纂文》:"吴人以積土爲垛也。"敦煌本《雙恩記》:"五百象馱而以夜繼明,四城門垛而自高及下。"字又作"墮",《敦煌變文集·捉季布傳文》:"直説墮却千金賞,遮莫高搥萬挺銀。"又《秋胡變文》:"縱使黄金積到天半,亂彩墮似丘山,新婦甯有戀心?"句中的"墮"同"垛",都是"堆積"的意思。

趕　"趕"的本義是獸類翹着尾巴奔跑。《説文·走部》:"趕,舉尾走也。"音 qián。這個意義找不到古代書證。"趕"音 gǎn,作"追趕"講,是中古産生的新詞。《正字通·走部》:"趕,追逐也,今作赶。"唐張鷟《朝野僉載》卷二:"時同宿三衛子被持弓箭,乘馬趕四十餘里,以弓箭擬之,即下騾乞死。"《朱子語類》卷一:"如天行亦有差,月星行又遲,趕它不上。"又作"驅逐、驅趕"講。南唐劉崇遠《金華子雜編》卷下:"廚人饋食于堂,俄手中盤饌,皆被衆禽搏撮,莫可驅趕。"宋張鎡《五家林四首》之一:"放鴨成群趁暖暉,村童遮護只狂飛。多多益辨真難事,半里撑船趕不歸。"後借"赶"代"趕","趕"的本義廢。

瞎　本義是一隻眼瞎。中古新詞。《玉篇·目部》:"瞎,一目合。"南朝宋劉義慶《世説新語·排調》:"盲人騎瞎馬,夜半臨深池。"宋司馬光《資治通鑒·晉穆帝永和十一年》:"洪嘗戲之曰:'吾聞瞎兒一淚,信乎?'"胡三省注:"瞎,一目盲也。"引申爲目盲(兩隻眼瞎)。《集韻・䂓韻》:"瞎,目盲也。"《北史・魚俱羅傳》:"左右炙肉不中意者,以籤刺瞎其眼。"唐孟郊《寄張籍》詩:"西明寺後窮瞎張大祝,縱爾有眼誰爾珍。"漢代有"瞎"字,劉熙《釋名・釋疾病》:"瞎,迄也。"意思不好懂。瞎眼的"瞎"與此没有什麽關係。清畢沅疏證:"晋以後始謂眇者爲瞎。"

有些新詞利用舊的字形,但讀音不同。如:

港　産生於六朝,指與江河湖海相通的小河。《玉篇・水部》:"港,水派也。"《集韻・講韻》:"港,水分流也。"唐韓愈《送王秀才序》:"道於楊、墨、老、莊、佛之學,而欲之聖人之道,猶航斷港絶潢以望至於海也。"《宋史・河渠志上》:"沿河下岸,涇港極多。"也指可以停泊船隻的河灣或海灣。宋楊萬里《舟中買雙鱖魚》詩:"小港阻風泊烏舫,舫前漁艇晨收網。"宋范致明《岳陽風土記》:"岳陽樓舊岸有港,名駝鶴港,商人泊船于此。"按"港"字已見於漢代,音 hòng。港洞,相通的樣子。漢馬融《長笛賦》:"庨窌巧老,港洞空谷。"李善注:"港洞,相通也。"港口的"港"與此没有關係。

坑、炕(kàng)　北方人用土坯或磚砌成的睡覺用的長方臺,下有孔道,冬天可以燒火取暖。這個詞産生於六朝,本作"坑",也寫作"炕"。《魏書・儒林陳奇傳》:"取奇所注《論語》、《孝經》焚於坑内。"《隋書・隱逸張文詡傳》:"吾昨風眩,落炕所致。"《舊唐書・高麗傳》:"其俗貧窶者多,冬月皆作長坑,下燃熅火以取暖。"上古"坑(kēng)"有"溝壑"義,《玉篇・土部》:"坑,塹也,丘虚也,壑也。《莊子》云:'在谷滿谷,在坑滿坑(今本《莊子・天運》作"阬")。'"北方睡覺用的"坑(炕)"與溝坑的"坑 (kēng)"讀音不同,意義各異,是兩個不同的詞。

梭　梭子,織布時牽引緯綫的工具。《廣韻・戈韻》蘇禾切,音 suō。始見於六朝。《晋書・陶侃傳》:"侃少時漁于雷澤,網得一織梭,以掛於壁。有頃雷雨,自化爲龍而去。"唐張祜《讀曲歌》"三更機底下,摸著是誰梭。"上古"梭"是木名。《説文・木部》:"梭,木也。"有人以爲即楊柳。《集韻・稕韻》須潤切。音 xùn。梭子的"梭"與此無關。

灘　江河中水淺流急多沙石的地方。這是六朝産生的詞。《廣韻・寒韻》:"灘,水灘,他干切。"音 tān。北魏酈道元《水經注・江水》:"江水又東逕文陽灘,灘險難上。"唐張籍《估客樂》詩:"水工持檝防暗灘,直過山邊及前侶。"又指河、海、湖邊泥沙淤積而成的地方。唐岑參《漁父》詩："朝從灘上飯，暮向蘆中宿。"《宋史·河渠志三》："此由黄河北岸生灘，水趨南岸。"上古"灘"爲"灢"的異體字，指草因水浸漬而枯萎。《説文·水部》"灢，水濡而乾也，從水，鷜聲。《詩》曰：'灢（今作暵）其乾矣。'"《廣韻·翰韻》呼旰切。音 hàn。水灘的"灘"與此音義並異。

惹　"惹"已見於漢代，音 ruò，作"誣謗"講。漢揚雄《方言》卷十二："挐，揚州會稽之語也，或謂之惹，或謂之淹。"郭璞注："言誣淹也。"中古作"招引"、"牽引"、"沾染"講，音 rě，乃是新詞。如唐段成式《柳枝》詩："只向江南並塞北，酒旗相伴惹行人。"唐李賀《昌谷北園新筍四首》詩之四："古竹老梢惹碧雲，茂陵歸卧歎清貧。"唐歸氏子《答日休皮氏詩》："一包閒氣如長在，惹踢招拳卒未休。"《敦煌變文集·維摩詰經講經文》："戴霧花枝香爛熳，惹煙幡蓋勢巍峨。"

透　中古"透"音 tòu。有兩義：①跳。《廣韻·候韻》："透，跳也，他候切。"南朝宋謝靈運《山居賦》："飛泳騁透，胡可根源？"自注："獸有數種。有騰者，有走者，走者騁，騰者透。"《晉書·王遜傳》："崇追至瀘水，透水死者千餘人。"唐段成式《酉陽雜俎·支諾臯上》："鵲驚走，透後門投驛廄，潛身草積中。"②通過，穿過。唐韓愈《南山》詩："蒸嵐相澒洞，表裏忽通透。"唐皮日休《襄州春遊》詩："映柳認人多錯誤，透花窺鳥最分明。"唐黄巢《菊花》詩："沖天香陣透長安，滿城盡帶黄金甲。"這是中古産生的新詞。上古"透"音 shū，是"驚慌"的意思。漢揚雄《方言》卷二："驚，透也……宋衛南楚凡相驚曰獡，或曰透。"《廣韻·屋韻》"透，驚也，式竹切。"中古"透"與此音義並異。

押　此字已見於上古，音 xiá，通"柙"。木匣。《韓非子·外儲説右下》："田嬰令官具押券斗石參升之計，王自聽計，計不勝聽，罷食，後復坐，不復暮食矣。"王先慎集解引孫詒讓曰："《商子·定分篇》：'主法令之吏，謹以其右券，木柙以室藏之，封以法令之長印。'此押券即右券木柙。'押'與'柙'通。"又音 jiǎ，輔佐。《廣雅·釋詁四》："押，輔也。"王念孫疏證："押者，《孟子·公孫丑篇》：'相與輔相之。'丁公著本'相'作'押'，音甲，引《廣雅》：'押，輔也。'押、挾聲相近。"六朝開始，"押"又音 yá，意思是"簽署"，即在公文、契約上簽字或畫號作爲憑證。這是新詞，與木匣或輔佐的"押"無涉。《玉篇·手部》："押，署也。"《廣韻·狎韻》："押，押署文字。"《字彙·手部》："押，簽署文字也。"唐張彦遠《書法要録》卷四引韋述《敘書録》："〔陸〕元悌等又割去前代名賢押署之跡，惟以己之名氏代焉。"《太平御覽》卷四百二十二引鄭還古《博異志》："寫畢，令以漢陽之名押之。"宋王溥《唐會要·百官奏事》："〔景龍〕三年二月二十六日敕：諸司欲奏大事，並向前録所奏狀一本，先進，令長官親押。"

上面所舉的例子，有的字形、字音跟舊詞相同，但意義全新：有的字同而音義俱異，詞性有别。它們都是中古産生的新詞而不是詞義的引申。

2. 新詞新形

這類詞，意義和形式都是中古新産生的，不依傍舊的字形。

(1)名詞。如：

襖　有裏子的上衣。《廣韻·皓韻》："襖，袍襖。"《宋書·孔琳之傳》："至於袍襖袖裲襠，必俟戰陣，寔在庫藏，永無損毀。"唐韓愈《酬崔十六少府》詩："蔬飧要同喫，破襖請來綻。"唐王梵志《吾富有錢時》詩："吾富有錢時，婦兒看我好。吾若脱衣裳，與吾疊袍襖。"上古漢語裏，兩層的上衣有"袷(裌)"、"褶(dié)"，夾層中着絮的長衣有"袍"和"襺"①。"襖"是六朝出現的新詞。

壩　我國西南地區稱平地或平川爲"壩"。産生於六朝，是一個方言色彩很强的詞。《玉篇·土部》："壩，蜀人謂平川曰壩。"《廣韻·禡韻》同。宋黄庭堅《謝楊履道送銀茄四首》詩之三："居家水茄白銀色，殊勝壩裏紫彭亨。"宋司馬光《資治通鑒·唐代宗大曆十四年》："東川出兵，自江油趨白壩，與山南兵合擊土著，南詔，破之。"今四川有華西壩、馬角壩、川西壩子等地名。

鈿　用金寶鑲成的花形首飾，也指貼在鬢頰上的花形金片。産生於六朝。《玉篇·金部》："鈿，金花也。"《説文新附》："鈿，金華也。"元戴侗《六書故·地理一》："鈿，金華爲飾，田田然。"南朝梁劉孝威《采蓮曲》："露花時濕釧，風莖乍拂鈿。"唐李賀《惱公》詩："鈿鏡飛孤鵲，江圖畫水葓。"王琦注："鈿，金華也。"唐杜甫《雨四首》之四："神女花鈿落，鮫人織杼悲。"仇兆鼇注："按唐志，命婦之服飾以寶鈿金花也。"唐劉禹錫《踏歌詞》："月落烏啼雲雨散，遊童陌上拾花鈿。"

糙　米脱殼未舂或舂得不熟的米。上古叫做"糲"。"糙"字産生於六朝。《玉

① 《説文·衣部》："袷，衣無絮。""襺，袍衣也。以絮曰襺，以緼曰袍。"《禮記·玉藻》："禪爲絅，帛爲褶。"鄭玄注："褶，謂有表裏而無著。"

篇·米部》:“糙,粗米未舂。”《舊唐書·食貨志上》:“儀鳳四年四月,令東都出遠年糙米及粟,就市給糶,斗别納惡錢百文。”也寫作“麹”,宋趙叔向《肯綮録·俚俗字義》:“米不佳曰麹,與糙同。”

埭　堵水的土壩。用以提高水位,便利灌溉和通航,反映了我國農田水利建設的發展。這個詞是六朝産生的。《玉篇·土部》:“埭,以土堨水。”北魏酈道元《水經注·漸江水》:“太守孔靈符遏峰山前湖爲埭,埭下開瀆,直指南津。”晉干寶《搜神記》卷十八:“日暮,引船上,當大埭,見埭上有一女子,年十七八。”宋沈括《夢溪筆談·官政二》:“淮南漕渠,築埭以蓄水,不知始於何時。”

袋(帒)　用布、皮等製成的盛東西的器物。我國上古有“囊”有“橐”,都是口袋。“袋”是六朝出現的新詞。《玉篇·衣部》:“袋,囊屬,亦作帒。”《隋書·食貨志》:“有司嘗進乾薑,以布袋貯之,帝用爲傷費,大加譴責。後進香。復以氈袋,因笞所司,以爲後誡焉。”《太平御覽》卷三十三引盧慎《盧公範》:“九臘日,上澡豆帒及頭膏,面脂、口脂。”

爹　父親。這是漢末出現的詞。《廣雅·釋親》:“爹,父也。”《廣韻·麻韻》:“爹,羌人呼父也。陟邪切。”《哿韻》:“爹,北方人呼父,徒可切。”《南史·梁宗室傳下·始興王憺》:“詔徵以本號還朝。人歌曰:‘始興王,人之爹,赴人急,如水火,何時復來哺乳我?’荆土方言謂父爲爹,故云。”唐韓愈《祭女拏子文》:“維年月日,阿爹阿八使汝妳以清酒時果庶羞之奠,祭于第四小娘子拏子之靈。”“爹”最初可能是羌語的詞,漢末傳入漢語北方方言;東晉以後隨着北方士族大量南遷,南方人也呼父爲“爹”,現在湖南人還是如此。

淀　也寫作“澱”。淺水的湖泊。《説文》無“淀”字,這是六朝産生的新詞。《玉篇·水部》:“淀,淺水也。”北齊顔之推《顔氏家訓·歸心》:“江陵高偉,隨我入齊,凡數年,向幽州淀中捕魚。”趙曦明注:“淀,今北方亭水之地也。”北魏酈道元《水經注·汶水》:“汶水又西合爲一水,西南入茂都澱。澱,陂水之異名也。”

牯　始見於六朝,本指母牛。《玉篇·牛部》:“牯,牝牛。”唐以後指公牛。《廣韻·姥韻》:“牯,牯牛。”《正字通·牛部》:“牯,俗呼牡牛曰牯。”唐陸龜蒙《祝牛宫辭》:“四牸三牯,中一去乳。天霜降寒,納此室處”。宋孫覿《分宜道中》詩:“老牯挽犂泥没膝,剡剡青秧鍼水出。”宋楊維楨《題秋山圖》詩:“江邊黑牯似沈犀,水怪不敢湍金隄。"

柺　柺棍，老人拄的手杖。唐以前只稱"杖"，"柺"字首見於唐代。《廣韻・蟹韻》："柺，老人拄杖也。"《新五代史・漢高祖紀》："王遣牙將王峻奉表契丹，耶律德光呼之爲兒，賜以木柺。"宋釋惠洪《冷齋夜話》卷八："劉波子，青州人，拄一柺，每歲必一至洛中看花。"

筧　產生於六朝，指連接起來引水的長竹竿或對剖的竹筒。《玉篇・竹部》："筧，以竹通水也。"唐白居易《錢唐湖石記》："錢唐湖一名上湖，周廻三十里。北有石函，南有筧。凡放水溉田，每減一寸，可溉十五餘頃。"宋陸游《退居》詩："溪煙漠漠奕棋軒，筧水潺潺種藥園。"

簾　產生於唐代，指舊時酒店做標志用的旗幟。用布製成，掛在店門前，俗稱望子。《廣韻・鹽韻》："簾，青簾，酒家望子。"唐李白《江邊吟》："閃閃酒簾招醉客，深深緑樹隱啼鶯。"唐劉禹錫《魚腹江中》詩："風檣好住貪程去，斜日青簾背酒家。"宋陸游《泛舟湖中》詩："重重紅樹秋山晚，獵獵青簾社酒香。"

娘（孃）　產生於六朝。本義是少女。《玉篇・女部》："娘，少女之號。"《樂府詩集・子夜歌》："見娘喜容媚，願得結金蘭。"南朝梁殷芸《殷芸小説》卷三："夫子遊陳必絶糧，九曲明珠穿不得，著來問我采桑娘。"又爲女兒。唐牛僧孺《玄怪録》卷二："不知足下生來，有郎娘否？"又爲對婦女的美稱。《北史・後妃傳序》："文襄既尚魏朝公主，故無别號，兩宮自余姬侍，並稱娘而已。"又稱母親。《太平廣記》卷九十九引《法苑珠林》："母語女言：'汝還努力爲吾寫經。'女云：'娘欲寫何經？'"《敦煌變文集・秋胡變文》："天恩賜金，交收歸舍，報娘乳哺之恩。"字又作"孃"。《玉篇・女部》："孃，母也。"《木蘭辭》："旦辭爺孃去，暮宿黄河邊。"宋元以後，專用"娘"，"孃"字廢。

砲（礮）　這個詞產生於魏晉。最初指拋擲石塊以打擊敵人的機械。《玉篇・石部》："礮，礮石。"《集韻・效韻》："礮，機石也。"晉潘岳《閒居賦》："礮石雷駭，激矢虻飛。"李善注："礮石，今之抛石也"《新唐書・李密傳》："以機發石，爲攻城械，號將軍礮。"火藥發明後，"砲"又指用火藥發射的遠距離殺傷武器。《宋史・兵志十一》："火箭火砲不能侵。"清趙翼《陔餘叢考・火砲火槍》："火砲實起于南宋金元之間……魏勝製砲車，施火石可二百步，其火藥用硝石、硫磺、柳炭爲之。此近代用火具之始。"現代漢字寫作“炮”，指口徑在二厘米以上，能發射炮彈的重型射擊武器。

帢（帕）　古代士人戴的一種便帽，相傳爲曹操創制。《廣韻·洽韻》：“帢，士服，狀如弁，缺四角，魏武帝制。”《三國志·魏書·武帝紀》裴松之注引《傅子》：“魏太祖以天下凶荒，資財乏匱，擬古皮弁，裁縑帛以爲帢，合于簡易隨時之義，以色别其貴賤。”南朝宋劉義慶《世説新語·方正》：“山公（濤）大兒（該）着短帢，車中倚。”宋蘇軾《補龍山文》：“壺歌雅奏，緩帶輕帢。”也寫作“帕”。《晉書·輿服志》：“成帝咸和九年，制聽尚書八座丞郎，門下三省乘車，白帕低幃，出入掖門。又二宫直官着烏紗帽，然則往往士人宴居皆着帕矣。”

墰（罎）　産生於六朝，指一種小口大腹的圓形陶器。《玉篇·土部》：“墰，甒器。”《集韻·覃韻》：“墰，或作罎。”唐許渾《夜歸驛樓》詩：“窗下覆棋殘局在，橋邊沽酒半墰空。”唐陸龜蒙《謝山泉》詩：“決決春泉出洞霞，石墰封寄野人家。”

廳　産生於六朝，本指官府辦公的地方。來源於“聽”。《集韻·青韻》：“廳，古者治官處謂之聽事，後語省，直曰聽，故加广。”南朝梁任昉《到大司馬記室箋》：“謹詣廳奉白箋謝聞。”唐駱賓王《雪泉頌》：“俄而廳階之下。”唐劉肅《大唐新語·聽敏》：“琰之不上廳，語主案者略言其事意，倚柱而斷之。”引申爲會客、宴會、行禮或從事其他工作的大房間。《魏書·楊播傳》：“兄弟旦則聚於廳堂，終日相對。”北魏賈思勰《齊民要術·種梧桐》：“明年三月中，移植於廳齋之前，華净妍雅，極爲可愛。”唐劉禹錫《鄭州刺史東廳壁記》：“古諸侯之居，公私皆曰寢，其它室曰便坐。今凡視事之所皆曰廳，其它室以辨方爲稱。”

墅　産生於六朝。田野間簡陋的房子。《玉篇·土部》：“墅，田廬也。”三國魏曹植《泰山梁甫行》詩：“劇哉邊海民，寄身於草墅。”南朝宋沈約《少年新婚爲之詠》詩：“山陰柳家女，莫言出田墅。”唐黄滔《村墅》詩：“正月二月村墅間，餘糧未乏人心寬。”又指本宅之外營建的田莊園林。《晉書·謝安傳》：“又于土山營墅，樓館林竹甚盛。”《宋書·孔靈符傳》：“靈符家本豐，産業甚廣，又於永興立墅，周回三十三里，水陸地二百六十五頃，含帶二山。”現代仍稱“别墅”。

粽（糉）　一種食品，用箬葉、葦葉等包裹糯米或黏黍做成，三角形，煮熟後供食用。我國民間習俗端午節吃粽子，相傳是紀念屈原。南朝梁吴均《續齊諧記》：“屈原五月五日投汨羅水，楚人哀之，至此日以竹筒子貯米，投水以祭之。漢建武中，長沙區曲忽見一士人，自云三閭大夫，謂曲曰：'聞君當見祭，甚善，常年爲蛟龍所竊，今若有惠，當以楝葉塞其上，以綵絲纏之，此二物蛟龍所憚。'曲依其言。今五月五日作粽，並帶楝葉、五花絲，遺風也。"也寫作"糉"。五代徐鉉《説文新附・米部》："糉，蘆葉裹米也。"《太平御覽》卷八百五十一引晉周處《風土記》："俗以菰葉裹黍米，以淳濃灰汁煮之令爛熟，於五月五日及夏至啖之。一名糉，一名角黍，蓋取陰陽尚相裹未分散之時象也。"宋歐陽修《漁家傲》詞："五色新絲纏角糉，金盤送，生綃畫扇盤雙鳳。"端午吃粽子的習俗一直流傳到現在。

(2)動詞。如：

爊(爈、熝) 把食物堆在灰火或微火中煨熟。本作"爊"，後寫作"爈"，也寫作"熝"。産生於六朝。《廣韻・豪韻》："爈，埋物灰中令熟。"北魏賈思勰《齊民要術・脯腊》："其魚草裹泥封，塘灰中爊(一作熝)之。"唐韓愈《陸渾山火和皇甫湜用其韻》詩："燖炰煨爈孰飛奔，祝融告休酌卑尊。"《漢書・楊惲傳》"烹羊炰羔"顔師古注："炰，毛炙肉也，即今所謂爊也。"放在水裏久煮也叫"爊"。《太平廣記》卷二百五十引《大唐傳》："有士人，平生好吃熝牛頭。"宋吴自牧《夢粱録・酒肆》："更有酒店，兼賣血臟豆腐羹、爊(一作熬)螺螄。"

喫、吃 把食物放在嘴裏咀嚼後咽下去。本作"喫"。産生於六朝。《玉篇・口部》："喫，啖也。"南朝宋劉義慶《世説新語・任誕》："友聞白羊肉美，一生未曾得喫。"《北齊書・楊愔傳》："先是童謡曰：'羊羊喫野草，不喫野草遠我道，不遠打爾腦。'"也指飲，喝。《篇海類編・身體類・口部》："喫，飲也。"唐杜甫《送李校書二十六韻》詩："臨岐意頗切，對酒不能喫。"《敦煌變文集・茶酒論》："終朝喫你茶水，敢動些些管弦?"唐代開始寫作"吃"①。又《伍子胥變文》："水畔蹄(蹲)身，即坐吃飯。"唐牛僧孺《玄怪録補遺・杜巫》："歲餘有道士至，甚年少，巫詢之，道士教以食豬肉，仍吃血。"

噇(哸) 吃喝，特指没有節制地吃喝。産生於唐代。《集韻・江韻》："饋，食無廉也。或從口。"唐張鷟《朝野僉載》卷五："將一楪槌餅與之曰：'噇却！作個飽死鬼去。'"唐寒山《詩三百三首》之七十四："背後噇魚肉，人前念佛陀。"《太平廣記》卷一

① "吃"的本義是説話結結巴巴不流利。《説文・口部》："吃，言蹇難也。"

百七十六引《殷安》:"汝肥頭大面,不識古今,噇食無意智,不作宰相而何?"近代也寫作"啉",元無名氏《賺蒯通》一折:"賞我一斗好酒,一肩肉,啉的又醉又飽,整整儻了半個月。"

打　這個詞首見於漢末。《説文新附・手部》:"打,擊也。"《廣雅・釋言》:"打,棓也。"東漢康孟祥譯《興起行經》卷上:"衆臣便反縛樂無爲,拷打問辭。"北齊顏之推《顔氏家訓・涉務》:"打拂之,簸揚之。"唐宋時以"打"爲語素構成的複音詞非常之多。如振作精神稱"打扳",治療疾病稱"打病",清理場地稱"打場",搶奪財物稱"打劫",敲詐掠取稱"打獠",擲錢爲戲稱"打錢",稱硬不服輸爲"打强"、"打硬",等等,都已見於唐人典籍。宋劉昌詩《蘆蒲筆記》卷三:"歐陽公《歸田録》云:'世俗言語之訛,而君子小人皆同其謬,惟打字耳。如打船、打車、打魚、打水、打飯,打衣、打糧、打繖、打黏、打量、打試,觸事皆謂之打。'《漫録》以釋文取偏旁證之,謂打字從手從丁,蓋以手當其事者也。此説得之矣。然世間言打字尚多:左藏有打套局,諸庫支酒謂之打發,諸軍請糧謂之打糧,请印文書謂之打印,結算謂之打算,貿易謂之打博,裝飾謂之打扮,請酒醋謂之打醋、打酒,鹽場裝發謂之打袋,席地而睡謂之打鋪,包裹謂之打角,收拾謂之打叠,又曰打迸(一作併)。畚築之間有打號,行路有打火(一作伴)、打包、打轎。負錢於身爲打腰。飲席有打馬、打令、打雜劇、打諢。僧道有打化,設齋有打供。荷胡床爲打交椅,舞儺爲打驅儺。又宋歌曲詞:'打壞木樓床,誰能坐相思。'又有打睡,打嚏,打話,打鬧,打鬥,打和,打合(讀作閤),打過,打勾,打了,至於打糊、打麵、打餅、打綫、打百索、打條、打簾、打薦、打席、打籬巴。街市戲謔有打砌、打調之類,因併記之。"可見唐宋時"打"字應用非常廣泛。

剁　用刀、斧等向下砍、斬碎。産生於六朝。《玉篇・刀部》:"剁,斫。"《廣韻・過韻》:"剁,剉也。"唐杜甫《閿鄉姜七少府設鱠戲贈長歌》詩:"無聲細下飛碎雪,有骨已剁觜春葱。"宋劉子翬《夜過王仲勉家》詩:"花瓷湯酒欲生香,竹外庖廚聞剁肉。"這個詞一直保留在現代口語中。

滚　大水奔流的樣子。"滚"不見於《説文》、《玉篇》、《廣韻》,是唐代産生的。《集韻・混韻》:"滚,大水流貌。"唐杜甫《登高》:"無邊落木蕭蕭下,不盡長江滚滚來。"又指開水沸騰。宋龐元英《談藪》:"俗以湯之未滚者爲盲眼,初滚曰蟹眼,漸大曰魚眼。"又爲翻轉,轉動着向前移動。宋韓琦《暮春康樂圖》詩:"榆葉紛紛擲亂錢,柳花相撲滚新綿。"《朱子語類·孟子三》:"譬如甑蒸飯,氣從下面滚到上面,又滚下,只管在裏面滚,便蒸得熟。"

划 本作"撶"。以槳撥水使船前進。是唐代産生的詞。《廣韻·麻韻》:"划,撥進船也。"唐陸龜蒙《和襲美釣侣》二章:"一艇輕撶看曉濤,接䍦抛下漉春醪。"宋釋普濟《五燈會元》卷四十九:"却向乾地上划船,高山頭起浪。"宋張鎡《崇德道中》詩:"破艇争划忽罷喧,野童村女闖籬邊。"

捺 按。産生於南北朝。《廣韻·曷韻》:"捺,手按。"唐張鷟《遊仙窟》:"先須捺後脚,然後勒前腰。"《太平廣記》卷二百四十九引唐張鷟《朝野僉載·高崔嵬》:"唐散騎常侍高崔嵬善弄癡,太宗命給使捺頭向水下,良久出而笑之。"近代也寫作"納",如明施耐庵《水滸全傳》二十三回:"〔大蟲〕被武松儘氣力納定,那裏肯放半點兒寬鬆。"

覓 尋找,尋求。産生於晉宋。《玉篇·見部》:"覓,索求也。"南朝宋劉義慶《世説新語·雅量》:"王家諸郎亦皆可嘉,聞來覓婿,咸自矜持。"唐韓愈《雜詩》四首之四:"鵲噪朝營食,鳩鳴暮覓群。"宋陸游《訴衷情》詞:"當年萬里覓封侯,匹馬戍梁州。"

捻(niǎn) 用手指搓。産生於南北朝。五代徐鉉《説文新附·手部》:"捻,指捻也。從手,念聲。"北魏賈思勰《齊民要術·種李》:"作白李法:用夏李,色黄便摘取,於鹽中挼之,鹽入汁出,然後合鹽曬令萎,手捻之,令褊。"又爲捏、握。音 nié。南朝宋劉義慶《世説新語·容止》:"謝車騎(玄)道謝公(安)遊肆,復無乃高唱,但恭坐捻鼻顧睞,便自有寢處山澤閒儀。"南朝梁簡文帝《箏賦》:"照瓊環而俯捻,度玉爪而徐牽。"

抛 擲,扔。産生於六朝。《玉篇·手部》:"抛,擲也。"《廣韻·肴韻》:"抛,棄擲。"《南史·黄法氍(qú)傳》:"法氍爲都督,出曆陽,於是爲抛車及步艦,豎拍以逼之,砲加其檣堞。"又爲抛棄、捨棄、丢棄。五代徐鉉《説文新附·手部》:"抛,棄也。"《後漢書·安成孝侯賜傳》:"賜與〔兄〕顯子信賣田宅,同抛財産,結客報吏。"唐李群玉《讀賈誼傳》:"卑濕長沙地,空抛出世才。"

爬 産生於六朝。搔,用手指撓。《廣韻·麻韻》:"爬,搔也。"晉傅玄《鬥雞賦》:"或爬地俯仰,或撫翼未舉。"唐韓愈《雨中寄孟刑部幾道聯句》:"袪煩類决癰,愜興劇爬疥。”又爲挖，挖掘。唐貫休《讀顧況歌行》詩：“妖狐爬出西子骨，雷車拶破織女機。”又爲名詞，耙子，一種用以鬆散泥土的長柄有齒農具。《太平御覽》卷三百三十九引太公《金匱》：“守戰之具，皆在民間；耒耜者，是其弓弩也；鋤爬者，是其戟矛也。”

膈、騗　向側而跨出一條腿以騎上馬，騎。產生於六朝。唐玄應《一切經音義》卷七引《字略》：“騗，躍上馬者也。”《廣韻·線韻》：“膈，躍上馬匹。”《集韻·線韻》：“膈，躍而乘馬也。或書作騗。”唐張鷟《朝野僉載》卷四：“元一於御前嘲懿宗曰：‘長弓短度箭，蜀馬臨階膈。去賊七百里，隈墻獨自戰，甲仗縱拋却，騎豬正南蹿。’”《南史·蘭欽傳》：“宋末隨父子雲在洛陽，恒於市騗橐駞。”《新唐書·百官志一》：“凡反逆相坐，没其家配官曹……樂工、獸醫、騗馬、調馬、群頭、栽接之人皆取焉。”“騗”又有“欺騙、拐騙”義，則始于宋代。如劉克莊《庚申召對》：“臣惟國家三數年來，凶相弄權，以富强自詭，輔聖天子而行霸政，爲天下宰而設騗局。”元明以後廣泛應用，直到現代。

(3)形容詞。如：

矮　這是唐代出現的詞。表示身材短。《説文新附·矢部》：“矮，短人也。”《舊唐書·陽城傳》：“道州地産民多矮，每年常配鄉户，竟以其男號曰矮奴。”引申爲短，不高。《廣韻·蟹韻》：“矮，短皃。”五代王仁裕《開元天寶遺事·依冰山》：“大丈夫有淩雲蓋世之志，而拘於下位，若立身於矮屋中，使人擡頭不得。”宋陸游《寓歎》：“醉撫酒壺憐矲矮，卧看香岫愛嶙峋。”“矲矮”亦短小、低矮的意思。

凹　中間低，周圍高。與“凸”相對。“凹”字不見於《説文》、《玉篇》。是六朝産生的詞。《廣韻·洽韻》：“凹，下也。”《集韻·爻韻》：“凹，窊也。”漢東方朔《神異經·北方荒經》：“〔北方荒中有石湖〕其湖無凹凸，平滿無高下。”南朝梁江淹《青苔賦》：“悲凹險兮，唯流水而馳騖。”唐許嵩《建康實録》：“一乘寺，梁邵陵王純造，寺門匾畫，凹凸花爲張僧繇手跡。”

傖(cāng)　粗鄙，粗俗。南北朝時江東人蔑稱北方人或楚人爲“傖”。《玉篇·人部》：“傖，《晉陽秋》云：‘吴人謂中國人爲傖。’”《集韻·庚韻》：“傖，吴人罵楚人曰傖。”《晉書·周玘傳》：“將卒，謂子勰曰：‘殺我者諸傖子，能復之，乃吾子也。’吴人謂中州人曰傖，故云耳。”《陳書·周鐵虎傳》：“周鐵虎，不知何許人也，梁世南渡，語言傖重，膂力過人。”唐劉禹錫《楚望賦》：“傖音俚態，幽怨委曲。”

笨 《説文・竹部》：“笨，竹裏也。”是指竹子裏層的白色薄膜。名詞。六朝開始，“笨”有完全新的意義，是一個新出現的形容詞。一是“粗重”、“粗陋”義。如《晉書・羊聃傳》：“大鴻臚陳留江泉以能食爲穀伯，豫章太守史疇以大肥爲笨伯，散騎郎高平張嶷以狡妄爲猾伯，而聃以狼戾爲瑣伯，蓋擬古之四凶。”《宋書・顏延之傳》：“常乘羸牛笨車，逢竣（延之子）鹵簿，即屏往道側。”又有“愚蠢”、“魯鈍”義。如晉葛洪《抱朴子・行品》：“杖淺短而多謬，闇趨舍之臧否者，笨人也。”《宋書・王微傳》：“小兒時尤粗笨無好，常從博士讀小章句，竟無可得。”這與“竹裏”的意義没有什麽關係。

獃 癡呆，不靈活。産生於唐宋。《廣韻・咍韻》：“獃，獃癡，象犬小時未有分别。”《集韻・咍韻》：“獃，癡也。”宋朱敦儒《樵歌上・念奴嬌》詞：“從教他笑，如此只如此，雜劇打了，戲衫脱與獃底。”宋張鎡《莊器之作〈吾亦愛吾廬〉六詩見寄因次韻……》：“更有一股獃，往南看北斗。”按“獃”字《廣韻》五來切，音 ái，今北方話讀 dāi，寫成“呆”。

緋 紅色，深紅色。凡非聲字多有赤義，亦由舊詞派生。産生於六朝。《説文新附・糸部》：“緋，帛赤色也。”《廣韻・微韻》：“緋，絳色。”唐段成式《酉陽雜俎續集・支植下》：“山茶花，山茶葉似茶樹，高者丈餘，花大盈寸，色如緋，十二月開。”宋李彭老《探芳訊湖上春遊繼草窗韻》詩：“正緋桃如火，相看自依舊。”

歹 《説文・歺部》：“歺，列骨之殘也。讀若櫱岸之櫱。”《廣韻・曷韻》：“歺，《説文》曰：‘列骨之殘也。凡從歺者今亦作歹。’”此“歹”字指剔去肉以後的殘骨，名詞，音 è。唐代以後，“歹”作“壞”、“惡”講，是一個新出現的形容詞，音 dǎi。《敦煌變文集・維摩詰經講經文》：“且希居士好調和，不得因循縱病歹。”又《父母恩重經講經文》：“若是長行五逆歹人，這身萬計應難覓。”

尖 末端細鋭。産生於六朝。《玉篇・大部》：“尖，小細也。”又《小部》：“尖，鋭也。”《廣韻・鹽韻》：“尖，鋭也。子廉切。”唐李白《釣臺》詩：“靄峰尖似筆，堪畫不堪書。”唐杜甫《魏將軍歌》：“魏侯骨聳精爽緊，華嶽峰尖見秋隼。”唐柳宗元《與浩初上人同看山寄京華親故》詩：“海畔尖山似劍鋩，秋來處處割愁腸。”也指物體細而鋭的部分。南朝梁江淹《江上之山賦》：“嶤嶷兮尖出，岊崒兮穴鑿。”唐羅隱《詠蜂》詩：

“不論平地與山尖，無限風光盡被占。”按《說文・金部》：“鑯，鐵器也。一曰鐫也。”徐鉉曰：“今俗作尖。”清段玉裁注：“郭注《爾雅》用爲今之尖字。”《廣雅・釋詁四》：“鑯，鋭也。”《正字通・金部》：“鑯，尖本字，鋒芒鋭也。”但《玉篇》、《廣韻》均“鑯”、“尖”並出，各有字義，不必看作古今字。

凸　中間高，周圍低。與“凹”相對。產生於六朝。《廣韻・没韻》：“凸，凸出貌。”南朝齊王琰《冥祥記》：“人在鑊中，隨沸出没，鑊側有人，以扠刺之，或有攀鑊出者，兩目沸凸，舌出尺餘，肉盡炘爛而猶不死。”唐姚合《惡神行雨》詩：“風擊水凹波撲凸，雨漴山口地嵌坑。”宋沈括《夢溪筆談・器用》：“古人鑄鑑，鑑大則平，鑑小則凸。凡鑑窪則照人面大，凸則照人面小。”

恰　這是南北朝時期產生的新詞。《玉篇・心部》：“恰，用心也。”《廣韻・洽韻》：“恰，用心。苦洽切。”《正字通・心部》：“恰，適當之辭。”清鄭珍《說文新附考・恰》：“六朝已前無此字，唐人詩乃用之，義爲適當，齊梁已來俗語也。”文獻中常作“正好”講。北周庾信《後堂望美人山銘》：“恰對妝台，諸窗畫開。”唐杜甫《偪仄行》詩：“速宜相就飲一半，恰有三百青銅錢。”五代静、筠《祖堂集》卷七《雪山和尚》：“師忽然見有個母豬子從山上走下來，恰到師面前。”宋李清照《蝶戀花・上已召親族》詞：“隨意杯盤雖草草，酒美梅酸，恰稱人懷抱。”又爲副詞，有“剛才”、“却”等意思。如《敦煌變文集・燕子賦》：“者漢大癡，好不自知，恰見寬縱，苟徒(圖)過時。”唐張鷟《遊仙窟》：“十娘非直才情，實能吟詠；誰知玉貌，恰有金聲。”

硬　物體性質堅固。與“軟”相對。產生於六朝。《玉篇・石部》：“硬，堅硬。”北魏賈思勰《齊民要術・耕田》：“不如此而旱耕，塊硬苗穢同孔出，不可鋤治，反爲敗田。”唐韓愈《贈劉師服》詩：“羨君齒牙牢且潔，大肉硬餅如刀截。”唐張籍《老將》詩：“不怕騎生馬，猶能挽硬弓。”引申爲剛强、堅强。宋張鎡《奉祠雲台題陳希夷畫像》詩：“世間大事硬漢了，物有所重有所輕。”《宋史・高斯德傳》：“理宗曰：‘高某硬漢，安得有是？’”也寫作“鞕”。《玉篇・革部》：“鞕，堅也。”

上面我們粗略地討論了中古單音詞產生的情況。可以看出，有的是新事物新概念出現，語言裏需要有相應的詞來表達，以滿足社會交際的需要；有的則是中古漢語詞滙内部新陳代謝的結果。從發展看，中古產生的單音詞，有的一直保存到現在，有的隨着客觀事物的消失而消失，或者被别的詞所代替，形成了新的新陳代謝，整個漢語詞滙向着新的階段進一步發展了。

第二節　中古漢語複音詞的發展

複音詞大量産生是中古漢語詞滙發展的重要特點。上古詞滙以單音爲主，到了中古，就口語而論，複音詞變得逐漸佔有優勢了。漢語語音節奏要求成雙作對，所以中古産生的複音詞絶大多數是雙音詞。不少單音詞，中古大都有雙音詞可以代替。這一點，我們從魏晉以後學者對上古書籍所作的註疏中可以清楚地看出來。例如：

《爾雅・釋詁》："騖、務……强也。"郭璞注："馳騖、事務、皆自勉强。"

又："苞、蕪、茂，豊也。"郭璞注："苞叢、繁蕪，皆豊盛。"

《詩・周南・樛木》："葛藟纍之。"孔穎達疏："纍，纏繞也。"

《詩・衛風・氓》："静言思之，躬自悼矣。"孔穎達疏："静而思之，身自哀傷矣。"

單音詞一字一音。上古漢語音節不過 212 個，遠遠不能滿足漢語詞滙發展的需要。早在上古後期（東漢），漢語詞滙已經明顯地顯示出雙音化的趨向。例如《左傳》和《論衡》兩書篇幅接近，《左傳》全書約 20 萬字，只出現 284 個雙音詞，而《論衡》21 萬字，出現了 2000 多個雙音詞，①兩者複音詞數量相差八倍有餘。魏晉以後，尤其到了唐代，社會發生了很大的變革，經濟文化有了很大的發展，新事物、新概念大量涌現，需要大量新詞來表達。以單音詞爲詞素可以構成數量無限的複音詞。聯合式雙音詞兩個詞素互相制約，互相注釋，可以把概念表現得更爲明確，更好地發揮漢語交際的作用。舉《爾雅・釋詁》爲例：

"介、尚，右也。"郭璞注："紹介、勸尚，皆相佑助。"

---

① 據陳克炯《〈左傳〉複音詞初探》（載《華中師院學報》）及程湘清《〈論衡〉複音詞研究》（載《兩漢漢語研究》）統計。

"從……弼、崇，重也。"郭璞注："隨從、弼輔、增崇，皆所以重疊。"

"犯、奢、果、毅，勝也。"郭璞注："陵犯、誇奢、果毅，皆得勝也。"

被釋詞"介、尚"、"從、弼、崇"、"犯、奢、果、毅"以及解釋詞"右"、"重"、"勝"都是多義詞，《爾雅》的訓釋容易産生歧義。郭璞用雙音詞加以注解，意思要明確得多。

另外，要求整齊和諧是漢語語音表達的一種自然趨勢，六朝發展起來的駢文，以四言和六言爲主，是這一趨勢的突出代表。這對於漢語詞滙的雙音化也不無影響。佛經的翻譯，要求符合原文的體制，同時爲了讓信徒容易瞭解和記憶，往往採用通俗的詞語和四字句式，有時應用一些本來可以不用的虛詞，使句子形成四字的格式。例如南朝求那毗地譯《百喻經》裏的下述句子：

我不欲下，二重之屋。（《三重樓喻》）

即爲毒蛇，之所蜇螫。（《得金鼠狼喻》）

凡夫之人，亦復如是。（《爲惡賊所劫失氎喻》）

盜彼國王，五百匹馬，並及寶物。（《五百歡喜丸喻》）

更重要的是佛經翻譯中儘量選用或自造了不少雙音詞語。仍舉《百喻經》爲例：

須臾有賊，入家偷盜，取其財物。（《夫婦食餅共爲要喻》）

昔有國王，産生一女。喚醫語言，爲我與藥，立使長大。（《醫與王女藥令卒長大喻》）

人説過惡，而起怨責，深爲衆人，怪其愚惑。（《説人喜嗔喻》）

師子見之，奮激鳴吼，騰躍而前，遠人驚怖，即便上樹。（《五百歡喜丸喻》）

上述句子都是四字句。其中用了"須臾、偷盜、財物、國王、産生、語言、立使、過惡、怨責、衆人、愚惑、師子、奮激、鳴吼、騰躍、驚怖、即便"等 17 個雙音詞。這些雙音詞大都是由兩個同義的單音詞素組合而成，這對於漢語複音詞的發展，無疑會起固定和大大促進的作用。

上古漢語已有單純詞、重言詞、附加式、聯合式、偏正式、支配式、表述式等多種形式的複合詞。中古漢語複音詞仍然以這些格式爲主,但數量大大增加,内容大大充實。此外,還出現了補充式、名量式、省稱、超层次等多種新結構的複合詞。

一、單純詞

中古產生的單純詞,語音上也有雙聲、叠韻和非雙聲叠韻幾種。這些詞大都在口語中廣泛流傳,有的可能來源於中古以前。

1. 雙聲詞

腷膊　也作“偪剥”。象聲詞。産生于唐代。唐韓愈、孟郊《鬥雞聯句》:“腷膊戰聲喧,繽翻落羽皠。”唐段成式《酉陽雜俎》卷十二:“腷膊有聲,店户人怪日出不啓門,撤而視之,有熊衝人走出,二僧已死,骸骨悉露。”宋洪邁《夷堅丙志・程佛子》:“俄聞屋中腷膊聲,穴隙而望,如人抛擲散錢者。”宋劉克莊《觀社行》詩之五:“爐中榾柮聊擅樂,門外爆竹任偪剥。”又重叠作“腷腷膊膊”、“偪偪仆仆”。如唐雍裕之《兩頭纖纖》詩:“腷腷膊膊曉禽飛,磊磊落落秋果垂。”唐王建《兩頭纖纖》詩:“偪偪仆仆春冰裂,磊磊落落桃花結。”

敁敠　也作“敁掇”、“點掇”,用手估量東西的輕重,估計。首見於六朝。《玉篇・支部》:“敁,敁敠,稱量也。”《集韻・沾韻》:“敁,敁掇也,以手稱物。”宋趙叔向《肯綮録俚俗字義》:“稱量曰敁敠。”宋朱熹《答吴直之書》:“只得如此點掇説過,多着言語便説殺了。”

丁當　也作“丁璫”、“丁冬”、“丁東”,象聲詞。産生於唐代。唐杜牧《華清宫三十韻》詩:“神仙高縹緲,環佩碎丁當。”唐鄭嵎《津陽門》詩:“月中秘樂天半間,丁璫玉石和塤篪。”唐莊南傑《陽春曲》:“紫錦紅囊香滿風,金鸞玉軾摇丁冬。”唐温庭筠《織錦詞》詩:“丁東細漏侵瓊瑟,影轉高屋月初出。”

含糊　也作“含胡”。不清晰,不明確。首見於唐代。唐劉禹錫《與柳子厚書》:“弦張柱差,枵然貌存。中有至音,含糊弗聞。”唐温庭筠《病中書懷呈友人》詩:“百神歆仿佛,孤竹韻含胡。”此指聲音。《新唐書・顏杲卿傳》:“賊鉤斷其舌,曰:‘復能駡否?’杲卿含胡而絶。”此指言語。《舊唐書・陸贄傳》:“既相質證,理合辨明,朝廷每爲含糊，未嘗窮究曲直。”此指態度。又可重叠爲“含含胡胡”，《朱子語類》卷一三○：“如何含含胡胡，我也做些，他也做些，都不與問那個是是，那個是非。”

婁羅　又作“僂儸”、“嘍囉”。聰明幹練、狡黠的意思。産生於六朝。唐蘇鶚《蘇氏演義》上：“婁羅者，幹辦集事之稱。世曰婁散德羅，非也。”清顧炎武《日知録》卷二十四：“含俱録，華言婁羅也，蓋聰明才敏之意。”《敦煌曲子詞・定風波》：“功（攻）書學劍能幾何？争如沙塞騁僂儸。”唐鄭綮《題中書壁》詩：“側坡蛆蜫蜦，蟻子竟來拖。一朝白雨中，無鈍無嘍囉。”《新五代史・劉銖傳》：“諸君可謂僂儸兒矣。”羅大經《鶴林玉露》卷五：“僂儸，俗言狡猾也。”又爲含混嘈雜。《南史・顧歡傳》：“夫蹲夷之儀，婁羅之辯，各出彼俗，自相聆解。”《北史・王昕傳》：“嘗有鮮卑聚語，崔昂戲問昕曰：‘頗解此否？’昕曰：‘樓羅，樓羅，實自難解。’”近代稱强盗的部衆爲“僂儸”。如金董解元《西廂記諸宫調》卷二：“遂唤幾個小僂儸，傳令衆擄掇。”明施耐庵《水滸全傳》五回：“小嘍囉頭巾邊亂插着野花。”

瀟灑　又作“蕭灑”。自然大方，毫不拘束，不呆板。首見於六朝。南朝齊孔稚圭《北山移文》：“耿介拔俗之標，瀟灑出塵之想。”唐杜甫《飲中八仙歌》：“宗之蕭灑美少年，舉觴白眼望青天。”

2. 叠韻詞

斒斕　也作“斑斕”、“斑蘭”。色彩錯雜鮮明。産生於六朝。唐玄應《一切經音義》卷七：“斒，斒斕。”《廣韻・山韻》：“斒，斒斕，色不純也。”唐元稹《臺中鞫獄憶開元觀舊事》詩：“十過乃一往，遂成相往還，以我文章卷，文章甚斒爛。”《太平廣記》卷三三三引《紀聞》：“忽見兩手據廁，大耳深目，虎鼻豬牙，面色紫而斒爛。”晉王嘉《拾遺記・岱輿山》：“北有玉梁千丈……玉梁之側，有斑斕自然雲霞龍鳳之狀。”唐權德輿《送别沅汎》詩：“斑斕五彩服，前路春物熙。”《太平御覽》卷四一三引南朝宋師覺授《孝子傳》：“老萊子者，楚人，行年七十，父母俱存，至孝蒸蒸，嘗着斑蘭之衣，爲親取飲。”

餺飥　也作“不托”、“飫飥”。古代一種水煮的麵食，“湯餅”的别稱。産生於六朝。北魏賈思勰《齊民要術》卷九《餅法》：“餺飩，挼如大指許，二寸一斷，着水盆中浸。宜以手向盆旁挼使極薄，皆急火逐沸熟煑，非直光白可愛，亦自滑美殊常。”唐李匡義《資暇集》下：“至於不托，言未有刀機之時，皆掌托烹之，刀機既有，乃云‘不托’，俗字有‘餺飥’乖之且甚。”《舊五代史・李茂貞傳》：“軍有門而訴者，茂貞曰：‘喫令公一椀不托，與爾和解。’”宋王闢之《澠水燕談録・雜録》：“士大夫筵饌，率以餅飥，或在水飯之前。”宋歐陽修《歸田録》卷二：“湯餅，唐人謂之不托，今俗稱之餺飥矣。”從《齊民要術》可見“餺飥”乃是本名，“不托”殆爲後起，《資暇集》云云，不免望文生義。

蹭蹬(cēng dēng)　失道，走錯了路。産生於六朝。《説文新附・足部》：“蹭，蹭蹬，失道也。”唐劉肅《大唐新語》卷十三：“誰知脚蹭蹬，幾落省墻東。”引申爲氣勢逐漸減弱。晉木華《海賦》：“或乃蹭蹬窮波，陸死鹽田。”李善注：“蹭蹬，失勢之貌。”又引申爲人生遭遇挫折，潦倒失意。唐李白《贈張相鎬》詩：“晚途未聞已，蹭蹬遭讒毁。”唐高適《送蔡山人》詩：“我今蹭蹬無所似，看爾崩騰何若爲？”

狼抗　狂妄自大。南朝宋劉義慶《世説新語・識鑒》：“嵩性狼抗，亦不容於世。”《晉書・周顗傳》：“處仲剛愎彊忍，狼抗無上。”《宋書・始安王休仁傳》：“休祐平生狼抗無賴。”

瀲灩(liàn yàn)　水勢浩大或水波蕩漾的樣子。首見於六朝。《玉篇・水部》：“瀲，瀲灩，水溢貌，又水波貌。”《廣韻・豔韻》：“灩，瀲灩，水波動貌。”晉木華《海賦》：“爾其爲狀也則乃浟湙瀲灩，浮天無岸。”宋蘇軾《飲湖上初晴後雨》詩：“水光瀲灩晴方好，山色空濛雨亦奇。”

落漠(莫)　馬虎，粗疏。首見於六朝。南朝梁陶弘景《周氏冥通記》卷一：“皆應答對，不得落漠。”《宋書・王微傳》：“且持盈畏滿，自是家門作風，何爲一旦落莫至此？”唐李賀《崇義里滯雨》詩：“落漠誰家子，來感長安秋。”

3. 非雙聲疊韻單純詞

鈷鉧　也作“鈷鉧”，熨斗。首見於六朝。《玉篇・金部》：“鈷，鈷鉧。”《隋書・地理志下》：“婚嫁用鐵鈷鉧爲聘財。”明方以智《通雅・古器》：“鈷鉧，即鈷鉧也。”宋范成大《驂鸞録》：“鈷鉧，熨斗也。”唐柳宗元《鈷姆潭記》中的“鈷鉧潭”因形似熨斗而得名。又爲大口的鍋。《太平御覽》卷七五七引南朝宋何承天《纂文》：“秦人以鈷鉧爲銼鏍(luó)。”銼鏍，小鍋。《説文・金部》：“銼，銼鏍，鍑也。”

狼狽　産生於六朝，傳説狽是狼一類的野獸，前腿特短，要爬在狼背上才能走路。唐段成式《酉陽雜俎・毛部》：“或言狼、狽是兩物，狽前足絶短，每行常駕兩狼，失狼則不能動，故世言事乖者稱狼狽。”比喻處境窘迫艱難。晉李密《陳情表》：“臣之進退，實爲狼狽。”又作“匆遽，慌忙”講。南朝宋劉義慶《世説新語·方正》：“明旦，報仲智，仲智狼狽來。”《晉書·葛洪傳》：“後忽與獄疏云，當遠行尋師，克期便發。獄得疏，狼狽往别。”

丘八　“兵”的隱語，産生於六朝。《太平御覽》卷四百引《續晉陽秋》：“〔慕容〕垂是夜夢行路，路窮，顧見孔子墓傍有八，……覺而心惡之。召占夢者占之，曰：‘行路窮，道盡也，不可行。孔子名丘，八以配丘，此兵字，路必有伏兵。’”後蜀何光遠《鑒戒録四·輕薄戒》：“太祖〔王建〕問擊棆之戲創自誰人，大夫對曰：‘丘八所置。’上爲大笑。”

支吾　也寫作“支梧”。應付、對付。産生于唐代。唐白居易《在家出家》詩：“衣食支吾婚嫁畢，從今家事不相仍。”宋司馬光《涑水紀聞》卷十一：“西賊奸計，大未可量，朝廷當獎勵各路帥臣，豫作支吾。”《太平廣記》卷一二八引《集異記》：“夜有二盜逾墻而入，皆執利刃，安國不敢支吾。”又作“猶豫、遲疑”講。宋王明清《揮麈餘話》卷二：“張太尉冷笑：‘我别有道理，待我這裏兵才動，先使人將文字去與番人。萬一支吾不前，交番人發人馬助我。’”

二、重言詞

跟上古漢語一樣，中古産生的重言詞主要是形容詞。如：

叨叨　也作“刀刀”，翻來覆去地説，言語囉嗦。這個重言詞産生于唐代。五代静、筠《祖堂集》卷九“雲蓋和尚”：“僧曰：‘古人爲什摩道，直得上上者，亦須擊發去？’云：‘灼然，撩着去，誰有你刀刀？’”宋周密《癸辛雜識别集·銀花》：“察余衷素，且憫余叨叨於垂盡之時。”按《玉篇·刀部》：“刀，又丁么切。《莊》‘刀刀乎’。”今本《莊子·齊物論》：“厲風濟，則衆竅爲虚，而獨不見之調調之刁刁乎？”郭象注：“調調刁刁，動摇之貌也。”與作“囉嗦”講的“刀刀”、“叨叨”音義並異。

垂垂　産生于唐代。低垂的樣子；下落的樣子。唐薛能《盩厔官舍新竹》詩：“心覺清涼體似吹，滿風輕撼葉垂垂。”宋蘇舜卿《送人還吴江道中作》詩：“江雲春重雨垂垂，索寞情懷送客歸。”又作“漸漸”講。唐杜甫《和裴迪登蜀州東亭送客逢早梅相憶見寄》詩：“江邊一樹垂垂發，朝夕催人自白頭。”唐盧仝《常州孟諫議座上聞韓員外職方貶國子博士有感》詩:“力小垂垂上,天高又不登。”

可可　自得的樣子。唐張鷟《遊仙窟》:“雙燕子,可可事風流,即令人得伴,更亦不相求。”宋姜夔《小重山令》詞:“遥憐花可可,夢依依。”又爲不在意。唐薛昭藴《浣溪沙》詞:“瞥地見時猶可可,却來閑處暗思量。”又爲恰恰,恰好。唐王梵志《經紀須平直》詩:“經紀須平直,心中莫側斜,些些微薄利,可可苦他家。”

了了　聰明伶俐。晉袁宏《後漢紀·獻帝紀》:“小時了了者,至大亦未能奇也。”南朝宋劉義慶《世説新語·言語》:“小時了了,大未必佳。”也指清楚,明白。南齊王琰《冥祥記》:“見在空中數十丈上,了了分明。”晉干寶《搜神記》卷十五:“問漢時宫中事,説之了了,皆有次序。”

騰騰　有兩義:①悠閑、緩慢的樣子。唐白居易《不准擬》詩:“籃輿騰騰一老夫,褐裘烏帽白髭鬚。”唐羅隱《途中寄懷》詩:“不知何處是前程,合掌騰騰信馬行。”②昏昏沉沉的樣子。唐白居易《東院》詩:“有時閑酌無人伴,獨自騰騰入醉鄉。”唐杜荀鶴《贈休祥和》詩:“弟子自知心了了,吾師應爲醉騰騰。”現代漢語“騰騰”形容氣體很盛,不斷上升。如“熱氣騰騰”、“殺氣騰騰”與中古不同。

貼貼、怗怗(tiè tiè)　閑静,沉默。唐元稹《高花》詩:“不學着水荃,一種長怗怗。”唐王梵志《身是五陰城》詩:“余有九千家,出没同居住。攘攘相食噉,貼貼無言語。”

中古重言詞中有了一些名詞和動詞。例如:

孃孃(娘娘)　一稱母親。《敦煌變文集·大目乾連冥間救母變文》:“阿師是孃孃孝順子,與我冷水濟虚腸。”宋蘇轍《龍川别志》卷上:“仁宗謂劉氏大孃孃,謂楊氏小孃孃。”二稱后妃。宋無名氏《朝野遺記·光宗欲速得正位》:“后詢近侍大臣屢排當位何故。旁側有奏曰:‘意望孃孃爲趣上爾。’”宋蔡絛《鐵圍山叢談》卷一:“國朝禁中……至謂母后,亦同臣庶家曰娘娘。”

星星　即星,星辰。唐李賀《感諷》詩之五:“桂露對仙娥,星星下雲逗。”

羊羊　羊。《北齊書·楊愔傳》:“羊羊喫野草,不喫野草遠我道。”

在親屬稱謂中,中古重言詞應用尤多。如《北史·南陽王綽傳》:“綽兄弟皆呼父爲兄兄,嫡母爲家家,乳母爲姊姊,婦爲妹妹。”又祖父爲“翁翁”,“祖母”爲“婆婆”。唐權德輿《祭孫男法延師文》:“翁翁婆婆以乳果之奠,致祭于九歲孫男法延師之墓。”母親的姐妹爲姨姨。唐牛僧孺《玄怪録》卷二：“兼屈劉家六姨、十六舅母、南鄰翘翘小娘子，並將謚奴來。”父親的姐妹爲“姑姑”。宋蘇軾《東坡志林》卷三：“温成皇后乳母賈氏，宫中謂之賈婆，賈昌朝連結之，謂之姑姑。”父親爲“爹爹”，母親爲“奶奶”、“媽媽”。宋孔平仲《代小子廣孫寄翁翁》詩：“爹爹與奶奶無日不思爾。”宋洪邁《夷堅乙志》：“大姐乃前來媽媽所生，二姐則今媽媽所生也。”兄稱“哥哥”，弟稱“弟弟”，姐稱“姐姐”。宋孫光憲《浣溪沙》詞：“醉後愛稱嬌姐姐，夜來留得好哥哥，不知情事久長麽。”宋莊季裕《雞肋編》卷中：“但仆元佑間詩賦登科，靖國中詞乙等，禹之唤作哥哥，補之呼爲弟弟。”這種情況是上古漢語所没有的。動詞中重言詞只有少數例子。如：

波波　奔波，辛辛苦苦地奔走。産生于唐代。唐岑参《閿鄉送上官秀才歸關西别業》詩：“風塵奈汝何，終日獨波波。”《敦煌變文集・目連緣起》：“死墮三途無間獄，終朝受罪苦波波。”又《維摩詰經講經文》：“波波求法，無殊趁影之人；劫劫趨名，不異映冰之士。”宋梅堯臣《書南事》詩：“大梁國南門，驛騎方騰趨。波波一何急，蠻寇圍番禺。”又爲打顫聲，象聲詞。唐天竺沙門般剌密諦等譯《楞嚴經》卷八：“二習相陵，故有吒吒、波波、羅羅。”王瓚義疏：“波波，忍寒聲也。”

嗤嗤　譏笑。唐李白《登廣武古戰場懷古》：“撫掌黄河曲，嗤嗤阮嗣宗。”

恨恨　感到遺憾；抱恨不已。《古詩爲焦仲卿妻作》：“生人作死别，恨恨那可論？”《宋書・孔琳之傳》：“漢文一謬，承而弗革，所以前賢恨恨，議之而未辯。”《隋書・薛濬傳》：“但念爾伶俜孤宦，遠在邊服，顧此恨恨，如何可言？”

三、合成詞

中古合成詞仍以聯合式複合詞和偏正式複合詞爲主。其他結構的合成詞也有新的發展。

1.附加式合成詞

由詞頭“阿”、“老”詞尾“子”、“兒”、“頭”等構成的附加式合成詞數量大大增加，其中名詞較多，也有其他詞類的詞，略舉數例：

阿姨　母親的姊妹，姨母。唐牛僧孺《玄怪録》卷三：“全素至燈前拱曰：‘阿姨萬福’又曰：‘姨夫安和’”。又稱與母親同輩的親戚，如繼母、庶母、養母等。《南史・晉安王子懋傳》:"〔庶〕母阮淑媛嘗病危篤,請僧行道。……子懋流涕禮佛曰:'若使阿姨因此和勝,願諸佛令華竟齋不萎。'"唐白居易《琵琶行》詩:"弟走行軍阿姨死,暮去朝來顔色改。"又稱妻子的姐妹。唐宋史《楊太真外傳》:"秦國曰:'豈有大唐天子阿姨無錢用耶!'遂出三百萬爲一局焉。"又稱尼姑。後秦竺佛念《鼻奈耶》卷十:"即煮粥飯比丘尼。優婆塞問:'阿姨,有何患苦,于路側卧?'"

阿奴　尊長對卑幼者的昵稱。南朝宋劉義慶《世説新語·德行》:"諫曰:'阿兄,老翁可念,何可作此?'奕於是改容曰:'阿奴欲放去邪!'遂遣之。"此稱弟弟。南朝宋劉義慶《世説新語·容止》:"王敬豫有美形,問訊王公。王公拊其肩曰:'阿奴,恨才不稱。'"此指兒子。《南史·郁林王本紀》:"〔武帝〕臨崩,執帝手曰:'阿奴,若憶翁,當好作。'"此指孫子。又爲平輩之間的稱呼。《南史·郁林王何妃傳》:"帝謂皇后爲阿奴,曰:'阿奴暫去。'"此稱妻子。又爲男女自稱。《敦煌變文集·韓擒虎話本》:"時有金璘(陵)陳王,知道楊堅爲君,心生不負(服),宣詔合朝大臣,總在殿前,當時宣問:'阿奴今擬興兵,收伏狂秦,卿意者何?'"

老鼠　通稱"鼠"。《太平廣記》卷四四二引《幽明録》:"卿非狐狸,即是老鼠。"唐寒山《詩三百一五首》之二六八:"老鼠入飯甕,雖飽難出頭。"《太平御覽》卷九一一引《洞林》:"有一老鼠色正蒼黄,逕就其前,蹸蹸伏而不動。"又爲詈詞,比喻膽小無能、微不足道的人。《南史·蕭穎達傳》:"穎達大駡曰:'我今日形容,正是汝老鼠所爲,何忍復勸我酒?'"

老鴉(鵶)　烏鴉。唐李賀《美人梳頭歌》:"纖手郤盤老鴉色,翠滑寶釵簪不得。"唐顧況《烏夜啼》詩:"此是天上老鴉鳴,人間老鴉無此聲。"宋梅堯臣《直宿廣文舍下》詩:"亦嘗苦老鵶,鳴噪每切切。"宋楊萬里《後苦寒歌》:"三足老鴉寒不出,看雲訴天天不泣。"

袋子　口袋。北魏賈思勰《齊民要術·養羊》:"屈木爲棬,以張生絹袋子,濾熟乳,著瓦瓶中卧之。"唐段成式《酉陽雜俎·支諾臯中》:"瞻偶見其衣帶上有皂袋子,因令侍婢解視之。"

娘子　這是中古産生的一個多義詞。①少女,婦女的美稱。唐韓愈《祭周氏侄女文》:"祭于周氏十二娘子之靈。"宋吴自牧《夢粱録·嫁娶》:"女家回定帖,亦如前開寫,及議親第幾位娘子。"②稱妻子。《北齊書·祖珽傳》:"一妻耳順,尚稱娘子。"

《敦煌變文集·難陀出家緣起》："〔難陀〕向妻道：'娘子！娘子！'"③主母，女主人。南朝梁吴均《續齊諧記》："忽有青年婢女十五六前曰：'王家娘子白扶持，聞君歌聲，有門人逐月遊戲，遣相問耳。'"唐薛調《無雙傳》："有青衣告仙客曰：'娘子適以親情事言于阿郎。阿郎云：向亦未許之，模樣云云，恐是参差也。'"④宫妃之稱。《舊唐書·后妃傳》："〔楊貴妃〕宫中呼爲娘子，禮數實同皇后。"《舊唐書·楊國忠傳》："國忠大懼，歸謂姊妹曰：'我等死在旦夕，今東宫監國，當與娘子等並命矣。'"

魚兒　魚。唐杜甫《水檻遣興》："細雨魚兒出，微風燕子斜。"

雀兒　黄雀。《敦煌變文集·燕子賦》："雀兒出來，不問好惡，拔拳即差(搓)。"

饅頭　一種用發酵的麵粉蒸成的食品。唐王梵志《城外土饅頭》："城外土饅頭，餡草在城裏，一人喫一個，莫嫌没滋味。"五代徐鉉《稽神録》卷一："以絲絙縋石而測之，數十丈乃及底，得一新饅頭而出，與人間嘗食者無異也。"

心頭　心上。唐白居易《寄皇甫賓客》："食飽摩挲腹，心頭無一事。"唐杜荀鶴《旅館遇雨》："半夜燈前十年事，一時隨雨到心頭。"

2. 聯合式複合詞

這是中古漢語詞滙裏最發達的複合詞之一。按兩個詞素的意義關係，又可分爲三類。

(1)兩個詞素的意義相同。如：

格式　"格"和"式"都有"法式"、"標準"義。凝固爲複合詞"格式"，表示官吏處事的規則法度。《北史·崔仲方傳》："仲方獻十二策，帝大奇之，復與少内史趙芬删定格式。"唐長孫無忌等《唐律疏議·斷獄》："諸斷罪皆須具引律令格式正文。"唐張鷟《龍筋鳳髓判》卷一："舉張泰之辜，無虧格式。"宋葉適《新書》："本朝以律爲經，而勑令格式隨時脩立。"引申爲一般的規格樣式。《北史·韓麒麟傳》："吉凶之禮，備爲格式。令貴賤有别，人歸樸素。"宋周煇《清波雜志》卷六："元豐四年，于闐國上表，稱'于闐國僂儸大福力量知文法黑汗王，書與東方日出處大世界田地主漢家阿舅大官家'云云，如此等語言，恐藩服自有格式。"

模樣　形狀、容貌。《南齊書·魏虜傳》"群臣瞻見〔明堂〕模樣，莫不僉然欲速造。"唐杜荀鶴《長安道中有作》："仔細尋思底模樣，騰騰又過玉關東。"又爲情況，形勢。唐白居易《請罷兵第三狀》："一種罷兵，何如早罷，必待事不得已然後罷之，只使陛下威權轉銷，天下模樣更惡。”又爲動詞，描寫。唐沈亞之《秦夢記》：“其芳姝明媚，筆不可模樣。”

軀幹　身體。《晉書·劉曜載記·隴上歌》：“隴上壯士有陳安，軀幹雖小腹中寬。”唐杜甫《送韋十六評事充同谷郡防御判官》：“子雖軀幹小，老氣横九州。”

包彈　即“駁彈”，批評指責。唐張鷟《朝野僉載》卷四下：“小人在位，君子駁彈。”唐李商隱《義山雜纂》卷上《不達時宜》條：“筵上包彈品味。”又《强會》條：“見他文字駁彈。”

撩撥　招惹；招引。唐張鷟《遊仙窟》：“憐腸忽欲斷，憶眼已先開。渠未相撩撥，嬌從何處來。”《太平廣記》卷一七七引范質《玉堂閒話·葛從周》：“河北諺曰：‘山東一條葛，無事莫撩撥。’”

思想　思念、想念。三國魏曹植《盤石篇》：“仰天長太息，思想懷故邦。”《三國志·蜀書·許靖傳》注引魏魚豢《魏略》王朗與靖書：“時聞消息於風聲，託舊情於思想。”

研究　探求事物的真相、性質、規律等。南朝宋謝莊《改定刑獄表》：“督郵賤吏，非能異於官長，有案驗之名，而無研究之實。”南朝梁釋慧皎《高僧傳》六《釋慧遠答姚興書》：“緣來告之重，輒粗綴所懷；至於研究之美，當復期諸明德。”

允許　答應。唐韓愈《論孔戣致仕狀》：“臣知戣上疏求致仕，故往看戣。戣爲臣言，已蒙聖主允許。”唐元稹《浙東論罷進海味狀》：“如蒙聖慈，特賜允許。”宋孟元老《東京夢華録·娶婦》：“凡娶媳婦，先起草帖子，兩家允許，然後起細帖子。”

端的　究竟，原委。北朝樂府《讀曲歌》：“闊面行負情，詐我言端的。”宋柳永《征部樂》：“憑誰去，花衢覓，細説此中端的。”又爲果然，實在。唐李中《送紹明上人之毗陵》：“回期端的否，千里路悠悠。”《敦煌變文集·維摩詰經菩薩品變文》：“端的忽然知出處，將身願入法王家。”

穢褻　骯髒下流，多指男女間淫亂的言行。《北齊書·司馬子如傳》：“子如性滑稽，不治剪裁，言戲穢褻，識者非之。”宋路振《九國志九·南漢蘇章》：“城上望樓中有人罵隱（劉隱），言頗穢褻。隱慚甚，不敢視左右。”

子細、仔細　認真，細心。《北史·源賀傳附源思禮》：“恒語人曰：‘爲政貴當舉綱，何必得太子細也。’”唐康軿《劇談録》卷一：“客未知子細，新婦壯勇無敵，衆皆畏懼。”唐杜甫《九日藍田崔氏莊》:“明年此會知誰健,醉把茱萸仔細看。”

(2)兩個詞素意義不同,但屬同一範疇。如:

機軸　比喻極重要的位置。《後漢書・馮異傳》:“今軼守洛陽,將軍鎮孟津,俱據機軸,千載一會,思成斷金。”李賢注:“機,牙弩也;軸,車軸也。皆在物之要,故取喻焉。”南朝宋劉義慶《世説新語・讒險》:“袁悦有口才……説司馬孝文王,大見親待,幾亂機軸,俄而見誅。”

名勝　有名望的才俊之士,名流。南朝宋劉義慶《世説新語・文學》:“宣武集諸名勝講《易》,日説一卦。”《晉書・王導傳》:“會三月上巳,帝親觀禊,乘肩轝,具威儀,敦、導及諸名勝皆騎從。”《北齊書・韓軌傳附韓鏡明》:“廢人飲美酒,對名勝,安能作刀筆吏返披故紙乎?”

胸襟　也作“胷衿”。抱負、心情。唐李白《贈崔侍御》詩:“洛陽因劇孟,託宿話胸襟。”唐杜甫《阻雨不得歸瀼西甘林》詩:“虛徐五株態,側塞煩胸襟。”《南齊書・竟陵王蕭子良等傳論》:“情僞之事,不經耳目;憂懼之道,未涉胸衿。”

紙筆　字據。《敦煌變文集・燕子賦》:“還有紙筆當直,莫言空手冷面。”唐王梵志《前人心裏怯》:“紙筆鬼續到,仍送一縑箱。錢多早發遣,物少被頡頏。”

愛護　愛惜保護。北齊顏之推《顏氏家訓・治家》:“借人典籍,皆須愛護。”宋文同《陵井喻氏歲寒山居》:“寄語後人須愛護,莫教空有令名存。”

剥削　搜刮民財。《梁書・賀琛傳》:“故爲吏牧民者,競相剥削。”《北史・恩倖傳・劉騰》:“剥削六鎮,交通底節,歲入利息以巨萬計。”唐魏徵《爲李密檄滎陽守郇王慶文》:“剥削黔黎,塗毒天下。”

處分　安排,處置。《古詩爲焦仲卿妻作》:“處分適兄意,那得任自專。”《梁書・韋放傳》:“乃免冑下馬,據胡床處分,於是士皆殊死戰,莫不以一當百。”又作“懲處”講。宋王溥《唐會要》卷四一《左降官及流人》:“流人押領,綱典畫時,遞相分付,如更因循,當有處分。”又作“分付”、“囑付”講。唐白居易《過羅敷水》詩:“垂鞭欲渡羅敷水,處分鳴騶且緩驅。”《太平廣記》卷三三一《薛矜》:“婦人使侍婢問價,云:‘此是長安薛少府物,處分令車中若問,便宜餉之。’”

料理　安排,照顧。南朝宋劉義慶《世説新語・德行》:“汝若爲選官,當好料理此人。”《晉書・王徽之傳》:“〔桓〕沖嘗謂徽之曰:‘卿在府日久,比當相料理。’”又爲排遣，消遣。唐韓愈《飲城南道邊古墓上逢中丞過……》詩："爲逢桃樹相料理，不覺中丞喝道來。"宋黄庭堅《催公静碾茶》詩："睡魔正仰茶料理，急遣溪童碾玉塵。"又爲捉弄，逗引。唐杜甫《江畔獨步尋花七絶句》詩之二："稠花亂蕊裹江濱，行步欹危實怕春。詩酒尚堪驅使在，未須料理白頭人。"唐白居易《對鏡偶吟》詩："眼昏久被書料理，肺渴多因酒損傷。"

擡舉　高舉，揚起。唐元稹《高荷》詩："亭亭自擡舉，鼎鼎難藏壓。"引申爲提拔，舉薦。唐白居易《霓裳羽衣歌》："妍蚩優劣寧相遠，大都衹在人擡舉。"《太平廣記》卷三〇二引《廣異記・華岳神女》："君素貧士，我相擡舉，今爲貴人，此亦於君不薄，何故使婦家書符相間。"又爲照顧。《敦煌變文集・父母恩重經講經文》："熱時太熱爲恩憐，寒即盡寒爲擡舉。"

潦倒　散漫不振作。晉嵇康《與山巨源絶交書》："足下舊知吾潦倒麤疏，不切事情。"引申爲頹唐失意。唐杜甫《夔府書懷四十韻》："形容真潦倒，答效莫支援。"唐白居易《晏坐閑吟》詩："昔爲京洛聲華客，今作江湖潦倒翁。"

零亂　散亂，不整齊。唐李白《月下獨酌》詩之一："我歌月徘徊，我舞影零亂。"唐鄭元祐《温日觀畫蒲萄》詩："却將書法畫蒲萄，張顛草聖何零亂。"

文弱　文雅而柔弱。南朝宋劉義慶《世説新語・賞譽》："〔陸〕士龍爲人文弱可愛。"又劉孝標注引《續晉陽秋》："桓温有平洛蜀之勳，擅彊西陝，〔穆〕帝自料文弱，無以抗之。"

穩當　穩妥適當。唐杜牧《宣城留贈》詩："爲報眼波須穩當，五陵遊宕莫知聞。"宋朱熹《答范伯崇》："子貢所以請問其次者，蓋謂自省見得有未穩當處。"

(3)兩個詞素的意義相反。如：

方圓　也寫作"方圜"、"方員"。上古兩字連用，指方形和圓形。《孟子・離婁上》："不以規矩，不能成方圓。"《荀子・禮論》："規矩者，方圓之至。"中古凝固爲複音詞。泛指天地之間，因爲古人以爲天圓地方。南朝梁沈約《郊居賦》："羅方員而綺錯，窮海陸而兼薦。"又指規矩、準則。唐李華《詠史》詩之四："如何得良吏，一爲制方圓。"《敦煌變文集・王昭君變文》："單于丁甯塞上衛律，令知葬事，一依番法，不取漢儀。棺槨穹廬，更取方圓。"又爲計謀、謀略。《敦煌變文集・李陵變文》："幸請方圓，擬求生路。"《舊唐書・封常清傳》："公若以方圓取人，則士大夫所望；若以貌取人，恐失之子羽也。”又爲動詞。籌劃、謀劃。唐李德裕《奏銀妝具狀》：“至於綾紗等物，猶是本州所出，易於方圓。”《舊唐書・音樂志二》：“今者帑藏未充，貢奉多闕，凡闕貨力，不易方圓。”又爲變通，酌情辦理。唐羅隱《讒書・答賀蘭友書》：“非仆之不可苟合，道義之人，皆不合也。而受性介僻，不能方圓。”《舊唐書・食貨志上》：“所以先有告示，許有方圓，意在他時行法不貸。”

舉止　行爲，舉動。《後漢書・馮異傳》：“觀其言語舉止。非庸人也。”晉陶潛《閑情賦》：“神儀嫵媚，舉止詳妍。”南朝宋劉義慶《世説新語・雅量》：“裴叔則被收，神氣無變，舉止自若。”唐孟郊《酒德》詩：“醉見異舉止，醉聞異聲音。”

早晚　或早或晚。南朝齊王琰《冥祥記》：“雖復去來早晚，未曾失中晡之期。”又爲何時。北魏楊衒之《洛陽伽藍記・城東・景興尼寺》：“太尉府前塼浮圖，形製甚古，猶未崩毀，未知早晚造?”北齊顏之推《顔氏家訓・風操》：“尊侯早晚顧宅?”唐岑參《送郭乂》詩：“何時過東洛，早晚渡孟津。”又爲隨時，日日。唐杜甫《江雨有懷鄭典設》詩：“春雨闇闇塞峽中，早晚來自楚王宫。”唐韓翃《送山陰姚丞攜妓之任……》詩：“他日如尋始寧墅，題詩早晚寄西人。”又爲哪得。唐拾得詩之三十一：“箇箇入地獄，早晚出頭時?”宋柳永《剔銀燈》詞：“如斯佳致，早晚是讀書天氣?”

寒温　寒暄，見面時的應酬話。南朝宋劉義慶《世説新語・文學》：“殷使坐，粗與寒温，遂及義理。”晉干寶《搜神記》卷十六：“忽有一客通名詣瞻，寒温畢，聊談名理。”

吐納　吐故納新；吐出濁氣，吸進清氣。此道家養生之術。三國魏嵇康《養生論》：“又呼吸吐納，服食養身，使形神相親，表裏俱濟也。”引申爲談吐，議論。南朝宋劉義慶《世説新語・棲逸》：“庾公諸人多往看之，觀其運用吐納，風流轉佳。”《魏書・元翼傳》：“美姿貌，善吐納，兼有收略。”又爲發出（聲音）。南朝梁劉勰《文心雕龍・神思》：“吟詠之間，吐納珠玉之聲；眉睫之前，舒卷風雲之色。”宋吴曾《能改齋漫録・議論》：“崔記教坊任智方少女皆善歌，其中二女子，吐納凄惋，收斂渾淪。”

吞吐　吞進和吐出，比喻出納、隱現、聚散等變化。南朝宋鮑照《登大雷岸與妹書》：“吞吐百川，寫泄萬壑。”唐盧仝《月蝕》詩：“奈何萬里光，受此吞吐厄。”宋范成大《望海亭賦》：“驚玉池之破碎，漾銀盤而吞吐。”又指道家的吐納之術。晉葛洪《抱朴子・極言》：“調利筋骨，有偃仰之方；杜疾閑邪，有吞吐之術。”

以上三類聯合式複合詞，(1)(3)類數量較少，(2)類數量最多。

3. 偏正式複合詞

偏正式複合詞是中古最發達的複音詞之一，結構上比聯合式有更大的靈活性。一個單音的詞素可以修飾許多别的詞素，也可以受許多詞素的修飾，從而構成偏正式複合詞。如果説聯合式複合詞可以使單音詞的意義更加明確，那麽偏正式複合詞更便於表達新的意義。例如曹魏定九品官人之法，嚴格了封建門第制度。晉宋之際，門第世家的觀念極爲泛濫。這一社會現實在中古漢語詞滙中迅速得到反映，出現了許多有關的新詞，它們大多數是偏正式複合詞："貴族"（顯貴的家族）、"寒宦"（出身寒門的官吏）、"寒家"（寒微的家庭）、"寒俊"（出身寒微而才智傑出的人）、"寒流"（指出身寒微的人）、"寒門"（低微的門第）、"寒品"（出身寒微的人）、"寒士"（出身寒微的讀書人）、"寒庶"（貧寒的平民）、"寒族"（寒微的家族）、"門地"、"門品"、"門素"、"門資"（即門第，封建社會中家族的社會地位以及家族成員的文化程度）、"門閥"（祖先建立過功勳的名門貴族）、"門風"（家風）、"門望"（門族的資望）、"門緒"、"門胄"（家世）、"門蔭"（靠祖先的功勞而得官）、"勢門"（有權勢的家族）、"士族"（地主階級内部的世家大族）、"勢族"（有權勢的家族）等。

魏晉時期，由於統治階級政治上的高壓，士大夫和知識分子被迫脱離現實，空談玄理，相互標榜，成爲一時風尚。於是漢語裏出現了大批有關這方面的詞語，它們大都也是偏正式複合詞。如"清言"、"清談"、"玄論"、"玄談"、"玄言"（依據老、莊，辨析名理的談論）、"玄理"（精微深奥的義理）、"玄心"（能徹悟事物玄理奥義的心）、"玄學"（以老莊思想爲主的哲學思想）、"玄義"、"玄旨"、"玄指"（深奥的玄學義理）、"玄致"（深妙的旨趣）、"玄宗"（指佛教或道家所謂道的深奥意旨）等。

六朝音韻研究開始發達，駢文盛行，知識分子在語言運用上有了新招，下面幾個偏正式名稱反映了這種情況：

反語　有兩個意義。一即反切，用兩個漢字拼出另一個漢字讀音的注音方法。北齊顔之推《顔氏家訓·書證》："且鄭玄以前，全不解反語；《通俗》反音，甚合近俗。"又《音辭》："孫叔然（孫炎）創《爾稚音義》，是漢末人獨知反語。至於魏世，此事大行。"二是六朝以來應用的一種隱語。用二字先正切，再倒切，成爲另外兩字，北魏酈道元《水經注》卷四《河水》："民有姓劉名墮者，宿擅工釀，……排于桑落之辰，故酒得其名矣。……自王公庶友,牽拂相招者,每云‘索郎有顧,思同旅語’。索郎,反語爲桑落也。”

了語　就是盡頭話,屬於一種機智的遊戲之言。南朝宋劉義慶《世説新語・排調》:“桓南郡與殷荆州語次,因共作了語。顧愷之曰:‘火燒平原無遺燎。’桓曰:‘白布纏棺豎旒旐。’殷曰:‘投魚深淵放飛鳥。’”

體語　就是反切隱語,如“不律”爲筆,“終葵”爲椎。《北齊書・徐之才傳》:“之才聰辯强識,有兼人之敏,尤好劇談體語,公私言聚,多相嘲戲。”唐封演《封氏聞見記》卷二《聲韻》:“周顒好爲體語,因此切字皆有紐,紐有平上去入之異。”

唐代實行科舉取士,宋代因之。詞滙裏産生了大量有關的新詞,其中也以偏正式複合詞爲多。例如:

榜元、榜首　科舉會試第一名。唐范攄《雲溪友議》卷二:“〔文宗元年秋試〕主司先進五人,一詩最佳者則李肱也……乃以榜元及第。”宋蘇軾《旅榜後論貢舉合行事件》:“自來釋褐舉人,惟南省榜首或本場第一人唱名近下者,或有旨升一甲。”

色目人、榜花　科舉考試中因姓氏冷僻而被録取的人。宋錢易《南部新書》丙:“大中以來,禮部發榜,歲取三二人姓氏稀僻者,謂之色目人,亦謂曰榜花。”

榜眼　科舉考試經試録取的第二名。始于宋代。宋王禹偁《送第三人朱嚴先輩從事和州》詩:“賃船東下歷陽湖,榜眼科名釋褐初。”

榜帖　科舉録取的報單。宋陳繼儒《太平清話》卷四:“宋朝吴郡士登科者始於龔識,其家居崑山黄姑,猶藏登第時金花榜帖。”

榜頭　科舉發榜名列前茅。唐賈島《贈友人》詩:“御歸登第日,名姓榜頭排。”

別頭　科舉考試中,因考試者與考官有親屬關係或其他原因,爲避嫌疑而另設的考場。《舊唐書・德宗紀下》:“十二月戊寅,罷吏部復考判官及禮部別頭貢舉。”

駮放　也叫“駁放”,否定科舉中已經發榜録取的人並加以罷黜。《舊唐書・僖宗紀下》:“吏部選人粟錯及除駮放者,除身名渝濫欠考外,並以比遠殘闕收注。”唐封演《封氏聞見記・制科》:“今員外吹毛求瑕,務在駮放,則小人也却尋歸路。”

春榜　科舉春試中式的榜。唐許渾《贈桐廬房明府先輩》詩:“帝城春榜謫靈仙,四海聲華二十年。”

春闈　唐宋時舉進士,登記入選,叫做“春闈”。所發的證明,也叫“春闈”。唐姚合《酬盧汀諫議》詩:“遥賀來年二三月,彩衣先輩過春關。”宋范成大《送陳天宇大監同年使閩》詩:“春關十載記英遊,蚤喜時才近采旒。”

春選、春闈　唐代科舉考試在春夏之間舉行;宋代地方考試在八月間舉行,禮部考試在次年二月舉行,殿試在四月舉行,故稱。唐李中《送相里秀才之匡山國子監》詩:“業成早赴春闈約,要使嘉名海内聞。”《舊唐書·職官志二》:“亦有春中下解而後集,謂之春選。”

策學　供科舉考生應付考試的短文集。《舊唐書·薛登傳》:“於是後生之徒,復相仿效,因陋就寡,赴速邀時,緝綴小文,名之策學。”

策目、策題　科舉考試中策試用的題目。唐白居易《代書詩一百韻寄微之》:“策目穿如札,鋒毫鋭若錐。”原注:“時與微之結集策略之目,其數至百十。”宋陸游《老學庵筆記》卷六:“國初舉人對策,皆先寫策題,然策題不過一二十句。其後策題寖多,而寫題如初,舉人甚以爲苦。”

廷試　殿試,科舉會試中式後,由皇帝親自策問,在殿廷上舉行的考試。《宋史·選舉志一》:“凡廷試,帝親閲卷累日,宰相屢請宜歸有司,始詔歲命官知事。”

解元、解頭　科舉考試中鄉試第一名。唐張固《幽閒鼓吹》:“張正甫爲河南尹,裴中令銜命代淮西,置宴府西亭。裴公舉一人詞藝好解頭。張相公正色曰:‘相公此行何爲也?争記得河南府解頭?’中令有慙色。”五代王定保《唐摭言·爲等第後久方及第》:“奈何取捨之源,殆不踵此?或解元永黜,或高等尋休。”

解副　唐代科舉制度中鄉薦第二名。唐張固《幽閒鼓吹》:“喬彛峥嶸,甚宜以解副薦之。”

解試　唐宋時州府舉行的科舉考試,即明清的鄉試。五代王定保《唐摭言·恚恨》:“盧吉州肇,開成中,就江西解試,爲試官不送。”

解榜　唐宋時解試中式的榜文。宋王讜《唐語林·補遺三》:“其夕忽叩試院門……試官沈光發之,曰:‘聞解榜内有人,曾與路岩作文書者,仰落下。’”

狀元、廷魁　殿試第一名。五代王定保《唐摭言·謝恩》:“狀元已下,到主司宅門下馬,綴行而立,斂名紙通呈。”宋王明清《揮麈前録》卷二:“後數十年,李士美、何文縝亦以廷魁至鼎席。”

甲第、乙第　指科舉考試的第一等和第二等。《舊唐書·于邵傳》:“獨孤授舉博學宏詞，吏部考爲乙等，在中書升甲科，人稱其當。”《新唐書·選舉志上》：“凡進士，試時務策五道，帖一大經，經策全通爲甲第，策通四，帖過四以上爲乙第。”

科場 科舉考試的場所，也指科舉考試。宋歐陽修《歸田録》卷一：“孫何與李庶幾同在科場。”又《與曾舍人書》：“今歲科場，偶滯遐舉，畜德養志，愈期遠到，此鄙劣之望也。”

科目 指分科選拔官吏的名目。宋趙彦衛《雲麓漫抄》卷六：“唐科目至繁，《唐書》多不載。”《舊唐書·楊綰傳》：“所以食垂餌者皆小魚，就科目者皆小藝。”

科名 指科舉考試的功名。唐韓愈《答陳生書》：“子汲汲於科名，以不得進爲親之羞者，惑也。”又指科考所設的類别名目。宋王讜《唐語林·企羡》：“有以科名對者，必有喜，便問所賦詩賦題並主司姓名。”

口試、墨試 前者是應試用口頭回答問題的考試，“墨試”就是筆試，要求應試者在試卷上寫出答意的考試。《新唐書·選舉志上》：“凡明經，先帖文，然後口試。”又：“凡書學，先口試，通乃墨試《説文》、《字林》二十條，通十八爲第。”

口義、墨義 前者是科舉考試中用口頭回答經義，後者是應試者用筆答述經義的考試。《舊唐書·憲宗紀上》：“壬申，禮部舉人，罷試口義，試墨義十條，五經通五，明經通六，即放進士。”

省試 唐宋時期由尚書省禮部舉行的考試。唐姚合《寄楊茂卿校書》詩：“到京就省試，落籍先有名。”《舊唐書·歸崇敬傳》：“省試三日，觀其所實，義少兩道，亦請兼收。”

秋試 唐宋時期州府爲選拔人才所舉行的考試。宋文同《中秋夜試院寄子平》詩：“人間重此夕，一歲號佳賞，而我督秋試，鏁宿密如藏。”

秋貢、秋賦 唐宋時期州府向朝廷舉薦會試人員于秋季舉行的選拔考試。唐喻鳬《送友人下第歸寧》詩：“旋應赴秋貢，詎得久承歡。”五代王定保《唐摭言·以其人不稱才試而後驚》：“令狐文公鎮三峰，時及秋賦，特置五場試。”

秋課 士人習舉業的課卷。唐貫休《送友人之嶺外》詩：“一囊秋課苦，萬里瘴雲開。”

秋卷 唐代舉子落第京師過夏課讀期間所作的詩文。唐姚合《送崔約下第歸揚州》詩：“春風下第時稱屈，秋卷呈親自束歸。”

座主　唐宋科舉考試的主試官。唐李肇《唐國史補》卷下："〔進士〕互相推進謂之先輩，俱捷謂之同年，有司謂之座主。"宋梅堯臣《較藝贈永叔和禹王》詩："今看座主與門生，事事相同舉世榮。"

中古産生的一般事物名稱中，偏正式複合詞更是數不勝數。有的反映了中古科技、生産、經濟、生活的發展。如：

飛車　一種可以乘風飛行的車。晉張華《博物志》卷八："奇肱國，其民善機巧，以殺百禽；能爲飛車，從風遠行。"宋蘇軾《金山妙高臺》詩："我欲乘飛車，東訪赤松子。"

飛錢　大約相當於現在的支票和滙票。起源于唐憲宗時。《新唐書・食貨志四》："時商賈至京師，委錢諸道進奏院及諸軍，諸使富家，以輕裝趨四方，合券乃取之，號飛錢。"

工藝　手工的技藝。《新唐書・閻立德傳》："父毗，爲隋殿内少監，本以工藝進，故立德與弟立本皆機巧有思。"

火車　古代一種戰車，用於火攻。《南齊書・高帝紀上》："俄頃，賊馬步奄至，又推火車數道，攻戰，相持移日。"《舊唐書・馬燧傳》："燧乃令推火車以焚其柵。"

火井　天然氣井。我國應用天然氣歷史悠久。西漢時巴蜀地區已開始開鑿火井，用以煮鹽，魏晉以後常有關於"火井"的記載。晉左思《蜀都賦》："火井沈熒於幽泉，高焰飛煽於天垂。"劉逵注："蜀郡有火井，在臨邛縣西南。火井，鹽井也。"晉常璩《華陽國志・蜀志》："臨邛縣……有火井，夜時光映上昭，民欲其火，先以家火投之，傾許如雷聲，火焰出，通燿數十里。"晉張華《博物志》卷三："臨邛火井一所，縱廣五丈，深二三丈。"北魏酈道元《水經注・江水一》："江水又逕臨邛縣，王莽之監邛也。縣有火井鹽水，昏夜之時，光興上照。"

火舫、火船、火艦　都是設有火攻裝備的戰船。《陳書・徐世譜傳》："時景軍甚盛，世譜乃別造樓船、拍艦、火舫、水車，以益軍勢。"《魏書・敬宗紀》："都督李苗以火船焚河橋。"《南史・王僧辯傳》："是日，賊復攻城不剋，又爲火艦燒柵，風不便，自焚而退。"

火箭　發射引火物以進行火攻的戰具。《三國志・魏書・明帝紀》："諸葛亮圍陳倉"注引魏魚豢《魏略》："〔郝〕昭於是以火箭逆射其雲梯，梯燃，梯上人皆燒死。"

唐韓愈《晚秋郾城夜會聯句》:"峨峨雲梯翔,赫赫火箭著。"

脚價、脚錢、脚傭、脚費　都指搬運費。唐陸贄《冬至大禮赦制》:"如山路險阻,車乘難通,仍召貧人,令其搬運,以米充脚價。"唐元稹《爲河南府百姓訴車》:"每乘每里脚錢三十五文,約計從東都至行營所八百餘里,錢二千八文。"《新唐書・張建封傳》:"是時宦者主宫市……則莫敢誰何,大率與直十不償一。又邀閽閾所奉及脚傭,至有重荷趨肆而徒返者。"宋李綱《與右相條具事宜劄子》:"載米斛前去湖北回易,兑拔應副岳飛軍中,既有利息,又省脚費,此不可不知也。"

沙糖、糖霜、石蜜　"糖"字不見於《説文》。《方言》十三:"餳謂之餹。"可以算作糖的最早來源。六朝正式寫作"糖",指飴糖。《玉篇・米部》:"糖,飴也。"又産生了"沙糖"、"糖霜"、"石蜜"等複音詞。"沙糖"是蔗汁煉製成沙粒狀晶體的糖。南朝梁陶弘景《本草》注説廣州甘蔗"取汁爲沙糖"。唐蘇恭《唐本草》:"沙糖生蜀地,西戎江東並有之,笮甘蔗汁煎成,紫色。""糖霜"就是現在的冰糖。北宋王灼著《糖霜譜》,載唐大歷年間有僧號鄒和尚者,驢犯山下黄氏蔗田,黄請償於鄒,鄒曰:"汝未知窨蔗爲糖霜,利當十倍。""石蜜"漢代就有,即白沙糖。漢張衡《七辨》:"沙餳石蜜,遠國儲珍。"明李時珍《本草綱目》卷三十三:"石蜜,即白沙糖也。"

燒酒　唐代的一種酒,不是現在的白酒。唐白居易《荔枝樓對酒》詩:"荔枝新熟雞冠色,燒酒初開琥珀香。"唐雍陶《到蜀後記途中經歷》詩:"自到成都燒酒熟,不思身更入長安。"

牙人、牙儈、牙郎、牙保　都是在貿易中介紹買賣的經紀人。唐薛用弱《集異記》卷二《甯王》:"甯王方集賓客,讌話之際,鬻馬牙人麴神奴者,請呈二馬焉。"《舊唐書・安禄山傳》:"及長,解六蕃語,爲互市牙郎。"《新唐書・張義新傳》:"嘗買婢遷約,爲牙儈搜索陵突。"《太平廣記》卷八六引《趙燕奴》:"性甚狡慧,……市肆交易,必爲牙保。"按"牙"可能爲"互"的誤字,漢魏以來民族或國家之間進行貿易,謂之"互市"。《後漢書・應劭傳》:"〔鮮卑〕故數犯障塞,且無寧歲,唯至互市,乃來靡服。"互市交易的中間人稱爲"互郎"。"互"誤爲"牙",則稱"牙郎""牙人"。宋劉攽《貢父詩話》:"古稱駔儈,今謂牙也。劉道源云:'本稱互郎,主互市,唐人書互爲牙,因訛爲牙。'理或信然。"又明陶宗儀《輟耕録・牙部》:"今人謂駔儈者爲牙郎,本謂之互郎,謂主互市事也。"

印板　木板印刷的底板。這個詞是五代印刷術發展以後才出現的。宋王溥《五代會要・經籍》:"後唐長興三年二月,中書門下奏請依石經文字,刻九經印板。"《朱子語類》卷二十七:"我只是一個印板印將去,千部萬部雖多,只是一個印板。"

作具　工具。北魏酈道元《水經注・渭水》:"遣弟子及諸生四夷,凡十餘萬人,操持作具,助將作掘傅后塚。"《宋刑統》卷四:"問曰:私鑄錢事發,所獲作具及錢銅,或違法殺馬牛等肉,如此之類,律令無文,未知合没官以否?"特指刑具,對犯人用刑的器具。《太平廣記》卷二六七引《御史臺記》:"囚人無貴賤,必先列枷於地,召囚前曰:'此是作具。'見之魂膽飛越,無不自誣者。"

作坊　從事手工製造加工的工廠。《大唐詔令集・乾符二年南郊赦》:"諸處本置作坊,只合製造干戈兵甲及進獻供需。"《舊唐書・齊復傳》:"先時西京叛亂,前後經略使征討反者,獲其人皆没爲官奴婢,配作坊重役。"《資治通鑒・後漢隱帝乾祐三年》:"嘗夜聞作坊鍛聲,疑有急兵,達旦不寐。"胡三省注:"作坊,造兵甲之所,作坊使領之。"

上古漢語裏,偏正式複合詞絶大多數是名詞,中古也没有改變這種局面。只有少數動詞和形容詞。如:

促裝　急忙整理行裝。南朝宋謝靈運《初去郡》詩:"恭承古人意,促裝返紫荆。"南朝齊孔稚珪《北山移文》:"今又促裝下邑,浪拽上京。"宋羅大經《鶴林玉露》卷七:"戒家人不許市一物,恐累歸擔,日日若促裝者。"

反動　背叛。《北齊書・楊愔傳》:"高歸彦初雖同德,後尋反動,以疏忌之跡盡告兩王。"又作"推翻、翻案"講。漢史游《急就篇》卷四"辭窮情得具獄堅"顔師古注:"具成其獄,鍛煉周密,文致堅牢,不可反動也。"

鼾睡　熟睡而打呼嚕。唐唐彦謙《宿田家》詩:"停車息茅店,安寢正鼾睡。"宋岳珂《桯史・徐鉉入聘》:"上諭之曰:'不須多言,江南亦何罪,但天下一家,卧榻之側,豈容他人鼾睡耶?'"

非凡　不同尋常。《後漢書・李通傳》:"君狀貌非凡,將以此安之?"晉干寶《搜神記》卷十六:"常有好婦來,美麗非凡。"

密雲　没有眼淚的樣子。晉裴啓《裴子語林》:"有人詣謝公别,謝公流涕,人了不悲。既去,左右曰:'客殊自密雲。'"北齊顔之推《顔氏家訓・風操》:"侯遂密雲,赧然而出。”

退紅　粉紅色。唐王建《題所賃宅牡丹花》詩：“粉先深紫膩，肉色退紅嬌。”唐王貞白《娼樓行》詩：“龍腦香調水，教人染退紅。”宋薛昭蘊《醉公子》詞：“床上小薰籠，韶州新退紅。”

斬新　極新，簇新。唐杜甫《三絕句》詩：“楸樹馨香倚釣磯，斬新花蕊未應飛。”唐白居易《喜山石榴花開》詩：“已憐根損斬新栽，還喜花開依舊數。”

4. 支配式複合詞

中古產生的複合詞中，支配式複合詞仍然是少數，但範圍較上古遠爲廣泛，以名詞和動詞爲主。如：

當關　門吏，守門人。三國魏嵇康《與山巨源絶交書》：“卧喜晚起，而當關呼之不置，一不堪也。”唐李商隱《富平少侯》詩：“當關不報侵晨客，新得佳人字莫愁。”

分宵　半夜。南朝梁劉孝綽《答湘東王書》：“但瞻言漢廣，邈若天涯。區區一念，分宵九逝。”《舊唐書·高宗紀上》：“言念幽圄，載惻分宵。”五代王定保《唐摭言·謁先師》：“乙夜觀書，分宵不寐。”

扶老　筇竹别名，可作手杖。一説靈壽木，也叫扶老藤。晉陶潛《歸去來辭》：“策扶老以流憩，時矯首而遐觀。”宋王應麟《困學紀聞》卷十三：“策扶老以流憩，謂扶老藤也。”

接籬（䍦）　古代一種帽子。南朝宋劉義慶《世説新語·任誕》：“山公一時醉，逕造高陽池，日莫倒載歸，茗艼無所知。復能乘駿馬，倒著白接籬。”北周庾信《楊柳歌》：“不如飲酒高陽池，日暮歸時倒接䍦。”

屈膝　門窗的環紐，搭扣。梁簡文帝《烏棲曲》詩之四：“織成屏風金屈膝，朱唇玉面燈前出。”唐李賀《宫娃歌》詩：“啼蛄吊月鈎闌下，屈膝銅鋪鎖阿甄。”

抱怨　心懷怨恨。《晉書·劉毅傳》：“諸受枉者抱怨積直，獨不蒙天地無私之德，而長壅蔽於邪人之銓。”

趁虚（墟）　趕集，趕場。唐柳宗元《柳州峒氓》詩：“青箬裹鹽歸峒客，緑荷包飯趁虚人。”宋錢易《南部新書》：“端州以南，三日一市，謂之趁虚。”宋范成大《豫章南浦亭泊舟》詩：“趁墟猶市井，收潦再耕桑。”

稱首　第一，最好。南朝梁劉勰《文心雕龍·才略》：“然而魏時話言，必以元封爲稱首。"《北史·張蒲傳》:"蒲在謀臣之列,屢出爲將,朝廷論之,常以爲稱首。"唐劉肅《大唐新語》卷四:"父子兄弟,罪不相及,威臻至現,俱爲稱首。"

藏拙　掩飾短處,不讓人知。常用爲謙詞。唐韓愈《和席八十二韻》詩:"倚玉難藏拙,吹竽久混真。"唐羅隱《自貽》詩:"縱無顯效亦藏拙,若有所成甘守株。"唐劉餗《隋唐嘉話》下:"梁常侍徐陵聘于齊,時魏收文學北朝之秀,收録其文集以遺陵,令傳之江左。陵還,濟江而沈之,從者以問,陵曰:'吾爲魏公藏拙。'"

點心　正餐前稍微吃一點東西充饑。動詞。《太平廣記》卷二八六引《河東記》:"三娘子先起點燈,置新作燒餅於食床上,與客點心。"宋莊季裕《雞肋編》卷下:"上覺微餒,孫見之,即出懷中蒸餅云:'可以點心。'"又爲名詞。糕餅之類的食品;非正餐的飯菜。五代南唐劉崇遠《金華子雜編下》:"姊顧其弟曰:'我未及餐,爾可且點心。'止于水飯數匙,復備夫人點心。"宋周密《癸辛雜識前集·健啖》:"聞卿健啖,朕欲作小點心相請,如何?"

負心　背棄情義。晉葛洪《抱朴子·對俗》:"民間君子,猶内不負心,外不愧影,上不欺天,下不食言。"唐蔣防《霍小玉傳》:"我爲女子,薄命如斯;君是丈夫,負心若此。"

告辭　告别。南朝齊謝朓《拜中軍記室辭隋王牋》:"攬涕告辭,悲來横集。"晉干寶《搜神記》卷一:"把臂告辭,涕泣流離,肅然昇車,去若飛迅。"

耐煩　忍受麻煩。三國魏嵇康《與山巨源絶交書》:"心不耐煩,而官事鞅掌,機務纏其心,世故繁其慮。"唐劉希夷《秋日題汝陽潭壁》詩:"幽人不耐煩,振杖閒步寂。"

取笑　惹人譏笑。《後漢書·蓋勳傳》:"今不急静難之術,遽爲非常之事,既足結怨一州,又當取笑朝廷。"唐杜甫《自京赴奉先縣詠懷五百字》詩:"取笑同學翁,浩歌彌激烈。"

軟脚　設酒食慰勞遠行歸來的人,洗塵。《敦煌變文集·捉季布傳文》:"歸宅親故來軟脚,開筵列饌廣鋪陳。"宋蘇軾《答吕梁仲屯田》詩:"還須更置軟脚酒,爲君擊鼓行金樽。"又爲病名,即脚氣病。唐韓愈《祭十二郎文》:"汝去年書云:'比得軟脚病,往往而劇。'"

向火　烤火。唐元稹《擬醉》詩:"九月閑宵初向火,一樽清酒始行杯。"唐拾得

《詩》之二："爐子邊向火，鑊子裏澡浴。"唐李群玉《與三山人夜話》詩："酒思彈琴夜，茶芳向火天，兔裘堆膝暖，鳩枝倚床偏。"這個詞近代戲曲小説中廣泛應用。如明施耐庵《水滸傳》十回："周圍坐着四五個小莊家向火。"現代四川等方言裏仍然保存着。

5. 表述式複合詞

表述式也叫主謂式，中古産生的表述式複合詞不太多，主要是名詞和動詞。如：

家生　封建社會奴僕生的子女仍在主人家當奴僕，叫做"家生"。唐王梵志《朝廷數十人》詩："唤女作家生，將兒作奴使。"唐白居易《南園試小樂》詩："紅萼紫房皆手植，蒼頭碧玉盡家生。"《敦煌變文集·捉季布傳文》："兀（髡）髮剪頭披短褐，假作家生一賤人。"

戒嚴　在戰時或其他非常情況下採取嚴密的防範措施。《三國志·魏書·賈逵傳》注引《魏略》："太祖（曹操）知其然，恐外有諫者，教曰：'今孤戒嚴，未知所之，有諫者死。'"《晉書·褚裒傳》："及石季龍死，裒上表請伐之，即日戒嚴，直指泗口。"《宋書·宗室傳》："韞已戒嚴，敬則率壯士直前，韞左右皆披靡，因殺之。"

頭風　頭痛病。《三國志·魏書·王粲傳》注引《典略》："太祖先苦頭風，是日疾發，卧讀陳琳所作，翕然而起，曰：'此愈我病。'"唐元稹《酬李六醉後見寄口號》詩："頓愈頭風疾，因吟口號詩。"

腸斷　有兩義，一是形容極度悲痛。唐白居易《長恨歌》："行宫見月傷心色，夜雨聞鈴腸斷聲。"二是與悲痛之義相反，形容令人歡快、憐愛。唐杜甫《閬水歌》："閬中勝事可腸斷，閬州城南天下稀。"唐杜牧《遣懷》詩："落魄江湖載酒行，楚腰腸斷掌中輕。"

齒冷　貽笑於人，招致恥笑。笑則張口，時間長了，牙齒就會感到冷。《南齊書·樂頤傳》："人笑褚公，至今齒冷。"

惡發　嗔怒；發脾氣。《敦煌變文集·難陀出家緣起》："難陀惡發不添，盡打破。……掃又掃不得，難陀又怕妻怪，惡發便駡世尊。"宋歐陽修《玉樓春》："大家惡發大家休，畢竟到頭誰不是？"宋莊季裕《雞肋編》卷中："紹興四年，大饗明堂，更修射殿以爲饗所，其基即錢氏時握髮殿，吴人語訛，乃云惡發殿，謂錢王怒即升此殿也。"

6. 補充式複合詞

補充式複合詞上古晚期偶有出現，中古仍然不多。這類複合詞由兩個詞素組成，前一個詞素表示動作，後一個詞素表示動作的結果或狀態。下面舉幾個例子：

擺落、擺脱　撇開，不受拘束。晉陶潛《飲酒》詩之十二："擺落悠悠談，請從余所之。"唐元稹《祭亡友文》："君雖促齡，實大其志，呼吸風雲，擺落塵膩。"唐韓偓《送人棄官入道》詩："忸怩非壯志，擺脱是良圖。"宋佚名《宣和畫譜八・李邕》："邕初學變右軍行法，頓挫起伏；既得其妙，復乃擺脱舊習，筆力一新。"

推倒　向前用力使直立着的物體倒下去。唐白居易《有木》詩之七："一旦樹推倒，獨立暫飄颻。"宋王讜《唐語林・補遺二》："元和中，有老卒推倒平淮西碑，官司鍼其項，又以枷擊守獄者。"

割裂　從整體中分割出若干部分。《後漢書・宦者傳》："〔朱瑀等〕因共割裂城社，自相封賞。"三國魏曹冏《六代論》："割裂州國，分王子弟。"

了却　除掉。《北史・崔孝芬傳》："靈太后謂曰：'卿女今事我兒，與卿是親，曾何相負？而内頭元叉車内，稱此嫗須了却。'"又指把事情了結，辦完。宋黄庭堅《登快閣》詩："癡兒了卻公家事，快閣東西倚晚晴。"

説合　從中介紹，促成别人的事。南朝宋劉義慶《世説新語・識鑒》："何晏、鄧颺、夏侯玄並求傅嘏交，而嘏終不許，諸人乃因荀粲説合之。"

織成　古代一種名貴的絲織物，用彩絲或金縷織出花紋圖案。晉楊方《合歡詩》："寢共織成被，絮用同功綿。"晉干寶《搜神記》卷一："發簏，取織成裙衫兩副遺超，又贈詩一首。"

7. 名量式複合詞

這類複合詞由一個名詞性詞素加一個量詞性詞素構成。整個複合詞的意義與名詞性詞素的複數同。上古晚期這類複合詞偶有出現。如《漢書・百官公卿表上》："吏員自佐史至丞相，十二萬二百八十五人。"句中"吏員"就是官吏的泛稱。到了中古，這類複合詞有了較多的發展。例如：

車乘　車輛。《後漢書・蔡邕傳》："及碑始立，其觀視及摹寫者，車乘日千餘兩，填塞街陌。"

車兩　車的泛稱。《宋書・張暢傳》："近以騎至，車兩在後，今端坐無爲，有博具可見借。”

船乘　船隻。《晉書·譙剛王遜傳》:“敦恐其爲己患,詐稱北伐,悉召承境内船乘。”

官員　經過任命的、一定等級的政府工作人員。《周書·盧辯傳》:“宣帝嗣位,事不師古,官員班品,隨意變革。”唐韓愈《送諸葛覺往隨州讀書》:“臺閣多官員,無地寄一足。”

花朵　花以朵計,因稱花朵。唐劉禹錫《和樂天春詞》詩:“新妝粉面下朱樓,深鎖春光一院愁。行到中庭數花朵,蜻蜓飛上玉搔頭。”

麥粒　麥子。晉嵇含《南方草木狀》:“山薑花,莖葉即薑也,根不堪食,於葉間吐花作穗,如麥粒,軟紅色。”宋范成大《致一齋述事》詩:“今朝麥粒黄堪面,幾日秧田緑似針。”

書卷　書的泛稱。漢王充《論衡·商蟲》:“書卷不舒有蟲。”《南史·臧燾傳附臧岩》:“孤貧勤學,行止書卷不離手。”唐杜甫《水閣朝霽奉簡雲安》詩:“雨檻卧花叢,夙床展書卷。”

蒜顆　蒜的總稱。北齊顏之推《顔氏家訓·書證》:“北土通呼物一凷改爲一顆,蒜顆是俗間常語耳。”

羊群　成群的羊。晉干寶《搜神記》卷一:“後人遇放於陽城山頭,因復逐之,遂走入羊群。”

舟乘　船隻。《陳書·六後主紀》:“丁巳大風主自西北,激濤水入石頭城,淮渚暴溢,漂没舟乘。”

8. 簡稱

“簡稱”是複合詞語的省略形式。適應於漢語詞滙發展雙音化的趨勢,簡稱大都以雙音爲主,也可以是單音。如“公主”可以省稱爲“主”。多音詞語音簡化以後仍然是詞,短語簡化後凝固成詞。秦漢以前已有簡稱;魏晉以後,簡稱數量漸多,範圍也更廣泛。如:

西母、西王、王母　都是“西王母”的簡稱。中國古代神話中的女仙人。《山海經·西山經》:“西王母,其狀如人,豹尾虎齒而善嘯。”晉傅玄《正都賦》:“東父翳青蓋而遐望,西母使三足之靈禽。”《隋書·虞綽傳》:“西王青鳥,東海赤雁,豈可同年而語哉?”唐杜甫《秋興》詩八首之五:“西望瑶池降王母,東來紫氣滿函關。”“函關”是“函谷關”的省稱,古關名,在今河南靈寶縣。

馬遷 “司馬遷”的省稱。西漢大史學家。唐李商隱《五言述德抒情詩一首四十韻獻上杜七兄仆射相公》詩:“悼傷潘岳重,樹立馬遷輕。”

嚴平 “嚴君平”的省稱。君平西漢蜀郡人,卜筮于成都,今成都市有君平街。《漢書·王吉傳》:“蜀有嚴君平,皆修身自保,非其服弗服,非其食弗食。”《三國志·蜀書·許麋孫簡伊秦傳》:“權曰:‘仲尼、嚴平,會聚衆書,以成《春秋》《指歸》之文,故海以合流爲大,君子以博識爲宏。’宓報曰:‘書非史記周圖,仲尼不采;道非虚無自然,嚴平不演。’”

火布 “火烷布”的省稱,即石棉布。《後漢書·西域傳·大秦國》:“作黄金塗、火烷布……凡外國珍異皆出焉。”《宋書·夷蠻傳論》:“通犀、翠羽之珍,蛇珠、火布之異。”

老春 “老頭春”的省稱。唐代酒名。《敦煌變文集·季布詩詠》:“千金不傳老頭春,醉卧階前忘却貧。”唐李白《哭善釀紀叟》詩:“紀叟黄泉裏,還密釀老春。”

鴛瓦 “鴛鴦瓦”的簡稱,一俯一仰的瓦。南朝梁蕭統《講席將畢賦三十韻詩依次用》詩:“日麗鴛鴦瓦,風度蜘蛛屋。”唐李商隱《當句有對》詩:“密邇平陽樓上蘭,秦樓鴛瓦漢宫盤。”

鴛侶 “鴛鴦侶”的簡稱。比喻恩愛夫妻。唐温庭筠《偶遊》詩:“與君便是鴛鴦侶,休向人間覓往還。”宋周邦彦《尉遲杯·離恨》詞:“有何人念我無聊,夢魂凝鴛侶。”

時病 “時行病”的簡稱。即流行病,時令病。晉陶潛《搜神後記》卷三:“桓宣武時,有一督將,因時行病後虚熱,更能飲複茗,必一斛二斗乃飽。”南朝宋劉敬叔《異苑》:“二十八年三月,舉家悉得時病,既而漸差。”

有的簡稱是聯綿詞單音化而成單音詞,或又和其他詞素組成複合詞。如:

蟾、蜍、蟾光、蟾宫、蟾魄 “蟾”、“蜍”是“蟾蜍”的省稱。癩蛤蟆。傳説月中有蟾蜍,因借指月亮。“蟾光”即月光;“蟾宫”即月宫,傳説月中的宫殿,嫦娥所居;“蟾魄”爲月亮的别稱,也指月色。漢張衡《西京賦》:“蟾蜍與龜,水人弄蛇。”唐杜甫《八月十五夜》詩之二:“刁斗皆催曉,蟾蜍且自傾。”唐李白《雨後望月》詩:“四周陰靄散，開户半蟾出。”宋真德秀《皇后閣端午帖子》詩：“欲知天錫無疆壽，認取仙蜍頷下書。”南朝梁蕭統《錦帶書十二月啓·太簇正月》：“飄飄餘雪，入簫管以成歌；皎潔清冰，對蟾光而寫鏡。”唐許晝《中秋月》詩：“應是蟾宫别有情，每逢秋半倍澄清。”唐元稹《紀懷贈李六户》詩：“華表當蟾魄，高樓挂玉繩。”

螳、螳臂、螳斧　“螳”亦作“蟷”，是“螳螂（蜋）”的簡稱。“螳臂”是螳螂的前足，比喻自不量力或力量微弱。“螳斧”也指螳螂的前足，狀如鐮刀，因稱。《禮記·月令》：“小暑至，螳蜋生。”唐柳宗元《平淮夷雅》之一：“裒凶鞠頑，鋒蝟斧蟷。”前蜀杜光庭《虬髯客傳》：“人臣之謬思亂者，乃螳臂之拒走輪耳。”宋李覯《蟬》詩：“螳斧不勞陰致害，貂冠猶可共傳名。”

駝、明駝、金駝、官駝、野駝、駝峰、駝鈎、駝囊　“駝”是“駱駝”的簡稱。如《漢書·耿恭傳》：“建初元年正月，攻交河口……獲生口三千餘人，駝、驢、馬、牛、羊等三萬七千頭。”“明駝”是强健善走的駱駝。《木蘭詩》：“願借明駝千里足，送兒還故鄉。”“金駝”是黄金鑄製的駱駝。《魏書·西域傳》：“國王有黄金殿，殿下有金駝七頭，各高三尺。”“官駝”是官府飼養的駱駝。《魏書·蠕蠕傳》：“請給朔州麻子乾飯二千斛，官駝運送。”“野駝”是野駱駝。唐岑參《酒泉太守席上醉後作》詩：“渾炙犁牛烹野駝，交河美酒歸叵羅。”“駝峰”是駱駝背上的肉峰，古代珍饈之一。唐段成式《酉陽雜俎·酒食》：“將軍曲良翰，能爲驢鬉、駝峰炙。”“駝鈎”是駱駝背上的一種裝飾。唐元稹《夢遊春七十韻》詩：“隔子碧油糊，駝鈎紫金鍍。”“駝囊”是用駱駝皮製的口袋。唐張祐《雁門太守行》詩：“駝囊瀉酒酒一杯，前頭滴血心不回。”等等。

蛛、蛛網（罔）、蛛絲、蛛塵　“蛛”是“蜘蛛”的簡稱。“蛛網（罔）”是蜘蛛用絲結成的網，見於漢代。“蛛絲”是蜘蛛分泌物結成的絲，也指“蛛網”。“蛛塵”是蛛網上的灰塵。《關尹子·三極》：“聖人師蜂立君臣，師蜘蛛立網罟。”唐故台城妓《詩》：“網斷蛛猶織，梁春燕不歸。”漢揚雄《太玄·遇》：“次六，俾蛛罔，罔遇蜂，利。”唐杜甫《牽牛織女》詩：“蛛絲小人態，曲綴瓜果中。”宋楊萬里《黄雀食新》詩：“三日荔枝香味變，況開醬瓿拂蛛塵。”

有的是兩個複合詞單音化後又合併而成，它們仍然保存着原兩個詞的意義。如：

皇英　傳説中堯帝女、舜帝妻娥皇、女英的合稱。三國魏曹植《敘愁賦》：“觀圖像之遺形，竊庶幾乎皇英。”唐李白《遠别離》詩：“遠别離，古有皇英之二女，乃在洞庭之南，瀟湘之浦。”

牛女、女牛 “牽牛星”和“織女星”或古代神話“牛郎織女”簡化後的合稱。三國魏曹丕《燕歌行》：“牽牛織女遥相望，爾獨何辜限河梁？”晉潘岳《西征賦》：“儀景星於天漢，列牛女以雙峙。”宋黄庭堅《鵲橋仙》詞：“年年牛女恨風波，拚此事，人間天上。”唐許謙《夜泊東溪有懷》詩：“酒醒推篷坐，凄凉望女牛。”宋吴自牧《夢粱録·七夕》：“遂令女郎望月，瞻斗列拜，次乞巧于女牛。”

沈麝、麝沈 “沈香”和“麝香”的簡稱。唐李白《楊叛兒》詩：“博山爐中沈香火，雙煙一氣凌紫霞。”《南齊書·東昏侯紀》：“麝香塗壁，錦幔珠簾，窮極綺麗。”《敦煌變文集·維摩詰經講經文》：“各請擎鮮花於掌内，爲吾燒沈麝於爐中。”五代王仁裕《開元天寶遺事·嚼麝之談》：“每與賓客議論，先含嚼沈麝，方啓口發談，香氣噴于席上。”宋蘇軾《寒食夜》詩：“沈麝不燒金鴨冷，淡雲籠月照梨花。”“麝沈”與“沈麝”同義，近代才出現。元馬祖常《次韻王參議寄上京胡安常諸公》詩：“省中温樹晝陰陰，郎署熏衣盡麝沈。”

中古簡稱之所以廣泛出現，清代學者錢大昕有過分析：“漢魏以降，文尚駢儷，詩嚴聲病，所引用古人姓名，任意割省，當時不以爲非。”①錢氏的話，也適用於其他簡稱。駢體文和舊體詩歌講究平仄對仗，是造成書面語廣泛應用簡稱的重要原因。口語同樣要避繁就簡，所以簡稱在比較接近口語的作品裏也很常見。至於簡稱的構成，在不影響語義表達的前提下，無論省去前面的字還是省去後面的字都無不可，並没有什麽嚴格的規律。

9. 超層次複合詞

兩個詞素意義上並無聯繫，也不在同一語法層次。這類詞大都是通過用典而形成的。用典，就是引用古代文獻典籍中出現過的詞語和故事。魏晉以後，駢體文盛行，詩歌大量産生，書面語言用典的風氣十分普遍。用典可以凝練成複音詞，在一定程度上影響中古漢語詞滙的發展。這類詞的特點，是兩個詞素之間不一定有什麽意義聯繫，也不一定在同一語法層次，而詞義往往在字面之外，概括了古代原有語句和故事的内容，不瞭解典故的來由，也就不易全面正確理解詞的

---

① 錢大昕《十駕齋養新録》卷十二“古人姓名割裂”條。

含義。如：

而立　《論語・爲政》："三十而立，四十而不惑。""而"本連詞，中古以後與"立"連用爲"而立"，作爲 30 歲的代稱。宋趙令畤《侯鯖録》三引蘇軾詩："令閣方當而立歲，賢夫已近古稀年。"

景仰　《詩・小雅・車舝》："高山仰止，景行行止。""景"與"仰"本不相關，中古組成複合詞，表示"仰慕"的意義。《後漢書・劉愷傳》："今愷景仰前修，有伯夷之節，宜蒙矜宥，存其先功。"宋羅大經《鶴林玉露》卷十一："《詩》曰'高山仰止，景行行止。'景，明也，謂所行之光明也。世俗有景仰、景慕之語，遂失其義。"

漣漪　《詩・魏風・伐檀》："河水清且漣猗。""猗"本語氣詞，中古與"漣"連用成複合詞，並依"漣"字類推爲"漪"。"漣漪"表示輕微的水波。晉左思《吴都賦》："剖巨蚌於回淵，濯明月於漣漪。"唐王維《納凉》詩："漣漪涵白沙，青鮪如遊空。"又倒文爲"漪漣"。《晉書・衛恒傳》："是故遠而望之，若翔風厲水，清波漪漣。"

筌蹄　"筌"也作"荃"。《莊子・外物》："荃者所以在魚，得魚而忘荃；蹄者所以在兔，得兔而忘蹄。""筌"是捕魚的竹器，"蹄"是捕兔的網。"筌蹄"連用，表示達到目的的工具或手段。《書序》唐孔穎達疏："故《易》曰：'書不盡言，言不盡意。'是言者意之筌蹄，書言相生者也。"唐杜甫《寄劉峽州伯華使君四十韻》詩："妙取筌蹄棄，高宜百萬層。"唐權德輿《奉和李大夫題鄭評事江樓》詩："往事盡筌蹄，虚懷寄杯杓。"

濡沫　《莊子・天運》："泉涸，魚相與處於陸，相呴以濕，相濡以沫。"本指魚用唾沫來潤濕。後用"濡沫"比喻同處困境，相互同情、互相救助。南朝宋朱廣之《諮顧道士夷夏論》："檢其言也，彼我俱遣；尋其旨也，老釋無際。俱遣則濡沫可遣，無際則不負高貴。"唐韓愈《叉魚招張功曹》詩："濡沫情雖密，登門事已遼。"唐柳宗元《酬婁秀才將之淮南見贈之作》詩："好音憐鎩羽，濡沫慰窮鱗。"宋蘇軾《和王晉卿》詩："謂言相濡沫，未足救溝瀆。"

惟塵　《詩・小雅・無將大車》："無將大車，維塵冥冥。"鄭箋："猶進舉小人，蔽傷己之功德。"後用"惟塵"比喻小人。三國魏嵇康《幽憤詩》："曰予不敏，好善闇人，子玉之敗，屢增惟塵。"晉陸雲《九愍・修身》："逢天怒而離紛，遘時咎於惟塵。"

友于　《書・君陳》："惟孝友于兄弟。""于"本介詞，中古"友于"連用，表示兄弟的情誼。《後漢書·史弼傳》:"陛下隆于友于,不忍遏絶。"《魏書·宋世景傳》:"世景友于之性,過絶於人。"又指兄弟。三國魏曹植《求通親親表》:"今之否隔,友于同憂。"唐白居易《東南行一百韻》詩:"萬里抛朋侣,三年隔友于。"

總的説來,中古漢語複音詞有了全面的發展。中古産生的新詞絶大多數是複音詞,成爲中古漢語詞滙發展的特點。現代漢語所有的雙音詞結構,中古都已具備。其中以聯合式、偏正式複合詞最爲重要,佔中古漢語複音詞總數的80%以上。其他複合詞雖有發展,數量並不太多。

第三節　中古漢語詞義的發展

詞義發展是中古漢語詞滙發展的重要内容之一。詞滙多義化可以用數量較少的詞表達更多的意義。漢語常用的單音詞,上古大部分已經多義化,中古增加了更多的意義;一部分上古是單義詞,中古增加一個或幾個新義,變成了多義詞。中古漢語詞義系統更加豐富了。進一步發展到現代,這些詞義有的保留,有的消亡,情況各不相同。

一、中古漢語單音詞詞義的發展

中古單音詞産生的新詞義很多,所涉及的方面非常廣泛。

1. 單音單義詞多義化

這些單義詞中古有增加一個新義的。如:

慚(慙)　本義是慚愧。《説文·心部》"慚,愧也。"《孟子·公孫丑下》:"吾甚慚於孟子。"這個意義至今常用。中古産生了"感激"義。晉干寶《搜神記》卷二十:"不慎墮江,慚君濟活。若有急難,當見告語。"南朝梁江淹《別賦》:"乃有劍客慚恩,少年報士。"唐杜甫《過故斛斯校書莊二首》詩:"遂有山陽作,多慚鮑叔知。""慚荷""慚感""慚謝""慚愧"連用,也有"感激"的意思。如晉干寶《搜神記》卷五:"翁之厚意,出葦相渡,深有慚感,當有以相謝者。"唐張鷟《遊仙窟》:"仆實庸才,得陪清賞,賜垂音樂,慚荷不勝。"《敦煌變文集·醜女緣起》:"公主因佛端正,事須慚謝大王。"又《燕子賦》:"一冬來居住,温暖養妻兒,計你合慚愧,却被怨辯之。"宋蘇軾《仇池筆記》卷下引曇秀詩："慚愧南風知我意，吹將草木作天香。"現代漢語"感激"義已不存在。

催　本義是"催促"。《説文・人部》："催，相擣也。"《玉篇・人部》："催，迫也。"晉李密《陳情表》："宰臣逼迫，催臣上道。"這個意義至今常用。中古産生"快、速"義。晉干寶《搜神記》卷十七："甘子正熟，三人共食，致飽，乃懷二枚欲出。聞空中語云：'催放雙甘，乃聽汝去。'"唐段成式《酉陽雜俎・禮異》："夫家領百餘人或十數人，隨其奢儉，挾車倶呼：'新娘子，催出來。'"這個意義現在已不存在。

僅　上古是"勉强達到，僅僅"的意思。《公羊傳・桓公二年》："此其曰有年何？僅有年也，彼其曰大有年何？大豐年也。"這個意義通用至今。中古産生"幾乎達到，將近"義，甚言事物之多。唐杜甫《泊岳陽城下》詩："江國踰千里，山城僅百尺。"唐白居易《和出藍田路作》詩："潯陽僅四千，始行七十里。"唐韓愈《張中丞傳後敘》："初守睢陽時，士卒僅萬人。"唐李綽《尚書故實》："見一人，年僅四十。"清段玉裁《説文解字注》："唐人文字，僅多訓庶幾之幾。"這個意義現代已不復存在。

乏　上古是"缺少"的意思。《左傳・桓公六年》："今民各有心，而鬼神乏主。"《戰國策・齊策四》："孟嘗君使人給其食用，無使乏。"中古産生"疲倦"義。南朝齊求那毗地譯《百喻經・債半錢喻》："爲半錢債而失四錢，兼有道路疲勞乏困，所債甚少，所失極多。"《新五代史・周德威傳》："因其勞乏而乘之，可以勝也。"現代漢語"缺少"義和"疲倦"義都保留。

燖（燅）　古代是把祭祀用的肉放在湯内燙成半熟。《儀禮・有司徹》："乃燅尸俎。"鄭玄注："古文燅皆作尋，《記》或作燖。"《集韻・鹽韻》："燖，沈肉於湯也。"中古産生一個新義，是把宰殺後的雞鴨等用開水燙後拔掉其毛。五代遼行均《龍龕手鏡・火部》："燖，以湯沃毛令脱。"北魏酈道元《水經注・涓水》："温水出竟陵之新陽縣東澤中……其熱可以燖雞。"《魏書・苻生傳》："或生剥牛羊驢馬，活燖雞豚鵝鴨，數十爲群，放之殿下。"現代漢語裏"燖"的上古義已消亡，中古義保存。

惱（嫍）　本義是"惱恨，惱怒"。《説文・女部》："嫍，有所怨痛也。今汝南人言有所恨言大嫍。"這個意義古今通用。中古産生"招惹、撩撥"義。唐李白《贈段七娘》詩："千杯緑酒何辭醉，一面紅妝惱殺人。"宋王安石《夜直》詩："春色惱人眠不得，月移花影上欄干。"宋蘇軾《蝶戀花》詞："墻裏鞦韆墻外道，墻外行人，墻裏佳人笑。笑漸不聞聲漸悄，多情却被無情惱。”這個意義現代已經死亡。

有中古産生兩個或三個意義的。如：

枷　上古指連枷，一種打穀的農具。《釋名・釋用器》：“枷，加也，加杖於柄頭以撾穗而出其穀也。”《國語・齊語》：“權節其用，耒耜枷芟。”六朝産生“枷鎖”義，指加在犯人頸上的刑具。《玉篇・木部》：“枷，枷鎖。”《北史・流求國傳》：“獄無枷鎖，唯用繩縛。”《舊唐書・刑法志》：“又繫囚之具，有枷、杻、鉗、鎖，皆有長短廣狹之制。”又爲動詞，指給犯人帶上枷。宋王讜《唐語林・政事下》：“有軍士犯罪，杖而枷之。”現代漢語裏“連枷”、“枷鎖”義都存在。

串　上古是“習慣、習俗”的意思，念 guàn。《爾雅・釋詁》：“串，習也。”《荀子・大略》：“國法禁拾遺，惡民之串以無分得也。”楊倞注：“串，習也。”中古産生三個新義：①親近，親近的人。《新唐書・鄭珣瑜傳附鄭覃》：“覃清正退約，與人未嘗串狎。”南朝宋謝惠連《秋懷》詩：“因歌遂成賦，聊用布親串。”吕向注：“串，押也。”②貫串。南朝梁簡文帝《薄命妾》詩：“玉貌歇紅臉，長顰串翠眉。”《正字通・丨部》：“串，物相連貫也。”③連貫在一起的東西。唐李肇《翰林志》：“其日尚供食素饌，賜茶十串。”唐權德輿《陸宣公翰苑集序》：“〔張〕鎰以泉貨數萬爲賮……公悉辭之，領新茶一串而已。”現代漢語裏，“串”的中古義①已消亡，②③保存。

2. 單音多義詞中古增加更多的新義

中古有增加一個新義的。如：

鈔、抄　本義是“叉取”。《説文・金部》：“鈔，叉取也。”段玉裁注：“叉者，手指相逪也，手指突入其間而取之，是之謂鈔。”上古又有“掠取、搶掠”義。漢王符《潛夫論・勸將》：“東寇趙魏，西鈔蜀漢。”也寫作“抄”。中古産生“抄寫，謄寫”義。晉葛洪《抱朴子・内篇・金丹》：“余今略鈔《金丹》之都較，以示後之同志好之者。”南朝宋劉義慶《世説新語・巧藝》：“戴安道就范宣學，視范所爲，范讀書亦讀書，范抄書亦抄書。”唐杜甫《贈李八秘書别三十韻》詩：“乞米煩佳客，鈔詩聽小胥。”《晉書・紀瞻傳》：“好讀書，或手自抄寫。”現代漢語裏“鈔、抄”的上古義消亡，中古“抄寫”義存在。

典　本義是“經典、典籍”。《説文・丌部》：“典，五帝之書也。”上古又有“法則”、“典禮”、“典故”、“典雅”、“主管”等義。如《詩・周頌・維清》：“維清緝熙，文王之典。"《國語·魯語上》:"故慎制祀,以爲國典。"《左傳·昭公十五年》:"數典而忘其祖。"漢王充《論衡·自紀》:"深覆典雅,旨意難覩,唯賦頌耳。"《書·舜典》:"有能典朕三禮?"中古產生"抵押、典當"義。唐杜甫《曲江二首》詩之二:"朝回日日典春衣,每日江頭盡醉歸。"唐白居易《杜陵叟》詩:"典桑賣地納官租,明年衣食將何如?"唐戴復古《織婦歎》詩:"絹未脱軸擬輸官,絲未落車圖贖典。"現代漢語"典"的中古義和上古義大都保留。"主管"義保存在"典試"、"典獄"等書面語詞裏。

批　上古是個多義詞。有"手擊"、"劈削"、"排除"等義。《左傳·莊公十二年》:"〔宋萬〕遇仇牧於門,批而殺之。"《莊子·養生主》:"批大隙,導大窾。"《史記·魏其武安侯列傳》:"及魏其侯失勢,亦欲倚灌夫引繩批根生平慕之後棄之者。"中古產生"批示、寫批語"義。《廣韻·齊韻》:"批,示也。"《舊唐書·李藩傳》:"制敕有不可,遂於黄敕後批之。"也指批語。宋米芾《書史》:"王獻之《日寒帖》有唐氏雜印,後有兩行謝安批。"現代漢語"批"的中古義完全保存,上古"手擊"義在書面語裏出現。如魯迅《阿Q正傳》:"放下他的辮子,並且批他幾個嘴巴。"

討　本義是治理。《説文·言部》:"討,治也。"上古又有"聲討"、"討伐"、"探求"等義。中古產生"討取、索取"義。《晉書·衛恒傳》:"或時不持錢詣酒家飲,因書其壁,顧觀者以酬酒,討錢足而滅之。"唐寒山《詩三百三首》之九十八:"凡事莫容易,盡愛討便宜。"《太平廣記》卷二七二引《妬記》:"乃將黄門及婢二十人,入持食刀,欲出討尋。"現代漢語裏除"治理"義以外,其餘上古義和中古義都存在。

探　本義是摸取。《爾雅·釋詁》:"探,取也。"郭璞注:"探者,摸取也。"上古又有"試探"、"探訪"、"偵探"等義,都保留至今。中古產生"預先(支借)"義。張相《詩詞曲語辭滙釋》卷五:"探爲預支或預借之預字義,此專用於支借一類之辭。"《晉書·愍懷太子傳》:"東宫舊制,月請錢五十萬,備於衆用,太子恒探取二月,以供嬖寵。"唐姚合《武功縣中作》詩:"每旬常乞假,隔月探支錢。"宋楊萬里《米囊花》詩:"東皇羽衛無供給.探借春風十日糧"這個意義現代已消亡。

助　本義是帮助。《説文·力部》:"助,左也。"這個意義至今存在。又相傳爲殷代賦法名。《孟子·滕文公上》:"夏后氏五十而貢,殷人七十而助,周人百畝而徹,其實皆什一也。"中古產生"祝賀"、"問候"義。東晉後秦鳩摩羅什譯《維摩詰所説經》卷下《法供養品第十三》:"佛言:'善哉善哉,天帝!如汝所説,吾助爾喜。'"唐徐商《賀襄陽副使節判同加章綬》詩:"芳菲解助今朝喜,嫩蘂青條滿眼新。"《敦煌變文集·舜子變》:"門前有個老人,昨從寮楊(遼陽)回來,今得阿耶書信。兩拜助阿孃寒温,兩拜助阿孃同喜。"宋王安石《送董伯懿歸吉州》詩:"去年服初除,聽赦相助喜。"這個意義現代已經消亡。

中古有增加兩個新義的。如:

的　上古是一個多義詞。有"箭靶的中心"、"鮮明"、"白色"、"用朱色點在面部"等意義。如《詩·小雅·賓之初筵》:"發彼有的,以祈爾爵。"《禮記·中庸》:"小人之道,的然而日忘。"《易·説》:"震爲雷,爲的顙。"《釋名·釋首飾》:"以丹注面曰的。"中古產生兩個新義:①確實。《三國志·魏書·崔林傳》:"餘國各遣子來朝,間使連屬,林恐所遣或非真的。"宋沈端節《五福降中天》詞:"他時恨悵,却月淩風,音信難的。"②一定,究竟。唐白居易《出齋日喜皇甫十早訪》詩:"除却朗之攜一榼,的應不是别人來。"宋蘇軾《光禄菴》詩:"城中太守的何人,林下先生非我身。"其中"箭靶的中心"義現在保存在"目的"、"有的放矢"、"衆矢之的"等詞語裏。"確實"義現在保存在"的確"、"的款"等詞裏,其餘各義已消亡。

目　本義是眼睛。《説文·目部》:"目,人眼,象形,重童子也。"上古又有"注視"、"以目示意"、"條目"等義。如《左傳·桓公元年》:"宋華父督見孔父之妻于路,目逆而送之。"服虔注:"目者,極視精不轉也。"《國語·周語上》:"於是國人莫敢言,道路以目。"《論語·顔淵》:"顔淵曰:'請問其目。'子曰:'非禮勿視;非禮勿聽,非禮勿言,非禮勿動。'"這些意義現代大都保留。中古產生兩個意義:①品評,品題。《後漢書·應劭傳》:"曹操微時,常卑辭厚禮,求爲己目。"南朝宋劉義慶《世説新語·政事》:"〔山司徒〕舉無失才,凡所題目,皆如其言。"②標題。《後漢書·襄楷傳》:"琅邪宫崇詣闕,上其師干吉于曲陽泉水上所得神書百七十卷,皆縹白素朱介青首朱目,號《太平青領書》。"李賢注:"目,題目也。"唐劉知幾《史通·内篇·六家》:"又録開皇、仁壽時事,編而次之,以類相從,各爲其目,勒成《隋書》八十卷。"這兩個中古義現代都已消亡。

羞　本義是"進獻(食品)"。《説文·丑部》:"羞,進獻也。"《左傳·隱公三年》:"可薦於鬼神,可羞於王公。"上古又有"精美的食品"、"恥辱"、"感到恥辱"等義。如《周禮·天官·膳夫》:"掌王后之飲食膳羞。"《易·恒》:"不恒其德,或承之羞。"《孟子・公孫丑上》："柳下惠不羞汙君。"中古產生兩個新義：①羞愧，不好意思。《樂府詩集・碧玉歌》："碧玉破瓜時，相爲情顛倒。感郎不羞郎，回身就郎抱。"《南齊書・劉祥傳》："羞而見人，扇障何益。"②怕。唐劉禹錫《贈眼醫婆羅門僧》詩："看朱漸成碧，羞日不禁風。"宋蘇軾《題織錦圖上回文詩》："羞看一首回文錦，錦似文君别恨深。"宋辛棄疾《祝英台近》詞："老眼羞明，水底看山影。"現代漢語裏，"進獻"、"怕"義已消亡。"恥辱"、"感到恥辱"、"羞愧"義保存。"精美食物"的"羞"寫作"饈"，存留在複音語詞"精饈百味"裏。

中古有增加三個或更多新義的。如：

唱　本義是領唱。《説文・口部》："唱，導也。"上古又有"倡導"、"稱讚"等義，現代都已亡佚。中古產生三個新義：①歌唱。唐王勃《滕王閣序》："漁舟唱晚，響窮彭蠡之濱。"唐劉禹錫《楊柳枝詞》："請君莫奏前朝曲，聽唱新翻《楊柳枝》。"②歌、歌曲。《晉書・夏統傳》："伍子胥諫吴王，言不納用，見戮投海。國人痛其忠烈，爲作《小海唱》。"宋嚴羽《滄浪詩話・詩體》："曰引，曰詠，曰曲，曰篇，曰唱。"③叫，喊。《南史・檀道濟傳》："道濟夜唱籌量沙。"唐李賀《惱公》詩："雞唱星懸柳，鴉啼露滴桐。"《太平廣記》卷一五三引《續定命録》："賊奄至，唱殺甚厲。"現代漢語裏"唱"的上古義已消亡，中古①義保留，②③義保存在"唱詞"、"唱名"、"千古絶唱"等詞語裏。

乖　上古有"背離、反常、不調諧、分離"等意義。《易・序卦》："家道窮必乖，故受之以睽。睽者，乖也。"《禮記・雜記》："亂世之音怨以怒，其政乖。"漢賈誼《新書・道術》："剛柔得適謂之和，反和爲乖。"《史記・匈奴列傳》："漢使兩使者，一弔單于，一弔右賢王，欲以乖其國。"中古產生三個新義：①差錯，差異。《後漢書・郭玉傳》："針石之間，毫芒即乖。"晉葛洪《抱朴子・辭義》："五味舛而並甘，衆色乖而皆麗。"②不順利，不如意。唐韓愈《又送鄭户曹》詩："樓成君已去，人事固多乖。"③聰明伶俐。唐李廓《上令狐舍人》詩："宿客嫌吟苦，乖童恨睡遲。"

快　本義是快樂，喜悦。《説文・心部》："快，喜也。"又有"暢快"、"放縱"的意思。如戰國宋玉《風賦》："快哉此風。"《戰國策・趙策二》："恭於教而不快，和於下而不危。"中古產生四個新義：①爽直、爽快。北齊顔之推《顔氏家訓・勉學》："人見鄰里親戚有佳快者，使子弟慕而學之。"《舊唐書・張延賞傳》："武人性快，若釋舊惡於杯酒之間，終歡可解。"②鋒利。北魏賈思勰《齊民要術·雜説》："調習器械，務令快利。"唐陸龜蒙《雜諷九首》詩之九："古鐵久不快，倚天無處磨。"③迅速。南朝宋劉義慶《世説新語·汰侈》："彭城王有快牛，甚愛惜之。"《樂府詩集·幽州馬客吟歌辭》："快馬常苦瘦，勦兒常苦貧。"宋陸游《寄黄龍升老》詩："快哉天馬不可羈。"④會，能。張相《詩詞曲語辭滙釋》卷五："快，猶會也，能也。"唐白居易《有感三首》詩之二："馬肥快行走，妓長能歌舞，三年五歲間，已聞换一主。"元虞集《蘇武慢》詞："數卷殘書，半枚破硯，聊表秀才而已。道先生快寫能吟，直是去之遠矣。"現代漢語裏"快樂"、"暢快"、"爽快"、"鋒利"、"迅速"義保存；"放縱"、"會，能"義消亡。

投　本義是"擲、甩(shuǎi)"。《説文·手部》："投，擿也。"上古又有"投贈"、"放置"、"投入"、"投合"等義。中古產生四個新義：①投奔。南朝宋劉義慶《世説新語·排調》："千里投公，始得蠻府參軍。"宋王安石《禿山》詩："嗟此海山中，四顧無所投。"特指投宿。唐杜甫《石壕吏》詩："暮投石壕村，有吏夜捉人。"唐韓愈《謁衡嶽廟遂宿嶽寺題門樓》詩："夜投佛寺上高閣，星月掩映雲朦朧。"②投寄。唐劉禹錫《傷柳儀曹》詩："而君歿于南中，因賦詩以投弔意。"③靠近。唐孟郊《題林校書華嚴寺書窗》詩："擬古投松坐，就明開紙疏。"宋王安石《送程公辟之豫章》詩："九江右投貢與章，楊瀾吹漂浩無旁。"④到，臨。北魏賈思勰《齊民要術·序》："〔顔裴〕又課民無牛者令畜豬，投貴時賣以買牛。"宋王安石《觀明州圖》詩："投老心情非復昔，當時山水固依然。"現代漢語裏，"投"的上古義和中古"投奔"、"投寄"等義保存，"靠近"、"到，臨"義消亡。

録　上古有"簿籍"、"記録"、"採用"等義。如《周禮·天官·職幣》："皆辨其物而奠其録。"《公羊傳·隱公十年》："《春秋》録内而略外。"漢王充《論衡·别通》："或觀讀採取，或棄捐不録。"這些意義現代大都保留。中古產生四個新義：①收集。南朝宋劉義慶《世説新語·政事》："〔陶侃〕作荆州時，敕船官悉録鋸木屑，不限多少。"唐段成式《酉陽雜俎·草篇》："天名精，一名鹿活草。……〔劉〕懽密録此草種之，多主傷折，俗呼劉懽草。"②收留，收容。《古詩爲焦仲卿妻作》："君既若見録，不久望君來。"《太平廣記》卷三五引《集異記》："自後或十年五年至琚家，而王氏不復録矣。"③收藏。晉陶潛《搜神後記》卷四："唯於髻髮中得一紙，畫作大虎，虎邊有符，周密録之。"《南史·張敷傳》："求母遺物，而散失已盡，唯得一扇，乃珍録之。每至感恩，則開篋流涕。”④逮捕。南朝宋劉義慶《世説新語・政事》：“王安期作東海郡，吏録一犯夜入來。”唐段成式《酉陽雜俎・支諾皐中》：“會昌二年，其友陸休符，忽夢被録至一處，有騶卒止之。”這四個中古義現代都已消亡。

慘　上古有“狠毒、憂愁、淒慘、厲害、陰冷肅殺”和副詞“曾、乃”等義。如《荀子・議兵》：“楚人鮫革犀兕以爲甲，堅如金石，宛鉅鐵釶，慘如蜂蠆。”楊倞注：“言其中人之慘毒也。”《詩・陳風・月出》：“月出照兮，佼人燎兮，舒夭紹兮，勞心慘兮。”陸德明《釋文》：“慘，憂也。”《楚辭・九章・哀郢》：“慘鬱鬱而不通兮，蹇侘傺而含戚。”《史記・平準書》：“吏益慘急，而法令明察。”《逸周書・周月解》：“陰降慘於萬物。”《左傳・昭公二十年》：“毋從詭隨，以謹無良。式遏寇虐，慘不畏明。”中古產生五個新義：①喪事。《晉書・王忱傳》：“婦父嘗有慘，忱乘醉弔之。”②疼痛。《太平廣記》卷三〇七引《河東記》：“國清與使者俱入城門，忽覺目眥微慘，以手搔之，悸然而寤。”③羞慚。唐白居易《裴常侍以〈題薔薇架十八韻〉見示》詩：“蕙慘偎欄避，蓮羞映浦藏。”④皺（眉頭）。唐王建《尋橦歌》：“小垂一手當舞盤，斜慘雙蛾看落日。”⑤顏色淺。唐段成式《酉陽雜俎・諾皐記上》：“乙日常有兩騎，衣慘緋。”《太平廣記》卷一五七引《河東記》：“又過西廡下一横門，門外多是着黄衫慘緑色人。”

捉　本義是“持、握”。《説文・手部》：“捉，搤也，一曰握也。”又有“迫促”義。《莊子・庚桑楚》：“夫外韄者不可繁而捉。將内揵。”中古產生五個新義：①捕捉。《三國志・蜀書・馬超傳》：“超負其多力，陰欲突前捉曹公。”唐杜甫《石壕吏》詩：“暮投石壕村，有吏夜捉人。”②駕駛。南朝梁簡文帝《櫂歌行》詩：“風生解刺浪，水深能捉船。”南朝齊求那毗地譯《百喻經・口誦乘船法而不解用喻》：“此長者子善誦入海捉船方法。”③守，鎮守。《隋書・長孫覽傳》：“帝曰：‘今相州之地……非公莫可。’於是遣捉相州。”宋楊汝翼《順昌戰勝破賊録》：“營寨過敵，則又把路捉巷。”④撿，拾。南朝宋劉義慶《世説新語・德行》：“管揮鋤與瓦石不異，華捉而擲去之。”南朝齊求那毗地譯《百喻經・爲王負機喻》：“若見女人一發在地，自言持戒，不肯捉之。”⑤介詞。相當於“把”。《敦煌變文集・燕子賦》：“鳳凰嗔雀兒，爲何捉他欺。”又《王昭君變文》：“良由畫匠，捉妾陵持。”現代漢語裏，“捕捉”義保存，“持、握”義保存在“捉筆”、“捉襟見肘”等詞語裏，“迫促”、“駕駛”、“守，鎮守”、“撿，拾”、“把”等義已消亡。

帶　本義是束衣的腰帶。《説文・巾部》:“帶,紳也。”上古又有“束縛”、“佩帶”、“圍繞”等義。中古至少引申出七個新義。①地帶,區域。唐李白《菩薩蠻》詞:“平林漠漠煙如織,寒山一帶傷心碧。”唐元稹《度門寺》詩:“門臨濱一帶,橋映竹千重。”唐胡曾《漢江》詩:“漢江一帶碧流長,兩岸春風起緑楊。”②隨身拿着,攜帶。南朝宋劉義慶《世説新語・德行》:“〔陳〕遺已聚斂得數斗焦飯,未展歸家,即帶以從軍。”唐王昌齡《長信怨》詩:“玉顏不及寒鴉色,猶帶昭陽日影來。”③兼任、兼職。南朝宋劉義慶《世説新語・言語》:“謝爲太傅,長史被彈,王即取作長史,帶晉陵郡。”晉范甯《陳政事疏》:“又郡守長史,牽置無常,或兼台職,或帶府官。”宋陸游《老學庵筆記》卷十:“丞相帶都督亦數人,而天下獨目魏公爲張都督。”④含有,附有。南朝齊孔稚珪《北山移文》:“風雲悽其帶憤,石泉咽而下愴。”唐白居易《長恨歌》:“玉容寂寞淚闌干,梨花一枝春帶雨。”唐劉禹錫《答楊八敬之絶句》詩:“飽山孤竹聲偏切,帶火焦桐韻本悲。”⑤接近,連接。南朝梁江淹《去故鄉賦》:“窮陰迎海,平蕪帶天。”唐杜甫《野望》詩:“雲山兼五嶺,風壤帶三苗。”唐朱慶餘《南湖》詩:“野船著岸入青草,水鳥帶波飛夕陽。”⑥映照。南朝陳陰鏗《渡青草湖》詩:“帶天澄迥碧,映日動浮光。”唐元稹《遭風二十韻》詩:“暝色已籠秋竹樹,夕陽猶帶舊樓臺。”唐司空圖《即事》詩:“陂痕侵牧馬,雲影帶耕人。”⑦戴。宋李清照《永遇樂・元宵》詞:“鋪翠冠兒,撚金雪柳,簇帶争濟楚。”王學初校注:“‘簇帶’宋時方言,插戴滿頭之意。”“帶”的上述中古詞義①②④⑤義至今保存,③⑥⑦義消亡。

點　上古已是多義詞。有“黑色小斑痕,玷污,漢字筆畫之一,塗抹改定文字”等義。如《説文・黑部》:“點,小黑也。”漢司馬遷《報任少卿書》:“若僕大質已虧缺矣,雖才懷隨和,行若由夷,終不可以爲榮,適足以見笑而自點耳。”漢蔡邕《九勢》:“護尾,畫點勢盡,力收之。”《爾雅・釋器》:“滅謂之點。”郭璞注:“以筆滅字爲點。”中古産生至少十六個意義。①加點斷句。南朝宋劉義慶《世説新語・文學》:“其餘衆篇,或定點文句而已。”②加點標明。唐崔令欽《教坊記》:“凡欲出戲,所司先進曲名,上以墨點者,即舞,不點者即否。”③滴注。唐孫思邈《千金寶要》卷三:“艾蒿一擔,燒作灰,於竹筒中淋取汁,以一二合和石灰如麪漿,以針刺瘡中,至痛,即點之,點三遍,其根自拔。”④沾上。唐韓翃《又題張逸人園林》詩:“露色點衣孤嶼曉,花枝妨帽小園春。”⑤中(zhòng)。晉潘岳《射雉賦》:“倓余志之精鋭,擬青顱而點項。”吕延濟注:“青顱,頭也。點,中也……擬射其頭而中于項也。”⑥指定,徵調。《木蘭詩》:“昨夜見軍帖,可汗大點兵。”⑦查點。唐王建《送衣曲》:“舊來十月初點衣,與郎著向營中集。”⑧指點,提示。宋释道原《景德傳燈録》卷十八:“至理一言,點凡成聖,請師一點。”⑨剛一接觸立即離開。唐杜甫《曲江二首》詩之二:“穿花蛺蝶深深見,點水蜻蜓款款飛。”⑩蘸。唐方干《李主簿政令》詩:“措大喫酒點鹽,將軍喫酒點醬。只見門外著籬,未見眼中安障。”⑪引燃(火)。唐皮日休《釣侶》詩:“煙浪濺篷寒不睡,更將枯蚌點漁燈。”⑫液體小滴。宋陸游《雨中作》詩:“風聲如翻濤,雨點如撒粟。”⑬夜間計時單位。一夜分五更,一更分五點。與現代計時一晝夜分二十四點不同。唐杜甫《至日遣興奉寄北省舊閣老兩院故人》詩之一:“去歲兹辰捧御床,五更三點入鵷行。”⑭古代一種樂器。唐温庭筠《菩薩蠻》詞:“春恨正關情,畫樓殘點聲。”⑮節奏,節拍。南唐李煜《浣溪沙》詞:“紅錦地衣隨步皺,佳人舞點金釵溜。”⑯量詞。宋蘇軾《洞仙録》詞:“又莫是東風逐君來,便吹散眉,一點春皺。”宋辛棄疾《西江月・夜行黄沙道中》詞:“七八個星天外,兩三點雨山前。”以上詞義,除④⑤⑬⑭外,大都保留到現代。

二、中古漢語複音詞詞義的發展

中古漢語複音詞數量比單音詞多,詞義却比單音詞簡單,大部分是單義詞,小部分是多義詞。有少數複音詞發生詞義轉移,許多複音詞增加新義。但中古産生的新義遠不及單音詞複雜。

1. 複音單義詞多義化

少數複音詞從上古乃至近代都是單義詞。但所指對象古今不完全相同,詞義發生了轉移。如:

進士　魏晉以前,“進士”指地方向朝廷舉薦並被録用的人才。《禮記・王制》:“大樂正論造士之秀者,以告于王而升諸司馬,曰進士。”鄭玄注:“進士,可以進受爵禄矣。”隋唐開科取士,“進士”指參加禮部會試及格的人。唐韓愈《諱辯》:“愈與李賀書,勸賀舉進士。賀舉進士有名,與賀争名者毁之。”唐姚合《寄舊山隱者》詩:“名在進士場,筆毫争等倫。”明清“進士”的含義又有變化,指舉人經殿試考取的人。如清吴敬梓《儒林外史》三回:“到京會試,又中了進士,殿在三甲,授了部屬。”清曹雪芹《紅樓夢》二回:“至大比之期,不料他十分得意,已會了進士,選入外班,今已升了本府知府。”

舉人　漢代指郡國向朝舉薦的人才。當時選拔人才還没有一定的考試方法。如《後漢書・章帝紀》:“每尋前世舉人貢士,或起畎畝,不繫閥閲。”隋、唐、宋三代“舉人”指由地方推舉到京城參加科舉考試的人。如唐白居易《早送舉人入試》詩:“夙駕送舉人,東方猶未明。”又《把酒思閑事》詩:“乞錢羈客面,落第舉人心。”明清時期“舉人”則指鄉試中試的人。清吴敬梓《儒林外史》二回:“那王舉人也不謙讓,從人擺了一條凳子,就在上首坐了。”

大多數複音單義詞變成了多義詞。有的中古增加一個新義。如:

伉儷　上古指妻子,配偶。如《國語・周語中》:“今陳侯不念胤續之常,棄其伉儷妃嬪,而率其卿佐以淫于夏氏。”這個意義中古仍用。如晉左思《詠史》詩之七:“買臣困采樵,伉儷不安宅。”張銑注:“伉儷,謂妻也。”中古産生“夫婦”義。《晉書・孫楚傳》:“初,楚除婦服,作詩以示濟(王濟)。濟曰:‘未知文生於情,情生於文,覽之悽然,增伉儷之重。’”宋周密《齊東野語》卷一《放翁鍾情前室》:“伉儷相得,而弗獲於其姑。”現在“夫婦”義保存,“妻子”義消亡。

乖戾　上古是“抵觸,不一致”的意思。《史記・天官書》:“三能色齊,君臣和,不齊爲乖戾。”中古産生“悖謬,不合情理”義。唐杜牧《上宰相求湖州第一啓》:“即是本末重輕,顛倒乖戾,莫過於此。”現代漢語保存中古義,上古義消亡。

卑微　上古是“衰落”的意思。漢賈誼《過秦論上》:“周室卑微,五霸既殁,令不行於天下。”《史記・太史公自序》:“周德卑微,戰國既彊,衛以小弱,角獨後亡。”中古産生“地位低下而渺小”的新義。三國魏吴質《答東阿王書》:“奉至尊者,然後知百里之卑微也。”五代後蜀何光遠《鑒誡録・落韻貶》:“太祖出身行伍,歷職卑微,萬戰千征,九生十死,方得節居四鎮,位處一人。”現代漢語保存中古義,上古義消亡。

先進　上古是“前輩”的意思。《論語・先進》:“先進於禮樂,野人也;後進于禮樂,君子也。如用之,則吾從先進。”朱熹集注:“先進後進,猶言前輩後輩。”又指首先仕進。《漢書・蕭育傳》:“始育與陳咸俱以公卿子顯名,咸最先進,年十八爲左曹,二十餘御史中丞。”中古産生“先行”的新義。唐元稹《奏制試樂爲御賦》:“於是屏造父,命後夔;或無聲而至矣,或先進以導之。”現代漢語“先進”指進步比較快,水準比較高，可以作爲效法的人物，與古義都不相同。

行李　上古是“使人”、“行人”的意思。《左傳・僖公三十年》：“行李之往來，共其乏困。”杜預注：“行李，使人也。”漢末產生“行旅”義。蔡琰《胡茄十八拍》：“追思往日兮行李難，六拍悲來兮欲罷彈。”中古產生“旅行時所帶物品”的新義。唐韓愈《送石處士序》：“宵則沐浴，戒行李，載書册，向道所由，告行於常所來往。”宋王禹偁《言懷》詩：“却爲遊山置行李，漁家船舫道家衣。”現代漢語中古義保留，上古義消亡。

惆悵　上古是因失意而傷感、愁悶。《楚辭・九辯》：“廓落兮羈旅而無友生，惆悵兮而私自憐。”五臣注：“惆悵，悲哀也。”這個意義至今仍然保存。中古產生“輕易、倉猝”義。《敦煌變文集・醜女緣起》：“大王又向臣下道：‘卿爲臣下我爲君，今日商量只兩人，朝暮（召募）切須看聽（穩）審，惆悵莫交（教）外人聞。”《敦煌輟瑣・十四十五上戰場》：“昨夜馬驚髻斷，惆悵無人遮爛（攔）。”在現代漢語中，這個中古義已消亡。

逡巡　上古是有所顧慮而徘徊不敢前進。漢賈誼《過秦論上》：“秦人開關而延敵，九國之師，逡巡（一作‘遁逃’）而不敢進。”中古產生“頃刻”的意思。唐沈汾《續仙傳・殷文祥》：“每自醉歌曰：‘解造逡巡酒，能開頃刻花。’”唐羅隱《春日登上元石頭故城》詩：“萬里傷心極目春，東南王氣只逡巡。”《敦煌變文集・父母恩重經講經文》：“若是冤家托蔭來，阿娘身命逡巡失。”上古義仍在現代書面語言裏出現，中古“頃刻”義已經消失。

想象　也作“想像”。上古是“想見”、“設想”的意思。《楚辭・遠遊》：“思舊故以想象兮，長太息而掩涕。”中古產生“仿佛”義，副詞。唐李白《淮南對雪》詩：“飄飄四荒外，想象千花發。”唐杜甫《詠懷古跡》詩：“翠華想象空山裏，玉殿虛無野寺中。”王洙注：“想象，猶仿佛。”唐柳宗元《界圍岩水簾》詩：“丹霞冠其巔，想象凌空遊。”現代漢語上古義保存，中古義消亡。

博士　上古本學官名。從戰國以迄秦漢，都設置“博士”。《史記・循吏列傳》：“公儀休者，魯博士也，以高第爲相魯。”從唐代開始，“博士”又爲具有專門技藝或專門從事某種職業的人的尊稱。唐封演《封氏聞見記・飲茶》：“李公心鄙之。茶畢，命奴子：‘取錢五十文酬博士。’”宋吴自牧《夢粱録・分茶酒店》：“凡分茶酒肆、賣酒食品廚子，謂之量酒博士。”宋無名氏《靖康要録》卷十：“有南劍州通判蔡淖者，昔居鄉爲木匠，今劍南人以‘通判博士’呼之，蓋其取侮多矣。”現代漢語“博士”指學位最高一級。與古義不同。

因循　上古是沿襲舊習慣不加變革。《史記·太史公自序》：“其（指道家）術以虛無爲本，以因循爲用。”中古産生“輕率，馬虎”義。《敦煌變文集·捉季布傳文》：“濮陽之日爲因循，用却百金忙買得，不曾子細問根由。”宋歐陽修《再論按察官吏狀》：“今若見國家責實求治，逐一人人精别，則中材之人皆自勉强，不敢因循。”也作“因巡”。《敦煌變文集·降魔變文》：“卿須盡忠存節，不得因巡易志。”現代漢語仍説“因循守舊”是上古義的保留，“輕率、馬虎”義已消亡。

事故　上古和中古都有“事情、事務”義。《周禮·秋官·小行人》：“凡此五物者，治其事故。”這個意義中古仍用。如唐白居易《對酒勸令公開春遊宴》詩：“自去年來多事故，從今日去少交親。”中古産生“變故，意外的損失或灾害”義。《晉書·刑法志》：“自元康已來，事故薦臻，法禁滋漫。”唐韓愈《上張僕射書》：“非有疾病事故，輒不許出。”現代漢語中上古義消亡，中古義保存。

中古有産生兩個新義的。如：

事實　上古指事物的實際情況或實有的事情。《韓非子·存韓》：“聽奸臣之浮説，不權事實。”這個意義一直保存到現在。中古産生兩個新義：①事蹟。唐韓愈《歐陽生哀辭》：“事實既修兮，名譽又光……命雖云短兮，其存者長。”②幹實事。《宋書·沈子林傳》：“國淵以事實見賞，魏尚以盈級受罰。”唐韓愈《與于襄陽書》：“側聞閣下抱不世之才，特立而獨行，道方而事實。”現代漢語裏“事實”的兩個中古義已經不用了。

珍重　上古是“愛惜”、“保重”的意思。《楚辭·遠遊·序》：“是以君子珍重其志而瑋其辭焉。”這個意義中古常用。如唐元稹《鶯鶯傳》：“臨紙嗚咽，情不能申，千萬珍重，珍重千萬。”《太平廣記》卷八六引《野人閒話》：“〔尊師〕曰：‘珍重，善爲保愛！’言訖而去，出門不知所之。”這個意義一直用到現在。中古産生至少兩個新義：①多謝，感謝。唐劉禹錫《劉附馬水亭避暑》詩：“盡日逍遥避煩暑，再三珍重主人翁。”唐吴融《得京中親友書以詩代謝》：“珍重故人知我者，九宵休復寄音徽。”②難得，幸虧。唐司空圖《退居漫題七首》詩之一：“惜春春已晚，珍重草青青。”宋朱熹

《次韻劉秀才早梅詩》詩:"不愛紅芳愛素芳,多情珍重老劉郎。"宋范成大《朝中措》詩:"珍重西風祛暑,輕衫早怯秋涼。"這兩個中古義現在已消失。

揮霍　上古是輕捷迅疾的樣子。漢張衡《西京賦》:"跳丸劍之揮霍,走索上而相逢。"這個意義中古仍然使用。如晉陸機《文賦》:"紛紜揮霍,形難爲狀。"李善注:"揮霍,疾貌。"中古產生兩個新義:①匆忙,慌張,形容詞。《太平廣記》卷四四六引《玉堂閒話》:"其雄而有毫者,聞人犬之聲,則捨群而竄。抛一樹枝,接一樹枝,去之如飛,或于繁柯穠葉之内藏隱之,身自知茸好,獵者必取之。其雌與奴,則緩緩旋食而傳其樹,殊不揮霍,知人不取之。"《太平廣記》卷三一二引孫光憲《北夢瑣言》:"唐黄巢之亂,有朝士裴某,挈妻子南趨漢中,纔發京都,其室女暴亡。兵難揮霍,不暇葬瘗。"②任意花錢。唐李肇《唐國史補》卷中:"會冬至,〔趙〕需家致宴揮霍。"現代漢語上古"迅疾"義和中古"匆忙,慌張"義消失,"任意花錢"義保存。

生活　上古是"生存"的意思。如《孟子·盡心上》:"民非水火不生活。"《漢書·郊祀志》:"稷者,百穀之主,……人所食以生活也。"中古產生四個新義:①生計,境遇。《南史·臨川静惠王寵傳》:"帝謂曰:'阿六,汝生活大可。'"《宋書·索虜傳》:"彼年已五十,未嘗出户,雖自力而來,如三歲嬰兒,復何知我鮮卑常馬背中領上生活。"唐陸龜蒙《奉酬襲美先輩吴中苦雨一百韻》詩:"所貪既仁義,豈暇理生活。縱有舊田園,抛來亦蕪没。"②過活。南朝宋劉義慶《世説新語·賞譽》:"諸江(江虨兄弟)皆復足自生活。"《魏書·胡叟傳》:"我此生活,似勝焦先。"③生長。唐杜牧《祭城隍神祈雨文》之二:"疽抉其根矣,苗去其秀矣,不侵不蠹,生活自如。"④好事,美好的景況。唐無名氏《秀師言記》:"崔曰:'我女縱薄命死,且何能嫁與田舍老翁作婦。'李曰:'比昭君出單于,猶是生活。'二人相顧大笑。"宋楊萬里《春曉》詩:"一年生活是三春,二月春光儘十分。"現代漢語中古義①②保留,上古義和中古義③④消亡。

人才　上古指人的才能。漢王充《論衡·累害》;"人才高下,不能均同。"也作"人材"。《淮南子·泰族》:"故仁智,人材之美者也。"中古產生兩個新義:①有才學的人。晉葛洪《抱朴子·逸民》:"褒賢貴德,樂育人才。"《南齊書·文學傳論》:"若子恒(曹丕)之品藻人才。"宋王安石《上仁宗皇帝言事書》:"則天下之人才,不勝用矣。"②人的容貌。宋孫光憲《北夢瑣言》卷十七:"楷人才寢陋,兼無德行。"現代漢語裹這三個意義都存在。

傷心　上古是由於遭受不幸或不如意的事而心裹痛苦。《書·酒誥》:"民罔不衋(xì)傷心。"漢司馬遷《報任安書》:"故禍莫憯(慘)於欲利,悲莫痛於傷心。"中古産生兩個新義:①表示歡快。唐張鷟《遊仙窟》:"一喫一快意,一勒一傷心。"②表示程度深。萬分、到達極點。唐李白《菩薩蠻》詞:"平林漠漠煙如織,寒山一帶傷心碧。"唐杜甫《滕王亭子》詩:"清江錦石傷心麗,嫩蕊濃花滿目斑。"現代漢語"歡快"義消失,其他兩個意義都保存。但"傷心"表示極甚,通常只作補語,如"哭得傷心"。

中古複音詞産生三個以上新義的不多。如:

參差　上古是長短不齊,不一致。《詩·周南·關雎》:"參差荇菜,左右流之。"《莊子·秋水》:"無一而行,與道參差。"中古産生六個新義:①紛繁複雜。南朝齊謝朓《酬王晉安》詩:"悵望一塗阻,參差百慮依。"唐杜牧《阿房宫賦》:"瓦縫參差,多於周身之帛縷。"②蹉跎,錯過。唐李白《送梁四歸東平》詩:"莫學東山卧,參差老謝安。"唐杜甫《自瀼西荆扉移居東屯草屋》詩:"牢落西江外,參差北户間,久遊巴子國,卧病楚人山。"唐范攄《雲溪友議》卷八:"再試,退解頭宋言爲第六十五人,知聞來唁,宋曰:'來春之事,甘已參差。'李播舍人放榜,以言爲第四人及第,言感恩深,實爲望外也。"③幾乎,差不多。唐張鷟《朝野僉載》卷五:"此處猶可,若對至君前,公作如此事,參差斫却你頭。"唐白居易《長恨歌》:"中有一人字太真,雪膚花貌參差是。"宋辛棄疾《水龍吟》詞:"老來曾識淵明,夢中一見參差是。"④差池,差錯。唐元稹《代九九》詩:"每常同坐卧,不敢暫參差。"⑤遠離,阻隔。宋范仲淹《與知郡職方書》:"奉憂之事,公必悉之,其如參差,無以爲力,奈何奈何!"⑥頃刻,馬上。唐杜牧《聞雁》詩:"歸夢當時斷,參差欲到家。"前蜀貫休《古塞曲》之三:"百萬精兵動,參差便渡遼。"現代漢語裹上古"長短不齊,不一致"的意義仍然保留,中古産生的幾個意義完全消亡。

人物　上古指人和物。如《莊子·庚桑楚》:"夫至人者,相與交食乎地而交樂乎天,不以人物厲害相攖,不相與爲怪,不相與爲謀。"也偏指人,特指才能傑出或有聲望地位的人。《史記·貨殖列傳》:"則人物歸之。"漢班固等《東觀漢記·第五倫傳》:"倫免官歸田里,不交通人物。"中古至少産生三個意義:①人的品格、才幹或志趣性情。唐李肇《唐國史補》卷中:"貞元中,楊氏、穆氏兄弟人物氣概不相上下。"唐白居易《唐故通儀大夫和州刺史吴郡張公神道碑銘序》:“或以人物著,或以閥閲稱。”宋吴曾《能改齋漫録·記詩》:“高秀實茂華,人物高遠,有出塵之資。”②人的外貌風度。宋孫光憲《北夢瑣言》卷五:“盧雖人物甚陋,觀其文章有首尾。斯人也,以是卜之,他日必爲大用乎。”又“蔣凝侍郎亦有人物,每到朝士家,人以爲祥瑞。”③品評人物,動詞。《三國志·魏書·武帝紀》裴松之注引司馬彪《續漢書》:“玄(橋玄)字公祖,嚴明有才略,長於人物。”④以人物爲題材的中國畫。宋蘇軾《子由新修汝州龍興寺吴畫壁》:“丹青久衰工不藝,人物尤難到今世。”現代漢語中,“才能傑出或有聲望地位的人”、“以人物爲題材的中國畫”兩義保留,其餘各義消失。

主張　上古是“主宰”的意思。《莊子·天運》:“天其運乎? 地其處乎? 日月其争於所乎? 孰主張是? 孰綱維是?”中古産生四個新義:①見解,主意。唐韓愈《送窮文》:“各有主張,私立名字。”②提倡。宋歐陽修《跋李翰林昌武書》:“向時蘇梅二子,以天下兩窮人主張斯道,一時士人傾想其風采,奔走不暇。”③主持,籌辦。《太平廣記》卷五〇引《纂異記》:“他今夕主張月宫之宴,非不勤請耳。”五代王定保《唐摭言·散序》:“其有何士參者,爲之酋帥,尤善主張筵宴。”④所主管的事務。唐段成式《酉陽雜俎·支諾皋中》:“見鄧儼喜曰:‘吾主張甚重,籍爾録數百幅書也。’蔣見堆案繞壁,皆泥涅楮朱書,乃紿曰:‘近損右臂,不能搦管。’”現代漢語中保存中古兩義,上古義消亡。

2. 複音多義詞中古增加一些新義

上古漢語雖有一定數量的複音詞,其中多義詞並不太多,中古增加新義的也只是少數例子。如:

年紀　上古有“紀年年數”、“年號”兩個意思。如《史記·晉世家》:“靖侯以來,年紀可推。自唐叔至靖侯五世,無其年數。”漢班固《兩都賦序》:“神雀、五鳳、甘露、黄龍之瑞,以爲年紀。”中古産生兩個新義:①年齡。漢曹操《讓縣自明本志令》:“去官之後,年紀尚小。”晉葛洪《抱朴子·極言》:“恃年紀之少壯,體力之方剛者,自役過差,百病兼結。”唐崔氏《述懷》詩:“不怨盧郎年紀大,不怨盧郎官職卑。”②年代,時代。《宋書·索虜傳》:“往者劉、石、苻、姚,遞據三郡,司馬、琅邪,保守揚越,綿綿連連,綿歷年紀。”在現代漢語中,中古“年齡”義保留,“年代,時代”義消亡。

修理　上古有“治理”和“修整”兩義。如《楚辭·七諫·沈江》:“明法令而修理兮，蘭芷幽而有芳。"漢班固等《東觀漢記·任延傳》："延乃爲置水官吏，修理溝渠，皆蒙其利益。"中古産生至少四個新義：①操持，料理。南朝齊求那毗地譯《百喻經·觀作瓶喻》："愚人亦爾，修理家務，不覺非常。"②處置。《敦煌變文集·舜子變》："緣人命至重，如何但修理他？有計但知説來，一任與娘子鞭恥。"③烹調。唐段成式《酉陽雜俎·酒食》："善均五味，嘗取敗障泥胡禄修理食之，其味極佳。"《太平廣記》卷三八五引牛僧孺《玄怪録·崔紹》："本買〔鯉魚〕充廚膳，以郎君疾急，不及修理。"④照顧。《太平廣記》卷三八二引《廣異記》："聞道地獄，心甚淒然。因哽咽悲涕向乘云：'母老子幼，漂寄異城，奈何而死，求見修理。'"現代上古"整治"義保留，其餘諸義都已消亡。

東西　上古是方位詞。東方和西方，東邊和西邊。泛指四方。《墨子·節用中》："古者堯治天下，南撫交阯，北降幽都，東西至日所出入，莫不賓服。"漢焦贛《易林·訟之未濟》："避患東西，反入禍門。"又指從東到西。《周禮·考工記·匠人》："周人明堂，度九尺之筵，東西九筵，南北七筵。"中古産生四個新義：①附近，旁邊。唐薛濤《十離詩·馬離廐》："雪耳紅毛淺碧蹄，追風曾到日東西。"②七、八十歲年紀。東晉南北朝時期陌錢不足，東錢七十，西錢八十爲百。因稱。《南齊書·豫章文獻王嶷傳》："嶷謂上曰：'古來言願陛下壽偕南山，或稱萬歲，此殆近放言。如臣所懷，實願陛下極壽百歲亦足矣。'上曰：'百歲復何可得，止得東西一百，於事亦濟。'"③離開，逃離。唐王梵志《耶娘年七十》詩："耶娘年七十，不得遠東西。"宋王溥《唐會要》卷八五《逃户》："所在逃户，見在桑田屋宇等，多是暫時東西，便被鄰人與所由等計會，雖云代納税錢，悉將砍伐拆毁。及願歸復，多已蕩盡。"④各種事物。宋黄庭堅《次韻吉老》詩："佳人斗南北，美酒玉東西。"此"東西"指酒杯。

從上述中古漢語詞義發展的結果看，有以下五種情况：

(1)新義和舊義並存。就是上古産生的詞義和中古産生的詞義都保存在現代漢語裏，如"典"、"乏"、"枷"、"批"、"討"、"人才"。

(2)新義保存，舊義死亡。就是上古産生的詞義已經消亡，而中古産生的詞義保存在現代漢語裏，如"唱"、"鈔"、"抄"、"焨"、"卑微"、"伉儷"、"乖戾"、"生活"、"事故"、"行李"、"主張"。

(3)舊義保存，新義消亡。就是上古原有的詞義保留至今，而中古産生的詞義却消亡了。如"慚"、"催"、"僅"、"録"、"目"、"惱"、"探"、"助"、"傷心"、"參差"、"惆悵”、“逡巡”、“事實”、“想象”、“修理”、“因循”、“珍重”。

(4)中古新義有存有亡。這類詞中古産生的詞義不止一個。其中有的經過一段時間的使用消亡了，有的流傳至今，如“串”、“帶”、“的”、“快”、“投”、“差”、“捉”、“揮霍”、“年紀”、“人物”、“東西”。

(5)上古和中古産生的詞義都消亡。如“博士”、“方圓”、“先進”現代雖然存在，但已不是原有的意思了。

更多的是上古或中古通用的詞，或者因爲客觀事物的消失，或者因爲詞滙内部的新陳代謝，現代漢語已完全不用。這不是詞義的變化而是舊詞的死亡，超出本節討論的範圍了。

關於中古漢語詞義的發展，還有兩種情況值得注意：第一，唐宋工商業的發展，給一些詞增加了新的内容。例如：

鋪　上古“鋪”本指“鋪首”(以銅爲獸面，銜環釘在門上)。又是動詞，作“布置，敷陳”講。“鋪”的“商店”義起于唐代。唐張籍《送楊少尹赴鳳翔》詩：“得錢祇了還書鋪，借宅常時事藥欄。”宋吴自牧《夢粱録》卷十六：“肉鋪，杭城内外，肉鋪不知凡幾。”

團　本義是“圓”。《説文・口》：“團，圜也。”新義指商店聚集的市場，是隨唐宋城市商業的發展而産生的。宋灌園耐得翁《都城紀勝・諸行》：“又有名團者，如城南之花團，泥路之青果團，江幹之鮝團，後市街之桔子團是也。”

行　上古以來這是一個多義詞。“行業，工商業中的類别”這個意義是隨唐宋工商業的發展而産生的。宋吴自牧《夢粱録・民俗》：“士農工商諸行百户，衣巾裝着，皆有等差。”宋灌園耐德翁《都城紀勝・諸行》：“市肆謂之行者，因官府科索而得此名，不以其物小大，但合充用者，皆置爲行。”

作　上古以來這是一個多義詞。有兩個意義是隨中古手工業的發展而産生的：①作坊。手工業工廠。《三國志・魏書・孫禮傳》：“明帝方修宫室而節氣不和……而禮徑至作所，不復重奏，稱詔罷民。”唐蔣防《霍小玉傳》：“路逢内作老玉工。”②手工行業或手藝工人。《都城紀勝・諸行》：“其他工伎之人，或名爲作，如蔑刃作、腰帶作、金銀鍍作、鈒作是也。”

第二，佛教傳入中國後，對漢語産生了巨大的影響。不僅增加了許多新詞，也使原有的許多詞增加了新義。例如：

燈　本是照明的用具。漢王充《論衡·程材》:“日之照幽,不須燈燭。”燈能照明破暗,佛法能指明人到達極樂世界的途徑,佛家因以燈比喻佛法。唐杜甫《望牛頭寺》詩:“傳燈無白日,布地有黄金。”唐劉禹錫《送僧元暠南遊》詩:“傳燈已悟無爲理,濡露猶懷罔極情。”

俗　本義是風俗習慣。《史記·樂書》:“移風易俗,天下皆寧。”又有“平庸”義。《吕氏春秋·異寶》:“其主,俗主也,不足與舉。”佛教傳入後,“俗”又産生“塵世間”的意思。與“出家爲僧”相對。《宋書·徐湛之傳》:“時有沙門釋惠休……世祖命使還俗。”《南史·徐摛傳》:“旦講佛經,晚講《禮》傳,道俗受業者數百人。”唐韓愈《華山女》詩:“仙梯難攀俗緣重,浪憑青鳥通丁寧。”

因緣　指“機會”。《史記·田叔列傳》:“求事爲小吏,未有因緣也。”又有“憑藉”義。漢王充《論衡·恢國》:“穀登稅平,庸主因緣以建德政。”佛家以“因緣”意譯梵語 nidana,指使事物發生、變化和壞滅的直接原因和輔助條件。唐玄奘《大唐西域記·迦濕彌羅國》:“時阿羅漢告諸人曰:‘吾今爲汝説本因緣,此身之前報受象身,在東印度,居王内廄。’”泛指造成今世人生關係的前世原因。《敦煌曲子詞·送征衣》:“今世共你魚和水,是前世因緣。”又引申爲原因,緣故。唐白居易《新豐折臂翁》詩:“問翁折臂來幾年,兼問致折何因緣。”

這方面的内容,下面第四節將詳細討論,這裏不多談了。

第四節　外族文化對中古漢語詞滙發展的影響[①]

一、西域借詞和反映外來事物的新詞

華夏人民從商周起就與外族人民有了聯繫,語言上也互有影響,尤其是北方的玁狁(漢時叫匈奴)和西方的戎族。漢武帝時,張騫出使西域,到達大宛、康居(今中亞細亞錫爾河北岸、吉爾吉斯草原一帶)、大夏(今阿富汗北部),中西交通開始發達。六朝以後,中西經商往來頻繁,絲綢之路形成。東漢佛教傳入中國,大量佛經

① 上古時期,漢語就有外族借來的詞,爲了行文方便,都放在這一節裏討論。

譯成漢文，對漢語詞滙的影響尤爲巨大。由於以上種種中外交流，漢語裏出現了許多外來詞，並産生了一些反映外來事物的新詞語。這些詞與漢語原有的詞逐漸融爲一體，有的一直流傳到現在。

從西域借來的詞主要是一些動植物和生活用品的名稱，它們隨新事物的傳入而傳入。例如：

駱駝　匈奴詞 da da 的音譯。先秦已借入漢語，最初作“橐駞”。《逸周書・王會》：“請令以橐駞……爲獻。”《山海經・北山經》：“其獸多橐駞。”漢代開始寫作“駱駞”。漢陸賈《新語・道基》：“夫驢騾駱駞，犀象玳瑁，琥珀珊瑚，翠羽珠玉，山生水藏，擇地而居。”六朝以後，“駱駝”成爲常用的名稱。如晉張華《博物志》卷八：“皆乘駱駝，駱駝知水脈，遇其處輒停，不肯行。”南朝齊求那毗地譯《百喻經・駝甕俱失喻》：“駱駝入頭甕中食穀，復不得出。”也單稱“駝”，如：“既復殺駝，而復破甕。”南朝宋沈約《齊故安陸昭王碑文》：“偵諜不敢東窺，駝馬不敢南牧。”“駝”又與其他詞素構成偏正式複合詞。如“明駝、玉駝、野駝、牝駝、紫駝、老駝、駝囊、駝蹄、駝背、駝鈎”等。

師比　又作“犀比”、“鮮卑”、“胥紕”、“犀毗”。匈奴語 serbi 的音譯，是一種上有貔獸形象的金屬帶鈎。《戰國策・趙策二》：“〔趙武靈王〕遂賜周紹胡服衣冠、具帶、黄金師比，以傅王子也。”《楚辭・招魂》：“晉制犀比，費白日些。”《大招》：“小腰秀頸，若鮮卑只。”《史記・匈奴列傳》：“黄金胥紕一。”《漢書・匈奴傳》：“孝文遺匈奴黄金犀毗一。”顔師古注：“犀毗，胡帶之鈎也。亦曰鮮卑，亦謂師比，總一物也，語有輕重耳。”

狻麑　也作“狻猊”。來源於梵語的 siniba，一説來源於粟特語的 šrɤw，šarɤs，就是獅子。《爾雅・釋獸》：“狻麑如虦貓，食虎豹。”郭璞注：“即師子也，出西域，漢順帝時，疏勒王來獻犎牛及師子。”清郝懿行《義疏》：“狻，先官反，狻麑合聲爲師，故郭云即師子矣。”《穆天子傳》卷一：“狻猊、野馬，走五百里。”

猩猩　匈奴借詞。又作“狌狌”、“生生”。先秦已借入漢語。《爾雅・釋獸》：“猩猩小而好啼。”①《禮記・曲禮》：“猩猩能言，不離走獸。”《淮南子・氾論》：“猩猩

① 郝懿行《爾雅義疏》：“按‘小而好啼’文義難通，當由轉寫致譌。若‘好’作‘如’，‘小而’作‘小兒’，倒轉讀之，則通矣。郭注：‘似小兒啼’，可證。”

知往而不知來。"《山海經・南山經》:"〔鵲山〕有獸焉,其狀如禺而白耳,伏行人走,其名曰狌狌,食之善走。"又《海内南經》:"狌狌知人名,其爲獸如豕而人面。"《逸周書・王會》:"都郭生生,欺羽生生,若黄狗,人面,能言。"晉孔晁注:"都郭,北狄。生生,獸名。"

以上是先秦借入漢語的詞。

琥珀　也寫作"虎魄",突厥語 xu bix 或波斯語 kahrupai 的音譯。松柏樹脂的化石。色紅者爲"琥珀",黄而透明者爲"蠟珀"。可入藥,也可作裝飾物。《漢書・西域傳》:"〔罽賓國〕出封牛、水牛、象、大狗、沐猴、孔爵、珠璣、珊瑚、虎魄、璧流離。"晉王嘉《拾遺記》卷三:"有韓房者,自渠胥國來,獻玉駝,高五丈,虎魄鳳凰,高六尺。"晉張華《博物志・藥物》引《神仙傳》:"松柏脂入地,千年化爲茯苓,茯苓化爲琥珀,琥珀一名江珠。"

徑路　作"輕吕",匈奴語 king-luk 的音譯。匈奴一種寬刃的寶刀。《漢書・匈奴傳》:"單于以徑路刀、金留犁撓酒。"顏師古注引應劭曰:"徑路,匈奴寶刀也。"又爲匈奴所奉的神名。《漢書・郊祀志下》:"雲陽有徑路神祠,祭休屠王也。"顏師古注:"休屠,匈奴王號也。徑路神,本匈奴之祠也。"

琉璃　也寫作"流璃"、"流離"、"碧琉璃"、"璧流離"。梵語(俗)velūriya 的音譯。各種天然的有光寶石。漢桓寬《鹽鐵論・力耕》:"璧玉、珊瑚、瑠璃,咸爲國之寶。"《漢書・西域傳》:"罽賓國……出……璧流離。"顏師古注引孟康曰:"流離青色如玉。"漢劉歆《西京雜記》卷一:"雜廁五色琉璃爲劍匣。"唐李涉《題水月臺》詩:"水似晴天天似水,兩重星點碧琉璃。"

苜蓿　也作"目宿"。一種牧草和绿肥作物,今名"龍鬚草"。原始伊蘭語或大宛語 buksuk、buxsux 的音譯。西漢張騫通西域時傳入中國。《史記・大宛列傳》:"馬嗜苜蓿,漢使取其實來,於是天子始種苜蓿、蒲陶肥饒地。"《漢書・西域傳》:"漢使采蒲陶、目宿種歸,天子以天馬多,又外國使來衆,益種蒲陶目宿,離宫館旁極望焉。"

葡萄　也作"蒲桃"、"蒲陶"。大宛語 bādaga 的音譯。《史記・大宛列傳》:"大宛在匈奴西南,在漢正西……有蒲陶酒,多善馬。"《漢書・西域傳》:"〔罽賓國〕種五穀蒲陶諸果。"南朝梁何思澄《南苑逢美人》詩:"風卷蒲萄帶,日照石榴裙。"唐李頎

《古從軍行》詩："年年戰骨埋荒外，空見蒲桃入漢家。"明李時珍《本草綱目》卷三十三："葡萄……《漢書》言張騫使西域還，始得此種，而《神農本草》已有葡萄，則漢前隴西舊有，但未入關耳。"

仁頻、檳榔　漢稱"仁頻"，唐以後稱"檳榔"。馬來西亞或印尼語 pinang 的音譯。一種常緑喬木，果實可供藥用，助消化，驅絲蟲。生長在亞洲及大洋洲熱帶地區。漢時傳入中國。漢司馬相如《上林賦》："留落胥邪，仁頻並閭。"李善注："《仙藥録》曰：'檳榔一名椶。'然仁頻即檳榔也。"唐張鷟《朝野僉載》卷二："真臘國在驩州南五百里，其俗有客設檳榔、龍腦香、蛤屑等以爲賞鑒。"

石榴　"安石榴"的簡稱。也作"石留"。伊蘭語 arsak 或波斯語 *anār* 的音譯。漢武帝時由西域傳入中國。《初學記》卷二十八引張華《博物志》："張騫使西域還，得安石榴、胡桃、蒲桃。"晉夏侯湛《石榴賦》："覽華圃之嘉樹兮，羡石榴之奇生。"《宋書・張暢傳》："石留出自鄴下，亦當非彼所乏。"

毾㲪　也寫作"㲮㲪"，中古波斯語 tāp tān，tapetān 的音譯。是一種産于波斯的毛布或毛地毯。《太平御覽》卷七〇八引漢班固《與弟書》："月支毾㲪，大小相雜，但細好而已。"《樂府詩集》卷七《樂府古辭》："行胡從何方，列國持何來，氍毹㲮㲪五木香，迷送艾納及都梁。"

胭脂　匈奴借詞。也寫作"煙支"、"胭肢"、"焉支"、"燕支"、"臙脂"。用胭脂花製成的顔料，婦女用來擦面。《史記・匈奴列傳》："後有所愛閼氏。"《索隱》引習鑿齒《與燕王書》："北方人採取其花染緋黄，挼取其上英鮮者作胭肢，婦人將用爲顔色。"南朝梁蕭統《美人晨妝》詩："散黛隨眉廣，燕脂逐臉生。"南朝陳徐陵《玉臺新詠集序》："南都石黛，最發雙蛾；北地燕支，偏開兩靨。"唐杜甫《江南對雨》詩："林花著雨臙脂落，水荇牽風翠帶長。"

以上是兩漢借入的詞。

八哥　來自阿拉伯語 babgha，babbagha。一種黑色的鳥，剪圓它的舌端，能摹仿人言。漢語本名"鴝(鸜)鵒"，五代時因避李煜諱，改稱"八哥"。宋顧文薦《負暄雜録・物以諱易》："南唐避後主李煜諱，改鸜鵒爲八哥，亦曰八八兒。"清吴任臣《十國春秋・拾遺》："南唐後主名煜，故鴝鵒改稱爲八哥。"

玻璃　也寫作"頗黎"、"玻瓈"，波斯語 phaṭika 的音譯；一説來自梵語 sphaṭika

或 sphāṭik,就是水晶。唐段成式《酉陽雜俎·廣知》:"頗黎,千歲冰所化也。"《舊唐書·西戎傳》:"貞觀十七年,拂菻王波多力遣使獻赤玻瓈、綠金精等物。"《太平廣記》卷八一引《梁四公記》:"扶南大舶從西天竺國來,賣碧玻璃鏡,内外皎潔。"①

菠薐　也叫"菠稜"、"菠稜菜"。即菠菜。尼泊爾語 paliṅga 的音譯。一種蔬菜,葉三角形,根紅色。唐時傳入中國。《新唐書·西域傳》:"泥婆羅(尼泊爾)……貞觀二十一年遣使入獻波稜、酢菜、渾提葱。"唐韋絢《劉賓客嘉話録》:"菜之菠稜,本西國中有僧將其子來,如苜蓿、蒲陶因張騫而至也。絢曰:'豈非頗稜國將來,而語訛爲菠薐耶?'"

胡荽　伊蘭語 koswi,goświ 的音譯,一種有特殊香味的草本植物,可作蔬菜和調味品,果實可作香料,也可入藥。俗稱香菜。北魏賈思勰《齊民要術》卷三:"胡荽宜黑軟青沙良田,……概種潮鋤,取賣供生菜也。"晉陸翽《鄴中記》:"石勒諱胡,胡物皆改名,名胡餅曰麻餅,胡荽曰香荽。"

吉貝　也叫"古貝"。梵語 karpāsa 的音譯,一説來源於馬來語的 kāpaas。就是棉花。原產於東南亞。六朝時傳入中國,有木本和草本兩種。《梁書·林邑國傳》:"吉貝者,樹名也,其花成時如鵝毳,抽其緒,紡之以作布,潔白與紵布不殊。"《舊唐書·南蠻西南蠻傳》:"〔婆利國〕有古貝草,緝其花以作布,粗者名古貝,細者名白氎。"明李時珍《本草綱目·木三·木綿》:"木綿有二種,似木者曰古貝,似草者名古終。或作吉貝者,乃古貝之訛也。"也指棉布。宋方勺《泊宅編》卷三:"閩廣多種木棉,樹高七八尺,葉如柞,結實如大菱而色青,秋深即開,露白綿茸然。土人摘取去殼,以鐵杖捍盡黑子,徐以小弓彈令紛起,然後紡績爲布,名曰吉貝。"

可汗　也作"可寒"、"合罕",古代鮮卑、柔然、突厥、回紇、蒙古等族最高統治者的稱號。來源於突厥語的 qaɤan。3 世紀鮮卑族中已有此稱。作爲最高統治者的稱號則始於公元 402 年柔然首領杜崙稱丘豆伐可汗。《木蘭詩》:"昨夜見軍帖,可汗大點兵。"《魏書·蠕蠕傳》:"於是自號丘豆伐可汗。'丘豆伐'猶魏言駕馭開張也;'可汗'猶魏言皇帝也。"《舊唐書·突厥傳上》:"可汗者,猶古之單于,妻號可賀

① 公元 2000 年,在清理杭州西湖雷峰塔的地宫時,在舍利函中發現了一個玻璃瓶,薄胎,藍色,狀如葫蘆,經專家鑒定,爲唐時所生産,距今已 1000 多年。

敦，猶古之閼氏也。”

可賀敦　也作“可敦”，古代鮮卑、柔然、突厥、回紇（也作“廻紇”、“回鶻”、“廻鶻”）、蒙古等族可汗妻子的稱號。《北史・蠕蠕傳》：“號地萬爲聖女，納爲可賀敦。”唐韓愈《董公行狀》：“先皇帝時，兵部侍郎李涵如回紇，立可敦。”《舊唐書・蕭瑀傳》：“煬帝從之，於是發使詣可賀敦諭旨，俄而突厥解圍去。”又《西戎傳・康國》：“天寶三年，又封爲欽化王，其母可敦封爲郡夫人。”

摩尼　有三義，一是波斯人摩尼所創立的宗教，宣揚光明與黑暗對立，爲善惡本原。摩尼爲明的代表，故又稱明教。也稱摩尼教的教徒。《舊唐書・憲宗紀上》：“庚子，廻紇請於河南府、太原府置摩尼寺，許之。”又《廻紇傳》：“十二月二日，宴歸國廻鶻摩尼八人，令至中書見宰臣。”《新唐書・回紇傳上》：“元和初，再朝獻，始以摩尼至。”二是梵語 maṇi 的譯音，意爲寶珠。晉葛洪《抱朴子・廣譬》：“摩尼不宵朗，則無別於磧礫。”唐顔真卿《撫州戒壇記》：“嚴身瓔珞，照耀有摩尼之光。”三是胡人稱水寶。南朝齊求那毗地譯《百喻經・小寶經》：“婦語人言：我夫已覺，更無出處。唯有摩尼，可以得出。胡以水竇，名爲摩尼，欲令其人，從水竇出。”

茉莉　也作“末利”，梵語 mallikā 的譯音，一説爲敘利亞語 molo 的音譯，來自波斯。一種常緑灌木，花白色，有香氣，可作香料。晉嵇含《南方草木狀》上：“耶悉茗花、末利花，皆胡人自西國移植于南海，南人憐其芳香，競植之。”宋張孝祥《臨江仙》詞：“翠葉銀絲簪末利，櫻桃濇注香唇。”宋李格非《洛陽名園記・李氏仁豐園》：“遠方奇卉如紫蘭、茉莉、瓊花、山茶之儔。”

西瓜　女真語 xeko 的音譯，更早則來源於哥爾德語的 seko、sego。《新五代史・四夷附録》：“〔胡嶠〕始食西瓜，云契丹破回紇得此種，以牛糞覆棚而種，大於中國冬瓜而味甘。”原産非洲，傳入中國甚早。六朝叫“寒瓜”。南朝宋沈約《行園》詩：“寒瓜方卧壟，秋菰亦滿坡。”也叫“緑沈瓜”。《南史・任昉傳》：“〔昉卒于官〕，武帝聞問，方食西苑緑沈瓜，投之於盤，悲不自勝。”明俞弁《逸老堂詩話》卷上：“杜詩‘苔卧緑沈槍’緑沈以漆着色如瓜皮，謂之緑沈。……緑沈瓜，即今西瓜也。”

柘枝　源于波斯語 chaj。一種舞蹈，出自怛羅斯（今俄羅斯境内江布林，唐代屬安西大都護府管轄，漢時名郅支），唐時傳入中國。初爲女子獨舞，或二女童對舞，宋代發展爲多人隊舞，唐章孝標《柘枝》詩：“柘枝初出鼓聲招，花鈿羅衫聳細腰。”

唐盧肇《湖南觀雙柘枝賦》:"古也郅支之伎,今也柘枝之舞。"宋沈括《夢溪筆談·樂律一》:"寇萊公好柘枝舞,會客必舞柘枝,每舞必盡日,時謂之柘枝顛。"

以上是六朝以至唐、五代借入的詞。

上述外語借詞大都是一些具體事物的名稱。這些事物是中國原來没有的,傳入中國後,連同它們的名稱也借到漢語裏來了。從秦漢以迄隋唐,漢族經濟、文化、科學水準一般比西域諸國要高一些,漢語借入的詞裏極少關於經濟、政治、文化方面的内容。形式上這類借詞大都採用音譯。有的詞爲了適應漢語詞滙雙音化的結構特點,往往加以一定程度的簡化。從來源看,上述借詞大都來自西域諸國。秦漢以來中國和日本、朝鮮、越南等國已有外交往來,文化關係也很密切。這幾個國家的語言當時受漢語和漢文化的影響頗深,但是中古漢語似乎很少受日語、朝鮮語或越南語的影響。

除了外語借詞以外,秦漢以來,漢語還常常在單音節詞素前面加一個"胡"字構成複音詞以表示外來的事物或人的稱謂。例如:

胡餅　就是燒餅。《釋名·釋飲食》:"胡餅,作之大漫冱也。亦言以胡麻著上也。"後魏石勒諱"胡"字,改稱"麻餅"。

胡服　古代西方和北方外族的服飾。《戰國策·趙策二》:"今吾將胡服騎射以教百姓,而世必議寡人矣。"《後漢書·五行志一》:"靈帝好胡服,胡帳、胡床、胡坐、胡飯、胡箜篌、胡笛、胡舞,京都貴戚皆競爲之。"

胡瓶　西域出産的一種瓶。唐王昌齡《從軍行》詩之六:"胡瓶落膊紫薄汗,碎葉城西秋月團。"《舊唐書·李大亮傳》:"古人稱一言之重,侔于千金。卿之此言,深足貴矣。今賜卿胡瓶一枚,雖無千鎰之重,是朕自用之物。"

胡床　一種可以折叠的坐具。《後漢書·五行志一》:"靈帝好胡服、胡帳、胡床、胡坐、胡飯、胡箜篌、胡笛、胡舞,京都貴戚皆競爲之。"南朝宋劉義慶《世説新語·自新》:"淵在岸上,據胡床指麾左右,皆得其宜。"

胡鼓　就是腰鼓。《舊唐書·音樂志二》:"腰鼓,大者瓦,小者木,皆廣首而纖腹,本胡鼓也。"

胡瓜　即黄瓜。北魏贾思勰《齊民要術》卷二:"種越瓜、胡瓜法,四月中種之,胡瓜宜暨柴木,令其蔓緣之。"明李時珍《本草綱目》卷二十八:"胡瓜,黄瓜。〔陳〕藏器曰：北人避石勒諱，改呼黄瓜，至今因之。時珍曰：張騫使西域得種，故名胡瓜。按杜寶《拾遺録》云：‘隋大業四年避諱，改胡瓜爲黄瓜’與陳氏之説微異。”

胡笳　古代西方和北方民族的一種吹奏樂器，似笛，聲音悲凉。漢李陵《答蘇武書》：“胡笳互動，牧馬悲鳴。”漢蔡琰《胡笳十八拍》：“胡笳動兮邊馬鳴，孤雁歸兮聲嚶嚶。”

胡椒　原産印度。唐段成式《酉陽雜俎·木篇》：“胡椒，出摩伽陀國，呼爲昧履支……子形似漢椒，至辛辣。”唐李綽《尚書故實》：“元載破家，籍財貨諸物，得胡椒九百石。”

胡麻　即芝麻。相傳張騫得其種於西域。北魏賈思勰《齊民要術》卷二：“胡麻宜白地種，二三月爲上時，四月上旬爲中時，五月上旬爲下時。”宋沈括《夢溪筆談·藥議》：“胡麻直是今油麻。……中國之麻，今謂之大麻是也。有實爲苴麻，無實爲枲〔麻〕，又曰牡麻。張騫始自大宛得油麻之種，亦謂之麻，故以胡麻別之，謂漢麻爲大麻也。”

胡琴　唐宋時，指一切從北方和西方民族傳入的撥絃樂器。唐段安節《樂府雜録·琵琶》：“文宗朝，有内人鄭中丞善胡琴，内庫有二琵琶，號大小忽雷，鄭嘗彈小忽雷。”宋沈括《夢溪筆談·樂律一》：“自製凱歌：馬尾胡琴隨漢軍，曲聲猶自怨單于。”

胡言、胡語　泛稱西方和北方外族的語言。《隋書·經籍志四》：“〔釋迦牟尼〕捨太子位，出家學道，勤行精進，覺悟一切種智，而謂之佛，亦曰佛陀，亦曰浮屠，皆胡言也。”南朝齊王琰《冥祥記》：“古來正道，莫逾李老。何乃信惑胡言，以爲勝教？”晉法顯《佛國記》：“從此西行所經諸國，類皆如是，惟國國胡語不同。”唐杜甫《詠懷古跡》詩之三：“千載琵琶作胡語，分明怨恨曲中論。”

胡書　胡人的文字。南朝齊王琰《冥祥記》：“得筆，便作胡書，横行，或如乙，或如已。”北齊顔之推《顔氏家訓·省事》：“天文、畫繪、棊博、鮮語、胡書，煎胡桃油，煉錫爲銀，如此之類，略得梗概，皆不通熟。”

胡人　我國古代對北方邊地及西域各族人民的稱呼。漢賈誼《過秦論》：“胡人不能南下而牧馬，士不敢彎弓而報怨。”晉干寶《搜神記》卷二：“晉永嘉中，有天竺胡人來渡江南。”

胡兒　對“胡人”的蔑稱。《漢書·金日磾傳》：“貴戚多竊怨，曰：‘陛下妄得一胡兒,反貴重之。'"唐李頎《古從軍行》詩:"胡雁哀鳴夜夜飛,胡兒眼淚雙雙落。"

胡雛　對胡人的蔑稱;胡人小兒。《晉書·石勒載記上》:"年十四,隨邑人行販洛陽,倚嘯上東門。王衍見而異之,顧謂左右曰:'向者胡雛,吾觀其聲視其有異志,恐將爲天下之患。'馳遣收之,會勒已去。"唐岑參《衛節度赤驃馬歌》:"紫髯胡雛金剪刀,平明剪出三鬉高。"

胡賈　經商的胡人。唐韓愈《送僧澄觀》詩:"越商胡賈脱身罪,珪璧滿船寧計資。"

胡姬　胡人酒店中賣酒的女子。漢辛延年《羽林郎》詩:"依倚將軍勢,調笑酒家胡。胡姬年十五,春日獨當壚。"唐李白《少年行》詩之二:"落花踏盡遊何處,笑入胡姬酒肆中。"

胡客　胡地來的客人;旅居中原的客人。漢賈誼《新書·匈奴》:"令此時爲大具召胡客,饗胡使。"

胡奴　爲奴的胡人。南朝宋劉敬叔《異苑》:"侃家童千餘人,嘗得胡奴,不喜言,常默坐。"

胡僧　西域或外來的僧人。南朝宋劉義慶《幽明録》:"問東方朔,朔曰:'臣愚,不足以知之,可試問西域胡僧。'"唐杜甫《寄劉峽州伯華使君四十韻》詩:"藥囊親道士,灰劫問胡僧。"

上述詞語都是用"胡"加漢語原有的詞素構成,它們表達外來的事物和人的稱謂,却不是外語借詞,這一點應該注意區别。

二、佛教文化對漢語詞滙的影響

佛教自漢代傳入中國,經魏晉南北朝以至唐宋,有了極爲廣泛的傳播,信奉的人多,佛教文化和觀念深入人心。大量佛經譯成漢語,對漢語尤其是漢語詞滙産生了巨大的影響。漢語裏出現了不少有關佛教的借詞和新詞,許多詞增加了有關佛教的新義。這些借詞、新詞或新義,一部分作爲宗教行業語而存在,一部分進入了漢語的普通詞滙乃至於基本詞滙。

1. 有關佛教的借詞

在佛經翻譯中,有的採用音譯,把梵語中的詞連音帶義一起借過來。例如:

比丘　梵語 bhikṣu 的音譯。出家修行的男子，少年初受戒，叫做“沙彌”；至二十歲，再受具足戒，叫做“比丘”。漢安世高《人本欲生經》：“是時比丘不痛爲身，身亦不更痛。”宋釋法雲《翻譯名義集》卷一《七衆弟子篇》：“《大論》云：比丘名乞士，清静活命故；復次比名破，丘名煩惱，能破煩惱故。”《魏書・釋老志》：“桑門爲息心，比丘爲行乞。”

比丘尼　梵語 bhikṣuṇī 的音譯。出家修行的女性佛教徒，少年受戒叫“沙彌尼”；二十歲再受具足戒叫“比丘尼”。省譯爲“尼”，或加詞素“姑”譯爲“尼姑”。《魏書・釋老志》：“婦人入道者曰比丘尼。”漢支讖《道行般若經》卷五：“佛説是經時，五百比丘僧，三十比丘尼皆得阿羅漢。”北魏楊衒之《洛陽伽藍記・城内・胡統寺》：“胡統寺，太后從姑所立也，入道爲尼，遂居此寺。”唐李商隱《祭徐姊夫文》：“尼姑居宗老之地，騶奴總家相之權。”

唄　梵語 pāṭhaka（唄匿）的音譯省稱。也稱“梵唄”。意爲讚頌佛法的短偈，後來也指讚頌佛經或頌經聲。一般由三十二字或四句構成。南朝梁慧皎《高僧傳・經師論》：“天竺方俗，凡是歌詠法言，皆稱爲唄。至於此土詠經則稱爲轉讀，歌贊則號爲梵唄。”唐釋道世《法苑珠林・唄贊・述意部》：“西方之有唄，猶東國之有贊。贊者，從文以結章；唄者，短偈以流頌。比其事義，名異實同。”唐劉長卿《秋夜北山精舍觀體如師梵》詩：“梵音奏仙唄，向夕遍空山。”《新唐書・張鎬傳》：“時引内浮屠數百居禁中，號内道場，諷唄外聞。”

鉢　梵語 pātra（鉢多羅）的省譯。是一種盛飯的器皿，比丘六物之一。唐玄應《一切經音義》十四“鉢盂”：“鉢多羅又云波多羅，此云薄，謂治厚物令薄而作此物也。”東晉罽賓三藏瞿曇僧伽提婆譯《中阿含經》卷二：“攝衣持鉢，向舍衛國，輾轉進前。”《晉書・僧涉傳》：“俄而龍下鉢中，天輒大雨。”又有複音詞“鉢盂”（僧人食器）、“鉢囊”（僧人盛放鉢盂的袋子）、“鉢錢”（布施僧尼的錢財）、“鉢授”（僧侶傳授衣鉢等法物）、“鉢袋”（同“衣鉢”）等。

刹　有三個來源，三種不同的意義。①梵語 kṣetra 的省譯，全稱爲“刹多羅”。意思是“地方、國土、世界”。後秦鳩摩羅什譯《妙法蓮華經・入法界品》：“嚴浄一切刹，滅除三惡道。”唐杜牧《題孫逸人山居》詩：“長懸青藤與芳枝，塵刹無因免别離。”

②梵語 lakṣata 的音譯省稱。一説來自突厥語的 sât，šat。佛塔頂部的相輪，也指寺廟前所建的幡杆。北魏楊衒之《洛陽伽藍記·城内·永寧寺》："中有九層浮圖一所，架木爲之，舉高九十丈，上有金刹，復高十丈，合去地一千尺。"引申爲佛塔、佛寺。《南齊書·虞愿傳》："以孝武莊嚴刹七層，帝欲起十層，不可立，分爲兩刹，各五層。"唐顧況《獨遊青龍寺》詩："春風入香刹，暇日獨遊衍。"③梵語 kṣaṇa（刹那）的省譯。表示極短的瞬間。南朝梁沈約《千佛頌》："一刹靡停，三念齊往。"

刹那　梵語 kṣaṇa 的音譯。古印度教表示很短的計時單位，本指婦女紡績一尋綫所用的時間。南朝梁武帝《遊鐘山大愛敬寺》詩："生仕無停相，刹那即徂遷。"唐玄奘《大唐西域記·印度總述》："時極短者，謂刹那也，百二十刹那爲一呾刹那。"

阿彌陀佛(Ēmítuófó)　梵語 amitābha 的音譯，"阿彌陀佛"意爲"無量佛"或"無量壽佛"，佛家指西方極樂世界中最大的佛；後世佛教徒用作口頭誦念的佛號，表示祈禱、祝願或感謝神靈。"阿彌陀"是"無量"的意思。唐玄應《一切經音義》卷九："阿彌陀，譯云無量。"南朝宋畺良耶舍譯《觀無量壽佛經》："具足十念，稱南無阿彌陀佛；稱佛名故，於念念中，除八十億劫生死之罪。"宋蘇軾《阿彌陀佛贊》："佛子在時百憂繞，臨行一念何由了；口誦南無阿彌陀，如日出地萬國曉。"

梵　梵語 brahma（梵摩、婆羅賀摩）的音譯省稱。佛教經典都用古印度書面語（梵語、梵文）寫成，故與印度、佛教有關的事物大都可以稱"梵"或複音詞中冠以"梵"字。南朝梁沈約《均聖論》："雖葉書横字，華梵不同。""梵"指古印度書面語梵文。南朝顔延之《庭誥文》："若夫玄神之經，窮明之説，義兼三端，至無二極。但語出梵方，故見猜世學；事起殊倫，故獲非恒情。"唐釋道世《法苑珠林》卷二四："宋大明年中，有寺統法師名道温，居在秣陵縣……固以聲藻震中，事靈梵表。""梵方"、"梵表"，指印度。《魏書·釋老志》："梵唱屠音，連簷接響，像塔纏於腥臊。"南朝梁慧皎《高僧傳·經師論》："原夫梵唄之起，亦肇自陳思。"又"詠經則稱爲轉讀，歌贊則號爲梵音。""梵唱"、"梵唄"、"梵音"，指佛教作法事的歌詠讚頌之聲。《梁書·張纘傳》："經法王之梵宇，覩因時之或躍。"唐白居易《紫陽花》詩："何年植向仙壇上，早晚移栽到梵家。"唐唐彦謙《遊南明山》詩："金銀拱梵刹，丹青照廊宇。""梵宇"、"梵家"、"梵刹"都指僧侶聚居的佛寺。南朝梁僧祐《出三藏記集》卷二："沙門竺法護先譯梵文，而辭義繁重。""梵文"指以梵語言文字書寫的典籍。三國吴竺律炎、維支難合譯《法句經》卷上："其所傳言或得梵語，或以义出音，近質真朴，初嫌其爲辭不雅。""梵語"指古印度的書面語。隋闍那崛多譯《佛本行集經》卷三："與門徒俱，聚會而坐，講論梵典。""梵典"指佛教經典。南朝梁沈約《棲禪精舍銘》："往辭妙幄，今承梵筵。""梵筵"指做佛事的道場，等等。

佛　梵文 buddha（佛陀），意爲"覺者"。吐火羅文變爲 pud 或 but，漢文譯爲"佛"①。漢安世高《長阿含十報經》："或時佛亦不説經，慧者同學亦不説經。"晉袁宏《後漢記・明帝紀下》："浮屠者，佛也。西域天竺有佛道焉。佛者，漢言覺，將寤群生也。"《魏書・釋老志》："浮屠正號曰佛陀，佛陀與浮圖聲相近，皆西方言，其來轉爲二音。華言譯之則謂浄覺，謂滅穢成明，道爲聖悟。"特指佛教創始人釋迦牟尼。《後漢書・西域傳》："西方有神，名曰佛。"也指佛教。韓愈《論佛骨表》："佛者，夷狄之一法也。"

浮圖　也作"浮屠"、"佛圖"，一是 buddha 的音譯，即佛。《後漢書・西域傳》；"後桓帝好神，數祀浮圖、老子。"李賢注引袁宏《漢記》："浮屠，佛也。"《魏書・釋老志》："及開西域，遣張騫使大夏還，其旁有身毒國，一名天竺，始聞有浮屠之教。"一是 buddhastūpa 的音譯。即塔。北魏酈道元《水經注・穀水》："有永寧寺，熙平中始制也，作九層浮圖。"又《河水一》："阿育王起浮屠於佛泥洹（洹）處，雙樹及塔，今無復有也。"《魏書・釋老志》："自洛中構白馬寺，盛飾佛圖，畫跡甚妙，爲四方式。凡宫塔制度，猶依天竺舊狀而重構之，從一級至三、五、七、九。世人相承，謂之浮圖，或云佛圖。"

和尚　也作"和上"。佛教的親教師，一般用來指出家修行的男性佛教徒。有時也指女性佛教徒。印度作爲師父的俗稱，中國作爲佛教師長的尊稱。梵文 upādhyāya，音譯爲"烏波底夜耶"，古于闐語訛轉爲"烏社"，又爲"鶻社"、"和社"（khosha），漢語稱爲"和尚"、"和上"。南朝宋佛陀什《五分律》卷十一："彼比丘尼和尚言：'汝先能得多美飲食，今何故不復能得？'"三國吴支謙《撰集百緣經》卷四："仙人唱道：'和尚大師，云何一旦今見孤背，捨棄我去，更不聞法？'"南朝宋劉義慶《世説新語・言語》"高座道人"注引《高座别傳》："和尚胡名施黎密，西域人。"唐冥祥

① 参看季羡林《浮圖與佛》、《再談浮圖與佛》，見《季羡林選集》35頁、275頁。

《大唐故三藏玄奘法師行狀》:“和上去今三年以前,有患四支拘急如火燒刀判之病。”《太平廣記》卷三三八引《廣異記》:“吴縣朱自勸,以寶應年亡。大曆三年,其女寺尼某往市買胡餅充齋饌物。……後十日婢於市復見自勸,問訊畢,謂婢曰:‘方當嚴寒,聞知和尚未挾纊,今附絹兩疋,與和尚作寒具。’婢承命持還,以絹授尼。尼以一疋制袴,一留貯之。”

偈(jì) 梵語 gāthā 的簡譯,又作“偈佗”、“伽陀”、“伽他”。佛經中的唱頌詞。《晉書·鳩摩羅什傳》:“羅什從師受經,日誦千偈,偈有三十二字,凡三萬二千言,義亦自通。”南朝宋劉義慶《幽明録》:“男女異處,有誦經者,唄偈者,自然飲食者,快樂不可言。”南朝齊王琰《冥祥記》:“下病人于地,卧單席上,以應器置腹上,布覆之,梵唄三偈訖,爲梵咒可數千語。”唐玄奘《大唐西域記·烏仗那國》:“舊曰偈,梵文略也;或曰偈陀,梵音訛也。今從正音,宜云伽陀。伽陀者,唐言頌,頌三十二言。”唐法海集記《六祖壇經》:“秀上座三更於南廊下中間壁上秉燭題作偈,人盡不知。”宋黄庭堅《題萬松亭》:“二十年前,涪翁爲篆其榜,今聞增葺,殊勝往時,遠托清禪師易其榜,並作伽陀六言偈刻山間石上。”

袈裟 梵語 kaṣāya 的音譯,也譯作“袈沙曳”。本義是不正色。佛家指僧侶披在外面的法衣。法衣的用色要避開五正色(青、黄、赤、白、黑)和五間色(緋、紅、紫、緑、碧),故稱。傳入中國後,袈裟也有用鮮豔顏色的,如紫袈裟、金縷袈裟等。通常用小片長方形布連綴而成,其制分五條、七條、九條三種。晉陶潛《搜神後記》卷九:“主人欲殺一羊,羊絶繩便走,來投入此道人膝中,穿頭向袈裟下。”北魏楊衒之《洛陽伽藍記·城北·宋雲惠生使西域》:“雨止,佛在石下,東面而坐,晒袈裟。”陳陵《諫仁山深法師罷道書》:“才脱袈裟,逢人輒稱汝我。”

劫 梵語 kalpa(劫波)的省譯。指世界從形成到毁滅的一個週期。一劫包括成、住、壞、空四個時間。到壞劫時,有水、火、風三灾出現,世界歸於毁滅。後人藉以指天灾人禍。唐釋道世《法苑珠林·劫量述意》:“夫劫者,蓋是紀時之名,猶年號耳。”《隋書·經籍志·佛》:“一成一敗,謂之一劫。自此天地已前,則有無量劫矣。”晉王嘉《拾遺記》卷六:“云是崆峒靈瓜,四劫一實,西王母遺於此地。”《敦煌變文集·温室講唱押座文》:“百千萬劫作輪王,不樂王宫恩愛事。捨命捨身千萬劫,直至今身證菩提。”

蘭若　梵語 araṇya(阿蘭若)的音譯省稱。意爲寂净無苦惱煩亂之處,指寺院。唐杜甫《謁真諦寺禪師》詩:"蘭若山高處,煙霞嶂幾重。"《舊唐書·武宗紀》:"敕祠部檢括天下寺及僧尼人數,大凡寺四千六百,蘭若四萬,僧尼二十六萬五百。"唐張鷟《朝野僉載》卷六:"入陸渾山坐蘭若,虎不爲暴。"

羅刹　梵語 rākṣasa 的音譯。本是古印度的土著民族。雅利安人進入印度後,誣衊羅刹族人凶惡可怕,於是"羅刹"轉化爲一種黑身、朱髮、緑眼的惡魔。羅刹女能變化成美女,魅惑吃人。佛教中用爲惡鬼的通稱。唐玄應《一切經音義》卷三:"囉刹婆,梵語惡鬼神也。……能變美妙容儀,魅惑於人,詐相柔輔,方便誑誘而啖食之。"《敦煌變文集·大目乾連冥間救母變文》:"見一馬頭羅刹,手把鐵杈,意氣而立。"也比喻人的凶惡。《北齊書·厙狄干傳》:"時人語曰:'刺史羅刹政,司馬蝮蛇嗔,長史含笑判,清河生喫人。'"

羅漢　也作"阿羅漢",梵語的 arhān,arhat 的音譯簡稱。小乘教所理想的最高佛果;也指佛家聖者。三國吴支謙《太子瑞應本起經》卷上:"一心之道,謂之羅漢,羅漢者,真人也。"宋釋法雲《翻譯名義集》卷一《三乘通號篇》:"《大論》云:阿羅名賊,漢名破;一切煩惱賊破;復次,阿羅漢,一切漏盡故;應得一切世間諸天人供養。"《隋書·經籍志·佛》:"至羅漢者,則出生入死,去來隱顯,而不爲累。"

魔　梵語 māra(魔羅)的省譯。原意爲"障礙、攪亂、破壞"。佛教指妨礙修行、破壞佛法的邪惡之神。東漢竺大力、康孟祥譯《修行本起經》卷下:"忍力降魔,鬼兵退散。"唐玄應《一切經音義》卷二:"書無此字,譯人義作。梵言魔羅,此翻名障,能爲修道者作障礙故;亦言殺者,常行放逸,斷慧命故;或云惡者,多愛欲故也。"南朝梁釋慧皎《高僧傳》卷二《鳩摩羅什》:"初得《放光經》,始就披讀,魔來蔽之,唯見空牘。什知魔所爲,誓心踰固。魔去字顯,仍習誦之。"唐天竺沙門般刺密諦譯《楞嚴經》卷七:"十方如來,執此咒心,降服諸魔,制諸外道。"由"魔"爲詞素構成的複音詞有"魔王"(魔界之王,惡鬼之王)、"魔女"(魔界的女人、女鬼)、"魔行"(魔鬼一類的人)、"魔鬼"(害人的惡鬼)、"魔障"(修行的障礙)、"魔魅"(害人的魔鬼)等。

南無(nāmó)　也作"那膜"、"南膜"、"南摩",梵語 namas 音譯。"歸命、恭敬、信從"的意思,表示對佛、法、僧三寶的皈依和恭敬。南朝宋畺良耶舍《觀無量壽經》:“具足十念,稱南無阿彌陀佛。”北魏楊衒之《洛陽伽藍記・城内・永寧寺》:“(菩提達摩)口唱南無,合掌連日。”宋薛季宣《記遊詩》:“遐觀夢中夢,南膜佛因緣。”宋釋法雲《翻譯名義集》卷四《衆善行法篇》:“南無,或那謨,或南摩,此翻‘歸命’,《要律儀》翻‘恭敬’,《善見論》翻‘歸命覺’,或翻‘信從’。”

涅槃　梵語 nirvāṇa 的音譯,一説來自巴利語的 nibbana。也作“泥洹”。意譯爲“滅度”、“寂滅”、“圓寂”即熄滅生死輪回、脱離一切煩惱,進入自由無礙的境界。後稱佛或高僧的逝世爲“涅槃”。晉僧肇《涅槃無名論》:“涅槃之道,蓋是三乘之所歸,方等之淵府。”南朝梁釋慧皎《高僧傳・釋僧肇涅槃無名論》:“涅槃,秦言無爲,亦名滅度。無爲者取乎虚無寂寞,妙絶於有爲;滅度者,言乎大患永滅,超度四流。”《敦煌變文集・廬山遠公話》:“胎、卵、濕、化,十類四生,有形無形,有相無相,皆得涅槃而言滅度。”又晉無名氏《證誣論》:“善入泥洹,不始不終,永存綿綿。”北魏酈道元《水經注・河水一》:“泥洹已來,聖衆所行,威儀法則,相承不絶。”

般若、波若　梵語 prajñā 的音譯,意爲“智慧”。指如實理解一切事物的大智慧。大乘教稱之爲“諸佛之母”。南朝宋劉義慶《世説新語・文學》:“殷中軍被廢東陽,始看佛經,初視《維摩詰》,疑般若波羅密太多;後見《小品》,恨此語少。”劉孝標注:“波羅密,此言到彼岸也。經云到者有六焉……六曰般若,般若者,智慧也。”《南齊書・顧歡傳》:“道家之教,執一虚無,得性亡情,凝神勿擾;今則波若無照,萬法皆空,豈有道之可名,寧餘一之可得?”

菩薩　梵語 bodhi-sattva(菩提薩埵)的簡譯。本意爲“覺有情”、“道衆生”。佛家以爲佛祖釋迦牟尼未成佛道時的稱號;也指上求佛法,下化衆生的聖者。在“三乘”中,菩薩比羅漢高,比佛低。北周庾信《五張寺藏經碑》:“如來説法,萬萬恒沙;菩薩轉輪,生生世界。”北魏楊衒之《洛陽伽藍記・城西・融覺寺》:“天竺國胡沙門菩提流支見而禮之,號爲菩薩。”我國民間熟悉的菩薩有觀世音、大勢至、文殊、普賢、地藏等。引申爲佛教的尊稱。三國魏康僧鎧《鬱伽長才會》:“是在家菩薩,如法集聚錢財封邑,非不如法。”《敦煌變文集・長興四年中興殿應聖節講經文》:“爾時有菩薩天子波斯匿王,低金冠於會海衆中。”

菩提　梵語 bodhi 的音譯。意譯爲“覺”、“智”、“道”。指徹底覺悟的境界;也指覺悟的智慧和覺悟的途徑。南朝齊求那毗地譯《百喻經・駝甕俱失喻》:“凡夫愚人，亦復如是，希心菩提，志求三乘。”唐法海集記《六祖壇經》八：“身是菩提樹，心如明鏡台。明鏡本清浄，何處染塵埃。”《敦煌變文集・太子成道經》：“我本師釋迦牟尼求菩提緣，於過去無量世時，百千萬劫，多生波羅奈國。”

伽藍　梵語 saṃghārāma（僧伽羅摩）的省譯，意思是衆僧居住的庭院，後爲佛寺之稱。唐玄應《一切經音義》卷一：“僧伽藍，舊譯云村，此應訛也。正言僧伽羅摩，此云衆園也。”北魏楊衒之《洛陽伽藍記・城西・法雲寺》：“伽藍之内，花果蔚茂，芳草蔓合，嘉木被庭。”唐玄奘《大唐西域記・阿耆年國》：“伽藍十餘所，僧衆二千餘人，習學小乘教説一切有部。”

伽耶　也作“伽那”，梵語 gaja 的音譯，就是象。宋釋法雲《翻譯名義集》卷二《畜生》：“伽耶，或那伽，或那先，此云象。”唐段公路《北户録・象鼻炙》：“廣之屬城循州、雷州，皆産黑象，……梁翔法師云：‘象，一名伽那。’”

三昧　梵語 samādhi 的音譯，又譯“三摩地”，意譯爲“正定”，指摒除雜念，專注一境。後秦鳩摩羅什譯《大智度論》卷七：“何等爲三昧？善心一處住不動，是名三昧。”晉慧遠《念佛三昧詩集序》：“夫三昧者何？專思、寂想之謂也。唐法海集記《六祖壇經》：“既得解脱，即是般若三昧，悟般若三昧，即是無念。”佛家認爲修行證得三昧，就能引發種種神通妙用，因而引申爲奥妙、精髓。唐李肇《唐國史補》卷中：“長沙僧懷素好草書，自言得草聖三昧。”宋周紫芝《竹坡詩話》：“集句近世往往有之，唯王荆公得此三昧。”

僧　梵語 saṃgha（僧伽）的省譯。指出家修行的男性佛教徒。晉安法欽《阿育王傳》卷四：“我今當向僧説是語。”南朝宋謝靈運《山居賦》：“遠僧有來，近衆無闕。”唐杜甫《暮登四安寺鐘樓寄裴十迪》詩：“暮倚高樓對雪峰，僧來不語自鳴鐘。”唐劉行敏《嘲李叔慎賀蘭僧伽杜善賢》詩：“叔慎騎烏馬，僧伽把漆弓。”

僧祇　有兩個來源：①梵語 Asaṃkhya（阿僧祇）的省譯，意思是“無數、無量”。唐白居易《和夢遊春詩一百韻》詩：“愁恨僧祇長，歡榮刹那促。”宋晁補之《鷓鴣天・杜四侍郎郡君十二姑生日》詞：“不勞龍女逞威儀，僧祇世界供遊戲，賢懿光陰比春期。”②波斯語 zangi 的音譯，泛指南海土著種族，或非洲東海岸的黑種人。《新唐書・南蠻傳下・訶陵》：“元和八年，獻僧祇奴四，五色鸚鵡、頻伽鳥等。”

沙彌　梵語 śrāmaṇera 的音譯，一説來自龜茲語 samir。佛教中指依照戒律出家，已受十戒的 7 至 20 歲男性修行者（女性稱“沙彌尼”，爲梵語 śramaṇerikā 的音譯）。三國吴支謙《五母子經》：“有一小兒，年始七歲，大好道法。辭母出家，求作沙彌，隨大沙門于山中學道。”《魏書・釋老志》：“其爲沙門者，初修十戒，曰沙彌。而終於二百五十，則具足成大僧。”南朝宋劉義慶《世説新語・言語》：“有小沙彌在坐末曰：‘世尊默然，則爲許可。’”後秦竺佛念《鼻奈耶》卷五：“於其中間不得爲道，不得爲比丘尼，不得爲式叉摩尼，不得爲沙彌，不得爲沙彌尼。”

沙門　也作“桑門”。梵語 śramaṇa 的音譯，一説來自龜茲語 samane。指依照戒律出家修道的佛教徒。《晉書・孝武帝紀》：“立精舍於殿内，引諸沙門以居之。”《魏書・釋老志》：“諸服其道者，則剃落鬚髮，釋累辭家，結師資，遵律度，相與和居，治心修静，行乞以自給。謂之沙門，或曰桑門，亦聲相近，總謂之僧，皆胡言也。”《晉書・孝武帝紀》：“立精舍於殿内，引諸沙門以居之。”

舍利　梵語 śarīra 的音譯，也叫“舍利子”。意爲“佛骨”，死者火葬後的殘餘骨燼。一般專指釋迦牟尼遺體火化後結成的珠狀物，也指高僧尸體火化後剩下的骨燼。《魏書・釋老志》：“佛既謝世，香木焚尸。靈骨分碎，大小如粒，擊之不壞，焚亦不燋，或有光明神驗，胡言謂之舍利。”南朝宋傅亮、張演《觀世音應驗記》：“塔下礎石中有種種七寶，亦有佛舍利彩水精瓶。”

塔　梵語 stūpa（塔婆、窣堵坡）的省譯。指收藏舍利、經卷、佛像、法器等的尖頂建築物，通常有五層、七層、十三層等。始見於東漢譯經。如支讖譯《道行般若經》卷二：“若般泥洹後，持佛舍利起塔，自歸作禮承事供奉。”又《阿闍世王經》：“汝作是塔，因是功德，當從釋迦文佛授訣。”北魏酈道元《水經注・河水一》：“二王各持半舍利，還起二塔。”《魏書・釋老志》：“弟子收奉，置之寶瓶，竭香花，致敬慕，建宫宇，謂爲塔。塔亦胡言，猶宗廟也。”唐杜甫《江畔獨步尋花七絶句》之五：“黄師塔前江水東，春光懶困倚微風。”仇兆鼇注：“蜀人呼僧爲師，葬所爲塔。”由“塔”爲詞素構成的複音詞有“塔寺”（佛塔、佛寺）、“宫塔”（佛殿與佛塔）、“寶塔”（裝飾有金、銀等寶物的塔）、“塔廟”（佛塔）、“塔林”（僧人的墓群）、“塔院”（建有佛塔的院子）、“塔座”（僧尼講經時的座位）等。

檀越　梵語 dānapati 的音譯，佛教徒對施捨財物者的尊稱，即施主。三國吴支謙《菩薩本緣經》卷上:“有諸檀越以施因緣皆墮地獄。”唐義净《南海寄歸内法傳》:“梵云陀那鉢底,譯爲施主。陀那是施,鉢底是主,而云檀越者,本非正譯。略去那字,取陀音上轉爲檀,更加越字,意道由行檀捨,自可越渡貧窮。”北魏楊衒之《洛陽伽藍記·城東·崇真寺》:“自云教化四輩檀越,造一切經,人中金像十軀。”後秦佛陀耶舍《四分律》卷五十六:“爾時有比丘,檀越家病,往問訊。”

頭陀　梵語 dhūta 的音譯,原意是“抖擻”。抖擻衣裳,可以去掉塵垢,比喻少欲知足,可以離去煩惱。佛家指僧侶所修的苦行,也指行脚乞食的僧人、苦行僧。後秦竺佛念《鼻奈耶》卷一:“其中有頭陀乞食比丘,聞此語各懷羞恥,往詣世尊。”《文選·頭陀寺碑文》題注:“天竺言頭陀,此言鬥藪,鬥藪煩惱,故曰頭陀。”宋释道原《景德傳燈録》卷三:“自爾手不執筆,永捐世典,一衣一鉢,一坐一食,奉頭陀行。”

夜叉　也作“閱叉”、“藥叉”。梵語 yakṣa 的音譯。本是印度神話中一種小神,佛家認爲是吃人的惡鬼,能飛騰空中,迅速隱蔽。宋釋法雲《翻譯名義集》卷二《八部篇》:“夜叉,此云勇健,亦云暴惡,舊云閱叉。《西域記》云:‘藥叉,舊訛曰夜叉,能飛騰空中。’”晉王嘉《拾遺記》:“丹丘之地,有夜叉駒跋之鬼,能以赤馬腦爲瓶盂及樂器,皆精妙輕麗。”《敦煌變文集·目連緣起》:“冥官業道成悲念,獄卒牛頭及夜叉。”漢語裏用來比喻醜惡凶暴的人。唐張鷟《朝野僉載》卷二《澤州百姓爲尹正義王熊歌》:“嘗逢餓夜叉,百姓不可活。”

優婆塞、優婆夷　梵語 upāsaka、upāsika 的音譯。在家修行的佛教信徒,男的叫做“優婆塞”(upāsaka),女的叫做“優婆夷”(upāsika)。《魏書·釋老志》:“俗人之信憑道法者,男曰優婆塞,女曰優婆夷。”北魏酈道元《水經注·河水一》:“城池荒穢,惟有空處,有優婆塞,姓釋,可二十餘家。”後秦竺佛念《鼻奈耶》卷六:“時力人從坐起,長跪叉手白比丘尼言:‘從今以去歸佛歸法歸比丘僧,願聽爲優婆塞盡命,不殺生。”南朝梁寶唱《經律異相》卷十三:“時汝見法,既得法已,唯願聽許爲優婆夷,即受五戒爲佛弟子。”

由旬、由延　梵語 yojana 的音譯。古印度計里程的單位,有 30 里、40 里或 16 里等不同説法。東漢佚名《佛説興起神經序》:“其泉方各二十五由延,分三厥劣,一厥劣者七里也。”唐玄奘《大唐西域記》卷二:“夫數量之稱,謂之踰繕那,舊曰由旬,又曰踰闍那,又曰由延,皆訛略也。踰繕那者,自古聖王一日軍行也。舊傳一踰繕那四十里矣，印度國俗乃三十里，聖教所載唯十六里。”北魏酈道元《水經注・河水一》：“〔王〕明旦便去，暮宿曇蘭山，去白山六由旬。”北周庾信《奉和法延應詔》詩：“千柱蓮花塔，由旬紫紺國。”東晉法顯《佛國記》：“西行十六由延，便至那竭國界醯羅城。”

以上是音譯借詞。有的梵語是多音節的，後來省略成爲一個或兩個音節，以適應漢語構詞的規律。也有在音譯的基礎上加一個表義的詞素，以構成合成詞的。如：

懺悔　梵語 kṣama，音譯爲“懺摩”，省譯爲“懺”。意思是“自陳己過，悔罪祈福”。東晉佛馱跋陀羅譯《華嚴經・普善行願品》：“衆生煩惱盡，我懺乃盡。”南唐蕭子良《浄住子・修理六根門》：“前已懺其重惡，則三業俱明。”也指僧道代人禮拜悔罪。《梁書・庾詵傳》：“宅内設道場，環繞禮懺，六時不綴。”加詞素“悔”，成爲複音詞“懺悔”。晉郗超《奉法要》：“每禮拜懺悔，皆當至心歸命，並慈念一切衆生。”南朝齊王琰《冥祥記》：“法進懺悔責，乃止不入山。”唐釋道世《法苑珠林・懺悔篇》：“積罪尤多，今既覺悟，盡情懺悔。”唐法海集記《六祖壇經》：“若解向心除罪緣，各自性中真懺悔；若悟大乘真懺悔，除邪行正造無罪。”

閻羅、閻羅王、閻王　梵語 yamarāja，yamarājan，音譯爲“閻摩羅”，就是“鬼王”、“地獄王”。簡化音譯部分，加詞素“王”，成爲“閻羅王”或“閻王”。北魏楊衒之《洛陽伽藍記・城東・崇真寺》：“比丘惠凝死，一（《法苑珠林》作‘經’）七日還活。經閻羅王檢閲，以錯名放免。”唐王梵志《自死與鳥殘》詩：“儻見閻羅王，亦有分疏取。”唐崔泰之《哭李嶠》詩：“魂隨司命鬼，魄逐見閻王。”比喻剛正無私的清官。宋司馬光《涑水記聞》卷十：“〔包拯〕爲人剛嚴，不可干以私，京師爲之語曰：‘關節不到，有閻羅包老。’吏民畏服，遠近稱之。”

2. 有關佛教的意譯詞

在佛經的翻譯中，有的是採用意譯的辦法，即用漢語的詞素按照漢語造詞規律構造新詞以翻譯佛經中的新概念。這類詞數量甚多，很適合中國人的習慣。例如：

慈悲　與衆生同樂爲慈，拔除衆生苦惱爲悲。這是佛家四無量中的二無量，泛指仁慈與憐憫。東晉後秦鳩摩羅什譯《大智度論》卷二十七：“大慈與一切衆生樂，大悲拔一切衆生苦。”唐王維《燕子龕禪師》詩：“救世多慈悲，即心無行作。”《舊唐書·姚崇傳》:"且佛者覺也,在乎方寸,假有萬像之廣,不出五藴之中,但平等慈悲,行善不行惡,則佛道備矣。"《敦煌變文集·廬山遠公話》:"羼提衆生,雖造惡業,我佛慈悲,亦合救之。"

大乘　梵語 mahāyāna(摩訶衍那)的意譯。指大乘佛教。公元1世紀左右逐漸形成的佛教派别。大乘佛教在印度經歷了中觀學派、瑜珈行派和密教三個發展時期。傳入中國以後,又有所變化。"大乘"强調利他,普度衆生;提倡以"六度"爲主的"菩薩行",如發大心者所乘的大車,故名"大乘"。東晉後秦鳩摩羅什譯《妙法蓮華經·譬喻品》:"若有衆生,從佛世尊聞法信受,勤修精進;求一切智、佛智、自然智、天師智、如來智,見力無所畏,愍念安樂無量衆生,利益天人,度脱一切,是名大乘。"唐杜甫《陪章留後惠義寺餞嘉州崔都督赴州》詩:"出塵閟軌躅,畢景遺炎蒸,永願坐長夏,將衰棲大乘。"

道場　梵語 maṇḍala(曼荼羅)的意譯,指供奉佛菩薩像、誦經禮拜、舉行法會的地方。也指舉行法會。南朝宋謝靈運《山居賦》:"謝麗塔於郊郭,殊世間於城旁。欣見素以抱朴,果甘露於道場。"唐李綽《尚書故實》:"抱真命於鞠場,積薪貯油,因爲七日道場。"也指佛寺。《舊唐書·彭偃傳》:"上觀留道士十四人,降殺以七,皆精選有道行者,餘悉令返初,蘭若、道場無名者皆廢。"宋釋贊寧《僧史略上·創造伽藍》:"後魏太武帝始光元年,創立伽藍,爲招提之號。隋煬帝大業中改天下寺爲道場,至唐復爲寺也。"

導師　梵語 mayaka 的意譯。佛家指引導衆生入佛修道的人,是佛菩薩的通稱。東晉後秦鳩摩羅什譯《妙法蓮華經·序品》:"最後天中天,號曰燃燈佛。諸仙之導師,度脱無量衆。"今題後漢失譯《大方便佛報恩經·對治品》:"夫大導師者,導以正路,示涅槃徑,使得無爲,常得安樂。"也指舉行法會時擔任唱經表白職務的人。宋釋贊寧《僧史略·國師》:"導師之名亦含二義:若《法華經》中商人白導師言,此即引路指迷也;若唱導之師,此即表白也。"又指引路的人。南朝齊求那毗地譯《百喻經·殺商主祀天喻》:"昔有賈客,欲入大海。入大海之法,要須導師,然後可去,即共覓求,得一導師。"現代漢語中的"導師",一指革命領袖,一指教學或科學研究上的指導教師,和古代的"導師"有聯繫而不相同。

地獄　梵語 naraka 或 niraya(泥梨)的意譯。意思是"苦的世界"。處於地下,有八寒、八熱、無間等名目。古印度傳説和佛教都認爲人在生前做了壞事，死後要墮入地獄，受種種痛苦。《宋書・夷蠻傳・天竺迦毗黎國》："且要天堂以就善，曷若服義而蹈道；懼地獄以敕身，孰與從理以端心。"唐王梵志《沈淪三惡道》詩之一："冥冥地獄苦，難見出頭時。相逐次第去，却活知有誰？"《舊唐書・傅奕傳》："瑀不能答，但合掌曰：'地獄所設，正爲此人。'"《敦煌變文集・大目乾連冥間救母變文》："天堂獨有阿爺居，慈母諸天覓總無。計亦不應過地獄，只恐黄（皇）天横被誅。"

煩惱　梵語 klesd 的意譯。佛家指身心爲貪欲所困惑而産生的精神狀態。東晉後秦鳩摩羅什譯《智度論》卷七："煩惱者，能令心煩，使作惱，故名爲煩惱。"南朝齊求那毗地譯《百喻經・五人買婢共使作喻》："五陰亦爾，煩惱因緣合成汝身。而此五陰，恒以生老病死無量苦惱榜笞衆生。"唐王梵志《可笑世間人》詩："不畏死路長，貪著苦煩惱。"通常用來表示心情愁苦不樂。宋歐陽修《蝶戀花》詞："酒入横波，困不禁煩惱。"

方便　梵語 upāya（傴和）的意譯。指因人施教，導人入佛的靈活方法。後秦鳩摩羅什譯《維摩詰所説經・方便品》："有長者名維摩詰……善於智度，通達方便。"唐孟浩然《還山贈湛禪師》詩："念兹泛苦海，方便示迷津。"六朝以及唐宋，"方便"又有多種意義：①隨機應變，見機行事。唐白居易《與楊虞卿書》："性又愚昧，不識時之忌諱，凡直奏密啓外，有合方便聞於上者，稍以歌詩導之。"②便利。唐韓偓《玉山樵人集・偶見》詩："小叠紅箋書恨字，與奴方便覓卿卿。"③方法，辦法。南朝齊求那毗地譯《百喻經・田夫思王女喻》："我當爲汝，作好方便，使汝得之，勿得愁也。"④設法。隋闍那崛多譯《佛本行集經》："夫復答〔婦〕言：汝但説看，若可得理，我當方便，會覓令得。"⑤機會；時機。《北史・孟業傳》："業爲典籤，州中要職，諸人欲相賄贍，止患無方便耳。"

果報　就是因果報應，前世種善因，即得善報；前世種惡因，則得惡報。唐釋道世《法苑珠林》卷七十七引《惟無三昧經》："一善念者，亦得善果報；一惡念者，亦得惡果報。"《舊唐書・儒學傳上》："承乾又問曰：'布施營功德，有果報不？'"又《突厥傳上》："登利者，猶華言果報也。"

合掌　梵語 sampuṭa（三補吒）的意譯。佛教的一種儀式，合兩掌以表示敬意。

隋智顗説、灌頂記《觀音義疏上》:“合掌者,此方以拱手爲恭,外國以合掌爲敬。手本二邊,今合爲一,表示不敢散誕,專至一心,一心相當,故以此表敬意也。”唐段成式《酉陽雜俎續集》卷七:“昭又言:‘曾於表兄家轉《金剛經》。’趙曰:‘可合掌請。’昭依言……又令合掌,其經即滅。”《舊唐書·楊慎矜傳》:“臨察御史平洌齎敕至大理寺,慎聞死,合掌指天而縊。”《敦煌變文集·佛説阿彌陀經講經文》:“朝朝合掌花間,日日彌陁受記。”

金剛　梵語 vajra(縛日羅)的意譯。金剛石。《三藏法數》卷五:“金剛者,金中最剛,故云金剛。”《大藏法數》卷四一:“梵語跋折羅,華言金剛。此寶出於金中,色如紫英,百煉不銷,至堅至利,可以切玉,世所稀有,故名爲寶。”《太平御覽》卷八一三引《玄中記》:“金剛出天竺大秦國,一名削玉刀,削玉如鐵刀削木,大者長尺許,小者如稻米。”比喻堅貞不壞。唐一行《大日經疏》卷十二:“金剛喻如來之秘密慧也。金剛無有法能破壞之者,而能破壞萬物,此智慧亦衆。”唐王梵志《妄隨長生術》詩:“妄隨長生術,金剛不壞身,俱傷生死苦,誰究涅槃因。”又指用金剛石所製的杵。《大日經》卷一:“一切持金剛者,皆悉集會。”又佛教護法神手執金剛杵,因以“金剛”爲護法神名。宋元照《行宗記》卷二上:“金剛者,即侍從力士,手持金剛杵,因以爲名。”又指寺院山門内的天王像。《敦煌變文集·降魔變文》:“三門樓下素(塑)金剛,陀院教畫丹青像。”宋辛棄疾《竊憤續録》:“入其寺,有二金剛,鐫石爲之,並拱手而立。”

空門　指佛教、佛法。佛家以爲色空世界俱是虚枉。只有破除偏見,由空而得涅槃,才是入道之門,故稱佛法、佛教爲“空門”。東晉後秦鳩摩羅什譯《大智度論·釋初品》:“空門者,生空法空。”唐王維《歎白髮》詩:“一生幾許傷心事,不向空門何處銷?”《舊唐書·文宗紀下》:“不欲屠宰,用表好生,非是信尚空門,將希無妄之福。”又《彭偃傳》:“自西方之教,被於中國,去聖日遠,空門不行五濁,比丘但行粗法。”

苦海　佛家認爲人世間煩惱痛苦,深廣如海,因以“苦海”比喻世俗。唐天竺沙門般剌密諦主譯《楞嚴經》四:“引諸沈冥,出於苦海。”唐白居易《寓言題僧》詩:“劫風火起燒荒宅,苦海波生蕩破船。”唐王梵志《富者辦棺木》詩:“掇頭入苦海,冥冥不省覺。”唐法海集記《六祖壇經》:“汝等門人終日供養,只求福田,不求出離生死苦海。”又指無窮的苦難境地。唐盧綸《宿石甕寺》詩:“迴瞻相好因垂淚,苦海波濤何日平。”

輪迴　梵語 saṃsāra 的意譯。也作“輪回”。佛家認爲,世界衆生莫不輾轉生死於“六道”之中,如車輪旋轉,稱爲“輪迴”。只有成佛之人才能免受輪迴之苦。六道,指地獄道,餓鬼道、畜生道、阿修羅道、人道、天道。東晉後秦鳩摩羅什譯《妙法蓮華經·方便品》:“以諸欲因緣,墜墮三惡道,輪回六趣中,備受諸苦毒。”唐般若譯《心地觀經》三:“有情輪迴生六道,猶如車輪無始終。”《敦煌變文集·廬山遠公話》:“或居地獄,或在天堂,或爲畜生,或爲餓鬼,六道輪迴,無有休期。”泛指一切事物的循環不息。《南齊書·竟陵文宣王蕭子良傳》:“前人增估求俠,後人加税請代,如此輪回,終何紀極?”

平等　梵語 upekṣā 的意譯,意思是無差别。指一切現象在共性或空性、唯識性、心真如性等上没有差别。東晉後秦鳩摩羅什譯《金剛經·浄心行分》:“是法平等,無有高下,故名無上正等菩提。”《敦煌變文集·廬山遠公話》:“但行平等之心,法界自然安樂。”引申爲平均相等。南朝齊求那毗地譯《百喻經·二子分財喻》:“爾時有一愚老人言;教爾分物使得平等,現所有物破作二分。”

如來　梵語 tathāgata 的意譯。佛的别名,意思是從如實之道來而成正覺。又爲釋迦牟尼十種法號的第一種。東晉後秦鳩摩羅什譯《金剛經·威儀寂静分》:“如來者,無所從來,亦無所去,故名如來。”南朝宋謝靈運《廬山慧遠法師誄》:“仰弘如來,宣揚法雨;俯授法師,威儀永舉。”唐王梵志《惡事總須棄》詩:“知意求妙法,必得見如來。”

三生　梵語 trijati 的意譯,指生命的三個階段,即前生、今生、來生。唐白居易《自罷河南已换七尹……偶題西壁》詩:“世説三生如不謬,共疑巢許是前身。”唐牟融《送僧》詩:“三生塵夢醒,一錫衲衣輕。”

世界　梵語 lokadhātu 的意譯。“世”指時間,“界”指空間。相當於漢語原有的“宇宙”。包括上下四方,古往今來。唐天竺沙門般剌密諦主譯《楞嚴經》卷四:“何名爲衆生世界?世爲遷流,界爲方位。汝今當知,東、西、南、北、東南、西南、東北、西北、上、下爲界,過去、未來、現在爲世。”引申爲世上,人間。南朝宋沈約《齊禪林寺尼净秀行狀》:“忽自見大光明遍于世界,山河樹木,浩然無礙。”唐杜甫《贈蜀僧閭邱師兄》詩:“漠漠世界黑,驅驅争奪繁。”又指人們活動的某一領域、範圍或境界。前蜀杜光庭《虯髯客傳》:“〔道士〕既出,謂虯髯曰:‘此世界非公世界,他方可也。’”唐方干《遊張公洞寄陶校書》詩:“數里煙雲方覺異,前程世界更應寬。”

世尊　梵語 bhagavat(薄伽梵)的意譯,佛教徒對釋迦牟尼的尊稱。唐天竺沙門般剌密諦主譯《四十二章經》:“爾時世尊既成道山,作是思維。”隋慧遠《無量壽經義疏》卷上:“佛備衆德,爲世欽仰,故號世尊。”

剃度　佛家謂落髮出家而得超度。《佛法正宗記》卷三:“魔聞法大起信心,遂與其三千徒衆皆求出家,大士即爲剃度。”《舊唐書·高祖紀》:“浮惰之人,苟避徭役,妄爲剃度,托號出家,嗜欲無厭,營求不息。”宋孫光憲《北夢瑣言》卷七:“唐曹相國確判計,亦有台輔之望。或夢剃度爲僧,心甚惡之。……此人曰:‘前賀侍郎,旦夕必登庸。出家者號剃度也。’”

習氣　梵語 vāsanā 的意譯,指由現行煩惱歷久而形成的種種積習。佛家認爲,一切煩惱皆分現行、種子、習氣三者,既伏煩惱之現行,且斷煩惱之種子,尚有煩惱之餘氣,現煩惱相,是爲“習氣”。東晉後秦鳩摩羅什譯《大智度論·釋初品》:“汝三毒習氣未盡,以是故,汝影覆時,恐怖不除。”唐窺基《成唯識論述記》卷二:“言習氣者,心現行氣分熏習所成。”泛指長期養成的難以改變的言行和習慣。宋蘇軾《再和潛師》詩:“東坡習氣除未盡,時復長篇書小草。”宋陸游《抄書》詩:“書生習氣重,見書喜欲狂。”

小乘　梵語 hinayāna(希那衍那)的意譯。指小乘佛教。早期佛教的主要流别,注重修行持戒,以求得“自我解脱”。公元 1 世紀左右,佛教中出現了主張“救度一切衆生”的新教派,自稱“大乘”,而把堅持“四諦”等原有教義的教派稱爲“小乘”。小乘佛教主要流傳於東南亞各國,稱“上座部”佛教。南朝齊求那毗地譯《百喻經·送美水喻》:“如來法王,有大方便,如一乘法,分别説三。小乘之人,聞之歡喜,以爲易行,修善進德,求度生死。”宋道誠《釋氏要覽中·三寶小乘》:“小者簡非大也。謂如來觀根逗機,方便施設也。”

因果　指因緣和果報。佛教輪回説認爲,種什麽因,結什麽果。善有善報,惡有惡報,是爲“因果”。北凉曇無讖譯《涅槃經·遺教品》:“善惡之報,如影隨形,三世因果，迴圈不失。"《梁書·范縝傳》："貴賤雖復殊途，因果竟在何處?"《舊唐書·處厚傳》："雅信釋氏因果，晚年尤甚。聚書萬卷，多手自刊校。"

因明　梵語 hetuvidyā（醯都費陀）的意譯，也作"因明論"。古代印度五明之一。"因"指原因、根據、理由；"明"指學術。"因明"就是關於邏輯推理的學説。唐玄奘《大唐西域記·案達羅國》："昔佛世尊，善權導物，以慈悲心，説因明論，綜括妙理，深究微言。如來寂滅，大義泯絶。今者陳那菩薩，福智悠遠，深達聖旨，因明之論，重宏茲日。"唐窺基有《因明入正理論疏》。

圓滿　梵語 pari（波利）的意譯。佛家稱佛事完畢爲圓滿。隋煬帝《與釋智顗書》："功德圓滿，便到荆巫。"五代南唐高麗僧諦觀《天臺四教儀》上："現圓滿報身，爲鈍根菩薩衆。"《敦煌變文集·嵐山遠公話》："災害不侵，功德圓滿。"泛指事情完滿無缺。《宋史·外國傳六·天竺國》："福慧圓滿，壽命延長。"

真諦　梵語 paramārtha（波羅未陀）的意譯。佛家二諦之一。凡開示佛法，説理性之真空，是爲真諦。南朝梁蕭統《令旨解二諦義》："二諦者，一是真諦，一名俗諦。真諦亦名第一義諦，俗諦亦名世諦。"真諦引申爲最真實的意義或道理。晉周顒《重答張長史書》："若謂探道家之跡，見其來於一佛者，則是真諦實義，沿文可見矣。"唐元稹《大雲寺》詩："真諦成知別，迷信尚有云。"

轉變　梵語 parinama 的意譯。指由一種情況變到另一種情況。南朝陳真諦譯《俱舍論》卷四："何名轉變？謂相續中前後異性。"宋蘇軾《應詔論四事狀》："小民既無他業，不免與官中首尾膠固，以至供通物産，召保立限，增價出息，賒貸轉變，以苟趨目前之急。"這個詞一直用到現在，而且意思相近。唐代"轉變"又指講唱變文，"轉"是説唱，"變"是變文，内容多爲歷史傳説，民間故事和宗教故事。唐胡璩《譚賓録》："人知必死，郡縣無以應命，乃設詭計，詐令僧設齋，或於要路轉變，其衆中有單貧者，即縛之。"

3. 舊詞新義

翻譯佛經時利用漢語中原有的詞的書面形式而賦予新的意義。這些詞語意義發生了變化，内容更豐富了。有的只是借用舊詞形式表达佛經裏的某種意義，与原義並无关係。例如：

報應　古人信奉天人感應學説，認爲日月星辰的變化是人事治亂的反應，叫做

“報應”。如《漢書·成帝紀》:“朕親飭躬,郊祀上帝。皇天報應,神光並見。”佛教用以指種善得善果,種惡得惡果,後專指種惡得惡果。《後漢書·明帝紀下》:“生時所行善惡皆有報應。”《舊唐書·傅奕傳》:“佛道玄妙,聖跡可師,且報應顯然,屢有徵驗。”

布施　上古漢語是以財物予人。《韓非子·顯學》:“今上徵斂於富人,以布施於貧家。”佛家用來翻譯梵語的 dana(檀那)。爲六波羅密(六度)之一。分爲三種:一財施,即施捨財物;二法施,即説法度人;三無畏施,即以無畏施於人,救人厄難。三國吴康僧會譯《六度集經》十八:“菩薩普惠度無極,行布施如是。”唐王梵志《布施生生富》詩:“布施生生富,鏗貪世世貧。”《舊唐書·傅奕傳》:“布施一錢,希萬倍之報;持齋一日,冀百日之糧。”

禪　上古指封土爲壇,掃地而祭。古代皇帝巡遊,登泰山封土爲壇以祭天,於小丘掃地以祭山川。音 shàn。《大戴禮記·保傅》:“封泰山而禪梁父。”又爲傳授帝位給人。《孟子·萬章上》:“唐虞禪,夏后殷周繼,其義一也。”佛家用來省譯梵語 dhyāna(禪那),音 chán。表示心中寂静,没有雜念。是佛教重要的修行方法之一。唐大珠慧海《頓悟入道要門論》上:“問:云何爲禪? 云何爲定? 答:妄念不生爲禪,坐見本性爲定。”東晉後秦鳩摩羅什譯《大智度論》卷十七:“諸定功德都是思維修,禪,秦言思維修。”東漢支婁迦讖譯《道行般若經》卷五:“禪不知空離空。”北魏楊衒之《洛陽伽藍記·城東·崇真寺》:“寶明寺智聖,坐禪苦行,得升天堂。”唐天竺沙門般剌密諦譯《楞嚴經》卷一:“殷勤啓請十方如來得成菩提,妙奢摩他三摩禪那最初方便。”王璿集注:“禪那,静慮。”由“禪”爲詞素構成的複音詞有“禪床”(坐禪之床)、“禪刹”(佛寺)、“禪林”(僧侶聚居之處)、“禪和、禪和子”(參禪之人)、“禪談、談禪”(談説佛教教義)、“禪心、禪意”(清静寂定的心境)、“禪旨”(佛教禪宗教旨)、“禪宗”(以印度菩提達摩爲初祖的佛教教派)、“坐禪、禪坐”(僧侶端坐静修),等等。

幢(chuáng)　上古是一種用作儀仗的旗幟。《韓非子·大體》:“萬民不失命於寇戎,雄駿不創壽於旗幢。”《説文新附·巾部》:“幢,旌旗之屬。”佛家用來譯梵語的 dhvaja(脱闍、馱嚩),指佛教的一種柱狀標幟,飾以雜彩,建於佛前,以麾導群生,制伏魔衆。後稱把佛號或經咒寫在帛上的爲經幢,刻在石柱上的叫石幢。唐一行《大日經疏》卷九:“梵云馱嚩者,此翻爲幢。梵云計都,此翻爲旗,其相稍異。幢但以種種雜綵幖幟莊嚴,計都相亦大同,而更加旒旗密號。”唐李白《崇明寺佛頂尊勝陁羅尼幢頌》:“揭高幢兮表天宫,嶷獨出兮淩星虹。”唐白居易《如信大師功德幢記》:“幢高若干尺,圜若干尺,六隅七層,上覆下承,佛儀在上,經咒在中,記讚在下。”

法門　上古指王宫的南門。《穀梁傳·僖公二十年》:“南門者,法門也。”范寧注:“法門,謂天子諸侯皆南面而治,法令之所出入,故謂之法門。”佛家用爲修行者入道的門徑。東晉後秦鳩摩羅什譯《妙法蓮華經·序品》:“以種種法門,宣示於佛道。”唐釋道宣《廣弘明集》卷十五沈約《佛記序》:“廓不二之法門,廣一乘之長陌。”三國吴支謙譯《維摩詰經·入不二法門品》:“如我意者,於一切法無言無説,無示無識,離諸問答,是爲入不二法門。”

法事　上古漢語指法律、法令。《史記·李斯列傳》:“高受詔教習胡亥,使學以法事,數年矣,未嘗見過失。”佛家用來表示供佛、施僧、誦經、修行等事。南朝梁釋慧皎《高僧傳》七《釋法珍》:“吴興沈渲之特相器重,請還吴興武康小山寺,首尾十有九年,自非祈請法事,未嘗出門。”

功德　上古指功業與德行。《禮記·王制》:“有功德於民者,加地進律。”佛家用以指念佛、誦經、布施等善事。南朝齊王琰《冥祥記》:“自今以後,毒癘歲多,宜勤修功德。”隋慧遠《大乘義章》卷九二:“言功德者,功謂功能,善有資潤福利之功,故名爲功,此功是其善行家德,名爲功德。”《南史·虞愿傳》:“陛下起此寺,皆是百姓賣兒貼婦,佛若有知,當悲哭哀湣,罪高佛圖,有何功德?”《舊唐書·儒學傳上》:“承乾又問曰:‘布施營功德,有果報不?’”也指佛像。《太平廣記》卷一〇四引《紀聞》:“唐開元十五年有敕:天下僧坊佛堂,小者並拆除,功德移入側近佛寺堂大者,皆令封閉。”《太平廣記》卷一〇四引《玉堂閒話》:“曾遊洪州信果觀,見三官殿裏功德塑像。”

精舍　漢代本指學舍、學堂。《後漢書·黨錮傳·劉淑》:“淑少學明《五經》,遂隱居,立精舍講授,諸生常數百人。”佛道兩家用爲僧人、道士修煉居住之所。《魏書·外戚傳上·馮熙》:“熙爲政不能仁厚,而信佛法,自出家財,在諸州鎮建佛圖精舍,合七十二處。”《舊唐書·狄仁傑傳》:“亦有離間骨肉,事均路人,身自納妻,謂無彼我。皆托佛法,註誤生人。里陌動有經坊,闤闠亦立精舍。”

精進　上古指精幹而有上進心。《漢書·敘傳上》："乃召屬縣長吏，選精進掾史。"佛家用來意譯梵語的 vīrya（毗梨耶），指勤修佛法，不懈地修善正惡，利益衆生。爲佛家"六度"之一。三國魏康僧鎧《無量壽經》卷上："勇猛精進，志願無倦。"南朝宋劉義慶《世説新語·術解》："君侯所患，正是精進太過所致耳。"南朝齊王琰《冥祥記》："宜勤精進，不可殺生，若不能都斷，可勿宰牛。"後泛指刻苦學習，不斷進步。《朱子語類》卷四十二："善人只循循自守，據見定，不會勇猛精進。循規蹈矩則有餘，責之以任道則不足。"

六度　上古指天、地、春、夏、秋、冬六者，是萬物的制度。《淮南子·時則》："制度，陰陽大制有六度：天爲繩，地爲準，春爲規，夏爲衡，秋爲矩，冬爲權。繩者，所以繩萬物也；準者，所以準萬物也；規者，所以員萬物也；衡者，所以平萬物也；矩者，所以方萬物也；權者，所以權萬物也。"佛家用來意譯梵語 ṣaṭ-pāramitā（六波羅密多），指使人由生死的此岸到達涅槃（寂滅）的彼岸的法門，有布施、持戒、忍辱、精進、静慮（禪定）、智慧（般若）六種，故稱"六度"。南朝梁王屮《隴頭寺碑文》："彼岸者，引之於有，則高榭四流；推之於無，則俯弘六度。"《敦煌變文集·維摩詰經講經文》："六度一一設弘宣，總是如來真密印。"

如意　上古漢語是"符合心意"的意思。《漢書·京房傳》："臣疑陛下雖行此道，猶不得如意。"這個意義一直運用到現在。佛家又用來意譯梵語的 anu-raddha（阿那律），是一種用骨、角、玉、石、竹、木、銅、鐵等製成的爪杖，長約三尺，前端作手指形。用以搔癢，可如人意，故名。南朝宋劉義慶《世説新語·汰侈》："崇視訖，以鐵如意擊之，應手而碎。"《南史·韋叡傳》："雖臨陣交鋒，常緩服乘輿，執竹如意以麾進止。"近代的如意，是一種象徵吉祥的器物，頭成靈芝形或雲形，柄微曲，用金、玉等製成。清曹雪芹《紅樓夢》十七回："原來賈母的是金、玉如意各一柄。"

三乘　上古指三乘車，每乘四馬。殷時是下大夫的禮制。《禮記·少儀》："貳車者，諸侯七乘，上大夫五乘，下大夫三乘。"鄭玄注："此蓋殷制也。"佛家所謂"乘"，是比喻能運載衆生解脱煩惱到達彼岸的種種方法。"三乘"就是小乘（聲聞乘）、中乘（緣覺乘）和大乘（菩薩乘）三種深淺不同的解脱方法。《魏書·釋老志》："初根人爲小乘，行四諦法；中根人爲中乘，受十二因緣；上根人爲大乘，則修六度。雖階三乘，而要由修進萬行，拯度億流，彌歷長遠，乃可登佛境矣。"唐法海集記《六祖壇經》:"佛説三乘,又言最上乘,弟子不解,望爲教示。"

業　本義爲樂器架子横木上的大板,刻成鋸齒狀,用以懸挂鍾、鼓、磬等樂器。《詩·周頌·有瞽》:"設業設虡,崇牙樹羽。"《毛傳》:"業,大板也,所以飾栒爲縣也。"上古"業"還有"書册的夾板"、"築墻板"、"學習的内容和過程"、"産業"、"基業"等意義,是一個多義詞。東漢佛教傳入中國,"業"又用爲梵語 karma(羯摩)的音譯,指人的行爲、言語、意念等身心活動。佛教認爲,"業"由身、口、意三處發動,分别稱爲身業、口業、意業。"業"分善、不善、非善、非不善三種,它决定"六道"(天、人、阿修羅、畜生、餓鬼、地獄)中的生死輪回,是佛教善惡因果説的理論依據。如東漢安世高譯《道地經》:"已不得往,當那得生?已不得生,當那得老病死?生死如流水,不行生死,業便止。"西晉竺法護譯《普曜經》:"所作業善,敬於親友,視如世尊。"南朝梁沈約《均聖論》:"上聖開宗,宜有次第,亦由佛戒殺人,爲業最重也。"後世"業"多指惡業,與"孽"近義。如《敦煌變文集·太子成道經》:"自作業時應自受,他家不肯與你入阿鼻獄。"又《目連緣起》:"慈母告目連;我爲生前造業,廣殺豬羊,善事都總不修,終日恣情爲惡,今來此處,受罪難言。"宋劉誼《題黄山温泉》:"不除心上無明業,只與山間衆水同。"

智慧　上古是"機智、聰明"的意思。《墨子·尚賢中》:"若使之治國家,則此使不智慧者治國家也。"佛家用來意譯梵語的 prajñā(般若),指破除迷惑,證實真理的能力。東晉後秦鳩摩羅什譯《妙法蓮華經·方便品》:"諸佛智慧,甚深無量,其智慧門難解難入。"又《大智度論》四三:"般若者,一切諸智慧中最爲第一,無上無比無等,更無勝者,窮盡到邊。"唐法海集記《六祖壇經》:"自性心地,以智慧觀照,内外明徹,識自本心。"

衆生　上古漢語泛指有生命的東西。《禮記·祭義》:"衆生必死,死必歸土。"佛家用來意譯梵語 bahujana(僕呼繕那)或 sattva(薩埵),指一切有情、有生的人或物。東晉後秦鳩摩羅什譯《妙法蓮華經·序品》:"六道衆生,生死所趣。"唐王梵志《秋長夜甚明》詩:"秋長夜甚明,長夜照衆生。"

莊嚴　上古漢語指整治行裝。漢荀悦《前漢紀·孝武皇帝紀》:"王太子皆莊嚴將入朝。"佛家用來意譯梵語 saritā,是裝飾、修養的意思。北魏楊衒之《洛陽伽藍記·城内·長秋寺》:"莊嚴佛寺,悉用金玉,工作之異,難可具陳。"唐法藏《華嚴經探玄記》卷三:"莊嚴有二義:一是具德義,二是交飾義。""具德"義,就是修養品德。又指建築物壯觀嚴整或佛像端莊威嚴。《宋書·夷蠻傳》:"城郭莊嚴,清净無穢。"唐玄奘《大唐西域記·摩揭陀國下》:"見觀自在菩薩妙相莊嚴,威光赫奕。"

4. 佛道通用詞

佛教是東漢從印度傳入的,道教是漢末中國本土産生的宗教。兩者在教義、教規、修行方式等方面各有特點,並不相同。但是面對同樣的中國文化環境,兩者也有相通之處,某些帶宗教性質的詞,佛道兩家往往可以通用。如:

道人、道士　兩者上古都指道德品質高尚的人。《莊子·秋水》:"道人不聞,至德不得。"漢董仲舒《春秋繁露·循天之道》:"古之道士有言曰:將欲無陵,固守一德。"又都指古代方士。《漢書·京房傳》:"道人始去,寒,涌水爲災。"顔師古注:"道人,有道術之人也。"《漢書·王莽傳下》:"衛將軍王涉素養道士西門君惠。君惠好天文讖記。"東漢佛教傳入,漢末道教産生後,"道人"、"道士"可以稱佛教徒。如南朝宋劉義慶《世説新語·言語》:"支道林常養數匹馬,或言道人畜馬不韻,支曰:'貧道重其神駿。'"東漢康孟詳等《中本起經》卷下:"道士雖小,已入道要深妙之慧。"也可以稱道教徒。如《梁書·沈約傳》:"乃呼道士奏赤章於天,稱禪代之事,不由己出。"

道家　本指我國古代以老子、莊子爲代表的一種思想流派。《漢書·藝文志》:"道家者流,蓋出於史官,曆記成敗存亡禍福古今之道,然後知秉要執本,清虚以自守,卑弱以自持,此君人南面之術也。"中古時期"道家"可以指道教。如唐羅隱《代文宣王答》詩:"釋氏寶樓侵碧漢,道家宫殿指青雲。"唐朱慶餘《宿道士觀》詩:"閒聽道家子,盥漱讀靈書。"也可以指佛教。北魏楊衒之《洛陽伽藍記·城西·永明寺》:"〔陳留王景皓〕夙善玄言道家之業,遂捨半宅,安置佛徒,演唱大乘數部。"范祥雍校注:"按此'道家'蓋指佛教。漢迦葉摩滕譯《二十四章經》稱佛教爲釋道或道法,漢牟融《理感論》稱釋教爲佛道,又僧徒亦稱道人,可證古時稱道家非如後人專指道教而言。"

居士　上古指有才德而隱居不仕的人,没有出仕的人。《韓非子·外儲説左上》:"齊有居士田仲者。"漢魏以後,可以稱在家受過三皈五戒的佛教徒,爲梵語grhapati(迦羅越)的音譯。如東晋後秦鳩摩羅什譯《維摩詰所説經上·方便品》:

“若在居士，居士中尊，斷其貪著。”隋惠遠《維摩義記》：“居士有二：一、廣積資産，居財之士，名爲居士；二、在家修道，居家道士，名爲居士。”唐元稹《度門寺》詩：“舍利開層塔，香爐占小峰，道場居士置，經藏大師封。”“居士”又稱道教信徒。唐張讀《宣室志》卷八：“有郝居士者，在黑中善視鬼，精符録呵禁之術。”宋蔡條《鐵圍山叢談》卷四：“政和以後，道家者流始盛，羽士因援江南故事，林靈素等多賜號金門羽客、道士、居士者，必錫以塗金銀牌，上有天篆，咸使佩之。”文人雅士也多自稱“居士”，如唐李白爲青蓮居士、宋蘇軾爲東坡居士等，不一定與佛道有關。

戒律　宗教禁止教徒違反教義的法規叫做“戒律”。這個詞佛、道並用。佛教有五戒、十戒、二百五十戒等類。如南朝齊求那毗地譯《百喻經·蛇頭尾共争在前喻》：“如是少年，不閑戒律，多有所犯，因即相牽入於地獄。”宋釋道原《景德傳燈録》卷六《百丈山懷海禪師附禪門規戒》：“或曰：瑜伽論纓絡經是大乘戒律，胡不依隨哉？”道教同樣有五戒、十戒、一百八十戒等類。如北魏道士寇謙之《老君音誦戒經》：“初受戒律之時，向戒經八拜，正立經前。”南朝宋道士陸修静《陸先生道門科略》：“夫受道之人，内執戒律，外持威儀。”宋高承《事物紀原·道釋科教·戒律》：“漢靈帝建寧三年，安世高自出《義决律》二卷，次有比丘諸禁律。魏世天竺三藏曇摩迦羅到許州，至洛，慨魏境僧無律範，遂于嘉平中，與曇諦譯《四分羯摩》及《僧祇戒心圖》，此蓋中國戒律之始也。”

打坐　閉目盤腿而坐，屏除雜念，手放在一定位置上。這是佛教徒和道教徒都用的一種修煉方法。不見於唐以前典籍。如宋文天祥《遣興》詩之二：“莫笑道人空打坐，英雄收斂便神仙。”金王重陽《重陽立教十五論》：“凡打坐者，非言形體端然瞑目合眼，此是假打坐也。”元楊暹《西遊記·詔餞西行》：“京師大旱，結壇場祈雨。玄宗打坐片時，大雨三日。”

呪　上古漢語“呪”有“呪駡”、“禱告”兩個意思。《易林·噬嗑之未濟》：“夫婦呪詛，太上覆顛。”《後漢書·獨行傳·諒輔》：“時夏大旱，太守自出祈禱山川，連日而無所降。輔乃自暴庭中，慷慨呪曰：‘輔爲股肱……輔今敢自祈請，若至〔日〕中不雨，乞以身塞無狀。’”佛教用“呪”來意譯梵語 dhāraṇi(陀羅尼)，也譯爲“真言”。東晉後秦鳩摩羅什譯《大智度論》卷五：“陀羅尼，秦言能持，或言能遮。能持者，集種種善法，能持令不散不失……能遮者，惡不善根心生，能遮令不出。”唐盧綸《送恒操上人歸江外覲者》詩：“持呪過龍廟，翻經化海人。”宋趙彦衛《雲麓漫鈔》卷三：“自《楞嚴經房氏筆受》，有呪一卷，後每經必有呪。”道教也有呪語。《後漢書・皇甫嵩傳》：“〔張角〕符水呪説以療病。”《北史・藝術傳上・由吾道榮》：“其人道家，符水禁呪，陰陽曆數，天文藥性，無不通解。”

從佛經的翻譯來看，意譯比較地能爲漢語所接受。有些詞有音译、意译兩種形式，産生時代有先有後，但通行的都是意译。

梵語	音譯(出現時代)	意譯(出現時代)
acarya	阿闍黎(三國)	導師(唐)
	闍黎(南朝)	
brahma-maṇi	梵摩尼(東晋)	如意寶珠(西晋)
chandas	闡陀(南朝)	韻律學(南朝)
dūta	杜底(唐)	使者(漢)
		信使(十六國)
jhāpita	荼毗(宋)	(尸體)火化(唐)
khakkharan	隙棄羅(宋)	錫杖(漢)
mahāmandārava	摩訶曼陀羅(東晋)	大白蓮花(唐)
malla	末羅(十六國)	力士(漢)
maṇḍala	曼荼羅(東晋)	壇、道場(漢)
mayūra	摩裕羅(唐)	孔雀(漢)
pāṇi	播尼(唐)	手掌(西晋)
pāra	波羅(明)	彼岸(漢)
pāramitā	波羅蜜(南北朝)	到彼岸(南北朝)
paramārtha	波羅末陀(唐)	真諦(漢)
paryāyatana	波演那(宋)	庭院(唐)
poṣadha	布薩(三國)	齋戒(三國)
ratna	剌那(十六國)	寶物(漢)
saddharma	薩達磨(隋)	妙法(漢)

sudhā	蘇陀(須陀)(十六國)	甘露(漢)
vrata	没栗多(唐)	禁戒(漢)

上古漢語以單音詞爲主,中古漢語複音詞逐漸佔了優勢,這一時期産生的新詞絶大多數是雙音詞。西方語言一個詞可以由好幾個音節組成,不符合漢語的構詞習慣。因此漢語在翻譯外來詞時,往往用自造的雙音詞(不排斥少數單音詞或多音詞)進行意譯。漢魏以後漢語單音詞已十分豐富,足够作爲詞素來構造任何新詞。這就是許多開始用音譯的詞後來改成意譯的原因。

佛教的傳入,佛經的翻譯,對於漢語詞滙的影響是巨大的。增添了許多有關佛教的專門詞語,更重要的是其中有一些逐漸進入了漢語普通詞滙,甚至成爲最常用的詞,例如"世界、現在、過去、未來、塔、佛、煩惱、平等、方便、導師"等。有些反映佛教内容的單音詞,具有强大的構詞能力。例如以"佛"爲基本詞素構成的複音詞有"佛道"(佛法之道)、"佛典"(佛教的典籍)、"佛殿"(寺院供奉佛像的大殿)、"佛法"(佛教教義)、"佛骨"(佛舍利)、"佛國"(佛所生之地,即天竺)、"佛會"(禮佛的法會)、"佛火"(供佛的香火)、"佛戒"、"佛律"(佛教的戒律)、"佛龕"(供佛的小閣或石窟)、"佛事"(僧尼誦經祈禱、拜懺禮佛之事)、"佛寺"、"佛宇"(寺院)、"佛塔"(用於供奉佛骨和佛像的建築)、"佛堂"(佛所住的殿堂)、"佛性"(衆生覺悟之性)、"佛心"(佛的大慈大悲之心)、"佛牙"(釋迦牟尼的牙)、"佛衣"(袈裟)、"佛證"(佛教的真理)、"佛旨"(佛教的教義)、"佛子"(佛門弟子)、"佛粥"(臘八粥)等等。漢末軍閥混戰,晉代八王之亂,接着"五胡亂華",少數民族統治了中國北方。廣大漢族人民長期在戰火中流離失所,九死一生,非常希望生活安定,安居樂業。但是現實給予他們的只有痛苦和死亡。佛教宣傳因果報應、天堂地獄、極樂世界,給苦難的中國人民帶來了精神上的安慰和渺茫的希望,佛教很容易爲中國人民所接受。統治階級爲了利用佛教來麻痹人民,掩飾社會和階級的矛盾,也往往極力加以提倡。與此同時,佛教文化在藝術、建築等方面都有自己的優點和特點,可以補充和豐富漢族固有的文化。因此,佛教傳入中國後,得到了極爲廣泛而迅速的傳播,而且歷久不衰,佛教對漢語的影響也日益加大,豐富了漢語的詞滙,在某種程度上改變了漢語詞滙的面貌。

第五節　中古漢語同義詞的發展

上古漢語已有大量同義詞。到了中古，隨着新詞的大量增加，古今詞的並存，詞義的引申交叉，一部分方言詞進入普通詞滙，漢語同義詞進一步發展，同義詞的構成方式更加多樣化了。

一、單音詞和單音詞同義

中古單音同義詞的發展主要表現在兩個方面：

1. 詞義變化形成同義關係

有的詞上古並不同義，詞義演變的結果，某一個詞産生了另一個詞所具有的意義，或者兩個詞引申出同一個意義，於是變成了同義詞。例如：

灰——塵　“塵”是“塵土”。《詩·小雅·無將大車》：“無將大車，維塵冥冥。”《樂府詩集·安東平》之四：“不持作好，與郎拭塵。”“灰”本指物體燃燒後剩下的粉末狀的東西。《莊子·齊物論》：“形固可使如槁木，而心固可使如死灰乎？”六朝時引申出“塵土”義。南朝宋鮑照《代挽歌》：“彭韓及廉藺，疇昔已成灰。”於是“灰”與“塵”産生同義關係。兩者連用爲複音詞“灰塵”。晉干寶《晉紀·總論》：“若夫文王日昃不暇食，仲山甫夙夜匪懈，蓋共嗤點以爲灰塵，而相詬病矣。”

帽——冠　“冠”的本義是帽子。《左傳·哀公十五年》：“君子死，冠不免。”“帽”的本義是嬰兒或少數民族戴的頭巾。《説文·冂部》：“冃，小兒、蠻夷頭衣也。”清朱駿聲《説文通訓定聲》：“今字作帽。”引申爲帽子。《樂府詩集·陌上桑》：“少年見羅敷，脱帽著帩頭。”《後漢書·耿弇傳附耿秉》：“安得惶恐，走出門，脱帽，抱馬足降。”這樣中古兩字成爲同義詞。唐杜甫《九日藍田崔氏莊》詩：“羞將短髪還吹帽，笑請旁人爲正冠。”“冠”、“帽”兩字互出。

穿——著　“穿”的本義是穿透，通過。《説文·穴部》：“穿，通也。”《詩·召南·行露》：“誰謂雀無角，何以穿我屋。”“著”上古有“附着”義，战國宋玉《登徒子好色賦》：“著粉則太白，施朱則太赤。”六朝兩字都産生“穿着”義。南朝宋劉義慶《世説新語·雅量》：“庾時頹然已醉，幘墜几上，以頭就穿取。”唐韓愈《酬盧雲夫望秋作》詩：

"自知短淺無所補，從事久此穿朝衫。"《廣韻·藥韻》："著，服衣於身。"《木蘭詩》："脱我戰時袍，著我舊時裳。"這樣中古兩字在"穿衣服"的意義上同義。

疾——患 "疾"字古今都有"病"義。《論語·爲政》："父母唯其疾之憂。"唐杜甫《相從歌》："久客多憂今愈疾，高視乾坤又何愁。""患"的本義是憂愁。《説文·心部》："患，憂也。"六朝時産生"疾病"義。《廣韻·諫韻》："患，病也。"《宋書·謝莊傳》："利患數年，便成痼疾。"《敦煌變文集·董永變文》："忽然慈母身得患，不經數日早身亡。"這樣中古兩字在"疾病"的意義上同義。連用爲複音詞"疾患"、"患疾"。唐白居易《讀鄧魴詩》詩："少年無疾患，溘死於路歧。"《敦煌變文集·前漢劉家太子傳》："漢帝忽遇患疾，頗有不安，似當不免。"

疾、迅、速——快 "疾"、"迅"、"速"上古都有"急速"、"迅速"義，是同義詞。《論語·鄉黨》："迅雷風烈必變。"《管子·度地》："夫水之性，以高走下則疾。"《論語·子路》："無欲速，無見小利。欲速則不達，見小利則大事不成。""快"的本義是喜樂。《説文·心部》："快，喜也。"《戰國策·秦策》："文信侯去而不快。"高誘注："快，樂也。"六朝時"快"産生"急速"、"迅速"義，於是"疾"、"迅"、"速"、"快"都有同義關係，都是同義詞。如唐孟郊《登科後》詩："春風得意馬蹄疾，一日看盡長安花。"《晉書·石苞傳附石崇》："崇牛迅若飛禽，愷絶不能及。"唐王建《遠將歸》詩："去願車輪遲，回思馬蹄速。"晉干寶《搜神記》卷四："如此，君可快去，我當緩行，日中必火發。"

挑——擔(担) "擔"上古是用肩膀扛。《玉篇·手部》："擔，負也。"《國語·齊語》："負任擔何，服牛軺馬。"唐顧況《行路難》詩："君不見擔雪塞井徒用力，炊沙作飯豈堪喫?""挑"的本義是挑撥，撥動。《説文·手部》："挑，撓也。"段玉裁注："撓者擾也，擾者煩也。挑者謂撥動之。《左傳》'挑戰'是也。"中古産生"擔荷"義。宋陸游《自題傳神》詩："擔挑雙草履，壁倚一烏藤。"這樣兩字在"擔荷"的意義上同義。

2. 新詞與舊詞形成同義關係

中古産生的新詞跟上古已有的某一個詞意義相同。例如：

楫、櫂(棹)——槳 都是划船的工具。"楫"和"櫂"産生於先秦。短的叫"楫"。《易·繫辭下》："刳木爲舟，剡木爲楫。"《晉書·祖逖傳》："中流擊楫而誓，曰：'祖逖不能清中原而復濟者，有如大江。'"長的叫"櫂"也寫作"棹"。《楚辭·九歌·湘君》:"桂櫂兮蘭枻,斲冰兮積雪。"唐杜甫《冬深》詩:"風濤暮不穩,舍棹宿誰門。""槳"是六朝出現的新詞。《樂府詩集·莫愁樂》:"艇子打兩槳,催送莫愁來。"宋蘇軾《前赤壁賦》:"桂棹兮蘭槳,擊空明兮泝流光。"這樣,中古三字成爲同義詞。

懼——恐——怕　中古三字在"害怕"的意義上同義。"恐"、"懼"古今通用。《詩·小雅·谷風》:"將恐將懼,維予與女。"唐杜甫《太子張舍人遺織成褥段》詩:"顧我非公卿,留之懼不祥。"唐李白《古風五十九首》詩之二十七:"常恐碧草晚,坐泣秋風寒。""怕"産生於六朝①,《玉篇·心部》:"怕,恐怕也。"《北史·來整傳》:"不畏官軍十萬衆,只怕榮公第六郎。"唐元稹《俠客行》詩:"俠客不怕死,怕死事不成。"

滿——盈——拍　"滿"和"盈"古今都有"充滿"義。《説文·水部》:"滿,盈溢也。"唐杜甫《聞官軍收河南河北》詩:"劍外忽傳收薊北,初聞涕淚滿衣裳。"《説文·皿部》:"盈,滿器也。"唐李白《自遣》詩:"對酒不覺暝,落花盈我衣。"作"充滿"講的"拍"産生於中古。宋何澹《桃源憶故人》詞:"拍岸芳草隨人去,洞口山無數。"魏了翁《滿江紅·李提刑無垩生日》詞:"水拍池塘鴻雁聚,露濃庭畹芝蘭馥。"這樣,三字在中古成爲同義詞。"拍滿"連用爲複音詞,意思同。宋黄機《沁園春·送徐孟堅秩滿回朝》詞:"説一時偉望,齊高嶽麓;二年遺愛,拍滿湘波。"現代湖南雙峰話仍有"拍滿"一詞。

運——般(搬)　"運"古今都有"搬運"的意思。《莊子·知北遊》:"運量萬物而不匱。"《晉書·陶侃傳》:"侃在州無事,輒朝運百甓於齋外,暮運於齋内。"作"搬運"講的"般(搬)",是中古産生的新詞。《玉篇·舟部》:"般,運也。"唐白居易《新樂府·官牛》詩:"官牛官牛駕官車,滻水岸邊般載沙。"宋沈括《夢溪筆談·官政一》:"陝西顆鹽,舊法官自搬運,置務拘賣。"這樣,中古兩字成爲同義詞。

噬、齕、齰(齚、咋)、齧(嚙)、齩——咬　這一組詞中"噬"(shì)、"齕"(hé)、"齰齚咋"(zé)、"齧嚙"(niè)、"齩"(yǎo)已見於上古,都有"用上下牙相對,用力把東西夾住,切斷或壓碎"的意思,是同義詞。如《左傳·哀公十二年》:"國狗之瘈,無不噬也。"杜預注:"噬,齧也。"《莊子·馬蹄》:"齕草飲水,翹足而陸,此馬之真性也。"成玄英疏:"齕,齧也。"《説文·齒部》:"齰,齧也。"宋玉《風賦》:"啖齰嗽獲,死生不

① 《説文·心部》:"怕,無爲也。"此念 bó,作"恬淡"講,與"害怕"的"怕"是兩個詞。

卒。"《史記·魏其武安侯列傳》:"魏其必内愧,杜門齚舌而死。"《漢書·東方朔傳》:"譬猶鼱鼩之襲狗,孤豚之咋虎,至則靡耳。"《禮記·曲禮上》:"侍食於長者……毋齧骨,毋及魚肉。"《後漢書·孔融傳》:"至於輕弱薄劣,猶昆蟲之相囓,適足還害其身。"《論衡·論死》:"今人死,手臂朽敗,不能復持刃,牙齒墮落不能復囓噬,安能害人?"《漢書·食貨志上》:"罷夫羸老,易子而齩其骨。"以上九字中"齚"、"咋"爲"齰"的異體字。"囓"是"齧"的後起字。"咬"上古音 jiǎo,象聲詞。《莊子·齊物論》:"宎者、咬者。"陸德明《釋文》引司馬彪曰:"聲哀節咬咬然。"六朝以後,"咬"又代替"齩"字。《玉篇·口部》:"咬,俗爲齩字。"這樣中古書面語言裏"噬、齕、齰、齚、咋、齧、囓、齩、咬"九字都有同義關係,它們是一組同義詞。如唐柳宗元《三戒·黔之驢》:"他日,驢一鳴,虎大駭遠遁,以爲且噬己也。"前蜀貫休《洛陽塵》詩:"蒼茫金谷園,牛羊齕荆榛。"唐玄奘《大唐西域記·健馱邏國》:"恥見衆辱,齰斷其舌。"唐孟郊《偷詩》:"餓犬齚枯骨,自喫饞饑涎。"《顔氏家訓·勉學》:"且負甲爲兵,咋筆爲吏,身死名滅者如牛毛,角立傑出者如芝草。"唐杜甫《哀江頭》詩:"輦前才人帶弓箭,白馬嚼齧黄金勒。"《新唐書·李勣傳》:"勣感涕,因囓指流血。"唐王建《公無渡河》詩:"蛟龍齧骨魚食血,黄泥直下無青天。"唐韓愈《答孟郊》詩:"見倒誰肯扶? 從嗔我須齩。"唐杜甫《彭衙行》詩:"痴女饑咬我,啼畏虎狼聞。"這一組同義詞牽涉到詞滙、詞義和文字替代等問題,可能還有方言的不同,所以顯得比較複雜。

二、單音詞和複音詞同義

這類同義詞有兩種情況,一是複音詞以單音詞爲詞素構成,一是複音詞和單音詞無共同詞素。通常複音詞是中古産生的新詞,它的意義比單音詞更爲明確。

1. 複音詞的一個詞素和單音詞相同

例如:

波——波浪　中古兩詞同義,都指"水波"、"波濤"。"波"字見於上古。《詩·小雅·漸漸之石》:"有豕白蹢,烝涉波矣。"宋蘇軾《前赤壁賦》:"清風徐來,水波不興。""波浪"産生於中古。唐杜甫《夢李白》詩二首之一:"水深波浪闊,無使蛟龍得。"又《秋興八首》詩之一:"江間波浪兼天涌,塞上風雲接地陰。"

池、塘——池塘　"池"、"塘"都是蓄水的坑,圓的叫"池",方的叫"塘",已見於上古。《詩・小雅・無羊》："或降于阿，或飲于池。"漢劉楨《贈徐幹》詩："方塘含清源，輕葉隨風轉。"六朝産生複合詞"池塘"，指蓄水的大坑。南朝宋謝靈運《登池上樓》詩："池塘生春草，園柳變鳴禽。"宋柳永《鬥百花》詞之二："池塘淺蘸煙蕪，簾幕閒垂風絮。"

堤——堤塘　中古兩詞同義，都指沿江河湖海修築的防水建築物。"堤"産生於上古。《左傳・襄公二十六年》："宋芮司徒生女子，赤而毛，棄諸堤下。"唐白居易《傷友》詩："廻頭忘相識，占道上沙堤。""堤塘"産生於中古。《舊唐書・高瑀傳》："瑀召集州民，繞郭立堤塘一百八十里，蓄洩既均，人無饑年。"

堆——堆積　中古兩詞同義，都是"把東西聚集成堆"。三國魏嵇康《與山巨源絶交書》："素不便書，又不喜作書，而人間多事，堆案盈幾。"唐杜甫《渼陂行》詩："天地黤慘忽異色，波濤萬頃堆琉璃。""堆積"産生於唐代，唐李肇《唐國史補》卷中："自天寶五年置廣文館，至今堂宇未起，材木堆積。"宋孟元老《東京夢華録・外諸司》："車尾相銜，數千萬輛不絶，場内堆積如山。"

懶(孏)——惰——慵——懶惰——慵惰——慵懶　中古六詞同義，都有"不勤快"的意思。"懶"、"惰"見於上古。"懶"又作"孏"。《説文・女部》："孏，懈也，怠也。"《廣雅・釋詁二下》："惰，孏也。"《荀子・非十二子》："佚而不惰，勞而不僈。"三國魏嵇康《與山巨源絶交書》："簡與禮相背，孏與慢相成。"唐司空圖《上陌梯寺懷舊僧》詩："縱有人相問，林間懶拆書。"單音詞"慵"，複音詞"懶惰"、"慵惰"、"慵懶"産生於中古。《説文新附・心部》："慵，孏也。"唐白居易《詠慵》詩："有琴慵不彈，亦與無絃同。"晉陶潛《責子》詩："阿舒已二八，懶惰故無匹。"唐韓愈《合江亭寄刺史鄒君》詩："淹滯樂閑曠，勤苦勸慵惰。"唐白居易《晚春酒醒尋夢得》詩："獨出雖慵懶，相逢定喜歡。"

攀——牽——攀牽——牽攀　這四個詞同義，都有"挽"、"拉"、"拉扯"的意思。"攀"、"牽"已見於上古，中古以後繼續使用。如《書・酒誥》："肇牽車牛，遠服賈，用孝養厥父母。"《國語・晉語八》："是行也，以藩爲軍，攀輦即利而舍。"中古産生複音詞"攀牽"、"牽攀"，也作"牽拉"、"拉扯"講，這樣"攀"、"牽"、"攀牽"、"牽攀"成爲一組同義詞。如晉干寶《搜神記》卷十一："旦夕常至墓所拜跪，攀柏悲號，涕泣著樹，樹爲之枯。"南朝劉義慶《幽明録》："乃解腰中綣繩，懸屋角自絞，又覺屋檐上如有人牽繩絞。”南朝齊王琰《冥祥記》:“有一大華,獨空無人,木欲登華,攀牽用力,不覺誦經,音響高大。”唐杜甫《彭衙行》詩:“一旬半雷雨,泥濘相牽攀。既無御雨備,徑滑衣又寒。”

2. 複音詞的兩個詞素都和單音詞不同

例如:

嫗——烏老　老年婦女,“烏老”是“嫗”的緩言。唐杜荀鶴《松窗雜記》:“持三尺劍,滅暴秦,剪强楚,而不免‘母烏老’之稱,徒歌‘大風起兮雲飛揚’曷能威加四海哉?”

龜——玄夫　烏龜。唐韓愈《孟東野失子》詩:“東野夜得夢,有夫玄衣裳……再拜謝玄夫,收悲以歡忻。”王伯大音釋引孫汝聽曰:“玄夫,大靈龜,以其巾衣玄,故稱玄夫。”

虎——大蟲　兩詞中古同義,都指老虎。“虎”古今通用。《詩·小雅·何草不黄》:“匪兕匪虎,率彼曠野。”唐杜甫《夏日歎》詩:“至今大河北,化作虎與豺。”“大蟲”産生於六朝。晋干寶《搜神記》卷二:“有犯罪者投與虎,不噬,乃宥之。故山名大蟲,亦名大靈。”按《史記·扁鵲倉公列傳》:“衆醫不知,以爲大蟲。”此指蟯蟈,不是虎。

寫——抄録　中古兩詞同義。都有“抄録”的意思。“寫”已見於秦漢。《漢書·河間獻王傳》:“好學修古,實事求是。從民得善書,必爲好寫與之,留其真。”南朝梁佚名《俗説》:“詩成,陶猶更思補綴,後坐寫其詩者先呈,陶詩終日方呈。〔王〕大怪,收陶參軍:‘乃復寫人詩?’陶愧愕不知所以。王後知陶非濫,遂彈去寫詩者。”清趙翼《陔餘叢考·寫》:“《漢書·藝文志》‘武帝置寫書官’寫字始作抄録解。”“抄録”一詞産生於六朝。《南史·王曇首傳附王筠》:“余少好抄書,老而彌篤,……未嘗請人假手,並躬自抄録,大小百餘卷。”

慚——感激　在“衷心感謝”的意義上中古這兩個詞同義。南朝梁江淹《别賦》:“乃有劍客慚恩,少年報士。”唐杜甫《北征》詩:“顧慚恩私被,詔許歸蓬蓽。”《敦煌變文·伍子胥變文》:“君雖貴重相辭謝,兒意慚君亦不輕。”《宋書·范曄傳》:“又有王國寺法静尼亦出入于義康家内,皆感激舊恩,規相拯拔。”宋黄庭堅《謝黔州安置表》:“罪深責薄,感激涕零。”

抑——逼迫　在"緊緊地催促，用壓力促使"的意義上，中古兩個詞同義。如唐韓愈《上張仆射書》："古人有言曰：'人各有能有不能。'若此者，非愈之所能也。抑而行之，必發狂疾。"唐張鷟《朝野僉載》卷六："少慕修道，父母抑婚，以刀割其勢，用止。"唐《魯城民歌》："魯地抑種稻，一概被水沫。年年索蟹夫，百姓不可活。"《後漢書·列女傳·陳留董祀妻》："逼迫遷舊邦，擁主以自强。"唐李咸用《悲哉行》詩："用却春風力幾多，微霜逼迫何容易。"

上述單音詞大都是多義詞，而複音詞詞義較爲單一。多義的單音詞在某一意義上與某一複音詞構成同義詞，其他意義上又可以和别的單音詞或複音詞構成同義詞。

三、複音詞和複音詞同義

中古産生的這類同義詞，又有三種情况：

1. 同義詞中既有相同詞素，又有不同詞素

例如：

兜子——兜籠　中古兩詞同義。都指只有坐位没有轎廂的便轎。《太平廣記》卷一七二引唐翊《桂苑叢談·李德裕》："乃立促召兜子數乘，命關連僧人對事。咸遣坐兜子，下簾子畢，指揮門下，不令相見。"五代王仁裕《開元天寶遺事·醉輿》："申王每醉，即使宫妓將錦綵結一兜子，令宫妓輩擡舁至寢室。"《舊唐書·輿服志》："兜籠，巴蜀婦人所用。今乾元以來，蕃將多著勳於朝，兜籠易於擔負。"宋孔平仲《珩璜新論》："先是婦人猶乘車轝，唐乾元以來，乃用兜籠，若今之簷子矣。"

關心——關懷　中古兩詞同義，都是"常常放在心上"、"留意"的意思。南朝宋鮑照《代堂上歌行》詩："萬曲不關心，一曲動情多。"唐王維《酬張少府》詩："晚年惟好静，萬事不關心。"《宋書·孔覬傳》："不治産業，居常貧罄，無有豐約，未嘗關懷。"《南史·謝靈運傳》："肆志遨遊，徧歷諸縣動踰旬朔，理人聽訟，不復關懷。"唐張鷟《遊仙窟》："雖復贈蘭解佩，未甚關懷；合巹橫陳，何曾愜意？"

快樂——快活　中古兩詞同義。都是"感到喜悦、高興"的意思。"快樂"古今通用。漢焦贛《易林·乾之履》："空拳握手，委地更起，富饒豐衍，快樂無已。"宋梅堯臣《依韻和永叔見寄》詩："誠知豪傑自快樂，東郊南陌竟鬥雞。""快活"産生於六朝。《北齊書・和士開傳》:"陛下宜及少壯,恣意作樂,縱横行之,即是一日快活敵千年。"唐白居易《快活》詩:"誰知將相王侯外,别有優遊快活人。"五代南唐李煜《漁父》詞:"一壺酒,一竿身,快活如儂有幾人!"

意表——意外　中古兩詞同義,都是"意料之外"的意思。《尉繚子・十二陵》:"戰在於治氣,攻在於意表。"《陳書・袁憲傳》:"每有新議,出人意表,同輩咸嗟服焉。"南朝宋劉義慶《世説新語・賞譽》:"〔王湛〕答對甚有音辭,出濟意外,濟極惋愕。"《魏書・耿玄傳》:"今既貴矣,更何所求而復卜也,欲望意外乎?"

以上同義詞的前一詞素相同。

鼓動——煽動　中古兩詞同義,都指用語言文字激發人們行動起來。《新唐書・崔群傳》:"邊鄙無事,乃群鼓動,欲以買直,歸怨天子。"《舊五代史・明宗紀四》:"在途聞李嚴爲孟知祥所害,以爲劍南阻絶,互相煽動。"現在"鼓動"是中性詞,"煽動"用於貶義。中古没有這個區别。

龍榜——虎榜——龍虎榜　中古三詞同義,都指科舉考試中録取進士的榜。宋梅堯臣《和淮陽燕秀才》詩:"仕禄二十年,屢遘龍榜揭。"宋劉克莊《挽林侍郎》詩:"揭曉名高推虎榜,凌雲賦奏動龍顔。"《新唐書・歐陽詹傳》:"舉進士,與韓愈、李觀、李絳、崔群、王涯、馮宿、庚承宣聯第,皆天下選,時稱龍虎榜。"清代"虎榜"專指武科榜。

手力——脚力　中古兩詞同義,都是"奴僕"、"僕役"的意思。《宋書・孔琳之傳》:"尚書令省事倪宗又牽威儀手力,擊臣下人。"《敦煌變文集・廬山遠公話》:"我今身數不少,手力極多,却放你歸山,任意修行。"《太平廣記》卷一五四引《續定命録》:"逡巡,有一人是脚力,攜小襆過,見獵者,揖而坐。"《太平廣記》卷八四引《酉陽雜俎》:"元和末,鹽城脚力張儼送牒入京,至宋州,遇一人,因求爲伴。"

下第——落第　中古兩詞同義,都指科舉考試不中。唐韋應物《送槐廣落第歸揚州》詩:"下第常稱屈,少年心獨輕。"宋王楙《燕翼詒謀録》卷一:"開寶六年,下第人徐士廉撾登聞鼓,言久困場屋。"唐朱慶餘《送張景宣下第》詩:"歸省值花時,閑吟落第詩。"唐白居易《把酒思閒事》詩:"乞錢羈客面,落第舉人心。"

以上同義詞的後一詞素相同。

標準——準則　中古兩詞同義,都是"規範"、"榜樣"的意思。晉袁宏《三國名臣序贊》："淵哉泰初，宇量高雅，氣範自然，標準無假。"唐杜甫《贈鄭十八賁》詩："示我百篇文，詩家一標準。"南朝宋劉義慶《世説新語・品藻》："明帝問謝鯤：'君自謂何如庾亮？'答曰：'端委廟堂，使百僚準則，臣不如亮。一丘一壑，自謂過之。'"唐無名氏《氣賦》："陰陽以之準則，天地以之通流。"

疲極——極苦　中古兩詞同義，都是"疲勞"、"疲憊"的意思。晉荀氏《荀氏靈鬼志》："嘗行，見一人擔擔，上有小籠子，可受升餘，語擔人云：'吾步行疲極，欲寄君擔。'"南朝齊王琰《冥祥記》："今爲把沙之役，辛勤極苦。"

求守——守請　中古兩詞同義，都是"請求"的意思。唐張鷟《遊仙窟》："千思千腸熱，一念一心焦，若爲求守得，暫借可憐腰。"《敦煌變文集・燕子賦》："雀兒被禁數日，求守獄子脱枷，獄子再三不肯。"《佛説大意經》："乃歷六十日，辭王欲去，王守請使留，其意不樂止，遂辭王而去。"

以上同義詞中甲詞後一詞素和乙詞前一詞素相同。

2. 同義詞中兩個詞素相同，詞素順序相反

上古漢語已有一批詞素相同，詞素順序相反的雙音詞，中古發展更多。如果它們是聯合式複音詞，絶大多數都有同義關係。分兩種情況。一種是其中一個詞産生於上古，中古繼續使用，另一個産生於中古。例如：

比鄰——鄰比　中古兩詞同義，都是"鄰舍"、"鄰居"的意思。"比鄰"産生於上古，《漢書・孫寶傳》："寶徙入舍，祭竈請比鄰。"中古通用。唐王勃《送杜少府之任蜀州》詩："海内存知己，天涯若比鄰。""鄰比"産生於六朝。《三國志・魏書・管寧傳》："甯有族人管貢爲州吏，與寧鄰比。"晉干寶《搜神記》卷三："旻之妻已私鄰比，欲媾終身之好。"清錢大昕《十駕齋養新録》卷四："比鄰亦作鄰比。"

意義——義意　中古兩詞同義，都指内容，思想。"意義"古今通用。《穀梁傳・襄公二十九年》："此致君之意義也。"《晉書・繆播傳》："播才思清辨，有意義。""義意"産生於中古。《詩・小雅・伐木序》孔穎達疏："《常棣》雖周公作，既納之於治内之篇，故爲此次以示法，是此篇皆有義意。"

歡喜——喜歡　中古兩詞同義，都有"快樂"、"高興"的意思。"歡"也作"懽"。"歡喜"産生於上古。《史記・樂書》："下至人民，得以接歡喜，合殷勤。"《敦煌變文集・妙法蓮華經講經文》："大王當時聞語，心中歡喜非常。""喜歡"産生於六朝。三國魏應璩《與從弟君苗、君胄書》:"間者北遊,喜歡無量。"宋葉適《送程傳叟》詩:"家人未可便喜懽,少待上司催結局。"

問訊——訊問 "問訊"已見於漢代,本作"學習"、"請教"講。漢劉向《説苑·建本》:"士苟欲深明博察,以垂榮名,而不好問訊之道,則是伐智本而塞智原也。"六朝產生"詢問"、"探聽"義。晉陶潛《桃花源記》:"村中聞有此人,咸來問訊。""訊問"產生於六朝。南朝宋劉義慶《世説新語·文學》:"即遣委曲訊問,乃是袁(袁虎)自詠其所作《詠史》詩。"這樣兩詞在"打聽,探聽"的意義上同義。唐代"問訊"又作"求親"講,如《敦煌變文集·破魔變文》:"帝釋梵王,頻來問訊,父母嫌伊門卑,令不變作新婦。""訊問"又作"審問"講,唐柳宗元《故銀青光禄大夫宜城縣開國伯柳公行狀》:"賊遂執公愛子,榜箠訊問,折其右肱,而公不之顧。"在這兩個意義上兩者不同義。

奢侈——侈奢 中古兩詞同義,都指揮霍浪費,追求過分的生活享受。"奢侈"產生於上古。《國語·晉語八》:"及桓子,驕泰奢侈,貪慾無藝。"唐羅隱《秦中富人》詩:"糞土金玉珍,猶嫌未奢侈。""侈奢"產生於六朝。《南史·齊紀上》:"上少有大量……及即位後,身不御精細之物,主衣中有玉介導,以長侈奢之源,命打破之。"宋孟元老《東京夢華録·序》:"簫鼓喧空,幾家夜宴。伎巧則驚人耳目,侈奢則長人精神。"

熟(孰)爛——爛熟 中古兩詞同義,都是"十分熟悉"的意思。"熟爛"產生於上古。《漢書·董仲舒傳》:"使習俗薄惡,人民嚚頑,抵冒殊扞,孰爛如此之甚也。"中古以後通用,《宋史·王安石傳》:"而議者以爲迂闊而熟爛者也。""爛熟"產生於六朝。《北齊書·王晞傳》:"非不愛作熱官,但思之爛熟耳。"宋陸游《過野人家有感》詩:"世態十年看爛熟,家山萬里夢依稀。"

辛苦——苦辛 中古兩詞同義,都表示"身心勞苦"。"辛苦"產生於上古,《左傳·襄公九年》:"夫婦辛苦墊隘,無所底告。"中古通用。唐李紳《憫農》詩:"誰知盤中餐,粒粒皆辛苦。""苦辛"產生於六朝。北齊顏之推《顏氏家訓·序致》:"慈兄鞠養,苦辛備至。"唐白居易《苦熱》詩:"朝客應煩倦,農夫更苦辛。"

另一種情況是同素反序的兩個詞都產生於中古。例如:

笆籬——籬笆 兩詞同義,都指用竹子或樹枝編織的遮攔物。前者產生於唐代，後者宋代才出現。唐白居易《買花》詩："灼灼千朵紅，戔戔五束素，上張幄幕庇，旁織笆籬護。"唐劉禹錫《洛中送韓七中丞之吴興》詩："溪中士女出笆籬，溪上鴛鴦避畫旗。"宋劉克莊《歲晚書事》詩："荒苔野蔓上籬笆，客至多疑不在家。"宋趙奕《遊黄龍洞》詩："山翁荷鋤鍤，村婦倚籬笆。"

園苑——苑園　兩詞同義，都指種植花木，育養禽獸的地方。産生於六朝。《南齊書·豫章文獻王傳》："行園苑中，乘輦出籬門外。"《北史·隋紀下·煬帝》："采海内奇禽異獸草木之類，以實園苑。"《宋書·符瑞志》："大明六年二月戊午，甘霖降建康靈曜寺及諸苑園。"北魏崔鴻《十六國春秋·夏録襯》："華林靈治，崇台秘室，通房連閣，馳道苑園。"

感化——化感　兩詞同義，都指對人或事物進行勸導或影響，使之發生轉向。産生於六朝。《晉書·華譚傳》："今誠風教大同，四海無虞，人皆感化，去邪從正。"《樂府詩集·子夜歌》："春蠶易感化，絲子已復生。"《文心雕龍·風骨》："《詩》總六義，《風》冠其首，斯乃化感之本源，志氣之符契也。"《北史·張華原傳》："州東北七十里甑山中，忽有六駮食猛獸，咸以爲化感所致"。

折磨——磨(摩)折　兩詞同義，都有"打擊"、"挫折"的意思。産生於唐代。唐白居易《春晚詠懷贈皇甫朗之》詩："多中更被愁牽引，少裏兼遭病折磨。"又《酬微之》詩："由來才命相磨折，天遣無兒欲怨誰？"《敦煌變文集·故圓鑒大師二十四孝押座文》："勤苦却須歸己分，資財深忌入私房。須憂陰騭相摩折，莫信妻兒説短長。"宋蘇軾《贈張刁二老》詩："惟有詩人被折磨，金釵零落不成行。"

峻急——急峻　兩詞同義，都有"嚴厲"的意思。産生於六朝。晉干寶《搜神記》卷八："時吴政峻急，莫敢宣也。"宋蘇轍《乞放市易欠錢狀》："元豐中，朝廷催理欠負極爲峻急。"南朝宋劉義慶《世説新語·惑溺》："〔賈充〕疑壽與女通，而垣墻重密，門閤急峻，何由得爾？"

嚴整——整嚴　兩詞同義，産生於六朝，都是"嚴肅整齊"的意思。《晉書·衛瓘傳》："性嚴整，以法御下。"《隋書·李圓通傳》："性嚴整，左右婢僕，咸所敬憚。"《三國志·吴書·孫堅傳》裴松之注引《吴録》曰："廬江太守陸康從子作宜春長，爲賊所攻，遣使求救於堅，堅整嚴救之。"

3. 兩個同義詞的詞素完全不同

標格——風範　兩詞同義，都有“可以作爲典範的風度、氣概”的意思，産生於六朝。北魏温子升《寒陵山寺碑》：“大丞相渤海王，命世作宰，惟機成務，標格千仞，崖岸萬里。”唐楊敬之《贈項斯》詩：“幾度見詩詩盡好，及觀標格過於詩，平生不解藏人善，到處相逢説項斯。”《南齊書·庾杲之傳》：“杲之風範和潤，善音吐。”《南史·袁湛傳記》：“自初及末，無虧風範，從微至著，皆爲稱職，蓋一代之名公也。”

茄子——落蘇　兩詞同物異名，指一種一年生草本植物，花紫色，果實球形或長圓形，紫色、白色或淺緑色，表面有光澤，是普通的蔬菜。北魏賈思勰《齊民要術》卷二有“種茄子法”。唐段成式《酉陽雜俎·草篇》：“茄子……張〔周封〕云一名落蘇，事具《食療本草》。”宋陸游《老學庵筆記》：“《酉陽雜俎》云：‘茄子一名落蘇。’今吴人正謂之落蘇。或云，錢王有子跛足，以聲相近，故惡人言茄子，亦未必然。”現代吴方言仍稱茄子爲“落蘇”。

蠨蛸——喜子　兩詞同物異名，指長脚蜘蛛。“蠨蛸”産生於上古，《詩·豳風·東山》：“伊威在室，蠨蛸在户。”陳奂《詩毛氏傳疏》引《爾雅》郭璞注：“小蜘蛛長脚者，俗呼爲喜子。”中古通用。唐柳宗元《遊朝陽岩遂登西亭十二韻》詩：“庭除植蓬艾，隟(隙)牖懸蠨蛸。”“喜子”産生於六朝。南朝梁宗懔《荆楚歲時記》：“七夕，婦人……除瓜果於庭中以乞巧，有喜子網於瓜上，則以爲符應。”宋梅堯臣《依韻和試筆偶書》詩：“洗硯開書幾，拈毫喜子巢。”

收拾——屏(併)當　兩詞同義，都是“收聚”、“整理”的意思。“收拾”見於東漢，古今通用。《論衡·别通》：“蕭何入秦，收拾文書。”宋岳飛《滿江紅》詞：“待從頭收拾舊山河，朝天闕。”“屏(併)當”見於六朝。南朝宋劉義慶《世説新語·德行》：“王長豫爲人謹順……恒與曹夫人併當箱篋。”又《雅量》：“有人詣祖，見料視財物。客至，屏當未盡，餘兩小簏，著背後，傾身障之。”宋吴曾《能改齋漫録》：“屏當(去聲)二字俗訓收拾，然晉已有此語。”

擡舉——提拔　中古兩詞同義，都是“選拔提升”的意思。産生於六朝。唐白居易《霓裳羽衣歌》：“妍蚩優劣寧相遠，大都衹在人擡舉。”《太平廣記》卷三〇二引《廣異記·華岳神女》：“君素貧士，我相擡舉，今爲貴人，此亦于君不薄，何故使婦家書符相間？”《晉書·范弘之傳》：“感其提拔之恩，懷其入幙之遇。”唐白居易《除忠州寄謝崔相公》詩:"提拔出泥知力竭,吹嘘生翅見情深。"

峻絶——巉峭　中古兩詞同義,都是"險峻陡峭"的意思。晉郭璞《流寓賦》:"駭斯徑之峻絶,感王陽而增懼。"北魏酈道元《水經注·江水》:"江南岸有山孤秀,從江中仰望,壁立峻絶。"《新唐書·西域傳下·康》:"有鐵門山,左右巉峭,石色如鐵。"宋孫光憲《北夢瑣言》卷七:"福建道以海口黄碕岸横石巉峭,常爲舟楫之患。"

四、多個複音詞構成同義關係

中古漢語同義詞的發展,還表現爲多個複音詞構成同義關係的情況日益增多。有三種情況:

第一,人們從不同角度對事物進行命名,造成多種同物異名的現象。例如:

關於天的名稱,除"天"外,上古還有"蒼天"、"皇天"、"昊天"、"旻天"、"上天"、"玄天"、"青天"等。《詩·王風·黍離》:"悠悠蒼天,此何人哉?"毛傳:"蒼天以體言之,尊而君之則稱皇天,元氣廣大則稱昊天,仁覆閔下則稱旻天,自上降監則稱上天,據遠視之蒼蒼然則稱蒼天。"《小雅·雨無正》:"旻天疾威,弗慮弗圖。"《小明》:"明明上天,照臨下土。"《書·堯典》:"乃命羲和,欽若昊天,曆象日月星辰,敬授人時。"《楚辭·離騷》:"皇天無私阿兮,覽民德焉錯輔。"《莊子·在宥》:"亂天之經,逆物之情,玄天弗成。"又《田子方》:"夫至人者,上闚青天,下潛黄泉,揮斥八極,神氣不變。"稍後産生的有"碧天"、"穹天"。晉王羲之《蘭亭》詩:"仰視碧天際,俯瞰緑水濱。"晉陸雲《九愍》:"範方地而式矩,儀穹天而承規。""蒼、皇、昊、旻、玄、碧、青、穹"分别表示顔色、形狀、性質、位置,作爲詞素,都是修飾"天"的。連類而及,這些單音詞加上詞頭,或兩兩相配,或以重言方式出現,都可以作爲"天"的代稱出現。其中"有昊"、"穹蒼"已見於先秦。《詩·小雅·巷伯》:"有北不受,投畀有昊。"《大雅·桑柔》:"靡有旅力,以念穹蒼。"孔穎達《正義》引李巡曰:"仰視天形,穹隆而高,色蒼蒼然,故曰穹蒼。"朱熹《集解》:"穹蒼,天也。穹言其形,蒼言其色。"李、朱二氏很好地説明了"穹蒼"一詞的構詞理據。漢代又增加了"昊蒼"、"昊穹"、"蒼昊"、"旻穹"、"皇穹"、"蒼蒼"等幾個,從六朝以迄唐宋,産生更多,如"蒼玄"、"蒼冥"、"蒼旻"、"蒼極"、"蒼穹"、"穹昊"、"穹旻"、"玄昊"、"玄穹"、"青冥"、"青蒼"、"青霄"、"青圓"、"穹碧"、"穹玄"、"碧漢"、"碧空"、"碧旻"、"碧寥"、"碧落"、"碧霄"、"碧虚"、"高明”、“上圓”等等。雖構詞成分和構詞理據不完全一樣,意思都是指天。漢以前産生的“天”的異名繼續存在。這樣,中古漢語中關於“天”的名稱就構成了一個數逾四十的同義詞群。

日和月是天上兩個常見的星體,在漢族歷史上,有許多關於日、月的神話傳説,加上其他種種原因,日、月的異名也非常之多。形成兩個同物異名的同義詞群。“日”、“月”兩個詞,甲骨文就有了,在口語裏肯定還要早得多。到了周秦,“日”又有“大明”、“白日”、“朱明”、“曜靈”等别名。漢人認爲日是陽光之精,所以又稱爲“太陽”。魏晉以後,“日”的别名出現更多。如“赤蓋”(日色赤,日形如車蓋)、“赤烏”、“赤鴉”、“紅鴉”、“金烏”、“金鴉”、“踆烏”、“陽烏”、“烏陽”(上述名稱都因神話日中有三足烏)、羲和、羲輪、羲庭、羲曜(上述名稱都因古代傳説中羲和爲駕御日車的神)“紅輪”(日色紅,形如車輪)、“火輪”(日色如火,形如車輪)、“金輪”(日色如金,日形如輪)、“日車”(日運行不息如車)、“日輪”(日形如輪)、“日頭”(“日”加附加成分)、“日馭”(日形如輪,周行不息)、“陽靈”(日爲光明之神)等。

月亮的名稱更多。古代中國人認爲月是陰氣之精,神話傳説月中有蟾蜍,有白兔,有嫦娥,有廣寒宫,有桂樹。騷人墨客往往把月的陰晴圓缺跟人的悲歡離合聯繫起來,産生種種遐想。於是月的種種名稱就相繼出現。如“白兔”、“顧兔”、“金兔”、“兔月”、“玄兔”、“玉兔”(都因爲神話月中有白兔),玉蟾(月色如玉,月中有蟾蜍)、“蟾桂”(神話月中有蟾蜍、桂樹)、“蟾輪”(月形如輪,月中有蟾蜍)、“蟾魂”(神話月中有蟾蜍)、“蟾兔”(神話月中有蟾蜍、白兔)、“玉宫”(月中有广寒宫,月色如玉)、“娥輪”(神話月中有嫦娥,月圓如輪)、“娥月”(神話月中有嫦娥)、“桂宫”、“桂魄”、“桂月”、“月桂”(神話月中有桂樹)、“桂輪”(神話月中有桂,月圓如輪)、“金蟾”(神話月中有蟾蜍,月色如金)、“金娥”(神話月中有嫦娥,月色如金)、“金鏡”(月圓如鏡)、“金魄”(滿月之影,燦爛如金)、玉魄(月色如玉,月有圓缺)、玉镜(月形如镜)、“素娥”(神話月中有嫦娥,月色白)、“素魄”(月影白色)、“望舒”(本神話中爲月亮駕車的仙人)、“陰兔”(神話月爲陰氣之精,月中有兔)、“銀蟾”(神話月中有蟾,月色銀白)、“玉蟾”(神話月中有蟾,月色如玉)、“玉輪”(月色如玉,月形似輪)、“圓光”(月亮圓而有光)、“月輪”(月形似輪)、“月子”(“月”加詞尾“子”)等。

上述天、日、月的許多異名,組成了中古漢語不同的同義詞群,在書面語言裏廣泛應用，爲詩人墨客的寫景抒情提供了方便的條件，增加了藝術的色彩。

第二，音譯詞與意譯詞並存，往往形成同義詞群。例如自東漢佛教傳入中國，經六朝以至唐宋，廣泛傳播，有關男性佛教徒的名稱就非常之多：

阿上　南朝梁慧皎《高僧傳・宋釋曇諦》："翻曰：'童子何以呼宿老名？'諦曰：'向者忽言阿上是諦沙彌，爲衆僧采藥，被野豬所傷，不覺失聲耳。'"

阿逸　後秦竺佛念《鼻奈耶》卷九："佛世尊……問諸阿逸：'今日應浴不？'諸比丘答曰：'今日應浴。'"

比丘、比邱　漢安世高《人本欲生經》："是時比丘不痛爲身，身亦不更痛。"北魏酈道元《水經注・清水》："上有比丘釋僧訓精舍，寺有十餘僧。"

比丘僧　後秦竺佛念《鼻奈耶》卷九："時世尊即勑一比丘僧：'汝往詣舍利佛所，世尊來呼汝。'"

苾芻　唐玄奘《金剛般若波羅蜜經》："一時薄伽梵在室羅筏，住逝多林給孤獨園，與大苾芻衆千二百五十人俱。"

缽盂精　宋陶穀《清異録・缽盂精》："行脚僧驚舉子驢……舉子揚鞭曰：'缽盂精，且理會取養命圓。"缽盂，僧人食器，此戲稱僧人。

出家人　三國吴支謙《撰集百緣經》卷五："汝出家人，何爲如是？"

出家師　五代静、筠《祖堂集》卷十五："大師云：'若出家師則老僧，若發明師則別人，是你驢年在我這裏也不得。'"

毳客　唐李洞《春日隱居宫舍感懷》詩："苔房毳客論三學，雪嶺巢禽著兩銜。"毳，用鳥獸毛加工成的毛織品，僧人服毳衲。

毳衲　宋孫光憲《北夢瑣言》卷十一："左院有毳衲者，因與法成相識，出入其家。"毳衲，僧衣，代稱。

毳袍　五代齊已《喜得自牧上人書》詩："吴都使者泛驚濤，靈一傳書尉毳袍。"

毳錫　唐黄滔《靈山塑北方毗沙門天王碑》："毳錫百萃其夏午，蒲鯨六吼其宵加。"毳衲、錫杖爲僧人所用之物，代稱。

法徒　南朝梁簡文帝《宋姬寺慧念法師墓銘》："如彼高山，法徒斯仰。"

法子　北魏慧覺《賢愚經》卷四："爾時目連……問言：'法子，汝何所作？'"

佛弟子　晉法昱《法昱傳》："法昱先安慰之，隨問：'汝是何人？'答曰：'我是佛弟子。'"

佛人　唐司空圖《澤州靈泉院記》:"自漢江北渡以至魏晉之郊,其俗堅悍難誘,今則悉爲佛人矣。"

佛子　漢支讖《添品妙法蓮華經》卷二:"今日乃知真是佛子,從佛口生,從法化生,得佛法分。"

和尚　宋洪邁《夷堅甲志》卷六:"憶有金一兩,在弟子姚和尚處。"

和尚子　宋普濟《五燈會元》卷十五:"上堂:'諸和尚子莫妄想,天是天,地是地,山是山,水是水,僧是僧,佛是佛。'"

髡夫　唐李德裕《王智興度僧尼狀》:"訪問泗州置壇次第,凡髡夫到者,人納二緡,給牒即回,别無法事。"

髡人　唐馮翊《桂苑叢談·太尉朱崖辨獄》:"髡人具實以聞,曰:'居寺者樂於知事,前後主之者,積年以來,空交分金文書,其實無金。'"

空門士　唐鄭良士《寄富洋院禪者》詩:"誰能學得空門士,冷却心灰守寂寥。"

空門子　唐張祜《題靈隱寺師一上人》詩:"八十空門子,深山土木骸。"

衲客　宋翁卷《寓南昌僧舍》詩:"突兀禪宫何代餘,閑同衲客聽鍾魚。"

衲僧　唐段成式《酉陽雜俎》續集卷二:"嘗有衲僧過門,其家因留之供養。"

衲師　唐李紳《龍宫寺》詩:"銀地溪邊遇衲師,笑將花宇指潛知。"

納子　五代静、筠《祖堂集》卷十八:"龍蛇易弁,納子難謾。"納,通"衲",僧衣。

僧家　《敦煌變文集·佛説阿彌陀經講經文》:"僧家和合爲門,到處悉皆一種。"

僧伽　唐劉行敏《嘲李叔慎賀蘭僧伽杜善賢》詩:"叔慎騎烏馬,僧伽把漆弓。"

僧侶　宋普濟《五燈會元》卷八:"至開堂日,官寮與僧侶俱會法筵。"

僧人　唐日僧圓仁《入唐求法巡禮行記》卷四:"看其體色,從今已後不要僧人入内。"

僧徒　《魏書·釋老志》"太祖聞其名,詔以禮徵赴京師,後以爲道人統,綰攝僧徒。"

桑門　《晉書·習鑿齒傳》:"時有桑門釋道安,俊辯有高才。"

沙門　《晉書·孝武帝紀》:"立精舍於殿内,引諸沙門以居之。"

闍梨　南朝梁寶唱《經律異相》卷十五:“王言:‘闍梨有大神足,宜各散去。’”

秃丁　宋孫光憲《北夢瑣言》卷三:“但以此寺十年後,當有秃丁數千作亂,我故以是厭之。”此蔑稱僧人。

秃沙門　唐義浄《根本説一切有部毗奈耶》卷四:“勝光大王,我不與税,豈秃沙門,我能相與?”

秃士　宋陶穀《清異録·紫纈方》:“獲嘉秃士貫微僭奢,如貴要子弟,旋纈小叠勝羅,染椹服,號紫纈方。”

秃奴　宋袁文《甕牖閑評》卷七:“人多以僧爲奴,所謂秃奴是也。”

秃頭　南朝宋佛陀什《五分律》卷八:“即皆譏訶:此秃頭輩,唯知貪受,不計損費,無沙門行,破沙門法。”

秃頭子　宋洪邁《夷堅乙志》卷十四:“將畢,鬼又語婦曰:‘秃頭子果來,吾且謹避之。’”

緇鉢　南朝梁慧皎《高僧傳》卷四:“遁乃徐曰:‘貧道與君别來多年,君語了不長進。’蒙慚而退焉,乃歎曰:‘實緇鉢之王,何也!’”

緇褐　宋蘇軾《賀坤成節表》:“飯無數之緇褐,豈如散廩以活饑民。”

緇郎　宋劉克莊《清凉寺》詩:“塔廟當年甲一方,千層金碧萬緇郎。”

緇流　宋普濟《五燈會元》卷十六:“天下緇流,莫不以香湯灌沐,共報洪恩。”

緇侶　唐王維《爲舜闍黎謝御題大通大照和尚塔額表》:“緇侶勝緣,蒼生厚幸。”

緇徒　唐張讀《宣室志》卷七:“唐敬宗皇帝御曆,以天下無事,視政之際,因廣浮屠教,由是長安中緇徒益多。”

緇錫　唐黄滔《泉州開元寺佛殿碑記》:“既畢,召化内之緇錫,數邁於千,齋而落之累中。”

我們還可以舉出不少,總數在一百個以上。這是漢語詞滙長期積累而缺乏必要規範的結果,既表現了中古漢語詞滙的豐富性,却也不免過於繁複。

第三,同一個單音詞可以和多個同義或同類的單音詞組合成若干意義相同或相近的複合詞,形成一個同義詞群。如:

蕭索　晉陸雲《歲暮賦》:“時凜戾其可悲兮,乞蕭索以傷心。”

蕭屑　南朝宋劉義慶《世説新語·文學》："初，注《莊子》者數十家。"劉孝標注引《向秀本傳》："或言秀遊托諸賢，蕭屑卒歲，都無著述。"

蕭颯　唐李白《月夜江行寄崔員外》詩："飄飄江風起，蕭颯海樹秋。"

蕭瑟　唐杜甫《詠懷古跡》詩之一："庾信平生最蕭瑟，暮年詩賦動江關。"

蕭寥　《藝文類聚》二十八引晉石崇《思歸歎》詩："玄泉流兮縈丘阜，閣館蕭寥兮蔭叢柳。"

蕭疏　唐杜甫《除祭》詩："束薪已冷落，瓠葉轉蕭疏。"

以上"蕭索、蕭屑、蕭颯、蕭瑟、蕭寥、蕭疏"同義，或象自然，或寫人事，都是"蕭條冷落、寂寞凄凉"的意思。

第四，多個意義相同或相近的單音詞互相組合成多個同義的複音詞。如：

儕匹　宋吕祖謙《東萊駁議·齊魯戰長勺》："〔曹劌〕機權韜略，與孫武、吴起並起争先，初非宋襄、陳餘儕匹也。"

儔侶　三國魏嵇康《兄秀才公穆入軍贈詩》之一："徘徊戀儔侶，慷慨高山陂。"唐白居易《效陶潛體》詩之二："村深絶賓客，窗晦無儔侶。"

儔匹　《樂府詩集·雜曲歌辭·傷歌行》："悲聲命儔匹，哀鳴傷我腸。"

儔亞　唐裴鉶《傳奇·孫恪》："吾有寶劍，亦干將之儔亞也。"

匹儕　唐韓愈《猛虎行》詩："猛虎雖云惡，亦各有匹儕。"

匹儔　唐韓愈《應科目時與人書》："天池之濱，大江之濆，曰有怪物焉，蓋非常鱗凡介之品滙匹儔也。"

匹侶　三國魏曹植《名都篇》："鳴儔嘯匹侶，列坐竟長筵。"

匹群　三國魏阮籍《詠懷》詩之二十八："焉見孤翔鳥，翩翩無匹群。"

群匹　南朝梁何遜《臨行與故遊夜别》詩："曆稔共追隨，一旦辭群匹。"

群伍　唐柳宗元《送辛殆庶下第遊南鄭序》："遂笈典墳，袖文章，北來王都，笑揖群伍。"晉葛洪《抱朴子·逸民》："先生遊柏成之遐武，混群伍於鳥獸。"

單音詞"儕"、"儔"、"侶"、"匹"、"群"都有"同伴"或"同類"的意思，由它們構成的複合詞，意義也大體相近。上述中古漢語的例子裏，"儔侶、儔匹、匹儕、匹侶、匹群、群匹"都可以作"同伴"講，"儕匹、匹儔、儔亞、群伍"都可以作"同類"講。

由於中古漢語有了豐富的同義詞，就能够將事物的形態和性質方面的差别細緻而精確地表達出來。例如北魏楊衒之《洛陽伽藍記》在描寫洛陽佛寺時用了以下同義詞：

連屬　講堂疊起，房廡連屬。（卷一《城内曇林寺》）

連亙　房廡連亙，一千餘間。（卷四《城西永明寺》）

連接　堂廡周環，曲房連接。（卷一《城内景集寺》）

這三個詞都有"彼此相連"的意思。但"連屬"表示許多房屋聚集成一個建築群；"連亙"表示房屋連綿不斷，形成一片；"連接"表示房屋彼此相連，意義比較具體。它們之間有着細微的詞義差别。又如南朝梁鍾嶸《詩品》用了以下一組同義詞來説明所舉作家在語言修辭方面的特點：

華茂　〔魏陳思王詩〕骨氣奇高，詞采華茂。（卷上）

華美　〔平原相陸機詩〕才高詞贍，舉體華美。（卷上）

華静　〔晉黄門郎張協詩〕文體華静，少病累。（卷上）

華豔　〔晉司空張華詩〕其體華豔，興托不奇。（卷中）

華綺　〔晉謝混、殷仲文詩〕義熙中，以謝益壽、殷仲文爲華綺之冠，殷不競矣。（卷下）

以上"華茂、華美、華静、華豔、華綺"幾個詞中都有"華"字，表明這些作家的作品都富於文采。但"華茂"表示有文采而詞藻豐富；"華美"表示有文采而語言優美；"華静"表示有文采而乾净洗練，不累贅；"華豔"表示有文采而過於堆砌，有華而不實的意思，所以鐘嶸認爲張華的詩"處之中品疑弱，處之下科恨少"；"華綺"則表示雖有文采而傷於雕琢纖細，故《詩品》將謝、殷二人列爲下品。又如《文心雕龍・定勢》：

> 是以括囊雜體，功在銓别，宫商朱紫，隨勢各配。章表奏議，則準的乎典雅；賦頌歌詩，則羽儀乎清麗；符檄書移，則楷式於明斷；史論序注，則師範於核要；箴銘碑誄，則體制於弘深；連珠七辭，則從事於巧豔。此循體而成勢，隨變而立功者也。

這段話説的是不同的文體在語言風格上應有不同的標準。"準的、羽儀、楷式、師範、體制、從事”等六個詞，都有“爲準則”、“爲原則”的意思，但又不完全相同。文章裹選用這些不同的詞，避免了用詞重復，使語言增加了變化生動之妙。

中古漢語同義詞的日趨豐富，離不開整個社會的進化發展。新事物不斷涌現，社會物質文化生活以及人們的認識不斷提高，要求語言能够對於各種事物進行細緻的描寫和精確的區别，這就要求語言不斷産生新詞，而且要有非常豐富的同義詞。中古漢語同義詞確實大大豐富了，它們在文學語言中廣泛應用，標志着漢語詞滙發展到了一個新的階段。這一點我們從大量中古散文、詩歌、史傳等優秀作品語言上的成功可以清楚地看出來。

第六節　中古漢語成語和諺語的發展

隨着中古漢語詞滙的豐富和發展，成語也大大豐富發展起來。中古成語有一部分是上古流傳下來的，如“華而不實”、“巧言令色”、“狼子野心”、“絶長補短”、“脣亡齒寒”、“畏首畏尾”等等。大量成語是中古新産生的，主要有三個來源：

一、來自上古典籍

周秦、兩漢許多重要的典籍中有大量生動而含義深刻的妙語警句、寓言故事，常常爲人們所誦習和引用，久而久之，就逐漸凝固成爲成語。有的完全照原書引用。有的在原書裹不一定是四個字，往往有所加工改造。它們有來自《詩經》的，如：

明哲保身　語出《詩・大雅・烝民》：“既明且哲，以保其身。”孔穎達疏：“既能明曉善惡，且又是非辨知，以此明哲擇安去危，而保全其身，不致禍敗。”本是讚美仲山甫的詩，中古概括爲成語“明哲保身”，意思是明智的人善於保存自己，不做可能給自己帶來危險的事。唐白居易《杜佑致仕制》：“盡悴事君，明哲保身，進退始終，不失其道。”《資治通鑑・漢紀・高祖五年論》：“托于神仙，遺棄人間，等功名於物外，置榮利而不顧。所謂明哲保身者，子房有焉。”現代漢語“明哲保身”指因怕犯錯誤或得罪人而對原則性問題不置可否的自由主義作風，帶有貶義。

切磋琢磨　也作“切瑳琢磨”。語出《詩・衛風・淇奥》：“有匪君子，如切如磋，如琢如磨。”毛傳：“治骨曰切，象曰磋，玉曰琢，石曰磨。”“切、磋、琢、磨”本是器物加工的工藝名稱，比喻學問道德方面的互相研討勉勵。中古凝固爲成語而常被引用。北齊劉晝《新論・貴言》：“知交於朋友，亦有切磋琢磨之義。”唐元稹《戒勵風俗德音》：“士庶人無切磋琢磨之益，多銷鑠浸潤之讒。”宋王安石《與孫莘老書》：“今世人相識，未見有切磋琢磨如古之朋友者，蓋能受善言者少。”

日就月將　語出《詩・周頌・敬之》：“日就月將，學有緝熙於光明。”孔穎達疏：日就，謂學之使每日有成就；月將，謂至於一月則有可行者，言當習之以積漸也。”意思是做學問天天有成就，月月有進步。中古變爲成語，是日積月累的意思。《北齊書・儒林傳序》：“自餘多驕恣傲狠，動違禮度，日就月將，無聞焉爾。”唐元稹《論教本書》：“選重師保，慎柬宫寮，皆用博學宏深之儒而又練達機務者，爲之更進叠見，日就月將。”宋李清照《金石録後序》：“盡天下古文奇字之志，日就月將，漸益堆積。”

一日三秋　語本《詩・王風・采葛》：“彼采蕭兮，一日不見，如三秋兮。”一天看不見，就像隔了三個年頭。中古概括成爲成語，形容對人的殷切思念。梁何遜《爲衡山侯與婦書》：“路邇人遐，音塵寂絶，一日三秋，不足爲喻。”宋劉過《沁園春・詠别》詞：“一别三年，一日三秋，庶幾見之。”

有來自《易經》的，如：

進德修業　語出《易・乾・文言》：“君子進德修業。忠信，所以進德也。修辭立其誠，所以居業也。”中古用爲成語，指增進道德修養，擴大功業建樹。晉陶潛《讀史述九章・賈誼》：“進德修業，將以及時。”唐柳澤《論時政書》：“或打毬擊鼓，比周伎術；或飛鷹奔犬，盤遊藪澤。此甚爲不道，非進德修業之本也。”

自强不息　語出《易・乾・象》：“天行健，君子以自强不息。”孔穎達疏：“天行健者，謂天體之行，晝夜不息，周而復始，無時虧退，故云天行健。此謂天之自然之象。君子以自强不息，此以人事法天所行，言君子之人用此卦象自强勉力，不有止息。”中古“自强不息”成爲很能激勵人奮發努力的成語，應用廣泛。《孔子家語・五儀解》：“篤行信道，自强不息。”《初學記》卷一引王隱《晉書》：“陶侃少長勤整，自强不息。常語人曰：‘大禹聖人，乃惜寸陰；至於凡俗，當惜分陰。’”《北齊書・文苑傳・范遜》：“但使帝德休明，自强不息，甲夜觀書，支日通奏。”《朱子語類》卷六十八：“他却不是如此，只管去自强不息上討。”

有來自《尚書》的，例如：

克勤克儉　語本僞《書・大禹謨》："克勤於邦，克儉於家。"中古"克勤克儉"組合爲成語，表示既能勤勞，又能節儉。《樂府詩集・梁太廟樂舞辭・撤豆》。"克勤克儉，無怠無荒。"《舊唐書・張允伸傳》："允伸領鎮凡二十三年，克勤克儉，比歲豐登。"也作"克儉克勤"，宋陳亮《廷對》："推其本原，則曰克儉克勤，不自滿假而已。"

生靈塗炭　語本僞《書・仲虺之誥》："有夏昏德，民墜塗炭。"僞孔安國傳："民之危險，若陷泥墜火。"中古"生靈塗炭"用爲成語，形容百姓生活痛苦，有如陷進泥潭，掉進火坑。《晉書・符丕載記》："先帝晏駕賊庭，京師鞠爲戎穴，神州蕭條，生靈塗炭。"宋許顗《彦周詩話》："孫氏霸業，系此一戰，社稷存亡，生靈塗炭都不問，只恐捉了二喬，可見措大不識好惡。"

偃武修文　語出僞《書・武成》："王來自商，至於豐，乃偃武修文。"意思是停止武備，修明文教。中古用來形容國家和平昌盛的景象。《後漢書・袁術傳》："乃使王人奉命，宣明朝恩，偃武修文，與之更始。"《隋書・薛道衡傳》："於是八荒天外，九服大同，四海爲家，萬里事宅，乃休牛散馬，偃武修文。"宋陳亮《酌古論・諸葛孔明上》："江東既平，天下既一，偃武修文，彰善癉惡，崇教化，移風俗，數年之間，天下略治。"也作"修文偃武"，唐陸贄《賜尚結贊第三書》："將期去殺好生，修文偃武，永安兆庶，垂法子孫。"《隋書・楊素傳》："修文偃武，四海安然。"

有來自《春秋三傳》和《三禮》的，如：

包藏禍心　語出《左傳・昭公元年》："小國無罪，恃實其罪。將恃大國之安靖已，而無乃包藏禍心以圖之。"這是鄭國大夫子羽指斥楚公子圍的話。"包藏禍心"是表面不露聲色，心裹暗藏着不可告人的壞心眼。中古成爲成語而被應用。唐駱賓王《爲徐敬業討武曌檄》："人神之所同嫉，天地之所不容。猶復包藏禍心，窺竊神器。"

大義滅親　語本《左傳・隱公四年》："君子曰：'石碏，純臣也。惡州吁而厚與焉(石厚一同被戮)，大義滅親，其是之謂乎？'"本指爲君臣大義而滅絶父子之親。中古固定爲成語，泛指爲維護正義而不徇親屬間的私情。《後漢書・清河孝王慶傳》："皇太子有失惑無常之性，愛自孩乳，至今益章，恐襲其母凶惡之風，不可以奉宗廟，爲天下主。大義滅親，況退降乎？"《晉書・慕容盛載記》："〔周公〕遭二叔流言之變，而能大義滅親，終安宗國，……亦不可謂非至德也。"《隋書・楊素傳》："大義滅親，《春秋》高義。"

信而有徵　語出《左傳・昭公八年》："君子之言，信而有徵，故怨遠於其身。"表示言語真實可靠，有憑有據。中古用爲成語。唐李德裕《次柳氏舊聞》："彼皆目睹，非出傳聞，信而有徵，可爲實録。"《太平廣記》卷二〇三引范質《玉堂閒話・王仁裕》："其年中春，晉帝果幸于梁汴，石渠金馬，移在雪宫，迄今三十年矣。索索之兆，信而有徵。"唐孔穎達《周易正義序》："去其華而取其實，欲使信而有徵。"也作"信而有證"，《魏書・崔光傳》："向（劉向）邕（蔡邕）並博達之士，考物驗事，信而有證。"

嗟來之食　語出《禮記・檀弓下》："齊大饑，黔敖爲食於路，以待饑者而食之。有餓者蒙袂輯屨，貿貿然來。黔敖左奉食，右執飲，曰：'嗟，來食！'揚其目而視之，曰：'予唯不食嗟來之食，以至於斯也！'從而謝焉，終不食而死。"本指可憐别人饑餓，呼其來食，中古變爲成語，指侮辱性的施捨。《後漢書・列女傳・樂羊子妻》："羊子嘗行路，得遺金一餅，還與其妻。妻曰：'妾聞志士不飲盗泉之水，廉者不受嗟來之食，況拾遺求利，以汙其行乎？'"唐楊炯《唐右將軍魏哲神道碑》："軍井未建，如臨盗水之源；軍竈未炊，似對嗟來之食。"

有來自先秦諸子著作的，如：

分崩離析　形容國家或集團分裂瓦解。語出《論語・季氏》："今由與求也，相夫子，遠人不服，而不能來也；邦分崩離析，而不能守也。"何晏《集解》："孔〔安國〕曰：民有異心曰分，欲去曰崩，不可會聚曰離析。"中古作爲成語，普遍應用。《後漢書・鄧禹傳》："四方分崩離析，形勢可見。"宋司馬光《保業》："臣竊觀自周室東遷以來，王政不行，諸侯並僭，分崩離析，不可勝計。凡五百有五十年而合於秦。"

後生可畏　青年人必將超過前輩，令人敬畏。語出《論語・子罕》："後生可畏，焉知來者之不如今也。"中古變爲成語，多用以稱贊有志氣有作爲的年輕人。三國魏曹丕《答吴質書》："後生可畏，來者難誣。"南朝宋劉義慶《世説新語・文學》"何晏爲吏部尚書"注引《王弼别傳》："吏部尚書何晏甚奇之，題之曰：'後生可畏，若斯人者，可與言天人之際矣。'"宋蘇軾《次韻子由五月一日同轉對》詩："後生可畏吾衰矣，刀筆從來錯料堯。"

以德報怨　語出《論語・憲問》："或曰：以德報怨，何如？"意思是不記别人的仇,反而用恩德去回報他。中古作爲成語普遍使用。《北史・韓褒傳》:"所獲賊衆,不足爲多,俘而辱之,但益其忿耳。請一切放還,以德報怨。"《朱子語類》卷四十四:"以德報怨,不是不好,但上面更無一件可以報德。"

以人廢言　語出《論語・衛靈公》:"子曰:君子不以言舉人,不以人廢言。""以人廢言"就是因爲人不好,對他的言論也加以否定。古人認爲這種做法不對。中古用爲成語。《梁書・武帝紀中》:"徑寸之寶,或隱沙泥;以人廢言,君子斯戒。"唐陸贄《論敘遷幸之由狀》:"不以人廢言,不以言廢直。"

一言興邦　語出《論語・子路》:"定公問:一言而可以興邦,有諸?"中古凝固爲成語,意思是一句關鍵的話可以使國家興盛。劉禹錫《唐故相國李公集紀》:"古所謂一言興邦者,信哉?"宋許顗《許彦周詩話》:"元禮首議太真、國忠輩,近乎一言興邦,宜得此語。"

具體而微　語出《孟子・公孫丑上》:"子夏、子遊、子張皆有聖人之一體;冉牛、閔子、顔淵則具體而微。"朱熹集注:"具體而微,謂有其全體,但未廣大耳。"中古用爲成語,表示内容大體具備而形狀或規模較小。唐白居易《醉吟先生傳》:"所居有池五六畝,竹數千竿,喬木數十株,台榭舟橋,具體而微,先生安焉。"《太平廣記》卷一九七引五代范質《玉堂閒話・江陵書生》:"東垣下有小瓦堂室一所,高尺許,具體而微。詢其州人,曰:'此息壤也。'"《朱子語類》卷五十二:"顔子所知所行,事事只與聖人争些子,所以曰具體而微。"

揠苗助長　語本《孟子・公孫丑上》:"宋人有閔其苗之不長而揠之者,芒芒然歸,謂其家人曰:'今日病矣,予助苗長矣。'其子趨而往視之,苗則槁矣。"中古變爲成語"揠苗助長",比喻違背事物的發展規律,急於求成,不僅無益,反而有害。宋吕本中《紫微雜説》:"學問功夫,全在浹洽涵養藴蓄之久,左右采擇,一旦冰釋理順,自然逢源矣。非如世人强襲取之,揠苗助長,苦心極力,卒無所得也。"

青出於藍　語本《荀子・勸學》:"青,取之於藍,而青於藍;冰,水爲之,而寒于水。"中古"青出於藍"用爲成語,比喻弟子勝過老師,後人勝過前人。北齊劉晝《劉子・崇學》:"青出於藍而青於藍,染使然也。"唐張彦遠《歷代名畫記・敘師資傳授南北時代》:"各有師資,遞相倣效,或自開户牖,或未及門墻,或青出於藍,或冰寒於水"。唐白居易《賦賦》:"賦者,古詩之流也。始草創於荀宋,漸恢張於賈馬,冰生乎水，初變本於《典》《墳》，青出於藍，復增華於《風》《雅》。”劉克莊《哭吴卿明輔》詩二首之一：“文心水印雖傳嫡，青出於藍自一家。”

去泰（太）去甚　語出《老子》二十九章：“天下神器不可爲也，爲者敗之，執者失之。……是以聖人去甚、去奢、去泰。”中古“去泰去甚”用爲成語，表示事應適中，要去掉那些極端的、過分的東西。晉左思《魏都賦》：“匪樸匪斲，去泰去甚，木無彫鎪，土無綈錦。”唐劉知幾《史通・世家》：“梁主勅撰《通史》，定爲吴蜀世家，持彼僭君，比諸列國，去太去甚，其得折中之規乎？”

深根固柢（蔕）　語出《老子》五十九章：“重積德則無不克，無不克則莫知其極。莫知其極，可以爲國。有國之母，可以長久。是謂深根固柢、長生久視之道。”中古“深根固柢（蔕）”用爲成語，表示根基牢固，不可動摇。晉左思《魏都賦》：“劍閣雖嶛，憑之者蹶，非所以深根固蔕也。”唐陸贄《論關中事宜狀》：“失居重馭輕之權，忘深根固柢之慮。”又作“根深柢（蔕）固”。唐李鼎祚《周易集解・否》：“言五二包繫，根深蔕固，若山之堅，若地之厚也。”宋司馬光《上龐樞密論貝州事宜書》：“雖國家恩德在民，淪於骨髓，根深柢固，萬無所慮。”

玄之又玄　語出《老子》一章：“同謂之玄，玄之又玄，衆妙之門。”意思是道極深極遠，變化莫測，是一切微妙的總門。“玄之又玄”中古用爲成語，泛指事理非常奥妙難懂。唐孔穎達《周易正義序》：“原夫《易》理難窮，雖復玄之又玄，至於垂範作則，便是有而教有。”唐白居易《求玄珠賦》：“求之者刳其心，俾損之又損；得之者反其性，乃玄之又玄。”唐劉知幾《史通・敘事》：“能損之又損，而玄之又玄，輪扁所不能語斤，伊摯所不能言鼎也。”

大同小異　語本《莊子・天下》：“大同而與小同異，此之謂小同異；萬物畢同畢異，此之謂大同異。”意思是大同和小同相差異，叫做小同異；萬物完全相同也完全相異，叫做大同異。中古“大同小異”用爲成語，表示事物大體相同而略有差異。北魏楊衒之《洛陽伽藍記・城北・凝圓寺》：“惠生在烏場國二年，西胡風俗，大同小異，不能具録。”《政和證類本草・滑石》引《本草圖經》：“今濠州醫人所供青滑石，云性微寒，無毒，主心氣澀滯，與本經大同小異。”宋朱熹《中庸章句》第十九章：“此與《論語》文意大同小異，記有詳略耳。”

千慮一得　語出《晏子春秋・内篇・雜下》：“嬰聞之：聖人千慮，必有一失；愚者千慮，必有一得。”又《史記・淮陰侯列傳》：“廣武君曰：‘臣聞智者千慮，必有一失；愚者千慮，必有一得。’”中古“千慮一得”用爲成語，表示愚笨的人經過細緻的考慮也會有正確的意見。多用作個人發表意見的謙辭。《陳書・虞荔傳附虞寄》：“寄雖疾侵耄及，言無足采，千慮一得，請陳愚筭。”唐陸贄《論敘遷幸之由狀》：“伏惟陛下不以人廢言，不以言廢直，千慮一得，或有取焉。”宋陳亮《與王季海丞相書》：“丞相苟以爲然，則亮又將有裨於千慮之一得者，繼此以進。”

城狐社鼠　語本《晏子春秋・内篇・諫上》：“夫社，束木而塗之，鼠因往托焉。熏之則恐燒其木，灌之則恐敗其塗，此鼠所以不可得殺者，以社故也。”同樣的寓言也見於《韓非子・外儲説右上》、《韓詩外傳》卷七、《説苑・政理》。城墻洞裏的狐狸，社壇裏的老鼠，人們無法除掉它。中古概括爲成語“城狐社鼠”，比喻那些有所依靠而爲非作歹的人。《晉書・謝鯤傳》：“及敦（王敦）將爲逆，謂鯤曰：‘劉隗姦邪，將危社稷，吾欲除君側之惡，匡主濟時，何如？’對曰：‘隗誠始禍，然城狐社鼠也。’”宋洪邁《容齋四筆・城狐社鼠》：“城狐不灌，社鼠不燻，謂其所棲穴者得所憑依，此古語也。故議論者率指人君左右近習爲城狐社鼠。”

掩耳盜鐘　《吕氏春秋・自知》：“范氏之亡也，百姓有得鐘者。欲負而走，則鐘大不可負；以椎毁之，鐘況然有音，恐人聞之而奪己也，遽揜其耳。惡人聞之，可也；惡己聞之，悖矣。”這個寓言諷刺了那些自欺欺人的做法。中古概括爲成語“掩耳盜鐘”。唐劉知幾《史通・書志》：“掩耳盜鐘，自云無覺，詎知後生可畏，來者難誣者耶？”宋以後改爲“掩耳盜鈴”或“掩耳偷鈴”。《新唐書・突厥傳》：“突厥相活寂等請立代王，故易旗幟以示之。帝曰：‘可謂掩耳盜鈴。’”元無名氏《舉案齊眉》四折：“却元來是晏平仲善與人交，難道他掩耳偷鈴，則待要見世生苗。”

有來自《戰國策》、《楚辭》的。如：

亡羊補牢　語出《戰國策・楚策四》：“見兔而顧犬，未爲晚也；亡羊而補牢，未爲遲也。”羊走失了，趕快修補羊圈，還不算遲。中古“亡羊補牢”用爲成語，比喻有了失誤，可以及時補救。宋陸游《秋興》詩之八：“懲羹吹虀豈其非，亡羊補牢理所宜。”

瞻前顧後　語出《楚辭・離騷》：“瞻前而顧後兮，相觀民之計極。”漢王逸注：“足以觀察萬人忠佞之謀，窮其真僞。”中古“瞻前顧後”用爲成語，形容做事要深思熟慮，考慮周到。《後漢書・張衡傳》："向使能瞻前顧後，援鏡自戒，則何陷於凶患乎？"也指做事顧慮太多。《朱子語類》卷八《總論爲學之方》："且如項羽救趙，既渡，沈船破釜，持三日糧，示士必死，無還心，故能破秦。若瞻前顧後，便做不成。"

漢代文學和史學都很發達，《史記》、《漢書》影響尤大。中古有不少成語是從這兩部書裏凝固、概括而來的。例如：

因人成事　語出《史記・平原君虞卿列傳》："毛遂曰：公等録録，所謂因人成事者也。"中古用爲成語，指依賴别人的力量辦成事情。唐劉知幾《史通・補注》："大抵撰史加注者，或因人成事，或自我作故。"宋王讜《唐語林・雅量》："狄梁〔公〕對曰：臣以文章直道進身，非碌碌因人成事者。"

舞文弄法　玩弄文字，曲解法律。語出《史記・貨殖列傳》："吏士舞文弄法，刻章僞書，不避刀鋸之誅者，没於賂遺也。"中古用爲成語。《北齊書・孝昭帝紀》："又以廷尉中丞，執法所在，繩違按罪，不得舞文弄法。"梁武帝《求讜言詔》："舞文弄法，因事生奸。"唐吴兢《貞觀政要・論君臣鑒戒》："刀筆之吏，順旨承風，舞文弄法，曲成其罪。"

一錢不值　"值"，本作"直"。語出《史記・魏其武安侯列傳》："生平毁程不識不直一錢。"中古變爲成語"一錢不值(直)"，表示毫無價值。唐陸龜蒙《丁隱君歌》："前度相逢正賣文，一錢不直虚云云。"唐張鷟《遊仙窟》："少府謂言兒是九泉下人，明日在外處，談道兒一錢不直。"

奮不顧身　漢司馬遷《報任安書》："常思奮不顧身，以徇國家之急。""奮不顧身"表示爲了國家和正義的事業奮勇向前，不顧自己生命，很有積極精神。中古用爲成語。《梁書・武帝紀上》："復誓旅江甸，奮不顧身……克殲大敵，以固皇基。"《新五代史・龍敏傳》："使其當大敵，奮不顧身，非其能也，況有異志乎？"也作"奮不顧命"。梁任昉《奏彈曹景宗》："故司州刺史蔡道恭，率勵義勇，奮不顧命。"

明目張膽　語出《史記・張耳陳餘列傳》："將軍瞋目張膽，出萬死不顧一生之計。"中古改爲"明目張膽"，表示做事公開，無所畏避。《晉書・王敦傳》："今日之事，明目張膽，爲六軍之首，甯忠臣而死，不無賴而生矣。"《陳書・傅縡傳・明道論》："奮鋒穎，勵羽翼，明目張膽，披堅執鋭。"《舊唐書・韋思謙傳》："大丈夫當正色之地，必明目張膽以報國恩，終不能爲碌碌之臣保妻子耳。"這個成語明清以後多用作貶詞，與中古不同。

倒持泰(太)阿　語出《漢書・梅福傳》："至秦則不然，張誹謗之罔，以爲漢敺除，倒持泰阿，授楚其柄。"顔師古注："泰阿，劍名，歐冶所鑄也。言秦無道，令陳涉、項羽乘間而發，譬倒持劍而以把授與人也。"寶劍是用來自衛的。把寶劍倒拿着，劍柄交給别人，劍刃對着自己，顯然是一種危險而錯誤的行爲。中古用爲成語，比喻輕率地把權力交給别人，自己反受其害。唐陸贄《論關中事宜狀》："今執事者先拔其本，棄重取輕，所謂倒持太阿，授人以柄。"《舊唐書・陳夷行傳》："自三數年來，姦臣竊權，陛下不可倒持太阿，授人鐏柄。"也有省作"倒持"的。如宋王安石《兼併》詩："姦回法有誅，勢亦無自來，後世始倒持，黔首遂難裁。"

人面獸心　語出《漢書・匈奴傳贊》："夷狄之人，貪而好利，被髮左衽，人面獸心。"原意是漢代統治階級形容匈奴人不開化，不懂禮義，近似禽獸。中古用爲成語，比喻人的行爲品質極其卑劣、凶殘，没有人性。《晉書・孔嚴傳》："又觀頃日降附之徒，皆人面獸心，貪而無親，難以義感。"《南齊書・王融傳》："人面獸心，狼猛蜂毒。"也作"人面狗心"，唐司空圖《雲臺三官堂》："懇永締良緣，使人面狗心，不殘賢而害善；銅頭鐵額，自剖角而摧牙。"

傷風敗俗　語本《漢書・貨殖傳》："傷化敗俗，大亂之道也。"中古改造爲成語"傷風敗俗"，指敗壞良好的風氣和禮俗。《梁書・何敬容傳論》："嗚呼，傷風敗俗，曾莫之悟。"唐韓愈《論佛骨表》："傷風敗俗，傳笑四方，非細事也。"宋謝廷芳《辨惑論》："是故病疫之家，人皆惴惴焉，無敢踵其門而問之，甚而父子兄弟亦不相救，傷風敗俗，莫甚於斯。"

有的成語來自漢代其他作品。例如：

不欺暗(闇)室　劉向《列女傳・衛靈夫人》："蘧伯玉，衛之賢大夫也，仁而有智，敬以事上，此其人必不以闇昧廢禮。"中古概括爲成語"不欺暗室"，表示心地光明，即使在無人看見的地方也不作虧心事。《漢魏南北朝墓誌集釋・隋王世琛墓誌》："信行所履，不欺闇室。"宋孫光憲《北夢瑣言》卷十三："女仙謂建章曰：'子不欺暗室，所謂君子人也。'"《太平廣記》卷六十八引《傳奇・封陟》："陟乃怒目而言曰：'我居書齋，不欺暗室，下惠爲證，叔子(晉羊祜)是師。'"

塞翁失馬　《淮南子・人間》："近塞上之人有善術者，馬無故亡而入胡，人皆吊之。其父曰：'此何遽不爲福乎？'居數月，其馬將駿馬而歸。人皆賀之。其父曰：'此何遽不爲禍乎？'家富良馬，其子好騎，墮而折其髀。人皆吊之。其父曰：'此何遽不爲福乎？'居一年，胡人大入塞，丁壯者引弦而戰，近塞之人，死者十九。此獨以跛之故，父子相保。故福之爲禍，禍之爲福，化不可極，深不可測也。"中古概括爲成語"塞翁失馬"，比喻人的禍福可以互相轉化，壞事可以變成好事。曾慥《類説》卷十七引宋魏泰《東軒筆録·失馬斷蛇》："曾布爲三司使，論市易被黜，魯公有柬别之曰：'塞翁失馬，今未足悲；楚相斷蛇，後必有福。'"宋陸游《長安道》詩："士師分鹿真是夢，塞翁失馬猶爲福。"

一勞永逸　語出漢揚雄《諫勿許單于朝疏》："以爲不壹勞者不久佚，不暫費者不永寧，是以忍百萬之師，以摧餓虎之喙……而不悔也。"又漢班固《封燕然山銘》："茲可謂一勞而久佚，暫費而永寧者也。"中古概括爲成語"一勞永逸"，表示現在辛苦一次，可以取得永久的安逸。北魏賈思勰《齊民要術·卷三·種苜蓿》："此物長生，種者一勞永逸。"唐陸贄《慰問四鎮北庭將吏敕書》："一勞永逸，固不合辭。"

以上成語來源於上古，而定型於中古。它們有的由原來的語句直接轉化而成，如"日就月將"、"偃武修文"、"信而有徵"、"自强不息"，"奮不顧身"；有的在原句的基礎上加工改造而成，如"傷風敗俗"、"一言興邦"、"千慮一得"；有的是概括組合原文的意思而成，如"城狐社鼠"、"揠苗助長"、"不欺暗室"、"塞翁失馬"等等。

二、來自中古作品和人民口語

中古許多著名的文學家、詩人、學者，在語言運用上有很大成就。他們的作品傳播廣，影響大。其中一些形式生動精煉，内容豐富深刻的語句往往被互相引用而轉化爲成語。其中有一些來自人民口語，經過文人的記録和使用，也就變成了書面語言，而廣泛流傳。有來自六朝以及唐、宋史書的，如：

出人意表　超出人們的意料之外。《陳書·袁憲傳》："憲常招引諸生，與之談論，每有新議，出人意表，同輩咸嗟服焉。"宋周密《齊東野語》卷四："古人處方治疾，其出人意表如此。"宋姜夔《白石道人詩説》："篇終出人意表，或反終篇之意，皆妙。"

盡忠報國　竭盡忠貞，報效國家。《北史·顔之儀傳》："之儀厲聲謂昉（劉昉）等曰：'……公等備受朝恩，當盡忠報國，奈何一旦欲以神器假人！'"《宋史·岳飛傳》:"飛裂裳以背示〔何〕鑄,有'盡忠報國'四大字,深入肌理。"

老當益壯　意思是年紀雖老,志氣更加豪壯,充滿了大丈夫的氣魄。《後漢書·馬援傳》:"丈夫爲志,老當益壯,窮當益堅。"唐王勃《滕王閣序》:"老當益壯,寧知白首之心;窮且益堅,不墜青雲之志。"

老而彌篤　人越老對某種事物的感情越深。《梁書·王筠傳》:"余少好書,老而彌篤。雖偶見瞥觀,皆即疏記,後重有覽,歡興彌深,習與性成,不覺筆倦。"《魏書·山偉傳》:"而愛尚文史,老而彌篤。"

蓬頭垢面　頭髮蓬亂,臉上骯髒,形容不講究修飾。《魏書·封軌傳》:"君子正其衣冠、尊其瞻視,何必蓬頭垢面,然後爲賢。"《顔氏家訓·風操》:"梁世被繫劾者……子則草屩麤衣,蓬頭垢面,周章道路,要候執事。"唐李復言《續玄怪録·張老》:"後數年,〔韋〕恕念其女,以爲蓬頭垢面不可識也,令其男義方訪之。"

千載一時　形容機會非常難得。晉袁宏《後漢紀·桓帝紀下》:"爲仁者博施兼愛,崇善濟物,得其志而中心傾之,然忘己以爲千載一時也。"《晉書·王羲之傳》:"古人恥其君不爲堯舜,北面之道,豈不願尊其所事,比隆往代,況遇千載一時之運?"唐韓愈《潮州刺史謝上表》:"當此之際,所謂千載一時不可逢之嘉會。"宋陳東《上高宗第一書》:"君臣相遇如此,可謂千載一時。"

倜儻不羈　豪爽灑脱,不受拘束。《晉書·袁耽傳》:"少有才氣,倜儻不羈,爲士類所稱。"宋司馬光《龍圖閣直學士李公墓誌銘》:"公爲人疎明樂易,倜儻不羈。"《廣韻·錫韻》:"倜,倜儻不羈。"

以身許國　決心將生命獻給國家。《宋書·武帝紀上》:"苟厄運必至,我當以死衛社稷,横尸廟門,遂其由來以身許國之志,不能遠竄於草間求活也。"《晉書·周劄傳》:"既悟其姦萌,劄與臣等便以身許國,死而後已。"唐陳子昂《登薊城西北樓送崔著作入都序》:"以身許國,我則當仁;論道匡君,子思報主。"宋秦觀《王儉論》:"安(謝安)與王坦之盡忠王室,蔑有二心,至於屢改袁宏之文,以寢九錫之命,可謂以身許國,社稷之臣也。"

勇冠三軍　形容勇猛過人,爲三軍之冠。語出《後漢書·劉縯傳》:"伯升部將宗人劉稷,數陷陳潰圍,勇冠三軍。"同書《荀彧傳》:"顔良、文醜,勇冠三軍。"南朝梁丘遲《與陳伯之書》:"將軍勇冠三軍,才爲世出。"北魏楊衒之《洛陽伽藍記·城西·

法雲寺》:"延伯單馬入陳,旁若無人,勇冠三軍。"

執迷不悟　堅持錯誤而不覺悟。《梁書·武帝紀上》:"若執迷不悟,距逆王師,大衆一臨,刑兹罔赦。"宋岳飛《奉詔移僞齊檄》:"如或執迷不悟,甘爲叛人,嗾桀犬以吠堯,詈獵師而哭虎,議當躬行天罰,玉石俱焚,禍並宗親,辱及父祖。"

有來自中古詩文及筆記小説的。如:

别有天地　《太平廣記》卷十二《壺公》引葛洪《神仙傳》載壺公求費長房跟他跳入壺中,長房依言,果不覺已入,不復覺是壺,唯見仙宫世界。唐楊敬述《奉和聖制夏日遊石淙山》詩:"山中别有神仙地,屈曲幽深碧澗垂。"唐代改造爲成語"别有天地",表示另有一種境界,往往用來形容風景幽雅,引人入勝。唐段成式《酉陽雜俎·諸臯記下》:"抑知厚地之下,别有天地也。"唐李白《山中答問》詩:"桃花流水窅然去,别有天地非人間。"

冰清玉潔　三國魏曹植《光禄大夫荀侯誄》:"如冰之清,如玉之潔,法而不威,和而不褻。"凝固爲成語"冰清玉潔",比喻品行高潔。晉皇甫謐《高士傳·摯俊》:"伏維伯陵,材能絶人,高尚其志,以善厥身,冰清玉潔,不以細行,荷累其名。"北齊劉晝《新論·妄瑕》:"伯夷叔齊,冰清玉潔,義以不爲,孤所亡嗣,不食周粟,餓死首陽。"《晉書·賀循傳》:"循冰清玉潔,行爲俗表,位處上卿,而居身服物,蓋周形而已,屋室財(才)避風雨。"也作"玉潔冰清",唐楊炯《李懷州墓誌銘》:"金多木少,孔文舉之天骨;玉潔冰清,華子魚之形彩。"又作"冰潔玉清",《初學記》七引陸抗《吴先賢傳贊·故揚州别駕從事戴矯贊》:"志勵秋霜,冰潔玉清。"又作"冰清玉粹"。《初學記》十七引晉孫綽《原憲贊》:"原憲玄默,冰清玉粹。志逸九霄,身安陋術。"又省作"冰玉"。宋周密《齊東野語·六·王魁傳》:"康侯性剛峭不可犯,有志力學,愛身如冰玉。"

咄咄逼人　語出南朝宋劉義慶《世説新語·排調》:"〔桓南郡與殷荆州〕復作危語……殷有一參軍在坐,云:'盲人騎瞎馬,夜半臨深池。'殷曰:'咄咄逼人。'仲堪眇目故也。""咄咄逼人"本指説話刺人,令人驚訝。後也形容後輩超越前人,令人讚歎。唐張彦遠《書法要録》卷一:"〔王修〕善隸行,與羲之善,故殆窮其妙。子敬每省修書,云:'咄咄逼人。'"宋魏慶之《詩人玉屑》卷十九:"陸放翁詩,本於茶山(曾幾),故趙仲白題曾文清公詩集云:'清于月出初三夜,淡似湯烹第一泉,咄咄逼人門弟子,劍南已見一燈傳。'"

虎踞龍盤(蟠) 形容南京地勢雄偉險要。西面爲石頭城,像蹲着的虎;東面有鐘山,像盤着的龍。《太平御覽》卷一五六引晉張勃《吴録》:"劉備曾使諸葛亮至京,因睹秣陵山阜,歎曰:'鐘山龍盤,石頭虎踞,此帝王之宅。'"北周庾信《哀江南賦》:"昔之虎踞龍蟠,加以黄旂紫氣,莫不隨狐兔而窟穴,與風塵而殄瘁。"唐劉知幾《史通·書志》:"京邑翼翼,四方是則。千門萬户,庶兆仰其威神,虎踞龍蟠,帝王表其尊極。"也作"龍盤虎踞"。唐李白《永王東巡歌》之四:"龍蟠虎踞帝王州,帝子金陵訪古丘。"

刻畫無鹽 無鹽,春秋時齊國醜婦;西施,越國美女。成語"刻畫無鹽"表示以醜比美,不倫不類。南朝宋劉義慶《世説新語·輕詆》:"庾元規語周伯仁:'諸人皆以君方樂。'周曰:'何樂? 謂樂毅邪?'庾曰:'不爾,樂令耳!'周曰:'何乃刻畫無鹽,以唐突西子也。'"《晉書·周顗傳》:"庾亮嘗謂顗曰:'諸人咸以君方樂廣。'顗曰:'何乃刻畫無鹽,唐突西子也。'"宋陳亮《桂枝香·岩桂花》詞:"任點取,龍涎篤耨,兒女子看承,萬屈千屈,做數珠兒,刻畫毋(無)鹽唐突。"

落花流水 落花隨着流水漂走,形容暮春時節春花凋零的景象。又比喻境況衰敗悲慘。唐李群玉《奉和張舍人送秦練師歸岑公山》詩:"蘭浦蒼蒼春欲暮,落花流水怨離襟。"唐貫休《偶作因懷山中道侣》詩:"是是非非竟不真,落花流水送青春。"宋歐陽修《夜行船》詞:"落花流水草連雲,看看是,斷腸南浦。"也作"流水落花",南唐李煜《浪淘沙》詞:"流水落花春去也,天上人間。"

妙絶時人 作品非常精妙,超過了同時代所有的人。三國魏曹丕《與吴質書》:"公幹有逸氣,但未遒耳。其五言詩之善者,妙絶時人。"《後漢書·張超傳》:"超又善於草書,妙絶時人,世共傳之。"南朝宋劉義慶《世説新語·文學》:"簡文稱許椽云:玄度五言詩,可謂妙絶時人。"

奴顔婢膝 形容向人巴結討好的醜態。唐陸龜蒙《江湖散人歌》:"奴顔婢膝真乞丐,反以正直爲狂癡。"也作"奴顔婢色"。宋王禹偁《送柳宜通判全州序》:"與夫諂權媚勢,奴顔婢色。"

前度劉郎 典出南朝宋劉義慶《幽明録》。東漢劉晨、阮肇在天臺山遇仙,歸來時已是晉代。後劉等重訪天臺山,舊跡渺不復見。因以"前度劉郎"比喻舊地重遊的人。唐劉禹錫《再遊玄都觀》詩:"種桃道士歸何處,前度劉郎今又來。"宋周邦彦《瑞龍吟》詞:"前度劉郎重到,訪鄰尋里,同時歌舞,唯有舊家秋娘,聲價如故。"宋辛棄疾《賀新郎》詞:"前度劉郎今重到,問玄都,千樹花存否?"也作"劉郎前度"。宋周紫芝《點絳唇》詞:"渾無緒,劉郎前度,空記來時路。"

青天白日　形容天氣晴朗,也指極其鮮明,人人可以看到。唐李白《上留田行》詩:"田氏倉卒骨肉分,青天白日摧紫荆。"唐韓愈《與崔群書》:"青天白日,奴隸亦知其清明。"宋朱熹《答魏元履書》:"武侯即名義俱正,無所隱匿;其爲漢復讐之志,如青天白日,人人得而知之。"

推波助瀾　語本南朝宋鮑照《觀漏賦》:"既河源之莫壅,又吹波而助瀾。"本指水勢上漲,波濤洶涌。變爲成語"推波助瀾",比喻從旁助長聲勢,擴大事態影響。隋王通《文中子·問易》:"真君、建德之事,適足推波助瀾,縱風止燎耳。"宋朱熹《答陳同甫》:"況此等議論,正是推波助瀾,縱風止燎。"

萬水千山　形容山水極多,道路遥遠艱險。唐賈島《送耿處士》詩:"萬水千山路,孤舟幾月程。"五代貫休《陳情獻蜀皇帝》詩:"一缾一鉢垂垂老,萬水千山得得來。"也作"千山萬水"。唐宋之問《至端州驛見杜五審言……題壁慨然成詠》詩:"豈意南中歧路多,千山萬水分鄉縣。"

倚馬可待　南朝宋劉義慶《世説新語·文學》:"桓宣武北征,袁虎時從,被責免官。會須露布文,唤袁倚馬前令作,手不輟筆,俄得七紙,絶可觀。"概括爲成語"倚馬可待",形容才思敏捷,作文頃刻即成。唐李白《上韓荆州書》:"必若接之以高宴,縱之以清談,請日試萬言,倚馬可待。"也省作"倚馬"。唐吴融《靈池縣見早梅》詩:"棲身未識登龍地,落筆元非倚馬才。"

三、來自佛家作品

佛教自漢代傳入中國,經六朝至唐宋而廣泛傳播,對漢語詞滙産生了巨大的影響,不僅出現了大量借詞和新詞,增加了大量新義,而且出現了不少與佛教有關的成語。例如:

不二法門　佛家指唯一能够直接入道的、不可言傳的門徑。三國吴支謙譯《維摩詰經·入不二法門品》:"如我意者,於一切法,無言無説,無示無識,離諸問答,是爲入不二法門。”南朝梁沈約《佛記序》:“廓不二之法門,廣一乘之長陌。”唐陳子昂《夏日暉上人房别李參軍序》:“開不二之法門,觀大千之世界。”唐裴漼《少林寺碑》:“空心、元粹、惠性、淹遠傳不二法門,有甚深道業。”宋沈作喆《寓簡》卷七:“三十一菩薩各説不二法門。至文殊獨曰:‘無言説。’”現代用來比喻最好的或獨一無二的方法。

不可思議　三國吴支謙譯《維摩詰經・不思議品》:“諸佛菩薩有解脱名不可思議。”慧遠義記:“不思據心,不議就口,解脱真德,妙在情妄,心言不及,是故名爲不可思議。”晉曇摩難提譯《增一阿含經》卷十八:“有四不可思議事,非小乘所能知。”《晉書・藝術傳・鳩摩羅什》:“方等深教,不可思議,傳之東土,惟爾之力。”道教也借用此語。宋張君房《雲笈七籤》卷九四:“思慮所不達,行用所無階者,則歎不可思議。”現代用來形容事物無法想象或難於理解。

大慈大悲　佛家指佛菩薩慈愛世人,憐憫衆生。東晉後秦鳩摩羅什譯《大智度論》卷二十七:“大慈大悲者,四無量心中已分别,今當更略説,大慈與一切衆生樂,大悲拔一切衆生苦。”東晉後秦鳩摩羅什譯《妙法蓮華經・譬喻品》:“大慈大悲,常無懈倦,恒求善事,利益一切。”引申爲形容人的心腸非常慈善。宋張君房《雲笈七籤》卷四:“聖人興,大慈大悲,愛若赤子,隨時化生,隨宜救拔。”

功德圓滿　佛家指法會、善事等圓滿完成。唐陳集原《龍龕道場銘》:“更於道場之南造釋迦牟尼像一座,遂得不日而成,功德圓滿。”隋楊廣《入朝遣使參書》之二:“用慰馳結,仰承衡嶽,功德圓滿,便致荆巫。”

回(迴)光返照　本指太陽將落到地平綫下時,由於反射作用天空中出現的短暫發亮現象。佛家用爲回歸自己的本性。宋釋道原《景德傳燈録》卷二六《義能禪師》:“師曰:‘方呼爲佛,迴光返照,看身心是何物。’”又卷三十《石頭和尚草庵歌》:“迴光返照便歸來,廓達靈根非向背。”《臨濟禪師語録》:“你言下便是迴光返照,更不别求,知身心與祖佛不别,當下無事,方名得法。”宋悟明《聯燈會要》卷十六《繼成禪師》:“顛倒一生,永無休歇,直須迴光返照,親近明師。”近代又比喻人臨死前精神突然興奮的現象。明張岱《馬士英傳》:“彼庸君孱主,至國破家亡之際,猶能回光返照,雪恨報仇。”清高鶚《紅樓夢》九十八回:“此時李紈見黛玉略緩,明知是迴光返照的光景。”

六根清净　佛家認爲眼、耳、鼻、舌、身、意六根與色、聲、香、味、觸、法六塵相接,就會産生種種欲念和罪惡,導致種種煩惱。出家人經過修煉,使六根不與六塵相染,達到遠離煩惱的境界,叫做"六根清净"。這是佛教禁欲主義的體現。東晉後秦鳩摩羅什譯《妙法蓮華經・法師功德品》:"以是功德莊嚴,六根皆令清静。"東晉後秦鳩摩羅什譯《大智度論》:"布施時,六根清静,善欲心生?"隋煬帝《寶台經藏願文》:"五種法師,俱得六根清净。"

天花(華)亂墜　東晉後秦鳩摩羅什譯《妙法蓮華經・序品》:"佛説此經已,結加趺坐,入於無量義處三昧,身心不動。是時天雨曼陀羅華、摩訶曼陀羅華、曼殊沙華、摩訶曼殊沙華,而散佛上及諸大衆。"原意是佛祖講經,感動天神,降落各種香花。後以"天花亂墜"形容言談虚妄,動聽而不切實際。宋釋道原《景德傳燈録・卷十五・令遵禪師》:"聚徒一千二千,説法如雲如雨,講得天華亂墜,只成個邪説,争競是非,去佛法大遠。"《朱子語類》卷三十五:"凡他人之言,便做説得天花亂墜,我亦不信,依舊只執我見。"

天女散花　語本三國吴支謙譯《維摩詰經・觀衆生品》:"時維摩詰室有一天女,見諸大人聞所説法,便現其身,即以天華散諸菩薩、大弟子上,華至諸菩薩即皆墮落,至大弟子便著不墮。一切弟子神力去華,不能令去。"原意是天女用花的是否著身來檢驗諸菩薩及大弟子的向道之心。後以"天女散花"爲成語,比喻拋灑東西或大雪紛飛的樣子。唐宋之問《設齋歎佛文》:"龍王獻水,噴車馬之塵埃;天女散花,綴山林之草樹。"宋陸游《夜大雪歌》:"初疑天女下散花,復恐麻姑行擲米。"

五體投地　佛教徒表示最虔敬的行禮方式,兩肘、兩膝、頭部都着地。西晉竺法護譯《佛般泥洹經》卷下:"太子五體投地,稽首佛足。"唐天竺沙門般刺密諦譯《楞嚴經》卷一:"阿難聞已,重復悲淚,五體投地,長跪合掌,而白佛言。"唐玄奘《大唐西域記・印度總述》:"致敬之式,其儀九等,一、發言慰問。二、俯首示敬。三、五體投地……凡斯九等,極唯一拜。"中古以及近代用來比喻佩服到極點。《梁書・諸夷傳・中天竺國》:"今以此國群臣民庶,山川珍重,一切歸屬,五體投地,歸誠大王。"清袁枚《隨園詩話》卷一:"同征友萬拓坡光泰,精于五七古。程魚門讀之,五體投地。"

葉落歸根　宋釋道原《景德傳燈録・卷五・慧能大師》:"衆曰:'師從此去,早晚却廻?'師曰:'葉落歸根,來時無日。'""葉落歸根"本指事物返歸本源,也比喻人和事物總有一定的歸宿。宋趙蕃《白髮詩》之二:"葉落歸根莫漫悲,春風解發次年枝。"

一塵不染　佛家以聲、色、香、味、觸、法爲"六塵"。佛教徒修行,能排除物欲,保持身心純潔,叫做"一塵不染"。後用以形容品格高尚純潔。宋張耒《臘初小雪後圃梅開》詩之二:"一塵不染香到骨,姑射仙人風露身。"羅大經《鶴林玉露》卷十:"范蠡霸越之後,脱屣富貴,扁舟五湖,可謂一塵不染矣。"也作"一塵不到"。唐唐彦謙《遊清涼寺》詩:"一塵不到心源净,萬有俱空眼界清。"

一佛出世　佛教認爲人壽從十歲增至八萬歲,又從八萬歲減至十歲,如此二十往返爲一小劫。世界每經歷一小劫,有一位佛出世。《隋書・經籍志四・佛經》:"每一小劫,則一佛出世。"宋陸游《南唐書・浮圖傳》:"開寶初有北僧號小長老,自言募化而至……後主大悦,謂之一佛出世。"也比喻事情非常難得。宋葉廷珪《海録碎事》卷十一引《談苑》:"〔唐〕文宗嘗謂近臣曰:'詞臣之選,古今尤重。朕聞朝廷除一舍人,六親皆賀,諺以爲一佛出世,豈容易哉?'"近代以"一佛出世,二佛涅槃"形容死去活來。明施耐庵《水滸全傳》三十九回:"把宋江捆翻,一連打上五十下,打得宋江一佛出世,二佛涅槃。"

勇猛精進　語出三國魏康僧鎧譯《無量壽經》卷上:"勇猛精進,志願無惓(倦)。"本指佛教徒果斷地拋棄世俗雜念,刻苦修行,求得佛家真諦。五代静、筠《祖堂集》卷一《釋迦牟尼佛》:"爾時太子在於山中,勇猛精進,修無上道。"也泛指學習和事業上刻苦自勵,努力前進。宋黄榦《答林公度》書:"朋友講論,不敢放過,然亦未甚見有勇猛精進者。"《朱子語類》卷四十五:"善人只循循自守,據見定,不會勇猛精進。循規蹈矩則有餘,責之以任道則不足。"

上述成語都是四字格式,内容豐富生動,有很强的生命力,絶大多數一直活到現在。一些來自佛教的成語,也逐漸超出了宗教的範圍,爲廣大人民所慣用,豐富了整個漢語成語系統。成語中也有一部分比較偏僻或者反映了封建統治階級腐朽落後的思想,隨着社會的發展,人們思想認識的提高,這些成語逐漸被淘汰了。

中古諺語同樣有不少發展。數量增加,範圍廣泛,包括天時氣候、地理環境、農業生産、人民生活、世態人情、官場狀態、人物評説等内容。其中一部分是上古流傳下來的,多數是中古新産生的。有的出自文人作品,多數是人民口語,也有少數與佛教和道教文獻有關。例如：

臘鼓鳴，春草生　這是一條有關時令的諺語。南朝梁宗懔《荆楚歲時記》："十二月八日爲臘日，諺云：'臘鼓鳴，春草生。'村人並擊細腰鼓，戴胡頭，及作金剛力士以驅疫。"南方春天來得較早，農曆十二月八日，臘鼓鳴，意味着有了春的信息，故云。

五月下峽，死而不吊　五月間長江三峽往往大水，舟行險惡，溺死者衆，無暇吊唁。唐李肇《唐國史補》卷下："杜邠公自西川除江陵，五月下峽，官舟千艘，不損一隻。舊諺曰：'五月下峽，死而不吊。'此則邠公之洪福，自古未之有也。"

長沙益陽，一時相印　"印"者，望也。益陽離長沙三百里，且有重山相隔。但在一定時候，在益陽可以望見長沙城。這個諺語反映了當時兩地之間的特殊景觀。五代杜光庭《録異記》卷七："益陽縣在長沙郡界，秦時立此縣，至今不改。……東望時見長沙城隍，人馬形色，悉可審辨，或平旦，或平午，覽矚移晷，乃漸散滅。縣去長沙徑道三百里，跨越重山，理絶表顯，將是山嶽靈冥像所傳者乎？其土諺曰：'長沙益陽，一時相印。'"

鋤頭三寸澤　這是一條總結農業生産經驗的諺語，説明適時鋤地對保持田土潤澤，十分重要。北魏賈思勰《齊民要術・雜説》："又鋤耨以時，諺曰：'鋤頭三寸澤。'此之謂也。"

麥過人，不入口　這也是一條總結莊稼種植經驗的農諺。施肥太多，麥苗生長過旺，極易倒伏，導致減産甚或絶收。宋莊綽《雞肋編》卷上："諺云：'麥過人，不入口。'靖康元年，麥多高於人者，既熟，大雨，所損十八。"

一年之計，莫如樹穀，十年之計，莫如樹木　這個諺語表明，不同的打算要有不同的安排。作一年的打算，最好種植穀物，作十年的打算，最好種植樹木。北魏賈思勰《齊民要術序》："此種植之不可已也。諺曰：'一年之計，莫如樹穀；十年之計，莫如樹木。'此之謂也。"其實這是引用古人的話。《管子・權修》："一年之計，莫如樹穀；十年之計，莫如樹木；百年之計，莫如樹人。"到了中古，《管子》的話已作爲諺語而被引用了。

以貧求富，農不如工，工不如商，刺繡文不如倚市門　古代封建統治者重農抑商，以農桑爲本，工商爲末。這一諺語與之相反，指出貧人要想求富，必須經商做生意。北魏贾思勰《齊民要術》卷七："諺曰：'以貧求富，農不如工，工不如商，刺繡文不如倚市門。'此言末業貧者之資也。"1600年前的這條諺語，對於現代社會要求致富的廣大人民來説，也是適用的。

寧作治世犬，莫作亂離人　這一諺語實際上乃是廣大人民飽嘗戰亂之苦的無奈悲鳴。宋劉斧《青瑣高議》別集卷三："當是時，父不保子，夫不保妻，朝不保暮。……古語云：'寧作治世犬，莫作亂離人。'"

田怕秋旱，人怕老貧　秋旱則糧食不收，老貧則生活無依。這一諺語反映了古代人民缺乏社會保障的另一種生活顧慮。宋陳師道《後山談叢》卷三："諺語曰：'田怕秋旱，人怕老貧。'又曰：'夏旱收倉，秋旱離鄉。'歲自處暑至白露不雨，則稻雖秀而不實，吴地下濕不積，一凶則饑矣。"

疑心生暗鬼　這一諺語産生于宋代。也作"心疑生暗鬼"。由於亂猜疑，往往会把正常的事情或現象看作異常而鬧出一場虚驚來。宋吕本中《東萊吕紫微師友雜誌》："自言有自得處，嘗聞人説鬼怪者，以爲疑心生暗鬼，最是要切議論。"宋洪邁《夷堅乙志》卷十九："鄱陽民韓氏嫗死，倩族人永寧寺僧宗達宿焉。達瞑目誦經，中夕，聞嫗房中有聲嗚嗚然。天將曉，韓氏子亦來，猶聞物觸户聲不已，達告之故，偕執杖而入，見一物四足，首戴一甕，直來觸人，達擊之，乃一犬呦然而出。蓋初閉門時，犬先在房中矣，甕有糠，伸首舐之，不能出，故戴而號呼耳。諺謂'疑心生暗鬼'，殆此類乎？"宋法應集《禪宗頌古聯珠通集》卷二二："一莖兩莖斜，疏影動龍蛇，心疑生暗鬼，眼病見空華。"

貂不足，狗尾續　這一諺語諷刺晉王朝政治腐敗，封官冗濫。《晉書·趙王倫傳》："至於奴卒厮役，亦加以爵位。每朝會，貂蟬盈坐。時人爲之諺曰：'貂不足，狗尾續。'"又唐張鷟《朝野僉載》卷一："市道屠沽，亡命不軌，皆封侯略盡。大府之銅不够鑄印，至有白版侯者，朝會之服，貂者大半。故諺云：'貂不足，狗尾續。'小人多幸，君子恥之。"

關節不到，有閻羅包老　這是歌頌宋代名臣包拯剛正廉潔的諺語。宋司馬光《涑水記聞》卷十："〔包〕拯字希仁，廬州人，進士及第……又遷樞密直學士，知開封府。爲人剛嚴，不可干以私，京師爲之語曰：'關節不到，有閻羅包老。'吏民畏服，遠近稱之。"

成人不自在，自在不成人　做一個有成就的人，就不能安閒舒適；貪圖安閒舒適，就做不了有成就的人。深層意思是，人活着總得有所作爲，累一點比無所事事好。這是一種積極的人生態度。宋羅大經《鶴林玉露》乙編卷三："諺云：'成人不自在，自在不成人。'此語雖淺，然實切至之論，千萬勉之。"

好事不出門，惡事傳千里　這一諺語表層意思是，好事没有人宣傳，壞事却到處傳播。深層意思則是形容人們幸灾樂禍，缺乏與人爲善的精神。五代孫光憲《北夢瑣言》卷六："相國厚重有德，終爲豔詞玷之。契丹入夷門，號爲'曲子相公'。諺所謂'好事不出門，惡事傳千里'。士君子得不戒之乎？"宋釋道原《景德傳燈録》卷十二："壽州紹宗禪師："問'如何是西來意？'師曰：'好事不出門，惡事傳千里。'"直到近代乃至現代，這個諺語仍然廣泛應用。

上述諺語大都來自民間，也有不少來自文人作品。宋陸游《老學庵筆記》卷四説："今世俗所道俗語，多唐以來人詩。'何人更向死前休'，韓退之詩也；'林下何曾見一人'，靈澈詩也；'長安有貧者，爲瑞不宜多'，羅隱詩也；'世亂奴欺主，年衰鬼弄人'，'海枯終見底，人死不知心'，杜荀鶴詩也；'事向無心得'，章碣詩也；'但有路可上，更高人也行'，龔霖詩也；'忍事敵災星'，司空圖詩也；'一朝權在手，看取令行時'，朱灣詩也；'自己情雖切，他人未肯忙'，裴説詩也；'但知行好事，莫要問前程'，馮道詩也；'在家貧亦好'，戎昱詩也。"

中古諺語有很大一部分現在已經消失了。其中有的内容是評述某些人物或事實。如南朝宋劉義慶《世説新語・賞譽》："諺曰：'後來領袖有裴秀。'"晉裴啓《裴子語林》："時人語曰：'張氏十龍，儒雅温恭。'"唐張鷟《朝野僉載》卷四："諺云：'三公後，出死狗。'"有的意思不很明確或比較消極。如《太平廣記》卷三六三引《通幽記》："諺曰：'一雞死，一雞鳴。'"唐韓鄂《歲華紀麗》卷二二："諺云：'城南韋杜，去天尺五。'"《敦煌變文集・茶酒論（並序）》："養蝦蟆得水病報苦。"[①]時過境遷，社會生活和人的觀念都有變化，漢語本身已經發展，過去人們熟悉的人物事實已被淡忘，這些諺語也就失去存在的價值而淘汰消亡了。

---

① 明蘭陵笑笑生《金瓶梅詞話》十八回、八十六回作"養蝦蟆得水蛊兒病。"

第三章　近代漢語詞滙的發展

元、明、清三代，尤其是清代後期，我國社會發生了劇烈的變化。反映社會現實最直接、最迅速的漢語詞滙也隨之發生了巨大的變化，顯示出不同以往的巨大發展特點。第一，白話文學發展到一個高峰，元曲、明清小説如《水滸全傳》、《西遊記》、《紅樓夢》、《儒林外史》等膾炙人口，深入人心。這些作品的語言基礎都是北方話，但又帶有不同的方言特點。於是大量口語和方言詞語進入文學語言，從而得到廣泛的傳播。第二，元朝統治者是蒙古貴族，清朝統治者是滿洲貴族。他們不能不在很大程度上接受漢族原有的制度和傳統的文化。客觀上增進了漢族和蒙、滿兩族人民的互相聯繫和相互影響。反映在語言上就是蒙語和滿語裏吸收了大量漢語借詞，漢語裏也曾經一度吸收某些蒙語和滿語借詞，有的保留至今。第三，13 世紀(1275—1292 年)，意大利人馬可・波羅到中國做官，很得元朝皇帝忽必烈的信任。15 世紀初，鄭和七下西洋，遠達非洲東海岸，促進了中國和亞非國家經濟文化的交流。16 世紀中國和西方資本主義國家開始發生交往。清初一度閉關自守。到 18 世紀，海禁又開。19 世紀開始，西方帝國主義先後侵略中國，侵佔我土地，掠奪我財富，屠殺我人民，犯下了滔天罪行。與此同時，隨着西方近代文化傳入中國，不少中國青年出國留學，到西方尋找救國救民的方法，大量西方的學術科技著作在中國翻譯出版，變革的浪潮洶涌澎湃，勢不可擋。中國人民的生活和認識起了變化。漢語也不可避免地受到極大的影響，出現了大量借詞，産生了大量新詞，大批的詞增加了新義，漢語詞滙更加豐富了。第四，複音詞中，除雙音詞逐漸佔有絶对优势外，還産生了大量三音節和四音節的多音詞，詞的結構形式更加多樣化，這也是近代漢語詞滙發展的一個重要特點。

第一節　近代新詞的産生和蒙語、滿語對漢語詞滙的滲透

一、近代漢語單音詞的發展

近代漢語産生的新詞，大多數是複音詞，但也産生了一定數量的新的單音詞，以名詞和動詞爲主，也有少數形容詞。它們大都來自民間口語和方言。有三種情況：

1. 新詞采用舊有的書寫形式

這類詞一般是借舊詞的形式來表達新的内容，或後造的字與已有的字形偶合。跟詞義引申不同，新詞和舊詞之間没有意義上的聯繫。例如：

湃(bá)　動詞。用冰或冷水浸。明蘭陵笑笑生《金瓶梅》二十九回："有梅湯提一壺來，放在這冰盤内湃着。"清曹雪芹《紅樓夢》六十回："説着，芳官早托了一杯涼水内新湃的茶來。"清文康《兒女英雄傳》十六回："那老頭兒把那將及二尺長的白鬍子放在涼水裏湃了又湃，汕了又汕。"按"湃"字已見於漢代，念 pài。《玉篇·水部》："湃，滂湃，水勢也。"與此"湃(bá)"字無關。

梆　名詞。梆子，用竹子或挖空的木頭做成，舊時用以巡更或集散人衆。明吴承恩《西遊記》七十四回："〔孫悟空〕也變做小妖兒，依照他敲着梆，摇着鈴，掮着旗。"明湯顯祖《牡丹亭·道現》："府主坐黄堂。夫人傳示，衙内敲梆。"清吴敬梓《儒林外史》二十二回："當下兩人把牛浦扯着，拉到縣門口，知縣才發二梆，不曾坐堂。""梆"本是樹名。《廣韻·江韻》："梆，木名。"梆子的"梆"宋以後才有。古代梆子叫"柝"。《易·繫辭下》："重門擊柝，以待暴客。"

呆 dāi　形容詞。傻，笨，死板。元宫大用《范張雞黍》二折："我待學踰垣的段干木非爲懒，垂釣的嚴子陵不是呆。"明施耐庵《水滸全傳》十三回："三個人急要走時，驚得呆了，正走不動。"明蘭陵笑笑生《金瓶梅》五十五回："只想着與陳經濟勾搭，便心上亂亂的焦躁起來，多少長吁短歎，托着腮兒呆登登。"清曹雪芹《紅樓夢》四回："這薛公子的混名，人稱他'呆霸王'。""呆"古同"保"，音 bǎo。《説文·人

部》:“呆,古文保。”呆板的“呆”與此没有關係。

銃　名詞。用火藥發射彈丸的管形火器,開始産生於宋元,《元史・達理麻識理傳》:“糾集丁壯苗軍,火銃什伍相聯。”明丘濬《大學衍義補・器械之利》:“近世以火藥實銅鐵器中,亦謂砲,又謂之銃。”李昭禪《江南船廠志》二:“按蜈蚣船自嘉靖四年始,蓋島夷之制,用以駕佛朗機銃者也。”焦勗《火攻挈要・審量放情斟酌制器》:“近有鳥鎗短器,百發可以百中;遠有長大諸銃,直擊數十里之遠,横擊數千丈之闊。”古代“銃”本是斧頭上受柄的孔。《廣雅・釋器》:“銃謂之銎。”火器的“銃”與此無涉。

鐲　名詞。套在手上或脚上的環形裝飾品,通常指手鐲。也叫“鐲頭”、“鐲子”。明陸容《菽園雜記》卷八:“今人名臂環爲鐲,音濁,蓋方言也。”明吴承恩《西遊記》四十三回:“菩薩恐你養不大,與你戴個頸圈鐲頭哩。”清曹雪芹《紅樓夢》四十九回:“平兒戴鐲子時,却少了一個。”上古“鐲”爲軍中樂器,形狀像鐘的鈴。《説文・金部》:“鐲,鉦也。”《周禮・地官・鼓人》:“以金鐲節鼓。”手鐲的“鐲”與此無涉。

錁(kè)　名詞。金銀鑄成的饅頭形小錠,重一二兩或三五兩。清樊騰鳳《五方元音・駝韻》:“錁,金銀錠也。”《雍熙樂府・朝天子・救忙的忒多》:“萬櫃黄金,千箱錁。”清曹雪芹《紅樓夢》十八回:“寶釵黛玉諸姊妹等,每人新書一部,寶硯一方,新様格式金銀錁二對。”中古“錁”本是車上盛潤滑油的器具。音 guǒ。《集韻・果韻》:“輠,車膏器曰輠,或從金。古火切。”金銀錁子的“錁”與此無涉。

鐐　名詞。套在脚腕上的刑具。明方以智《通雅・事制・刑法》:“古之釱,今以鐐代之。”元宇文懋昭《金制・科條》:“脚腕以鐵爲鐐鏁鎖之,罪輕者用一,罪重者二之。”《明史・刑法志一》:“鐐,鐵連環之以縶足,徒者帶以輸作,重三斤。”明馮夢龍《警世通言》卷十一:“於監中吊出群盗,一個個脚鐐手扭,跪於階下。”上古“鐐”是純美的銀。《爾雅・釋器》:“白金謂之銀,其美者謂之鐐。”脚鐐的“鐐”與此没有關係。

妞(niū)　名詞。女孩子。有親近或狎昵的意思。北京方言。清郝懿行《證俗文》卷四:“今京師謂女曰妞……若大曰大妞,次曰二妞,又次曰三妞。”清曹雪芹《紅樓夢》四十二回:“我要説了,妞兒該駡我了。”清王廷紹《霓裳續譜・有一個妞妞兒》:“有一個妞妞兒在門前立,擡頭看見個挑擔的。”清俞正燮《癸巳存稿補遺・妞》:“孃者,少女之稱,亦作娘,轉作妞。北人稱妞妞,南人稱娘娘是也。”“妞”字已見於六朝，音 hào。《玉篇・女部》："妞，呼道切，姓也。"女孩子的"妞"與此無關。

慪(òu)　又作"歐"。動詞。嘲弄，招惹人着急生氣。明施耐庵《水滸全傳》六十一回："於路上，吴用被李逵歐的苦。"清曹雪芹《紅樓夢》二十回："你只怨人行動嗔怪你，你再不知道你慪的人難受。"清文康《兒女英雄傳》二十九回："何小姐一時説得高興，説得忘了情，被張姑娘一慪，不覺羞得小臉兒通紅。"古代"慪"作"吝惜"講。《玉篇・心部》："慪，悋也，惜也。"慪氣的"慪"與此没有關係。

嗙(pǎng)　動詞。自誇，吹牛。也寫作"傍"或"鎊"。清蒲松齡《聊齋俚曲集・磨難曲》二十三回："一個磨軸没處按，一把錐子没處攮，瞎的瞎，俺會嗙，騙了三官爺爺一頂巾，掙了鎮五爺爺兩頂網。"清佚名《笑林廣記》卷一："爵有五等，公、侯、伯、子、男……何爲伯？胡吹亂傍慣説白。"清文康《兒女英雄傳》二十一回："這大約要算他平生第一樁得意的痛快事，便是没人來問，因話提話，還要找着鎊兩句，何況問話的又正是海馬周三烏煙瘴氣這班人。"

瞧　動詞。看，偷看。元關漢卿《新水令》曲："怕别人瞧見咱，掩映在酴醾架。"明馮夢龍《警世通言》卷二十一："公子大喝道：'什麽人敢來瞧俺脚色？'"元高明《琵琶記・牛小二諫父》："撇呆打墮，早被那人瞧破。"清文康《兒女英雄傳》四回："瞧，這鞋不跟脚了。"字又作"睄"。清曹雪芹《紅樓夢》六回："也没甚的説，不過來睄睄姑太太姑奶奶。"按"瞧"字見於晉稽康《難自然好學論》："睹文籍則目瞧，修揖讓則變傴。"這是眼睛生病的意思，字又作"燋"。《周禮・春官宗伯・華氏》杜子春注："燋，讀細目燋之燋。"瞧着的"瞧"與此没有關係。

跚(shān)　動詞。踩，踐踏。元關漢卿《回園春》二折："則我這繡鞋兒不跚着那青筥溜。"又《五侯宴》三折："引着沙三去跚橇，伴着王留學調鬼。"跚橇，踩高蹺。元李壽卿《伍員吹簫》一折："我怕費得雄早先到了，反出其後，以此擔饑忍餓，日夜奔來，兀的這兩脚上不跚成了趼也。"元無名氏《硃砂擔》三折："他偶然跚破了脚，在後邊慢慢的行哩。""跚"已見於中古。唐皮日休《上真觀》詩："天鈞鳴響亮，天祿行蹣跚。""蹣跚"，行不正的樣子。與作"踐踏"講的"跚"不同。

梢、稍　名詞。錢，現錢，本錢。明沈德符《野獲編・諧謔・吴江謔語》："又吴俗呼現錢爲梢。"陸澹安《小説語詞滙釋・拆梢》："梢是錢的市語，拆梢即敲詐現錢。"明施耐庵《水滸全傳》一〇四回："前日范全哥哥把與我買柴薪的一錠銀在此，將來做個梢兒，與那廝擲幾擲，贏幾貫錢回去，買果兒吃。”清曹雪芹《紅樓夢》七十三回：“輸了幾貫錢，没的撈梢，所以借去，不想今日弄出事來。”字又作“稍”。明馮夢龍輯《古今小説》卷二十一：“容在下回家去，再取稍來決賭何如？”明凌濛初《二刻拍案驚奇》卷八：“沈將士道：‘吾隨身篋中有珍寶千金，又有二三千張茶券子可以爲稍。’”按宋周密《齊東野語》卷二十《隱語》：“又以古詩賦敗弓云：‘争帝圖王勢已傾（無靶），八千兵散楚歌聲（無弦），烏江不是無船渡（無弰），羞向東吴再起兵（無面）。’”“弰”與“稍”諧音，項羽無“稍”（錢）所以不能乘船渡江。這是打趣的話，可能作錢講的“梢（稍）”宋代已經産生。上古“梢”是樹尖或樹枝的末端。《説文・木部》：“梢，木也。”徐鍇《説文解字繫傳》：“梢，樹枝末也。”“稍”是禾的末端。《周禮・天官・大府》：“四郊之賦，以待稍秣。”清俞樾《群經平議》：“秣字從禾從末，義即存乎聲，謂禾末也。稍秣連文，義蓋相近，稍亦禾末也。稍之爲禾末，猶杪之爲木末，從肖與從小同。”作錢、現錢講的“梢”或“稍”與此無涉。

謅(zhōu) 動詞。（信口）編造，亂説。元楊文奎《兒女團圓》三折：“一謎裹便胡謅亂説。”明馮夢龍《醒世恒言》卷二十五：“信口謅一曲兒，回敬一杯。”清曹雪芹《紅樓夢》十九回：“〔寶玉〕順口謅道：‘揚州有座黛山，山上有個林子洞。’”也寫作“傷”。明馮夢龍《醒世恒言》卷二十九：“我們正在得趣之時，他若來了，便有許多文來傷，怎能盡興？”按《廣韻・尤韻》：“謅，謅謏，陰私小言。”楚鳩切，音 chōu。《玉篇・言部》：“謅，弄人言。”楚紋切，音 chǎo。音義並異。

傷(zhòu) 這個詞有三個意義：①形容詞。乖巧。元鄭光祖《傷梅香》楔子：“他好生的乖覺，但是他姐姐書中之意未解呵，他先解了，……因此上都唤他做傷梅香。”②形容詞。漂亮。元楊顯之《瀟湘雨》一折：“標題的名姓又香，打扮的體態又傷，準備着插宫花，飲御酒。”③形容詞。固執，凶狠。元王實甫《西廂記》四本二折：“老夫人心數多，情性傷，使不着我巧語花言，將没做有。”明無名氏《石榴國》三折：“那關雲長武藝高，張車騎情性傷，他殺的你神嚎鬼哭悲風吼，你準備着亂攛東西望風也兒走。”按《廣韻・虞韻》：“傷，《纂文》云：偛傷，小人貌。”又《宥韻》：“傷，妊身人也。”均與近代義無涉。

2. 新詞新形式

這類詞有的用新的音和字表達新的概念，有的用新的詞代替原有的詞。例如：

睬(采、保)　動詞。理會,答應。《字彙補·目部》:"睬,俗言俫睬。"元王實甫《破窯記》四折:"不是這老泰山爲人忒歹,親女壻昂然不睬。"明羅貫中《三國演義》四十九回:"時雲長在側,孔明全然不睬。"清高鶚《紅樓夢》九十一回:"黛玉看見寶玉這樣光景,也不睬他。"也寫作"采"或"保"。明施耐庵《水滸全傳》一回:"道童不采,只顧吹笛。"明馮夢龍《警世通言》卷十八:"那笑他的,他也不保;憐他的,他也不受。"

搽　動詞。敷,塗抹。南宋無名氏《張協狀元》一出:"苦會插科使砌,何吝搽灰抹土。"元馬致遠《漢宮秋》一折:"將兩個賽宫樣眉兒畫,把一個宜梳裹臉兒搽。"明施耐庵《水滸全傳》八十回:"兩邊兩隻船,都只五七個人,搽紅畫緑不等。"清吴敬梓《儒林外史》二十四回:"這和尚積年剃了光頭,把鹽搽在頭上。"又元代雜劇角色中有"搽旦",相當於"花旦",因臉上搽粉抹黑而得名。元關漢卿《金綫池》一折:"搽旦扮卜兒上,詩云:'不紡絲麻不種田,一生衣飯靠皇天,盡道吾家皮解庫,也自人間賺得錢。"

跴(踩)　動詞。踐踏。清曹雪芹《紅樓夢》四十回:"他只顧上頭和人説話,不防脚底下果跴滑了,咕咚一跤跌倒。"又清高鶚《紅樓夢》八十八回:"論家事,這裏是踩了一頭兒,撬一頭兒的,連珍大爺還彈壓不住。"明許仲琳、李雲翔《封神演義》七十六回:"三軍踴躍縱征鼉,馬跴人身徑過。"

瞅(瞧)　動詞。看。明陶宗儀《輟耕録》卷十七:"田連阡陌心猶窄,架插詩書眼不瞅。"元無名氏《陳州糶米》二折:"這老子怎麽瞅我那一眼,敢是那個告狀的人來,我則做不知道。"明吴承恩《西遊記》十六回:"三藏瞧了他一眼道:'謹言,莫要不識高低,衝撞人。'"清曹雪芹《紅樓夢》六回:"寶玉只管紅着臉不言語,襲人却瞅着他笑。"

晎、竇(gòng)　動詞。用頭鑽入。顧學頡、王學奇《元曲釋詞》一:"晎,用頭鑽入曰晎,又作竇,同字異體。"元關漢卿《調風月》三折:"我便似晎墻賊,蠍螫噤聲。"元尚仲賢《柳毅傳書》二折:"錢塘龍逆水忙截,涇河龍淤泥裏便竇。"明徐渭《豹子和尚》一折:"月黑時竇窟窺墻。"這個詞現在湖南、四川、雲南等方言裏還保存着。

攆　動詞。驅逐;趕走。明蘭陵笑笑生《金瓶梅》二十一回:"趁早與我出去,我不著丫頭攆你。"又《三十八回》:"你另敘上了有錢的漢子,不理我了,要把我打開,故意的攆我。”清曹雪芹《紅樓夢》二十二回：“賈母亦知因賈政一人在此所致，酒過三巡，便攆賈政去歇息。”又五十三回：“麝月便將平兒所説宋媽墜兒一事，並晴雯攆逐出去等話，一一也曾回過寶玉。”清吴沃堯《二十年目睹之怪現狀》二回：“你怎麽都同木頭一樣，還不給攆這王八蛋出去。”

砍　動詞。用刀斧等劈。明施耐庵《水滸全傳》五十三回：“李逵拔出大斧，先砍翻一堵壁。”明蘭陵笑笑生《金瓶梅》六十四回：“雖是士大夫，也只是秀才做的。老公公砍一枝損百枝，兔死狐悲，物傷其類。”明馮惟敏《僧尼共犯》二折：“鈍刀磨的快，雙手砍西瓜。”明吴承恩《西遊記》四回：“悟空道：‘我只站下不動，任你砍幾劍罷。’”清曹雪芹《紅樓夢》五十三回：“這個老砍頭的今兒才來。”

掮　動詞，方言。用肩頭扛（東西）。明李素甫《元宵鬧》傳奇卷四：“他是個啞道童，有些蠻力，故爾用他掮些行頭。”清吴敬梓《儒林外史》六回：“將掌扇掮起來，四個戴紅黑帽子的開道。”又二十一回：“牛浦掮着行李，走到船尾上，船家一把把他拉上了船。”清劉鶚《老殘遊記》十三回：“只見外邊也有人掮了一捲行李，由黄人瑞帶着，送到里間房裏去了。”清李寶嘉《文明小史》五十三回：“你又來了，咱們兄弟相好，也非一日，我要是安心把木梢給你掮，我還成個人麽？”（掮木屑：做吃力不討好的事。）

噙（qín）　動詞。含。明吴承恩《西遊記》十三回：“衆僧不忍分別，直送有十里之遥，噙淚而返。”明施耐庵《水滸全傳》二十四回：“武二是個頂天立地噙齒戴髮男子漢，不是那等敗壞風俗没人倫的豬狗。”清曹雪芹《紅樓夢》五十二回：“麝月又捧過一小碟法制紫薑來，寶玉噙了一塊。”

焐（wù）　動詞。用熱的東西接觸涼的東西使變暖。元李文蔚《燕青博魚》三折：“你便來殺了我，到那寒冬臘月裏害脚冷，誰與你焐脚。”也寫作“渥”。清曹雪芹《紅樓夢》八回：“你的手冷，我替你渥着。”又清高鶚《紅樓夢》一〇九回：“我怕凍着他，還把他攬在被裏渥着呢。”

踅（xué）　動詞。轉；來回走。元王實甫《西廂記》四本四折：“下下高高，道路曲折，四野風來，左右亂踅。”明施耐庵《水滸全傳》二十四回：“正要關門，只見西門慶又踅將來，逕去簾底下那座頭上坐了。”明羅貫中《三國演義》六回：“操帶箭逃命，踅過山坡。”明蘭陵笑笑生《金瓶梅》一回：“大户候無人，便踅入房中與金蓮廝會。”

清劉鶚《老殘遊記》二回："摇着串玲滿街踅了一趟，虚應一應故事。"

3. 新詞多義化

多義化是漢語詞滙增强表達力的重要手段之一。古代漢語如此，近代漢語多義化的趨勢表現得尤爲顯著。諸多新産生的詞不久就變成了多義詞。例如：

岔　有四義：①指由主幹分出來的（道路、山脈、河流）。《字彙補・山部》："岔，三分路也。"明施耐庵《水滸全傳》六回："離了村鎮，又行不過五七里，到一個三岔路口。"清文康《兒女英雄傳》五回："那兩個騾夫在岔道口土山前先看見的那個騎驢兒的，便是這個人。"②打岔，轉移話題。清高鶚《紅樓夢》八十二回："襲人見他説話造次，連忙岔道：'媽媽，你乏了，坐坐吃茶罷。'"清文康《兒女英雄傳》十六回："趁他取紙的這個當兒，説書的打個岔。"③差錯。清曹雪芹《紅樓夢》六十一回："這話岔了。"清文康《兒女英雄傳》九回："遇見個眼明手快作公的，有個不盤問的嗎？一盤問有個不出岔兒的嗎。"④聲音失常。清高鶚《紅樓夢》八十二回："〔紫鵑〕説着這句話時，心中一酸，那眼淚直流下來，聲兒早已岔了。"

戳（chuō）　有三義：①用東西的尖端刺。《宋史・刑法志三》："蘇州民張朝之從兄以槍戳死朝父，逃去。"清曹雪芹《紅樓夢》三十回："〔黛玉〕便咬着牙，用指頭狠命的在他額上戳了一下子。"②豎立。清曹雪芹《紅樓夢》十四回："兩邊一色戳燈，照如白晝。"也寫作"擉"。清高鶚《紅樓夢》一〇五回："黑頭女主人們都被什麽府裏衙役搶得披頭散髮擉在一處空房裏。"③圖章。清吴敬梓《儒林外史》四十五回："他自己做稿子，你替他謄真，用個戳子。"清黄六鴻《福惠全書》卷四："如發回書，即於前件下注某日發回書訖，上用銷號小戳。"

攧（diān）　有兩義：①跌，摔，掉。《大唐三藏取經詩話》："師不要敬（驚），此是蟠桃正熟，攧下水中也。"明施耐庵《水滸全傳》四回："那魯智深伸手把山門盡力一推，撲地攧將入來，吃了一交。"明馮夢龍輯《古今小説》卷十五："〔史肇弘〕鬼慌盤上去人家蕭墻，吃一滑，攧將下去。"②頓，頓脚。元關漢卿《侍香金童曲》："玉荀頻搓，繡鞋重攧。"明施耐庵《水滸全傳》十六回："晁蓋聽了大喜，攧着脚道：'好妙計。'"明馮夢龍輯《古今小説》卷十五："三轉身，兩攧脚，旋風響，卧鳥鳴。"

掂（diān）　有六義：①掂量，用手托着東西估量輕重。元王實甫《西廂記》一本二折："侭着你説短論長，一任待掂斤播兩。"元喬吉《水仙子・爲友人作》曲："税錢比茶船上欠,斤兩去等稱上掂。”清西周生《醒世姻緣傳》二十六回:“雖是那主人家黑汗白流挣了來,自己掂斤估兩的捨不得用,你却這般撒潑,也叫是罪過。”②敲,捶。元無名氏《鴛鴦被》三折:“動不動掂折我腿脡,動不動打碎我天靈。”元趙昱宏《一枝花·行樂》曲:“門掩半安排粗棍掂,有苦無甜。”③折,折斷。元關漢卿《陳母教子》二折:“我將這槐木简來掂折,綠羅襴着手揪。”元賈仲名《對玉梳》楔子:“又有這玉梳兒一枚,是妾平日所愛之珍,掂做兩半,君收一半,妾留一半。”④虧,虧損。元賈仲名《對玉梳》二折:“休置俺這等掂梢折本賠錢貨,則守恁那遠害全身安樂窩。”元王曄《水仙子》曲:“我揣與娘通行鈔,掂了咱傳世寶,看誰能够鳳友鸞交。”⑤摔,從高處落下。元喬吉《醉太平·題情曲》:“髻松釵落鳳凰金,險掂折玉簪。”元汪元亨《醉太平·警世》曲:“擲金錢趄的身軀趄,騙粉墻掂的腿脡折。”⑥通“踮”。擡起脚後跟用脚尖站着。元岳伯川《鐵枴老》四折:“我這裏掂脚舒腰拜。”明施耐庵《水滸全傳》一〇二回:“〔王慶〕帶着護身枷,挨入人叢中,掂起脚看那漢使棒。”

踮(diǎn) 有兩義:①擡起脚後跟用脚尖站着。元王實甫《西廂記》一本三折:“踮着脚尖兒仔細定睛,比我那初見時龐兒越整。”②用脚尖輕輕走路。元劉時中《新水令·代馬訴冤》曲:“一地裏快蹿輕踮,亂走胡奔。”元李文蔚《燕青博魚》一折:“待踮着個鞋底兒去揀那淺中行。”明蘭陵笑笑生《金瓶梅》五十三回:“直至黄昏時後,各房將待掌燈,金蓮躡足潛蹤,踮到卷棚後面。”

刁 至少有四個意義:①狡猾,奸詐。形容詞。明吴承恩《西遊記》八十三回:“天王那裏敢去,怕他没的説做有的,放起刁來,口裏胡説亂道,怎生與他折辨。”明凌濛初《二刻拍案驚奇》卷四:“官府曉得他刁,公人怕他的勢,没個敢正眼覷他。”清吴敬梓《儒林外史》五回:“但此刁風也不可長。”②拐騙,勾引。動詞。元白樸《墻頭馬上》三折:“相公,七年前舍人哥哥買花栽子時,都是這廝搬大引小着舍人刁將來的。”明黄元吉《流星馬》四折:“頗奈黄廷道無禮,他背着我私奔逃走,又將我茶茶小姐刁拐將去了。”《明律·禮律一》:“凡僧道軍民人等,於各寺觀神廟刁姦婦女……各杖一百。”③抓取。動詞。明吴承恩《西遊記》七十七回:“二菩薩既收了青獅白象,只有那第三個妖魔不伏,騰開翅,丢了方天戟,扶摇直上,輪利爪要刁捉猴王。”④叼,用嘴咬着物體的一部分。動詞。清文康《兒女英雄傳》十四回:“公子才走過橋,又見橋邊一個老頭子守着一個筐子,刁着根短煙袋蹲在河邊,在那裏洗菜。”清末蘧園《負曝閒談》二十七回："那個刁着小煙袋，一聲不語。"古代有複音詞"刁斗"，一種軍中用的有柄小斗，白天可供一人燒飯，夜間又擊以巡更。《史記·李將軍列傳》："不擊刁斗以自衛。""刁"字不單用。近代"刁"的各個義項都與此無涉。

丢　動詞。有八個意義：①拋，投。明劉侗、于奕正《帝京景物略·城東内外》："七月七日之午，丢巧針，婦女曝盎水日中，頃之，水膜生面，繡鍼投之則浮。"②拋棄。清翟灝《通俗編》卷一："舍去曰丢，見李氏《俗呼小録》。"元康進之《李逵負荆》一折："把煩惱都也波丢，都丢在腦背後。"明施耐庵《水滸全傳》十回："被與葫蘆都丢了不要，提了槍，便出廟門投東去。"③擱置，放下。明馮夢龍輯《古今小説》卷一："興哥也自割捨不得，兩下悽慘一場，又丢開了。"清文康《兒女英雄傳》第十七回："褚一官便丢下這裏的事，忙着穿衣服，戴帽子。"④遺留。清吴敬梓《儒林外史》十七回："我一生是個無用的人，一塊土也不曾丢給你們。"又二十一回："我老年不幸，把兒子媳婦都亡化了，丢下這個孽障種子。"⑤遺失。《字彙·一部》："丢，一去不還也。"清高鶚《紅樓夢》一一九回："我的兒，你叔叔丢了，還禁得再丢了你麽？"⑥施展，使出。明吴承恩《西遊記》三回："那戟有七千二百斤重。悟空見了，跑近前接在手中，丢幾個架子，撒幾個解數。"清文康《兒女英雄傳》六回："那女子見他一拱手，也丢個門户，一個進步便到了那和尚跟前。"⑦敲，打。元無名氏《硃砂擔》三折："丢天靈，着淩遲，受磨難，那怕他潑頑皮綽號做鐵幡竿。"元無名氏《黄花峪》四折："我看這莽拳頭，向這廝嘴唇上丢。"⑧量詞。支、樁、件。元鄭光祖《智勇定齊》一折："徐弘吉、徐弘義，俺統領一丢人馬，收拾行裝等物，跟公子打圍去。"明周履靖《錦箋記·進香》："俏麗娘娘入寺門，道人和尚盡來跟，這丢若肯輕輕舍，何必齋僧與誦經。"

擱(gē)　有兩義：①放下，放進。清高鶚《紅樓夢》一一二回："如今我的臉擱在那裏呢？"清文康《兒女英雄傳》三十二回："〔褚大娘子〕咬着牙，縱着鼻兒，笑容可掬的説道：'小舅爺子，擱着你的是了。'"②念 gé，經受，承受。清高鶚《紅樓夢》九十八回："若是今日不回，使不得；若回了，恐怕老太太擱不住。"清石玉昆《七俠五義》六回："看你老爺們這個勁兒立刻給我個眼裏插棒槌，也要我們擱的住嚇。"

耍　有四義：①玩，玩耍。宋周邦彦《意難忘·美詠》詞："長顰知有恨，貪耍不成妝。"《前漢書平話》卷下："吕女閑步至於後園，見一小孩兒耍。"明吴承恩《西遊記》一回："一群猴子耍了一會，却去那山澗中洗澡。"②戲弄，捉弄。《新編五代史平話・漢史上》:"咱是得個太君的言語,怎生是來要你。"清曹雪芹《紅樓夢》四十九回:"若太太不在屋裏,你别進去,那屋裏人多心壞,都是要咱們的。"③舞弄(武器、器械)。元無名氏《射柳捶丸》四折:"看了這部署每打拳要棍,真個高强。"清高鶚《紅樓夢》一一一回:"悶來睡一覺,醒時便在園裏要槍弄棍。"④賭博。宋陶穀《清異録》卷二:"劉鋹在國,春深令宫人鬥花…… 負者獻要金要銀買燕。"清文康《兒女英雄傳》七回:"人家都知道挣錢養家,獨他好吃懶做,喝酒要錢。"

摔(shuāi) 有六義:①用力往地上扔。元康進之《李逵負荆》二折:"盛酒甕,摔做碎瓷甌。"明蘭陵笑笑生《金瓶梅》二十六回:"蕙蓮跳下來,把酒拿起來,才待趕着摔了去,被一丈青攔住了。"②砸,打。元無名氏《隔江鬥智》三折:"幾時得摔破玉籠飛彩鳳,頓開金鎖走蛟龍。"《清平山堂話本・簡帖和尚》:"皇甫殿直拿箭簝子竹,去妮子腿上便摔,摔得妮子殺豬也似叫。"③揮,挣脱。明凌濛初《二刻拍案驚奇》卷十九:"書生飄然而去,寄華扯住不放,被他用袍袖一摔,閃得一跌。"清李汝珍《鏡花緣》三十七回:"唐敖措手不及,連忙摔脱惡犬,將身一縱,攛上高墻。"④擺。清高鶚《紅樓夢》八十三回:"你還是我的丫頭,問你一句話,你就和我摔臉子,説塞話。"清吴沃堯《二十年目睹之怪現狀》十一回:"雖然未見得都做了劄費,然而格外多賞些,摔濶牌子,也是他們旗人的常事。"⑤跌,跌倒。清文康《兒女英雄傳》三回:"誰知道哇,他摔了一個筋斗就没了氣兒了麼?"⑥疾,迅速。元曾瑞《醉花陰・懷離》套曲:"颼颼颼摔風過長亭,出出出方行過短站。"元無名氏《鎖魔鏡》四折:"好探子也,兩足輕挪似摔風,一聲報探語如鍾。"

搠(shuò) 有六個意義:①戳,扎,刺。明施耐庵《水滸全傳》十二回:"楊志趕入去,把牛二胸脯上又連搠了兩刀,血流滿地,死在地上。"明吴承恩《西遊記》四十二回:"却被我一鎗搠得無形無影去了。"明馮夢龍《警世通言》卷二十一:"言猶未畢,草荒中鑽出一個人來,手執鋼叉,望公子便搠。"②插;豎立。元無名氏《争報恩・楔子》:"忠義堂高搠杏黄旗一面。"明羅貫中《三國演義》五十一回:"只見女墻邊虚搠旌旗,無人守護。"明馮夢龍《醒世恒言》卷三:"故此卧房裏面,鴇兒的脚也不搠進去。"③提,持。元關漢卿《拜月亭》三折:"搠起柄夫榮妻貴三檐傘。"明施耐庵《水滸全傳》八十七回:"小將軍搠戟在手,勒馬陣前,高聲大叫。"④用手推。金董解元《西廂記諸宫調》卷四:"自埋怨,自失笑,自解歎,自敦搠。"("敦搠"也作"敦摔")明凌濛初《初刻拍案驚奇》卷三:"那婦人將盤子一搠,且不收拾。"⑤掉換。元無名氏《漁樵記》二折:"或是跳墻,驀圈,剪柳,搠包兒,做上馬强盗,白晝搶奪。"明馮夢龍輯《古今小説》卷三十六:"趙四去懷裏别搠换包兒來,撮百十丸與侯興老婆吃了。"⑥同"槊",兵器名,即長矛。明施耐庵《水滸全傳》一一一回:"人人都帶雁翎刀,個個盡提鴉嘴搠。"明許仲琳、李雲翔《封神演義》四十二回:"斧有宣花酸棗搠,虎頭槍配雁翎刀。"按《集韻·覺韻》:"搠,《博雅》,塗也。"與今義無涉。且今本《廣雅》無"搠"字。

捵(tiǎn)　有四義:①撑,推。明施耐庵《水滸全傳》三十七回:"一個公人便把包裹丢下艙裏,一個公人便將水火棍捵開了船。"明馮夢龍輯《古今小説》卷二十一:"只見錢鏐大喝道:'無名小子,敢來饒舌。'將頭巾往上一捵,二十餘人,一齊發作。"②扭,撥弄。明馮夢龍《醒世恒言》卷十七:"原來過遷曉得有銀在〔箱〕内,私下配個匙鑰,夜間俟父親妹子睡着,便起來悄悄捵開,偷去花費。"清吴敬梓《儒林外史》二十一回:"〔牛〕浦郎把鎖捵開。"③輕手輕脚(挨身入去)。明施耐庵《水滸全傳》五十六回:"看看天色黑了,時遷捵入班門裏面。"明馮夢龍《醒世恒言》卷一十七:"〔苗全〕趁焦氏賣得房價,夜間捵入卧室,偷了銀兩,領着老婆,逃往遠方受用去了。"④通"腆"挺出,凸起。元張養浩《中吕·朱履曲》:"捵着胸登要路,睁着眼履危機。"清吴敬梓《儒林外史》十四回:"〔馬二先生〕一幅烏黑的臉,捵着個肚子。"中古"捵"本作拉長,扯平講,音 chēn,《集韻·准韻》:"捵,手抻物,丑刃切。"音義都不同。

砸(zá)　有兩義:①用重的東西撞擊。清曹雪芹《紅樓夢》三十九回:"我們村莊上的人商量着還要用榔頭砸他呢?"清劉鶚《老殘遊記》一回:"一隻小小漁船,怎禁得幾百個人用力亂砸。"也寫作"攤"。明馮惟敏《僧尼共犯》一折:"挪着柄降魔杵神通大,子待把秃驢頭攤了還攤。"清蒲松齡《富貴神仙》九回:"娘子説:'給我攤下他乜腿來!'衆人聽説,找鐵錘去了。"②指責,數落。明蘭陵笑笑生《金瓶梅》七十六回:"我昨日對着大妗子好不拿話兒砸我,説我縱容着你,要他圖你喜歡哩。"

鍘　有兩義:①名詞。鍘刀,切草或其他東西的器具,也是刑具。在底槽上安刀,刀的一頭固定,一頭有把,可以上下活動。古代叫做"鈇"。元李直夫《虎頭牌》三折:"將銅鍘來,切了你那驢頭。"元孟漢卿《魔合羅》三折:"赤瓦不剌海猢孫頭,嘗我那明晃晃勢劍銅鍘。"②動詞。用鍘刀切,元無名氏《生金閣》二折:"如今着我來鍘了你頭哩。"清石玉昆《七俠五義》十五回："現在老賊龐吉在京，見我鍘了他的愛子，他焉有輕輕放過之理。"

炸 zhà 不見於《康熙字典》以前的韻書和字書。有兩義：①指物體突然爆裂。明方以智《物理小識·器用類·止爆》："燒炭若爆，灑鹽自止，此以炸止炸也。"清曹雪芹《紅樓夢》四十二回："〔粗磁碟子〕不拿薑汁子和醬預先抹在底子上烤過，一經了火，是要炸的。"②音 zhá，在沸油里弄熟食物的一種烹調方法。清文康《兒女英雄傳》二十一回："我裏頭趕着給你老炸點兒鍋渣麵筋，下點素麵單吃。"也指加工舊的金屬器物，使重現光澤。清曹雪芹《紅樓夢》三十五回："妹妹的項圈我瞧瞧，只怕該炸一炸去了。"

找 有兩義：①尋找，明沈榜《宛署雜記·民風二·方言》："尋取曰找。"明吴承恩《西遊記》三十回："無奈，只得喏喏告辭，找路而去。"清文康《兒女英雄傳》十二回："只怕打着燈籠兒，也找不出這樣一個媳婦兒。"②找補，退有餘，補不足。明焦竑《俗書刊誤·俗用雜字》："補其不足之數曰找。"明馮夢龍《警世通言》卷十一："當下先稱了一半船錢，那一半直待到縣時找足。"清曹雪芹《紅樓夢》四十三回："等不够了，我再找給你。"

二、近代漢語詞滙的口語方言俗語詞

大量口語、方言、俗語成分涌入文學語言，是近代漢語詞滙發展的特點之一。其範圍包括人的稱謂，天地萬物名稱、社會生産、物質精神文化生活、風俗習慣等方面的詞語和江湖隱語，十分廣泛。它們經過文學作品的傳播，和相應的普通詞語並存。這些詞在發展中顯示了不同的生命力。有的生命力强，逐漸融化於普通詞滙之中，一直流傳到現在；有的現代普通話已不用了，但在方言裏保存着；有的現代形式上存在，意義發生了變化；有的則在發展中逐漸消亡了。這類詞往往可以寫成不同的書面形式，當時不難聽懂，後人看起來却不免增加困難。這裏略舉三個方面的例子進行討論。

1. 生命力比較短暫的詞

這類詞數量不少，包括某些行話和江湖隱語，有的一度應用相當廣泛，但在現代普通話和方言裏都不存在了。例如：

按酒 也作“案酒”，下酒菜。元薛昂夫《端正好・高隱》曲：“無按酒時，摘幾個生茄兒來醬抹。”明施耐庵《水滸全傳》七回：“張教頭叫酒保安排案酒、果子，管待兩個公人。”明馮夢龍《警世通言》卷六：“當下酒保只當是個好客，折莫甚新鮮果品，可口肴饌，海鮮、案酒之類，鋪排面前，般般都有。”明蘭陵笑笑生《金瓶梅》六十七回：“搽抹桌兒，拿上案酒來。”“按（案）酒”本是動賓短語，下酒也，起源甚早。宋陸游《老學庵筆記》：“梅宛陵詩好用‘案酒’，俗言‘下酒’也。出陸璣《草木疏》：‘荇，接余也，白莖，葉紫赤色，正圓，莖寸餘，浮水上，根在水底，與之深淺，莖大如釵股，上青下白，鬻其白莖，以苦酒浸之，脆美可案酒。’今北方多言‘案酒’。”

羓（bā）子 也作“巴子”。粑粑。餅類食品。明施耐庵《水滸全傳》十一回：“有財帛的來到這裏，輕則蒙汗藥麻翻，重則登時結果，將精肉片爲羓子，肥肉煎油點燈。”明吴承恩《西遊記》八十六回：“只見那向陽處有幾個小妖，拿些人肉巴子，一塊塊理着曬裏。”

蟲蟻 也作“蟲豸”，鳥雀之類。明施耐庵《水滸全傳》六十二回：“燕青爲無下飯，拿了弩子去近邊處尋幾個蟲蟻吃。”金董解元《西廂記諸宫調》卷一：“不惟道生得個龐兒美，那堪更小字兒得愜人意，蟲蟻兒裏多情的，鶯兒第一，偏稱縷金衣。”明吴承恩《西遊記》三十二回：“這蟲豸不大不小的，上秤稱，只有二三兩重。”

蓋老 市語，稱丈夫爲蓋老。妻子爲底老。清翟灝《通俗編・識餘》：“江湖人市語尤多，坊間有《江湖切要》一刻，事事物物悉有隱稱，誠所謂惑亂聽聞，無足采也。其間有通行市井者，如官曰孤司，店曰朝陽，夫曰蓋老，妻曰底老。”明施耐庵《水滸全傳》二十四回：“他的蓋老，便是街上賣炊餅的武大郎。”明馮夢龍《山歌・騙》：“八姐騙我進房門，忽地裏蓋老歸來教我那脱身。”文革中成都市井稱丈夫爲“蓋蓋兒”，妻子爲“合合兒”，與此類似。

撩丁 也作“寮丁”、“遼丁”。銀子，金銀。南宋無名氏《張協狀元》二十三出：“錢又没撩丁，米又没半升。”元石君寶《曲江池》二折：“我直着你夢撒了撩丁，倒折了本。”元賈仲明《對玉梳》一折：“有一日使的來赤手空拳，夢撒撩丁。”（夢撒：没有）《太平樂府》卷八鐘繼先《一枝花・自序醜齋》散套：“夢散了寮丁，他采你也不見得。”《新編五代史評話・周史上》：“小人身畔没個遼丁，怎生敢説婚姻的話？”

篾片 幫閒，特指嫖賭行中的幫閒，爲富家子弟吃喝嫖賭撮合助興的人。清李漁《意中緣·毒誆》:"〔我〕賭會記輸贏,嫖會做篾片。"明古狂生《醉醒石》八回:"有那强脱俗子弟,畢竟結納些才人墨客,談詩論古,學文墨;收納些篾片陪堂,談琴格物,學清致。"清艾納居士《豆棚閒話》十則:"更有一般却是浪裹浮萍,糞池裹臭蛆蛆相似,立便一堆,坐便一塊,不招而來,揮之不去,叫做老白賞。……一名篾片,又叫忽板,這都是嫖行裹話頭。譬如嫖客本領不濟的,望門流涕,不得受用,靠着一條篾片幫貼了,方得進去,所以叫做篾片。"清梁恭辰《北東園筆録》三編卷五:"居停主人柴姓,適有僕婦在門前買柴,友人戲出對云:'柴媽買柴大擔小擔。'皆厦門地名。某應聲曰:'篾片破篾,長拖短拖。'皆漳水地名。蓋座中適慣作媒者,人皆戲呼之篾片。"

牛子 中古已産生,本指放牛人。近代意爲鄉巴佬。宋陳元靚《事林廣記續集》卷八:"綺談市語:村人,牛子。"《京本通俗小説·錯斬崔寧》:"那人大怒道:'這牛子好生無禮!'連搠兩刀,流血在地。"明施耐庵《水滸全傳》九十三回:"内中一個大漢大駡道:'老牛子,快把女兒好好地送我做渾家,萬事干休,若説半箇不字,教你們都是箇死。'"又爲緑林市語,稱被抓到的人,俘虜。明施耐庵《水滸全傳》七十三回:"拿得一夥牛子,有七八個車箱,又有幾束哨棒。"明馮夢龍《醒世恒言》卷十五:"這牛子好生無禮!"明馮夢龍《警世通言》卷三十七:"大字焦吉在窗子外面聽得……走入來道:'哥哥,你只好推了這牛子休!'元來强人市語唤殺人做推牛子。""牛子"也簡稱"牛"。元秦簡夫《趙禮讓肥》三折:"今日拿住一頭牛,欲待殺害他,他哀告某,告一個時辰假限,下山辭别他那老母和兄長去了。"

鋪卧 被褥,鋪蓋。元施惠《幽閨記·皇華悲遇》:"驛丞不曾準備及鋪陳,把自己的鋪卧拿出來了。"元無名氏《神奴兒》二折:"我則怕走的你身子困,又嫌這鋪卧冷,我與你種着火,停着殘燈。"

以上名詞。

挨光 也作"捱光",男女偷情。明施耐庵《水滸全傳》二十四回:"但凡捱光最難,十分光時,使錢到九分九厘,也有難成就處。"明蘭陵笑笑生《金瓶梅》三回:"但凡'挨光'兩個字最難。怎的是挨光?比如今俗呼'偷情'就是了。"明凌濛初《二刻拍案驚奇》卷三:"乃前日偷眠,妄想强進挨光的所在。"

纏仗 也作"纏障"、"纏帳"。糾纏。元關漢卿《拜月亭》二折:"怎生般不應當,脱着衣裳，感得這些天行好纏仗。”明施耐庵《水滸全傳》十八回：“哥哥，你休要多説，只顧安排走路，不要纏障。”明吴承恩《西遊記》五十一回：“這猴兒勉强纏帳，我倒使鎗，他却使拳。”明凌濛初《二刻拍案驚奇》卷九：“不耐煩與你纏帳，且將菊花去與姐姐插戴則箇。”清俞萬春《蕩寇志》七十二回：“我料他早晚必有人來纏障，待他來時，你須依我如此如此作用。”

發蛟 山洪暴發。民間認爲山洪暴發是蛟龍活動引起的。清史夢蘭《止園筆談》卷五：“永平府發鄙皆山，山水數十年一溢，率皆穴田飄屋，土人謂之發蛟。”清徐崑《遯齋偶筆》卷下：“有一地兩山相對，一老人樓居，將寢，雨中忽見窗上光明如晝，起視之，光在對山，驚曰：‘將發蛟矣！’”清夏敬渠《野叟曝言》九回：“到得杭州，方知那賊禿在靈隱寺挂褡，正往那裏找他，却遇西湖後山發蛟，險些兒弄到水裏去。”

蒿惱 也作“薅惱”。騷擾，麻煩。元高明《琵琶記》三十三出：“誰知撞着兩個風子，自來蒿惱人一場。”明施耐庵《水滸全傳》九十二回：“如是的蒿惱了兩夜，天明又來攻城；軍士時刻不得合眼。”又二十四回：“清河縣裏有幾個奸詐的浮浪子弟們，却來他家裏薅惱。”清文康《兒女英雄傳》三十一回：“只是我在此住了多年，從不曾薅惱鄉鄰，欺壓良賤。”又爲煩惱。明施耐庵《水滸全傳》一〇七回：“大王久不到段娘娘宫中了，段娘娘因此蒿惱。”清蒲松齡《聊齋志異·念秧》：“生平不習跋涉，撲面塵沙，使人薅惱。”

胡柴 胡説，亂説。明吴承恩《西遊記》四十一回：“那潑猴頭，我與你有甚親情？你在這裏滿口胡柴，綽甚麼經兒？”又六十八回：“衆臣怒曰：‘你這和尚甚不知禮，怎麽敢這等滿口胡柴？’”元高明《琵琶記》十七出：“〔丑白：〕你不聞孔夫子説，有馬者借人乘之，今亡已夫。〔末白：〕一口胡柴。”

剪徑 也作“剪逕”。攔路搶劫。明施耐庵《水滸全傳》二十七回：“小人只在此大樹坡下剪徑。”《京本通俗小説》卷十五：“你這剪徑的毛團，小人須認得你。”明馮夢龍《警世通言》卷三十七：“這座莊，前臨剪徑道，背靠殺人岡。”又《醒世恒言》卷三十三：“你這剪逕的毛團，我須是認得你。”

勒掯 有兩義：①敲詐，勒索。元關漢卿《魯齋郎》一折：“休想肯與人方便，衠一片害人心，勒掯了些養家錢。”元鄭廷玉《看錢奴》二折：“我駡你個勒掯窮民狠員外，或是有人家典緞匹，或是有人家當鐶釵，你則待加倍放解。”明施耐庵《水滸全傳》十七回："我却要你銀子時，便是兄弟勒掯你。"②刁難，逼迫。元尚仲賢《單鞭奪槊》二折："哥哥要饒他便罷，不消來勒掯我。"明吴承恩《西遊記》八十四回："哥哥，你勒掯那個哩，不做和尚也容易，只消半年不剃頭，便長出毛來也。"明馮夢龍《醒世恒言》卷八："小人因是年老愛子，要早與他完婚。幾次央媒去説，要娶媳婦，那劉秉義只推女兒年紀尚小，勒掯不許。"

囉唣　也作"囉啅"。騷擾，吵鬧。《新編五代史平話・漢史上》："第二日，只見一陣軍馬在莊門外囉唣。"明施耐庵《水滸全傳》二回："這廝們大弄，必然早晚要來俺村中囉唣。"明吴承恩《西遊記》二十四回："唐三藏雖是故人，須要防備他手下人囉唣，不可驚動他知。"清孔尚任《桃花扇・阻奸》："就交與鳳撫家人，早閉宅門，不許再來囉啅。"

以上動詞。

憊賴　也作"憊懶"、"潑賴"、"派賴"、"被賴"。刁鑽無賴，涎皮賴臉。元關漢卿《竇娥冤》一折："美婦人我見過萬千向外，不似這小妮子生得十分憊賴。"明吴承恩《西遊記》三十九回："老君忽的尋思道：'這猴子憊賴哩，説去就去，只怕溜進來就偷。'"清文康《兒女英雄傳》十五回："這人豈不是憊懶小人的行徑了。"元尚仲賢《單鞭奪槊》二折："老徐却也忒潑賴，這不是説話，這是害人性命哩。"元無名氏《降桑椹》二折："你還説嘴哩，你平常派賴，冬寒天道，着我在這裏久等，險些兒凍的我腿轉筋。"明劉元卿《賢奕編》卷一："奈何着一個被賴和尚往來其中哉？"

嗻嗻(chē zhē)　也作"嗻嗻"、"查沙"、"奢遮"。厲害，狠，了不起。元王實甫《西廂記》四本四折："不是我心邪，自别離已後，到西日初斜，愁得來陡峻，瘦得來嗻嗻。"明馮夢龍《警世通言》卷十四："又寫得算得，又是嗻嗻大官府第出身，只要嫁個讀書官人。"元無名氏《集賢賓》曲："他生的玉容傾國又傾城，俊的嗻嗻俏的疼。"元尚仲賢《氣英布》三折："查沙着打死麒麟手，這半合兒敢駡遍了諸侯。"明施耐庵《水滸全傳》二十二回："大漢，你不認的這位奢遮的押司？"《京本通俗小説》卷十："他有個花枝也似女兒，獻在一個奢遮去處。"

惡叉　也作"惡姹"。凶悍，凶狠。元無名氏《滿庭芳》曲："心惡叉又毒最狠，性㑳搜少喜多嗔。百般的都難親近。"明楊訥《西遊記》七出："顯惡姹的儀容，沖天入地勢雄，撼嶺拔山威重。"元無名氏《漁樵記》二折："哎，劉家女侏，你怎生只學的這般惡叉白賴!”(惡叉白賴,凶狠不講理。)

脚叉　蹊蹺,奇怪可疑。明施耐庵《水滸全傳》六十二回:“我店裏有兩個人,好生脚叉,不知是也不是。”明羅貫中《三遂平妖傳》二十四回:“待詔肚内自思量,兩個言語不似東京人,恁地個孤調調的行,兩個不像是夫妻,事不一心,有些脚叉様子。”

慕古　也作“暮古”。古板,拘謹,糊塗。金董解元《西廂記諸宫調》卷一:“休慕古,人生百歲如朝露。”元康進之《李逵負荆》三折:“堪笑山兒忒慕古,無事空將頭共賭。”元關漢卿《五侯宴》一折:“恁時節,老人家暮古,與人家重生活難做。”元李冶《敬齋古今黈》:“今人以不達權變者曰‘慕古’,蓋謂古而不今也。”

囊揣　也作“儴憢”。懦弱,不中用。元王實甫《西廂記》五本四折:“俺姐姐更做道軟弱囊揣,怎嫁那不值錢人様𤞩駒。”元狄君厚《介之推》一折:“大太子申生軟弱,小太子重耳囊揣。”元高茂卿《兒女團圓》二折:“倒將我劈面搶白,欺負咱軟弱囊揣。”明楊訥《西遊記》二十一齣:“粧嚴的未必能評論,儴憢的倒敢能勤慎。”

以上形容詞。

2. 保存在現代方言裏的詞

這類詞現代普通話裏已不復存在,方言裏却可能仍然保留着。例如:

孤拐　也作“古拐”。有兩義:①脚掌兩旁突出的部分,即踝骨。元宫天挺《范張雞黍》一折:“你每説到幾時,早不是臘月裏,不凍下我的孤拐來。”明吴承恩《西遊記》十五回:“行者曰:‘伸過孤拐來,各打五棍見面,與老孫散散心。’”元李文蔚《燕青博魚》三折:“我若負了你的心呵,燈草打折脚古拐,現報在你眼裏。”②顴骨。明吴承恩《西遊記》三十六回:“只見行者撞進來了,真個生得醜陋,七高八低孤拐臉。兩隻黄眼睛,一個磕額頭。”清曹雪芹《紅樓夢》六十一回:“高高兒的孤拐,大大的眼睛,最乾净爽利的。”這個詞仍然活在北方方言裏。

老公　丈夫的俗稱。元楊顯之《酷寒亭》三折:“我老公不在家,我和你永遠做夫妻。”《京本通俗小説・錯斬崔寧》:“我在家中也嫁了一個小老公。”明施耐庵《水滸全傳》二十四回:“大官人怎麽不認得他老公,便是每日在縣前賣熟食的。”現在廣東、寧波等地方言,仍稱丈夫爲“老公”,而且正逐漸普及爲全國通行的稱謂詞。

望頭　希望。明凌濛初《二刻拍案驚奇》卷二:“父母見他年長,要替他娶親,國能就心裏有望頭了。”元武漢臣《老生兒》一折:“俺老的偌大年紀,見有這些兒望頭,歡喜不盡。"這個詞現在保存在吴方言、湘方言裏，普通話只説"盼頭"。

嘴抹兒　口才，説話的能力。元秦簡夫《剪髮待賓》三折："俺兩個不會營生買賣，全憑嘴抹兒過其日月。"明蘭陵笑笑生《金瓶梅》二十一回："你看賊小淫婦兒，他踹在泥裏，把人絆了一交，他還説有人踹泥了他的鞋；恰是那一個兒，就没些嘴抹兒。"魯南、蘇北一帶稱有本事的人叫"有抹兒"，手藝高的人叫"有手抹兒"，會説話叫"有嘴抹兒"。

以上名詞。

幫襯　也作"幫寸"。幫助，幫補。元無名氏（一説曾瑞）《留鞋記》二折："一天大事都在這殿裏，你豈可不幫襯着我。"元袁於令《鷫鵠裘記上・盟心》曲："翩雲向感厚恩，自然極力幫襯，成此美事。"清曹雪芹《紅樓夢》二十四回："有件事求舅舅幫襯幫襯。"明吴承恩《西遊記》三十八回："這個買賣我也去得，果是曉得實實的幫寸，我也與你講個明白。"這個詞現在保存在北京一帶方言裏，普通話只説"幫助"、"幫補"。

扯淡　胡説，胡扯。明馮夢龍《醒世恒言》卷七："他們好似見鬼一般，我好像做夢一般，做夢的醒了，也只扯淡。"清西周生《醒世姻緣傳》二回："你没的扯淡，你認得我是誰。"明蘭陵笑笑生《金瓶梅》十四回："西門慶道：'没的扯淡，這兩日好不巡夜的甚緊，怕怎的。'"明田汝成《西湖遊覽志餘・委巷叢談》："余杭有諱本語而巧爲俏語者，如垢人嘲我曰溜牙，胡説曰扯淡。"這個詞現在保存在江浙及湖南等地方言裏。

爬拉　用筷子把食物連續往嘴裏撥。清曹雪芹《紅樓夢》四十九回："寶玉等不到，只拿茶泡了一碗飯，就着野雞爪子，忙忙的爬拉完了。"這個詞現在保存在北方方言裏。

排揎　數説責備，訓斥。清曹雪芹《紅樓夢》五十九回："你來瞧瞧，你女孩兒連我也不服了，在這裏排揎我呢。"清文康《兒女英雄傳》五回："若論安公子長了這麽大，大約除了受父母的教訓，還没受過這等大馬金刀兒的排揎呢。"現在這個詞仍然保存在北京方言裏。

以上動詞。

鏖糟　也作"鏖槽"、"熬糟"。骯髒。大約是從"醃臢"音轉而來。明陶宗儀《輟耕録》卷十："俗語以不潔爲鏖糟。"元李文蔚《燕青博魚》一折："〔燕大云〕兄弟也，我怎生頂着屎頭中走。〔搽旦云〕你哥哥更是鏖糟頭。"元岳伯川《鐵拐李》四折："〔做叫門云〕岳大嫂開門來。〔獄旦開門云〕一個鏖糟叫化頭，出去。"明馮夢龍輯《古今小説》卷十五："郭大郎取下頭巾，除下一條鏖糟臭油邊子來。"明馮夢龍《醒世恒言》卷十七："今日這浴，就如退皮退殼，身上鏖糟，足足洗了半缸。"明黄元吉《流星馬》二折："熬糟禽獸無禮！"這個詞現在仍然保存在雲南蒙自等方言裏①。

把細　仔細，謹小慎微。明施耐庵《水滸全傳》六十四回："你若這般把細，何年月日能勾建功？"明馮夢龍《警世通言》卷十九："萬里是個把細的人，倉卒之間，豈肯傾心吐膽？"明馮夢龍《醒世恒言》卷三十二："到是玉娥教他：'且慢，貴易交，富易妻，人情乎，未知黄郎真心如何？'這也是他把細處。"今四川、湘、吴方言中仍用此詞。如茅盾《子夜》五："他這人，就是把細得很，這也是他的好處。"

背晦　也作"背悔"、"背會"。昏饋，糊塗。多指老年人糊塗。元關漢卿《哭存孝》二折："詞未盡將他來駡，口未落便拳敦，常好背晦也蕭丞相。"清曹雪芹《紅樓夢》二十回："你媽媽再要認真排揎他，可見老背晦了。"元楊文奎《兒女團圓》一折："這婆娘家便背悔，也忒瞞心昧己。"元關漢卿《拜月亭》三折："俺這個背會爺，聽的把古書説，他便惡紛紛腦裂，粗豪的古今皆絶。"這個詞現在寫作"悖晦"，保存在北京方言裏。

促掐　也作"促恰"、"促狹"。刁鑽刻薄，好作弄人。元無名氏《生金閣》三折："我打你個促掐的弟子孩兒。"明施耐庵《水滸全傳》四十一回："又做這等短命促掐的事。於你無干，何故定要害他？"元王曄《桃花女》三折："桃花女，你好促恰也。"清曹雪芹《紅樓夢》五十九："促狹小蹄子，遭踏了花兒，雷也是要劈的。"清文康《兒女英雄傳》二十六回："這句話，張金鳳可來得促狹，真委屈了人了。"這個詞現在還保存在江浙一帶方言裏。

快性　爽快，暢快。元秦簡夫《趙禮讓肥》三折："太僕，小生來了也，與個快性，殺殺殺！"元馬致遠《任風子》二折："也罷，也罷，貧道受死，你與我快性者。"明施耐

① 《漢書·霍去病傳》："合短兵鏖皋蘭下。"顔師古注引晉灼曰："世俗謂盡死殺人爲鏖糟。"可見此詞六朝就有了。但意義不同。

庵《水滸全傳》二十四回："奴家平生快性，看不得這般三答不回頭，四答和身轉的人。"這個詞現在保存在湘方言裏。

撇脱　爽快，乾净利落。明凌濛初《二刻拍案驚奇》卷九："素梅也低低道：'撇脱些，我要回去。這事做得不好了，怎麽處？'"明周楫《西湖二集》卷九："手段高强，手脚撇脱。"這個詞現在還保存在四川方言裏，如李劼人《暴風雨前》："鐵民本就是個撇脱人。"

以上形容詞。

3. 現代漢語普通話仍然通行，意義也没有什麽變化的詞

例如：

光棍　這詞産生於近代，有三義：①地痞，流氓。元蕭德祥《殺狗勸夫》楔子："却信着這兩個光棍，搬壞了俺一家兒也。"明蘭陵笑笑生《金瓶梅》六十九回："王三公子甚不學好，昨日他母親再三央人來對我説，倒不關他這兒子事，只被這干光棍勾引他。"明馮夢龍《醒世恒言》卷二十七："那哥哥叫做焦榕，專在各衙門打幹，是一個油裏滑的光棍。"②單身男子，没有權勢家業的人。明馮惟敏《僧尼共犯》一折："哄俺弟子都做光棍，一世没箇老婆。"明楊柔勝《玉環記・玉簫寄真》："知道他無下落的光棍在那裏去了，姐姐，我去不得。"清西周生《醒世姻緣傳》八回："你不知道，俺這光棍小夥子聽説見官就唬得溺醋哩。"③好漢，江湖幫會成員。清石成金《傳家寶・三集・俗諺》："光棍不吃眼前虧。"清無名氏《施公案》一四九回："若是個光棍，我們瞧着他的面上饒了你，却是使得。"清王廷紹《霓裳續譜・郭巨埋兒》"顔佩韋是蘇州的都光棍，一生愛打個抱不平，爲救鄉親就喪了命。"這三個意義都保存在現代漢語裏。

交椅　一種腿交叉，有靠背，能折叠的坐具。古稱"胡床"、"交床"。宋代開始稱"交椅"，直到現代。《朱子語類》卷七十七："如這交椅是器，可坐便是交椅之理。"明施耐庵《水滸全傳》十一回："中間交椅上，坐着一個好漢，正是白衣秀士王倫。"明馮夢龍《警世通言》卷十一："只見徐爺將一張交椅，置於面南，請蘇爺上坐，納頭便拜。"明羅貫中《三遂平妖傳》二十五回："委官坐在交椅上，押卜吉在面前跪下。"引申爲位次，領導者的地位。元李文蔚《燕青博魚》楔子："遇着晁蓋哥哥，打開枷鎖，救某上山，就讓某第二把交椅坐了。"明施耐庵《水滸全傳》五回："他留小弟在山上爲寨主，讓第一把交椅教小弟坐了。"

鋪蓋　被子，被褥。元蘇彦文《鬥鵪鶉·冬景》套曲："早是我衣服破碎，鋪蓋單薄，凍的我手脚酸麻。"元關漢卿《謝天香》三折："俺若是曾宿睡呵，則除是天知地知。相公那鋪蓋兒知他是横的豎的。"明施耐庵《水滸全傳》四十五回："未到晚，先來取了鋪蓋去，自監裏上宿。"明蘭陵笑笑生《金瓶梅》九十七回："春梅拿出兩床鋪蓋衾枕與他安歇。"這個詞現代普通話常用。

以上名詞。

打點　有兩義：①收拾，準備好。元無名氏《馮玉蘭》一折："我把這行李一一收拾下了，將這車輛打點的停當。"明施耐庵《水滸全傳》三十九回："且説蔡九知府安排兩個信籠，打點了金珠寶貝玩好之物，上面都貼了封皮。"明馮夢龍輯《古今小説》卷十八："八老收拾貨物，打點起身。"②送人錢物以疏通關係，求得照顧。元無名氏《灰闌記》一折："你可去衙門打點，把官司上下佈置停當。"明馮夢龍《警世通言》卷二十四："今日做出人命來，趙監生使着沈家不疼的銀子來衙門打點，把蘇氏買成死罪，天理何在？"明蘭陵笑笑生《金瓶梅》十八回："不説蔣竹山在李瓶兒家招贅，單表來保、來旺二人上東京打點。"這兩個意義在現代漢語仍都通行，如"打點行裝"、"上下打點"。

嘟囔　也作"嘟噥"，不斷地、含混地自言自語，大都表示不滿和抱怨。明蘭陵笑笑生《金瓶梅詞話》五十九回："漢子等閑不到我後邊，到了一遭兒，你看他背地亂嘟囔，唧喳成一塊。"清曹雪芹《紅樓夢》二十回："鶯兒滿心委屈……口内嘟囔説：'一個做爺的，還賴我們這幾個錢。'"清劉鶚《老殘遊記》二十回："小金子出了房門，嘴裏還嘟噥道：'没有了銀子，還做大爺呢，不害個臊？'"現代普通話仍然存在，如"老人一邊嘟囔着，一邊幹活。"

過繼、過房　把自己的兒子給没有兒子的兄弟或親戚做兒子，没有兒子的人以兄弟或親戚的兒子當兒子，都叫"過繼"或"過房"。元紀君祥《趙氏孤兒》四折："有程嬰的孩兒，因爲過繼與我，唤做屠成。"《元典章·房部三》："臨江路軍人劉貴將男劉賢弟于至元十七年過房于民户楊四五爲男。"清高鶚《紅樓夢》九十一回："前月我媽没有人管衣，把我過繼來的。"明凌濛初《初刻拍案驚奇》卷三十三："張員外看見你家小官人，十二分得意，有心要把他做個過房的兒子。"明馮夢龍《萬事足·買妾求嗣》："老身姓竇，小女玉兒，爲因夫人棄世，家業凋零，難以度日，欲將此女過房與人。”這兩個詞現代漢語裹都存在,如“把老二過房作兒子”、“他的兒子是過繼來的”。

作死　自己找死,自尋死路。大都用於形容某人不知輕重,不顧危險。元關漢卿《魯齋郎》一折:“你這弟子孩兒作死也,我是誰,你駡我!”明吴承恩《西遊記》三十五回:“你這夥作死的毛團,不識你孫外公的手段!”明施耐庵《水滸全傳》二十七回:“這賊配軍却不是作死,倒來戲弄老娘。”明蘭陵笑笑生《金瓶梅》三十一回:“恁不逢好死,三等九做賊强盗,這兩日作死也怎的?”清曹雪芹《紅樓夢》十一回:“鳳姐兒聽了,哼了一聲,説道:‘這畜生合該作死,看他來了怎麽樣!’”現代仍然存在。如:“大冷天你穿這麽點兒衣服,作死啊!”

管束　管教約束,使不越軌。明凌濛初《初刻拍案驚奇》卷十七:“小婦人丈夫亡故,他就不由小婦人管束,凡事自做自主。”清曹雪芹《紅樓夢》六十二回:“這些人因賈母王夫人不在家,没了管束,便任意取樂,呼三喝四,喊七叫八。”現代的例子,如“父母管束孩子,不讓亂跑。”

4. 形式上保存而意義發生變化的詞

這一類又有兩種情況:一是近代複音詞有兩個或幾個意義,其中有的意義保存,有的意義消失。例如:

巴結　近代這個詞有兩義:①期求,努力争取。元劉庭信《折桂令・憶别》曲:“篤篤寞寞終歲巴結,孤孤零零徹夜咨嗟。”清高鶚《紅樓夢》八十六回:“一個人知書達理,就該往上巴結才是。”清文康《兒女英雄傳》四十回:“不想你竟巴結到個二品大員,趕上爺爺了,比我强。”②奉承,討好。清文康《兒女英雄傳》二十四回:“憑你怎的巴結他,他怎肯忍心害理的違天行事?”現代“巴結”没有“期求,努力争取”義。

出色　近代這個詞有兩義:①超出一般,有特色。元馬致遠《青衫淚》二折:“都道江西人,不是風流客。小子獨風流,江西最出色。”明馮夢龍《醒世恒言》卷三:“我們是門户人家,靠着粉頭過活。家中雖有三四個養女,並没個出色的。”②出力,賣力。明施耐庵《水滸全傳》三十三回:“你這軍士們,不知冤各有頭,債各有主。劉高差你來,休要替他出色。”明周楫《西湖二集》卷五:“若是受了你滿堂香燭,一壇素菜,便要來護短,與你出色,叫冤鬼不要與你討命。世上又没有這樣不平心的佛菩薩。”現代漢語“出色”没有“出力”、“賣力”義。

發放　近代産生的這個詞有三義：①發落，處理。元關漢卿《金綫池》二折："你不發放我起來，便跪到明日，我也只是跪着。"元秦簡夫《東堂老》二折："這席好酒，弄的來敗興，隨你們發放了罷。"明施耐庵《水滸全傳》五十八回："當日知府寫了求救文書，選了三個軍官，都發放了當。"明凌濛初《初刻拍案驚奇》卷十四："罪案已成，太爺昨日已經把你發放過了。"清孔尚任《桃花扇·賺將》："本當軍法從事，斥罵幾聲，也算從輕發放了。"②發動。明施耐庵《水滸全傳》三十四回："却説黄信自到清風鎮上，發放鎮上軍民，點起寨兵，曉夜提防，牢守栅門。"③把錢物分發給人。清曹雪芹《紅樓夢》十八回："元妃從頭看了無話，即命照此而行。太監下來，一一發放。"又三十六回："太太或看准了那個丫頭好，就吩咐，下月好發放月錢的。"現代漢語"發放"没有①②義。

過活　近代"過活"有兩義：①生活，過日子。元喬吉《滿庭芳·漁父詞》曲："漁家過活，雪篷雲棹，雨笠衣蓑，一聲欸乃無人知。"明施耐庵《水滸全傳》十七回："阿嫂道：'阿叔，你不知道，你哥哥心裏自過活不得哩。'"清曹雪芹《紅樓夢》六回："狗兒遂將岳母劉姥姥接過來一處過活。"②家産，靠着生活的財産。元谷子敬《城南柳》二折："我怎生捨得這家緣過活，夫妻恩情，便跟隨你去。"明施耐庵《水滸全傳》二十回："宋江家中頗些過活，且放在你山寨裏。"清曹雪芹《紅樓夢》四十八回："家中也有二三千金的過活"。現代漢語中"過活"只有①義，没有②義。

刷子　近代産生的這個詞有兩義：①刷除污垢和塗抹用的工具。明施耐庵《水滸全傳》二十一回："這邊放着個洗手盆，一個刷子，一張金漆桌子上，放着一個錫燈檯。"清吴敬梓《儒林外史》十九回："他每日在店裏，手裏拿着一個刷子刷頭巾。"②傻瓜，浪子。元無名氏《冤家債主》二折："不養蠶來不種田，全憑説謊度流年，爲甚閻王不勾我，世間刷子少我錢。"明施耐庵《水滸全傳》二十四回："這個刷子踅得緊，你看我着些甜糖，抹在這廝鼻子上，衹叫他舐不着。"明徐渭《南詞敘録》："勤兒，言其勤於悦色，不憚煩也，亦曰刷子，言其亂也。"現代漢語"刷子"没有"傻瓜"、"浪子"義。

淘氣　這是近代産生的詞，有兩義：①慪氣，生氣。元鄭光祖《倩女離魂》三折："不是我閑淘氣，便死呵，死而無怨。"明馮夢龍《醒世恒言》卷三十六："那婆娘怒氣衝天，要與老公廝鬧，却又計算，没有許多閒工夫淘氣。"②頑皮。元曾瑞《采茶歌·

闉中聞杜鵑》曲:“無情杜鵑閑淘氣,頭直上耳根底,聲聲聒得人心碎。”明蘭陵笑笑生《金瓶梅》九十六回:“是兩個學唱的丫頭子,都有十六七歲,成日淘氣在那裏。”清曹雪芹《紅樓夢》二回:“如今長了七八歲,雖然淘氣異常,但其聰明乖覺處,百個不及他一個。”現代漢語“淘氣”只有“頑皮”義,没有“慪氣”、“生氣”義。

二是近代漢語複音詞原有的意義已完全消失,現在用的是别的意義。例如:

比較　近代有兩個意義:①官府派差役限期完成,到期查驗。過期未能完成,即加杖責,叫做“比較”。元無名氏《貨郎擔》四折:“這兩個名下,欺侵窩脱銀一百多兩,帶累小的们比較,不知替他打了多少。”明馮夢龍輯《古今小説》卷四十:“州守相公没奈何,只苦得比較差人。”明凌濛初《二刻拍案驚奇・神偷寄興一枝梅》:“使臣人等受到比較不過,只得用心體訪。”②計較,較量。明吴承恩《西遊記》三十三回:“若不是我大王敬重你這行人,就和比較起來。”現代漢語“比較”是就兩種或幾種事物辨别異同高下或表示具有一定的程度,與兩個近代義都不同。

開除　近代有兩義:①解脱,免除。元李行道《灰闌記》三折:“則我這身上罪何日開除,腹中冤向誰訴與?”元賈仲明《玉壺春》三折:“我將着五花誥與他開除了那面煙月牌。”②除掉,殺死。元紀君祥《趙氏孤兒》四折:“再休想咱容恕,我將他輕輕擲下,慢慢開除。”明陳忱《水滸後傳》二回:“阮小七道:‘我一時性起,開除了他,正不曾算得去路。”現代漢語“開除”指將成員除名使退出集體(如學校、機關、軍隊、黨團等),這是對犯有嚴重錯誤的人的一種處罰,含有貶義。和兩個近代義不同。

近代複音詞的發展,我們將在第二節專門討論;因受近代西方文化影響而產生的新詞,我們將在第四節討論,這裏從略。

三、蒙語、滿語對漢語詞滙的滲透

很久以來中國北方就是漢族和非漢族人民雜居之地。公元 1279 年,蒙古大汗鐵木真(成吉思汗)的孫子忽必烈(世祖)統一中國,建立元朝,至公元 1368 年(順帝至正二十八年)滅亡,蒙古貴族統治中國 90 年。滿族是女真族的後裔,清太祖努爾哈赤改稱滿洲族,省稱滿族。(見《清史稿・太祖本紀》)公元 1644 年清世祖福臨(順治)從滿洲入關,建都北京,至 1911 年宣統帝溥儀退位,滿族貴族統治中國 276 年。這期間,漢族和蒙、滿兩族人民交往密切。漢語和蒙語、滿語互相影響和滲透,一些蒙語和滿語的詞被借入漢語。

1. 蒙語借詞

蒙語借詞大都見於元人雜劇和元代史書裹，尤其是元代雜劇，反映了以大都爲中心的元代北方人民的口語，也反映了漢語和北方各民族語言特别是和蒙語融合的事實，其中雜有不少蒙語借詞。例如：

把都兒　也作“巴都兒”、“拔都”、“拔突”，蒙語 bagatur，baatur（口語）音譯。勇士、武士、將士。元施惠《幽閨記》三折：“不免叫把都兒每出來，與他商議。”元馬致遠《漢宫秋》四折：“把都兒，把毛延壽拿下，解送漢朝處治。”元無名氏《射柳捶丸》三折：“把都兒與我擺開陣勢。”元鄭德輝《老君堂》楔子：“大小巴都兒，擺開陣勢！”《元史・張拔都傳》：“流矢中頰，不少卻，帝聞而壯之，賜名拔都。”元虞集《淮陽獻武王廟堂之碑》：“憲宗皇帝嘗賜名拔突。拔突者，國語勇敢無敵之名也。”

保兒赤　蒙語 bugurči，buurč（口語）音譯。廚子。明黄元吉《流星馬》二折：“終朝殺馬做筵席，將愁懷來遣，遣。虎兒赤吹彈，保兒赤割肉，畢徹赤把體面。”

必赤赤　也作“畢徹赤”、“必闍（shé）赤”，蒙語 bičigeči，bičiyeči 音譯。主管文書的官吏。明火源潔《華夷譯語》：“吏曰必闍赤。”元無名氏《射柳捶丸》三折：“必赤赤懷揣着文簿赤五色石，手架着蒼鷹。”明黄元吉《流星馬》二折：“畢徹赤把體面。”《元史・祭祀志三》：“設神位於中書省，用登歌樂，遣必闍赤致祭焉。必闍赤，譯言典書記者。”

答剌孫　也作“荅剌蘇”、“打剌蘇”、“大辣酥”，蒙語 darasun 音譯。酒，黄酒。元關漢卿《哭存孝》一折：“撒因答剌孫，見了搶着吃。”元一分兒《沈醉東風》曲：“答剌蘇頻斟入禮廝麻，不醉呵休扶上馬。”元陳以仁《存孝打虎》二折：“金盞子滿斟着賽銀打剌蘇。”明施耐庵《水滸全傳》二十四回：“他家賣拖蒸河漏子，熱盪温和大辣酥。”

顧姑、固姑、罟罟、姑姑、故故　蒙語 kökül 音譯。蒙古貴族婦女的一種帽子，俗稱“籠籠帽”。南宋趙珙《蒙韃備録・婦人》：“凡諸酋之妻，則有顧姑冠。”元聶碧窗《詠北婦》詩：“江南有眼何曾見，争捲珠簾看固姑。”元無名氏《柳營曲・風月擔》小令：“達達搜無四兩，罟罟翅赤零丁，捨性命將風月兒争。”明葉子奇《草木子・雜制》：“元朝後妃及大臣之正室，皆帶姑姑，衣大袍……姑姑高圓二尺許，用紅色羅，蓋唐金步摇冠之遺制也。”元李志常《長春真人西遊記》卷上:“婦人冠以樺皮,高二尺許,往往以皂褐籠之,富者以紅綃,其末如鵝鴨,名曰故故。”明胡侍《真珠船·顧姑》:“顧姑、姑姑、罟罟、固姑實一物,夷禁之音,無正字也。”

哈敦　也作“哈屯”。蒙語 hatun 音譯。娘子,夫人。元無名氏《岳飛精忠》頭折:“皮紱裹盛酥酪,帳房裹藏着俊哈敦。”明黄元吉《流星馬》二折:“通事也,入你哈敦五都魂。”清龔自珍《蒙古册降表序》:“曰哈屯者視福晉,曰格格者視郡主也。”

哈剌　也作“哈喇”。蒙語 hala 音譯。殺。元施惠《幽閨記》三折:“被他拿住,鐵裹温都哈剌。”元鄭廷玉《金鳳釵》四折:“若不饒,便哈剌了罷。”元無名氏《賺蒯通》一折:“只消差人賺將韓信到來,哈剌了就是。”元關漢卿《單鞭奪槊》二折:“量這敬德打甚麽不緊,趁早將他哈喇了,也還便宜。”《説岳全傳》十八回:“既是奸臣,吩咐哈喇了罷。”

胡同　也作“胡洞”。蒙語 gudum 音譯。原義爲“水井”,借入漢語後表示“巷子”、“小街道”。元關漢卿《單刀會》三折:“直殺一個血胡同。”元無名氏《小尉遲》一折:“你便有那銀山鐵臂數十重,殺的你人似血胡同。”元張可久《寨兒令·元夜即事》小令:“胡洞窄,弟兄猜,十旬半朝不上街。”張清常《胡同與水井》:“我國北方一些城市特有的‘胡同’這個詞始見於元代,可能借自蒙古語的水井。”有的學者認爲“胡同”的合音爲“巷(衖)”。朱駿聲《説文通訓定聲·豐部》:“今京師呼巷曰胡同,胡同合音爲巷也。”

虎兒赤　蒙語 xooči 音譯。琴手,藝人。元王實甫《麗春堂》四折:“一壁廂虎兒赤那都,着與我動樂者。”明黄元吉《流星馬》二折:“遣虎兒赤吹彈,保兒赤割肉。”《元史·兵志二》:“奏樂者曰虎兒赤。”

虎剌孩　也作“虎辣孩”、“忽剌孩”、“忽剌海”。蒙語 xolakai 音譯。强盜,賊。元關漢卿《哭存孝》一折:“若説我姓名,家將不能記。一對忽剌孩,都是狗養的。”元無名氏《陳州糶米》一折:“你這個虎剌孩作死也。”元無名氏《射柳捶丸》三折:“看了這虎剌孩武藝委實高强,俺兩個夾着馬跑了罷。”

裹列馬赤　也叫“怯裹馬赤”。蒙語 kele mürči 音譯。通事,翻譯官。元無名氏《射柳捶丸》三折:“裹列馬赤,口傳着將令。”明葉子奇《草木子·雜俎》:“〔北人〕立怯裹馬赤,蓋譯史也,以通華夷言語文字。昔世祖嘗問孔子何如人,或應之曰:

‘是天的怯裹馬赤。’世祖深善之。”清韓泰華《無事爲福齋隨筆》下：“元怯裹馬赤，漢音通事也。”

莽古歹　也作“忙古歹”。蒙語音譯。小番；小校。元關漢卿《哭存孝》三折：“〔正旦打莽古歹上，云〕自家莽古歹便是，奉阿者的言語，着吾打聽存孝去。”明黄元吉《流星馬》二折：“莽古歹將酒來。”《太平樂府》卷九元曾褐夫散套《哨遍・羊訴冤》：“火裹赤磨了快刀，忙古歹燒下熱水。”

米罕　也作“米哈”。蒙語 mihan 音譯。肉。元關漢卿《哭存孝》一折：“〔李存信云〕米罕整斤吞，抹鄰不會騎。”元無名氏《射柳捶丸》三折：“好米哈吃上幾塊。”《詞林摘豔》卷三無名氏散套《哨遍・鷹犬從來無價》：“奥剌朱獨盤中堆着米哈，奥剌雞獨壺中放著答剌。”

抹鄰　也作“母驎”、“母鏻”。蒙語 morin 音譯。馬。元關漢卿《哭存孝》一折：“米罕整斤吞，抹鄰不會騎。”元無名氏《射柳捶丸》三折：“我騎一匹撒因的抹鄰，衆小番都騎癩象。”明黄元吉《流星馬》三折：“莽古歹將母驎催動。”《盛世新聲・中吕粉蝶兒・鷹犬從來無價》：“將母鏻疾快拴。”

那顔　也作“那衍”、“那延”。蒙語 noyan 音譯。官人，長官。後爲貴族通稱。《元典章・内綱二》：“月兒魯那顔爲頭，俺商量來，今後差監察各處行者。”元無名氏《岳飛精忠》一折：“那顔瘸着腿，小番耳又聾。”明黄元吉《流星馬》二折：“那顔那顔，亞卜亞卜。”《明史・劉源清傳》：“指代府曰：‘以此爲那顔居。那顔者，華言大人也。’”《元代白話碑集録・一二四七年鄠縣草堂寺闊端太子令旨碑》：“鐵哥丞相傳奉皇太子令旨，教對金長老道與鐵哥都元帥、也可那衍、劉萬户、和尚萬户、抄剌千户等官。”又《一二五二年安邑長春觀道教真人劄碑》：“蒙哥皇帝聖旨裹，宣諭倚付漢兒田地裹應爲底先生每底那延真人，懸帶御前牌。”

弩門、速門　“弩門”是蒙語 nomon 音譯，弓；“速門”是蒙語 sumun 音譯，箭。元無名氏《射柳捶丸》三折：“也不會弩門速門。”明無名氏《活拿蕭天祐》三折：“也不索顯耀機謀，安排着弩門速門。”

驅丁　蒙語 garin 音譯。奴隸，僕役。元無名氏《鴛鴦被》三折：“却將我宅院良人，生扭做酒店驅丁。”

撒敦　蒙語 sadun 音譯。親戚。元關漢卿《調風月》四折：“雙撒敦是部尚書，女婿是世襲千户，有二百匹金勒馬，五十輛畫輪車。”元李直夫《虎頭牌》二折：“我也曾吹彈那管弦，快活了萬千，可便是大拜門撒敦家的筵宴。”元賈仲明《金安壽》四折：“忒聰明，更精彩，對着俺撒敦家顯耀些擡頦。”

撒因　也作“賽銀”。蒙語 saïn 音譯。好。元無名氏《破天陣》一折：“若不是你這等的撒因答剌孫米罕管待我呵，我怎肯替你擒拿楊六兒。”元無名氏《射柳捶丸》三折：“不會騎撒因抹鄰。”元陳以仁《存孝打虎》二折：“金盞子滿斟着賽銀打剌蘇。”

掃兀　蒙語 sagu 音譯。坐。明朱有敦《桃源景》四折：“他道掃兀啊，原來是坐地。”

騰克裹　蒙語 tangri 音譯。天，神。無名氏《萬國來朝》二折：“騰克裹唤做青天。”

鐵裹温　蒙語 terigün 音譯。頭。元施惠《幽閨記》三折：“被他拿住，鐵裹温都哈剌。”

吐嚕　蒙語 tulu 音譯。可惜。元阿䄄公主《愁憤》詩：“吐嚕吐嚕段阿奴，施宗施秀同奴歹。”原注：“吐嚕，可惜也。”

兀剌　蒙語 ula 音譯。鞋，靴。元高安道《哨遍・皮匠説謊》套曲：“新靴子投至能够完備，舊兀剌先磨了半截底。”元無名氏《漁樵記》二折：“直等的蛇叫三聲狗拽車，蚊子穿着兀剌靴。”

兀拉赤　蒙語 ulagači 音譯。管理驛馬的人，馬夫。《元典章・兵部三》：“照得内外諸衙門並各處行省出使人員騎坐鋪馬，爲無駝馱馬匹，多於兀剌赤馬上捎帶氈袋行李皮篋子沉重貨物。更有不盡，令兀剌赤，沿身負帶。”元火源潔《華夷譯語》卷上：“馬夫曰兀拉赤。”元施惠《幽閨記・奉使臨番》：“兀剌赤，兀剌赤，門外等多時。”明陶宗儀《輟耕録》卷十《馬剌》：“所謂兀拉赤者，下馬跪泣，若告訴狀；呼問何爲，亦閉目摇手弗答。”

五裂篾叠　蒙語 ulü medel 音譯。不知道，不曉得。元關漢卿《哭存孝》二折：“〔李克用云〕我五裂篾叠。〔李存信云〕哥哥，阿媽（父親）道五裂篾叠，醉了也，怎生是了。”

牙不　也作“啞步”、“啞不”、“亞卜”、“耶步”、“牙不約兒赤”。蒙語 yabu 音譯。走。元無名氏《開詔救忠・楔子》：“你若要殺他，便殺了也罷；不殺他時，推出轅門，着他牙不了罷。"元無名氏《陰山破虜》二折："我敵不過他也，逃命啞步啞步。"元無名氏《黄花峪》一折："叫三聲義男兒，便上馬啞不也。"元高文秀《黑旋風》四折："兩個跳上馬，牙不約而赤便走。"元劉唐卿《降桑椹》一折："俺牙不約而赤罷！"明黄元吉《流星馬》二折："那顏那顏，亞卜亞卜。"

以上所舉的蒙語借詞，大都没有表達什麽新事物、新概念，也不符合漢語構詞的規律。漢語裏有相應的詞存在。當時北方一帶漢蒙雜居，人民可以聽懂。到了明清，社會條件改變，它們也就失去存在的價值而被淘汰了。但也有少數蒙語借詞在漢語裏生了根，至今仍然通用的。例如：

褡膊、褡連　也作"褡縛"、"搭膊"、"褡包"。蒙語 takalimpa、talimp 的音譯。一種中間開口，兩頭可以裝東西的長方形口袋，大的可以搭在肩上，小的可以挂在腰帶上。元康進之《李逵負荆》一折："你這老人家，這衣服怎麽破了，把我這紅絹褡膊與你補這破處。"元李文蔚《燕青博魚》楔子："則我這白氊帽半搶風，則我這破搭膊，落可的權遮雨。"元蕭德祥《殺狗勸夫》二折："將一條舊褡縛扯做了旗角，將一領破布衫攞做了鋪遲。"明蘭陵笑笑生《金瓶梅》五十九回："陳經濟……出來廳上，拂去塵土，把行李褡連教王經送到家去。"清文康《兒女英雄傳》四回："上頭罩着藍布琵琶襟的單緊身兒，緊身兒外面系着河南褡包。"

歹　蒙語 tai 音譯。意思是"不好，壞"。元關漢卿《竇娥冤》三折："地也，你不分好歹何爲地！"元李文蔚《燕青博魚》一折："哥，您兄弟不是歹人。"清曹雪芹《紅樓夢》五十七回："他們這裏人多嘴雜，説好話的人少，説歹話的人多。"

蘑菇　又作"蘑菰"。蒙語 moku 音譯。一種優良的食用菌，生長在樹林裏或草地上。明李時珍《本草綱目・菜部・蘑菰蕈》："時珍曰：蘑菰出山東、淮北諸處，埋桑、楮諸木於土中，澆以米泔，待菰生采之。"

站、站赤　中古漢語中"站"本是動詞，"直立不動"、"久立"的意思。《廣韻・陷韻》："站，俗言獨立。"《集韻・陷韻》："站，久立也。"《舊唐書・郭子儀傳》："井邑榛荆，豺狼站嗥。"蒙語 jam，音譯爲"站"，指驛站，爲陸路傳遞信息休息换馬之所或水路停留舟船之所。如《元史・世祖本紀八》："壬辰，高麗國王王春言，本國置驛四十，民畜凋弊，敕併爲二十站，仍給馬價八百錠。"《元史・兵志四》："凡站，陸則以馬似牛，或以驢，或以車，而水則以舟。"明陶宗儀《南村輟耕録》卷十："既而上馬，比曙，抵前站。”明葉子奇《草木子·雜制》：“傳命，陸有馬站，水有水站。”“站赤”爲蒙語 jamči 音譯，本指管理驛站的人。如《元史·世祖本紀十》：“諸處站赤飯食，官爲支給。”又《百官志四》：“是年兩都仍置，止管達達站赤，……仍兼領漢人站赤。”但又指驛站，與“站”同義。如《元史·兵志四》：“元制站赤者，驛傳之譯名也。蓋以通達邊情，布宣號令，古人所謂置郵而傳命，未有重於此者焉。凡站，陸則以馬以牛，或以驢，或以車，而水則以舟。”明朝從太祖洪武元年（公元 1368 年）九月起，通令“改站爲驛”，全國恢復“驛”字，清代“站”、“驛”兩字並用，現代漢語“站”字應用廣泛，完全取代了“驛”字的用法。

還有漢語和蒙語裏的詞循環借用的情況。例如“博士”原是漢語裏的詞，蒙語借去讀爲 pakci，意思是“老師，師父”。漢語從蒙語借回來，寫作“把勢”或“把式”，指擅長某種手藝或能耐的人。元武漢臣《玉壺春》二折：“若是我老把勢，展旗旛，立馬停驂……”明吴承恩《西遊記》三十二回：“還是個把勢？還是個雛兒？”①

此外如“戈壁”（沙漠）是蒙語 gobi 的音譯，“哈巴（狗）”是蒙語 xaba 的音譯，“喇叭”（一種上細下粗的管樂器）是蒙語 labai 的音譯。這些詞現在都已成爲漢語普通的詞。

2. 滿語借詞

滿族的前身是女真族，早就和北方漢族人民有着密切的交往。已有一些詞借入漢語詞滙。例如：

阿馬　也作“阿媽”，女真語 ama 音譯。父親。元關漢卿《調風月》一折：“這書房存得阿馬，會得賓客。”又《拜月亭》二折：“自從都下對尊堂，走馬離朝，阿馬間别無恙。”又《五侯宴·楔子》：“今奉阿媽將令，差俺五百義兒家將，統領雄兵，收捕草寇。”元陳以仁《存孝打虎》一折：“阿媽，唤你孩兒那廂使用?”現在滿族人民還如此稱呼。

阿者　女真語，母親。元關漢卿《哭存孝》二折：“左右報復者，道有阿者來了也。”又《調風月》二折：“老阿者使將來服侍，你展汙了咱身起。”又《五侯宴》四折：“阿者的將令，著我等的五將全了呵，來回阿者的言語。”

① 參看張清常《漫談漢語中的蒙語借詞》，載《中國語文》1979 年，3 期，196—198 頁。

兔鶻　也作"兔胡"、"吐鶻"，女真語 tuhu 音譯。腰帶，束帶。《金史·輿服志下》："金人之常服四：帶、巾、領盤衣、烏皮鞋。其束帶曰吐鶻。"元關漢卿《五侯宴》三折："那官人系着條玉兔鶻，連珠兒石碾。"又《調風月》二折："直到個天昏地暗，不肯更換衣袂，把兔胡解開，扭扣相離。"

到了清代，漢語裏的滿語借詞更多一些。如：

阿哥　滿語 age 音譯，對皇子的通稱。清梁章鉅《稱謂録·諸皇子》："諸皇子亦有稱阿哥者，知阿哥當爲皇子之通稱。"清陳康祺《燕下鄉脞録》卷一："乾隆初元，寧化雷公以庶吉士蒙特召，侍阿哥書房講讀。"又爲父母對兒子的稱呼。清文康《兒女英雄傳》十二回："老爺聽了這話，把臉一沉，問道：'阿哥，你在那里弄得許多銀子？'"

巴圖魯　滿語 baturu 音譯。勇士，英雄。清代授與作戰有功官員的稱號。清陳康祺《郎潛紀聞》卷五："巴圖魯，譯言好漢，與《元史》稱拔都、拔突、霸都魯等類字異義同。"清無名氏《施公案》一七六回："且説老佛爺一聞天霸這些言詞，不由龍心大悦，點頭誇獎説：'小廝巴圖魯咩紮耶！'"又爲英勇、勇敢。清文康《兒女英雄傳》三回："我們這位小爺管像個女孩兒似的，馬上可巴圖魯。"

包衣　滿語 booi 音譯，booiaha（包衣阿哈）的簡稱。指爲滿族貴族所佔有，没有人身自由，被迫從事各種家務勞動的奴隸。清昭槤《嘯亭雜録·漢軍初制》："雍正中，定上三旗每旗佐領四十，下五旗每旗佐領三十，其不足者，撥内務府包衣隸焉，其制始定。"清嬴宗季女《六月霜》十一出："他每那裏曉得，咱每本是内務府的一個包衣出身，何嘗知道甚麽新名詞，何嘗知道甚麽種族界。"清文康《兒女英雄傳》三十六回："安老爺聽他這話説得離奇，疑信參半，忙問：'貴堂官是那位？'他才説：'包衣按班烏大人。'"

貝勒　滿語 beile 音譯，doroibeile（多羅貝勒）的省稱。清代宗室爵號的第三等，地位僅次於親王、郡王。清阮葵生《茶餘客話》卷一："我朝宗室世爵，列爲九等：和碩親王、多羅郡王、多羅貝勒、固山貝子、鎮國公、輔國王、鎮國將軍、輔國將軍、奉國將軍。"清吴沃堯《二十年目睹之怪現狀》七十一回："我家裏甚麽王爺、貝子、貝勒的福晉、姑娘，中堂、尚書、侍郎的夫人、小姐，擠滿了一屋子。"清無名氏《施公案》一五七回："賢契，你先去見了這位貝勒五大人，就説本院方到貴郡，聽説貝勒爺在此，立刻稟見。”

貝子　滿語 beise 音譯。清代宗室的爵號，意思是天生貴族，位次在親王、郡王、貝勒之下。清龔自珍《答人問關内侯》：“親王以下，貝子以上，其户下五旗包衣之人，見王，如家奴見家長之禮。”清無名氏《施公案》八十九回：“無論王公、侯伯、貝子、貝勒，只管説來。他果然是攪亂妄行，老爺自有辦他們之法，管教他情甘認罪。”

額娘　滿語 eniye 音譯。母親。清福格《聽雨叢談》卷五：“八旗人稱母曰額娘、曰阿家、曰奶奶。額娘、阿家皆清語。”清王廷紹《霓裳續譜・姐在園中去採花》：“罷，俏冤家，你是聽，咱比不的當初作女孩兒，在我的額娘家。”

福晉　滿語 fujin 的音譯。清代親王、郡王及親王世子的正妻。原爲漢語中的“夫人”借入滿語後，又轉寫爲“福晉”。《清會典》卷一：“凡福晉、世夫人之號，各視其夫人之爵爲差。親王正室封親王福晉，世子正室封世子福晉，郡王正室封郡王福晉；旁王封側福晉四人，世子、郡王封側福晉三人。”清錢泳《履園叢話》卷二十三：“至一朱門大宅，見其女進内宫門去，蓋某王府副福晉也。”

格格　滿語 gege 音譯。小姐。清朝貴族女子的稱呼。清文康《兒女英雄傳》七回：“格格兒，你可別拿着合我的你一銃子性兒合人家鬧，你瞧瞧，人家脊梁上可掖着把大刀呢。”清趙翼《甌北詩話・吴梅村詩》：“‘遠愧木蘭身手健，替爺征戰在他方’，靳注謂‘爲定南王孔有德女四貞作’。……四貞脱歸京師，朝廷念其父功，命照和碩格格食俸，通籍宫禁。”

哈肋巴　滿語 halba 音譯。胸部的側面。清文康《兒女英雄傳》六回：“他就把拳頭往上偏左一提，照左哈肋巴打去。”

海裹奔　滿語 hailiben 音譯。新奇，少見。清文康《兒女英雄傳》三十七回：“敢則這是姑老爺天天兒叫得震心的他那位程大哥呀！這還用滿到是處找着瞧海裹奔去嗎？”

塞思黑　討厭的人。《清史稿・世宗紀》：“〔雍正四年五月〕乙巳，改胤禟名塞思黑，拘於保定。……〔八月〕丁亥，李紱奏塞思黑卒於保定。”

岳伯　滿語 yobo 音譯。戲謔，揶揄。清亦賡《括談》上：“俗以戲言之俊者曰岳伯，不知岳伯清語也，漢語即戲謔耳。”

從滿語滲入漢語的詞還有“艾杭”（aigan，箭靶）、“諳版”（amban，官員、大臣）、

“多爾吉”(dorgi,内部)、“額附”(efu,駙馬)、“庫倫”(圈子)、“拉拉尾”(末尾)、“額真”(ejen,天子、大王)、“忽舒”(hūsiha,野核桃)、“蝲蛄”(lagu,螻蛄)、“薩其瑪”(sacima,一種用油炸麵條和糖黏合而成的糕點)等等。隨着清王朝的滅亡,滿族人民通常以漢語作爲本民族的交際工具,這些來自滿語的音譯詞大都失去繼續存在的價值,除“薩其瑪”等個别的詞以外,幾乎全部消亡了。

第二節　近代漢語複音詞的發展

近代産生的新詞中,雙音詞佔有絶對優勢。與此同時,還産生了不少三音節和多音節詞。這是近代漢語詞滙發展的特點,在近代後期表現得尤爲明顯。這些複音詞一部分是爲反映近代物質文化和科學技術方面的新概念而創造的。一部分其實是方言、口語詞滙。其中有的經文學作品的推廣傳播逐漸進入普通話詞滙,而且一直保存在現代漢語裏;有的仍然保存着方言特點,在漢語發展中逐漸被普通話淘汰了。

一、近代漢語雙音詞的發展

近代雙音詞發展的主要特點是新的合成詞大量增加。聯合式、偏正式複合詞數量最多。單純複音詞、重言詞、附加式、支配式、表述式、補充式等複合詞數量也不少。

1. 單純複音詞

如:

忐忑(tǎntè)①　心神不定;膽怯。元吕止庵《風入松》曲:“既做時休忐忑,若意懶後衆生便滅。”明吴承恩《西遊記》五十四回:“八戒聞言,心中忐忑。”清洪昇《長生殿・偵報》:“那禄山見了此本呵,也不免脚兒跌,口兒嗟,意兒中忐忑,心兒裏怯。”清蒲松齡《聊齋志異・巧娘》:“聽松聲謖謖,宵蟲哀奏,中心忐忑,悔至如燒。”重疊則作“忐忐忑忑”,元無名氏《抱妝盒》四折:“急的俺忐忐忑忑把花言巧語謾支吾。”

---

① 依《中華大字典》。

勢煞　也作“勢沙”、“勢殺”、“勢霎”。様子，模樣。金董解元《西廂記諸宫調》卷四：“萬般哀告，手摸着裙腰兒做勢煞。”元張壽卿《紅梨花》一折：“這妮子我問着呵，没些兒勢沙。”元無名氏《村樂堂》三折：“覷不的鋪眉苫眼喬勢殺，百忙裏便吊腰撒跨。”元朱庭玉《青杏子·歸隱》曲：“從人笑，從人笑，道咱甚娘勢霎。”也作“沙勢”。元張國賓《薛仁貴》三折：“這的是甚所喬爲，直吃的恁般沙勢？”

糊塗　又作“糊突”、“胡突”。不明事理，認識模糊不清。金元好問《送高信卿》詩：“萬事糊塗酒一壺，别時聊爲鼓嚨胡。”清吴敬梓《儒林外史》五十回：“不但人拿的糊塗，連這牌票上的文法也有些糊塗。”元關漢卿《竇娥冤》三折：“天地也只合把清濁分辨，可怎生糊突了盗跖顔淵？”明凌濛初《二刻拍案驚奇》卷二十一：“連小人心裏也胡突，兩下多疑，兩下多有辨，説不得是那一個。”

磨陀　也作“磨佗”、“磨跎”、“磨駞”、“摩酡”。悠閒，逍遥自在。元關漢卿《魯齋郎》四折：“我這裏自磨陀，飲香醪，醉顔酡。”元無名氏《迎仙客·十二月》小令：“得磨佗，且快活，世事從他。”元無名氏《藍采和》三折：“遇飲酒時須飲酒，得磨跎處且磨跎。”元張水山《折桂令·讀史有感》小令：“醉鄉中壯士磨駞，富貴由他。”元汪元亨《折桂令·臨川佚老》小令：“醉裏摩酡，醒後吟哦，不取輕肥，免見干戈。”

忔登　突然，猛然。元劉庭信《折桂令·憶别》曲：“忔登的人在心頭，没揣的愁來枕上，契抽的恨接眉梢。”元王元和《小桃紅·題情》曲：“他道我風流性如竹摇，忔登的在咱心上，默地拴牢。”

疙瘩　又作“疙疸”、“胳膝”、“肐膝”。皮膚上凸起或肌肉上结成的硬塊。元劉唐卿《降桑椹》二折：“有一個私去看病的，嘴上就生殭疙疸。”明施耐庵《水滸全傳》五十三回：“你不是要，若跌下來，好個大疙瘩。”又二十五回：“你要得知，把手來摸我頭上胳膝。”明蘭陵笑笑生《金瓶梅》五回：“你要得知，把手來摸我頭上的肐膝。”泛指小的球狀的東西。明吴承恩《西遊記》二十四回：“只見窗櫺上挂着一條赤金……有指頭粗細，底下是一個蒜疙瘩的頭子。”又比喻有疑慮或不易解决的問題。清吴敬梓《儒林外史》三十回：“説到他娶了王太太的這些疙瘩事，杜慎卿大笑了一番。”清李寶嘉《官場現形記》六回：“這協台得了文書，就是心下一個疙瘩。”

以上例①②“忐忑”、“勢煞”是雙聲單純詞，例③④“糊塗”、“磨陀”是叠韻單純詞，例⑤⑥“忔登”、“疙瘩”是非雙聲叠韻的單純複音詞。

2. 重言詞

如：

巴巴　①老年男子的尊稱。明王文禄《龍興慈記》:"季巴巴、王媽媽,聖祖微時有恩鄰人也。"《正字通・父部》:"夷語稱老者爲八八或巴巴,後人因加父做爸字。"②糞便,屎。元陳以仁《存孝打虎》二折:"我若殺的過,則管殺;我若殺不過,我便走了,看你怎生剌巴巴。"③急切,急切盼望。元無名氏《飛刀對箭》一折:"空着我便眼巴巴盼不到長安道。"明蘭陵笑笑生《金瓶梅》二十七回:"巴巴尋那肥皂洗臉"。④偏偏,特意。明蘭陵笑笑生《金瓶梅》二十三回:"隨問教那個燒燒兒罷,巴巴坐名兒教我燒。"清曹雪芹《紅樓夢》十六回:"方才姨媽有什麽事,巴巴打發了香菱來?"⑤詞尾,表示狀貌。《金瓶梅詞話》五十三回:"碜説嘴的,在真人前赤巴巴吊謊,難道我便信了你?"清李漁《蜃中樓・雙訂》:"若不回他一句,叫他没趣巴巴。"

乖乖　有兩義:①對人的親昵稱呼。元無名氏《留鞋記》二折:"我這裏一雙柳葉眉兒皺,他那裏兩朵桃花上臉來,説甚乖乖。"明吴承恩《西遊記》四十三回:"我那乖乖,菩薩恐你養不大,與你戴個頸圈鐲頭哩。"②聽話,順從。清李寶嘉《官場現形記》四十四回:"你把這預支的年禮,乖乖的替我吐了出來,大家客客氣氣。"

嬸嬸　①叔母。清陶懷貞《天雨花》一回:"又有個嬸嬸開言道:目今還有一門親,官爲巡道袁鄉宦,家中有女望門人。"②對丈夫弟弟的妻子的稱呼。明施耐庵《水滸全傳》二十四回:"那婦人道:'莫不别處有嬸嬸,可取來廝會也好。'"明馮夢龍《警世通言》卷五:"嬸嬸尋得一頂黑髻與奴換了。"

太太　有三義:①明代中丞以上的妻稱"太太",清代凡官僚士大夫的妻通稱"太太"。清文康《兒女英雄傳》一回:"雖然安老爺不善經理家計,仗着這位太太的操持,也還可以勉强安穩度日。"②對長輩婦女的尊稱。清曹雪芹《紅樓夢》四十六回:"鳳姐兒笑道:'到底是太太有智謀,這是千安萬妥。'"③富貴人家對母親的尊稱。清曹雪芹《紅樓夢》五十四回:"〔賈母〕向寶玉説:'你挨着你太太。'"

餑餑　麵餅、餃子、饅頭之類的麵食。清富察敦崇《燕京歲時記・元旦》:"是日,無論貧富貴賤,皆以白麵作角而食之,謂之煮餑餑,舉國皆然,無不同也。富貴之家,暗以金銀小錁及寶石等藏之餑餑中,以卜順利。"清張培仁《妙香室叢話》卷二:"北俗,合巹之夕,新人拜堂,既揭紅巾對坐,飲同心杯,啖子孫餑餑。"

戧戧(qiàng qiàng)短而硬的樣子。明施耐庵《水滸全傳》三回:"那打鐵的看見魯智深腮邊新剃暴長短鬚,戧戧地好慘瀨人。"

訕訕　難爲情的樣子。明蘭陵笑笑生《金瓶梅》二十五回:"他爹見了我,訕訕的,吃我駡了兩句没廉恥。"清曹雪芹《紅樓夢》三十六回:"〔寶玉〕從來未經過這番被人棄厭,自己便訕訕的紅了臉,只得出來了。"又六十五回:"見他來了,二人面上便有些訕訕的。"

3. 附加式合成詞

如:

梆子　打更或集散人衆用的響器,空心,用木頭或竹子做成。産生于宋代。宋周密《武林舊事》卷二:"举黄旗招諸軍嚮御殿敲梆子。"明施耐庵《水滸全傳》二回:"三四百史家莊住户,聽得梆子響,都拖槍拽棒,聚起三四百人,一齊都到史家莊上。"明吴承恩《西遊記》七十四回:"腰間懸着鈴子,手裏敲着梆子。"也指用硬木梆子作伴奏樂器的梆子腔。清文康《兒女英雄傳》三十九回:"甚麽叫做賓白合套,切末排場,平日一概不曾留過這番心,更講不到梆子、二簧了。"

呆子　①傻子,智力低下不明事理的人。明馮夢龍《醒世恒言》卷三十九:"不知這佳人姓名居止,我却在癡想,可不是個呆子。"清曹雪芹《紅樓夢》五十七回:"别笑他是呆子,若給你們家的姑娘看了,也都成了呆子呢。"②迂腐的讀書人。清吴敬梓《儒林外史》五十四回:"回家帶了一卷詩,换了幾件半新不舊的衣服,戴一頂方巾,到來賓樓來,烏龜看見他象個呆子,問他來做甚麽。"

尖兒　上好的,出類拔萃的人。清曹雪芹《紅樓夢》四十六回:"這些女孩子裏頭,就只你是個尖兒,模様兒,行事做人,温柔可靠,一概是齊全的。"又清高鶚《紅樓夢》一〇〇回:"我們家裏姑娘們就算他是個尖兒。"

先兒　先生。明吴承恩《西遊記》四十五回:"這先兒只好哄這皇帝,搪塞黎民,全没些真實本領。"特指算命和説書唱曲的盲藝人。清曹雪芹《紅樓夢》四十三回:"不但有戲,連要百戲並説書的男女先兒全有。"

想頭　有兩義:①立意,想法。明沈德符《野獲編・評論・袁中郎詩》:"此等語有何佳處,且想頭亦欠超異。"清曹雪芹《紅樓夢》十七回:"好精致想頭,難爲怎麽想來?"②指望,奔頭。明馮夢龍《警世通言》卷二十五:"你去分付門上,如今這窮鬼來時不要招接他。等得興盡心灰……没什麽想頭,下次再不來纏了。"清曹雪芹《紅樓夢》六回："那劉姥姥先聽見告艱苦，只當是没想頭了。"

興頭　有兩義：①興致，興趣。元秦簡夫《東堂老》三折："自從丢了這趙小哥，再没興頭。"清曹雪芹《紅樓夢》十五回："鳳姐聽了，便發了興頭。"②得意，高興。明凌濛初《二刻拍案驚奇》卷四："不要興頭的，只要老成的。"清曹雪芹《紅樓夢》五十四回："你少興頭些，外頭有人，比不得往常。"

渌老　也作"緑老"、"六老"。眼睛，眼珠。元王實甫《西廂記》一本二折："胡伶渌老不尋常，偷睛望，眼挫裏抹張郎。"元高安道《哨遍·嗓談行院》套曲："瞅粘的緑老更昏花，把棚的莽壯真牛。"元鄧玉賓《村裏迓鼓·仕女園社氣毬雙關》套曲："把閑家紮墊的飽，六老兒睃趁的早，脚步兒趕趁的巧，只休教細褪了，永團圓直到老。"

軀老　身子，身體。"老"是詞尾。元王實甫《西廂記》五本三折："喬嘴臉，醃軀老，死身份。"方諸生注："北人鄉語，多以老作襯字，如眼爲渌老，鼻爲嗅老，牙爲柴老，耳爲聽老，手爲爪老，拳爲扣老，肚爲菴老之類。"元宋方壺《一枝花·蚊蟲》套曲："閑時節不離了花香柳影清陰裏睡，悶時節則就日暖風和葉底下依，不想瘦軀老人根前逞精細。"

臉腦　臉。元高文秀《黑旋風》一折："呸，臉腦兒恰似個賊。"元賈仲明《對玉梳》一折："都是俺個敗人家油鬏髻的太歲，送人命粉臉腦凶神。"元劉庭信《折桂令·憶别》套曲之二："他那裏鞍兒馬兒身子兒劣怯，我這裏眉兒眼兒臉腦乜斜。"

4. 聯合式複合詞

如：

脖項　脖子，頸項。明施耐庵《水滸全傳》十五回："阮小五和阮小七把手拍着脖項道：'這腔熱血只要賣與識貨的！'"明馮夢龍輯《古今小説》卷三十三："兩個媒人拜謝了出來，到張公家，見大伯伸着脖項，一似望風宿鵝。"明馮夢龍《警世通言》卷十九："當初白鷂子脖項上帶着一個小鈴兒。"

底細　有兩義：①詳細情況，内情。明吴承恩《西遊記》七十四回："因恐汝等不知底細，吩咐我來着實盤問你哩。"清高鶚《紅樓夢》八十五回："太太此時且不必問那些底細，憑他是誰，打死了總是要償命的。"②仔細，詳細。形容詞。清文康《兒女英雄傳》二十三回："老爺有心叫姑娘聽個底細。"

街坊　鄰居。元蕭德祥《殺狗勸夫》楔子："知他是誰好遊閑誰不良，誰起風波誰要强，瞞不過鄰里衆街坊。”清曹雪芹《紅樓夢》四十一回：“我們成日家和樹林子作街坊，困了枕着他睡，乏了靠着他坐。”

臉面　有兩義：①臉，面孔。清曹雪芹《紅樓夢》五十二回：“只見晴雯獨卧於炕上，臉面燒的飛紅，又摸了一摸，只覺燙手。”清文康《兒女英雄傳》十四回：“只因半百之年經了這場大病，臉面消瘦，鬢髮蒼白。”②面子，情面。清吴敬梓《儒林外史》五十回：“姻弟席上被官府鎖了客去，這個臉面却也不甚好看。”清曹雪芹《紅樓夢》四十七回：“〔柳湘蓮〕恨不得一拳打死，復思酒後揮拳，又礙着賴尚榮的臉面，只得忍了又忍。”

頭口　牲口，牲畜。《元曲章·刑例·偷頭口》：“凡達達，漢兒人偷頭口一個賠九個。”明施耐庵《水滸全傳》二回：“小人母親騎的頭口，相煩寄養，草料望乞應付，一發拜還。”明馮夢龍《警世通言》卷四：“就是兩個夫子，緩緩而行也罷，只是少個頭口。”

以上名詞。

按捺　也作“按納”。按制，忍耐。元王伯誠《貶夜郎》三折：“按捺定心頭氣，勉强山呼萬歲。”元王實甫《西廂記》三本三折：“真假，這期間性兒難按納，一地裹胡拿。”明施耐庵《水滸全傳》三回：“心頭那把無明業火，焰騰騰的按耐不住。”

搬唆　挑唆，挑拨唆使。元尚仲賢《柳毅傳書》楔子：“我今到父王面前搬唆幾句言語，撚他去了，却不是好。”明施耐庵《水滸全傳》二十四回：“寡婦鰥男，一席話搬唆作對。”《清平山堂話本·快嘴李翠蓮記》：“我若略略開得口，便去搬唆與姑舅。”

出跳、出挑、出落　出衆，長成。指男女青年容貌變得更加漂亮。明蘭陵笑笑生《金瓶梅》七十六回：“賁四的那孩子長兒，今日與我磕頭，好不出跳的，好個身段兒。”清西周生《醒世姻緣傳》十一回：“蕭夫人道：‘出挑的比往時越發標致，我就不認的他了。’”清曹雪芹《紅樓夢》七十二回：“這幾年我雖没看見，聽見説，越發出跳的好了。”元王實甫《西廂記》四本二折：“試把你裙帶兒拴，紐門兒扣，比着你舊時肥瘦，出落得精神，别樣的風流。”明馮夢龍《醒世恒言》卷七：“〔秋芳〕看看長成十六歲，出落得好個女兒，美豔非常。”

當該　值班，主管某一方面。元徐元瑞《吏學指南》：“承管曰當，事能詳細曰該。”元孟漢卿《魔合羅》三折：“今日升廳，坐起早衙，怎生不見掌案當該司吏？”明施耐庵《水滸全傳》二十七回：“唤當該仵作行人、委吏一員，把這一干人押到紫石街檢驗了婦人身屍。”明湯顯祖《牡丹亭》二十三齣：“捧的是功曹令史，識字當該。”

勾結　有兩義：①暗中結合，多指不正當的活動。明馮夢龍《醒世恒言》卷三十六：“一定是你們倒勾結起來捉弄我的，快快把銀兩還了便罷。”清洪昇《長生殿·偵報》：“誘諸番密相勾結，更私招四方亡命者，巢窟内盡藏凶孽。”②互相勾連、銜接。清褚人穫《堅瓠集一·珮袋》：“嘉靖中，世廟升殿，尚寶司卿謝敏行捧寶。玉珮飄飄，與上珮勾連不脱……因詔中外官俱制珮袋，以防勾結，縉紳便之。”

以上動詞。

刁鑽　有兩義：①奸猾、奸詐。明馮夢龍《醒世恒言》卷八：“爲人極是刁鑽，專一打聽人家的細事，喜談樂道。”明凌濛初《二刻拍案驚奇》卷三十五：“只是方媽媽做人刁鑽，心性凶暴，不是好惹的人。”②稀奇古怪。明吴承恩《西遊記》六十八回：“那國王聽得聲音凶狠，又見相貌刁鑽，唬得戰兢兢，跌在龍床之上。”清曹雪芹《紅樓夢》五十回：“他編個謎兒也是刁鑽古怪的。”

惡劣　非常壞。元馬致遠《陳摶高卧》一折：“此人雖是性子惡劣，倒也有些慷慨粗直。”清沈復《浮生六記·浪遊記快》：“心境惡劣，莫可名狀。”

乖覺　機警，聰敏。元關漢卿《望江亭》三折：“這兩個小的，聰明乖覺，都是我心腹之人。”明施耐庵《水滸全傳》八十一回：“哥哥再選兩個乖覺的人，多將金寶前去京師，探聽消息。”清曹雪芹《紅樓夢》二回：“雖然淘氣異常，但其聰明乖覺處，百個不及他一個。”

爽快　①舒服痛快。明賈仲明《升仙夢》一折：“今宵爽快，趁一天風清月白。”清曹雪芹《紅樓夢》十回：“我才告訴他説，媳婦忽然身子有好大的不爽快。”②直爽，直截了當。清劉鶚《老殘遊記》十四回：“此種人不宜過於爽快，你過於爽快，他就覺得奇貨可居了。”

以上形容詞。

5. 偏正式複合詞

如：

春凳　一種長方形的板凳。明蘭陵笑笑生《金瓶梅》七十六回：“兩邊安放春凳，地坪上鋪着氈毯，安放火盆。”清曹雪芹《紅樓夢》三十三回：“還不快進去把那藤屜子春凳擡出來呢。”清蒲松齡《聊齋志異·宅妖》：“嘗見厦有春凳，肉紅色，甚修潤。”

鬼胎　比喻不可告人的念頭。明施耐庵《水滸全傳》五回：“劉太公懷着鬼胎，莊家們都捏着兩把汗。”元無名氏《抱妝盒》二折：“盒子裏藏的是儲君，我肚皮裏懷的是鬼胎。”明凌濛初《初刻拍案驚奇》卷十五：“又畢竟不知人腿來歷，到底懷着鬼胎，只得忍着罷了。”

口袋　衣兜。清文康《兒女英雄傳》二回：“從此衙門内外人人抱怨，不説老爺清廉，倒道老爺呆氣，都盼老爺高升，説：‘再要作下去，大家可就都紮上口袋嘴兒了。’”也指用布、皮等做成的裝東西的用具。清曹雪芹《紅樓夢》四十二回：“這兩條口袋是你昨日裝瓜果子來的，如今這一個裏頭裝了兩斗御田粳米。”

上蓋　外衣，罩衫。元無名氏《神奴兒》一折：“大嫂，揀個有顔色的段子，與孩兒做領上蓋穿。”明施耐庵《水滸全傳》四十二回：“布衫先借一領，與我换了上蓋。”明吴承恩《西遊記》十九回：“又將三領綿布褊衫，爲上蓋之衣。”

神福　祭祀用的紙馬之類。明施耐庵《水滸全傳》六十一回：“第三日，燒了神福，給散了家中大男小女，一個個都分付了。”明馮夢龍《醒世恒言》卷三十六：“管家搬行李安頓艙内，請老爺奶奶下船，燒了神福，船頭指揮衆人開船。”明凌濛初《初刻拍案驚奇》卷一：“衆人事體完了，燒了神福，吃了酒開洋。”

眼鏡　也叫“靉靆”。矯正視力保護眼睛的透鏡。明郎瑛《七修類稿·事物·眼鏡》：“少嘗聞貴人有眼鏡，晚年觀書，小字看大。”清趙翼《陔餘叢考·眼鏡》：“古未有眼鏡，至明始有之，本來自西域。”明田藝衡《留青日記·靉靆》：“提學副使潮陽林公有二物，大如錢形，質薄而透明，如硝子石，如琉璃，色如雲母。每看文章，目力昏倦，不辨細書，以此掩目，精神不散，筆畫信明。中用綾絹聯之，縛於腦後。人皆不識，舉以問余。余曰：‘此靉靆也。’”

以上名詞。

包辦　保證全部辦到。明施耐庵《水滸全傳》十五回：“若是每常，要三十五尾也有，莫説十數斤，再要多些，我弟兄們也包辦得。”

惡識　得罪，惹惱。元康進之《李逵負荆》二折：“不争幾句閑言語，我則怕惡識多年舊面皮。”明蘭陵笑笑生《金瓶梅》六十一回：“你這歪狗材，不要惡識他便好。”清李伯川《緑野仙蹤》八回：“雖不與此地人交往，却也不惡識他們。”

左猜 猜疑。元王和卿《一半兒・題情》曲：“待不梳粧怕娘左猜，不免插金釵，一半兒鬅鬆一半兒歪。”元陳以仁《存孝打虎》一折：“準備下高築黄金拜將台，請你個英才，休左猜，恰便是虹霓般盼望你到來。”

以上動詞。

大紅 很紅的顔色。清曹雪芹《紅樓夢》三回：“一件二色金百蝶穿花大紅箭袖。”又三十五回：“鶯兒道：‘汗巾子是什麽顔色？’寶玉道：‘大紅的。’”

鵝黄 像幼鵝毛色那樣嬌豔的顔色。明施耐庵《水滸全傳》三十二回：“身穿鵝黄紵絲衲襖。”清曹雪芹《紅樓夢》二十九回：“前兒虧你還有那麽大臉，打發人和我要鵝黄緞子去。”

火速 急速，以極快的速度。元朱凱《昊天塔》二折：“莫不是大遼軍馬廝蹅踏，我與你火速的便去殺。”清錢彩《説岳全傳》四十七回：“爾其火速來京，起復舊職。”

溜尖 很尖。清蘧園《負曝閒談》六回：“那房子却造得十分華麗，上下都是用紅磚一塊一塊砌就的，頂上有幾處像寶塔一樣溜尖溜尖。”清文康《兒女英雄傳》三十一回：“那箭頭都是純鋼打就的，就如一個四棱子錐子一般，溜尖雪亮。”

石青 一種藍色。清曹雪芹《紅樓夢》四十九回：“外罩石青起花八團倭緞排穗褂。”

水緑 淺緑色。清曹雪芹《紅樓夢》四十六回：“只見他穿着半新的藕色綾襖，青緞掐牙坎肩兒下面水緑裙子。”

上好 頂好，最好。元無名氏（一説曾瑞）《留鞋記》楔子：“梅香，取上好的臙脂粉來。”明馮夢龍《醒世恒言》卷三十六：“將蔡武特升了湖廣荆襄等處遊擊將軍，是個上好的美缺。”清曹雪芹《紅樓夢》四十八回：“十四日是上好出行日期。”

以上形容詞。

近代偏正式複合詞有了巨大的發展：仍以名詞爲主，偏正式動詞、形容詞有所增加，但數量不是太多。

6. 支配式複合詞

如：

包頭　名詞。有兩義：①頭巾。明馮夢龍《醒世恒言》卷十六："可憐壽兒從不曾出門，今日事在無奈，只得把包頭齊眉兜了，鎖上大門，隨衆人望杭州府來。"清曹雪芹《紅樓夢》十七回："這兩件襖兒和兩條裙子，還有四塊包頭，一包絨綫，可是我送姥姥的。"②戲曲旦角頭部裝飾物的總稱，也指旦角。清吴敬梓《儒林外史》三十回："當下戲子吃了飯，一個個裝扮起來，都是簇新的包頭，極新鮮的摺子。"清蕊珠舊史《京塵雜録・夢華瑣簿》："俗呼旦角曰包頭，蓋昔年俱戴網子，故曰包頭。"

打緊　形容詞。有四義：①要緊。《元典章・工部二・船隻》："海道裏官糧交運將大都裏來的最打緊的勾當。"②實在，確實。明施耐庵《水滸全傳》十七回："打緊這座山生的險峻，又没別路上去。"《清平山堂話本・快嘴李翠蓮記》："打緊他公公難理會，不比等閒的。"③非常，十分。清曹雪芹《紅樓夢》二十八回："吃不吃，隨着林姑娘走一遭，他心裏打緊的不自在呢。"④總是。清曹雪芹《紅樓夢》七十六回："打緊説我偏心，我反這樣。"

倒竈　倒霉，時運不好。明凌濛初《二刻拍案驚奇》卷三十七："前日不意中得了些非分之財，今日就倒竈了。"明吴承恩《西遊記》二十五回："行者笑道：'你遇着我就該倒竈，干我甚事。'"清陳烺《梅喜緣》三出："〔丑上〕倒竈倒竈，真真好笑，旺財不富命窮人，把十兩銀子一夜都輸掉。"清吴熾昌《客窗閒話》卷一："馮往鄰家借簣，鹵莽從事，灰去而倒竈，妻訝曰：'真倒竈矣。'"

跌脚　頓脚、跺脚。感情激動時的一種表現。明施耐庵《水滸全傳》二十四回："西門慶跌脚笑道：'莫不是人叫他三寸丁谷樹皮的武大郎？'"明凌濛初《初刻拍案驚奇》卷十三："趙六老跌脚搥胸，哭了一回。"

頂缸　動詞。比喻代人承擔責任。元無名氏《陳州糶米》四折："你不知道，我是雇將來的頂缸外郎。"明陳洪謨《治世餘聞》下編卷二："時人有詩云：'有錢買得鬼推磨，無力却教人頂缸。'"明吴承恩《西遊記》三十七回："行者道：明日要你頂缸受氣遭瘟。"清曹雪芹《紅樓夢》六十一回："平兒聽了笑道：'這樣説，你竟是個平白無辜之人，拿你來頂缸的。'"

了帳　動詞。完結，完了。元李行道《灰闌記》一折："員外，你氣怎的，只是打殺他便了帳也。"明凌濛初《二刻拍案驚奇》卷十一："惟有夫妻是終身相依的，一有負心，一生怨恨，不是當耍可以了帳的事。"特指結束生命，死亡。明吴承恩《西遊記》四十一回："若不是老豬救你啊，已此了帳了。"

撒潑　要賴，無理取鬧。元關漢卿《蝴蝶夢》一折："似這般逞凶撒潑幹行止，無過恃着你有權勢有金貲。"明施耐庵《水滸全傳》二十四回："武松道：'家兄從來本分，不似武公撒潑。'"清曹雪芹《紅樓夢》八十回："他雖不敢還手，便也撒潑打滾，尋死覓活，晝則刀剪，夜則繩索，無所不鬧。"

作耍　有兩義：①玩耍。明淩濛初《二刻拍案驚奇》卷三十八："那李三正抱着這拾來的兒子，在那裏與他作耍。"清蒲松齡《聊齋志異・封三娘》："妾家此去尚遠，在那裏與他作耍。"②開玩笑。元無名氏《桃花女》楔子："你這婆婆，怎麽説我作耍！我的陰陽有准，禍福無差。"明馮夢龍《醒世恒言》卷三十七："若不是見我嗟歎，特來安慰我的，必是作耍我的。"

7. 表述式複合詞

如：

頂老　名詞。歌伎。明施耐庵《水滸全傳》二十七回："〔婦人〕原是西瓦子裏唱説諸般宫調的頂老。"明馮夢龍輯《古今小説》卷三十六："告公公，我不是擦卓兒頂老，我便是蘇州平江府趙正。"明蘭陵笑笑生《金瓶梅》九十四回："一般兒四個唱的頂老，打扮得如花似朵。"明徐渭《南詞敘録》："頂老，伎之諢名。"

喉急　動詞。着急。明施耐庵《水滸全傳》二十一回："唐牛兒道：'我喉急了，要尋孤老，一地裏不見他。'"明馮夢龍輯《古今小説》卷一："你且莫喉急，老身正要相請，來得恰好。"明馮夢龍《醒世恒言》卷四："倘有不達時務的，捉空摘了一花一蔬，那老兒便要面紅耳赤，大發喉急。"

火拼　也作"夥併"、"夥並"。動詞。同夥互相拼殺。明施耐庵《水滸全傳》十九回："今日林教頭必然有火拼王倫之意。他若有些心懶，小生憑着三寸不爛之舌，不由他不火拼。"又四十七回："俺梁山泊好漢，自從夥併王倫之後，便以忠義爲主，全施仁德於民。"明馮夢龍《醒世恒言》卷三十一："你們不曉得這般事，從來做事的人，一生嫌隙，不知夥並了多少。"明淩濛初《二刻拍案驚奇》卷四："楊二曉得他存心克毒，後來未必不火拼自家屋裏。"

口順　形容詞。信口，隨口。元關漢卿《魯齋郎》楔子："小可許州人氏，姓李，排行第四，人口順唤做'銀匠李四'。"明施耐庵《水滸全傳》六十一回："北京城裏人口順，都叫他做浪子燕青。”明馮夢龍輯《古今小説》卷二十七：“然雖如此，里中口順，還只叫他是團頭家，其名不改。”

栗爆　又作“栗暴”、“梨爆”、“藜暴”。名詞。把手指彎起來敲人的頭。元無名氏《黄花峪》四折：“我來便要吃酒，若無呵，我去你禿頭上直打五十個栗爆（一作“梨爆”）。”元劉唐卿《降桑椹》二折：“早知上聖來到，慌忙迎笑，若還不笑，鑿個藜暴。”明施耐庵《水滸全傳》二十四回：“這婆子一頭叉，一頭大栗暴鑿，直打出街上去。”明馮夢龍《醒世恒言》卷三十四：“恰正抓住了兜肚，鑿下兩個栗暴。”

行短　形容詞。行爲惡劣，待人刻薄。元馬致遠《薦福碑》二折：“你虧心折盡平生福，行短天教一世貧。”元無名氏《還牢末》四折：“畢竟是行短的天教敗，少不得將你心肝百葉，做七件事分開。”明施耐庵《水滸全傳》六十二回：“本待把你衆人殺了，顯得我梁山泊行短。”

眼熟　形容詞。好像看見過但又把握不准或想不起來。明吴承恩《西遊記》三十一回：“我雖見你眼熟，一時却想不起姓名。”明蘭陵笑笑生《金瓶梅》二十三回：“這銀子到有些眼熟，倒像爹銀子包兒裏的。”清高鶚《紅樓夢》一〇一回：“鳳姐忙回頭一看，只見那人形容俊俏，衣履風流，十分眼熟。”

札付　名詞。官府上行下的一種文書，多指手諭。明施耐庵《水滸全傳》八十五回：“宋江接得樞密院札付，便與軍師吴用計議。”明蘭陵笑笑生《金瓶梅》七十六回：“一面使玳安送兩盒胙肉與喬大户家，就請喬大户來吃酒，與他札付瞧。”又爲動詞。命令。明馮夢龍輯《古今小説》卷二十：“南雄府府尹……札付巡檢，火速帶領所管一千人馬，關領軍器，前去收捕，毋得遲誤。”

嘴吃　名詞。食物，零食。明吴承恩《西遊記》七十六回：“這是什麽私房，都是牙齒上刮下來的，我捨不得買了嘴吃，留了買匹布兒做件衣服。”

8. 補充式複合詞

如：

挨滿　擠滿。明施耐庵《水滸全傳》三回：“魯達看見衆人看榜，挨滿在十字路口，也鑽在叢裏聽時，魯達却不識字。”

打動　有兩義：①敲之使發出聲音。清吴敬梓《儒林外史》四回：“吃了開經面，打動鐃、鈸、叮噹，念了一卷經，擺上早齋來。”②使人心動。明馮夢龍《警世通言》卷二十四:“你多拿些銀子出來打動他。”清文康《兒女英雄傳》二十六回:“只因他一眼看定了姑娘是個情性中人,所以只把情性話打動他。”

結住　纏住,揪住。明施耐庵《水滸全傳》三十五回:“這兩枝戟上,一枝是金錢豹子尾,一枝是金綫五色幡,却攪做一團,上面絨縧結住了,那裏分拆得開。”又二十一回:“〔婆子〕把宋江一把結住,發喊叫道:‘有殺人賊在這裏。’”

拉攏　設法把别人拉到自己這邊來。清曹雪芹《紅樓夢》九回:“那都是門客們借着這個事討老爺歡喜,往後好拉攏的意思。

折殺　擔當不起。明施耐庵《水滸全傳》四回:“老人家,如何恁地下禮,折殺奴家。”明淩濛初《初刻拍案驚奇》卷二十:“二位尊神何故降臨,折殺老夫也。”

9. 名量式複合詞

如:

船隻　明施耐庵《水滸全傳》九十四回:“看湖面上,又没一隻船隻。”

段匹　明施耐庵《水滸全傳》四十八回:“分付教取一對緞匹羊酒,……親自上門去求見。”

錦片　元關漢卿《救風塵》三折:“爲這錦片兒前程,倒賠了幾錠兒花銀。”

牛只　《元典章》卷二七:“倒了我牛只,損了我犁耙。”

物件　明蘭陵笑笑生《金瓶梅》四十回:“只是用着一件物件兒難尋着。”

二、近代漢語三音詞的發展

漢語裏的三音節詞,古已有之。元以後有了巨大的發展。有五種不同的格式。

1. 附加式三音詞

可以表述爲 AB-C 的格式,其中 AB 是中心詞素,C 是附加成分。中心詞素又有不同的結構。絶大多數是名詞,也可以是形容詞或副詞,充當附加成分 C 的有“子、兒、價、提”等。例如:

耳刮子　也叫“耳聒子”、“耳括子”或“耳光子”。用手掌打在耳朵附近的部位。“耳刮”等是倒置的支配結構。明施耐庵《水滸全傳》二十一回:“這短命等得我苦也,老娘先打兩個耳刮子着。”明馮夢龍《醒世恒言》卷十七:“打他幾個耳聒子,戒他下次不許説謊。”清俞萬春《蕩寇志》七十九回:“鴇兒上前一個耳光子,打了個蹡踵,啼哭起來。"清李寶嘉《官場現形記》二十回:"罵了一回,管家來了,他就伸手上去,給他個耳括子。"

行(háng)貨子　詈詞。等於説"壞東西"。"行貨"是偏正結構。明蘭陵笑笑生《金瓶梅》十四回:"你這行貨子,只好家裏嘴頭子罷了。"簡稱"行子"。清曹雪芹《紅樓夢》五十七回:"打緊的那起混帳行子們背地裏説你。"又音轉爲"黄子"。清李汝珍《鏡花緣》六十八回:"俺把你這没良心的混帳黄子!"

兩口子　夫妻倆。"兩口"是偏正結構。明吴承恩《西遊記》十八回:"既是這等説,我去了罷,兩口子做不成了。"清吴敬梓《儒林外史》五回:"你兩口子同拜天地祖宗,立爲正室,誰人再敢放屁。"

人芽兒　人影、人影兒。"人芽"是偏正結構。明蘭陵笑笑生《金瓶梅》十七回:"等了半日,没一個人芽兒出來,竟不知怎的。"清曹雪芹《紅樓夢》七十一回:"因此叫該班的人吹燈關門,誰知一個人芽兒没有。""人芽兒"與"人芽子"不同。後者指舊社會以介紹人口買賣爲職業的人。如清曹雪芹《紅樓夢》四十六回:"心裏再要買一個,又怕那些牙子家出來的不乾不浄。"

小幺兒　少年的男僕。"小幺"是偏正結構。清吴敬梓《儒林外史》二十二回:"有兩個小幺兒在那裏伺候。"清曹雪芹《紅樓夢》八回:"不值什麽,你們説給我的小幺兒們就是了。"清文康《兒女英雄傳》三回:"咱們回來帶着小幺兒們在這園子周圍散誕散誕。"

葫蘆提　"葫蘆"就是"糊塗",聯綿詞素。"提"是詞綴。金董解元《西廂記諸宫調》卷一:"眼瞇睎地佯呆着,一夜葫蘆提鬧到曉。"明湯顯祖批註:"葫蘆提,方言,糊塗也。"元孟漢卿《魔合羅》三折:"我是個婦人家,怎熬這六問三推,葫蘆提屈畫了招狀。"

競天價　滿天。"競天"是偏正結構。明施耐庵《水滸全傳》六回:"湊巧風緊,刮刮雜雜地火起,競天價燒起來。"

可憐見　"見"是詞綴。有兩義。①可憐,憐憫。清曹雪芹《紅樓夢》九回:"我們這等奴才白陪着挨打受罵的,從此後也可憐見些才好。"②值得可憐。清曹雪芹《紅樓夢》三十五回:"你姨娘可憐見的,不大説話,和木頭似的。"

生生的　活活兒的,硬是。"生生"是重言結構。明馮夢龍輯《古今小説》卷二十六："你道只因這個畫眉，生生的害了幾條性命。"清曹雪芹《紅樓夢》二十九回："又搭着他老子逼着他念書，生生的把個孩子逼出病來了。"

2. 偏正式三音詞

可以分爲 AB-C 和 A-BC 兩類。主要是名詞。

(1) AB-C 式　修飾部分 AB 是兩個音節。中心部分 C 是一個音節。AB 又可以有不同的結構關係。如：

半瓶醋　比喻對某種知識和技能一知半解的人。"半瓶"是數量结構。元無名氏《司馬相如題橋記》："如今那街市上常人，粗讀幾句書，咬文嚼字，人叫他做半瓶醋。"清曹雪芹《紅樓夢》六十四回："又有一等半瓶醋的讀書人，説是喪禮與其奢易，莫若儉戚的，一路紛紛議論不一。"

吃敲才、吃敲賊　該死的。駡人的話。"吃敲"是支配結構。元吴弘道《上小樓・閨庭恨别》曲："若到家，下的馬，如何干罷，和這吃敲才慢慢的説話！"元馬致遠《青衫淚》三折："把似噇不的少吃，則被你殃煞我吃敲賊。"

地頭鬼　勾引外地流氓，爲害鄉里的無賴。"地頭"是附加式。元馬致遠《青衫淚》三折："是小子新娶的小娘子，知逃走哪裹去了。一定有個地頭鬼拐着他去，你們與我拿一拿。"

俏皮話　幽默輕鬆的話。"俏皮"是偏正結構。清文康《兒女英雄傳》十七回："如今聽説得這送彈弓的正是個半百老兒，可不是華奶公是兀誰？因此鬧了這麽一句俏皮話。"

水火棍　差役拿的木棍，一半紅色，一半黑色。"水火"是聯合結構。明施耐庵《水滸全傳》八回："取了行李包裹，拿了水火棍，便來使臣房裹取了林冲，監押上路。"

歪剌骨　也作"歪辣骨"、"歪剌姑"。卑劣下賤的人。是辱駡婦女的話。"歪剌"是聯綿詞素。元關漢卿《救風塵》一折："〔周舍云〕這歪剌骨好歹嘴也。"又《竇娥冤》一折："這歪剌骨便是黄花女兒，剛剛扯的一把，也不消這等使性。"明沈德符《野獲編・詞曲・俚語》："又北人詈婦之下劣者曰歪辣骨，詢其故，則云牛身自毛骨皮肉以至通體無一棄物，惟兩角内天頂肉少許，其穢逼人，最爲賤惡，以此比之粗婢。後又問京師之熟諳市語者，則又不然。云往時宣德間，瓦剌爲中國頻征，衰弱貧苦，以其婦女售與邊人,每口不過酬幾百錢,名曰瓦剌姑,以其貌寢而價廉也。二説未知孰是。"

小二哥　客店和茶酒飯鋪中的夥計。"小二"是偏正結構。明施耐庵《水滸全傳》十回:"小二哥請林冲到裏面坐下。"明淩濛初《初刻拍案驚奇》卷二十一:"兩個投旅于旅邸,小二哥接引,揀了一間寬大房子。"

(2)A-BC式　修飾部分A是一個音節,中心部分BC是兩個音節,中心部分又有不同的結構。如:

臭皮囊　軀殼。"皮囊"是偏正結構。元無名氏《女姑姑》四折:"今朝填滿臭皮囊,何日超凡登彼岸。"清曹雪芹《紅樓夢》八回:"女媧煉石已荒唐,又向荒唐演大荒。失去幽靈真境界,幻來新舊臭皮囊。"

多早晚　幾時,估量時間的詞。"早晚"是聯合結構。元白樸《墻頭馬上》二折:"小姐,這來時可着多早晚也?"清曹雪芹《紅樓夢》十四回:"我且問你,你們多早晚才念夜書呢?"

胡姑姑　假親戚。"姑姑"是重言結構。元無名氏《貨郎擔》一折:"都是些胡姑姑假姨姨廳堂上坐,待着我供玉饌飲金波。"清西周生《醒世姻緣傳》十九回:"偏你這些老婆們,有這些胡姑姑假姨姨的。"

悶葫蘆　有兩義。①指猜不透的啞謎。"葫蘆"是聯綿詞素。元紀君祥《趙氏孤兒》四折:"好着我沈吟半晌無分訴,這畫的是傒倖殺我也悶葫蘆。"清高鶚《紅樓夢》八十五回:"要天長日久鬧起這悶葫蘆來,可叫人怎麼受呢?"②一種玩具。元孟漢卿《魔合羅》一折:"他有那乞巧的泥媳婦,宵夜的悶葫蘆。"

小心眼　指狹隘的胸襟,短淺的眼光,多疑的心理狀態以及在細瑣事情上的小主意。清代才有,"心眼"是聯合結構。清文康《兒女英雄傳》二十回:"安老爺一聽,這又是姑娘泛上小心眼兒來了。"

3. 支配式三音詞

這類詞主要是動詞,只有"A-BC"一種結構,A是動詞性詞素,BC可以爲不同的結構。如:

打勤勞　幹雜活。"勤劳"是聯合結構。元孔文卿《東窗事犯》二折:"又不曾禮經懺法堂中,俺則是打勤勞山寺裏。"明蘭陵笑笑生《金瓶梅》十八回:"每日起早睡晚，辛辛苦苦，替你家打勤勞兒。”

落便宜　吃虧。“便宜”是聯合结構。元王實甫《破窯記》二折：“俺兩口兒過日月，着他獨自落便宜，怎肯教失了俺夫妻情道理。”明馮夢龍輯《古今小説》卷二十九：“用巧計時傷巧計，愛便宜處落便宜。”

盼程途、盼途程　趕路。“途程”是聯合结構。元高文秀《澠池會》二折：“看了那三川八水西秦地，向澠池赴會，我則怕盼程途心急馬行遲。”元劉長卿《降桑椹》四折：“傳宣降詔非容易，整辦行裝不可遲，俺可便盼途程去得疾。”

没分曉　糊塗，不明事理。“分晓”是聯合结構。元岳伯川《鐵枴李》二折：“岳孔目，你好没分曉，你發昏半日，你平昔愛穿的好衣服都與你穿在身上，可知沉重。”明施耐庵《水滸全傳》十六回：“楊志道：‘你也没分曉，如何使得！這裏下岡子去，兀自有七八里没人家，甚麼去處，敢在此歇凉！’”

説兵機　誇誇其談，吹牛。“兵機”是偏正結構。元關漢卿《裴度還帶》二折：“這廝得道誇經紀，學相呵説是非，無半星兒真所爲，衠一刻説兵機。”元無名氏《百花亭》三折：“生這般窮智識，做這般賊所爲，粧這般喬樣式，王焕也，到如今猶兀自説兵機。”

拽大拳　擺闊，大手大脚花錢。“大拳”是偏正结構。元馬致遠《青衫淚》二折：“那廝正拽大拳，使大錢。”元賈仲明《對玉梳》二折：“剗地你拽大拳，人面前逞嘍囉。”元喬夢符《兩世姻緣》一折：“俺娘休想投空寨，常則待拽大拳。”

捌包兒、戳包兒　調包，暗地裏調换（東西或人）。“包兒”是附加式。元喬夢符《揚州夢》四折：“見放着御史台不順人情，誰着你調罨子畫閣蘭堂，捌包兒錦陣花營。”元鄭廷玉《金鳳釵》三折：“我想那戳包兒賊漢，栽培下不義之財。”明陸容《菽園雜記》卷七：“京師有婦女嫁外京人爲妻妾者，初看時，以美者出拜，及臨娶，以醜者换之，名曰戳包兒。”

做勢兒　裝模作樣，裝腔作勢。“勢兒”是附加式。明蘭陵笑笑生《金瓶梅》五十八回：“到底是那小淫婦做勢兒對你爹説：我終日不得個閑收拾屋裏，只好晚夕來這屋裏睡罷了。”

4. 補充式三音詞

這類詞通常都是形容詞，富於描寫性。又可分爲 A-BB 和 A-BC 兩類。其中

A是中心詞素,可以是形容詞、動詞或名詞的性質,意義具體而清楚。BB或BC是詞綴,是對A詞素的補充。

(1)A-BB式

有的A是形容詞性詞素。如:

沈甸甸　分量很重的樣子。明蘭陵笑笑生《金瓶梅》四十三回:"論起來這金子也不該拿與孩子,沈甸甸,冰着他。"清曹雪芹《紅樓夢》八回:"也是個人給了兩句吉利話鏨上了,所以天天帶着。不然沈甸甸的,有什麽趣兒。"

赤條條　精光,一無所有。《新編五代史平話・漢史上》:"劉智遠輸了三十貫錢、身畔赤條條地,正似烏鴉中彈,游魚失波。"明施耐庵《水滸全傳》十五回:"若説哥哥不贏,我也輸得赤條條地。"

光溜溜　光滑的樣子。明吴承恩《西遊記》八十二回:"山脚下有一塊大石,約有十餘里方圓,正中間有缸口大的一個洞兒,爬得光溜溜的。"

假惺惺　虚情假意的樣子。清高鶚《紅樓夢》一百回:"況且雲姑娘是極明白的人,不像那些假惺惺的人,少不得有一番箴諫,他以後便不是這樣了。"

冷森森　寒氣逼人的樣子。明施耐庵《水滸全傳》五十七回:"欺佛祖,喝觀音,戒刀禪杖冷森森。"清文康《兒女英雄傳》六回:"楊柳腰間一團冷森森的殺氣。"

雄赳赳　也作"雄糾糾"。威武健壯的樣子。元關漢卿《單刀會》一折:"他上陣處赤力力三綹美髯飄,雄赳赳一丈虎軀摇。"明吴承恩《西遊記》五十三回:"又見那八大金剛,雄糾糾的,兩邊攢住。"

有的A是動詞性詞素。如:

愁戚戚　憂愁很深的樣子。元張國賓《羅李郎》二折:"這些時悶懨懨心不歡,愁戚戚情不樂。"元施惠《幽閨記》二十五折:"世慌慌,愁戚戚,淚汪汪。"

笑欣欣　喜笑的樣子。元王之望《醉花陰・生日》:"兒童壽酒邀翁醉,笑欣欣相戲。"明施耐庵《水滸全傳》二十六回:"笑欣欣出去,却怎地這般歸來。"

喜都都　非常高興喜歡的樣子。元張國賓《薛仁貴》一折:"出轅門鼠竄狼逋,怎如你喜都都後擁前呼。"

喜恣恣　歡喜高興的樣子。元無名氏《小屠孫》十四齣:"去時節喜恣恣親母登山嶺,回來呵,背着個磣可可骨匣相隨定。"

語剌剌　口舌多,説話喋喋不休。元無名氏《貨郎擔》一折:"他那裏尖着舌語剌剌,我這裏掩着面笑呵呵。"

有的 A 爲名詞性詞素。如:

塵鄧鄧　塵土彌漫的樣子。明蘭陵笑笑生《金瓶梅》十六回:"金蓮便問:'你昨日往那裏去來? 實説便罷,不然我就嚷的塵鄧鄧的。'"

灰撲撲　土頭土腦的樣子。清吴敬梓《儒林外史》二十二回:"董老爺看見你這兩個灰撲撲的人,也就够笑的了。"

火雜雜　十分有力量的樣子。明施耐庵《水滸全傳》十九回:"林冲把桌子只一脚踢在一邊,擡起身來,衣襟底下掣出一把明晃晃刀來,掿的火雜雜。"

氣呼呼　生氣的樣子。明吴承恩《西遊記》九十六回:"那獃子氣呼呼的,立在旁邊,再不敢言。"

眼巴巴　急切盼望的樣子,無可奈何的樣子。元無名氏《飛刀對箭》一折:"空着我便眼巴巴看不到長安道。"明吴承恩《西遊記》二十二回:"那大聖保着唐僧,立於左右,眼巴巴望着他兩個在水上争持,只是他不好動手。"

嘴喳喳　吵鬧不停。清吴敬梓《儒林外史》五十四回:"你放這樣獃子上我的樓來,我不説你罷了,你還要來嘴喳喳。"

(2)A-BC 式

如:

措支剌　也作"錯支剌",驚慌失措的樣子,"支剌",詞綴。元王實甫《西廂記》二本三折:"荆棘剌怎動那,死没騰無回豁,措支剌不對答,軟兀剌無存坐。"明無名氏《破風詩》三折:"我錯支剌進退無門。"

呆不騰　癡呆的樣子。"不騰",詞綴。元李文蔚《燕青博魚》四折:"爲甚麼乾支剌吐着舌頭,呆不騰瞪着個眼腦。"

顛不剌　"顛"是實詞素,"不剌",詞綴。有兩義:①顛倒。《雍熙樂府》卷一散套《醉花陰・怨恨》:"休、休、休,虧心的自有神明鑒;我、我、我,顛不剌的情理是難甘。"②風流,輕薄。金董解元《西廂記諸宫調》卷一:"怕曲兒撚到風流處,教普天下顛不剌的浪兒每許。"元王實甫《西廂記》一本一折:"顛不剌的見了萬千,似這般可喜娘的龐兒罕曾見。"

火不登　也作“火不騰”，發火的樣子。“不登”、“不騰”，詞綴。元楊文奎《兒女團圓》一折：“火不登紅了面皮，没揣的便揪住鬏髻。”元紀君祥《趙氏孤兒》三折：“我只見他左瞧右瞧，怒咆哮，火不騰改變了狰獰貌。”

光出律、滑出律　光滑。“出律”，詞綴。元李行道《灰闌記》三折：“須是這光出律的冬凌田地滑。”元喬吉《一枝花·雜情》曲：“原來是滑出律水晶球子怎生拿。”

悶答孩　也作“悶打頦”。愁悶的樣子。“答孩”“打頦”，詞綴。元無名氏《半鶺鴒》曲：“鬆却香羅帶，慵整短金釵，無語無言悶答孩。”元白樸《梧桐雨》四折：“悶打頦和衣卧倒，軟兀剌方才睡着。”

軟答剌、軟剌答　軟弱的樣子，柔弱的樣子。“答剌”、“剌答”，詞綴。元關漢卿《蝴蝶夢》一折：“血模糊汙了一身，軟答剌冷了四肢。”元湯式《一枝花·贈玉芝春》曲：“風韻似軟剌答石上猗蘭，雅淡似矮婆娑月中老桂。”

慌篤速　慌慌張張。“篤速”，詞綴。元無名氏《神奴兒》三折：“他爲甚的便慌篤速一句句緊支吾，您正是賊兒膽底虚。”

惡支煞　也作“惡支沙”。凶狠的樣子。“支沙”，詞綴。元關漢卿《玉鏡臺》四折：“軟兀剌走向前來，惡支煞倒退回去。”清洪昇《長生殿·合圍》：“那一員惡支沙雕目胡顔。”

昏慘剌　也作“昏擦剌”，昏暗。“慘剌”、“擦剌”，詞綴。元白樸《梧桐雨》四折：“昏慘剌銀鐙照。”明人雜劇《樂毅圖齊》二折：“昏慘剌燈半盞。”《陽春白雪》後一劉逋齋小令《寨兒令》：“夜已闌，燈將滅，紗窗外昏擦剌月兒斜。”

渾古都　水渾濁的樣子。“古都”，詞綴。《樂府群珠》卷四小令《金盆沐髮·離情》：“渾古都水渰藍橋。”

熱忽剌　也作“熱兀羅”。熱烈，熱和。“忽剌”、“兀羅”，詞綴。元關漢卿《調風月》三折：“好輕乞列薄命，熱忽剌姻緣，短古取恩情。”元喬吉《一枝花·雜情》曲：“好吃闌同床共榻，熱兀羅過飯供茶。”

慌急列　慌慌張張。“急列”，詞綴。元關漢卿《蝴蝶夢》四折：“慌急列教咱觀了顔色，血模糊汙盡屍骸。”

輕吉列、輕乞列　輕易地。“吉列”、“乞列”，詞綴。元喬吉《水仙子·嘲少年》曲：“紙糊鍬輕吉列枉折尖，肉膘膠干支剌有甚粘。”元關漢卿《調風月》三折：“好輕乞列薄命，熱忽剌姻緣，短古取恩情。”

舊留丟　就是“舊”。“留丟”，詞綴。《詞林摘豔》卷三元白樸散套《粉蝶兒·賽社處人齊》：“恰曬的布被褡上褑兒乾，又淹的舊留丟前襜濕。”

軟兀剌　軟綿綿的，没有力氣。“兀剌”，詞綴。元無名氏《硃砂擔》四折：“正黄昏庭院景凄凉，走的我軟兀剌一絲兩氣。”元白樸《梧桐雨》四折：“悶打頦和衣卧倒，軟兀剌方才睡着。”

歪不楞　醜陋。“不楞”，詞綴。清文康《兒女英雄傳》三十二回：“落後從下場門兒裏鑽出個歪不楞的大腦袋小旦來，一手純泥的猴兒指甲，到那間樓上來。”

這類三音詞在元曲裏出現最多。明清小説要少一些。這可能反映了戲曲語言的特點，或是受了蒙古語的影響。

5. 重疊式三音詞

又可分爲兩類。

(1)A 不 A 式

A 不 A 等於 A 的强式，“不”是加重語氣，不是否定詞。如：

淡不淡　清淡，味道不濃。元無名氏《舉案齊眉》三折：“恰捧着破不剌碗，呷了些淡不淡白粥。”

動不動　往往，常常，表示很容易發生某種情況。元無名氏《小尉遲》二折：“房玄齡、徐茂公真老傻，動不動將人駡。”明吴承恩《西遊記》七十六回：“只恨他動不動分行李散夥。”

狠不狠　就是“狠”，堅决。元尚仲賢《柳毅傳書》三折：“你見他狠不狠，他從來恩不恩。”

恨不恨　怨恨。元王實甫《破窯記》三折：“恨不恨買臣妻，學不學卓氏女。”

緊不緊　就是“緊”，迅速。元王實甫《西廂記》一本一折：“歸舟緊不緊如何見，恰便似弩箭乍離弦。”元朱凱《黄鶴樓》二折：“那匹馬緊不緊疾不疾蕩紅塵一道，風吹起脖項上絳毛纓一似火燎。”

窘不窘　窮困。元鄭光祖《王粲登樓》一折：“窘不窘爐無煙火酒瓶乾，剗的在天涯淪落，海角飄零。”

連不連　接連不斷。元石君寶《秋胡戲妻》二折：“我這幾日身子不快，怎麼連不連的眼跳，不知有甚事來。”元張國賓《合汗衫》四折：“怎麽那眼皮兒連不連的只是跳，也不知是跳財是跳災。”

是不是　往往，常常。同“動不動”。元無名氏《飛刀對箭》一折：“動不動黄桑棒拷折腰，是不是坐囚牢。”元高文秀《遇上皇》一折：“動不動要手摸，是不是取招狀，欺負煞受饑寒窮射糧。”

這種形式的複音詞通常只出現在元曲裏，大約是元曲的一種修辭手法。

(2)AAA 式

這類三音詞只限於極少數象聲。例如：

嗤嗤嗤、搊搊搊　扯碎東西的聲音。元無名氏《劉行首》二折：“嗤嗤嗤扯碎布袍。”元賈仲明《金安壽》三折：“搊搊搊扯碎俺姻緣簿，忽刺八掘斷俺前程路。”

赤赤赤　口哨聲，元曲中常用作男女私會的暗號。元李文蔚《燕青博魚》三折：“〔搽旦云〕赤赤赤；〔楊衙内云〕赤赤赤，〔正末唱〕驀見個女娉婷引着個後生。”也作“哧哧”。元關漢卿《緋衣夢》二折：“梅香，哧哧，是什麽東西絆了我一交，我試看咱。”

毛毛毛、眊眊眊　羞别人時的用語。元王曄《桃花女》楔子：“您常在我根前賣弄這陰陽有准，禍福無差，今日如何？好恐慌人也！毛毛毛。”元無名氏《獨角牛》一折：“呸！眊眊眊不害你娘羞，你原來是個蠟槍頭。”

近代後期，三音詞大量發展的特點表現得尤爲明顯。受西方近代文化影響産生的新詞裏有許多是三音節詞。例如：

洋務局　翻譯員　評議員　蒸汽機
資本家　文學家　組織力　代議制
導火綫　世界語　印刷機　紡織機

三音節詞是在單音節和雙音節詞的基礎上發展起來的。新詞的構成總是利用現有的詞滙成分作基礎，雙音的複合詞是近代詞滙發展的主要部分。隨着詞滙的進一步發展，需要表達的新概念進一步增加，利用現有雙音詞作基礎構成新詞也就成爲漢語近代詞滙發展的自然趨勢。例如有了“哲學”、“科學”兩個詞，研究哲學和從事科學研究的人就可用“哲學家”、“科學家”來表示。有了“洋務”、“實驗”兩個詞，辦理洋務的機關，進行實驗的地方就可用“洋務局”、“實驗室”來表示。這樣三音詞的發展，大大增加了漢語詞滙的容量和構詞方式的靈活性，可以把新的複雜的概念表達得十分明確。

許多三音節詞最初還是詞組，它們中間往往可以加上助詞"之"。由於它們所表示的意義日益重要，應用日益廣泛，在人們的意識中它們已作爲完整的概念出現，就逐漸凝固成爲複合詞。例如：

組織力←組織之力　　推理力←推理之力

織布業←織布之業　　格致學←格致之學

民約論←民約之論　　司法權←司法之權

代議制←代議之制　　吸水機←吸水之機

三音節詞之所以發展是因爲某些事物或概念用雙音詞已不能明確地表達出來。例如"蒸汽機"是用蒸汽發動的機器，只用"汽機"就不能明確表示"用蒸氣發動"這一特點。"經濟學"是研究社會經濟現象及其規律的科學。單用"經學"就會跟訓釋儒家經傳，剖析經義的"經學"相混，譯成"計學"也容易誤解爲"計算之學"，不能把研究社會經濟現象及其規律這一內涵清楚地表達出來。當然一個概念用什麼樣的詞形來表達，主要靠社會"約定俗成"來確定。但是利用舊詞作基礎來構成新詞，總要根據原詞的意義，才容易爲社會所接受而得到廣泛的傳播。"經濟學"、"印刷機"、"蒸汽機"開頭有人譯作"計學"、"印機"、"汽機"，後來被淘汰了，原因就在這裏。

受西方近代文化影響產生的三音詞，結構上大多數是偏正式複合詞。用一個雙音詞素加一個單音詞素構成，修飾部分是雙音詞素，中心部分是單音詞素，可以用 AB-C 的公式來表示。如：

①起重機、發电機、立憲派、改良派、織布業、清道夫

②義和團、太平軍、製造局、翻譯館、思想家、寒暑表

③哲學家、文學家、人力車、地平綫、三角形、長方形

④自鳴鐘、自行車、自轉磨、人造絲、人行道、馬醉木

⑤摩托車、珂羅版、單寧酸、琺瑯質、基督教、檸檬樹

上述例子中修飾部分的结构各不相同：①組是支配結構，②組是聯合結構，③組是偏正結構，④組是表述結構，⑤組是單純雙音節詞素。

少數三音詞修飾部分是單音詞素，中心部分是雙音詞素。如：

胡蘿蔔、西红柿、洋鬼子、三毛子、話匣子、反作用

有些名詞性的單音詞素的構詞能力很强，由它們可以構成許多三音節複合詞。例如：

家：工業家、教育家、政治家、哲學家

學：經濟學、格致學、倫理學、天文學

機：蒸汽機、發動機、發電機、印刷機

局：洋務局、製造局、郵政局、招商局

員：評議員、司機員、稽察員、營業員

化：工業化、機械化、專業化、一體化

三音節詞大量出現，爲近代漢語詞滙發展開闢了一條新的廣闊的道路。到了現代漢語，三音節詞發展更多，漢語詞滙更加豐富了。

三、近代漢語四音詞的發展

近代漢語前期産生的四音節詞，大都出自人民口語。有三種情況：

1. 四音的單純詞

這類詞四個字合起來表示一個意義，往往可以寫成不同的字形。語音上有的一、三字雙聲，二、四字雙聲。

大約有以下 21 種形式：

(1)b—d—b(p)—d 式。如：

必丢不搭　也作“必丢疋搭”、“必丢不答”。形容連續不斷的説話聲和其他聲音。元關漢卿《謝天香》三折：“我不該必丢不搭口内失尊卑。”元費唐城《貶黄州》二折：“騎着疋慢騰騰瘦蹇必丢不答踐。”元蕭德祥《殺狗勸夫》二折：“越惹他必丢疋搭的響駡兒，這一場撲騰騰氣。”

(2)p—d—p—d(t)式。如：

劈丢撲搭　也作“疋飐撲鼕”、“劈丢撲鼕”、“劈飐撲桶”。形容口角聲、鼓聲、重物落水或落地聲。元李直夫《虎頭牌》一折：“眼腦又剔抽禿揣的慌，口角又劈丢撲搭山嗔。”元王大學士《點絳唇》曲：“一個將堯民歌亂唱的令兒差，一個疋飐撲鼕擂

鼓無高下。”元尚仲賢《柳毅傳書》二折：“廝推廝擁，劈丟撲鼕，水心裏打打沐桶。”元無名氏《水仙子》曲：“香鼓兒劈颩撲桶擂，火不思必留不剌針。”

(3)b—l--b—l 式。如：

必律不剌　也作“必力不剌”、“必溜不剌”、“必流不剌”、“嗶哩礴喇”、“必溜必辣”等。形容連續不斷的説話聲。元陸登善《勘頭巾》二折：“他口裏必律不剌説了半日，我不省的一句。”元李行道《灰闌記》二折：“口裏必力不剌説上許多，我一些也不懂的。”元王仲文《救孝子》二折：“老弟子説詞因，兩片嘴必溜不剌瀉馬屁眼兒似的。”明無名氏雜劇《李雲卿》二折：“憑着我這個嘴頭子必流不剌的，頂名兒也沖他些酒肉吃。”明蘭陵笑笑生《金瓶梅》十八回：“我到不言語，你只顧嘴頭子嗶哩礴喇的。”清西周生《醒世姻緣傳》九十一回：“又看了荷葉的好樣，嘴裏也就必溜必辣罵罵括括的起來。”現代漢語仍以“劈裏啪啦”形容聲音。

(4)p—l—p—l 式。如：

劈溜撲剌　形容連續不斷的説話聲。元無名氏《陳州糶米》三折：“我也是個傻弟子孩兒，又不曾吃個，怎麽兩片口裏劈溜撲剌的。”

劈留撲碌　形容走動聲。元關漢卿《哭存孝》一折：“諕的你劈留撲碌走如飛。”

(5)d—l—d—l 式。如：

低留答剌　下垂的樣子。也作“低留答臘”。明馮惟敏《端正好・徐我亭歸田》套曲：“見了個官來客來，系上條低留答剌的帶。”又《步蟾宫・十劣・問年》曲：“奶兒長低留答臘，孩兒多皮僘扒查。”

(6)t—l—t—l 式。如：

剔留秃魯　也作“剔留秃圞”、“剔留團欒”、“踢良秃欒”。形容東西滚圓、圓轉。元無名氏《飛刀對箭》二折：“説那摩利支，身凜凜，貌堂堂……横裏一丈，竪裏一丈，剔留秃魯，不知甚麽模樣。”元無名氏《獨角牛》二折：“那獨角牛……剔留秃圞，恰似個西瓜模樣。”元鄭光祖《蟾光曲・夢中作》：“淅溜淅淋暮雨初晴，皎皎潔潔櫓篷剔留團欒月明。”元費唐臣《貶黄州》二折：“寒森森朔風失留疏剌串，舞飄飄瑞雪踢良秃欒旋。”

(7)d—s—d—s 式。如：

滴羞篤速　也作“滴羞都蘇”、“滴修都速”、“滴羞蹀躞”。顫抖的樣子。元張國賓《薛仁貴》三折："諕的我……手兒脚兒滴羞篤速的似呆癡。"元馬致遠《青衫淚》二折："唬的我慌慌張張手脚滴羞都蘇戰。"元無名氏《替殺妻》一折："你氣的我手兒脚兒滴修都速戰。"元石君寶《秋胡戲妻》三折："桑園裹只待强逼作歡娛，唬的我手脚兒滴羞蹀躞戰篤速。"

(8)t—ch(sh)—t—ch(sh)式。如：

剔抽禿揣　也作"剔抽禿刷"、"剔收禿刷"，眼珠轉動的樣子。元李直夫《虎頭牌》一折："腦眼又剔抽禿揣的慌。"元鄭庭玉《後庭花》二折："他剔抽禿刷廝覷，迷留没亂躊躇。"元金仁傑《追韓信》一折："他把我踢收禿刷覷覷，子覺我兢兢戰戰心怕。"

(9)g—b—g—b式。如：

急彪各邦　也作"急並各邦"、"急进格邦"。形容物體碰撞折斷的聲音。元無名氏《黄花峪》三折："急彪各邦踏折了劍菖蒲，見一道小路兒荒疏。"元無名氏《黄鶴樓》二折："瞎伴姐在麥場上將那碓臼兒急並各邦的搗。"清洪昇《長生殿・合圍》："這一員會急迸格邦的弓開月滿，那一員會滴溜撲碌的鎚落星寒。"

(10)g—d—g—d式。如：

吉丁疙疸　也作"吉丢疙疸"。形容不平坦，不平整。元無名氏《盆兒鬼》一折："俺是乍出外，不曾行得慣，這路途吉丁疙疸的，蚤踏破我這脚也呵。"明無名氏《暗渡陳倉》二折："那石頭急流骨都，吉丢疙疸。"

(11)g—l—g—l式。如：

急留骨碌　又作"急留古魯"。滚動的樣子。元李文蔚《燕青博魚》二折："我則見五個饅兒乞丢磕塔穩，更和一個字兒急留骨碌滚，諕的我咬定下唇，掐定指紋。"元無名氏《氣英布》三折："直殺的馬頭前急留古魯、急留古魯亂滚死、死、死人頭。"

(12)k—l—k—l式。如：

乞留乞良　悲痛、凄凉的樣子。元關漢卿《望江亭》二折："你休得便乞留乞良，搥跌自傷悲。"元王和卿《百字知秋令曲》："半欹半枕乞留乞良捱徹今宵。"

乞留曲律　彎彎曲曲的樣子。也作"乞留曲吕"、"乞留屈律"、"乞量曲律"。元無名氏《黄鶴樓》二折："你過的這乞留曲律蚰蜒小道，聽説罷官人你記着。"元無名氏《水仙子》曲："過了些乞留曲吕澗，重重叠叠山。"元湯式《京口道中》曲："乞留屈律歸鴻行斷，必颩不答蹇馬步懶。”元蕭德祥《殺狗勸夫》二折：“將這雙乞量曲律的肐膝兒，罰他去直僵僵跪。”

(13)g—zh—g—zh 式。如：

急周各支　形容斷裂的聲音。元無名氏《黄花峪》三折：“我這裏急煎煎整頓了衣服，急周各支蕩散了鎗竿簍，急彪各邦踏折了劍菖蒲。”

急張拘諸　慌亂的樣子，局促不安的樣子。也作“急章拘諸”、“急獐拘豬”、“急第拒遂”。元康進之《李逵負荆》二折：“他這般急張拘諸的立，那老兒一會家便怒畔畔在那柴門外。”元孟漢卿《魔合羅》一折：“我與你便急章拘諸慢行的赤留出律去。”元張國賓《薛仁貴》三折：“諕的我心兒膽兒急獐拘豬的自昏迷。”

(14)k—ch—k—ch 式。如：

乞抽扢叉　形容刀砍的聲音。元無名氏《昊天塔》二折：“憑着我這蘸金巨斧，乞抽扢叉，砍他鼻凹。”

(15)m—d—m—d 式。如：

迷丢没鄧　迷迷糊糊，精神恍惚的樣子。也作“迷颩没騰”、“迷颩模登”。元李直夫《虎頭牌》一折：“爲甚麽叨叨絮絮占着是迷丢没鄧的混。”元馬致遠《黄粱夢》四折：“我這裏穩丕丕土坑上迷颩没騰的坐。”《樂府群玉》卷三周文質小令《叨叨令・悲秋》：“孤孤另另單枕上迷颩模登靠。”

(16)m—l—m—l 式。如：

迷留没亂　心神無主，手足無措的樣子。又作“迷留摸亂”、“迷溜没亂”、“没留没亂”、“没撩没亂”。元無名氏《合同文字》一折：“一片心迷留没亂焦，兩條腿滴羞篤速戰。”元賈仲明《裴度還帶》三折：“我見他迷溜没亂心癢難揉。”明蘭陵笑笑生《金瓶梅》六十九回：“當日林氏被文嫂這篇話説的心中迷留摸亂。《太平樂府》卷一武林隱小令《蟾宫曲・昭君》：“哀哀怨怨，一曲琵琶，没撩没亂離愁，悲悲切切，恨滿天涯。”

(17)c—l—c—l 式。如：

七留七林　悄悄地，慢慢地。也作“七留七力”。元關漢卿《謝天香》三折：“可又早七留七力來到我跟底，不言語立地。”元高文秀《黑旋風》二折：“我這裏七留七林行，他那裏必丢不搭説。”

(18)zh—l—zh—l 式。如：

直留支剌　形容言語喋喋不休的樣子。元無名氏《神奴兒》一折："丈夫的失了尊卑，媳婦兒不賢惠，他兩個一上一下，直留支剌，唱叫揚疾。"

(19)ch—l—ch—l式。如：

赤留出律　急速奔竄的樣子。也作"赤留出吕"、"赤溜出律"。元無名氏《黄花峪》三折："赤留出律驚起些野鴨鷗鷺。"元刊本作"赤留出吕"。明湯顯祖《紫釵記·河西款檄》："急張拘勾的捧頭獐，赤溜出律的决口兔。"

(20)sh—l—sh—l式。如：

失留疏剌　形容風聲和流水聲。也作"失流疏剌"、"失溜疏剌"。元費唐臣《貶黄州》二折："寒森森朔風失留疏剌串，舞飄飄瑞雪踢良禿欒旋。"元無名氏《黄花峪》三折："希壤忽濃泥又滑，失流疏剌水渲的渠。"元楊訥《怨别》曲："失溜疏剌金風送竹頻摇。"

(21)h—l—h—l式。如：

吸留忽剌　也作"吸裹忽剌"。形容風聲或流水聲。元孟漢卿《魔合羅》一折："你看他吸留忽剌水流乞留曲律路。"元蕭德祥《殺狗勸夫》二折："則被這吸裹忽剌的朔風兒那裹好篤簌簌避。"

希留合剌　破爛的樣子。元蕭德祥《殺狗勸夫》二折："將這領希留合剌的布衫兒扯得亂紛紛碎。"

希留乎剌　慌亂手足無措的樣子。明馮惟敏《端正好·徐我亭歸田》套曲："見了個官來客來……恰便是天差帝差，做了些希留乎剌的態。"

唏嚠嘩喇　也作"嘻嚠嘩喇"、"唏溜哈拉"。形容東西散落或風吹樹葉聲。清曹雪芹《紅樓夢》六十四回："只聽得園内的風自西邊直透到東邊，穿過樹枝，都在那裹唏嚠嘩喇不住的響。"又六十四回："一語未了，只聽得屋裹嘻嚠嘩喇的亂響，不知是何物撒了一地。"清文康《兒女英雄傳》三十一回："才上房，後脚一帶，又把一溜瓦帶下來，唏溜哈拉，鬧了半院子。"

有的只是一、三字雙聲。如：

辟留撲同(p～p～)　形容重物落地的聲音。元張國賓《薛仁貴》四折："你休踏着磚瓦，辟留撲同敢漾我在階直下不是磕碎腦袋，就是搶了鼻凹。"(徐君沁校本)

有的只是二、四字雙聲。如：

迷丢答都(～d～d) 絮絮叨叨的樣子。元張國賓《羅李郎》四折:"早是我希飈胡都喜,則管裏迷丢答都問。"(希飈胡都——情不自禁的樣子。)

乞紐忽濃(～n～n) 泥濘的樣子。元孟漢卿《魔合羅》一折:"怎當他乞紐忽濃的泥,更和疋丢撲搭的淤。"

稀裏麻哩(～l～l) 糊裏糊塗。清西周生《醒世姻緣傳》五十五回:"也只稀裏麻哩的勾當,生下甚麽。"

希留急了(～l～l) 樹木枝葉急劇摇動的樣子。元孟漢卿《魔合羅》一折:"你看他吸留忽剌水流,乞留曲律路,更和這失留疏剌風擺希留急了樹。"

有的四個字没有雙聲關係。

雌没答樣 冷淡,没精打采的樣子。清西周生《醒世姻緣傳》四十五回:"薛婆子也是甚不好意思,看着素姐吃了兩碗麵,雌没答樣的家去了。"

二不稜登 傻裏傻氣。清西周生《醒世姻緣傳》六十二回:"惟獨一個二不稜登的婦人,制伏得你狗鬼聽提,先意承志,百順百從。"

前面所舉四音詞大都是形容詞,有的描寫聲音,有的描寫狀態,主要出現在元曲裏。它們有時又以雙音或三音詞的形式出現。描寫聲音的如"劈溜撲剌"、"劈留撲碌"又作"撲碌"、"撲剌剌","急彪各那"又作"各那","急周各支"又作"各支","失留疏剌"又作"疏剌剌","吸留忽剌"又作"忽剌"、"忽剌剌";描寫狀態的如"低留答剌"又作"答剌","滴羞篤速"、"滴羞喋躞"又作"篤速速"、"蹀躞躞","剔抽禿刷"又作"禿刷","七留七林"又作"七林"、"七林林","急留古骨"、"急留骨碌"又作"古魯魯"、"骨碌碌"。據此,有的學者認爲,四音詞乃是雙音詞重叠變形的結果。但這些四音詞和三音詞、雙音詞幾乎出現在同一時代,難有先後之分。四音詞也有可能是用以適應元曲修辭的需要,雙音詞和三音詞是四音詞的縮略形式。

2. 四音的附加式合成詞

這類詞的某一或兩個字是有具體意義的實詞素,整個詞的意義可以從其中一、兩個詞素裏看出來,其餘的音節不含具體意義附加成分。它們又有不同的情況。有的開頭一、二字是實詞素。如:

方頭不律 也作"方頭不劣"。指爲人正直而不圓通,楞頭楞腦。"方頭"是實詞素。明陶宗儀《輟耕録》卷十七:"俗謂不通事宜者爲方頭。""不律"、"不劣",詞綴,無義。元鄭廷玉《金鳳釵》二折:"我恰賣了二百文錢,見一個方頭不律的人,欺負一個年老的。"元關漢卿《緋衣夢》三折:"俺這裏有個裴炎,好生方頭不劣。"

黑不溜湫　皮膚黑的樣子。"黑"是實詞素。清文康《兒女英雄傳》三十二回:"一個濃眉大眼黑不溜湫的小旦唧溜了半天。"

慢條斯理　也作"慢條廝禮"、"慢條絲禮"。慢騰騰的,從容不迫。"慢"是實詞素。明蘭陵笑笑生《金瓶梅》十二回:"那春梅只顧不進房來,叫了半日,才慢條廝禮推開房門進來。"又十一回:"你問他,我去時還在廚房裏雌着,等他慢條絲禮兒才和麵兒。"清吴敬梓《儒林外史》一回:"老爺親自在這裏,傳你家兒子説話,怎的慢條斯理。"

破不留丢　破破爛爛。"破"是實詞素。清吴敬梓《儒林外史》二十三回:"管家看見中間懸着一幅稀破的古畫,兩邊貼了許多斗方,六張破不留丢的竹椅。"

有的末尾一、二字是實詞素。如:

乞溜惡濫　睡態難看的樣子。"惡濫"是實詞素。元馬致遠《黄粱夢》四折:"那蹇驢兒柳蔭下舒着足乞留惡濫的卧。"

有的首末兩字是實詞素,中間兩字無義。如:

呆里撒奸　裝瘋賣傻。"呆"和"奸"是實詞素。元王實甫《西廂記》三本二折:"你休要呆里撒奸,你待要恩情美滿,卻教我骨肉相殘。"明蘭陵笑笑生《金瓶梅》八十六回:"王婆道:'金蓮,你休呆里撒奸,説長道短。'"

花狸狐哨　又作"花麗狐哨"、"花藜胡哨"。花花緑緑,花樣多。"花"、"哨"是實詞素。明蘭陵笑笑生《金瓶梅》二十回:"他自己吃人,在他跟前那等花麗狐哨、喬虎畫虎的兩面三刀唬他,就是千好萬好的了。"明吴承恩《西遊記》十二回:"我家是清涼瓦屋,不像這個害黄病的房子,花狸狐哨的。"清吴敬梓《儒林外史》二十九回:"一同進到房裏,見滿桌堆着都是選的刻本文章,紅筆對的樣,花藜狐哨的。"

醃里巴臢　骯髒齷齪。其中"醃"、"臢"是實詞素。明焦竑《俗用雜字》:"物不潔曰 嬉臟,有音無字。""嬉臟"就是"醃臢"、"骯髒"。清文康《兒女英雄傳》三十二回:"裏頭是醃里巴臢的兩間頭髮鋪。"

3. 四音的複合詞

這類詞由兩個或幾個實詞素構成。近代早期這類四音詞數量很少。如:

血糊淋剌　也作"血胡淋剌"、"血忽淋剌"。鮮血淋漓、血肉模糊的樣子。元馬致遠《青衫淚》四折："待席罷敲他一下，倒噎的俺老虔婆血糊淋剌。"元孫仲章《勘頭巾》二章："把王小二只管打，打的王小二渾身血胡淋剌的。"

八搭麻鞋　也作"八答麻鞋"，一種用麻編織，有耳絆可以繫帶的鞋，適合於行遠路。元高文秀《黑旋風》一折："腿繃護膝，八答麻鞋。"明施耐庵《水滸全傳》二十七回："下面腿絣護膝，八搭麻鞋，腰繫着纏袋。"清吴敬梓《儒林外史》三十九回："看那人時，三十多歲光景，身穿短襖，脚下八搭麻鞋。"

不當人子　罪過，不應當。明吴承恩《西遊記》二十四回："長老道：'亂談亂談，樹上又會結出人來？拿過去，不當人子！'"明凌濛初《二刻拍案驚奇》卷十五："想到一個有恩義的人，到如此猜他，也不當人子。"

腦袋瓜子　頭，腦袋。清曹雪芹《紅樓夢》六十七回："再有一字虛言，你先摸摸你腔子兒上幾個腦袋瓜子。"

水老鼠花　一種可以在水上燃放的花炮。清吴敬梓《儒林外史》四十一回："又有那些遊人買了水老鼠花在河内放，那水花直站在河裏，放出來就和一樹梨花一般。"

小花子兒　小娃娃。明蘭陵笑笑生《金瓶梅》五十二回："不長俊的小花子兒，剃頭要了你了，這等哭。"

近代後期四音節的複音詞有所增加，但數量並不太多，到現代漢語才進一步發展起來。

第三節　近代漢語詞義的發展

隨着時代的發展，新事物的湧現，中國社會生活和觀念的變革，白話文學的傳播，近代西方文化的傳入，近代漢語裏産生了大量新詞；與此同時，大量單音詞和複音詞增加了新的意義，近代漢語詞義系統更加豐富而紛繁。

一、近代漢語單音詞詞義的發展

1. 單音詞新詞義的來源及其詞性

近代漢語單音詞産生的新詞義十分廣泛。從詞義來源看，單音詞新義的産生有種種不同的情況：

(1)新詞義反映了新事物的出現。對於這些事物，漢語裏没有創造新詞，而是利用原有的詞去表現，使這些詞增加了新的意義。事物的生命力强，反映它的詞義也就生命力强，至今仍然保留甚至廣泛應用；事物的生命力弱，反映它的詞義也就生命力弱，隨着社會的進一步發展而逐漸消亡。

表　上古是一個多義詞。作爲天文儀器圭表的組成部分，指直立的標杆，用以測定日影的長度。《史記·司馬穰苴列傳》："穰苴先馳至軍，立表下漏待賈。"唐司馬貞《索隱》："立表，謂立木爲表，以視日影。下漏，謂下漏水，以知刻數也。"18世紀以後，現代鐘錶發明，"表"指機械製成的小型金屬計時器，可以掛在墻上，也可以隨身攜帶，意義上發生了巨大的變化。清文康《兒女英雄傳》三十四回："〔安公子〕看了墻上掛的那個表，已經丑正了。"清沈初《西清筆記·紀職志》："諸臣趨直，各佩表於帶，以驗晷刻。于文襄相國於上晚膳前應交奏片，必置表硯側，視以起草，慮遲誤也。"也寫作"錶"。清劉鶚《老殘遊記》十六回："人瑞腰裏摸出錶來一看，說：'四下鐘了。'"

廠　本義是有屋頂没有墻壁的棚舍。《集韻·養韻》："廠，無壁也。"北魏賈思勰《齊民要術·養羊》："架北墻爲廠。"唐韓偓《南安寓止》詩："此地三年偶寄家，枳籬茅廠共桑麻。"近代工業開始發展，"廠"又指許多人聚集在一起從事生産、加工或其他特定活動的場所。《明史·食貨志五》："正德十四年，廣州置鐵廠。"這個意義後來得到極爲廣泛的應用。

流　本義是水的流動。《說文·水部》："流，水行也。"又有"移動"、"變化"、"傳佈"、"品類"等意義，是一個多義詞。明、清兩代少數民族地區由中央政府委派和任命的官員叫做"流"，由少數民族首領充任和世襲的官員叫做"土"(即"土司")。這樣"流"産生了一個新的政治意義。明徐宏祖《徐霞客遊記·滇遊日記八》："今有巡司，一流一土。"清顧祖禹《讀史方輿紀要·雲南六·順寧府》："土知府猛民，萬曆二十四年，猛定瑞叛，討平之，改爲流官。"清魏源《聖武記》卷七："至雍正初而有改土歸流之議，……論者謂江外宜土不宜流，江内宜流不宜土。"隨着社會制度的變革，這個意義現在已經消亡。

輪　本義是車輪。《說文·車部》："輪，有輻曰輪，無輻曰輇。"古代又有"轉動”、“周圍”、“南北的長度”、“制輪的工匠”等意義。近代發明用機器推動前進的船，叫做“輪船”，也單稱爲“輪”，於是“輪”有了一個反映近代科技的新義。《清史稿·交通志二》：“其與大輪並行於内江外海，或駛行大輪所不能達之處，則有小輪。”清高太癡《夢平倭虜記》：“兵輪不足，並以商輪繼之。”這個意義至今通用。

煤　古代指煙塵，即煙氣凝聚而成的黑灰。如《吕氏春秋·任數》：“煤炱入甑中，棄食不祥。”高誘注：“煤炱，煙主也。”宋沈括《夢溪筆談·雜誌一》：“予疑其煙可用，試掃其煤以爲墨，黑光如漆，松墨不及也。”固體燃料的煤炭，古稱“石炭”或“石墨”。近代語音變化才稱爲“煤”。《正字通·火部》：“炭，石炭，今西北所燒之煤，即石炭。”清顧炎武《日知録》卷三十二説：“石墨可書，又然之難盡，亦謂之石炭，是知石炭、石墨一物也，有精粗耳。北人凡入聲字皆轉爲平，故呼墨爲煤，而俗競作煤字，非也。”“煤”這個意義至今通用。

槍　作爲武器名，古代是長柄有尖頭的刺擊武器，有的削木而成，有的裝有金屬尖頭。《墨子·備城門》：“槍二十枚。”13世紀中國人發明以火藥發射火焰或鐵砂的火槍。宋周密《齊東野語》卷十八《二張援襄》：“越二日，又進高頭港口結方陣，各船置火槍、火炮、熾炭、巨斧、勁弩。”19世紀又指發射直徑二厘米以下子彈的射擊武器，於是“槍”的含義起了巨大的變化。如《清史稿·兵志一》：“〔咸豐〕十年，從勝保清，令八旗加練槍、炮、擡槍。”這個意義至今通用。

煙（烟）　上古指物質燃燒所生的氣狀物。《説文·火部》：“煙，火氣也。從火垔聲。烟，或從因。”晉陶潛《歸園田居》詩：“靄靄遠人村，依依墟里煙。”我國元以前没有吸煙的習慣。唐李白《鳴臯歌》詩：“青松來風吹石道，緑蘿花飛覆煙草。”句中“煙草”指煙霧籠罩的草叢，而不是現在所説的葉子煙。明代中葉，煙草由吕宋傳入中國南方，崇禎時，吸煙的習慣逐漸流行。這樣“煙”就有了一個新的意義，指煙草和煙草的製成品。清俞正燮《癸巳存稿》卷十一：“崇禎末，嘉興遍處栽種，三尺童子莫不食煙。”清文康《兒女英雄傳》四回：“我就不會吃煙，我也没叫你裝煙。”自19世紀英國人將鴉片運入中國以後，“煙”又特指鴉片煙。清林則徐《禁煙折》：“煙不禁絶，國日貧，民日弱，十餘年後，豈惟無可籌之餉，兼且無可用之兵。”清張維屏《越台》詩：“茗荈十甌水，芙蓉萬管煙。”

洋　本義是水名。《説文·水部》：“洋，水，出齊臨朐高山，東北入鉅定。”即今山東省的瀰河。古又爲盛多、廣大。《詩·陳風·衡門》:“泌之洋洋,可以樂飢。”宋元以後中國和西方世界的水路交通逐漸開放,中國人民的眼界擴大,於是“洋”産生了新義,指地球上被水面覆蓋的廣大地域。宋徐兢《宣和奉使高麗圖經》卷三十四:“黑水洋,即北海洋也。”明吳承恩《西遊記》一回:“弟子飄洋過海,登界遊方,有十數個年頭,方才游到此處。”清張燮《東西洋考·文萊》:“文萊即婆羅國,東洋盡處,西洋所自起也。”又爲外國,外國來的。清曹雪芹《紅樓夢》五十七回:“一時寶玉又一眼看見了十錦槅子上陳設的一隻金西洋自行船。”清譚嗣同《上歐陽瓣薑師書》:“且夫詈洋務者能不衣洋布,用洋物乎?”

引　本義是開弓。《説文·弓部》:“引,開弓也。”古代又有“牽挽”、“延長”、“長久”、“導引”、“招引”、“引用”等義,是一個多義詞。近代地主階級爲强化封建統治,限制人民的行動自由,外出時須由官府統一發放通行證明,叫做“引”。這樣“引”有了一個新的近代義。明施耐庵《水滸全傳》六十一回:“身邊取出假文引,教軍士看了。”明唐玉《翰府柴泥全書·托人給引》:“某欲他往,煩給一引,使奔四方關津處所,得無留難。”明吳承恩《西遊記》五十四回:“請投驛館注名上簿,待下官執名奏駕,驗引放行。”明馮夢龍《警世通言》卷二十八:“見了大尹,給引還鄉。”又《醒世恒言》卷十九:“又取出一張路引,以防一路盤詰。”這個意義現在消失了。

洲　古代指河流中由沙石泥土淤積而成的小塊陸地。《爾雅·釋水》:“水中可居者日洲。”隨着近代中國人民對整個世界認識的擴大,“洲”産生了一個新的意義,指地球上的大塊陸地及其附近島嶼。明吳承恩《西遊記》一回:“感盤古開闢,三皇治世,五帝定倫,世界之間,遂分爲四大部洲:曰東勝神洲,曰西牛賀洲,曰南贍部洲,曰北俱蘆洲。”《明史·外國傳·義大利亞》:“萬曆時,其國人利瑪竇來京師,爲《萬國全圖》,言天下有五大洲。”這個意義至今通用。

(2)新詞義源於複音詞的單音化。單音詞複音化是漢語詞滙發展的一般規律,但爲求簡捷,也有將複音詞簡化爲單音形式的。就單音詞説,因此而産生了新的意義。例如:

東　本義是東方,又作“向東”、“東西向”講。近代又作“廁所”講,可能是“東廁”的省稱。上廁所叫做“登東廁”,明施耐庵《水滸全傳》一〇三回:“小廝點燈,照我往後面去登東廁。”也叫“登東”。明馮夢龍輯《古今小説》卷二:“原來那漢子是他方客人,因登東解脱了裹肚,輸了銀子,尋找不見。”《京本通俗小説・拗相公》:“荆公登了東,覰個空,就左脚脱下一隻方舃,將舃底向土墻上抹得字跡糊塗,方才罷手。”

腐 本義是腐爛。《説文・肉部》:“腐,爛也。”用豆漿煮開後加石膏或鹽鹵凝結而成的食品叫做“豆腐”。宋陸游《書二公事》:“〔謝愕〕晨興,烹豆腐菜羹一釜,偶有肉,則縷切投其中,客至,亦不問何人,輒共食。”近代省稱爲“腐”,這樣“腐”又有了一個新的意義。明徐宏祖《徐霞客遊記・滇遊日記九》:“又一里,有數家當箐底,是爲冷水箐,乃飯於鬻腐者家。”明葉紹袁《啓禎記聞録》卷五:“菜腐等價日增。”清吴敬梓《儒林外史》二十八回:“昨日三位老爺駕到,貧僧今日備個腐飯,屈三位坐坐,就在我們這寺裹各處頑頑。”

張 本義是把弦繃在弓上。《説文・弓部》:“張,施弓弦也。”又引申出“張掛”、“設置”、“增强”、“擴大”等意義。複音詞“主張”見於上古,等於説“主持”、“主宰”。《莊子・天運》:“天其運乎? 地其處乎? 日月其争於所乎? 孰主張是? 孰綱維是?”又“張望”産生於近代,意思是向四周或遠處看,從小孔或縫隙裹看。明施耐庵《水滸全傳》二回:“只見一個人探頭探腦,在那裹張望。”“主張”和“張望”又簡稱爲“張”,於是“張”近代又産生了兩個新的意義:①主張。明吴承恩《西遊記》五十一回:“行者這才是以心問心,自張自主,急翻身,駕起祥雲,直至南天門處。”《清平山堂話本・簡帖和尚》:“那婆子聽得叫,失張失志,出去迎接來叫的官人。”②看,望。元王實甫《西廂記》三本楔子:“我張着姐姐哩。”明汪廷訥《獅吼記・奇妒》:“你且往,我去張一張,若是年幼的朋友,不許你出去。”

左 上古“左”有“輔佐”、“左邊”、“向左”、“車左”等義。複音詞“左右”也是一個多義詞,有“幫助”、“袒護”、“支配”、“兩旁”、“身邊”、“近臣”等義,近代又作“反正”、“横竪”講。元無名氏《争報恩》楔子:“左右這裹無有外人,喒兩個慢慢的吃。”明馮夢龍輯《古今小説》卷二十六:“一不做,二不休,左右是歹了。”這個意義又簡化爲“左”。於是單音詞“左”近代又有“横竪”、“反正”的意思。明葉憲祖《金翠寒衣記・楔子》:“奴家鞋弓襪小,左則走不脱。”清曹雪芹《紅樓夢》五十四回:“這些書就是一套子,左不過是些佳人才子,最没趣兒。”又六十九回:“左不過在這幾個院裹,那裹就丢了他?”

(3)新詞義由比喻用法固定而成。在人民口語裏,這種用法十分普遍,顯得生動而形象。例如:

醋　本義是調味用的酸味液體。先秦叫做"醯"。《廣韻·暮韻》:"醋,醬醋。《説文》作酢。"《宋史·食貨志下》:"賣醋毋得越郡城五里外。"近代又用"醋"或"吃醋"比喻男女關係上產生嫉妬心情。明凌濛初《初刻拍案驚奇》卷三十二:"只怕你要吃醋拈酸。"清曹雪芹《紅樓夢》二十一回:"他醋你使得,你醋他使不得。"

猴　本義是猴子。《吕氏春秋·察傳》:"故狗似玃,玃似母猴,母猴似人,人之與狗則遠矣。"近代產生一個比喻義,像猴子一樣頑皮地依偎、攀援或蹲着。清曹雪芹《紅樓夢》十四回:"寳玉聽説,便猴向鳳姐身上立刻要牌。"又十五回:"你是個尊貴人,女孩兒一樣的人品,别學他們猴在馬上。"

絮　本義是粗絲。《説文·系部》:"絮,敝綿也。"《漢書·文帝紀》:"其九十以上,又賜帛人二匹,絮三斤。"中古木棉和草棉逐漸傳入中國,"絮"又指棉絮。《藝文類聚》卷八十五引裴淵《廣州記》:"蠻夷不蠶,采木棉爲絮。""絮"柔軟而牽連成團,近代用以比喻説話重復,嘮叨。元趙顯宏《秋》:"霜壓的丹楓似染,促織兒絮的人來厭。"明湯顯祖《牡丹亭·驚夢》:"欠身參禮母親,又被母親絮了許多閑話。"清翟灝《通俗編·言笑》:"今又以言煩瑣爲絮,所謂絮叨叨也。"又引申爲厭煩。清曹雪芹《紅樓夢》三十四回:"只拿那糖醃的玫瑰鹵子和了吃,吃了半碗,又嫌吃絮了,不香甜。"

鴨　本義是家禽中的鴨子。鴨無定偶,雌鴨每與數隻雄鴨交合。因此近代"鴨"又爲罵人的話,指妻子有外遇的男人。宋莊季裕《雞肋編》卷中:"浙人以鴨爲大諱,北人但知鴨羹雖甚熱亦無氣,後至南方,乃知鴨若只一雄,則雖合而無卵,須二三始存子。其以爲諱者,蓋爲是耳,不在於無氣也。"明馮夢龍輯《古今小説》卷三:"你七老八老,怕兀誰,不出門前叫罵這短命多嘴的鴨黄兒!"明施耐庵《水滸全傳》二十五回:"鄆哥道:'你説没麥稃,怎地棧得肥腯腯地,便顛倒提起來也不妨,煑你在鍋裏也没氣?'武大道:'含鳥猢猻,倒罵得我好;我的老婆又不偷漢子,我如何是鴨?'"潘金蓮與西門慶通姦,所以鄆哥罵武大郎是鴨。

(4)新詞義因避諱或禁忌而產生。人們在交際中由於某種原因,不許、不敢或不願説出某些詞語,而要用另外的詞去代替。就另外的詞説,也因此而有了新的意義。這種情況古代有，近代也有。例如：

老、走　死的諱稱。死是人們所不願意説的，古代已有“去世”、“逝世”、“棄世”、“即世”、“百歲”、“長逝”、“長眠”、“仙遊”、“仙逝”等諱稱。近代又用“老”、“走”來代替。“老”、“走”也就有了“死”的意義。清曹雪芹《紅樓夢》十五回：“原來這鐵檻寺是寗、榮二公當日修造的，現今還有香火地畝，以備京中老了人口，在此停靈。”清文康《兒女英雄傳》三十二回：“將來我撒手一走之後，叫我們姑爺，在我墳頭裏立起一個小小的石頭碣子來。”這種用法在現代口語裏仍然常見。

快　本義是高興，愉快。《説文·心部》：“快，喜也。”引申出爽快，鋒利，迅速等義。明代用爲“筷子”義，指成雙的夾取饭菜或其他物品的細長棍兒，則是“箸”的諱稱。明陸容《菽園雜記》卷一：“民間俗諱，各處有之，而吴中爲甚。如舟行諱住，諱翻，以箸爲快兒，幡布爲抹布……今士大夫亦有犯俗稱快兒者。”明李翊《俗呼小録》：“筯謂之快。”清趙翼《陔餘叢考》卷四十三：“俗呼箸爲快子。”清徐鼒《小腆紀年》：“先是有丐者以快擊碗。”《紅樓夢》、《兒女英雄傳》中不見“筷”字，寫作“筷”是晚清以後的事。

(5)新詞義是一般詞義的引申。經過文學作品的傳播，這些新的詞義得到廣泛的應用。在現代漢語裏，大多數仍然通行，有的只保存在方言裏，有的已經不用了。例如：

趁　古代有“追逐”、“跟隨”、“趕赴”、“利用”等義，是多義詞。宋元以來又産生新義，作“挣”、“賺”講。《朱子語類》卷一一六：“如人趁錢養家一般，一日不趁，便受飢餓。”明施耐庵《水滸全傳》三十一回：“爲是他有一座酒肉店，在城東快活林内，甚是趁錢。”清高鶚《紅樓夢》九十一回：“甚至有叫他在内趁錢的。”清李寶嘉《官場現形記》七回：“頂好就把這辦機器的差使委了他，等他好趁兩個。”這個意義還保存在現代吴語和閩語中。

拐　本義是拐杖。《廣韻·蟹韻》：“拐，手脚之物枝也。”宋釋惠洪《冷齋夜話》卷八：“劉跛子，青州人，拄一拐，每歲必一至洛中看花。”近代産生“拐騙”的意思。元張國賓《羅李郎》四折：“侯興拐出我來，賣與這老爹家。”清吴敬梓《儒林外史》三十三回：“王鬍子在路見不是事，拐了二十兩銀子走了。”清曹雪芹《紅樓夢》四回：“那日買了一個丫頭，不想是拐子拐來賣的。”清文康《兒女英雄傳》十七回：“倒好像誰要拐你物似的。”這個意義現代通用。

黄　本義是黄色。《易·坤》:“天玄而地黄。”葉子枯萎顔色變黄,比喻事情失敗或落空。這是“黄”近代産生的新義。如清曹雪芹《紅樓夢》八十回:“薛蟠聽了這話,又怕鬧黄了寶蟾之事,忙又趕來罵香菱。”這個意義現代仍通用。

繳　本義是生絲綫,音 zhuó。《説文·糸部》:“繁,生絲縷也。从糸,敫聲。”又爲纏繞,音 jiǎo。《史記·太史公自序》:“名家苛察繳繞。”近代産生“交納”的意義。明施耐庵《水滸全傳》十六回:“不争你把了生辰綱去,教俺如何回去見得梁中書,這紙領狀須繳不得。”明吴承恩《西遊記》十四回:“今日他的難滿,吾等回見如來,繳此封皮去也。”明馮夢龍輯《古今小説》卷四十:“就所在地方,討個病狀回繳。”這個意義現代通用。

臊　古代指豬狗之類的腥臭味,音 sāo。《説文·肉部》:“臊,豕膏臭也。”《吕氏春秋·本味》:“水居者腥,肉玃者臊,草食者羶。”近代産生難爲情或使難爲情的意思,音 sào。清曹雪芹《紅樓夢》十二回:“賈瑞不看則已,看了時真臊的無地可入,——你道是誰?却是賈蓉。”清吴敬梓《儒林外史》二十二回:“怎麽當着董老爺臊我。”這個意義現代仍然存在。

騙　本義是擡起一條腿跨上(馬),騎。唐玄應《一切經音義》卷七引後魏宋世良《字略》:“騙,躍上馬也。”《南史·蘭欽傳》:“宋末隨父子云在洛陽,恒於市騙橐駞。”唐張鷟《朝野僉載》卷四:“長弓短度箭,蜀馬臨阶騙。”宋元産生“欺騙”義,保存至今。宋周密《癸辛雜識·烏賊得名》:“蓋其腹中之墨可寫僞契卷,宛然如新,過半年則淡然如無字,故狡者專以爲騙詐之謀,故謚曰賊云。”明姚茂良《精忠記·争裁》:“雖則是本分營生,免不得東騙西騙。”《京本通俗小説·菩薩蠻》:“我一個身子被他騙了,先前説過的話,如何賴得?”

破　本義是破裂,古代已是多義詞。近代又作“拚”、“豁出去”講。如元賈仲名《對玉梳》一折:“奶奶,破着我二十載綿花,也要和他睡一夜,方遂我平生之願。”明蘭陵笑笑生《金瓶梅詞話》二十四回:“我破着這命,擯兑了你,也不差甚麽。”(《新編繡像批評金瓶梅》作“拚着這命”)清西周生《醒世姻緣傳》九十五回:“我破着不回你山東去,打死没帳。”

腆　本義是飯菜豐盛。《説文·肉部》:“腆,設膳腆,腆,多也。”近代引申出“挺起(胸脯)"、"凸出(肚子)"的意思。元紀君祥《趙氏孤兒》五折:"你看他腆着胸脯,粧些兒勢況。"元馬致遠《薦福碑》二折:"他腆着胸脯,眼見得昂昂傲。"清吴敬梓《儒林外史》三回:"屠户横披了衣服,腆着肚子去了。"這個意義現代仍然存在。

從詞性看,有的新義産生,詞性不變,名詞仍爲名詞,動詞仍爲動詞,等等。例如:

回 本義是旋轉,回繞。動詞。《説文・口部》:"回,繞也。"《詩・大雅・雲漢》:"倬彼雲漢,昭回於天。"近代引申爲"賣"、"買"。仍是動詞。元姚守中《粉蝶兒・牛訴冤》曲:"好材兒賣與了鞋匠,破皮兒回與農夫。"明施耐庵《水滸全傳》三十二回:"主人家,你真個没東西賣?你便自家吃的肉食,也回些與我吃了,一發還你銀子。"明凌濛初《初刻拍案驚奇》卷八:"兩人一同上酒樓來,陳大郎便問酒保打了幾角酒,回了一腿羊肉,又擺上些雞魚肉菜之類。"清西周生《醒世姻緣傳》六回:"果然用了二十八兩銀子,向宦家回了一頂全副大轎來。"

吐 本義是使東西從嘴裏出來。動詞。《詩・大雅・烝民》:"柔則茹之,剛則吐之。"近代又作武術用語,亮出,擺出(架勢)。也是動詞。元無名氏《獨角牛》三折:"我恰才吐架子左閃來右閃。"明施耐庵《水滸全傳》七十四回:"〔燕青〕把布衫脱將下來,吐個架子。"清文康《兒女英雄傳》六回:"只見那瘦子緊了緊腰,轉向南邊,向着那女子吐了個門户,把左手攏住右拳頭,往上一拱,説了聲'請'。"

有的詞義引申,詞性改變。例如:

漿 本義是一種微帶酸味的飲料。名詞。《詩・小雅・大東》:"或以其酒,不以其漿。"近代引申爲漿洗,即用粉漿或米湯浸紗、布、衣服,使乾後發挺。動詞。元方回《日長三十韻寄趙賓》詩:"敗絮熏還曝,麄絺洗更漿。"明施耐庵《水滸全傳》九回:"但有衣服,便拿來家裏漿洗縫補。"明蘭陵笑笑生《金瓶梅》七十二回:"趁韓嫣在這裏,替爹漿出這汗衫子和綿紬褲子來。"清曹雪芹《紅樓夢》四十六回:"他嫂子也是老太太那邊漿洗的頭兒。"

糟 本義是帶滓的酒糟。《説文・米部》:"糟,酒滓也。"劉向《新序・節士》:"桀爲酒池,足以運舟;糟丘,足以望七里。"近代又作"朽爛"講。動詞。元賈仲明《裴度還帶》三折:"我則見梁漕椽爛根柱糟。"又作"壞"、"不好"講。形容詞。清文康《兒女英雄傳》十回:"這事更糟了,怎麽和尚腦袋上會長出辮子來呢?這不是野岔兒嗎?"

2. 單音詞新義的數量

近代漢語單音詞産生新義的情況並不平衡。有的只産生一個新義,有的産生幾個新義。而這些新義有的至今保留,有的部分保留,有的完全消失。如:

爬　這是中古産生的詞。意思是“搔,爬梳。”《廣韻·麻韻》:“爬,搔也。”晉傅玄《鬥雞賦》:“或爬地俯仰,或撫翼未舉。”近代産生至少兩個意義:①手脚並用向前或向上移動。明施耐庵《水滸全傳》五回:“打鬧裏,那大王爬出房門,奔到門前。”清曹雪芹《紅樓夢》二十七回:“原來爬上高枝兒去了,不把我們放在眼裏了。”②趴,胸腹朝下卧倒。清文康《兒女英雄傳》十六回:“〔十三妹〕趁勢就是一個潑脚,把周三踢得爬在地下。”現代①義普遍應用,②義保存在方言裏。

掉　本義是摇動,摇擺。《説文·手部》:“掉,摇也。”《左傳·昭公十一年》:“末大必折,尾大不掉。”引申出“振動”、“轉動”、“調换”、“扶正”、“擺弄”等義。近代産生了三個意義:①落下。明康海《滿庭芳·晴望》:“園林一帶青如掉,山色周遭。”②遺失。清曹雪芹《紅樓夢》二十六回:“小紅見賈芸手裏拿塊絹子,倒像是自己以前掉的。”③用在某些動詞後面表示動作的完成。如清劉鶚《老殘遊記》十五回:“衣裳我都已穿在身上,並没有燒掉。”現代漢語裏①②③義都保留。

扯　字本作“撦”,産生於中古,拉的意思。《敦煌變文集·燕子賦》:“遂被撮頭拖曳,捉衣撦擘。”元王實甫《西廂記》三本三折:“撦到夫人那裏去。”宋代開始寫作“扯”。清趙翼《陔餘叢考》卷四十三:“俗云以手牽物曰扯,然經書無此字。《宋史·杜紘傳》:‘伴夏國使入見,夏使欲有所陳乞,紘連扯之乃不敢言。’扯字始見於此。”近代“扯”字産生了四個新義:①拔出。元無名氏《度翠柳》二折:“你覷那鬼頭刀親行刃,你把的龍泉劍扯在手。”明鄭虚舟《大揭帖·錦衣香》:“碧桃花下,鳳凰把翎毛生扯。”②撕,咧(liě)。元楊果《仙吕·翠裙腰》:“駡你個負心賊堪恨,把一封寄來書都扯做紙條兒。”明施耐庵《水滸全傳》四十五回:“和尚扯着口嘻嘻的笑道。”③漫無邊際地閑談。清西周生《醒世姻緣傳》二回:“你没得扯談,你認得我是誰?”清曹雪芹《紅樓夢》十九回:“這就扯謊,自來也没有聽見這山。”④依託,擺。明凌濛初《二刻拍案驚奇》卷十一:“焦大郎本是慷慨心性,愈加扯大,道是靠着女兒、女婿,不憂下半世不富貴了。”現代漢語①②③義保留,④義消失。

混　本義是水勢盛大。《説文·水部》:“混,豐流也。”古代又有“混合”、“混用"、"混濁"、"糊塗"等義。近代産生至少三個意義:①攪,鬧。元鄭光祖《倩女離魂》一折:"他是掣風濤混海鯨鼇。"明施耐庵《水滸全傳》三十七回:"那船頭上立的大漢正是混江龍李俊。"②蒙混,冒充。明吴承恩《西遊記》七十四回:"有甚話,當面來説便好,怎麽裝做山林之老魔來混我。"清曹雪芹《紅樓夢》四回:"姨太太的牌也生了,咱們一處坐着,别叫鳳丫頭混了我們去。"③開玩笑的,隨意的。明施耐庵《水滸全傳》四十九回:"雖然别人叫小人這等混名,實不曾陷害良善。"現代漢語②③義保存,①義消亡。

幫　本義是鞋幫,即鞋的邊緣部分。《廣韻·唐韻》:"幫,衣治鞋履。"宋蔣捷《柳梢青·遊女》:"柳雨花風,翠松裙褶,紅染鞋幫。"近代産生五個引申義:①物體兩旁或周圍的部分。《明史·河渠志二》:"俱岸寬百丈,深逾二丈,乃銅幫鐵底故道也。"清曹雪芹《紅樓夢》十三回:"大家看時,〔棺材〕幫底皆厚八寸,紋若檳榔,味若檀麝。"②靠近,挨近。元無名氏《馮玉蘭》三折:"梢子,將俺的船略挪上前,幫在那空船一搭裏者。"清吴敬梓《儒林外史》五十一回:"只見下水頭支支查查又摇了一隻小船來幫着泊。"③幫助。元尚仲賢《氣英布》一折:"你這一去若不得成功,等我來幫你。"明施耐庵《水滸全傳》七十四回:"我好意來幫你,你倒翻成惡意。"④從旁挾持。明施耐庵《水滸全傳》十九回:"杜遷、宋萬、朱貴本待要向前來勸,被這幾個緊緊幫着,那裏敢動。"明吴承恩《西遊記》五十八回:"你一個幫住一個,等我暗念緊箍兒咒,看那個害痛便是真,不痛便是假。"⑤夥、群。特指由於一定目的而結成的集團。清楊錫紱《乾隆十一年閏三月初一日奏狀》:"長沙船户稱爲祖護,輒將差役毆打,並與同幫水手五六十人,拾石亂擲,將知縣轎窗打碎。"《清史稿·食貨志三·漕運》:"江浙兩省運白糧船原定蘇州、太倉爲一幫,松江、常州各爲一幫。"現代漢語①③⑤義都保存。

閃　本義是從門内偷看。《説文·門部》:"閃,闚頭門中也。"又爲光亮突然顯現或忽明忽暗。唐劉禹錫《七夕》:"餘霞張錦幛,輕電閃紅綃。"近代産生五個新義:①突然出現。明羅貫中《三國演義》一回:"爲首閃出一將,身長七尺,細眼長髯。"②拋撇。元馬致遠《青衫淚》二折:"你好下得白解元,閃下我女少年。"明施耐庵《水滸全傳》三十四回:"閃得我有家難奔,有國難逃。"③扭傷,挫傷。元王實甫《西廂記》四本三折:"夫人休閃了手,且息怒停嗔。"明施耐庵《水滸全傳》四十二回:"有幾個攧翻了的，也有閃朒（朒）了腿的，爬的起來奔命。"④急速躲避。明施耐庵《水滸全傳》十一回："林冲趕將去，那裏趕得上，那漢子閃過山坡去了。"明吴承恩《西遊記》二回："他閃過，拿起那板大的鋼刀，望悟空劈頭就砍。"⑤閃失，意外受挫。明施耐庵《水滸全傳》十二回："指望把一身本事，邊庭上一槍一刀，博個封妻蔭子，也與祖宗争口氣，不想又吃這一閃。高太尉，你忒毒害，恁地克剥。"現代漢語除②義外，其餘四個意義都保存。

扣 本義是牽（馬）。《説文·手部》："扣，牽馬也。"又有"敲擊"、"碰觸"、"靠近"、"詢問"等義。近代産生至少七個意義：①系，用環狀的東西套住。明蘭陵笑笑生《金瓶梅》八十三回："與他幾鐘酒灌醉了，倒扣在他廚房内。"明馮夢龍《警世通言》卷三十四："取原口香羅帕，向咽喉扣住。"清文康《兒女英雄傳》三十八回："一手扣着胸坎兒上的鈕子，一手理着鬢角兒。"②繩打的疙瘩。明吴承恩《西遊記》七十六回："把一頭拴着妖怪的心肝上，打做個活扣兒。那扣兒不扯不緊，扯緊就痛。"③拉開。明羅貫中《三國演義》二十回："〔曹〕操就討天子寶雕弓，金鈚箭，扣滿一射，正中鹿背，倒於草中。"④器物口朝下罩住别的東西。清林則徐《荆江堤工平穩折》："經臣覓水摸多人，入水探明所裂之處，用棉被包裹石灰，接連堵塞，復用大鍋扣住。"⑤扣留。明馮夢龍輯《古今小説》卷四十："那知州姓賀，奉了這項公事，不敢怠慢，即時扣了店主人到來，聽四人的口詞。"清曹雪芹《紅樓夢》三十六回："我倒樂得給他們呢，只是外頭扣着。"⑥扣除，從原數額中減去一部分。明文秉《烈皇小識》卷五："營兵每餉銀二兩二錢，乃每名扣除四錢、七錢不等。"明馮夢龍《醒世恒言》卷三："從明日爲始，逐日將本錢扣出，餘下的積趲上去。"⑦限定數額，不使超過。清吴敬梓《儒林外史》九回："我這酒是扣着水下的，還是這般淡薄無味。"清林則徐《籌議嚴禁鴉片章程折》："自奉文之日起，扣至三個月爲初限，如吸之人，於限内改悔斷絶赴官投首者，……准予免罪。"現代漢語③義消亡，其餘各義保存。

兜 本義是古代武士作戰時戴的頭盔，即胄。《説文·兜部》："兜，兜鍪，首鎧也。"近代産生九個引申義：①形狀像兜鍪的帽子。明瞿佑《歸田詩話·宋故宫》："西僧皆戴紅兜帽也。"清曹雪芹《紅樓夢》四十九回："見探春正從秋爽齋出來，圍着大紅腥腥氈的斗蓬，帶着觀音兜。"②口袋一類的東西。明施耐庵《水滸全傳》三十八回："〔李逵〕就地下擄了銀子，又搶了别人賭的十來兩銀子，都摟在布衫兜裏。"

③用衣襟等盛東西。章炳麟《新方言》卷二:“今以手、裳承接者通謂之兜,兜即受也。”明施耐庵《水滸全傳》一一八回:“〔盧先鋒〕急令差遣前部軍兵,各人兜土塊入城。”明凌濛初《二刻拍案驚奇》卷三十六:“〔王甲〕一日在江邊捕魚,見灘上有兩件小白東西……將衣襟兜住,却似蓮子大兩塊小石子。”④蒙、蓋。明馮夢龍《醒世恒言》卷八:“賓相念起詩賦,請新人上轎,玉郎兜上方巾,向母親作別。”明凌濛初《初刻拍案驚奇》卷二:“〔吴大郎〕揭帳一看,只見兜頭睡着,不敢驚動他。”⑤繞。明施耐庵《水滸全傳》二十三回:“那大蟲又剪不着,再吼了一聲,一兜兜將回來。”清文康《兒女英雄傳》六回:“只見那人頭上罩一方大紅縐綢包頭,從腦後燕尾邊兜向前來,擰成雙股兒,在額上紥一個蝴蝶扣兒。”清夏燮《中西紀事》卷六:“如省河打仗時,可以出奇由花疊兜其後路。”⑥舀。明施耐庵《水滸全傳》十六回:“一個客人便去揭開桶蓋,兜了一瓢,拿上便吃。”明凌濛初《初刻拍案驚奇》卷三十一:“丢兒就把這兩罈好酒提出來,開了泥頭,就兜一碗好酒,先敬陳林吃。”⑦勒,拉。明施耐庵《水滸全傳》十三回:“正牌軍索超出馬直到陣前,兜住馬,拿軍器在手,果是英雄豪傑。”明吴承恩《西遊記》三十回:“是微臣兜弓一箭,射倒猛虎。”⑧迎,朝。明馮夢龍《警世通言》卷十一:“皂隸兜臉打了一啐。”清曹雪芹《紅樓夢》二十四回:“秋紋兜臉啐了一口道:‘没臉面的下流東西!’”⑨立刻。元王實甫《西廂記》二本一折:“從見了那人,兜的便親。”明陳大聲《好事近》曲:“兜上心來,教人難想難猜。”現代漢語②③⑤義保存,其餘各義消亡。

二、近代漢語複音詞詞義的發展

複音詞的進一步多義化是近代漢語詞義發展的特點之一。複音詞開始産生時,詞義大都比較單純。但是從上古到中古複音詞已經明顯地向多義化的方向發展。到了近代,多義的複音詞進一步大量增加。常用的複音詞大部分多義化了,非常用詞仍然以單義爲主。近代複音詞産生的新義有多有少,這些新義的生命力有强有弱,在現代漢語裏可分以下五種情況:

1. 古代義和近代義並存。

例如:

褒貶　古義是讚美和諷刺。杜預《春秋左氏傳序》:“《春秋》雖以一字爲褒貶,然皆須數句成言。”近代有時偏用“貶”義，有“批評”、“指摘”的意思。明吳承恩《西遊記》七十四回：“八戒笑道：‘你這老公公不高興，有些兒好褒貶人。’”清曹雪芹《紅樓夢》十九回：“二則本性要强，不肯落人褒貶，只紮挣着與無事的人一樣。”現代兩義並存。

表揚　古義是公開讚美，讓大家知道。《宋書·隱逸傳·王弘之》：“垂鑒側微，表揚隱介。”宋葉夢得《石林燕語》卷五：“褒忠碑者，皇帝神筆表揚故相岐國公執中之遺烈也。”近代又有“宣揚”、“張揚”義。明李贄《復焦弱侯書》：“此一等人心身俱泰，手足輕安，既無兩頭照顧之患，又無掩蓋表揚之醜，故可稱也。”現代第一義常用，第二義也有用的。如郭沫若《棠棣之花》第二幕：“他的姓名因爲有點緣故，請你不要替他表揚。”

合計　古義是“合在一起計算，統計”。《周禮·天官·小宰》“聽師田以簡稽”鄭玄注：“合計其士之卒伍，閱其兵器，爲之要簿也。”近代産生“合謀，共同商量”的意思。明馮夢龍《警世通言》卷二十四：“分明是皮氏串通王婆，和趙監生合計毒死男子。”明凌濛初《初刻拍案驚奇》卷六：“而今還有一個正經的婦人，中了尼姑毒計，到底不甘，與夫同心合計，弄得尼姑死無葬身之地。”現代兩義並存。

2. 近代義保存，古代義消亡。

例如：

官司　古指百官或官府。《左傳·隱公五年》：“若夫山林川澤之實，器用之資，皂隸之事，官司之守，非諸侯之所親也。”晉葛洪《抱朴子·酒戒》：“嚴令重申，官司搜查。”近代産生“訴訟”義。元無名氏《鴛鴦被》一折：“可不連累我，倒替你吃官司。”清曹雪芹《紅樓夢》四回：“他這件官司並無難斷之處，從前的官府，都因礙着情分臉面，所以如此。”現代只用“訴訟”義。

客氣　古代有“言不由衷”、“虚誇浮泛”、“一時的意氣”等意思。《宋書·顔延之傳》：“雖心智薄劣，而高自比擬，客氣虚張，曾無愧畏。”唐劉知幾《史通·雜説中》：“其書文而不實，雅而無檢，真跡甚寡，客氣尤煩。”宋司馬光《趙滋劄子》：“今滋數乘客氣以傲使人，争小勝以挑强胡。”近代産生“謙讓”、“講禮儀”義。清李漁《玉搔頭·媲美》：“你二人都不消客氣，寡人决不爲舊人情好，薄待新人；也决不爲新人義重，冷落舊人。”現代只用“謙讓”、“講禮儀”的意思。

圈套　中古指某種固定的做法。《朱子語類》卷一二〇：“某不是要教人步步相循，都來入這圈套，只是要教人分別是非，教明白是底還他是，不是底還他不是。”近代産生新義，指引誘人上當或受害的計謀。明施耐庵《水滸全傳》三十回：“叵耐張都監那廝，安排這般圈套害我。”明蘭陵笑笑生《金瓶梅》二十回：“誰知道人在背地裏，把圈套做的成成的。”現代只作“引誘人上當或受害的計謀”講。

完聚 上古是修葺城郭，聚集糧食。《左傳・隱公元年》：“大叔完聚，繕甲兵，具卒乘，將襲鄭。”近代産生“團聚”、“團圓”義。《清平山堂話本・風月瑞仙亭》：“倘後父親想念，搬回一家完聚，也未可知。”明凌濛初《二刻拍案驚奇》卷三：“我和你自幼相許，今日完聚，不足爲奇。”清曹雪芹《紅樓夢》七十二回：“老爺才來家，每日歡天喜地的説骨肉完聚。”現代書面語保存“團聚”、“團圓”的用法。

張羅 上古是張網捕鳥。《戰國策・東周策》：“譬之如張羅者，張於無鳥之所，則終日無所得矣。”又比喻搜捕罪犯。《後漢書・寇恂傳附寇榮》：“張羅海内，設置萬里。”近代産生“料理，應酬”義。元元遺山《驟雨打新荷》曲：“窮通前定，何用苦張羅。”清曹雪芹《紅樓夢》三十八回：“你不慣張羅，你吃你的去。”現代只用“料理”、“應酬”義。

3. 古代義保存，近代義消亡。

這些詞的古代義大都已得到廣泛的通行，近代義則帶有時代的特色。由於近代義所反映的客觀事物消失，或者爲相應的詞所替代，往往在發展中消失了。例如：

波浪 從中古到現代都指江河湖海起伏不平的水面。《玉篇・水部》：“波，波浪也。”唐杜甫《秋興》八首之一：“江間波浪兼天涌，塞上風雲接地陰。”近代又産生“風流”、“俊俏”義。元馬致遠《青衫淚》（柳枝集本）二折：“小子金銀又多，又波浪，你不陪我，却陪的那様人？”元戴善夫《風光好》二折：“一劃地疏狂，千般的波浪。”“風流”、“俊俏”義現代已消失。

傳達 古代是把一方的意思轉告給另一方。《周禮・夏官・太僕》：“大喪，始崩，戒鼓，傳達于四方。”這個意義古今通用。明馮夢龍《警世通言》卷二十五：“施還在門上候了多時，守門的推三阻四不與他傳達。”近代又産生“轉移遞送”義。明沈德符《野獲編補遺・畿輔・安樂堂》：“内廷宫人無位號名而病故，或以譴責死者，其尸傳達安樂堂。”“轉移遞送”義現代不用。

方略 古今都有“計謀”、“策略”的意思。《荀子・仲尼》：“鄉方略，審勞佚，畜積、修門而能顛倒其敵者也。"《史記·霍去病列傳》:"天子嘗欲教之孫吴兵法。對曰:'顧方略何如耳,不至學古兵法。'"近代産生"對付"義。清西周生《醒世姻緣傳》八十八回:"你且稍停,我方略了這兩個,再與你説話。"現代不用"對付"義。

富貴　始見於上古,指富裕而顯貴,或富裕而顯貴的人和人家。《史記·陳涉世家》:"苟富貴,無相忘。"近代産生三個意義:①財物,財寶。明施耐庵《水滸全傳》十四回:"他是天下聞名的義士好漢,如今我有一套富貴説與他聽,因此而來。"②寶貴,珍貴。元無名氏《百花亭》一折:"楊柳映,杏花遮,東風外,酒旗斜。四時中惟有春三月,光陰富貴,景物重叠。"③富足,富有。《武王伐紂平話》卷上:"又況我武王倉庫不貧,國中富貴。"現代漢語保存上古義,三個近代義消失。

家長　始見於上古,指一家之主。《墨子·天志上》:"若處家得罪於家長,猶有鄰家所避逃之。"近代産生兩個意義:①丈夫。元岳伯川《鐵拐李》二折:"你便守煞呵,剛捱到服滿三年,你嫁個知心可意的新家長。"②船家,船主。明馮夢龍《警世通言》卷五:"吕玉聞説驚慌,急叫家長開船,星夜趕路。"明李翊《俗呼小録·世俗語音》:"船家,艄子也。又爲艄公,今皆稱家長或船家長。"現代漢語古義保存,兩個近代義消失。

耐煩　也作"奈煩",古代是忍受麻煩。魏嵇康《與山巨源絶交書》:"心不耐煩,而官事鞅掌,機務纏其心,世故繁其慮。"近代産生兩個意義:①願意。明施耐庵《水滸全傳》三十八回:"李逵道:'不奈煩小盞吃,换個大碗來篩。'"明蘭陵笑笑生《金瓶梅詞話》十七回:"他逐日睡生夢死,奴那裏耐煩和他幹這營生。"②舒服。明蘭陵笑笑生《金瓶梅》五十回:"我這裏不奈煩,又身上來了,不方便,你往别人屋裏睡去不是。"清曹雪芹《紅樓夢》三十五回:"請了半天,只有探春、惜春兩個來了,迎春身上不耐煩,不吃飯。"現在"忍受麻煩"義保留,"願意"義保存在雲南方言中,"舒服"義已經消亡。

師範　古今都指"學習的模範"。《後漢書·趙壹傳》:"君學成師範,縉紳歸慕。仰高希驥,歷年滋多。"《北史·楊播倫傳》:"恭德慎行,爲世師範。"近代又有"師父"、"老師"義。元喬吉《金錢記》二折:"着宋玉爲師範,巫娥做生員。"明吴承恩《西遊記》七十七回:"保護唐僧,拜爲師範。"現代不用"師父"、"老師"義。

主持　始見於中古。"掌管"、"作主"的意思。唐盧仝《月蝕》:"星辰任廷尉,天律自主持。”近代産生三個意義：①主張，主意。名詞。元武漢臣《玉壺春》四折：“多謝你大恩人做主持。”②支撑。明吕坤《逝者吟》：“車輪千里行，恃軸爲主持。”③負責掌管寺院的人的職稱。明馮夢龍《醒世恒言》卷十二：“神宗道：‘卿既爲僧，即委卿協理齋事，異日精嚴戒律，便可作本寺主持。’”現代漢語“掌管”、“作主”義保存，①②兩個近代義都已消亡，③義在一定場合中應用。

4. 古代義和近代義都不存在。

有的形義俱亡，成爲一個死去的詞；有的現代形式上存在，但意義不同。例如：

承受　上古到近代都有“接受”的意思。《左傳・隱公八年》：“寡君聞命矣，敢不承受君之明德？”明吴承恩《西遊記》十二回：“玄奘法師大有緣，現前此物堪承受。”近代又産生“繼承”義。明馮夢龍輯《古今小説》卷十：“若是爲田地上壞了手足親情，到不如窮漢赤光光没得承受，反爲乾浄，省了許多是非口舌。”現代漢語“承受”是“承擔”、“經受”的意思，與原義不完全相同。

德性　古代指人的自然至誠的品性。有褒義。《禮記・中庸》：“故君子尊德性而道問學。”鄭玄注：“德性，謂性至誠者也。”近代産生“品性”、“品質”義。中性詞。清李漁《風箏誤・和鷂》：“就當才貌都有了，那舉止未必端莊，德性未必貞静。”現代“德性”只在某些方言裏出現。有的指某些不入眼的模樣、品行。如曹禺《日出》第三幕：“大爺有的是洋錢，可就憑你這德性〔向黑三〕，一個子也不值。”有的指性格、脾氣。李劼人《暴風雨前》：“他嫂嫂之與他處得好，就由於在後來摸了他這兩種德性，善能迎合利用，使他忘了自己。”

即世　古代是去世，死去。《左傳・成公十三年》：“穆襄即世，康靈即位。”唐杜甫《哭王彭州掄》：“夫人先即世，令子各清標。”近代産生“今世”、“在世”義。元無名氏《謝金吾》二折：“撇下了即世的婆婆，却教俺怎支援，怎發付，怎結束？”元張小山《齊天樂過紅衫兒・湖上書所見》小令：“小桃花，鬢邊插，即世兒風流俊煞。”又有“世故”義，也作“即即世世”。元鄧玉賓《村邊迓古・仕女圓社氣球雙關》套曲：“你看他行針走綫，拈花摘葉，即世裏帶着虚囂。”元王實甫《西廂記》二本三折：“誰承望即即世世老婆婆，着鶯鶯做妹妹拜哥哥。”現代已不用這個詞。

口號　始見於六朝，爲古詩標題用語，表示隨口吟成。梁簡文帝有《仰和衛尉新渝侯巡城口號》詩，唐張説有《十五日夜御前口號踏歌詞》二首，唐李白有《口號吴王美人半醉》詩。近代産生兩個意義：①打油詩，順口溜。元喬吉《金錢記》三折："我與師父做了幾句口號……'這個先生實不中，九經三史幾曾通？自從你到書房内，字又不寫書懶攻。'"明凌濛初《初刻拍案驚奇》卷五："於時有六句口號：'仙翁知微，判成定數。虎是神差，佳期不挫。如此媒人，東道難做。'"②口令，口頭暗號。元無名氏《争報恩》一折："俺去稍房裏説話，小妳妳，休大驚小怪的，我有個口號兒：'赤、赤、赤。'……這個好似俺梁山上宋江哥哥的暗號。"明羅貫中《三國演義》七十二回："夏侯惇入帳，稟請夜間口號。"現代漢語"口號"是供口頭呼喊用的帶有綱領性和鼓動作用的簡短句子。原有意義只在書面語中偶然出現，口語已不用了。

理論　産生於中古，是"説理立論"、"依理評論"的意思。《北史・崔光韶傳》："光韶博學强辯，尤好理論，至於人倫名教，得失之間，榷而論之，不以一毫假物。"唐鄭谷《故少師從翁追記》："理論知清越，生徒得李頻。"近代産生三個新義：①據理争論；辯論。元無名氏《馮玉蘭》一折："你何須緊廝跟，擋咽喉强劫人，好教我哭啼啼難理論，待向前還倒褪。"明馮夢龍《醒世恒言》卷三十四："若先嚷破了，反被他做了準備，不如竟到官司，與他理論。"②計較，注意。明湯顯祖《紫釵記・節鎮宣恩》："如今盧府着忙．不暇理論到此事。"清蔣士銓《第二碑・上塚》："小人們祖父居此，竈側有個古墳，向來也不理論，及布政司錢爺來此立碑，始知是婁妃舊墓。"③道理，理由。元無名氏《留鞋記》三折："你既是個女子，怎生不守閨門之訓？這繡鞋兒却在郭華懷中，有何理論？從實招來，休討打吃。"現代漢語"理論"是系統的理性知識，與原有的意義都不同。

隆重　古代是地位尊貴。《宋書・孔琳之傳》："羨之内居朝右，外司輦轂，位任隆重，百辟所瞻。"《梁書・范雲傳》："及居選官，位守隆重，書牘盈案，賓客滿門。"近代産生動詞義，表示非常重視，清曹雪芹《紅樓夢》六十三回："原來天子極是仁孝過天的，且更隆重功臣之裔，一見此本，便詔問賈政何職。"現代漢語"隆重"是"盛大莊嚴"的意思，上述兩個意義都不用。

坐頭　唐代是"首座"、"首席"義。唐趙璘《因話録》卷二："李尚書益，有宗人庶子同名……嘗姻族間有禮會，尚書歸，笑謂家人曰：'大堪笑，今日局席兩個坐頭，總是李益。'"明方以智《通雅・稱謂》："首座謂之客，唐謂之坐頭。"近代又指坐位。明施耐庵《水滸全傳》二十九回："武松看了，瞅着醉眼，徑奔入酒店裏來，便去櫃身相對一副坐頭上坐了，把雙手按着桌子上。”明馮夢龍輯《古今小説》卷五：“衆客人尋行逐隊，各據坐頭討漿索酒。”明馮夢龍《醒世恒言》卷三十七：“走上酒樓，揀副坐頭坐下。”現代已不用這個詞。

5. 近代産生兩個或多個詞義，其中一部分保留，一部分消失。

例如：

創見　開始出現於漢代，是“第一次出現”的意思。漢司馬相如《封禪文》：“休烈浹洽，符瑞衆變，期應紹至，不特創見（xiàn）。”近代産生兩個意義：①初見，少見。元劉壎《隱居通義・文章八》：“一日，父子東歸，初無奇節，初非甚高難行之事，送者車數百兩，至泣下咨嗟。至寫爲圖畫以傳，豈出其刱（創）見故耶?”清陳森《品花寶鑒》五回：“子雲、次賢領着他到園内逛了一逛，這些房屋與那鋪設古玩等物，都是平生創見，倒細細的遊玩了一會。”②獨到的見解。明沈德符《野獲編補遺・著述・季漢書》：“可見前人識見，高出後學，遇事便出手做成。蓋不特謝生之書，非出刱見，即吴之舊本，亦徒自苦耳。”現代保存“獨到的見解”義，其餘各義消亡。

伎倆　始見於六朝，“技能”、“本領”的意思。三國魏劉劭《人物志・流業》：“蓋人流之業，十有二焉，……有伎倆。”近代産生兩個意義：①手段，花招。明馮夢龍《醒世恒言》卷七：“大尹喝退高贊，唤尤辰上來，罵道：‘弄假成真，以非爲是，都是你弄出這個伎倆。’”②狡詐。明蘭陵笑笑生《金瓶梅詞話》二十回：“我罵你句真伎倆，媚人狐黨，沖一片假心腸?”現代保留“手段”、“花招”義，其餘義消亡。

結果　本佛家語。以種樹比喻人事，指人的歸宿。隋闍那崛多譯《佛本行集經》：“遠因結遠果，近因結近果，善因結善果，惡因結惡果，無因結無量果。”近代産生四個意義：①結局，了結。元尚仲賢《氣英布》一折：“英布今番去波，不争我服事重瞳没個結果。”《京本通俗小説・錯斬崔寧》：“只管做這没天理的勾當，須終不是個好結果。”②結束。金董解元《西廂記諸宫調》卷二：“亂軍門外，要幼女鶯鶯，怎生結果。”元張壽卿《紅梨袍》四折：“雖然是劉公弼使的機變，趙汝州偏能顧戀，到底是紅梨花結果了這一段姻緣。”③處死。元李文蔚《燕青博魚》一折：“衙内，只等結果了他，咱就没人管着的了。”④現錢。明施耐庵《水滸全傳》二十回：“宋江又問道：‘你有結果使用麽?’閻婆答道：‘實不瞞押司説，棺材尚無，那討使用?’”現代漢語保存“結局”、“了結”及“處死”義，②④義已消失。

堂客　中古指堂上客人。隋《元鐘墓誌》：“堂客不空，桂蹲恒滿。”近代産生四個意義：①女客。清曹雪芹《紅樓夢》七十一回："寧國府中單請官客，榮國府中單請堂客。"清李鬥《揚州畫舫録》卷十一《虹橋録》："畫舫有堂客、官客之分，堂客爲婦女之稱。"②婦女，特指已婚婦女。清曹雪芹《紅樓夢》四回："況他是個極風流人品，家裏頗過得，素性又最厭惡堂客，今競破價買你，後事不言可知。"清張南莊《何典》四回："他説不論年紀、窮富、細娘、堂客，只要生得標緻。"③妻子。清吴敬梓《儒林外史》二十七回："到明日，拿四樣首飾來，仍舊叫我家堂客送與他。"④妓女。《白雪遺音·馬頭調·窩娼》："有一位吴太爺，一到就把堂客斷。刑法兒新鮮，妓女兒剃去了頭髮；包家子，削去了眉尖。"現代"堂客"在方言裏保存，泛指婦女，特指妻子。

上述例子，表明近代漢語複音詞多義化的傾向已十分顯著。這種傾向也表現在新詞上面。一些中古末期乃至於近代才産生的複音詞，很快就以多義詞的面貌出現，而且相當複雜。例如：

薅惱　也作"蒿惱"。有兩個意義：①騷擾，麻煩。南宋無名氏《張協狀元》五齣："只被當直蒿惱，日夜駡着伊。"明施耐庵《水滸全傳》二十七回："史進歸到廳前，尋思：'這廝們大弄，必要來薅惱村坊。'"②煩惱。清蒲松齡《聊齋志異·念秧》："生平不習跋涉，撲面塵沙，使人薅惱。"

乾浄　這個詞宋代才出現，是"乾脆"的意思。宋沈端節《菩薩蠻》："酒醒初破夢，夢破愁無那，乾浄不如休，休時只恁愁。"元明以後産生了多種意義：①清潔，潔浄。元岳伯川《鐵拐李》一折："着你洗的脖子乾浄，州衙裏試劍來。"明馮夢龍《警世通言》卷十一："小人的船，新修整得好，又堅固，又乾浄。"②相貌整齊清秀。明凌濛初《初刻拍案驚奇》卷十六："却見是個中年婆娘，人物倒也生得乾浄。"清曹雪芹《紅樓夢》五十六回："原來不是咱們家的寶玉，他生的也還乾浄。"③清静。元石子章《竹塢聽琴》楔子："你着我如今嫁那個人去，不如出家倒也乾浄。"清曹雪芹《紅樓夢》三十一回："我經不起這吵，不如去了倒乾浄。"④純粹。明馮夢龍《醒世恒言》卷三十五："老奴托賴二位官人洪福，除了本錢盤費，乾浄趁得四五十兩。"⑤一點不剩。明蘭陵笑笑生《金瓶梅》四十二回："希大獨自一個，吃的裏外乾浄。"明馮夢龍《醒世恒言》卷二十五："遐叔見渾家又歌了一曲，愈加忿恨。恨不得眼裏放出火來，連這龍華寺都燒個乾浄。"⑥完全。明吴承恩《西遊記》二十回："老官兒，你若以貌取人，乾浄差了。我們醜自醜，却都有用。"明蘭陵笑笑生《金瓶梅》三十九回："老身乾浄眼花了，只當做葷的來。”⑦敢情。明蘭陵笑笑生《金瓶梅》四十三回：“遲了一回，反亂起來，説不見了一錠金子。乾浄就是他學三寸貨，説不見了，由他慢慢兒尋罷。”現代漢語保存“清潔”、“一點不剩”兩義，其餘各義消失。

架子　這是近代才出現的詞。至少有四個意義：①用竹木等材料縱橫交叉地構成的東西，用來放置器物，支撑物體或安裝工具等。明施耐庵《水滸全傳》五十五回：“東京新差一個炮手，號做轟天雷淩振，即日於水邊豎起架子，安排施放火炮。”清曹雪芹《紅樓夢》三回：“當地放着一個紫檀架子大理石屏風。”②派頭，排場。明馮夢龍《警世通言》卷二十一：“叔父莫怪我説，你們出家人慣妝架子，裏外不一。”清吴敬梓《儒林外史》二十回：“凡事立起體統來，不可自己倒了架子。”清曹雪芹《紅樓夢》二回：“如今外面的架子雖没很倒，内囊却也盡上來了。”③武術的招式。明吴承恩《西遊記》二十回：“那妖精那容分説，急邁步，丢一個架子。”④量詞。用於衣服，等於説“(一)套”、“(一)身”。元鄭廷玉《看錢奴》一折：“我若做了財主呵，穿一架子好衣服，騎着一匹好馬。”現代漢語保存①②義，③義保存在口語或方言裏。

梯己　也作“體己”。産生於元代，有五個意義：①家庭成員中個人私存的財物。明凌濛初《初刻拍案驚奇》卷十九：“小娥也自梯己秤出二錢來，送那鄰人。”清曹雪芹《紅樓夢》十六回：“知道奶奶有了體己，他還不大着膽子花麽?”②私下。《元典章・户部十三》：“如有爲民借了，雖寫作梯己文契，仰照勘端的。”清曹雪芹《紅樓夢》四十一回：“寶玉便輕輕走了進來，笑道：‘你們還吃體己茶呢？’”③心腹(的)，貼心(的)。明施耐庵《水滸全傳》五十二回：“高廉手下有三百梯己軍士，號爲飛天神兵。”清曹雪芹《紅樓夢》九回：“二人假裝出小恭，走至後院説體己話。”④知心話。清曹雪芹《紅樓夢》二十七回：“顯見的是哥哥妹妹了，丢了别人，且説梯己去，我們聽一句兒就使不得了。”⑤親自。明施耐庵《水滸全傳》六十二回：“宋江道：‘小可不才，幸識員外。來日宋江梯己聊備小酌，對面論心一會，勿請推却。”清西周生《醒世姻緣傳》五十六回：“狄希陳梯己送了寄姐一對玉瓶花，兩個絲綢汗巾。”現代漢語中還保存①③兩個義項，②④⑤三個義項已經消失了。

嘴臉　這也是近代産生的詞。有五個意義：①臉，臉龐。複詞偏義。明凌濛初《初刻拍案驚奇》卷八：“大大一個面龐，大半被長鬚遮了。可煞作怪，没有鬚的所在，又多有毛長寸許，剩却眼睛外，把一個嘴臉遮得縫地也無了。”②容貌，模様。明吴承恩《西遊記》九十三回:"那驛丞看見嘴臉醜陋,暗自心驚,不知是人是鬼。"明馮夢龍《醒世恒言》卷一:"那月香好副嘴臉,年已長成。"③特指醜陋的長相,猥瑣的模樣。元秦簡夫《東堂老》一折:"拏來,你那嘴臉是掌財的?"清曹雪芹《紅樓夢》六回:"你老雖説的是,但只你我這樣個嘴臉,怎麼好到他門上去的。"④面子,臉面。元王實甫《西廂記》五本三折:"小孩兒有甚嘴臉來見姑娘。"明馮夢龍《醒世恒言》卷三十七:"如今還有甚嘴臉好去乾求他?"⑤臉色,臉上的表情和對人的態度。明馮夢龍《醒世恒言》卷二十七:"那焦氏因用了許多銀錢,不能够中選,心中懊悔氣惱,原翻過向日嘴臉,好衣服也剥去了。"現代漢語指"臉"和"臉色",帶有貶義。

綜上所述,近代漢語詞義系統的發展可以歸納爲以下幾點:第一,單音詞在已經多義化的基礎上增加了大量新詞義,顯得更爲紛繁複雜。第二,複音詞多義化的傾向更加顯著,不少複音詞含有多個意義,豐富了表達功能。第三,適應於社會交際的需要,詞義在發展中也存在着一個自我規範的過程。不同詞義顯示了不同的命運,有的至今廣泛應用,有的只在方言裏保留,有的完全消失了。

第四節　近代西方文化對漢語詞滙發展的影響

在16世紀西方資本主義文化傳入中國以前,漢語已吸收了某些外來詞。舉例説,元代《回回藥方》傳入中國,並且有了中譯本,其中有藥名"阿夫榮"、"阿肥榮";明初編成的《普濟方》有"阿白勇",明王璽所著《醫林類證集要》(1488,簡名《醫林集要》)有"阿芙蓉",指的都是從罌粟果實中提取乳狀液汁乾燥而成的鴉片。15世紀開始出現"鴉片"的名稱。徐伯齡(約1457—1487)所著《蟫精雋》説:"海外諸國並西域産有一藥,名合甫融,中國又名鴉片。"李時珍(1518—1593)《本草綱目》卷二十三《穀部》:"阿片,俗名鴉片。"又説:"阿芙蓉,前代罕聞,近方有用者,云是罌粟花之津液也。罌粟結青苞時,午後以大針刺其外面青皮,勿損裏面硬皮,或三五處,次早津出,以竹刀刮,收入瓷器陰乾用之。"上述"阿夫蓉"、"阿肥榮"、"阿白勇"、"阿芙蓉"、"合甫融"、"阿片"、"鴉片"等都是波斯語 Afyum 的音譯。清代以後,逐漸統一爲"鴉片",或意譯爲"大煙"。鴉片原是一種用於鎮痛或麻醉的藥品,19世紀開始,中國人吸食鴉片,鴉片成爲毒品,在相當長的一段時間裏毒害了廣大國人的健康,這是大家永遠不應忘記的慘痛教訓。

從16世紀起,歐洲葡萄牙、西班牙、荷蘭等資本主義國家先後來到我國廣州、澳門等地進行海盜式的掠奪。公元1603年(明神宗萬曆三十一年)到公元1624年(明熹宗天啓四年),荷蘭殖民主義者先後偷襲我澎湖地區,爲我福建軍民所擊退。他們侵佔我澎湖的陰謀未能得逞,但並未死心。公元1624—1626年(明熹宗天啓四年至天啓六年)荷蘭和西班牙殖民者分别侵佔我國臺灣省的臺南和基隆,並以此兩地爲中心,擴大侵略範圍,臺灣第一次被帝國主義劫奪。公元1661年(清順治十八年)民族英雄鄭成功在當地人民的密切配合下,趕走了侵略者,臺灣得到光復。公元1511年(明武宗正德六年),葡萄牙人在攻佔滿剌以後,進一步侵犯我國東南海面,搶劫商旅,掠賣人口,販運違禁物品,乃至武裝襲擊廣東沿海地區。公元1523年(明世宗嘉靖三年),明朝在廣東沿海擊敗了葡萄牙商船的進犯,封鎖了全部通商口岸。公元1553年(明嘉靖三十二年)萄葡牙殖民者,藉口曬貨,用欺騙手段租借我國領土澳門;公元1887年(清光緒十三年),腐敗的清政府被迫立約,許其永遠管理澳門。到1999年才重回到祖國懷抱,成立澳門特别行政區。17世紀初,英國武裝商船來到廣州,炮擊虎門,要求通商。作爲經濟侵略的先遣軍,天主教徒隨着來到中國,利用十字架的麻醉,配合着殖民主義者的大炮和刀劍來打破古老東方的大門。

西方傳教士在傳教的同時,向中國人傳授了一些近代西方文化和科學知識。明末清初,到中國來的西方傳教士相當多,著名的如意大利利馬竇(1552—1610)、龍華民(1559—1654)、熊三拔(1575—1620)、艾儒略(1582—1649)、西班牙人龐迪我(1571—1618),日爾曼人鄧玉涵(1576—1630)、湯若望(1591—1666),比利時人南懷仁(1623—1688)、閔明我(1639—1712),法國人張誠(1654—1707)、白晉(1656—1730)等。他們在傳教的同時,著書立説,向中國人傳授了不少西方的文化科學知識,有的還在朝廷做了官,如湯若望于清順治四年(1647)任欽天監監正,南懷仁于康熙時任欽天監監副。

中國士大夫中一些有識之士如徐光啓、李之藻、王徵等,也希望吸取西洋的文化科學知識作爲富國强兵之本。他們學習西洋語言,並和某些外國傳教士合作,翻譯或者撰著了一些科學書籍。徐光啓和利瑪竇合譯了古希臘數學家歐幾里得的

《幾何原本》前六卷（清咸豐七年李善蘭與英國傳教士偉烈亞力合作將原書其餘九卷譯完）；利瑪竇著《經天該》一卷、《乾坤體義》二卷、《圜容較義》一卷、《重刻畸人十篇》二卷；鄧玉涵撰《測天約説》二卷、《大測》二卷；鄧玉涵口授王徵譯繪《遠西奇器圖説録最》三卷；意大利傳教士熊三拔口譯，徐光啓笥記或筆録《簡平儀説》一卷、《泰西水法》六卷；西班牙耶蘇會士艾儒略撰《職方外紀》五卷，敘述五大洲各國風土民情，氣候名勝及哥倫布遠航新大陸等情況；徐光啓撰《農政全書》六十卷；李之藻撰《渾蓋通憲圖説》二卷卷首一卷；王徵撰《新制諸器圖説》一卷；等等。隨着西洋近代自然科學和社會科學的輸入，帶來了許多新的事物和概念。漢語翻譯這些事物和概念，采取音譯、意譯、半音半意譯三種辦法。音譯是根據原詞的發音直接進行翻譯，意譯是用漢語原有的詞素按漢語構詞規律創造新詞，或利用漢語舊詞賦予新的意義以進行翻譯。半音半意譯是詞的一半用音譯，一半用意譯。我們從上述著作中可以看到不少新詞和借詞。例如：

Asia　音譯“亞細亞”。拉丁語。又譯“亞洲”。

Europe　音譯“歐邏（羅）巴”。拉丁語。又譯“歐洲”。

Geometria　研究物體形狀、大小與位置間相互關係的數學。意大利語。徐光啓意譯爲“幾何”，至今沿用。

Historia　研究人類社會發展過程的科學。拉丁語。音譯“伊斯多利亞”。後來意譯爲“歷史”、“史學”。

Logica　研究思維的形式和規律的科學。拉丁語。音譯“絡日伽”，或意譯爲“名理學”、“形性學”，嚴復譯爲“名學”，後又用日譯詞“論理學”，抗戰時期一度譯爲“理則學”，現在用音譯詞“邏輯”。

Mathematica　研究現實世界的空間形式和數量關係的科學。包括算術、代數、幾何、三角、微積分等。拉丁語。音譯爲“瑪得瑪第加”，意譯爲“審形學”，後譯爲“數學”，沿用至今。

Oeconomica　在歷史上一定時期的社會生産關係的總和，也指研究國民經濟各方面問題的學科。拉丁語。音譯“額各諾靡加”。日本人用古代漢語裏的“經濟”意譯英語的 economy 或 economics，漢語就改用這個日譯詞。漢語“經濟”一詞，最早見於晉穆帝永和二年（公元 346 年）會稽王司馬昱《答殷浩書》：“足下沈識淹長，思綜通練，起而明之，足以經濟。”(《晉書·殷浩傳》)這裏的“經濟”是“經世濟民”的意思。1898年康有爲在北京創建“經濟學會”，則是漢語中“經濟”一詞具有現代詞義的較早例。

physica　自然科學中一門基礎科學，包括力學、聲學、熱學、電學、磁學、光學等。意大利語。音譯爲“斐西伽”，或意譯爲“形性學”。日本人意譯英語的 physics 爲“物理學”，簡稱“物理”，漢語改用這兩個日譯詞。古代漢語已有“物理”一詞，指“事理”、“事物的規律”。《鶡冠子·王鈇》：“願聞其人情物理。”《周書·明帝紀》：“是以生而有死者，物理之必然。”

theologia　基督教用唯心主義哲學論證宗教教義的一種學説。晚期拉丁語。音譯爲“陡禄日亞”，意譯爲“超學”、“超性學”，後譯爲“神學”，沿用至今。

torrid zone　地球赤道兩側，南、北回歸綫之間的地帶。這一地帶四季晝夜長短相差不大，氣候終年炎熱，雨量充沛。英語。利瑪竇譯爲“熱帶”。其所著《乾坤體義》(1605)中説：“其地甚熱，則爲熱帶。”艾儒略《職方外紀》亦用此名，流傳至今。

temperate zone　地球上南北半球的回歸綫和極圈之間的地帶，這一地帶四季分明，氣候比較温和。英語。利瑪竇譯爲“正帶”，艾儒略譯爲“温帶”，沿用至今。

frigid zone　地球南北極圈以内的地帶，氣候終年寒冷，每年有極晝和極夜現象。英語。利瑪竇《乾坤體義》譯爲“寒帶”，艾儒略譯爲“冷帶”，今仍用“寒帶”之名。

principle　説話、做事所遵循的準則。英語。利瑪竇譯爲“原則”。他所著《天學實義》：“今子欲聞天主教原則，吾直陳此理以對。”沿用至今。

material　提供參考或作爲依據的信息材料。英語。艾儒略譯爲“資料”，他的《西學凡》説：“先觀物、觀事、觀時勢，而習覔道理以相質，所謂種種議論之資料是也。”

telescope　用於觀察遠距離物體的光學儀器。英語。最早譯爲“遠鏡”，後又譯爲“千里鏡”、“遠望鏡”、“望遠鏡”。《清史稿·時憲制一》載順治元年(1644)湯若望“論新學大要凡四十二事：……曰天漢釋疑。新法測以遠鏡，天漢乃無算小星攢聚而成。”1842年魏源《海國圖志》卷五十九：“千里鏡能觀遠景者無足稱奇，有屈曲管者能睹其室之偏隅。”納蘭性德(1655—1685)《渌水亭雜識》卷二：“中國天官家，俱言天河是積氣。……以望遠鏡窺之,皆小星也,歷歷分明。""望遠鏡"之名沿用至今。

catholic father 西方對天主教、東正教神職人員的尊敬,協助主教管理教務,通常爲單個教堂的負責人。英語。17 世紀初傳入中國,譯作"神父"。艾儒略《職方外紀》(1623):"瞻禮殿堂,自國都以至鄉井,隨在建立,復有掌教者專主教事,人皆稱爲神父。"

有的譯名能够一直保存下來,有的後來被别的譯名代替了。這,一方面要看譯名本身是否妥當,是否通俗;另一方面,要看翻譯作品流行的情況。明代翻譯的著作不是不重要,只是傳播範圍不廣。其中許多新詞尚未得到廣泛的使用,未能進入漢語一般詞滙,所以容易爲别的譯名所代替。

清朝統治者在 18 世紀以前一度對外采取閉關自守的政策,中西交通幾乎陷於停頓。到了雍正時候(公元 1729 年),"大開洋禁,西南洋諸國咸來互市"①,中西交通重新開始繁榮起來。鴉片戰争以後,中國社會發生了巨變。帝國主義的大炮和軍艦嚇壞了清朝統治者,也使一部分人認識到老一套不行了。他們强調辦理洋務,向西方派遣留學生,開設學堂,創辦製造局。許多愛國的先進分子想向西方國家尋找真理,向資本主義學習,以使祖國繁榮富强。在這種形勢下,翻譯事業大大發展起來。北京有同文館,上海有江南製造局附設翻譯館。翻譯西方書籍 170 多種,包括政治、軍事、法律、史地、理化、算學、天文、生理、工藝、商業、農業等方面。天津的北洋學堂、上海的南洋公學、海軍衙門、時務報、廣學會、墨海書館等,也做了不少翻譯工作。总計从明中葉到清末,譯成中文的西洋語言和日語著作当不下 1000 種。

社會的劇烈變動和翻譯事業的日益興盛,大大影響到漢語詞滙的發展。借詞和新詞日益增多,涉及的内容日益廣泛,應用日益經常。明代由於西洋文化傳入而産生的借詞和新詞大都限於科學技術方面,而鴉片戰争以後,尤其是戊戌變法前後産生的借詞和新詞,不僅包括近代科學技術各個領域,而且包括人民生活的各個方面。它們在人民的日常生活中佔有重要的地位,應用非常普遍。

這些詞語主要有三個方面的來源。一是借用日譯詞或日語借詞;二是印歐語

① 王之春《柔遠記》卷四。

借詞;三是自造新詞或舊詞新用。下面分別討論:

一、日譯詞和日語借詞

這裏又有三種情況:

1. 日譯詞

日本在明治維新(公元1868年)以後,大量翻譯了西方的文化科學書籍,其中絶大多數是日本人用漢字構造新詞進行意譯的。後來中國人把這些詞連形帶義搬回漢語。語音上,日語用日語的讀法,漢語用漢語的讀法,互不影響。這就是日譯詞。這類詞數量甚多,内容廣泛。日譯詞99%來自英語。其中名詞數量最多。

(1)有關科學技術方面的名稱

日譯詞	日讀	英語
電報	denpō	telegram
電車	densha	tramcar
電話	denwa	telephone
電子	denshi	electron
動力學	dōriki-gaku	dynamics
工業	kōgyō	industry
航空母艦	kōkubokan	aircraft carrier
化学	kagaku	chemistry
科學	kagaku	science
機關炮	kikanho	machine gun
汽船	kisen	steamship
輕工業	kei-kōgyō	light industry
驅逐艦	kuchiku-kan	destroyer
生理學	seiri-gaku	physiology
生態學	seitai-gaku	ecology
手工業	shu-kōgyō	manual industry
心理學	shinri-gaku	psychology

因子	inshi	factor
優生學	yūsei-gaku	eugenics
元素	genso	element
原子	genshi	atom
重工業	jū-kōgyō	heavy industry

(2)有關政治、經濟方面的名稱

日譯詞	**日讀**	**英語**
霸權	haken	hegemony
不動産	fudō-san	immovables
財團	zaidan	foundation、syndicate
動産	dōsan	movables
獨裁	dokusai	dictatorship
高利貸	kōrigashi	usury
公報	kōhō	official report
公債	kōsai	public bond
共産主義	kyosan-shugi	communism
國際	kokusai	international
國庫	kokko	the national treasury
集團	shudan	group
金融	kin'yū	finance
領海	ryōkai	territorial waters
領空	ryōku	terrioríal sky
領土	ryōdo	territory
企業	kigyō	enterprise
情報	jōhō	information
人權	jinken	human rights
商業	shōgyō	commerce
社團	shadan	corporation

實業	jitsugyō	industry, business
市場	shijō	market
所有權	shoyū-ken	ownership
特權	tokken	privilege
協會	kyōkai	society, association
議會	gikai	parliament
議院	giin	congress, parliament
債權	saiken	creditor's right
債務	saimu	debt
政策	seisaku	policy
政黨	seitō	political party
證券	shōken	negotiable securities

(3)有關文化藝術方面的名稱

日譯詞	日讀	英語
悲劇	higeki	tragedy
出版物	shuppan-but'su	publication
處女作	shuju-saku	maiden work
幻燈	gentō	magic lantern
漫畫	manga	caricature
美術	bijutsu	art
交響樂	kōkyō-gaku	symphony
教科書	kyōka-sho	textbook
脚本	kyakuhon	script, scenario
體育	taiiku	physical culture, sports
文庫	bunko	library
舞臺	butai	stage
喜劇	kigeki	comedy
宗教	shūkyō	religion

(4)一般事物名稱

日譯詞	日讀	英語
常識	jōshiki	common sense
單元	tangen	unit
方式	hōshiki	way, fashion, pattern
方案	hōan	plan
金剛石	kongō-seki	diamond
空間	kūkan	space
類型	ruikei	type
理想	risō	ideal
蜜月	mitsugetsu	honeymoon
目標	mokuhyo	mark, target
目的	mokuteki	aim, goal, end
内容	naiyō	content
情操	jōsō	sentiment
權威	ken'i	authority
時間	jikan	time, hour
事態	jitai	situation
現象	genshō	phenomenon
義務	gimu	duty, obligation
原則	gensoku	principle
指標	shihyō	index, norms, target

(5)稱謂

日譯詞	日讀	英語
乘客	jōkyaku	passenger
低能兒	teinō-ji	imbecile
法人	hōjin	juridical person; legal person
公僕	kōboku	public servant

講師	kōshi	lecturer，instructor
教員	kyōin	teacher
警察	keisatsu	police
警官	keikan	police officer
旗手	kishu	standard-bearer
隨員	zuiin	attendant，suite
無産者	musan-sha	proletarian
議員	giin	member of parliament
總理	sōri	prime minister
總領事	sō-ryoji	consul general
仲裁人	chūsai-jin	arbitrator

日譯詞裏,動詞也不少。例如：

日譯詞	**日讀**	**英語**
暗示	anji	hint，suggest，suggestion
表決	hyōketsu	decide by vote，rote
出庭	shuttei	appear in court
抵抗	teikō	resist，resistance
動員	dōin	arouse，mobilize，mobilization
反應	hannō	react,response,reaction
否定	hitei	deny,negate，denial,negation
否決	hiketsu	reject，rejection
否認	hi'nin	deny,denial
概括	gaikatsu	summarize，summary
公訴	kōso	prosecute，prosecution
歸納	kinō	induce,conclude,sum up,induction
解放	kaihō	liberate，liberation，emancipate
進化	shinka	evolve ,evolution
進展	shinten	progress ,development

講演	kōen	lecture
論戰	ronsen	debate，controvert，controversy
派遣	haken	send，dispatch
陪審	baishin	serve on a jury
批評	hihyo	criticize
强制	kyōsei	compel，force
清算	seisan	liquidate，liquidation
審判	shinpan、shinban	judge，adjudge
施工	shikō	construct，construction
輸出	yushutsu	export
速記	sokki	shorthand
探險	tanken	explore，exploration
退化	taika	degenerate，degeneration
演出	enshutsu	perform，performance
引渡	hiki-watasu	extradite，extradition，deliver(y)
指導	shidō	guide，guidance，direct，direction
制裁	seisai	punish，sanction
制約	seiyaku	restrict，condition
綜合	sōgō	synthesize

日譯詞裏形容詞要少一些。例如：

日譯詞	日讀	英語
必要(的)	hitsuyō	necessary
抽象(的)	chūshō	abstract
活躍(的)	katsuyaku	active
積極(的)	sekkyoku	positive
間接(的)	kansetsu	indirect
絶對(的)	zettai	absolute
客觀(的)	kyakkan	objective

敏感(的)	binkan	sensitive
消極(的)	shōkyoku	negative,passive
直接(的)	chokusetsu	direct
主觀(的)	shukan	subjective

部分日譯詞可能來自西方其他語言。例如：

日譯詞	日讀	英語
二重奏	nijū-sō	(意)duetto,duo
幹部	kanbu	(法)cardre
感性	kansei	(德)sinnlichkeit
歌劇	kageki	(意)opera
幻想曲	gensō-kyoku	(意)fantasia
加農炮	kanon-bo, kanōhō	(荷)kanon
金絲雀	kanaria	(西)canania
剩餘價值	jōyo-kachi	(德)Mebrwert
世界觀	seikai-kan	(德)weltans chaunge
素描	sobyō	(法)dessin
天鵝絨	birōdo	(葡)veludo
無產階級	musan-kaikyu	(法)proletariat
象徵	shōchō	(法)symbole
小夜曲	sāyo-kyoku	(德)serenade
哲學	tesugaku	(希)philosophia

2. 來自古代漢語的日譯詞

日本人有時用古代漢語中的現成詞語去翻譯西方的新概念,這些詞語形式上爲古代漢語所固有,意義上有的有繼承關係,有的很不相同。當這些詞回到中國時,已經舊貌换新顔,今非昔比了。

(1)名詞。如：

博物　日讀 hakubutsu。爲動物、植物、礦物、生理等學科的總稱。意譯英語 natural history,natural science。古代漢語"博物"指通曉衆物。《左傳・昭公元年》:"晉侯聞子產之言,曰:'博物君子也。'"宋歐陽修《筆説·博物説》:"草木蟲魚,《詩》家自爲一學,博物尤難。"

法律　日讀 horitsu。由立法機關制定,由國家政權機關保證執行,公民必須遵守的行爲規則。意譯英語 law。古代漢語"法律"指刑法和各種律令。《管子·七臣七主》:"夫法者所以興功懼暴也;律者,所以定分止爭也;令者所以令人知事也;法律政令者,吏民規矩繩墨也。"

幹事　日讀 kanji。意譯英語 manager, secretary,專門負責某項具體工作的人員。古代漢語"幹事"是"辦事"的意思。《易·乾》:"貞固足以幹事。"宋朱熹《答黄子耕書》:"今且造一小書院,以爲往來幹事休息之處。"

革命　日讀 kakumei。意譯英語 revolution。社會政治經濟的大變革。古代漢語"革命"指變革天命。古人認爲帝王受命於天,因稱朝代更替爲"革命"。《易·革》:"天地革而四時成。湯武革命,順乎天而應乎人。"《晉書·王敦傳》:"昔漢祖以神武革命,開建帝業。"

共和　日讀 kyowa。國家元首和固定權力機關定期由選舉產生的一種政治制度。意譯英語 republic。古代漢語稱西周厲王失國後由周、召二公共同執政的十四年爲"共和"。《史記·周本紀》:"召公、周公二相行政,號曰共和。"宋歐陽修《明正統論》:"昔周厲王之亂,天下無君,周公、邵公共行其政十四年,而後宣王立,是周之統嘗絶十四年而復續。然爲周史者,紀周、召之年謂之共和,而太史公亦列之於《年表》。"

機關　日讀 kikan。整個機械的關鍵部分,也指辦理事務的組織。意譯英語 organ。古代漢語"機關"指設有機件而能動的器械。《漢書·藝文志》:"技巧者,習手足,便器械,積機關,以立攻守之勝者也。"漢王充《論衡·儒增》:"木人御者,機關備具,載母其上,一驅不還。"

階級　日讀 kaikyu。人們由於在歷史上一定社會生產體系中所處的地位不同和對生產資料佔有關係的不同而分成的集團。意譯英語 class。古代漢語"階級"指臺階。唐陸龜蒙《野廟碑》:"今之雄毅而碩者有之,温願而少者有之,升階級,坐堂筵,耳絃匏,口粱肉,載車馬,擁徒隸者,皆是也。"也指尊卑上下的等級。《三國志·吴書·顧譚傳》:"弄尊卑之禮,使高下有差,階級逾邈。"

精神　日讀 seishin。人的意識、思維活動和一般心理狀態。意譯英語 mind, spirit。古代漢語"精神"指天地萬物的精氣。《儀禮·聘禮》:"精神見於山川、地也。"鄭注:"精神亦爲精氣也。"也指人的神志、心神。《莊子·天道》:"水静猶明,而況精神。"宋玉《神女賦》:"晡夕之後,精神恍忽,猶有所喜。"

理事　日讀 riji,代表團體行使職權並執行事務的人。意譯英語 director。古代漢語"理事"是治事,辦事。《後漢書·卓茂傳》:"河南郡爲置守令,茂不爲嫌,理事自若。"

内閣　日讀 naikaku。某些國家的最高行政機關。意譯英語 cabinet。古代漢語"内閣"是一個多義詞:①貴族婦女的居室、内室。《北史·邢邵傳》:"與婦甚疏,未嘗内宿,自云嘗晝入内閣,爲狗所吠。"②古代中央官署,三國時指秘書閣。《三國志·魏書·王肅傳》:"亦歷注經傳,頗傳于世。"裴注引三國魏魚豢《魏略》:"蘭臺爲外臺,秘書爲内閣,臺閣一也。"宋代龍圖閣、天章閣、寶文閣等亦泛稱内閣。王安石《賀慶州杜待制啓》:"眷内閣之近班,督帥臣之重柄。"③明清兩代政務機構。明永樂初,選翰林院講讀編撰等入文淵閣當值,參與機務,稱内閣。明中葉以後,内閣權力漸重,兼領六部尚書,事實上成爲皇帝的最高決策機關。清初以國史院、秘書院、弘文院内三院爲内閣,設大學士,參與軍政機密,雍正以後,内閣徒有虚名。清高鶚《紅樓夢》九十二回:"聽得内閣裏人説起,雨村又要升了。"

社會　日讀 shakai。以共同的物質生産活動爲基礎而互相聯繫的人們關係的總稱,也泛指由於共同的物質條件而互相聯繫起來的人群。意譯英語 society。古代漢語"社會"是里社舉行的集會。宋孟元老《東京夢華録·秋社》:"八月秋社……市學先生預斂諸生錢作社會。"

神經　日讀 shinkei。人和動物體内傳導興奮的組織,由纖維束和結締組織構成。意譯英語 nerve。古代漢語"神經"指神秘奥妙的典籍。《後漢書·方術傳序》:"然神經怪牒,玉策金繩,關扃於明靈之府,封縢於瑶壇之上者,靡得而窺也。"

條件　日讀 jōken。影響並促進事物發生、存在或發展的因素。意譯英語 condition。古代漢語"條件"是"逐條逐件"的意思。《北史·郎基傳》:"遂條件申台省,仍以情量事科處。"

衛生　日讀 eisei。能防止疾痛,有益於健康;也指合乎衛生的情況。意譯英語 hygiene，sanitation。古代漢語“衛生”意爲“養生”、“保護生命”。《莊子·庚桑楚》：“老子曰：‘衛生之經，能抱一乎？’”郭象注：“防衛其生，令合道也。”又指謀求生存。《宋書·鄭鮮之傳》：“至於陳平默順避禍，以權濟屈，皆是衛生免害，非爲榮也。”

文化　日讀 bunka。人類在歷史發展過程中創造的物質和精神財富的總和，特指精神財富，如文學、藝術、科學、教育等。意譯英語 culture。古代漢語“文化”指文治和教化。漢劉向《説苑·指武》：“凡武之興，爲不服也。文化不改，然後加誅。”晉束皙《補亡詩·由儀》：“文化内輯，武功外悠。”

文學　日讀 bungaku，以語言、文字爲工具來形象地反映客觀現實的作品，包括詩歌、小説、散文、戲劇等。意譯英語 literature。古代漢語“文學”是文章博學或文獻經典。《論語·先進》：“文學，子游子夏。”《漢書·武帝紀》元朔元年十一月詔：“選豪俊，講文學。”

憲法　日讀 kenpō，國家的根本法，具有最高的法律效力，是其他立法工作的依據。它的作用是確定符合統治階級利益的社會經濟制度，國家機關活動的原則，公民的權利與義務等。意譯英語 constitution。古代漢語“憲法”是大法的意思。《國語·晉語九》：“賞善罰奸，國之憲法也。”《管子·七法》：“有一體之治，故能出號令，明憲法矣。”

元帥　日讀 gensui。高於將官的軍銜。意譯英語 marshal。古代漢語“元帥”指全軍的主帥。《左傳·僖公二十七年》：“晉作三軍，謀元帥。”《國語·晉語四》：“〔文〕公問元帥於趙衰。”

主義　日讀 shugi。對客觀世界、社會生活以及學術問題等所持有的系統的理論、主張，也指一定的社會制度，政治經濟體系。意譯英語 principle。古代漢語“主義”指對事情的主張。《史記·太史公自序》：“敢犯顔色以達主義，不顧其身，爲國家樹長畫。”

資本　日讀 shihon。掌握在資本家手裏的生産資料和用來雇傭工人的貨幣。意譯英語 capital。古代漢語“資本”指本錢。《釋名·釋姿容》：“姿，資也；資，取也；形貌之稟，取爲資本也。”明馮夢龍輯《古今小説》卷三：“絲行資本，盡彀盤費。”

(2)動詞。如：

發明　日讀 hatsumei。創造新事物或新方法。意譯英語 invention。古代漢語"發明"是"啓發"、"開擴"的意思。宋玉《風賦》："發明耳目，寧體便人。"也有"闡明"的意思。《漢書・劉歆傳》："初《左氏傳》多古字古言，學者傳訓故而已。及歆治《左氏》，引傳以解經，轉相發明，由是章句義理備焉。"

反對　日讀 hantai。不贊成，不同意。意譯英語 opposition。古代漢語"反對"指韻文中辭反而義同的對偶句。南朝梁劉勰《文心雕龍・麗辭》："反對者，理殊趣合者也。……仲宣《登樓》云：'鍾儀幽而楚奏，莊舄顯而越吟'，此反對之類也。"

分析　日讀 bunseki。把某一事物、現象、概念分成較簡單的組成部分，找出這些部分的本質屬性及其相互關係。意譯英語 analyse。古代漢語"分析"是分開、分離的意思。《後漢書・徐昉傳》："臣聞《詩》《書》《禮》《樂》，定自孔子；發明章句，始于子夏。其後諸家分析，各有異説。"晉劉琨《答盧諶詩並書》："天下之寶，當與天下共之。但分析之日，不能不悵恨耳。"

拘留　日讀 kōryū。對特定的人進行短期的拘禁或關押，這是法律上的一種强制措施。意譯英語 detain。古代漢語"拘留"是"扣留"的意思。《漢書・匈奴傳贊》："匈奴人民每來降漢，單于亦輒拘留漢使，以相報復。"

抗議　日讀 kōgi。對某人、某團體、某國家的言論、行爲、措施等表示强烈的反對。意譯英語 protest。古代漢語"抗議"是直接説出不同的意見。《後漢書・何敞傳論》："袁任二公，正色立朝；何樂之徒，抗議柱下。"又《盧植傳》："〔董卓〕大會百官於朝堂，議欲廢立，群僚無敢言，植獨抗議不同。"

勞動　日讀 rōdō。寫作"労働"。人類創造物質或精神財富的活動。意譯英語 labour。古代漢語"勞動"是活動的意思，如《三國志・魏書・華佗傳》："人體欲得勞動，但不當使極耳。"又爲煩勞，勞思。三國魏曹植《陳審舉表》："陛下可得雍容都城，何事勞動鑾駕暴露於邊境哉？"

判決　日讀 hanketsu。指司法機關對審理結束的案件作出決定。意譯英語 judge。古代漢語"判決"是官府斷定案件。《南史・孔顗傳》："雖醉日居多，而明曉政事，醒時判決，未嘗有壅。"

侵略　日讀 shinryaku。一個國家或幾個國家聯合起來，侵犯別國的領土、主權,掠奪並奴役別國的人民。意譯英語 aggress,invade。古代漢語“侵略”是侵犯掠取。《後漢書·孔融傳》:“初,曹操攻屠鄴城,袁氏婦子多見侵略。”《宋史·潘美傳》:“溪峒蠻獠自唐以來,不時侵略,頗爲民患。”

審問　日讀 shinmon。法院或檢察機關向民事案件中的當事人、刑事案件中的自訴人、被告人查問案件的有關事實。意譯英語 interrogate,question。古代漢語“審問”是仔細詢問。《禮記·中庸》:“博學之,審問之,慎思之,明辨之,篤行之。”

生産　日讀 seisan。人們使用工具來創造各種物質財富。意譯英語 production。古代漢語“生産”指謀生的事情。《史記·高祖本紀》:“常有大度,不事家人生産作業。”又《陸賈列傳》:“迺出所使越得橐中裝賣千金,分其子,子二百金,令爲生産。”

輸入　日讀 yunyu。商品或資本從國外進入國内。意譯英語 import。古代漢語“輸入”是“運進”的意思。《史記·廉頗藺相如列傳附李牧》:“市租皆輸入幕府,爲士卒費。”

同情　日讀 dōjō,對於別人的不幸遭遇在感情上發生共鳴。意譯英語 sympathize。古代漢語“同情”是感情相同。《漢書·吴王濞傳》:“同情相求,同欲相趨,同利相死。”

投機　日讀 tōki,利用時機謀取私利。意譯英語 speculate。古代漢語“投機”指設置機關器械。《吴子·料敵》:“設伏投機,其將可取。”又指迎合時機。《新唐書·張公謹傳》:“投機之會,間不容穟,公謹所以抵龜而决也。”

宣傳　日讀 senden,寫作“宣伝”。對群衆説明講解,使群衆相信並跟着行動。意譯英語 propaganda。古代漢語“宣傳”是傳達宣布,《三國志·蜀書·彭羕傳》:“先主亦以爲奇,數令羕宣傳軍事,指授諸將。”

選舉　日讀 senkyo。用投票或舉手表決的方式選出代表或負責人。意譯英語 elect。古代漢語“選舉”是選擇並舉薦賢能。《淮南子·兵略》:“故德義足以懷天下之民,事業足以當天下之急,選舉足以得賢士之心,謀慮足以知强弱之勢,此必勝之本也。”《後漢書·陳蕃傳》:“自蕃爲光禄勳,與五官中郎將黄琬共典選舉,不偏權富。”

遺傳　日讀 iden。寫作“遺伝”。生物體的構造和生理機能由上一代傳給下一代。意譯英語 heredity。古代漢語“遺傳”是留傳的意思。《史記·倉公列傳》:“慶有古先道遺傳黄帝、扁鵲之脈書。”

運動　日讀 undō。物體位置不斷變化的現象,也指體育活動。意譯英語 motion,movement,sports。古代漢語"運動"是運行轉動或運用的意思。漢陸賈《新語·慎微》:"因天時而行罰,順陰陽而運動。"《後漢書·梁統傳論》:"夫宰相運動樞極,感會天人,中于道則易以興政,乖於務則難乎御物。"

(3)形容詞。如:

景氣　日讀 keiki。寫作"景気"。經濟繁榮。意譯英語 prosperous。古代漢語"景氣"指風景、景致。唐白居易《秋寒》:"雪鬢年顔老,霜霆景氣秋。"

具體　日讀 gutai。細節方面很明確,不抽象。意譯英語 concrete。古代漢語"具體"指總體的各部分都具備而形狀或規模較小。《孟子·公孫丑上》:"子夏、子遊、子張皆有聖人之一體,冉牛、閔子、顔淵則具體而微。"

文明　日讀 bunmei。社會發展到較高階段和具有較高文化的,具有現代色彩的。意譯英語 civilized。古代漢語"文明"是文采光明。《易·乾》:"見龍在天,天下文明。"《書·舜典》:"濬哲文明,温恭永塞。"

相對　日讀 sōtai。依靠一定條件而存在,隨着一定條件而變化的。意譯英語 relative。古代漢語"相對"是一個多義詞,有面對面或兩相對應的意思。《儀禮·士昏禮》:"婦乘以几,從者二人,坐持几相對。"唐李白《望天門山》詩:"兩岸青山相對出,孤帆一片日邊來。"有"相符"、"相稱"的意思。唐韓愈《朝歸》詩:"服章豈不好,不與德相對。"也有"依靠條件而存在或變化"的意思。宋沈括《夢溪筆談·雜誌一》:"以變化相對言之,既能變爲大毒,豈不能變爲大善?既能變而殺人,則宜有能生人之理。"

3. 日語借詞

日本人除用漢字構詞來翻譯西洋作品外,自己還創造了一些新詞,這些也用漢字構成,後來借入中國。跟"來自西洋,路經日本"的日譯詞不同,這些詞是真正的日本產物,數量有幾百個之多,例如:

(1)名詞

借詞	日讀	詞義
財閥	zaibatsu	大資本家。
茶道	sadō,chadō	日本的一種習俗,用沏茶和喝茶的方法來修

		養精神和學習禮法。
場合	baai	一定的時間、地點、情況。
場所	bashō	活動的處所。
成員	seiin	集體或家庭的組成人員。
出口	deguchi	從公共場所出去的地方。
入口	iriguchi, irikuchi	進入公共場所的地方。
大局	taikyoku	整個局面。
讀本	tokuhon	課本。
讀物	yomimono	書籍雜志等供閱讀的東西。
方針	hōshin	引導事業前進的方向和目標。
歌舞伎	kabuki	日本戲劇的一種。
廣場	hiroba(寫作"広場")	供群衆活動用的廣闊場地。
尖兵	senpei	行軍時派出擔任警戒任務的分隊。
巨匠	kyoshō	科學或文化上有巨大成就的人。
立場	tachiba	認識和處理問題時所處的地位和所持的態度。
流感	ryūkan	流行性感冒的簡稱。
内幕	uchimaku, naimaku	内部的情況。
内勤	naikin	在機關内部工作,在機關内部工作的人。
俳句	haiku	日本的一種短詩,一首三句(五、七、五)十七字。
平假名	hiragana	日本的草體文字。
權限	kengen	職權範圍。
人力車	jinriki-sha	一種人拉的車,有兩個大的橡膠輪,車前有兩根黄柄,主要用於載人,也叫黄包車,東洋車。
人選	jinsen	爲一定目的挑選出來的候選人。
日程	nittei	按日排定行事的程式。
手續	tetsuzuki	(寫作"手続") 辦事的程式。

學會	gakkai	研究某一學科的人組成的學術團體。
學歷	gakureki	就學的經歷。
訓令	kunrei	上級對下級作一般指示的公文。
陣容	jinyō	作戰隊伍的整體面貌。
支部	shibu	某些黨派團體的基層組織。
重點	jūten	同類事物中重要的或主要的部分。

(2)動詞

借詞	**日讀**	**詞義**
參看	sankan	參考,參閱。
參觀	sankan	實地察看。
參照	sanshō	參考並依照。
登載	tōsai	新聞、文章等在報刊上刊出。
服務	fukumu	爲國家、集體、別人或事業而工作。
集結	shūketsu	聚集到一處。
集中	shūchū	聚集在一起。
見習	minarau	初到工作崗位的現場實習。
就任	shūnin	擔任某項職務。
臨床	rinshō	醫生給病人診斷和治病。
落選	rakusen	沒有被選上。
取締	torishimaru	明令取消或禁止。
取消	torikesu	使原有的事物失去效力。
失效	shikō	失去效力。
鎖國	sakoku	閉關自守,不同外國進行文化、經濟、貿易等交流。
訓話	kunwa	上級對下級講話。
製版	seihan	製造各種印刷用的版。
座談	zadan	不拘形式的談話或討論。

(3)形容詞

借詞	日讀	詞義
不景氣	fukeiki	經濟不繁榮。
單純	tanjun(寫作“単純”)	簡單純一。
等外	tōgai	不入等級的。
公立	kōritsu	政府或公共團體設立的。
國立	kokuritsu	國家設立的。
簡單	kantan(寫作“簡単”)	簡略不複雜。
明確	meikaku	明白而確實。
私立	shiritsu	私人設立經營的。
小型	kogata	形狀或規模小的。

上述日譯詞和日語借詞都是日本人創造的,用漢字構成。中國人借來以後,讀漢字的音,並且由字形可以推知它們的意義,接受起來非常容易。所以它們一到中國,很快就得到廣泛的傳播,與漢語原有的詞融爲一體。時間稍久,人們簡直不知道它們來自東洋了。有些日譯詞本來就是古代漢語原有的,日本人借去翻譯西洋的新概念。這些詞雖然有了嶄新的内容,却容易爲中國人所掌握和瞭解。

二、印歐語借詞

中古漢語已經有一些音譯的外語借詞。近代漢語裏又有過許多蒙語借詞,不過從蒙語借來的詞大多數不代表什麼新概念,漢語裏已有相應的詞存在,它們借入漢語,並没有起到豐富漢語詞滙的作用。因此它們絶大部分未能在漢語裏站穩脚跟,隨着元朝滅亡它們就逐漸消失了。明末翻譯作品中的一些借詞,也只有少數保留下來。到了 19 世紀末和 20 世紀初期,情況起了極大的變化,大量借詞作爲漢語詞滙的一部分而保存下來。這些借詞,除了來自日語以外,大多數直接來自英語,少數來自德語、法語和其他西方語言。借用的方式有完全音譯、音兼意譯和半音半意譯三種:

1. 完全音譯。如:

借詞	外語原詞	詞義
阿德門	(英)atman	靈魂。

阿門	（英）amen	基督徒祈禱完畢時的用語，意思爲心願如此。
哀的美敦（書）	（英）ultimatum	最後通牒。
阿摩尼亞	（英）ammonia	氨。
阿斯匹林	（法）aspirin	醋柳酸，乙酰水楊酸。
白蘭地	（英）brandy	用葡萄、蘋果發酵蒸餾製成的酒。
鎊	（英）pound	英、澳等國的貨幣單位。
泵	（英）pump	吸入和排除液體的機械，有水泵、氣泵、油泵等。
便士	（英）penny	英國和某些英聯邦國家的貨幣單位，一便士等於 1/4 先令。
打	（英）dozen	十二個爲一打。
丹寧	（英）tannin	鞣酸，二棓酸。
德律風	（英）telephone	電話。
閥	（英）valve	活門、汽門、開關。
葛郎瑪	（英）grammar	文法。
海洛因	（英）heroin	一種有機化合物，白色晶體，由嗎啡提煉而成，醫學上用作鎮靜劑、麻醉劑，作爲毒品，俗稱白面兒。
咖啡	（英）coffee	用咖啡果研成的粉末，用咖啡粉末製成的飲料。
羅曼蒂克	（英）romantic	富有詩意，充滿幻想；行爲放蕩，不拘小節。
馬達、摩托	（英）motor	電動機。
麥克風	（英）microphone	話筒，擴音器。
密斯	（英）miss	小姐。
密斯脱	（英）mister	先生。
摩登	（英）modern	時髦，合乎剛流行的式樣。
尼古丁	（英）nicotine	煙碱，有劇毒。

盤尼西林	(英)penicillin	青黴素。
撲克	(英)poker	國際通用紙牌,有黑桃、紅桃、梅花、方塊四種花色,每種花色 13 張,另加大王、小王各一張,有多種玩法。
巧克力	(英)chocolate	也作"朱古力",用可可粉加白糖香料等製成的甜食。
賽因斯	(英)science	科學。
司的克	(英)stick	手杖。
伊甸(園)	(英)Eden	《聖經》所記亞當和夏娃最初居住的樂園,泛指人間天堂之類的理想境界。

2. 音兼意譯。用漢語翻譯,兼顧語音和語義兩個方面。如:

借詞	外語原詞	詞義
百倍蟲	(英)babesia	一種寄生在動物身上的原生動物,可以引起鐵克撒斯牛瘟。
繃帶	(英)bandage	包紮傷口或患處的紗布帶。
法老	(英)pharaoh	古埃及國王的稱號,《聖經》中常用作專有名稱。
苦力	(英)coolie,cooly	帝國主義者對殖民地重體力勞動者的蔑稱。
模特兒	(英)model	繪畫雕塑時的造型對象。也指文學中藉以塑造人物形象的原型。
颱風	(英)typhoon	發生在太平洋上的一種極猛烈的風暴。漢語裏的"大風"借入英語,後來中國人又從英語中借回來,變成爲"颱風"。
圖騰	(英)totem	原始人認爲與本氏族有特殊神秘關係的某種動物、植物或無生物的圖像,爲該氏族的保護者和徽記。

烏托邦	（英）Utopia	原義爲烏有之鄉，是英國 Thomas More 爵士于公元 1516 年用拉丁文所寫的書名的簡稱，後成爲空想主義的同義詞。
引擎	（英）engine	發動機，特指蒸汽機、内燃機等熱機。

3. 半音半意譯。譯詞的一部分是音譯，一部分是意譯。如：

愛克斯射綫	（英）x-ray	也叫"愛克斯光"，一種用高速電子流打在金屬上所發出的波長很短的電磁波，有很强的穿透能力。因爲是德國物理學家倫琴發現的，也叫倫琴射綫。"愛克斯"音譯，"射綫"意譯。
白令海	（英）Behring Sea	"白令"音譯，"海"意譯。
冰激凌	（英）ice cream	一種用水、牛奶、雞蛋、糖、果汁等製成的半固體冷食。"冰"意譯，"激凌"音譯。
長噸	（英）long ton	英制噸，等於 2240 磅。"長"意譯，"噸"音譯。
大笨鐘	（英）Big Ben	倫敦英國議院大厦上的大鐘，直徑九英尺，重 13.5 噸。"笨"音譯，"鐘"意譯。
道林紙	（英）Dowling paper	一種精製的印刷用紙。"道林"音譯，"紙"意譯。
東亞	（英）East Asia	亞洲東部。"東"意譯，"亞"音譯。
浪漫主義	（英）romanticism	文學藝術的一種創作方法。特點是運用豐富的想象和誇張的手法塑造人物形象，反映現實生活。"浪漫"音譯，"主義"意譯。
摩托艇	（英）motor boat	汽艇。"摩托"音譯，"艇"意譯。

有時在音譯的後面加上一個漢語表意的詞素，也算這一類。例如：

貝雷帽	（英）beret	一種無檐的扁圓帽。
駁船	（英）barge	一種分裝轉運貨物或旅客的船。
大麗花	（英）dalia	一種多年生草本植物，花可觀賞。
卡車	（英）car	載重汽車。

可蘭經	(英)Koran	也叫“古蘭經”,伊斯蘭教經典。
來福槍	(英)rifle	步槍。
毛瑟槍	(德)mauser	一種管内裝有四條來福綫的遠距離連發快槍。
啤酒	(德)Bier	一種用大麥芽加啤酒花製成的低度酒,有泡沫和特殊的香味。
香檳酒	(法)Champagne	一種起泡的白萄葡酒。
雪茄煙	(英)cigar	(又音譯爲“雪茄”,意譯爲“吕宋煙”。)

上述借詞中的“帽”、“船”、“花”、“車”、“經”、“槍”、“酒”、“煙”都是加上去的表意的詞素。

有時音譯詞的音節較多,可以簡化成一個音節,再加一個表意的詞素構成複音詞。例如:

Africa	阿非利加——非洲
America	亞美利加——美國
Australia	澳大利亞——澳洲
Europe	歐羅巴——歐洲

三、自創新詞和舊詞新用

19世紀後半期,中國人翻譯西方作品,除了日譯詞和西方語言的音譯借詞以外,還有許多是自創新詞和舊詞新用。

1. 自創新詞

自創新詞大都可以在西方語言裏找到互相對應的詞語。

(1)名詞

報紙	(英)newspaper
博物館★①	(英)museum
財政★	(英)public finance

① 有★号的詞,日語裹也有。

袋鼠	(英)kangaroo(初譯爲"袋獸")
地球	(英)the earth,the globe
地質	(英)geology
法院	(英)court of justice,law court
工廠	(英)factory,mill
工程師	(英)engineer
工會	(英)trade union,labour union
公司	(英)company
公約★	(英)convention, pact
股本	(英)share,stock,share certificate
股份	(英)share
雇工	(英)employee, hired hand
光年★	(英)light-year
國會★	(英)parliament, congress
海軍★	(英)navy
黑死病	(英)the plague
後勤	(英)rear service, logistics
價格★	(英)price
礦物★	(英)mineral
領帶	(英)tie, neck tie
馬口鐵	(英)tinpate
碼	(英)yard
買辦	(英)compradore
麵包	(英)bread
民族★	(英)nation, nationality
權利★	(英)right
商標	(英)trade mark
司法★	(英)judicature, administration of juctice

唐人街　　(英)chinatown
團體★　　(英)organization,group
文藝復興　(英)Renaissance
問題★　　(英)question, problem
新加坡　　(新)Singapore
郵政　　　(英)postal service
郵票　　　(英)postage stamp, stamp
責任★　　(英)duty, responsibility
支票　　　(英)cheque, check
殖民地　　(英)colony
主任　　　(英)director, head
自行車　　(英)bicycle (又譯爲"脚踏車")

(2)動詞

罷工　　　(英)strike, go on strike
罷免　　　(英)recall
辦公　　　(英)handle official business
表演　　　(英)perform, act,play
調查★　　(英)investigate, inquire into
化合★　　(英)chemical combination
競争★　　(英)compete
就職★　　(英)assume office
留學★　　(英)study abroad
拍賣　　　(英)auction, sale
探險★　　(英)explore,make-explorations
協商★　　(英)consult, talk things over
壓迫　　　(英)oppress,repress
照會★　　(英)pressent a note to, note

(3)形容詞

必然★　　(英)inevitable,certain

辯證　　(英)dialectical

超重　　(英)overload

機動★　　(英)power-driven,motorized

集體　　(英)collective

2. 舊詞新用

就是用古漢語舊有的詞來翻譯外來概念,從而使不少舊詞有了新的意義,換了新的内容。

測量　意譯英語 survey。指用量具或儀器測定空間、時間、温度、速度、功能等的有關數值。古代漢語"測量"是推測度量的意思。晉袁宏《後漢紀・靈帝紀上》:"叔度汪汪如萬頃之波,澄之而不清,橈之而不濁,其器深廣,難測量也。"

大使　意譯英語 ambassador。由一國派駐在他國的最高一級的外交代表,全稱爲特命全權大使。古代漢語"大使"指帝王臨時特派的使節。《禮記・月令》:"〔孟秋之月〕毋以割地,行大使,出大幣。"

法官　意譯英語 judge, justice。指法院中的審判人員。古代漢語"法官"是執掌法律刑獄的官吏。《商君書・定分》:"吏民〔欲〕知法令者,皆問法官。"也指有職位的道士。如明施耐庵《水滸全傳》七十三回:"累累請將法官來,也捉他不得。"

公民　意譯英語 citizen。指具有一國國籍,享有該國憲法和法律規定的權力並履行義務的人。古代漢語"公民"是爲公之民或公家之民。如《韓非子・五蠹》:"是以公民少而私人衆矣。"漢劉向《列女傳・齊傷槐女》:"對曰:'妾父衍,幸得充城郭爲公民。'"

公園　意譯英語 park。指供公衆遊覽休息的園林。古代漢語"公園"指官家的園林。《魏書・任城王傳》:"〔元澄〕又明黜陟賞罰之法,表減公園之地以給無業貧口。"

火柴　意譯英語 match。取火用品,在細小木條的一端蘸上磷或硫的化合物,在火柴盒兩側的砂紙上摩擦生火。也叫"洋火"、"自來火"。古代漢語"火柴"是燒火的乾柴。宋蔡絛《鐵圍山叢談》卷六:"柁工之婦怒,舉火柴擊其首。"

檢閱　意譯英語 review (troops, etc), inspect。指高級首長親臨軍隊或群衆隊伍的面前，舉行檢驗儀式。古代漢語“檢閱”是“查看”之意。《北史・廣永傳附唐瑾》:“〔周文帝〕欲明其虚實，密遣使檢閱之，唯見墳籍而已。”

教育　意譯英語 education。指培養新生一代準備從事社會生活的整個過程。古代漢語“教育”是“教誨培育”。《孟子・盡心下》:“得天下英才而教育之。”

經理　意譯英語 handle, manage。經營管理，也指某些企業的負責人。古代漢語“經理”有“常理”義。《荀子・正名》:“心也者，道之工宰也；道也者，治之經理也。”又有“治理”義。《史記・秦始皇本紀》:“皇帝明德，經理宇内。”

律師　意譯英語 lawyer。指受當事人委托或法院指定，依法協助當事人進行訴訟，出庭辯護，以及處理有關法律事務的專業人員。古代漢語“律師”是道士或和尚的稱號。《唐六典》四《祠部郎中》:“而道士修行有三號：其一曰法師，其二曰威儀師，其三曰律師。”此指道士。北凉曇無讖譯《涅槃經》三:“如是能知佛法所作，善能解説，是名律師。”此指和尚。

民主　意譯英語 democracy。音譯德謨克拉西，指人民有參與國事或對國事自由發表意見的權利。“民主”用於國家形式，就成爲一種國家制度，與“專制”相對立。古代漢語“民主”是人民的主宰者，指帝王和官吏。漢班固《典引》:“肇命民主，五德初始。”蔡邕注:“民主，天子也。”《三國志・吴書・鍾離牧傳》:“仆爲民主，當以法率下。”此指官吏。

外交　意譯英語 diplomacy, foreign affairs。指一個國家在國際關係方面的活動。古代漢語“外交”指人臣私見諸侯。《穀梁傳・隱公元年》:“寰内諸侯，非有天子之命，不得出會諸侯；不正其外交，故弗與朝也。”

協議　意譯英語 agreement。指經過談判、協商後取得一致意見。古代漢語“協議”是“共同計議”。《隋書・律曆志中》:“二人協議，共短孝孫。”

知識　意譯英語 knowledge。指人類認識自然和社會的成果或結晶，包括經驗知識和理論知識。古代漢語知識有三義：①相識的人，朋友。《吕氏春秋・遇合》:“人有大臭者，其親戚兄弟妻妾知識無能與居者。”②動詞。結識，交遊。《南史・虞悰傳》:“悰性敦實，與人知識，必相存訪，親疏皆有終始，世以此稱之。”③動詞。瞭解。漢劉向《列女傳・齊管妾婧》:“人已語君矣，君不知識邪?”

主權　意譯英語 sovereign rights, sovereignty。指一個國家獨立自主的權力。古代漢語"主權"指君主的權力。《管子·七臣七主》:"藏竭則主權衰,法傷則奸門闓。"

主席　意譯英語 chairman。指主持會議的人或國家、機關、黨派、團體某一級組織的最高領導職位名稱。古代漢語"主席"指主持筵席,《新唐書·韓偓傳》:"偓侍宴,……辭曰:學士不與外班接。主席者固請,乃坐。"也指筵席中的主人席位。如明馮夢龍《警世通言》卷一:"伯牙推子期坐於客位,自己主席相陪。"

自由　意譯英語 freedom。有三義:①在憲法和法律範圍内公民享有的人身、言論、通訊等權利。②哲學名詞。人認識了事物的發展規律,並有計劃地把它運用到實踐中去,即對必然的認識和對客觀世界的改造。③自己作主,不受限制和拘束。古代漢語的"自由"有③義,但没有①②義。如《後漢書·閻皇后紀》:"晏執金吾,威福自由。"古詩《爲焦仲卿妻作》:"吾意久懷忿,汝豈得自由。"

總統　意譯英語 president.某些共和國的元首的名稱。古代漢語"總統"是總攬、總管。《漢書·百官公卿表上》:"太師、太保、太傅是爲三公,蓋參天子,坐而議政,無不總統。"

中國人翻譯西洋作品,時間有早有晚,有的音譯,有的意譯,有的借用日語詞,有的自創新詞;自創新詞又有不同的方式,同一事物或概念,往往有不同的譯名。例如:

cement——水泥、洋灰、水門汀、士敏土、西門土、塞門脱

philosophy——哲學、理學、智學、愛智學、神學、心學

telescope——望遠鏡、遠鏡、遠視鏡、千里鏡、窺鏡、神鏡

在發展中,這種混亂的狀況逐漸得到規範,我們從中可以看出以下幾點趨勢:

第一,漢語比較習慣用創造新詞的方式來意譯外來的概念。

初期許多音譯詞,後來都被意譯詞代替了,多音節的音譯詞尤其是這樣。例如:

atman	阿德門——靈魂、自我
bank	版克——銀行
bishop	畢協——主教
chimpanzee	昔門子——黑猩猩

cholera	虎列拉——霍亂
camera	開米拉——照相機
compradore	康白度、剛白度——買辦
democracy	德謨克拉西——民主
dictator	狄克推多——獨裁者
gorilla	戈里拉——大猩猩
Hispania	日斯巴尼亞——西班牙
Magna Charta	馬格拉吒大——大憲章
nebula	涅菩剌斯——星雲
nerve	涅伏——神經
orang-ontang	倭蘭——猩猩
parliament	巴力門——國會
physiology	腓力阿洛志——生理學
politics	波裏的斯——政治、政治學
Protestantism	波羅得斯坦特——新教、耶蘇教
telephone	德律風——電話

其所以這樣，有兩方面的原因。首先，漢語構詞與西洋語言有很大的不同，西洋語言一個詞可以有多個音節，漢語不是這樣。古代漢語以單音爲主，中古以後逐漸以雙音爲主，多音節的音譯詞不適合於漢語的構詞規律和語音習慣。其次，漢語發展到 19 世紀，已經具有非常豐富的詞素和靈活多樣的創詞方式。任何複雜的事物和概念，都可以創造出新詞來表達。一般地説自造新詞比音譯詞容易爲人們所接受，所以許多音譯詞逐漸被自創新詞淘汰了。當然，也有相反的情況，少數音譯詞比自創詞更能確切地表示原詞的意思，它們能够保留下來，有的甚至淘汰了自創新詞，如"邏輯"、"蘇打"、"瓦斯"、"白蘭地"等等。

第二，日譯詞和日語借詞是日本人用漢字作詞素構成的。大多數日譯詞傳入中國後，很快就融合在漢語詞滙裏，得到廣泛的流傳，而且一直保留下來。有時日譯詞和自創新詞同時存在，何去何存，得看這些詞本身適應的能力。有的是自創新詞保留下來，日譯詞被淘汰了。如：

外語詞	日譯詞	漢語自創詞
Aufheben(德)	揚	揚棄
catalyzer(英)	觸媒	催化劑
cumulativeness(英)	纍進	遞增
degression(英)	纍減	遞減
efficiency(英)	能率	效率
enzyme(英)	酵素	酶
hydrogen(英)	水素	氫
Jod(德)	沃素	碘
lathe(英)	旋盤	車床
memorandum(英)	覺書	備忘録
nitrogen(英)	窒素	氮
opportunism(英)	日和見主義	機會主義
pantomime(英)	默劇	啞劇
permission(英)	克許	批准、准許
revelation(英)	默示	啓示
search light(英)	探海燈	探照燈
sodium bicarbonate(英)	重曹	小蘇打,碳酸氫鈉
stamp(英)	郵便切手	郵票
steam(英)	水汀	水蒸氣,暖氣
tank car (英)	油槽車	油罐車

另外一些詞是日譯詞保存下來,而漢語自創的新詞被淘汰了。例如:

英語詞	漢語自創詞	日譯詞
capital	母財	資本
chemistry	質學	化學
definition	界説	定義
deduction	外籀	演繹
evolution	天演	進化

heredity	種性之説	遺傳
induction	内籀	歸納
physics	格致	物理

還有一種情況:自創新詞和日譯詞同時存在,但意義上有了分工。例如英語的engineer,日譯爲"技師",漢譯爲"工程師"。現在兩者都是技術人員的職務名稱。"工程師"指能够獨立完成某一專門技術任務的設計、施工工作的專門人員,"技師"指初級工程師或高級技術人員。

第三,自創新詞中也有重復的現象。外語裏同一個詞往往有幾個自創的不同譯名。到了後來,自然进行規範,有的被淘汰了,有的保存下來。大致地説,譯詞深奥的總是被通俗的所代替,表義模糊的總是被表義比較明確的所代替。初期翻譯家爲了譯文典雅,往往喜歡用一些當時已不通行的古代詞語來進行翻譯。也有一些譯名雖不古奥,但表達原詞的意義不太明確。等到有比較通俗而明確的譯名出來,這些譯名就逐漸被淘汰了。例如:

artifical selection	人擇——人爲淘汰
Atlantic Ocean	西洋——大西洋
biology	生學——生物學
canal	運渠——運河
carbon dioxide	炭養——二氧化碳
laboratory	驗室——實驗室
rail	鐵轍——鐵軌
natural selection	天擇——自然淘汰
steam-engine	氣機——蒸汽機
struggle existence	物競——生存競争
struggle fight	鬥鬩——鬥争
telescope	遠鏡——望遠鏡
thermometer	量天尺——寒暑表

還有一些譯名,就其通俗性和明確性來看,似乎都差不多。但在流通過程中有的消失了,有的保存下來。例如:

bring to trial	判審——審判
compete	争競——競争
hardness	堅度——硬度
scope, limits	圈限——範圍

能够保留的譯名，也許出現在流行較廣，影響較大的著作裏，爲大多數群衆所接受，所以能够淘汰另一譯名。

總之，近代西方資本主義文化傳入中國以後，對於中國社會産生了巨大的影響，對於近代漢語詞滙發展也産生了巨大的影響。大批新詞和借詞出現，一批古代漢語的詞得到了新生，使漢語能够滿足社會日益增長的交際需要。在近代新詞産生和借用外語詞的過程中，一度出現紛繁複雜的情況，它們在進一步發展中逐漸得到了規範。

第五節 近代漢語同義詞的發展

在近代漢語詞滙發展的基礎上，近代同義詞也有了巨大的發展。首先，上古和中古産生的同義詞，有許多近代仍然廣泛應用，成爲近代漢語同義詞的一個組成部分。例如：

(1)大抵——大都　奇怪——奇異
推崇——推重　星辰——星星
(2)乖隔——阻隔　均衡——平衡
辛苦——勞苦　佐助——帮助
(3)灰塵——塵土　分離——離别
驕傲——傲慢　依倚——倚靠
(4)力氣——氣力　平生——生平
痛苦——苦痛　折磨——磨折
(5)芙蓉——荷花　擡舉——提拔
喜歡——愉快　造次——倉忙

隨着近代漢語新詞的大量産生，通過文學作品的傳播，不少方言俗語詞融入普通詞滙，近代漢語同義詞也空前增加。

近代産生的新詞絶大多數是複音詞，近代同義詞的發展也是這樣。

一、複音同義詞的來源

從來源考察，近代同義詞的形成主要有以下四種情況：

1. 新詞與新詞同義

近代産生的兩個或幾個詞同物異名，但構成方式有所不同。如：

自來火——洋火　意義相同，都指火柴。清王韜《甕牖餘談》卷五："西人有自來火木條者，乃硫磺制煉十餘次……將木削成小片，即塗大片之端，一經磨擦，其火速生，是謂自來火，今西方諸國多用是物。"清丁克柔《柳弧》卷三："三人亦醒，内一人以洋火燃燭照之。"清吴沃堯《二十年目睹之怪現狀》六十八回："那時候我記得我們還没有用洋火呢。"

千里鏡——望遠鏡　意思相同，都指用來觀察遠處事物的光學儀器。清百人居士《壺天録》卷中："西人所制之物皆極奇巧，千里鏡者，則視遠可以使近焉。"清鄭觀應《盛世危言・火器》："不論大砲小砲，俱可使百發百中，其法在砲首加以千里鏡，便能放遠爲近。"清納蘭性德《淥水亭雜識》卷二："西人云：望遠鏡窺金星，亦有弦望。"

靉靆——眼鏡　兩字同義，都指矯正視力或保護眼睛的透鏡。明田藝衡《留青日札・靉靆》："提學副使潮陽林公有二物，大如錢形，質薄而透明，如硝子石，如硫璃，色如雲母。每看文章，目力衰倦，不辨細書，以此掩目，精神不散，筆畫倍明。中用綾絹聯之，縛於腦後。人皆不識，舉以問余。余曰：'此靉靆也。'"明郎瑛《七修續稿・事物》："少嘗聞貴人有眼鏡，老年觀書，小字看大。"清趙翼《陔餘叢考・眼鏡》："古未有眼鏡，至明始有之，本來自西域。"按"眼鏡"是明代新造的詞，"靉靆"古指雲氣蒸騰的樣子，晉潘尼《逸民吟》："朝雲靉靆，行露未晞。"與眼鏡義無涉。

2. 新詞與舊詞同義

同義詞中，一個古代就有此義，流傳至今，一個是近代新産生的。如：

美麗——漂亮　都表示"好看"。"美麗"已見於先秦。《戰國策・齊策一》："城北徐公，齊國之美麗者也。"近代與新産生的"漂亮"形成同義關係。如元姚桐壽《樂郊私語》:“子昂風神美麗而和易可親,文章書繪,人稱三絶。”清李寶嘉《官場現形記》五十二回:“這人雖是武官,甚是温文爾雅,人很漂亮,公事亦很明白。”

吝嗇——克嗇　都表示“小氣,過分捨不得使用應當使用的財物”。“吝嗇”已見於六朝。《三國志・魏書・曹洪傳》:“洪家富而吝嗇。”流傳下來,與近代産生的“克嗇”形成同義關係。如清蒲松齡《聊齋志異・霍女》:“朱大興,彰德人。家富而吝嗇已甚。”清曹雪芹《紅樓夢》四十六回:“凡出入銀錢事務,一經他手,便克嗇異常。”

誣陷——妝誣(贓誣、裝誣)　都表示“揑造壞事陷害别人”。“誣陷”古已有之。《後漢書・桓帝紀下》:“若趨諾詔書,誣陷良善,平原之人皆爲黨乎!”此義流傳至今,近代與新産生的“妝誣(贓誣、裝誣)”形成同義關係。明馮夢龍輯《古今小説》卷二十二:“似道乃令穿宫太監查女嬪名姓,將他事誣陷他,賜死宫中。”元無名氏《神奴兒》三折:“這公事憑誰做主,都是他二嫂妝誣。”元無名氏《謝金吾》四折:“這公事眼看虚實定何如……須不是我皇姑的廝贓誣。”《明律・户律・課程》:“若裝誣平人者,加三等。”

3. 方言詞進入普通詞滙與普通詞同義

由於通俗小説戲曲等文藝作品的廣泛傳播,近代漢語裏有不少方言詞逐漸融入普通詞滙,並與普通詞形成同義關係。

眼睛——眼腦——渌老　近代三詞同義,都指人或動物的視覺器官。“眼睛”是普通詞,“眼腦”、“渌老”是宋元時期北方的方言詞。元無名氏《謝金吾》三折:“常言道:眼睛跳,悔氣到。難道有甚麼悔氣到我家裏?”元王實甫《西廂記》一本四折:“害相思的饞眼腦,見他時須看個十分飽。”王季思校注引毛奇齡曰:“北人稱眼爲眼腦。”元王嘉甫《八聲甘州》詞:“窄弓弓撇道,溜刀刀渌老,稱霞腮一點朱櫻小。”清焦循《劇説》引《知新録》釋《西廂》疑義云:“渌老,謂眼也,亦作睩老。老是襯字,如身爲軀老,手爲爪老。”顧學頡、王學奇《元曲釋詞》:“按渌老,亦作緑老、睩老、六老、矑老。矑、睩本字當作矑。《廣韻・模韻》:‘矑,目童子也。’故書法雖紛紜,應以‘矑老’爲准,其餘都屬同音借用。”

整齊——齊截　兩詞同義,都指有秩序有條理,或大小、長短、程度等相差不大。“整齊”是普通詞,“齊截”是北京一帶方言。清陳廷焯《白雨齋詞話》卷七:“世人論詩，多乙太白之縱横超逸爲變，杜陵之整齊嚴肅爲正。”清高鶚《紅樓夢》一百一十回：“我上頭捱了好些説，爲的是你們不齊截，叫人笑話。”

4. 詞義引申形成同義

兩個或幾個不同的詞在歷史發展中引申出相同的意義，變成同義詞。如：

大(dài)夫——郎中——太醫——藥方　這四個詞，古代有不同的意義。“大(dài)夫”是宋代醫官中的一個等級。宋洪邁《容齋三筆》卷十六：“神宗董正治官，主醫官額止於四員。及宣和中，自和安大夫至翰林醫官凡一百七十人……三年五月，始詔大夫以二十員，郎以三十員，醫效至祗候以三百人爲額。”“郎中”本官名，自戰國以降，歷代都設郎中，爲政府高級文職。《韓非子・孤憤》：“郎中不因則不得近主，故左右爲之匿。”“太醫”是古代宫廷中主管醫藥的官或皇家醫生。《後漢書・東海恭王彊傳》：“永平元年，彊病，顯宗遣中常侍鉤盾令將太醫乘驛視疾。”“藥方”本指醫生治病所開的方劑。《後漢書・百官志三》：“藥丞主藥，方丞主藥方。”近代“大夫”、“郎中”、“太醫”、“藥方”都引申出“醫生，掌握醫藥衛生知識以防治疾病爲職業的人”這個意義，成爲同義詞。如清曹雪芹《紅樓夢》十回：“從來大夫不象他説的痛快，想必用藥不錯的。”元關漢卿《拜月亭》二折：“郎中，仔細的評這脈咱。”明蘭陵笑笑生《金瓶梅》三十八回：“你若心内不自在，早對我説，我好請太醫來看你。”清李光庭《鄉言解頤》卷三：“俗謂醫曰郎中，延醫曰請大夫……家鄉則謂之藥方，蓋指其所肄業也。故村謠曰：‘吃飯先喝湯，不用請藥方。蘿蔔上了街，藥方把嘴撅。’”

事情——事體——事意——事濟——事頭　這五個詞，原不同義。“事情”原義是事物的真象，實情。《戰國策・秦策二》：“道遠，臣不得復過矣，請謁事情。”高誘注：“謁，告也；情，實也。”“事體”本指事理；道理。漢劉珍等《東觀漢記・胡廣傳》：“達練事體，明解朝章。”“事意”本指事情的意義。《漢書・賈山傳》：“其言多激切，善指事意。”“事濟”原指事業完成。漢賈誼《新書・耳痹》：“事濟功成，范蠡負室而歸江湖。”“事頭”原指事情的根由。元關漢卿《回春園》二折：“我欲問一個事頭，昏天黑地，誰敢向花園裏走？”它們先後引申出相同的意義，指人類生活中的一切活動以及人類社會發生的一切現象，近代成爲同義詞。如《元史・世祖紀一》：“以海青銀符二、金符十給中書省，量軍國事情緩急，付乘驛者佩之。”明蘭陵笑笑生《金瓶梅》五十七回：“爲侄兒發願，何不一力獨成，也是小可的事體。”《武王伐紂平話》卷上："比干問太子，有何事意到來。"南宋無名氏《小屠孫》十五出："作事濟，不點實，如今怎生來救你？"明馮夢龍輯《古今小説》卷四十："严嵩父子深以爲恨，商議要尋個事體殺却沈鍊。"

二、複音同義詞的構成

複音同義詞的構成方式多種多樣。有的一個詞素相同，一個詞素不同；有的兩個詞素相同，詞素的次序相反；有的兩個詞素都不同。跟中古漢語不同的是近代漢語複音詞發展更多，各種形式的同義詞更加豐富，顯得更爲紛繁複雜。

1. 一個詞素相同的同義詞

這類同義詞可以是附加式、聯合式、偏正式、支配式；不同的詞素之間可以同義，也可以不同義。但由它們構成的複音詞是同義詞。又可分爲三類：

(1)前一詞素相同，後一詞素不同。例如：

包子——包兒　名詞。近代兩詞都可指以肉、菜、糖等做餡兒，以發麵做皮，包成圓形蒸熟的一種食品。"包子"産生於宋代，元明清通用。"包兒"首見於明代。宋羅大經《鶴林玉露》卷十八《縷蔥絲》："既是包子廚中人，何爲不能作包子？"明蘭陵笑笑生《金瓶梅》四十二回："每人吃一大深碗八寶攢湯，三個大包子，還零四個桃花燒賣，只留了一個包兒壓碟兒。"

差事——差使　名詞。近代兩詞都可指被派遣去做的事情，公務。"差使"産生於宋代，有"差遣"，"官職"的意思。宋司馬光《乞罷將官狀》："今爲州縣長吏及總管等官，而於所部士卒，有不相統攝，不得差使，殆如路人者。"引申爲被派遣去做的事情。清曹雪芹《紅樓夢》五十六回："姑娘們出入，擡轎子，撑船，拉冰床，一應粗重活計，都是他們的差使。""差事"是近代産生的新詞。《元代白話碑集録・平遥崇聖宫給文碑(一)》："得此文狀，除别行外，已將本宫及下院差事行下道司除免去訖。"清曹雪芹《紅樓夢》七回："嫣還有什麽不了的差事。"

出挑——出跳——出條——出脱——出落——出息　動詞。近代六詞同義，都指(青年人體態容貌、智慧向美好的方面)發育，變化，成長。清曹雪芹《紅樓夢》六回："如今出挑的美人兒似的，少説着只怕有一萬心眼子。"金董解元《西廂記諸宫調》卷六："是則是這冤家没艞剥，陡恁地精神出跳，轉添嬌。"清西周生《醒世姻緣傳》七十一回："虎哥已長成十五歲，出條了個好小廝。"清曹雪芹《紅樓夢》四回："其模樣雖然出脱得整齊好些，然大概相貌，自是不改。"明馮夢龍《醒世恒言》卷七："〔秋芳〕看看長成十六歲，出落得好個女兒，美豔非常。"清曹雪芹《紅樓夢》二十七回："明兒你伏侍我罷，我認你做乾女孩兒，我一調理，你就出息了。"其中"出挑"、"出跳"、"出條"産生於近代。"出脱"産生於宋代，又有"開脱"、"貨物出手"、"更换衣服"等義；"出落"也産生於宋代，又有"脱離"、"顯現"、"只落得"等義；"出息"産生於六朝，有"收益"、"呼出的氣息"等義。在發育、變化、成長這些意義上它們不同義。

打當——打點——打疊——打疊——打並　動詞。近代五詞同義，都有"收拾"、"準備"的意思。明施耐庵《水滸全傳》二十四回："且説武大吃了早飯，打當了擔兒，自出去做道路。"明吴承恩《西遊記》一回："打當下船，看有甚人來。"明馮夢龍輯《古今小説》卷十八："八老收拾貨物，打點起身。"清高鶚《紅樓夢》九十一回："此事上頭可托，底下難托，必須打點才好。"明凌濛初《二刻拍案驚奇》卷十一："你打疊已完，只須同你哥哥回去，見見親族，然後到任便了。"明施耐庵《水滸全傳》三回："把莊裏有的没的細軟等物，即便收拾，盡教打疊起了。"明馮夢龍《醒世恒言》卷五："韋德先將店中粗重家夥變賣，打疊行李，雇了一隻長路船。"明施耐庵《水滸全傳》十八回："我和公孫先生打並了便來。"明馮夢龍輯《古今小説》卷三十九："打並得五十兩銀子，分送與二人。"其中"打並"、"打疊"産生於宋代。如宋楊萬里《曉起採梅》："打並人間名利心，萬山佳處一溪深。"宋蘇軾《與滕達道書》："晚景若不打疊此事，則大錯。""打疊"即"打疊"。"打當"、"打點"是元明産生的詞。

支吾——支調　動詞。兩詞同義，都是"應付"、"搪塞"的意思。"支吾"産生於中古，本作"抵拒"講。《舊五代史・孟知祥傳》："知祥慮唐軍驟至，與遂閬兵合，則勢不可支吾。"引申爲"應付"、"搪塞"。元王實甫《西廂記》一本二折："縱然酬得今生志，著甚支吾此夜長。"《京本通俗小説・馮玉梅團圓》："〔賀〕承信言語支吾，似有羞愧之色。""支調"是近代産生的新詞。明施耐庵《水滸全傳》十六回："如何倒生支調，推辭不出。"明蘭陵笑笑生《金瓶梅》八十四回："那石道士躲去一邊，只教徒弟來支調。"

搭膊(搭包)——搭連(褡褳)　名詞。近代兩詞同義，都指一種盛財物的布袋，中間開口，兩頭有袋，可以搭在肩上。明施耐庵《水滸全傳》二回："只見王四搭膊裏突出銀子來。"清曹雪芹《紅樓夢》二十四回："一面説，一面果然從搭包裏掏出一卷銀子來。"明馮夢龍輯《古今小説》卷十九："又知道楊公甚貧，去自己搭連内取十來兩好赤金子，五六十兩碎銀子，送與楊公做盤纏"。清曹雪芹《紅樓夢》十二回："〔道士〕從搭褳中取出個正面反面皆可照人的鏡子來。"有人認爲"褡褳"是蒙語 takalimpa 或 ta:limp 的音譯。

解子——解人　名詞。押解犯人的公差。元楊顯之《瀟湘雨》二折："左右，便差個能行快走的解子，將這逃奴解到沙門島。"明馮夢龍輯《古今小説》卷二十九："劉青在外面已自買囑解子，先將程彪、程虎根由備細與洪恭説了。"元高文秀《黑旋風》一折："有我八拜的哥哥晁蓋，知某有難，領僂儸下山將解人打死，救某上山。"

梢(艄)公——梢(艄)人——梢子　名詞。近代三詞同義，都指船家，撑船的人。明施耐庵《水滸全傳》三十七回："也難得這個梢公救了我們三個性命。"明王周《志峽船具詩序》："俗稱操舟者，男曰艄公，女曰艄婆，蓋以其掌艄也。"明馮夢龍輯《古今小説》卷二十三："數日之間，雖水火之事亦自謹慎，人亦不知其爲女人也。"明吴承恩《西遊記》九回："只見梢子劉洪、李彪二人，撑船到岸迎接。"

説口——説嘴　動詞。近代兩詞同義，都是"誇口"、"説大話"的意思。明施耐庵《水滸全傳》六十二回："非是盧某説口，金帛錢財家中頗有，但得到北京盤纏足矣。"元高文秀《誶范叔》二折："不是我范睢説口，想報冤之期，可也不遠。"元張國賓《薛仁貴》一折："你不要説嘴，你都有甚麽功勞在那裏。"清曹雪芹《紅樓夢》四十回："人人都説你没有不經過，不見過，連這個紗還不認得呢，明兒還説嘴。"

(2)後一詞素相同，前一詞素不同。例如：

發話——打話　動詞。近代兩詞同義，都是"説話"的意思。明馮夢龍輯《古今小説》卷四十："在廳上大驚小怪，高聲發話。"明羅貫中《三國演義》十一回："張飛見了，更不打話，直取於禁。""打話"已見於宋代。

浪侃——胡侃　動詞。近代兩詞同義，都是"胡吹"、"隨意亂説"的意思。元關漢卿《望江亭》一折："只願他肯肯肯做一心人，我和他守守守《白頭吟》，非浪侃。"元王實甫《西廂記》三本二折："你那隔墻酬和都胡侃，證果的是今番這一個。"

賣弄——買弄　動詞。"賣弄"始見於六朝，是一個多義詞。"買弄"是近代産生的新詞。它們在"誇耀"、"炫耀"的意義上同義。金董解元《西廂記諸宮調》卷七："不是自家自賣弄，我一般女婿，也要人叠。"清趙翼《陔餘叢考・賣弄》："近代俗語，賣弄二字，專指誇耀之意，六朝以來，則謂招投權勢也。"元王曄《桃花女》三折："買弄殺《周易》陰陽，誰似你，還有個未卜先知意。"

討死——尋死——作死　動詞。近代三詞同義，表示"自尋死路"，含有不知輕重，不顧危險之意。明施耐庵《水滸全傳》五十五回："天兵到此，不思早早投降，還自敢抗拒，不是討死！"明吴承恩《西遊記》五十八回："你兩個因甚事鬧天宫，嚷至朕前尋死。"元無名氏《陳州糶米》一折："你這個虎刺孩（强盗）作死也。你的銀子又少，怎敢罵我！"清曹雪芹《紅樓夢》十一回："這畜生合該作死，看他來了怎麽樣。"

梯己——體己　近代兩詞同義，有兩義：①名詞。家庭成員個人積蓄的財物，私房錢。清曹雪芹《紅樓夢》六十五回："賈璉又將積年所有的梯己，一併搬了與二姐收着。"清翟灝《通俗編・貨財・梯己》引《心史》："元人謂自己物，則曰梯己物。"清高鶚《紅樓夢》一〇六回："〔賈璉〕想起歷年積聚的東西並鳳姐的體己已不下七八萬金，一朝而盡，怎得不痛。"②形容詞。親密，貼心。明施耐庵《水滸全傳》三十回："我帳前缺恁地一個人，不知你肯與我做親隨梯己人麽。"元楊瑀《山居新話》："余嘗見周草窗（密）家藏徽宗在五國城寫歸御批數十紙，中間有云可付體己人者，即今之所謂梯己人。"

挑鬥（逗）——撩鬥　動詞。近代兩詞同義，都是"引誘"、"招惹"的意思。元無名氏《百花亭》二折："爲憐他皓齒星眸，拚的個擲黄金揮白璧，暗中挑鬥。"清高鶚《紅樓夢》一一五回："那姑子會意，本來心裏也害怕，不敢挑逗，便告辭出去。"元關漢卿《單刀會》二折："他酒性躁，不中撩鬥，你則綻口兒休提着索取荆州。"明施耐庵《水滸全傳》二十四回："我今日着實撩鬥他一撩鬥，不信他不動情。"

想頭——念頭　名詞。近代兩詞同義，有兩義：①心中的打算，想法。清曹雪芹《紅樓夢》三十四回："誰知你方才和我説的話全是大道理，正和我的想頭一樣。"明施耐庵《水滸全傳》三十回："〔武松〕提着朴刀，躊躇了半晌，一個念頭，竟奔回孟州城裏來。"②指望，希望。清曹雪芹《紅樓夢》六回："那劉老老先聽見告艱苦，只當是没想頭了。"元陳鎰《次韻吴學録春日山中雜興》詩之四："功名老去念頭輕，盡日看山眼信明。"

造反——作反　動詞。近代兩詞同義，都是“發動叛亂”的意思。明施耐庵《水滸全傳》四十回：“結連梁山泊强寇，通同造反。”清曹雪芹《紅樓夢》九回：“外邊幾個大僕人李貴等聽見裏邊作反起來，忙都進來一齊喝住。”

(3)甲詞後一詞素和乙詞前一詞素相同。例如：

次後——後來　時間詞。近代兩詞同義，都指“以後，在某一時點以後的時間”。“後來”古已有之，近代通用。唐李白《酬殷明佐見贈五雲裘歌》：“謝脁已没青山空，後來繼之有殷公。”清曹雪芹《紅樓夢》三十九回：“寶玉聽了，跌足嘆惜，又問：‘後來怎麽樣？’”“次後”是近代産生的新詞。明施耐庵《水滸全傳》四十四回：“朱貴向前，先引李雲拜見晁、宋二頭領，相見衆好漢……次後，朱貴引朱富參拜衆位。”明羅貫中《三國演義》一回：“〔張〕角有徒弟五百餘人，雲遊四方，皆能書符念咒，次後徒衆日多。”

干罷——罷休　動詞。近代兩詞同義，都是“停止”、“完事”的意思。“罷休”産生於漢代。古今通用。《史記·孫子列傳》：“將軍罷休就舍，寡人不願下觀。”明施耐庵《水滸全傳》二十一回：“雲情雨意兩罷休，無端懊惱觸心頭。”“干罷”産生於近代，元李壽卿《伍員吹簫》一折：“那廝若知道我殺了他一家老小，他肯和我干罷？”明施耐庵《水滸全傳》三十三回：“我想，他如何肯干罷，必然要和你動文書。”

跟尋——尋找　動詞。兩詞同義，都産生於近代，是“尋覓”、“查找”的意思。元石君寶《曲江池》三折：“你去那出殯處跟尋，起喪處訪問，下棺處打聽。”明施耐庵《水滸全傳》五十六回：“快央人去龍符宫裏報與官人知道，教他早來跟尋。”明吴承恩《西遊記》八十五回：“一則圖他裏面乾浄，二則等他三人不來尋找，打聽他們去了，我們却把他拿出來自自在在的受用。”清曹雪芹《紅樓夢》四十七回：“賈珍等席上忽不見了他兩個，各處尋找不見。”

咕唧——唧噥　動詞。近代兩詞同義，都是“低聲説話”的意思。清曹雪芹《紅樓夢》六回：“周瑞家的又和他咕唧了一會子，方蹭到這邊屋内。”明凌濛初《二刻拍案驚奇》卷十六：“有的道：‘這些須銀子也不見得幾時用，不要欣羡他……’各自唧噥不題。”

即目——目今　時間詞。近代兩詞同義，都是“現在”、“眼前”的意思。金董解元《西廂記諸宫調》卷一：“這些兒古跡，現在河中府，即目仍存舊寺宇。”明施耐庵

《水滸全傳》十二回："即目盜賊倡狂，國家用人之際。"元王實甫《西廂記》三本四折："往事已沈，只言目今，今夜相逢管教恁。"明羅貫中《三國演義》四十二回："今幸相遇，願聞目今安危之事。"

近新——新來　時間詞。近代兩詞同義，都是"近來"、"最近"的意思。元楊顯之《瀟湘雨》一折："我近新認了個義女兒，叫做翠鸞。"元高茂卿《兒女團圓》二折："新來俺那渾家根前，得了一個小的，可惜落地便死了。""新來"宋代已習見，如宋柳永《臨江仙》："覺新來憔悴舊日鳳標。"宋李清照《鳳凰臺上憶吹簫》："新來瘦，非干病酒，不是悲秋。"又合作"近新來"。元關漢卿《謝天香》三折："近新來下雨的那一日，你輸與我繡鞋兒一對，掛口兒再不曾提。"

頭路——路數　名詞。近代兩詞同義，都是"門路"、"途徑"的意思。明施耐庵《水滸全傳》十六回："怕你不知頭路，特地再教奶公謝都管，並兩個虞侯和你一同去。"明凌濛初《二刻拍案驚奇》卷三："況且京師中人不知外方頭路，不喜歡攀扯外方親戚。"明馮夢龍《醒世恒言》卷十五："一發摸不着個頭路。"明施耐庵《水滸全傳》十六回："這一事不須去了，貧道已打聽知他來的路數了。"明馮夢龍輯《古今小説》卷四十："且不要埋怨，和你去問他老婆，或者曉得他的路數，再來抓尋便了。"

頑耍——耍子　動詞。近代兩詞同義，都指"遊戲"，"進行使自己精神愉快的活動"。明馮夢龍輯《古今小説》卷十："老子見他伶俐，又忒會頑耍，要送他館中上學。"明吴承恩《西遊記》一回："一朝天氣炎熱，與群猴避暑，都在松陰之下頑耍。"明施耐庵《水滸全傳》二回："小官人若是不當真時，較量一棒耍子。"明吴承恩《西遊記》二十四回："還在這裏賣解兒耍子哩。"

2. 詞素相同，詞素的次序相反的同義詞

這類同義詞的兩個詞素都相同，但字序倒反。例如：

斷送——送斷　動詞。近代兩詞在"葬送"、"毁滅"的意義上同義。元高文秀《黑旋風》三折："俺哥含冤負屈有誰知，兀的不斷送在高墻厚壁矮門内？"《京本通俗小説・錯斬崔寧》："只爲酒後一時戲言，斷送了堂堂七尺之軀。"金董解元《西廂記諸宫調》卷六："我還待送斷你子箇，卻又子母情腸意不過。"其中"斷送"已見於唐代。唐韓愈《遣興》："斷送一生唯有酒，尋思百計不如閑。""送斷"是近代産生的詞。

故鄉——鄉故　名詞。近代兩詞同義，都是"家鄉"的意思。"故鄉"古今通用。

《荀子·禮論》:"過故鄉,則必徘徊焉,嗚號焉。"明馮夢龍《醒世恒言》卷十九:"不一日來到山東故鄉。""鄉故"産生於近代。明馮夢龍《警世通言》卷三十四:"公子不如暫回鄉故,且覲雙親。"

候問——問候　動詞。近代兩詞同義,都是"探問"、"問好"的意思。"候問"已見於漢代,近代通用。《漢書·蒯通傳》:"趙武信君不知通不肖,使人候問其死生。"明馮夢龍《醒世恒言》卷三十六:"府縣都來候問。""問候"産生於近代。清吴敬梓《儒林外史》十一回:"公孫也無奈何,忙走到書房去問候。"明馮夢龍《醒世恒言》卷十九:"寫下問候書劄、上壽禮帖,又取出一張路引,以防一路盤詰。"清曹雪芹《紅樓夢》二十五回:"次日,王子勝也來問候。"

勞動——動勞　動詞。近代兩詞在"煩勞"、"有勞"的意義上同義。元李行道《灰闌記》一折:"姐姐,你先回來了,勞動着姐姐哩!"清高鶚《紅樓夢》八十二回:"寶玉和秋紋笑道:'我就過去,又勞動你來找。'"元無名氏《藍采和》二折:"量小人有甚麽能,動勞你火伴鄰里街坊。"清孔尚任《桃花扇·閒話》:"動勞久陪,晚生不安。"其中"勞動"已見於上古,作"操作"、"活動"講。《莊子·讓王》:"春耕種,形足以勞動。"中古産生"煩勞"、"有勞"義。唐王建《酬於汝錫曉雪見寄》詩:"勞動更裁新樣綺,紅燈一夜剪刀寒。""動勞"是近代産生的新詞。

引誘——誘引　動詞。近代兩詞在"誘使他人幹壞事"的意義上同義。"引誘"産生於六朝,本指勸導。《宋書·廬陵王義真傳》:"選保傅於舊老,求四友于髦俊,引誘情性,導達聰明。"後來用於貶義,指誘使他人幹壞事。清傅山《紅羅鏡》傳奇三:"只個又不同幫閑,引誘良家敗子。"明蘭陵笑笑生《金瓶梅》六十九回:"將來引誘壞了人家子弟。""誘引"是近代産生的詞。明馮夢龍《警世通言》卷三十五:"百般誘引,壞了他的戒行。"

鎮壓——壓鎮　動詞。近代兩詞同義,都是"壓制"、"壓服"的意思。"鎮壓"産生於中古,《晉書·唐彬傳》:"今諸軍已至,足以鎮壓外内,願無以爲慮。"明馮夢龍輯《古今小説》卷十三:"被真人將神符鎮壓,又安享祭祀,再不出現了。""壓鎮"是近代産生的詞。明羅貫中《三國演義》一〇三回:"姜維入帳,正見孔明披髮仗劍,踏罡步斗,壓鎮將星。"明馮夢龍《警世通言》卷二十八:"小乙哥和我許多時夫妻,尚兀自不把我親熱,卻信别人言語,半夜三更,燒符來壓鎮我。"

主張——張主　動詞。近代兩詞同義，都有“作主”的意思。“主張”古已有之，近代通用。宋孫光憲《北夢瑣言》卷九：“我非天王，南嶽神也，主張此地，汝何相侮。”明馮夢龍輯《古今小説》卷十：“家中事體，備細與我説了，教我主張。”清曹雪芹《紅樓夢》三十二回：“父母早逝，雖有銘心刻骨之言，無人爲我主張。”“張主”是近代産生的詞。明施耐庵《水滸全傳》二十一回：“外人説的閑是閑非都不要聽他，押司自做個張主。”明馮夢龍《醒世恒言》卷三：“恁地時，老身便好張主。”現代漢語“主張”表示對於如何行動持有某種見解。“張主”不再用。

矮矬——矬矮　形容詞。近代兩詞同義，都是“身材短小”的意思。明施耐庵《水滸全傳》三回：“李四矮矬，看别人也將脚踏。”又三十三回：“宋江矮矬，人背後看不見。”元白樸《梧桐雨》楔子：“陛下，這人又矬矮，又會舞旋，留着解悶倒好。”明吴承恩《西遊記》二回：“你這般矬矮，我這般高長。”

擺佈——布擺　動詞。近代兩詞同義，都作“安排”、“處置”講。“擺佈”産生於宋代，一直通用。宋無名氏《宋季三朝政要二・淳祐四年黄愷伯等上書》：“又擺佈私人，以爲去後之地。”明馮夢龍輯《古今小説》卷四十：“官人有路盡走，奴家自會擺佈，不勞掛念。”“布擺”産生於元明。明施耐庵《水滸全傳》六十二回：“你又没一文，教我們如何布擺。”元無名氏《符金錠》二折：“這謎兒怎猜，我實在難布擺。”

躲藏——藏躲　動詞。近代兩詞同義，都是把身體隱藏起來使人看不見。明馮夢龍輯《古今小説》卷三：“被隋兵所追，無處躲藏。”清曹雪芹《紅樓夢》六十一回：“五兒藏躲不及，只得上來問好。”

俄延——延俄　動詞。近代兩詞同義，都是“躭擱”、“延緩”的意思。元白樸《梧桐雨》三折：“没奈何怎留他，把死限俄延了多半霎。”明施耐庵《水滸全傳》八回：“上下方便，小人豈敢怠慢，俄延程途，其實是脚疼走不動。”明葉憲祖《丹桂鈿盒》二折：“脚步且延俄，難憑我，温郎玉鏡事如何？”清洪昇《長生殿・春睡》：“延俄，慢支援楊柳腰身。”

虧輸——輸虧　動詞。近代兩詞同義，都指因失敗而吃虧受損。元尚仲賢《氣英布》四折：“他若問英布如何救外黄，咱則説項羽虧輸走夏陽。”明施耐庵《水滸全傳》六十三回：“急要向前去救時，被宋江大隊軍馬前後掩殺將來，就棄了密雲縣，大敗虧輸，奔檀州來。”元高文秀《襄陽會》四折：“俺這裏左右哨暗埋藏，那曹兵大敗輸虧走。"明施耐庵《水滸全傳》六十七回:"關勝舉手無措,大敗輸虧,望後便退。"

怕懼——懼怕　動詞。近代兩詞同義,都是"害怕"的意思。明施耐庵《水滸全傳》三回:"兩邊看的人懼怕魯提轄,誰敢向前來勸。"明馮夢龍輯《古今小説》卷十三:"所以一方懼怕,每年用重價購求一人。"明吴承恩《西遊記》七十四回:"我師父膽小怕懼,着我來問一聲。"清曹雪芹《紅樓夢》五十五回:"鳳丫頭在外頭,他們還有個怕懼,如今他們又該取便了。"

勢頭——頭勢　名詞。近代兩詞同義,都作"情勢,事物發展的趨勢"講。《京本通俗小説・馮玉梅團圓》:"玉梅見勢頭不好,料道希周必死,慌忙奔入一間荒屋中,解下羅帕自縊。"清劉鶚《老殘遊記》十四回:"縣大老爺看勢頭不好,恐怕小埝守不住,叫人趕緊進城罷。"明施耐庵《水滸全傳》三回:"兩個都頭見頭勢不好,轉身便走。"明蘭陵笑笑生《金瓶梅》八十六回:"那傅夥計最是個小膽兒的人,見頭勢不好,穿上衣服,悄悄往家一溜煙走了。"

要緊——緊要　形容詞。近代兩詞同義,都是"非常重要"的意思。元無名氏《盆兒鬼》一折:"你性命要緊,財物要緊?你不與我,我就殺了你。"明施耐庵《水滸全傳》七十四回:"大哥休怪,正是要緊的日子,先説得明白最好。"元喬吉《金錢記》一折:"小生有些緊要的勾當。"現代漢語"要緊"表示重要,"緊要"表示不僅重要而且緊急,輕重略有不同。

詞素相同、字序倒反的同義詞,一般限於聯合結構。也有偏正結構。如"童生"指明清兩代没有考取秀才的讀書人。清吴敬梓《儒林外史》二回:"原來明朝士大夫稱儒學生員叫做朋友,稱童生是小友。"字序倒轉爲"生童",意義也是一樣。清高鶚《紅樓夢》八十五回:"昨日巡撫吴大人來陛見,説起令尊翁前任學政時,秉公辦事,凡屬生童,俱心服之至。"但這種例子極爲少見。

3. 詞素不同的同義詞

這類同義詞兩個詞的結構不必相同,但意義相同。如:

差池(遲)——閃失　近代兩詞在"差錯"、"失誤"義上同義。明施耐庵《水滸全傳》八回:"自蒙泰山錯愛,將令愛嫁事小人,已經三載,不曾有半些兒差池。"明羅貫中《三遂平妖傳》二十六回:"這酒店裹主人家也認得他,但有差遲,只問酒店裹要人。”清曹雪芹《紅樓夢》十九回:“街上人擠車碰,馬轎紛紛的,若有個閃失,也是頑得的?”又五十三回:“他們到底年輕,怕路上有閃失,再過幾年就可放心了。”“閃失”是近代産生的新詞,“差池”上古作“不齊”講,唐代引申出“差錯”、“失誤”義,如唐韓愈《寄崔二十六立之》詩:“每旬遺我書,竟歲無差池。”兩者變成了同義詞。

分曉——主意　近代兩詞在“辦法”的意義上同義。元無名氏《張天師》一折:“仙子請過去,俺兩個各有分曉。”明施耐庵《水滸全傳》十九回:“衆豪傑休生見外之心,林冲自有分曉。”清吴敬梓《儒林外史》三回:“報録的内中有一個人道:‘在下倒有一個主意,不知可行得行不得。’”清曹雪芹《紅樓夢》五十五回:“若是鳳姐前,他便早已獻勤,説出許多主意,又查出許多舊例來,任鳳姐揀擇施行。”按:“分曉”、“主意”都産生於中古,本不同義,前者有“拂曉,明白,底細”等義,後者有“主旨,主張”等義。近代兩詞都引申出“辦法”的意思來,變成了同義詞。

光棍——潑皮　近代兩詞同義,都指流氓,無賴。名詞。元蕭德祥《殺狗勸夫》楔子:“却信着兩個光棍,搬壞了俺一家兒也。”清吴敬梓《儒林外史》四十六回:“恐怕是外方的甚麽光棍,打着太尊的旗號,到處來騙人的錢。”明施耐庵《水滸全傳》六回:“且説菜園左近有二三十個賭博不成財破落户潑皮,泛常在園内偷盗菜蔬,靠着養身。”清曹雪芹《紅樓夢》二十四回:“這倪二是個潑皮,專放重利債,在賭博場吃飯,專愛喝酒打架。”

過賣——火家　近代兩詞同義,都指夥計。明施耐庵《水滸全傳》十回:“迤邐不想來到滄州,投托一個酒店裹,姓王,留小人在店中做過賣。”明馮夢龍輯《古今小説》卷二十四:“楊思温等那貴家入酒肆,去秦樓裹面坐地,叫過賣至前。”明施耐庵《水滸全傳》三回:“衆鄰舍並十來個火家,那個敢向前來勸。”明蘭陵笑笑生《金瓶梅》六回:“一面來到武大門首,只見那幾個火家正在門首伺候。”

銀子——放光　近代兩詞同義,都指用作貨幣的銀。明施耐庵《水滸全傳》三回:“便去身邊摸出五兩來銀子,放在桌上。”明馮夢龍《醒世恒言》卷三:“來往的都是大頭兒,要十兩放光才宿一夜哩。”其中“銀子”是普通話,“放光”是因銀子光澤而産生的替代詞。

以上名詞。

處治——發落　近代兩詞同義,都有“安排”、“處置”的意思。金董解元《西廂記諸宫調》卷一:“生從見了如花,煩惱處治不下。”元尚仲賢《柳毅傳書》楔子:“有這樣事,叫那小賤人來,我自有處治。”元關漢卿《謝天香》一折:“今日升堂坐起早衙,有該僉(簽)押的文書,將來我發落。”《京本通俗小説・菩薩蠻》:“明日分付臨安府,量輕發落。”

害怕——發毛　近代兩詞同義,都指遇到危險、困難而心中發慌或不安。明施耐庵《水滸全傳》四十四回:“楊雄道:‘多謝這個兄弟救護了我,打得張保那廝見影也害怕。’”清李漁《慎鸞交・計竦》:“不要説起,説起令人害怕。”清文康《兒女英雄傳》七回:“那婦人見這樣子,便有些發毛。”清石玉昆《三俠五義》四回:“包興心中有些發毛,急急在燈上燒了。”

審訊——取問　近代兩詞同義,都是審理案件時向當事人詢問有關的情況。清昭槤《嘯亭續録・李仲昭》:“上大怒,命留京王大臣審訊,咸皆引服。”清石玉昆《三俠五義》十回:“此案尚在審訊,未能結案。”明施耐庵《水滸全傳》三回:“既然犯了人命罪過,你可拿他依法度取問。”明馮夢龍《警世通言》卷十九:“速令公吏人等拿至廳前取問。”

依從——隨順　近代兩詞同義,都是“同意”、“聽從”的意思。明馮夢龍《警世通言》卷二十四:“父母明知公子本意牽掛玉堂春,中了舉,只得依從。”明吴承恩《西遊記》十四回:“三藏只得依從,牽馬下山。”元關漢卿《竇娥冤》二折:“孩兒也,你隨順了他吧。”明施耐庵《水滸全傳》九回:“兩個公人懷着鬼胎,各自要保性命,只得小心隨順着行。”

以上動詞。

胡亂——隨分——取便　近代三詞同義,都是“隨便”、“隨意”的意思。明施耐庵《水滸全傳》二十一回:“我女兒在家裏專望,押司胡亂順顧他便了,直恁地下得?”又四回:“魯達道:‘不消多事,隨分便好。’”明蘭陵笑笑生《金瓶梅》七十三回:“吴月娘在上房擺茶,衆姊妹都在一處陪侍,須臾,吃了茶,各人都取便坐了。”

活泛—即溜　近代兩詞同義,都是“靈活”的意思。明施耐庵《水滸全傳》七回:“智深正使得活泛,只見墻外一個官人看見,喝彩道:‘端的使得好!’”明馮夢龍《警世通言》卷十五:“那一夜我眼也不曾合,他怎拿得這樣即溜。”

便(pián)宜——相應　近代兩詞在“上算”、“合算”的意義上同義。《京本通俗小説・拗胡公》:“逍遥快樂是便宜,到老方知滋味别。”明凌濛初《二刻拍案驚奇》卷二十一:“撞着時運又順利,做去就是便宜的,得利甚多。”明馮夢龍《醒世恒言》卷三:“賣了他一個,就討得五六個,若湊巧撞得着相應的,十來個也討得的。”明吴承恩《西遊記》八十四回:“行者笑道:‘相應啊,我那裏五錢銀子還不够請小娘兒們哩。’”“便宜”已見於中古,作“好處”講,如唐寒山《詩三百三首》之二百七十三:“有人來罵我,分明了了知。雖然不應對,却是得便宜。”這個意義不與“相應”同義。

以上形容詞。

4. 多種組合的同義詞

近代漢語複音詞大量發展,同義詞數量大大增加,形式也顯得複雜多樣。往往同一組同義詞裏包括好些個形式各異的詞。

其中有的是新詞和舊詞同義並存。例如:

(1)單音詞“束”、“綑(捆)”、“縛”、“綁”、“拴”都是“用繩子緊緊纏住”。先後由它們構成6個複音詞。作爲一組同義詞保存在近代漢語裏:

束　明施耐庵《水滸全傳》四十九回:“腰間緊束虎筋條。”

綑　明馮夢龍輯《古今小説》卷十八:“不期老將軍不行細審,一概綑吊。”

捆　清曹雪芹《紅樓夢》七回:“便把他捆起來,用土和馬糞滿滿的填了他一嘴。”

縛　明施耐庵《水滸全傳》八回:“上下要縛便縛,小人敢道怎地。”

綁　《正字通・系部》:“綁,俗作綑綁字。”明吴承恩《西遊記》二十五回:“又拿出他三個,每一根柱上綁了一個。”

拴　清高鶚《紅樓夢》一〇四回:“衆衙役答應,拴了倪二,拉着就走。”

束縛　産生於上古,《韓非子・難一》:“桓公解管仲之束縛而相之。”近代通用。明施耐庵《水滸全傳》八十五回:“盧先鋒看了,急救拔出箭來,血流不止,項上便束縛兜住。”

綁縛　明吴承恩《西遊記》十九回:“那怪真個倒背着手,憑他怎麽綁縛。”

縛綁　明施耐庵《水滸全傳》十四回:“我們把索子縛綁了。”

綑縛　明馮夢龍輯《古今小説》卷一:“蔣興哥把兩條索子,將晴雲、暖雪綑縛起來。”

捆綁　明吴承恩《西遊記》六回："被七聖一擁按住，即將繩索捆綁。"

拴縛　明施耐庵《水滸全傳》五十三回："話説戴宗、李逵各藏了暗器，拴縛了包裹。"

以上"束"、"縛"、"綑"、"捆"、"束"、"縛"是古已有之而近代通用的舊詞，其餘是近代產生的新詞。

(2)"口"和"嘴"是説話的器官，近代漢語裏它們和"争"、"鬥"、"拌"、"吵"等詞素構成一組複合詞，都有"吵嘴"、"争吵"的意思，成爲一組同義詞，保存在近代漢語裏：

合口　明施耐庵《水滸全傳》七回："官人，休要坐地，娘子在廟中和人合口。"

合嘴　明凌濛初《初刻拍案驚奇》卷二十："那兒子是個孝心的人，聽了這些話頭，没個來歷，直攛佈得夫妻兩口終日合嘴合舌，甚不相安。"

交口　《大宋宣和遺事》元集："行至日晡，遇一個惡少後生，要買寶刀，兩個交口廝争。"

争口　明施耐庵《水滸全傳》七回："京師人懼怕他權勢，誰敢與他争口。"

鬥口　元柯丹丘《荆釵記・大逼》："世間誰是預知人，何須鬥口我相争。"

鬥嘴　元無名氏《謝金吾》三折："百姓每都聽得，王樞密這奸賊敢和咱鬥嘴，直恁般無上下，失尊卑。"

拌嘴　明蘭陵笑笑生《金瓶梅》二十四回："兩個正拌嘴，被小玉兒請的月娘來，把三個都喝開了。"清曹雪芹《紅樓夢》八十回："先是一沖一撞的拌嘴，後來金桂氣急，甚至於哭，再至於打。"

口角　明馮夢龍《醒世恒言》卷二十九："鈕成原系我家傭奴，與家人盧才口角而死，却與我無干。"

口舌　清吴敬梓《儒林外史》十七回："我是個良善人家，從不同人口舌，經官動府。"

口面　明凌濛初《初刻拍案驚奇》卷二："前日因有兩句口面，他使一個性子，跑回了家。"

口過　清李漁《比目魚・征利》："小婦人的女兒投水是實，原爲母子之間有幾句口過，所以自尋短計。"

以上 11 個同義詞，"合口"、"合嘴"、"交口"、"争口"、"鬥口"、"拌嘴"、"鬥嘴"是支配式複合詞,"口舌"、"口面"是聯合式複合詞。"口角"是偏正式,"口過"是主謂式複合詞。又"口角"已見於中古,作"嘴邊"講。唐韓愈《苦寒》詩:"濁醪沸入喉,口角如銜箝。"近代引申出"争吵"的意義來。"口舌"上古指口和舌。"争吵"義中古已經産生。北魏賈思勰《齊民要術》卷五引《雜五行書》:"舍西種梓楸各五根,令子孫孝順,口舌消滅也。"

(3)單音詞"俊"、"俏"(峭)、"姣"、"嬌"、"媚"、"妙"、"倩"、"靚"、"姝"、"秀"、"妍"、"豔"、"妖"等。都指容貌好看。以這兩個單音詞爲詞素構成的複音詞,多達52個,也都有"容貌好看"的意思。成爲一組同義詞。例如:

俊生　元白樸《東墻記》二折:"只因你青春俊生,俺小姐心腸不硬。"

俊刮　明吴承恩《西遊記》二十回:"似那俊刮些兒的,叫做中看不中吃。"

俊龐　明施耐庵《水滸全傳》一百回:"當先一個俊龐年少將軍,頭戴青巾幘,身穿緑戰袍。"

俊俏　元王實甫《西廂記》一本四折:"扭捏着身子兒百般做作,來往向人前賣弄俊俏。"

俊秀　元高茂卿《兒女團圓》四折:"如此般蠢坌身子,麄奘腰肢,却生的這般俊秀的孩兒。"

俊美　清曹雪芹《紅樓夢》二十六回:"原來這黛玉秉絶代之姿容,具稀世之俊美。"

俊雅　元高明《琵琶記·蔡宅祝壽》:"儀容俊雅,也休誇桃李之姿。"

俏麗　元無心子《金雀兒·擲果》曲:"自家生得美,俏麗;沖天學問與山齊,得意。"

俏簇　元無名氏《貨郎擔》四折:"據一表儀容非俗,打扮的諸餘裹俏簇。"

俏皮　清曹雪芹《紅樓夢》六十三回:"要尋兩個又有根基又富貴又年輕又俏皮的兩位姨爹,好聘嫁這二位姨娘的。"現代漢語"俏皮"一般指舉止活潑或談吐有風趣。

倬峭　明凌濛初《二刻拍案驚奇》卷三十八:"且説齊化門外有一個倬峭的子弟,姓郁名盛,生性淫蕩,立身刁鑽。"

綽俏　明凌濛初《二刻拍案驚奇》卷二十一:"有妻冶容年少,當罏沽酒,私下順便結識幾個綽俏的走動走動。”

波俏　明馮夢龍輯《古今小説》卷二十三：“却有一個波俏的女子，也因爲燈夜遊玩，撞着個狂蕩的小秀才。”

俏倬　明凌濛初《二刻拍案驚奇》卷七：“吕使君聞召，千歡萬喜，打扮得十分俏倬，趨過船來。”

嬌麗　明馮夢龍《醒世恒言》卷三：“秦重定睛觀之，此女容顔嬌麗，體態輕盈，目所未睹。”

嬌美　清陶貞懷《天雨花》：“若還生得容嬌美，豈不天生是我錦幃人？”

嬌媚　明凌濛初《二刻拍案驚奇》卷十一：“娶着會稽陸氏女，姿容嬌媚。”

嬌娜　明蘭陵笑笑生《金瓶梅》三十五回：“儼然就如個女子，打扮的甚是嬌娜。”

嬌俏　清曹雪芹《紅樓夢》六十九回：“人太生嬌俏了，可知心就嫉妒了。”

嬌婉　清蒲松齡《聊齋志異・念秧》：“聽其語，操南音，嬌婉若女子。”

嬌妍　《白雪遺音・馬頭調・一枝花》曲：“嬌妍的美態，實是可觀。”

嬌豔　明無名氏《贈書記・假尼入寺》：“出家雖是好事，只是你花容嬌豔，柳性飄颻，恐怕出家不了。”

嬌冶　明劉基《浣溪沙・詠雞冠花》詞：“彤墀欲報五更籌，不勝嬌冶立清秋。”

姣麗　清蒲松齡《聊齋志異・阿繡》：“見雜貨肆中一女子，姣麗無雙。”

姣媚　清和邦額《夜譚隨録・倩兒》：“女有婢名春蘭者，姣媚慧黠，稍遜於女。”

姣妍　清華广生《白雪遺音・馬頭調・雙飛燕》曲：“愛只愛的，太湖池中，並蒂紅蓮，美態姣妍。”

姣豔　清捧花生《畫舫餘譚》：“劉愬蘭，乳名蘭子，梳頭婦之女，貌姣豔而癡於情。”

娟麗　明謝肇淛《五雜俎・人部四》：“至於娟麗儇巧，則西北非東南敵矣。”

娟妍　清余懷《板橋雜記・麗品》：“〔董白〕天資巧慧，容貌娟妍。”

媚好　清蒲松齡《聊齋志異・杜翁》：“杜别行，追中遇六七女郎，容色媚好。”

媚麗　明馮夢龍《醒世恒言》卷四：“玄微就月下仔細看時，一個個姿容媚麗，體態輕盈。”

妙麗　明凌濛初《二刻拍案驚奇》:“誰想此女如此妙麗,在此另許了人家。”

倩嬌　明薌蕪室《再生緣》二出:“想着你一言一字皆都雅,微笑微顰總倩嬌。”

倩俊　元劉壎《隱居通議·詩歌四》:“〔趙崇墦〕爲人倩俊灑落,富有文采。”

倩麗　清東軒主人《述異記·自知前生》:“一日登其樓,見女子頗倩麗。”

靚麗　明方孝孺《菊趣軒記》:“覩園林之靚麗,無復隱居之適矣。”

姝麗　明謝肇淛《五雜俎·人部四》:“大同婦女,姝麗而多戀土重遷。”

姝豔　明沈德符《野獲編·婦女·廣陵姬》:“以故下山者即甚姝豔,價僅十之三。”

秀麗　明袁宏道《嵩遊四》:“有妾名萱草、芳草,皆秀麗而善聲律。”

秀曼　清蒲松齡《聊齋志異·仙人島》:“一垂髫女自内出,僅十餘齡,而姿态秀曼,笑依芳雲肘下,秋波流動。”

秀美　明馮夢龍《醒世恒言》卷一:“月香雖然年小,容貌秀美可愛。”

妍麗　明余邵魚《東周列國志》五十三回:“夏姬顔色妍麗,語復詳雅,莊王一見,心志迷惑。”

嬌媚　清曹雪芹《紅樓夢》十五回:“那秦鍾也愛他妍媚,二人雖未上手,却已情投意合了。”

豔麗　明唐順之《家僮自野田攜黄菊二株至軒中感而有作》詩:“花意幽間當豔麗,天心霜霰是栽培。”

豔美　《金史·佞幸傳·張仲軻》:“宋有劉貴妃者,姿質豔美。”

豔媚　清蒲松齡《聊齋志異·狐夢》:“忽一少女抱一貓至,年可十二三,雛髮未燥,而豔媚入骨。”

豔冶　《京本通俗小説·志誠張主管》:“説不盡的萬種妖嬈,畫不出的千般豔冶。”

妖嬌　明徐渭《唐伯虎畫崔氏且題次其韻》詩:“嫁後形容難不老,畫中臨搨也應陳。虎頭亦是登徒子,特取妖嬌動世人。”

妖嬈　明陸采《明珠記·郵迎》:“金花粉,玉鏡臺,妝罷妖嬈增百倍。”

妖妍　清孫枝蔚《清明日閻再彭攜歌童泛舟城北》詩:“衆情悦妖妍,同志貴真率。”

妖豔　明余邵魚《東周列國志》十二回："妖豔春秋首二姜，致令齊衛紊綱常。"

妖冶　清余懷《板橋雜記・麗品》："皓齒明眸，異常妖冶。"

姚冶　清龔自珍《湘月・甲戌春泛舟西湖賦此》詞："一抹春山螺子黛，對我輕顰姚冶。"

以上52個同義詞中，有的上古或中古已經出現。如"姣麗"已見於《楚辭・大招》："滂心綽態，姣麗施只。""妖冶"已見於漢司馬相如《上林賦》："若夫青琴宓妃之徒，絶殊離俗，妖冶嫻都。""豔麗"已見於三國魏曹植《閨情》詩："妖姿豔麗，蓊若春華。""妍麗"已見於曹植的《車渠椀賦》："命公輸之巧匠，窮妍麗之殊形。""妖豔"已見於三國魏鍾會的《菊花賦》："乃有毛嬙西施，荆姬秦嬴，妍姿妖豔，一顧傾城。""俊秀"已見於《後漢書・黨錮傳序》："學中語曰：'天下楷模李元禮，不畏强禦陳仲舉，天下俊秀王叔茂。'"此指才智傑出的人，"容貌漂亮好看"的意思是近代才産生的。

(4)單音詞"捕"、"捉"、"拿"、"擒"都有"用强力逮住"的意思，近代漢語裏以它們爲詞素構成的一組複合詞，也都有"用强力逮住"的意思，成爲一組同義詞①。如：

捕拿　清吴敬梓《儒林外史》十回："朝廷尤把他罪狀的狠，懸賞捕拿。"

捕獲　明馮夢龍《醒世恒言》卷四："即差緝使臣帶領幾個做公的，押張霸作眼，前去捕獲。"

捕捉　明施耐庵《水滸全傳》二回："華陰縣裏現出三千貫賞錢，捕捉他三個賊人。"

拿捉　明施耐庵《水滸全傳》三十一回："却是兩個自家親隨人，便是前日拿捉武松的。"

擒拿　明吴承恩《西遊記》四回："朕遣天兵，擒拿此怪。"

擒捉　明施耐庵《水滸全傳》二十三回："官司如今杖限打獵捕户，擒捉發落。"

---

① 複音詞"逮捕"也是"用强力逮住"的意思，已見於漢代。如《史記・絳侯周勃世家》："其後人有上書告勃欲反和，下廷尉，廷尉下其事長安，逮捕勃治之。"《漢書・蕭望之傳》："望之大臣……受所監臧二百五十以上，請逮捕繫治。"現代也較常見，如《新華文摘》1981年5期："教導員終因腐化而被逮捕法辦了。"近代漢語裏却没有見到相應的例句。

捉捕　明施耐庵《水滸全傳》四十九回："當廳要了杖限文書，捉捕登州山上大蟲。"

捉拿　明吴承恩《西遊記》五回："那獨角鬼王與七十二洞妖怪，盡被衆天神捉拿去了。"

(5)"唆"是唆使，"挑"是挑戰，"攛"有"教唆"的意思。近代以它們爲詞素，構成若干複音詞，都有"挑動，使人去幹壞事"的意思：

唆調　元無名氏《南牢記》四折："他唆調的家敗人亡。"

唆教　清望帝《四川討滿洲檄》："順治十五年，虜臣吴三桂由保寧趨遵義，遂犯桂王於滇，薄走緬甸。賊臣更唆教之，王以不免。"

唆令　明施耐庵《水滸全傳》二十七回："唆令男女故失人倫，擬合淩遲處死。"

唆使　明施耐庵《水滸全傳》二十七回："據王婆生情造意，哄誘通姦，唆使本婦下藥毒死親夫。"

唆挑　元無名氏《王祥卧冰》："皆因是潑奶婆，把言語唆挑，激發我母親心焦。"清曹雪芹《紅樓夢》三十三回："那琪官的事，多半是薛大爺素日吃醋，没法兒出氣，不知在外頭唆挑了誰來，在老爺跟前下的火。"

搬唆　《清平山堂話本·快嘴李翠蓮記》："公婆利害猶自可，怎當姆姆與姑姑，我若略略開得口，便去搬唆與舅姑。"

攛唆　明吴承恩《西遊記》二十七回："〔三藏〕果然信那獃子攛唆，手中撚訣，口中念咒。"

刁唆　南宋無名氏《小屠孫》九齣："這冤家莫竟信刁唆，把奴家恩和愛盡奚落。"

調唆　《清平山堂話本·快嘴李翠蓮記》："小姑你好不賢良，便去房中調唆娘。"

教唆　元無名氏《賺蒯通》四折："當初韓信亦是你教唆他來。"這個詞出現稍早，宋朱熹《答吕伯恭書》："士人犯法者，教唆把持，其罪不一。"

挑唆　元王曄《桃花女》二折："你將那好言語往來收撮，則辦得兩下裏挑唆。"

(6)單音詞“挣”有“用心支撑”或“用力擺脱”的意思。近代漢語以“挣”爲詞素構成的一組複音詞也都是“用力支撑或擺脱”的意思,成爲一組同義詞。

打挣 元無名氏《神奴兒》三折:“你也不索硬打挣去街坊上幺喝。”元李行道《灰闌記》三折:“兀那婦人,你打挣些,轉過這山坡去,我着你坐一會兒再走。”

紥挣 元關漢卿《竇娥冤》二折:“你老人家放精神着,你紥挣着些兒。”清曹雪芹《紅樓夢》十三回:“賈珍一面扶拐,紥挣着要蹲身跪下請安道乏。”

展挣 明吴承恩《西遊記》七回:“若得英雄重展挣,他年奉佛上西方。”又八回:“如來哄了我,把我壓在此山,五百餘年了,不能展挣。”

挣揣 金董解元《西廂記諸宮調》卷二:“奈何使刀的人困馬乏,欲待挣揣些英雄,不如起撒。”

挣紥 明施耐庵《水滸全傳》二十三回:“且挣紥下岡子去,明早却來理會。”明馮夢龍《醒世恒言》卷八:“今日娶你媳婦來家沖喜,你須挣紥則筒。”

挣搓 明吴承恩《西遊記》三十八回:“唬得手軟筋麻,挣搓不動了。”

挣挫 元關漢卿《雙調碧玉簫》曲:“醉魂兒難挣挫,精彩兒强打捱。”

挣閫 《京本通俗小説·菩薩蠻》:“可常推病不得,只得挣閫起來,隨着公人到臨安府公廳上跪下。”

闒閫 《清平山堂話本·簡帖和尚》:“外面皇甫殿直和行者……跑將入去看時,見尅着他渾家,闒閫性命。”

(7)“和”中古開始出現“欺騙”義,近代廣泛應用。“哄”、“啜”二字近代也有“欺騙”義。以它們爲詞素構成複合詞,都表示“用假話或手段騙人”,成爲近代漢語的一組同義詞:

啜持 明馮夢龍《警世通言》卷三十七:“萬秀娘離不得是把個甜言美語,啜持過來。”

啜哄 明蘭陵笑笑生《金瓶梅詞話》十三回:“他要了人家漢子,又來獻小殷勤兒,啜哄人家老公。”

啜誘 《元典章·刑部十九·禁局騙》:“〔張勝〕啜誘李慧光將銅錢搭鼉,用局騙手法赢訖。”

調哄 明王子一《誤入桃源》二折:“盼不的漁家春水渡,聞不見僧寺夕陽鐘,咱兩個莫不被樵夫調哄。”

和哄　明湯顯祖《牡丹亭》二十齣：“甚春歸無端廝和哄，霧和煙兩不玲瓏。”

哄犯　明無名氏《南牢記》二折：“李大姐一起語言利便，休要哄犯了你。”

哄弄　明湯顯祖《邯鄲記・入夢》：“老翁哄弄莊家哩。”

哄騙　明馮夢龍《醒世恒言》卷七：“小人問其緣故，却是那醜漢買囑媒人，要哄騙小人的女兒爲婚。”

哄誘　明施耐庵《水滸全傳》二十七回：“據王婆生情造意，哄誘通姦，唆使本婦下藥毒死親夫。”

總之，近代漢語同義詞數量多，内容豐富，形式多樣，表達意義也就能精細、準確、生動。例如“推測”、“估料”、“猜”、“自忖”、“尋思”、“揣摩”、“裁度”等詞都有“對某些未知的事情進行估計判斷”的意思。但是它們意義上各有特點，大都用在不同的語言環境裏，不能隨意互换：

推測　通常用在比較鄭重嚴肅的場合，所推測的對象也往往是比較重大的事情。如《太平天國改定新曆詔》：“天情真道福無窮，妄爲推測有何益？”

估量　通常表示對事物有比較充分的理由或某種根據。如清曹雪芹《紅樓夢》三十回：“估量着寶玉這會子再不回來的。”

猜　用“猜”字時，表示雖非毫無根據，但都帶有較大的偶然性和盲目性，而且通常用在日常生活中的事情。如清李汝珍《鏡花緣》六十四回：“有個謎，請舅舅先猜猜。”

自忖　表示自思自問，暗中推測判斷。如明施耐庵《水滸全傳》四十一回：“石秀見説，心中自忖了一回。”

尋思　與“自忖”略同，也是自思自問，暗中判斷。如明施耐庵《水滸全傳》三回：“魯達尋思道：俺只指望痛打這廝一頓，不想三拳真個打死了他，洒家須吃官司，又没人送飯，不如及早撒開。”

揣摩　細緻地反復斟酌，求索答案。如清曹雪芹《紅樓夢》七十三回：“邢夫人回頭看時，都是些女孩兒，不便遞與，自己便塞在袖内，心内十分罕異，揣摩此物從何而至。”

裁度　根據情況進行判斷，並作出決定。清曹雪芹《紅樓夢》五十五回：“如今請姑娘們裁度着，再添些也使得。”

近代漢語同義詞的大量發展，反映了漢族人民運用語言能力的加强和漢語詞滙表達力的提高。整個漢語發展到了一個新的相當成熟的階段。

第六節　近代漢語成語和諺語的發展

近代漢語成語有極大的發展，成爲近代詞滙發展的一個重要標志。出現在近代作品裏的成語總數在5000個以上。其中一部分是古已有之的，例如"抱薪救火"、"大義滅親"、"華而不實"、"明察秋毫"、"小心翼翼"上古已經産生，"車載斗量"、"顧名思義"、"疾惡如仇"、"奴顔婢膝"、"生靈塗炭"、"捉襟見肘"見於中古。它們在近代漢語裏仍然有着强大的生命力。有的來源雖古，但近代才凝固爲成語。如"弱肉强食"比喻弱者被强者欺凌殘害。明劉基《秦女休行》："有生不幸遭亂世，弱肉强食官無誅。"這個成語來源於唐韓愈《送浮屠文暢師序》："弱之肉，强者食。""水落石出"比喻事情真相完全暴露。清曹雪芹《紅樓夢》六十一回："如今這事，八下裏水落石出了。"這個成語來源於宋欧陽修《醉翁亭記》："水落而石出者，山间之四時也。"宋蘇軾《後赤壁賦》："江流有聲，斷岸千尺，山高月小，水落石出。""中流砥柱"比喻能頂住危局的堅强力量或重要人物。明丁鶴年《自詠》詩："長淮横潰禍非輕，坐見中流砥柱傾。"語本《晏子春秋·内篇諫下》："黿銜左驂，以入砥柱之中流。"等等。

大多數成語是近代新産生的。它們來自人民口語，富於生活氣息，在近代白話文學作品裏得到了極爲廣泛的應用，增加了這些作品的語言特色。例如下面短短的一段文字裏，就用了7個成語和諺語：

> 鳳姐道："……咱們家所有的這些管家奶奶，那一個是好纏的？錯一點兒，他們就笑話打趣，偏一點兒，他們就指桑駡槐的抱怨。坐山觀虎鬥，借刀殺人，引風吹火，站乾岸兒，推倒了油瓶兒不扶，都是全掛子的武藝。"（清曹雪芹《紅樓夢》十六回）

"指桑駡槐"比喻表面上駡這個人，實際上駡那個人；"坐山觀虎鬥"比喻對雙方的鬥争采取旁觀態度，等到兩敗俱傷，再從中漁利；"借刀殺人"比喻自己不出面，利用别人去害人;“引風吹火”比喻暗中煽動,加劇矛盾,擴大事端;“站乾岸兒”比喻搶佔有利的地盤;“推倒了油瓶兒不扶”比喻只顧自己,不管别人;“全掛子的武藝”就是全部本領。這些成語和諺語,言簡意賅,富於表現力。如果不用成語,上述文字就要多費許多筆墨。恐怕《紅樓夢》也難於把鳳姐那樣的人物性格描寫得如此形象生動。下面我們從兩個方面討論近代成語的發展。

一、内容上的發展

近代漢語裏的成語數量很多,内容廣泛,豐富多彩,應有盡有。舉凡自然界各種事物以及社會上各種現象幾乎都可以用成語來表達。譬如有關人的成語就有幾百個:

1. 描寫人的外貌神態的。如:

豹頭環眼　元無名氏《博望燒屯》二折:“我也不信,我豹頭環眼,倒拿不住一目的夏侯惇。”

沈魚落雁、閉月羞花　元戴善夫《風光好》三折:“我看此女有沈魚落雁之容,閉月羞花之貌。”

唇紅齒白　清吴沃堯《二十年目睹之怪現狀》九十六回:“知縣把他仔細一端詳,只見他生得一張白淨面孔,一雙烏溜溜的色眼,倒也唇紅齒白。”

齒白唇紅　明馮夢龍輯《古今小説》卷三十四:“眉清目秀,齒白唇紅,飄飄然有淩雲之氣。”

赤身露體　清錢彩《説岳全傳》七十一回:“河内許多鬼犯,儘是赤身露體。”

呆頭呆腦　清曾樸《孽海花》三十一回:“還有在主人下首的那一位……神氣有些呆頭呆腦的,是廣東古冥鴻。”

道貌岸然　清吴沃堯《二十年目睹之怪現狀》一〇四回:“因見端甫道貌岸然,不敢造次。”

耳聾眼花　清西周生《醒世姻緣傳》九十回:“晁夫人又不頭痛腦熱,又不耳聾眼花。”

方面大耳　清吴敬梓《儒林外史》三回:“你不看見城裏張府上那些老爺,都有萬貫家私,一個個方面大耳。”

粉裝玉琢　清曹雪芹《紅樓夢》一回："士隱見女兒越發生得粉裝玉琢，模樣可喜。"

風流倜儻　清吴沃堯《二十年目睹之怪現狀》七十回："這北邊院裏同居的，也是個京官……爲人甚是風流倜儻。"

拱肩縮背　清文康《兒女英雄傳》三十回："他拱肩縮背地説：'那個姓史的叫史蓮峰。'"

骨瘦如柴　明羅貫中《三遂平妖傳》十三回："看着骨瘦如柴，自知不濟。"

鬼頭鬼腦　清吴敬梓《儒林外史》四十六回："又鬼頭鬼腦，不知説了些什麽。"

虎背熊腰　清褚人穫《隋唐演義》十六回："西邊坐着一個虎背熊腰、儀表不凡的大漢。"

虎頭燕頷　清龔自珍《水龍吟》詞："虎頭燕頷書生，相逢細把家門説。"

花容月貌　明吴承恩《西遊記》六十二回："那公主花容月貌，有二十分人才。"

花枝招展　清曹雪芹《紅樓夢》六十二回："平兒也打扮的花枝招展的來了。"

尖嘴薄舌　清李汝珍《鏡花緣》三回："你既要騙我酒吃，又鬥我圍棋，偏有這些尖嘴薄舌的話説。"

尖嘴猴腮　清吴敬梓《儒林外史》三回："像你這尖嘴猴腮，也該撒泡尿自己照照。"

老邁龍鍾　清李汝珍《鏡花緣》九十九回："當日來時是何等精力强壯，那知如今老邁龍鍾，如同一場春夢。"

龍眉鳳目　明施耐庵《水滸全傳》九回："馬上那人生得龍眉鳳目，皓齒朱脣。"

滿面春風　元王實甫《麗春堂》一折："得勝歸來喜笑濃，氣昂昂志捲長虹，飲千鐘滿面春風。"

眉飛色舞　清李寶嘉《官場現形記》一回："王鄉紳一聽此言，不禁眉飛色舞。"

眉開眼笑　清曹雪芹《紅樓夢》二回："封肅喜得眉開眼笑，巴不得奉承太爺。"

眉清目秀　元無名氏《合同文字》一折："生得眉清目秀，是好一個孩兒也。"

面紅耳赤　明凌濛初《初刻拍案驚奇》卷三："東山用盡平生之力，面紅耳赤。"

面黄肌瘦　元無名氏《獨角牛》一折："哥也，你這般面黄肌瘦，怎生赢的人。"

面目猙獰　清吴沃堯《九命奇冤》十三回："另外還有兩人……都是人材矯健，

面目猙獰。”

面如土色　明施耐庵《水滸全傳》十五回：“嚇得公孫勝面如土色。”

目瞪口呆　元無名氏《賺蒯通》一折：“嚇得項王目瞪口呆，動彈不得。”

目光炯炯　清葉廷琯《鷗陂漁話・葛蒼公傳》：“性敏多才，狀奇偉，目光炯炯有英氣，膽力過人。”

目光如炬　明凌濛初《二刻拍案驚奇》卷五：“中間坐着一位神道，面闊尺餘，鬚髯滿頰，目光如炬，肩臂啓動，像個活的一般。”

濃眉大眼　明羅貫中《三國演義》七回：“看那少年，生得身長八尺，濃眉大眼，闊面重頤。”

披頭散髮　明施耐庵《水滸全傳》二十二回：“那張三又挑唆閻婆去廳上披頭散髮來告道。”

蓬頭垢面　清曹雪芹《紅樓夢》七十七回：“晴雯四五日水米未曾沾牙，如今現打炕上拉下來，蓬頭垢面的，兩個女人攙架來去了。”

蓬首垢面　明馮夢龍輯《古今小説》卷四十：“奴家情願蓬首垢面，一路伏侍官人而行。”

器宇軒昂　明羅貫中《三國演義》四十三回：“張昭等見孔明丰姿飄灑，器宇軒昂，料到此人必來遊説。”

青面獠牙　清李汝珍《鏡花緣》二十五回：“登時他就露出本相，把好好一張臉變成青面獠牙。”

蛇眉鼠目　清石玉昆《三俠五義》三十九回：“包公見他兔耳鶯腮，蛇眉鼠目，已知是不良之輩。”

身强力壯　明施耐庵《水滸全傳》十四回：“最愛刺槍使棒，亦自身强力壯，不娶妻室，終日只是打熬筋骨。”

神頭鬼面　明葉盛《水東日記》：“近之作者，神頭鬼面，以爲新奇。”

倜儻不周　明東魯古狂生《醉醒石》一回：“爲人倜儻不周，輕財尚義。”

挺胸凸肚　清文康《兒女英雄傳》二十一回：“只聽得院子裏許多脚步響，早進來了怒目横眉，挺胸凸肚的一群人。”

童顔鶴髮　明羅貫中《三國演義》十五回：“〔華佗〕童顔鶴髮，飄然有出世之姿。”

頭破血出　清高鶚《紅樓夢》九十三回："那些趕車的但説句話，打的頭破血出的。"

威風凜凜　明蘭陵笑笑生《金瓶梅》一回："見下首供着個黄將軍，威風凜凜。"

温文爾雅　清蒲松齡《聊齋志異·陳錫九》："此名士之子，温文爾雅，焉能作賊？"

笑容可掬　明羅貫中《三國演義》九十五回："果見孔明坐於城樓之上，笑容可掬，焚香操琴。"

笑逐顔開　明施耐庵《水滸全傳》四十二回："宋江見了，喜從天降，笑逐顔開。"

油頭粉面　明馮夢龍輯《古今小説》卷三十六："只見外面一個婦女入酒店來，油頭粉面，白齒朱唇。"

獐頭鼠目　清吴敬梓《儒林外史》三回："周學道坐在堂上，見那些童生紛紛進來，也有少的，也有老的，儀表端正的，獐頭鼠目的，衣冠齊楚的，藍縷破壞的。"

正顔厲色　清李汝珍《鏡花緣》九十八回："意欲上前同他談談，無奈這些婦女都是正顔厲色，那敢冒昧唐突。"

2. 描寫人的舉止行爲的。如：

半推半就　元王實甫《西廂記》四本一折："半推半就，又驚又喜。"

暴跳如雷　清吴敬梓《儒林外史》六回："嚴貢生越發惱得暴跳如雷。"

彬彬有禮　清李汝珍《鏡花緣》八十三回："〔老者〕唤出他兩個兒子，兄先弟後，彬彬有禮。"

屏聲息氣　清曹雪芹《紅樓夢》六十七回："只見兩三個小丫頭都在那裏，屏聲息氣，齊齊的伺候着。"

藏頭露尾　明吴承恩《西遊記》十五回："像他這樣藏頭露尾的，本該打他一頓。"

赤手空拳　元張國賓《合汗衫》四折："可憐俺赤手空拳，望將軍覷方便。"

出乖露醜　元無名氏《鴛鴦被》一折："若真個打起官司來，出乖露醜，一發不收。"

出頭露面　明施耐庵《水滸全傳》一〇四回："段三娘從小出頭露面，況是過來人，慣家兒，也不害什麽羞恥。"

捶胸跌足　元蕭德祥《殺狗勸夫》二折："只落的捶胸跌足空流淚。"

措手不及　元無名氏《千里獨行》楔子："咱今晚間，領着百十騎人馬，偷營劫寨，殺他個措手不及。"

打躬作揖　清吴敬梓《儒林外史》四回："見了客來，不要打躬作揖，累個不了。"

大手大脚　清曹雪芹《紅樓夢》五十一回："成年亦大手大脚的，替太太不知背地裏墊了多少東西。"

大摇大擺　清劉鶚《老殘遊記》十六回："收差人一扯，説：'住手！'便大摇大擺地走上暖閣。"

東倒西歪　清孔尚任《桃花扇・投轅》："兩個没眼色的花子，怪不得餓的東倒西歪的。"

東張西望　明無名氏《西湖記・毆媒悔改》："掩在門後，東張西望，側耳聽聲。"

動手動脚　明施耐庵《水滸全傳》十二回："你這個鳥頭陀，好不依本分，却怎地便動手動脚的？"

鵝行鴨步　明施耐庵《水滸全傳》三十二回："你倆個閑常在鎮上擡轎時，只是鵝行鴨步。"

惡叉白賴　元無名氏《漁樵記》二折："你怎生只學的這般惡叉白賴。"

骨軟筋麻　明吴承恩《西遊記》三十五回："那老魔聞得此言，唬得魂飛魄散，骨軟筋麻，撲的跌倒在地。"

鬼鬼祟祟　清曹雪芹《紅樓夢》五十二回："兩個人鬼鬼祟祟，不知説些什麽。"

胡作非爲　清李汝珍《鏡花緣》十二回："或誣好吃懶做，或誣胡作非爲。"

擠眉弄眼　明施耐庵《水滸全傳》三十回："武松又見這兩個公人與那兩個提樸刀的擠眉弄眼，打些暗號。"

毛手毛脚　清石玉昆《三俠五義》七十六回："但凡有點毛手毛脚的，小人决不用他。"

眉來眼去　明羅貫中《三國演義》八回："貂蟬送酒與〔吕〕布，兩下眉來眼去。"

面面相覷　明施耐庵《水滸全傳》十七回："衆做公的都面面相覷，如箭穿雁嘴，鈎搭魚腮，盡無言語。"

摩拳擦掌　元無名氏《争報恩》二折："那妮子舞旋旋摩拳擦掌。"

目不交睫　清蒲松齡《聊齋志異·促織》:"自昏達旦,目不交睫。"

目不轉睛　明羅貫中《三國演義》八回:"貂蟬便坐於允側,吕布目不轉睛的看。"

奴顔婢膝　明王世貞《鳴鳳記》四齣:"更兼奴顔婢膝,用幾許爲鬼爲蜮的權謀。"

拍手稱快　明凌濛初《二刻拍案驚奇》卷三十五:"又見惡姑奸夫俱死,又無不拍手稱快。"

輕手輕脚　明吴承恩《西遊記》七十七回:"你看他輕手輕脚,走到金鑾殿下。"

拳打脚踢　清吴敬梓《儒林外史》九回:"爲你這兩個人,帶累我一頓拳打脚踢。"

手疾眼快　明吴承恩《西遊記》四回:"原來手疾眼快。"

手忙脚亂　元無名氏《百花亭》三折:"諕的我手忙脚亂緊收拾。"

手舞足蹈　清曹雪芹《紅樓夢》四十一回:"當下劉姥姥聽見這般音樂,且又有了酒,越發喜得手舞足蹈起來。"

手足無措　明馮夢龍《醒世恒言》卷二十七:"慌得玉英姊姊手足無措。"

縮手縮脚　清劉鶚《老殘遊記》六回:"喊了許久,店家方拿了盞燈,縮手縮脚的進來。"

偷雞摸狗　清曹雪芹《紅樓夢》四十四回:"成日家偷雞摸狗,腥的臭的,都拉了你屋裹去。"

頭重脚輕　明施耐庵《水滸全傳》十六回:"只見這十五個人,頭重脚輕,一個個面面厮覷,都軟倒了。"

嘻皮笑臉　清曹雪芹《紅樓夢》三十回:"有和你素日嘻皮笑臉的那些姑娘們,你該問他們去。"

眼去眉來　元白樸《墻頭馬上》二折:"説與你個聰明的妳妳,送春情眼去眉來。"

摇頭晃腦　清文康《兒女英雄傳》四回:"當下二人商定,便站起身來,摇頭晃腦地走了。"

咬指吐舌　清曹雪芹《紅樓夢》三十三回:"一個個咬指吐舌,連忙退出。"

脅肩諂笑　明楊訥《西遊記》一折："你看他脅肩諂笑，趨前退後，張皇失措。"

張口結舌　清文康《兒女英雄傳》二十三回："公子被他問的張口結舌，面紅過耳，坐在那裏只管發怔。"

裝聾作啞　元馬致遠《青衫淚》四折："可怎生裝聾作啞。"

裝腔作勢　清錢彩《説岳全傳》六十五回："趙大錢二還要裝腔作勢。"

坐立不安　明施耐庵《水滸全傳》四十回："自從哥哥吃官司，兄弟坐立不安。"

3. 描寫人思想情緒的。如：

哀哀欲絶　清曹雪芹《紅樓夢》十三回："那寶珠按未嫁女之禮在靈前哀哀欲絶。"

哀聲歎氣　明馮夢龍《九命奇冤》十七回："三個人哀聲歎氣，連環一般的不斷。"

抱恨終天　明羅貫中《三國演義》四十一回："今老母已喪，抱恨終天。"

慚愧無地　明馮夢龍輯《古今小説》卷二十二："葉李問鄭虎臣討紙筆來，作詞一首相贈……似道得詞，慚愧無地。"

長吁短歎　元王實甫《西廂記》一本二折："睡不着如翻掌，少可有一萬聲長吁短歎，五千遍倒枕槌床。"

悵然若失　清蒲松齡《聊齋志異・牛成章》："主人悵然若失久之，問曰：而母無恙乎？"

愁眉不展　清黄小配《廿載繁華夢》三十五回："只周庸祐心中有事，未免愁眉不展。"

愁眉苦臉　清李汝珍《鏡花緣》九十八回："個個愁眉苦臉，極其可憐。"

垂頭喪氣　明馮夢龍《醒世恒言》卷五："許多人從，一個個垂頭喪氣，都如喪家之狗。"

大驚失色　明羅貫中《三國演義》二十四回："忽見曹操帶劍入宫，面有怒容，帝大驚失色。"

大驚小怪　明施耐庵《水滸全傳》七十四回："你挨在稠人中看争跤時，不要大驚小怪。"

擔驚受怕　元無名氏《盆兒鬼》三折："怎叫俺擔驚受怕着昏迷。"

膽戰心寒　明施耐庵《水滸全傳》一一二回:“衆人都膽戰心寒,不敢出戰。”

膽戰心驚　明馮夢龍《醒世恒言》卷二十九回:“家人們見了這個威勢,一個個膽戰心驚。”

得意忘形　元鮮于必《折桂令・晝》:“得意忘形,眼興迢遥。”

憤憤不平　明馮夢龍輯《古今小説》卷三十二:“樞密使韓世忠憤憤不平,親詣檜府争論。”

甘心情願　清文康《兒女英雄傳》三十二回:“只要我一讀書,無論怎樣都是甘心情願的。”

肝腸寸斷　清李汝珍《鏡花緣》三十四回:“萬種凄凉,肝腸寸斷。”

耿耿于懷　清袁枚《小倉山房尺牘》一百八十四首:“所耿耿于懷者,枚年屆八旬……不免有望美人兮天一方之歎。”

歡天喜地　清曹雪芹《紅樓夢》三十九回:“那小廝歡天喜地,答應去了。”

惶惶不安　明羅貫中《三國演義》三回:“董卓屯兵城外,每日帶鐵甲馬軍入城,横行街市,百姓惶惶不安。”

恍然自失　明凌濛初《二刻拍案驚奇》卷三十七:“程客恍然自失道:‘莫非是做夢麽?’”

灰心喪氣　清高鶚《紅樓夢》一〇一回:“鳳姐因方才一段話,已經灰心喪意,恨娘家不給争氣。”

回心轉意　元高明《琵琶記》三十一齣:“怕你爸爸也有回心轉意時節,且更寧耐看如何。”

回嗔作喜　明吴承恩《西遊記》五回:“大聖聞言,回嗔作喜。”

魂不附體　明馮夢龍《醒世恒言》卷三十:“嚇得李勉主僕魂不附體。”

魂飛魄散　元關漢卿《蝴蝶夢》二折:“驚的我魂飛魄散。”

魂飛天外　元宫大用《范張雞黍》一折:“唬得魂飛天外。”

魂亡膽落　明羅貫中《三國演義》四十二回:“兩場火燒得曹操魂亡膽落,何言不知耶?”

精神焕發　清蒲松齡《聊齋志異・蓮香》:“先覺丹田火熱,精神焕發。”

刻骨銘心　明施耐庵《水滸全傳》八十二回:“衆弟兄刻骨銘心,難以補損。”

老羞成怒　清文康《兒女英雄傳》十回："不想……惹動他一沖的性兒，老羞成怒，還不曾紅絲暗系，先弄得白刃相加。"

滿腹牢騷　清李寶嘉《文明小史》五回："柳知府起先是滿腹牢騷……停了幾天，也就漸漸的平和下來。"

毛骨悚然　清吴敬梓《儒林外史》二十五回："幾句説的兩個書辦毛骨悚然。"

悶悶不樂　明凌濛初《初刻拍案驚奇·感神明張德容遇虎》："裴越客得了張家之信，吃了一驚……悶悶不樂。"

銘心刻骨　清曹雪芹《紅樓夢》三十二回："所悲者，父母早逝，雖有銘心刻骨之言，無人爲我主張。"

披肝瀝膽　明羅貫中《三國演義》二十六回："披肝瀝膽，筆楮難窮。"

屁滚尿流　明施耐庵《水滸全傳》二十六回："那西門慶正和婆娘在樓上取樂，聽得武松叫一聲，驚得屁滚尿流，一直奔後門，從王婆家走了。"

平心静氣　清曹雪芹《紅樓夢》七十四回："且平心静氣，暗暗訪察，才能得這個實在。"

剖肝瀝膽　明羅貫中《三國演義》二十一回："〔董〕承變色而起曰：'公乃漢朝皇叔，故剖肝瀝膽以相告，公何詐也？'"

七竅生煙　清吴沃堯《二十年目睹之怪現狀》四十四回："他老婆聽了，便氣得三尸亂暴，七竅生煙。"

清心寡欲　元鄭廷玉《忍字記》三折："我奉師父法旨，著你清心寡欲，受戒持齋，不許凡心動。"

忍氣吞聲　《清平山堂話本·快嘴李翠蓮記》："大家張口吐舌，忍氣吞聲。"

神魂顛倒　明馮夢龍《醒世恒言》卷十六："神魂顛倒，連家裏也不思想。"

神魂失據　清曹雪芹《紅樓夢》二十一回："二鼓人定，賈璉便溜進來相會，一見面，早已神魂失據。"

神清氣爽　清曹雪芹《紅樓夢》七十六回："微風一過，粼粼然池面皺碧叠紋，真令人神清氣爽。"

神思恍惚　元楊顯之《瀟湘雨》四折："一者是心中不足，二者是神思恍惚。"

神摇意奪　清蒲松齡《聊齋志異·畫皮》："朱注目久，不覺神摇意奪，恍然凝思。"

失魂落魄　明凌濛初《初刻拍案驚奇》卷二十五："做子弟的，失魂落魄，不惜餘生。"

實心實意　清高鶚《紅樓夢》一〇九回："五兒聽了，句句都是寶玉調戲之意，知這位呆爺却是實心實意的話。"

提心吊膽　明吴承恩《西遊記》十七回："衆僧聞得此言，一個個提心吊膽。"

痛心疾首　清李寶嘉《官場現形記》四十二回："治下的百姓因他聽斷糊塗，一個個痛心疾首。"

五内俱焚　清黄小配《廿載繁華夢》三十三回："前數天不見兄長覆示，五内俱焚。"

銷魂奪魄　清吴敬梓《儒林外史》四十一回："鹽商富貴奢華，多少士大夫見了就銷魂奪魄。"

心服口服　清曹雪芹《紅樓夢》五十九回："如今請出一個管得着的人來管一管，嫂子就心服口服，也知道規矩了。"

心蕩神迷　清李汝珍《鏡花緣》九十八回："陽衍正在心蕩神迷，一聞此語，慌忙接過芍藥。"

心膽俱裂　明馮夢龍輯《古今小說》卷二十二："此時蒙古攻城甚急。鄂州將破，似道心膽俱裂。"

心煩意亂　明羅貫中《三國演義》三十一回："袁紹回冀州，心煩意亂，不理政事。"

心花怒放　清曾樸《孽海花》三十回："孫三兒想到這裏，禁不住心花怒放。"

心慌意亂　清文康《兒女英雄傳》二十六回："姑娘此時心慌意亂，如生芒刺，如坐針毡。"

心灰意懶　清褚人穫《隋唐演義》五回："十分過意不去，心灰意懶。"

心焦性暴　明吴承恩《西遊記》二十二回："却説行者見他不肯上岸，急得他心焦性暴，恨不得一把抓來。"

心驚膽戰　元關漢卿《魯齋郎》一折："我恰便是履深淵，把不定心驚膽戰，有這場死罪愆。"

心驚肉跳　元無名氏《争報恩》三折："不知怎麽，這一會兒心驚肉跳，這一雙好小脚兒再也走不動了。"

心曠神怡　清陳忱《水滸後傳》四十回："見萬頃銀濤，千山峭翠，心曠神怡。"

心亂如麻　明馮夢龍輯《古今小説》卷二十九："心中想道：'如何是了？'心亂如麻。"

心滿意足　明施耐庵《水滸全傳》三十一回："我方才心滿意足，走了罷休。"

心如刀割　清李汝珍《鏡花緣》四十三回："此時甥女心如刀割。"

心神不安　明吴承恩《西遊記》四十回："黄昏不睡，五鼓不眠，聽有邊報，心神不安。"

心神恍惚　明羅貫中《三國演義》八回："吾前日病中，心神恍惚，誤言傷汝，汝勿記心。"

心碎腸斷　清曹雪芹《紅樓夢》二十八回："試想林黛玉的花容月貌，將來亦到無可尋覓之時，寧不心碎腸斷？"

心猿意馬　元關漢卿《望江亭》一折："俺從今把心猿意馬緊牢拴，將繁華不挂眼。"

心悦誠服　清李汝珍《鏡花緣》二十三回："不但毫不委曲，而且心悦誠服。"

興致勃勃　清李汝珍《鏡花緣》五十六回："誰知他還是興致勃勃……，又進去考了一場。"

咬牙切齒　明施耐庵《水滸全傳》七十回："衆多兄弟都被他打傷，咬牙切齒，盡要來殺張清。"

疑神疑鬼　清錢彩《説岳全傳》六十一回："邪正請從心内判，疑神疑鬼莫疑人。"

怨氣沖天　明馮夢龍改編《東周列國志》七十六回："〔伍〕員見其尸，怨氣沖天。"

4. 描寫人言語談吐的。如：

插科打諢　元高則誠《琵琶記・副末開場》："休論插科打諢。"

出口傷人　清張南莊《何典》八回："活死人怪他出口傷人。"

唇焦舌敝　清嶺南羽衣女士《東歐女豪傑》二回："逢人説項，唇焦舌敝，語不離宗，一連跑了一個來月。"

唇槍舌劍　元高文秀《澠池會》一折："憑着我唇槍舌劍定江山。"

大呼小叫　明阮大鋮《燕子箋·僞輯》:"莫要大呼小叫的,到平康,且輕輕叩得雙環響,賺出他開門好劈面搶。"

喋喋不休　清紀昀《閱微草堂筆記·灤陽消夏録一》:"一俗士言詞猥鄙,喋喋不休,殊敗人意。"

東拉西扯　清曹雪芹《紅樓夢》二十八回:"肚子裏原没有什麽,東拉西扯,弄的牛鬼蛇神,還自以爲博奥。"

多嘴多舌　元楊顯之《瀟湘雨》三折:"解子云:'你休要多嘴多舌。'"

惡言惡語　清西周生《醒世姻緣傳》一百回:"不惟没了那些凶性,且是連那惡言惡語都盡數變得没了。"

飛短流長　清蒲松齡《聊齋志異·封三娘》:"造言生事者,飛短流長,所不堪受。"

肺腑之言　元鄭光祖《㑳梅香》二折:"小生别無所告,只索將這肺腑之言,實訴與小娘子。"

風言風語　明蘭陵笑笑生《金瓶梅》二回:"誰知飲着飲着,那婦人竟是風言風語的説起來。"

詬誶謡諑　清曹雪芹《紅樓夢》九回:"背地裏你言我語,詬誶謡諑,佈滿書房内外。"

含糊其詞　明馮夢龍改編《東周列國志》五十七回:"二人先受岸賈之囑,含糊其詞,不肯替趙氏分辯。"

喊冤叫屈　清高鶚《紅樓夢》八十三回:"那寶蟾,只管喊冤叫屈,那裏理會他。"

呼天撞地　清吴敬梓《儒林外史》十七回:"匡超人呼天撞地,一面安排裝殮。"

胡言亂語　元無名氏《漁樵記》二折:"你則管哩便胡言亂語將我廝花白。"

花言巧語　清曹雪芹《紅樓夢》二十二回:"你那花言巧語,别望着我説。"

話裏有話　清文康《兒女英雄傳》二十一回:"那知他二人這話却是機帶雙敲,話裏有話。"

金玉良言　明馮夢龍《醒世恒言》卷三十:"恩相金玉良言,某當終身佩銘。"

口出大言　明馮夢龍改編《東周列國志》七回:"御者見考叔口出大言,更不敢上前。"

口口聲聲　元石君寶《秋胡戲妻》三折："你也曾聽杜宇，他那裏口口聲聲攛掇，先生不如歸去。"

口誅筆伐　明汪廷訥《三祝記・同謫》："全不知口誅筆伐是詩人句，壟上播間識者羞。"

款款而談　清文康《兒女英雄傳》二十五回："又兼看着九公有個師徒分際，褚九娘子有個姐妹情腸，才得這樣款款而談。"

款語温言　清曹雪芹《紅樓夢》二十回："寶玉見了這樣，知難挽回，打疊起百樣的款語温言來勸慰。"

拉三扯四　清曹雪芹《紅樓夢》四十六回："他也並不是説我們，你倒別拉三扯四的。"

伶牙俐齒　元蕭德祥《殺狗勸夫》四折："一任你百樣兒伶牙俐齒。"

埋天怨地　元鄭廷玉《看錢奴》一折："兀那賈仁，爲何在我神聖中埋天怨地，怪恨神靈？"

南腔北調　清吴敬梓《儒林外史》十一回："三間東倒西歪屋，一個南腔北調人。"

能説會道　清文康《兒女英雄傳》二十七回："好一個能説會道的張姑娘。"

弄嘴弄舌　《清平山堂話本・快嘴李翠蓮記》："終朝四言八句，弄嘴弄舌成何以看。"

貧嘴賤舌　清曹雪芹《紅樓夢》二十五回："你們都不是好人，再不跟着好人學，只跟着鳳丫頭貧嘴賤舌的。"

評頭品足　清黄小配《大馬扁》四回："那個好顔色，那個好態度，評頭品足，少不免要亂哦幾句詩來了。"

破口大駡　清石玉昆《三俠五義》九十三回："沙龍破口大駡，所有十一家獵户俱是他一人承當。"

七言八語　清曹雪芹《紅樓夢》二十五回："當下衆人七言八語，有説送祟的，有説跳神的。"

七嘴八舌　清高鶚《紅樓夢》九十回："送點子東西没要緊，倒没的惹人七嘴八舌的講究。"

嘁嘁喳喳　清曹雪芹《紅樓夢》二十七回："只聽那亭裏邊嘁嘁喳喳有人説話。"

奇談怪論　清錢詠《履園叢話·耆舊·仲子教授》："兩眼若漆，奇談怪論，咸視爲異物，無一人與言者。"

强詞奪理　明羅貫中《三國演義》四十三回："孔明所言，皆强詞奪理，均非正論。"

巧語花言　元王實甫《西廂記》三本三折："對人前巧語花言，没人處便想張生，背地裏愁眉淚眼。"

竊竊私語　明歸有光《宣節婦墓碣》："節婦見其家竊竊私語，覺其意，登樓自縊。"

輕嘴薄舌　清曹雪芹《紅樓夢》三十五回："襲人聽了話裏有因，素知寶釵不是輕嘴薄舌奚落人的。"

傾心吐膽　清曹雪芹《紅樓夢》六十八回："故傾心吐膽，敘了一回。"

説長道短　元無名氏《神奴兒》一折："俺倒不言語，他倒説長道短的。"

説三道四　清翟灝《通俗編·言笑》："莫學他人，不知朝暮，走遍鄉村，説三道四。"

説一不二　清文康《兒女英雄傳》四十回："到了他娘子跟前，却是從來説一不二。"

説嘴打嘴　清曹雪芹《紅樓夢》七十四回："老不説的娼婦，怎麽造下孽了，説嘴打嘴，現世現報。"

談古論今　明吴承恩《西遊記》十九回："却説三藏與那諸老談古論今，一夜無眠。"

談天説地　明馮夢龍輯《古今小説》卷二十二："平昔間談天説地，〔賈〕似道倚之爲重。"

甜言蜜語　明馮夢龍《醒世恒言》卷三十六："卞福坐在旁邊，甜言蜜語，勸了一回。"

調三窩四　清曹雪芹《紅樓夢》七十一回："少不得意，不是背地裏嚼舌根，就是調三窩四的。"

調嘴弄舌　《清平山堂話本·快嘴李翠蓮記》："這早晚，東方將亮了，還不梳妝完，尚兀子調嘴弄舌。”

鹹嘴淡舌　清曹雪芹《紅樓夢》五十八回：“這一點子小崽子，也挑幺挑六，鹹嘴淡舌，咬群的騾子似的。”

心直口快　明馮夢龍《醒世恒言》卷二：“有個心直口快的，便想要開口，説公道話。”

心拙口夯　清曹雪芹《紅樓夢》三十回：“誰都像我，心拙口夯的，由著人説呢?”

信口開河　清曹雪芹《紅樓夢》三十九回：“村老老是信口開河，情哥哥偏尋根究底。”

議論紛紛　明羅貫中《三國演義》四十三回：“時武將或有要戰的，文官都是要降的，議論紛紛不一。”

油腔滑調　清王士禎《師友詩傳録》：“若不多讀書，多貫穿，而遽言性情，則開後學油腔滑調，信口成章之惡習矣。”

指桑駡槐　清曹雪芹《紅樓夢》十六回：“偏一點兒，他們就指桑駡槐的抱怨。”

5. 表揚人的優點的。如：

赤膽忠心　明許仲琳、李雲翔《封神演義》五十二回：“臣空有赤膽忠心，無能回其萬一。”

聰明伶俐　明馮夢龍《醒世恒言》卷三：“你是聰明伶俐之人，也須識些輕重。”

大公無私　清龔自珍《論私》：“且今之大公無私者，有楊、墨之賢耶?”

敢作敢爲　明王士性《廣志繹》卷四：“此自英雄大略之主，敢作敢爲之事，意到即行。”

剛正不阿　清蒲松齡《聊齋志異·一員官》：“濟南同知吴公，剛正不阿。”

剛正無私　明羅貫中《三遂平妖傳》二十七回：“〔包拯〕爲人剛正無私，不輕一笑。”

光明磊落　明末清初王夫之《讀通鑒論·漢高帝》：“〔張良〕光明磊落，坦然直剖心臆于雄猜天子之前。”

見多識廣　清李汝珍《鏡花緣》四十四回：“鄧九公本是久慣江湖，見多識廣。”

精明强幹　清文康《兒女英雄傳》十三回：“況且隨帶的那些官員，又都是些精明强幹，久經參案的能員。”

寬宏大量　元無名氏《漁樵記》三折：“元來那相公寬宏大量。”

蘭心蕙性　清文康《兒女英雄傳》八回："況且他雖是個鄉村女子,外面生得一副月貌花容,心裏藏着一幅蘭心蕙性。"

品學兼優　清文康《兒女英雄傳》九回："一定是位品學兼優,閱歷通達的老前輩。"

噙齒戴髮　明蘭陵笑笑生《金瓶梅》二回："武二是個頂天立地,噙齒戴髮的男子漢,不是那等敗壞風俗傷人倫的豬狗。"

鐵面無私　清曹雪芹《紅樓夢》四十五回："我想必得你去做個監察御史,鐵面無私才好。"

心直口快　元張國賓《羅李郎》四折："哥哥是心直口快射糧軍,哥哥是好人。"

仗義疏財　明施耐庵《水滸全傳》十八回："爲人仗義疏財,人皆稱他孝義黑三郎。"

真心實意　元無名氏《百花亭》三折："常言道,海深須見底,各辦着個真心實意。"

智勇雙全　元關漢卿《五侯宴》三折："某文通三略,武解六韜,智勇雙全。"

忠肝義膽　元無名氏《射柳捶丸》二折："忠肝義膽扶王業,立國安邦作柱石。"

忠心赤膽　清曹雪芹《紅樓夢》六十五回："那平姑娘又是個正經人,從不會挑三窩四的,倒一味忠心赤膽伏侍他。"

忠心耿耿　清李汝珍《鏡花緣》五十七回："雖大事未成,然忠心耿耿,自能名垂不朽。"

足智多謀　元無名氏《連環計》一折："此人足智多謀,可與共事。"

6. 斥責人的惡行的。如:

卑鄙無恥　清李寶嘉《官場現形記》三十五回："辦你個'膽大鑽營,卑鄙無恥"下去候着吧。"

膽大妄爲　清曾樸《孽海花》十回："這種人要在敝國,是早已明正典刑,那裏容得他們如此膽大妄爲呢?"

佛口蛇心　清錢彩《説岳全傳》七十回："我面貌雖醜,心地却是善良,不似你佛口蛇心。"

狗仗人勢　清曹雪芹《紅樓夢》七十四回："你就狗仗人勢,天天作耗,在我們跟前逞臉。”

過河拆橋　元康進之《李逵負荆》三折:“你休得順水推舟,偏不許我過河拆橋。”

好吃懶做　清曹雪芹《紅樓夢》一回:“且人前人後,又怨他不會過,只一味好吃懶做。”

横行霸道　清曹雪芹《紅樓夢》九回:“一任薛蟠横行霸道。”

尖酸刻薄　清李汝珍《鏡花緣》六十六回:“舜英姐姐安心要尖酸刻薄,我也不來分辯,隨他説去。”

狼貪鼠竊　明于謙《出塞》詩:“狼貪鼠竊去復來,不解偷生求速死。”

狼心狗肺　明馮夢龍《醒世恒言》卷三十:“那知這賊子恁般狼心狗肺,負義忘恩。”

狼心狗行　明羅貫中《三國演義》七回:“今之所爲,真狼心狗行之徒,有何面目立於世間?”

狼子野心　清張春帆《宦海》八回:“哪曉得那班降兵,本來原是遊勇出身,狼子野心,哪裏肯安安頓頓的守着規矩過日子?”

目空一切　清李汝珍《鏡花緣》五十二回:“但他恃着自己學問,目空一切,每每把人不放眼内。”

目中無人　清曹雪芹《紅樓夢》十回:“因他仗着寶玉和他相好,就目中無人。”

蛇蠍心腸　元無名氏《抱粧盒》二折:“便是蛇蠍心腸,不似恁般毒害。”

貪得無厭　清高鶚《紅樓夢》一〇七回:“鳳姐本是貪得無厭的人,如今被抄净盡,自然愁苦。”

貪生怕死　明羅貫中《三國演義》二十四回:“貪生怕死之徒,不足以論其事。”

貪贓枉法　明馮夢龍輯《古今小説》卷二十一:“做官的貪贓枉法得來的錢鈔,此乃不義之財。”

忘恩負義　清石玉昆《三俠五義》一一一回:“惜乎你這一片血心,竟被那忘恩負義之人欺哄了。”

徇情枉法　清曹雪芹《紅樓夢》四回:“雨村便徇情枉法,胡亂判了此案。”

對於同類事物的細微差别,或意志感情的細微區分,大都可以用不同的成語從不同的角度進行描寫。例如描寫人的驚慌心情,“大驚失色”、“目瞪口呆”、“張口結舌”、“面面相覷”是從面部表情進行描寫,“倉皇失措”、“手足無措”、“手忙脚亂”是從舉止行動進行描寫,“心膽俱裂”、“心驚膽戰”、“毛骨悚然”、“骨軟筋酥”是借用毛、骨、筋、心、膽等進行描寫,“惶惶不安”、“大驚小怪”、“魂不附體”、“魂飛魄散”、“魄散魂飛”是從人的心理上進行描寫,等等。

近代成語内容上有兩方面值得特别注意。第一,不少成語概括了人民的生活經驗以及對社會現實的認識,富於哲理,能够給人以啓迪。如:

孤掌難鳴　説明做什麽事情,只靠個人或少數人的力量,往往顧此失彼,很難成功。明羅貫中《三國演義》六十一回:“趙雲孤掌難鳴,只護得阿斗,安能移舟旁岸?”明馮夢龍輯《古今小説》卷二十一:“〔錢繆〕看見城中已有準備,自己後軍無繼,孤掌難鳴,只得撥轉馬頭,重回歸路。”明馮夢龍《醒世恒言》卷五:“勤自勵孤掌難鳴,棄其部下,隻身挾劍而逃。”有時連用“單絲不綫,孤掌難鳴”兩句,意思更加明顯。明施耐庵《水滸全傳》四十九回:“只是單絲不綫,孤掌難鳴,只報得他一個信。”明吴承恩《西遊記》三十回:“我要回救沙僧,誠然是單絲不綫,孤掌難鳴。”

官官相護　也作“官官相爲”。官僚之間彼此互相包庇維護,這是對官場實質一針見血的揭露。明淩濛初《拍案驚奇》卷二十二:“畢竟是官官相護,道他是隔省上司,不好推得乾浄身子。”清高鶚《紅樓夢》九十九回:“如今就是鬧破了,也是官官相護的,不過認個承審不實,革職處分罷。”元關漢卿《蝴蝴夢》二折:“你都官官相爲倚親屬,更做道國戚皇族。”元喬夢符《兩世姻緣》四折:“也是俺官官相爲,你可甚賢賢易色,因此上不遠千里而來。”

樂極生悲　也作“樂極悲生”、“樂極悲來”。快樂到了極點容易發生悲愁,任何時候也不要過分得意,忘乎所以。這是合乎辯證法的生活真諦。明施耐庵《水滸全傳》二十六回:“常言道:‘樂極生悲,否極泰來。’光陰迅速,前後又早四十餘日。”明周楫《西湖二集·灑雪堂巧結良緣》:“争奈好事多磨,樂極生悲。”明淩濛初《二刻拍案驚奇》卷六:“誰料樂極悲來,快活不止一年,撞着元政失綱,四方盜起。”

旁觀者清　語出《舊唐書·元行沖傳》:“當局稱迷,旁觀見審。”本指下棋而言。近代成爲成語,比喻當事人往往容易陷於主觀片面,而旁觀的人頭腦冷静,看得清楚。清曹雪芹《紅樓夢》五十五回:“俗語説:‘旁觀者清’。這幾年姑娘冷眼看着,或有該添該減的去處，二奶奶没行到，姑娘竟一添減。”清文康《兒女英雄傳》二十六回：“從來當局者迷，旁觀者清。”

錢可通神　這個成語來源於唐張固《幽閒鼓吹》卷二十五：“相國張延賞將判度支，知有一大獄，頗有冤濫，每甚扼腕。及判使，即召獄吏嚴誡之，且曰：‘此獄已久，旬日須了。’明旦視事，案上有一小帖子，曰：‘錢三萬貫，乞不問此獄。’公大怒，更促之。明日帖子復來，曰：‘錢五萬貫。’公益怒，命兩日須畢。明日復見帖子，曰：‘錢十萬貫。’公曰：‘錢至十萬，可通神矣，無不可回之事，吾懼及禍，不得不止。’”近代凝固爲成語，表示只要有錢，連鬼神都可以買通，何況於人，這對金錢萬能的社會現實是一個很好的寫照。元無名氏《鴛鴦被》四折：“錢可通神，法難縱你。”明天然癡叟《石點頭・侯官縣烈女殲仇》：“一面又差人到京師重賄刑部司房，求速速轉詳，約于中秋決期中結案。果然錢可通神，無不效驗。”

坐吃山空　也作“坐吃山崩”、“坐食山空”，只吃現成，不事生産，家私再大，也會消耗一空。舊社會許多家族的敗落，不正是這樣的嗎？元秦簡夫《東堂老》一折：“那錢物只有出去的，無進來的。便好道坐吃山空，立吃地陷。”《京本通俗小説・志誠張主管》：“道不得坐吃山崩，……不去營運，日往月來，手内使得没了。”清錢詠《履園叢話・臆論・所業》：“今見世家子弟，既不讀書，又無一業自給，終日嬉笑，坐食山空，忽降而爲遊惰之民，自此遂不可問。”

第二，許多成語通過具體的事物或行爲來形容、比喻某些抽象的概念，生動形象，給人以深刻的印象。例如：

鬼哭神號　也作“神號鬼哭”、“鬼哭狼號”、“狼號鬼哭”，形容哭聲淒慘。鬼、狼並出，增加了陰森的氣氛。清錢彩《説岳全傳》四十三回：“直殺得天昏地暗無光彩，鬼哭神號黑霧迷。”明施耐庵《水滸全傳》六十六回：“一家家神號鬼哭，四下裏十數處火光亘天，四方不辨。”清西周生《醒世姻緣傳》二十回：“又神差鬼使，叫他裏面嚷打做鬼哭狼號。”清曹雪芹《紅樓夢》五十八回：“連我們也不敢説話，你反打的人狼號鬼哭的。”

海底撈針、大海撈針　比喻尋找極爲困難。海如此大，針如此小，兩相對比，給人的印象具體而强烈。清文康《兒女英雄傳》十一回：“太老爺要拿這個人，只怕比海底撈針還難。”《前漢演義》三回：“千人各展長技，統向水中投入，巴不得將鼎取出，好領重賞，偏偏如大海撈針一般，没有周鼎影跡。"

狐群狗黨　也作"狐朋狗黨"、"狐朋狗友"，比喻壞人勾搭在一起，"狐"和"狗"並用，憎惡的色彩躍然紙上。元尚仲賢《氣英布》四折："咱若不是扶劉鋤項，逐着那狐群狗黨，兀良怎顯得咱這黥面當王。"清高鶚《紅樓夢》九十回："大哥哥這幾年在外頭相與的都是些什麽人：連一個正經的也没有，都是些狐群狗黨。"元關漢卿《單刀會》三折："他那裏暗暗的藏，我須索緊緊的防，都是些狐朋狗黨。"清曹雪芹《紅樓夢》十回："惱的是那狐朋狗友，搬弄是非，調三窩四。"

狼心狗肺　也作"狗肺狼心"、"驢心狗肺"，形容心腸狠毒貪殘，毫無人性，憎惡的色彩十分明顯。明馮夢龍《醒世恒言》卷三十："那知這賊子，恁般狼心狗肺，負義忘恩。"清文康《兒女英雄傳》八回："倒誤把這個狼心狗肺的東西，當作好人。"清西周生《醒世姻緣傳》八十六回："姓薛，名唤素姐，嫁與那忘恩負義，狗肺狼心……狄希陳小名小陳哥爲正頭妻。"明凌濛初《二刻拍案驚奇》卷四："何故苦苦貪私，思量獨吃自屙……不知驢心狗肺怎麽生的。"

你死我活　形容雙方鬥争激烈，勢不兩存。"死"、"活"二字具體説明鬥争激烈的程度。元無名氏《度翠柳》一折："世俗人没來由争長競短，你死我活。"明施耐庵《水滸全傳》四十九回："既是伯伯不肯，我們今日先和伯伯併個你死我活。"

牽腸掛肚　也作"掛肚牽腸"。形容掛念殷切，放心不下。"牽腸"和"掛肚"連用，把成語要表達的抽象意義具體化了。明周楫《西湖二集·假鄰女誕生真子》："就使老實漢，也要惹下牽腸掛肚之債。"清曹雪芹《紅樓夢》三十七回："要不來，他又牽腸掛肚的。"清西周生《醒世姻緣傳》五十二回："怎怪他不掛肚牽腸。"

死皮賴臉　形容不顧羞恥地進行糾纏，一副討厭的樣子展現在人眼前。清曹雪芹《紅樓夢》二十四回："還虧是我呢！要是别的，死皮賴臉的三日兩頭來纏舅舅……舅舅也就没法兒呢。"

咬文嚼字　講究字句而至於"咬"和"嚼"，這個成語把過分雕飾或賣弄的情景形容得很生動。元蕭德祥《殺狗勸夫》四折："哎，使不的你咬文嚼字。"清吴敬梓《儒林外史》九回："〔楊執中〕還在東家面前咬文嚼字，指手畫脚的不服。"清曹雪芹《紅樓夢》二十七回："他們必定把一句話拉長了作兩三截兒，咬文嚼字，拿着腔兒，哼哼唧唧的，急的我冒火。"

引狼入室　狼是要吃人的，居然引入室内，比喻引進敵人或壞人，給人一種可怕而必須提高警惕的深刻印象。清蒲松齡《聊齋志異・黎氏》："異史氏曰：士則無行，報亦慘矣。再娶者，皆引狼入室耳，況將於野合逃竄中求賢婦哉？"

二、結構上的發展

近代漢語的成語結構上有了全面的發展。聯合式成語特别豐富，這是近代成語發展的重要特點。前面所舉的例子，絶大多數屬於這一類。又如：

捕風捉影——説話或做事時用似是而非的跡象做根據。

才疏學淺——才能不高，學識膚淺。

愁山悶海——愁悶很多，無法排解。

唇槍舌戰——形容辯論激烈，言詞鋒利。

翻雲覆雨——比喻反復無常，善耍手段。

沽名釣譽——用不正當的手段謀取好名譽。

光天化日——人人都看得清楚的場合。

海枯石爛——比喻時間極久，變化極大。

交頭接耳——人湊得很近，低聲談話。

空前絶後——絶無僅有，獨一無二。

狼吞虎嚥——吃東西又急又猛的樣子。

没頭没腦——搞不清楚是怎麽回事，没有主見。

情投意合——雙方感情融洽，心意完全一致。

損人利己——損害别人，使自己得到好處。

天誅地滅——罪惡深重，爲天地所不容。

爲非作歹——做各種壞事。

循規蹈矩——遵守規矩，從不輕舉妄動。

陰差陽錯——比喻由各種偶然因素造成差錯。

有天無日——十分混亂黑暗，没有公理。

裝神弄鬼——裝鬼神騙人，比喻故弄玄虚使人無法捉摸。

從内部形式看，聯合式的成語又有種種不同的情況。有的前後兩個詞組反復表意，就是成語中的任何一個詞組已具有整個成語的意思。例如“人山人海”形容人聚積很多，詞組“人山”或“人海”都已具備這個意義。“心滿意足”表示心裏十分滿足，詞組“心滿”或“意足”都已具備這個意義。他如“安邦定國”、“受凍受餓”、“誠心誠意”、“多嘴多舌”、“粉身碎骨”、“狐群狗黨”、“耀武揚威”、“指手畫脚”等都是如此。兩個同義的詞或詞組反復表意，有互相補充、加强語勢、渲染氣氛、和諧音節的作用。

有的前後兩個詞組聯合表意，就是成語的意思只有兩個詞組聯合在一起才能完整地表達出來，兩者不可分割，失去其中一個，另一個無法獨立，或者意思完全不同。例如“你死我活”形容雙方鬥争十分激烈，單説“你死”或“我活”不是這個意思。“山高水低”比喻意外的禍患。單説“山高”或“水低”没有這個意思。“伸頭縮頸”形容膽小窺探，單説“伸頭”或“縮頸”没有這個意思。“七上八下”形容心神慌亂不安，單説“七上”或“八下”則無義。“輕嘴薄舌”形容説話輕浮刻薄。單説“輕嘴”或“薄舌”亦無義。

有的前後兩個詞組具有因果關係。前一詞組表示原因或條件，後一詞組表示結果。例如“理直氣壯”表示理由充分，説話就有氣勢。“理直”是因，“氣壯”是果；“人多手雜”形容動手的人多，互相混雜，不易管理。“人多”是因，“手雜”是果。“兔死狐悲”比喻因同類滅亡而感到悲傷。“兔死”是因，“狐悲”是果。“自作自受”表示自己做壞事，自己受罪。“自作”是因，“自受”是果。

有的前後兩個詞組有對比或轉折關係。例如“藏頭露尾”藏住頭却露出了尾巴，比喻躲躲閃閃，不肯暴露真相。“少年老成”表示年紀少，爲人做事却很老練。“問官答花”比喻雙方想的或説的不是一回事。“異曲同工”比喻做法不同，收到的效果却是相同的。“言清行濁”表示言行不一，説的全是清白好聽的話，做的却是壞事。這類成語前後兩部分互相映襯，意義更加鮮明而强烈。

有的偏用其中一個詞組的意義。如“尋死覓活”形容因絶望而打算自殺，偏用“尋死”的意義；“死心塌地”形容主意已定，決不改變，偏用“死心”的意義。

構成聯合式成語的兩個詞組又可以有種種不同的結構。例如“聰明伶俐”、“光明正大”、“清廉正直”、“温文爾雅”由兩個並列式的複音詞構成；“赤手空拳”、“東倒西歪”、“私心雜念”、“鋼筋鐵骨”由兩個偏正式的複音詞構成；“出頭露面”、“縮手縮脚”、“騰雲駕霧”、“忘恩負義”由兩個支配式的詞組構成;“地動山摇”、“龍争虎鬥”、“桃紅柳緑”、“心滿意足”由兩個表述式的詞組構成;“死去活來”由兩個動補式詞組構成,“所作所爲”由兩個“所”字結構構成,等等。

用兩個數詞作基礎構成聯合式成語,是近代成語發展的一個重要方式。

“半”和“半”組合的成語有“半推半就”(形容假意推辭)、“半吞半吐”(形容説話不直截了當)、“半新半舊”(不新不舊)、“半信半疑”(表示不完全相信)、“半夢半醒”(睡眠尚未清醒)、“半饑半飽”(吃不飽飯)、“半三不四”(心神不定,無精打采)、“半死不活”(死又死不了,活着又受罪)、“半夜三更”(午夜,深夜)、“半信不信”(不完全相信)、“半新不舊”(不新不舊)。

“一”和其他數詞組合的成語有“一官半職”(普通官職)、“一男半女”(一個兒子或女兒)、“一時半刻”(晌、霎;很短的時間)、“一階半級”(低微的官職)、“一鱗半爪”(比喻事物的零星片斷)、“一言半語”(很少的幾句話),“一知半解”(所知不多,理解膚淺)、“一步一趨”(形容緊跟着走)、“一唱一和”(兩人互相配合,彼此呼應)、“一草一木”(比喻微小的東西)、“一吹一唱”(兩人互相配合,彼此呼應)、“一遞一句”(兩人交替説話,互相應答)、“一舉一動”(每一個動作或行動)、“一老一實”(老老實實)、“一絲一毫”(形容極其微小)、“一五一十”(敘述得原原本本,没有遺漏)、“一模一樣”(兩者完全相同)、“一心一意”(意念專一)、“一言一行”(每一句話,每一個行動)、“一朝一夕”(形容很短的時間)、“一字一淚”(形容文辭沉痛而懇切)、“説一是一”(説怎樣就怎樣,説話算數),“一差二錯”(意外的變化或差錯)、“一長二短”(意外的變故,原原本本)、“一乾二净”(十分乾净,一點不剩)、“一來二去”(表示逐漸形成某種情況)、“一得兩便”(一種適當的舉動會帶來的兩方面的便利或好處)、“一雙兩好”(夫妻二人才貌相當,十分和諧)、“一絲兩氣”(呼吸微弱,幾乎要斷氣)、“一心兩用”(思想不集中,不專心)、“一刀兩斷”(比喻堅決地斷絶關係)、“一飢兩飽”(形容生活貧困)、“一舉兩得”(做一件事兩方面得到好處)、“一箭雙雕”(形容射藝高明或一舉兩得)、“一時三刻”(形容時間很短)、“一波三折”(文章曲折多變化,事情發展很曲折)、“一板三眼”(比喻有條理,合規矩)、“一言九鼎”(比喻説話有分量,信譽極高)、“一倡百和”(形容附和的人多)、“一呼百應”(形容應接的人很多)、“一錯百錯”(關鍵問題上錯了,其他事情都錯)、“一了百了”(起主導作用的事情了結,其他一切隨之了結)、“一刻千金”(形容時間極其寶貴)、“一髮千鈞”(比喻情況極其危險)、“一落千丈”(地位、景況急劇下降)、“一日千里”(形容進展、進步極快)、“一笑千金”(形容美人的笑非常難得)、“一瀉千里”(比喻氣勢奔放)、“一擲千金”(形容賭徒大肆揮霍錢財的行爲)、“一字千金”(形容書法、詩文的價值極高)、“一本萬利”(形容本輕利重)、“一碧萬頃“(形容碧藍的水面非常寬廣)、“丁一卯二”(形容確實、牢靠)、“獨一無二”(形容只此一個,找不出第二個來)、“數一數二”(數得上第一或第二)、“説一不二”(説怎樣就怎樣,形容説話算數)、“舉一反三”(從一件事類推,可以知道其他許多事情)、“挂一漏百”、“挂一漏萬”(表示列舉或記下的很不完全,遺漏很多)、“殺一儆百”(懲辦個别的人作爲範例,以警戒多數的人),等等。

“兩”和其他數詞組合的聯合式成語有“兩面三刀”(比喻當面一套,背後一套,用心險惡,手段狡猾)、“兩次三番”(好多次,好幾次)、“兩道三科”(説三道四,花言巧語)、“兩頭三面”(表裏不一,兩面糊弄,兩頭討好)、“兩頭三緒”(心煩意亂)、“接二連三”(同一類的事情或行爲不斷出現)

“三”和其他數詞組合的成語有“三般兩樣”(形容對待人有厚有薄)、“三長兩短”(説長道短,意外的變故或災禍)、“三番五次”(形容説話或動作重復多次)、“三好兩歉”(病痛時好時壞)、“三更半夜”(深夜)、“三拳二脚”(比喻不多幾下拳打脚踢)、“三心二意”(意志不堅定,猶豫不決)、“三鄰四舍”(泛指鄰居)、“三日兩頭”(幾乎每一天,頻繁)、“三瓦兩舍”(泛指瓦屋)、“三言兩語”(很少的幾句話)、“着三不着四”(行事或説話輕重失當,没有準譜)、“三朋四友”(各方面的朋友,多指不正派的朋友)、“丢三落四”(因馬虎或記憶力不好而顧此失彼)、“低三下四”(地位低人一等;卑躬屈膝没有骨氣的樣子)、“顛三倒四”(形容精神、説話或做事錯亂、没有次序)、“横三豎四”(形容縱横雜亂)、“調三斡四”(搬弄口舌,挑撥是非)、“説三道四”(説這説那,妄加評論)、“言三語四”(説三道四)、“張三李四”(泛指某人或某些人)、“朝三暮四”(比喻變化不定或反復無常)、“欺三瞞四”(欺騙蒙混)、“推三阻四”(以各種藉口推託阻撓)、“三令五申”(再三告誡或指令)、“三墳五典”(傳説中我國最早的書籍,泛指書籍)、“三綱五常”(封建社會所規定的人與人之間的道德標準)、“三牲五鼎”(形容高官厚禄,生活極其奢侈)、“三年五載”(幾年)、“三山五嶽”(泛指名山)、“挨三頂五”(接連不斷)、“三班六房”(明清時期州縣衙門中的吏役)、“三對六面”(會合當事人核實對面)、“三推六問”(反復審訊)、“三茶六飯”(各種吃的喝的，形容飲食上招待周到)、“三姑六婆”(比喻走門串户不務正業的婦女)、“三親六眷”(總稱親戚故舊)、“三頭六臂”(比喻本領很大)、“三魂七魄(靈魂精神)”、“三災八難”(多災多難)、“三教九流”(泛指宗教和學術各種流派，以及各種人物，各種行當)、“三六九等”(種種差别，許多等級)、“三旬九食”(一個月吃九頓飯，形容生活極端困難，常常挨餓)、“三貞九烈”(封建時代婦女寧肯壯烈殉節也不失身的貞操)等。

“四”和其他數詞組合的成語有“四分五裂”(分散破碎，不完整)、“四分五落”(形容分散零亂)、“四山五嶽”(泛指四面八方各個地區)、“四清六活”(機靈幹練)、“四鄰八舍”(前後左右的鄰居)、“四面八方”(周圍各處，各個方面)、“四平八穩”(形容十分平實穩當)、“四時八節”(一年四季各種節氣。四時：春、夏、秋、冬，八節：立春、春分、立夏、夏至、立秋、秋分、立冬、冬至)、“四停八當”(十分平穩妥當)、“四通八達”(交通便利暢通，各方面都能貫通)、“倒四顛三”(形容説話、做事混亂，没有次序)、“駢四驪六”(駢體文每句四字，排比對偶)等。

“五”和其他數詞組合的成語有“五湖四海”(泛指全國各地)、“牽五掛四”(形容事物間互相牽連和影響)、“五黄(荒)六月”(指農曆五、六月，青黄不接的時候)、“五顔六色”(形容色彩繁多，各種各樣)、“五情六欲”(人的各種情欲)、“五雀六燕”(比喻大致平衡，相差無幾)、“五臟六腑”(人體内部的各種器官)、“五勞七傷”(各種病、身體多病)、“五行八作”(各種行業)、“五花八門”(比喻花樣繁多或變化多端)、“五風十雨”(形容風調雨順)、“五光十色”(色彩鮮豔紛繁)等。

“六”和其他數詞組合的成語有“六街三市”(熱鬧繁華的市區)、“六韜三略”(泛指兵法、兵書)、“六通四達”(交通方便，四通八達)等。

“七”和其他數詞組合的成語有“七情六欲”(泛指人的各種感情和欲望)、“七長八短”(形容長短高低不齊)、“七大八小”(大小不一)、“七顛八倒”(紛亂不堪；顛三倒四，失去常態)、“七高八低”(形容凹凸不平)、“七了八當”(形容十分妥帖)、“七零八落”(形容零散殘缺)、“七拼八湊”(表示勉强拼湊在一起)、“七起八落”(多次起落、形容麻煩不堪)、“七上八下(落)”(形容心情十分慌亂)、“七手八脚”(形容大家一起動手或手脚忙亂)、“七死八活”(形容痛苦不堪吃盡苦頭)、“七歪八扭”(形容歪斜不正)、“七嘴八舌”(形容人多嘴雜)、“横七豎八”(形容縱横雜亂，没有條理)、“夾七夾八”(形容言語行動缺乏條理)等。

“九”和其他數詞組合的成語有“九牛一毛”(極大數量中微不足道的一點兒)、“九死一生”(形容處境極險,或倖免於難的人少)、“九烈三貞”(形容婦女無比堅貞剛烈)等。

“十”和其他數詞組合的成語有“十光五色”(形容景色紛繁,色彩絢麗)、“十病九痛”(形容經常生病)、“十拿九穩”(比喻做事很有把握)、“十年九荒”(形容年年都有饑荒)、“十清九濁”(形容混亂不堪)、“十室九空”(十户人家就有九户空無所有,形容因天災人禍人民破産逃亡的景象)、“十全十美”(形容十分完美)等。

“百”字組合的成語有“百裏挑一”(從很多裏挑出一個,表示出衆難得)、“百無一二”(某一類人所佔比例極少)、“百無一能”(人無一技之長,什麽也不會)、“百無一是”(所做事情没有一件是對的,表示全盤否定)、“百發百中”(射箭、放槍、開炮等非常準確,每次都能命中目標)、“百伶百俐”(非常伶俐)、“百依百順(隨)”(服服帖帖,不敢違拗)、“百戰百勝“(每次戰鬥都能勝利)、“百孔千瘡”(比喻殘破缺漏,或弊病弱點很多)、“百折千回”(山脈、河流、道路、音調等婉轉曲折)等。

“千”和其他數詞組合的成語有“千金一刻”(形容時間寶貴)、“千鈞一髮”(比喻萬分危急或異常要緊)、“千篇一律”(形容作品公式化)、“千載一時”(形容機會難得)、“千瘡百孔”(表示破壞不堪或弊病很多)、“千錘百煉”(比喻對詩文等再三精心修改)、“千方百計”(表示想盡或用盡一切辦法)、“千奇百怪”(形容十分古怪或十分古怪的事物)、“千嬌百媚”(形容女子容貌姿態極其美好可愛)、“千擱百就”(形容非常温存體貼)、“千變萬化”(變化紛繁)、“千差萬别”(形容種類很多,差别很大)、“千刀萬剁(剮)”(本是古代凌遲的酷刑,後用爲咒駡人的話)、“千叮萬囑”(表示反復叮囑)、“千恩萬謝”(表示無限感激)、“千村萬落”(數不清的村莊)、“千呼萬喚”(形容一次又一次地邀請或呼唤)、“千歡萬喜”(非常歡喜)、“千回萬轉”(聲音婉轉縈回不斷)、“千門萬户”(極多的人家住户)、“千軍萬馬”(形容兵馬衆多,聲勢浩大)、“千難萬難”(等於説好不容易)、“千秋萬古(歲)”(形容歲月久遠)、“千山萬水”(形容道路遥遠險阻)、“千絲萬累”(形容彼此聯繫複雜、難以割斷)、“千推萬阻”(百般推辭拒絶)、“千辛萬苦”(表示極多的艱難困苦)、“千言萬語”(許許多多的話)、“千真萬確”(絶對正確無誤)、“成千累萬”(形容數量極多)等。

“萬”和其他數詞組合的成語有“萬無一失”(表示十分準確,絶對有把握)、“萬衆一心”(形容千萬人緊密團結,思想一致)、“萬古千秋”(形容經歷的時間非常久遠)、“萬紫千紅”(形容春天百花争豔的絢麗景象)、“累萬盈千”(形容數量極多),等等。

用某一個或兩個一般的詞作基礎,構成多個意義不同的聯合式成語,是近代漢語發展的一個普遍方式。例如以“不”爲基礎可以構成“不 X 不 X”式的多個成語:

不尷不尬——尷尬,左右爲難,事情棘手。

不零不落——零零落落。

不毒不發——不受凌辱,就不會發憤圖强。

不雌不雄——態度曖昧,不陰不陽。

不乾不浄——不乾浄,骯髒。

不葷不素——不上不下。

不即不離——不親近,也不疏遠。

不亢不卑——對人態度有分寸,不高傲也不自卑。

不稂不莠——比喻不成材,没有出息。

不了不當——拖泥帶水,没有了結。

不伶不俐——不上不下。

不倫不類——形容不合規矩或不正經。

不明不暗——不公開也不秘密,事實真相被歪曲而不清楚。

不理不睬——不理睬。

不屈不撓——在困難或惡勢力面前堅强不屈服。

不仁不義——刻薄殘忍,不講仁義道德。

不僧不俗——不三不四,不倫不類。

不三不四——不像樣子,不成體統。

不上不下——事情無着落,處境困難。

不生不死——半死不活,重病不愈。

不痛不癢——比喻不中肯,未能觸及要害。

不問不聞——不過問也不打聽。

不知不覺——没有感覺到,没有引起注意。

以上成語,"不尷不尬"、"不零不落"是以否定的形式表示肯定的意義,"不"的作用是加强肯定語氣;"不毒不發"是緊縮結構,"不毒"是"不發"的條件;其餘成語是聯合結構。"不"都是否定副詞。

"天、地"二字可以構成"天X地X"或"X天X地"兩種格式的多個成語:

天崩地裂——形容響聲巨大,也比喻重大的突變或災害。

天翻地覆——形容極其厲害。

天高地厚——比喻恩德或感情深厚。

天寒地凍——天氣非常寒冷,大地到處結冰。

天昏地暗——天色昏暗,大地無光。

天羅地網——比喻上下四方的嚴密包圍。

天南地北——形容相距遥遠。

天怒人怨——上天震怒,百姓怨恨。形容爲害作惡十分嚴重,引起普遍憤怒。

天塌地陷——比喻重大災變。

天造地設——天然形成,很合理想。

天誅地滅——罪惡深重,爲天地所不容。

頂天立地——形容光明磊落、莊嚴無畏的英雄氣概。

呼天搶地——大聲喊天,用頭撞地,形容極爲悲痛、冤苦或着急。

花天酒地——形容吃喝玩樂、奢侈墮落的生活。

歡天喜地——形容非常歡喜。

昏天黑地——天色昏暗,比喻社會黑暗混亂。

驚天動地——形容影響或意義極其重大、使人非常震驚。

上天下地——形容範圍廣泛,没有限制。

談天説地——形容漫無邊際地談論。

烏天黑地——天色昏暗,比喻社會黑暗混亂。

震天動地——形容力量、聲勢浩大,或事件場面令人震驚。

以"東、西"二字爲基礎可以構成"東X西X"或"X東X西"兩種格式的許多個成語:

東倒西歪——形容力氣不支,站立不住。

東拉西扯——形容説話没有中心。

東鄰西舍——左右鄰居。

東鱗西爪——比喻事物零星片斷。

東拼西湊——隨便把零碎的東西湊在一起。

東塗西抹——婦女塗脂抹粉,也作寫字或作文的謙語。

東遊西蕩——形容没有正事可幹、到處任意遊蕩。

東張西望——形容等待和盼望某人到來。

這類成語雖然一、三兩字或二、四兩字相同,構成方式和意義重點並不完全一樣。例如在"奇怪"二字構成的成語中,"奇談怪論"由兩個偏正式詞組構成,"奇"、"怪"是修飾語,表示談論怪異不合情理;"千奇百怪"也由兩個偏正式詞組構成,"奇"、"怪"是中心語,强調奇怪事物的多種多樣;"稱奇道怪"由兩個支配式詞組構成,强調動詞成分"稱"和"道";"希奇古怪"由"希"、"奇"、"古"、"怪"四個成分聯合組成,强調"奇"、"怪"二字的意義本身。在"長"、"短"二字構成的成語中,"三長兩短"由兩個偏正式詞組構成,"長"、"短"是中心成分,表示不測或不幸;"説長道短"由兩個支配式詞組構成,"長"、"短"是賓語,表示隨意評論是非優劣。"七長八短"由兩個表述式詞組構成,"長"、"短"是謂語成分,强調表示事物的參差不齊。"長吁短歎"由兩個偏正式詞組構成,"長"、"短"是修飾成分,表示人的愁苦情態,重點在"吁"、"歎"二字。總之,用相同成分作基礎可以構成許多意義不同、内部形式也不盡相同的成語,能够描述多種多樣的事物特點,區别事物間的細微差别。近代漢語詞滙裏這類成語非常多,大大豐富了漢語成語的内容。

此外近代漢語裏其他結構形式的成語也有發展。例如"進退兩難"(形容處境困難)、"品學兼優"(品行和學問都很好)是表述式結構,"過眼雲煙"(比喻很容易消失的事物)、"患難之交"(共過患難的親密朋友)是偏正式結構,"出人頭地"(超出他人之上)、"張大其詞"(有意把話説得超過現實)是支配式結構,"以毒攻毒"(用毒藥治療毒瘡,比喻用對方使用過的惡毒手段對付對方)是動賓式詞組加介賓狀語等等,這裏不詳細討論了。

現在談談近代諺語的發展。

上古漢語裏已有不少諺語，中古諺語更多一些。隨着近代白話文學的廣泛傳播，諺語數量大大增加，内容日益豐富，形式更加通俗化和口語化，總數在三千條以上。明蘭陵笑笑生《金瓶梅》一書出現的諺語就有三百多條。下面舉一些例子：

不到黄河心不死——做事不到無路可走的境地絶不死心。（清俞萬春《蕩寇志》八十二回）

不是冤家不聚頭——不願見面的人偏偏碰在一起。（元鄭廷玉《楚昭公》一折）

不打不成相識——一度有矛盾誤會，後來反而更加互相瞭解。（明施耐庵《水滸全傳》三十八回）

不看僧面看佛面——不看那方面的情面，也要看這方面的情面。（明吴承恩《西遊記》三十一回）

不怕官，只怕管——不怕官職高，只怕頂頭上司。（明施耐庵《水滸全傳》二回）

不是東風壓倒西風，就是西風壓倒東風——矛盾的雙方不是這方壓倒那方，就是那方壓倒這方。（清高鶚《紅樓夢》八十二回）

吃着碗裏望（瞧）着鍋裏——比喻貪心不足。（明蘭陵笑笑生《金瓶梅》二十七回、清曹雪芹《紅樓夢》十六回）

出頭椽兒先朽爛——比喻好出頭的人容易遭受打擊。（明蘭陵笑笑生《金瓶梅》八十六回）

得饒人處且饒人——表示對人不要太厲害，該寬容的地方就要寬容。（明吴承恩《西遊記》八十一回、清曹雪芹《紅樓夢》五十九回）

打墻板兒翻上下——比喻盛衰無常。（明蘭陵笑笑生《金瓶梅》九十回）

當着矮人，别説短話——意思是不要當面揭别人的短處。（清曹雪芹《紅樓夢》四十六回）

恨鐵不成鋼——怨恨親人身上的毛病是希望他更好。（清高鶚《紅樓夢》九十六回）

花木瓜空好看——形容虚有外表不切實用。（明施耐庵《水滸全傳》二十四回）

家醜不可外揚——家庭内部的醜事不應向外人宣揚。（元無名氏《争報恩》二折）

癩蛤蟆想吃天鵝肉——諷刺人妄想得到不能得到的東西。（明施耐庵《水滸全

傳》一〇一回）

梁園雖好，不是久戀之家——他鄉雖然好，也決不可久留。（《京本通俗小説》卷十五）

路見不平，拔刀相助——形容見義勇爲，不顧個人安危解救弱者。（明施耐庵《水滸全傳》四十四回）

莫信直中直，須防仁不仁——不能只看人表面，要提防他存心不良。（同上四十五回）

牛頭不對馬嘴——比喻言談、認識與事實不符或答非所問。（明馮夢龍《警世通言》卷十一）

奈何不得東瓜，只把茄子來磨——比喻畏强欺弱，拿弱者出氣。（清俞萬春《蕩寇志》一一二回）

巧媳婦做不出没米的粥來——比喻缺少必要的條件事情很難做成。（清曹雪芹《紅樓夢》二十四回）

人心不足蛇吞象——諷刺人的貪心太大、不切實際。（元無名氏《冤家債主》楔子、明馮夢龍《警世通言》卷二十五）

三日打魚，兩日曬網——比喻做事没有恒心，不能堅持。（清曹雪芹《紅樓夢》九回）

踏破鐵鞋無覓處，得來全不費工夫——形容花很大工夫没找到的人物却在無意中發現了。（明施耐庵《水滸全傳》五十三回，元高明《琵琶記》三十五齣）

天無絶人之路——人在極端困難時總可以找到出路。（元無名氏《貨郎擔》四折）

偷來的鑼鼓兒打不得——比喻背地裏做壞事，不能聲張讓人知道。（清曹雪芹《紅樓夢》六十五回）

心病還從心上醫——思想上的病還須思想上去醫治。（元吴昌齡《張天師》二折）也作“心病還得心藥醫。”（明周清源《西湖二集·吹鳳簫女誘東墻》）

行不改姓，坐不更名——表示堂堂正正，任何情況下都不隱瞞自己的姓名。（元李文蔚《燕青博魚》四折、明施耐庵《水滸全傳》十七回）

咬人的狗兒不露齒——比喻陰險的人害人時臉上不露形跡。（明蘭陵笑笑生

《金瓶梅》二十六回）

一身做事自身當——自己做事(或犯罪)自己負責任。(明明月主人《釵釧記·後審》、《説岳全傳》七十一回)也作"一人作罪一人當"(清曹雪芹《紅樓夢》五十五回),現在多作"一人做事一人當"。

一文錢難倒英雄漢——表示任何人没有錢都是不行的。(清文康《兒女英雄傳》十九回)

贏得貓兒賣了牛——比喻因小失大,得不償失。(明凌濛初《二刻拍案驚奇》卷十)

知人知面不知心——表示要真正瞭解一個人很不容易。(清曹雪芹《紅樓夢》十一回)

上述諺語大都産生於近代口語,有的則是上古、中古已經出現,近代仍然應用。如:

良藥苦口利於病,忠言逆耳利於行——好藥味苦,但能治病;忠告的話聽着刺耳,但對行爲有好處。語出《韓非子·外儲説左上》:"夫良藥苦於口,而智者勸而飲之,知其入而已己病也;忠言拂於耳,而明主聽之,知其可以致功也。"漢劉向《説苑·正諫》:"孔子曰:'良藥苦於口利於病,忠言逆於耳利於行。'"又見於《史記·留侯世家》、宋王明清《揮麈録》後集卷四。近代如明劉基《苦齋記》:"良藥苦口利於病,忠言逆耳利於行,彼之苦吾之樂,彼之樂吾之苦也。"

遠水不救(救不得)近火——比喻緩慢的援救不能解決眼前的急難。語出《韓非子·説林上》:"失火而取水於海,海水雖多,火必不滅矣,遠水不救近火也。"中古的例子如《北史·赫連達傳》:"此皆遠水不救近火,何足道哉?"近代更用得廣泛。明凌濛初《初刻拍案驚奇》卷十:"只爲遠水不救近火,急切裹就許了貴相知。"又《二刻拍案驚奇》卷三:"只是遠水救不得近火中,小兄其實等不得那從容的事了。"清阮葵生《茶餘客話》卷二十:"遠水不救近火,乃梁杜朔周之言。"清張南莊《何典》十回:"識寶太師道:'救兵如救火,若專靠召募,未免遠水救不得近火。'"清劉鶚《老殘遊記》二十回:"我家裹雖有銀子,只是派人去,至少也得三天,遠水救不着近火。"

心去最(意)難留——一個人心到了别處,是最難留下的。語出《玉台新詠·南朝梁王僧孺·爲姬人自傷》詩:"斷弦猶可續,心去最難留。"近代廣泛應用。元張國賓《合汗衫》二折："既然孩兒每要去，常言道：心去意難留，留下結冤仇。"清吴敬梓《儒林外史》八回："王玉輝道：'親家，我仔細想來，我這小女要殉節的真切，倒也由着他行罷。常言道：心去意難留。'"《歧路燈》八十回："心去最難留，留下結冤仇。不知我説的是也不是，相公酌度。"

神不知，鬼不覺——形容行動詭秘，誰也察覺不到。語出五代静、筠《祖堂集》卷十四："人不覺，鬼不知，今日之下被土地覷見。"近代廣泛應用。明施耐庵《水滸全傳》四十二回："那時使鄉中神不知鬼不覺，若還多帶了人伴去時，必然驚嚇鄉里，反招不便。"明馮夢龍《警世通言》卷三十一："驀地到曹家，神不知鬼不覺，完其親事。"

從意義上看，諺語也和成語一樣，是人們對生産、生活經驗的總結，其中許多很有積極意義。例如"一年之計在於春"（無名氏《白兔記·牧牛》），説明凡事要抓緊時間，早作打算；"靠山吃山，靠水吃水"（明馮夢龍《醒世恒言》卷三），説明要根據不同的自然條件尋找不同的生活出路，不能千篇一律；"家有千金、不如日進分文"（《清平山堂話本·風月瑞仙亭》），説明生活要開源節流，不能坐吃老本；"强中更有强中手"（明馮夢龍《警世通言》卷三），説明做人要謙虚謹慎，不能目空一切，自以爲了不得；"平生不做虧心事，夜半敲門不吃驚"（明蘭陵笑笑生《金瓶梅》五十七回），説明只要自己光明正大，任何時候心裏都是踏實的；"得意不可再往"（清文康《兒女英雄傳》十六回），説明做事要適可而止，順利的時候要想到可能出現困難；"若要人不知，除非己莫爲"，説明做人要真誠可靠，實事求是，不能做虧心事；"蒼蠅不抱無縫的蛋"（清曹雪芹《紅樓夢》六十回），説明一個人自己没有缺點或把柄，壞人就無法乘虚而入，出了問題要從本身找原因；"没有家親引不出外鬼來"（清曹雪芹《紅樓夢》七十二回），説明外敵的侵入往往是由内部的人搗鬼招引而來，必須注意内部純潔；"官不威，爪牙威"（元李直夫《虎頭牌》三折），説明官府的衙役有時比官員更加狠毒可怕；"上梁不正下梁歪"（明蘭陵笑笑生《金瓶梅》二十六回），説明下邊的人幹壞事，往往是由上級行爲不正引起的；"冤家宜解不宜結"（明馮夢龍《醒世恒言》卷二十），説明應該消除舊的仇恨，切莫結仇；"遠親不如近鄰"（明施耐庵《水滸全傳》二十四回），説明好鄰居比遠方親戚更能互相幫助。

有的諺語思想比較消極，應當加以批判。例如："逢人且説三分話，未可全抛一片心"（明蘭陵笑笑生《金瓶梅》二十回），要人們不要隨便在别人面前講真話；"各人自掃門前雪，莫管他人瓦上霜”（明馮夢龍《警世通言》卷二十四），告誡人們只能關心自己，不要關心別人。這也是一種生活經驗的總結。豺狼當道，特務横行，權勢者狼狽爲奸，爲所欲爲，老百姓提心吊膽，動輒得咎，誰願意輕易在人面前直抒胸臆或多管閑事，以招災惹禍呢？

近代許多作品應用了大量諺語，較好地刻畫了人物的性格特點，表達了作者的思想感情。例如明施耐庵《水滸全傳》寫武松在殺張都監一家時説：“一不做，二不休，殺了一百個也只是死！”（三十一回），“一不做，二不休”充分表現了武松對官僚惡霸的深仇大恨和復仇到底的決心。當武松被發配到孟州牢城營時，衆囚徒對他説：“古人道：‘不怕官，只怕管。’‘在人屋檐下，怎敢不低頭。’只是小心便好。”（二十八回）“不怕官，只怕管”，“在人屋檐下，怎敢不低頭”兩個諺語具體説明了一個事實：在封建社會裏，由於統治者的殘酷鎮壓，人民只好忍氣吞聲，把復仇的火焰隱藏在心底裏。《今古奇觀》第十五卷在敘述了盧家舉行宴會的奢侈闊氣之後，引入一個諺語説：“富家一席酒，窮漢半年糧。”充分反映了社會貧富不均的現實，也表達了作者憤懣不平的態度。

跟成語相比，諺語顯得更通俗，形式上更靈活一些。例如：

①寡不敵衆

三拳敵不得四手（明蘭陵笑笑生《金瓶梅》十四回）

②千叮萬囑

千叮嚀，萬囑咐（清曹雪芹《紅樓夢》五十八回）

③投鼠忌器

打老鼠傷了玉瓶（清曹雪芹《紅樓夢》六十一回）

以上①表示人少打不過人多；②表示反復叮囑；③比喻行動有所顧忌。每一組裏，成語是四字格，諺語是自由而通俗的句子，我們可以看出兩者形式上的區别。

有的諺語形式上比較靈活。例如“天下無難事，只怕有心人”（明凌濛初《初刻拍案驚奇》十九），又作“世上無難事，只怕有心人”（明吴承恩《西遊記》二回），又作“世上無難事，只怕用心人”（清曹雪芹《紅樓夢》二十七回），都表示只要有決心，肯用心思，就没有克服不了的困難。“前不巴村，後不巴店”（明施耐庵《水滸全傳》二回），又作“前不巴村，後不着店”（明蘭陵笑笑生《金瓶梅》五十九回），表示離人家遠，吃住困難。“牡丹雖好，還要緑葉扶持”（清西周生《醒世姻緣傳》三十二回），又作“牡丹雖好，全仗緑葉扶持”（清高鶚《紅樓夢》一百一十回），又作“牡丹雖好，終須緑葉扶持”（清文康《兒女英雄傳》十九回），比喻本領再好的人也離不開群衆的幫助。這些都表明諺語是活的語言，在人民口語中廣泛流傳，容易出現個别詞語的靈活變動，但其基本意義和基本結構是始終一致的。

第七節　“五四”以後漢語詞滙的發展

1919 年“五四”運動以後，漢語詞滙發展到了一個新階段。這一節裏，我們將就以下五個問題進行一些討論。

一、現代漢語詞滙發展的基礎

現代漢語是古代漢語、近代漢語的進一步發展。現代漢語的大部分詞是從前代流傳下來的。由於時代的變遷和人們觀念的變化，古代和近代産生的許多詞已經消失，古代和近代作品中出現過的不少方言詞，也不見了。但還有許多詞流傳下來，並且融入了現代漢語，成爲現代漢語詞滙發展的基礎。商代甲骨文總共 4500 多字，能够認識的不過 1000 多字，其中就有近 500 多個仍然活在現代漢語裏並成爲現代漢語的基本單音詞，如“天、土、山、水、人、女、鳥、魚、牛、馬、虎、鹿、生、死、大、小”等。先秦兩漢複音詞開始大量發展，當時産生的“天下、國家、人民、百姓、先生、後生、動物、植物、法律、功夫、飲食、動作、態度、執政、建設、討論、草創、文明、和睦、困苦、辛酸”等近千個複音詞，現在仍然覺得很通俗。中古産生的複音詞更多，“老虎、好漢、面子、鼻頭、工程、政務、脚錢、手巾、故意、判斷、打扮、提拔、鼓動、推測、發達、明亮、困難、冒失、痛快”等詞，不看歷史，我們很難感覺到它們早在唐宋或者更早時期已經出現了。近代産生的詞語主要有兩種情況。一種是一般口語詞滙。它們廣泛出現在近代戲曲、小説以及明清人編輯的俗語辭書裏[①]，如“呆子、傻

① 如清錢大昕《恒言録》、清翟灝《通俗編》、清梁同書《直語補證》。日本漢學家長澤規矩也輯《明清俗語辭書集成》，收明清俗語辭書二十種，相當完備。

瓜、啞巴、工頭、嘴頭、點子、底細、鼓掌、動員、團圓、周到、幸虧、暖和、透明、牢騷、淘氣、好歹、嬌慣"等等。另一種是16世紀到20世紀初,中國先後在翻譯西方和日本近1000種著作時用音譯方法引進來的外來詞和自創新詞,大都反映有關近代政治、經濟、文化、科學方面的新概念,大多數至今還在廣泛使用(見本章第四節)。

總之,上古、中古、近代積累下來的舊詞,已爲現代漢語詞滙打下了堅實的基礎,加上"五四"至今産生了大量新詞新義,現代漢語的詞滙終於形成,而且日益豐富了。

二、現代漢語新詞新義的産生

從1919年"五四"運動到現在,漢語裏出現的新詞語數量巨大。有人統計,每年出現的新詞有400—500個,總數在3萬個以上。現代漢語詞滙中,複音詞佔絶對優勢;複音詞中,雙音詞又佔絶對優勢。《現代漢語詞典》(商務印書館1983年版)共收詞目56147條,其中單音詞目10540條,佔19%,複音詞目45709條,佔81%。複音詞目中,雙音詞目35056條,佔77%,三音節或多音節詞目10551條,佔23%。現代産生的新詞同樣以雙音詞爲主,範圍十分廣泛。

稱謂詞有"社員、知青、盲流、大款、倒爺、空姐、軍嫂、歌星、影帝"等;

一般事物名稱有"飛碟、飛盤、牌照、臺燈、卡片、企業、聲波、書展"等;

科技名詞有"硬盤、軟件、超導、基因、微機、電腦、光纜、核能、激光、納米"等;

軍事詞語有"武警、特警、天軍、導彈、氫彈、潛艇、軍購、軍演、戰區、戰備"等;

政治詞語有"白區、解放區、審幹、肅反、平反、整風、請願、戴帽、鋤奸"等;

法制詞語有"案犯、公訴、公證、法院、死緩、勞教、勞改、判刑、刑偵"等;

商業貿易詞語有"超市、客户、促銷、直銷、水貨、議價、平價、特價、統購、統銷"等;

工業生産詞語有"品牌、定額、精品、次品、壓錠、鋼材、鋼錠、電焊"等;

農業生産詞語有"拌種、選種、育種、機耕、化肥、公糧、農機、農墾"等;

經濟金融詞語有"法幣、邊幣、資金、融資、投資、開盤、炒股、炒滙"等;

醫藥衛生詞語有"理療、化療、透視、醫保、病休、保健、門診、特護、痛風"等;

衣食住行詞語有"時裝、童裝、泳服、飯票、飯局、速食、公寓、别墅、電梯、房改、空港、打的、騎遊”等；

文化教育詞語有“文盲、掃盲、復讀、走讀、代培、統考、自考、家教、冬學”等；

文藝體育詞語有“調演、滙演、電視、樣板戲、三級片、聯賽、冬訓、蹦迪、預賽、決賽”等；

抽象名詞有“甜頭、新潮、態勢、思潮、性感、口感、信訪、派性、極至、緋聞”等；

其他詞語有“上崗、待業、走穴、雙贏、離休、打假、搞笑、公關”等。

社會上某一新事物出現並廣泛流行，漢語詞滙裏就會産生新詞並且往往會有一組同根詞出現，例如 20 世紀末出現電腦互聯網，漢語裏隨之出現“網絡”（電腦網絡，即用通信綫路把若干台電腦互相聯接起來，用以實現資源分享和信息交換的系統）、“上網”（操作電腦進入互聯網，進行信息檢查、查詢等）、“網民”（電腦網絡用户）、“網迷”（迷戀電腦網絡、上網時間長、次數多的人）、“網蟲”（即網迷）、“網友”（在互聯網上結交的朋友）、“網頁”（在互聯網上進行信息查詢的信息頁）、“網站”（不同的組織或個人在互聯網上開設的虛擬站點，由一個主頁和許多下級頁構成）、“網址”（某一網站在互聯網上的地址，用户通過點擊便可訪問、查詢並獲取該網站的信息資源）、“網點”（指商業、服務行業設置在各處的基層單位）、“網吧”（面向社會開放的、利用電腦網絡提供流覽、查詢等信息服務的經營性場所）、“網哥”（男性的上網者）、“網姐”（女性的上網者）等十幾個以“網”爲詞根的詞。從 20 世紀 80 年代我國開始大量發行股票，以“股”爲詞根，形成了“股本、股東、股份（分）、股份制、股海、股市、股價、股金、股利、股息、股票、股民、股友、股迷、股評、股情、股指、股災、私股、配股、認股、炒股、原始股、上市股、二手股、垃圾股、權力股”等一組同根詞。

從結構上看，現代新詞産生有三大特點：

第一，三音詞和四音節以上的多音詞大量産生。由於新詞表達的内容比較複雜，雙音詞不能滿足需要。於是把雙音詞或詞組語素化，並以之構成三音詞或更多音節的詞，成爲現代漢語詞滙發展的一種趨勢。當然三音詞、多音詞不始於現代漢語，但它們在現代漢語裏增加的數量最多，則是不争的事實。三音詞如“喇叭褲、暴發户、易拉罐、加速器、三級跳、婚外戀、標準化、可讀性、知名度、主旋律、甩包袱、要態度、奥運熱、安樂死、零增長、高保真、假大空、太空船”，四音詞如“機會主義、右派分子、巡航導彈、人造衛星、義務教育、耍嘴皮子、中央空調”，五音詞如“信息傳播學、三八紅旗手、文藝工作者、共産主義風、法西斯主義、速成識字法、廠長負責制、天文望遠鏡”,等等。這些三音詞和多音詞具有種種不同的結構,這裏不一一進行分析。

第二,縮略詞大量産生。多音詞音節太長,不符合漢語語音要求簡捷並且多以兩兩爲節奏的習慣,於是縮略詞應運而生。其構成方式有三:

(1)截取多音詞語的某兩個或三個音節構成。有的截取頭兩字,如“清華”(清華大學)、“九三”(九三學社)、“副高”(副高級職稱);有的截取頭、中兩字,如“地鐵”(地下鐵路)、“中共”(中國共産黨);有的截取頭、尾兩字,如“創滙”(創收外滙)、“通脹”(通貨膨脹);有的截取末尾兩字,如“黨員”(中國共産黨黨員)、“團員”(中國共産主義青年團團員);有的截取中、尾兩字,如“央行”(中央銀行)、“央視”(中央電視);有的截取頭、中、尾三字構成,如“環衛處”(環境衛生管理處)、“安理會”(安全理事會)、“立交橋”(立體公路交叉橋);有的截取原詞語中兩、三個關鍵字,不按次序重新組合成詞,如“血防”(防治血吸蟲病)、“防老劑”(老化防止劑)、“特别聯大”(聯合國大會特别會議)。只要不妨礙意義表達,取哪兩個字並無一定規律。

(2)抽取同族詞中某一相同的語素,前面加數字構成,如“兩伊”(伊朗、伊拉克)、“三胞”(臺灣同胞、港澳同胞、海外僑胞)、“三老”(當老實人、説老實話、辦老實事)、“四化”(幹部隊伍革命化、年輕化、知識化、專業化)、“五愛”(愛祖國、愛人民、愛勞動、愛科學、愛護公共財物)。

(3)在幾個詞語中各取一字合成。如“財會”(財務工作和會計工作)、“政法”(政治和法律)、“證照”(證件和執照)、“冤假錯案”(冤枉的案件、假造的案件和錯誤的案件)、“貧雇農”(貧農和雇農)、“錯别字”(錯字和别字)、“演職員”(演員和職員)。

需要指出的是,並非所有多音詞都可以縮略,“共産主義”、“人造衛星”、“絶對真理”、“自由體操”、“天文望遠鏡”、“數字攝像機”就只有全稱,没有縮略的説法。

第三,字母詞大量産生。字母詞是指由字母構成或其中含有字母的詞,這是一種新的構詞形式。

(1)完全字母詞。這類字母詞完全由字母縮寫構成。如:

APEC——亞太經濟合作組織。英語 Asia Pacific Economic Cooperation 的縮寫。

CEO——首席執行官。英語 Chief Executive Officer 的縮寫。

DVD——數字影音光碟。英語 Digital Video Disc 的縮寫。

GDP——國内生産總值。英語 Gross Domestic Product 的縮寫。

HSK——漢語水平考試。漢語拼音 Hànyǔ shuǐpíng kǎoshì 的縮寫。

MBA——工商管理碩士。英語 Master of Business Administration 的縮寫。

OPEC——石油輸出國組織。英語 Organization of Petroleum Exporting Countries 的縮寫。

RMB——人民幣。漢語拼音 rénmínbì 的縮寫。

SCI——科學引文索引。英語 Science Citation Index 的縮寫。

UFO——不明飛行物。英語 Unidentified Flying Object 的縮寫。

VCD——激光壓縮光碟。英語 Video Compact Disc 的縮寫。

WTO——世界貿易組織。英語 World Trade Organization 的縮寫。

(2)半字母詞。這類詞大都是前半部分用字母,後半部分用漢字,也有前半部分用漢字,後半部分用字母的,如:

A 股——人民幣普通股票。由我國境内(不包括港、澳、臺)的公司發行,供境内投資者以人民幣認購和交易。

BP 機——無綫電傳呼機。BP,英語 beeper 的縮寫。

IP 電話——網絡電話。IP,英語 Internet Protocol 的縮寫。

PC 機——個人電腦。PC,英語 Personal Computer 的縮寫。

SOS 兒童村——收養孤兒的慈善機構。SOS,英語 Save Our Souls 的縮寫。

T 恤衫——也叫"T 恤",一種短袖針織上衣,略呈 T 形。恤,英語 shirt 的粵語音譯。

X 射綫——也叫"X 光"、倫琴射綫。愛克斯射綫。由德國物理學家倫琴發現。

X 染色體——決定生物個體性别的性染色體的一種。人的體細胞有 46 個染色體,其中一種是性染色體,女性有兩個 X 性染色體。

Y 染色體——決定生物個體性别的性染色體的一種。在人體細胞的 46 個染色體中,男性有一個 X 性染色體和一個 Y 性染色體。受精時,帶 Y 的精子和卵子結合産生雄性個體,帶 X 的精子和卵子結合時産生雌性個體。

甲 A——足球籃球聯賽中的甲級 A 類隊。

卡拉 OK——20 世紀 70 年代中期由日本發明的一種音響設備,一般由收録機、音箱、話筒和音樂磁帶組成。在我國是自動伴唱機,可以供人欣賞機内預先録製的音樂,或以之爲伴奏即興演唱。卡拉 OK 乃日語 karaōke 的音譯,意爲"無人樂隊"。日語 kara 意思是"無""空",ōke 是英語詞 orchestra(樂隊)在日語裏的音譯 ōkesutora 之縮略。

20 世紀上半葉字母詞已經出現,近幾年大量發展,不僅書面上使用,口語裏也在流行。《現代漢語詞典》(第 5 版)收有 182 個字母詞,《現代漢語規範詞典》收有 132 個字母詞,看來社會上已經認同字母詞的存在。但字母詞的範圍頗嫌氾濫,適當加以規範是必要的。

此外,"五四"以後,漢語詞滙還産生了大量新詞義,充實和提高了表達力。其中不少詞的新義帶有比喻的性質。例如:

愛人　古代指友愛他人或可愛的人,現代多指戀人、情人。中華人民共和國成立後,又引申爲配偶的一方或妻子。

筆記本　本指記事的本子。引申爲"筆記本電腦",即筆記本式的電腦。

筆桿子　本指筆的用手握的部分,引申爲會寫文章的能力或會寫文章的人。

充電　本指補充蓄電池的放電能力,引申爲通過學習補充知識和技能。

黄色　本指黄的顔色,因 19 世紀美國刊物《世界報》曾用黄色版面來刊載淫穢、色情的漫畫,引申爲象徵腐化墮落的、色情的内容。

小九九　本指算術乘法口訣,引申爲自己的打算。

出臺　本指演員上臺表演,又比喻公開出面活動或政策措施公布實施。

聯姻　本指兩家由婚姻關係結成親戚,又比喻雙方或幾方聯合、合作。

熔爐　本指熔煉金屬的爐子,又比喻鍛煉思想品質的環境。

開緑燈　本指開啓緑色信號燈,准予通行,又比喻准許做某事。

王牌　本指橋牌中最强的牌,又比喻最强有力的人物或手段。

對臺戲　兩個戲班子爲競争而在同一地區同時演出。比喻爲反對對方而采取的對抗和競争行動。

後門　房屋、院落等后面開的門。比喻靠私人關係辦事的不正當途徑。

掐尖兒　掐去植物的嫩芽兒。比喻打擊壓制才能冒尖的人。

翹尾巴　動物的尾巴向上揚起。比喻人的驕傲自滿。

鐵飯碗　鐵打的飯碗。比喻非常穩定的職业崗位。

這類詞義通俗、具體、生動、極易理解,因而在現代漢語中迅速得到廣泛的應用。

三、外來詞的引進和調整

"五四"以來,漢語繼續引進新的外來詞以豐富自己。有音譯的,也有音兼意譯或音加意譯的,它們大都音節較短,與自造新詞相近,所以能够自然地活在口語裏。如:

按揭　英語 mortgage 的粵語音譯。一種購房或購物的貸款方式,以所購房屋或物品作抵押向銀行貸款,然後分期償還。

拜拜　英語 bye-bye 音譯。再見。

比基尼　英語 bikini 音譯。一種女子泳裝,由遮蔽面積很小的褲衩和乳罩組成。

迪斯科　英語 disco 音譯。一種節奏快而强烈的舞蹈,最早興起於美洲黑人間,後廣泛流行世界各地。

的確良　英語 dacron 音譯。滌綸的紡織物。的確良做的衣物耐磨、不走樣,容易洗,乾得快。

滌綸　英語 terylene 音譯。一種合成纖維,强度高,彈性大,用來做衣服或製造絶緣材料、繩索等。

伊妹兒　英語 e-mail 音譯。電子郵件。

拷貝　英語 copy 音譯。用拍攝成的電影底片洗印出來供放映用的膠片;複製出的音像製品、電腦文件等。

克隆　英語 clone 音譯。無性繁殖;複製。

酷　英語 cool 音譯。帥;英俊瀟灑有個性。

馬賽克　英語 mosaic 音譯。一種做裝飾用的彩色小方瓷磚;用馬賽克做成的圖案。

摩絲　法語 mousses 音譯。一種用於固定髮型並有護髮作用的化妝品。

派對　英語 party 的吴語音譯。小型晚會,聚會。

曲奇　英語 cookie 的香港粵語音譯。一種小甜餅。

桑拿　芬蘭語 sauna 音譯。蒸汽浴。

沙拉　英語 salad 音譯。西餐中的一種凉拌菜，用土豆丁、香腸丁等加調味汁拌成。

偉哥　英語 viagra 音譯。美國生産的一種壯陽藥。

雪碧　英語 sprite 音譯。一種碳酸飲料。

駭客　英語 hacker 音兼意譯。沉迷於電腦的程序師，他們是電腦網絡技術的行家。也指入侵别人網絡系統進行搗亂的人。

可口可樂　英語 coca-cola 音兼意譯。一種軟性飲料。

登革熱　英語 dengue 音加意譯。由蚊子傳播登革病毒而引起的急性傳染病。

艾滋病　英語 AIDS 音加意譯。獲得性免疫缺陷綜合徵，是一種蔓延迅速、死亡率很高的傳染病。

比薩餅　英語 pizza 音加意譯。一種意大利式烘餡兒餅。

厄爾尼諾現象　西班牙語 El Niño 音加意譯。東太平洋赤道附近海域大面積海水異常增温、魚群大量死亡的現象。

拉尼娜現象　西班牙語 La Niña 音加意譯。也叫反厄爾尼諾現象，赤道附近東太平洋水域大面積海水反常降温的現象。

漢堡包　英語 hamburger 音加意譯。中間夾有熟牛肉、蔬菜等的麵包。

呼拉圈　英語 Hula-hoop 半音半意譯。一種健身用的體操圈兒。

迷你裙　英語 mini（超短的、小型的）音加意譯，超短裙。

霹靂舞　英語 break-dancing 半音半意譯。20 世紀 70 年代産生於美國的一種節奏强烈、動作狂熱的街頭舞蹈。

T 恤衫　英語 shirt 音加意譯。襯衫，汗衫。

雅皮士　英語 yuppie 音加意譯。西方國家中年輕能幹有上進心的一類人。

因特網　英語 Internet 音加意譯。目前全球最大的由電腦網絡互聯而成的開放性網絡。

自造新詞意譯外來概念的例子更多一些。如：

黑匣子　英語 blackbox 意譯。即飛行記録儀。

互聯網　英語 internet 意譯。由若干電腦網絡互相連接而成的網絡。

博士後　英語 postdoctorate 意譯。獲得博士學位以後再繼續深造或從事本專業研究的人員。

激光　英語 laser 意譯。由雷射器發射出來的亮度極高、顔色極單純、方向極集中的光束。臺灣、香港音譯爲“鐳射”。

牛仔褲　英語 jeans indigo 意譯。一種緊身、淺襠、瘦褲腿、多用較厚實的布製成的褲子。

殺手　英語 killer 意譯。專門刺殺人的人，泛指威脅人們生命的人或事。

智商　英語 intelligence quotient 意譯。智力商數，即個人智力水準的數量化指標。

熱狗　英語 hot dog 的直譯。之間夾有熱香腸、酸菜、芥末油等的麵包。

現代漢語引進外來詞，有兩點值得特别注意，也可以説是“五四”以後引進外來詞的特點。一是對“五四”以前已經引進的外來詞，根據不同情況進行適當的調整。具體説就是把音譯詞變成意譯詞，使之更符合漢語的造詞習慣，更好地融入現代漢語詞滙系統。例如：

ammonia　（英）阿摩尼亞——→氨
anatomy　（英）安那北美——→解剖，解剖學
bourgeois　（法）布爾喬亞——→資産階級
Esperanto　（英）愛斯不難讀——→世界語
mathematics　（英）瑪德瑪第加——→數學
mister　（英）密斯脱、密斯特——→先生
gentleman　（英）競得爾曼、尖頭鰻——→紳士、先生
compradore　（英）康白度——→買辦
communism　（英）康門尼斯姆——→共産主義
Number one　（英）拿摩温——→工頭
substances　（英）薩布斯坦斯——→物質、實體
science　（英）賽因思——→科學
penicillin　（英）盤尼西林——→青黴素

也有保留音譯詞不變、或者音譯詞與意譯詞並存的，大都音節比較簡短。如：

冰激淩 英語 ice cream 半音半意譯。一種用水、牛奶、雞蛋、糖、果汁等製成的半固體冷食。

白蘭地 英語 brandy 音譯。一種用葡萄、蘋果發酵蒸餾製成的酒。

沙龙 法語 salon 音譯。文人雅士清談集會的地方。

休克 英語 shock 音譯。一種細胞急性缺氧綜合症。

摩登 英語 modern 音譯。時髦。現在這兩個譯名並存。

咖喱 英語 curry 音譯。用胡椒、薑黄、番椒、茴香、陳皮等的粉末製成的调味品，色黄而味道香辣。

基因 英語 gene 音譯。即遺傳因數，存在於细胞的染色體上，作綫狀排列。

吉他 英語 guitar 音譯。一種彈撥樂器，有六根弦，也叫六弦琴。

加侖 英語 gallon 音譯。英美制容量單位。英制一加侖等於 4.546 升，美制一加侖等於 3.785 升。

克拉 法語 carat 音譯。計量寶石等的非法定質量單位，1 克拉合 0.2 克。

二是把外語音節語素化，即截取外語詞中的某些音節作爲語素，並以之構成新詞。如：

巴 “巴士”是英語 bus (公共汽車)的粵語音譯，以“巴”爲語素可以構成複合詞“大巴”(大型客車)、“中巴”(中型麵包車)、“小巴”(小型麵包車)。

吧 “吧”是英語 bar (賣酒水、食品或供人休閑活動的地方)的音譯。以“吧”爲語素可構成複合詞“酒吧”(專設或附設於西餐館、西式旅館中賣酒的地方)、“迪吧”(放迪斯科音樂、可以跳迪斯科的酒吧)、“茶吧”(帶有西式風味的小型茶館)、“水吧”(備有座位以供應各種飲料爲主的小店)、“書吧”(可以看書可以喝酒的小店)、“陶吧”(人們可以動手和泥，製作自己喜愛的陶製品的小店)、“網吧”(有電腦可以上網，也有酒、茶、咖啡可以飲用的地方)、“氧吧”(備有輸氧裝置可供人們吸純氧的地方)、“咖啡吧”(帶有西式風味的小型咖啡店)、“吧臺”(酒吧裏供應飲料的櫃臺)、“吧女”(酒吧裏的女服務員)、“吧娘”(酒吧裏的老闆娘)、“吧蠅”(每晚流連於酒吧、迪吧等各種娛樂場所的人)。

的 “的士”(計程車)是英語 taxi 的粵語音譯。以“的”爲語素構成的複合詞有“的哥”(男的士司機)、“的姐”(女的士司機)、“打的”(乘計程車)、“馬的”(出租馬車)、“摩的”(可以出租載客的摩托車)、“水的”(一種可載客快艇)、“面的”(小型麵包計程車)、“貨的”(出租的貨車)、“板的”(出租的人力板車)。

滌 “滌綸”(一種强度高、彈性大的合成纖維)是英語 terylene 音譯。以“滌”爲語素構成的複合詞有“滌卡”(用滌綸纖維和棉紗混紡織成的卡其布)、“滌棉”(用滌綸和棉紗混紡織物,通稱的確良)。

密 “密斯”也作“蜜絲”(小姐),是英語 miss 的音譯。以“密”爲語素構成的複音詞有“小密”(領導、經理、老闆對年輕女秘書兼情人的昵稱)、“密兒”(同“小密”)。

模 “模特兒”(藝術家用作雕塑或描寫的對象,用以展示時裝的人或人體模型)是英語 model 或法語 modèle 音譯。用“模”爲語素構成的複合詞有“名模”(著名時裝模特兒)。

秀 “秀”(表演)是英語 show 的音譯。是從臺灣和香港兩地引進的。用“秀”爲語素構成的複合詞有“做秀”(表演、演出)、“模仿秀”(在形象、聲音或外觀上模仿名人或某些事物的表演)、“泳裝秀”(穿着泳裝的表演)、“秀場”(表演場所)等。

四、普通話詞吸收方言的特點

共同語通行全國,各地方言都會向它靠近,古往今來,都有一些方言詞會逐漸進入共同語詞滙。强勢方言詞語進入共同語的機會多一些,弱勢方言的機會則要少一些。“五四”以後,漢語普通話吸收了不少方言,其中來自北京方言、吴方言和粤方言的最多,因爲它們都是强勢方言。

元明以來,北京就是中國政治、文化、經濟中心。除了民國時期,它一直是中國首都。1956 年國家確定漢民族共同語(普通話)以北京音爲標準音,以北方話爲基礎方言,以典範的白話文著作爲語法規範,北京方言在普通話裏更具有特殊的地位。許多北京方言詞很容易爲普通話所吸收,如“刺兒頭”(遇事刁難、不好對付的人)、“撮”(大吃)、“倒爺”(以非法倒賣貨物爲職業的人)、“擋横兒”(從中干涉、阻攔)、“蓋帽兒”(非常好,好極了)、“掉份兒”(掉價,有失身份)、“動真格”(按規定認真執行,説到做到絶不停留在口頭上)、“侃大山”也作“砍大山”(閑聊、漫無邊際地聊天)、“貓膩”(隱蔽曖昧的事)、“没勁”(没有趣味,没有意思)、“鐵哥兒們”(聯繫密切、十分要好的男青年們)等。

吴方言詞很早就有被普通話吸收的。如“尷尬”(進退兩難,左右爲難)、“硬碰硬”(以强硬對付强硬,没有迴旋餘地)、“煞有介事”(好像有這麽回事似的。多指大模大樣,擺架子、裝腔作勢)①。20 世紀以來,上海市成爲中國最大的經濟中心,也是中國重要的文化中心。隨着長江三角區經濟帶的發展,上海在全國經濟建設中的龍頭作用日益增大,以上海話爲代表的吴方言詞也就更多地進入了普通話詞滙。如“擺平”(懲治,收拾)、“癟三”(城市中無正當職業,以乞討或偷竊爲生的無業遊民)、“不搭界”(差得遠,不相關)、“打烊”(商店晚上關門,停止營業)、“嗲”(diǎ,形容撒嬌的聲音或姿態,如嗲聲嗲氣)、“發毛”(發脾气,普通話作惊慌、害怕講)、“篤定”(一定)、“老爺車”(開得很慢的車)、“老虎竈”(燒開水的大竈,賣熱水或開水的地方)、“派對”(英語 party 的吴語音譯,生日晚會)、“像煞”(好像、活像)、“尋開心”(開玩笑、逗樂兒)等。

廣東與香港、澳門兩地接壤,自中國改革開放以來,經濟發展爲全國之最,内地民工紛紛湧入,南風北吹,不少港粤方言詞語也就迅速進入普通話詞滙。如“爆棚”(人多得容納不下)、“炒魷魚”(解雇;捲舖蓋走人,魷魚一炒就捲起來,故稱)、“髮廊”(理髮店)、“發燒友”(對某項事業或活動非常迷戀專注的人,狂熱的愛好者)、“非禮”(調戲、猥褻婦女)、“搞定”(把事情辦妥)、“搞笑”(製造笑料,逗人發笑)、“埋單”也作“買單”(在飯館用餐後結賬付款,泛指付款)、“扒分”(利用工作、學習以外的時間賺錢)、“排檔”(持有營業執照的簡陋飲食攤點)、“生猛”(活蹦亂跳的,新鮮的)、“無厘頭”(没有根據隨意而來的)等。

當然其他方言詞也有進入普通話詞滙的。“扯白”(扯謊,説假話)、“啥子”(什麽)來自四川方言;“癲子”、“裏手”(内行,行家)、“學堂”(學校)來自湘方言;等等。但方言詞進入普通話詞滙最多的還是北京方言、吴方言和粤方言,這是 20 世紀以來普通話吸收方言詞的特點。

---

① 例見袁家驊等著《漢語方言概要》(第二版),58 頁。

五、詞滙發展須要規範

新詞大量産生,外來詞不斷增加,現代漢語詞滙越來越豐富,勢不可擋。與此同時,同物異名、同詞異形的現象在所難免。如"激光"又作"鐳射",又作"萊塞";"計算機"又作"電腦";"熊貓"又作"貓熊";"冰淇淋"又作"冰激凌"等。這些詞中有的已經收入詞典,得到了社會的承認。但也存在一些混亂情況,值得注意。

一是有的事物已有現成名字,人們却要另起一些稀奇古怪的新名字,令讀者如墜五里霧中。舉藥名爲例:

氧氟沙星① 又叫"泰利必安"、"氟嗪酸"、"貝利德"、"奥復星"。

多潘立酮② 又叫"嗎丁啉"、"麗美啉"、"恒邦"、"麥達啉"。

萘撲維滴眼液③ 又叫"潤潔"、"視必佳"、"E 潔"、"清郎"、"宇潔"。

苯磺酸氨氯地平④ 又叫"絡活喜"、"蘭迪"、"安内達"、"壓氏達"、"聯磺甲氧苄啶片"。

氯雷他定片⑤ 又叫"開瑞坦"、"諾定"、"敏克"、"星元佳"。

非那雄胺片⑥ 又叫"保列治"、"保列蘇"、"思克勃"。

格列齊特片⑦ 又叫"達美康"、"梳降糖"、"瑞爾"。

這樣做不是語言交際的需要,而是利益的驅使。同一種藥,起個新名字,换一下包裝,價格就可以成倍提高。這不僅愚弄了讀者,更損害了現代漢語的交際功能,應當統一規範。

二是網絡語言。網絡是一個快速表達意見的園地。網絡詞語五光十色,層出不窮。對於網絡語言有兩種不同的意見。一種認爲網絡詞語可以任其自由發展,無須干預;一種認爲網絡語言破壞漢語規範,教科書和新聞報導中不應使用。我們

---

① 一種抗生素,治呼吸道,泌尿系統感染。
② 腸胃動力藥,助消化,治上腹脹滿不適。
③ 一種眼藥水,治雙眼干澀不適。
④ 降壓藥,用於降低血壓。
⑤ 一種抗過敏藥。
⑥ 治前列腺肥大。
⑦ 降糖藥,治 D 型糖尿病。

認爲，語言的發展總是更加便於大多數人彼此交流和溝通，而不是製造語言障礙和混亂。現代漢語既要與時俱進，不斷豐富發展，又要維護漢語規範，兩者缺一不可。網絡詞語新舊並列，魚龍混雜，應分别對待。如“版主、鏈接、鬧道、網卡、網頁、主頁、上傳、下載”等詞，符合漢語造詞規律，傳達了新的信息，没有别的適當詞語可以替代，已爲社會所接受，可以廣泛使用。至於網絡語言中不必要的生造詞語，或避開常用詞而濫用替代字或某種符號的，如“東東”（東西）、“型男”（有模特身材的男人）、“醬紫”（這樣子）、“恐龍”（醜陋的女子）、“青蛙”（長相難看的男生）、“葱白”（崇拜）、“稀飯”（喜歡）、“偶”（我）、“14”（意思）、“98”（酒吧）、“9494”（就是就是）等，隨意性很大。雖在一部分人中流行，實在不利於祖國語言的健康發展。適當加以規範，不讓其在教科書和新聞報導中隨意使用，是完全必要的。